ISBN 978-1-5281-3588-7
PIBN 10916410

1 MONTH OF
FREE
READING

at

www.ForgottenBooks.com

By purchasing this book you are eligible for one month membership to ForgottenBooks.com, giving you unlimited access to our entire collection of over 1,000,000 titles via our web site and mobile apps.

To claim your free month visit:
www.forgottenbooks.com/free916410

English
Français
Deutsche
Italiano
Español
Português

www.forgottenbooks.com

Mythology Photography **Fiction**
Fishing Christianity **Art** Cooking
Essays Buddhism Freemasonry
Medicine **Biology** Music **Ancient**
Egypt Evolution Carpentry Physics
Dance Geology **Mathematics** Fitness
Shakespeare **Folklore** Yoga Marketing
Confidence Immortality Biographies
Poetry **Psychology** Witchcraft
Electronics Chemistry History **Law**
Accounting **Philosophy** Anthropology
Alchemy Drama Quantum Mechanics
Atheism Sexual Health **Ancient History**
Entrepreneurship Languages Sport
Paleontology Needlework Islam
Metaphysics Investment Archaeology
Parenting Statistics Criminology
Motivational

HISTOIRE PARLEMENTAIRE

DE LA

RÉVOLUTION

FRANÇAISE,

OU

JOURNAL DES ASSEMBLÉES NATIONALES,

DEPUIS 1789 JUSQU'EN 1815,

La Narration des événemens; les Débats des Assemblées; les Discussions des principales Sociétés populaires, et particulièrement de la Société des Jacobins; les procès-verbaux de la commune de Paris; les Séances du Tribunal révolutionnaire; le Compte-rendu des principaux procès politiques; le Détail des budgets annuels; le Tableau du mouvement moral extrait des journaux de chaque époque, etc.; précédée d'une Introduction sur l'histoire de France jusqu'à la convocation des États-généraux,

PAR P.-J.-B BUCHEZ ET P.-C. ROUX.

TOME ONZIÈME.

PARIS.

PAULIN, LIBRAIRE,

RUE DE SEINE, N° 6, HÔTEL MIRABEAU.

—

M DCCC XXXIV.

PRÉFACE.

Nous traiterons ici de l'humanité. En cela nous nous proposons de compléter notre préface antérieure, d'apprécier la généralité des discussions importantes renfermées dans nos volumes actuels, de répondre aux objections adressées, soit à nos travaux historiques, soit à notre doctrine par les systèmes adverses de ce temps.

Ceux qui veulent séparer la lumière des ténèbres, discerner et suivre la bonne route à travers le chaos dans lequel nous vivons, doivent ne jamais oublier ceci : Les erreurs dont leur esprit est blessé, les maux dont leur sympathie est atteinte, viennent d'une source commune. Si tant d'œuvres faciles, scandaleuses ou vaines, sont largement rétribuées, si tant d'œuvres pénibles et utiles, laissent périr de misère les hommes qui les accomplissent, c'est que le but social, seul juge de la valeur des travaux, seul distributeur des salaires équitables, est absent du milieu de nous.

N'imputez pas à une autre cause le défaut de logique qui caractérise la plupart des écrivains de notre génération. Aujourd'hui surtout que le but social est décidément en question, et que le premier venu s'ingère de donner ses conclusions par écrit, il en résulte une logomachie particulière à cet état intellectuel de la France. Entamez la presse contemporaine par un feuilleton ou par un livre, et vous verrez le pour et le contre, le vrai et le faux, le bien et le mal, entrer ensemble par le premier mot, et sortir paisiblement par le dernier, sans s'être heurtés une fois. Aussi, chercher dans les phrases des lettrés autre chose que leur personne, serait s'exposer à de continuelles méprises. L'apologie des mauvaises passions est ici en drame, en légende ou en roman, parce que l'auteur se peint et se glorifie lui-même. Là, tel polémiste est mordant et plein de verve, parce que c'est une vanité en colère qui se bat en duel.

Ailleurs, tel philosophe déclame une doctrine et la soutient avec opiniâtreté, pour se faire et se conserver un chevet de conscience.

Nous ignorons quelles luttes nous attendent encore sur le chemin ouvert par nous seuls depuis quatre ans, à la philosophie du devoir ; quant
à nos adversaires présens et passés, voici ce que nous affirmons :
Aucun n'a résumé nos idées de manière à prouver seulement qu'il nous
avait lus : aucun n'a porté la main sur notre formule générale, pour y
étouffer dans une puissante objection le germe synthétique. Leur controverse la plus directe renferme d'excellentes réfutations de ce qu'ils savent
eux-mêmes touchant le christianisme, mais rien de simplement contradictoire à la science que nous avons produite là-dessus. Du reste, ils
parlent presque toujours notre langue ; Dieu et dévoûment sont aussi le
mot d'ordre dans le camp opposé. S'ils se contentaient de nier notre
principe en acceptant nos conséquences, s'ils n'affirmaient pas quelque
chose de personnel, nous ne savons pas, en vérité, comment nous
échapperions au piège d'ennemis s'introduisant chez nous marqués de
notre signe, et puis nous égorgeant. Heureusement ils se distinguent
par une formule à eux, et ils nous offrent ainsi un point de départ assuré
pour aboutir à la séparation des langues.

Ce sera sur le sens du mot humanité, que nous mettrons en regard
leurs définitions et les nôtres. L'opposition sera nette, diamétrale, absolue. Nous commencerons par exprimer nos idées, et par les démontrer
avec clarté et rigueur. Ensuite nous passerons à celles de nos adversaires,
et rien ne manquera, nous l'espérons, à l'évidence de notre réfuta-
tion.

Dégageons d'abord le problème de tout mélange et de toute complexité.
Il n'y a que deux manières de le poser ; il n'y aurait non plus que deux
manières de le résoudre, pour peu que les esprits qui l'entreprennent
fussent conséquens. Ce n'est donc pas par le nombre des solutions qu'il
faut compter les doctrines, car les solutions se multiplient comme les caprices, l'égoïsme, les faiblesses de chair ou d'intelligence des individus
qui raisonnent en ces matières. A cette heure, que l'art des mots met
une plume entre les mains de chacun, qui n'a pas écrit son nom ou
tracé quelque bizarre figure sur la pierre angulaire du monde ? Faut-il
s'en occuper ? Autant vaudrait composer l'histoire architecturale des
ruines célèbres, en relevant les signatures et les inscriptions des visi-
teurs.

Les deux points de vue entre lesquels est forcé de prendre un parti
quiconque veut arriver à un conclusum philosophique, sont le devoir et
le droit. Nous sommes placés au point de vue du devoir, et nous allons y
amener nos lecteurs par une ligne droite et inflexible.

Qu'est-ce que l'humanité ? Une définition exacte de l'homme va
nous conduire inductivement à la définition de l'humanité.

L'homme est-il un être complet et absolu, indépendant du milieu qui
l'environne, n'ayant ni origine, ni besoins, ni fin, étant, parce qu'il
est ; ou bien l'homme est-il incomplet, relatif, dépendant du milieu qui
l'environne, ayant une origine, des besoins, une fin, étant parce qu'il
a été engendré ?

L'homme est incomplet et relatif, car à le prendre sur la limite elle-
même de sa loi d'existence, il ne peut vivre un instant sans l'air qu'il

respire. L'homme dépend de son milieu, car il est obligé d'y reconnaître, sous peine de mort, les circonstances qui lui sont favorables, et celles qui lui sont défavorables, de se fortifier dans les unes, et d'y choisir le meilleur point d'appui pour vaincre et transformer les autres. L'homme a une origine et une fin, car il naît et il meurt ; en un mot, il a des besoins, et il est engendré, dernières affirmations suffisamment établies par ce qui précède.

Puisque l'homme est incomplet, sa normalité exige qu'il soit en relation constante avec l'ensemble de ses termes complémentaires. Maintenant de deux choses l'une : ou il est passif à l'égard de cette relation, et dès lors il en est fatalement gouverné ; ou il est actif, et il faut qu'il la connaisse, qu'il veuille s'y conformer, qu'il le puisse.

Or l'homme est actif. La seule chose à laquelle il soit soumis est toujours un choix, et comment serait-il passif à l'égard d'un choix ? Tout choix implique une dualité contradictoire, toute dualité contradictoire une détermination libre, un acte de la part de celui à qui elle est imposée. S'il en était autrement, si l'homme était purement passif, il en résulterait par exemple qu'aux deux circonstances du milieu dont il dépend, et qui lui disent sans cesse : vivre ou ne vivre pas, il répondrait sans cesse : vivre ou ne vivre pas, et serait ainsi l'écho éternel d'une éternelle absurdité.

L'homme est donc une activité libre. Pour opérer volontairement le moindre de ses actes sans attenter à sa nature relative, il lui est indispensable d'agir selon sa norme, aussi indispensable qu'il est fatal au plus atomistique des corps bruts, au plus petit grain de sable d'exécuter ses mouvemens sous l'empire de la gravitation universelle.

Sa norme, c'est la loi de l'univers ; il doit découvrir cette loi, la connaître, l'affirmer, la nommer, avant qu'il puisse découvrir, connaître, affirmer, nommer aucun des détails qu'elle renferme ; et elle les renferme tous.

Cette loi est le rapport général des êtres. Il est impossible que les êtres soient déterminés, définis et nommés, avant que le rapport dont ils sont les termes ait reçu une détermination, une définition, un nom. Ainsi, par hypothèse, si le système du monde est une proposition, le verbe de cette proposition, le mot qui exprime le rapport entre le sujet et l'objet, sera nécessairement le premier mot que l'homme devra créer ; et de ce mot suivra immédiatement le nom du sujet et celui de l'objet.

La connaissance du rapport général des êtres, c'est la raison de l'homme : vérité, certitude, raison, synonymie rigoureuse qui désigne la solution du problème proposé à l'activité humaine ; tel est le principe, le criterium, le dogme sur lequel il réglera ses actes sous peine de manquer à sa normalité. Le signe de sa raison, c'est la parole.

Le moyen d'agir selon la normalité qu'il sait et qu'il parle, le moyen de pratiquer la loi qui le met en rapport avec tous ses termes complémentaires, c'est le pouvoir, c'est le droit de l'homme ; le signe de son droit, c'est son acte.

De ce que personne ne peut nier que l'homme ne soit incomplet et relatif, nous étions très-légitimement autorisés à conclure que tout en lui participait de cette condition fondamentale. La série des intermédiaires que nous venons de dresser prouve analytiquement, 1° que la loi de l'homme est le rapport général des êtres ; 2° que la raison de l'homme est la connaissance de ce rapport ; 3° que sa parole en est l'expression ; 4° que son droit est le pouvoir de pratiquer ce rapport ; 5° enfin, que le signe de son droit est la pratique elle-même de ce rapport ou son acte.

Maintenant, n'y a-t-il dans l'univers que des êtres relatifs? Il est évident, en ce cas, que la loi du monde est soumise à l'universalité des êtres qui sont complément les uns des autres, que cette loi est leur ouvrage, car de qui émanerait-elle? Ainsi, en supposant que les êtres fussent de deux sortes, les actifs et les passifs, et que le mouvement, dont les uns seraient le principe et les autres l'objet, fût leur nœud complémentaire, il faudrait qu'il fût produit par l'unanimité des uns et accepté par l'unanimité des autres. Le mouvement, la loi, seraient donc la résultante de l'action particulière de chaque activité relative, et de l'obéissance particulière de chaque mollécule passive ; alors la loi aurait vraiment le caractère d'un contrat : elle procéderait du droit d'agir et du droit de résister, et elle se manifesterait comme expression de la volonté générale des actifs et des passifs. Alors le système du monde serait fédéraliste.

Nous ne nous amuserons pas à ouvrir la source de l'absurde. Il nous suffira de remarquer que, dans l'hypothèse fédéraliste, rien n'empêcherait que l'univers ne fût changé à volonté et à la majorité des suffrages par les êtres actifs et les êtres passifs, par tous les membres du souverain réunis en assemblées primaires.

La loi du monde suppose donc autre chose que des êtres relatifs. Cette loi est nécessairement le rapport quelconque d'un être actif absolu à un être passif absolu, acte chez l'un, mouvement chez l'autre ; et comme la passivité absolue n'existe pas avant d'être passive, c'est-à-dire avant d'obéir, il faut que l'activité absolue commande avant que le rapport soit : l'acte précède le mouvement. Si Dieu est le nom de l'activité, matière le nom de la passivité, création sera le nom du rapport ; la matière sera rigoureusement créée par Dieu ; car elle n'existe qu'à la condition d'être passive : elle n'est passive qu'à la condition d'être mue. Tout acte qui lui imprime un mouvement un, c'est-à-dire une forme une, est donc une création.

Cette forme, quelle qu'elle soit, la passivité en dépend toujours, puisque son essence est d'obéir ; mais l'activité n'en dépend nullement, puisque son essence est de commander.

Quel sera le partage des activités relatives dont l'essence est aussi de commander? Limitées par l'actif absolu et par le passif absolu, commanderont-elles au nom de Dieu, conformeront-elles leur volonté à la sienne, ou bien commanderont-elles au nom de leur propre volonté, et tenteront-elles follement l'obéissance de l'être passif absolu?

Le choix leur est offert, car leur essence est de commander. Les activités humaines, par exemple, ont reçu le point d'appui par lequel elles doivent agir selon la loi du monde : ce point d'appui est le corps. Elles ont reçu la connaissance de la loi : cette connaissance est leur levier ou leur raison. Maintenant il faut opter ; car il n'y a pas de milieu pour elles ; car l'indifférence et le repos sont impossibles à des êtres essentiellement actifs.

Il faut que l'homme choisisse d'agir en serviteur ou d'agir en maître.

S'il agit en serviteur, le levier et le point d'appui sont sa propriété ; c'est son droit, et c'est de ce droit, compris entre un devoir imposé et un devoir accompli, que Jésus-Christ disait : « Un grain de foi transporte les montagnes. » Si l'homme agit en maître, il faut qu'il renonce à l'instant à ses instrumens d'obéissance, à sa raison, à son corps, et qu'il aille, activité nue, se composer à lui-même une raison et un corps au sein de la passivité pure. Il faut qu'il sorte du mouvement de Dieu, qu'il sorte du monde, et qu'il le brise pour le pétrir de nouveau. Pauvre activité nue, il ne touchera que des surfaces inflexibles ; il est à lui-même son centre et son rayon, et il aura pour circonférence une prison de granit.

De ce qu'il y a deux classes d'êtres relatifs, nous étions fondés à affirmer qu'il y a deux êtres absolus. Nous venons de rendre cette affirmation successive, et nous avons trouvé toutes ses conséquences affirmatives comme elle.

Nous définirons l'homme une activité relative munie d'une raison et d'un corps. Nous avons prouvé que sa raison était le rapport général des êtres : c'est là son axiome absolu, au-dessus duquel il ne peut rien placer. Ceux qui demandent à la raison humaine de démontrer à priori l'activité absolue et la passivité absolue, Dieu et la matière, demandent à un rapport de précéder l'existence des termes qui lui préexistent nécessairement.

La vérité importante, première, capitale, par laquelle l'homme devra débuter en appliquant son axiome, sera de déterminer le rapport de l'activité absolue avec les activités relatives, et le rapport des activités relatives entre elles. Ainsi l'homme, pour vivre, pour agir, dira d'abord, à l'acte de Dieu, obéissance ; et à ses semblables, à ceux avec lesquels il ne peut avoir de relatif qu'une obéissance commune, un devoir commun, entraînant un acte commun, il dira : soyons unis, obéissons en commun. C'est ici la loi morale, le rapport fondamental, base de tous les rapports. Par elle, tous les hommes sont un dans le même devoir et un dans la même obéissance, un dans le même principe, un dans le même acte, un dans le même but. Si donc l'universalité des hommes implique une successivité, le passé, le présent et l'avenir, le temps et l'espace, les générations et les peuples, l'acte humanitaire se divisera comme les agens, il se divisera en fonctions solidaires entre elles, et solidaires de l'acte humain lui-même, lequel est responsable de son but. L'individu déduira sa fonction de celle du peuple dont il sera membre, le peuple déduira la sienne de celle de l'humanité, l'humanité la sienne de son but.

Nous définirons l'humanité, l'ensemble des activités relatives, ensemble un et indivisible, tenant par deux anneaux à ses termes complémentaires, savoir : à l'activité absolue par l'anneau du même devoir imposé, et à la passivité absolue par l'anneau du même devoir accompli. Nous ajouterons que l'humanité est libre, car elle a commencé par un seul de ses membres à qui l'anneau du devoir a été offert, et qui a pu le refuser ; car cet anneau a été offert ensuite par lui à ses semblables, et ils ont pu le refuser.

Nous disons que l'humanité a commencé par un seul de ses membres. En effet, être pour l'humanité, c'est agir ; agir, c'est obéir à sa normalité suprême : avant donc qu'elle agisse, il faut que sa normalité lui soit connue. De deux choses l'une : ou la connaissance de cette normalité, la science du rapport général des êtres lui a été enseignée, ou elle l'a trouvée elle-même Si elle l'a trouvée elle-même, elle a dû la chercher en commun; si elle a cherché en commun, elle a agi, elle a pu faire un acte normal sans connaître sa normalité, ce qui est absurde. D'ailleurs, le signe de la connaissance de sa normalité, de sa raison, la parole étant nécessaire pour qu'elle agit en commun, il en résulterait que le signe eût existé avant la chose signifiée.

C'est donc un homme, un seul, qui a enseigné à ses semblables la raison revêtue de son signe, le rapport général des êtres, exprimé par le signe générateur de tous les signes : le Verbe. Que cet homme ait eté enseigné, ou qu'il ait découvert, le problème est également insoluble pour les hommes qu'il a enseignés. Lui seul le savait, et il a dit qu'il était enseigné par Dieu. Qui osera le démentir parmi ceux qu'il a enseignés?

La langue engendrée par le signe du rapport général des êtres fut une proposition, d'où il résulta que le système du monde, la chose signifiée, était un rapport entre un sujet et un objet, entre une activité absolue, Dieu, et une passivité absolue, la matière. Toutes les langues que l'humanité a parlées depuis sortent généalogiquement de celle-là ; toutes lui sont identiques, en ce que l'élément de toutes est la syntaxe de la proposition.

Il faut donc que ceux qui rejettent le rapport d'activité absolue à passivité absolue, de Dieu à matière, rejettent aussi les langues qui expriment ce rapport; il faut que les panthéistes qui soutiennent que le rapport est l'être absolu, c'est-à-dire, selon leur formule, que l'activité et la passivité sont deux aspects de la même substance, fassent une langue dans laquelle ils placeront un substantif partout où nous plaçons un verbe, un verbe actif là où nous plaçons un substantif, un verbe passif là où nous plaçons un adjectif. La proposition du révélateur panthéiste doit donc être celle-ci : *Creavit Deus creatur*, proposition qui suppose que *Deus* est nominatif par le bout relatif à *creavit*, et régime par le bout relatif à *creatur*. La langue française est tellement active, elle implique tellement le rapport d'activité à passivité, qu'elle ne se prête point à cette bizarrerie.

Il faut que le matérialiste qui n'admet que l'être passif absolu, la matière, et l'aspect, le mouvement, ne se serve jamais du substantif, signe de l'activité, signe du terme qu'il rejette, et que sa proposition soit un verbe sans nominatif et un adjectif (1).

Ou bien il faut que les uns et les autres disent non, le seul mot qu'ils aient de commun avec les élèves de l'homme qui parla le premier, qu'ils disent non à la loi de Dieu, non au point d'appui qui leur est donné, non à la raison qui leur est enseignée et qu'ils savent, et qu'ils aillent dans leur prison de granit, jusqu'à ce que nous puissions les en tirer. S'ils en sortent jamais, c'est parce qu'ils auront servi à nous faire prononcer oui plus haut et plus ferme.

(1) Il est bien entendu que nous examinons ici comment les panthéistes et les matérialistes devraient employer nos mots pour traduire leur pensée en langage humain. Il est superflu d'ajouter qu'à nos yeux et pour quiconque n'ignore pas les élémens de grammaire générale, ni les panthéistes, ni les matérialistes ne peuvent parler, car ils ne peuvent se servir du verbe, signe d'une spontanéité active.

Mais reprenons. L'humanité a donc commencé par un homme, qui a dit : Dieu créa le monde. Et parce que l'humanité naquit après le monde dans lequel elle venait agir, celui qui l'enseigna lui apprit ce qui avait été fait avant sa venue, et ce qu'elle devait faire immédiatement elle-même. Or, ce qu'elle devait faire, c'était d'apprendre à parler. Ceux qui apprirent à parler composèrent seuls alors l'humanité ; ceux qui ne parlèrent pas ne furent pas ses membres. Il y eut donc deux origines pour les hommes de cette première époque : les uns naquirent de la parole de Dieu, car ils agirent dans le sens du devoir, ils parlèrent ; les autres furent un *pecus*, qu'on ne distingua pas des animaux. Or, cette relation dut être exprimée, et exprimée d'une manière absolue par les enfans de la parole, car toute leur fonction était comprise entre leur principe et leur but. Ainsi, ils dirent : les hommes qui parlent, qui veulent obéir, viennent de Dieu, viennent du bien ; ceux qui ne parlent pas, qui résistent, viennent du mal.

Quand cette première fonction de l'acte humanitaire fut accomplie, la seconde fut proposée. Or, une fonction nouvelle supposait un nouveau but et une nouvelle origine. Comment donc les hommes à qui le premier révélateur n'avait ni dû, ni pu enseigner que la première fonction, auraient-ils pu savoir autre chose que le premier but et la première origine.

Il fallut donc qu'un homme, un nouveau révélateur, vînt leur enseigner le second devoir. Qu'il fût inventeur ou enseigné de Dieu, il n'est donné à personne de ceux qu'il a enseignés de combler cette lacune : lui seul le pouvait, et il a dit qu'il était enseigné par Dieu. — Qui osera le démentir ?

Le second devoir fut ainsi : Multiplie, c'est-à-dire accrois et conserve une race. Et le révélateur leur apprit qu'ils avaient une même origine, mais qu'elle était inégale et hiérarchique ; qu'ils sortaient tous du même créateur, mais le chef de la race sacerdotale de sa tête, le chef de la race guerrière de ses épaules, le chef des fermiers de son ventre, et les esclaves, les hommes sans race, de ses pieds. Les hommes le crurent, et les races furent accrues et conservées, et les hommes couvrirent la terre.

Quand le second devoir fut accompli, le troisième devoir fut proposé. Que pouvaient savoir les élèves du second révélateur ? rigoureusement ce que le premier et le second avaient dit.

Ici nous interpellons directement nos adversaires, et, avec eux, tous ceux qui savent assez peu Platon, Aristote, les Alexandrins, et assez peu le christianisme, pour attribuer la science de Jésus-Christ à ces philosophes. D'abord nous leur dirons *à priori* que ces hommes ne devaient pas connaître une syllabe, une lettre, ni au-delà, ni en-deçà des deux premières fonctions de l'humanité, à moins que l'un d'eux n'ait été le révélateur de la troisième fonction, et les autres ses élèves. Celui-là quel est-il ? A-t-il proposé la fonction, et les hommes l'ont-ils acceptée ? Répondez.

Nous leur dirons *à posteriori*, et c'est de notre part une vieille assertion, que pas un de nos adversaires n'a encore renversée ; nous leur dirons : Platon, Aristote, les Alexandrins bien loin d'affirmer l'égalité originelle des hommes, ont au contraire positivement, explicitement, toutes les fois qu'ils se sont expliqués là-dessus, affirmé leur inégalité originelle.

Le système politique de Platon est calqué, terme pour terme, sur la Genèse du premier révélateur. L'être social, l'être actif, qu'enfanta la parole du premier Révélateur, fut constitué par lui mâle et femelle, *creavit illos masculum et feminam* : c'est-à-dire que la femme lui fut attribuée comme un second corps vivant sous l'activité une de l'homme ; mais ce fut la famille, et non pas le rapport des familles entre elles, qui reçut la forme androgynique. Qu'a fait Platon ? Il a pris l'androgyne pour type social ; sa république est la théorie de l'androgyne abstrait. S'il était passé au second révélateur, au second chapitre de la Genèse (nous citons la Bible), il aurait vu que pour la seconde fonction, la femme fut séparée de la côte de l'homme. Qui ne connaît, parmi les chrétiens, la naissance de la femme ?

D'ailleurs Platon enseigne que son androgyne, sa république, choisira entre ses enfans, ceux qu'elle doit élever. Les êtres sociaux de Platon naissaient donc inégaux, puisqu'ils légitimaient un choix.

Aristote est clair et dogmatique. Il faut ne pas avoir lu les premières pages de sa Politique, pour ignorer qu'à ses yeux, il n'y a de société qu'entre les hommes de même nature originelle ; qu'à ses yeux le maître et l'esclave sont de deux natures différentes.

Ceux qui ont trouvé l'égalité originelle des hommes dans Aristote et dans Platon, les ont lus comme ils nous lisent nous-mêmes. Ils ont lu leur propre science dans ces philosophes, comme ils ont lu leur christianisme dans le nôtre. Nous les adjurons ici d'administrer une preuve quelconque de leurs gratuites affirmations.

Passons. La parole du troisième Révélateur fut : Tous les êtres actifs, tous ceux qui parlent, hommes, femmes, enfans, esclaves, tous sont enfans de Dieu ; non pas d'un père matériel, les engendrant selon la hiérarchie de ses membres, mais d'un père spirituel et un, les créant selon son unité active. La fonction qu'il proposa fut : L'unité humaine par le dévoûment. Il appela l'humanité, son église ; il dit qu'il en était la tête et que son corps spirituel, l'unité humaine, serait édifié par le dévoûment : il dit que les hommes qui représenteraient sa tête, jusqu'à la consommation de l'unité humaine, porteraient sa croix ; et que d'é-paules en épaules, sa croix serait portée par ceux qui conduiraient les hommes à l'unité.

Ainsi la troisième fonction de l'acte humain, eut l'égalité pour origine et l'unité pour but. Or, l'unité humaine résulte nécessairement de fonctions hiérarchiques, dont la plus élevée appartient au serviteur de toutes les autres, à l'homme qui prend Jésus-Christ pour modèle. Ainsi donc, les hommes partent de l'égalité d'origine ; ils sont également libres de choisir parmi les fonctions qui leur sont offertes, et s'y classent selon leur dévoûment ; ils partent de l'égalité, et ils aboutissent volontairement à l'un des degrés de la hiérarchie, d'où résultera l'unité. Nous ne savons pas sur quoi certains de nos adversaires se sont fondés, pour accuser le christianisme d'avoir enseigné la fraternité dans le ciel, et non pas sur la terre. Il a précisément enseigné le contraire, car il a dit : Les hommes commencent par être enfans de Dieu, et finissent par être les fils de leurs œuvres ; ils vont de l'égalité à l'inégalité. Cette parole est de Jésus-Christ : *Il y a plusieurs demeures, dans la maison de mon père !*

Le verbe du troisième Révélateur fut-il de lui ou de Dieu ? Pour ne pas entrer dans des détails auxquels notre préface ne suffiraient pas, nous dirons : Jésus-Christ seul le savait; il affirma qu'il était le fils de Dieu fait homme, et qu'il venait sceller de son sang, la nouvelle qu'il nous apportait de la part de son père. Cette nouvelle, c'était l'égalité d'origine, et l'unité de but. — Qui osera dire qu'il n'était pas le fils de Dieu? qui, parmi ceux qui professent l'égalité d'origine et l'unité de but ?

Parce que le sacrifice fut le moyen particulièrement imposé par Jésus-Christ pour réaliser la troisième fonction, il ne faudrait pas en conclure que le sacrifice n'était pas le moyen des deux premières. Ce moyen est relatif comme les fonctions qui divisent l'acte humanitaire, mais il est constant et un, comme l'acte lui-même; voici ses relations :

Il est évident que, lorsque le but était la parole, le plus grand sacrifice que l'homme pût faire, était d'enseigner à parler; son devoir était donc de se conserver, et de détruire par la violence, tous les obstacles de l'ordre muet. Lorsque le but fut la multiplication, il est évident encore, que le moyen de ce but, le chef d'une race, reçut pour devoir de se conserver lui-même, et de sacrifier à son but tout obstacle de l'ordre stérile.

Mais aujourd'hui que le but est l'unité humaine, le plus grand devoir que l'homme puisse remplir, est de conserver la fonction qu'il a librement voulue. Pour la conserver, il faut qu'il la transmette, et le meilleur moyen de la transmettre, c'est de mourir pour elle. L'héritage d'un martyr engendre des héritiers. L'homme du droit, le fédéraliste, ne peut jamais être martyr, car mourir pour soi est un non-sens.

Telles sont nos idées sur l'humanité. Dans notre préface du neuvième volume, nous avons traité du rapport général des êtres, du mouvement considéré selon la loi logique. Ici, nous avons exposé ce même rapport, du point de vue de ses deux principes. Nous y avons procédé par voie d'affirmation, les posant comme dogme, les appelant création et but. Nous les avons ensuite prouvés, par l'absurde. On peut maintenant vérifier les révélations, les créations successives que nous avons indiquées dans l'humanité, par la formule logique, le progrès, et l'on verra qu'elles sont conformes à cette formule. Opposition d'origine, hiérarchie d'origine, égalité d'origine, sont en effet trois initiales en série progressive.

Avant d'entrer sur le terrain de nos adversaires, nous rappellerons en deux mots notre définition de la nationalité française. Nous disons, depuis quatre ans, que la nationalité française est une fonction chrétienne, et qu'elle est la première dans l'ordre de réalisation de l'unité humaine. Nous avons démontré sur pièces que cette fonction fut proposée à Clovis par les évêques des Gaules, acceptée par lui et acceptée par son armée. La nation française est née de ce choix. Pour vivre elle doit porter sa fonction au but ; pour vivre, elle doit marcher toujours vers l'unité humaine à la tête des nations ; être la servante des servantes de Dieu.

Le grand cri contre notre doctrine le voici. Notre formule générale affirme que le christianisme est; nos adversaires soutiennent qu'il n'est pas ou qu'il n'agit plus, ce qui revient au même : leur preuve c'est qu'on n'y croit plus. Sans nommer et sans compter ici ceux qui n'y croient plus, nous ferons une *réponse décisive.*

Si l'on ne croit plus au christianisme dans le monde, de deux choses l'une, ou les peuples qui étaient fonction de son but, les peuples qui ont eu foi en Jésus-Christ, ont renoncé à leur fonction, ou ils ont accompli le christianisme.

S'ils ont renoncé à leur fonction, nécessairement le principe antérieur, le principe de la race les a tous conquis, et leur a donné une fonction et un nom selon son but.

S'ils l'ont accomplie, l'unité humaine est, l'humanité est prête : elle peut agir comme un seul homme ; elle attend son initiateur pour la quatrième et dernière fonction, pour son but absolu, pour réaliser dans la création son acte final, et conquérir ainsi sa mémoire éternelle. — Où est l'humanité ? pouvons-nous, comme le poète, saluer la France reine du monde ?

Mais nous voulons bien admettre une absurdité, admettre que le christianisme soit fini avant d'être fini, que la fonction soit remplie avant que le but soit atteint. Il faut que celui qui dit cela sache un mot qui ne découle point comme conséquence de l'un des trois principes enseignés à l'humanité : il faut qu'il soit révélateur. Si, par hypothèse, le progrès continu est ce mot, le révélateur de ce mot n'aura même pas besoin de faire l'œuvre logique ; à l'instant ses élèves la feront, et parleront en vertu de la parole générale qu'il leur aura enseignée, la quatrième et dernière fonction de l'humanité. — A l'œuvre !

La doctrine du progrès continu pense qu'elle aboutira à une religion, par les mêmes raisons que Platon, Aristote et les Alexandrins ont engendré Jésus-Christ. Notre réponse est plus haut.

Afin que nos lecteurs sachent d'une manière nette la différence qui nous sépare de cette doctrine, nous devons une fois les mettre en regard. L'une affirme que le progrès est continu, c'est-à-dire qu'il n'a point un principe ni une fin assignable, c'est-à-dire qu'il n'est ni un rapport ni une loi, mais une substance une, l'être absolu.

Nous, nous affirmons que le progrès est le Verbe, le rapport général d'activité absolue à passivité absolue. Elle affirme que Dieu a créé progressivement le monde, et que les révélateurs créent l'humanité selon la loi de création, parce que l'humanité consent librement à être créée, parce qu'elle réalise par ses créations progressives, le plan, la raison qui lui a été donnée par chaque révélateur. On remarquera qu'un tel progrès est continu aussi, seulement il a une cause toujours assignable et une fin toujours assignable ; seulement il n'est pas un être, mais un rapport.

Appliquant leur théorie à l'histoire, les philosophes du soi-disant progrès continu pensent que la certitude historique c'est la tradition immédiate manifestée par le consentement immédiat. Cela suppose que la tradition est unitaire, qu'elle est un signe, qu'elle a un nom. Si en effet la tradition immédiate était une pluralité, elle aurait autant de signes qu'elle renfermerait de différences, et si ces différences étaient des contradictions, jamais elles ne pourraient recevoir un signe un ; il faudrait donc choisir pour consentir. Ainsi, par hypothèse, si la tradition immédiate, celle du dix-huitième siècle, est la tradition à laquelle consent le progrès continu, il faut qu'il choisisse, car la philosophie du dix-huitième siècle se présente à elle sous forme de deux signes contradictoires, le fédéralisme et l'unité, Voltaire et Rousseau. S'il choisit l'unité, il accuse directement la paternité de Jésus-Christ, et il a la certitude; s'il choisit le fédéralisme, il suppose que les êtres actifs relatifs ont mu la passivité absolue par leur volonté générale; s'il choisit le fédéralisme et l'unité, il choisit le néant. C'est cependant là le problème social que s'est dernièrement proposé de résoudre un écrivain d'un talent incontestable; il l'a posé ainsi : Liberté et association.

Toutes les doctrines qui font venir le devoir du droit posent ce problème d'une manière identique; toutes se font cette question : trouver la loi selon laquelle les égoïsmes puissent librement agir, puissent librement se toucher sans que leur contact soient jamais douloureux. Il ne devrait donc y avoir qu'une solution si la logique intervenait. Or, il y a la force révolutionnaire, le droit absolu d'insurrection, qui résout le problème en l'affirmant purement et simplement; il y a la solution qui définit l'homme, une unité ayant en elle deux aptitudes organiques, l'égoïsme et le dévoûment, d'où il suit qu'une organisation une peut être le résultat de deux organes aussi essentiellement contradictoires que l'égoïsme et le dévoûment. Il y a, enfin, la doctrine de l'industrie attrayante, dont l'auteur a découvert en effet le moyen de concilier l'égoïsme et le dévoûment, le droit et le devoir; il a affirmé que le *travail était un plaisir*. Aussi l'un des écrivains dont nous parlions tout-à-l'heure l'a-t-il appelé le géant Fourrier.

Toutes ces doctrines sont fédéralistes. Ainsi, l'une d'entre elles a beau dire droit social. Ou ce droit vient du droit absolu et il est une obéissance de la part de la société, il naît d'un devoir; ou il vient du droit relatif, et il procède de l'homme.

Toutes ces doctrines sont tellement fédéralistes, elles affirment à tel point ce que nous venons d'affirmer qu'elles disent que la société part des individus et qu'elle aboutit aux individus; qu'elle a pour principe la volonté de ses membres et pour but le bonheur de ses membres.—Si la société des êtres actifs relatifs à un tel but, comme la passivité absolue est le seul obstacle qui se manifeste fatalement contre ses membres par la maladie et par la mort, le premier but relatif d'une telle société étant le moyen de son but, elle doit trouver la médecine absolue avant de parler de bonheur.

Nous l'avons déjà dit, la philosophie de ces philosophies, la théorie générale de ces fédéralistes, est le panthéisme saint-simonien, qui s'appelle aujourd'hui le *progrès continu*. Il affecte certaines réminiscences Enfantinistes (1), telle que *la tradition vivante, la vie, le vivant*, mots dont nous savons le sens.

Elle a prétention de s'appuyer sur un système de formation animale présenté déjà plusieurs fois, et qui a été dernièrement exposé à l'acadé-

---

(1) Les Saint-Simoniens, obligés de soutenir par suite de leurs idées sur la vie que le vivant ne mourait pas, avaient affirmé *à priori* qu'il y avait toujours sur le globe un égal nombre de vivans. Ils ont même, à notre connaissance, essayé des statistiques pour le démontrer *à posteriori*. Ils expliquaient cela en disant : le *vivant saisit le mort*, réciproque de cette proposition fameuse au Palais : *le mort saisit le vif*. Le père Enfantin prétendait avoir saisi trois morts, Moïse, Mahomet et Jésus-Christ. La théorie *du progrès continu* vient de là.

mie des sciences sous un nouvel aspect. Nous ne partageons pas cette opinion scientifique, mais nous n'avons pas à nous en occuper ici, car elle ne prouve nullement le panthéisme que nous combattons; elle le nie. Les deux théories n'ont de commun que le son matériel de la lettre *progrès continu*. Le savant admet deux forces, deux êtres différens l'un de l'autre, dont la forme de l'un est le milieu, et la forme de l'autre l'animal, et il dit que ces deux êtres agissent l'un sur l'autre, et que de leur action réciproque résulte leur transformation réciproque.—Le panthéiste n'admet qu'un être, la loi vivante. Il ne doit pas intervenir dans les sciences naturelles à moins qu'il n'en fasse directement lui-même, ou à moins qu'il n'interroge le savant dans la langue dont nous avons tracé plus haut la syntaxe.

Dieu, dévoûment, fraternité, égalité d'origine, libre arbitre, unité humaine, progrès, tous les mots enfin de la langue morale, de la langue des obligations, nous sont communs', de la même manière, avec le progrès continu.

Il y a long-temps que Bayle l'a dit : Pour l'homme il n'y a de vrai que la révélation. S'il n'y croit pas il ne peut croire à rien.

Nous croyons à celui qui inventa la parole; à celui qui inventa le signe de l'unité matérielle, le système des castes; à celui qui lui a succédé et qui a inventé le signe de l'unité spirituelle, la fraternité par le dévouement. Telle est notre foi.

Notre foi ne promet à personne le bonheur; elle impose le sacrifice jusqu'au martyr. Nous sommes sûrs que la lutte des chrétiens de notre âge sera l'analogue de celle qui vainquit l'Arianisme. Viennent donc un Saint-Athanase et un Arius généraliser cette lutte. — Dans une prochaine préface nous reprendrons cette même question du point de vue politique; nous traiterons du signe social, ou de la candidature.

FIN DE LA PRÉFACE.

HISTOIRE PARLEMENTAIRE

DE LA

RÉVOLUTION

FRANÇAISE.

JUILLET 1791. — (SUITE.)

Nous nous sommes arrêtés, dans le volume précédent, à la discussion que l'assemblée nationale allait ouvrir sur les résultats constitutionnels que devait entraîner la fuite à Varennes. Notre coup-d'œil préliminaire sur le mois dont nous reprenons ici la continuation, nous dispense de particulariser de nouveau l'état des esprits à l'égard de la question toute nationale qu'il s'agissait de résoudre. Nous avons donné les manifestes des partis, leurs conclusions respectives; nous avons constaté les agitations de la presse, des clubs, de la place publique. Il nous faut maintenant aborder les luttes régulières. La société des Jacobins traita de l'inviolabilité du roi, pendant la première quinzaine. Le discours le plus remarqué alors *parmi ceux qui y furent* prononcés, est celui de Brissot. Nous le transcrirons immédiatement. Viendront ensuite les opinions émises au sein de la constituante. La journée du 17 juillet terminera cette première moitié du mois, selon la division que nous avons indiquée.

DISCUSSION SUR LA QUESTION DU ROI.

Opinion de Brissot. — (Club des Jacobins.)

M. Brissot. « La question importante, que vous agitez maintenant, offre cinq branches, qui, toutes présentent un égal intérêt.

» Le roi sera-t-il jugé?

» Par qui sera-t-il jugé?

» Dans quelle forme sera-t-il jugé?

» Comment sera-t-il provisoirement remplacé?

» Comment le sera-t-il définitivement, s'il est destitué?

» Toutes ces questions doivent être traitées séparément, avec cette lenteur, cette réflexion que commande l'importance de ce procès national, avec cette solennité qui doit entourer une nation, qui accuse du plus grand des crimes un de ses représentans, avec cette liberté, cette franchise d'opinion, qui caractérisent des amis de la liberté.

» M. Pétion a, dans la dernière séance, sagement circonscrit la discussion actuelle à la première de ces questions : *Le roi sera-t-il, peut-il être jugé?* Respectant la limite qu'il a posée, et que vous avez paru approuver, je m'y renfermerai. Je ne traiterai donc, quant à présent, aucune des questions subséquentes, quoique nos adversaires cherchent à les cumuler, à les confondre, afin d'égarer les esprits, afin de leur inspirer des préventions contre le parti sévère que commandent l'intérêt, la justice et la majesté nationale. Ce n'est pas, Messieurs, que nous redoutions le combat qui nous est offert par nos adversaires. Oui, quand il en sera temps, nous leur prouverons que, soit que le roi conserve sa couronne, soit qu'on le remplace; le salut du peuple, le salut de la constitution exigent que le trône soit entouré d'un conseil, qui, tenant ses pouvoirs du peuple, inspire la confiance au peuple. Nous leur prouverons que cette forme, loin d'altérer la constitution française, est conforme à cette constitution, conforme à ses bases essentielles; nous leur prouverons qu'ils ont toujours ignoré ou feint d'ignorer ces bases; qu'ils ont constamment déliré ou trompé dans leurs accusations contre le républicanisme; qu'en calomniant, sous ce mot vague, le gouvernement représentatif, ils calomnient la const tut on fr nçaise; nous leur prouverons que ceux qu'ils appellent républicains, sont les plus fermes defenseurs de cette constitution; nous leur prouverons enfin que le mode du conseil électif déjà présenté dans cette tribune, est le seul capable de ramener la confiance dans le pouvoir exécutif, et par conséquent, sa force, et par conséquent 'a paix et l'harmonie; tandis que le mode proposé par eux n'est propre qu'à couvrir d'opprobre le peuple français, en semant la discorde et l'anarchie.

» Alors, Messieurs, dans cette discussion solennelle qui, je l'espère, aura lieu dans cette assemblée, disparaîtra complktement le mal-entendu qui divise les patriotes; mal-entendu qu'entretiennent l'artifice et les calomnies de nos ennemis, et dont un mot peut d'avance détruire tout le poison.

» Que veulent ceux qui s'élèvent ici contre les républicains? Craignant l'anarchie, la voyant dans les assemblées tumultueuses, ils redoutent, ils détestent les démocraties tumultueuses d'Athènes et de Rome; ils redoutent la division de la France en républiques féderées; ● ne veulent que la constitution française, la constitution représentative : ils ont raison. Que veulent de leur côté ceux qu'on appelle républicains? Ils craignent, ils rejettent également les démocraties tumultueuses d'Athènes et de Rome; ils redoutent également les quatre-vingt-trois républiques fédérées; ils ne veulent que la constitution représentative, homogène de la France entière.... Nous sommes donc tous d'accord; nous voulons tous la constitution française.

» La seule question qui nous divise en apparence, se réduit à ceci : Le chef du *pouvoir exécutf a trahi* ses sermens, a perdu la confiance de la nation. Ne doit-on pas, si on le rétablit ou si on le remplace par un enfant, les investir d'un conseil électif qui inspire la confiance, si nécessaire dans ces momens de troubles ?

» Les patriotes disent oui ; ceux qui veulent disposer ou d'un roi méprisé ou de son faible successeur, disent non, et crient au *républicanisme!* afin qu'on ne crie pas contre eux *à la liste civile!* Voilà, messieurs, tout le mystère ; voilà la clef de cette accusation ridicule de républicanisme. Ce n'est donc ici qu'un combat entre les principes et une ambition cachée entre les amis de la constitution et les amis de la liste civile.

» Mais avant de discuter quel mode de remplacement est le meilleur, il est indispensable d'examiner si le roi sera jugé ; car, s'il ne l'est pas, la deuxième discussion devient inutile.

» Je reviens donc à la seule question que je me suis proposé de traiter aujourd'hui. Je vous devais ce préliminaire pour rassurer la fraternité qui nous unit tous, pour dissiper les angoisses que ressentaient ceux qui croyaient voir la violation de nos principes constitutionnels, dans l'approbation ou dans l'improbation des principes républicains, et qui gémissaient de ce schisme.

» *Le roi sera-t-il jugé?* Cette question en offre deux : Peut-il être, doit-il être jugé? Les comités soutiennent qu'il ne le peut pas, qu'il ne le doit pas ; ils s'appuient, au premier égard, sur l'inviolabilité du roi ; au second, sur la crainte des puissances étrangères : c'est à ces deux argumens que je vais m'attacher. Je viens d'abord à celui de l'inviolabilité.

» M. Pétion avait bien raison de vous dire qu'il ⬤ concevait pas comment cette question en faisait une ; car à consulter le bon sens, la déclaration des droits, la constitution, les usages des peuples libres, ceux de nos ancêtres, les opinions des auteurs les plus estimés, un roi criminel inviolable est la monstruosité la plus révoltante.

» Nous ne parlons pas de l'inviolabilité constitutionnelle, de celle à l'aide de laquelle un roi ne répond point de ses actes administratifs. Cette irresponsabilité est décrétée ; elle ne peut donc *être contestée* : quoique ce ne soit qu'une fiction, elle n'est pas

dangereuse, parce que ces sortes d'actes devront être contresignés par un ministre responsable : le peuple a toujours un garant sous la main.

» Mais on veut appliquer cette inviolabilité à tous les actes extérieurs et personnels du roi : on veut qu'il soit inviolable, soit
qu'il attente ouvertement aux droits et à la sûreté des individus,
soit qu'il attaque à main armée la liberté de son pays.

» Cette doctrine prouve le danger d'introduire des fictions
dans les constitutions : on a dit d'après les Anglais : *le roi ne peut
faire du mal comme roi*; donc il est inviolable. Et des courtisans,
et les valets des rois en concluent que le roi ne peut pas faire de
mal comme individu, et que par conséquent qu'il ne peut jamais
être ni jugé ni puni, quoique dans la réalité il commit les crimes
les plus affreux. Si, disent-ils, vous admettez son infaillibilité
comme roi, pourquoi ne l'admettriez-vous pas comme homme?
C'est toujours le même homme, et la seconde fiction ne choque
pas plus que la première.

» Je ne viens point justifier ici la première inviolabilité; je m'y
soumets, elle est décrétée; mais je soutiens que si l'on admet la
seconde, il n'y a plus ni principes, ni déclaration de droits, ni
souveraineté de la nation, ni constitution, ni liberté.

» Le bon sens veut en effet que la peine suive le délit; et ne
pas appliquer la peine là où est le délit, c'est l'encourager. Le
bon sens veut qu'un homme ne soit pas déclaré impeccable, lorsqu'il n'est qu'un homme, et qu'il ne soit pas déclaré impunissable,
lorsque le ciel ne l'a pas fait impeccable. Les Égyptiens qui
croyaient aussi la royauté un élément nécessaire du gouvernement,
mais qui voulaient se délivrer du mal que les rois *animés* leur
faisaient, les avaient remplacés par une pierre qu'ils mettaient
sur le trône. Les Seïeks y mettent l'alcoran et un sabre, et vivent en républicains. Si la pierre et l'alcoran sont impunissables,
ils sont au moins impeccables; ils ne conspirent pas contre la nation.

» La déclaration des droits veut que tous les citoyens soient
égaux devant la loi. Or, cette égalité n'existe plus du moment
qu'un homme est au-dessus de la *loi*, et la déclaration des droits

s'anéantit insensiblement dans tous les articles, du moment qu'on
a l'audace d'en fouler un seul aux pieds.

» La souveraineté de la nation ne reconnaît personne au-dessus
d'elle. Or, si un homme a le privilége de conspirer contre la nation sans pouvoir être puni, il est clair que cet être privilégié est
le souverain, et que la nation est son esclave.

» Je ne vois plus en lui qu'un Dieu, et vingt-cinq millions de
brutes ou de serfs dans les prétendus citoyens.

» La constitution veut que tous les pouvoirs dérivent du peuple,
que tous soient subordonnés au peuple. Or, l'inviolabilité universelle et perpétuelle d'un homme ne peut dériver du peuple :
car il ne peut faire plus grand que lui, et faire quelqu'un plus
grand que lui, c'est renverser cette subordination où tous les
délégués du peuple doivent être à son égard.

» La constitution dit : la nation, la loi et le roi, et les partisans de l'inviolabilité placent le roi d'abord ; et, non pas à côté,
mais au-dessous, la nation et la loi. Ainsi, admettez l'inviolabilité
absolue, et il faut changer ce bel ordre d'élémens politiques qui
vous a couverts de gloire aux yeux de l'univers.

» La liberté de faire ne connaît de limites que le droit d'autrui.
Or, du moment où un individu a le privilége de franchir toutes
les limites à l'égard des autres, et d'empêcher qu'on ne les fran-
chisse au sien, il est clair qu'il n'y a plus ni liberté ni justice ; car
liberté et justice supposent réciprocité de droits et de devoirs.
Or, ici les droits sont tous d'un côté, et les devoirs de l'autre.
Mais si l'inviolabilité du roi renverse le bon sens, la déclaration
des droits, la souveraineté de la nation, la constitution, la liberté, il est évident qu'elle n'est, ni ne peut être dans la constitution ; il est évident que ceux qui la défendent sont les ennemis
du peuple, de la constitution et de la liberté ; il est évident que
si leur système était admis, il renverserait insensiblement toutes
ces bases ; car en matière de constitution, un mal en amène toujours dix autres qui se greffent sur le premier.

» Nos adversaires conviennent que cette inviolabilité absolue
n'est pas encore écrite ; mais ils disent qu'il est nécessaire qu'elle

le soit, et qu'elle dérive de l'inviolabilité administrative. On a
déjà vu la différence qui régnait entre ces deux inviolabilités; et,
parce qu'on s'est paralysé un bras, il ne s'ensuit pas qu'il soit
bon de se paralyser les autres membres.

» Eh! peut-on calculer tous les maux qu'entraînerait un pareil privilège d'inviolabilité absolue? Je ne parle pas des fan-
taisies féroces ou crapuleuses qui peuvent souiller l'âme d'un
prince sûr de l'impunité; je ne rappelle pas les goûts de ce
prince qui, sans être cependant roi, s'amusait à tuer les hommes
comme des lièvres, et de tant d'inviolables despotes, tant de Ti-
bères, tant de Nérons, qui, pour leurs menus-plaisirs, plon-
geaient dans les cachots des milliers d'infortunés, et forçaient
les hommes les plus vertueux d'avaler la mort avec le poison.

» Mais je ferai une seule question à un de ces intrépides avocats de l'impunité couronnée : que dirait-il, si le roi, dans ses
états, violait sa femme, enlevait sa fille, volait son argent,
brûlait sa maison, menaçait sa vie? Lui dirait-il, seigneur, que
votre volonté soit faite?.... Le plus lâche des esclaves rougirait
de ce langage. Lui citerait-il la loi? Elle n'est pas faite pour un
roi. Repousserait-il à main armée son offense? C'est un inviolable, c'est l'oint du Seigneur. Il faut donc ici, ou être le plus vil
des hommes, ou violer un inviolable, puisque la loi n'osera pas
le punir.... Comme on s'embarrasse, comme on s'égorge soi-
même, quand on abandonne le bon sens, la nature et les droits
de l'homme! On égorge celui qu'on veut favoriser avec des privilèges aussi contraires à tous. Car défendre au glaive de la
loi de toucher à un individu coupable, c'est livrer ce coupable au
glaive de tous ceux qu'il a pu outrager; c'est lui donner vingt
ennemis, vingt bourreaux pour le sauver des mains d'un seul.
Sans doute ici, Messieurs, votre mémoire vous rappelle une
foule de princes, qui n'ont péri que par cet effet inévitable de
l'inviolabilité funeste attachée au pouvoir absolu. Elle vous rappelle les nombreux assassinats, les nombreuses dépositions des
princes que leur inviolabilité portait aux plus grands excès. Elle
vous rappelle tant de *pages sanglantes* de l'histoire du Bas-Em-

pire, de la Turquie. C'est de la doctrine de ce pays que nos champions de l'inviolabilité veulent infecter les sources pures de notre immortelle constitution.

» Eh! jusqu'où ne portent-ils pas les conséquences de cette doctrine impie! Ils couvrent de son voile même les guerres qu'un prince pourrait entreprendre contre la liberté de son pays. Je le demande ici à un avocat de l'inviolabilité : si le prince, après avoir franchi les frontières, n'était rentré en France qu'à la tête d'une armée étrangère ou rebelle, portant le fer et la flamme partout; s'il avait ravagé nos plus belles contrées; si, arrêté dans sa course furieuse, il eût été pris après plusieurs combats; osez me répondre : qu'en auriez-vous fait? Eussiez-vous invoqué son inviolabilité pour l'absoudre? Oui, me répond froidement un membre d'un comité! Eh bien!.... Allez à Constantinople chercher des fers, y porter votre infâme doctrine : elle révolte ici des hommes libres.... Cet exemple doit vous frapper, Messieurs. S'il est un délit personnel dans un roi où l'inviolabilité ne puisse le soustraire au glaive de la loi, il est clair que les autres crimes qui outragent la société ne peuvent pas davantage lui échapper. Car qui fixera la ligne de démarcation? D'après quelles bases?

» D'après celles de l'avantage de la société, me répond-on? le maintien de l'ordre est dans l'inviolabilité du roi; si vous le lui ôtez, on l'attaquera tous les jours.

» Je n'ai pas, je l'avoue, l'intelligence assez profonde pour concevoir comment une absurdité, une atrocité, sont des élémens nécessaires d'un bon gouvernement. J'y trouve au contraire la source des plus grands désordres, et l'excuse des plus grands criminels. Rappelez-vous ce mot prononcé par un juge à cette tribune : irai-je, disait-il, *condamner un assassin au nom du roi?....* Il me dira : *vous me condamnez au nom d'un homme qui a voulu renverser la constitution, couvrir la France de flots de sang, et qui cependant jouit encore du trône....*

» Messieurs, sous un régime libre, on ne maintient l'ordre que par l'exemple de l'ordre, la justice que par l'assujétissement personnel à la justice. »

(Ici Brissot cite l'exemple des États-Unis, dont le président ou
roi électif est justiciable devant la loi, pouvant être suspendu et
condamné pour crime de haute-trahison. Aussi, ajoute-t-il, n'y
a-t-il eu aucun président qui ait conspiré contre son pays; ils
savent qu'ils seraient infailliblement pendus.

Brissot passe ensuite à l'Angleterre et dit que tous les publicistes fameux de cette contrée, Locke, Sidney, Milton, Ma-
caulay, Blackstone, Jones, ont unanimement enseigné que le
prince peut être jugé, déposé par la nation, et que son inviolabilité cesse en matière de crime national.

Après avoir ainsi réfuté la maxime anglaise, *le roi ne peut mal
faire,* invoquée par les partisans de l'inviolabilité, et y avoir
opposé cet autre axiome du même pays, *le roi est soumis à la
loi,* Brissot énonce avec mépris cette opinion d'Ulpien, qu'on
avait également jetée dans cette discussion : *l'empereur n'est point
obligé d'obéir à la loi.* Il combat cette autorité par celle du jésuite
Mariana.)

» Le jésuite Mariana a fait, dans le dernier siècle, un livre
sur *l'institution du roi,* où l'on trouve deux chapitres sur la question de savoir *si on doit tuer ou empoisonner un tyran.* Mariana
n'en fait aucun doute, et voici la marche qu'il prescrit. Un tyran,
dit-il, est une bête féroce qui déchire tout ce qu'elle trouve; et
c'est un devoir que d'assassiner une bête féroce. Mais comment
s'y prendre avec un tyran! Il faut l'avertir fraternellement de ses
fautes; que s'il rejette la médecine, il est incorrigible; la république doit prononcer qu'il est déchu de la royauté : s'il s'oppose
à la sentence, il faut le déclarer ennemi public, et le détruire
par tous les moyens.

» Observez que Mariana écrivait ces leçons sur le tyrannicide,
sous le prince le plus despote, sous Philippe II. »

(Brissot poursuit en établissant que ni la déposition, ni la mise
en jugement d'un roi, n'infirment en rien la royauté elle-même.
Il le prouve par les Juifs dont le Sanhédrin jugeait et condamnait
les rois; par les Spartiates, par notre propre histoire. Après
cela, il aborda la dernière *objection.*—*(Le Moniteur* a extrait

de ce discours toute cette dernière partie, moins la conclusion.)

« Les puissances étrangères vont fondre sur vous, nous dit-on.

» Je le veux ; mais si, cédant à ce motif, vous oubliez vos principes, votre dignité, la constitution, pour ne plus voir qu'un danger extérieur, en ce cas, hâtez-vous de déchirer cette constitution : vous n'en êtes plus dignes, vous ne pouvez plus en défendre aucune partie. Croyez-vous en effet que si vos ennemis parviennent une seule fois à vous commander votre propre déshonneur, croyez-vous qu'ils s'arrêteront à ce premier pas ? Non. Ils vous forceront à établir le projet des deux chambres, ce sénat héréditaire, partout le complice et l'appui du despotisme ; ils vous forceront à ressusciter cette funeste noblesse, à côté de laquelle une constitution ne peut se maintenir ; ils vous forceront à rendre au roi une partie de son autorité absolue ; enfin, à quoi ne vous forceront-ils pas ? Quel sera le terme de leurs demandes insolentes et de vos lâches faiblesses ? Osez le fixer ; osez dire qu'arrivés à ce terme, vous aimerez mieux combattre et périr que de céder. Eh bien ! puisque vous ne pouvez éviter, en cédant une seule fois, ou de retomber, de degré en degré, dans l'esclavage, ou d'être obligés de combattre, ayez donc le courage d'être grands, d'être fiers, d'être inébranlables, au premier pas, à la première demande audacieuse.

» Les Romains avaient pour principe invariable de ne jamais négocier avec leurs ennemis que ceux-ci n'eussent mis bas les armes..... Et vous, vous craindriez des ennemis qui sont encore à les prendre contre vous ! vous fléchiriez par la frayeur de vains fantômes ! Mais que ceux qui redoutent ou feignent de redouter ces fantômes, osent les envisager ; qu'ils essaient de les toucher ; qu'ils voient ce qu'ils sont, ce que vous êtes, et les frayeurs disparaîtront.

» Qui êtes-vous ? Un peuple libre ; et on vous menace de quelques brigands couronnés et de meutes d'esclaves ! Athènes et Sparte ont-ils jamais craint les armées innombrables que les despotes de la Perse traînaient à leur suite ? A-t-on dit à Miltiade, à Cimon, à Aristide, recevez un roi ou vous périrez ? Ils auraient répondu dans un langage digne des Grecs : *Nous nous verrons à Marathon, à Salamine......* Et les Français aussi auront leur Marathon, leur Salamine, s'il est des puissances assez folles pour les attaquer.

» Ici, Messieurs, le nombre est même du côté de la liberté ; et nous aurons à envier aux Spartiates la gloire qu'ils ont eue de lutter avec peu de héros contre des nuées d'ennemis ! Nos Thermopyles seront toujours couvertes de légions nombreuses.

» La France seule contient plus de citoyens armés que l'Europe entière ne peut vomir contre elle de soldats mercenaires. Et quels citoyens ! ils défendront leurs foyers, leurs femmes, leurs enfans, leur liberté ! Avec ces dieux tutélaires, on n'est pas vaincu, ou l'on sait s'ensevelir sous les ruines de sa patrie.

» Quels soldats du despotisme peuvent faire long-temps face aux soldats de la liberté ? Les soldats des tyrans ont plus de discipline que de courage, plus de crainte que d'attachement ; ils veulent de l'argent, sont peu fidèles, désertent à la première occasion. Le soldat de la liberté ne craint ni fatigues, ni dangers, ni la faim, ni le défaut d'argent : celui qu'il a, il le prodigue avec joie pour la défense de son pays (j'en atteste les braves soldats de Givet) ; il court, il vole au cri de la liberté, lorsque le despotisme lui ferait faire à peine quelques pas languissans. Qu'une armée patriote soit détruite, une autre renaît aussitôt de ses cendres. C'est que sous la liberté tout est soldat ; hommes, femmes, enfans, prêtres, magistrats. Deux défaites détruisent en Europe l'armée des tyrans la plus nombreuse et la mieux disciplinée. Les défaites instruisent et irritent les soldats de la liberté, et n'en diminuent pas le nombre.

» O vous qui doutez des efforts prodigieux et surnaturels que l'amour de la liberté peut commander aux hommes, voyez ce qu'ont fait les Américains pour conquérir leur indépendance ; voyez le médecin Warren, qui n'avait jamais manié le fusil, défendre la petite colline de Bunkerhill avec une poignée d'Américains mal armés, mal disciplinés, et, avant de se rendre, faire mordre la poussière à *plus de douze cents militaires anglais.*

Suivez le général Washington, faisant tête avec 3 à 4,000 paysans à plus de 30,000 Anglais, et se jouant de leurs forces.
Suivez-le à Trenton. Il me le disait : ses soldats n'avaient pas de
souliers ; la glace qui déchirait leurs pieds était teinte de leur
sang : *Nous aurons demain des souliers*, disaient-ils, *nous battrons
les Anglais.....* Et ils les battirent.

» Ah ! que les hommes qui désespèrent de la valeur française,
qui ne la croient pas capable de soutenir les efforts combinés des
puissances ennemies, que ces hommes cessent de calomnier nos
troupes de ligne qui, si redoutables lorsqu'elles combattirent
pour des querelles étrangères, le seront bien plus lorsqu'elles se
battront pour leur propre cause, leur liberté. Qu'ils cessent de
calomnier nos gardes nationales; dont le dévoûment s'est manifesté dans cette crise d'une manière si touchante, et qui accusent
la fortune de ne leur avoir pas encore fourni l'occasion de développer leur valeur.....

» Athènes seul, le petit pays d'Athènes, sut pendant treize
ans soutenir les efforts de la ligue des Spartiates, des Thébains,
des Perses, et ne succomba qu'au nombre, qu'à la lassitude,
qu'au défaut de moyens.

» L'Angleterre a pu, lors de la révolution de 1640, soutenir
pendant dix ans, pour recouvrer sa liberté, la guerre intestine
la plus désastreuse, et gagner des batailles au dehors.

» Les Américains, peu nombreux, sans troupes disciplinées,
sans munitions, sans artillerie, sans vaisseaux, sans argent,
ont pu résister et vaincre, après sept ans de combats, une nation
brave, riche, dont la marine ne connaissait point d'égale.

» Et nous, ayant dans la vaste étendue de la France, dans nos
montagnes et nos ports, plus de ressources que les Athéniens ;
nous, plus heureux que les Anglais de 1640, redoutés jusqu'à
présent de nos voisins, sans crainte de guerre intestine, maîtres
des séditieux, unis par un concert qui ne fait de 25 millions
d'hommes qu'une seule famille, une seule armée ; nous qui, plus
heureux que les Américains, pouvons arrêter nos ennemis par
des places bien fortifiées, par des armées disciplinées et nom-

breuses, par des gardes nationales familiarisées avec les fatigues ;
nous, à qui le ciel a réservé, pour faciliter le passage du despotisme à la liberté, un fonds immense et riche, recouvré sur la
superstition par le bon sens : nous craindrions, avec tant d'avantages réunis, des puissances que, sous le règne avilissant du
despotisme, nous avons si souvent battues ! Quoi ! sous ce despotisme, la France seule a pu résister à sept puissances combinées ; et l'amour de la liberté ne pourrait reproduire un miracle
enfanté par un ridicule honneur !

» Je le sais : si les étrangers se liguent, nous attaquent, ils
pourront vaincre d'abord. Mais Rome, attaquée par Annibal,
essuya quatre défaites, ne désespéra pas, et triompha ; mais
les Américains ne sont arrivés à l'indépendance que par des défaites nombreuses.... On prendra des villes, je le veux. Eh bien !
nos frères les habitans de ces villes trouveront des asiles partout.
Nous partagerons avec eux et nos maisons et nos tables. Les
enfans des martyrs de la liberté deviendront les nôtres. Nous
essuierons les larmes de leurs veuves. Ah ! c'est cette douce
communion des esprits et des cœurs, qui rend le soldat de la
liberté invincible, qui lui fait recevoir la mort avec joie ; il lègue
sa famille à ses frères, et non pas à des tyrans qui repoussent
les enfans après avoir bu le sang du père.

» Oui, Messieurs, les hommes qui cherchent à nous décourager, à nous empêcher d'être justes, d'être libres, par la crainte
des puissances étrangères, ne connaissent ni la force de la France,
ni les effets prodigieux de la liberté sur le caractère de l'homme,
ni l'état des puissances étrangères, ni les changemens que la révolution d'Amérique, que celle de France, que les développemens prodigieux de la raison universelle ont faits et feront dans
les cabinets politiques et dans les armées européennes.

» Les monarques pouvaient autrefois se liguer les uns contre
les autres, et chercher à se déchirer, pour partager les terres et
les hommes du vaincu ; mais les hommes ne sont plus des meubles
dont on puisse si facilement disposer malgré eux. Ces rois d'autrefois pouvaient perpétuer leurs *guerres* : *il est* aujourd'hui au-

dessus des forces de toutes les puissances de faire une longue
guerre. L'argent en est le nerf ; et ce nerf manque bientôt. Les
nations libres peuvent seules et pour leur liberté soutenir de longues guerres. Le grand intérêt de la liberté, cet intérêt qui se
nourrit de lui-même, remplace chez elles l'intérêt de l'argent qui
s'épuise aisément. Ainsi, des puissances qui se liguent contre une
nation libre ; ont une chance prodigieuse contre elles ; elles ont
la presque certitude d'ensevelir vainement leurs troupes et leurs
trésors dans le pays de la liberté. La guerre de 30 ans, avec laquelle la Hollande acheta sa liberté, est une leçon éternelle pour
les tyrans qui voudraient attaquer la nôtre. La puissance la plus
formidable d'alors échoua dans ce pays ouvert, et que rien ne
défendait, hors la valeur de ses habitans. Les trésors des deux
mondes s'y engloutirent. Les tyrans connaissent ces exemples
instructifs ; ils ne les répéteront pas. Ils savent trop bien aujour-
d'hui que si leur cause est celle de tous les tyrans, la nôtre est
celle de toutes les nations, et que nous pouvons compter parmi
leurs sujets et leurs soldats, presqu'autant de frères et de défenseurs.

» Quel doit donc être maintenant leur calcul et leur but ? D'empêcher la propagation de cette *déclaration des droits* qui menace tous
les trônes ; de conserver le plus long-temps possible le prestige qui
les entoure ? Or, est-ce en s'armant contre nous, en inondant la
France de leurs troupes, que les rois étrangers préviendront la
contagion de la liberte ? Peuvent-ils croire que leurs soldats n'en-
tendront pas ses saints cantiques ; qu'ils ne seront pas ravis d'une
constitution où toutes les places sont ouvertes à tous ; où l'homme
est l'égal de l'homme ? Ne doivent-ils pas craindre que leurs soldats, secouant leurs chaînes, n'imitent la conduite des Allemands
en Amérique, ne s'enrôlent sous les drapeaux de la liberté, ne
se mêlent dans nos familles, ne viennent cultiver nos champs,
qui deviendront les leurs ?

» Ce ne sont pas seulement ceux qui resteront avec nous qu'ils
auront à redouter, mais ceux qui, lassés d'une guerre impie et
infructueuse, retourneront chez eux. Ceux-là feront naturelle-

ment des comparaisons de leur sort avec le sort des Français, de
la perpétuité de leur esclavage avec l'égalité des autres. Ils trouveront leurs seigneurs plus insolens, leurs ministres plus oppresseurs, les impôts plus pesans, et ils se révolteront. La révolution
américaine a enfanté la révolution française: celle-ci sera le foyer
sacré d'où partira l'étincelle qui embrasera les nations dont les
maîtres oseront l'approcher..... Ah ! si les rois de l'Europe entendent bien leurs intérêts, s'ils s'instruisent par les événemens,
ils chercheront plutôt à s'isoler de la France qu'à se mettre en
communication avec elle, en l'attaquant. Ils chercheront à faire
oublier à leurs peuples la constitution française, en les traitant
doucement, en allégeant le poids des impôts, en leur donnant
plus de liberté.

» Nous sommes arrivés au temps où partout l'opinion publique, l'opinion des nations, est comptée secrètement pour quelque
chose dans la balance des tyrans. Ainsi, quand des hommes su-
perficiels ont avancé que le gouvernement anglais pouvait commander des guerres à sa fantaisie, ils ont avancé une erreur.
Sans doute la nation anglaise n'a plus de liberté politique; mais elle
sait encore faire respecter son opinion politique ; et l'avortement
de la guerre contre la Russie en est la preuve. Si la flotte ne sort
pas, c'est que la nation ne le veut pas; elle est encore le véritable
souverain, quoique George, en jouant la comédie de la revue,
ait l'air de l'être seul.

» Quand donc on veut prévoir ou la possibilité d'une guerre,
ou les conséquences qui doivent en résulter, il faut consulter
l'opinion publique chez ceux auxquels on y destine un rôle. L'o-
pinion publique, dans tous les pays dont on voudrait employer
les forces contre nous, est généralement en faveur de la constitution française, quoique certains articles puissent y déplaire.
Nos papiers ont fait et feront à cet égard la conquête du monde
entier, et la presse a enchaîné les bras des rois de l'Europe.

» Voulez-vous vous convaincre davantage combien peu redoutables ils doivent vous paraître ? Examinez la situation de leurs
divers États.

» Est-ce l'Angleterre que redoutent nos pusillanimes politiques ? Surchargée du poids énorme d'une dette qu'accroissent tous les jours et la vaine parade des armemens contre la Russie, et la guerre désastreuse de l'Inde, elle a tout à craindre pour elle : impossibilité d'acquitter sa dette, perte de ses possessions dans les Indes orientales, scission avec l'Irlande, émigration constante de l'Écosse. Étendez ses victoires, multipliez ses vaisseaux, sa dette n'en diminue pas ; donnez-lui dans l'Inde pour alliés le versatile Nizam, le parjure Mahrate, l'empereur Mogol, l'empire anglais n'en est pas plus affermi ; il n'est que dans l'imagination. Or, il est impossible que ce rêve de l'imagination dure encore long-temps, que 6 mille Anglais tiennent long-temps aux fers 20 millions d'hommes, et en effraient 100 autres millions.

» Voilà, sans doute, ce que le ministère anglais voit ; et il ne voudra pas précipiter sa perte, en déclarant une guerre que sa nation généreuse aurait en exécration. Il ne voudra pas la perte de cette nation, en commençant une guerre qui épuiserait les ressources dont il a besoin pour soutenir un empire qui ne tient plus qu'à un fil.

» Est-ce la Hollande qu'on redoute ?, Une femme impérieuse et détestée, un prince imbécille et méprisé, des États-généraux esclaves, une aristocratie magistrale odieuse, deux factions aristocratiques prêtes à se déchirer, une canaille séditieuse aux ordres du prince, point d'argent, point de crédit, point de vaisseaux, point de troupes, deux compagnies banqueroutières, et une banque ébranlée : voilà le gouvernement hollandais et ses moyens. Il a donc tout à craindre, et ne peut être craint.

» Est-ce la Prusse ? Lorsque l'inquisition s'assied sur un trône, elle l'ébranle et l'affaiblit ; et le roi de Prusse n'est plus qu'un grand-inquisiteur. Lorsqu'un prince est tour à tour voluptueux et illuminé, hardi et faible, l'arbitre de l'Europe et le jouet de ses ennemis ; ce prince a donné sa mesure ; elle n'est celle ni d'un conquérant, ni d'un prince habile ; elle est celle d'un homme vain et d'un égoïste : la liberté ne craint pas de pareils adver-

saires. Ajoutez ici : divisions dans le ministère, épuisement du
trésor, disposition dans les soldats à la désertion, crainte de
l'agrandissement de la maison d'Autriche, que notre ruine ou
notre retour à l'état ancien favoriserait également ; et vous aurez
de grands motifs de vous rassurer sur la Prusse.

» Est-ce l'Autriche ? Un roi prudent met la paix dans ses États
avant d'entreprendre une guerre étrangère ; et Léopold est prudent, pacifique, et il est loin d'avoir la paix dans les parties
éparses de son empire. Le Brabant frémit de ses chaînes ; les
vrais vonckistes sont las d'être joués ; les États ne sont point
dupes des caresses perfides de la cour ; le peuple commence à
voir clair ; tous n'attendent que le premier moment pour éclater.
Léopold enverra-t-il en France des troupes, lorsqu'elles sont à
peine suffisantes pour contenir le Brabant, et ce malheureux
pays de Liége, qui rugit des atrocités de son sultan mitré. S'at-
tirera-t-il une guerre avec 25 millions d'hommes libres, lorsque
tout à la fois il rompt avec le Turc, il veut contenir le Hongrois
dont l'exemple de la Pologne stimule le caractère indomptable ;
lorsque ses États même d'Italie recèlent un foyer de sédition ;
lorsqu'enfin ses trésors, à peine suffisans pour ses dépenses ordinaires, seront bientôt épuisés par une guerre contre la liberté
d'une grande nation ? Léopold cède partout, caresse tout, et
jusqu'au fanatisme qu'il abhorre ; il sent sa faiblesse ; et que
craindre d'un prince faible et timide ?

» Parlerai-je de cette ligue germanique, qui n'est qu'un vain
fantôme ; de ces petits États qui osent recéler chez eux nos fugitifs ? Si notre ministère avait eu quelqu'idée de la dignité de
notre révolution, un mot de sa bouche eût fait rentrer dans le
néant ces tyrans obscurs, dont le premier coup de canon mettra
les peuples en liberté.

» Parlerai-je des foudres de Rome ? Elles ne peuvent effrayer
que des superstitieux ; et c'est le peuple lui-même qui a brisé
l'idole de la superstition. Rome n'est plus à craindre quand le
peuple est philosophe.

» M'arrêterai-je aux *fanfaronades du Don Quichotte* du Nord ?

Mais il n'est pas un Gustave, et nous ne sommes ni des Dalécarliens, ni des Russes. La Newa ne coule point en France.

» Sera-t-on effrayé des mouvemens de l'Espagne? Mais les agitations de son roi, le changement de ses ministres, les réformes partielles que tente son ministère, la prohibition de nos ouvrages, la convocation des cortès, la formation d'un cordon de troupes : tous ces mouvemens enfin ne prouvent-ils pas plutôt les terreurs que les projets hostiles du roi d'Espagne? Frappé à mort, comme tous les autres souverains, il s'agite pour parer le coup; et quand ses trésors ne seraient pas épuisés, quand il aurait du crédit, des armées et des provisions, la disposition des esprits est telle, et il le sait, que donner le signal de franchir les Pyrénées, c'est appeler la liberté dans son royaume.

» Est-ce enfin le roi de Sardaigne, qui, avec quelques milliers d'hommes qu'il promène dans ses États, donne des convulsions à nos profonds politiques? Mais des millions de Français peuvent-ils redouter un prince auquel une poignée d'écoliers a donné dernièrement la loi dans sa propre capitale?

» De ces tableaux, que résulte-t-il? Que toutes les puissances étrangères ont à craindre les effets de la révolution française; que la France n'a rien à craindre d'elles. Il en résulte que ces puissances se borneront à chercher à nous effrayer par des épouvantails, mais ne réaliseront jamais leurs menaces. Et dussent-elles les réaliser, il n'est pas d'un Français de les craindre; il serait digne de nous de les prévenir. Ah! ces craintes seraient depuis long-temps éteintes, si notre ministère avait été composé de patriotes, ou si l'assemblée nationale avait voulu prendre une attitude imposante vis-à-vis de toutes les puissances de l'Europe. Le stathouder de Hollande eut l'audace de menacer le long parlement d'Angleterre, et ce parlement lui déclara aussitôt la guerre. Louis XIV et Mazarin donnèrent une retraite au fils de Charles Ier : le parlement fait signifier à l'orgueilleux monarque de chasser Charles de ses États; et le souple Mazarin obéit. Observez que ce parlement, qui bravait ainsi les puissances étrangères, avait à soumettre dans son sein et l'Écosse et l'Irlande rebelles ; qu'il n'avait que 40 à 50 mille soldats à ses ordres : et nous avons 3 millions de citoyens soldats. L'étranger le craignait ; il nous craindra, si la France veut enfin prendre le ton qui convient à des hommes justes et libres vis-à-vis des tyrans que notre silence seul enhardit : alors nos fugitifs disparaîtront de leurs États, et l'on n'agitera plus les esprits avec de fausses craintes. »

Ici le *Moniteur* termine son extrait. Brissot finit ainsi son discours :

« Nos vrais ennemis, Messieurs, ce ne sont pas les étrangers, mais bien ceux qui se servent de leur nom pour effrayer les esprits; nos ennemis sont ceux qui, quoique se détestant, se coalisent pour déshonorer et désunir la nation, en rétablissant un gouvernement sans confiance, et qu'ils espèrent maîtriser; nos ennemis sont ceux qui après avoir fastueusement établi la déclaration des droits, effacent successivement tous ces droits par des lois de détail; nos ennemis sont ceux qui veulent conserver au chef du pouvoir exécutif, une liste civile effroyable, et qui regardent la corruption comme un élément nécessaire de notre gouvernement; nos ennemis enfin sont ceux qui nous disent : oubliez la trahison, ou craignez les étrangers.

» Un Français se décider par la crainte des étrangers ! Il n'y a plus de liberté quand on écoute ces craintes, et il faut être ou lâche ou mauvais citoyen pour les invoquer. Je fais donc la motion expresse que tout individu qui opposerait au cri unanime de la justice et de la liberté la crainte des puissances étrangères, soit déclaré indigne du nom français, indigne de cette société ; que cette résolution inscrite sur vos registres, soit envoyée à toutes les sociétés affiliées.

» J'ajoute encore la motion que le système de l'inviolabilité absolue du roi, et surtout en matière de crimes contre la nation, soit regardée comme attentatoire à la souveraineté de la nation et de la loi, et qu'en conséquence on déclare que le roi peut et doit être jugé. » *(Le Patriote français,* du 15.)

Assemblée nationale.

Muguet, au nom des comités réunis de constitution, des recherches, diplomatique, etc., fit, le 13, un rapport sur la fuite
du roi. Il conclut en disant que ce n'était pas un délit constitutionnel ; que d'ailleurs le principe de l'inviolabilité ne permettait
pas de mettre Louis XVI en cause. Il proposa que Bouillé, ses
complices et ses adhérens, fussent traduits à la haute-cour
nationale. Une partie de la gauche demanda l'ajournement,
dans le but de laisser à la France le temps de manifester son
vœu sur le parti que l'assemblée devait prendre à l'occasion de
Louis XVI. Dandré s'y opposa, afin, dit-il, de faire cesser
la lutte des factieux contre l'intérêt public. Robespierre vota
pour l'ajournement. Charles Lameth lui répondit, et l'assemblée ayant adopté ses conclusions, on entra sur-le-champ en
discussion. Les orateurs entendus pendant les séances des 13, 14
et 15, furent, contre l'inviolabilité, MM. Pétion, Putraink, Vadier, Robespierre, Prieur, Grégoire et Buzot.—Pour : MM. Larochefoucault Liancourt, Prugnon, Duport, Goupil de Préfeln, Salles et Barnave. Nous citerons trois opinions contre, et
trois pour. Nous avons choisi, d'un côté, celles de MM. Vadier,
Robespierre et Grégoïre. Vadier parlait pour la première fois.
Nous ferons suivre son discours d'un article assez curieux de
Marat. De l'autre côté, nous avons pris les opinions de MM. Goupil, Salles et Barnave.

A la fin de la séance du 14, le président annonça une pétition,
signée de cent personnes, sur l'objet de la discussion. Barnave
en fit envoyer la lecture au lendemain. Cette adresse, dont nous
indiquerons ailleurs l'origine, fut lue en effet au commencement
de la séance du 15. Voici cette pièce :

« C'est pour lui donner une constitution, et non pour établir
sur le trône un chef traître à ses sermens, que la nation vous a
envoyés. Justement alarmés des dispositions du projet qui vous
est présenté par vos comités, nous venons vous inviter à dissiper
nos inquiétudes. Lorsque les Romains voyaient la patrie en dan-
*ger, ils se rassem*blaient comme peuple, et les sénateurs ve-

naient parmi eux pour recueillir leur vœu. C'est avec ce caractère, que nous tenons des Romains, que nous venons vous prier
de ne rien statuer jusqu'à ce que le vœu de toutes les communes
du royaume se soit manifesté. Craignez de couronner les atroces
perfidies de nos ennemis; et n'oubliez pas que tout décret qui ne
se renfermerait pas dans les bornes du pouvoir qui vous est confié, est, par-là même, frappé de nullité.

«*Signé*, LE PEUPLE.»

Suivent 100 signatures.

Les tribunes applaudissent.

M. le président rappelle aux tribunes le respect qu'elles
doivent à l'assemblée, et leur défend de donner aucun signe
d'approbation ou d'improbation. — L'assemblée passe à l'ordre
du jour.]

Opinion de Vadier. — SÉANCE DU 13.

[*M. Vadier.* Le décret que vous allez rendre décidera du salut ou de la subversion de l'empire. Un grand crime a été commis; il existe de grands coupables : l'univers vous regarde, et
la postérité vous attend. Vous pouvez en un instant perdre ou
consolider vos travaux. Il est, selon moi, une question préliminaire à celle de l'inviolabilité: c'est celle de savoir si un roi parjure qui déserte son poste, qui emmène avec lui l'héritier présomptif de la couronne, qui se jette dans les bras d'un général
perfide qui veut assassiner sa patrie, qui répand un manifeste
où il déchire la constitution; si, dis-je, un tel homme peut ensuite être qualifié du titre de roi des Français : l'inviolabilité ne
réside plus sur sa tête depuis qu'il a abdiqué sa couronne. (Quelques membres de la partie gauche et les tribunes applaudissent.)
Aucun de nous a-t-il pu entendre qu'un brigand couronné.,.......
(La grande majorité de la partie gauche murmure. — Quelques
applaudissemens se font entendre dans la salle et les tribunes. —
Plusieurs membres de la partie droite se lèvent avec précipitation et menacent l'opinant.)

Aucun de nous a-t-il pu croire qu'un brigand couronné pût
impunément massacrer, *incendier*, *appeler* dans le royaume des

satellites étrangers? Une telle monstruosité enfanterait bientôt
des Nérons et des Caligulas. (On entend des applaudissemens.) Je
fais une question à ceux qui proposent de remettre le roi sur le
trône : lorsqu'il s'agira de l'exécution de vos lois contre les traîtres
à la patrie, sera-ce au nom d'un transfuge, d'un parjure, que vous
la réclamerez? sera-ce au nom d'un homme qui les a si ouvertement violées? Jamais une nation régénérée, jamais les Français
ne s'accoutumeront à un pareil genre d'ignominie. N'est-ce donc
pas assez d'avoir acquitté les déprédations de sa faiblesse, d'a-
voir sauvé son règne d'une infâme banqueroute? Ses valets, dont
le faste contraste tant avec le régime de l'égalité, nous accusent
encore de parcimonie. (Les applaudissemens recommencent.) La
sueur et le sang de plusieurs millions d'hommes ne peut suffire
à sa subsistance. Je ne veux pas vous rappeler ici les circonstances de son règne, cette séance royale, ces soldats envoyés pour
entourer l'enceinte où vous étiez rassemblés; en un mot, la guerre
et la famine dont on voulait en même temps affliger le royaume.

Jetons sur tous ces désastres un voile religieux. (L'agitation
se manifeste dans diverses parties de la salle.) On m'accuse de
parler comme Marat : je fréquente peu la tribune. (Plusieurs
voix s'élèvent dans la partie droite: *Tant mieux, monsieur, tant
mieux.*) Je n'ai d'autre éloquence que celle du cœur, je dois mon
opinion à mes commettans; je la déclarerai même au péril de ma
vie. La nation vous a revêtus de sa confiance; vous connaissez
son vœu, ne tergiversez pas, ou bien empressez-vous de rendre
aux corps électoraux l'activité que vous leur avez ôtée. Mais n'allez pas vous charger d'une absolution qui ne peut que flétrir
votre gloire. (Nouveaux applaudissemens.) Je conclus à ce que
les complices, fauteurs et adhérens de la fuite du roi, soient
renvoyés à la cour provisoire séante à Orléans; que l'activité soit
rendue aux corps électoraux pour choisir vos successeurs, et
qu'il soit nommé une convention nationale pour prononcer sur la
déchéance de la couronne que Louis XVI a encourue. (Les applaudissemens de quelques membres de la partie gauche et des
*tribunes recomm*encent.)]

Voici maintenant les réflexions de Marat sur le discours qu'on vient de lire : « Parmi les orateurs qui se sont distingués à combattre le projet infâme et désastreux des sept comités, de réhabiliter Louis, le fourbe et le conspirateur, était le sieur Vadier, député de Pamiers. A l'ouïe de son discours, plusieurs voix se sont écriées dans l'assemblée : *C'est Marat, c'est Marat.* Bientôt ce discours a circulé dans le public, et les lecteurs de sens se demandaient comment un orateur de cette trempe s'était si long-temps caché sous le boisseau. Si l'on prend la peine d'examiner ce beau discours, on verra qu'il est tissu de phrases pillées dans les feuilles patriotiques, surtout de l'*Ami du peuple*, dont on a sur-le-champ reconnu la doctrine. Et puis fût-il sorti tout entier de la tête de l'orateur, la matière qui en fait l'objet n'était rien moins que difficile à traiter. Après ces remarques préliminaires, je dois informer mes lecteurs qu'avant que le décret fût passé, le sieur Vadier, emporté par un mouvement de vanité, m'a fait adresser, par l'un de mes anciens éditeurs, son discours pour être inséré dans ma feuille. Je me contentai de louer l'énergie qu'il y a déployée. Aujourd'hui qu'il l'a démentie par la plus lâche adhésion (1) au décret de réhabilitation, je me fais un devoir de faire ressortir toute la platitude de la conduite du député de Pamiers, en publiant en entier son discours énergique : contraste frappant dont je donnerai la clef. » (Suit le discours de Vadier.) Marat raconte ensuite la conduite de Vadier, le 16 ; puis il ajoute :

« C'est ainsi qu'au lieu de protester contre un décret atroce, ce lâche a mis un genou en terre, et présenté la tête au joug comme un esclave. A l'ouïe de cette rétractation, il n'est pas un lecteur honnête qui ne se soit écrié : Oh ! l'infâme ! Il fallait s'écrier : Ah ! le fripon ! Citoyens crédules, apprenez donc que Vadier n'a pas eu plutôt tonné contre Louis le conspirateur, que les émissaires de la cour lui ont fait des propositions, et qu'il

(1) Le 16, Vadier déclara que, bien qu'il eût combattu le projet des comités, il détestait néanmoins le système républicain, et défendrait les décrets.
(*Note des auteurs.*)

s'est vendu comme un gueux : voilà la raison de l'amende honorable qu'il vient de faire.

» Apprenez aussi qu'un des grands motifs des pères conscrits
de suspendre les élections pour la seconde législature et se perpétuer, est l'envie que les opineurs de la culotte portent aux
péroreurs qui ont fait leurs orges. Jaloux de l'opulence des Chapelier, des Dandré, des Target, des Emmery, des Barnavé,
assez gorgés d'or pour mettre dix mille écus sur une carte, et
perdre cent mille livres dans une soirée, ces infâmes ne veulent
pas désemparer qu'ils ne soient gorgés de même. Or, ils seront
gorgés, et ils ne désempareront pas que la cour qui les achète, ne
soit au comble de ses vœux, et qu'ils n'aient décrété le rétablissement du despotisme.» (*L'Ami du peuple*, du 15 juillet.)

Opinion de Robespierre. — SÉANCE DU 14 JUILLET.

[Messieurs, je ne veux pas répondre à certain reproche de
républicanisme qu'on voudrait attacher à la cause de la justice
et de la vérité; je ne veux pas non plus provoquer une décision
sévère contre un individu; mais je viens combattre des opinions
dures et cruelles, pour y substituer des mesures douces et salutaires à la cause publique : je viens surtout défendre les principes sacrés de la liberté, non pas contre de vaines calomnies,
qui sont des hommages, mais contre une doctrine machiavélique
dont les progrès semblent la menacer d'une entière subversion.
Je n'examinerai donc pas s'il est vrai que la fuite de Louis XVI
soit le crime de M. Bouillé, de quelques aides-de-camp, de quelques gardes-du-corps et de la gouvernante du fils du roi; je
n'examinerai pas si le roi a fui volontairement de lui-même, ou
si, de l'extrémité des frontières, un citoyen l'a enlevé par la
force de ses conseils; je n'examinerai pas si les peuples en sont
encore aujourd'hui au point de croire qu'on enlève les rois
comme les femmes. (On rit; on murmure.) Je n'examinerai pas
non plus si, comme l'a pensé M. le rapporteur, le départ du roi
n'était qu'un voyage sans sujet, une absence indifférente, ou
s'il faut le lier à tous les événemens qui ont précédé; s'il était la

suite ou le complément des conspirations impunies, et par conséquent toujours renaissantes, contre la liberté publique; je n'examinerai pas même si la déclaration signée de la main du roi en explique le motif, ou si cet acte est la preuve de cet attachement sincère à la révolution que Louis XVI avait professé plusieurs fois d'une manière si énergique. Je veux examiner la conduite du roi, et parler de lui comme je parlerais d'un roi de la Chine; je veux examiner avant tout quelles sont les bornes du principe de l'inviolabilité.

Le crime légalement impuni est en soi une monstruosité révoltante dans l'ordre social, ou plutôt il est le renversement absolu de l'ordre social. Si le crime est commis par le premier fonctionnaire public, par le magistrat suprême, je ne vois là que deux raisons de plus de sévir : la première, que le coupable était lié à la patrie par un devoir plus saint; la seconde, que comme il est armé d'un grand pouvoir, il est bien plus dangereux de ne pas réprimer ses attentats.

Le roi est inviolable, dites-vous; il ne peut pas être puni : telle est la loi.... Vous vous calomniez vous-mêmes! Non, jamais vous n'avez décrété qu'il y eût un homme au-dessus des lois, un homme qui pourrait impunément attenter à la liberté, à l'existence de la nation, et insulter paisiblement, dans l'opulence et dans la gloire, au désespoir d'un peuple malheureux et dégradé! Non, vous ne l'avez pas fait : si vous aviez osé porter une pareille loi, le peuple français n'y aurait pas cru, ou un cri d'indignation universelle vous eût appris que le souverain reprenait ses droits!

Vous avez décrété l'inviolabilité; mais aussi, Messieurs, avez-vous jamais eu quelque doute sur l'intention qui vous avait dicté ce décret? Avez-vous jamais pu vous dissimuler à vous-mêmes que l'inviolabilité du roi était intimement liée à la responsabilité des ministres; que vous aviez décrété l'une et l'autre parce que dans le fait vous aviez transféré du roi aux ministres l'exercice réel de la puissance exécutive, et que, les ministres étant les véritables coupables, *c'était sur eux que devaient porter les pré-*

varications que le pouvoir exécutif pourrait faire? De ce système il résulte que le roi ne peut commettre aucun mal en administration, puisqu'aucun acte du gouvernement ne peut émaner de lui, et que ceux qu'il pourrait faire sont nuls et sans effet; que, d'un autre côté, la loi conserve toute sa puissance contre lui. Mais, Messieurs, s'agit-il d'un acte personnel à un individu revêtu du titre de roi? s'agit-il, par exemple, d'un assassinat commis par cet individu? Cet acte est-il nul et sans effet, ou bien y a-t-il là un ministre qui signe et qui réponde?

Mais, nous a-t-on dit, si le roi commettait un crime, il faudrait que la loi cherchât la main qui a fait mouvoir son bras...... Mais si le roi, en sa qualité d'homme, et ayant reçu de la nature la faculté du mouvement spontané, avait remué son bras sans agent étranger, quelle serait donc la personne responsable?

Mais, a-t-on dit encore, si le roi poussait les choses à certain excès, on lui nommerait un régent.... Mais si on lui nommait un régent, il serait encore roi; il serait donc encore investi du privilège de l'inviolabilité. Que les comités s'expliquent donc clairement, et qu'ils nous disent si dans ce cas le roi serait encore inviolable?

La meilleure preuve qu'un système est absurde, c'est lorsque ceux qui le professent n'oseraient avouer les conséquences qui en résultent. Or, c'est à vous que je le demande, vous qui soutenez ce système avec tant d'énergie: si un roi dépouille par la force la veuve et l'orphelin; s'il engloutit dans ses vastes domaines la vigne du pauvre et le champ du père de famille; s'il achète les juges pour conduire le poignard des lois dans le sein de l'innocent, la loi lui dira-t-elle: Sire, vous l'avez fait sans crime; ou bien: Vous avez le droit de commettre impunément tous les crimes qui paraîtront agréables à votre majesté!...

Législateurs, répondez vous-mêmes sur vous-mêmes. Si un roi égorgeait votre fils sous vos yeux (murmures), s'il outrageait votre femme ou votre fille, lui diriez-vous: Sire, vous usez de votre droit; nous vous avons tout permis?... Permettriez-vous au citoyen de se venger? Alors vous substituez la violence partientière, la justice privée de chaque individu à la justice calme et salutaire de la loi; et vous appelez cela établir l'ordre public, et vous osez dire que l'inviolabilité absolue est le soutien, la base immuable de l'ordre social!

Mais, Messieurs, qu'est-ce que toutes ces hypothèses particulières, qu'est-ce que tous ces forfaits auprès de ceux qui menacent le salut et le bonheur du peuple? Si un roi appelait sur sa patrie toutes les horreurs de la guerre civile et étrangère; si, à la tête d'une armée de rebelles et d'étrangers, il venait ravager son propre pays, et ensevelir sous ses ruines la liberté et le bonheur du monde entier, serait-il inviolable?

Le roi est inviolable! Mais vous l'êtes aussi, vous! Mais avez-vous étendu cette inviolabilité jusqu'à la faculté de commettre le crime? Et osrez-vous dire que les représentans du souverain ont des droits moins étendus pour leur sûreté individuelle, que celui dont ils sont venus restreindre le pouvoir, celui à qui ils ont délégué au nom de la nation le pouvoir dont il est revêtu? Le roi est inviolable! Mais les peuples ne le sont-ils pas aussi? Le roi est inviolable par une fiction; les peuples le sont par le droit sacré de la nature; et que faites-vous en couvrant le roi de l'égide de l'inviolabilité, si vous n'immolez l'inviolabilité des peuples à celle des rois! (Applaudissemens de la minorité du côté gauche.) Il faut en convenir, on ne raisonne de cette manière que dans la cause des rois.... Et que fait-on en leur faveur? Rien; mais en fait tout contre eux; car d'abord, en élevant un homme au-dessus des lois, en lui assurant le pouvoir d'être criminel impunément, on le pousse par une pente irrésistible dans tous les vices et dans tous les excès; on le rend le plus vil et par conséquent le plus malheureux des hommes; on le désigne comme un objet de vengeance personnelle à tous les innocens qu'il a outragés, à tous les citoyens qu'il a persécutés; car la loi de la nature, antérieure aux lois de la société, crie à tous les hommes que lorsque la loi ne les venge point, ils recouvrent le droit de se venger eux-mêmes; et c'est ainsi que les prétendus apôtres de l'ordre public renversent tout, jusqu'aux *principes du bon sens* et de l'ordre

social ! On invoque les lois pour qu'un homme puisse impunément violer les lois ! On invoque les lois pour qu'il puisse les
enfreindre !

O vous qui pouvez croire qu'une telle supposition est problématique, avez-vous réfléchi sur la supposition bizarre et désastreuse d'une nation qui serait régie par un roi criminel de lèse-
nation ? Combien ne paraîtrait-elle pas vile et lâche aux nations
étrangères celle qui leur donnerait le spectacle scandaleux d'un
homme assis sur le trône pour opprimer la liberté, pour opprimer la vertu ! Que deviendraient toutes ces fastueuses déclamations avec lesquelles on vient vanter sa gloire et sa liberté ? Mais
au dedans, quelle source éternelle et horrible de divisions, lorsque
le magistrat suprême est suspect aux citoyens ! Comment les rap-
pellera-t-il à l'obéissance aux lois contre lesquelles il s'est lui-même
déclaré ? Comment les juges pourront-ils rendre la justice en son
nom ? Comment les magistrats ne seront-ils pas tentés de se couvrir le visage par pudeur, lorsqu'ils condamneront la fraude et
la mauvaise foi au nom d'un homme qui n'aurait pas respecté sa
foi ? Quel coupable sur l'échafaud ne pourra pas accuser cette
étrange et cruelle partialité des lois qui met une telle distance
entre le crime et le crime, entre un homme et un homme, entre
un coupable et un homme bien plus coupable encore ?

Messieurs, une réflexion bien simple, si l'on ne s'obstinait à
l'écarter, terminerait cette discussion. On ne peut envisager que
deux hypothèses en prenant une résolution semblable à celle que
je combats : ou bien le roi que je supposerais coupable envers
une nation, conserverait encore toute l'énergie de l'autorité dont
il était d'abord revêtu, ou bien les ressorts du gouvernement se
relâcheraient dans ses mains. Dans le premier cas, le rétablir
dans toute sa puissance, n'est-ce pas évidemment exposer la liberté publique à un danger perpétuel ? Et à quoi voulez-vous
qu'il emploie le pouvoir immense dont vous le revêtez, si ce n'est
à faire triompher ses passions personnelles, si ce n'est à attaquer
la liberté et les lois, à se venger de ceux qui auront constamment
défendu contre lui la cause publique ? Au contraire, les ressorts

du gouvernement se relâchent-ils dans ses mains, alors les rênes du gouvernement flottent nécessairement entre les mains de quelques factieux qui le serviront, le trahiront, le caresseront, l'intimideront tour à tour, pour régner sous son nom. Messieurs, rien ne convient aux factieux et aux intrigans comme un gouvernement faible; c'est seulement sous ce point de vue qu'il faut envisager la question actuelle : qu'on me garantisse contre ce danger, qu'on garantisse la nation de ce gouvernement où pourraient dominer les factieux, et je souscris à tout ce que vos comités pourront vous proposer.

Qu'on m'accuse si l'on veut de républicanisme ; je déclare que j'abhorre toute espèce de gouvernement où les factieux règnent. Il ne suffit pas de secouer le joug d'un despote, si l'on doit retomber sous le joug d'un autre despotisme : l'Angleterre ne s'affranchit du joug de l'un de ses rois que pour retomber sous le joug plus avilissant encore d'un petit nombre de ses concitoyens. Je ne vois point parmi nous, je l'avoue, le génie puissant qui pourrait jouer le rôle de Cromwell; je ne vois non plus personne disposé à le souffrir; mais je vois des coalitions plus actives et plus puissantes qu'il ne convient à un peuple libre ; mais je vois des citoyens qui réunissent entre leurs mains des moyens trop variés et trop puissans d'influencer l'opinion; mais la perpétuité d'un tel pouvoir dans les mêmes mains pourrait alarmer la liberté publique. Il faut rassurer la nation contre la trop longue durée d'un gouvernement oligarchique. Cela est-il impossible, Messieurs, et les factions qui pourraient s'élever, se fortifier, se coaliser, ne seraient-elles pas un peu ralenties, si l'on voyait dans une perspective plus prochaine la fin du pouvoir immense dont nous sommes revêtus, si elles n'étaient plus favorisées en quelque sorte par la suspension indéfinie de la nomination des nouveaux représentans de la nation, dans un temps où il faudrait profiter peut-être du calme qui nous reste, dans un temps où l'esprit public, éveillé par les dangers de la patrie, semble nous promettre les choix les plus heureux? La nation ne verra-t-elle pas avec *quelque inquiétude la prolongation* indéfinie de ces délais éternels qui peuvent favoriser la corruption et l'intrigue ? Je soupçonne qu'elle le voit ainsi, et du moins, pour mon compte personnel, je crains les factions, je crains les dangers.

Messieurs, aux mesures que vous ont proposées les comités, il faut substituer des mesures générales, évidemment puisées dans l'intérêt de la paix et de la liberté. Ces mesures proposées, il faut vous en dire un mot : elles ne peuvent que vous déshonorer ; et si j'étais réduit à voir sacrifier aujourd'hui les premiers principes de la liberté, je demanderais au moins la permission de me déclarer l'avocat de tous les accusés ; je voudrais être le défenseur des trois gardes-du-corps, de la gouvernante du dauphin, de M. Bouillé lui-même. Dans les principes de vos comités, le roi n'est pas coupable ; il n'y a point de délit !... Mais partout où il n'y a pas de délit, il n'y a pas de complices. Messieurs, si épargner un coupable est une faiblesse, immoler un coupable plus faible au coupable puissant c'est une lâche injustice. Vous ne pensez pas que le peuple français soit assez vil pour se repaître du spectacle du supplice de quelques victimes subalternes ; ne pensez pas qu'il voie sans douleur ses représentans suivre encore la marche ordinaire des esclaves, qui cherchent toujours à sacrifier le faible au fort, et ne cherchent qu'à tromper et à abaisser le peuple pour prolonger impunément l'injustice et la tyrannie ! (Applaudissemens.) Non, Messieurs, il faut ou prononcer sur tous les coupables, ou prononcer l'absolution générale de tous les coupables. Voici en dernier mot l'avis que je propose.

Je propose que l'assemblée décrète qu'elle consultera le vœu de la nation pour statuer sur le sort du roi ; en second lieu, que l'assemblée nationale lève le décret qui suspend la nomination des représentans ses successeurs ; 3° qu'elle admette la question préalable sur l'avis des comités.

Et si les principes que j'ai réclamés pouvaient être méconnus, je demande au moins que l'assemblée nationale ne se souille pas par une marque de partialité contre les complices prétendus d'un délit sur lequel on veut jeter un voile ! (Applaudissemens.)]

Opinion de M. Goupil. — SÉANCE DU 15 JUILLET.

[Le roi est-il inviolable? C'est la question, et ce ne devrait pas
en être une; la lecture de nos décrets devrait terminer toutes les
controverses par lesquelles on s'efforce d'obscurcir cette inviolabilité, relative seulement aux fonctions de la royauté. On vous a
dit dans cette tribune : l'inviolabilité du roi est semblable à
celle des députés à l'assemblée nationale, qui cependant peuvent
être jugés. Quand on a avancé ce paradoxe, on n'a pas assez pesé
les termes de votre décret sur l'inviolabilité du roi; si on l'eût
fait, on aurait vu que cette inviolabilité rend la personne du roi
sacrée : par exemple, nous sommes inviolables; mais personne
ne s'est encore avisé de dire que nos personnes soient sacrées.
(*On rit.*) On a répandu sur une vérité évidente les ombres de la
malveillance; il faut approfondir cette question, en remontant
aux principes d'après lesquels je me flatte de démontrer que ce
serait la chose la plus importante que nous aurions à faire que
d'établir cette grande loi par laquelle nous avons commencé
notre constitution. Tout pouvoir émane de la nation; mais la
souveraineté, image de la Divinité, doit être considérée sous
deux relations différentes: 1° lorsqu'elle donne des lois : 2° lorsqu'elle régit la nation suivant la constitution : c'est ainsi que nous
considérons la toute-puissance. Dans la formation de la constitution la souveraineté est simple : elle est simple; mais le pouvoir
exécutif l'est dans un sens bien plus étendu; il faut une inviolabilité bien plus marquée pour que, lorsque l'utilité publique le
demande, l'assemblée nationale prenant cette loi pour fondement,
rende faux les raisonnemens par lesquels on veut lui persuader
qu'elle confond tous les pouvoirs. Mais il n'en est pas ainsi de la
souveraineté constituée; autant il est nécessaire que la souveraineté constituante soit une, soit indivisible, autant il serait funeste,
autant il serait pernicieux que la souveraineté constituée soit une,
soit indivisible. C'est donc, Messieurs, une grande vérité que
vous avez établie, que pour assurer la liberté nationale la souveraineté ne peut être *une, indivisible. Comment* doit-elle être

divisée ? Permettez-moi de reposer sur cette théorie l'éloge judicieux, ce me semble, de cette belle constitution que vous avez donnée à la France. Quelques hommes ont cru qu'il fallait deux ou plusieurs rois pour assurer la liberté ; vous avez adopté, Messieurs, un principe plus simple ; vous avez considéré que comme un corps national ne forme qu'une personne morale et politique, il fallait le considérer sous ses rapports moraux et politiques : or, une personne pour remplir ses fonctions, doit avoir une volonté, et une force qui exécute les ordres de la volonté. Voilà, Messieurs, l'image simple et naïve de ce que vous avez formé par la constitution. Vous avez donc distribué la souveraineté en deux grandes branches, dont l'une serait, par exemple, la volonté nationale ; l'autre, le centre et l'énergie sociale, par laquelle s'exécuterait la volonté nationale. Ainsi la souveraineté constituée se trouve, par votre constitution, distribuée en deux branches, la souveraineté législative et le pouvoir exécutif ; et vous avez encore donné au pouvoir exécutif une attribution particulière, de modérateur de la puissance législative, en l'investissant du *veto* suspensif jusqu'à la troisième législature.

Maintenant, Messieurs, je dis que puisque la souveraineté constituée a été, pour le bonheur du peuple, pour assurer la liberté nationale, ainsi distribuée en deux branches, chacune de ces deux branches doit participer à l'attribut essentiel de la souveraineté, et doit nécessairement être inviolable. Comment, Messieurs, le pouvoir exécutif, tel que vous l'avez institué, serait-il vraiment suprême ainsi que vous l'avez déclaré, et indépendant, s'il n'était pas inviolable ? Comment le pouvoir exécutif, modérateur du pouvoir législatif, pouvant accorder ou refuser, suivant qu'il le croira convenable à l'intérêt de la chose publique, et conforme à la volonté générale, sa sanction aux résolutions du corps-législatif ; comment, dis-je, pourrait-il remplir avec liberté, avec indépendance, ce grand devoir, s'il n'était pas inviolable ? Vous voyez bien, Messieurs, que cette inviolabilité résulte de votre constitution même, résulte de la nature de la chose ; si elle n'était pas dans vos lois, il la faudrait établir.

Mais j'en viens aux objections. On vous dit, Messieurs, que cette inviolabilité ne doit s'entendre que des actes d'administration que fait la royauté, que des actes dans lesquels la nation a un ministre responsable, dans lesquels l'acte du ·roi est garanti par la signature d'un ministre responsable; la justice l'exige, et la justice est la politique d'une grande nation.

Je sais, Messieurs, tout le respect qui est dû à la justice; mais il est bien plus facile d'en prononcer le mot que d'en saisir la nature. Eh bien! qu'est-ce donc que la justice?.... Je dis à ceux qui me font une objection semblable, et sans attendre leur réponse, je leur dis, moi : la justice est cette harmonie entre les hommes, par laquelle leur intérêt particulier et les intérêts généraux se trouvent subordonnés les uns aux autres, et les mêmes qu'exigent l'intérêt général du genre humain et l'ordre établi dans chaque corps social. Or, il est démontré que l'inviolabilité est juste, parfaitement juste et conforme aux droits du genre humain et des nations. Comment entendrez-vous actuellement les déclamations qui viendront vous assiéger?

Je vous démontrerai par nos fastes que la royauté, lorsque l'aristocratie ne l'a point tyrannisée, lorsqu'elle a été livrée à elle-même, libre dans son action, défendait la liberté du faible : c'est lorsqu'elle a été entraînée, subjuguée par des entreprises d'aristocratie militaire, d'aristocratie sacerdotale, d'aristocratie sénatoriale; c'est alors que les ennemis de la liberté ont avili cette dignité pour la relever d'une manière ridicule, pour asservir, pour opprimer.

Notre constitution a déjà déterminé un genre de déchéance, savoir: celui où le roi étant sorti du royaume sans le consentement du corps-législatif, et interpellé par une proclamation de rentrer, ne le ferait pas. Ainsi, Messieurs, ce principe, déjà décidé par votre constitution, répond au grand échafaudage d'objections fondées sur le crime personnel dont la personne royale pourrait se rendre coupable. Vous avez résolu hier, *quoique vous ne l'ayez pas encore décrété,* qu'en complétant votre constitution vous détermineriez avec soin le cas où les déchéances pourraient avoir lieu.

On vous parle de nos ennemis; mais parmi ces ennemis, il en est qui, séduits par d'aveugles prétentions, murmurent, et ne sont pas capables de méditer des forfaits. Il est aussi des machiavélistes d'une perversité consommée, qui voudraient détruire cette constitution, qu'ils tenteraient en vain d'attaquer de vive force; cette constitution, qu'ils abhorrent parce qu'elle est équitable, ils ont résolu de la faire périr dans les convulsions de l'anarchie : ces intentions sont abominables!

Les clubs établis dans cette capitale, ces clubs qui ont signalé bien des fois leur zèle pour la liberté, ne sont plus aujourd'hui qu'une machine dont on se sert, et avec laquelle on a entrepris de précipiter la nation française dans le gouffre des horreurs de l'anarchie et des troubles.

La direction de ces dangereuses et perfides machinations a été donnée par des hommes que l'on peut appeler *clubocrates*, factieux, intrigans, versés dans l'art de séduire la multitude irré-fléchie, et de la diriger à leur gré. On connaît les manœuvres de ces hommes, distribués en différens clubs : il faut, Messieurs, vous en rendre compte. Les uns ont ameuté le peuple dans les lieux publics; d'autres se retranchent dans un coin des salles destinées aux assemblées des sociétés dont je viens de vous parler; ils ont préparé le tumulte, les applaudissemens; on parle, on dit les choses les plus extravagantes..... La royauté ne peut plus être confiée à Louis XVI.... Il a perdu la confiance.... Il faut une régence.... Non, pas de régent; un conseil exécutif, un conseil de surveillance.... Point de conseil, point de régence; une convention nationale.... Une commission nommée par les quatre-vingt-trois départemens.... Plus de monarchie.... Et par le moyen d'une vingtaine de gens, ils obtiennent des applaudissemens. (Applaudissemens.)

Voilà la manœuvre qu'on ne cesse de faire depuis la malheureuse époque du 21 juin; et je ne puis m'empêcher de mettre sous vos yeux un trait frappant dont j'ai été témoin. Le 8 de ce

mois, dans un de ces clubs (aux Jacobins), qui, lorsqu'il n'a pas
été influencé par des hommes pervers, a montré des sentimens
vraiment patriotiques, dans ce club on donne lecture d'un projet
d'adresse à l'assemblée nationale. (Et je vous fais observer que
cette adresse n'était point destinée pour l'assemblée nationale.)
Vous y étiez censurés injurieusement…. De quoi? vous ne vous en
douteriez pas! D'avoir envoyé vers le roi des commissaires, et
de n'avoir pas mandé le monarque à la barre de l'assemblée nationale! Au trait d'une aussi odieuse et aussi abominable démence, je frémissais, et tout retentissait d'applaudissemens. Il
y a plus, Messieurs, on a eu l'indécence, l'inconséquence, je ne
sais quel terme employer, d'arrêter que cette adresse serait imprimée et envoyée dans les provinces!…

M. Legrand. M. Goupil a été président de cette assemblée.

M. Goupil. Si j'avais alors été président, je ne l'aurais pas
souffert, et j'ai fait preuve que j'en suis incapable.

Pour soutenir ces abominables manœuvres, on accapare des
journalistes, des folliculaires, des pamphlétaires. Un homme
(Condorcet) investi d'une réputation obtenue je ne sais comment,
et décoré du titre d'académicien, a été employé dans cette occasion, comme il y a quelque temps on avait employé le nom de
Raynal pour décrier notre constitution, et préparer les esprits à
la contre-révolution qu'on méditait. Qui voudrait de la malheureuse et criminelle célébrité de ces Erostrates modernes? Un
autre, avec moins d'éclat que les précédens, fait comme eux un
trafic de son érudition. Le sieur Brissot-Warville s'est lui-même
annoncé à cette assemblée; il a fait un discours, un discours
dont l'impression a été ordonnée. On a eu la hardiesse, l'impudence d'en faire la distribution au bureau de distribution de
l'assemblée nationale, avant-hier. Il est encore nécessaire, Messieurs, de vous donner une idée du point où est parvenue l'audace des écrivains de ces odieux et méprisables pamphlets……

M. Dubois-Daiguier. S'il s'agissait de dénoncer un homme qui
ait conseillé la désobéissance, ou quelque chose qui puisse avoir
trait à la désobéissance, au meurtre; aux rassemblemens, soit;

mais cela n'est pas. Un homme a le droit d'énoncer son opinion ; il ne doit pas pour cela être dénoncé comme coupable. (Applaudissemens, murmures, agitation.)

M. Goupil. Oui, il est nécessaire de vous donner une juste idée de l'excès auquel les écrivains de ces méprisables pamphlets se sont portés par leur audace criminelle.... (Murmures.) Il est essentiellement vrai que toutes ces propositions d'une convocation d'un nouveau corps constituant, de renvoi à une prochaine législature pour décider ce qui concerne la personne du roi, que toutes ces propositions nous ont été faites : je les combats. Or, pour les combattre raisonnablement et avec succès, je dois faire connaître les raisons qui ne vous permettent pas de différer d'un seul instant la décision de la grande question qui vous occupe. Ces raisons, il est visiblement facile de les saisir dans les manœuvres qui s'exercent, dans la manière dont on agite les esprits, dans les mouvemens qu'on veut produire. Je vais donc mettre sous vos yeux l'excès d'audace auquel un écrivain de ces odieux et criminels pamphlets s'est porté pour la destruction de la royauté : il veut y substituer le monstre d'une république, qui ne fut jamais fait pour la France ; il dit que ceux qui ne sont pas de son avis ont de bonnes raisons pour vivre sous notre gouvernement, et qu'ils sont payés par la liste civile..... Voudrait-il bien nous dire, ce lâche, cet artificieux calomniateur, quelle bonne raison il peut avoir eu pour nous produire dans son mémoire l'escobarderie la plus honteuse, inventée pour nous rendre parjures au serment qui nous lie à notre divine constitution ! Brissot n'a pas craint d'écrire, il n'a pas craint de débiter : « Je fais la motion expresse que l'inviolabilité absolue soit regardée comme subversive de toute constitution, attentatoire à la souveraineté de la nation, à la liberté publique, et qu'en conséquence on déclare que le roi peut et doit être jugé. » Quelqu'un n'a-t-il point été tenté d'applaudir à la témérité de ces horreurs ? Oui, Messieurs, dans un club qui a ordonné l'impression de *cette production.....* A la manière dont il s'exprime, on dirait

que l'opinion publique ne réside que dans Warville et ses adhérens......

Messieurs, voici ce qu'on ajoute à ces manœuvres : on dit avec
confiance dans ces clubs que c'est la volonté générale· de tout
Paris; on écrit en conséquence dans les provinces; on s'adresse
aux hommes dont on sait que les têtes sont ou plus faibles ou
plus évaporées. De là des adhésions; puis on vous dit que c'est
le vœu des quatre-vingt-trois départemens; et cela se trouve aux
portes de la salle répété par des gens qui sont payés pour le dire,
et qui ne savent pas même que vos départemens sont au nombre
de quatre-vingt-trois!

Quoique j'applaudisse, avec ce qu'il y a de gens sages dans la
capitale et dans les départemens, aux mesures proposées par vos
comités, je ne puis me dispenser de vous faire apercevoir dans
leur projet de décret une légère imperfection : les principes du
rapport sont excellens; mais le projet de décret est incomplet.
En demandant qu'on aille aux voix sur le projet des comités, je
demande par amendement que l'assemblée nationale déclare, par
un article additionnel, qu'elle ne cessera de maintenir comme
un des points fondamentaux de la constitution, que la personne
du roi est inviolable et sacrée. (Applaudissemens de la majorité
de l'assemblée; silence de la plupart des personnes qui occupent
les tribunes publiques.)

Quelques voix. L'impression du discours de M. Goupil!

M. Pontrain. Je demande si l'assemblée veut déclarer avec
M. Goupil que M. Condorcet est un......

Les mêmes voix. Oui, oui.... (Murmures.)

M. Dumetz. Je demande l'ordre du jour. Il y a quelques erreurs dans ce qu'a dit M. Goupil.

M. Goupil. Je demande aussi l'ordre du jour; car j'ai parlé
d'abondance de cœur, et je ne pourrais transcrire littéralement
ce que je viens d'improviser.

L'ordre du jour est adopté.)

Opinion de Grégoire. — SÉANCE DU 15 JUILLET.

[J'entends dire autour de moi qu'il ne convient pas à un
prêtre de traiter la question présente,... (*Non, non !* dans le côté
droit.)

M. Arnaudat. Personne ne vous a dit cela : vous commencez
par un mensonge ; vous finirez par des horreurs. (Mouvement
général d'improbation.)

M. Grégoire. Quelle que soit mon opinion, je parlerai d'après
ma conscience. (*Ah ! ah ! ah !* du côté droit.) Et au lieu de comparer mon opinion avec mon état, je demande qu'on me réfute.
Du reste, Messieurs, lorsque l'assemblée aura prononcé, je
serai soumis à ses décrets..... (*C'est bien heureux !* du même
côté.) Et jamais je ne me permettrai de protester contre..... (Le
silence du cô é droit et les applaudissemens du côté gauche
montrent que ces derniers mots ont été généralement sentis.)

Vous traitez la question de l'inviolabilité absolue : d'après les
principes, et dans la situation où se trouve actuellement la France,
je refuterai plusieurs argumens présentés par divers préopinans
en faveur du projet des comités ; je leur rappellerai quelques objections qu'ils n'ont pas combattues, et j'en ajouterai de nouvelles ; enfin j'établirai que le projet des comités est rejeté par
l'intérêt national.

Louis XVI a agi, disait-on hier, ou comme roi, ou comme
citoyen : si comme roi il est inviolable, aux termes du décret ;
si comme citoyen il est permis à tout citoyen d'aller et venir
dans l'étendue de l'empire, il n'y a pas de délit..... Ce raisonnement est vicieux, parce qu'il considère Louis XVI toujours
abstraction faite des circonstances liées à son évasion.

Le premier fonctionnaire public abandonne son poste ; il se
munit d'un faux passeport ; après avoir dit, en écrivant aux
puissances étrangères, que ses ennemis les plus dangereux sont
ceux qui affectent de répandre des doutes sur les intentions du
monarque, il viole sa parole ; il laisse aux Français une décla-
ration qui, si elle n'est pas criminelle, est au moins, de quelque

manière qu'on l'envisage, contraire aux principes de notre liberté. Il n'a pu ignorer que sa fuite exposait la nation aux dangers de la guerre civile; enfin, dans l'hypothèse qu'il ne voulut
aller qu'à Montmédy, je dis : ou il voulait se borner à faire des
observations paisibles à l'assemblée nationale sur ses décrets, et
pour cela il était inutile de fuir; ou il voulait soutenir ses prétentions à main armée, et alors c'était une conspiration contre la
liberté. Cette alternative forme sans doute un dilemme contraire
à ceux qui soutiennent l'avis des comités.

Mais, dit-on, pour mettre quelqu'un en jugement, il faut que
le délit soit qualifié, qu'il y ait une loi préexistante; ici il n'y en
avait pas..... Quoi, messieurs, nous n'avions pas de lois antérieures concernant la violation des promesses, les attentats contre
la liberté publique! D'ailleurs, en raisonnant ainsi, quel moyen
laissez-vous au peuple, qui réforme son gouvernement, de repousser les attaques qu'on veut lui porter ?

Avez-vous donc oublié cette maxime, maxime révérée par
tout l'univers, que le salut du peuple est la suprême loi? Pour
combattre plus efficacement encore cet argument, que je regarde
comme absurde, je dis que si, sous prétexte qu'une loi n'est pas
encore faite, un individu pouvait être inviolable, quels que fussent le nombre et l'énormité de ses délits, alors il peut rompre
le corps social, ourdir les plus affreux complots, et plonger un
peuple entier dans l'abîme de tous les maux.

En admettant une pareille absurdité, on eût pu à Versailles
soutenir les arrêtés de la séance royale avec les régimens qu'on
avait fait venir, anéantir les espérances que la nation avait conçues de nos travaux, et vous étouffer sous les débris de cette enceinte où vous avez jeté les fondemens du bonheur public !

Mais, dit-on, si le roi n'est pas inviolable, deux calomniateurs
pourront le traduire en jugement.... Non, car il faudrait préalablement, suivant nos lois nouvelles, que le juré prononçât
qu'il y a lieu à accusation.

Mais, dit-on, le pouvoir exécutif doit être indépendant du
pouvoir législatif; il ne le serait pas, si celui qui l'exerce n'est

point investi de l'inviolabilité...... Je crois, messieurs, que l'on confond ici la séparation des pouvoirs avec l'indépendance des pouvoirs; on pourrait soutenir jusqu'à un certain point que le pouvoir exécutif est dépendant du pouvoir législatif, puisqu'il ne peut agir que d'après lui; mais je réponds par un raisonnement de parité : le corps-législatif devant être indépendant du pouvoir exécutif, les législateurs devraient aussi être inviolables dans tous les cas; ce que certainement vous n'ajouterez pas..... (*Une voix* : Vous n'y êtes pas du tout, monsieur !)

Je crois, en second lieu, que vous n'adopterez pas que tous les pouvoirs constitués doivent s'exercer sans qu'on puisse en suspendre ni en troubler l'exercice, pour établir l'inviolabilité de ceux qui les exercent; ainsi, vouloir de l'indépendance conclure à l'inviolabilité, c'est assurément fausser la conséquence.

Je dis, en troisième lieu, qu'il ne s'agit pas de subordonner le pouvoir exécutif à une législature, mais bien à une convention nationale, qui, dépositaire de tous les pouvoirs, les répartit, en fixe la latitude : prétendre que le pouvoir exécutif doit être indépendant même d'une convention nationale, ce serait évidemment dire que le pouvoir exécutif sera indépendant de la nation même, principe absurde qui trop long-temps a consacré l'esclavage et la misère des peuples.

Mais, a-t-on dit, si le roi n'est pas inviolable dans tous les cas, la majesté du trône court le danger d'être avilie.... Pour détruire cette objection, il suffit d'en faire sentir le ridicule; autant vaudrait nous dire qu'un homme sera avili si l'on réprime ses passions, qu'il sera avili s'il est soumis aux lois! Mais, ajoute-t-on, le bonheur public exige que le roi soit inviolable.... Je réponds : pour que la société politique puisse se maintenir, il faut qu'elle puisse réprimer tous les attentats dirigés contre sa sûreté; le roi doit être inviolable dans tous les actes qui tiennent à la royauté, parce que, comme on l'a dit, dans ce cas il y a un ministre responsable; mais pour les cas où l'on ne trouve pas cet agent, la responsabilité doit porter sur le monarque; car, on l'a dit avant moi, s'il est un seul homme qui, faisant exécuter les lois, n'y

soit pas soumis ; s'il est un seul homme devant lequel la loi soit
muette ; si cette loi, suivant l'expression d'un écrivain, ne dirige
pas son glaive sur un point horizontal pour abattre ce qui la dépasse, alors un seul individu, paralysant toute la force nationale,
peut tout entreprendre contre la nation.

On avait observé aux partisans de l'inviolabilité absolue que
cette doctrine autoriserait tous les crimes ; un des préopinans a
répondu en disant que dans une attaque individuelle chacun aurait
droit de repousser un roi agresseur..... Mais, je le lui demande,
si un homme attaqué succombe sous le fer de l'agresseur, celui-
ci sera-t-il inviolable ? Il n'a donc fait que reculer la difficulté au
lieu de la résoudre ; ainsi, lorsqu'un défenseur de l'opinion que
je soutiens, a objecté que l'inviolabilité absolue du monarque appellerait malheureusement sur lui les vengeances particulières,
son argument reste dans toute sa force ; et j'observerai encore
qu'on ne lui a pas répondu lorsqu'il a établi que l'inviolabilité du
roi exigeait l'absolution de ses complices ; il a eu raison.

Après avoir combattu les raisons des préopinans, je dirai encore que le roi pourrait être inviolable, parce que la constitution
le déclare tel ; mais le roi a protesté contre cette constitution ;
peut-il donc invoquer le bénéfice d'une loi contre laquelle il proteste, et qu'il a voulu anéantir ? J'ai ouï répéter souvent que le
roi devait avoir tous les moyens d'opérer le bien, mais qu'il
devait être sans force pour faire le mal. Quoi ! afin qu'il soit
sans force pour faire le mal, vous le déclarez inviolable en tout,
c'est-à-dire, que vous voulez que ses passions n'aient aucun
frein, qu'il puisse impunément se porter à tous les excès ! Qu'on
me dise ce que c'est qu'une contradiction, si celle-là n'est pas évidente. Ainsi donc, vouloir établir l'inviolabilité absolue, c'est
renverser tous les principes, c'est fonder la liberté publique sur
l'immoralité. Que les rois soient bons, qu'ils soient justes, leur
inviolabilité sera plus assurée ! Alfred n'avait pas besoin de pareilles lois ; l'amour du peuple formait autour de lui un rempart
impénétrable.

Après avoir établi ce principe *conservateur* de la liberté, je l'applique aux circonstances actuelles , et je dis que l'intérêt de la nation repousse le projet de vos comités. En effet, si le roi ne peut pas être mis en cause, alors il me semble que le voilà dans l'état où il était avant sa fuite, et, en consultant le passé, voyens ce que l'avenir nous promet! Déjà plusieurs fois vous avez été à la veille d'une contre-révolution; les troupes appelées à Versailles, la séance royale, les scènes du mois d'avril dernier, l'évasion du roi, enfin la soif du pouvoir, la facilité d'intriguer, et peut-être des vengeances à assouvir, car une cour ne pardonne pas!......Nous aurons peut-être une douzaine de conspirations nouvelles, et dans ce nombre, il y aura peut-être à la fin une chance contre vous qui étouffera la liberté, et ensevelira sous les ruines de la constitution ceux qui en sont les défenseurs et les amis! (*Applaudissemens.*)

D'ailleurs, messieurs, le bonheur du peuple serait-il bien garanti sous un roi faible? N'auriez-vous pas alors des maires du palais? Et voilà cependant sur quoi reposeront vos espérances, ou plutôt votre erreur!...Je dis encore que la loi ne doit être que l'expression de la volonté générale; nous devons être prêts sans cesse à l'exécuter. Un ambassadeur disait aux Hollandais : nous déciderons de vous chez vous et sans vous.... Mais les représentans du peuple outrageraient la nation s'ils décidaient de son sort sans elle et peut être contre elle, contre son vœu!.... (*Applaudissemens mêlés de murmures.*)

M. Thuault. Nous ne sommes pas des ambassadeurs.

M. Grégoire. J'ajoute une autre considération, qui a été déjà présentée. La confiance est la sauve-garde d'un peuple libre; la confiance ne se commande pas; eh bien! pouvez-vous jamais réinvestir Louis XVI de la confiance nationale! S'il promet d'être fidèle à la constitution, qui osera en être garant? Hier, après un discours en faveur du projet des comités, on nous a présenté un tableau intéressant de la félicité publique : rapprochez ce tableau des inconvéniens qu'on vient de déduire, des maux qui peuvent être et qui seront le résultat d'un tel système, et voyez à laquelle des deux opinions le tableau doit s'attacher! J'invoque la ques-

tion préalable contre le projet des comités ; je demande qu'au
plus tôt on assemble les colléges électoraux, et qu'on nomme
une convention nationale : c'est l'objet important qui doit nous
occuper..... (*Murmures.*) Mais si malheureusement le projet des
comités était adopté par l'assemblée, s'il était décidé que l'inviolabilité était absolue, que jamais le roi ne peut être mis en cause,
alors, messieurs, pour être conséquens, vous devez juger comme
coupables d'un grand crime les gardes nationales de Varennes,
et ceux qui ont concouru à l'arrestation du roi. (*Nombreux applaudissemens d'une partie du côté gauche et des tribunes publiques.*)]

   Opinion de Salles. — SÉANCE DU 15 JUILLET.

[Messieurs, avant d'entrer dans la discussion de l'importante
et difficile affaire qui fait l'objet de la délibération, qu'il me soit
permis d'observer à l'assemblée que, quelle que soit la différence
des opinions qui l'agitent, rien n'est plus déplacé que la chaleur
avec laquelle on s'attaque dans cette question épineuse. Je conviens franchement, quant à moi, que les circonstances où nous
nous trouvons sont environnées de dangers ; je conviens que tous
les partis qui peuvent nous être proposés sont également péril-
leux ; il m'est démontré que des esprits droits, des citoyens sans
reproche, peuvent franchement, et sans donner la moindre prise
à la calomnie, embrasser les partis contraires. Où peuvent donc
aboutir tant de déclamations vagues, tant de soupçons indis-
crets, tant de vaines personnalités ? Des hommes faits pour s'estimer, et du patriotisme desquels la nation s'honore également,
peuvent-ils croire qu'il importe au succès de leur cause de se
flétrir par des inculpations mal fondées avec un égal acharnement ?
Eh bien, messieurs ? et moi aussi j'ai mon opinion faite dans cette
grande question ; et moi aussi je viens vous la présenter. Je puis
m'égarer sans doute ; les adversaires du parti que j'embrasse,
peuvent m'accuser, me dénoncer même à mes commettans comme
un mauvais patriote ; cependant la conscience de mes actions me
restera, et rien n'aura été capable de changer mes opinions.
Soyons donc froids et calmes, *puisque la chaleur ne peut que*

nous rendre injustes, et sachons nous estimer nous-mêmes si nous voulons mériter l'estime la nation.

Pardonnez, Messieurs, à mon zèle cette courte digression. J'ai examiné les conjonctures où nous sommes, et je me suis dit : quel que soit le parti que prenne l'assemblée, il mécontentera un grand nombre de citoyens ; soit que Louis XVI soit maintenu sur le trône, soit qu'il en descende, l'assemblée sera accusée avec une égale chaleur. Il nous importe d'éviter toute exagération d'opinion si nous voulons éloigner de nous les fléaux de la guerre civile ; il nous importe de rallier les esprits autour de l'assemblée nationale, et de les préparer à recevoir le décret qu'elle doit rendre, quel que puisse être ce décret : il faut donc nous rallier nous-mêmes autour de nos propres principes ; il faut donner l'exemple de la modération dans la discussion et de l'obéissance à ses différens résultats, si nous voulons que le peuple qui nous entend soit modéré lui-même, et soumis à la loi lorsqu'elle sera faite.

J'aborde la question, Messieurs ; et si je remplis mal la tâche que je me suis imposée, j'aurai du moins, je l'espère, été fidèle aux principes de modération que je viens d'exprimer.

Trois questions de fait se présentent relativement à Louis XVI ; il importe de les poser et de les discuter en elles-mêmes, sauf ensuite à faire l'application de cette discussion au roi, et à voir quelles en doivent être les conséquences.

Le roi est-il coupable d'avoir fui ?

Le roi est-il coupable d'avoir, en fuyant, laissé un manifeste ?

La fuite et le manifeste du roi suffisent-ils, à défaut de toute autre preuve, pour démontrer qu'il est complice du général Bouillé dans les dispositions que celui-ci avait faites pour faciliter l'invasion de la frontière à l'ennemi, et environner le roi de l'armée des mécontens ?

Le roi est-il coupable d'avoir fui ?

Cette question n'en est plus une ; chaque parti s'accorde à dire que la fuite du roi n'est pas un crime, puisque nulle loi n'a qualifié ce délit, et n'en a surtout déterminé la peine.

D'ailleurs, la loi sur la résidence des fonctionnaires publics est expresse, et je n'ai pas vu que les adversaires du projet de décret des comités aient essayé de résister à cet argument.

Je passe à la seconde question : le roi est-il coupable d'avoir, en fuyant, laissé un manifeste?¡

Je suis loin, Messieurs, de vouloir me dissimuler tout l'incivisme de cette pièce; elle a dû révolter tous les Français; elle a dû leur être d'autant plus sensible qu'ils avaient aimé davantage le monarque au patriotisme duquel ils avaient cru : les citoyens l'aimaient parce qu'ils le croyaient le chef de la révolution; ils ont vu qu'il les avait trompés, que la constitution n'avait jamais jusqu'alors été en sûreté dans ses mains, et les citoyens, qui veulent aujourd'hui la constitution avant tout, en ont été indignés; ils l'ont regardé comme la cause de tous les troubles, comme le chef de toutes les factions qui les agitent depuis deux ans, et toutes les haines se sont accumulées sur sa tête. Je sens vivement, Messieurs, l'injure faite à la nation par son premier délégué; mais qu'il me soit permis de le dire, cette réunion de toutes les haines, bien naturelle sans doute de la part d'un peuple ombrageux pour sa liberté naissante est une exagération dont nous devons nous défendre. Si la cause de Louis XVI, protestant contre les nouvelles lois, a fait oublier les injures de tous les ennemis publics qui depuis la révolution ont accumulé des protestations du même genre; si le sentiment du moment, exaspéré par tous les sentimens particuliers qui sont venus s'y confondre, paraît prêt à se calmer sur toutes les craintes particulières, pourvu que Louis XVI soit sacrifié; ce sentiment est injuste à cet égard et dans son objet et dans son intensité, et je me fais gloire, moi, de m'écarter en cela de l'opinion publique.

Après m'être ainsi dégagé de toute haine et de tout sentiment étranger, j'examine cette pièce en elle-même et dans son ensemble. Je le répète, elle est un monument d'incivisme; et s'il m'est démontré que Louis XVI, pour faire triompher les principes qui l'ont dictée, a voulu susciter à la nation des ennemis et se mettre à la tête des mécontens, j'ajouterai que cette pièce est un monument de perfidie et d'atrocité.

Louis XVI dans son manifeste a protesté contre la constitution. Je n'examine pas si la constitution était ou non achevée; sa conduite ne m'en paraît pas moins condamnable, car enfin à chaque décret constitutionnel il a été libre d'accepter ou de refuser; il a été libre de les comparer entr'eux à mesure qu'ils lui ont été présentés; il savait qu'il serait libre encore de les rejeter à la fin, lorsqu'il en pourrait considérer l'ensemble; rien ne peut le justifier de s'être engagé par ses différentes acceptations, pour manquer ensuite à tous ses engagemens.

Cependant, Messieurs, considérons la position de Louis XVI, et souvenons-nous surtout de ces scènes de scandale où des factieux, excitant peut-être le peuple à des mouvemens désordonnés, se hâtaient d'entourer le roi, armés de pistolets et de poignards, de lui persuader que le peuple en voulait à sa vie, et qu'ils se réunissaient autour de sa personne pour le défendre. Combien est malheureuse la condition d'un roi! Lequel de nous, dans une pareille position, n'aurait pas été là dupe des feintes alarmes de ces lâches courtisans, accoutumés à la souplesse et à la duplicité? N'ont-ils pas pu, les perfides! persuader à Louis XVI que le peuple de Paris était féroce et ne respirait que la mort de son roi; que le peuple des départemens au contraire était bon, et se laissait abuser par des factieux sur les sentimens des Parisiens; que le royaume était plein de mécontens; que la plupart ne restaient attachés à la révolution que parce que, croyant que le roi en était le chef, leur amour pour leur roi les ralliait autour de sa volonté? N'ont-ils pas pu lui dire qu'il fallait qu'il se déclarât pour faire éclater la volonté générale; mais que se déclarer au sein de la capitale, c'était s'exposer et livrer l'État aux horreurs de la guerre civile? N'ont-ils pas pu lui persuader que s'il était libre, sûr de n'être pas attaqué, il pourrait alors s'expliquer sans crainte, et qu'il verrait la grande majorité de la nation adopter tous ses sentimens?

Messieurs, tout cela est possible, et je conçois dans ce système

comment Louis XVI a pu avoir la faiblesse d'accepter malgré lui
les décrets constitutionnels. Encore un coup, je ne le justifie pas
d'avoir manqué à toutes ses promesses ; mais je dis que s'il n'a
pas voulu employer le fer et la flamme contre la nation ; s'il n'a
fait que protester contre son serment ; s'il a été engagé par les
perfides insinuations de ces hommes pervers qui, ayant eu l'audace de se dire ses défenseurs et ses amis jusque dans le sein de
cette assemblée, ont sans doute eu l'adresse de le lui persuader
à lui-même ; je dis que dans ce sens, qui n'est pas déraisonnable,
Louis XVI serait à plaindre, je dirai tout à l'heure que Louis XVI
serait un monstre s'il avait eu le dessein d'employer la force à
l'appui de son manifeste.

Louis XVI a protesté contre la constitution ; il en donne pour
motif entre autres qu'il a trouvé la constitution inexécutable. Je
sens, Messieurs, la faiblesse de cette raison ; cependant combien
de fois ne l'avons-nous pas dit nous-mêmes ! Tant que la constitution ne sera pas terminée, la machine éprouvera des frotte-
mens qui en dérangeront les mouvemens ; tant que le corps constituant délibérera sur les grands intérêts qui lui sont confiés, la
nation s'agitera. Le peuple, qui est appelé par la nature des
choses à délibérer pour lui-même, mais qui, dans un empire
aussi vaste que le nôtre, en est sagement écarté par notre constitution ; le peuple est poussé sans cesse en sens contraire, et
porte impatiemment le joug d'une loi qui n'a pas été le résultat
des *principes*, mais seulement le résultat des considérations politiques ; le peuple est disposé à l'insurrection tant que dure une
convention nationale, et il échappe sans cesse à l'action du gouvernement. Cette théorie, Messieurs, si certaine pour les esprits
droits, a difficilement fructifié dans le sein même de cette assemblée : est-il étonnant que le roi ne l'ait pas connue ? On lui
aura fait croire que l'état actuel des choses serait l'état permanent ; on lui aura persuadé que les troubles seraient éternels ; et
parce qu'en effet les ressorts du gouvernement étaient relâchés
dans ses mains pendant la présence du corps constituant, il aura
pensé que le gouvernement *était désormais nul* pour lui, et que
la constitution était inexécutable.

J'ajoute, Messieurs, que l'assemblée nationale elle-même a dû contribuer à cette erreur. En effet, dans les circonstances où nous nous sommes trouvés, environnés partout des agens de l'ancien régime, qui contrariaient l'exécution des lois nouvelles, nous avons dû, pour le grand bien de la chose, prendre souvent sur nous des actes d'administration; nous avons gouverné; nous avons jugé; nous avons rendu des décrets sur la disposition de la force publique; nous avons fait, en un mot, une foule d'actes bien essentiels sans doute pour l'établissement de la constitution; mais qui n'en étaient pas moins hors de la compétence des législatures. Eh bien! le roi encore se sera laissé persuader que les législatures nous imiteraient, et que son pouvoir lui serait éternellement contesté. Il s'est trompé; il a protesté contre cet ordre de choses; parce que toute l'exécution ne lui était pas encore entièrement remise : il aura dit que la constitution n'était pas exécutable. (*Applaudissemens.*)

Enfin, Messieurs, en faisant toujours abstraction des moyens que Louis XVI voulait employer pour appuyer son manifeste, et en continuant d'examiner cette pièce en elle-même, je le répète, cette pièce se résout en entier dans une protestation contre la constitution. Eh bien! beaucoup d'autres ont protesté ainsi que lui : près de trois cents membres de cette assemblée ont, tout à l'heure encore, porté l'incivisme jusqu'à imprimer des déclarations qui n'ont pas d'autre sens. Comment l'assemblée s'est-elle conduite dans cette circonstance? Elle s'est dit : ces hommes, égarés par leur orgueil et par leurs préjugés, veulent fermer constamment leurs cœurs aux bienfaits de la constitution; mais en dépit d'eux la constitution s'achevera; ils la verront enfin dans son ensemble, ils la jugeront, ils verront que les troubles dont ils se plaignent ont bien pu régner pendant qu'elle se faisait, mais qu'ils n'en sont pas les conséquences; ils lui rendront justice alors. Aujourd'hui ce sont des fils égarés qui méconnaissent la patrie parce qu'elle n'a pas pu encore leur faire goûter tous ses charmes; demain la patrie sera tranquille, les citoyens seront paisibles; la constitution sera terminée et solidement *établie*, *et ils* l'aimeront parce qu'elle les protégera.

Qu'importent aujourd'hui leurs protestations contre un ouvrage
non fini, et qu'ils ne se connaissent pas? qu'importent leurs erreurs? L'essentiel est de finir : alors seulement leurs erreurs
seront inexcusables, parce qu'elles seront sans prétexte. Tel a
été votre langage, Messieurs, pour ceux de vos collègues qui
ont protesté, et qui remplissent dans l'État aujourd'hui un
poste plus éminent peut-être que celui du monarque. Par quelle
fatalité seriez-vous indulgens pour eux, et réserveriez-vous
pour le monarque seul toute votre rigueur, si comme eux il n'a
fait que protester contre votre ouvrage, si ce sont eux qui l'ont
trompé, si les circonstances, si vous-mêmes, j'ose le dire, avez
contribué à son erreur? (Applaudissemens prolongés dans la
majorité du côté gauche.)

Cependant, Messieurs, je consens encore d'être rigoureux
jusqu'à l'excès, et, ne m'arrêtant à aucune considération, je
dirai, si l'on veut, que Louis XVI est coupable pour avoir fait
un manifeste, c'est-à-dire pour avoir protesté contre la constitution.

Je passe à la troisième question de fait : Louis XVI a-t-il voulu
appuyer son manifeste de la force des armes?

Louis XVI, Messieurs, allait à Montmédy; la frontière était
ouverte de ce côté à l'invasion de l'ennemi : le général Bouillé
devait l'environner de l'armée des mécontens. Si Louis XVI a
voulu tout cela, je l'ai déjà dit, Louis XVI est un monstre;
mais, Messieurs, c'est d'après les pièces que nous devons juger.
Or, je dis qu'il résulte bien des pièces que le roi a donné des
ordres à M. Bouillé pour assurer sa fuite, mais qu'il n'est prouvé par aucune (du moins aux yeux d'un juge, et vous êtes des
juges dans cette affaire), qu'il n'est nullement prouvé, dis-je,
que Louis XVI ait donné des ordres à M. Bouillé de faire contre
la France des préparatifs hostiles. Je dis plus; je dis qu'il résulte de la lettre de M. Bouillé, que c'est ce général seul qui a
tout disposé, que c'est lui encore qui veut susciter des ennemis
à la France, et guider de sa main parricide le poignard jusque
dans le sein de sa patrie (1). Il résulte d'une lettre de M. Kin-

_____
(1) « Il est à remarquer que M. Bouillé s'avançant vers Varennes à la tête

glin, que M. Bouillé et lui ont tout préparé de concert avec plusieurs complices qu'il nomme, et dont quelques-uns sont arrêtés : le nom du roi, comme principal moteur, ne se trouve dans
aucune des pièces saisies chez eux, dans aucune de leurs lettres
interceptées. Au milieu de ce silence, sans aucune preuve formelle, lorsqu'il est possible que le roi ait été trompé en effet,
conclurons-nous, contre toute règle, et avec plus de rigueur
que s'il était question d'un simple particulier, que le roi cependant est le complice du général Bouillé?

Mais à défaut de pièces expresses, nous dira-t-on, *le manifeste
du roi, joint à sa fuite, prouve assez sa complicité. Le roi dit dans
son manifeste qu'il ne veut pas de la constitution; qu'il en veut une
autre; qu'il veut régner, et qu'il le veut à cette unique condition.*
J'adopterai, si l'on veut, toutes les conséquences de ces assertions; j'observerai seulement qu'on peut vouloir une autre constitution sans avoir des projets hostiles. Eh! Messieurs, quels
moyens ne nous donneraient pas nos adversaires, s'ils niaient
cette proposition! Quelques-uns d'entre eux, un certain nombre
de Français, plusieurs journalistes surtout, ne veulent pas de la
constitution; ils nous parlent, ceux-ci, de chasser le monarque,
et de donner à son fils un conseil de régence; ceux-là, de le conserver, mais de lui donner un conseil qui aura voix délibérative;
ceux-là, enfin, de chasser les rois, et d'établir à leur place un
conseil exécutif nommé par les quatre-vingt-trois départemens...
Certainement ces propositions ne tendent à rien moins qu'à
changer la forme du gouvernement; elles font plus dans mon
opinion : elles tendent à substituer l'anarchie à la place du règne
des lois, et peut-être même à ramener le despotisme; et quand
tout cela ne pourrait pas se démontrer, toujours serait-il vrai
qu'elles tendraient à amener la guerre civile; car moi, par
exemple, et je suis sûr qu'un très-grand nombre de Français
pensent de même; moi, dis-je, je déclare ici qu'il faudra me

de Royal-Allemand pour se ressaisir du roi au moment de son arrestation,
le roi lui a envoyé l'ordre de rétrograder et de ne se livrer à aucun acte
hostile.»   (*Note de l'orateur.*)

poignarder, me chasser de la France tout au moins, avant que je laisse parmi nous l'administration suprême, sous quelque forme que ce puisse être, passer dans les mains de plusieurs, (La majorité de l'assemblée applaudit à plusieurs reprises.) Ces propositions, Messieurs, sont donc contre-révolutionnaires. Elles ont cependant été affichées avec profusion dans toutes les rues; on en a agité toutes les sociétés; des journalistes les impriment et les établissent dans toutes leurs feuilles : en conclurons-nous, Messieurs, que leur intention est d'établir cette constitution nouvelle, c'est-à-dire de faire cette contre-révolution par des moyens violens? Non, Messieurs, ces hommes, dangereux sans doute, ne sont pas encore des factieux, et ils le seraient si telle était leur intention. Ils veulent le bien, soit; ils ne veulent d'autre arme que la raison, soit encore; mais pourquoi prétendent-ils que Louis XVI n'a pas pu vouloir user des mêmes moyens qu'eux pour opérer les changemens qu'il méditait? Qu'ils soient justes, du moins, s'ils ne veulent pas que nous croyions qu'ils ne poursuivent Louis XVI que par une conséquence de leur funeste système.

Louis XVI trompé, comme se trompent les partisans de tout conseil exécutif quelconque, Louis XVI a pu vouloir, du sein d'une place qui le mettait à l'abri de ce qu'on lui avait dit être la fureur du peuple, faire des observations à l'assemblée; il a pu croire que ses raisons triompheraient; il a pu ignorer qu'on voulait le faire servir à des projets violens; et de ce que la preuve expresse n'est nulle part qu'il ait eu connaissance de ce complot, j'en conclus, moi, qu'il l'a effectivement ignoré.

Je reprends mes conséquences, et je pose d'abord en principe (quoique je sois le partisan de l'inviolabilité absolue; quoique je pense qu'un roi, pour ses actes publics et privés, ne doive pas être poursuivi devant les tribunaux, parce que, la matière des délits étant indivisible, un roi pourrait être accusé pour un délit de police comme pour un assassinat; parce qu'un roi accusé à faux, comme il le serait sans cesse par des factieux, ou par de ces hommes qui *se croient grands lorsqu'ils* s'attaquent à ce

qu'il y a d'élevé, serait sans cesse dans les liens de quelque décret, et pourrait se trouver éternellement suspendu de ses fonctions, et laisser l'État sans gouvernail); je pose, dis-je, en principe, que je ne crois pas que cette inviolabilité puisse mettre à
couvert un roi conspirateur qui quitterait son poste pour se
mettre à la tête d'une armée ennemie; un tel coupable ne pourrait, à la vérité, être jugé par les tribunaux tant qu'il n'aurait
pas cessé d'être roi; mais dès l'instant qu'un roi agit pour réaliser de tels projets, il cesse de l'être; et, quoique la loi ne soit
pas faite, la sainte loi de l'insurrection, préexistante à tout
ordre social, donnerait encore le droit de le chasser. Si donc, en
effet, le roi était allé se mettre en connaissance de cause à la
tête du projet de M. Bouillé, j'opinerais à l'instant pour qu'il
fût détrôné; mais cette preuve ne m'est pas acquise, et je m'arrête religieusement à cette raison puissante : seulement, Messieurs, je demanderai que l'assemblée déclare formellement qu'un
roi qui quittera son poste pour aller se mettre à la tête d'une armée ennemie, par le seul fait de son action hsotile contre l'État,
soit censé avoir abdiqué la couronne.

La seule faute qu'ait commise Louis XVI, est, je le répète,
d'avoir protesté contre la constitution. Eh bien ! ce cas est, suivant moi, encore un cas de déchéance; et en effet, si un roi qui
ne veut pas prêter serment à la constitution lors de son avènement au trône est censé abdiquer, celui qui, ayant prêté ce serment, en vertu duquel seul il est roi, proteste contre, se remet
dans le même état où il était avant de l'avoir prêté : il en faut
donc tirer la même conséquence. Remarquez cependant, Messieurs, que ce cas n'est pas à comparer à l'autre : le premier
réagit sur tous les citoyens; leur vie en est menacée, leur propriété en est troublée ; tous les crimes des guerres les plus
cruelles en sont la conséquence, et le monstre couronné qui se
permet un tel attentat, accumule sur sa tête tous les forfaits, et
appelle toutes les vengeances; le second cas, au contraire, est
purement personnel au monarque, et ne compromet la sûreté
d'aucun individu, lorsqu'il n'est accompagné d'aucune intention

d'action. Je pense donc, Messieurs, qu'il faut ici une loi expresse, et je soutiens qu'avant cette loi il est impossible d'agir
contre un monarque qui aurait rétracté son serment.

Vainement dirait-on que cela se déduit de la nature des
choses; quelque évident que soit un délit, il faut le déclarer tel ;
il faut surtout lui appliquer positivement une peine avant de
pouvoir légalement le réprimer. L'assemblée d'ailleurs, en déclarant deux cas d'abdication, le premier lorsque le roi refuse
son serment, le second lorsqu'il fuit à l'étranger, et qu'après la
sommation du corps-législatif il laisse écouler les délais ; l'assemblée, dis-je, a suffisamment par-là manifesté que, quelque
naturelle que soit à cet égard une conséquence, elle entendait
cependant la déclarer d'une manière positive : et en effet, Messieurs, le roi est un individu privilégié ; il est, par sa position,
hors de l'état naturel des choses ; et si quelque point n'était pas
formellement exprimé, il y aurait dès-lors un extrême embarras
pour distinguer le cas où cet état naturel des choses lui serait
applicable. Il s'ensuit que quelque claire que soit une conséquence par rapport au monarque, il est impossible de lui en
faire l'application avant de l'avoir établie en loi.

Ainsi donc, si la loi existait, il n'y aurait pas le moindre
doute pour moi. Louis XVI a protesté contre son serment: il serait censé avoir abdiqué ; mais cette loi n'existe pas. En con-
cluant, Messieurs, à ce que vous la décrétiez, je dis qu'elle ne
peut pas être appliquée au roi.

J'appuie, en conséquence, le projet des comités ; et pour que
ses principes ne restent pas douteux, je fais la motion expresse
que vous décrétiez avant tout les articles suivans :

« Art. Iᵉʳ. Si le roi, après avoir prêté son serment à la constitution, se rétracte, il sera censé avoir abdiqué.

» Art. II. Si le roi se met à la tête d'une armée pour en diriger les forces contre la nation, ou s'il ordonne à ses généraux
d'exécuter un tel projet, ou enfin s'il ne s'oppose pas par un acte
formel à toute action de cette espèce qui s'exécuterait en son
nom, il sera censé avoir abdiqué. »

» Art. III. Un roi qui aura abdiqué ou qui sera censé l'avoir fait, redeviendra simple citoyen, et il sera accusable suivant les formes ordinaires pour tous les délits postérieurs à son abdication. »]

Ces articles furent mis aux voix, et décrétés après le discours de Barnave.

Opinion de Barnave. — SÉANCE DU 15 JUILLET.

[La nation française vient d'essuyer une violente secousse; mais si nous devons en croire tous les augures qui se manifestent, ce dernier événement, comme tous ceux qui l'ont précédé, ne servira qu'à presser le terme, qu'à assurer la solidité de la révolution que nous avons faite. Déjà la nation, en manifestant son unanimité, en constatant l'immensité de ses forces au moment de l'inquiétude et du péril, a prouvé à nos ennemis ce qu'ils auraient à craindre du résultat de leurs attaques. Aujourd'hui, en examinant attentivement la constitution qu'elle s'est donnée, elle va en prendre une connaissance approfondie, qu'elle n'eût peut-être pas acquise de long-temps si les principes de la morale, paraissant en contradiction avec ceux de la politique, si un sentiment profond, contraire dans ce moment à l'intérêt national, n'eût pas obligé l'assemblée à creuser ces grandes et importantes questions, et à démontrer à toute la France ce que savaient déjà par principes ceux qui l'avaient examiné, mais ce que la foule peut-être ne savait pas encore, je veux dire la nature du gouvernement monarchique, quelles sont ses bases, quelle est sa véritable utilité pour la nation à laquelle vous l'avez donné.

La question qui vous est soumise présente évidemment deux aspects différens ; la question de fait, la question de droit ou constitutionnelle. Quant à la question de fait, je me crois dispensé de la discuter par le discours éloquent qu'a prononcé à cette tribune celui des opinans (M. Salles) qui a immédiatement avant moi soutenu la même opinion. Je me plais à rendre justice je ne dirai pas seulement à l'étendue des talens, mais à l'âme véritablement noble et généreuse qu'il a développée dans cette grande circonstance; il a, dis-je, suffisamment examiné le fait. Je vais brièvement examiner la loi; je vais prouver que la constitution veut la conclusion que vos comités proposent; mais je dirai plus, je dirai qu'il est utile dans les circonstances, qu'il est bon pour la révolution que la constitution le commande ainsi. Je ne parlerai point avec étendue de la nature et de l'avantage du gouvernement monarchique; vous l'avez plusieurs fois examiné, et vous avez montré votre conviction en l'établissant dans votre pays. Je dirai seulement : toute constitution, pour être bonne, doit porter sur ces deux principes, doit présenter au peuple ces deux avantages, liberté, stabilité dans le gouvernement qui la lui assure; tout gouvernement, pour rendre le peuple heureux, doit le rendre libre; tout gouvernement, pour être bon, doit renfermer en lui les principes de sa stabilité; car autrement, au lieu du bonheur, il ne présenterait que la perspective d'une suite de changemens. Or, s'il est vrai que ces deux principes n'existent, pour une grande nation comme la nôtre, que dans le gouvernement monarchique; s'il est vrai que la base du gouvernement monarchique et celle de ces deux grands avantages qu'il nous présente sont essentiellement dans l'inviolabilité du pouvoir exécutif, il est vrai de dire que cette maxime est essentielle au bonheur, à la liberté de la France.

Quelques hommes dont je ne veux pas accuser les intentions, à qui même, pour le plus grand nombre, je n'en ai jamais cru de malfaisantes, quelques hommes qui peut-être cherchent à faire en politique des romans, parce qu'il est plus facile de travailler ainsi que de contribuer à l'utilité réelle et positive de son pays, cherchant dans un autre hémisphère des exemples à nous donner, ont vu en Amérique un peuple occupant un grand territoire par une population rare, n'étant environné d'aucuns voisins puissans, ayant pour limites des forêts, ayant toutes les habitudes, toute la simplicité, tous les sentimens d'un peuple presque neuf, presque uniquement occupé à la culture ou aux autres travaux immédiats *qui rendent les hommes* naturels et

purs, et qui les éloignent de ces passions factices qui font les révolutions des gouvernemens; ils ont vu un gouvernement républicain établi sur ce vaste territoire : ils ont conclu de là que le
même gouvernement pouvait nous convenir. Ces hommes, dont
j'ai déjà annoncé que je n'attaquais pas les intentions, ces hommes sont les mêmes qui contestent aujourd'hui le principe de
l'inviolabilité. Or, s'il est vrai que sur notre terre une population
immense est répandue; s'il est vrai qu'il s'y trouve une multitude d'hommes exclusivement occupés à ces spéculations de l'esprit qui exercent l'imagination, qui portent à l'ambition et à
l'amour de la gloire; s'il est vrai qu'autour de nous des voisins
puissans nous obligent à ne faire qu'une seule masse pour leur
résister avec avantage; s'il est vrai que toutes ces circonstances
sont positives et ne dépendent pas de nous, il est incontestable
que le remède n'en peut exister que dans le gouvernement monarchique. Quand le pays est peuplé et étendu, il n'existe, et
l'art de la politique n'a trouvé que deux moyens de lui donner
une existence solide et permanente : ou bien vous organiserez
séparément les parties, vous mettrez dans chaque section une
portion de gouvernement, et vous fixerez ainsi la stabilité aux
dépens de l'unité, de la puissance et de tous les avantages qui
résultent d'une grande et homogène association; ou bien, si vous
laissez subsister l'union nationale, vous serez obligés de placer
au centre une puissance immuable qui, n'étant jamais renouvelée que par la loi, présentant sans cesse des obstacles à l'ambition, résiste avec avantage aux secousses, aux rivalités, aux
vibrations rapides d'une population immense, agitée par toutes
les passions qu'enfante une vieille société.

La solidité de ces maximes étant reconnue, décide notre situation. Nous ne pouvons être stables dans notre existence politique
que par un gouvernement fédératif, qu'aucun, jusqu'à ce jour,
n'a soutenu dans cette assemblée que la division en quatre-vingt-
trois départemens a été destinée à prévenir, et suffit seule pour
rendre absurde, et qu'il est, je pense, inutile de repousser; ou
par le gouvernement monarchique que vous avez établi, c'est-à-

dire en remettant les rênes du pouvoir exécutif dans une famille, par droit de succession héréditaire.

La liberté trouve son origine dans les mêmes. principes. On vous a hier développé, d'une manière savante et qu'il est utile de mettre sous vos yeux, cette indépendance des deux pouvoirs, qui est la première base du gouvernement représentatif et monarchique. Là, le peuple, qui ne peut lui-même faire ses lois, qui ne peut lui-même exercer ses pouvoirs, les mettant entre les mains de ses représentans, se dépouille ainsi passagèrement de l'exercice de sa souveraineté, et s'oblige de le diviser entre eux ; car il ne conserve sa souveraineté qu'en en divisant l'exercice entre ses délégués, et, s'il était possible qu'il la remît tout entière dans un individu ou dans un corps, dès-lors il s'ensuivrait que son pouvoir serait aliéné. Tel est donc le principe du gouvernement représentatif et monarchique ; les deux pouvoirs réunis se servent mutuellement de complément, et se servent aussi de limite. Non-seulement il faut que l'un fasse les lois et que l'autre les exécute, celui qui exécute doit avoir un moyen d'opposer son frein à celui qui fait la loi, et celui qui fait la loi doit avoir un moyen de soumettre l'exécution à la responsabilité : c'est ainsi que le roi a le droit de refuser la loi ou de la suspendre, en opposant sa puissance à la rapidité, aux entreprises du corps-législatif ; c'est ainsi que le pouvoir législatif, en poursuivant les écarts de la puissance exécutrice contre les agens nommés par le roi, leur fait rendre compte de leur gestion, et prévient les abus qui pourraient naître de leur impunité.

De cette combinaison savante de votre gouvernement, il est résulté une conséquence : ce pouvoir dispensé au roi de limiter le pouvoir législatif devant nécessairement le rendre indépendant, devant par conséquent le rendre inviolable, il a fallu, quand la loi mettait en lui non-seulement la sanction, mais aussi l'exécution, il a fallu en séparer de fait cette dernière partie, parce qu'elle est par sa nature nécessairement soumise à la responsabilité.

Ainsi vous avez laissé *au roi inviolable* cette exclusive fonction de donner la sanction et de nommer les agens ; mais vous avez obligé par la constitution les agens nommés par le roi à remplir pour lui les fonctions exécutives, parce que ces fonctions nécessitent la critique et la censure, et que le roi devant être indépendant pour la sanction, devant être par conséquent personnellement inattaquable, devenait incapable de les remplir. Vous avez donc toujours agi dans les principes d'indépendance des deux pouvoirs ; vous avez donc toujours agi dans la considération de cette nécessité indispensable de leur donner mutuellement les moyens de se contenir. J'ai dit que la stabilité et la liberté étaient le double caractère de tout bon gouvernement ; l'un et l'autre exigent impérieusement l'inviolabilité. S'il est vrai que pour être indépendant le roi doit être inviolable, il n'est pas moins vrai qu'il doit l'être pour la stabilité, puisque c'est cette maxime qui, le mettant à couvert de tous les efforts des factieux, le maintient à sa place, et maintient avec lui le gouvernement dont il est le chef.

Telle est dans son objet cette inviolabilité essentielle au gouvernement monarchique. Voyons quelle est sa nature et quelles sont ses limites : les voici très-clairement à mes yeux.

La responsabilité doit se diviser en deux branches, parce qu'il existe pour le roi deux genres de délits : le roi peut commettre des délits civils ; le roi peut commettre des délits politiques. Quant au délit civil (j'observe que cela est hors du cas que nous traitons maintenant) ; quant au délit civil, il n'existe aucune espèce de proportion entre l'avantage qui résulte pour le peuple de sa tranquillité conservée, de la forme de gouvernement maintenue, et l'avantage qui pourrait résulter de la punition d'une faute de cette nature. Que doit alors le gouvernement au maintien de l'ordre et de la morale ? Il doit seulement prévenir que le roi qui a fait un délit grave ne puisse le répéter ; mais il n'est pas obligé de sacrifier évidemment le salut du peuple et le gouvernement établi à une vindicte particulière. Ainsi donc, pour le délit civil du monarque, la constitution ne peut établir sagement qu'un remède : je veux dire la supposition de démence.

Par-là, sans doute, elle jette un voile sur un mal passager ; mais par-là, en prévenant par les précautions que la démence nécessite, la répétition du délit, elle conserve la forme du gouvernement, et assure au peuple la paix, qui, dans une hypothèse opposée, pourrait être troublée à tout moment, non-seulement par les jugemens, mais même par les accusations auxquelles le prince serait en butte.

Quant au délit politique, il est d'une autre nature, et je remarquerai seulement ici que nos adversaires se sont étrangement mépris sur ce point ; car ils ont dit que c'était sur l'exercice du pouvoir exécutif que portait l'inviolabilité. Il est parfaitement vrai que c'est sur cette seule fonction-là qu'il n'y a pas d'inviolabilité ; il ne peut pas exister d'inviolabilité sur les fonctions du pouvoir exécutif, et c'est pour cela que la constitution rendant le roi inviolable, l'a absolument privé de l'exercice immédiat de cette partie de son pouvoir. Le roi ne peut pas exécuter, aucun ordre exécutif ne peut émaner de lui seul ; le contre-seing est nécessaire. Tout acte exécutif qui ne porte que son nom est nul, sans force, sans énergie ; tout homme qui l'exécute est coupable. Par ce seul fait, la responsabilité existe contre les seuls agens du pouvoir ; ce n'est donc pas là qu'il faut chercher l'inviolabilité relativement aux délits politiques, car le roi ne pouvant agir en cette partie, ne peut pas délinquer.

La véritable inviolabilité du délit politique est celle qui porte sur des faits étrangers à ses fonctions exécutives et constitutives. Cette inviolabilité-là n'a qu'un terme : c'est la déchéance. Le roi ne peut cesser d'être inviolable qu'en cessant d'être roi ; la constitution doit prévoir le cas où le pouvoir exécutif devient incapable et indigne de gouverner ; la constitution doit prévoir les cas de déchéance, doit clairement les caractériser ; car s'il n'en était pas ainsi, le roi, essentiellement indépendant, deviendrait dépendant de celui qui jugerait la déchéance.

J'examinerai bientôt ce moyen de convocation nationale que l'Angleterre a momentanément adopté, par la raison que sa constitution, qui a été faite par les événemens, n'a jamais prévu les cas qui n'étaient pas encore arrivés, par la raison que, n'ayant pas un gouvernement de droit, mais de fait, elle est obligée de tirer toujours ses lois des circonstances ; j'examinerai, dis-je, bientôt ce mode des conventions nationales, qui peut avoir peu de danger dans un pays tel que l'Angleterre, mais qui chez nous les présente en foule.

Je dis que parmi nous l'inviolabilité des délits politiques ne peut avoir de terme que par la déchéance ; que la déchéance ne peut arriver que par un cas prévu par la constitution, et formellement énoncé par elle ; de sorte que, le cas échéant, le jugement soit prononcé par la loi même.

Si ce sont là les principes que nous avons admis jusqu'à ce jour, et qui doivent déterminer notre décision, il est facile de les appliquer à la circonstance.

On a parfaitement démontré que les actes commis par le roi ne présentaient pas le cas de déchéance prévu par la constitution, et ne présentaient non plus aucune abdication. Que résulte-t-il de là ? Que si l'acte commis par le roi était en lui-même un délit (ce que je n'examinerai pas ; M. Salles m'en a dispensé), la loi, ne l'ayant pas prévu, ne peut pas y être appliquée ; la déchéance n'a pas lieu ; l'inviolabilité demeure dans sa plénitude.

Ici se présente directement l'argument qu'a fait M. Buzot sur l'exemple de l'Angleterre, la constitution anglaise n'a point prévu les cas de déchéance ; mais la nation la prononce lorsque les événemens semblent la solliciter. Ici je répète ma réponse : la constitution anglaise n'a pas prévu ce cas, parce qu'elle n'a prévu aucun cas ; il n'existe en Angleterre aucune constitution écrite ; il n'existe en Angleterre aucun usage permanent en cette partie ; chaque fois que l'État essuie une crise, qu'il se présente une nouvelle combinaison d'événemens politiques, alors les partis qui dominent, alors ceux qui ont plus d'influence dans la nation, alors la conjoncture actuelle détermine le parti qu'on prend, et le mode par lequel on arrive à l'adopter : c'est ainsi que dans certains cas on a prononcé la déchéance pour des méfaits qui peut-être ne l'avaient pas méritée, et que plus anciennement, dans des cas plus graves, on ne l'avait pas prononcée; c'est ainsi qu'on a appelé en Angleterre, des conventions nationales quand on les a crues propres à faire réussir les desseins des hommes do-minans, et que, dans le cas où la liberté publique a été vérita-blement attaquée, on a laissé régner tranquillement celui qui l'avait plus heureusement tenté. Ce n'est pas là le système que nous avons admis; nous avons voulu que dans nos lois politiques, comme dans nos lois civiles, tout, autant qu'il était possible, fût prévu; nous avons voulu annoncer la peine en déterminant d'abord le délit; nous avons voulu ôter, s'il était possible, tout à l'arbitraire, et asseoir dans un pays plus sujet aux révolutions, parce qu'il est plus étendu, asseoir une base stable qui pût pré-venir ou maîtriser les événemens, et soumettre à la loi constitu-tionnelle même les révolutions. Ne nous défions donc pas de cette règle, car elle est bonne : nous n'avons cessé de la suivre pour les individus; observons-la donc aujourd'hui pour le monarque! Nos principes, la constitution, la loi, déclarent qu'il n'est pas déchu; c'est donc entre la loi sous laquelle nous devons vivre, entre l'attachement à la constitution et le ressentiment contre un homme, qu'il s'agit de prononcer. Or, je demande aujourd'hui à celui de vous tous qui pourrait avoir conçu contre le chef du pouvoir exécutif toutes les préventions, tous les ressentimens les plus profonds et les plus animés; je lui demande de nous dire s'il est plus irrité contre lui qu'attaché à la loi de son pays! Et remarquez que cette différence, naturelle à l'homme libre, entre l'importance des lois et l'importance des hommes; que cette dif-férence doit surtout s'établir relativement au roi dans une mo-narchie libre et représentative : il me semble que vous eussiez fait une grande faute si, lorsque constituant une monarchie hérédi-taire, et consentant par conséquent à recevoir des mains de la naissance ou du hasard celui qui devait exercer la première place, vous aviez laissé une grande importance au choix et à la qualité de l'homme. Je conçois que partout où la volonté du peuple donne un gage de la capacité, partout où la responsabilité oblige l'offi-cier public à exercer ses *fonctions, ou le punit* de l'avoir en-

freinte, il est nécessaire que les qualités personnelles agissent
de concert avec la loi; mais, ou bien vous avez fait une constitution vicieuse, ou celui que le hasard de la naissance vous donne,
et que la loi ne peut pas atteindre, ne peut pas être important
par ses actions personnelles au salut du gouvernement, et doit
trouver dans la constitution le principe de sa conduite et l'obstacle à ses erreurs. S'il en était autrement, Messieurs, ce ne serait pas dans les fautes du roi que j'apercevrais le plus grand
danger; ce serait dans ses grandes actions; je ne me méfierais
pas tant de ses vices que de ses vertus; car je pourrais dire à
ceux qui s'exhalent avec une telle fureur contre l'individu qui a
péché, je leur dirais : Vous seriez donc à ses pieds si vous étiez
contens de lui! (*Applaudissemens prolongés.*)

· Ceux qui veulent ainsi sacrifier la constitution à leur ressentiment pour un homme me paraissent trop sujets à sacrifier la
liberté par enthousiasme pour un autre; et puisqu'ils aiment la
république, c'est bien aujourd'hui le moment de leur dire : comment voulez-vous une république dans une nation où vous vous
flattez que l'acte toujours facilement pardonné d'un individu qui
a en lui-même de grands moyens de justification, que l'acte d'un
individu qui, quoiqu'on juge en lui certaines qualités, avait eu
long-temps l'affection du peuple; quand vous vous êtes flattés,
dis-je, que l'acte qu'il a commis, pourrait changer notre gouvernement, comment n'avez-vous pas craint que cette même mo-
• bilité du peuple, ému par l'enthousiasme envers un grand
homme, par la reconnaissance des grandes actions, car la nation française, vous le savez, sait bien mieux aimer qu'elle ne
sait haïr (*vifs applaudissemens*)! ne renversât en un jour votre
absurde république; comment, leur dirai-je, vous avez en ce
moment fondé tant d'espérances sur la mobilité de ce peuple,
et vous n'avez pas senti que, si votre système pouvait réussir, dans
cette même mobilité était le principe de sa destruction; que bientôt le peuple, agité dans un autre sens, aurait établi à la place
de la monarchie constitutionnelle que vous aurez détruite, la plus
terrible tyrannie, celle qui est établie contre la loi, créée par

l'aveuglement! (*Applaudissemens.*) Vous avez cru que le peuple changerait aujourd'hui sa constitution par une impression momentanée, et vous avez cru que ce conseil exécutif, faible par son essence, divisé incessamment entre ceux qui en formeraient le nombre, opposé à tous égards à l'instinct de la nation, qui est tout entière pour l'égalité, et toujours prête à s'insurger contre ce qui lui présenterait le simulacre d'une odieuse oligarchie; que ce conseil, établissant dans le royaume le désordre de l'anarchie par la débilité de ses moyens et par la division de ses membres, résisterait long-temps aux grands généraux, aux grands orateurs, aux grands philosophes qui présenteraient à la nation la puissance protectrice du génie contre les abus auxquels vous l'auriez livrée; vous avez cru que la nation, par un mouvement momentané, détruirait la royauté, et vous n'avez pas senti que, s'il en était ainsi, elle rétablirait un jour la tyrannie pour se défaire des troubles et de l'état humiliant dans lequel vous l'auriez plongée jusqu'à la déchéance! Il est donc vrai que la constitution veut que le roi soit inviolable, et que dans un cas non prévu il ne soit pas déchu du trône; il est donc vrai que tout homme vraiment libre veut exclusivement ce qu'a prononcé la constitution! Mais je conviens en ce moment de laisser la constitution de côté; je veux parler dans la révolution; je veux examiner s'il est à regretter que la déchéance ne s'applique pas à la conduite du roi; et je dis du fond de ma pensée, je dis affirmativement non.

Messieurs je ne chercherai point ici des motifs de résolution dans ceux qu'on a voulu nous supposer. On a dit dans cette tribune, on a imprimé ailleurs que la crainte des puissances étrangères avait été le motif de circonstance qui avait déterminé les comités en faveur du décret qu'ils vous ont proposé; cela est faux, calomnieusement faux. Je déclare que la crainte des puissances étrangères ne doit point influencer nos opérations; je déclare que ce n'est point à nous à redouter des débats avec les rois, qui, peut-être, par les circonstances, ne seraient pas heureux pour nous, mais qui seront toujours *menaçans pour eux*. Quelque exemple qu'on puisse donner des peuples devenus libres par leur énergie, et rétablis sous le joug par la coalition des tyrans, une telle issue n'est point à craindre pour nous; des secousses trop répétées ont fait pénétrer jusqu'au fond du peuple l'amour et l'attachement à la révolution; on ne change plus l'état des choses, on ne rétablit plus des usurpations et des préjugés quand une telle masse s'est émue, et quand elle a dit tout entière : je sais être libre; je veux être libre, et je serai libre! Cela est profondément vrai en politique, comme juste en philosophie, et, si on le veut, comme pompeux en déclamation. Il est parfaitement vrai que si quelque puissance voulait nous ôter notre liberté, il pourrait en résulter des désastres passagers pour nous, de grandes plaies pour l'humanité, mais qu'en dernière analyse la victoire nous est assurée; aussi n'est-ce pas là, Messieurs, le motif révolutionnaire du décret. Ah! ce n'est pas notre faiblesse que je crains; c'est notre force, nos agitations, c'est le prolongement indéfini de notre fièvre révolutionnaire.

On a rappelé ailleurs et dans cette tribune les inconvéniens de détail de tout autre parti que celui qui, après la constitution achevée, la proposerait au roi pour l'accepter librement : on a assez bien établi que des régens passés en pays étrangers, éloignés de tout temps de la révolution, remplaceraient mal le monarque que vous auriez éloigné; on a parfaitement établi qu'éloigner la régence de ceux à qui la constitution l'a donnée, après en avoir éloigné la royauté, serait créer autant de partis qu'on aurait exclu d'hommes appelés par la constitution; on a très-bien prouvé qu'un conseil exécutif de régence ou de surveillance mis à leur place, augmenterait le mal au lieu d'y remédier, que les ennemis ou plutôt les chefs du parti contre-révolutionnaire en deviendraient plus nombreux, que la nation se diviserait elle-même, et que le pouvoir exécutif remis en de débiles mains n'aurait aucun effet sur eux; que si ce conseil était pris dans l'assemblée nationale, la révolution paraîtrait n'être plus l'ouvrage que de l'ambition de ceux qui auraient voulu s'y faire porter; *que* l'assemblée nationale perdrait l'estime, et que ceux qu'elle aurait placé à la tête du gouvernement auraient par-là même perdu la force; que si le conseil était choisi au dehors de cette assemblée, il serait possible sans doute d'y recueillir des hommes capables de gouverner, mais il ne le serait pas autant d'y retrouver des hommes assez connus dans la révolution, ayant pu attacher sur eux l'attention publique, ayant pu conquérir la confiance par une longue suite d'actes connus; de sorte que le second conseil serait encore plus fragile que le premier. On a très-bien établi ces faits; mais je les prends en masse, et je dis : tout changement est aujourd'hui fatal; tout prolongement de la révolution est aujourd'hui désastreux. La question, je la place ici, et c'est bien là qu'elle est marquée par l'intérêt national : allons-nous terminer la révolution, allons-nous la recommencer? Si vous vous défiez une fois de la constitution, où sera le point où vous vous arrêterez, et où s'arrêteront surtout nos successeurs?

J'ai dit que je ne craignais pas l'attaque des nations étrangères et des Français émigrés; mais je dis aujourd'hui, avec autant de vérité, que je crains la continuation des inquiétudes, des agitations qui seront toujours au milieu de nous tant que la révolution ne sera pas totalement et paisiblement terminée : on ne peut nous faire aucun mal au-dehors, mais on nous fait un grand mal au-dedans, quand on nous agite par des pensées funestes, quand des dangers chimériques, créés autour de nous, donnent, au milieu du peuple, quelque consistance et quelque confiance, aux hommes qui s'en servent pour l'agiter continuellement; on nous fait un grand mal quand on perpétue ce mouvement révolutionnaire qui a détruit tout ce qui était à détruire, qui nous a conduits au point où il fallait nous arrêter, et qui ne cessera que par une détermination paisible, une détermination commune, un rapprochement, si je puis m'exprimer ainsi, de tout ce qui peut composer à l'avenir la nation française. Songez, Messieurs, songez à ce qui se passera après vous! Vous avez fait ce qui était bon pour la liberté, pour l'égalité; aucun pouvoir arbitraire n'a été épargné; aucune usurpation de l'amour-propre ou des propriétés n'est échappée, vous avez rendu *tous les* hommes égaux

devant la loi civile et devant la loi politique ; vous avez repris,
vous avez rendu à l'État tout ce qui lui avait été enlevé : de là
résulte cette grande vérité, que si la révolution fait un pas de
plus, elle ne peut le faire sans danger ; c'est que dans la ligne de la
liberté, le premier acte qui pourrait suivre serait l'anéantissement de la royauté ; c'est que dans la ligne de l'égalité, le premier
acte qui pourrait suivre serait l'attentat à la propriété. (*Applaudissemens.*)

Je demande à ceux qui m'entendent, à ceux qui conçoivent
avec moi que si les mouvemens recommencent, que si la nation a
encore de grandes secousses à éprouver, que si de grands événemens peuvent suivre ou seulement se font redouter, que si tout
ce qui agite le peuple, continue à lui imprimer son mouvement, que
si son influence continue à pouvoir agir sur les événemens politiques ; à tous ceux, dis-je, qui savent que si les choses se passent
ainsi, la révolution n'est pas finie ; je leur demande : existe-t-il
encore à détruire une autre aristocratie que celle de la propriété?
Messieurs, les hommes qui veulent faire des révolutions ne les
font pas avec des maximes métaphysiques ; on séduit, on entraîne
quelques penseurs de cabinet, quelques hommes savans en géométrie, incapables en politique ; on les nourrit sans doute avec
des abstractions ; mais la multitude dont on a besoin de se servir, .
la multitude, sans laquelle on ne fait pas de révolutions, on ne
l'entraîne que par des réalités, on ne la touche que par des avantages palpables !

Vous le savez tous, la nuit du 4 août a donné plus de bras à
la révolution que tous les décrets constitutionnels ! mais, pour
ceux qui voudraient aller plus loin, quelle nuit du 4 août reste-
t-il à faire, si ce n'est des lois contre les propriétés ! Et si les lois
ne sont pas faites, qui nous garantira, qu'à défaut d'énergie dans
le gouvernement, que, quand nous n'aurons pas terminé la révolution et réprimé le mouvement qui la perpétue, son action progressive ne fera pas d'elle-même ce que la loi n'aura pas osé prononcer ? Il est donc vrai qu'il est temps de terminer la révolution ; il est
donc vrai qu'elle doit recevoir aujourd'hui son grand caractère; il est

donc vrai que la révolution paraîtra aux yeux de l'Europe et de
la postérité avoir été faite pour la nation française ou pour quelques individus; que si elle est faite pour la nation, elle doit s'arrêter
au moment où la nation est libre, où tous les Français sont égaux;
que si elle continue dans les troubles, dès-lors elle n'est plus que
l'avantage de quelques hommes; dès-lors elle est déshonorée; dès-
lors nous le sommes nous-mêmes !

Aujourd'hui, Messieurs, tout le monde doit sentir que l'intérêt
commun est que la révolution s'arrête : ceux qui ont perdu, doivent
s'apercevoir qu'il est impossible de la faire rétrograder, et qu'il ne
s'agit plus que de la fixer; ceux qui l'ont faite et qui l'ont voulue,
doivent apercevoir qu'elle est à son dernier terme, que le bonheur de leur patrie, comme leur gloire, exigent qu'elle ne se
continue pas plus long-temps; tous ont un même intérêt : les rois
eux-mêmes, si quelquefois de profondes vérités peuvent pénétrer jusque dans les conseils des rois, si quelquefois les préjugés
qui les environnent, peuvent laisser passer jusqu'à eux les vues
saines d'une politique grande et philosophique; les rois eux-mêmes
doivent apercevoir qu'il y a loin pour eux entre l'exemple d'une
grande réforme dans le gouvernement, et l'exemple de l'abolition
de la royauté; que si nous nous arrêtons ici, ils sont encore rois;
que même l'épreuve que vient de subir parmi nous cette institution, la résistance qu'elle a offerte à un peuple éclairé et fortement irrité, le triomphe qu'elle a obtenu par les discussions les
plus approfondies; que toutes les circonstances, dis-je, consacrent pour les grands états la doctrine de la royauté; que de
nouveaux événemens en pourraient faire juger autrement, et
que, s'ils ne veulent pas sacrifier à de vaines espérances la réalité
de leurs intérêts, la terminaison de la révolution française est
aussi ce qui leur convient le mieux.

Quelle que soit leur conduite, Messieurs, que la nôtre au moins
soit sage, que la faute vienne d'eux; s'ils doivent en souffrir un
jour, que personne dans l'univers, en examinant notre conduite, n'ait un reproche juste à nous faire ! Régénérateurs de
l'empire, représentans de la nation française, suivez aujourd'hui ·

invariablement votre ligne : vous avez montré que vous aviez le
courage de détruire les abus de la puissance : vous avez montré
que vous aviez tout ce qu'il faut pour mettre à la place de sages
et d'heureuses institutions : prouvez aujourd'hui que vous avez la
force, que vous avez la sagesse de les protéger et de les maintenir. La nation vient de donner une grande preuve de force et
de courage ; elle a solennellement mis au jour, et par un mouvement spontané, tout ce qu'elle pouvait opposer aux événemens
dont on la menaçait : continuons les mêmes précautions ; que nos
limites, nos frontières soient puissamment défendues. Mais au
moment où nous manifestons notre puissance, prouvons aussi
notre modération ; présentons la paix au monde inquiet des événemens qui se passent au milieu de nous ; présentons une occasion
de triomphe, une vive satisfaction à tous ceux qui, dans les pays
étrangers, ont pris intérêt aux événemens de notre patrie, et
qui nous disent de toutes parts : vous avez été courageux ; vous
êtes puissans ; soyez aujourd'hui sages et modérés ; c'est là que
sera le terme de votre gloire ! C'est ainsi que vous aurez prouvé
que dans des circonstances diverses, vous saviez employer et des
talens, et des moyens, et des vertus diverses !

C'est alors que, vous retirant dans vos foyers, après avoir
vigoureusement établi l'action du gouvernement, après avoir
énergiquement prononcé que vous voulez que la France présente
un asile paisible pour tous ceux qui voudront obéir aux lois ;
après avoir donné le mouvement à vos institutions (et cela est
possible dans un temps prochain, car je ne suis pas disposé à
éloigner l'instant de notre séparation) ; après avoir mis en vigueur
tout ce qui fait agir le gouvernement, vous vous retirerez dans
vos foyers ; vous aurez obtenu par votre courage la satisfaction
et l'amour des plus ardens amis de la révolution et de la liberté,
et vous obtiendrez de la part de tous, par de nouveaux bienfaits,
des bénédictions, ou du moins le silence de la calomnie ! J'adopte
les propositions de M. Salles, et je conclus à l'admission du projet des comités. (Applaudissemens.)]

La proposition des comités fut décrétée en ces termes :

« L'assemblée nationale, après avoir entendu ses comités militaire et diplomatique, de constitution, de révision, de jurisprudence criminelle, des recherches et des rapports ; attendu qu'il
résulte des pièces dont le rapport lui a été fait, que le sieur
Bouillé, général de l'armée française sur la Meuse, la Sarre et
la Moselle, a conçu le projet de renverser la constitution ; qu'à
cet effet, il a cherché à se faire un parti dans le royaume, sollicité
et exécuté des ordres non-contresignés, attiré le roi et sa famille
dans une ville de son commandement, disposé des détachemens
sur son passage, fait marcher des troupes vers Montmédy, préparé un camp près cette ville, tenté de corrompre les soldats,
les a engagés à la désertion pour se réunir à lui, sollicité les
puissances voisines à une invasion sur le territoire français,
décrète :

» 1° Qu'il y a lieu à accusation contre ledit sieur Bouillé, ses
complices et adhérens, et que son procès lui sera fait et parfait
devant la haute-cour nationale provisoire séant à Orléans ; qu'à
cet effet, les pièces qui ont été adressées à l'assemblée seront envoyées à l'officier faisant auprès de ce tribunal les fonctions
d'accusateur public ;

» 2° Qu'attendu qu'il résulte également des pièces dont le rapport a été fait, que les sieurs Heymann, Kinglin et Offlyse,
maréchaux-de-camp employés dans la même armée ; Desoteux,
adjudant-général ; Goglas, aide-de-camp ; Bouillé fils, major
d'hussards ; Choiseul-Stainville, colonel du 1er régiment de dragons ; le sieur Mandell, lieutenant-colonel du régiment ci-devant
Royal-Allemand ; le comte de Fersen, ci-devant colonel, propriétaire du régiment Royal-Suédois ; les sieurs Valory, Maldan
et Dumoutier, ci-devant gardes-du-corps, sont prévenus d'avoir
eu connaissance du complot dudit sieur Bouillé, et d'avoir agi
dans la vue de le favoriser, il y a lieu à accusation contre eux,
et que leur procès leur sera fait et parfait devant ladite cour d'Orléans, devant laquelle seront renvoyées toutes les informations
ordonnées et commencées pour ledit complot, soit devant le tribunal du premier arrondissement de Paris, soit par-devant tous

autres tribunaux, pour être suivies par ladite cour provisoire;

» 3° Que les particuliers dénommés dans les articles 1 et 2 du présent décret, contre lesquels il y a lieu à accusation, qui sont ou seront arrêtés par la suite, seront conduits sous bonne et sûre garde dans les prisons d'Orléans;

» 4° Que les sieurs Damas, colonel du 13° régiment de dragons; Remi et Floriac, officiers au même corps; les sieurs Andoins et Lacour, l'un capitaine, l'autre lieutenant au 1er régiment de dragons; Marassin et Thalot, l'un capitaine, l'autre lieutenant au régiment ci-devant Royal-Allemand; Vallecourt, commissaire-ordonnateur des guerres, et Sthondy, sous-lieutenant au régiment de Castella, suisse, et la dame Tourzel, gouvernante des enfans de France, demeureront dans le même état d'arrestation où ils se trouvent, jusqu'à ce qu'il en soit ultérieurement statué par l'assemblée;

» 5° Que le sieur Bridges, écuyer du roi, et les dames Brunier et Neuville, femmes de chambre de M. le dauphin et de Madame Royale, seront mis en liberté. »

JOURNÉE DU 17 JUILLET 1791.

Nous allons réunir les pièces de plus d'un procès fameux. La journée du 17 juillet sera désormais le grief irrémissible qui conduira à la proscription la Fayette et son parti, qui motivera contre Bailly une sentence de mort. Le rôle de Danton lui-même, dans ce triste événement, figurera un jour au nombre des crimes pour lesquels il sera traduit au tribunal révolutionnaire. Le 31 mars 1794, Saint-Just l'apostropha ainsi : « Mirabeau qui méditait un changement de dynastie, sentit le prix de ton audace; il te saisit. Tu t'écartas dès-lors des principes sévères, et l'on n'entendit plus parler de toi jusqu'au massacre du Champ-de-Mars. Alors tu appuyas aux Jacobins la motion de Laclos, qui fut un prétexte funeste, et payé par les ennemis du peuple, pour déployer le drapeau rouge et essayer la tyrannie. Les patriotes qui n'étaient pas initiés dans ce complot avaient combattu inutilement ton opinion sanguinaire. Tu fus nommé rédacteur avec Brissot, de la pétition du Champ-de-Mars, et vous échappâtes à la fureur de la Fayette qui fit massacrer deux mille patriotes. Brissot erra depuis paisiblement dans Paris, et toi tu fis couler d'heureux jours à Arcis-sur-Aube, si toutefois celui qui conspirait contre sa patrie pouvait être heureux. Le calme de ta retraite à Arcis-sur-Aube se conçoit-il, toi, l'un des auteurs de la pétition, tandis que ceux qui l'avaient signée avaient été les uns chargés de fer, les autres massacrés? Brissot et toi vous étiez donc des objets de reconnaissance pour la tyrannie, puisque vous n'étiez point pour elle des objets de haine et de terreur.»

Cette accusation pèche sur quatre points : 1° Depuis la nomination de Danton au directoire du département jusqu'au 17 juillet, il n'y a pas de lacune dans sa vie révolutionnaire. Le 18 avril, dernière émeute générale antérieure au 20 juin, il est l'un des plus ardens à s'opposer au départ du roi pour Saint-Cloud. Nous avons vu une note écrite et signée de sa main, dans laquelle il accuse Bailly et la Fayette d'avoir plusieurs fois répété l'ordre de protéger par la force armée ce voyage de Louis XVI. 2° La motion de Laclos aux Jacobins, le 15 juillet, n'avait pas pour objet une pétition que l'on dût signer en place publique. Il proposait une adresse que chaque société signerait, non comme société, mais comme rassemblement de tous les bons citoyens. Il avait calculé le mode qu'il indiquait, de manière à éluder complétement la loi sur les pétitions. Ce fut cette motion que Danton appuya. On la discuta long-temps, et on allait la mettre aux voix lorsque les quatre mille personnes venues du Palais-Royal, la firent changer en celle d'une pétition qu'on porterait le 16 au Champ-de-Mars à la signature du peuple. 3° La pétition, préparée par les commissaires Danton, Brissot, etc., et rédigée par ce dernier, ne fut pas celle que le peuple signa le 17, au Champ-de-Mars. 4° Enfin, deux mille patriotes ne furent point massacrés, s'il faut entendre par ce mot qu'ils y perdirent la vie. Le rapport officiel de la municipalité évaluerait à douze le nombre des morts, et au même chiffre celui des blessés. Prudhomme dit là-dessus : «Nous croyons avec tous ceux qui étaient sur le champ du massacré, que le nombre des morts est à peu près de cinquante; et qui sait ce que la cavalerie en a sabré dans la campagne? » (*Révolutions de Paris*, n° CVI.) — Dans ce paragraphe du rapport de Saint-Just, un seul chef d'accusation, au prix duquel, d'ailleurs, les circonstances historiques que nous avons redressées ne sont rien, reste dans toute sa force. La fuite de Danton est inexcusable. Ses amis ont eu beau alléguer plus tard qu'il avait été averti de bonne heure des projets de vigueur concertés entre les autorités, des mauvaises intentions qu'on avait contre lui personnellement, et contre quelques-uns de ses affidés. Devait-il céder au sentiment de sa propre sécurité dès la matinée du 17, et aller dîner à la campagne, avec Desmoulins, Legendre, Fréron, etc.? Si ces hommes, convaincus qu'il y avait danger pour eux, à aller signer une pétition provoquée par toute leur conduite depuis le 20 juin, eussent rempli leurs moindres obligations en cette journée fatale, ils auraient accouru au milieu du peuple réuni au Champ-de-Mars; là ils auraient clairement énoncé les bonnes raisons qui leur avaient commandé à eux-mêmes le parti de la prudence, et l'alarme jetée par des meneurs revêtus de la confiance populaire eût épargné bien des malheurs.

Ce que nous affirmons ici ressortira pleinement de l'histoire du 17 juillet, telle que de nombreuses et difficiles recherches nous ont mis en possession de la produire. L'usage que les contemporains ont fait de certaines pièces, l'incomplet des détails dans toutes les narrations, soit officielles, soit individuelles, exigeaient un travail d'ensemble qui coordonnât, en les suivant de leur principe à leur terme, des actes qui se confondirent, pour les témoins de l'époque, dans le bruit de la même explosion.

Le récit de Prudhomme (n° CVI) est certainement le plus exact de tous ceux que les journalistes donnèrent. Celui de Desmoulins, que nous citerons en entier parce qu'il est explicatif et systématique, parce qu'il renferme sa démission de journaliste (1),

___
(1) M. Deschiens, dans sa bibliographie, dit que les *Révolutions de France et de Brabant* ont eu 100 numéros, 8 volumes. Il y a là une erreur de 18 numéros qui n'ont jamais existé. Ce journal se compose de 86 numéros.

et que le n° 86 où il le déposa, fut effectivement le dernier des *Révolutions de France et de Brabant*, est copié presque littérale-

Le quatre-vingt-sixième et dernier est suivi d'une circulaire de Desmoulins à ses abonnés, dont voici le texte :

Camille Desmoulins à son abonné, salut. « Cher et féal souscripteur, j'ai exposé dans mon n° 86 la raison suffisante qui m'obligeait à vous dire un adieu qui, j'espère, ne sera pas éternel. Aux raisons générales, j'aurais pu en joindre de personnelles qui n'étaient pas moins pertinentes. Il faut que le journaliste vive du journal; du moins n'est-il pas obligé de s'y ruiner. Les infidélités de la poste, mon inexpérience et mon peu de loisir pour diriger un journal avaient rendu l'expédition du septième trimestre si onéreuse pour moi, que je voyais mon ci-devant *pécule*, lequel je puis bien appeler *castrense*, s'engloutir ès mains de l'imprimeur, graveur, brocheuses; et malgré les florins de la Prusse, et les guinées de l'Angleterre, et les ducats de la Hollande, que j'avais touchés pour médire du cheval blanc, je courais aussi rapidement que Louis XVI à l'insolvabilité et à l'inéligibilité. A ces causes, peut-être est-ce trop présumer de la bienveillance de mes souscripteurs! moi, j'ai cru pouvoir déléguer à Prudhomme mon obligation envers eux de leur fournir les cinq numéros qu'il me restait à faire jusqu'au 91, pour compléter le septième trimestre. En conséquence, j'ai pris des arrangemens avec lui, en lui remettant la note des abonnés, et il remplira mes engagemens. Prudhomme est l'homme qui leur convient. Il vient de faire le serment emphytéotique de ne cesser son journal que lorsque la France sera libre. En faisant mon affaire, je fais encore plus celle de mes abonnés, qui recevront un journal beaucoup plus volumineux..... »

Comme j'ai cessé ma narration à la journée du 17 juillet, c'est le n° CVIII de Prudhomme qui fait suite à mon n° LXXXVI. La lecture de ce n° CVIII suffira pour procurer à ceux de mes abonnés, à qui je ferai faire connaissance avec M. Prudhomme, qu'ils seront amplement dédommagés. J'offre de tenir compte de cinq numéros que je redois à ceux qui sont déjà ses abonnés, pour leur éviter un double emploi..... »

» Honneur aux Jacobins, mépris aux Feuillans! CAMILLE DESMOULINS.

»Ce 4 août 1791. »

» C'est avec plaisir que je me suis chargé de satisfaire aux engagemens que M. C. Desmoulins a pris avec ses abonnés. Quoique le prix de mon journal excède de 30 sous par trimestre le prix du sien, j'espere que cette différence ne me privera pas de la continuation de ses souscripteurs.

» Paris, le 4 août. — PRUDHOMME, rue des Marais, faub. S.-G., n° 20. »

Pour achever la démonstration de l'erreur commise par M. Deschiens, nous n'avons qu'à citer le second journal fait par Desmoulins, intitulé : *La tribune des patriotes, ou Journal de la majorité, pour servir de suite au n° LXXXVI des Révolutions de France et de Brabant, par C. Desmoulins et Fréron. — Ce 30 avril 1792.* Ainsi, il est bien constaté en bibliographie révolutionnaire que le premier journal de Desmoulins n'a eu que 7 vol. et 86 numéros.

On profita, il est vrai, de l'absence de Desmoulins, pour essayer d'exploiter la publicité des *Révolutions de France*; on en répandit quelques faux numéros. Aussi, dans le n° CIX de Prudhomme, Desmoulins réclame contre un LXXXVII et un LXXXVIII qu'on venait d'imprimer sous son nom, et dont il déclare n'être pas l'auteur.

(Note des auteurs.)

ment de celui de Prudhomme, dans sa partie historique. La position de l'auteur, absent le 17 du Champ-de-Mars, et puis de la capitale, nous explique ces emprunts. En outre, il y avait un fait au moins problématique, et que son importance nous a fait minutieusement compulser.

Ce que nous avons dit en commençant le mois de juillet, sur l'état des partis, sur les sentimens divers qui les animaient, nous dispense de caractériser de nouveau les principes opposés entre lesquels la lutte était ouverte. En conséquence, nous allons dresser sommairement la série des actes par lesquels chacun d'eux manifesta sa volonté.

Le corps municipal, dévoué aux royalistes constitutionnels, sachant d'avance les conclusions que préparait la majorité de l'assemblée nationale, dans l'affaire du roi, et voyant se développer une opposition formidable, déblaya de bonne heure le terrain où devait sévir la répression. Dès le 4 juillet, il pourvut définitivement de concert avec les comités de la constituante et toutes les autorités du département, au sort des nombreux ouvriers que la fermeture des ateliers de charité avait mis sur le pavé de la capitale. — « M. le maire a annoncé que les inquiétudes occasionnées par les rassemblemens et les réclamations réitérées des ouvriers des ateliers supprimés, l'avaient déterminé à convoquer extraordinairement le conseil, afin de prendre les mesures que la prudence pourrait lui suggérer. M. le maire a ajouté que les comités des rapports, des recherches et de mendicité de l'assemblée nationale s'étaient réunis hier (le 3), à cet effet ; que les administrateurs du département, le commandant-général, MM. Champion et Jolly avaient été appelés à cette conférence ; que M. le maire y avait assisté, et que le résultat a été de provoquer l'assemblée du directoire, et une du corps municipal, M. le maire a ajouté que le directoire était réuni et priait l'assemblée de délibérer sur le parti qu'elle croirait convenable de prendre. Après en avoir délibéré, le corps municipal a pris l'arrêté suivant :

« Le corps municipal empressé de venir au secours des ouvriers des ateliers de charité supprimés, domiciliés à Paris qui pourraient avoir des besoins jusqu'au moment où ils auront pu être occupés, soit dans les travaux actuellement ouverts, soit dans leurs professions, arrête, qu'il sera distribué une somme de quatre-vingt-seize mille livres entre les différentes sections proportionnellement au nombre d'ouvriers des ateliers, domiciliés dans leurs arrondissemens; charge MM. Champion et Jolly de se retirer à l'instant devers le directoire du département, et en faire ce soir le rapport au conseil.

» Le corps municipal déclarant à l'égard des ouvriers étrangers qu'il leur sera délivré, conformément à la loi, au département des travaux publics, au palais cardinal, Vieille-Rue-du-Temple, des certificats avec les trois sous par lieue, pour se rendre dans leurs départemens respectifs.

» Le corps municipal a de plus arrêté que M. Champion lui présenterait ce soir un projet d'avis aux ouvriers, et un projet de lettre pour les comités de section sur le mode d'exécution du précédent arrêté. » (Séance du 4 juillet, 9 heures du matin, procès-verbaux manuscrits.)

Mu par les comités de l'assemblée nationale, le corps municipal déploya une activité inaccoutumée. Le même jour, à six heures du soir, il tint une seconde séance, où la question des ouvriers fut achevée. Les commissaires envoyés au directoire en rapportèrent un arrêté confirmatif de celui de la municipalité. Sur-le-champ on acheva de régulariser la distribution des 96,000 livres. Après cela, fut ordonnée l'impression du projet d'avis aux citoyens, présenté par Champion. Ce manifeste commence par des protestations de sollicitude. Il justifie la suppression des ateliers, contre lesquels réclamaient depuis long-temps tous les bons citoyens. Il donne le chiffre des ouvriers, qui s'éleva d'abord à 30 mille, et qui, a force de soins et de recherches de l'administration, s'était réduit à 20 mille. Il dit quels étaient ces ouvriers, les classes, et assure que dans le nombre il y avait beaucoup d'étrangers (à la capitale, sans doute, et non pas à la France). Suit un éloge pompeux de l'assemblée nationale, de la

mesure qu'elle a prise, et de son opportunité, « au moment où
la terre demande de toutes parts des bras, où la patrie complète
sous les drapeaux les troupes de ligne. » Vient ensuite l'énumé-
ration des ressources, consistant en un million consacré à des
travaux utiles, tels que : une gare à Charenton, un canal à Passy,
la démolition de la barrière de la Rapée, celle de la porte Saint-
Bernard et de la geôle y attenant. Les étrangers sont invités à
retourner dans le pays de leur naissance, avec le passeport, à
trois sous par lieue. Les autres moyens offerts aux ouvriers de
Paris, sont : les réparations des quais qui doivent être continuées,
et qui donneront de l'occupation à 400 d'entre eux ; le nouveau
pont et les quais qui en dépendent ; l'achèvement de l'édifice
consacré aux grands hommes, et le déblaiement de la place. De
plus, 600 hommes sont attendus à Saint-Florentin, et 400 à
Saint-Valery ; un plus grand nombre peut être expédié en Bourgogne ; enfin, le balayage procure encore à 400 vieillards ou infirmes un travail peu fatigant. Ici le manifeste que nous analysons
parle de l'ouvrage que les particuliers peuvent distribuer, soit
en raison de la grande quantité des biens nationaux vendus, soit
parce que, *sous l'influence de la constitution, le commerce et les
manufactures reprennent une nouvelle activité.* Il termine par
l'annonce du don des 96 mille livres, et par ce paragraphe signi-
ficatif : « Mais quand la municipalité étend ainsi sa sollicitude sur
l'existence de ses concitoyens, son devoir lui prescrit aussi de
veiller exactement à la tranquillité publique ; et elle déclare
qu'autant elle est sensible en faveur des indigens, autant elle
apportera de fermeté contre ceux qui profiteraient des circonstances pour mettre le trouble. » (Séance du 4 juillet au soir.
P. V. M.)

Les affaires relatives aux ouvriers ont encore une trace dans
la séance du 6. « Huit particuliers, députés par un nombre d'ouvriers qui demandent à être employés au canal de Passy, ont
été introduits : ils ont demandé du travail. M. le maire les a rappelés aux principes, à la loi ; il leur a représenté tout ce que la
municipalité faisait pour eux, les a exhortés à la tranquillité ; et

les a assurés que le corps municipal exprimerait à l'adjudicataire du canal de Passy son vœu pour qu'il les emploie à la construction du canal. Les ouvriers se sont retirés. » On va voir que le directoire se montrait plus sévère. Au moment où les ouvriers quittaient la salle des séances, Champion, administrateur des travaux publics, arrivait du département, porteur d'un arrêté sur le même objet. Le corps municipal fit donner à l'instant l'ordre de l'exécuter. Voici cet arrêté : « Sur la communication donnée par M. Champion d'un arrêté du bureau municipal, qui le charge de se retirer auprès du directoire pour l'instruire des obstacles que les ouvriers apportent à l'exécution de l'adjudication des travaux du canal de Passy, faite au sieur Reyne, le directoire autorise la municipalité de Paris de faire transporter sur les lieux des forces suffisantes pour maintenir la sûreté et la tranquillité de l'adjudicataire desdits ouvrages, et arrête en outre qu'en cas de besoin, des officiers municipaux s'y transporteraient comme commissaires du département, à l'effet de requérir l'action de la force publique, s'il est nécessaire. » *Signé*, GERMAIN-GARNIER, *faisant les fonctions de président*; BLONDEL, *secrétaire*.

Les procès-verbaux suivans renferment des délibérations sur les enrôlemens pour la frontière, et définissent les titres et qualités qui donnent droit à la solde avant et après la guerre. Celui du 12 nous fournit un détail relatif à Tallien : « M. le maire ayant donné communication d'une lettre de M. Tallien, se disant président de la société fraternelle séante aux Minimes, et d'une délibération de la société fraternelle séante aux Jacobins, la première sans date, et la seconde du 10 de ce mois, l'une et l'autre relatives au projet formé par la société fraternelle séante aux Minimes, de se rendre le 14 juillet sur les ruines de la Bastille, pour y renouveler le serment de vivre libre ou mourir :

» Le corps municipal a arrêté que M. le maire répondrait à M. Tallien qui a signé la première lettre, que le terrain de la Bastille était destiné pour le rendez-vous des corps administratifs, qui doivent partir de là *pour se rendre au Champ-de-Mars*, et que c'était dans ce même champ que les amis de la liberté devaient se réunir. »

Maintenant le combat va s'engager sur la question du roi. La municipalité est avertie, elle est prête, et nous allons la voir sur pied au premier signal. ·

L'assemblée nationale, d'où devait enfin tomber la décision objet de tant de vœux contradictoires, y arriva par des actes déjà consignés par nous. Rappelons-les brièvement. Elle repoussa, sans la lire, la première pétition des Cordeliers (*Nous étions esclaves en* 1789, etc. Voir le t. X). Elle affecta un froid mépris pour l'affiche républicaine placardée à sa porte, et que Malouet dénonça. Elle fut énergiquement secondée au dehors par les journaux royalistes constitutionnels, tels que le *Postillon par Calais*, rédigé par Regnaud de Saint-Jean-d'Angely, le *Journal de Paris*, etc., et, dans le club des Jacobins, par un grand nombre de députés. Les écrits et les discours émanés de cette source mirent à l'ordre du jour une expression qui semblait abandonnée au parti royaliste.Le mot de *factieux*, appliqué aux partisans de la déchéance, revient à chaque instant sous la plume ou sur les lèvres des royalistes constitutionnels. Pendant que l'assemblée donnait ainsi le mouvement à l'opinion par celle qu'elle montrait elle-même, et par les apologies de ses organes extra-parlementaires ; pendant que ses comités se concertaient avec le département et le corps municipal, pour désintéresser dans la collision imminente, la masse des indigens et les sympathies que leur cause excitait, elle fabriquait promptement les armes qui manquaient encore au système répressif. Deux lois, l'une sur la police correctionnelle, l'autre sur la police municipale, furent décrétées coup sur coup. Alors elle posa la question du roi. Le rapport de Muguet, le 13 juillet, et les conclusions qui le suivirent, furent à peine connus dans Paris, que toute la ville s'émut, que les différens avis se groupèrent et se mirent immédiatement à agir. Les opposans qui vinrent sur la place publique, ceux qui commencèrent et finirent le conflit, ne se présentèrent point avec la régularité et l'ensemble qu'eût entraîné soit une ligue des clubs, soit la participation et la direction d'une seule de ces sociétés. La foule réunie dans les carrefours, sur les places publiques, autour de l'assemblée nationale, n'avait de commun que l'alternative proposée aux législateurs par les journaux, les affiches, les pétitions, etc., etc., à savoir, de décréter la déchéance, ou d'attendre que les 83 départemens eussent prononcé. Cette foule, à peu près permanente depuis le 13 au soir jusqu'au 17 après le massacre, n'eut ni meneurs, ni harangueurs appartenant aux notabilités révolutionnaires déjà faites ; elle savait ce qu'elle voulait. Seulement, dans les actes qu'elle a laissés, on trouve deux noms de Cordeliers fameux, Peyre et Robert, et ceux de quelques célébrités naissantes, Chaumette, Hanriot, Hébert, Courtois. Mais ces hommes ne se distinguèrent de la foule par aucun titre, par aucune démarche personnelle.

L'ajournement demandé par Robespierre, et rejeté par l'assemblée, l'entrée subite en discussion, et l'intention si claire d'emporter au plutôt le décret proposé par les comités, hâtèrent les actes du peuple.

Le premier fut la pétition signée en effet *le Peuple*, et portée à la constituante le 14 au soir. Nous avons cité cette pièce. Au moment même où cette manifestation avait lieu, la municipalité gagnait à la hâte l'Hôtel-de-Ville.

Séance du 14 juillet, à sept heures et demie du soir.—«Le corps municipal réuni sur le bruit qui s'est répandu qu'il y avait eu un mouvement extraordinaire dans les environs des Tuileries et sur la place de Grève, présidé par M. Petra, doyen d'âge, et composé de MM. Champion, Borie, Viguier, Carny, Regnault ;

» MM. Cahier et Desmousseaux, premier et second substituts, adjoints du procureur de la commune, présens ; M. le vice-président a dit que les bruits qui s'étaient répandus dans la capitale, avaient réuni à l'Hôtel-de-Ville ceux de MM. les officiers municipaux qui composent l'assemblée, qu'il y avait également appelé plusieurs citoyens armés, et notamment une grande partie du bataillon de Saint-Eustache, qui s'était rangé sur la place. Pour avoir des renseignemens exacts, le corps municipal

a fait appeler le commandant du poste; il a expédié une ordonnance aux Tuileries, à l'assemblée nationale. On a répondu que
tout était tranquille, que le peuple était paisible, que les mouvemens qui s'étaient manifestés avaient été occasionnés par la discussion à laquelle se livrait en ce moment l'assemblée nationale
sur l'inviolabilité du roi, mais que le commandant-général avait
déjà donné les ordres nécessaires, et qu'il n'y avait plus rien
d'inquiétant.

» Conformément à la décision du corps municipal, le capitaine
commandant le bataillon de Saint-Eustache et le capitaine des canonniers de ce bataillon ont été appelés et remerciés du zèle, etc.
Ensuite il a été arrêté que le commandant du poste de l'Hôtel-
de-Ville qui a assuré qu'il n'y avait rien à craindre, et qu'il avait
d'ailleurs des forces suffisantes, était autorisé à faire retirer,
lorsqu'il le jugerait à propos, le renfort arrivé de Saint-Eustache.
De nouveaux renseignemens ayant entièrement rassuré le corps
municipal, M. le vice-président a levé la séance. »

Les hommes députés par le peuple ne furent pas reçus dans
l'assemblée, le 14. On prit leur pétition, et on la lut le 15 au
matin; un ordre du jour pur et simple y répondit.

Ce même jour, la foule ainsi éconduite par l'assemblée, se
porta au Champ-de-Mars. Là, fut écrite et signée sur l'autel de
la patrie, la pétition suivante, évidemment rédigée par les auteurs
de la première, pétition qui n'est mentionnée par aucun journal
du temps, qui resta manuscrite, et qu'un bonheur inespéré nous
a fait découvrir en même temps qu'un autre monument de ce
genre, le plus curieux sans doute de tous ceux qui ont survécu à
ces âges où tant d'intérêts tour à tour maitres des archives, ont
opéré tant de lacunes. Nous décrirons ce monument à la place
qui lui convient dans ce chapitre. Voici la pétition dont nous parlions tout à l'heure, et qui en est la première page :

Représentans d'un peuple libre ,

« Les citoyens de Paris, réunis hier en grand nombre, vou-
lurent vous porter leurs alarmes; ils furent étrangement étonnés

de ne pouvoir pénétrer dans la maison nationale. Profondément affligés, quoique toujours confians, ils ont arrêté que, sans armes, et dans le plus grand ordre, ils iraient aujourd'hui 15 juillet, se presser et s'unir au sein de la patrie, pour y faire une pétition tendante à ce que vous suspendiez toute détermination sur le sort de Louis XVI jusqu'à ce que le vœu bien prononcé de tout l'empire français ait été efficacement émis.

» Mandataires d'un peuple libre, détruiriez-vous un héritage que vous avez solennellement consacré, et le remplaceriez-vous, sous le règne de la liberté, par celui de la tyrannie? S'il en était ainsi, attendez-vous que le peuple français, ayant reconnu ses droits, est disposé à ne plus les perdre.

» Ils ont tous signé sur l'autel de la patrie, et dans cette séance, ils ont nommé pour commissaires, MM. Massulard et Virchaux.» — Suivent seulement six noms : Girouard; Gaillemet; Ch. Nicolas; Gillet fils; Bonnet; Massulard; ce dernier a inscrit dans son paraphe, *rédacteur de la pétition.*

Cette pétition fut apportée par une foule immense, à l'assemblée nationale. On verra plus bas, dans une explication donnée par Bailly à la séance du 16, comment les six députés furent traités. Virchaux qu'on avait retenu d'abord, et relâché ensuite, fut enfin arrêté pendant la nuit.

Le peuple se sentit frappé d'une véritable calamité par le décret du 15. De son propre mouvement il fit fermer les théâtres. Voici les circonstances officielles de sa conduite après son retour du Champ-de-Mars, et sa visite à l'assemblée nationale.

Séance du corps municipal, 15 juillet au soir. « Le corps municipal étant informé par M. le maire et les administrateurs au département de police des mouvemens qui se sont manifestés aujourd'hui dans les environs des Tuileries, de l'assemblée nationale et au Palais-Royal; instruit que quelques particuliers se sont portés aux portes des spectacles, et qu'ils les ont presque tous fait fermer; a arrêté que le commandant-général demanderait et ferait incessamment parvenir au corps municipal, les motifs qui ont pu déterminer les *commandans* de chacun des postes à laisser pénétrer dans les spectacles, et à les laisser fermer. »

Cependant le mot de *décret* avait assez influé sur le peuple pour que, ne doutant pas d'ailleurs de son sentiment, il cherchât à le fortifier par les lumières de ceux en qui résidait sa foi, et à demander leur participation à la démarche définitive qu'il préméditait.

Le 15, à onze heures du soir, quatre mille individus, hommes, femmes, enfans (voir la fin du t. X), inondèrent la salle des Jacobins au moment où ils fermaient leur séance. L'intelligence de ce qui suit exige une analyse de ce qui s'y était passé. A l'ouverture,

« Un membre dénonce un citoyen, pour avoir, ce matin, tenu dans une maison particulière, des propos grossièrement injurieux contre M. Robespierre. Cette dénonciation produit un soulèvement général. Le citoyen accusé monte à la tribune, et nie une partie de l'accusation. Sur le tout, la société arrête de passer à l'ordre du jour; mais une partie de ceux qui s'étaient opposés à cet arrêté volent auprès de l'accusé, et le poussent avec force hors de l'assemblée. M. de Laclos, qui présidait comme secrétaire en l'absence de M. Bouche, fait tous ses efforts pour apaiser le tumulte que cette accusation, la défense de l'accusé, l'arrêté de l'assemblée délibéré très-précipitamment, et la violence faite à l'accusé, avaient occasionné; il se couvre, insiste pour qu'on réintègre le membre expulsé; enfin on s'arrête à la proposition de nommer des commissaires sur cet objet, et le calme renaît peu à peu. »

Après cet incident, Biauzat donna lecture du décret rendu le matin par l'assemblée nationale. Plusieurs s'écrièrent qu'après un tel décret il fallait porter l'abbé Maury. En ce moment entrèrent Robespierre, Pétion, Roederer; ils furent vivement applaudis. Robespierre se hâta d'intervenir en faveur de l'individu qui l'avait injurié. Il sollicita le club de passer à l'ordre du jour sur les suites de cette affaire, et de n'en inscrire aucun détail dans le procès-verbal.

Pompe parut ensuite à la tribune. Il s'attacha particulièrement à signaler l'opinion de Goupil dans la question du roi, en releva les attaques maladroites dirigées contre les sociétés patriotiques en général, et les allusions à ce qui avait été dit au sein du club, notamment par MM. Pétion et Robespierre. Il demanda que la société s'occupât du parti qu'elle devait prendre à l'égard de M. Goupil.

Antoine présidait à la place de Bouche. Il fit observer à l'orateur que les opinions des membres de l'assemblée nationale étaient absolument libres dans cette assemblée ; qu'il n'était même pas permis à des tribunaux d'en rechercher les auteurs ; qu'il était convenable d'imiter ce silence respectueux. « Je demande, s'écria Danton, que nous offrions des cartes d'entrée à MM. Maury et Cazalès. »

Robespierre prit la parole et dit : « Il est possible que l'assemblée ait eu l'intention de déclarer Louis XVI hors de cause ; mais si je regarde le décret qu'elle a rendu, je ne vois nullement qu'elle y déclare cette intention. J'ai demandé ce matin à l'assemblée nationale qu'elle s'expliquât franchement et ouvertement sur cet article. Elle n'a pas cru devoir faire droit à ma motion. Cela posé, je lis le décret, et je vois qu'en y mettant en cause telles et telles personnes, elle n'a rien décidé du tout, ni pour, ni contre Louis XVI. La question, à cet égard, reste donc parfaitement en son entier. » — Rewbell répondit que la lettre du décret importait peu ; que l'intention de l'assemblée était évidente, et par conséquent la question décidée.

Ici fut faite la motion de Laclos. Il déclara d'abord que sans doute les citoyens devaient tout aux lois, mais qu'ils ne devaient rien *aux intentions* des législateurs. Voici sa motion : « Je propose que nous fassions une pétition sage, mais ferme, non pas au nom de la société, car les sociétés n'en ont pas le droit, mais au nom de tous les bons citoyens de la société ; que la copie littérale de cette pétition soit envoyée à toutes les sociétés patriotiques, non comme sociétés, mais comme lieux de rassemblement de tous les bons citoyens, pour être présentée à la signature, et envoyée dans les bourgs, villes et villages de leurs environs. Je demande qu'on admette à la signer tous les citoyens sans distinction, actifs, non actifs, femmes, mineurs, avec la seule attention de classer ces trois signatures. Je ne doute pas que cette pétition ne revienne à l'assemblée nationale couverte de dix millions de signatures. Je demande que la société se forme en comité pour s'occuper de la rédaction de cette adresse. »

Biauzat examinant cette proposition du point de vue constitutionnel, affirma que l'assemblée nationale avait décidé positivement que le roi ne devait pas être mis en cause; que cette décision était explicite dans la réponse faite à la motion de Robespierre, réponse fondée sur un décret antérieur déclarant le roi inviolable. En conséquence, il vota contre toute pétition, par obéissance aux lois et par amour de la paix. » Ce discours excita de nombreux murmures.

Danton se leva après lui. « Et moi aussi j'aime la paix; mais non la paix de l'esclavage. Je suis bien éloigné d'inculper les intentions du préopinant; mais il doit penser, ce me semble, qu'il est possible d'allier l'amour de la paix avec la faculté d'émettre son opinion. Qu'est-ce que le droit de pétition, sinon le droit d'émettre son opinion? Que devons-nous aux décrets? L'obéissance et le respect; mais rien ne peut ôter le droit de montrer, dans des pétitions, les sentimens qu'on a pour tels et tels décrets.

» Je passe au fait que nous assure M. Biauzat, que l'assemblée a déclaré le roi inviolable. Mais elle l'a fait en ces termes obscurs et entortillés, qui décèlent toujours la turpitude de ceux qui s'en servent. Or, si l'intention est manifeste et la lettre obscure, n'est-ce pas le cas de faire une pétition? car je déclare, que si l'intention est manifeste pour nous qui avons vu les manœuvres, elle ne l'est pas également pour les citoyens des départemens qui n'ont pas vu le jeu des ressorts. Si nous avons de l'énergie, montrons-la. Les aristocrates de l'assemblée nationale ont déclaré positivement qu'ils ne voulaient pas de la constitution, puisqu'ils *ont protesté contre* elle. L'assemblée nationale, il est vrai, a conspué cet acte ridicule ; mais elle n'a pas sévi contre ses auteurs; elle ne les a pas trouvés coupables pour avoir exprimé leur pensée; elle ne les a pas expulsés de son sein. Pourquoi serait-on tenté de nous trouver coupables pour oser exprimer notre opinion d'une manière franche et énergique ?

» Que ceux qui ne se sentent pas le courage de lever le front de l'homme libre, se dispensent de signer notre pétition. N'avons-nous pas besoin d'un scrutin épuratoire? le voilà tout trouvé.»

A ces apostrophes véhémentes succéda une longue improvisation de Robespierre. Il reproduisit les argumens déjà connus du lecteur. Il fit en outre remarquer que MM. Duport et Alex. Lameth qui avaient reproché si amèrement à Mirabeau de s'être rallié au côté droit et d'avoir substitué « à une liberté raisonnée, le despotisme de l'aristocratie,» au sujet du *droit de paix et de guerre*, se trouvaient aujourd'hui placés par leur choix dans une position semblable; « ils se concertent avec nos adversaires, et nous traitent de factieux.» Il exprima formellement le vœu que la nouvelle législature fût constituante, et signala le projet de révision qui allait bientôt sortir des comités de l'assemblée actuelle, comme une occasion offerte, autour de laquelle s'empresseraient tous les ennemis de la constitution pour l'altérer entièrement. « Que les patriotes se réunissent pour veiller sur cette opération. Quant à l'opinion de M. Laclos, elle me paraît devoir être, sinon rejetée, du moins modifiée. Pourquoi y appeler les mineurs et *les femmes*? Je voudrais donc plutôt que la société fît une adresse aux sociétés affiliées, pour les instruire de la position où nous sommes , et des mesures fermes que nous avons adoptées.»

On avait fermé la discussion, la proposition de Laclos était mise aux voix, lorsque le peuple fut introduit dans la salle. Il demanda que la société se joignît à lui pour aller jurer le lendemain au Champ-de-Mars de ne plus reconnaître Louis XVI pour roi. Laclos monta à la tribune. Il changea sa motion en celle de rédiger une pétition qu'on signerait au Champ-de-Mars; elle fut adoptée et la séance fut levée à minuit.

Le lendemain les commissaires chargés de préparer un projet de pétition, apportèrent au club celle que nous avons citée, tome X, p. 443, et que Brissot avait rédigée. Elle y fut applaudie et envoyée au Champ-de-Mars. Nos lecteurs connaissent la discussion qui s'y éleva au sujet des mots *remplacement par tous les moyens constitutionnels*. Nous devons dire que le peuple fut complétement étranger à ce débat; il attendait une résolution prise, et s'en rapportait, désormais, à l'initiative des clubs, sur le mode d'émettre un vœu de pur sentiment qu'il était impatient de manifester. Il ne croyait plus en Louis XVI.

Les clubs chicanèrent et se renvoyèrent des soupçons mutuels, à propos de la phrase controversée. Les Cordeliers demandaient franchement la république, et sauf peut-être quelques meneurs, ils n'entretenaient aucune arrière-pensée au profit d'un chef de parti quelconque. Les membres du Cercle Social, Cordeliers pour la plupart, furent les premiers qui accusèrent sous le mot en question, un dessein orléaniste. Ils dirent que les Jacobins qui dirigeaient cette affaire (Laclos surtout) ne tendaient à rien moins qu'à placer d'Orléans sur le trône de Louis XVI. Ils se radoucirent lorsqu'ils surent que Brissot, connu pour être partisan de la Fayette, était rédacteur de la pétition.

Les Jacobins, étrangers à ces intrigues, se méfiaient beaucoup plus de ceux qui soutenaient la Fayette et voulaient la république, que des partisans vrais ou faux d'un homme dont le caractère était si notoirement incompatible avec les fonctions royales. On disait, de ce côté, que les républicains, soufflés par Bonneville et ses amis, se laissaient séduire par des diplomates qui négociaient en ce jour la présidence de M. de la Fayette, et le fédéralisme américain.

Nous avons vu que Bonneville partit du Champ-de-Mars, convaincu que le mot contesté avait été abandonné par les commissaires jacobins, et qu'il imprima la pétition avec cette lacune. Lorsque ceux-ci racontèrent, au sein de leur club, ce qui s'était passé au Champ-de-Mars, il n'y eut qu'une voix pour retirer la pétition, annulée d'ailleurs, quant à l'argumentation et quant au principal motif sur lesquels elle était basée, par un nouveau décret de l'assemblée nationale. Ceci nous conduit à exposer la conduite de l'assemblée elle-même pendant la journée du 16.

Elle avait crû, par son décret du 15, ôter tout prétexte légitime à de nouvelles adresses. Elle avait mentionné pour les couvrir de son mépris, celles qu'il lui avait plu de recevoir ; elle avait rejeté toutes les autres sans les lire, et maintenant que la loi parlait par sa bouche, elle pensait que *les factieux* n'oseraient plus ouvrir la leur. La délibération des Jacobins, du 15 au soir, effraya la majorité royaliste-constitutionnelle. Elle comprit que le vague de son décret, que l'omission concernant le roi, avaient fourni d'excellens argumens à ses adversaires constitutionnels, et qu'ils pouvaient encore sans heurter la décision des législateurs, pétitionner contre Louis XVI. Il fut résolu que l'on écarterait le motif assez spécieux tiré du silence absolu du décret sur la personne du roi, et que l'on s'expliquerait clairement. On persista plus que jamais dans les intentions vigoureuses ; il fallait à tout prix, non-seulement que la France n'eût pas le temps d'opiner en cette matière, mais que la capitale elle-même ne pût pas débuter par un vote dont on pressentait la presque unanimité.

Le 16 au matin, l'assemblée nationale prit les mesures les plus énergiques. Nous emprunterons au *Moniteur* cette séance et celle du soir, nous bornant à quelques annotations indispensables.

SÉANCE DU 16, AU MATIN.

Présidence de Charles Lameth.

[*M. Dandré.* Vous avez rendu hier à la presque unanimité un décret qui repose sur des principes incontestables ; personne n'ignore que les ennemis de la constitution en profitent pour exciter des troubles. Je dis les ennemis de la constitution, car le décret que nous avons rendu ayant la constitution pour base, ne pas y obéir, c'est l'attaquer, c'est être parjure, surtout au dernier serment de fidélité aux décrets de l'assemblée nationale. Il est de votre dignité de soutenir avec fermeté ce que vous avez fait avec courage. (La partie gauche éclate en applaudissemens.) Vous avez développé un caractère digne des représentans de 25 millions d'hommes. Quelle idée vont avoir de vous les puissances étrangères !... Si vous avez su résister au torrent d'une opinion factice, appuyés par le sentiment unanime de la nation, à qui ne résisterez-vous pas? Je demande qu'afin de prévenir les sourdes menées, il soit rédigé, séance tenante, et expédié sur-le-champ, une adresse à tous les Français ; que la municipalité de Paris soit mandée à la barre, et qu'il lui soit enjoint de veiller, mieux qu'elle n'a fait jusqu'à présent, à la tranquillité publique. (On applaudit.) Il est bien extraordinaire que la municipalité, les tribunaux aient souffert sous leurs yeux la violation de vos lois. Il est bien extraordinaire que, contre vos décrets, on affiche, jusqu'à la porte de votre enceinte, des pétitions collectives, que l'on souffre au milieu des places publiques, des motions tendantes à exciter le désordre. Je ne parle point des injures personnelles faites aux députés ; nous savions bien, en venant ici, que nous étions exposés à toutes les menées des ennemis de la constitution. Nous avons su que nous sacrifiions notre vie, et ce n'est pas là ce que nous regrettons. Mais nous voulons et nous obtiendrons la tranquillité publique. (On applaudit à plusieurs reprises dans toutes les parties de la salle.)

Je demande donc que les six accusateurs publics soient mandés à la barre, et chargés de faire informer contre les perturbateurs du repos public ; que la municipalité soit rendue responsable des événemens ; que les ministres soient mandés pour presser l'exécution de vos ordres, et rendus responsables aussi de la négligence des accusateurs publics. L'assemblée montrera en ce moment le même courage contre les ennemis de la révolution en sens contraire, qu'elle a montré contre les valets du despotisme.

M. Legrand. Ce n'est pas par des idées métaphysiques qu'on égare le peuple, mais en lui exposant des faits faux. La liberté de la presse..... (Il s'élève des murmures.) On connaîtrait mal mes intentions, si l'on supposait que je veux gêner la liberté des *opinions; je dis* seulement qu'il faut se prémunir contre les moyens qu'on emploie. J'ai entendu hier dans un groupe, que le motif principal de l'agitation était fondé sur ce que vous aviez été contre le vœu de soixante-treize départemens. On lisait ce fait dans l'*Orateur du peuple.* Tout le monde sait qu'il n'a été lu aucune adresse des départemens.

M. Fréteau. Il est onze heures; nous ne sommes encore ici qu'un petit nombre de membres, lorsque nous devrions y être tous. Puisqu'il s'agit de maintenir la liberté de nos délibérations, je demande que lorsque l'assemblée sera complète, M. le président répète à ceux qui ne sont pas encore à leur poste qu'ils doivent à tous les fonctionnaires publics l'exemple de la ponctualité au service. (On applaudit.)

M. Bory. Si dans cette circonstance quelque député s'était rendu coupable, c'est sur lui que principalement le glaive de la loi doit s'appesantir. J'ai appris qu'hier, au sortir de la séance, dans une société présidée par un de vos membres, on avait fait la motion de ne plus reconnaître le roi, et qu'elle avait été adoptée. On m'a dit aussi que ceux des membres de l'assemblée qui y étaient alors n'avaient pas voulu prendre part à la délibération. Je demande qu'ils déclarent les faits. (On s'agite dans toutes les parties de la salle.)

M. Prieur s'élance à la tribune. (*On entend plusieurs voix:* Le voilà, le président des Jacobins!) (1)

M. Dandré. Défendons-nous de toute espèce de chaleur et *d'exagération* : le véritable courage est calme et tranquille. Si des membres de l'assemblée avaient eu le malheur de se laisser aller à des démarches contre les lois, ce serait aux tribunaux à informer contre eux, et à vous rendre ensuite compte de l'information; mais la motion est hors de l'ordre du jour, et je demande qu'on s'en tienne à mes propositions. Je les ai rédigées; je vais vous en donner lecture.

(1)Prieur n'était point alors président des Jacobins; le 30 juin Bouche l'avait remplacé. Ce dernier n'assista pas à la séance du 15 ainsi que nous l'avons dit. Laclos présida à sa place jusqu'à ce que les députés fussent arrivés; Antoine prit alors le fauteuil. (*Note des auteurs.*)

L'assemblée nationale décrète que la municipalité sera mandée à la barre pour lui enjoindre de seconder le zèle de la garde nationale. (Je parle ici de la garde nationale, parce qu'elle a développé une sagesse modérée digne des plus grands éloges.) Hier les hommes dont je vous ai déjà parlé, après avoir fait fermer plusieurs spectacles, se sont aussi portés à l'Opéra pour le même objet. Les combinaisons de la garde ont été si sages, qu'elle est parvenue à repousser les séditieux.

M. Chabroud. Sans doute on ne peut rendre trop d'éloges au zèle de la garde nationale; mais je ne sais pas pourquoi on ferait des reproches à la municipalité : je ne crois pas qu'elle les ait mérités. Et si cela était, l'assemblée devrait l'exprimer franchement, et non pas lui dire de seconder le zèle de la garde nationale.

M. Dandré. J'adopte les observations de M. Chabroud.

M. Vadier. J'ai développé une opinion contraire à l'avis des comités, avec toute la liberté qui doit appartenir à un représentant de la nation. Cependant je déclare que je déteste le système républicain, et que, comme bon citoyen, j'exposerai ma vie pour défendre les décrets. (On applaudit à plusieurs reprises.)

M. Goupil. Hier, à l'issue de la séance, M. le maire et deux officiers municipaux étaient en écharpe à la porte de la salle pour maintenir l'ordre. Cette démarche paraît engager à ne pas faire de reproches à la municipalité.

M. Emmery. Hier on a arrêté dans les groupes un étranger (1) qui distribuait de l'argent, et la municipalité l'a fait relâcher. Un officier municipal est monté sur le théâtre de la rue Feydeau, et a dit qu'il valait mieux désemparer que d'attendre le peuple.

N..... Pourquoi la municipalité ne fait-elle pas exécuter les décrets rendus sur la police correctionnelle?

(1) C'est pour la première fois que dans cette affaire le mot *étranger* se trouve accolé à celui de *factieux*. On verra plus bas l'usage que l'assemblée, et, à son exemple, les autorités constituées, firent de ce mot, et combien il fut peu justifié. Il s'agit ici de Virchaux qui ne fut pas arrêté pour avoir distribué de l'argent. Le discours de Bailly à la barre roule justement sur cet objet. *(Note des auteurs.)*

M. Regnaud de Saint-Jean-d'Angely. La responsabilité doit toujours monter, et non pas descendre. Ainsi je demande que le département de Paris soit aussi mandé à la barre, comme étant chargé de surveiller la municipalité.

L'assemblée adopte à l'unanimité le décret suivant :

« L'assemblée nationale décrète qu'il sera rédigé, séance tenante, une adresse aux Français, pour leur exposer les principes qui ont dicté le décret rendu hier, et les motifs qu'ont tous les amis de la constitution de se réunir autour des principes constitutionnels, et que cette adresse sera envoyée par des courriers extraordinaires ;

» 2° Que le département et la municipalité de Paris seront mandés pour qu'il leur soit enjoint de donner des ordres pour veiller avec soin à la tranquillité publique ;

» 3° Que les accusateurs publics de la ville de Paris seront mandés, et qu'il leur sera enjoint, sous leur responsabilité, de faire informer sur-le-champ contre tous les infracteurs aux lois et les perturbateurs du repos public ;

» 4° Que les ministres seront appelés pour leur ordonner de faire observer exactement, et sous peine de responsabilité, le présent décret. »

M. le président. Je nomme pour rédiger l'adresse MM. Chabroud, Fréteau, Chapelier et Dandré.

M. Boussion. Je demande que la municipalité soit aussi chargée de surveiller les étrangers.

M. Emmery. Nous savons que des étrangers suscitent le trouble dans Paris et y répandent de l'argent. Nos décrets sur la police correctionnelle pourraient arrêter ces abus ; ils ne sont pas publiés : on pourrait les lui communiquer, comme renfermant les moyens de ramener la tranquillité.

M. Fréteau. Il existe aussi des sociétés dites fraternelles, mais qui, certes, ne le sont pas pour la France. C'est là que se rendent des agioteurs, des banqueroutiers, pour y provoquer des motions incendiaires, et répandre des calomnies contre ce qu'il y

M. le président annonce que les commissaires rédacteurs de l'adresse ne pourront apporter leur travail qu'à la séance de ce soir, et que les accusateurs publics et ministres qui n'ont pas encore pu se réunir, se présenteront à la même séance.

M. le président. J'ai été chargé d'avertir l'assemblée, quand elle serait complète, que beaucoup de ses membres se rendent trop tard à ses séances. Les circonstances actuelles leur font un devoir de se trouver régulièrement à l'assemblée à neuf heures du matin.]

SÉANCE DU SOIR.

[On fait lecture du procès-verbal de la séance du vendredi matin.

M. Lebois-Daigmier. Je ne vois pas qu'il soit question dans le procès-verbal d'une disposition adoptée sauf rédaction, et qui est relative au cas où le roi conspirerait contre l'État.

Plusieurs personnes observent que cette disposition n'a point été décrétée.

M. Babey. Il y a un grand nombre d'autres cas de déchéance à prévoir : je demande que les comités présentent, sur ce sujet une loi complète.

La proposition de M. Babey est renvoyée aux comités.

Les ministres sont présens. — M. le président leur adresse la parole.

M. le président. L'assemblée a désiré que vous parussiez devant elle pour qu'elle vous recommandât à tous d'employer tous les moyens que la constitution vous a confiés pour l'exécution des lois et le maintien de l'ordre public. Elle m'a chargé surtout de donner lecture à M. le ministre de la justice, du décret qu'elle a rendu ce matin à ce sujet.

MM. Grégoire, Robespierre, Prieur et moi, pour être leurs organes auprès de l'assemblée, et négocier leur entrée à la barre. M. Robespierre et moi sortîmes de la salle pour écouter ces commissaires, et nous leur dîmes que cette pétition était inutile, que le décret venait d'être porté à l'instant. Ils nous demandèrent un mot pour constater qu'ils avaient rempli leur mission ; nous écrivîmes une lettre qui respire l'amour de l'ordre, de la paix, et qui, je le crois, a empêché bien des malheurs. Voilà la seule communication que j'aie eue avec le peuple ; et je puis dire qu'elle a été digne de lui et de moi. *

(*Note des auteurs.*)

M. le président lit ce décret.

M. le ministre de la justice. L'assemblée peut compter sur notre zèle, et que nous emploierons tous les moyens constitutionnels pour assurer l'ordre public et la tranquillité du royaume.

M. Regnaud de Saint-Jean d'Angely. Je propose de demander à M. le ministre de la justice, pour quel motif tous les accusateurs publics mandés par l'assemblée, ne se présentent qu'au nombre de trois. Leurs fonctions sont de nature à pouvoir être exercées à chaque instant, ils ne doivent pas, surtout dans les momens d'agitation, s'éloigner de leur poste : pourquoi depuis ce matin n'a-t-on pu les réunir pour qu'ils se rendent à vos ordres?

M. le ministre de la justice. L'assemblée avait demandé les accusateurs publics pour la séance du matin. Je leur avais envoyé le décret, et cinq d'entre eux avaient été réunis. A 4 heures vous avez arrêté qu'ils seraient reçus à la séance du soir; je les ai fait avertir pour 7 heures : il est probable que trois de ces messieurs n'ont pas été rencontrés, ils se seraient empressés de se rendre aux ordres de l'assemblée.

M. le président, s'adressant aux accusateurs publics. La constitution a remis en vos mains la poursuite des délits qui troublent la tranquillité publique : c'est la saper dans ses fondemens que d'opposer la volonté individuelle à la loi, expression de la volonté générale. Poursuivez ceux qui se rendraient coupables envers l'ordre public, et que la sévérité des lois, toujours prête à se déployer, soit un frein pour les mauvais citoyens, et, pour les Français fidèles, le garant du bonheur et du repos dont ils doivent jouir sous l'empire de l'autorité légitime.

M. le président lit le décret rendu le matin.

M. Chabroud. Vous avez ordonné la rédaction d'une adresse aux Français. Les commissaires rédacteurs avaient avancé ce travail, lorsqu'une réflexion les a arrêtés. Ils ont appris que le rapport de M. Muguet, et les discours de MM. Duport, Salles et Barnave, seront imprimés ce soir. L'adresse ne contiendrait que le résumé des faits et de la théorie que contiennent ces ouvrages; et comme ils doivent, d'après *vos ordres*, être envoyés à tous les départemens, vos comités ont pensé que l'adresse pouvait vous paraître alors une mesure inutile.

M. Legrand. Nous n'avons pas demandé de mettre en argumens, en réponses, en syllogismes, les opinions paradoxales combattues dans les discours d'hier; mais nous avons voulu que les principes imperturbables de la justice, que l'inébranlable fermeté de l'assemblée nationale fussent connus du peuple. La résistance qu'on nous oppose en ce moment, atteste peut-être l'impuissance des commissaires pour rédiger cette adresse.

M. Dandré. J'ai proposé ce matin la rédaction de cette adresse : j'ai donné pour raison la nécessité de faire connaître les motifs de notre décision, et j'avoue de bonne foi que j'avais peu réfléchi à ma proposition. Vous ne pouviez avoir que deux objets : faire connaître la loi, instruire le peuple de ses motifs. La loi est dans le décret : les motifs sont dans le rapport et dans les trois opinions dont vous avez ordonné l'impression, et qui développent complétement les faits et les principes. L'intention de l'assemblée sera donc remplie par l'envoi de ces discours dont l'impression va être terminée.

M. Darnaudat. Les mauvaises raisons que M. Dandré donne ce soir, ne détruisent pas les bonnes raisons qu'il a données ce matin : il faut que l'instruction parte avec le décret; il faut respecter la décision du matin; il est étrange que les commissaires ne s'y soient pas conformés.

M. Lucas. Un membre de l'assemblée, M. Barrère, a rédigé une adresse; je demande que l'assemblée en entende la lecture.

M. Regnaud insiste sur cette proposition.

M. Blin. Il est très-naturel qu'une mesure, qui d'abord semblait avantageuse, devienne ensuite inutile, ou du moins le paraisse. Ce n'est pas quand l'assemblée s'est décidée conformément au vœu des bons citoyens, qu'il est nécessaire de chercher à assurer l'obéissance à un décret qui maintient la constitution. Nous ne devons pas douter de l'obéissance du peuple. D'ailleurs l'assemblée, *qui par* tant d'adresses a reçu des témoignages énergiques de la confiance de la nation, doit toujours compter sur cette confiance.

M. Dedelay. Les lóngs discours ne seront lus que par la classe instruite, il faut une instruction qui puisse être lue par tout le monde : il faut instruire le peuple pour qu'il ne soit pas égaré. Je demande que cette adresse soit simple, courte, qu'elle expose clairement les motifs qui vous ont déterminés, et qu'on y établisse ce qui l'a été d'une manière évidente dans cette assemblée, comment un parti différent du décret que vous avez rendu serait destructible des bases fondamentales de la constitution.

M. Desmeuniers. Les commissaires, malgré la réflexion qui les avait frappés, se sont occupés de l'objet de leur mission. Plusieurs membres de l'assemblée ont aussi fait des projets d'instruction. Je demande qu'ils se réunissent tous pour nous présenter, séance tenante, le résultat de leur travail.

M. Salles. Je suis chargé de vous lire, au nom des commissaires, la rédaction des trois articles que l'assemblée a adoptés pour être placés en tête de son décret d'hier.

M. Salles lit ces articles, dont la rédaction est décrétée. (1)

M. Desmeuniers. Avant-hier au milieu de la discussion j'ai expliqué que l'intention des comités n'avait jamais été de lever le décret portant suspension des fonctions royales et du pouvoir exécutif dans les mains du roi. On n'a pas décrété une disposition conforme à l'intention des comités, parce qu'on craignait alors de préjuger ainsi la question principale. Je demande que cette explication devienne à l'instant la matière d'un décret. (On applaudit.) Il est utile de ne pas laisser l'opinion publique s'égarer sur ce point : on se sert de l'incertitude qui reste encore à cet égard pour la tromper. Voici l'article, ainsi que j'en conçois la rédaction.

«L'effet du décret du 25 juin qui suspend l'exécution des fonctions royales et du pouvoir exécutif dans les mains du roi, subsistera jusqu'à ce que l'acte constitutionnel soit présenté au roi et accepté par lui.» (On applaudit et on demande à aller aux voix.)

(1) Nous avons cité ces articles en même temps que le décret.
(Note des auteurs.)

M. Murinais. Il n'est pas dans les principes de l'assemblée de délibérer le soir sur des objets de cette nature. (Il s'élève beaucoup de murmures.) Je demande la question préalable sur ce décret qui est contraire aux principes de la monarchie.

L'assemblée consultée décide, à une très-grande majorité, qu'il y a lieu à délibérer sur l'article.

L'assemblée décrète, à une très-grande majorité, l'article proposé par M. Desmeuniers.

M. Salles fait lecture d'un projet d'adresse aux Français. — On propose de renvoyer ce projet aux commissaires rédacteurs.

On demande la lecture de l'adresse rédigée par M. Barère.

M. Biauzat. Avant de renvoyer le projet d'adresse de M. Salles, aux commissaires, il faut examiner si le décret de ce matin sera rapporté. Celui que vous venez de rendre fera plus d'effet que votre adresse. Il faut vous le dire, ce petit moyen ne pourrait montrer que de la faiblesse.

M. Dumetz. Je croyais que le décret rendu devait être exécuté; mais je conviens que c'est un décret d'ordre, de circonstance; que la circonstance est changée par le décret subséquent, et qu'on peut, sans inconvénient, revenir sur ses pas.

M. Duport. Jamais dans une adresse courte on ne rendra compte des raisons qui ont besoin d'être développées : le décret que vous venez de rendre, donne clairement l'explication de ce que vous avez fait, et de ce que vous voulez faire. D'ailleurs, les observations, les discussions populaires, qui se sont prolongées au-delà du terme où elles devaient s'arrêter, c'est-à-dire, après le décret, ne doivent pas être prises en considération par vous. Vous manqueriez à votre dignité, à votre pouvoir même, en doutant de la loi quand elle est portée, et vous paraîtriez en douter en ouvrant une argumentation avec les citoyens que vous ne pouvez supposer vouloir ne pas obéir à la loi.

L'assemblée arrête qu'aucune adresse ne sera rédigée, et qu'on se bornera à l'envoi du rapport et des discours à tous les *départemens.*]

L'explication que Desmeuniers vient de faire décréter ne laissait aucune obscurité sur les intentions de l'assemblée à l'égard du roi. Les réticences étaient clairement articulées; on avait fermé le cercle de la loi, et les factieux qui s'agitaient encore au dehors étaient bien authentiquement, à cette heure, à la merci de la répression. Il nous faut assister maintenant à la séance du corps municipal, ouverte au moment où l'assemblée nationale finissait la sienne.

Séance du 16, neuf heures et demie du soir. — « M. le maire a annoncé qu'il avait cru devoir convoquer extraordinairement le corps municipal, pour lui rendre compte de la fermentation qui règne dans la capitale. (Suit l'exposé de ce qu'avait fait la constituante.) M. le maire a ajouté que depuis, et dans la soirée, les mouvemens s'étaient continués, et qu'il apprenait à l'instant que les factieux se proposaient de renouveler demain, et même de donner une activité plus criminelle aux mouvemens qui s'étaient manifestés depuis plusieurs jours.

» Il a été décidé que le corps municipal serait extraordinairement convoqué pour demain dimanche, huit heures très-précises du matin, et que MM. les officiers municipaux et notables qui ont été chargés de proclamer le discours de M. le président et le décret de l'assemblee nationale, seraient à l'instant avertis par M. le maire que la tranquillité publique exigeait que la proclamation commençât demain matin, à huit heures précises.

»Enfin, le corps municipal, pensant qu'il convenait, dans cette circonstance, d'éclairer les citoyens, de les instruire, de rallier autour de la force publique tous les amis de l'ordre, a pris l'arrêté suivant, dont il a ordonné l'impression, l'affiche et la proclamation à son de trompe. » (Ce qui précède est extrait des procès-verbaux manuscrits de la commune. Nous empruntons l'arrêté au *Moniteur* du 19.)

Arrêté sur les factieux, les étrangers soudoyés, les aristocrates et autres ennemis du bien public.

« Le corps municipal, responsable de la tranquillité publique, et spécialement chargé de la maintenir, ne peut voir sans douleur et sans effroi les manœuvres employées pour tromper les bons citoyens ; dans toutes les circonstances , il a éprouvé qu'ils se mettent d'eux-mêmes en garde contre les suggestions perfides , quand ils sont éclairés. Le corps municipal annonce donc que les mouvemens actuels sont le produit des efforts de quelques factieux qui osent se lier , par des sermens, à la destruction de la patrie. Aux factieux , se joignent d'abord les étrangers *payés* pour exciter du trouble en France , et ensuite les *aristocrates,* qui profitent de cette occasion pour , sous le manteau du patriotisme, faire échouer la révolution et renverser la constitution. Le corps municipal, en conséquence, invite tous les bons citoyens à se rallier et à se réunir à la garde nationale qui depuis quelques jours maintient, avec des soins si louables, la tranquillité publique et le bon ordre.

» *Signé,* BAILLY, *maire ;* DEJOLY, *secrétaire-greffier.* »

De son côté, le conseil-général de la commune s'était hâté aussi d'exécuter , en ce qui le concernait, **les** ordres de l'assemblée nationale.

Extrait du registre des délibérations du conseil-général de la commune de Paris , du samedi 16 juillet 1791. (Moniteur du 19.)

Arrêté concernant l'état et l'inscription des habitans de la ville de Paris.

« Le conseil-général , après avoir entendu lecture, 1° des trois premiers articles du titre 1er de la loi sur la police municipale et sur la police correctionnelle , décrétés le 5 juillet 1791 ; 2° de la loi rendue ce matin, pour ordonner l'exécution la plus prompte de ces trois articles ; 3° du discours adressé par M. le président de l'assemblée nationale au département et au corps municipal, mandés pour recevoir les ordres de l'assemblée nationale : considérant combien il importe à la tranquillité et à la sûreté de la capitale, que ces sages mesures, adoptées par la loi du 5 juillet, soient réalisées sans délai ; empressé d'ailleurs de témoigner sa profonde soumission aux ordres qui ont été intimés au corps municipal, et de remplir les engagemens qu'il a pris pour le maintien de l'ordre public ; après avoir entendu le premier substitut-adjoint du procureur de la commune, arrête : 1° que les lois et le discours, dont il a, par son précédent arrêté, ordonné l'impression et l'affiche, seront envoyés, dans le jour de demain, aux comités des 48 sections ; 2° que le secrétaire-greffier de la municipalité fera disposer, le plus promptement possible, 96 registres égaux, divisés en autant de colonnes qu'il sera ci-après indiqué ; que deux de ces registres seront envoyés à chaque comité pour recevoir les inscriptions et mentions prescrites par la loi ; qu'un de ces registres restera déposé au comité, où chacun des membres pourra en prendre communication, et que le double registre sera apporté au secrétariat-greffe de la municipalité ; 3° qu'en attendant que ces registres puissent être faits et envoyés aux comités des sections, les inscriptions seront faites sur des feuilles qui seront adressées aux comités et reportées ensuite sur les registres ; 4° que les commissaires de sections sont invités à réunir leur zèle à celui des commissaires de police, et à se diviser leurs arrondissemens pour accélérer la confection et assurer l'exactitude du recensement général ordonné par la loi ; 5° enfin, que le présent arrêté, ainsi que le décret de ce jour, les trois premiers articles du 5 juillet, et le discours de M. le président de l'assemblée nationale, seront, dans la journée de demain, proclamés par quatre officiers municipaux et huit notables, imprimés, affichés et envoyés aux comités des 48 sections.

» *Signé* , BAILLY, *maire* ; DEJOLY, *secrétaire-greffier.*»

Ainsi, du côté du gouvernement, tout était prévu, tout était en ordre et en ligne. On attendait sous les armes.

Les clubs, divisés pendant la journée, n'avaient pu aboutir à des conclusions communes. Les constitutionnels d'ailleurs avaient reconnu que leur système d'opposition était mis à néant par l'habile manœuvre de Desmeuniers. A cause de cela surtout, et ensuite pour la mutilation qu'on y avait faite au Champ-de-Mars, la pétition fut retirée ; et comme le journal de Bonneville, dans lequel elle était imprimée, allait la répandre, comme il en cir-

culait sans doute des copies manuscrites , la société voulant décliner à cet égard toute responsabilité, prit le 17 l'arrêté suivant:

« La société des Amis de la constitution délibérant sur les circonstances présentes :

» Considérant que les ennemis du bien public ont profité de
cette occasion pour redoubler leurs calomnies contre des citoyens uniquement et constamment dévoués au salut de la chose
publique ;

» Considérant qu'on a particulièrement répandu avec profusion, comme productions de la société, plusieurs imprimés ou
entièrement faux ou insidieusement falsifiés ;

» Déclare qu'elle dément formellement et ces faux bruits et
ces faux imprimés ;

» Déclare de plus que les membres qui composent ladite société, fidèles à l'engagement que leur impose le titre d'*Amis de
la constitution*, jurent de nouveau de la maintenir de tout leur
pouvoir, et d'être, ainsi qu'ils l'ont toujours été, soumis aux décrets rendus par l'assemblée nationale :

» En conséquence, la société a arrêté à l'unanimité d'envoyer
la présente déclaration à toutes les sociétés affiliées, et de lui donner la plus grande publicité, tant par la voie des journaux que
par tout autre moyen autorisé par la loi. »

Tel fut le dernier mot des Jacobins. Les Cordeliers ne prirent
point le 16 de parti personnel. Ils s'attendaient à signer le lendemain la pétition à peu près convenue. Cette opinion de leur
part, et la fuite de leurs principaux chefs dans la matinée du 17,
leur ôtèrent en ce jour toute apparence de direction. Destitué
de l'initiative des clubs, le peuple accourut cependant au rendez-
vous qu'il s'était donné à lui-même le 13, le 14, le 15 et le 16, et
qu'il avait remis au 17, pour les motifs qui sont expliqués plus
haut. Nous ne passerons pas au récit de la grande journée, avant
d'éclaircir une assertion de Desmoulins, dernière et importante
circonstance historique du 16. Desmoulins assure qu'après la
discussion au Champ-de-Mars; après qu'il fut arrêté qu'on signerait la pétition; afin de se prémunir contre la police munici-

pale, les patriotes le députèrent lui douzième, à l'hôtel-de-ville;
que là, il exposa l'objet de sa mission, et que le procureur-
syndic Desmousseaux répondit : « Vous êtes dans le chemin de
la constitution; la loi vous couvre de son inviolabilité. » Bonneville raconte le même fait en d'autres termes, mentionnés par
nous, tome X. Nous avons dépouillé à la loupe, pour ainsi dire,
les procès-verbaux manuscrits, du conseil-général de la commune, du corps municipal et du bureau de ville, non point les
extraits, mais les minutes elles-mêmes, et nous n'y avons rien
trouvé de semblable. Pas une trace, pas un mot, qui se rapporte
à une députation du genre de celle dont parlent Desmoulins et
Bonneville. Il est bon de remarquer que la *Bouche de fer* publia
ce fait plusieurs jours avant que Desmoulins se l'attribuât. Nous
ne préjugeons rien; mais il est bien extraordinaire que le 16
une députation ait été reçue à l'Hôtel-de-ville, et elle ne pouvait
l'être que par le corps municipal, ou par le conseil-général de
la commune, ou par le bureau de ville, sans que les procès-verbaux de ces trois divisions de la municipalité renferment un
trait de plume relatif à un objet si grave.

Paris, le 17 juillet. — Nous avons lu presque tous les récits
que nous possédons sur les événemens du dimanche 17 juillet
1791. Les feuilles quotidiennes recueillirent les détails à la hâte,
et toutes commirent plus ou moins d'erreurs. Prudhomme, dont
le journal ne parut que le 23, profita des rectifications, des renseignemens controversés dans les clubs, et devenus certains par
une véritable critique historique. Aussi, nous le répétons, sa
narration est de beaucoup la plus exacte; elle a été évidemment
composée sur les pièces que nous allons produire. L'histoire de
Toulongeon ne renferme là-dessus qu'une ébauche grossière,
pleine de fausses ou inexactes allégations. Nous en dirons autant
de celle de M. Thiers, qui a suivi presque littéralement la première.

Nos préliminaires ont prouvé, 1° que la fuite du roi avait eu
pour résultat de lui ôter la confiance du peuple; 2° que cette
fuite, regardée comme un crime, *ou tout au moins comme un*

motif suffisant de déchéance, était ainsi présentée à l'opinion publique avec une animosité croissante par ses instituteurs les plus accrédités; 3° que le peuple voulait exprimer son vœu à cet égard; 4° que les clubs ne s'entendirent pas sur la forme; 5° que l'assemblée nationale, résolue d'opposer la force à une démarche quelconque de ce genre, tenait la main levée pour frapper les factieux; 6° enfin, que le peuple ne sachant et ne pouvant bien savoir qu'une chose, le droit qu'il avait d'aller signer, paisiblement et sans armes, un écrit où se trouverait déposé son sentiment, serait fidèle au rendez-vous du 17.

Jusqu'à ce jour aucune tache sanglante n'avait souillé les attroupemens. La fermeture des théâtres s'était faite de gré à gré le 15 au soir; la garde nationale n'avait eu à réprimer aucun désordre; et si la police municipale, comme on le lui reprochait le 16 à la constituante, était restée spectatrice, c'est que pas un délit contre la tranquillité publique n'avait été commis.

Le 17, de grand matin, la journée commença par deux meurtres : deux hommes furent trouvés au Champ-de-Mars sous l'autel de la patrie; ils furent saisis, et quelque temps après pendus. La manière dont on les découvrit, ignorée de Brissot, et même de Prudhomme, a fait dire à l'un, « qu'une femme qui vendait des comestibles aperçut la pointe d'un villebrequin sortir de dessous les marches de l'autel, et qu'elle en avertit la sentinelle; » à l'autre : « une femme sent l'instrument sous son pied, fait un cri; on accourt, etc. » Prudhomme arrive à cette fausse donnée par une interprétation affirmative qui en découlait certainement. « Malgré, dit-il, que les patriotes ne se fussent assignés que pour midi au plus tôt, huit heures n'étaient pas sonnées que déjà l'autel de la patrie était couvert d'une foule d'inconnus. » Or, à l'heure où ces hommes furent découverts, il n'y avait personne au Champ-de-Mars , sauf celui qui les découvrit. Voici le fait exposé par Santerre aux Jacobins dans la séance du 18.

Santerre. « Messieurs, les événemens se sont succédé hier avec une telle rapidité, qu'il m'a été impossible de vous présenter *le jeune* homme ici près de moi, qui a découvert les hom-

mes cachés au Champ-de-Mars sous l'autel de la patrie, et qui
ont péri le matin. Ce jeune homme, plein d'intelligence et de
courage, n'a pas également le talent de la parole. Je vais à sa
place vous faire le récit des faits auxquels il a eu part, et dont
il m'a instruit sur-le-champ hier, étant son voisin.

» Ce jeune homme, très-intelligent, comme je viens de vous le
dire, obtient de son père la permission d'aller de grand matin
au Champ-de-Mars pour copier les inscriptions qui l'ont frappé
autour de l'autel de la patrie. Arrivé sur l'autel, il s'occupe de
son objet ; un instant après, il entend sous ses pieds un bruit
semblable à celui d'ouvriers ; il prête l'oreille avec plus d'attention, et il entend distinctement celui que fait une vrille dont il
ne tarde pas à découvrir la mèche à l'endroit où il avait entendu
le bruit. A cette vue, le jeune homme va au corps-de-garde du
Gros-Caillou, instruire de ce qu'il vient d'entendre. Ce corps-
de-garde, composé de huit hommes, ne se trouve pas assez fort
pour se dégarnir, et envoie l'enfant à l'hôtel-de-ville, à la réserve. Sans perdre de temps, il y court, fait sa déclaration, et
revient au Champ-de-Mars avec cent hommes et des outils pour
lever les planches. Arrivé à l'autel de la patrie avec cette escorte,
il travaille lui-même à faire l'ouverture nécessaire pour s'introduire dans la cavité où il avait entendu le bruit ; il y descend seul
avec courage, et y trouve deux hommes dormant ou faisant
semblant de dormir, dont l'un ayant une jambe de bois. Il les
éveille, et on se saisit d'eux pour les mener à la section. Ces
hommes étaient munis de vivres pour plus de vingt-quatre
heures. On dit que l'on a trouvé dans cette cavité un baril de
poudre ; mais le jeune homme ne l'a pas vu. » (Desmoulins seul
a suivi la version de Santerre.)

Pendant que ces individus étaient conduits à la section, le
groupe qui les accompagnait interprétait diversement les motifs
de leur action. C'est ainsi du moins que nous prenons les prétendus aveux que les journaux placent dans la bouche des délin-
quans eux-mêmes ; rien ne prouve qu'ils les aient tenus. On disait : « C'était pour voir les jambes *des femmes* ; ils l'ont avoué. »

Il paraît que l'opinion sur le tonneau, qu'on avait cru d'abord plein d'eau, ne se changea en celle de baril de poudre que par des conversations d'invalides mêlés à la foule, et affirmant que le camarade à jambe de bois était de vieille date un stipendié reconnu de l'aristocratie. A l'arrivée des captifs à la section, les habitans du Gros-Caillou vinrent en grand nombre se mêler à ceux qui leur avaient fait cortége. Là il y eut dans l'intérieur du comité un simulacre d'interrogatoire dont personne n'a jamais vu le premier mot; et au moment où la foule répétait un propos tombé du ciel, à savoir que les coupables confessaient « avoir été induits à cette démarche par la promesse de vingt-cinq louis de rente viagère chacun (1), » la garde sortit avec eux pour les mener à l'hôtel-de-ville. La cohue se fit à l'entour; on saisit les deux prisonniers, on les égorgea; leur tête fut coupée et mise sur des piques. Ce meurtre n'ayant eu aucun résultat judiciaire, et tous les individus emprisonnés ou décrétés d'arrestation par suite de la journée du 17, ayant été amnistiés avant que le procès eût encore prouvé quelque chose, l'affaire du matin resta toujours telle que nous l'avons racontée. S'il nous fallait choisir entre les conjectures hasardées sur les intentions des deux hommes pris sous l'autel, nous n'hésiterions pas à les regarder comme deux obscurs libertins, victimes de leur curiosité.

Leurs têtes furent portées dans l'intérieur de la ville, et assez près du Palais-Royal, par une bande de quinze ou vingt gamins, que dispersa, en se montrant, une patrouille de garde nationale à cheval.

Voici en quel état cette nouvelle parvint à l'assemblée nationale, au début de sa seance.

N....., « Le bruit se répand en ce moment que deux bons citoyens viennent d'être victimes de leur zèle. Ils étaient au champ de la fédération, et disaient au peuple rassemblé qu'il fallait

(1) *On dit* rapporté par Santerre dans la suite de son discours aux Jacobins, le 18. Notre extrait est emprunté au journal des débats de ce club, n° 29.   (*Note des auteurs.*)

exécuter la loi. Ils ont été pendus sur-le-champ. » (Un mouvement d'indignation se manifeste.)

M. le curé Dillon « Le fait n'est point tel que vous l'avez rapporté. Je demande si vous avez été témoin. »

M. Regnaud de Saint-Jean-d'Angely. « J'ai aussi entendu dire qu'ils avaient été pendus pour avoir prêché l'exécution de la loi ; mais soit que cela soit ainsi ou autrement, leur mort est toujours un attentat qui doit être poursuivi selon la rigueur des lois. Je demande que M. le président s'assure des faits, afin que l'on puisse prendre toutes les mesures nécessaires ; et dussé-je être moi-même victime, si le désordre continue, je demanderai la proclamation de la loi martiale. (La très-grande majorité de l'assemblée applaudit. — Cinq à six membres placés dans l'extrémité gauche de la partie gauche murmurent.) Vous avez ordonné aux accusateurs publics de faire exécuter les lois ; il est un délit qui se reproduit souvent : c'est l'opposition de la volonté individuelle à la volonté générale. Il n'y a point encore de lois précises à cet égard ; mais c'est ici le moment de vous expliquer. Je demande que l'assemblée déclare que toutes les personnes qui, par écrits soit individuels, soit collectifs, manifesteront la résolution d'empêcher l'exécution de la loi et porteront le peuple à résister aux autorités constituées, soient regardés comme séditieux, qu'ils soient arrêtés et poursuivis comme criminels de lèse-nation. (La majorité de la partie gauche applaudit.) Cependant, pour ne mettre aucune précipitation dans une aussi importante mesure, je demande que ma proposition soit renvoyée aux comités de constitution et de jurisprudence criminelle, qui nous présenteront, séance tenante, un projet de décret. »

L'assemblée renvoya à ses comités de constitution et de jurisprudence criminelle la proposition de M. Regnaud.

On verra par le procès-verbal de la municipalité que celle-ci fut mieux informée.

Les deux meurtres et les circonstances qui les avaient suivis, excitèrent une vive indignation ; celle des patriotes fut plus bruyante et plus chaude que celle des royalistes-constitutionnels

eux-mêmes ; mais de part et d'autre on ne se méprit pas un
instant sur la valeur politique de cet incident, tout-à-fait étranger
à ce qui se préparait depuis plusieurs jours. La municipalité se
contenta d'envoyer au Gros-Caillou trois commissaires escortés
d'un bataillon. Les esprits furent seulement disposés à attacher
une plus grave importance à la proclamation à son de trompe,
dont retentissaient à cette heure les carrefours. Les officiers municipaux et les notables chargés de la lecture publique du discours de Charles Lameth au maire, et du décret de l'assemblée
nationale, avaient commencé à huit heures cette cérémonie, avec
un appareil qui rappelait de mauvais jours.

D'un autre côté le terrain de la Bastille, assigné comme rendez-
vous par les sociétés fraternelles, pour de là se porter au champ
de la fédération, avait été occupé de grand matin par la garde
nationale : il n'y eut pas de rassemblemens sur ce point. Partout
où fut déployé le signe de la répression à laquelle l'autorité était
résolue, la population ne se montra ni remuante ni hostile.
Tallien, président de la société fraternelle des Minimes, la plus
à portée du rendez-vous convenu, renonça à toute manifestation
collective ; il écrivit à Bonneville que la société qu'il présidait signerait dans le lieu de ses séances la pétition des Jacobins, telle
qu'elle était imprimée dans la *Bouche de fer*.

Les autres révolutionnaires en état de former et de diriger une
émeute, avaient disparu dans la matinée. Il y a là-dessus deux
versions : les uns prétendent que Danton, Camille Desmoulins,
Fréron et quelques autres cordeliers, étaient réunis pour remplacer par une pétition celle de Brissot, retirée par les Jacobins ;
que Legendre vint au milieu d'eux, porteur de renseignemens
sinistres sur le sort qu'on leur réservait, et qu'il les emmena
presque tous à la campagne.

Voici la seconde version. Elle est extraite d'une note du n° 86
de Camille Desmoulins. Nous devons avertir le lecteur que ce
numéro ne fut pas édité par Desmoulins, alors en fuite, et quel é-
diteur anonyme est l'auteur de toutes les notes dont nous ferons
usage, ainsi qu'il en prévient lui-même. Celle que nous citons est

me réponse à une accusation de lâcheté faite par Prudhomme contre les fugitifs.

« Il était de l'honnêteté et de la justice d'un confrère de raconter du moins les faits qui les avaient obligés à fuir : comment Rotondo avait été assassiné au milieu de la rue, en plein jour ; comment Danton avait été poursuivi jusqu'à deux lieues de Paris à la maison de son beau-père, à Fontenay-sous-Bois, par des coupe-jarrets qui, au milieu de la nuit, étaient venus faire charivari à la grille du jardin, et le provoquer par des menaces, en criant : *Il est ici ce j. f. d'aristocrate, qu'il vienne*, et faisant accroire, suivant leur méthode, aux habitans du village, que Danton était un aristocrate, un ennemi du peuple, et un espion de la Prusse et de l'Angleterre. Il fallait dire un mot de l'assassinat de Fréron, qui, reconnu pour être l'orateur du peuple, en passant sur le Pont-Neuf, devant le corps-de-garde, fut assailli à deux pas par quatorze coquins qui lui arrachèrent les cheveux, le foulèrent aux pieds, et le massacraient, lorsque six gardes nationaux de sa section, qui passaient fort heureusement, le délivrent le sabre à la main ; et l'un d'eux ramassant le bâton noueux de l'orateur du peuple pour le lui rendre, en asséna un si rude coup sur le mouchard qui le premier l'avait arrêté, qu'il l'étendit raide mort : c'est du moins le récit que nous tenons de la bouche même de M. Fréron, de qui, par parenthèse, on fait paraître *un faux orateur*. Si Camille Desmoulins (1) n'a pas été assassiné comme ses ayans-cause dont je viens de parler, j'ai failli l'être à sa place, et il peut m'appeler doublement son *receveur*, nom que Lattaignant donnait à un chanoine de Reims, qui avait reçu à sa place des coups de bâton pour une de ses chansons. »

Quoi qu'il en soit du vrai motif de la disparition de ces révolutionnaires, toujours est-il que le peuple fut abandonné à sa propre spontanéité. Les quartiers de la ville qu'avait parcourus

---

(1) Desmoulins a pu se cacher pendant le jour ; mais le soir il était à Paris car il a parlé aux Jacobins. Son discours est dans le compte-rendu de la séance du 17, numéro 28 du journal des débats de cette société.

(Note des auteurs.)

la proclamation , et que traversèrent jusqu'au soir de fréquentes patrouilles, fournirent très-peu au rassemblement que nous allons trouver au Champ-de-Mars. Il n'en vint qu'un petit nombre d'hommes déterminés , dont nous dirons les noms ; ils étaient presque tous de la section du Théâtre-Français. La masse appartenait aux lieux éloignés du centre de la ville , et surtout au demi-cercle de banlieue qui forme l'ouest de Paris.

A midi , la foule commença autour de l'autel de la patrie. A une heure , la garde nationale , qui était venue avec du canon après la rumeur de l'assassinat , se retira paisiblement. Quelques arrestations pour des querelles particulières avaient été effectuées comme un simple fait de police. Voici un exemple de ce genre d'arrestation cité aux Jacobins dans la séance du 20 : « M. Perrochel annonce que son frère a été arrêté dimanche dans les avenues du Champ-de-Mars , où il se défendait contre un particulier qui lui criait : *Tu es patriote , tu vas périr.* Je me suis rendu à la police , a dit M. Perrochel. Là M. Perron m'a dit : *Votre frère est un de nos prisonniers de guerre ; il est à la Force.* — Mais, lui dis-je , il n'a point fait la guerre, il n'avait pas d'armes. — *Il avait une langue ; au reste, il est prisonnier par ordre du comité des recherches , qui est au-dessus de la loi.* » (*Journal des débats du club* , n° XXX.) Au reste , tous les témoignages écrits s'accordent en ceci, que ni rixe, ni capture, n'eurent lieu jusqu'au soir dans l'intérieur du Champ-de-Mars. Quelques accidens , peu graves d'ailleurs , se passèrent aux entrées pendant qu'elles n'étaient pas libres. Quant aux prétendues barricades que MM. Toulongeon et Thiers font emporter à la Fayette , les feuilles les plus gazettières de ce temps gardent là-dessus un silence complet. Il est impossible que cette circonstance , n'eût-elle circulé qu'à titre d'*on dit* , eût été négligée, lorsque tant de ridicules et niaises rumeurs furent accueillies. Le coup de fusil ou coup de pistolet , car la chose est indécise , tiré à bout portant sur le général , est encore une de ces improvisations qui naissent de la panique , et qui demeurent toujours inexpliquées. Toulongeon assure qu'un *homme s'est vanté plus* tard à la Convention d'être l'auteur de ce fait. Nous attendrons cet éclaircissement. Aujourd'hui nous ne pouvons donner à ce problème l'autorité de l'histoire. Il en est de même des faits vaguement articulés dans le procès-verbal du corps municipal. Ce qui prouve invinciblement combien les insultes à la garde nationale, et les autres délits quelconques qui nécessitèrent la publication de la loi martiale, restèrent de vains bruits, des nouvelles sans fondement, c'est la procédure qui eut lieu devant le tribunal du sixième arrondissement. On verra quels coupables et quels témoins à charge furent découverts par le comité des recherches et par l'accusateur public Bernard : tout le monde allait certainement être acquitté, lorsque vint l'amnistie du 13 septembre.

La foule s'accumulait, et comme on ne savait pas encore bien ce qui avait été décidé par les Jacobins à l'égard de leur pétition, on attendait pour signer qu'elle fût apportée. La garde nationale achevait de s'écouler, lorsqu'il arriva à l'autel de la patrie des commissaires jacobins, envoyés sur la motion de Robespierre (*Journal des débats*, n° XXVIII), non pas, ainsi que Prudhomme l'affirme, pour annoncer que la pétition était retirée, mais pour s'instruire de ce qui se passait. On les interrogea, et voici ce que le même Prudhomme leur fait dire : « *Que la pétition qui avait été lue la veille ne pouvait plus servir le dimanche ; que cette pétition supposait que l'assemblée n'avait pas prononcé sur le sort de Louis, mais que l'assemblée ayant implicitement décrété son innocence ou son inviolabilité dans la séance du samedi soir, la société allait s'occuper d'une nouvelle rédaction, qu'elle présenterait incessamment à la signature.* » (*Révol. de Paris*, n° CVI, p. 60.) Une fois certains qu'il n'y avait pas à espérer de ce côté, les hommes en état de rédiger une pétition proposèrent de l'écrire à l'instant sur l'autel de la patrie. Cette proposition fut unanimement adoptée. On nomma quatre commissaires: l'un d'eux prit la plume; les citoyens impatiens se rangèrent autour de lui, et il écrivit. Ce sont là les propres expressions de Prudhomme (*Loc. Cit.*), et la suite prouve qu'il était bien informé. Il donne le texte de cette pétition, en garantit l'authenticité, dit qu'elle fut signée à sept ou huit endroits différens, sur les oratères qui formaient les quatre angles de l'autel; que plus de deux mille gardes nationaux de tous les bataillons de Paris et des environs, quantité d'officiers municipaux des villages voisins, ainsi que beaucoup d'électeurs tant de la ville de Paris que des départemens, la signèrent. Plus loin, après le récit du massacre, il s'écrie : « Mais ne désespérons de rien, notre perte n'est pas encore assurée; nous aurons deux moyens de nous sauver : la pétition qui nous reste, et le patriotisme des gardes nationales. Oui, la pétition reste; elle est accompagnée de six mille signatures ; de généreux patriotes ont exposé leur vie pour la sauver du désordre, et elle repose aujourd'hui dans une arche sainte, placée dans un temple inaccessible à toutes les baïonnettes; elle en sortira quelque jour ; elle en sortira rayonnante. Peut-être la garde nationale à leur tête, les patriotes iront la chercher en triomphe ; ce sera pour eux l'oriflamme de la liberté. »

Or, toutes ces choses, moins la prophétie, sur laquelle nous ne prononçons pas, parce que nous ne l'avons pas encore vérifiée, sont rigoureusement vraies. LE MONUMENT EXISTE, il est aux archives de la commune, et il confirme tous les détails de Prudhomme.

D'abord, le texte collationné sur l'original est identique. Il y a seulement une légère différence dans l'intitulé. *Les Révolutions de Paris* renferment celui-ci : *Pétition à l'assemblée nationale, rédigée sur l'autel de la patrie, le 17 juillet 1791*. L'original porte : *sur l'autel de la patrie, le 17 juillet de l'an 3*. Quatre commissaires furent nommés, car la feuille volante de l'original porte quatre noms.

Les signatures durent être recueillies de la manière dont parle Prudhomme. Elles remplissent dix-huit ou vingt cahiers séparés qui furent ensuite grossièrement attachés. Quant au nombre des noms, il dépasse certainement six mille.

Ce monument est peut-être l'une des plus curieuses reliques qui aient été retrouvées dans les décombres révolutionnaires. Il *a une forme*, *une* physionomie qui peint mieux que toutes les

apologies du temps, le caractère et la nature du rassemblement
qui pétitionnait. La masse des signatures est de gens qui savaient
à peine écrire; la qualité de garde national y foisonne. Il y a une
multitude de croix environnées d'un cercle, attestant qu'un tel
a signé pour un tel qui ne savait pas écrire. Quelquefois la page
est divisée en trois colonnes; d'énormes taches d'encre en couvrent plusieurs; les noms sont au crayon sur deux. Des femmes
du peuple signèrent en très-grand nombre, même des enfans,
dont évidemment on conduisait la main. Voici un échantillon
pris au hasard parmi l'immense foule des obscurs. Celui-ci a mis
son commentaire: « *Je rénonce au roy je ne le veux plus le conette
pour le roy je suis sitoiien fransay pour la patry du bataillon de
Boulogne* LOUIS MAGLOIRE *l'ainé à Boulogne.* » La plus jolie
écriture de femme est sans contredit celle de *mademoiselle David,
marchande de modes, rue Saint-Jacques, n° 173.*

Les signatures, comme il faut les noms bourgeois, apparais-
sent de loin en loin; on les compte. Un feuillet fut garni par un
groupe de Cordeliers; ici l'écriture est fort lisible. On voit en
haut une signature à lettres longues et insouciantes, légèrement
courbées en avant; c'est celle de *Chaumette, étudiant en médecine, rue Mazarine, n° 9.* Cette histoire rencontre ce personnage
pour la première fois. Les seuls hommes que nous connaissions
déjà entre ceux dont le nom accompagne celui de *Chaumette*,
sont: *E.-J.-B. Maillard,* et *Meunier, président de la Société fraternelle, séante aux Jacobins.* Voici quelques noms pris sur deux
ou trois feuillets aussi bien écrits que le précédent. *Brillemont;
Ducastel; Soulard; Delacroix; Fattegrain; Boucher; Lemaire;
Brune; Saint-Martin; Saint-Félix; Tissier; le chevalier de la Rivière; Dufour l'aîné; Sainty; Richard.* Nous n'avons pas découvert,
malgré une recherche attentive, le nom de *Momoro*; il fut cependant accusé plus tard d'avoir fait grand bruit au Champ-de-
Mars, le 17.

Dans les feuillets du *Peuple* nous avons relevé deux noms de
terroristes fameux; celui d'Hébert, *écrivain, rue de Mirabeau,*
et celui d'*Henriot.* La signature du *père Duchêne* a un aspect

particulier très-remarquable; on dirait un insecte maigre et hargneux. Il paraît que les commissaires des Jacobins signèrent la pétition , car, et ce seront nos dernières citations, nous y avons vu les noms de *Gateau, de la société des Amis de la constitution, et de Santerre, commandant du bataillon Quinze-Vingt.*

Voici la pétition elle-même.

« *Sur l'autel de la patrie, le 13 juillet, l'an 3.*

«REPRÉSENTANS DE LA NATION,

« Vous touchiez au terme de vos travaux; bientôt des successeurs, tous nommés par le peuple, allaient marcher sur vos traces sans rencontrer les obstacles que vous ont présentés les députés de deux ordres privilégiés, ennemis nécessaires de tous les principes de la sainte égalité. Un grand crime se commet; Louis XVI fuit; il abandonne indignement son poste; l'empire est à deux doigts de l'anarchie. Des citoyens l'arrêtent à Varennes, il est ramené à Paris. Le peuple de cette capitale vous demande instamment de ne rien prononcer sur le sort du coupable sans avoir entendu l'expression du vœu des 83 autres départ·mens. Vous différez; une foule d'adresses arrivent à l'assemblée; toutes les sections de l'empire demandent simultanément que Louis soit jugé. Vous, Messieurs, avez préjugé qu'il était innocent et inviolable, en déclarant, par votre décret d'hier·, que la charte constitutionnelle lui sera présentée , alors que la constitution sera achevée. Législateurs! ce n'était pas là le vœu du peuple, et nous avions pensé que votre plus grande gloire, que votre devoir même consistait à être les organes de la volonté publique. Sans doute, Messieurs, que vous avez été entraînés à cette décision par la foule de ces députés réfractaires, qui ont fait d'avance leur protestation contre toute espèce de constitution; mais, Messieurs, mais, Représentans d'un peuple généreux et confiant, rappelez-vous que ces deux cent trente protestans n'avaient plus de voix à l'assemblée nationale, que le décret est donc nul et dans la forme et dans le fond : nul au fond, parce qu'il est contraire au vœu du souverain; nul en la forme, parce qu'il est porté par 290 indi-

vidus sans qualité. Ces considérations, toutes les vues du bien
général, le désir impérieux d'éviter l'anarchie à laquelle nous
exposerait le défaut d'harmonie entre les représentans et les représentés, tout nous fait la loi de vous demander, au nom de
la France entière, de revenir sur ce décret, de prendre en considération que le délit de Louis XVI est prouvé, que ce roi a
abdiqué; de recevoir son abdication et de convoquer un nouveau
pouvoir constituant pour procéder d'une manière vraiment nationale au jugement du coupable, et surtout au remplacement
et à l'organisation d'un nouveau pouvoir exécutif.

Peyre; Vachart; Robert; Demoy. »

La quatrième de ces signatures n'est pas très-lisible, parce
que le fil qui attache les cahiers, passe au milieu. Ce nom ne se
trouve ni dans la table du *Moniteur*, ni dans une liste des Jacobins que l'on nous a communiquée. Il n'existe encore à notre
connaissance que dans la bibliographie de M. Deschiens (p. 17),
où il est dit : *curé, député de Paris*. Les trois autres commissaires sont des chefs Cordeliers; mais ce titre n'est pas mentionné
par eux. Leur présence accuse les meneurs qui avaient en ce jour
pris conseil de la prudence; car, Peyre et Robert étaient tout
aussi compromis aux yeux de l'autorité royaliste-constitutionnelle,
que Danton et ses amis.

Par qui cette pétition a-t-elle été sauvée? C'est ce que nous
ignorons. Celle du 15, signée : *Massulard, Virchaux, Giro-
nard, etc.*, étant cousue en tête du paquet, donnerait à croire
que ces hommes ne furent pas étrangers à l'acte de courage dont
parle Prudhomme, s'ils n'en furent les auteurs directs: il consistait à ramasser les cahiers sous le feu de la garde nationale.

Ici se borne notre critique historique personnelle sur cette
journée. Nous allons maintenant transcrire le procès-verbal de la
municipalité. On verra que jusqu'à cinq heures du soir le corps
municipal hésita. On remarquera la mention d'une lettre de
Charles Lameth, reçue à une heure et demie, et les nombreux
courriers échangés entre l'Hôtel-de-ville et l'assemblée nationale.
Ces choses et bien d'autres *encore, très-bien* discutées par Ca-

mille Desmoulins dont le récit terminera ce chapitre, prouvent qu'on força la main à Bailly (1). Ce dernier parut le lendemain à la barre de l'assemblée, et y lut le procès-verbal dont il s'agit. Nous allons placer cette séance sous les yeux de nos lecteurs, parce que la proposition de Regnault dans celle du 17, y fut convertie en loi. Comme l'extrait que le *Moniteur* a donné de la lecture de Bailly est incomplet et infidèle, nous le compléterons et nous le rectifierons par des notes.

Assemblée nationale.

[*Séance du* 18 *juillet.* — *M. Sillery.* Dans toutes les villes du monde lorsque la générale se bat, tous les citoyens se rendent à leur poste; le poste des députés est ici, et je demande qu'ils s'y rendent tous lorsqu'on battra la générale.

M. l'abbé Joubert, évêque d'Angers. Je ne demande point que les députés soient tenus de se rassembler à ce signal militaire; mais il faut cependant indiquer un mode de convocation pour les cas où ce rassemblement pourrait être nécessaire, et je demande que le comité de constitution soit chargé de nous le présenter.

(1) Dans le numéro CVIII de ses *Révolutions de Paris*, Prudhomme revenant sur l'affaire du Champ-de-Mars, dit (page 290) : que tout le monde s'est accordé à rendre une justice à la troupe du centre. « Voici, continue-t-il, quelques détails que nous recevons de la seconde division. Les grenadiers, chasseurs et les deux compagnies soldées de cette division sont entrés par la grille de l'École-Militaire au moment où l'on faisait feu. Ces braves gens, loin de participer au massacre, cherchèrent à sauver la vie aux citoyens que l'on assassinait. Ils l'ont sauvée à plus de deux cents : l'un d'eux a arraché des mains du sieur *Charton*, commandant de la première division, un vieillard qu'il massacrait à coups de sabre. Un sieur *Lajaut* eut l'audace de menacer ceux qui s'opposaient à sa rage; je te *reconnaîtrai*, dit-il au grenadier qui lui arrachait ses victimes. Après le carnage, le sieur Bailly vint avec la municipalité à la tête des compagnies de la seconde division, et leur dit : *qu'il était vivement affecté de ce que des gardes nationaux imprudens avaient fait feu;* (comparez, citoyens, ce langage avec celui qu'il tint à l'assemblée nationale), *Et nous*, répondirent les grenadiers, *nous sommes indignés qu'on se soit porté à une telle violence.* Le sieur la Fayette leur adressa la parole et leur dit : *J'avais pleine confiance en vous; mais vous n'avez pas obéi à la loi.* Rappelez-vous, citoyens, qu'il tint le même langage aux grenadiers de l'Oratoire, qui s'opposèrent au départ du roi, le 18 avril dernier. Voilà les gens qui encourent la haine du général. » (*Note des auteurs.*)

Cette proposition est adoptée.

M. le président. Le résultat du scrutin pour la nomination de mon successeur a donné, sur 253 votans, 126 voix à M. Defermont et 102 à M. Broglie, 25 voix perdues; ainsi personne n'a obtenu la majorité absolue.

Les nouveaux secrétaires sont MM. Châteauneuf-Randon, Ramel et Lavigne.

M. le président. M. le maire de Paris et les officiers municipaux demandent à être admis à la barre pour rendre compte des événemens qui ont eu lieu dans la journée d'hier.

Les officiers municipaux sont introduits.

M. le maire obtient la parole. Le corps municipal se présente devant vous, profondément affligé des événemens qui viennent de se passer. Des crimes ont été commis et la justice de la loi a été exercée. Nous osons vous assurer qu'elle était nécessaire. L'ordre public était détruit : des ligues et des conjurations avaient été formées; nous avons publié la loi vengeresse; les séditieux ont provoqué la force; ils ont fait feu sur les magistrats et sur la garde nationale; enfin, le châtiment du crime est retombé sur leurs têtes coupables.

Si l'assemblée le juge nécessaire, nous lui donnerons les détails de ce qui s'est passé.

L'assemblée demande qu'il lui soit rendu compte des détails.

M. le maire fait lecture du procès-verbal, dont voici l'extrait *(1)* :

»Le corps municipal étant assemblé pour pourvoir aux moyens d'assurer la tranquillité publique, il a été constaté qu'aujourd'hui

_____

(1) Le procès-verbal commence ainsi : «17 *juillet, huit heures du matin.* A l'ouverture de la séance, le corps municipal a été informé par M. le maire de la suite des détails qui lui avaient été donnés hier. Il a appris qu'en exécution des ordres de la municipalité, les patrouilles s'étaient multipliées hier soir, cette nuit, ce matin; que la garde nationale avait donné des preuves continuelles de son zèle et de son attachement pour la constitution; que des ordres ultérieurs avaient été donnés; qu'il paraissait constant qu'il devait se former aujourd'hui de grands rassemblemens sur le terrain de la Bastille pour se porter ensuite au Champ de la fédération.» Viennent ensuite les considérans et l'arrêté. *(Note des auteurs.)*

17 juillet, il devait se faire un rassemblement considérable sur le terrain de la Bastille, d'où l'on devait se rendre au champ de la fédération. La garde nationale a reçu ordre de s'y rendre, et d'après les mesures prises, il y avait lieu de croire que la tranquillité publique ne serait point troublée. Le corps municipal a pris et fait afficher sur-le-champ l'arrêté suivant :

» Le corps municipal, informé que des factieux, que des étrangers payés pour semer le désordre (1), pour prêcher la rébellion, se proposent de former de grands rassemblemens dans le coupable espoir d'égarer le peuple, et de le porter à des excès répréhensibles; ouï le second substitut adjoint du procureur de la commune, déclare que tout attroupement, avec ou sans armes, sur les places publiques, dans les rues et carrefours, sont contraires à la loi : défend à toutes personnes de se réunir, de se former en groupes dans aucun lieu public ; ordonne à tous ceux qui sont ainsi formés de se séparer à l'instant : enjoint aux commissaires de police de se rendre sans délai dans tous les lieux de leur arrondissement, où la tranquillité publique pourrait être menacée, et d'employer, pour maintenir le calme, tous les moyens qui leur sont donnés par la loi : mande au commandant-général de la garde nationale, de donner à l'instant des ordres les plus précis, pour que tous les attroupemens soient divisés. Le corps municipal se réservant de prendre des mesures nécessaires si le cas y échoit (2). »

(1) Dans la nuit du 17 au 18, on arrêta (*Moniteur* du 19) neuf personnes, toutes étrangères. Les trois dont les noms sont connus, furent, *le Juif Ephraïm*, conseiller-privé du roi de Prusse, se disant chargé d'une commission spéciale de la part de Frédéric-Guillaume : il fut relâché trois jours après; — la baronne Œta, *Palm d'Aelder*, membre du Cercle social, et connue à ce titre dans notre histoire : elle fut mise en liberté presque immédiatement ; — Rotondo enfin, dont l'arrestation est circonstanciée plus haut. Celui-ci disparaît de l'histoire officielle jusqu'à l'année 1793, où il est de nouveau arrêté à Genève. Voilà toute la faction étrangère. Les journalistes patriotes remarquent que les agens autrichiens, les seuls à craindre, et les seuls bien reconnus pour tels, n'ont pas été même surveillés.
(*Note des auteurs.*)

(2) Ici se trouve dans le procès-verbal : « Après ces premières dispositions, le corps municipal a arrêté que deux de ses membres, MM. Cousin et Charon, *se transporteraient dans* les environs de la Bastille, pour s'assurer par eux-

«Vers les onze heures , le corps municipal a été informé que deux personnes venaient d'être assassinées au Gros-Caillou. Trois membres du corps municipal ont été députés pour rétablir l'ordre, et proclamer au besoin la loi martiale. De nombreux détachemens de garde nationale ont accompagné les officiers municipaux. Vers les deux heures, le corps municipal a été informé que la garde nationale avait été insultée, que M. le commandant-général avait fait arrêter quatre particuliers pour avoir lancé des pierres sur la garde; que l'un d'eux avait été trouvé muni d'un pistolet chargé, et qu'il avait avoué avoir jeté une motte de terre sur le commandant de la garde à cheval. Le corps municipal, considérant alors que la force armée ne pouvait effrayer les bons citoyens, a arrêté que la loi martiale serait publiée. Aussitôt trois officiers municipaux sont descendus de la maison commune pour la proclamer ; le drapeau rouge a été exposé à une des principales fenêtres (1). A cinq heures et demie du soir, au moment où la municipalité allait se mettre en marche pour se rendre au champ de la fédération, où était l'attroupement, les commissaires envoyés au Gros-Caillou sont arrivés et ont annoncé que l'un des meurtriers avait été arrêté; mais qu'il s'était aussitôt échappé des mains de la garde; qu'on avait tiré sur M. le commandant-général; que le particulier, auteur de ce délit, avait été arrêté et conduit dans une section , mais que M. le commandant l'avait fait sur-le-champ mettre en liberté. (Un profond silence succède à un mouvement manifesté dans toutes les parties de la salle.)

mêmes s'il se forme dans le quartier un rassemblement d'hommes, et d'en référer sans aucun délai au corps municipal, qui en statuera ainsi qu'il appartiendra. » *(Note des auteurs.)*

(1) Ceci donnerait à croire que le drapeau rouge a été exposé avant cinq heures. Voici la lettre du procès-verbal : « Les ordres ont été donnés pour que le drapeau rouge fût , immédiatement après la proclamation, exposé à l'une des principales fenêtres de l'Hôtel-de-Ville; ce qui a été exécuté à cinq heures et demie. » Dans l'intervalle avait eu lieu 1° la lettre de Charles Lameth au maire, mentionnée à la septième page du procès-verbal manuscrit ; 2° des nouvelles très-rassurantes de la part des commissaires envoyés à la Bastille ; 3° de nombreux échanges de courriers. *(Note des auteurs.)*

» Ils ont rapporté que les deux meurtres commis avaient été accompagnés de circonstances atroces, qu'on avait mutilé ces malheureux, qu'on leur avait tranché la tête, et qu'on se disposait à
les porter au bout d'une pique dans Paris, et spécialement au
Palais-Royal, lorsque la garde nationale est arrivée : que la garde
avait été insultée, et qu'un de ses principaux officiers avait couru
du danger. Que l'autel de la patrie était couvert de personnes de
l'un et l'autre sexe, attroupées pour présenter, à ce qu'elles ont
dit, une pétition contre le décret du 15 juillet. Qu'eux, commissaires, ont fait diverses représentations, mais comme elles insis-
taient, il a été convenu qu'une députation de douze personnes
les accompagnerait à la maison commune. Cet incident a donné
lieu à une nouvelle délibération, et le corps municipal considérant que tous les différens rapprochemens annonçaient une conjuration contre la patrie, que des étrangers récemment arrivés
dans la capitale y fomentaient des mouvemens ; que les officiers
municipaux, étant responsables, ne pouvaient pas différer la
proclamation de la loi martiale, dont le but était d'arrêter les
soulèvemens, et d'assurer la liberté des délibérations de l'assemblée nationale a arrêté que sa précédente délibération serait
exécutée.

» Il était six heures, et le corps municipal se préparait à entendre les pétitionnaires, lorsqu'il a appris qu'ils s'étaient retirés, sans doute, pour apprendre aux personnes attroupées que
la loi martiale venait d'être publiée (1). Le corps municipal s'est

(1) Selon Prudhomme, les commissaires ne disparurent pas sans remplir
leur mission. Voici les détails qu'il dit tenir de l'un d'eux : « Nous parvenons,
dit-il, à la salle d'audience à travers une forêt de baïonnettes ; les trois municipaux nous avertissent d'attendre ; ils entrent, et nous ne les revoyons
plus. Le corps municipal sort. Nous sommes compromis, dit un des membres;
il faut agir sévèrement. Un d'entre nous, chevalier de Saint-Louis (1), annonce au maire que l'objet de notre mission était de réclamer plusieurs
citoyens honnêtes, pour qui les trois officiers municipaux avaient promis de
s'intéresser. Le maire répond qu'il n'entre pas dans ces promesses, et qu'il va
marcher au champ de la fédération pour y mettre la paix. Le chevalier de
Saint-Louis veut répondre que tout y est calme ; il est interrompu par un

(1) Le chevalier de la Rivière, l'un des signataires de la pétition.   (Note des auteurs).

mis en marche, précédé d'un détachement de cavalerie, de trois pièces de canon, du drapeau rouge, et suivi d'un détachement nombreux de gardes nationales. Il était 7 heures et demie lorsque le corps municipal est arrivé au champ de la fédération. Son intention était de se porter d'abord à l'autel de la patrie (1) ; mais à peine entrait-il, que des particuliers placés autour des glacis, ont crié : *A bas le drapeau rouge! à bas les baïonnettes!* Cependant le corps municipal poursuivait sa marche, lorsque les attroupés ont jeté des pierres, et qu'un d'eux a tiré un coup de feu, dirigé sur les officiers municipaux (2); la garde nationale a

municipal qui lui demande d'un ton de mépris quelle était la croix qu'il portait, et de quel ordre était le ruban qui l'attachait (c'était le ruban tricolore). *C'est une croix de Saint-Louis*, répond le chevalier, *que j'ai décorée du ruban national : je suis prêt à vous la remettre, si vous voulez la porter au pouvoir exécutif pour savoir si je l'ai bien gagnée.* M. le maire dit à son collègue qu'il connaissait ce chevalier de Saint-Louis pour un *honnête citoyen*, et qu'il le priait, ainsi que les autres, de se retirer. Sur ces entrefaites, le capitaine de la troupe du centre du bataillon de Bonne-Nouvelle vint dire que le Champ-de-Mars n'était rempli que de brigands. Un de nous lui dit qu'il en imposait. Là-dessus la municipalité ne voulut plus nous entendre. Descendus de l'Hôtel-de-Ville, nous aperçûmes à une des fenêtres le drapeau rouge, et ce signal du massacre, qui devait inspirer un sentiment de douleur à ceux qui allaient marcher à sa suite, produisit un effet tout contraire sur l'âme des gardes nationaux qui couvraient la place. A l'aspect du drapeau, ils ont poussé des cris de joie, en élevant en l'air leurs armes qu'ils ont ensuite chargées. Nous avons vu un officier municipal en écharpe aller de rang en rang, et parler à l'oreille des officiers. Glacés d'horreur, nous sommes retournés au champ de la fédération avertir nos frères de tout ce dont nous avions été les témoins. — Sans croire qu'ils en imposaient, ajoute Prudhomme, on pensa qu'ils étaient dans l'erreur sur la destination de la force de la loi, et l'on conclut qu'il n'était pas possible que l'on vint disperser des citoyens qui exerçaient paisiblement les droits qui leur sont réservés par la constitution. » (*Révolutions de Paris*, n° CVI, p. 64.)

(*Note des auteurs.*)

(1) Il y a de plus dans le procès-verbal : « qui était couvert de personnes des deux sexes. »

(*Note des auteurs.*)

(2) Ce coup de feu était « un coup de pistolet dirigé contre la municipalité, et dont la balle, après avoir passé devant M. le maire, a été percer la cuisse d'un dragon de la troupe de ligne qui s'était réuni à la garde nationale. » (*Procès-verbal manuscrit.*) Il paraît que les jours d'émeute, des hommes de bonne volonté venaient prendre rang dans la garde nationale pour concourir à la répression. Le fait de ce dragon fut commun, le 17 juillet, à un grand nombre d'individus. Carra s'en plaint amèrement dans les *Annales patriotiques* du 20. « Il est important, dit-il, que dans les occasions critiques, aucun bataillon n'admette ces *auxiliaires* qui viennent se présenter tout à coup, sous prétexte de renforcer la garde nationale. » Plusieurs hommes, furieux contre la révolution, s'empressaient de la châtier toutes les fois

fait aussitôt une première décharge en l'air, et beaucoup des attroupés se sont dissipés. Mais bientôt, se réunissant sur la partie
du glacis située du coté du Gros-Caillou, ils ont recommencé
leurs cris et lancé des pierres. Alors la garde nationale a usé du
droit qui lui est attribué par l'article VII de votre décret, attendu que les violences exercées ont rendu impossibles les som-
mations des officiers municipaux (1).

»On a évalué le nombre des morts à onze ou douze, et celui des
blessés à dix ou douze. Plusieurs officiers et soldats de la garde
nationale ont été frappés de coups de pierre. Un d'eux a été renversé de dessus son cheval, et quelques-uns ont été victimes des
séditieux; deux chasseurs volontaires ont été assassinés; l'un revenant seul, et l'autre étant à son poste; un canonnier a été massacré
à coups de couteau. Quelques séditieux ont été arrêtés et conduits à la Force. A dix heures du soir, le corps municipal était
de retour à la maison commune, et il est allé sur-le-champ rendre compte au département.»

M. le président. L'assemblée nationale a appris avec douleur

qu'ils le pouvaient impunément. On doit se rappeler la pétition des maîtres
perruquiers de Paris à l'assemblée nationale. Eh bien! un contemporain
digne de toute confiance nous a affirmé avoir vu, le 17 juillet au soir, une
troupe nombreuse de maîtres perruquiers courant au Champ-de-Mars, armés en guerre par-dessus leur costume du métier, si remarquable alors. »
                                                    (*Note des auteurs.*)

(1) La minute du procès-verbal ne renferme, pas plus que l'analyse du
Moniteur, des détails sur l'attaque de l'autel. Or, Prudhomme expose ainsi
ce qui suivit l'échauffourée des glacis : « On connaît le champ de la fédération ; on sait que c'est une plaine immense, que l'autel de la patrie est au
milieu, que les glacis qui entourent la plaine sont coupés de distance en
distance, pour faciliter des passages. Une partie de la troupe entre par
l'extrémité du côté de l'École-Militaire, une autre par le passage qui se
trouve un peu plus bas, un troisième par celui qui répond à la grande rue
de Chaillot : c'est là qu'était le drapeau rouge. A peine ceux qui étaient à
l'autel, et il y en avait encore plus de 15 mille, l'eurent-ils aperçu, que l'on
entend une décharge : *Ne bougeons pas, on tire en blanc : il faut qu'on vienne
ici publier la loi.* Les troupes s'avancent; elles font feu pour la deuxième
fois : la contenance de ceux qui entouraient l'autel est la même. Hélas ! ils
y ont payé cher leur courage et leur aveugle confiance en la loi. Des hommes,
des femmes, un enfant, y ont été massacrés, massacrés sur l'autel de la
patrie ! Ah ! si désormais nous avons encore des fédérations , il faudra choisir un autre lieu ; celui-ci est profané. » (*Révolutions de Paris*, n° CVI, p. 65.)
                                                    (*Note des auteurs.*)

que les ennemis du bonheur et de la liberté de la France avaient forcé les dépositaires de la force publique à substituer aux mesures de douceur la sévérité. L'assemblée nationale approuve votre conduite ; elle voit avec une grande satisfaction que les gardes nationales, soldats de la liberté, soutiens de la loi, ont continué à justifier la haute estime que leur avait déjà méritée leur zèle infatigable. L'assemblée ne vous invite point à assister à sa séance ; elle sait combien il est nécessaire que vous retourniez à vos fonctions.

M. Barnave. Comme je pense que la réponse de M. le président a été l'expression du vœu de l'assemblée, je demande qu'elle reçoive la plus grande publicité. Le courage, la fidélité de la garde nationale, sont d'autant plus estimables, que depuis les troubles on tente de la séduire. Elle doit obtenir de l'assemblée l'approbation la plus éclatante. Il est temps enfin que la loi exerce un pouvoir absolu ; il est temps que l'on sache que le caractère de l'homme libre est dans le culte de la religion de la loi. Le moment est venu où des hommes, après avoir été longtemps le tourment de leur patrie, doivent enfin être voués au mépris universel ; le moment est venu où ceux qui, dans les circonstances, n'auraient cherché que des vengeances individuelles, doivent devenir les victimes de la loi, qui mettra à découvert leurs infâmes menées. Je demande donc que la réponse de M. le président soit imprimée et affichée dans toutes les rues ; que les tribunaux poursuivent les auteurs des mouvemens et les chefs des émeutes. Dans des momens plus calmes, lorsque les événemens seront mieux connus, nous nous occuperons du sort des familles de ceux qui sont morts à leur poste avec l'habit de la loi. Nous leur dirons que la nation adopte leurs enfans, et que leurs veuves lui appartiennent par la reconnaissance.

L'assemblée ordonne à l'unanimité l'impression et l'affiche du discours de son président.

Le corps municipal se retire.

M. Legrand. M'est-il permis de reprocher en ce moment, au commandant de la garde nationale, *son action généreuse ?* Sa valeur lui a fait oublier ses devoirs. Un délit a été commis contre sa personne : ce n'est point à lui qu'il appartenait d'absoudre. Je demande que l'assemblée décrète que le coupable sera poursuivi.

M. Treilhard. Nous admirons tous l'action du commandant de la garde nationale ; et si la loi pouvait avoir des égards, ce serait un motif de plus pour poursuivre le coupable.

M. Regnaud de Saint-Jean-d'Angely. La mesure que l'on propose à l'assemblée est hors de sa compétence : c'est aux tribunaux à poursuivre les délits.

L'assemblée charge les tribunaux de faire arrêter et de poursuivre celui qui a voulu attenter aux jours de M. la Fayette.

L'assemblée décide que le comité des rapports est identifié avec celui des recherches.

M. Regnaud de Saint-Jean-d'Angely. Vous avez ordonné à vos comités de constitution et de jurisprudence d'examiner le projet de décret que je vous ai soumis dans la séance d'hier contre ceux qui provoquent les attentats et la résistance à la loi. Voici les articles qu'ils m'ont chargé de vous présenter :

L'assemblée nationale, après avoir entendu ses comités de constitution et de jurisprudence criminelle, décrète :

Art. 1er. Toutes personnes qui auront provoqué le meurtre, l'incendie, le pillage, ou la désobéissance à la loi, soit par des placards, des affiches, soit par des écrits publics et colportés, soit par des discours tenus dans les lieux ou assemblées publics, seront regardées comme séditieux et perturbateurs ; et en conséquence, les officiers de police sont tenus de les faire arrêter sur-le-champ, et de les remettre aux tribunaux pour être punis suivant la loi.

II. Tout homme qui, dans un attroupement ou émeute, aura fait entendre un cri de provocation au meurtre, sera puni de trois ans de la chaîne si le meurtre ne s'est pas commis, et comme complice du crime s'il a eu lieu. Tout citoyen présent est tenu de s'employer ou de prêter main-forte pour l'arrêter.

III. Tout cri contre la garde nationale ou la force publique en fonctions, tendant à lui faire baisser ou déposer les armes, sera regardé comme séditieux, et sera puni d'un emprisonnement qui ne pourra excéder deux années.

M. Pétion paraît à la tribune. (L'assemblée est vivement agitée.)

M. Pétion. Je désirerais seulement entendre une seconde lecture du projet, afin de connaître positivement ce qu'il contient. Voilà le seul motif qui m'a fait monter à cette tribune.

M. Regnaud fait une seconde lecture du projet.

M. Pétion demande la parole.

On demande à grands cris, dans toutes les parties de la salle, à aller aux voix.

M. Pétion. Le moment dans lequel je parle est peu favorable à l'opinion que je veux défendre; mais je la défendrai cependant avec l'intime conviction qu'une partie du premier article du projet qui vous est présenté est funeste à la liberté de la presse. (On entend dans la partie gauche de la salle ces mots répétés par divers membres: *Oui, funeste à Marat, Brissot, Laclos, Danton!*) L'article contient des expressions à l'aide desquelles on pourrait rendre des jugemens très-arbitraires. (On entend des applaudissemens dans la partie gauche, et dans la galerie placée en face de M. le président.) On n'a pas cru que je m'éleverais contre la totalité de l'article; du moins on n'a pas dû le croire. L'article porte: « Toutes personnes qui auront provoqué la désobéissance à la loi. » Personne plus que moi ne respecte la loi. (Les murmures sont étouffés par les applaudissemens.) Les murmures ne m'empêcheront pas de continuer; car je défie qu'on me reproche une seule action dont un honnête homme puisse rougir. (De plus nombreux applaudissemens recommencent.) Je respecte la loi et j'engage à la respecter. (Quelques murmures, quelques applaudissemens.) Il est bon d'observer que l'article pourrait donner lieu à une multitude de persécutions. Lorsqu'une loi est rendue, certainement il faut y obéir; mais il est permis à tout citoyen de l'examiner, d'établir qu'elle n'est pas conforme aux principes de *la raison* et de la justice.

(Quelques murmures.) J'ai écrit avec liberté sur une loi ; on me
dira « que j'ai affaibli le respect qui lui était dû »; on me dira :
« Si vous n'aviez pas écrit, l'on n'aurait pas désobéi. » C'est
donc vous qui avez provoqué la désobéissance. Voilà comme on
parvient à tuer la liberté de la presse. (Une voix s'élève: *C'est
pour Brissot que vous parlez là.*) Je m'élève de toutes mes forces
contre ceux qui provoquent au meurtre. Celui qui dit : Désobéissez à la loi, est coupable ; mais....

M. Regnaud de Saint-Jean-d'Angely. Je propose de mettre
après ces mots: « Toutes personnes qui auront provoqué le
meurtre, l'incendie, le pillage, » ceux-ci : « *ou conseillé formellement la désobéissance.* »

Cette proposition est adoptée.

Les articles proposés par M. Regnaud sont décrétés.

M. Garat l'aîné. Les lois de toutes les nations qui ont voulu
pourvoir à la sûreté publique, ont eu soin de prévoir les mesures
indirectes par lesquelles on pourrait y porter atteinte. C'est
contre ces provocations indirectes qu'il faut se prémunir. (On
demande l'ordre du jour.) Sans dire: *désobéissez à la loi,* on
peut, en parlant avec trop de liberté, avec licence.... (Les cris
redoublent : *l'ordre du jour!*)

M. Barnave. Le moment où l'assemblée indique aux citoyens
le respect qu'ils doivent avoir pour la loi, est aussi celui où elle
marquera son profond respect pour la liberté, et sa haine pour
toute mesure qui pourrait amener l'arbitraire.

L'assemblée, interrompant M. Barnave, passe à l'ordre du
jour.]

Voici maintenant la narration de Desmoulins, que nous avons
annoncée.

Camille Desmoulins envoyant à la Fayette sa démission de journaliste.

Nous avions tort, la chose est par trop claire;
Et vos fusils ont prouvé cette affaire.

« Libérateur des Deux-Mondes, fleur des janissaires-agas,
phénix des *alguazils-majors,* don Quichotte des Capets et des

deux chambres, constellation du Cheval blanc, je profite du premier moment où j'ai touché une terre de liberté, pour vous envoyer ma démission de journaliste et de censeur national, que
vous me demandez depuis si long-temps, et que je mets aux
pieds de M. Bailly et de son drapeau rouge. Je sens que ma voix
est trop faible pour s'élever au-dessus des clameurs de vos trente
mille mouchards, et d'autant de vos satellites ; au-dessus du
bruit de vos quatre cents tambours et de vos canons chargés à
raisin. D'ailleurs, sur quels mémoires écrire aujourd'hui un
journal ? J'avais jusqu'ici médit de votre altesse plus que royale,
en grande partie sur les mémoires des honorables membres Lameth, Barnave et Duport ; c'est sur leur caution, autant que
d'après ma portion congrue d'intelligence, que je vous dénon-
çais aux 83 départemens comme un ambitieux qui ne vouliez
que dominer, un esclave de la cour, pareil à ces maréchaux de
France à qui la Ligue avait donné le bâton, et qui se regardant
comme bâtards, cherchent à se faire légitimer ; enfin, c'est sur
leur garantie autant que sur les faits, que je vous regardais
comme un conspirateur contre le peuple, et un traître plus dangereux que Bouillé. D'un autre côté, quand vous n'auriez pas
dans mille et un journaux peint les Lameth des plus noires couleurs ; Brissot, que vous avez trompé si indignement, nous a déclaré que vous ne lui parliez qu'avec le plus profond mépris
de ces personnages avec qui vous êtes maintenant lié. A vous entendre rendre ce témoignage, il était difficile de juger lequel
était un plus grand vaurien, et voilà que tout à coup vous vous
embrassez tous deux, vous vous proclamez l'un et l'autre les
pères de la patrie, et vous dites à la nation : Fiez-vous à nous,
nous sommes des Cincinnatus, des Washingtons, des Aristides.
Auquel croire de vos deux témoignages, de celui de la veille ou
de celui du lendemain ? Et quelle sera la caution du journaliste ?...
Il ne peut plus même croire aux preuves juridiques ; il vous arrive une fois de venir aux Jacobins ; Danton vous y accuse de
4 ou 5 crimes capitaux : vous ne pouvez pas vous justifier d'un
seul, vous passez condamnation : qu'en résulte-t-il ? Ce n'est pas

votre tête qui tombe; c'est vous qui proscrivez celle de Danton. D'après ces deux faits, il est bien inutile de nous obstiner plus longtemps à nous charger de la haine de tous les mauvais citoyens, et à nous dévouer à leurs poignards. Je l'ai dit ailleurs, ce n'est pas à un Romain à descendre dans l'arène et à combattre les bêtes féroces pour amuser des esclaves. Si les faits qui précèdent ne me justifiaient pas assez de quitter un poste où je n'ai point été placé par la patrie, et où moi seul, je me suis constitué sentinelle, qui osera me condamner d'abandonner la presse à la vénalité, à la servitude et au mensonge, d'après les faits qui suivent, et le court exposé que je vais faire de l'audace des tyrans de la capitale et de leurs forfaits d'un seul jour?

Comme les Pyrénées-Orientales, comme la ville de Saint-Claude, comme celle de Marseille, et comme tant d'autres dont l'assemblée nationale a supprimé lâchement les adresses, la très-grande majorité des citoyens de Paris s'indignait de l'obstination de nos représentans à donner pour chef au peuple français un vil parjure; et à remettre le sceptre dans une main que la loi condamnait pour ses nombreux crimes de faux à être séparée du bras par la hache de Samson. Alexandre Lameth avançait pourtant à la tribune que l'opinion de ceux qui, en remettant à Louis XVI la peine afflictive, demandaient qu'il fût déchu de la couronne, était une opinion *factice* et d'une *poignée de factieux*. Voyons, disaient ceux-ci, si nous sommes quelques factieux ou la presque unanimité de la nation. Le décret nous accorde le droit de pétitionner : signons une pétition ; on comptera les signatures. Brissot rédige une pétition constitutionnelle, irréprochable, digne de la majesté du peuple, et telle qu'elle allait être couverte avant quinze jours de plus de dix-huit millions de signatures. La foule de signataires qui se présentent indique le champ de la fédération, comme le seul convenable à une si grande affluence, et l'autel de la patrie, pour écarter l'idée de factieux et de mauvais citoyens. L'inviolabilité de l'autel les rassurait. Ils veulent encore se mettre plus à couvert, douze députés (j'étais du nombre) sont *envoyés* à la municipalité, pour la prévenir du rassemblement et de la pétition. Vous êtes dans le chemin de la constitution, nous dit le procureur-syndic Desmousseaux, et la loi vous couvre de son inviolabilité. Cependant leur conscience glace d'effroi et les pères conscrits, et les municipaux, et le commandant-général, et tous les traîtres. Ils craignent l'émission du vœu du peuple de Paris, qui va bientôt devenir le vœu de toute la France, et leur jugement prononcé par la nation en personne, séante en son lit de justice, en son *Champ-de-Mars*. Comment faire?... la loi martiale?... Mais le moyen de la publier contre des pétitionnaires tranquilles et sans armes, qui ne font que suivre les décrets? Voici ce qu'ils imaginent : ceux qui avaient fait pendre un homme, le boulanger *François*, pour nous donner la loi martiale, en font pendre deux pour la mettre à exécution. L'assemblée était indiquée pour le lendemain 17, à l'autel de la patrie. La nuit du 16 au 17, deux hommes s'introduisent sous l'autel : un jeune homme qui avait obtenu de son père la permission d'aller copier les nouvelles inscriptions de l'autel de la patrie, en les transcrivant seul à quatre heures du matin, entend travailler, court en avertir ceux qu'il rencontre, et revient avec une centaine de citoyens. On lève une planche ; on trouve deux hommes feignant de dormir, et auprès d'eux des vivres et un tonneau. Le peuple *ne les pend point* : il veut découvrir la vérité; il les mène au comité de police le plus voisin. Point de commissaire ; personne. La foule augmente autour des deux hommes. Ils disent qu'on leur a promis 25 louis de rente viagère, s'ils se cachaient sous l'autel ; qu'ils n'avaient point de mauvais desseins. Les mouchards, les gens apostés, craignant sans doute une plus grande révélation, contrefont les patriotes enragés, se jettent sur ces deux hommes et les mettent en pièces, deux heures après leur arrestation; *et ni la garde, ni le commissaire n'étaient venus pendant ces deux heures.* Et deux ou trois hommes portent les deux têtes au bout d'une pique, et on les laisse long-temps se promener dans Paris. On voulait préparer les citoyens par l'horreur de ce spectacle à supporter la loi martiale. Aussitôt la nouvelle se répand avec la rapidité de l'éclair qu'on a coupé deux têtes, *et voilà qu'on calomnie*

les Cordeliers, les Jacobins; voilà que les municipaux enchantés
déploient le drapeau rouge. Et où croyez-vous qu'on va le porter?
au lieu du rassemblement, au Champ-de-Mars? Oh! non, le rassemblement se dissiperait; il n'y aurait point de boucherie, il
n'est que neuf heures du matin, et c'est à huit heures et demie
du soir, aux approches de la nuit, qui couvrira de ses ténèbres
les perfidies qu'on médite, que le drapeau rouge ira au Champ-
de-Mars. La matinée, ils l'emploient autrement. Dans l'assemblée
nationale, Regnaud de Saint-Jean d'Angely vient dire effronté-
ment qu'on a coupé la tête à deux gardes nationales; et par ce
mensonge impudent échauffe tous leurs camarades réunis en
foule. Bailly fait proclamer la loi martiale, *incognito*, dans les
rues et places où il y a peu de monde, et la Fayette enivre dans
les casernes ses satellites à pied et à cheval. Les conjurés contre
le peuple se disent : voilà le drapeau rouge déployé, le plus difficile est fait. Maintenant, si tous les clubs, toutes les sociétés
fraternelles pouvaient aller à leur rendez-vous, à l'autel de la patrie pour signer la pétition, quel nectar ce serait pour nous que
ces flots de sang jacobin! et ils prennent leurs mesures en conséquence.

» S'ils avaient voulu dissiper le rassemblement du Champ de la
fédération, ils y auraient envoyé dès le matin la garde nationale avec
le drapeau rouge. Ce sont des municipaux qu'ils y envoient, mais
avec ces paroles traîtreuses : « Citoyens, disent-ils, votre pétition est
irrépréhensible ; vous n'avez rien à craindre ici ; nous sommes
prêts nous-mêmes à la signer.» Bien plus, pour rassurer davantage ceux qui pouvaient craindre du danger, ces perfides municipaux offraient de rester pour ôtages, et cela, une heure avant
le massacre.

» Il était deux heures, arrivent trois officiers municipaux en
écharpe et accompagnés d'une nombreuse escorte de gardes nationales. Dès qu'ils se présentent à l'entrée du Champ-de-Mars,
une députation va les recevoir. Parmi ceux qui la composaient,
le public a remarqué un maréchal-de-camp, décoré de la croix de
Saint-Louis, attachée avec un ruban national. Les trois officiers

municipaux se rendent à l'autel ; on les y reçoit avec les expressions de la joie et du patriotisme. « Messieurs, disent-ils, nous sommes charmés de connaître vos dispositions ; on nous avait dit qu'il y avait ici du tumulte : on nous avait trompés ; nous ne manquerons pas de rendre compte de ce que nous avons vu, de la tranquillité qui règne au Champ-de-Mars ; et loin de vous empêcher de faire votre pétition, si l'on vous troublait, nous vous aiderions de la force publique. Si vous doutez de nos intentions, nous vous offrons de rester en ôtage parmi vous jusqu'à ce que toutes les signatures soient apposées. » Un citoyen leur donna lecture de la pétition ; ils la trouvèrent conforme aux principes ; ils dirent même qu'ils la signeraient, s'ils n'étaient pas en fonctions.

»Ces trois officiers municipaux sont *Jean-Jacques Leroux*, *Renaud*, *Hardi*. Qui croirait que ces mêmes hommes qui avaient applaudi au peuple et à ses intentions, qui avaient offert de rester en ôtage, de protéger les pétitionnaires de la force publique, qui croirait que ces mêmes magistrats ont été reporter à la municipalité *qu'ils avaient trouvé le champ de la fédération couvert d'un grand nombre de personnes de l'un et de l'autre sexe, qui se disposaient à rédiger une pétition contre le décret du 15 de ce mois, qu'ils leur avaient remontré que leur démarche et leur réclamation étaient contraires à l'obéissance à la loi, et tendaient évidemment à troubler l'ordre public ?* Si la France redevient libre, il faut que les noms de *Jacques*, *Renaud* et *Hardi* soient affichés dans toutes les villes, à toutes les rues, pour être à jamais voués à l'exécration publique. C'est par ces discours que les *Sinons* en écharpe parviennent à retenir autour de l'autel les nombreuses victimes qu'ils brûlent d'y égorger. Toute idée de péril est écartée ; le rassemblement grossit ; la nuit approche. Alors les treize aides-de-camp de la Fayette se répandent au même instant de tous côtés dans les lieux publics. Les uns disent que la Fayette est tué, d'autres qu'il est blessé grièvement, tous qu'il a été assassiné par un jacobin, et il n'en était rien. Il est vrai qu'un homme s'était jeté sur lui avec un fusil armé d'une baïonn

que la Fayette avait facilement écartée de la main et que cet
homme avait alors fait feu ; mais il est évident que ce prétendu
tyrannicide était un mouchard chargé par la Fayette de tirer sur
lui à poudre, afin d'altérer tous les bleuets du sang des patriotes
et de la soif de venger leur chef. Cela, dis-je, est si évident, que
la Fayette a fait relâcher sur-le-champ l'assassin, de peur que
l'interrogatoire ne révélât une fourberie si infernale. Certes, il
fallait que la Fayette eût des motifs bien pressans de soustraire
cet homme à l'interrogatoire, pour usurper ainsi la ci-devant
prérogative de faire grâce, et pour mettre sa volonté au-dessus
de la loi, s'attribuer le droit de vie et de mort et faire le dictateur. Qu'on juge de la fureur des badauds idolâtres, des satellites de Mottié, à qui les aides-de-camp disent que le meurtrier
s'était échappé, se gardant bien d'avouer que la Fayette eût défendu de l'arrêter. En un moment, vous les eussiez vus sortir
furieux de leurs casernes, ou plutôt de leurs tavernes. Ils s'as-
semblent ; ils chargent à balles devant le peuple ; on bat de tous
côtés la générale ; déjà les 27 bataillons les plus garnis d'aristocrates avaient l'ordre de marcher au Champ-de-Mars ; ils s'ani-
ment au massacre ; on leur entend dire en chargeant : nous allons
envoyer des pilules aux Jacobins ; c'est surtout dans les yeux de
la cavalerie qu'on voit la soif du sang, allumée par la double
ivresse du vin et de la vengeance. Le jour était tombé assez pour
leur dessein. Enfin le drapeau rouge arrive au Champ-de-Mars,
non pas à huit heures du matin, comme contre ceux qui ont
pendu les deux hommes, mais à huit heures et demie du soir,
comme contre les pétitionnaires. Les bataillons arrivent non pas
par un seul côté, afin que les citoyens puissent fuir, mais par
toutes les issues, afin qu'ils ne sachent où l'éviter. Voici maintenant la dernière perfidie, celle qui met le comble à toutes celles
de la journée : les pétitionnaires, les patriotes étaient autour de
l'autel de la patrie, c'est-à-dire à 600 pas de l'entrée du champ
de la fédération. L'armée des bourreaux avait bien prévu que
tous les citoyens sans armes, les femmes, les enfans se retire-
raient à la première proclamation de la loi martiale. Pour ne pas

leur laisser le temps et se dispenser de la publier, des mouchards, placés à l'entrée du champ, du haut des glacis, insultèrent la garde nationale et la provoquèrent en lui lançant des pierres. La garde tire sur ceux-ci le premier feu à poudre, aux termes de la loi; ils se sauvent, et la cavalerie court faire la seconde dé- charge à balles, sur les malheureux patriotes, qui, voyant la mort s'avancer de tous les côtés, et dans l'impossibilité de fuir, la reçoivent en embrassant l'autel de la patrie : en un moment l'autel est couvert de cadavres. C'est ainsi que la Fayette trempe dans le sang des citoyens ses mains, qui dégoutteront toujours à mes yeux de ce sang innocent, à cette même place où il les avait élevés au ciel pour faire le serment de les défendre. Des témoins oculaires m'ont dit que le nombre des morts montait à quatre cents; la municipalité n'en a compté que douze dans son procès-verbal.

»Depuis ce moment, les meilleurs citoyens sont proscrits; on les arrête dans leur lit, on s'empare de leurs papiers, on brise leurs presses. Les amis de la loi, les modérés affichent et signent des tables de proscription, disent qu'il faut purger la société de *Brissot, Carra, Bonneville, Fréron, Desmoulins.* Danton, Fréron et moi, n'avons trouvé d'asile contre les assassins, que dans la fuite. Les patriotes, ce sont des *factieux.* Nous qui ne faisons que raconter des faits incontestables, qui disons la vérité, c'est nous qui sommes payés; mais les autres journalistes mentent pour rien. C'est le cri général que *Pétion, Robespierre, Buzot, Brissot, Danton* et tous les écrivains, ci-devant patriotes, sont soudoyés par les puissances étrangères. Que ne mettent-ils pas en œuvre pour faire croire que ceux qui crient contre l'assem-blée nationale et le divin Mottié sont de méprisables mercenaires? J'ai rapporté dans mon dernier numéro, l'anecdote du mouchard déguenillé, chantant bien haut les louanges des Jacobins, et pa-riant un louis en leur honneur, puis, montrant une poignée d'écus, pour faire croire qu'il était payé par les Jacobins, etc. Ce qui fait frémir, c'est que je sais à n'en pas douter que la Fayette vient de grossir son armée de *mouchards* d'un corps de faux témoins à l'épreuve, et en état de faire pendre Caton comme monarchien, et Saint-Bruno comme perturbateur. Il ne lui manque plus que de trouver des Laubardemonts, des Bouchers d'Argis; et l'on n'en manque pas. L'assemblée nationale, d'autant plus furieuse contre les écrivains patriotes, *qu'elle sait ses perfidies*, et que la majorité ne goûte point encore dans le crime la *tranquille paix* des Dandré et des Chapelier, met de côté toutes les adresses courageuses qu'on lui envoie, expédie partout des courriers chargés de mensonges et de calomnies, et emploie tous les moyens d'intercepter et d'étouffer la vérité. Sans doute elle est bien secondée par l'administration des postes, qui avait l'infamie de retenir à la fois mon journal et le port que je lui en payais, comme le prouvent une multitude de réclamations que j'ai reçues de tous les côtés. Cette assemblée anti-nationale s'efforce de persuader que ce sont des Anglais et des Prussiens qui sont mécontens du décret sur l'inviolabilité, et qui ont péri sur les marches de l'autel, victimes du droit de pétition, de ce *væu* que nous avait accordé M. Thouret. Elle arrête le juif Éphraïm, comme agent de la Prusse, et madame d'Aelder, comme l'émissaire du stathouder, et bientôt elle est forcée de les relâcher, et madame d'Aelder répond aux calomnies des auteurs de la *Gazette universelle*, qui l'accusaient d'être payée, par cette lettre à laquelle ces gazetiers ne répondront point, et qui prouve qu'ils ont offert à l'ambassadeur de Prusse de lui vendre leur plume (1). J'avais connaissance de l'anecdote; et il y a longtemps qu'en lisant leurs gazettes, je m'étais dit : Sûrement M. la Fayette a accepté les services qu'a refusés le comte de Gotls. Que dire du comité des recherches, ces argus incorruptibles de la révolution, qui n'ont pas cru nos témoins oculaires et auriculaires contre la Fayette, des témoins qui apportaient leur tête, et qui ont l'air de croire que Rotondo, pauvre diable s'il en fut jamais, a les poches pleines de guinées d'Angleterre, lui qui vit notoirement des

---

(1) Presque tous les journaux patriotiques publient cette lettre. La circonstance mentionnée par Desmoulins est seule importante à connaître.

(Note des auteurs.)

secours des patriotes depuis les certificats du mouchard Étienne, dont les contre-poisons lui ont fait perdre ses écoliers !

»Enfin, l'assemblée nationale se retire en club aux Feuillans, et fait scission avec les Jacobins, afin de leur enlever leur correspondance. Mais Pétion et Robespierre, et le petit nombre de représentans qui sont demeurés fidèles à le nation, restent aux Jacobins, et l'assemblée nationale est toute où sont Pétion et Robespierre. Le reste n'est qu'un ramas de prêtres, de nobles, d'intrigans, de ministériels, de contre-révolutionnaires ou d'imbécilles : c'est l'assemblée anti-nationale. Je ne sais pas comment Robespierre, Buzot, Pétion, Rœderer, Prieur, Grégoire, Royer et une demi-douzaine d'autres, ne donnent pas leur démission, et ne se retirent pas du milieu, non de ce sénat, mais de ce sabbat de conjurés contre le peuple, où le bien est impossible à faire. Mais peut-être que les autres, craignant les suites de la retraite de ce petit nombre de justes, chercheront à les retenir au milieu d'eux, et à plâtrer par quelques bons décrets leurs desseins ambitieux et nationicides. Quant à moi, je ne me laisserai point prendre à ces apparences, et je n'attendrai plus à l'autel de la patrie la troisième proclamation de la loi martiale et la première décharge à poudre. Pour racheter le droit de crier dans le désert, de défendre la déclaration des droits et de montrer les sept rayons primitifs à un peuple de Quinze-Vingts, il me faudrait m'avilir jusqu'à louer la Fayette et ses compagnons de tyrannie; il faudrait pallier la vérité. *Mentiri nescio.* Je ne saurais descendre à cette lâche dissimulation à laquelle les écrivains patriotes sont aujourd'hui contraints devant les sapeurs à gros ventre, et les nains de six pieds à gros bonnets.

»On l'a dit, les Parisiens ressemblent à ces Athéniens à qui Démosthènes disait : Serez-vous toujours comme ces athlètes qui, frappés dans un endroit, y portent la main, frappés dans un autre l'y portent encore, et toujours occupés des coups qu'ils viennent de recevoir, ne savent ni sauver ni prévenir. Ils commencent à se douter que Louis XVI pourrait bien être un parjure, quand il est à Varennes; c'est quand Bouillé est à Luxembourg

qu'ils soupçonnent que les soldats de Château-Vieux pourraient
bien être innocens, et avoir été fusillés, pendus ou roués pour
leur patriotisme. Il me semble les regarder de même, grands
yeux ouverts, bouche béante, quand ils verront tout-à-fait la
Fayette ouvrir au despotisme et à l'aristocratie les portes de la
capitale qu'il leur tient déjà plus qu'à demi ouvertes ; quand ils
verront et les millions de la liste civile et les milliards des biens
du clergé, dissipés à entretenir les armées à tête de mort d'outre-
Rhin, et ici à élever à grands frais une digue de mouchards
contre le torrent de l'opinion ; quand ils retrouveront le déficit
aussi profond qu'en 89 ; quand ils verront maints départemens indignés que leurs biens nationaux'ne servent qu'à alimenter la pro-
digalité liberticide de Bailly, de la Fayette, plus déprédateurs
que Calonne, indignés que la liberté de la presse soit anéantie,
et que la révolution ne soit que trente tyrans à la place d'un seul ;
quand·ils verront, dis-je, maints départemens, les uns demander
une constitution moins contradictoire avec la déclaration des
droits ; les autres s'ériger en États-Unis, tous se détacher de la
métropole, abandonner Paris à sa corruption, à son égoïsme et
à l'esprit mercantile de ses boutiquiers qui, aunant la liberté et
·ne reconnaissant pour gouvernement que celui qui entoure le
comptoir d'un plus grand nombre d'acheteurs, ne soupirent
qu'après le retour des aristocrates, et s'efforcent de les rappeler
en bannissant les patriotes qui, plus tard, auraient élevé la
splendeur de Paris au-dessus de celle de Rome et d'Athènes, et ses
richesses proportionnelles au-dessus de celles de Londres et d'Amsterdam ; mais ce n'est pas ce que voit le sot détailleur, toujours
pressé de vendre avant la fin du mois, attendu les lettres de
change, et qui, en nous fusillant sur l'autel de la patrie, croyait
déjà voir les émigrans de retour, remplir ses magasins. Puissé-je
me tromper dans mes conjectures ! car je me suis éloigné de cette
ville comme Camille mon patron s'exila d'une ingrate patrie, en
lui souhaitant toutes sortes de prospérités. Je n'ai pas besoin d'a-
voir été empereur, comme Dioclétien, pour savoir que les
belles laitues de Salone, qui valent mieux que l'empire d'Orient,

valent bien l'écharpe dont se pare un municipal, et les inquiétudes avec lesquelles un journaliste jacobin rentre le soir chez lui,
craignant toujours de tomber dans une embuscade d'ennemis de
la liberté de la presse et de coupe-jarrets du général. Il m'en coûte
pourtant de quitter la plume! mais si tous les écrivains patriotes
se taisaient...... Pour moi, ce n'est point pour substituer ni des
décemvirs à la royauté, ni des comités aux ministres, ni un
M. Dandré, ni un M. Barnave aux premiers ministres, ni les
proscriptions des co-dictateurs la Fayette et Lameth aux lettres
de cachet. Ce n'est point pour établir deux chambres que j'avais
pris le premier la cocarde nationale; ce n'était point la peine de
nous délivrer des bourrades des *triste-à-pattes*, pour nous percer
de la baïonnette de nos concitoyens; et on n'a point renversé la
Bastille, on n'a point affranchi de la prison ceux qui regimbaient
contre l'ancien régime, pour fusiller et éventrer ceux qui, soumis au nouveau et en vertu des décrets, signent une pétition. »
(*Révolutions de France et de tous les royaumes*, etc., n° LXXXVI
et dernier.)

Feuillantisme.

Nous passerons maintenant à la seconde moitié de juillet :
elle comprend la scission de la société des Amis de la constitution en Jacobins et en Feuillans, les suites de la journée du 17,
et l'analyse des travaux de l'assemblée du 19 au 31 juillet.

La première question sur laquelle ne s'entendirent pas les députés de l'assemblée nationale, membres du club des Jacobins,
fut celle de la rééligibilité. Plusieurs d'entre eux s'étaient déjà
plaint ouvertement que la direction du club échappait à ses fondateurs; que les réceptions étaient trop faciles; que des
hommes nouveaux, de simples citoyens, y obtenaient chaque
jour, à leur préjudice, une influence proportionnée à l'audace
révolutionnaire que ces hommes déployaient. Cependant ils s'é-
taient contentés de demander un scrutin épuratoire; et comme
deux formes politiques différentes, le républicanisme et le système représentatif avec un roi héréditaire, séparaient les Jacobins en deux opinions, ils espéraient que cette dissidence régle-

rait l'épuration, et que la minorité républicaine une fois exclue, le patronage qu'ils ambitionnaient ne leur serait plus contesté par personne. Sur ces entrefaites arriva la motion de Robespierre sur la non-rééligibilité. Voici, là-dessus, une note curieuse du n° LXXXVI de C. Desmoulins : elle est de l'éditeur anonyme dont nous avons déjà parlé.

· « La cour connaissait bien les Lameth, et autres premiers figurans de la société des Jacobins, et elle imagine un moyen très-adroit pour les détacher du parti populaire. Tous ces courtisans, disait-elle, sont des gens qui ne veulent qu'être portés par les flots de la multitude aux grandes places d'où le vent de la cour les éloignait ; ils ne veulent que des commandemens, des ministères, surtout beaucoup d'argent ; la faveur de la cour qui leur manquait, est comme les voiles de l'ambition ; à défaut de ces voiles, ils ont voulu se servir des rames de la popularité. Les vrais patriotes, au contraire, sont désintéressés ; c'est le bien public seul qu'ils cherchent : ce serait donc un moyen infaillible d'opérer une grande division parmi les Jacobins et de les affaiblir, en en détachant tous les faux patriotes, si l'assemblée nationale pouvait rendre des décrets bien patriotiques qui reculassent bien loin les espérances des ambitieux. Montrons aux Lameth, aux Duport, aux Barnave, aux Broglie, etc., qu'ils ne seront point réélus, qu'ils ne pourront arriver à aucun poste important avant quatre ans. Robespierre, Buzot et Pétion et tous les vrais patriotes, veulent la non-rééligibilité aux places de la législature, et la non-rééligibilité aux places du ministère avant quatre ans. Que tout le côté droit les seconde : par pudeur, le côté gauche n'osera paraître moins patriote. Les Lameth, Barnave, Duport, seront furieux, et ils se retourneront vers nous. Le comité autrichien avait calculé supérieurement. Robespierre fit les deux motions, et ce sont, je crois, les deux seules de ce citoyen éloquent et incorruptible qui aient jamais été accueillies. Les deux décrets furent emportés d'emblée : tout le côté droit se leva pour Robespierre, comme le plus fidèle défenseur du peuple, et force fut à 89 et aux faux Jacobins de céder. A peine

Duport et quelques-uns de ses pareils osèrent-ils exhaler leur
bile dans un coin. Si le lecteur ne veut regarder cela que comme
mon opinion ou des conjectures, il en est bien le maître ; mais
voici des faits que je lui certifie. J'avais vu Alexandre et Théodore Lameth, la veille ou l'avant-veille du décret sur la non-
rééligibilité ; ils m'avaient demandé mon avis: je ne leur avais
pas dissimulé que je pensais comme Robespierre. Ils étaient encore patriotes. J'y retournai le lendemain ou deux jours après ; ce
n'étaient plus les mêmes hommes. Je ne pus tirer une seule parole
d'Alexandre, plus fin apparemment ; mais je n'oublierai jamais que
Théodore me dit : « Il est impossible qu'on y tienne; Duport
disait hier au soir qu'il fallait sortir de France. Comment! ceux
qui auraient fait la constitution auraient le dépit, à la prochaine
législature, de voir peut-être détruire leur ouvrage. Il nous faudra entendre, dans les galeries de l'assemblée nationale, un sot
à la tribune faire le procès à vos meilleurs établissemens sans
que vous puissiez les défendre ! Oui, ajouta-t-il, encore un pareil
décret, et nous abandonnons la France. » Théodore était dans
son lit, et je fus presque tenté de croire qu'il rêvait une bou-
tade. Sa colère me parut si ridicule, que je n'y fis pas même
beaucoup d'attention. Cependant je me sentis détacher de gens
qui se détachaient si aisément de la chose publique, parce qu'ils
ne pouvaient être réélus, et je cessai de les voir. Les derniers
événemens m'ont rappelé bien douloureusement cet entretien.
Plût au ciel qu'ils fussent sortis de France! Mais ils ont trouvé
plus court de se réconcilier avec la Fayette, co-intéressé à éloigner la seconde législature. N'y a-t-il pas de quoi mépriser bien
profondément, et l'assemblée nationale, et le peuple de Paris,
et notre prétendue révolution, et l'espèce humaine, quand on
vient à réfléchir que la clé de tous les événemens liberticides,
depuis *le 21 juin* inclusivement, jusqu'au 17 *juillet*, c'est que le
pouvoir allait échapper aux Lameth et à la Fayette, c'est que
Duport n'a pu être réélu ? »

Les graves questions soulevées par la fuite du roi, aigrirent
ces premiers élémens de discordes. Déjà dans la séance du 29

juin, aux Jacobins, nous avons vu la réponse de Charles Lameth à
la vive attaque d'Antoîne, exciter de violens murmures. A la séance
du 1er juillet, le président Bouche ôta la parole à Billaud-Varennes,
qui se proposait d'examiner quel était du gouvernement monarchique ou du gouvernement républicain celui qui convenait le mieux
à la France. Au milieu de cette discussion de plus en plus animée,
nous avons remarqué un incident qui offrit aux patriotes d'alors
de tristes rapprochemens après la journée du 17. Le 6 juillet, la
catastrophe de Nanci rappela de cruels souvenirs à la société
des Amis de la constitution. Collot-d'Herbois fit un rapport sur
vingt-un carabiniers qui, licenciés par les ordres de Bouillé après
avoir subi une longue captivité, et après avoir été mis en liberté
par un décret de l'assemblée nationale, demandaient maintenant
à être jugés par une Cour martiale, et à être employés dans
l'armée. Le 8, Goupil et Rœderer descendirent l'un contre
l'autre sur le terrain de la déchéance, et Goupil fut couvert de
murmures. Le 10, arriva le discours de Brissot; l'accueil qu'il
reçut décida la scission : il ne manquait plus qu'un prétexte. La
motion de Laclos, dans la séance du 15, et la démarche du
peuple, qui donna un nouveau caractère et une réalisation immédiate à cette motion, firent éclater le schisme : il y eut le lendemain assemblée aux Feuillans.

L'arrêté pris le 17 par les Jacobins, touchant les écrits qui
circulaient sous leur nom (voir plus haut), et signé *Bouche, président,* occasionna les deux lettres suivantes, publiées par le
·*Moniteur* et les autres journaux.

Au rédacteur.

« Il vient, Monsieur, de me tomber sous la main un imprimé
intitulé : *Société des Amis de la constitution, de Paris, séante aux
Jacobins, rue Saint-Honoré. Paris, 17 juillet* 1791, commençant
par ces mots: *Frères et amis,* et finissant par ceux-ci: *Autorisés
par la loi.* Cet imprimé, qui ne contient qu'une page, au haut de
laquelle est un fleuron, dans le centre duquel on lit ces mots :
Vivre libre ou mourir, et à l'entour duquel est cette inscription :

Société des amis de la constitution, est terminé ainsi : *Signé*, Bouche , *président.*

» Je déclare que je n'ai point assisté à cette prétendue déclaration, ou lettre du 17 juillet, ni à aucune subséquente ; que je n'ai rien signé de pareil ; que ma signature apposée comme caution au bas de cet imprimé, est un faux des plus révoltans dont je poursuivrai les auteurs si je puis les connaître ; que j'ai l'honneur d'être président de la société des Amis de la constitution, séante aux Feuillans , rue Saint-Honoré , et que je ne le suis d'aucune autre. Les vrais amis de la constitution ne sont point des faussaires. Ceux qui ont écrit ou fait imprimer mon nom au bas de cette prétendue déclaration ou lettre , sont des faussaires insolens qu'on doit signaler comme de véritables ennemis de la constitution.

» Je vous prie, Monsieur, d'insérer dans votre journal le désaveu de cet imprimé dans la partie qui me concerne, afin que toutes les sociétés des Amis de la constitution du royaume, et les bons citoyens sachent qu'on cherche à les surprendre pour les égarer.

» *Paris, le 21 juillet.*

Bouche, *membre de l'assemblée nationale et président de la société des amis de la constitution, séante aux Feuillans.*»

MONSIEUR,

« M. Bouche a fait insérer dans votre feuille une réclamation très-amère à l'occasion de son nom et de celui de MM. Salles et Antoine , qui se trouvent au bas d'un arrêté de la société, en date du 17 de ce mois. Il s'est cru permis de traiter de faux matériel cet usage de son nom, et de qualifier de faussaires insolens ceux qui se le sont permis.

» Il déclare en même temps qu'il n'est le président d'aucune autre société que de la société des Amis de la constitution séante aux Feuillans , dont MM. Salles et Antoine se trouvent secrétaires.

» Nous devons mettre le public à portée d'apprécier la justesse, la véracité et surtout la modération des reproches de M. Bouché. Nous ne nous en permettrons aucun contre lui dans le moment où nous sommes disposés à faire les plus grands sacrifices pour réunir la société divisée; nous ne dirons que le fait justificatif sans aucune restriction.

» M. Bouche a été élu le 1ᵉʳ juillet président de la société des Amis de la constitution séante aux Jacobins; MM. Salles et Antoine ont été élus secrétaires à la même époque.

» M. Bouche présida le mercredi 13; le vendredi 15, il ne vint point à la société. M. Antoine prit le fauteuil. Le dimanche 17, MM. Bouche et Antoine étant absens, un autre secrétaire les remplaça.

» L'usage de la société est de mettre au bas de ses arrêtés le nom du président et des secrétaires du mois. Cet usage a été invariablement observé jusqu'ici. (Il est d'ailleurs consacré par un arrêté de la société pris sous la présidence de M. Voidel.)

» Nous étions avertis, il est vrai, qu'une partie des députés de l'assemblée nationale s'étaient réunis aux Feuillans, et voulaient y former une autre société des Amis de la constitution; mais nous ne l'étions point que MM. Bouche, Salles et Antoine eussent transféré l'exercice de leurs fonctions aux Feuillans. S'ils avaient cru devoir à des frères et à des amis qu'ils abandonnaient, assez d'égards pour les prévenir de leur retraite, assurément la société n'eût pas fait l'inconséquence d'employer leur nom au bas de son arrêté, et elle regrette très-sincèrement cette méprise qui méritait d'autant moins une sortie aussi vive de la part de M. Bouche, qu'il ne tenait qu'à lui de la prévenir en signifiant sa translation à la nouvelle société des Feuillans.

» Un fait qui vient encore à l'appui de cette explication, est que le 17 au matin, date de l'arrêté, M. Bouche a envoyé au trésorier de la société (M. Deffieux) 200 cartes signées de lui pour le renouvellement du trimestre.

» L.-V. DUFOURNY, *président par intérim*; REGNIER, neveu, L. PAROCHEL, *secrétaires.*»

A la séance du 17 juillet, après que, sur la motion de Robespierre, *la société eut* envoyé des commissaires au Champ-de-

Mars pour s'informer de ce qui se passait, Pétion monta à la tribune pour exposer les griefs des schismatiques et la conduite qu'il fallait tenir à leur égard.

M. Pétion. « Messieurs, nous sommes dans des temps orageux et qui demandent beaucoup de calme et dans la discussion et dans l'exécution. Je demande à vous faire part de ce qui a été fait dans la nouvelle assemblée tenue aux Feuillans.

» Des membres de l'assemblée nationale, affiliés à cette société, et qui au fond sont d'excellens patriotes, ont cru devoir eux-mêmes coopérer à cette scission, que je crois du plus grand intérêt pour la chose publique d'éviter autant que possible. Les uns en veulent, disent-ils, à cette société pour des reproches grossiers vomis contre eux dans son sein ; les autres lui reprochent le peu de liberté qu'ils y ont éprouvée plusieurs fois d'émettre leur opinion, lorsqu'elle était opposée à l'opinion générale de la société ; ils lui reprochent l'ironie amère de la proposition faite dans la dernière séance, de porter à la présidence de l'assemblée nationale un homme dont le nom n'avait jamais été prononcé dans cette société qu'avec dégoût. Joignez à cela votre démarche pour la pétition proposée ; joignez-y les calomnies atroces et sans nombre dont on environne cette démarche, et jugez des peines qu'un ami de la société doit avoir eu pour combattre ces faits.

» Il a dit que cette société, excellente au fond, ne faisait pas tout le bien dont il la croyait susceptible, parce qu'il la croyait travaillée par des manœuvres qu'il avait cru apercevoir. Pendant long-temps les membres de l'assemblée nationale, faisant le plus grand nombre dans cette société, se sont accoutumés à la dominer. Ce joug a été supporté avec peine par des hommes libres, et dès-lors la scission dont nous sommes témoins aujourd'hui a été ménagée de longue main par ces députés qui regrettaient la perte de leur influence dans l'assemblée. Leur projet est sans doute de rallier autour d'eux toutes les sociétés affiliées, pour les accoutumer, sous le voile de la liberté, au système d'oppression qu'ils méditent de faire *peser sur tout* l'empire ; et vous

voyez de quelle conséquence peut être pour l'intérêt de la chose
publique le parti que prendront dans cette circonstance vos sociétés affiliées. Par elles ils chercheront à se concilier l'opinion
publique; ils chercheront à la préparer sur la nouvelle constitution qu'ils méditent, et alors que deviendra la constitution que
nous avons faite avec tant de peine?

» Nous devons nous attendre que déjà peut-être des lettres
sont envoyées à toutes les sociétés; je ne doute pas que si nous ne
nous hâtons également d'envoyer aux sociétés affiliées une adresse
où on leur apprendra que de prétendus amis de la constitution
se sont coalisés avec des hommes qui en sont les plus grands
ennemis; si on leur montre les dangers d'une scission entre les
diverses sociétés des départemens, scission à la faveur de laquelle il est à craindre que les ennemis de la chose publique
n'entreprennent ce qu'ils n'auraient pas osé sans cela, je ne
doute pas, dis-je, que vous ne conserviez entre elles et vous cette
harmonie si désirable pour le bien général. Voilà donc seulement la voie qui vous reste pour conserver vos sociétés affiliées.
Si vous les conservez, la chose publique est sauvée : vos ennemis n'auront qu'à rougir de leur démarche; sinon il est à
craindre que la désunion entre les vrais amis de la constitution
n'amène la défiance, et qu'au milieu de cette méfiance générale
le despotisme ne lève son front avec sécurité.

» Maintenant, Messieurs, il faut que je vous parle avec franchise. Étant réunis ici pour étudier et pour soutenir la constitution, dont toutes les parties sans doute ne sont pas également
bonnes, nous devons plus dans ce moment d'orage nous occuper
à conserver ce que nous en avons, qu'à corriger ce qu'elle peut
avoir de défectueux.

» Il faut en convenir, souvent dans cette assemblée la liberté
des opinions a été contrariée. Depuis quelque temps les membres
de l'assemblée nationale se sont plaints de n'avoir pas eu la liberté de proposer leurs opinions, pas même celle de donner
connaissance de faits essentiels à connaître.

» *Vous* avez fait, dit-on, une pétition. Lorsque cette pétition vous a été proposée, on vous a dit : l'assemblée nationale n'a pas manifesté son intention sur Louis XVI. Il est vrai que les termes de ce décret n'étaient pas formels; mais il y avait dans ce décret une finesse que je n'y avais pas aperçue, et qui m'a été découverte par des personnes plus au fait que moi, des moyens de faire dire à l'assemblée nationale ce qu'elle ne voit pas qu'elle décrète. J'avais cru ne voir dans ce décret que des complices, et non de criminel principal. Eh bien! Messieurs, vous verrez, par la rédaction de ce décret, que M. Bouillé est déclaré le véritable criminel principal, et que les autres sont les complices. Depuis, par l'entremise des comités, on a décrété que la charte constitutionnelle serait présentée à Louis XVI. L'intention de l'assemblée est donc bien de conserver Louis XVI. Dans cet état de choses, la pétition que vous avez faite ayant été dirigée contre une loi à faire, n'est pas conçue dans les termes où elle doit l'être maintenant.

» Mais ce que nous avons de plus essentiel à décider dans ce moment, est de savoir si nous avons l'intention d'empêcher une scission qui me paraît bien déclarée.

» Hier j'ai combattu de toutes mes forces, dans l'assemblée des Feuillans, ce projet de scission, en prouvant que, quand même cette société aurait eu quelques torts, ce n'était pas le moment de les lui reprocher. J'ai été fâché de voir les adresses qu'on se préparait à envoyer aux sociétés affiliées; j'ai fait l'impossible pour montrer aux membres de l'assemblée nationale combien ils exposaient la chose publique en se rendant les instrumens d'une faction. Beaucoup m'ont dit : Que la société retourne à sa première institution, à son premier réglement, qu'elle laisse la liberté de la discussion, et alors nous pourrons nous y réunir.

» Au nom de la paix, au nom de l'union, reportez-vous donc à ces premiers temps. Lorsque les membres que j'ai déterminés à revenir dans cette société reparaîtront, qu'ils voient que, fidèles à la constitution dont vous vous êtes déclarés les amis, ils se trouvent au milieu de leurs frères. Si les sociétés affiliées savent que vous avez parmi vous des membres de l'assemblée namis de la constitution ; il est un excès contraire, beaucoup moins rare et beaucoup plus funeste. Eh ! dans quels lieux devons-nous trouver plus de défenseurs que parmi vous, nous qui avons toujours vu vos membres regarder leur qualité de membres de cette société, comme un signe non équivoque de leur civisme ; nous qui, dans ces derniers momens, avons vu ceux même qui nous avaient rendu trop peu de justice, reconnaître leur erreur, en se réunissant à nous ; nous, enfin, dont toute la France connaît le zèle pour le maintien des principes que vous avez consacrés !

» Législateurs, ne vous alarmez pas, si dans les circonstances les plus critiques de la révolution, après tant de causes de défiance qui avaient agité les esprits, les citoyens ont fait éclater quelques signes d'inquiétude et de douleur. Il y a loin de ce premier mouvement d'un peuple sensible et généreux, à la funeste agitation de vos ennemis et des siens, et au renversement de l'ordre public ; vous auriez lieu de vous effrayer davantage, si vous n'aperceviez dans les Français que cette funeste léthargie, qui est le sceau dont le ciel a marqué les peuples destinés à l'esclavage ; elle vous offrirait le présage certain de la ruine de votre propre ouvrage et de notre commune servitude. Représentans, n'ouvrez point vos cœurs à des soupçons odieux répandus par les ennemis de la patrie. Le respect, la raison, l'intérêt du peuple français vous entourent d'une garde puissante et plus digne de vous que tout l'appareil de la force militaire. Oui, vous retrouverez dans tous les temps le peuple français fier, raisonnable, magnanime, modéré, tel que vous le vîtes au mois de juillet 1789, lorsqu'après avoir secondé vos généreux efforts contre le despotisme, et sauvé à la fois la patrie et vous, il resta dans le calme, précisément parce qu'il était libre et respecté ; tel que vous le vîtes au champ de la fédération, donnant le spectacle de l'union la plus touchante et la plus sublime ; tel enfin que vous le vîtes après la fuite du roi, et au moment où Louis XVI traversait la multitude immense de ces mêmes citoyens qu'il avait dénoncés à la France entière.

»Ah ! loin de vouloir troubler la paix publique, le véritable objet de nos soins et de nos inquiétudes est de prévenir les troubles dont nous sommes menacés, que la fuite du roi nous présageait, et sur lesquels les circonstances qui nous environnent n'ont point encore rassuré les amis de la patrie. Représentans, c'est à vous de les lui épargner ; votre sagesse, votre fermeté, votre vigilance, votre justice impartiale et incorruptible peuvent encore donner la paix à la France, à l'univers, avec la liberté, le premier de tous les biens. C'est à vous de réprimer l'activité des factions ; c'est à vous de pourvoir à la défense de l'État par *des moyens qui ne compromettent point les vrais principes de la constitution* ; *c'est à vous de protéger les amis de la liberté contre les vexations qu'ils peuvent éprouver, contre les attentats arbitraires à la liberté individuelle, qui troublent en effet la tranquillité publique]* en provoquant l'indignation, les alarmes et la résistance." Pour nous, nous concourrons de tout notre pouvoir à seconder votre autorité protectrice ; nous bornerons nos efforts à l'usage des moyens constitutionnels qui nous sont assurés, pour fixer votre attention, pour éclairer nos concitoyens sur les objets qui intéressent le salut de l'État. Nous nous reposons, avec la confiance qui appartient à des hommes libres, de la destinée de la France et des nations, sur la marche imposante et rapide de l'opinion publique, que nulle puissance humaine ne saurait désormais arrêter ; sur l'empire irrésistible et sacré de la volonté générale ; sur ces principes éternels de la raison, de l'humanité, de l'égalité, de la souveraineté nationale, qui dormaient dans le cœur des hommes, et que la déclaration promulguée par vous a réveillé pour toujours ; sur ce besoin impérieux, sur cette sainte passion de la liberté, qui ne périra qu'avec le peuple français. Nous nous reposons aussi sur votre gloire et sur le souvenir des grandes actions qui ont signalé votre carrière ; vous la finirez comme vous l'avez commencée. Si vous touchez à vos propres décrets, comme le présage le projet de révision que vous avez annoncé, loin d'ajouter aux prérogatives du dépositaire du pouvoir exécutif, loin de conserver des distinctions injurieuses à l'humanité, *s'il était quelques dispositions* contraires à vos

propres principes, et qui eussent été surprisés à votre sagesse
par les circonstances, ce sont celles-là que vous effacerez de
votre code. Vous remettrez entre les mains de vos successeurs,
que vous êtes résolus à appeler bientôt, une constitution pure,
conforme aux droits imprescriptibles de l'homme que vous avez
solennellement reconnus ; et vous rentrerez dans le sein de vos
concitoyens, dignes de vous-mêmes, et dignes du peuple français. Pour nous, nous terminerons cette adresse par une profession de foi, dont la vérité, prouvée par notre conduite constante,
et justifiée par l'opinion de la France entière, nous donne le droit
de compter sur votre estime, sur votre confiance, sur votre appui, et de défier tous ceux dont le système est de peindre la
raison, la liberté et la vertu, des couleurs du vice, de la licence
et de l'anarchie : « Respect pour l'assemblée des représentants de
la nation, fidélité à la constitution, dévouement sans bornes à la
patrie et à la liberté, » voilà la devise sacrée qui doit rallier à
nous tous les bons citoyens, et qui nous autorise à croire que
nous ne pourrons désormais compter nos ennemis que parmi les
ennemis de la patrie.

« La société a arrêté que la présente adresse sera imprimée en
très-grand nombre, et le plus promptement possible, envoyée
à l'assemblée nationale, à tous ses membres individuellement, à
toutes les sociétés affiliées, aux quarante-huit sections et aux
bataillons de la capitale. »

« Signé, L.-P. Dufourny, président ; F.-E. Guiraut,
Regnier neveu, secrétaires. »

« Ce 18 juillet 1791. »

On reprit la motion de Feydel. Pétion, Moreton et Chépy fils
la combattirent ; elle n'eut pas de résultat (1).

À la séance du 20, l'abbé Royer proposa qu'il fût nommé, de

___

(1) Laclos fit insérer dans le *Journal de Paris* du 21 juillet une longue déclaration dans laquelle il exposait sa conduite depuis le 15, il terminait en
disant que sa motion du 18 ayant été rejetée, il se retirait « de cette société,
dont il ne cesserait cependant de respecter les intentions patriotiques. »

(*Note des auteurs.*)

part et d'autre, des commissaires, comme le seul moyen de faire disparaître le schisme. Mendouze adopta cet avis et le formula ainsi : « Que les membres composant la société séante aux Feuillans soient rappelés aux Jacobins, et qu'il soit nommé trente commissaires, dont quatorze appartenant à l'assemblée nationale, pour procéder à la réforme du régime intérieur du club. » Cette motion fut adoptée. Mendouze et Kersaint, envoyés immédiatement aux Feuillans, y furent accueillis dans un profond silence. Goupil présidait; il dit aux commissaires jacobins que leur communication serait discutée dans la prochaine séance, et qu'on ferait parvenir la réponse.

A la séance du 22, on émit le vœu d'adresser une seconde députation. Santerre et plusieurs autres membres représentèrent cette mesure comme indigne de la société.

A la séance du 24, on reçut un message des Feuillans. Robespierre fit déclarer, préalablement à toute lecture, que la société séante aux Jacobins avait été et serait toujours celle des Amis de la constitution. Cette motion fut adoptée à l'unanimité. On lut ensuite la lettre de Goupil-Préfeln, président des Feuillans; elle portait en substance, que les propositions des Jacobins n'étaient pas admises, et que la réunion dépendait de l'acquiescement pur et simple à certains articles arrêtés la veille par les scissionnaires. Parmi ces articles, on trouve celui-ci : que *les seuls citoyens actifs seront reçus par les Feuillans*. On discuta long-temps sans conclure.

Le 25, Pétion, élu président au scrutin, demanda qu'avant tout, pour constater l'existence de la société et en reconnaître les membres, des registres fussent ouverts, où viendraient s'inscrire ceux qui avaient l'intention ferme de tenir à la société séante aux Jacobins; qu'ensuite les membres inscrits subissent l'épreuve qu'indiquerait la société. Ces propositions adoptées, le mode épuratoire fut mis à la discussion, et l'on arrêta : « 1° de nommer au scrutin six membres de la société (1), lesquels, con-

_____

(1) Les six commissaires nommés le 27, furent MM. Mendouze, Chépy fils

jointement avec les six députés de l'assemblée nationale qui restaient, composeraient provisoirement le comité de présentation; 2° que ce comité choisirait dans la liste du trimestre courant soixante membres pour former le noyau de la société; 3° que le comité continuerait son choix sur la liste du trimestre; 4° que les membres rejetés par le scrutin épuratoire pourraient faire des réclamations, sur la légitimité desquelles la société délibérerait; 5° que les membres adoptés qui n'accepteraient pas seraient rayés du tableau, et ne pourraient dans aucun cas être représentés; 6° qu'il serait fait deux tableaux : le premier, de tous les membres qui composaient la nouvelle société; le second, de tous ceux qui seraient rejetés, auxquels on ajouterait les signataires de la protestation des dissidens, lesquels ne pourraient jamais devenir membres de la société. »

Cette opération préliminaire dura jusqu'au 3 août, jour où le noyau procédant de l'épuration tint sa première séance, présidée par Pétion.

Nous avons suivi dans l'analyse que l'on vient de lire le journal des débats du club des Jacobins, et le *Journal des Clubs*, de J. J. Leroux et Revol. Il nous reste à faire connaître le résultat du schisme à l'égard des sociétés affiliées des départemens. Le journal de la correspondance des Amis de la constitution, continué par les Feuillans depuis le n° XXXV jusqu'au n° XLI, va nous fournir la statistique que nous allons dresser. Laclos, directeur de ce journal, avait cessé toute coopération après le n° XXXIV. Une note du n° XXXV, p. 390, nous apprend que l'ancien comité de correspondance était composé de trente membres; que vingt-sept avaient quitté les Jacobins, et que sur ce nombre vingt-cinq étaient venus aux Feuillans. Nous lisons dans le n° XXXVII, p. 491, que le journal confié à la rédaction des seuls coopérateurs de Laclos, comptait au nombre de ses principaux écrivains M. Lépidor fils; une note

du n° XXXVIII, p. 520, annonce que G. B. Feydel a été dès
l'origine, et qu'il est toujours le seul rédacteur de la correspondance. Enfin, le n° XLI, p. 70, porte : *Fin de la rédaction de
G. B. Feydel*, avec cette apologie : « Le désir d'être utile à ma
patrie, en montrant aux sociétés affiliées la scission sous son
véritable point de vue, m'a déterminé à continuer pendant ces
dernières semaines une rédaction fatigante, qui devait m'exposer
à des désagrémens, à des reproches de la part de ceux qui con-
fondent l'esprit de coterie avec l'esprit public. Maintenant que
les faits et les opinions sont connus, ma tâche est remplie ;
puissé-je avoir contribué, à prémunir les nouveaux députés
contre le système de bouleversement qu'on se prépare à présenter à la législature ! Puissent tous les vrais patriotes de l'empire sacrifier en ce moment des idées brillantes d'amélioration à
la nécessité pressante de maintenir telle qu'elle est une constitution sous laquelle la liberté n'aura été pour nous qu'un vain
songe (1). »

Les sociétés des provinces se partagèrent en trois avis : la
réunion, l'adhésion aux Feuillans, l'union continuée avec les
Jacobins seuls. Nous donnerons, jusqu'à la date du 31 juillet, le
nom des sociétés qui choisirent l'un de ces trois avis, en rap-
portant les notes par lesquelles le rédacteur Feydel explique la
scission aux correspondans, dont il analyse les lettres. Nous
commencerons par transcrire l'adresse des Jacobins et celle des
Feuillans aux sociétés affiliées. Nous tirons ces deux adresses du
Journal des Clubs, de Leroux et Revol, n° XXXVI, p. 523 et
suivantes.

_____

(1) M. Deschiens avertit dans sa bibliographie que les derniers numéros de
XXXV à XLI sont les plus rares et les plus utiles pour l'histoire. Cela est vrai
sans doute ; mais il dit que le n° XXXV, du 20 juillet, ce qui pourrait occa-
sionner à des collecteurs de pièces révolutionnaires d'inutiles recherches.
Sa date est doublement inexacte. D'abord le n° XXXV est daté du 26 juillet ;
ensuite un avis en tête du n° XXXVI annonce que c'est par erreur que le
n° XXXV est daté du 26 juillet ; qu'il est du 9 août. — Le n° XXXIV étant
du 19 juillet, et le journal paraissant tous les mardis, il en résulte que deux
mardis consécutifs, le 26 juillet et le 2 août, se passèrent avant que les Feuillans fussent prêts à l'éditer pour leurs comptes.   (*Note des auteurs.*)

Adresse de la société des Amis de la constitution (Jacobins) *aux sociétés affiliées.* « Au moment où nous croyions avoir vaincu tous les ennemis de la constitution, voir l'assemblée nationale toucher au terme de ses grands travaux, un triste événement vient suspendre nos joies et nos espérances : un schisme se manifeste au sein même de cette société qui se glorifiait de posséder dans son sein les plus intrépides défenseurs de la révolution, et de rallier autour d'elle le vœu de toutes les sociétés patriotiques de la France. En vous exposant les causes, pardonnez-nous de jeter un voile sur la plupart; il est triste pour des amis de la patrie d'accuser ceux qu'ils ont chéris comme leurs frères. — Vous avez vu les combats soutenus sur la grande question de l'évasion du roi, et son inviolabilité absolue. L'opinion de la société vous est connue; elle se glorifie de la partager avec presque toutes les sociétés du royaume. Constante dans la marche loyale et franche qu'elle a toujours suivie dans ses discussions, elle avait ouvert une arène libre à toutes les opinions; le parti pour lequel penchait la société n'était pas celui qui triomphait dans les comités; la plupart de leurs membres se sont abstenus d'y paraître. Le décret a été rendu contre les principes défendus par la société. Soumise aux décrets, elle a respecté la décision de l'assemblée nationale; mais ce succès ne satisfait pas les hommes qui, désespérés d'avoir perdu dans la société un ascendant qui n'est dû qu'à la raison, ont cherché à se venger, en essayant de briser l'autel même sur lequel ils avaient tant de fois soutenu la cause de la patrie. Se fondant sur une protestation contre le décret, protestation qui n'a jamais existé, ils ont effrayé, égaré les esprits des membres de l'assemblée nationale qui étaient restés attachés à cette société, et, dans une séance particulière tenue aux Feuillans, la scission a été résolue. Elle nous a affligés sans nous décourager. Ce schisme est le fruit de la surprise et de l'erreur, et l'erreur n'a qu'un temps. L'assemblée nationale renferme dans son sein une masse respectable de patriotes vertueux, qui veulent sincèrement la constitution. Or, il est impossible qu'éclairés sur les manœuvres par lesquelles ils ont été séduits, entraînés par l'exemple de leurs collègues, qui nous restent invariablement unis, ces amis de la constitution se séparent long-temps d'une société qui se glorifie d'avoir été son berceau, d'avoir été constamment son boulevard, qui persévère et persévérera toujours dans les mêmes principes. Non, nos frères ne croiront pas qu'une société qui a donné des preuves aussi frappantes de son patriotisme, les efface en un moment, et déchire son propre ouvrage. Nous vous conjurons donc, au nom de la patrie, de ne point précipiter votre décision sur ce schisme, d'attendre les lumières que l'avenir vous fournira, de comparer notre conduite, nos principes avec ceux de nos adversaires; nous vous conjurons de continuer une correspondance si nécessaire dans un temps où nos divisions peuvent relever les espérances des ennemis de la chose publique. Son salut tient à la réunion de tous, à la constitution. Que ce mot nous serve de ralliement; il ne peut nous égarer. Nous avons juré de mourir fidèles à cette constitution; vous avez prêté le même serment. Des frères qui n'ont que le même objet ne peuvent long-temps rester désunis. »

Adresse de la société des Amis de la constitution, séante aux Feuillans, aux sociétés qui lui sont affiliées.

« Frères et amis, une circonstance importante, dont nous avons jugé nécessaire de vous informer sur-le-champ, nous a obligés de prendre hier (16 juillet) l'arrêté dont vous trouverez ci-joint copie. Son objet principal est de ramener la société des Amis de la constitution de Paris à sa formation originaire et primitive; de lui assurer les avantages que les députés ses fondateurs avaient eu en vue en la formant; de conserver à cette institution la destination utile de préparer les travaux de l'assemblée nationale; de s'y borner à discuter les questions, sans rien arrêter par les suffrages; de propager les lumières, de servir de centre commun aux opinions constitutionnelles; enfin de donner dans la capitale l'exemple, si glorieusement imité depuis dans toutes les *parties de l'empire*, de la plus entière liberté d'opinion lors de la discussion des projets de loi, mais du plus profond, du plus inaltérable respect pour les lois faites.

» Ces principes ont été religieusement observés aux Jacobins, jusqu'au moment où, étant devenue extrêmement nombreuse par l'admission de personnes étrangères, même à l'empire, cédant à des influences exagérées, elle a combattu ouvertement les principes constitutionnels, s'est portée à des actes en opposition directe avec des décrets rendus, et s'est, par là, entièrement écartée de l'esprit de son institution.

» Dans ces circonstances pénibles, sans doute, les députés de l'assemblée nationale fondateurs de cette société, n'écoutant que leur devoir, et fidèles au titre d'amis de la constitution, n'ont cru avoir d'autre parti à prendre que de se réunir aux Feuillans, auprès de l'assemblée nationale, et de s'y rassembler sous la présidence du même député qui avait obtenu les suffrages dans la société des Amis de la constitution, séante aux Jacobins.

» Ils ont conservé pour secrétaires et pour membres du comité de correspondance, ceux de leurs collègues qui l'étaient aussi dans la société des Jacobins, et les ont chargés de continuer avec les sociétés des Amis de la constitution affiliées, les relations fraternelles et intimes qui ont existé jusqu'à ce moment, et dont l'interruption, ne fût-elle que momentanée, serait, dans les circonstances actuelles, tout à la fois contraire au vœu des vrais amis de la constitution, et nuisible à la chose publique.

» Nous espérons, frères et amis, que cette communication franche de nos démarches, de nos sentimens, que cette déclaration authentique de notre dévoûment inaltérable pour une constitution que vous avez si utilement servie, établira entre nous des relations plus intimes que jamais, que nous nous ferons un devoir d'entretenir, et qui nous assurera de nos droits à votre estime.

» Signé, BOUCHE, présid.; SALLE, F.-P.-N. ANTOINE, secrétaires.

» P. S. Vous voudrez bien nous adresser vos lettres à la société des Amis de la constitution, séante aux Feuillans, rue Saint-Honoré. »

L'arrêté dont il est parlé dans cette lettre portait qu'il serait
fait un scrutin préparatoire pour écarter de la société les étrangers connus pour ne pas professer sa doctrine. Les courriers
extraordinaires dépêchés par Delessart pour l'envoi dans les
provinces des décrets des 15 et 16 juillet, distribuèrent aussi
l'adresse des Feuillans. Plusieurs sociétés des départemens en
instruisirent les Jacobins, notamment celle de Tulle. Elle dit
qu'étonnée de cette alliance et soupçonnant au ministre le projet
de surprendre les affiliations, non-seulement elle restera unie
aux Jacobins, mais qu'elle vient d'écrire à plusieurs sociétés du
voisinage, afin de les avertir de ce piége. (*Journal des débats des
Jacobins*, n° XXXIII.) Nous trouvons dans le n° 34 du même
journal une raison qui nous explique pourquoi les Feuillans
reçurent pendant le mois de juillet plus de lettres que les
Jacobins. Au commencement de la séance (29 juillet), le secrétaire s'était plaint que l'on interceptait la correspondance : il
n'avait reçu la veille que cinq à six lettres. M. Hyon émit des
doutes semblables, et les justifia ainsi : « La plupart de vos
paquets partent sous le couvert de l'assemblée nationale ; comme
vous n'avez pas beaucoup d'amis de ce côté, il en résulte que
vraisemblablement il n'y a pas une grande exactitude : d'ailleurs
les sociétés affiliées ont arrêté de ne pas recevoir de lettres non
affranchies. Souvent des sociétés nous écrivent sous le couvert
de l'assemblée nationale ; et ces lettres ne parviennent pas exactement, surtout depuis qu'un membre des Feuillans a prescrit
à la poste de remettre aux Feuillans les lettres adressées aux
Feuillans, et aux Jacobins celles adressées aux Jacobins ; mais
de remettre aux Feuillans, comme à la société-mère, toutes celles
adressées simplement aux amis de la constitution, sans désigna-
tion de local. »

Ces explications données, nous passons aux sociétés de province. Nous prendrons dans le *Journal des débats* le nom de celles
qui n'ont écrit qu'aux Jacobins.

Séance aux Feuillans; correspondance jusqu'au 31 juillet.

Pour la prompte cessation du schisme et la réaction :

Artonne : « Au nom de la patrie, nous vous invitons à retourner avec vos frères. » *Versailles* : « Nous avons appris avec autant de tristesse que d'inquiétude le schisme funeste qui vous a divisés. Les causes de ce grand malheur nous sont presque inconnues. Le remède à un si grand mal ne peut être que dans la réunion prochaine. » — Note de *Feydel*. « La société de Versailles reproche elle-même, il y a plusieurs mois, à la société de Paris, la légèreté avec laquelle celle-ci admettait les personnes qui lui étaient présentées. Elle lui proposa même un moyen de se garantir de toute surprise à cet égard. Ce moyen fut adopté d'abord par une délibération, et rejeté par la pratique. Voilà la véritable cause du malheur dont se plaint la société de Versailles. » *Melun ; le Havre* : « Est résolu d'épuiser, avant toute détermination, les moyens de conciliation, en proposant un scrutin épuratoire. » Note de *Feydel*. « Cette manière de régénérer la société a été proposée pendant huit à dix mois à la tribune des Jacobins par plusieurs membres, mais toujours en vain. Non-seulement on s'opposait à un scrutin épuratoire, mais encore on admettait très-légèrement jusqu'à cinquante et quatre-vingts présentés à la fois, sous prétexte que la société avait besoin d'argent. Il a donc paru indispensable aux fondateurs de prendre enfin une mesure vigoureuse pour parvenir à une régénération. Ils se sont transportés aux Feuillans, et admettent parmi eux les Jacobins de la vieille roche qui se présentent. La partie qui est restée dans l'ancien local s'occupe maintenant d'un scrutin épuratoire. Les uns disent qu'elle conserve l'ivraie; les autres, qu'elle conserve le bon grain. C'est au temps à décider cette question. Au reste, ce sont moins les fourbes que les ignorans qui ont réduit les Jacobins au déplorable état où ils étaient depuis quelques mois. » *Poitiers ; Aire ; Villeneuve-le-Roi; Rennes; Bernay; Beaune; Noyon; Beaugency; Riom; Semur; Louviers; Alençon; Verneuil; Dijon; Valence; Lorient ; Saint-Sever ; Vatan ; Montauban ; Huningue; Givry ; Chartres; Orléans; Maubeuge; Autun; Saint-Malo ; Troyes; Courtenay; Bordeaux; Angers; Bléré; Grenoble; Saint-Étienne; Beauvais; Sèvres; Faouet; Château-Renard; Argentan; Bergerac; Ville-Franche (Rhône-et-Loire); Tournus; Saint-Denis; Bayeux; Nantes;*

Beffort ; *Chinon* ; *Port-Louis* ; *Besançon* ; *Mer* ; *Pont-de-Vaux* ; *Meyssac* ; *Mugron* ; *Montpellier* ; *Romans* ; *Saint-Servan* ; *Charolles* ; *Ornans* ; *Guingamp* ; *Turenne* ; *Annonay* ; *Saint-Brieux* ; *Saint-Gengoux-le-National* ; *Condrieux* : C'est avec autant d'étonnement que de douleur que nous avons appris la séparation, pour ne pas dire la division qui a eu lieu dans la société des Amis de la constitution. Instruits de ce malheur pour la chose publique, ne soyez pas surpris que nous mêlions nos vœux à ceux de tous les bons patriotes, pour vous revoir au milieu de nos frères des Jacobins. C'est dans un moment où nous sommes persécutés au dedans, et près de l'être au dehors, qu'il faut lier plus fortement que jamais le faisceau déjà trop relâché des patriotes et du patriotisme. Puissions-nous apprendre bientôt que vous ne faites comme auparavant, qu'une même société, et que vous vous occupez tous à prouver votre civisme, en décidant l'assemblée à faire nommer tout de suite les nouveaux représentans, *et a donner à la nouvelle législature les droits d'une convention*, afin qu'elle puisse examiner et changer tous les décrets qui sont blâmés par l'opinion publique. »

Note de Feydel. « Puisque l'occasion s'en présente déjà, puisque la société de Condrieux met elle-même le doigt sur le mal qui nous menace, en le désignant comme un bien ; puisque cette société a la bonne foi de demander dès à présent que la législature prochaine soit constituante, nous allons indiquer hautement à la société de Condrieux la cause première des divisions qui agitent la société de Paris.

» A peine l'assemblée nationale eut-elle posé quelques-uns des fondemens de notre constitution, que les aristocrates, les courtisans, les ministres, les ministériels, les évêques, firent des efforts inconcevables pour répandre dans le public que cette assemblée ne décrétait rien que l'assemblée qui la remplacerait ne pût annuler ; que toutes les assemblées nationales auraient des droits égaux ; que celle-ci ne devait ni ne pouvait gêner les opinions de l'assemblée qui viendrait après elle ; et ainsi de suite.

» Alors se forma *le club* dit mal à propos de *quatre-vingt-neuf,* club bien ministériel, bien doctoral, bien aligné, dont tous les travaux furent dirigés vers la propagation de cette dangereuse doctrine.

» Alors aussi le club des Jacobins changea son nom de *Société de la révolution* pour celui de *Société des Amis de la constitution,* voulant donner à connaître par là que la liberté française, fruit de la révolution, ne pourrait se conserver que par le maintien ponctuel de la constitution.

» L'industrie du club de quatre-vingt-neuf n'eut pas tout le succès que s'en était promis la Cour. Mais elle ne se découragea pas; car elle ne se lasse jamais de mal faire. Elle résolut seulement de changer de batterie. Elle avait perdu ses peines à attaquer au dehors le club des Jacobins; elle espéra un succès plus heureux si elle parvenait à l'attaquer au dedans. Bientôt toutes les ruses, qui lui sont si familières, furent mises en usage pour y introduire quelques-uns de ses agens secrets. Ceux-ci introduisirent une multitude d'hommes aimant la liberté, mais dénués de lumières et des qualités nécessaires pour en acquérir; de ces hommes ardens qui n'ont pas la vue assez bonne pour distinguer le but vers lequel ils courent, et qui ignorent toujours qu'il faut plus de force pour l'atteindre que pour le dépasser.

» Un petit nombre de membres s'aperçurent de cet artifice : ils en donnèrent avis à la société. Celui qui écrit ceci eut même le bonheur, après plusieurs tentatives infructueuses, d'obtenir que toute présentation et admission serait suspendue, jusqu'à ce qu'on eût trouvé un moyen efficace de se garantir des artifices de la cour.

» On nomma des commissaires pour chercher ce moyen : ils ne le cherchèrent pas ; et la suspension fut levée au bout de six semaines, malgré les réclamations de l'homme qui l'avait provoquée.

» Les admissions recommencèrent de plus belle : on reçut par centaines les ignorans et les intrigans. Il devint aussi aisé d'être membre du club des Jacobins que d'être membre du *Cercle social* (1).

» Nous avons dit ailleurs que la constitution a deux sortes d'ennemis ; ceux qui désirent le retour de l'ancien régime, et ceux qui désirent promptement un régime parfait. Ces derniers, dans leur malheureuse illusion, fondent leur espérance sur la législature prochaine, qu'ils voudraient décider à se rendre constituante. Les autres la fondent sur le déchirement total que causera en France cette opinion, si elle obtient quelque crédit au sein de la législature ; et ils ne doutent pas que la partie des Jacobins restée dans l'ancien local ne fassent tout ce qui dépendra d'elle pour lui obtenir ce crédit.

» Tel est l'état des choses. Nous laissons de côté toutes les combinaisons personnelles dont on s'accuse réciproquement aux Feuillans et aux Jacobins. Dans un temps de révolution, les intrigans, ou si l'on veut, les factieux, se fourrent partout ; mais il n'y a que le défaut de lumières qui puisse les rendre dangereux.

» Et nous entendons ici par ce mot *lumières*, non-seulement cette intelligence acquise, qui sert à discerner les choses, mais encore cette pénétration naturelle qui sert à distinguer les hommes.

» Et ce qui nous oblige de nous arrêter ici, c'est précisément la persuasion où nous sommes que toutes personnes n'ont pas également des lumières, dans le sens dit.

» Mais nous prions la société de Condrieux et toutes celles qui partagent son opinion de se demander bien sérieusement, bien attentivement, pourquoi cette opinion, avant d'arriver jusqu'à elle, a passé d'abord par *l'œil de bœuf* et par *quatre-vingt-neuf.* »

— *Cadillac* ; *Beausset* ; *Castelnaudary* ; *Tonneins* ; *Mâcon* : « Les dernières nouvelles nous apprennent les démarches faites par nos frères pour se réunir à vous : Dieu veuille qu'elles soient suivies de la réussite. » — Note de *Feydel :* « La société de Mâcon croit apparemment que les Jacobins sont épurés ; et peut être les Ja-

(1) Il suffisait d'envoyer 0 francs au trésorier pour être membre du *Cercle social.* (*Note de Feydel.*)

cobins le croient-ils aussi. Pour moi, je déclare librement qu'ils sont loin de l'être. » *Guérande* : « Faites donc cesser une discorde qui afflige tous vos amis : nous vous en conjurons au nom de la patrie. » Note de *Feydel* : « Distinguons. La société de Paris ne ressemble à aucune autre; elle est composée en partie de membres de l'assemblée nationale; elle a une grande influence sur les travaux de cette auguste assemblée. Or, il est important que cette influence ne puisse pas être dangereuse pour la constitution, surtout au moment où la première législature va se former; et c'est ce qui ne manquerait pas d'arriver si la réunion se faisait. » *L'Île-en-Jourdain; Reims; Barchiseiler; Alais* : « Une fois le schisme formé (la société d'Alais commet ici une erreur, en ce qu'elle croit que le schisme sera l'effet de la scission; il en est au contraire la cause. Mais nous convenons que cette cause n'est pas évidente pour tout le monde. *Note de Feydel.*), qui peut assigner le terme où elle doit s'arrêter? (Tous les hommes éclairés et courageux qui ont fait une révolution pour avoir une constitution. *Note du même.*) Vous verrez tout cela, Messieurs, et vous ne le verrez pas sans frémir des dangers dont la patrie est menacée; et vous chercherez, nous en sommes sûrs, à les prévenir par une réunion solide avec une société qui, une fois épurée, sera digne de consommer avec vous le grand œuvre de la régénération nationale. » (Elle n'a pu ni ne pourra être épurée par elle-même. Elle n'avait qu'un seul moyen de parvenir à une épuration; c'était d'en confier exclusivement le soin aux députés qui faisaient partie de ses membres : elle s'y est constamment refusée. *Note du même.*) *Soissons; Brignolles; Aubagne.*

Adhésion aux Feuillans. — *Châlons-sur-Marne; Tours; Lyon; Nevers; Auxerre; Brie-Comte-Robert; Valognes; Bar-sur-Seine; Cherbourg; Saint-Omer; Péronne; Dôle; les Riceys; Saint-Dié; Agen* : « Comme vous, nous repousserons avec indignation les insinuations perfides (non pas *perfides*, mais irréfléchies) des traîtres (non pas *traîtres*, mais aveugles. — *Note de Feydel.*) que vous avez su quitter. » *Cholet; Marmande; Vienne; Vimoutier; Colmar; Verneuil; Villeneuve-d'Agen* : « En nous affiliant aux sociétés du royaume, nous n'avons pas entendu adopter leurs erreurs, et les suivre dans leurs écarts. »—*Note de Feydel* : « Les sociétés ne commettent point d'erreurs, ne font point d'écarts, mais bien les individus. Or, si ces individus parviennent à former la majorité réelle ou apparente, la majorité numérique ou géométrique, la société ne vaut plus rien, et il faut la régénérer. La société des Amis de la constitution était composée de deux mille quatre cents membres. Dix-huit à dix-neuf cents se sont retirés des Jacobins, dont un tiers est aux Feuillans, et le nombre des réceptions augmente chaque jour. Les autres six cents sont restés aux Jacobins et s'épurent. » *Morin*; *Alby*; *Fontenay-le-Comte*; *Souillac*; *Nîmes*; *Bagnols*; *Auch*; *Saint-Lô*; *Guéret*; *Muret*; *Toulouse*; elle fait suivre sa lettre d'adhésion d'une longue adresse à la société de Montpellier contre le républicanisme. *Morlaix*; *Ecuilly-lès-Lyon*; *Langon*; *Tarascon*; *Calais*; *Clairac*; *Castel-Sarrasin*; *Rouen*; *Mirande*; *Limoux*; *Tartas*; *Montfaucon*.

Union pure et simple avec les Jacobins. — *Châlons-sur-Saône* : « Vous accusez nos frères : sont-ils coupables? Nous resterons affiliés avec la société des Jacobins jusqu'à ce qu'il nous soit prouvé qu'elle a abjuré les principes de la constitution. » *Effiat*. —Vive apologie des jacobins; protestation de leur rester attachés. — Ce sont-là les deux seuls sociétés mentionnées par le *Journal de la correspondance*, comme ayant repoussé les Feuillans. Voici celles qui se trouvent dans le *Journal des débats*. *Brest*; la société populaire de *Lyon*; *Tulle*; *Riom* (la société s'était divisée en Feuillans et en Jacobins). Le 29, *Versailles* annonça qu'elle ne correspondrait qu'avec les Jacobins; *Pontoise*; *Châteaudun*; *Strasbourg*, dénoncent une lettre de Victor de Broglie; *Artonne* prend parti pour les Jacobins; *Nogent-le-Rotrou* demande et obtient l'affiliation. A Paris, *les Monophyles, la Société des indigens, le club des Cordeliers, la Société fraternelle des Minimes, présidée par Tallien, la Société de l'Égalité* protestent de leur attachement. *Amiens*; *Argental*; *Moissac*.

Telles furent les villes qui exprimèrent leur vœu dans le courant de juillet. Nous devons prévenir le lecteur que la plupart

de celles qui demandent la réunion, ne tardent pas à revenir aux
Jacobins. Le mois d'août décidera largement à l'avantage de ces
derniers, les résultats du schisme; chaque jour, ils détacheront
des Feuillans, quelqu'une des sociétés elles-mêmes, dont le premier mouvement leur avait été le plus favorable.

Suites de la journée du 17.

Nous lisons dans le *Patriote français* du 22 : « Si l'on en croit
le rapport d'une personne respectable, il y a plus de deux cents
personnes arrêtées et mises au secret à l'Abbaye. Elle a lu une
liste de cinq pages in-folio. On a vu passer, ce matin 21, sur
le boulevard, trois voitures remplies de prisonniers. On dit
que ce sont des écrivains factieux. »

Le *Moniteur* du même jour renferme les nouvelles suivantes :

[On a arrêté hier M. Verrières, membre du club des Cordeliers, défenseur de M. Santerre dans sa cause contre M. la
Fayette. On dit que M. Verrières est l'auteur du journal intitulé :
l'Ami du peuple, par Marat. On a saisi ses presses et ses papiers.
Mademoiselle Colombe, directrice de l'imprimerie, a été aussi
conduite en prison.

On est allé pour saisir M. Fréron, auteur de l'*Orateur du
peuple* ; mais on ne l'a pas trouvé chez lui.

M. Sulleau, auteur de plusieurs productions aristocratiques,
est aussi arrêté.

MM. Legendre, Danton et Camille Desmoulins ont quitté
Paris. On assure qu'il y avait ordre de les constituer prisonniers.

Les deux hommes soupçonnés d'être les auteurs du meurtre
commis dimanche au champ de la fédération sont arrêtés. Celui
qui avait été relâché par les ordres de M. la Fayette, n'est pas
encore pris.

La société des Amis de la constitution se trouve en ce moment divisée. Un grand nombre de ses membres, députés à l'assemblée nationale, se sont retirés des Jacobins et se réunissent
aux Feuillans.

Le juif Ephraïm et la baronne d'Aelder, emprisonnés il y a trois jours, ont été mis en liberté.

Paris est tranquille. Le drapeau rouge est encore suspendu à la maison commune.

On a arrêté l'auteur d'un ouvrage intitulé : le *Père Duchêne* (1). Il ne faut pas confondre cette feuille avec celle portant le même titre, et qui se publie par lettres rédigées dans des sentimens de paix et de patriotisme qui font honneur au cœur de l'auteur, excellent citoyen, et jouissant de l'estime de tous les vrais patriotes.

MM. Damas, Dandrouin, Floriac, Remi, Vellecourt, Marassin, Talon, Lacour et d'Offelise, détenus à Verdun comme complices de l'évasion du roi, et sur lesquels l'assemblée nationale s'est réservé de statuer, en ordonnant qu'ils resteraient en état d'arrestation jusqu'après les informations, sont arrivés hier à Paris, et ont été conduits dans la maison de la Merci, rue du Chaume, où ils sont gardés par un nombreux détachement de la garde nationale.

M. Riston, avocat au ci-devant parlement de Nancy, convaincu d'avoir fait usage de faux arrêts du conseil, a été condamné, le 20 de ce mois, par le second tribunal criminel, établi par la loi du 6 mars, à faire amende honorable et à être conduit aux galères à perpétuité. Ses deux mémoires seront brûlés comme contenant des faits faux et calomnieux. M. Riston s'est, dit-on, pourvu en cassation contre ce jugement.

Un grand nombre d'ouvriers se sont rassemblés hier dans les cours du Palais-Cardinal, où sont les bureaux des ateliers publics. Cette réunion a donné quelques inquiétudes; mais elle n'a pas eu de suite : elle était relative à des demandes de certificats pour se présenter aux entrepreneurs afin d'obtenir de l'ouvrage.

Plusieurs patrouilles de la cavalerie de la garde nationale ont été insultées l'avant-dernière nuit. Dans la rue de la Tacherie, on les a assaillies de pierres. La nuit précédente, sur le quai de

(1) Hébert commençait à publier sa feuille du *Père Duchesne*; c'est lui qu'on avait arrêté. (*Note des auteurs.*)

la Mégisserie, un garde national avait été blessé d'un coup de pistolet.

En vertu d'un ordre des comités des recherches et des rapports, la garde nationale est allée pour se saisir de M. l'abbé Royou; mais on ne l'a pas trouvé chez lui. On a mis le scellé sur une partie de ses papiers, et on s'est emparé de l'autre.

L'*Ami du roi*, le *Journal de la cour et de la ville*, etc., et la *Gazette de Paris*, n'ont pas paru aujourd'hui.]

Un journal-affiche, intitulé : le *Chant du coq*, dénonçait chaque matin les *factieux*. Ce pamphlet couvrait les murs de la capitale. On y lisait surtout des détails infamants sur la vie privée des révolutionnaires. Ceci n'était qu'une préface du grand combat biographique qui allait se livrer lors des élections pour la législative. Elles déchaîneront bientôt une fureur de personnalité inouïe jusqu'à cette heure dans les fastes révolutionnaires. Brissot sera accusé d'être un escroc, un fripon, un banqueroutier frauduleux, etc. Nous recueillerons de l'attaque et de la défense ce qui nous paraîtra le plus clair et le mieux prouvé. Aujourd'hui le *Chant du coq* commence la querelle si rudement, que Brissot, ordinairement insensible à ces sortes d'attaques, publia la lettre suivante, insérée par tous les journaux.

Réponse au second Chant du coq.

De Paris, 25 juillet. J'ai méprisé jusqu'à présent toutes les calomnies que mes principes m'ont attirées, et qui ne prenaient leur source que dans mes opinions; je n'en ai traduit les auteurs qu'au tribunal du public, parce que lui seul est un juge compétent des opinions. Il n'en est pas de même des calomnies qui attaquent la vie privée d'un citoyen; les tribunaux peuvent seuls en être juges; à cette classe appartient la plus horrible diffamation affichée aujourd'hui contre moi, sous le nom de cinq individus qui se disent citoyens actifs. Je ne les connais point; ils taisent leur domicile; mais l'imprimeur n'a pas caché le sien, et c'est contre lui que demain je vais rendre plainte en diffamation.

J'en remercie le ciel; la lumière va donc enfin éclairer une accusation qui n'ayant été fabriquée, et jusqu'à présent colportée que par des scélérats qui, frappant dans les ténèbres, ou se dérobaient à la justice, ou ne méritaient que le mépris d'un écrivain irréprochable. Je puis donc saisir corps à corps un citoyen qui m'offre une garantie, et qui n'échappera pas à ma poursuite. En le poursuivant, je prends l'engagement solennel de démontrer au public que *tous les délits qu'on me reproche sont autant d'atroces calomnies*; je dévoilerai la persécution odieuse dont on m'environne depuis quelque temps; j'en dévoilerai la source, l'objet, les manœuvres.....

Patriotes! il se trame une conspiration affreuse contre tous ceux qui ont développé quelque énergie dans la défense du peuple, qui ont démasqué les traîtres et les ennemis de la constitution; on veut les rendre suspects à ce peuple même, leur ôter son estime; en un mot, leur perte est jurée : l'or coule à grands flots pour payer les infâmes libellistes qui sont chargés de les discréditer dans l'opinion publique..... Je n'abandonnerai point cependant la cause que j'ai défendue; et en la suivant avec la même ardeur, je veux confondre en même temps mes adversaires ou périr.....

Mon mémoire ne tardera pas à paraître; il convaincra mes lecteurs et le public que j'ai toujours mérité le titre de *patriote sans peur et sans reproche*.

Je prie les journalistes patriotes d'insérer cet avis dans leurs feuilles; les hommes de bien se doivent mutuellement cette justice et ce secours.

Signé, J. P. BRISSOT.

Une autre fameuse affiche intitulée : *Qui faut-il croire?* et signée *Paul, L. Rolland, Darmines, Méreau, Montbrun*, citoyens actifs, s'exprimait ainsi : « Des écrivains trop célèbres, Carra, Marat, Fréron, Brissot, Audouin et tant d'autres, leur disent que les lois sont détestables, l'assemblée corrompue, les magistrats perfides, la constitution violée, et la guerre civile imminente. »

Marat, obligé de chercher une nouvelle retraite, avait supendu quelques jours son journal. Il ne tarda pas à le faire reparaître. Le numéro qui suivit l'arrestation de Verrière proteste contre toute participation de ce dernier à la rédaction de l'*Ami du peuple*. « M. Verrière est auteur de l'*Ami de la loi*, dit Marat ; son style n'est pas le mien : il est excellent patriote, mais il n'est pas moi. Comme je suis éloigné de Paris, je prie mes compatriotes de ne pas se fâcher, de ne pas m'en vouloir, s'ils ne reçoivent pas mes numéros tous les jours. Tantôt un homme bien costumé les vendra, tantôt un paysan ; tantôt dans un endroit, tantôt dans l'autre ; mais l'intervalle que je suis forcé d'y mettre pour ne pas faire découvrir mon souterrain, ne m'empêchera jamais de veiller au salut de mes compatriotes. Accablé de la maladie qui me tourmente, mes rêves ne tendaient qu'à votre bonheur…. » (L'*Ami du peuple*, n° DXXIV.) Il dit dans le numéro suivant : « Votre ami est forcé de faire passer son journal par des laitières de Vincennes et de Saint-Mandé. Il va employer encore un autre moyen ; mais soyez certains qu'il ne négligera rien pour tromper la vigilance criminelle des trente-six mille et un mouchards soudoyés par la municipalité. »

Le journal de Fréron fut continué par Labenette, rédacteur du *Journal du diable*. Nous terminerons ce chapitre par un article de Prudhomme, qui nous a paru le meilleur résumé de la presse sur les événemens dont nous parlons. Nous avertirons seulement que le drapeau rouge resta exposé jusqu'au dimanche 7 août, jour où il fut remplacé, à huit heures du matin, par le drapeau blanc.

« La journée du 17 juillet a été affreuse : il s'y est passé des scènes individuelles dont le récit brise le cœur ; mais enfin, plusieurs citoyens n'y ont perdu que la vie. Si la nation datait de cette époque la perte de sa liberté !… si l'idée de ce massacre n'avait été conçue que pour glacer d'effroi les écrivains et les lecteurs patriotes, pour autoriser les violations d'asile, pour dresser des tables de proscrits, pour enivrer la garde nationale, en lui donnant une fausse mesure de sa force, pour faire rentrer le peuple dans sa nullité politique, pour imposer silence aux journalistes, pour dissiper les clubs, et ne pas souffrir un seul groupe dans tout Paris, redevenu ce qu'il était, la ville des aveugles et des muets!... Tout cela s'est fait et se fait encore, et les gardes nationaux applaudissent à leur métamorphose en janissaires; et le peuple lui-même, frappé de l'épidémie, rit d'un rire sardonien à la vue de tous ces coups d'autorité asiatique! Le malheureux! il insulte aux traitemens barbares qu'on fait subir à ses plus ardens défenseurs, et appelle brigands ceux-là même qui l'ont averti tant de fois de se mettre en garde contre les véritables brigands, contre les factieux lâchés au milieu de lui.

» Et il s'est trouvé des gens pour justifier les nombreux assassinats du 17 au soir, et les délations, *les lettres de cachet*, les prises de corps, les incarcérations, les saisies de papiers, les confiscations de presses et de caractères d'imprimerie, les radiations de scrutin, et le spectacle sinistre de ce drapeau couleur de sang, appendu si long-temps aux croisées de la maison commune, comme jadis on attachait aux voûtes du temple métropolitain les drapeaux recueillis au milieu des cadavres des ennemis vaincus.

» *Le salut du peuple!* disent ces gens, bien payés apparemment pour le dire.

» Il faut leur répondre : le salut du peuple est dans une bonne constitution, et entre les mains de mandataires fidèles aux intérêts de leurs commettans; le salut du peuple est dans nos canons pointés sur le premier de nos voisins qui touchera d'un pied sacrilége notre sol sanctifié par la liberté; le salut du peuple est dans la prudence, les lumières et l'humanité des magistrats; le salut du peuple, surtout en ce temps de calamité publique, est dans les corps électoraux procédant au remplacement de nos députés, dont les uns succombent sous la charge, et les autres, transformés en pourceaux, se prostituent à la cour d'une Circé nouvelle. Le salut du peuple ne consiste pas à faire, à toute heure du jour et de la nuit, des descentes scandaleuses chez les particuliers, et à charger d'ordres arbitraires les gardes nationaux devenus des coupe-jarrets. Si jamais les feuilles *incendiaires* de l'Ami du peuple ont pu allumer quelques cerveaux,

depuis long-temps elles avaient cessé d'être à craindre. Les façons de parler, les figures de rhétorique de l'orateur du peuple,
n'ont point fait verser depuis deux années une seule goutte du
sang qu'on a répandu dans la seule soirée du 17. Il convenait
mal à des citoyens armés et souillés de meurtres, de venir mettre
à la raison des écrivains accusés d'avoir conseillé le meurtre. Si
dans leur indignation patriotique leur plume a distillé le fiel de
la médisance et les poisons de la haine, il fallait les combattre
avec les mêmes armes; les baïonnettes n'ont que faire là : elles
ne prouvent que la raison du plus fort.

» Si les circonstances, au-dessus desquelles nos législateurs
surent avec tant de courage se placer au Jeu-de-Paume, ont plus
d'empire sur eux dans la salle du manége, et ne leur permettent
plus que des décrets inconstitutionnels, il ne fallait pas renchérir
sur eux, et donner une extension coupable et odieuse à celui
contre les écrivains désignés comme séditieux. La loi porte
qu'on s'assurera de leur personne; elle ne prononce pas confiscation et enlèvement des presses et des caractères. Le zèle de
nos municipaux leur a fait franchir les bornes de la justice et
même de l'équité.

» Marat n'avait point d'imprimerie depuis quelque temps : il
occupait celle de la demoiselle Colombe. Le nom de l'auteur devait mettre à l'abri le typographe, et lui laisser la faculté de travailler. Autrefois il y avait des délits qui paraissaient tellement
graves, qu'ils entraînaient dans leur châtiment la démolition
même de la maison natale du coupable. La municipalité vou-
drait-elle remettre en lumière ce code barbare, monument détruit de l'antique despotisme? Le chien, blessé d'un coup de
pierre, mord la pierre à défaut de la personne qui la lui a lancée, et cela est tout naturel. La municipalité n'est pas si raisonnable. Malheur aux créanciers de celui qui l'a offensée! Elle les
enveloppe dans la disgrâce du prévenu, et leur enlève le gage de
leur propriété. En l'absence de la personne capturée, sa femme
et ses enfans ne pourront faire rouler ses presses pour satisfaire
aux engagemens contractés. Et comment s'acquitteront-ils de

droit de patente et de leur don patriotique? L'imprimerie est un meuble sacré, aussi sacré que le berceau d'un nouveau-né, que jadis les collecteurs de taille ne respectaient pas toujours. Mais sommes-nous déjà revenus précisément au même point d'où nous étions partis, avec le vœu bien prononcé de n'y jamais retourner? Les citoyens les plus modérés furent révoltés à la vue du cortège affligeant de trois ou quatre voitures s'acheminant vers la maison commune, environnées de baïonnettes, et chargées de tout l'attirail d'une imprimerie, à la suite des prisonniers accablés d'injures sur la route : plusieurs colporteurs garrottés fermaient cette marche triomphale.

« Par un raffinement de perfidie, digne au reste du corps municipal qui se permet des applaudissemens féroces à la lecture du procès-verbal des horreurs commises le 17 au Champ-de-Mars (1), on eut le soin de faire subir le même sort à Sulleau et à Royou, afin que le peuple confondît dans la même classe les défenseurs ardens et courageux de la révolution, et ces folliculaires soudoyés de l'aristocratie.

« Le nombre des arrestations faites depuis le 17, n'est pas mieux connu que celui des morts du Champ-de-Mars; mais il doit être très-considérable; et sans doute il le serait bien davantage si tous les journalistes et les pétitionnaires avaient eu la fermeté d'attendre, dans leur cabinet d'études, ou dans le lieu de leur réunion, le brevet d'honneur contenu dans la lettre de cachet expédiée au comité des recherches, qui en fait commerce, comme sous le règne de Saint-Florentin et compagnie. On appréhenda des citoyens de toutes les classes et de tous les sexes ;

(1) Le Journal du Paquebot accusa le conseil-général de la commune d'un fait dont toutes les feuilles patriotiques s'emparèrent. « Après la lecture du procès-verbal de la malheureuse journée du dimanche, les membres de ce conseil, dit le Paquebot, ont fait retentir la salle d'applaudissemens. M. Garran de Coulon a pris la parole pour témoigner son indignation : Il est bien étrange, leur dit-il écrié, que l'on fasse éclater une joie bruyante à l'aspect du drapeau de la mort déployé sous nos yeux, et dans un moment où la patrie et la liberté sont couvertes d'un crêpe funèbre. — Un membre (bon à connaître) a dit que cette réflexion était d'un séditieux. Je demande, a répliqué M. Coulon, que l'on me fasse mon procès. Il a bien fallu passer à l'ordre du jour. »

(Note des auteurs.)

la proscription s'étendit jusque sur les étrangers, pour colorer d'un prétexte la persécution dirigée principalement contre les chauds patriotes. Rotondo l'italien, le juif Éphraïm, une baronne allemande, etc., ont été enlevés et relaxés. La police municipale, honteuse elle-même de ces coups de main, et pour donner le change au peuple, fit en même temps la chasse aux petits jeux de hasard, qui pullulent sur les quais et autres lieux. La garde nationale, loin de se refuser à toutes ces expéditions, auxquelles la troupe de ligne ne se serait prêtée jadis qu'avec répugnance, y apporte un zèle pour la loi qui tient de l'acharnement, et ressemble à de la vengeance personnelle. Autrefois il n'était pas rare de voir les jeunes gens, dits de la robe-courte, fermer les yeux et dissimuler les victimes que leur désignait le despotisme ministériel et parlementaire.

» Le despotisme municipal est mieux servi. L'orateur du peuple est obligé de soutenir un siége pour échapper à ses captureurs. Le défenseur de Santerre est moins heureux, et l'on s'assure provisoirement de sa personne jusqu'à ce qu'on ait découvert la retraite de Marat. Legendre, Danton, Sergent, Camille Desmoulins, et une foule d'autres, attendent dans la retraite leur tour d'être traduits au tribunal. La liste fournie par le maire au comité des recherches est curieuse ; on y lit :

» Tel...., chargé une fois.

» Tel...., chargé deux, trois fois.

» Tel...., bon à arrêter.

» On est fâché de voir M. Bailly si peu novice dans l'art des Sartine et des Lenoir : un maire, enfant gâté de la révolution, ne devrait pas, ce semble, en savoir si long qu'un lieutenant de police ! Cette place n'aurait-elle changé que de nom ? Le père Duchêne et sa femme ont été rendus à leur ménage, sous la condition d'être à l'avenir plus circonspects. On connaît la valeur de cette injonction, dont on faisait usage avec succès au temps passé, tout prêt à revenir. Quantité de personnes qui ne se seraient pas crues dignes de faire partie du peuple franc, si elles ... ᵉssent astreintes à ne dire la vérité qu'avec le mystère dont s'enveloppe le mensonge, ont été saisies, menées au comité, et de là à la prison, pour avoir eû l'air de blâmer la conduite prévôtale des gardes nationaux au Champ-de-Mars le 17.

» Les épanchemens de l'amitié sont devenus des crimes d'État. Le silence des tombeaux règne jusque dans les cafés ; l'esprit public est tellement changé, que le théâtre de la nation, où les fiers accens de la liberté, sortis de la bouche de Brutus, avaient reçu tant d'applaudissemens, retentit maintenant de bravos serviles représentant le peuple juif à genoux aux pieds de son nouveau roi. Pourquoi, depuis que les acteurs du théâtre de Molière ont été à la barre de l'assemblée faire vœu de ne jouer que des pièces patriotiques, ont-ils retranché les vers que M. Ronsin ajouta dans sa *Ligue des tyrans*, à l'occasion de la fuite de Louis XVI ? Comment se fait-il que M. Rousin souffre cette coupure, si le drame lui appartient encore ? S'il n'est plus à lui, pourquoi une affiche ne prévient-elle pas le public de la lâcheté des acteurs de Molière ? M. Ronsin avait placardé son épisode du monarque fuyard, le meilleur morceau, sans contredit, de la pièce.

» On sait que le Théâtre-Français de la rue de Richelieu a fait la dépense des décorations de la tragédie du *Royaume en interdit*, par M. Gudin : pourquoi les entrepreneurs de ce spectacle retardent-ils la représentation de cette pièce, si bien à l'ordre du jour ? Les honnêtes gens répugnent à croire que ce soit par obéissance à des ordres secrets. De pareils commandemens, au sujet de la tragédie de *Charles IX*, furent regardés dans le temps comme non-avenus. On travaille de toutes les manières, on tourmente en tous sens l'opinion publique. Dès le lendemain du massacre au nom de la loi, tous les coins de rue offraient à lire aux passans bénévoles une adresse de félicitations et d'encouragement aux gardes nationaux, apparemment comme pour aller au-devant de leurs remords : et en effet, deux sous-officiers, dans différentes sections, se sont brûlé la cervelle quelques jours après. Il en est pourtant auxquels la conscience n'a rien dit. Un grenadièr, entre autres (par pitié pour lui nous tairons son nom et son état civil), se vanta d'avoir été faire sa décharge de mousqueterie, en ajoutant que sa joie eût été complète, s'il avait pu coucher en joue Robespierre....., Citoyens! contenez votre indignation : il est des monstres dans la nature, pourquoi n'y en aurait-il pas dans la société? Chaque matin on publie un pamphlet-journal, intitulé *le Chant du coq*, dans lequel, en effet, on renie impudemment tous les bons principes, et l'on renonce aux sentimens d'honneur. On essaie aussi de porter atteinte à la réputation de quelques journalistes courageux. Cet écrit calomnieux est pourtant signé. Parmi les noms, on lit un sieur Auguste, capitaine aristocrate de la garde nationale, orfèvre breveté du roi, et l'agent secret de la reine pour tirer parti de la fonte des cloches ; les autres signataires sont de la même pâte. Cette compagnie n'est pas d'humeur certainement à sacrifier douze louis chaque matin pour l'instruction du peuple. Citoyens, veillez sur les prête-noms, et tâchez de lever le masque. Les fauteurs des Tuileries et les sept comités du manége doivent y être pour quelque chose.

» Trois jours après le 17, une nouvelle édition de la loi martiale fut placardée sur tous les murs de Paris. Quel procédé ! En conçoit-on de plus atroce et de plus inconséquent ? Rappeler la loi trois jours après le massacre commis en vertu de la loi ! Si le châtiment doit marcher sur les traces du crime, c'est à la loi à prendre le devant. Ici l'ordre est renversé. Magistrats du peuple, êtes-vous stupides ou féroces ? Il faut que vous soyez l'un ou l'autre, choisissez ; car nous souffririons trop à vous croire l'un et l'autre. C'est la veille qu'il fallait remettre la loi sous les yeux de vos concitoyens égarés. Mais, direz-vous, pouvions-nous prévoir les événemens du dimanche 17? — Mais, vous répondrons-nous, quand il s'agit de mettre à exécution une loi de sang, on y regarde à deux fois. On dirait que vous aviez soif de carnage. Il vous tardait donc bien de faire usage de cette arme si difficile à manier, et dont les coups sont si terribles (1) ?

---

(1) M. Bailly ne connaît peut-être pas la définition de la loi martiale anglaise; la voici : « C'est une loi qui met pour un certain temps tout le pays sous la juridiction militaire, ou du moins qui suspend tout ce qui pourrait la gêner.» M. le commandant-général aurait bien dû faire part de cette définition à M. le maire. *(Note de Prudhomme.)*

Appréhendiez-vous que le glaive de la loi ne se rouillât en restant trop long-temps dans le fourreau ? Il en va de même de votre drapeau de mort : au lieu de le laisser flotter aux fenêtres de votre maison-commune, douze ou quinze jours après le voyage que vous lui fîtes faire au Champ-de-Mars, que ne l'exposiez-vous douze ou quinze jours d'avance? Vous vous intitulez complaisamment les tuteurs, les pères du peuple. Un père, un tuteur menace long-temps avant de frapper ; il ne tue pas ses enfans pour leur apprendre à vivre.

» Mais vous aviez besoin de pièces justificatives. Ni le drapeau rouge prudemment exposé après le danger, ni les détours piteux du maire, ni la réponse congratulatoire du président, ni le volumineux procès-verbal de la municipalité, ne laveront la tache indélébile du sang de vos frères qui a rejailli sur vos écharpes : il en est tombé sur vos cœurs. C'est un poison lent qui flétrira vos jours jusqu'au dernier. » (Extrait des *Révolutions de Paris*, n° CVII.)

Assemblée nationale. — Du 29 au 31 juillet.

Chacune des séances que nous avons à analyser débute par des lectures d'adresses exprimant la soumission la plus complète aux décrets des 15 et 16 juillet. Le *Moniteur* ne cite qu'une faible partie des noms de villes, de sociétés, ou de départemens, auxquels ces envois appartiennent. Il nous est donc impossible de tenter à cet égard même un calcul approximatif. Nous remarquerons toutefois que la plupart des lettres imprimées par ordre de l'assemblée, et celles-là sont en bien petit nombre, sont écrites par les corps administratifs, ou par les états-majors des gardes nationales. Brissot insinue que l'assemblée laissait dormir dans ses cartons celles non moins nombreuses improbatives de sa conduite. « Et l'on est fier, dit-il, de quelques adresses rédigées à Paris, copiées dans les départemens ! et l'on est fier de ces adhésions fabriquées dans la capitale ! et le département de Rouen ose dire qu'il ne relèvera pas nos absurdités! Ah ! laissez-nous la liberté des opinions, ne mettez pas à la place la raison

des canons, et nous répondons de vous. « (P. F. du 22 juillet.)
La commune et la garde nationale de Rouen se firent distinguer
par leur empressement : l'assemblée reçut le 19 les actes de leur
acquiescement illimité. Une députation de la ville de Chartres se
présenta le même jour à la barre. Nous trouvons là-dessus, dans
le *Patriote français* du 27 : « Sans chercher à affaiblir les adhésions données aux derniers décrets, nous devons dire la vérité
telle qu'elle nous est transmise. Voici un passage très-court d'une
lettre relative à la députation des départemens, district et municipalité de la ville de Chartres, pour complimenter l'assemblée
nationale : « Cette députation a été imaginée par un seul homme,
adoptée par quinze personnes au plus, qui ont osé prononcer,
pour des corps qui n'ont pas été assemblés, un vœu qui n'a pas
été expédié ! »

Parmi les adresses où sont énergiquement consignés les reproches et le blâme, nous mentionnerons celles d'Issoire, de
Riom et de Clermont-Ferrand. Trois griefs principaux y sont
exposés : l'impunité des 290 signataires de la protestation royaliste, le trop long ajournement des élections suspendues en juin;
enfin la précipitation du décret concernant Louis XVI. Une foule
de villes avaient déjà dénoncé et dénonçaient incessamment les
290. Riom le fit avec tant d'éclat, qu'il s'ensuivit enfin une proposition. Dandré déclara que toute rébellion de la minorité contre
la majorité étant une forfaiture, on devait punir de la déchéance
ceux qui s'en étaient rendus coupables. Sa motion fut renvoyée
au comité de constitution.

L'adresse de Clermont-Ferrand, lue dans la séance du 28
juillet, fut attaquée très-vivement par Lavigne, Biauzat et
Dandré. Le *Moniteur* ne renfermant que la partie la moins
sévère de cet écrit, nous le transcrivons du *Patriote français* du
30 juillet.

*Pétition à l'assemblée nationale, par les citoyens libres de la ville
de Clermont-Ferrand, chef-lieu du département du Puy-de-Dôme,
19 juillet 1791.*

    sieurs, vous avez, l'année dernière, fait espérer à la nation, par votre décret sur les assemblées administratives, de convoquer le nouveau corps-législatif à une époque très-rapprochée.

Votre comité de constitution annonça, il y a plusieurs mois, dans votre assemblée, que le 14 juillet la constitution serait finie.

Enfin, après avoir fixé définitivement, par un décret, au 5 juillet, la convocation des assemblées électorales, vous les avez depuis suspendues.

Trois fois l'espoir de la nation a été déçu, et elle ignore le terme où son sort sera fixé; et cependant des factieux menacent de déchirer leur patrie, et de renverser l'édifice de notre liberté.

Il est temps, Messieurs, que le peuple exerce sa souveraineté, et vous fasse connaître sa volonté. Nous avons déclaré la nôtre par deux pétitions du 14 juillet; nous en réitérons ici les principes, les sentimens et les résolutions.

Et comme les dangers de la patrie sont encore plus pressans, il est de notre devoir de vous déclarer, Messieurs, que si, dans la quinzaine, votre décret qui suspend les assemblées électorales n'est pas révoqué, nous emploierons les moyens que la loi donne à un peuple souverain pour parvenir à cette convocation.

Nous sommes avec respect, Messieurs,

Les citoyens libres de la ville de Clermont-Ferrand, chef-lieu du département du Puy-de-Dôme.

Délibération des citoyens de la ville de Clermont-Ferrand, du mardi 19 juillet 1791.

Les citoyens de la ville de Clermont-Ferrand, consternés du décret rendu par l'assemblée nationale le 16 du présent mois de juillet, mais persuadés qu'un respect constant pour la loi est le seul moyen de préserver la France de l'anarchie, et de maintenir la liberté, déclarent qu'en obéissant provisoirement à ce décret, ils ne cessent d'*en réclamer la révocation*.

Ils font ici des remercîmens publics à MM. *Pétion*, *Robes-pierre*, *Grégoire*, *B●●ot*, *Vanier*, *Camus*, et autres députés qui ont constamment et généreusement soutenu les bons principes ; ils remercient pareillement la société des Amis de la constitution séante aux Jacobins de Paris, et les autres sociétés fraternelles, pour l'énergie et le patriotisme qu'elles ont manifestés dans cette circonstance orageuse.

Ils ont nommé M. Bancal Desissard leur député, pour réi-térer ces remercîmens, demander la révocation de ce décret; suivre l'effet de leurs pétitions, demander et obtenir la convo-cation prochaine des assemblées électorales, et faire tout ce que son patriotisme lui inspirera pour le maintien de la liberté et des droits sacrés et inaliénables de la nation française.

Réflexions de Brissot. « M. Biauzat, député d'Auvergne, en entendant cette adresse, ne pouvant retenir sa colère, a invec-tivé personnellement M. Bancal Desissard, député extraordi-naire, porteur de cette adresse énergique, qu'on avait refusé d'admettre à la barre. Ce procédé, d'autant plus lâche que M. Desissard ne pouvait se défendre, a été généreusement sou-tenu par M. Lavigne. Enfin, qui le croira? M. Biauzat a eu le crédit de faire renvoyer cette adresse, comme criminelle, au comité des recherches.

» Une adresse travestie en crime! une adresse où l'on réclame les droits du peuple! une adresse qui est accompagnée de dix autres semblables, et de cent autres, peut-être, qu'on ensevelit dans les comités! Et voilà comme on surprend tous les jours l'as-semblée! »

Le lendemain 29, Bancal écrivit une longue apologie à l'as-semblée nationale. Il demandait justice et réparation, pour ses con-citoyens et pour lui, de l'injure que leur avait faite Biauzat. L'as-semblée ne s'occupa pas de cet objet. Bancal fit imprimer sa pé-tition à un grand nombre d'exemplaires; et le 31, à la tribune des Jacobins, il pria cette société d'en accepter cinq cents pour elle, et d'en envoyer cinq cents autres à ses affiliés. Sur les observations de l'abbé Royer, on ajourna la dernière partie de cette demande. (*Journal des Débats des Jacobins*, n° XXXV.)

Avant le compte-rendu des séances, nous nous arrêterons quelques instans à faire connaître l'état moral de l'assemblée. La lettre de Pétion à ses commettans avait produit une impression profonde. On nommait dans les journaux patriotes les députés dont il signalait la coalition avec tant d'inquiétude. Les fidèles de l'ancien club de 1789, la Fayette, Desmeuniers, Chapelier, Dandré, Thouret, Target, Barnave, venaient, disait-on, de s'unir aux Jacobins scissionnaires, Biauzat, Bouche, les Lameth, Duport, Goupil de Préfeln, Salles, etc. On soupçonnait cette fraction très-influente dans les comités, de s'entendre avec la partie du côté droit, qui ne répugnait pas à la monarchie représentative, et de préparer la mise en œuvre des projets de Mounier, nouvellement revus et corrigés par Sieyès. Pétion expose d'abord sa conduite, celle des Jacobins, les prétextes de la scission, et puis il ajoute :

« J'ai cru apercevoir que cette division était le fruit de l'intrigue. Des hommes qui portent partout l'esprit de domination gouvernaient depuis long-temps la société des Amis de la constitution. On s'est lassé de leur joug ; ils ont perdu peu à peu leur influence ; ils ont essuyé des contradictions, aussitôt qu'ils n'ont plus été les maîtres, ils se sont retirés, et, je n'en doute pas, avec l'ardent désir de s'en venger. L'occasion s'est présentée : ils l'ont saisie ; ils ont entraîné dans leur parti beaucoup de membres honnêtes, qui, par des motifs divers, se sentaient de l'éloignement pour cette société. Ils ont voulu jeter ailleurs les fondemens de leur puissance ; ils ont créé une société nouvelle sous le même titre, ou, pour mieux dire, ils ont, par fiction, transporté l'ancienne dans un nouveau local ; et, pour l'environner de sa splendeur passée et de toute sa force, ils ont écrit aux sociétés répandues dans les départemens, que là où ils étaient, là était le berceau de la société première, qu'il fallait se rallier autour d'elle, et y rattacher tous les liens de la fraternité : par-là ils se sont flattés d'influencer ces diverses sociétés, de dominer l'opinion publique, et de la diriger vers leur système.

» J'ai cru apercevoir que ce déchirement, au milieu des mouvemens convulsifs qui nous agitent, pouvait rendre la secousse plus violente et la crise plus forte; que si la société ancienne ne souffrait pas patiemment cet outrage, et disputait ses dépouilles, deux sociétés rivales et ennemies entraient dès-lors en guerre; que l'une, cherchant à conserver ses sociétés affiliées, et l'autre, voulant s'en emparer, chacun publierait des manifestes; que dans le même département, des sociétés pourraient se déclarer pour la première, tandis que d'autres se rangeraient du parti de la seconde; que des principes des partis divers s'établiraient, et qu'il était impossible de prévoir jusqu'où cette scission funeste pourrait conduire dans ces temps d'orage et de trouble.

» J'ai cru apercevoir, dans ce déchirement, la destruction prochaine des sociétés des Amis de la constitution.

» Je n'ai pas vu d'ailleurs avec indifférence un abandon aussi brusque et aussi peu généreux. Je ne sais quel sentiment nous porte naturellement vers les hommes faibles qui éprouvent un malheur ou une injustice; je me suis senti plus attaché que jamais au premier asile de la société, à cet asile sacré, où la liberté avait fait si souvent entendre ses mâles accens, et qu'on avait tant de fois promis de ne jamais abandonner.

» Il y a peut-être eu quelque courage à moi d'embrasser ce parti. Je n'étais pas, à cette époque, un des membres les plus fervens de la société; j'y faisais des apparitions rares : je connaissais peu ceux qui la composent; je n'avais pas dès-lors cette affection forte et intime qui me rendit la séparation si douloureuse.

» Je ne me suis pas dissimulé qu'il me serait difficile d'avoir raison lorsque presque tous mes collègues suivaient une marche contraire.

» Je ne me suis pas dissimulé que mes intentions pourraient être suspectées, et que j'accumulerais sur moi de nouvelles calomnies.

»Je ne me suis pas dissimulé que, dans la lutte des deux sociétés, l'ancienne finirait par succomber; que sa chute même pouvait être très-prochaine, et qu'une espèce de honte s'attachait à toute défaite, tandis que le succès justifiait tout.

»J'ai fait toutes ces réflexions; mais j'ai entendu au fond de mon cœur une voix qui me criait : là est la justice, là est ton devoir; et je n'ai point balancé pour lui obéir : elle a pu m'égarer; mais j'ai été et je serai toujours fidèle à ce guide.

»Je vais vous dire maintenant ce qui m'épouvante, ce qui me fait trembler pour la chose publique. Je parle ici avec la liberté et la franchise qui conviennent à mon caractère. La réunion la plus étonnante vient de s'opérer au sein de l'assemblée; j'en suis témoin, et j'y crois à peine. Des hommes, que l'antipathie la plus fortement prononcée éloignait les uns des autres, se sont rapprochés tout à coup. Ils se détestent, ils se méprisent. Mille fois je les ai entendus s'attaquer avec l'acharnement le plus cruel, se faire les reproches les plus amers, se permettre les inculpations les plus outrageantes; et ils agissent de concert. Peut-il exister de liaison vraie sans estime? auraient-ils déposé en un instant toutes leurs haines? serait-ce le désir de sauver l'État qui les aurait réunis? Que ne puis-je le penser! Mais je me livre malgré moi aux plus tristes présages. Je ne vous parle pas du moment où nous sommes, il est affreux; il me fait verser des larmes de sang; l'image de la force se présente partout aux regards du citoyen tremblant et effrayé; je vois les vengeances et les persécutions particulières s'approcher. Si cet orage n'était que passager, il faudrait avoir la force d'en supporter les ravages; mais quel avenir il me semble nous prédire! Je crois voir nos travaux achevés, la charte constitutionnelle dressée, présentée à Louis XVI; Louis XVI proposer des modifications, des réformes, déclarer qu'à ces conditions il accepte; des troupes étrangères placées de concert sur nos frontières pour nous imposer; de prétendus amis de l'ordre et du bonheur public s'élever du sein de l'assemblée, exposer avec chaleur les dangers qui nous menacent, représenter que si les conditions exigées apportent quelques changemens à

la constitution, le fond n'en est point altéré, qu'elle n'en restera
pas moins la plus belle constitution de l'univers ; que lorsque nous
avons commencé, nous ne devions pas espérer aller aussi loin
dans la carrière politique; qu'il est sage de faire de légers sacrifices pour obtenir une paix solide et durable; que les mécontens,
qui ont essuyé des pertes de toute espèce, satisfaits des plus faibles restitutions, renonceront à leurs projets de vengeance, et
qu'enfin tous les citoyens ne formant plus qu'un peuple de frères,
la nation ne sera plus agitée par de longues et douloureuses convulsions. Les jadis nobles et les prêtres approuver la transaction,
les hommes faibles y consentir, les chefs et les orateurs en soutenir
les avantages! Quelques vrais amis de la liberté, quelques hommes
jaloux de la gloire et du bonheur de la nation, qu'on traitera de
factieux, s'y opposer, et la grande majorité de l'assemblée consacrer par un décret cette transaction honteuse. Où nous conduiront ces premiers pas rétrogrades? Je ne sais, mais j'en frémis.
Fasse le ciel que je me trompe dans mes tristes conjectures!

L'âme bouleversée par ces pensées déchirantes, ne sachant
plus quels services il est en mon pouvoir de rendre à la chose publique, je vous l'avouerai, Messieurs, j'ai été sur le point de
quitter le poste où votre confiance m'a placé. Des amis, dans le
sein desquels j'ai déposé mes peines et mes alarmes, m'ont dé-
tourné de ce dessein, et j'ai suivi leurs conseils.

O ma patrie, sois sauvée, conserve ta liberté, et je rendrai en
paix mon dernier soupir !

Paris, le 18 juillet 1791.   *Signé,* PÉTION.

(*Extrait du Patriote français du 25 juillet.*)

Séances de l'assemblée.

Le 19, Dédelay fait adopter un décret sur les droits supprimés
sans indemnité, et les justices seigneuriales aliénées au nom de
l'État. Heurtaut-Lamerville, au nom du comité d'agriculture,
fait décréter plusieurs articles sur les lois rurales. Le soir, sur
le rapport du comité de constitution, l'assemblée décrète que les
pièces de théâtre ne pourront être jouées sans le consentement
formel des auteurs.

Le 20, on adopta la suite des articles du code rural. Nous citerons celui qui condamne à des peines correctionnelles les fermiers qui se coaliseraient pour faire baisser le salaire des ouvriers. —L'élection du gouverneur du dauphin devait avoir lieu ce jour-là; elle fut renvoyée au samedi 30.

Le 21, Emmery présenta un décret déclarant que les régimens étrangers, et particulièrement le 96ᵉ, ci-devant Nassau, feraient partie de l'infanterie française; il proposa d'envoyer Phélins, membre de l'assemblée, à Landau. Ces motions furent adoptées. On lut ensuite des messages des commissaires envoyés dans les départemens du Nord et du Pas-de-Calais; ils rendaient un compte satisfaisant de l'esprit et de l'ordre qui y régnaient; ils applaudissaient beaucoup au zèle, à l'activité de Rochambeau, et au patriotisme des Amis de la constitution de Valenciennes, dont ils envoyaient une adresse à l'assemblée nationale. — Champigny fit décréter l'établissement d'écoles gratuites de mathématiques et d'hydrographie; Roger, que le comité militaire se concerterait avec le ministre de la guerre pour l'organisation du corps des ingénieurs-géographes. Le soir, le ministre Montmorin écrivit à l'assemblée que Duveyrier avait recouvré sa liberté et que probablement il devait être déjà à Paris. — Castellanet fit insérer au procès-verbal le démenti du bruit calomnieux que la ville de Marseille voulait s'ériger en république. Sur le rapport de Prieur, le couvent des Célestins fut mis à la disposition de l'institution des sourds et muets. Malouet fit ajouter au considérant une mention honorable de l'abbé de l'Épée. L'abbé Sicard, admis à la barre, remercia l'assemblée.

Le 22, sur la demande du département de Paris, convertie en motion par Gouttes, l'assemblée décréta que le papier blanc serait exclusivement réservé pour les affiches des actes émanés de l'autorité publique. Alexandre Lameth, au nom des comités militaire et diplomatique, fit un rapport très-étendu sur les moyens à employer pour la sûreté extérieure du royaume.

Il commença par rappeler les mesures décrétées en janvier, savoir: 1° que 30 régimens d'infanterie et 20 de troupes à cheval

seraient portés au pied de guerre ; 2° qu'il serait formé une cir-
conscription de soldats auxiliaires destinés à être, au besoin,
incorporés dans l'armée ; 3° qu'on s'assurerait, en artillerie et
effets de campement, de tous les moyens nécessaires à un système défensif. Il parla de l'organisation de 300 mille gardes nationales actives, qu'il avait proposée alors, et qui avait été
définitivement adoptée le 27 avril, sur le rapport de Fréteau au
nom des six comités.

. Passant aux circonstances présentes, il jeta un coup d'œil sur
les derniers actes de l'assemblée, et sur leurs résultats. Il dit que
le nouveau serment reçu à cette heure sur toutes les frontières
importantes par les députés-commissaires, régénérait entièrement
l'armée ; il donna ensuite l'état d'exécution de toutes les mesures
qu'il venait d'analyser.

L'armée, fixée à 213 mille hommes, se composait, au 1ᵉʳ juillet,
de 146 mille. La levée des 300 mille gardes nationaux mobiles
s'exécutait dans tous les départemens avec la plus grande activité.
Ici, Alexandre Lameth, après avoir donné quelques renseignemens assez vagues sur les réparations des places fortes, objet
pour lequel les huit millions alloués en deux reprises par l'assemblée avaient été imperceptibles, devient plus précis sur les
autres articles de la situation.

                    Effets de campement.

« État des effets de campement qui existent dans les places ci-
après, depuis Dunkerque jusqu'à Monaco, savoir :

» *Depuis Dunkerque jusqu'à la Meuse.* Lille est muni d'effets de
campement pour 24 bataillons sur le pied de guerre à 750 hommes ; pour 29 escadrons sur pied de guerre, à 170 hommes. Total
des hommes pour lesquels les effets de campement existent,
19,530 hommes. — Valenciennes, 10 bataillons, 9 escadrons :
9,030 hommes.

» *Depuis la Meuse jusqu'à Bitche.* Metz ou Montmédy, 12 bataillons, 12 escadrons : 11,040 hommes.

Depuis Bitche et Landau jusqu'à Béfort. Strasbourg, 42 bataillons, 30 escadrons : 56,600 hommes.

Depuis Béfort jusqu'à Monaco. Besançon, 6 escadrons : 1,020 hommes. — Grenoble, 2 bataillons : 1,500 hommes. — Lyon, 4 bataillons, 3 escadrons, 3,510 hommes. Totaux, 94 bataillons, 69 escadrons, 82,230 hommes.

»Le directoire d'habillement fait espérer que, pour le 25 août, il existera dans les magasins de Lille, Metz et Strasbourg, des effets de campement suffisans pour trois armées de 30,000 hommes chacune. »

Subsistances militaires et hôpitaux ambulans.

«*Vivres.* — La situation des magasins des vivres présentait au 1er juin, des approvisionnemens suffisans à une armée de 400 mille hommes pendant 6 mois : ces magasins, au nombre de 133, sont répandus par échelons sur les frontières et les côtes, de manière à pouvoir s'alimenter de proche en proche, sans jamais rien prendre sur la subsistance des habitans.

» *Fourrages.*—La situation des magasins à fourrages présente des approvisionnemens suffisans à 30 mille chevaux pendant 4 mois ; et comme partout les foins sont faits, l'approvisionnement sera plus que doublé d'ici à leur consommation, au moyen des achats ordonnés.

» Résultat des approvisionnemens existans au 1er juin : en vivres pour 6 mois, en fourrage pour 4 mois. — Les magasins de Dunkerque et Givet peuvent nourrir 94,773 hommes, 3,500 chevaux; de Givet à Bitche, 102,227 hommes, 11,000 chevaux; de Bitche à Béfort, 56,000 hommes, 7,800 chevaux; de Béfort à Antibes et dans le reste du royaume, 140,666 hommes, 7,900 chevaux. Totaux, 393,666 hommes, et 30,000 chevaux. Ainsi, indépendamment des ressources que promettent les récoltes en tout genre, il existe dans les magasins, depuis Dunkerque jusqu'à Béfort, de quoi nourrir 253,000 hommes et 22,000 chevaux. Comme ces points paraissaient les plus menacés, on les a approvisionnés au-delà de leurs besoins, pour parer à tous les événemens. On observe que les récoltes en fourrages ayant été généralement abondantes, et celles en grains donnant les mêmes espérances, il n'y a nulle espèce d'inquiétude à avoir sur l'objet des subsistances;

jamais le département de la guerre n'a été aussi riche dans cette
partie qu'il l'est actuellement.

» *Equipages des vivres.* — 1,200 caissons pour le service des
vivres, et garnis de leurs harnais, viennent d'être construits ou
réparés à Sampigny, et sont prêts à servir; ils pourront, en cas
de besoin, être conduits par des chevaux du pays. Si cependant
les circonstances devenaient plus critiques, il serait nécessaire
d'acheter des chevaux pour le service des vivres. Douze cents
caissons feront le service de deux armées de 30,000 hommes chacune, et exigeront environ 4,500 chevaux.

» *Hôpitaux ambulans.* — Il existe dans les hôpitaux de Metz,
Lille et Strasbourg, des approvisionnemens pour trois armées
de 30,000 hommes chacune, à quelques objets près, dont la four-
niture est ordonnée. Vingt-cinq caissons qui viennent d'être construits ou réparés dans chacun de ces trois hôpitaux, suffiront au
service de trois armées de 30,000 hommes chacune. Quant aux
officiers de santé, il est inutile de s'en occuper à l'avance; les
grands hôpitaux en fourniront suffisamment, et l'on peut encore
y suppléer par un choix à faire parmi ceux réformés en 1788. »

Situation des travaux de l'artillerie.

« *Fonderies.* — Il a été ordonné dans les deux fonderies 539
bouches à feu. A mesure que le fondeur de Douai en livre, elles
sont sur-le-champ envoyées dans celles des places voisines qui en
ont besoin. Quant à la fonderie de Strasbourg, elle est assez bien
approvisionnée en ce genre, pour qu'on en tire incessamment
des bouches à feu pour armer les places du midi de la France.

» *Manufactures d'armes.* — Il n'a été ordonné dans les trois manufactures d'armes existantes que 42 mille fusils, parce que c'est
la mesure du travail que les officiers supérieurs de l'artillerie ont
reconnu nécessaire d'établir, pour ne fabriquer que de bonnes
armes; mais pour exciter l'émulation des entrepreneurs, et les
mettre en état de rappeler à ce travail les ouvriers que l'appât
plus séduisant des armes de commerce en avait détournés, il a
été réglé des primes, savoir : de 10 sous par fusil pour le 13e mille
excédant la fabrication ordinaire de 12 mille armes; 20 sous pour

le 14° mille, 30 sous pour le 15°, et toujours 10 sous en sus pour chaque arme qui excédera le nombre de 15 mille. On s'occupe encore de faire monter une autre manufacture à la Charité-sur-Loire; cependant la fabrication ne pourra commencer qu'à la fin de l'année au plus tôt. On prend en même temps des mesures pour faire fabriquer 72 mille armes à Liége, dont la livraison se fera de mois en mois, à raison de 5,000.

» *Poudres.* — Il existe déjà dans les magasins de l'artillerie entre 19 et 20 millions de poudre; et on en a reçu cette année de la régie 400 milliers environ, qu'on fait répartir dans les places qui en manquent.

» *Équipages.* — Il existe dans les places de Douai, Arras, la Ferre, Metz, Strasbourg, Auxonne, Lyon, Grenoble et Fort-Barault, 1,286 bouches à feu, avec tous leurs attirails et munitions, pour former six grands équipages, dont trois de campagne et trois de siége, à la suite des armées qu'on pourrait être dans le cas de faire marcher en Flandre, en Allemagne et en Italie, indépendamment des quatre petits équipages destinés à défendre les côtes du royaume.

» *Approvisionnemens des places.* — De toutes les places de guerre du royaume, il n'y a que celles des départemens des Pyrénées-Orientales, hautes et basses, qui ne soient pas armées convenablement en artillerie. La prudence voulait que l'on portât ses moyens de préférence sur les frontières du Nord, des Ardennes, de la *Moselle*, des Haut et Bas-Rhin, de l'Isère, des Hautes-Alpes et du Var, parce qu'elles ont toujours été regardées comme plus exposées à l'ennemi que celles de l'Espagne, dont naturellement on avait moins à craindre. Au surplus, lorsqu'il existe environ 6,000 bouches à feu de fonte, et 1,500 de fer sur toutes les frontières du royaume, on doit croire que les places ne sont pas sans défense.

» *Chevaux.* — On a déjà sur pied environ 1,200 chevaux d'artillerie. Le ministre a demandé qu'ils fussent portés au moins à 2,000 d'ici à la fin d'août. Les ordres sont donnés en conséquence.

» Aperçu des bouches à feu, armes de guerre et poudres existant dans les places, savoir : 1° bouches à feu, depuis Dunkerque jusqu'à Givet, 1,373 canons, 349 mortiers, 57 obusiers, 135 pierriers : total, 1,914; 2°. poudre de guerre, 5,000,000 de livres ; 3° 28,711 fusils de soldat, modèle de 1,777. — Depuis Givet jusqu'à Bitche, 671 canons, 96 mortiers, 32 obusiers, 65 pierriers, 4,100,000 de poudre, 41,737 fusils. — Depuis Bitche jusqu'à Béfort, 995 canons, 251 mortiers, 65 obusiers, 90 pierriers, 3,700,000 livres de poudre, 53,701 fusils. — Totaux, 4,179 bouches à feu, 12,800,000 livres de poudre de guerre, et 104,149 fusils de soldat, sauf les distributions qui ont pu être ordonnées par les commandans dans les départemens de la Moselle, Haut et Bas-Rhin.—Dans le nombre des 28,711 fusils de la première division, depuis Dunkerque jusqu'à Givet, ne sont pas compris les 10,000 délivrés aux gardes nationales du département du Nord, non plus que ceux qui seront employés au renouvellement de l'armement au pied de guerre de 28 régimens en garnison dans ce département, pour lequel il a été donné des ordres le 16 de ce mois. »

Avant de proposer les nouveaux moyens qu'on doit ajouter à ceux dont il vient de présenter le tableau, Alexandre Lameth donne une idée générale des moyens d'attaque. Ou il y aura coalition, ou il n'y aura qu'une tentative partielle et hasardée, dans l'espoir d'allumer la guerre civile dans le royaume. La première supposition est inadmissible, à cause de l'état actuel du Nord : dans tous les cas, elle ne pourrait être réalisée avant le printemps de 1792. La seconde supposition étant la seule vraisemblable, sur quelle frontière pourrait-on entamer la France ? Celles de l'ouest, du sud et de l'est, défendues par la mer ou par des montagnes, ne sont d'ailleurs menacées ni par l'Angleterre, ni par l'Espagne, ni par la Sardaigne. Restent les frontières qui s'étendent de Béfort à Dunkerque. L'empereur a, dans les Pays-Bas, de 40 à 45 mille hommes, dont 25 mille sont nécessaires pour maintenir l'occupation. Les troupes que l'on pourrait en détacher seraient donc au plus de 15 à 20 mille hommes. Les émigrés réfugiés à Worms ne s'élèvent pas au-dessus de 4 à 5 mille ; les princes allemands, possessionnés en Alsace, y ajouteraient des auxiliaires au nombre de 15 à 20 mille. Ainsi, la totalité des forces répandues sur toutes les parties de cette frontière est de 35 à 40 mille hommes.

En opposition à cette armée, la France compte 64,674 hommes effectifs de troupes de ligne, qui s'augmenteront de 26,586, lorsque les corps seront portés au complet décrété. A cette masse de forces il faut ajouter 41,000 hommes de gardes nationales.

Alexandre Lameth termine par le projet suivant, décrété sans discussion.

Art. Iᵉʳ. Il sera mis sur-le-champ en activité 97,000 hommes de gardes nationales, y compris les 26,000 qui, par un décret de l'assemblée, ont été destinés à la défense des frontières du Nord ; ces gardes nationales seront soldées et organisées conformément aux précédens décrets, et seront distribuées ainsi qu'il suit :

Première division. De Dunkerque à Givet, 8,000 hommes fournis par le département de la Somme, de l'Oise, de l'Aisne, du Pas-de-Calais et du Nord.

Deuxième division. De Givet à Bitche, 10,000 hommes fournis par les départemens de la Marne, les Ardennes, la Meuse, la Meurthe et la Moselle.

Troisième division. De Bitche à Huningue et Béfort, 8,000 hommes fournis par les départemens du Haut et du Bas-Rhin.

Quatrième division. De Béfort à Belley, 10,000 hommes fournis par les départemens des Vosges, de la Haute-Saône, du Doubs, du Jura et de l'Ain.

Cinquième division. De Belley à Entrevaux sur le Var, 8,000 hommes fournis par les départemens de l'Isère, les Hautes-Alpes, les Basses-Alpes et la Drôme.

Sixième division. De la Méditerranée, depuis l'embouchure du Var jusqu'à celle du Rhône, 4,000 hommes fournis par les départemens du Var et des Bouches-du-Rhône.

Septième division. De l'embouchure du Rhône jusqu'à l'étang de Leucate, 3,000 hommes fournis par les départemens du Gard, de l'Hérault et de l'Aude.

Huitième division. De Perpignan à Bayonne, 10,000 hommes fournis par les départemens des Pyrénées-Orientales, de l'Arriège, de la Haute-Garonne, des Hautes-Pyrénées et des Basses-Pyrénées.

Neuvième division. De l'Océan, depuis Bayonne jusqu'à l'embouchure de la Gironde, 4,000 hommes fournis par les départemens des Landes et de la Gironde.

Dixième division. De l'embouchure de la Gironde à celle de la Loire, 3,000 hommes fournis par les départemens de la Charente-Inférieure, de la Vendée, de la Loire-Inférieure, des Deux-Sèvres, et Mayenne-et-Loire.

Onzième division. De l'embouchure de la Loire à Saint-Malo, 8,000 hommes fournis par les départemens du Morbihan, du Finistère et des Côtes-du-Nord.

Douzième division. De Saint-Malo au Grand-Vay, 3,000 hommes fournis par les départemens de l'Ille-et-Vilaine, la Manche et la Mayenne.

Treizième division. Du Grand-Vay à l'embouchure de la Somme, 4,000 hommes fournis par les départemens du Calvados, de la Seine-Inférieure et de l'Eure.

Quatorzième division. L'île de Corse, 2,000 hommes fournis par le département de l'île de Corse.

Quinzième division. Il sera formé une réserve de 15,000 hommes, placés sur Senlis, Compiègne, Soissons et lieux circonvoisins. Elle sera fournie par les départemens ci-après dénommés : Paris, Seine-et-Oise, Seine-et-Marne, l'Aube, l'Yonne, Loiret, l'Eure-et-Loir, l'Orne, la Sarthe, Loir-et-Cher, la Nièvre, Cher, la Côte-d'Or, la Haute-Marne, l'Indre-et-Loire, l'Indre.

II. Le ministre de la guerre nommera sur-le-champ une commission composée d'officiers d'artillerie et de génie, lesquels seront chargés de parcourir ensemble ou séparément les principales frontières du royaume, de prendre connaissance de l'état des places, des travaux qui y ont été commencés, et de ceux qui

sont nécessaires pour compléter leur défense ; de donner provisoirement des ordres pour les travaux qu'ils jugeront les plus
pressans ; d'en rendre immédiatement compte au ministre de la
guerre, qui communiquera à l'assemblée les informations qu'ils
lui auront fait parvenir.

Il sera fait un fonds de 4,000,000 pour pourvoir aux dépenses
les plus instantes qu'exige la continuation des travaux commencés
et la réparation des places. Le ministre rendra compte de leur
emploi, et présentera l'état des dépenses ultérieures qui pourront être nécessaires.

III. Le nombre des chevaux d'équipage d'artillerie sera porté
à 5,000.

IV. Il sera nommé par l'assemblée nationale des commissaires
pris dans son sein, pour aller dans les départemens qui leur seront désignés, surveiller et presser l'exécution tant du présent
décret que de ceux qui ont été précédemment rendus pour la défense de l'État, pour le rétablissement de l'ordre et de la discipline dans l'armée, le recouvrement des impôts, et rendre
compte sur tous ces objets à l'assemblée nationale. Ces commissaires seront chargés d'instructions uniformes.

A peine ce projet était-il décrété, que Duveyrier fut introduit
dans la salle. Il rendit compte de sa mission à Worms auprès du
duc de Condé, de son arrestation à Luxembourg par les ordres
de Bouillé, des mauvais traitemens qu'on lui avait fait éprouver,
enfin de sa rentrée en France. Sur la proposition de Dandré, il
fut chargé de réitérer son rapport au comité diplomatique.

Au nom des comités de constitution, des rapports et des recherches, Salles fit ensuite, en quelques mots, un rapport sur
les événemens du 17 juillet. Voici le texte de cette pièce intéressante à plus d'un titre :

M. Salles. « Un grand délit s'est commis presque sous vos
yeux ; les lois ont été méconnues dans la capitale, et le drapeau
rouge déployé. Des citoyens, après avoir juré la révolte sur
l'autel de la patrie, après avoir commis des assassinats, consom-
mèrent leur rébellion, et le champ de la fédération, qui avait été

le témoin des sermens de fidélité à la loi, a vu la loi développer
toute sa sévérité contre des hommes parjures à ces sermens.
Des avis multipliés nous apprennent que les ennemis de la patrie
méditent de nouveaux attentats : s'ils ont une fois voulu s'assurer
du roi et de l'héritier du trône, qui ne sait si, ayant en leur
puissance tout le reste de la famille royale, ils ne préparent pas
des crimes qui font frémir! Il faut que la loi frappe; mais il faut
aussi qu'elle frappe promptement. La rébellion tient à tous les
points de la capitale. Il a paru nécessaire aux comités d'indiquer
un seul tribunal pour ne pas diviser l'affaire. Ils pensent aussi
qu'afin de laisser dans les mêmes mains le fil d'une détestable
intrigue, il est bon d'attribuer pour l'avenir au même tribunal
la poursuite des troubles généraux qui pourront avoir lieu. L'assemblée nationale déterminera l'époque où cette attribution
devra cesser. Mais comment ce tribunal sera-t-il composé? Il
existe douze tribunaux à Paris; mais ils sont tous extrêmement
chargés. Le comité pense qu'on peut leur demander à chacun
un juge pour former le tribunal central et temporaire. Ce tribunal particulier offre le grand avantage de mettre les auteurs
des troubles en présence d'une autorité réprimante toujours
prête à frapper leurs têtes coupables. Enfin, il est nécessaire
d'attribuer à ce tribunal la juridiction souveraine. Le danger est
dans la lenteur des formes; hâtons-nous, et que la loi punisse
promptement, si nous voulons qu'elle ait moins à punir. »

La proposition des comités, combattue par Lanjuinais et Rœderer, fut ajournée au lendemain.

Le 23, Salles reproduisit son projet pour l'établissement d'un
tribunal particulier qui jugerait les auteurs de la révolte du
Champ-de-Mars. Toute la discussion se borna aux lignes suivantes :

M. Lanjuinais. « Je regarde le projet qui vous est soumis
comme destructif des principes de la liberté, et je demande que
les délits dont on veut lui donner l'attribution soient renvoyés à
la connaissance des tribunaux ordinaires. »

M. Brillat-Savarin. « Je demande que ces fonctions soient li-

mitées à la connaissance des délits qui nécessitent son établissement. » — M. Robespierre se présente à la tribune. On demande
dans diverses parties de la salle à aller aux voix. Plusieurs membres demandent que l'on mette d'abord aux voix la question de
savoir si les jugemens qui seront rendus pour les délits relatifs à
l'événement du champ de la fédération, seront soumis à l'appel.
L'assemblée décide à l'unanimité que l'appel aura lieu. M. le
président met aux voix la question de savoir s'il sera nommé une
commission particulière. Cette proposition est rejetée.]

L'assemblée décréta que l'accusateur public du sixième arrondissement viendrait rendre compte des démarches qu'il avait dû
faire. En ce moment Bailly parut à la barre ; il avait été mandé,
séance tenante, sur la proposition de Rabaud, pour exposer la
situation de Paris. Il se contenta de faire lecture de l'arrêté pour
le recensement des personnes. Le soir, l'accusateur public se
présenta et dit :

M. Bernard. « Le 18 juillet j'ai rendu plainte des faits qui se
sont passés au champ de la fédération, et un procès-verbal a été
dressé sur les lieux. Le 19, j'ai rendu plainte au sujet de l'assassinat d'un chasseur : la plainte a été décrétée. Le lendemain j'ai
requis de nouveau le transport du tribunal, et j'ai reçu les déclarations des blessés qui se trouvaient à l'École-Militaire et aux
Invalides. J'ai aussi rendu plainte sur les lieux du fait relatif à
M. la Fayette. L'information est faite et décrétée. J'ai requis
l'arrestation provisoire de quatre prévenus de l'assassinat des
deux hommes qui, le dimanche matin, avaient été pendus au
Gros-Caillou ; elle a été exécutée. Vous voyez que la loi sera
vengée. J'ose assurer que mon tribunal, dans son activité, s'est
attaché de préférence aux procès où il s'agissait d'insultes faites
à la loi. Agréez l'hommage du zèle d'un fonctionnaire public
qui sera toujours fidèle à son devoir, et qui ne craint ni les poignards ni les calomnies. (On applaudit.)

L'assemblée ordonna que son procès-verbal contiendrait les témoignages de sa satisfaction, et que les détails donnés par le fonctionnaire public qu'elle venait d'entendre, y seraient consignés.

Le 24, sur la proposition du comité militaire, et d'après le rapport d'Emmery, on adopta les dispositions suivantes : 1° Les officiers qui ont quitté volontairement leurs drapeaux et passé à l'étranger, sans avoir donné leur démission, seront traités et poursuivis comme transfuges; de même ceux qui seraient passés à l'étranger, après avoir donné leur démission, s'ils ne rentrent pas en France dans le délai d'un mois ; 2° ceux qui auront quitté leurs drapeaux, sans permission ni congé, mais qui ne seront pas passés à l'étranger, seront censés avoir renoncé pour toujours au service ; 3° les officiers forcés d'abandonner leur poste, en conséquence de soupçons élevés contre eux, pourront revenir à leur corps, sauf à être poursuivis, s'il y a lieu, sur les dénonciations présentées dans la quinzaine par les soldats et les sous-officiers; 4° les dénonciateurs qui n'apporteront pas des preuves suffisantes seront regardés comme calomniateurs.

Le 25, en l'absence d'Emmery, Chabroud fit décréter la suite des articles sur la discipline de l'armée. — L'assemblée renvoya au comité de constitution une lettre par laquelle le maire de Paris annonçait que la multiplicité des étrangers tenant chambrée dans les hôtels des émigrés, lui paraissait nécessiter l'établissement d'une amende à prononcer contre les propriétaires qui ne feraient point les déclarations prescrites par la loi sur la police municipale.

Le 26, rapport de Meynier, et décret à la suite, sur la franchise du port de Marseille. Desmeuniers présente le projet rédigé par le comité de constitution, relativement à l'action de la force publique contre les attroupemens séditieux, les voleurs et les brigands.

Le soir, on lut une adresse des citoyens de Montauban contre la protestation des 290 députés. Un grand nombre de membres ayant demandé l'impression, il en résulta une agitation qu'expose ainsi le *Moniteur*.

[M. Malouet paraît à la tribune. On demande l'ordre du jour.

M. Malouet. C'est une infamie, c'est une atrocité....

Les murmures étouffent les réclamations de M. Malouet. — Il

insiste pour obtenir la parole contre l'adresse ; enfin il est forcé de quitter la tribune.

L'assemblée passe à l'ordre du jour.

M. Malouet sort; les tribunes applaudissent. Il revient; on entend quelques huées. Il ressort; les applaudissemens des tribunes recommencent. — M. le président leur impose silence.]

Le 27, Desmeuniers fait décréter la suite et la fin des articles concernant l'action et la réquisition de la force publique dans l'intérieur du royaume. On adopte ensuite le projet de Rabaud sur l'organisation des gardes nationales.

Le 28, Goudard fit un rapport pour l'exécution du nouveau tarif des droits de douane à l'entrée et à la sortie du royaume. Son projet de décret fut adopté. C'était la quatrième fois que l'assemblée s'occupait des douanes. Le 15 novembre 1790, elle en avait rétabli les bureaux de perception; le 21 décembre, elle avait conservé l'ancien tarif jusqu'à la promulgation du nouveau; enfin le 23 avril et le 9 mai, elle avait décrété l'établissement d'une régie et son organisation. Le nouveau tarif ne fut définitivement appliqué qu'en 1792. Nous le donnerons à l'époque de sa promulgation.

Le 29, sur la proposition de Camus et Lavigne, l'assemblée suspendit de ses fonctions Polverel, accusateur public du sixième arrondissement, pour avoir négligé la poursuite contre les fabricateurs de faux assignats.

Le 30, Polverel parut à la barre et demanda à se justifier. Camus invoqua le maintien du décret rendu contre lui ; Goupil insista pour que l'accusé fût entendu. Polverel exposa sa conduite auprès du tribunal, et l'assemblée le réintégra dans ses fonctions.

— Une motion de Buzot excita ensuite d'assez vifs débats. Il demandait, attendu les travaux de révision qui allaient s'ouvrir, qu'on cessât l'envoi des commissaires dans les départemens. Il ajouta que l'on allait vérifier par certains articles de ce travail, si l'assemblée méritait la confiance qu'elle avait obtenue. Martineau le rappela à l'ordre. Dandré se plaignit des soupçons jetés sur l'assemblée; il vota cependant pour la motion de Buzot; elle fut immédiatement décrétée. A cet incident succéda le rapport de Camus pour la suppression des ordres de chevalerie : son projet fut adopté.

. Le 31, Fréteau, au nom du comité diplomatique, parla sur l'armement des Cercles d'Allemagne et sur les dangers extérieurs de la France. Cette communication avait été occasionnée par une lettre officielle de Ratisbonne dont il lut le passage suivant :

« Le collége électoral et le collége des princes se sont rapprochés, et il est résulté de leurs principes un *conclusum* préparatoire que les ministres impériaux ont été chargés d'envoyer à l'empereur, pour le prier d'ordonner l'armement des Cercles. L'événement du 21 juin qui n'avait pas été prévu, et qui a paru nécessiter des formes différentes de celles dont on était convenu, ne sera différé que le temps nécessaire pour recevoir de nouveaux ordres. On donnera à ce *conclusum* le caractère de recez de l'empire.»

Fréteau se plaignit de plusieurs vices d'administration et demanda que les ministres fussent périodiquement appelés à la barre. — Après une longue discussion, il fut décrété qu'ils se rendraient, de deux jours l'un, à l'assemblée pour y rendre compte de leur administration.

AOUT ET SEPTEMBRE 1791.

Alexandre Beauharnais préside jusqu'au 14 août; le 14, Victor Broglie est élu président; Vernier, le 29; le 12 septembre, Thouret occupe le fauteuil pour la quatrième fois, et le garde jusqu'au 30 septembre, jour de clôture de l'assemblée nationale.

Nous touchons au terme de l'assemblée nationale. La révision de la constitution, dernière œuvre des législateurs, commença

le 5 août par la lecture du projet que présenta Thouret, au nom
du comité de constitution. Aux membres de ce comité, Thouret, Target, Chapelier, Sieyès, Talleyrand, Rabaud-Saint-
Étienne et Desmeuniers, on avait adjoint, pour la révision,
Duport, Barnave, Alex. Lameth, Clermont-Tonnerre, Baumetz, Pétion et Buzot : Clermont-Tonnerre fut le seul qui ne
signa point le projet. Il avait cessé de se rendre aux comités
après le décret qui suspendait Louis XVI de ses fonctions exécutives. Sieyès, Pétion et Buzot ne prirent qu'une faible part à
la rédaction de ce projet : cependant ils le signèrent. Le 8 août,
la discussion s'engagea : elle ne fut fermée que le 1ᵉʳ septembre.
Le 3, une députation de soixante députés porta l'acte constitutionnel au roi. Le 13, il y eut séance royale, et acceptation pure
et simple de la part de Louis XVI.

La nécessité de ne point rompre le fil des séances consacrées
au même objet, nous a fait renoncer pour cette fois à notre division mensuelle. Nous avons ainsi disposé l'histoire des deux
mois pendant lesquels nous avons encore à nous occuper de la
constituante : nous placerons dans le premier chapitre tout ce
qui est relatif à l'acte constitutionnel, le projet du comité, la
discussion, et la constitution définitive; dans le second, nous
donnerons une courte analyse des incidens parlementaires et de
la législation de détail, complément des travaux de l'assemblée
en août et en septembre; dans le troisième, nous exposerons l'esprit manifesté par les clubs à l'égard de l'acte constitutionnel;
enfin, dans le quatrième chapitre, nous résumerons en quelques
mots la situation de la France à l'intérieur et à l'extérieur. Nous
avons réservé comme préambule à l'assemblée législative le fait
électoral tout entier : nos lecteurs sont déjà prévenus que le
drame des élections est d'un puissant intérêt révolutionnaire.
Nous avons pensé ne pouvoir mieux ouvrir la carrière politique
des nouveaux députés que par la polémique sur leur candidature.

La révision de la constitution prendra une assez grande place
dans notre histoire; mais nous avons dû n'en rien retrancher

d'important, parce que la valeur de l'assemblée nationale, comme pouvoir organisateur, y est intégralement contenue. Le mode de la conception, celui de la rédaction, celui des débats eux-mêmes, sont ici une démonstration de premier ordre en matière de science sociale. Nous avons dit que l'assemblée, livrée à des procédés éclectiques, avait choisi dans le milieu qui lui était offert ; qu'elle avait consacré les intérêts maîtres du présent, et les avait fortifiés contre les retours du passé monarchique, et contre l'avenir de la classe passive. Nous avons attribué cette grave erreur à l'oubli total de la méthode sans laquelle l'activité humaine ne peut aboutir à aucune véritable création. La moindre réflexion sur les œuvres des anciens législateurs, sur la pensée émise de tout temps par les philosophes publicistes, nous montre la physiologie de l'homme prise pour type de la société. Unité de principe, unité de fonction, unité de but, telle a été la formule générale selon laquelle ont été institués tous les peuples qui ont laissé un nom dans l'histoire ; telle est l'abstraction fondamentale qui sert d'appui aux spéculations des théoriciens. Or, la constituante ne marche nullement dans cette voie ; elle détruisit, autant qu'il était en elle, la nationalité française, car elle méconnut et son passé et son avenir. Il lui fallait donc, pour être réellement constituante, créer une nouvelle nation ; il lui fallait appliquer la méthode physiologique, et organiser la société dont elle serait la mère, en se conformant à la donnée absolue de toute organisation, unité de principe, unité de fonction, unité de but. Ses calculs se bornèrent à la juxtà-position la mieux entendue de ce qu'elle appela les droits naturels. Il en résulta une agrégation, et non pas une constitution ; un corps brut retenu par des affinités chimiques dans le lien commun de l'inertie, et non pas un corps vivant fait pour agir. On verra quel éclectisme présida à la collection des faits qu'elle revêtit de la forme axiomatique, et dont elle décora l'agrégat du nom d'acte constitutionnel. Son opération consista à trier et à réunir, comme Thouret le dit plus bas ; et ces mots nous dispensent de plus longs commentaires. Nous passons au premier chapitre que nous avons annoncé.

PROJET DU COMITÉ DE CONSTITUTION.

SÉANCE DU 5 AOUT.

M. Thouret. La nuit dernière était l'anniversaire de l'époque à jamais mémorable où tant d'abus furent renversés; la séance actuelle est l'anniversaire de celle où vous commençâtes à poser les premières bases du majestueux édifice qui s'achève : c'est à l'expiration juste de la seconde année de votre session, que votre comité vient vous présenter le produit de vos travaux. Comme la lecture que je vais faire ne doit être suivie maintenant d'aucune discussion, je ne donnerai aucune explication : un simple exposé laissera vos réflexions plus libres.

CONSTITUTION FRANÇAISE.

Déclaration des droits de l'homme et du citoyen.

Les représentans du peuple français, constitués en ASSEMBLÉE NATIONALE, considérant que l'ignorance, l'oubli ou le mépris des droits de l'homme, sont les seules causes des malheurs publics et de la corruption des gouvernemens, ont résolu d'exposer, dans une déclaration solennelle, les droits naturels, inaliénables et sacrés de l'homme, afin que cette déclaration, constamment présente à tous les membres du corps social, leur rappelle sans cesse leurs droits et leurs devoirs; afin que les actes du pouvoir législatif et ceux du pouvoir exécutif, pouvant être à chaque instant comparés avec le but de toute institution politique, en soient plus respectés; afin que les réclamations des citoyens, fondées désormais sur des principes simples et incontestables, tournent toujours au maintien de la constitution et au bonheur de tous.

En conséquence, l'assemblée nationale reconnaît et déclare, en présence et sous les auspices de l'Être-Suprême, les droits suivans de l'homme et du citoyen :

Art. Ier. Les hommes naissent et demeurent libres et égaux en droits. Les distinctions sociales ne peuvent être fondées que sur l'utilité commune.

II. Le but de toute association politique est la conservation des droits naturels et imprescriptibles de l'homme. Ces droits sont la liberté, la propriété, la sûreté, et la résistance à l'oppression.

III. Le principe de toute souveraineté réside essentiellement dans la nation. Nul corps, nul individu ne peut exercer d'autorité qui n'en émane expressément.

IV. La liberté consiste à pouvoir faire tout ce qui ne nuit pas à autrui; ainsi l'exercice des droits naturels de chaque homme n'a de bornes que celles qui assurent aux autres membres de la société la jouissance de ces mêmes droits : ces bornes ne peuvent être déterminées que par la loi.

V. La loi n'a le droit de défendre que les actions nuisibles à la société. Tout ce qui n'est pas défendu par la loi, ne peut être empêché, et nul ne peut être contraint à faire ce qu'elle n'ordonne pas.

VI. La loi est l'expression de la volonté générale. Tous les citoyens ont droit de concourir personnellement, ou par leurs représentans, à sa formation. Elle doit être la même pour tous, soit qu'elle protège, soit qu'elle punisse. Tous les citoyens étant égaux à ses yeux, sont également admissibles à toutes les dignités, places et emplois publics, selon leur capacité, et sans autre distinction que celle de leurs vertus et de leurs talens.

VII. Nul homme ne peut être accusé, arrêté, ni détenu, que dans les cas déterminés par la loi, et selon les formes qu'elle a prescrites. Ceux qui sollicitent, expédient, exécutent ou font exécuter des ordres arbitraires, doivent être punis; mais tout citoyen appelé ou saisi en vertu de la loi, doit obéir à l'instant : il se rend coupable par la résistance.

VIII. La loi ne doit établir que des peines strictement et évidemment nécessaires, et nul ne peut être puni qu'en vertu d'une loi établie et promulguée antérieurement au délit, et légalement appliquée.

IX. Tout homme étant présumé innocent jusqu'à ce qu'il ait été déclaré coupable, s'il est jugé indispensable de l'arrêter, toute rigueur qui ne serait pas nécessaire pour s'assurer de sa personne doit être sévèrement réprimée par la loi.

X. Nul ne doit être inquiété pour ses opinions, même religieuses, pourvu que leur manifestation ne trouble pas l'ordre public établi par la loi.

XI. La libre communication des pensées et des opinions est un des droits les plus précieux de l'homme : tout citoyen peut donc parler, écrire, imprimer librement, sauf à répondre de l'abus de cette liberté dans les cas déterminés par la loi.

XII. La garantie des droits de l'homme et du citoyen nécessite une force publique : cette force est donc instituée pour l'avantage de tous, et non pour l'utilité particulière de ceux auxquels elle est confiée.

XIII. Pour l'entretien de la force publique et pour les dépenses d'administration, une contribution commune est indispensable : elle doit être également répartie entre tous les citoyens, en raison de leurs facultés.

XIV. Tous les citoyens ont le droit de constater, par eux-mêmes ou par leurs représentans, la nécessité de la contribution publique, de la consentir librement, d'en suivre l'emploi, et d'en déterminer la quotité, l'assiette, le recouvrement et la durée.

XV. La société a le droit de demander compte à tout agent public de son administration.

XVI. Toute société dans laquelle la garantie des droits n'est pas assurée, ni la séparation des pouvoirs déterminée, n'a point de constitution.

XVII. Les propriétés étant un droit inviolable et sacré, nul ne peut en être privé, si ce n'est lorsque la nécessité publique, légalement constatée, l'exige évidemment, et sous la condition d'une juste et préalable indemnité.

L'assemblée nationale, voulant établir la constitution française sur les principes qu'elle vient de reconnaître et de déclarer, abolit irrévocablement les institutions qui blessaient la liberté et l'égalité des droits.

Il n'y a plus ni noblesse, ni patrie, ni distinctions héréditaires, ni distinction d'ordres, ni régime féodal, ni justices patrimoniales, ni aucun des titres, dénominations et prérogatives qui en dérivaient, ni aucun des ordres de chevalerie, corporations ou décorations, pour lesquels on exigeait des titres de noblesse, ni aucune autre supériorité, que celle des fonctionnaires publics dans l'exercice de leurs fonctions.

Il n'y a plus ni vénalité ni hérédité d'aucun office public.

Il n'y a plus, pour aucune partie de la nation, ni pour aucun individu, aucun privilège ni exception au droit commun de tous les Français.

Il n'y a plus ni jurandes, ni corporations de professions, arts et métiers.

La loi ne reconnaît plus de vœux religieux, ni aucun autre engagement qui serait contraire aux droits naturels, ou à la constitution.

TITRE 1er.

Dispositions fondamentales garanties par la constitution.

La constitution garantit, comme droits naturels et civils :

1° Que tous les citoyens sont admissibles aux places et emplois, sans autre distinction que celles des vertus et des talens ;

2° Que toutes les contributions seront réparties entre tous les citoyens également en proportion de leurs facultés ;

3° Que les mêmes délits seront punis des mêmes peines, sans aucune distinction des personnes.

La constitution garantit pareillement, comme droits naturels et civils :

La liberté à tout homme d'aller, de rester, de partir, sans pouvoir être arrêté, accusé, ni détenu, que dans les cas déterminés par la loi, et selon les formes qu'elle a prescrites ;

La liberté à tout homme de parler, d'écrire, d'imprimer ses
pensées, et d'exercer le culte religieux auquel il est attaché;

La liberté aux citoyens de s'assembler paisiblement et sans
armes, en satisfaisant aux lois de police;

La liberté d'adresser aux autorités constituées des pétitions
signées individuellement.

Comme la liberté ne consiste qu'à pouvoir faire tout ce qui ne
nuit ni aux droits d'autrui ni à la sûreté publique, la loi peut
établir les peines contre les actes qui, attaquant ou la sûreté publique ou les droits d'autrui, seraient nuisibles à la société.

La constitution garantit l'inviolabilité des propriétés, ou la juste
et préalable indemnité de celles dont la nécessité publique, légalement constatée, exigerait le sacrifice.

Les biens qui ont été ci-devant destinés à des services d'utilité
publique, appartiennent à la nation; ceux qui étaient affectés
aux dépenses du culte sont à sa disposition.

Il sera créé et organisé un établissement général de *Secours
publics*, pour le soulagement des pauvres infirmes et des pauvres
valides manquant de travail.

Il sera créé et organisé une *Instruction publique*, commune à
tous les citoyens, gratuite à l'égard des parties d'enseignement
indispensables pour tous les hommes, et dont les établissemens
seront distribués graduellement, dans un rapport combiné avec
la division du royaume.

TITRE II.

De la division du royaume et de l'état des citoyens.

Art. Ier. La France est divisée en quatre-vingt-trois départemens, chaque département en districts, chaque district en
cantons.

II. Sont citoyens français :

Ceux qui sont nés en France d'un père français;

Ceux qui, nés en France d'un père étranger, ont fixé leur résidence dans le royaume;

Ceux qui, nés en pays étranger d'un père français, sont re-venus s'établir en France, et ont prêté le serment civique;

Enfin, ceux qui, nés en pays étranger, et descendant, à quel-que degré que ce soit, d'un Français ou d'une Française expatriés pour cause de religion, viennent demeurer en France, et prêtent le serment civique.

III. Ceux qui, nés hors du royaume, de parens étrangers, résident ici en France, deviennent citoyens français, après cinq ans de domicile continu dans le royaume, s'ils y ont en outre acquis des immeubles ou épousé une Française, ou formé un établissement de commerce, et s'ils ont prêté le serment ci-vique.

IV. Le pouvoir législatif pourra, pour des considérations im-portantes, donner à un étranger un acte de naturalisation, sans autres conditions que de fixer son domicile en France, et d'y prêter le serment civique.

V. Le serment civique est : *Je jure d'être fidèle à la nation, à la loi et au roi, et de maintenir de tout mon pouvoir la constitution du royaume, décrétée par l'assemblée nationale constituante aux années 1789, 1790 et 1791.*

VI. La qualité de citoyen français se perd :

1° Par la naturalisation en pays étranger;

2° Par la condamnation aux peines qui emportent la dégrada-tion civique, tant que le condamné n'est pas réhabilité;

3° Par un jugement de contumace, tant que le jugement n'est pas anéanti;

4° Par l'affiliation à tout ordre ou corps étranger qui suppo-serait des preuves de noblesse.

VII. Les citoyens français, considérés sous le rapport des re-lations locales, qui naissent de leur réunion dans les villes et dans certains arrondissemens du territoire des campagnes, forment les *communes*.

Le pouvoir législatif pourra fixer l'étendue de l'arrondissement de chaque commune.

VIII. Les citoyens qui composent chaque commune ont le

droit d'élire à temps, suivant les formes déterminées par la loi, ceux d'entre eux qui, sous le titre d'*officiers municipaux*, sont chargés de gérer les affaires particulières de la commune.

Il pourra être délégué aux officiers municipaux quelques fonctions relatives à l'intérêt général de l'État.

IX. Les règles que les officiers municipaux seront tenus de suivre dans l'exercice, tant des fonctions municipales que de celles qui leur auront été déléguées pour l'intérêt général, seront fixées par les lois.

TITRE III.

Des pouvoirs publics.

Art. Ier. La souveraineté est une, indivisible, et appartient à la nation : aucune section du peuple ne peut s'en attribuer l'exercice.

II. La nation, de qui seule émanent tous les pouvoirs, ne peut les exercer que par délégation.

La constitution française est représentative : les représentans sont le corps-législatif et le roi.

III. Le pouvoir législatif est délégué à une assemblée nationale, composée de représentans temporaires, librement élus par le peuple, pour être exercé par elle, avec la sanction du roi, de la manière qui sera déterminée ci-après.

IV. Le gouvernement est monarchique : le pouvoir exécutif est délégué au roi, pour être exercé, sous son autorité, par des ministres et autres gens responsables, de la manière qui sera déterminée ci-après.

V. Le pouvoir judiciaire est délégué à des juges élus à temps par le peuple.

CHAPITRE PREMIER.

De l'assemblée nationale législative.

Art. Ier. L'assemblée nationale, formant le corps-législatif, est permanente, et n'est composée que d'une chambre.

II. Elle sera formée tous les deux ans par de nouvelles élections.

Chaque période de deux années formera une législature.

III. Le renouvellement du corps-législatif se fera de plein droit.

IV. Le corps-législatif ne pourra pas être dissous par le roi.

Nombre des représentans. — Bases de la représentation.

Art. Ier. Le nombre des représentans au corps-législatif est de sept cent quarante-cinq, à raison des quatre-vingt-trois départemens dont le royaume est composé; et indépendamment de ceux qui pourraient être accordés aux colonies.

II. Les représentans seront distribués entre quatre-vingt-trois départemens, selon les trois proportions du territoire, de la population et de la contribution directe.

III. Des sept cent quarante-cinq représentans, deux cent quarante-sept sont attachés au territoire.

Chaque département en nommera trois, à l'exception du département de Paris, qui n'en nommera qu'un.

IV. Deux cent quarante-neuf représentans sont attribués à la population.

La masse totale de la population active du royaume est divisée en deux cent quarante neuf parts, et chaque département nomme autant de députés qu'il a de parts de population.

V. Deux cent quarante neuf représentans sont attachés à la contribution directe. La somme totale de la contribution directe du royaume est de même divisée en deux cent quarante-neuf parts, et chaque département nomme autant de députés qu'il paie de parts de contribution.

Assemblée primaire. — Nominations des électeurs.

Art. Ier. Lorsqu'il s'agira de former l'assemblée nationale législative, les citoyens actifs se réuniront en assemblées primaires dans les villes et dans les cantons.

II. Pour être citoyen actif, il faut :

Être Français, ou devenu Français ;

Être âgé de 25 ans accomplis ;

Être domicilié dans la ville ou dans le canton au moins depuis un an ;

Payer dans un lieu quelconque du royaume une contribution directe au moins égale à la valeur de trois journées de travail, et en représenter la quittance ;

N'être pas dans un état de domesticité, c'est-à-dire, de serviteur à gages ;

Être inscrit dans la municipalité de son domicile, au rôle des gardes nationales ;

Avoir prêté le serment civique.

III. Tous les six ans, le corps-législatif fixera le *minimum* et le *maximum* de la valeur de la journée de travail, et les administrateurs des départemens en feront la détermination locale pour chaque district.

IV. Nul ne pourra exercer les droits de citoyen actif dans plus d'un endroit, ni se faire représenter par un autre.

V. Sont exclus de l'exercice des droits de citoyen actif :

Ceux qui sont en état d'accusation ;

Ceux qui, après avoir été constitués en état de faillite ou d'insolvabilité, prouvé par pièces authentiques, ne rapportent pas un acquit général de leurs créanciers.

VI. Les assemblées primaires nommeront des électeurs, en proportion du nombre des citoyens actifs domiciliés dans la ville ou le canton.

Il sera nommé un électeur à raison de cent citoyens actifs présens, ou non, à l'assemblée.

Il en sera nommé deux depuis 151 jusqu'à 250, et ainsi de suite.

VII. Nul ne pourra être nommé électeur, s'il ne réunit aux conditions nécessaires pour être citoyen actif, celle de payer une contribution directe de....... journées de travail.

[Les comités de constitution et de révision ont pensé que, pour conserver la pureté de la représentation nationale qui, dans notre constitution , est la première base de la liberté , il importait d'assurer , autant qu'il est possible, l'indépendance et les lumières dans les assemblées électorales , et de ne mettre ensuite aucune borne à leur confiance et à la liberté des choix qu'elles sont chargées de faire ; en conséquence , ils proposent à l'assemblée de supprimer la condition du marc d'argent attachée à l'éligibilité des membres du corps-législatif, et d'augmenter la contribution exigée pour les électeurs. (On applaudit à plusieurs reprises.)

Il est bien entendu que les corps électoraux se trouvant formés avant la présente disposition , ces changemens ne seraient point applicables aux choix de la prochaine législature.]

SECTION III.

Assemblées électorales. — *Nominations des représentans.*

Art. Ier. Les électeurs nommés en chaque département se réuniront pour élire le nombre des représentans dont la nomination sera attribuée. à leur département , et un nombre de suppléans égal au tiers de celui des représentans.

II. Les représentans et les suppléans seront élus à la pluralité absolue des suffrages.

III. Tous les citoyens actifs , quel que soit leur état , profession ou contribution , pourront être choisis pour représentans de la nation.

IV. Seront néanmoins obligés d'opter , les ministres et les autres agens du pouvoir exécutif, révocables à volonté ; les commissaires de la trésorerie nationale , les percepteurs et receveurs des contributions directes , les préposés à la perception et à la régie des contributions indirectes, et ceux qui , sous quelque dénomination que ce soit, sont attachés à des emplois de la maison domestique du roi.

V. L'exercice des fonctions municipales , administratives et judiciaires , sera incompatible avec celles de représentant de la nation , pendant toute la durée de la législature.

VI. Les membres du corps-législatif pourront être réélus à la législature suivante, et ne pourront l'être ensuite qu'après un intervalle de deux années.

[Les comités de constitution et de révision regardent la limitation contenue dans cet article comme contraire à la liberté, et nuisible à l'intérêt national.]

VII. Les représentans nommés dans les départemens ne seront pas représentans d'un département particulier, mais de la nation entière; et la liberté de leurs opinions ne pourra être gênée par aucun mandat, soit des assemblées primaires, soit des électeurs.

SECTION IV.

Tenue et régime des assemblées primaires et électorales.

Art. Ier. Les fonctions des assemblées primaires et électorales se bornent à élire; elles se sépareront aussitôt après les élections faites, et ne pourront se former de nouveau que lorsqu'elles seront convoquées.

II. Nul citoyen actif ne peut entrer ni donner son suffrage dans une assemblée, s'il est armé ou vêtu d'un uniforme, à moins qu'il ne soit de service; auquel cas, il pourra voter en uniforme, mais sans armes.

III. La force armée ne pourra être introduite dans l'intérieur, sans le vœu exprès de l'assemblée, si ce n'est qu'on y commît des violences ; auquel cas, l'ordre du président suffira pour appeler la force publique.

IV. Tous les deux ans il sera dressé, dans chaque district, des listes, par cantons, des citoyens actifs, et la liste de chaque canton y sera publiée et affichée deux mois avant l'époque de l'assemblée primaire.

Les réclamations qui pourront avoir lieu, soit pour contester la qualité des citoyens employés sur la liste, soit de la part de ceux qui se prétendront omis injustement, seront portées aux tribunaux pour y être jugées sommairement.

La liste servira de règle pour l'admission des citoyens dans la prochaine assemblée primaire, en tout ce qui n'aura pas été rectifié par des jugemens rendus avant la tenue de l'assemblée.

V. Les assemblées électorales ont le droit de vérifier la qualité et les pouvoirs de ceux qui s'y présenteront, et leurs décisions seront exécutées provisoirement, sauf le jugement du corps-législatif, lors de la vérification des pouvoirs des députés.

VI. Dans aucun cas et sous aucun prétexte, le roi, ni aucun des agens nommés par lui, ne pourront prendre connaissance des questions relatives à la régularité des convocations, à la tenue des assemblées, à la forme des élections, ni aux droits politiques des citoyens.

SECTION V.

Réunion des représentans en assemblée nationale législative.

Art. 1er. Les représentans se réuniront le premier lundi du mois de mai, au lieu des séances de la dernière législature.

II. Ils se formeront provisoirement, sous la présidence du doyen d'âge, pour vérifier les pouvoirs des représentans présens.

III. Dès qu'ils seront au nombre de *trois cent soixante-treize* membres vérifiés, ils se constitueront sous le titre d'Assemblée nationale législative : elle nommera un président, un vice-président et des secrétaires, et commencera l'exercice de ses fonctions.

IV. Pendant tout le cours du mois de mai, si le nombre des représentans présens est au-dessous de trois cent soixante-treize, l'assemblée ne pourra faire aucun acte législatif.

Elle pourra prendre un arrêté pour enjoindre aux membres absens de se rendre à leurs fonctions dans le délai de quinzaine au plus tard, à peine de trois mille livres d'amende, s'ils ne proposent pas une excuse qui soit jugée légitime par le corps-législatif.

V. Au dernier jour de mai, quel que soit le nombre des membres présens, ils se constitueront en assemblée nationale législative.

VI. Les représentans prononceront tous ensemble, au nom du peuple français, le serment de *vivre libres ou mourir.*

Ils prêteront ensuite individuellement le serment de *maintenir de tout leur pouvoir la constitution du royaume décrétée par l'as-semblée nationale constituante, aux années* 1789, 1790 *et* 1791, *de ne rien proposer ni consentir dans le cours de la législature, qui puisse y porter atteinte, et d'être en tout fidèles à la nation, à la loi et au roi.*

VII. Les représentans de la nation sont inviolables : ils ne pourront être recherchés, accusés ni jugés en aucun temps, pour ce qu'ils auront dit, écrit ou fait dans l'exercice de leurs fonctions de représentans.

VIII. Ils pourront, pour fait criminel, être saisis en flagrant délit, ou en vertu d'un mandat d'arrêt ; mais il en sera donné avis, sans délai, au corps-législatif ; et la poursuite ne pourra être continuée qu'après que le corps-législatif aura décidé qu'il y a lieu à accusation.

CHAPITRE II.

De la royauté, de la régence et des ministres.

SECTION PREMIÈRE.

De la royauté et du roi.

Art. Ier. La royauté est indivisible, et déléguée héréditairement à la race régnante, de mâle en mâle, par ordre de primogéniture, à l'exclusion perpétuelle des femmes et de leur descendance.

(Rien n'est préjugé sur l'effet des renonciations dans la race actuellement régnante.)

II. La personne du roi est inviolable et sacrée ; son seul titre est *roi des Français.*

III. Il n'y a point en France d'autorité supérieure à celle de la loi. Le roi ne règne que par elle, et ce n'est qu'au nom de la loi qu'il peut exiger l'obéissance.

IV. Le roi, à son avénement au trône, ou dès qu'il aura atteint sa majorité, prêtera à la nation, en présence du corps-législatif, le serment *d'employer tout le pouvoir qui lui est délégué, à maintenir la constitution décrétée par l'assemblée nationale constituante, aux années 1789, 1790 et 1791, et à faire exécuter les lois.*

Si le corps-législatif n'était pas rassemblé, le roi fera publier une proclamation, dans laquelle seront exprimés ce serment et la promesse de le réitérer aussitôt que le corps-législatif sera réuni.

V. Si le roi refuse de prêter ce serment après l'invitation du corps-législatif, ou si, après l'avoir prêté, il le rétracte, il sera censé avoir abdiqué la royauté.

VI. Si le roi se met à la tête d'une armée, et en dirige les forces contre la nation, ou s'il ne s'oppose pas par un acte formel à une telle entreprise qui s'exécuterait en son nom, il sera censé avoir abdiqué.

VII. Si le roi sort du royaume, et si, après avoir été invité par une proclamation du corps-législatif, il ne rentre pas en France, il sera censé avoir abdiqué.

VIII. Après l'abdication expresse ou légale, le roi sera dans la classe des citoyens, et pourra être accusé et jugé comme eux, pour les actes postérieurs à son abdication.

IX. Les biens particuliers que le roi possède à son avénement au trône, sont réunis irrévocablement au domaine de la nation. Il a la disposition de ceux qu'il acquiert à titre singulier ; s'il n'en a pas disposé, ils sont pareillement réunis à la fin du règne.

X. La nation pourvoit à la splendeur du trône par une liste civile, dont le corps-législatif déterminera la somme, à chaque changement de règne, pour toute la durée du règne.

· XI. Le roi nommera un administrateur de la liste civile, qui exercera les actions judiciaires du roi, et contre lequel personnellement les poursuites des créanciers de la liste civile seront dirigées, et les condamnations prononcées et exécutées.

SECTION II.
De la régence.

Art. Ier. Le roi est mineur jusqu'à l'âge de 18 ans accomplis, et pendant sa minorité, il y a un régent du royaume.

II. La régence appartient au parent du roi le plus proche en degré, suivant l'ordre de l'hérédité au trône, et âgé de 25 ans accomplis, pourvu qu'il soit Français et régnicole, qu'il ne soit pas héritier présomptif d'une autre couronne, et qu'il ait précédemment prêté le serment civique.

Les femmes sont exclues de la régence.

III. Le régent exerce jusqu'à la majorité du roi toutes les fonctions de la royauté, et n'est pas personnellement responsable des actes de son administration.

IV. Le régent ne peut commencer l'exercice de ses fonctions qu'après avoir prêté à la nation, en présence du corps-législatif, le serment *d'employer tout le pouvoir délégué au roi, et dont l'exercice lui est confié pendant la minorité du roi, à maintenir la constitution décrétée par l'assemblée nationale constituante, aux années 1789, 1790 et 1791, et à faire exécuter les lois.*

Si le corps-législatif n'est pas assemblé, le régent fera publier une proclamation, dans laquelle seront exprimés ce serment, et la promesse de le réitérer aussitôt que le corps-législatif sera réuni.

V. Tant que le régent n'est pas entré en exercice de ses fonctions, la sanction des lois demeure suspendue; les ministres continuent de faire, sous leur responsabilité, tous les actes du pouvoir exécutif.

VI. Aussitôt que le régent aura prêté le serment, le corps-législatif déterminera son traitement, lequel ne pourra être changé pendant la durée de la régence.

VII. La régence du royaume ne confère aucun droit sur la personne du roi mineur.

VIII. La garde du roi mineur sera confiée à sa mère; et s'il n'a pas de mère, ou si elle est remariée, au temps de l'avènement de son fils au trône, ou si elle se remarie pendant la minorité, la garde sera déférée par le corps-législatif.

Ne peuvent être élus pour la garde du roi mineur, ni le régent et ses descendans, ni les femmes.

IX. En cas de démence du roi, notoirement reconnue, légalement constatée, et déclarée par le corps-législatif, après trois délibérations successivement prises de mois en mois, il y a lieu à la régence tant que la démence dure.

SECTION III.

De la famille du roi.

Art. Ier. L'héritier présomptif portera le nom de *prince royal.*

Il ne peut sortir du royaume sans un décret du corps-législatif et le consentement du roi.

S'il en est sorti, et si, après avoir été requis par une proclamation du corps-législatif, il ne rentre pas en France, il est censé avoir abdiqué le droit de succession au trône.

II. Si l'héritier présomptif est mineur, le parent majeur, premier appelé à la régence, est tenu de résider dans le royaume.

Dans le cas où il en serait sorti, et n'y rentrerait pas sur la réquisition du corps-législatif, il sera censé avoir abdiqué son droit à la régence.

III. La mère du roi mineur ayant sa garde, ou le gardien élu, s'ils sortent du royaume, sont déchus de la garde.

Si la mère de l'héritier présomptif mineur sortait du royaume, elle ne pourrait, même après son retour, avoir la garde de son fils mineur devenu roi, que par un décret du corps-législatif.

IV. Les autres membres de la famille du roi ne sont soumis qu'aux lois communes à tous les citoyens.

V. Il sera fait une loi pour régler l'éducation du roi mineur, et celle de l'héritier présomptif mineur.

VI. Il ne sera accordé aux membres de la famille royale aucun apanage réel.

Les fils puînés du roi recevront à l'âge de vingt-cinq ans accomplis, ou lors de leur mariage, une rente apanagère, laquelle sera fixée par le corps-législatif, et finira à l'extinction de leur postérité masculine.

SECTION IV.

Des ministres.

Art. Ier. Au roi seul appartient le choix et la révocation des ministres.

II. Aucun ordre du roi ne peut être exécuté, s'il n'est signé par lui et contre-signé par le ministre ou l'ordonnateur du département.

III. Les ministres sont responsables de tous les délits par eux commis contre la sûreté nationale et la constitution ;

De tout attentat à la propriété et à la liberté individuelle;

De toute dissipation des deniers destinés aux dépenses de leur département.

IV. En aucun cas, l'ordre du roi, verbal ou par écrit, ne peut soustraire un ministre à la responsabilité.

V. Les ministres sont tenus de présenter, chaque année, au corps-législatif, à l'ouverture de la session, l'aperçu des dépenses de leur département, de rendre compte de l'emploi des sommes qui y étaient destinées, et d'indiquer les abus qui auraient pu s'introduire dans les différentes parties du gouvernement.

VI. Aucun ministre en place ou hors de place ne peut être poursuivi en matière criminelle pour faits de son administration, sans un décret du corps-législatif.

CHAPITRE III.

De l'exercice du pouvoir législatif.

SECTION PREMIÈRE.

Pouvoirs et fonctions de l'assemblée nationale législative.

Art. Ier. La constitution délègue exclusivement au corps-législatif les pouvoirs et fonctions ci-après :

1° De proposer et décréter les lois: le roi peut seulement inviter le corps-législatif à prendre un objet en considération ;

2° De fixer les dépenses publiques ;

3° D'établir les contributions publiques, d'en déterminer la nature, la quotité et le mode de perception ;

4° D'en faire la répartition entre les départemens du royaume, d'en surveiller l'emploi et de s'en faire rendre compte ;

5° De décréter la création ou la suppression des offices publics ;

6° De déterminer le titre, l'empreinte et la dénomination des monnaies;

7° De permettre ou de défendre l'introduction des troupes étrangères sur le territoire français, et des forces navales étrangères dans les ports du royaume;

8° De statuer annuellement, après la proposition du roi, sur le nombre d'hommes et de vaisseaux dont les armées de terre et de mer seront composées; sur la solde et le nombre d'individus de chaque grade; sur les règles d'admission et d'avancement; les termes de l'enrôlement et du dégagement; la formation des équipages de mer; sur l'admission des troupes ou des forces navales étrangères, au service de France, et sur le traitement des troupes en cas de licenciement;

9° De statuer sur l'administration, et d'ordonner l'aliénation des domaines nationaux.

10° De poursuivre devant la haute-cour nationale la responsabilité des ministres et des agens principaux du pouvoir exécutif;

D'accuser et de poursuivre devant la même cour ceux qui seront prévenus d'attentat et de complot contre la sûreté générale de l'État, ou contre la constitution;

11° D'établir les règles d'après lesquelles les marques d'honneur ou décorations purement personnelles, seront accordées à ceux qui ont rendu des services à l'État;

12° Le corps-législatif a seul le droit de décerner les honneurs posthumes à la mémoire des grands hommes.

II. La guerre ne peut être décidée que par un décret du corps-législatif, rendu sur la proposition formelle et nécessaire du roi, sanctionné par lui.

Dans le cas d'hostilités imminentes ou commencées, d'un allié à soutenir ou d'un droit à conserver par la force des armes, le roi en donnera, sans aucun délai, la notification au corps-législatif, et en fera connaître les motifs.

Si le corps-législatif décide que la guerre ne doit pas être *faite, le roi prendra* sur-le-champ des mesures pour faire cesser ou prévenir toutes les hostilités, les ministres demeurant responsables des délais.

Si le corps-législatif trouve que les hostilités commencées soient une agression coupable de la part des ministres ou de quelque autre agent du pouvoir exécutif, l'auteur de l'agression sera poursuivi criminellement.

Pendant tout le temps de la guerre, le corps-législatif peut réquérir le roi de négocier la paix, et le roi est tenu de déférer à cette réquisition.

A l'instant où la guerre cessera, le corps-législatif fixera le délai dans lequel les troupes élevées au-dessus du pied de paix seront congédiées, et l'armée réduite à son état ordinaire.

III. Il appartient au corps-législatif de ratifier les traités de paix, d'alliance et de commerce; et aucun traité n'aura d'effet que par cette ratification.

IV. Le corps-législatif a le droit de déterminer le lieu de ses séances, de les continuer autant qu'il le jugera nécessaire, et de s'ajourner. Au commencement de chaque règne, s'il n'était pas réuni, il sera tenu de se rassembler sans délai.

Il a le droit de police dans le lieu de ses séances et dans l'enceinte extérieure qu'il aura déterminée.

Il a le droit de discipline sur ses membres; mais il ne peut prononcer de punition plus forte que la censure, les arrêts pour huit jours, ou la prison pour trois jours.

Il a le droit de disposer pour la sûreté et pour le maintien du respect qui lui est dû, des forces qui, de son consentement, seront établies dans la ville où il tiendra ses séances.

V. Le pouvoir exécutif ne peut faire passer ou séjourner aucun corps de troupes de ligne, dans la distance de trente mille toises du corps-législatif, si ce n'est sur sa réquisition ou sur son autorisation.

SECTION II.

Tenue des séances, et forme de délibérer.

Art. Ier. Les délibérations du corps-législatif seront publiques, et les procès-verbaux *de ses séances seront imprimés.*

II. Le corps-législatif pourra cependant en toute occasion se former en *comité général*.

Cinquante membres auront le droit de l'exiger.

Pendant la durée du comité général, les assistans se retireront; le fauteuil du président sera vacant; l'ordre sera maintenu par le vice-président.

Le décret ne pourra être rendu que dans une séance publique.

III. Aucun acte législatif ne pourra être délibéré et décrété que dans la forme suivante :

IV. Il sera fait trois lectures du projet de décret, à trois intervalles, dont chacun ne pourra être moindre de huit jours.

V. La discussion sera ouverte après chaque lecture, et néanmoins après la première ou seconde lecture, le corps-législatif pourra déclarer qu'il y a lieu à l'ajournement, ou qu'il n'y a pas lieu à délibérer. Dans ce dernier cas, le projet de décret pourra être représenté dans la même session.

VI. Après la troisième lecture, le président sera tenu de mettre en délibération, et le corps-législatif décidera s'il se trouve en état de rendre un décret définitif, ou s'il veut renvoyer la décision à un autre temps pour recueillir de plus amples éclaircissemens.

VII. Le corps-législatif ne peut délibérer, si la séance n'est composée de deux cents membres au moins, et aucun décret ne sera formé que par la pluralité absolue des suffrages.

VIII. Tout projet de loi qui, soumis à la discussion, aura été rejeté après la troisième lecture, ne pourra être représenté dans la même session.

IX. Le préambule de tout décret définitif énoncera : 1° les dates des séances auxquelles les trois lectures du projet auront été faites ; 2° le décret par lequel il aura été arrêté, après la troisième lecture, de décider définitivement.

X. Le roi refusera sa sanction aux décrets dont le préambule sera pas l'observation des formes ci-dessus. Si quelqu'un décrets était sanctionné, les ministres ne pourront le sceller ni le promulguer, et leur responsabilité à cet égard durera six années.

XI. Sont exceptés des dispositions ci-dessus les décrets reconnus et déclarés urgens par une délibération préalable du corps-législatif; mais ils peuvent être modifiés ou révoqués dans le cours de la même session.

SECTION III.

De la sanction royale.

Art. Ier. Les décrets du corps-législatif sont présentés au roi, qui peut leur refuser son consentement.

II. Dans le cas où le roi refuse son consentement, ce refus n'est que suspensif.

Lorsque les deux législatures qui suivront celle qui aura présenté le décret, auront successivement représenté le même décret dans les mêmes termes, le roi sera censé avoir donné la sanction.

III. Le consentement du roi est exprimé sur chaque décret par cette formule signée du roi: *Le roi consent, et fera exécuter.*

Le refus suspensif est exprimé par celle-ci: *Le roi examinera.*

IV. Le roi est tenu d'exprimer son consentement ou son refus sur chaque décret dans les deux mois de la présentation, et ce délai passé, son silence est réputé refus.

V. Tout décret auquel le roi a refusé son consentement ne peut lui être représenté par la même législature.

VI. Le corps-législatif ne peut insérer dans les décrets portant établissement ou continuation d'impôts, aucune disposition qui leur soit étrangère, ni présenter en même temps à la sanction d'autres décrets, comme inséparables.

VII. Les décrets sanctionnés par le roi, et ceux qui lui auront été présentés par trois législatures consécutives, ont seuls force de lois, et portent le nom et l'intitulé de *lois.*

VIII. Ne sont néanmoins sujets à la sanction les actes du corps-législatif concernant sa constitution en assemblée délibérante:

Sa police intérieure;

La vérification des pouvoirs de ses membres présens ;

Les injonctions aux membres absens ;

La convocation des assemblées primaires en retard ;

L'exercice de la police constitutionnelle sur les administrateurs;

Les questions soit d'éligibilité, soit de validité des élections.

Ne sont pareillement sujets à la sanction les actes relatifs à la responsabilité des ministres, et tous décrets portant qu'il y a lieu à accusation.

SECTION IV.

Relations du corps-législatif avec le roi.

Art. Ier. Lorsque le corps-législatif est définitivement constitué, il envoie au roi une députation pour l'en instruire. Le roi peut chaque année faire l'ouverture de la session, et proposer les objets qu'il croit devoir être pris en considération pendant le cours de cette session, sans néanmoins que cette formalité puisse être considérée comme nécessaire à l'activité du corps-législatif.

II. Lorsque le corps-législatif veut s'ajourner au-delà de quinze jours, il est tenu d'en prévenir le roi par une députation, au moins huit jours d'avance.

III. Huitaine au moins avant la fin de chaque session, le corps-législatif envoie au roi une députation pour lui annoncer le jour où il se propose de terminer ses séances. Le roi peut venir faire la clôture de la session.

IV. Si le roi trouve important au bien de l'État que la session soit continuée, ou que l'ajournement n'ait pas lieu, ou qu'il n'ait lieu que pour un temps moins long, il peut à cet effet envoyer un message, sur lequel le corps-législatif est tenu de délibérer.

V. Le roi convoquera le corps-législatif dans l'intervalle de ses sessions, toutes les fois que l'intérêt de l'État lui paraîtra l'exiger, ainsi que dans les cas que le corps-législatif aura prévus et déterminés avant de s'ajourner.

Toutes les fois que le roi se rendra au lieu des séances du *législatif*, il sera reçu et reconduit par une députation ; il ne pourra être accompagné dans l'intérieur de la salle que par les ministres.

VII. Dans aucun cas le président ne pourra faire partie d'une députation.

VIII. Le corps-législatif cessera d'être corps délibérant tant que le roi sera présent.

IX. Les actes de la correspondance du roi avec le corps-législatif seront toujours contresignés par un ministre.

X. Les ministres du roi auront entrée dans l'assemblée nationale législative; ils y auront une place marquée; ils seront entendus sur tous les objets sur lesquels ils demanderont à l'être, et toutes les fois qu'ils seront requis de donner des éclaircissemens.

CHAPITRE IV.

De l'exercice du pouvoir exécutif.

Art. Ier. Le pouvoir exécutif suprême réside exclusivement dans la main du roi.

Le roi est le chef suprême de l'administration générale du royaume; le soin de veiller au maintien de l'ordre et de la tranquillité publique lui est confié.

Le roi est le chef suprême de l'armée de terre et de l'armée navale.

Au roi est délégué le soin de veiller à la sûreté extérieure du royaume, d'en maintenir les droits et les possessions.

II. Le roi nomme les ambassadeurs et les autres agens des négociations politiques.

Il confère le commandement des armées et des flottes, et les grades de maréchal de France et d'amiral.

Il nomme les deux tiers des contre-amiraux, la moitié des lieutenans-généraux, maréchaux-de-camp, capitaines de vaisseaux et colonels de la gendarmerie nationale.

Il nomme le tiers des colonels et des lieutenans-colonels, et le sixième des lieutenans de vaisseaux.

Le tout en se conformant aux lois sur l'avancement.

Il nomme, dans l'administration civile de la marine, les ordonnateurs, les contrôleurs, les trésoriers des arsenaux, les chefs
des travaux, sous-chefs des bâtimens civils, la moitié des chefs
d'administration et des sous-chefs de construction.

Il nomme les commissaires auprès des tribunaux.

Il nomme les commissaires de la trésorerie nationale; et les
préposés en chef à la régie des contributions indirectes.

Il surveille la fabrication des monnaies, et nomme les officiers
chargés d'exercer cette surveillance dans la commission générale
et dans les hôtels des monnaies.

L'effigie du roi est empreinte sur toutes les monnaies du
royaume.

III. Le roi fait délivrer les lettres-patentes, brevets et commissions aux fonctionnaires publics qui doivent en recevoir.

IV. Le roi fait dresser la liste des pensions et gratifications,
pour être présentée au corps-législatif à chacune de ses sessions.

SECTION PREMIÈRE.

De la promulgation des lois.

Art. 1er. Le pouvoir exécutif est chargé de faire sceller les lois
du sceau de l'État, et de les faire promulguer.

II. Il sera fait deux expéditions originales de chaque loi,
toutes deux signées du roi, contresignées par le ministre de la
justice, et scellées du sceau de l'État.

L'une restera déposée aux archives du sceau, et l'autre sera
remise aux archives du corps-législatif.

III. La promulgation des lois sera ainsi conçue :

« N. (le nom du roi) par la grâce de Dieu et par la loi constitutionnelle de l'État, roi des Français, à tous présens et à venir,
salut. L'assemblée nationale a décrété, et nous voulons et ordonnons ce qui suit :

(La copie littérale du décret sera insérée sans aucun changement.)

» Mandons et ordonnons à tous les corps administratifs et tribunaux que les présentes ils fassent transcrire sur leurs registres, lire, publier et afficher dans leurs départemens et res-

sorts respectifs, et exécuter comme loi du royaume. En foi de quoi nous avons signé ces présentes, auxquelles nous avons fait apposer le sceau de l'Etat. »

IV. Si le roi est mineur, les lois, les proclamations et autres actes émanés de l'autorité royale pendant la régence, seront conçus ainsi qu'il suit :

« N.... (*le nom du régent*), régent du royaume, au nom de N. (*le nom du roi*), par la grâce de Dieu, et par la loi constitutionnelle de l'État, roi des Français, etc., etc., etc.»

V. Le pouvoir exécutif est tenu d'envoyer les lois aux corps administratifs et aux tribunaux, de se faire certifier cet envoi, et d'en justifier au corps-législatif.

VI. Le pouvoir exécutif ne peut faire aucune loi, même provisoire, mais seulement des proclamations conformes aux lois, pour en ordonner ou en rappeler l'exécution.

SECTION II.

De l'administration intérieure.

Art. I⁰. Il y a dans chaque département une administration supérieure, et dans chaque district une administration subordonnée.

II. Les administrateurs n'ont aucun caractère de représentation.

Ils sont des agens élus à temps par le peuple, pour exercer, sous la surveillance et l'autorité du roi, les fonctions administratives.

III. Ils ne peuvent rien entreprendre sur l'ordre judiciaire, ni sur les dispositions ou opérations militaires.

IV. Il appartient au pouvoir législatif de déterminer l'étendue et les règles de leurs fonctions.

V. Le roi a le droit d'annuler les actes des administrateurs de département, contraires aux lois ou aux ordres qu'il leur aura adressés.

Il peut, dans le cas d'une désobéissance persévérante, ou s'ils

compromettent par leurs actes la sûreté et la tranquillité publique, les suspendre de leurs fonctions.

VI. Les administrateurs de département ont de même le droit
d'annuler les actes des sous-administrateurs de district, contraires aux loix ou aux arrêtés des administrateurs de département,
ou aux ordres que ces derniers leur auront donnés ou transmis.

Ils peuvent également, dans le cas d'une désobéissance persévérante des sous-administrateurs, ou si ces derniers compromettent par leurs actes la sûreté ou la tranquillité publique, les suspendre de leurs fonctions, à la charge d'en instruire le roi, qui
pourra lever ou confirmer la suspension.

VII. Le roi peut, lorsque les administrateurs de département
n'auront pas usé du pouvoir qui leur est délégué dans l'article ci-
dessus, annuler directement les actes des sous-administrateurs,
et les suspendre dans les mêmes cas.

VIII. Toutes les fois que le roi aura prononcé ou confirmé la
suspension des administrateurs ou sous-administrateurs, il en instruira le corps-législatif.

Celui-ci pourra ou lever la suspension, ou la confirmer, ou
même dissoudre l'administration coupable; et s'il y a lieu, renvoyer tous les administrateurs ou quelques-uns d'eux aux tribunaux criminels, ou porter contre eux le décret d'accusation.

SECTION III.

Des relations extérieures.

Art. Ier. Le roi seul peut entretenir des relations politiques
au-dehors, conduire les négociations, faire des préparatifs de
guerre proportionnés à ceux des États voisins, distribuer les
forces de terre et de mer, ainsi qu'il le jugera convenable, et en
régler la direction en cas de guerre.

II. Toute déclaration de guerre sera faite en ces termes : *De
art du roi des Français, au nom de la nation.*

I. Il appartient au roi d'arrêter et de signer avec toutes les
sances étrangères, tous les traités de paix, d'alliance et de

commerce, et autres conventions qu'il jugera nécessaires au bien de l'État, sauf la ratification du corps-législatif.

CHAPITRE V.

Du pouvoir judiciaire.

Art. Ier. Le pouvoir judiciaire ne peut, en aucun cas, être exercé ni par le corps-législatif, ni par le roi.

II. La justice sera rendue gratuitement par des juges élus à temps par le peuple, institués par lettres-patentes du roi, et qui ne pourront être ni destitués que pour forfaiture dûment jugée, ni suspendus que par une accusation admise.

III. Les tribunaux ne peuvent ni s'immiscer dans l'exercice du pouvoir législatif, ou suspendre l'exécution des lois, ni entreprendre sur les fonctions administratives, ou citer devant eux les administrateurs pour raison de leurs fonctions.

IV. Les citoyens ne peuvent être distraits des juges que la loi leur assigne, par aucune commission, ni par d'autres attributions, et évocations que celles qui sont déterminées par les lois.

V. Les expéditions exécutoires des jugemens des tribunaux seront conçues ainsi qu'il suit :

« N. (le nom du roi), par la grâce de Dieu, et par la loi constitutionnelle de l'État, roi des Français; à tous présens et à venir, salut. Le tribunal de.... a rendu le jugement suivant :

(Ici sera copié le jugement.)

» Mandons et ordonnons à tous huissiers sur ce requis, de mettre ledit jugement à exécution, à nos commissaires auprès des tribunaux d'y tenir la main, et à tous commandans et officiers de la force publique, de prêter main-forte, lorsqu'ils en seront légalement requis : en foi de quoi le présent jugement a été scellé et signé par le président du tribunal et par le greffier.»

VI. Il y aura un ou plusieurs juges de paix dans les cantons et dans les villes. Le nombre en sera déterminé par le pouvoir législatif.

VII. Il appartient au pouvoir législatif de régler les arrondis-

semens des tribunaux , et le nombre des juges dont chaque tribunal sera composé.

VIII. En matière criminelle , nul citoyen ne peut être jugé que sur une accusation reçue par des jurés, ou décrétée par le corps-législatif dans les cas où il lui appartient de poursuivre l'accusation.

Après l'accusation admise, le fait sera reconnu et déclaré par des jurés.

L'accusé aura la faculté d'en récuser jusqu'à vingt.

Les jurés qui déclareront le fait , ne pourront être au-dessous du nombre de douze.

L'application de la loi sera faite par des juges.

L'instruction sera publique.

Tout homme acquitté par un juré légal , ne peut plus être repris, ni accusé à raison du même fait.

IX. Il y aura pour tout le royaume un seul tribunal de cassation, établi auprès du corps-législatif. Il aura pour fonctions de prononcer :

Sur les demandes en cassation contre les jugemens rendus en dernier ressort par les tribunaux ;

Sur les demandes en renvoi d'un tribunal à un autre, pour cause de suspicion légitime ;

Sur les réglemens de juges et les prises à partie contre un tribunal entier.

X. Le tribunal de cassation ne pourra jamais connaître du fond des affaires ; mais, après avoir cassé le jugement qui aura été rendu sur une procédure dans laquelle les formes auront été violées, ou qui contiendra une contravention expresse à la loi, il renverra le fond du procès au tribunal qui doit en connaître.

XI. Lorsqu'après deux cassations, le jugement du troisième tribunal sera attaqué par les mêmes moyens que les deux premiers, la question ne pourra plus être agitée au tribunal de cassation, sans avoir été soumise au corps-législatif, qui portera un décret déclaratoire de la loi , auquel le tribunal de cassation sera

tu de se conformer.

XII. Chaque année, le tribunal de cassation sera tenu d'envoyer à la barre du corps-législatif une députation de huit de ses membres qui lui présenteront l'état des jugemens rendus, à côté de chacun desquels seront la notice abrégée de l'affaire, et le texte de la loi qui aura déterminé la décision.

XIII. Une haute-cour nationale, formée de membres du tribunal de cassation et de hauts jurés, connaîtra des délits des ministres et agens principaux du pouvoir exécutif, et des crimes qui attaqueront la sûreté générale de l'État, lorsque le corps-législatif aura rendu un décret d'accusation.

Elle ne se rassemblera que sur la proclamation du corps-législatif.

XIV. Les fonctions des commissaires du roi auprès des tribunaux, seront de requérir l'observation des lois dans les jugemens à rendre, et de faire exécuter les jugemens rendus.

Ils ne seront point accusateurs publics; mais ils seront entendus sur toutes les accusations, et requerront pendant le cours de l'instruction pour la régularité des formes; et avant le jugement, pour l'application de la loi.

XV. Les commissaires du roi auprès des tribunaux dénonceront au directeur du jury, soit d'office, soit d'après les ordres qui leur seront donnés par le roi :

Les attentats contre la liberté individuelle des citoyens, contre la libre circulation des subsistances et la perception des contributions;

Les délits par lesquels l'exécution des ordres donnés par le roi, dans l'exercice des fonctions qui lui sont déléguées, serait troublée ou empêchée;

Et les rébellions à l'exécution des jugemens, et de tous les actes exécutoires émanés des pouvoirs constitués.

XVI. Le ministre de la justice dénoncera au tribunal de cassation, par la voie du commissaire du roi, les actes par lesquels les juges auraient excédé les bornes de leur pouvoir.

Le tribunal les annulera, et s'ils donnent lieu à la forfaiture, le fait sera dénoncé au corps-législatif qui rendra le décret d'accusation, et renverra les prévenus devant la haute-cour nationale.

TITRE IV.
De la force publique.

Art. Ier. La force publique est instituée pour défendre l'État contre les ennemis du dehors, et assurer au-dedans le maintien de l'ordre et l'exécution des lois.

II. Elle est composée :

De l'armée de terre et de mer ;

De la troupe spécialement destinée au service intérieur ;

Et, subsidiairement, des citoyens actifs, et de leurs enfans en état de porter les armes, inscrits sur le rôle de la garde nationale.

III. Les gardes nationales ne forment ni un corps militaire, ni une institution dans l'État ; ce sont les citoyens eux-mêmes appelés au service de la force publique.

IV. Les citoyens ne pourront jamais se former, ni agir comme gardes nationales, qu'en vertu d'une réquisition ou d'une autorisation légale.

V. Ils sont soumis, en cette qualité, à une organisation déterminée par la loi.

Ils ne peuvent avoir dans tout le royaume qu'une même discipline et un même uniforme.

Les distinctions de grade et la subordination ne subsistent que relativement au service et pendant sa durée.

VI. Les officiers sont élus à temps, et ne peuvent être réélus qu'après un intervalle de service comme soldats.

Nul ne commandera la garde nationale de plus d'un district.

VII. Toutes les parties de la force publique, employées pour la sûreté de l'État contre les ennemis du dehors, agiront sous les ordres du roi.

VIII. Aucun corps ou détachement de troupes de ligne ne peut agir dans l'intérieur du royaume sans une réquisition légale.

IX. Aucun agent de la force publique ne peut entrer dans la maison d'un citoyen, si ce n'est pour l'exécution des mandemens de police et de justice, ou dans les cas formellement prévus par la loi.

X. La réquisition de la force publique dans l'intérieur du royaume appartient aux officiers civils, suivant les règles déterminées par le pouvoir législatif.

XI. Si des troubles agitent tout un département, le roi donnera, sous la responsabilité de ses ministres, les ordres nécessaires pour l'exécution des lois et le rétablissement de l'ordre; mais à la charge d'en informer le corps-législatif, s'il est assemblé, et de le convoquer, s'il est en vacances.

XII. La force publique est essentiellement obéissante; nul corps armé ne peut délibérer.

TITRE V.

Des contributions publiques.

Art. Ier. Les contributions publiques seront délibérées et fixées chaque année par le corps-législatif, et ne pourront subsister au-delà du dernier jour de la session suivante, si elles n'ont pas été expressément renouvelées.

II. Sous aucun prétexte les fonds nécessaires à l'acquittement de la dette nationale et au paiement de la liste civile, ne pourront être ni refusés ni suspendus.

III. Les administrateurs de départemens, et sous-administrateurs, ne pourront ni établir aucune contribution publique, ni faire aucune répartition au-delà du temps et des sommes fixées par le corps-législatif, ni délibérer ou permettre, sans y être autorisés par lui, aucun emprunt local à la charge des citoyens du département.

IV. Le pouvoir exécutif dirige et surveille la perception et le versement des contributions, et donne tous les ordres nécessaires à cet effet.

TITRE VI.

Des rapports de la nation française avec les nations étrangères.

La nation française renonce à entreprendre aucune guerre,

dans la vue de faire des conquêtes, et n'emploiera jamais ses forces contre la liberté d'aucun peuple.

La constitution n'admet point de droit d'aubaine.

Les étrangers, établis ou non en France, succèdent à leurs parens, étrangers ou Français.

Ils peuvent contracter, acquérir et recevoir des biens situés en France, et en disposer, de même que tout citoyen français, par tous les moyens autorisés par les lois.

Les étrangers qui se trouvent en France sont soumis aux mêmes lois criminelles et de police que les citoyens français; leur personne, leurs biens, leur industrie, leur culte, sont également protégés par la loi.

Les colonies et possessions françaises dans l'Asie, l'Afrique et l'Amérique, ne sont pas comprises dans la présente constitution.

Aucun des pouvoirs institués par la constitution n'a le droit de la changer dans son ensemble ni dans ses parties.

L'assemblée nationale constituante en remet le dépôt à la fidélité du corps-législatif, du roi et des juges, à la vigilance des pères de famille, aux épouses et aux mères, à l'affection des jeunes citoyens, au courage de tous les Français. (La salle retentit d'applaudissemens.)

A l'égard des lois faites par l'assemblée nationale, qui ne sont pas comprises dans l'acte de constitution, et des lois antérieures auxquelles elle n'a pas dérogé; elles seront observées tant qu'elles n'auront pas été révoquées ou modifiées par le pouvoir législatif. (Les applaudissemens recommencent, et se prolongent pendant plusieurs minutes.)

M. la Fayette. Depuis long-temps les vœux du peuple appellent cet acte constitutionnel, qui, formé d'après la mesure des lumières actuelles, n'admet plus de délais utiles, et que tout nous invite à fixer. C'est lorsque tant de passions combinées s'agitent autour de nous, qu'il convient de proclamer ces principes de liberté et d'égalité, au maintien desquels chaque Français a irrévocablement dévoué sa vie et son honneur. L'assemblée pense, sans doute, qu'il est temps que nous donnions à toutes les autorités constituées le mouvement et l'ensemble ; que la nation ait auprès des gouvernemens étrangers un organe constitutionnel, afin de leur demander les nombreuses explications qu'ils nous doivent, afin que le sommeil des fonctions royales cesse, et que la confiance mutuelle puisse renaître.

Je ne vous parlerai point de ces devoirs pénibles que la patrie a eu droit d'attendre de moi, parce que tous les genres de dévoûment lui sont dus, mais dont il m'est du moins permis de calculer impatiemment la durée.

Je propose, Messieurs, que le comité de constitution soit chargé de préparer un projet de décret sur les formes d'après lesquelles l'acte constitutionnel, aussitôt qu'il aura été définitivement décrété, sera présenté, au nom du peuple français, à l'examen le plus indépendant, et à l'acceptation la plus libre du roi. (On applaudit.)

L'assemblée adopte la proposition de M. la Fayette.

DISCUSSION GÉNÉRALE DE L'ACTE CONSTITUTIONNEL.

Discours de M. Thouret, au nom des comités de constitution et de révision.

SÉANCE DU 8 AOUT.

Messieurs, la mission dont vous avez chargé vos comités, était bornée à trier et à réunir ceux de vos décrets qui sont essentiellement constitutionnels ; ce n'est donc pas du fond même de ces décrets que j'ai à vous entretenir, mais seulement du plan que vos comités ont adopté, et des considérations qui ont servi de règle générale pour discerner les décrets vraiment constitutionnels de ceux qui ne le sont pas.

Quant au plan, il était possible qu'en nous renfermant dans le sens strict et rigoureux du mot *constitution*, nous ne fissions entrer dans notre travail que l'unique objet de la division et de l'organisation des *pouvoirs publics* ; mais nous avons observé que l'assemblée n'avait pas établi la constitution pour un peuple nouveau, ni dans une terre vierge ; que la France gémissait depuis plusieurs siècles sous une foule d'institutions incompatibles avec une constitution pure et généreuse, et que le chapitre civique des abolitions qui ont dû précéder l'implantation de la liberté et de l'égalité, devait être consacré constitutionnellement.

Les comités ont aussi reconnu que les hommes, s'unissant en société, ont des droits individuels dont ils ne veulent et ne peuvent point faire le sacrifice; que c'est au contraire pour s'en assurer la jouissance qu'ils s'associent et se donnent une constitution, et qu'à la simple reconnaissance de ces droits, qui se trouve dans la déclaration qui en a été faite, il était indispensable d'ajouter la garantie formelle des mêmes droits par la constitution : ils y ont trouvé de plus l'avantage de perfectionner quelques dispositions de la déclaration qui pouvaient paraître les unes insuffisantes, les autres équivoques, et dont on a déjà cherché à abuser.

Telles sont les considérations qui ont déterminé à faire le titre Ier et son préambule.

Le titre II ne traite pas encore des pouvoirs publics; les dispositions qu'il contient sont antécédentes par leur nature; il fixe la division du territoire de l'empire à quatre-vingt-trois départemens, et cette fixation est constitutionnelle; car la multiplicité des départemens est la plus sûre garantie de leur subordination, et le plus fort obstacle aux entreprises fédératives.

Les articles qui suivent, sur l'état des citoyens, manquaient au complément de votre travail : toute société doit fixer les caractères auxquels elle peut reconnaître ses membres; vous avez d'ailleurs décrété que pour être citoyen actif il faut être *Français ou devenu Français* : il est donc nécessaire de déterminer comment on est Français, comment on le devient, et comment on cesse de l'être.

Dans ce même titre, les citoyens ne sont pas considérés seulement comme individus, mais encore sous le rapport qui se forme entre eux par la cohabitation dans les villes et dans les villages. Les agrégations que nous appelons *communes* sont placées ici en dehors des pouvoirs publics, parce que, formées naturellement par les besoins et les commodités de la vie privée, elles n'ont ni objet ni caractère politique; elles ne sont pas même les élémens de la représentation nationale, que la constitution a placés dans les *assemblées primaires*; comme les individus, elles sont sujettes et gouvernées, et elles n'entrent point comme parties intégrantes dans l'organisation du gouvernement; seulement les officiers qu'elles élisent pour gérer leurs affaires particulières peuvent recevoir des agens de l'administration publique la délégation de quelques fonctions relatives à l'intérêt général de l'État; mais la loi qui autorise ces délégations peut aussi en restreindre ou en révoquer entièrement la faculté, si l'intérêt général l'exige.

Le titre III traite des *pouvoirs publics*. L'étendue de la matière qu'il embrasse, a forcé de le diviser en chapitres, dont quelques-uns sont subdivisés en sections. Nous avons consacré d'abord le principe primordial de la souveraineté nationale, la nécessité de la délégation des pouvoirs, et exprimé la triple délégation du pouvoir législatif à l'assemblée nationale, du pouvoir exécutif au roi, et du pouvoir judiciaire à des juges temporaires. Il se présentait là une division naturelle du titre en trois chapitres, dont chacun aurait embrassé tout ce qui est relatif à chaque *pouvoir*; mais ce plan avait cet inconvénient, qu'étant impossible de dire tout ce qui concerne le corps-législatif, la nature et le mode de ses fonctions, sans parler plusieurs fois du roi, des ministres et de leurs fonctions corrélatives, on aurait trouvé la royauté et le ministère en action avant de les avoir vus constitués et organisés.

Nous avons renfermé dans un premier chapitre tout ce qui concerne la formation du corps-législatif, en expliquant par des sections séparées, 1° les bases de la représentation; 2° les assemblées primaires, nommant les électeurs; 3° les assemblées électorales, nommant les représentans; 4° la tenue et le régime des assemblées primaires et électorales; 5° la réunion des représentans en assemblée législative; en sorte que ce premier cha-

pitre établit un corps-législatif formé, organisé, et prêt à délibérer.

Le second chapitre constitue la royauté et le roi, le régent
qui supplée à l'incapacité du roi mineur ou en démence, l'état
politique et civil des membres de la famille du roi, et le ministère, instrument constitutionnellement nécessaire du pouvoir
exécutif. Les dispositions de ces deux chapitres créent, orga-
nisent et mettent en place les agens des deux grands pouvoirs :
il a été question ensuite de régler leur activité.

· Dans le chapitre III, nous avons traité d'abord de l'exercice
du *pouvoir législatif*. Les pouvoirs et les fonctions délégués au
corps-législatif, la forme de ses délibérations, les règles de la
sanction du roi, les relations indispensables du corps-législatif
avec le roi, font les matières des quatre sections dont ce chapitre est composé. Il n'expose pas seulement les droits et l'action propre du corps-législatif, mais encore l'action et les droits
correspondans du roi dans les points de contact établis par la
constitution.

Le chapitre IV traite de *l'exercice du pouvoir exécutif*. Les
fonctions déléguées au roi comme chef suprême du pouvoir
exécutif sont d'abord énumérées; ensuite les dispositions relatives à la promulgation des lois, à l'administration intérieure,
à l'institution des administrateurs électifs que la constitution établit agens du pouvoir exécutif, et aux relations extérieures de
l'État, sont distribuées dans trois sections.

Enfin le chapitre V, traitant du *pouvoir judiciaire*, termine et
complète ce titre III, qui embrasse la matière de la division des
pouvoirs publics, de leur organisation et de la délégation des
fonctions attribuées à chacun.

Vient ensuite dans le titre IV *la force publique*, ressort nécessaire de tout gouvernement pour défendre l'État contre les ennemis du dehors, pour assurer au dedans le maintien de l'ordre,
pour garantir l'exécution de tous les actes légitimes émanés des
pouvoirs constitués; et dans le titre V les *contributions publiques*,
qui sont la mise que la raison et l'intérêt personnel obligent tout

actionnaire d'une société politique de mettre en masse commune s'il veut que l'association soit en état de produire les avantages qu'il en entend retirer.

Le titre VI et dernier établit d'une manière noble, généreuse et digne d'un grand peuple, les rapports de la nation française avec les étrangers.

En terminant cette exposition du plan de notre travail, je dirai seulement qu'après de sérieuses méditations, et deux essais faits séparément, sans communication, et rapprochés ensuite, cette ordonnance, cette distribution des matières a paru à vos comités présenter la combinaison la plus favorable pour former de toutes les parties de la constitution un ensemble imposant, et en classer méthodiquement les détails.

Quant au triage des décrets et à la distinction de ceux qui doivent entrer dans l'acte constitutionnel, ou qui doivent en être écartés, il est indubitable que si l'on ne portait pas dans ce travail une grande sévérité de jugement, on tomberait dans un arbitraire aussi étendu que les différens esprits ont de manières diverses d'envisager la constitution, et d'être affectés de chacun des accessoires qui s'y rapportent plus ou moins directement.

Les comités se sont trouvés pressés en sens contraire, d'une part, par ceux qui, ne voulant admettre dans l'acte constitutionnel que ce qui forme la substance la plus essentielle de la constitution, croient qu'elle pouvait être pleinement rédigée en quarante ou cinquante articles; d'autre part, par ceux qui, voyant la constitution jusque dans les moyens les plus variables d'en remplir l'esprit et d'en réaliser les données, voudraient rendre permanentes des dispositions dont la modification pourra être commandée par le temps, et exécutée sans altérer l'essence de la constitution.

Nous ne nous sommes pas dissimulé tout ce que la première opinion a de réel et d'avantageux : il est très-vrai qu'une constitution se compose d'un petit nombre de règles fondamentales. L'exemple de toutes celles qui ont été écrites jusqu'ici le démontre, et il y a un grand intérêt public à prévenir le retour

trop prompt ou trop fréquent du *pouvoir constituant*, en abandonnant à la sagesse des législatures tout ce qui peut varier sans
changer la nature du gouvernement. Sous ces rapports, le défaut du projet que nous vous présentons serait celui d'une trop
grande prolixité.

Nous avons considéré que, l'assemblée ne s'étant pas bornée
à poser les bases de la constitution, il se trouve dans le travail
qu'elle a fait des développemens et quelques conséquences déjà
déduites des principes qui méritent, par leur importance, d'être
incorporés à la constitution. Nous avons encore recueilli celles
de ces conséquences immédiates qui sont tellement saines en
principe, tellement bonnes dans la pratique, et si clairement
susceptibles d'une exécution facile et durable, qu'on ne doit pas
craindre que le besoin de 'les changer se fasse sentir prochainement.

Mais si, après avoir bien défini, bien divisé les pouvoirs, bien
assigné à chacun l'étendue et les limites de son activité, constitué
électif tout ce qu'il appartient au peuple de nommer, et *temporaire* tout ce qui ne doit pas être délégué à vie, nous voulions
rendre permanentes d'autres modifications moins essentielles,
que nous croyons bonnes, mais qui pourraient ne pas soutenir
l'épreuve de l'expérience, ou qui, bonnes momentanément,
peuvent cesser de l'être avec le temps, nous passerions le but
que la sagesse nous prescrit; nous mettrions la nation dans la
nécessité ou de rappeler fréquemment le *pouvoir constituant*,
dont la présence produit inévitablement un état de crise politique, ou d'approuver que les *législatures* tentées de toucher à la
constitution, consommassent cette entreprise subversive.

Cette considération, la plus impérieuse de toutes, doit dominer sans cesse dans tout le cours de la discussion qui va
s'ouvrir.

M. Malouet paraît à la tribune.

M. le président. Avant de consulter l'assemblée, je dois la prévenir que plusieurs membres ont demandé la parole: les uns

sur l'ensemble du travail ; les autres sur la déclaration des droits ; les autres enfin, sur les divers titres du plan.

M. Thouret. Je ne propose de délibérer que sur l'ordre du classement de la distribution des matières.

M. le Chapelier. La proposition de M. Thouret consiste à savoir si l'assemblée prendra en masse pour matière de discussion le plan qu'il vient de présenter. Quelques personnes demandent la parole sur l'ensemble du travail ; il faut les entendre.

M. le président. Je crois inutile de dire à l'assemblée que jamais matière n'exigea une attention plus grande et un silence plus profond. J'observe à M. Malouet qu'il n'a la parole que sur la distribution du travail.

Opinion de M. Malouet sur l'ensemble de la constitution (1).

Statuo esse optimè constitutam rempublicam
Quà ex tribus generibus regali optimo populari.
CICER., *de Rep.*

Si la nation française en cet instant était rassemblée tout entière, chaque citoyen aurait le droit de dire, à la présentation de la charte constitutionnelle, je l'approuve, je la rejette, j'en blâme telle disposition.

Ce que la nation ne peut faire par l'universalité de ses membres, chacun de ses représentans en a le droit et le devoir.

(1) Malouet ne prononça qu'une partie de ce discours. Quoique vivement interrompu, il persistait à garder la parole et demandait qu'elle lui fût ôtée par un décret. Chapelier l'avait interpellé de ce qu'il se livrait à une critique générale de la constitution, tandis qu'il s'agissait seulement de l'ordre méthodique des décrets constitutionnels. L'assemblée ôta à Malouet le prétexte même de son discours en déclarant qu'elle adoptait l'ordonnance et la distribution des matières présentées par les comités. Comme Malouet fut le seul orateur du côté droit en cette circonstance, nous reproduisons son opinion tout entière. Il la fit imprimer avec cet envoi :

Envoi à M. Chapelier qui m'a interrompu :

« Vous n'avez pas voulu m'entendre, Monsieur, vous aurez la peine de me lire, et vous me feriez grand plaisir de me répondre.

» Je vous ai laissé travailler sans interruption pendant deux ans et demi à un ouvrage que vous avez appelé *superbe* ; il eût été juste de m'accorder une demi-heure pour en dire mon avis. Je vous prouverais bien par vos propres axiomes que le refus est déloyal et inconstitutionnel ; mais j'aime autant que nous restions chargés vis-à-vis de nos contemporains et de la postérité, vous de la responsabilité de vos admirations, moi de celles de mes censures. MALOUET. »

(Note des auteurs.)

Nous ne connaissons que partiellement les décrets constitutionnels : quelques-uns ont été rapidement adoptés ; une foule de décrets de circonstance, de lois particulières, ont séparé les uns des autres les articles constitutionnels : c'est pour la première fois que nous pouvons les juger dans leur ensemble. S'il était permis, s'il était possible de se livrer à une discussion approfondie, je ne craindrais pas de l'entreprendre ; mais, outre que le temps nous presse et nous commande, je ne me dissimule pas que l'avis de la majorité est arrêté sur les points principaux, et que c'est offenser l'opinion dominante que de la contredire ; cependant je vous dois, et à mes concitoyens, les motifs de mon jugement sur quelques articles fondamentaux. Je serai court.

Je commence par déclarer que si la constitution peut tenir ce qu'elle promet, elle n'aura pas de plus zélé partisan que moi ; car, après la vertu, je ne connais rien au-dessus de la liberté et de l'égalité.

Mais quand j'examine la déclaration des droits et ce qu'elle a produit, j'y vois une source d'erreurs désastreuses pour le commun des hommes, qui ne doit connaître la souveraineté que pour lui obéir, et qui ne peut prétendre à l'égalité que devant la loi ; car la nature ne partage pas également tous les hommes ; et la société, l'éducation, l'industrie, accroissent et multiplient les différences. Je vois donc les hommes simples et grossiers, dangereusement égarés par cette déclaration, à laquelle vous dérogez immédiatement par votre constitution, puisque vous avez cru devoir reconnaître et constater des inégalités de droits.

Forcés à une première exception, je ne pense pas que, pour le bonheur commun, la liberté et la sûreté de tous, vous lui ayez donné l'extension qu'elle doit avoir. Nous n'avons aucune garantie dans les annales du monde, aucun exemple du changement que vous opérez par l'égalité des conditions : la différence ineffaçable de celle du riche à celle du pauvre ne semble-t-elle pas devoir être balancée par d'autres modifications ? Cette différence avait peut-être, plus que les chimères de la vanité, motivé les anciennes institutions. Nous voyons que les législateurs ançiens, qui ont presque tous été de vrais sages, ont reconnu la nécessité d'une échelle de subordination morale d'une classe, d'une profession à une autre : si cependant, en croyant n'attaquer que les usurpations de l'orgueil et du pouvoir, vous portiez la hache sur les racines de la propriété, de la sociabilité; si ceux auxquels la liberté ne suffit pas s'enivrent de leur indépendance, quelle autorité de répression ne faudra-t-il pas aux magistrats et aux lois pour maintenir l'ordre dans cette multitude immense de nouveaux pairs?

C'est donc dans les pouvoirs délégués, c'est dans leur distribution, leur force, leur indépendance, leur équilibre, qu'il faut chercher la garantie des droits naturels et civils que vous assurez par le premier titre à tous les citoyens. J'aime à le répéter, ces dispositions fondamentales ne laissent rien à désirer; chacun en les lisant doit se dire: Voilà mon vœu bien exprimé; comment sera-t-il exaucé?

L'expérience nous prouve qu'un droit reconnu n'est rien, s'il n'est pas mis sous la garde d'une protection efficace.

Une seconde leçon de l'expérience et de la raison, c'est que la plus grande extension de la liberté politique est infiniment moins précieuse et moins utile aux hommes que la sûreté et la libre disposition de leurs personnes et de leurs propriétés; c'est là le bien solide, le bonheur de tous les instans, et le but principal de toute association.

Il résulte de ces deux vérités, qu'un gouvernement ne peut être considéré comme parfaitement libre, sage et stable; qu'autant qu'il est combiné, non sur la plus grande liberté politique, mais sur la plus grande sûreté et liberté des personnes et des propriétés.

Or, quel a été votre premier objet dans l'organisation et la distribution des pouvoirs? La plus grande extension possible de la liberté politique, sauf à y attacher ce qui est presque inconciliable, la plus grande sûreté possible des personnes et des propriétés.

Vous avez voulu, par une marche rétrograde de vingt siècles, rapprocher intimement le peuple de la souveraineté, et vous lui en donnez continuellement la tentation sans lui en confier immédiatement l'exercice.

Je ne crois pas cette vue saine: ce fut la première qui se développa dans l'enfance des institutions politiques et dans les petites démocraties; mais à mesure que les lumières se sont perfectionnées, vous avez vu tous les législateurs et les politiques célèbres séparer l'exercice de la souveraineté de son principe, de telle manière que le peuple, qui en produit les élémens, ne les retrouve plus que dans une représentation sensible et imposante qui lui imprime l'obéissance.

Si donc vous vous borniez à dire que le principe de la souveraineté est dans le peuple, ce serait une idée juste, qu'il faudrait encore se hâter de fixer en déléguant l'exercice de la souveraineté; mais en disant que la souveraineté appartient au peuple, et en ne déléguant que des pouvoirs, l'énonciation du principe est aussi fausse que dangereuse: elle est fausse, car le peuple en corps, dans ses assemblées primaires, ne peut rien saisir de ce que vous déclarez lui appartenir; vous lui défendez même de délibérer: elle est dangereuse, car il est difficile de tenir dans la condition de sujet celui auquel vous ne cessez de dire: Tu es souverain. Ainsi, dans l'impétuosité de ses passions, il s'emparera toujours du principe en rejetant vos conséquences.

Tel est donc le premier vice de votre constitution, d'avoir placé la souveraineté en abstraction; par-là vous affaiblissez les pouvoirs suprêmes, qui ne sont efficaces qu'autant qu'ils sont liés à une représentation sensible et continue de la souveraineté, et qui, par la dépendance où vous les avez mis d'une abstraction, prennent en réalité dans l'opinion du peuple un caractère subalterne. Cette combinaison nouvelle, qui paraît à son avantage, est tout à son détriment, car elle le trompe dans ses prétentions et ses devoirs, et dans ce genre les écarts de la multitude sont bien redoutables pour la liberté et la sûreté individuelle.

Il n'en serait pas de même si, voulant constituer une monarchie après avoir reconnu le principe de la souveraineté, vous en déléguiez formellement l'exercice au roi et au corps-législatif : cette disposition, je le déclare, me paraît indispensable.

Après avoir défini la souveraineté sans la déléguer, et de manière à favoriser les erreurs et les passions de la multitude, le même danger se rencontre dans la définition de la loi, que l'on dit être, d'après Rousseau, *l'expression de la volonté générale* ; mais Rousseau dit aussi que cette volonté générale est intransmissible, qu'elle ne peut être ni représentée ni suppléée ; il la fait résulter de l'opinion immédiate de chaque citoyen ; et comme vous avez adopté un gouvernement représentatif, le seul convenable à une grande nation, comme les représentans ne sont liés par aucun mandat impératif, que les assemblées primaires ne peuvent délibérer, il résulte de cette différence que la définition de Rousseau, juste dans son hypothèse, est absolument fausse dans la nôtre, et tend seulement à égarer le peuple, à lui persuader que sa volonté fait la loi, qu'il peut la commander, ce qui produit, comme la première cause, un affaiblissement sensible du pouvoir législatif, en élevant sans cesse des volontés partielles et audacieuses à la hauteur menaçante de la volonté générale ; et je dis plus, même dans le système de Rousseau, la loi serait mieux definie *l'expression de la justice et de la raison publique* ; car la volonté générale peut être injuste et passionnée, et la loi ne doit jamais l'être : le recensement de la volonté générale est souvent incertain et toujours difficile ; la manifestation de la raison publique s'annonce comme le soleil par des flots de lumière.

L'abus de ces deux mots, *souveraineté du peuple, volonté générale*, a déjà exalté tant de têtes qu'il serait bien cruel que la constitution rendît durable un tel délire.

Si les pouvoirs suprêmes sont, comme je vous le démontre, altérés par leur définition, par l'opinion qu'elle laisse au peuple de sa supériorité, ils ne le sont pas moins par leur organisation. C'est ici que je ne trouve plus une garantie suffisante des droits naturels et civils exposés dans le titre premier, que j'admets comme principe régulateur de la constitution; car il ne faut plus que le peuple s'y méprenne; je veux pour lui, comme pour moi, et tout autant que le plus ardent démocrate, la plus grande somme de liberté et de bonheur; mais je prétends qu'on doit l'asseoir sur des bases plus solides.

Or, voici la source de toutes les méprises et de tous les désordres d'un gouvernement qu'on veut rendre trop populaire.

Chaque homme ne s'unit au bien général que par sa raison, tandis que ses passions l'en éloignent.

Ainsi la société, comme collection d'individus, est soumise à deux impulsions divergentes, dont l'une est souvent impétueuse, et l'autre trop souvent faible et incertaine.

Que doit faire une constitution raisonnable pour assurer le bien général? Renforcer la plus faible de ces impulsions, enchaîner l'autre.

Pour parvenir à ce but, il est évident qu'il faut chercher les moyens là où ils se trouvent le plus naturellement, et éloigner les obstacles.

Or, quelle est la condition sociale dans laquelle il se trouve le plus constamment une habitude de volonté et de moyens tendant au bien général? C'est celle qui a le plus besoin d'ordre et de protection, la condition de propriétaires: ceux-ci ont pour intérêt dominant la conservation de leur état; la volonté et l'espérance des autres sont de changer le leur.

Le gouvernement le mieux ordonné est donc celui dans lequel les propriétaires seuls influent, car ils ont, comme les non-propriétaires, un intérêt égal à la sûreté et à la liberté individuelle, et ils ont de plus un intérêt éminent au bon régime des propriétés.

Ils ne sont pas la société tout entière; mais ils sont le tronc et la racine qui doivent alimenter et diriger les branches.

Ce ne peut donc être que par un abus funeste des principes abstraits de la liberté politique, et sans aucun profit, mais au contraire au grand détriment du peuple, qu'on peut étendre au-delà de la classe des propriétaires le droit d'influence directe sur la chose publique, car alors la plus forte des impulsions qui met les hommes en mouvement, celle des passions, des intérêts privés, agit toujours en grande masse, tandis que le principe de direction le plus faible, celui qui tend au bien général, se trouve réduit tout à la fois à une infériorité morale et physique.

Mais ce n'est pas assez que la législation d'un empire ne soit confiée qu'aux propriétaires élus par le peuple.

Les mêmes raisons qui séparent la discussion et la confection des lois du tourbillon des passions et des intérêts désordonnés dans lequel se meut la multitude, doivent appeler encore sur les délibérations toutes les précautions qui peuvent empêcher la précipitation et l'immaturité.

Ainsi, la délibération des lois dans une seule chambre présente infiniment moins de sûreté pour le peuple, et de moyens d'autorité pour la loi, que si elle subissait deux examens successifs par des hommes qui ont un esprit et des intérêts non pas opposés, mais différens.

Je pense donc que la constitution du corps-législatif en une seule assemblée, réduisant à la seule condition du marc d'argent l'éligibilité, n'offre point une garantie suffisante des droits naturels et civils qu'elle déclare acquis aux citoyens.

Trouverons-nous cette garantie dans un autre pouvoir suprême, celui de la royauté? Je ne le pense pas, car son essence est dénaturée par le mode de délégation et par la définition dans laquelle vous l'avez retranché.

Le roi est le chef du pouvoir exécutif, sans l'exercer par lui-même. Je ne m'élève point contre cette disposition; la liberté ne peut être maintenue sans la responsabilité des agens; la royauté n'existe plus si le prince est responsable; ainsi le terme moyen est indispensable.

Mais la royauté n'existe pas davantage en la réduisant à la seule direction du pouvoir exécutif, dépendant, par sa responsabilité, du pouvoir législatif.

La royauté dans un état libre, ne pouvant être utile que comme contrepoids d'un autre pouvoir, doit en avoir un propre, indépendant, tel, qu'il soit suffisant pour mettre obstacle non-seulement aux erreurs, mais aux entreprises, aux usurpations du corps-législatif. Celui-ci ayant continuellement dans sa main, par la responsabilité, les moyens de force que peut employer le monarque, il est indispensable, pour conserver l'équilibre des pouvoirs, que le monarque ait une puissance morale, une volonté souveraine qui résiste en certains cas au corps-législatif, et qu'il soit ainsi partie intégrante de la souveraineté; premier motif pour lui imprimer le caractère de chef; car celui de chef du pouvoir exécutif convient également à un doge, à un avoyer, au président des États-Unis.

Quel est donc l'attribut essentiel de la royauté? Le seul qui la distingue des hautes magistratures, c'est cette indépendance de pouvoir inhérent à la personne du monarque, par lequel, non-seulement il sanctionne ou rejette les actes du corps-législatif, mais il ajourne ou dissout une assemblée dont les entreprises violentes tendraient à la subversion des principes constitutifs.

Le roi étant dépouillé de cette autorité, quelle est celle que vous lui avez laissée pour défendre sa prérogative et son indépendance? Il est facile de vous démontrer qu'il ne lui en reste aucune.

Le *veto* suspensif est une arme dont il ne peut user fréquemment, surtout pour maintenir une autorité contre laquelle toutes les autres sont habituellement dirigées par leur nature, et par l'appui de l'opinion populaire dont elles émanent.

Cependant le corps-législatif, réuni en un seul faisceau contre le trône, tenant aux corps administratifs par la surveillance et les accusations, est non-seulement le centre effectif de tous les pouvoirs, mais peut s'emparer quand il lui plaît de tous les actes de l'administration publique par les évocations et l'extension illimitée qu'il peut donner à la responsabilité sans que le roi y mette obstacle.

Il est donc dans une dépendance effective et continue de cette assemblée, qui s'est donné d'ailleurs constitutionnellement une portion considérable du pouvoir exécutif, telle que l'organisation détaillée de l'armée, celle de tous les offices et emplois, la distribution des honneurs et des récompenses, la disposition des forces militaires dans la résidence du roi lorsque c'est aussi celle de l'assemblée.

Comment trouver dans cette distribution le balancement et l'équilibre des pouvoirs dont vous avez eu l'intention? Et si vous vous rappelez que pour avoir donné un corps à deux abstractions, la souveraineté du peuple et la volonté générale, vous leur avez subordonné dans l'opinion les pouvoirs suprêmes, vous trouverez toutes les forces physiques et morales réunies contre le trône, qui doit être indépendant pour protéger efficacement vos droits, et tous les pouvoirs expirant en certains cas devant ceux qui doivent obéir.

La composition et les fonctions des corps administratifs ajoutent à cette démonstration.

La division du royaume en départemens est sans doute une bonne opération; la répartition, la perception de l'impôt par les délégués du peuple, l'examen, la révision de toutes les dépenses qui s'exécutent dans chaque département, sont encore dans les principes d'un bon régime; mais la partie active de l'administration, celle qui exige une responsabilité continue, peut-elle être avec sûreté exercée collectivement par les mêmes délégués? N'appartient-elle pas tout entière au pouvoir exécutif?

Le roi a la surveillance de cette administration, peut en annuler les actes, en suspendre les agens; mais comment serait-il averti des négligences, des prévarications? Ces corps, étrangers à la couronne, où aucun de ses agens ne peut la représenter, sont nécessairement les rivaux de l'autorité royale, et tendront toujours, de concert avec le peuple et le corps-législatif, à l'énerver.

En transportant aux conseils et aux directoires de département une autorité et des fonctions dont ils ne devraient avoir que le contrôle, vous vous êtes privés de la meilleure forme d'administration qui *peut exister*, *celle qui place la surveillance à côté de l'action*, *et l'inspection des dépenses à la suite de leur exécution*.

C'est ainsi que vous pouviez assurer la meilleure et la plus exacte comptabilité; car l'institution des chambres des comptes, si importante dans son objet, si bien combinée dans son organisation primitive, pouvait être encore plus utilement remplacée par les départemens.

La charte, en n'assignant aucune fonction précise aux municipalités, semble reconnaître le danger de cette puissance royale dont elles sont aujourd'hui investies, et de leur insuffisance pour l'exercer; mais si la constitution ne guérit pas ces deux plaies, qui pourra les guérir?

Enfin, Messieurs, si à la suite de tant d'entraves mises au pouvoir exécutif et à sa direction centrale, si après les mesures extraordinaires récemment adoptées, et contre lesquelles je ne cesse de réclamer, je considère les cas de déchéance du trône que vous avez décrétés, et qu'aucun législateur avant vous n'avait ainsi multipliés et déterminés, je trouve que la royauté, dépouillée dans l'opinion et en réalité de tout ce qu'elle avait d'imposant, n'a plus les moyens d'acquitter ce que vous lui demandez.

Je ne dis rien du nouvel ordre judiciaire; le silence de la charte semble un aveu tacite de ses inconvéniens.

Mais l'organisation et l'emploi de la force publique présentent de bien graves considérations. Voilà donc la nation tout entière constituée en armée permanente! Quel a pu être l'objet de cette étrange et dangereuse innovation, qui rappelle parmi nous les mœurs des Germains, lorsque tant d'autres habitudes et d'institutions les repoussent?

Il était sans doute utile d'avoir une milice non soldée proportionnée à l'armée de ligne; mais tous les citoyens actifs convertis en gardes nationales, l'usage habituel des armes séparé d'une discipline sévère, les fonctions, les travaux militaires se mêlant à tous les actes, à toutes les professions civiles! Je vois dans ces nouvelles dispositions plus d'inquiétude que de sûreté, plus de *mouvement* que d'harmonie, et une perte immense de temps et *de travail*, qui sont la seule propriété du pauvre.

Quant à l'action et à la direction de la force publique pour l'ordre intérieur, la condition d'être requis par les officiers municipaux est une sage mesure; mais la tranquillité publique ne doit cependant pas dépendre de la complicité, de la faiblesse ou de la terreur des officiers du peuple ; et le pouvoir exécutif, sous sa responsabilité, doit être autorisé, comme en Angleterre, à l'emploi de la force lorsqu'elle est nécessaire.

Si des principaux points de la constitution je passais aux détails et au classement des objets, j'adopterais une autre méthode et plus de concision, car il est des détails qui me paraissent inutiles.

Je termine ici mes observations, et je ne me flatte pas de faire adopter les amendemens qui en résultent; mais je ne saurais accorder mon suffrage à une constitution contraire aux principes que je viens d'exposer : j'y soumettrai ma conduite en me rangeant désormais en silence dans la classe de ceux qui obéissent. Je me borne à demander, si l'assemblée ne juge pas à propos de délibérer sur mes observations, qu'on accélère les mesures qui doivent assurer la plus parfaite liberté du roi, et que la délibération sur la charte constitutionnelle se termine par un appel nominal.

Sur la déclaration des Droits.

M. Thouret. La déclaration des droits est en tête de notre travail, telle qu'elle a été décrétée par l'assemblée; les comités n'ont pas cru qu'il leur fût permis d'y faire aucun changement : elle a acquis un caractère religieux et sacré ; elle est devenue le symbole de la foi politique; elle est imprimée dans tous les lieux publics, affichée dans la demeure des citoyens de la campagne, et les enfans y apprennent à lire : il serait dangereux d'établir en parallèle une déclaration différente, ou même d'en changer la rédaction. Nous croyons qu'elle contient tous les germes d'où dérivent les conséquences utiles au bonheur de la société : c'est pourquoi je proposerai de passer au titre qui garantit les droits qui en émanent.

M. Dupont de Nemours, rappelle à l'assemblée que le décrétant la déclaration des droits, elle s'est réservé de la *compléter lorsque la constitution serait terminée.*

« Depuis cette époque, dit-il, vous êtes devenus bien grands : il faut que le portique soit digne en tout de l'édifice.» Les développemens demandés par M. Dupont se retrouvant dans plusieurs parties de l'acte constitutionnel, l'assemblée adopta la déclaration telle qu'elle l'avait décrétée au mois d'août 1789.

Sur le préambule de la constitution.

M. Thouret soumit ensuite à la délibération le préambule de la constitution, lequel proclame l'abolition de la féodalité, des priviléges et distinctions, de la vénalité des offices, des vœux religieux, de la pairie, de la noblesse, etc.

M. D'harambure. «Je demande la parole.... (Ah, ah, ah! *du côté gauche.*) Tant que l'assemblée n'aura pas statué sur le premier article (titre I⁰ʳ), de l'acte constitutionnel, qui porte : «que » tous les citoyens sont admissibles aux places et aux emplois » sans autre distinction que celle des vertus et des talens,» mon engagement solennel d'honneur envers ceux qui m'ont envoyé pour soutenir la noblesse subsiste toujours. Je pense que je n'ai rien de mieux à faire que de m'en remettre aux lumières de cette assemblée ; elle examinera quelle influence peut avoir cette suppression sur le bonheur du peuple, unique objet de mes vœux et de ceux de mes commettans.

M. Decroix. «Quant à moi, si je n'avais point été absent de l'assemblée, le 19 juin 1790, je me serais opposé de toutes mes forces à l'anéantissement de la noblesse héréditaire ; l'honneur et la délicatesse m'auraient obligé.... (*Murmures.*) Si vous ne voulez pas m'entendre je déclare que je ne prends nulle part à la délibération. (*On rit*).

MM. Crussol d'Amboise, Lusignan, Chatenay, et plusieurs autres membres du côté droit, se justifient également du décret du 19 juin 1790, et adhèrent à la déclaration de M. Decroix.

M. Rœderer. Je propose une addition à l'article qui concerne les ordres de chevalerie. Il ne me semble pas inutile d'insérer dans ce préambule les termes précis du décret rendu il y a huit jours, et qui supprime tout ordre, toute corporation, toute décoration, tout signe extérieur qui *supposait des distinctions de naissance*. La noblesse est dans l'esprit de bien des gens une maladie incurable.....

M. *Chatenay*. M. Rœderer ne l'a peut-être pas dans le cœur.

M. *Rœderer*. Tant que cette maladie est attaquée par la loi sous une certaine forme, elle trouve les moyens de reparaître sous une autre. Il serait possible, par exemple, qu'à la longue on instituât un ordre en France pour faire revivre cette noblesse alors peut-être oubliée par bien du monde; des ordres semblables à ceux qui existent en Espagne, tels que celui de la Toison-d'Or, pour lequel on n'exige point de preuves de noblesse, parce que, dit-on, cet ordre est au-dessus de toute noblesse; et il pourrait même s'introduire une autre sorte de noblesse telle qu'elle existait dans plusieurs parlemens du royaume, qui ne consentaient à ouvrir les cours qu'aux gens possédant la noblesse proprement dite, à ceux qui comptaient quatre à cinq générations de roture vivant noblement. Pour prévenir ces inconvéniens je crois donc qu'il faut ajouter après ces mots : *on exigeait des preuves de noblesse*, ceux-ci : *ou qui supposaient des distinctions de naissance*.

Le préambule de la constitution fut adopté avec l'amendement de Rœderer.

SUR LE TITRE 1er. — *Dispositions fondamentales garanties par la constitution.*

Des amendemens considérables ayant été faits à ce titre, suivons d'abord M. Thouret dans la lecture qu'il en donna selon la première rédaction :

La constitution garantit comme droits naturels et civils ;

1° Que tous les citoyens sont admissibles aux places et emplois ; sans autre distinction que celle des vertus et des talens ;

2° Que toutes les contributions seront réparties entre tous les citoyens également, en proportion de leurs facultés ;

3° Que les mêmes délits seront punis des mêmes peines sans aucune distinction des personnes.

La constitution garantit pareillement comme droits naturels et civils :

La liberté à tout homme d'aller, de rester, de partir sans pouvoir être arrêté, accusé ni détenu, que dans les cas déterminés par la loi, et selon les formes qu'elle a prescrites ;

La liberté à tout homme de parler, d'écrire, d'imprimer ses pensées, et d'exercer le culte·religieux auquel il est attaché ;

La liberté aux citoyens de s'assembler paisiblement et sans armes, en satisfaisant aux lois de police ;

La liberté d'adresser aux autorités constituées des pétitions signées individuellement.

Comme la liberté ne consiste qu'à pouvoir faire tout ce qui ne nuit ni aux droits d'autrui ni à la sûreté publique, la loi ne peut établir des peines contre les actes qui, attaquant ou la sûreté publique ou les droits d'autrui, seraient nuisibles à la société.

La constitution garantit l'inviolabilité des propriétés, ou la juste et préalable indemnité de celles dont la nécessité publique, légalement constatée, exigerait le sacrifice.

Les biens qui ont été ci-devant destinés à des services d'utilité publique appartiennent à la nation ; ceux qui étaient affectés aux dépenses du culte sont à sa disposition.

Il sera créé et organisé un établissement général de *secours publics*, pour le soulagement des pauvres infirmes et des pauvres valides manquant de travail.

Il sera créé et organisé une *instruction publique* commune à tous les citoyens, gratuite à l'égard des parties d'enseignement indispensables pour tous les hommes, et dont les établissemens seront distribués graduellement dans un rapport combiné avec la division du royaume.

M. Buzot. Il ne suffit pas de dire que la constitution *garantit les droits civils et naturels* ; il faut que l'on connaisse comment elle les garantit ; or ce sont ces formes de la liberté, conservatrices ... que je ne retrouve point dans ce titre.

D'abord, sur le premier paragraphe, il manque une addition essentielle. Si les mêmes délits doivent être punis des mêmes peines sans aucune distinction des personnes, il me faut une loi qui me garantisse que cela sera toujours ainsi : vous l'avez décrété vous-mêmes après une mûre discussion, dans laquelle M. Duport nous montra les inconvéniens de laisser au pouvoir exécutif le droit de faire grâce. Si quelqu'un dans la société a ce droit-là il est certain que rien ne me garantit que les mêmes délits seront punis des mêmes peines. Je demande donc, comme un moyen de garantir les droits civils et naturels, que l'article qui est dans notre code pénal soit mis ici. Cette addition ne suffit pas encore, et quoique j'aie approuvé d'abord ce premier titre, en y faisant une plus sérieuse attention, en le comparant à divers articles de la constitution d'Angleterre, en le comparant avec les articles que vous avez décrétés vous-mêmes, je n'ai pas trouvé, moi, qu'en promettant à chaque citoyen de lui garantir ses droits civils et naturels vous les lui garantissiez. En effet, vous rapportez tout à la loi, c'est-à-dire vous donnez à chacun de nous la jouissance des droits politiques ; mais les droits civils ne sont pas garantis contre les atteintes du corps-législatif lui-même, et il faut rétablir ici je ne dis pas tous les articles, mais les articles en substance que je trouve dans votre projet de loi sur la police de sûreté. Dans le jury, vous avez fait un décret contre les détentions injustes et contre tous actes arbitraires ; il faut donc que la constitution, ne pouvant pas déterminer les cas parce qu'ils peuvent se diversifier à l'infini, il faut qu'elle porte des peines contre ceux qui pourraient attenter à la liberté de quelqu'un ; car par ces peines-là il est impossible aux législatures, au pouvoir exécutif, d'y porter aucune atteinte. Je demanderais aussi que l'on ajoutât les diverses lois que vous avez faites sur les prises à partie. (*Murmures.*)

Si vous ne portez pas cette loi il n'est rien qui puisse protéger un citoyen contre les atteintes de la législature ou du pouvoir exécutif. Examinez le titre que je discute, et vous y verrez non pas que la constitution me garantit des droits, mais que la constitution promet que la loi me les garantira. Hé bien, alors ce n'est donc point la liberté civile que votre constitution me promet, mais seulement des droits politiques, puisque vous renvoyez aux législatures jusqu'aux atteintes qu'on pourrait y porter. Si vous l'avez entendu ainsi, je dis que votre titre est absolument inutile; car, en me conservant mes droits politiques, la loi dans tous les temps me protégera comme les législateurs le trouveront à propos; mais si au contraire, ne suivant que les termes de votre constitution, vous me promettez que votre constitution *me garantit*, alors il faut que vous me donniez à moi-même des moyens rassurans de garantie, et je n'en vois pas : c'est ainsi que dans beaucoup d'articles de votre police de sûreté vous avez garanti, à l'exemple des Anglais et des Américains, la liberté individuelle en présentant des moyens de donner une caution : vous m'avez promis alors que dans certains cas il me serait possible de quitter la prison en donnant caution; loi qui rappelle la loi de *l'habeas corpus*, si vantée par les Anglais, et qui assure leur liberté.

Ces observations me paraissent à moi tellement évidentes, que le paragraphe suivant, tout en disant qu'il garantit la liberté de la presse, ne garantit absolument rien. Je demande que vous me donniez un article très-précis, une loi sur cette matière; je demande que, par suite de ces dispositions, il y ait un article qui détermine que les législatures à venir ne pourront pas toucher à cette liberté sacrée, sans laquelle il n'y a pas dans votre constitution de liberté civile.

Je ne disconviens pas avec le comité de constitution qu'il ne soit des cas où l'on doive prononcer des peines contre les actes qui attaquent la sûreté publique et les droits d'autrui; mais je soutiens qu'avec cette maxime générale et abstraite vous n'avez rien qui garantisse la déclaration... (*Murmures.*) Si les législatures à venir, se coalisant peut-être contre la liberté publique, profitaient de quelques circonstances malheureuses pour porter atteinte elles-mêmes à la liberté de la presse, elles ne manqueraient pas de prétextes. Avez-vous quelque édit de nos rois dont le préambule ne présente quelque idée de justice et d'équité? La constitution , en disant qu'elle garantit aux citoyens les droits civils et naturels , doit en effet les garantir : si elle ne les garantit que par la loi, elle ne fait que donner des droits politiques, et non point des droits civils.

Je demande donc qu'on rétablisse dans ce titre : 1° la loi qui abolit le droit de faire grâce ; 2° qu'on y rétablisse les décrets qui garantissent véritablement la liberté, et les lois 'qui prononcent une peine contre ceux qui porteraient atteinte à la liberté individuelle ; 3° qu'on y ajoute aussi ceux qui établissent cette liberté , la faculté de donner caution en de certains cas, qui sont déterminés dans deux articles seulement de votre loi ; 4° qu'on détermine aussi une loi qui garantisse·la liberté de la presse de toute espèce d'atteinte ; et comme il est vrai et possible, dans certains cas, de porter des lois pour empêcher la liberté de la presse, je demande enfin qu'on circonscrive ici ces abus.

M. Pétion. Le préopinant vous a présenté sur le second paragraphe une idée extrêmement simple , et qu'il est facile de faire sentir jusqu'à l'évidence.

Je vous prie d'observer que l'intention de votre comité est de dire qu'il n'y a point de loi à faire sur cette matière ; qu'il suffit de déclarer que la presse est libre, pourvu qu'on ne nuise ni à la tranquillité ni aux droits d'autrui.... Eh ! Messieurs, c'est le même langage qu'on tenait dans l'ancien régime : c'est ainsi que les Anglais, lors de leur révolution en 1680 , faute d'avoir voulu également ne pas faire de loi pour assurer la liberté de la presse, sont arrivés au point où ils en sentent la nécessité indispensable. En effet, la liberté de la presse décroît journellement en Angleterre par cette raison , et cela est venu au degré de faire condamner au pilori un écrivain pour avoir dit que les vaisseaux n'étaient pas armés contre l'Espagne , mais contre la France; et c'est Pitt qui a trouvé ce moyen. En Angleterre, la liberté de la presse était confiée aux jurés ; mais insensiblement on la leur a enlevée.

Il est évident que nous n'avons encore rien fait pour la liberté
de la presse. Il est des principes fort simples que nous devons
nécessairement poser sur cette matière. En effet, on parle ou
sur les choses ou sur les personnes : eh bien ! relativement aux
choses, vous avez déclaré jusqu'à présent qu'il serait libre à tout
citoyen d'exposer ses opinions sur tout objet d'administration,
de gouvernement ou autre, sans pouvoir aucunement être inquiété ; et vous laissez la facilité aux législatures de faire des lois
contraires ! Or, les législatures ayant cette faculté, vous exposez
la liberté individuelle. Quoique dans cette assemblée on se soit
expliqué à cet égard, a-t-on jamais consacré les principes ? Il
faut laisser la faculté de la censure, car il vaut mieux que quelquefois des écrivains donnent mal à propos l'éveil, que de laisser
des hommes qui ont des fonctions importantes prévariquer impunément : il faut donc clairement et nettement s'expliquer.
Nous ne pouvons pas nous le dissimuler, si nous ne nous expli-
quons pas, rien n'est fait pour la liberté de la presse. Je soutiens
qu'il est extrêmement dangereux de laisser cela à l'incertitude,
et surtout à la disposition des législatures.

Je demande que sur la liberté de la presse on déclare nettement les principes : je demande une garantie contre les lois qui
pourront être faites par les législatures ; qu'il soit permis d'exprimer ses pensées verbalement ou par écrit sur tous les objets
quelconques quant aux choses, sans pouvoir être recherché
(murmures) ; d'écrire librement sur tous les actes des fonctionnaires publics : on a vu trop souvent les ministres s'identifier
avec leur matière. Quant aux hommes privés, qui ne doivent
pour ainsi dire compte de leurs actions qu'à eux-mêmes, je
conçois que ces hommes peuvent poursuivre ceux qui ont répandu des calomnies contre eux ; mais consacrez qu'on peut
écrire sur tout le reste, et empêchez que les législatures portent aucune atteinte à ce principe.

M. Duport. C'est surtout dans la position où nous sommes
qu'il faut donner à la délibération une direction qui la rende
utile et profitable. C'est sans amertume, mais avec un vrai

chagrin, que je ferai d'abord observer que les deux préopinans auraient dû se rendre aux comités, dont ils sont membres, et y fortifier de leurs réflexions et de leurs suffrages les diverses opinions favorables à leurs avis qu'on y a soutenues ; par là ils auraient évité des longueurs à l'assemblée. (Applaudissemens.) Mais il n'y a point de fin de non-recevoir contre la raison et la justice, et je dirai avec franchise que parmi les objections faites par MM. Bazot et Pétion, il en est de justes, il en est d'inutiles, il en est de dangereuses.

Quant à ce qui regarde la liberté de la presse, il n'y a qu'un petit nombre d'idées fondamentales qui, sous la forme de principes, peuvent être placées dans l'acte constitutionnel, savoir : 1° que chacun puisse écrire et imprimer sans qu'aucune législature puisse porter un obstacle à l'exercice de ce droit ; 2° que chacun réponde de l'abus de cette liberté ; 3° enfin, que les libelles, ainsi que les délits de la presse, soient jugés par un juré. Lorsqu'on a dit cela, on a dit tout ce qui était nécessaire sur cette question ; le reste appartient à la loi.

Quant à la demande d'un préopinant de placer dans la constitution que le roi n'a pas le droit de faire grâce, je me servirai de l'article qui sert de base à son raisonnement pour fonder la contradiction à son opinion. Il est dit que *tous les délits seront punis des mêmes peines* : or, pour que cet article ait sa pleine exécution, il faut de toute nécessité qu'il existe un droit d'équité qui établisse entre les peines les nuances qui existent entre des délits extérieurement les mêmes. Prenons un exemple : un particulier assassine un homme sans provocation, sans autre motif que la haine ou la cupidité ; il est infiniment plus coupable que celui qui tue un homme poussé par une provocation violente, par un motif qui rend son action sinon entièrement innocente, du moins excusable jusqu'à un certain point. Les deux délits sont matériellement les mêmes ; néanmoins l'auteur de l'un est un scélérat ; l'auteur de l'autre peut être un honnête homme. Afin donc que les deux délits soient punis des mêmes peines, il faut que l'équité puisse tempérer la justice : il n'a jamais existé

au-monde de pays où la justice ait été rendue sans des moyens
d'équité et d'adoucissement dans les peines.

A qui ce droit sera-t-il remis maintenant? En Angleterre et
en Amérique même, ce droit est remis au pouvoir exécutif,
parce que les Américains ont copié les Anglais, et que, leur juré
prononçant uniquement *coupable* ou *non-coupable*, il a fallu
laisser à quelqu'un le droit d'adoucir en certain cas la peine.
Pour nous, Messieurs, nous avons pensé qu'au moyen d'une
prononciation différente des jurés, il était possible de répartir
entre les juges et les jurés le droit de déterminer les cas d'excuse. Nous n'avons aucun modèle à cet égard, et au contraire
l'expérience des pays libres est contre nous: nous n'en avons pas
moins proposé la loi, parce qu'elle nous a paru et nous paraît
encore plus pure et meilleure. Mais, Messieurs, il nous a paru
trop hardi et trop dangereux d'établir dans la constitution même
une disposition qui n'a pas pour elle la sanction de l'expérience.
En effet, Messieurs, la disposition qui abolit le droit de faire
grâce étant absolument corrélative à la méthode des jurés que
nous avons adoptée, si elle venait à être détruite par la législature, si l'on rétablissait la prononciation anglaise et américaine,
coupable ou *non-coupable*, il faudrait bien rétablir aussi un droit
d'équité, lequel droit ne pourrait être remis évidemment qu'au
roi, avec des formes déterminées. Dans de telles circonstances,
il fallait tout mettre dans la constitution, l'abolition du droit de
faire grâce, et ce qui en tient lieu, ou n'y rien mettre; et nous
avons préféré ce dernier parti, afin que la constitution entière
ne soit pas changée, que les malheurs et les troubles attachés à
des conventions ne renaissent pas.

Il ne reste plus qu'une observation : c'est celle qui a rapport
au second paragraphe. On a observé à cet égard qu'on parlait
beaucoup des droits politiques des Français, et point de leurs
droits civils.... Cette observation n'est pas juste, car les droits
dont il s'agit ici sont civils, et non pas politiques. Il me semble
que le préopinant a poussé trop loin ses inquiétudes : il désire
que l'on établisse qu'un particulier ne sera accusé que de telle

manière, arrêté que de telle manière, jugé que de telle manière; or cela existe dans l'acte constitutionnel, dans la partie qui traite du pouvoir judiciaire. Il se peut qu'il eût mieux valu placer le tout dans le titre actuel; et vous voyez, Messieurs, que nous différons très-peu des préopinans. Je les prie, Messieurs, au nom des comités, d'y venir ce soir et d'y apporter leurs réflexions, afin de prévenir des débats inutiles et prolongés dans l'assemblée. »

L'assemblée renvoya tout le titre Iᵉʳ à l'examen des comités, en ajournant la discussion au lendemain.

SÉANCE DU 9.

M. Thouret. L'assemblée va continuer à s'occuper du titre Iᵉʳ. Les difficultés qui se sont élevées hier ont été aplanies au comité, où se sont rendus MM. Buzot et Pétion. Il a été question de bien fixer l'objet de ce titre, en tête duquel nous avons placé la déclaration des droits. En la rédigeant, vous vous êtes occupés de rechercher quels étaient, antérieurement à la constitution politique, les droits individuels de l'homme. Vous les avez reconnus et consacrés d'une manière générale qui s'applique également à tous les hommes, et qui doit servir de règle à tous les gouvernemens; ensuite, faisant la constitution française, il a fallu mettre ces droits sous la garantie de cette constitution. Le titre qui est soumis à votre discussion contient cette garantie. On a demandé quels étaient ces moyens? C'est d'abord la constitution. Elle donne les moyens qu'elle a pour elle-même. Il n'est pas nécessaire de les rapporter dans ce titre primitif; il suffit qu'on les rencontre dans les actes du gouvernement, auxquels ils correspondent. Quant à la liberté de la presse, nous avons tous été d'accord, et sur les principes qui doivent la protéger, et sur la nécessité d'établir une répression contre les délits et les crimes qui pourraient résulter de ses abus. Pour rassurer contre toute entreprise de la part des législatures, nous sommes convenus de placer dans l'acte judiciaire les mesures qui seront nécessaires pour constater les délits. Un des moyens les plus efficaces sera le jugement par jurés.

Quant au désir qu'a exprimé M. Buzot de voir formellement
énoncé dans ce titre, que le roi n'aura point le droit de faire grâce,
sans répéter les considérations qui ont été présentées par M. Dé-
port, je me contenterai d'observer que ce ne serait pas même là
la place de cet article ; et nous sommes convenus avec M. Buzot
de le prendre en considération dans l'examen du titre du pouvoir judiciaire. Cependant, pour donner, s'il était possible, une
garantie plus sûre, et écarter tous les doutes, nous vous propo-
serons de placer après le paragraphe qui consacre la liberté qu'a
tout homme de parler, d'écrire et d'imprimer ses pensées, cette
disposition nouvelle : « Le pouvoir législatif ne pourra porter
aucune atteinte à la liberté des droits ci-dessus garantis ; mais
comme la liberté ne consiste, etc..... » les moyens de réprimer
les abus seront placés dans le titre du pouvoir judiciaire.

M. Chabroud. Je propose d'ajouter au paragraphe qui porte :
la liberté à tout homme, de parler, d'écrire, d'imprimer ; ce mot :
et *publier* ses pensées.

L'assemblée adopte cette proposition.

M. Guillaume. Si vous placez à la suite des articles qui viennent de vous être présentés, la disposition que vous propose
M. Thouret, il en résultera que le corps-législatif croira pouvoir
porter atteinte à tous les autres droits : je demande donc que
cette réserve soit retranchée.

Quelques membres insistent pour le retranchement de cette
disposition.

M. Thouret. Examinons si l'addition que proposent les comités
a des inconvéniens, et si elle n'a pas quelque utilité. Il y a deux
parties dans le travail qui vous est soumis, savoir : les lois individuelles antérieures au gouvernement, puis le gouvernement.
Le titre Ier qui vous est soumis consacre les lois antérieures, et
on désire une expression qui assure la garantie contre l'abus que
pourraient faire les législatures. Il y a donc quelque utilité dans
la disposition qui vous est soumise ; maintenant y a-t-il des inconvéniens ? On dit que si la même clause ne se trouve pas à tous
les titres, on supposera qu'ils ne sont pas également garantis.

Mais la même clause se trouvera aussi à la fin de la seconde partie de notre travail : ce n'est donc qu'une redondance. Le titre Ier est assez précieux pour avoir besoin d'une garantie spéciale; et si elle n'a pas d'inconvénient, il n'y a pas de raison pour ne pas l'employer.

La discussion est fermée.

L'assemblée ajoute au titre Ier la disposition suivante, après ce paragraphe : « la liberté d'adresser aux autorités constituées des pétitions signées individuellement. »

« *Le pouvoir législatif ne pourra faire aucune loi qui puisse porter atteinte ni mettre obstacle à l'exercice des droits naturels et civils, garantis par la constitution.* » Mais comme la liberté ne consiste qu'à pouvoir faire, etc., etc.

L'assemblée adopte toutes les dispositions du titre premier avec les additions ci-dessus énoncées.

M. Thouret fait lecture du paragraphe suivant du titre Ier.

« La constitution garantit l'inviolabilité des propriétés, ou la juste et préalable indemnité de celles dont la nécessité publique, légalement constatée, exigerait le sacrifice. »

M. *Malès.* C'est ici le moment d'établir un des plus grands principes de la liberté, de mériter à ce pays le véritable nom de pays des Francs. On pouvait jadis, moyennant le dépôt d'une modique somme à l'amirauté, amener en France des esclaves. Il était une autre convention faite entre tous les souverains de l'Europe, qui était beaucoup plus redoutable. Ils voulaient qu'un malheureux poursuivi par le despotisme, s'il passait en pays étranger, fût rendu au tyran qui le réclamait. (On entend quelques murmures et quelques applaudissemens.)

M. *Custine.* Je demande que l'opinant soit rappelé à l'ordre.

M. *le président.* J'observe à M. Malès qu'il n'a la parole que sur le paragraphe qui vient d'être lu par M. Thouret.

M. *Malès.* Je demande que tout homme non libre qui atteindra le territoire français reste irrévocablement libre. (On murmure, on applaudit.)

L'assemblée passe à l'ordre du jour sur la proposition de M. Malès.

M. d'Harambure. Je suis obligé de regarder comme illusoire la garantie exprimée dans ces articles, tant que l'assemblée n'y joindra pas une loi qui exprime que tout citoyen qui éprouvera quelque injustice dans sa personne ou dans ses biens de la part d'une municipalité ou d'un corps administratif, aura le droit de les prendre à partie.

Les murmures étouffent la voix de M. d'Harambure.

L'article est décrété ainsi qu'il a été proposé par M. le rapporteur.

M. Thouret. L'article suivant est ainsi conçu : « Les biens destinés à des services d'utilité publique appartiennent à la nation ; ceux qui étaient affectés aux dépenses du culte sont à sa disposition. » Voici la raison qui nous a déterminés à placer ici cet article. Dans le paragraphe précédent, l'on garantit constitutionnellement l'inviolabilité des propriétés. Vous avez remarqué l'abus qu'on a déjà fait de ce principe dans la disposition que vous avez faite des biens ci-devant affectés au clergé. Il est donc nécessaire de fixer imperturbablement les idées, et de déclarer que les biens affectés à des services d'utilité publique sont à la nation et pour la nation.

Après une discussion dans laquelle sont entendus Thévenot, Larochefoucault, Camus, Prieur, l'abbé Bourdon et Dandré, le paragraphe est adopté dans la rédaction suivante :

« Les biens destinés aux dépenses du culte ; et à tous services d'utilité publique, appartiennent à la nation ; ils sont dans tous les temps à sa disposition. La constitution garantit les aliénations qui ont été faites suivant les formes établies par la loi. »

M. Thouret lit le paragraphe subséquent. Il est ainsi conçu :

« Il sera créé et organisé un établissement général de *secours publics* pour le soulagement des pauvres infirmes et des pauvres valides manquant de travail. »

M. Dupont. Saint-Vincent-de-Paule est le fondateur du premier hospice des enfans-trouvés ; cet acte de bienfaisance lui a mérité la reconnaissance du genre humain, Je demande que l'article soit rédigé en ces termes :

« Il sera créé et organisé un établissement général de *secours publics* pour élever les enfans abandonnés, soulager les pauvres infirmes, et procurer du travail aux pauvres valides. »

Cette rédaction est adoptée.

M. Thouret fait lecture de l'article dernier, ainsi conçu :

« Il sera créé et organisé une *instruction publique* commune à tous les citoyens, gratuite à l'égard des parties d'enseignement indispensable pour tous les hommes, et dont les établissemens seront distribués graduellement dans un rapport combiné avec la division du royaume. » — Adopté.

M. Thouret lit l'article Ier du titre II, relatif à la division du royaume et à l'état des citoyens; cet article est ainsi conçu :

« La France est divisée en 83 départemens, chaque département en districts, chaque district en cantons. »

M. Rabaud. Dans vos décrets constitutionnels, vous avez tout rapporté au principe d'unité qui doit assurer la stabilité d'un empire; le royaume y est toujours représenté comme une chose une. Je demande en conséquence que l'article qui vous est proposé soit rédigé en ces termes :

« Le royaume de France est un et indivisible; son territoire est partagé, pour l'administration, en 83 départemens, chaque département en districts, chaque district en cantons.»

La rédaction proposée par M. Rabaud est adoptée.

M. Thouret lit le deuxième article du titre second.

Cet article est ainsi rédigé :

Art. II. Tout citoyen français, ceux qui sont nés en France d'un père français; ceux qui, nés en France d'un père étranger, ont fixé leur résidence dans le royaume; ceux qui, nés en pays étranger d'un père français, sont revenus s'établir en France, et ont prêté le serment civique; enfin, ceux qui, nés en pays étranger, et descendant, à quelque degré que ce soit, d'un Français ou d'une Française expatriés pour cause de religion, viennent demeurer en France, et *prêtent le serment civique.*

M. Tronchet. J'ai une observation à faire. Je prie le comité de présenter un article qui assure aux enfans illégitimes les droits de citoyens, et notamment à ceux dont la mère est Française, et dont le père est inconnu.

L'amendement de M. Tronchet est adopté en ces termes :

« Les enfans nés en France de parens inconnus auront droit de cité. »

M. Tronchet. Je crois que la rédaction serait encore plus exacte en mettant : « de père ou de mère inconnu, » parce que ces enfans peuvent ne connaître que leur mère.

M. Duport. L'assemblée veut que quand un homme est né en France de parens étrangers, cet homme y ait fixé sa résidence pour jouir des droits de citoyen français. Cependant, d'après l'amendement qui vient d'être adopté, si deux étrangers passaient un moment en France, qu'ils y abandonnassent un enfant, et que cet enfant, né de parens inconnus, passât en pays étranger, au terme de cet amendement, quoiqu'il ne fût pas résidant dans le royaume, mais parce qu'il y serait né, et que ses parens seraient inconnus, il aurait droit de cité. L'assemblée ne peut pas avoir voulu décréter des dispositions contradictoires.

M. Thouret. Il est impossible d'accorder au fils d'une femme mariée le droit de cité par sa mère ; car alors il aurait deux cités. Par exemple, si son père était Anglais, en vertu du droit qu'il tiendrait de sa mère française, il viendrait dans les assemblées politiques de France ; et s'il n'y obtenait pas l'élection, il retournerait en Angleterre jouir des droits de son père. Si sa mère n'est pas mariée, l'homme qui voudra exercer les droits de citoyen, quels que soient son père et sa mère, se présentera avec son extrait baptistaire et la preuve de sa résidence. Il dira : je suis né en France, j'y réside. Peu importe que son père soit étranger ou Français, car il est l'un ou l'autre.

M. Prieur. Eh bien ! si vous retirez l'amendement de M. Tronchet, vous verrez que dans les assemblées primaires on opposera votre procès-verbal aux bâtards.

si bien senti la vérité de la définition que je viens de donner, qu'il vous propose de reléguer le décret du marc d'argent parmi les décrets réglementaires, parce que ce décret, ôtant la liberté de l'élection, est contraire à l'esprit de la représentation.

S'il n'y a pas de représentation sans élection, il est clair aussi que tout fonctionnaire élu est représentant pour la chose pour laquelle il est nommé. Si les corps administratifs n'avaient pas le caractère représentatif, à quel titre notre constitution aurait-elle le caractère représentatif? Pourquoi dirait-on sans cesse que notre constitution est toute nouvelle, qu'il n'y en a d'exemple nulle part. Si le roi est représentant, si les corps administratifs ne le sont pas, notre constitution est une simple monarchie non-représentative, où le pouvoir législatif est exercé par des représentans temporaires, et le pouvoir exécutif par le roi. Or, toutes les monarchies sont fondées sur les mêmes bases; car le gouvernement dans lequel le pouvoir législatif n'est pas exercé par des représentans élus, est aristocratique ou despotique. Dans le système du comité, nous aurions donc une monarchie comme celle qui existait il y a deux siècles, avec nos États-généraux; à la vérité, la manière dont les pouvoirs y sont exercés inspire plus de confiance; mais elle ne serait pas une monarchie représentative.

Maintenant je vais exposer le sens que j'attache au mot *représentans* appliqué aux administrateurs. Ce qui a sans doute trompé le comité, et ce qui fait résister plusieurs bons esprits aux observations que je présente, c'est que les administrateurs ne doivent pas être placés dans la même ligne que les membres de l'assemblée nationale; que les uns sont responsables au chef du pouvoir exécutif, tandis que ceux-ci en sont indépendans, et exercent même des fonctions d'un ordre supérieur. Je reconnais comme eux cette différence; mais elle ne vient pas du caractère représentatif, mais seulement de la différence des pouvoirs exercés représentativement par les uns ou par les autres. Les membres du corps-législatif sont représentans du peuple; non-*seulement représentans*, mais pour exercer le pouvoir représentatif, pour vouloir pour le peuple, pour être le peuple : au lieu que les administrateurs ne sont représentans du peuple que pour exercer des pouvoirs commis et délégués. C'était donc entre *le pouvoir commis* et *le pouvoir représentatif* qu'il fallait faire la différence. Je propose en conséquence de substituer à l'article III le suivant :

« La nation ne peut exercer elle-même sa souveraineté : elle institue pour cet effet un pouvoir représentatif et un pouvoir commis qui seront pour la plupart élus comme il sera dit ci-après. »

Je propose de dire, à l'article IV : « Le pouvoir législatif est essentiellement représentatif : il est délégué à des représentans temporaires librement élus par le peuple. »

A l'article V : « Le pouvoir exécutif est essentiellement commis. » (On murmure.)

A moins qu'on ne veuille déterminer qu'on ne pourra prononcer le nom du roi qu'à genoux, je prie qu'on me laisse continuer.

Au lieu de dire, comme le comité : « Le pouvoir exécutif est délégué au roi, » je demande que l'on dise : « La partie éminente et suprême du pouvoir exécutif sera exercée par le roi. »

Ensuite : « Les fonctions administratives impérieuses sont déléguées à des représentans élus par le peuple. »

M. Robespierre. Il me semble qu'il y a dans l'opinion de M. Rœderer beaucoup de principes vrais, et auxquels il est difficile de répliquer. Cependant ce n'est pas sur cet objet que je me propose d'insister. Il y a dans le titre qui est soumis à votre délibération beaucoup de mots et d'expressions équivoques qui me paraissent altérer d'une manière dangereuse votre constitution. Il y est dit que la nation ne peut exercer ses pouvoirs que par délégation. Or, je soutiens que les différens pouvoirs de la nation ne sont autre chose que les parties constitutives de la souveraineté ; et comme la souveraineté est inaliénable, ces pouvoirs sont aussi indélégables.

Les *pouvoirs* doivent être bien distingués des *fonctions* : les premiers ne peuvent être ni aliénés ni délégués, puisqu'ils constituent la souveraineté; et si vous déclarez qu'ils sont délégables, il vaudrait autant, comme l'a proposé M. Malouet, que la nation déléguât en masse la souveraineté. C'est pour réaliser ce système, sans doute, qu'il n'est nullement question, dans ce projet de constitution, des conventions nationales. Permettez-moi de vous citer un homme dont le témoignage ne sera pas suspect, puisque vous lui avez décerné une statue précisément pour l'ouvrage dont je parle. J.-J. Rousseau a dit que le pouvoir législatif constituait l'essence de la souveraineté, puisqu'il était la volonté générale, et que la souveraineté est la source de tous les pouvoirs délégués; et en parlant du gouvernement représentatif absolu, gouvernement tel que les comités paraissent vouloir l'introduire, et auquel je préférerais le despotisme, il le dépeint sous les couleurs odieuses qu'il mérite, en disant que, sous un pareil gouvernement, la nation n'est plus libre et n'existe plus.

Le préopinant vous a dit avec raison que le roi ne devait point avoir le titre de représentant de la nation. En effet, le pouvoir législatif seul a la proposition et la confection de la loi, sauf une espèce de remède ou une ressource que l'on a cru devoir donner au peuple, en conférant au roi le pouvoir de la sanction.

M. Thouret. Il me semble que l'assemblée va perdre beaucoup de temps sans aucun avantage pour la discussion. On fait des objections partielles et l'on accumule les idées. Je prie l'assemblée de commencer par délibérer sur le premier article.

M. Pétion. Je demande qu'après ces mots : *La souveraineté est une et indivisible*, on mette : *et inaliénable*. Vous ne pouvez pas vous dissimuler que la nation ne peut pas aliéner sa souveraineté par la nature même des choses; mais il est bon que cette inaliénabilité soit exprimée.

M. Thouret. Nous touchons ici à une matière dans laquelle il importe beaucoup que toutes les expressions soient bien fixées. L'un des préopinans a dit que la nation ne pouvait pas déléguer ses pouvoirs. Sans doute elle ne les délègue pas à perpétuité. Ses délégations ne sont pas des institutions irréformables. Il me semble qu'il ne peut pas y avoir d'équivoque là-dessus. Ainsi, dans ce sens, il est inutile d'exprimer l'inaliénabilité, par cela même que la nation est souveraine ; la souveraineté est inaliénable.

(On demande à aller aux voix.)

M. *Pétion.* Je soutiens que non-seulement le mot *inaliénable* n'est pas inutile, mais qu'il est indispensable, d'après ce qu'a dit M. le rapporteur, et surtout d'après ce qu'il n'a pas dit. L'on a soutenu, ou l'on doit soutenir, que les conventions nationales ne sont pas utiles, et ceux même qui les admettent, les admettent avec des modifications qui les rendent impossibles. Ainsi, on veut nous amener au système qui a anéanti la liberté politique en Angleterre. Le parlement d'Angleterre, et les écrivains qui lui sont dévoués, soutiennent que le parlement et le roi ont, dans tous les temps, non-seulement le pouvoir constitué, mais le pouvoir constituant. De là il est évident qu'en Angleterre la souveraineté de la nation se trouve aliénée, et cette usurpation n'aurait pas lieu, si le peuple se persuadait bien que sa souveraineté est indélégable. Une fois que de pareilles erreurs s'introduisent chez une nation, elle ne peut plus recouvrer sa souveraineté que par une insurrection, et une insurrection est un phénomène dans la nature. Il faut donc s'exprimer d'une manière claire, et qui ne laisse aucun doute sur le principe.

M. *Thouret* pense que pour empêcher l'abus qu'on redoute, il vaut mieux mettre *imprescriptible* qu'*inaliénable.*

M. *Buzot* demande que les deux mots *imprescriptible* et *inaliénable* soient insérés dans l'article.

Après quelques débats, l'assemblée adopte cet amendement ; et sur la proposition de M. Thouret, les deux premiers articles du titre III sont fondus en un seul dans la rédaction suivante :

« La souveraineté est une, indivisible, inaliénable et imprescriptible ; elle appartient à la nation ; aucune section du peuple, ni aucun individu, ne peut s'en attribuer l'exercice ; mais la nation, de qui seule émanent tous les pouvoirs, ne peut les exercer que par délégation. »

M. *Thouret.* Je soumets à la discussion le second paragraphe

de l'article II : « La constitution française est représentative ;
les représentans sont le corps-législatif et le roi. »

M. Barnave. Je demande la parole pour une question d'ordre:
il faut fixer nettement l'état de la question. M. Rœderer l'a déplacé, en disant que reconnaître le roi pour représentant héréditaire, c'était aliéner la souveraineté ; il est nécessaire, pour délibérer avec connaissance de cause, de déterminer ce que l'on
entend par une représentation constitutionnelle. Le peuple fait
quelquefois une aliénation générale, indéfinie, mais momentanée,
de sa souveraineté dans le corps constituant ; ce n'est pas de
celle-là qu'il s'agit ici ; ce n'est pas celle-là qui est déléguée au
roi. La représentation constitutionnelle consiste à vouloir pour
la nation, dans l'ordre constitutionnel. Ce qui distingue le représentant du fonctionnaire public, c'est que le représentant peut
vouloir pour la nation, tandis que le fonctionnaire public ne peut
qu'agir pour elle. Le corps-législatif est représentant de la nation,
parce qu'il veut pour elle en faisant des lois, en ratifiant les
traités avec les nations étrangères.

Le roi est représentant constitutionnel en ce qu'il veut et sti-
pule pour la nation, en suspendant l'exécution d'une loi. Il veut
pour elle en faisant des traités qui la lient avec les nations étrangères ; c'est pour cela aussi que vous avez décidé qu'il était inviolable, car il répugne à la raison que celui qui est simplement
chargé d'agir, soit inviolable, attendu que toute action directe
nécessite une responsabilité. Il faut que celui qui veut pour la
nation, soit inviolable, parce que sans cela son vœu ne serait pas
libre. L'inviolabilité est la conséquence immédiate du caractère
de représentant. Si on accordait au corps-législatif le droit de
représenter exclusivement la nation, il en résulterait qu'il serait
seul chargé de vouloir pour elle ; alors ses pouvoirs n'auraient
plus de limites : il deviendrait corps constituant, ce qui est
essentiellement ce qu'on veut, ce qu'on désire.

M. Barnave descend de la tribune au milieu des applaudissemens réitérés de la partie gauche.

La discussion est fermée.

L'amendement de M. Rœderer est rejeté.

Le second paragraphe de l'article II est décrété.

M. Rewbell. C'est parce que vous avez décrété avec raison que le roi était représentant héréditaire de la nation, qu'il faut se mettre en garde contre toutes ses entreprises. Je demande donc qu'il soit fait une addition à l'article Ier que vous venez de décréter, et qu'il soit ajouté après ces mots : « Aucune section du peuple, » ceux-ci : *Aucun individu ne peut s'en attribuer l'exercice.*

M. Thouret. J'adopte cette proposition.

On adopte successivement les articles III, IV et V. M. Thouret fait lecture de la première section du chapitre Ier. Elle est décrétée sans discussion. Il lit ensuite la section II, intitulée : *Assemblées primaires, nomination des électeurs.* Le premier article est renvoyé au comité.

Le second est ainsi conçu : « Pour être citoyen actif, il faut être Français ou devenu Français, être âgé de vingt-cinq ans accomplis, être domicilié dans la ville ou dans le canton au moins depuis un an. »

M. Salles. Je demande qu'on retranche de l'article II ces mots : *Au moins depuis un an.* Cette disposition est réglementaire.

M. Lanjuinais. Et moi je demande que l'on mette à l'article II : Il faut être né Français ou devenu Français.

Ces deux propositions sont adoptées, et l'article II est décrété.

Les articles III et IV sont adoptés sans aucun changement.

On fait lecture de l'article V.

V. Sont exclus de l'exercice des droits de citoyen actif ceux qui sont en état d'accusation, ceux qui, après avoir été constitués en état de faillite ou d'insolvabilité, prouvé par pièces authentiques, ne rapportent pas un acquit général de leurs créanciers.

M. Garat. Je demande qu'on mette à la place de ces mots : *Ne rapportent pas un acquit général de leurs créanciers,* ceux-ci : *Ne rapportent pas l'acte public de leur réhabilitation.*

M. Camus. Je propose en amendement, au lieu de *l'acquit gé-*

néral, l'acquit intégral et complet. (Il s'élève des murmures.) Je
croyais qu'il suffisait d'énoncer mon amendement; je vais l'appuyer. Lorsque les trois quarts des créanciers en somme ont
consenti à faire une remise à leurs débiteurs, il est certain que
le créancier supporte une perte, et que le débiteur fait tort au
créancier; il ne peut réparer ce tort qu'en payant. Ce n'est donc
qu'en présentant un acquit intégral et complet qu'il peut se faire
réhabiliter.

Après quelques phrases échangées sur ces deux amendements,
la discussion fut ajournée au lendemain.

SÉANCE DU 11 AOUT.

M. Thouret. On a transporté parmi nous une disposition établie dans un petit État composé d'une seule ville, qui est presque
entièrement commerçante. Cette disposition que vous avez décrétée, et que nous avons placée à l'article V de la section II de
l'acte constitutionnel, et qui concerne les faillis et les insolvables,
pouvait convenir au peu d'étendue et à l'état essentiellement
commerçant de la ville de Genève; mais il vous est impossible à
vous, législateurs d'un grand empire plus agricole que commerçant, de faire une disposition exclusive aux commerçans; il a
fallu l'étendre de la faillite à l'insolvabilité, et la faire porter sur
toutes les classes: alors cette loi généralisée prête à une foule
d'applications arbitraires; elle place, pour ainsi dire, sur la
même ligne le crime et le malheur. La faillite simple ou l'insolvabilité ne peut pas porter atteinte à d'honnêteté morale de
l'homme que ce malheur a frappé; car, par exemple, les magasins d'un fermier ou d'un négociant peuvent être incendiés. Cet
événement, en ruinant sans retour le citoyen qui l'éprouve, le
privera-t-il à jamais de ses droits politiques?.

Il est impossible, dans une constitution comme la nôtre, de
laisser subsister une disposition qui prononcerait contre un citoyen une interdiction éternelle. Le parti le plus sage à prendre
est de laisser cette disposition dans la classe des articles réglementaires. Je réponds maintenant à l'objection que l'on a faite,

que ce serait confier les droits politiques des citoyens aux législatures. Mais c'est ici une suspension, une exclusion momentanée que vous avez prononcée, et dont vous déléguez, en quelque sorte, aux législatures l'examen, avec faculté de lever la suspension. En prononçant sur cette loi quelque modification que ce soit, les législatures ne peuvent pas priver les citoyens de leurs droits, mais elles peuvent faire des améliorations aux droits des citoyens. L'avis du comité est donc que cet article doit être considéré comme réglementaire ; mais si vous vous déterminez à le laisser dans la constitution, nous pensons qu'alors il n'est susceptible d'aucun amendement, et qu'il doit être adopté tel qu'il est.

M. le Chapelier. L'objection la plus spécieuse qu'on puisse opposer à l'avis des comités, est que les législatures ne peuvent disposer des droits politiques des citoyens ; mais il est dans la nature des choses que les législatures prononcent la suspension des droits de citoyen actif. Dans le code pénal, qu'il faut bien leur laisser, elles prononceront que telle situation, tel délit, doivent faire encourir la suspension de ces droits. Il y a loin de là à dire : il faudra telle ou telle qualité pour être citoyen actif. Je demande donc que l'article dont il s'agit ne soit pas compris dans la constitution.

M. Tronchet. Je soutiens qu'on pose mal la question. Le décret dont il s'agit n'est pas constitutionnel ; il ne peut être réglementaire : il faut donc le rapporter. Tout ce qui appartient aux droits de l'homme ne peut être enlevé et même suspendu que par un décret constitutionnel. Les législatures ne peuvent prononcer la déchéance que comme une peine qui doit être appliquée par un jugement, et non par une loi qui prononce la déchéance *ipso facto*. La loi ne peut pas dire : il y aura telle privation dans tel cas ; mais telle chose est un délit, il doit y avoir un jugement ; si tel délit est prouvé, telle peine sera prononcée. (On applaudit.) Vous agissez tout à la fois comme législateurs et comme corps constituant : mais, comme législateurs, vous ne pouvez porter une loi contraire à la constitution. Ainsi, ou le

décret dont il s'agit doit subsister comme constitutionnel, ou il
faut le rapporter.

M. Duport. Je suis de l'avis de l'opinant; mais nous sommes
venus au moment où il faut juger la question. Ce décret doit
avoir le même sort que celui qui est relatif aux enfans des faillis. Du
moment où un enfant fait une chose légale, la loi politique ne
peut pas prononcer une peine. Cela est d'une vérité évidente.
Ainsi, d'après le principe très-lumineux de M. Tronchet, il
faudrait aussi rapporter ce décret. Quand il fut proposé, plusieurs Genèvois avaient déterminé M. Mirabeau à le faire; mais
ce décret ne peut convenir qu'à Genève. Consentie entre des
hommes qui avaient le même intérêt, les mêmes professions,
cette convention n'était pas injuste. Les Genèvois, qui tous sont
commerçans, n'ont considéré que l'intérêt du commerce; mais
ici nous travaillons pour un État plus agricole que commerçant.
Considérez combien la thèse change quand il s'agit de propriétaires qui n'ont fait ensemble aucune convention. Lorsqu'un propriétaire aura été ruiné par un incendie ou par tout autre fléau,
il vous inspirera assez d'intérêt pour que vous lui donniez des
secours; et ce malheureux, digne de votre intérêt, sera privé de
ses droits de citoyen. Observez qu'une assemblée politique, qui
reconnaît des droits plutôt qu'elle ne les donne, ne peut se régler
sur la délicatesse, mais sur la stricte équité. Il faut qu'une loi
constitutionnelle ne présente de l'injustice en aucun cas; et celle-
ci présente, non-seulement de l'injustice, mais même de la barbarie. D'après cela, je pense que l'assemblée a montré suffisamment combien elle désirait rendre hommage aux principes. J'appuie donc l'opinion de M. Tronchet.

M. Roederer. Je pense, comme M. Tronchet, qu'on ne peut
renvoyer aux législatures à statuer sur les droits politiques des
citoyens. Je pense aussi qu'on ne doit pas consacrer constitutionnellement une injustice. On propose, dans l'embarras où nous
mettent ces raisonnemens très-justes, de rapporter le décret.
Mais au déclin de nos travaux, il faut éviter une versatilité,
d'autant plus dangereuse qu'on saurait très-bien s'autoriser de

cet exemple. Pour sortir de ce défilé, il serait possible de faire un amendement, .et d'ajouter à l'article après ces mots : *en état de faillite*, ceux-ci : *provenant de dol ou de faute grave.*

M. Camus. Il est démontré que l'article ne peut exister, s'il n'est pas dans la constitution. D'un autre côté, il est encore plus évident que l'assemblée ne doit pas, ne peut pas revenir sur un décret constitutionnel. Je demande donc la priorité pour l'article tel qu'il est dans la section IIe du projet de l'acte constitu-tionnel.

L'assemblée délibère, et la priorité est accordée à l'article V du projet d'acte constitutionnel.

Cet article est décrété.

M. Tronchet. Le décret qui a été rendu le 22 décembre 1789, portait deux dispositions, l'une contre les faillis et les insolvables, l'autre contre les enfans qui retiendraient quelque portion des biens de leur père mort insolvable ; je pense qu'il doit être dit, dans le procès-verbal, que le décret rendu le 22 décembre 1789 est réduit à la partie relative aux faillis et insol-vables, qui vient d'être décrétée.

M. Thouret. Non-seulement j'adopte, mais j'appuie la proposition de M. Tronchet.

La proposition de M. Tronchet est décrétée.

M. Thouret. Je vais vous donner lecture de l'article VII.

Art. VII. Nul ne pourra être nommé électeur, s'il ne réunit aux conditions nécessaires pour être citoyen actif celle de payer une contribution directe de.... journées de travail.

M. Thouret. Si .l'assemblée veut le développement de la proposition des deux comités relativement à la condition d'éligibilité pour être représentant et pour être électeur, je vais la donner. D'une part, la contribution du marc d'argent exigée pour pouvoir être revêtu du titre de représentant de la nation, a reçu de l'improbation, et la demande de son rapport a été faite ; de l'autre part, elle a reçu de l'assentiment. En nous occupant de la révision, ces deux impulsions diverses nous ont engagés à considérer quel était le meilleur système de représentation.

représentans, s'il ne l'est pas dans le choix de ses intermédiaires? Les comités me paraissent dans une contradiction continuelle. Vous avez reconnu, sur leur proposition, que tous les citoyens étaient admissibles à toutes les fonctions, sans autre distinction que celle des vertus et des talens. A quoi nous sert cette promesse, puisqu'elle a été violée sur-le-champ? (Quelques applaudissemens dans l'extrémité de la partie gauche et dans les tribunes.) Que nous importe qu'il n'y ait plus de noblesse féodale, si vous y substituez une distinction plus réelle, à laquelle vous attachez un droit politique? et que m'importe à moi qu'il n'y ait plus d'armoiries, s'il faut que je voie naître une nouvelle classe d'hommes à laquelle je serai exclusivement obligé de donner ma confiance? Cette contradiction permettrait de douter de votre bonne foi et de votre loyauté. (Les tribunes applaudissent.) Je conviens cependant qu'il faut une garantie qui rassure contre les électeurs; mais est-ce la richesse? L'indépendance et la probité se mesurent-elles sur la fortune? Un artisan, un laboureur, qui paient dix journées de travail, voilà des hommes plus indépendans que le riche, parce que leurs besoins sont encore plus bornés que leur fortune. Quoique ces idées soient morales, elles n'en sont pas moins dignes d'être présentées à l'assemblée. (On rit et on murmure. — *Une voix s'élève:* C'est trop fort, M. Robespierre!) Ce ne sont pas là des lignes sans largeur. On nous a cité l'exemple des Anglais et des Américains : ils ont eu tort, sans doute, d'admettre des lois contraires aux principes de la justice; mais chez eux ces inconvéniens sont compensés par d'autres bonnes lois. Quelle était la garantie d'Aristide lorsqu'il subjugua les suffrages de la Grèce entière? Ce grand homme qui, après avoir administré les deniers publics de son pays, ne laissa pas de quoi se faire enterrer, n'aurait pas trouvé entrée dans vos assemblées électorales. D'après les principes de vos comités, nous devrions rougir d'avoir élevé une statue à J. J. Rousseau, parce qu'il ne payait pas le marc d'argent. Apprenez à reconnaître la dignité d'homme dans tout être qui n'est pas noté d'infamie. Il n'est pas vrai qu'il faille être riche pour tenir à son pays; la loi est faite pour protéger les plus faibles; et n'est-il pas injuste qu'on leur ôte toute influence dans sa confection? Pour vous décider, réfléchissez quels sont ceux qui vous ont envoyés? Étaient-ils calculés sur un marc, sur un demi-marc d'argent? Je vous rappelle au titre de votre convocation : « Tout Français ou naturalisé Français, payant une imposition quelconque, devra être admis à choisir les électeurs. » Nous ne sommes donc pas purs, puisque nous avons été choisis par des électeurs qui ne payaient rien. (On applaudit.)

M. Rœderer. La discussion ne peut être continuée plus longtemps, en ce qu'elle tend à détruire ce qui a été fait, et qu'il faut que la constitution reste telle qu'elle a été jurée. (On applaudit dans l'extrémité de la partie gauche.) J'observe, pour déterminer l'assemblée, que, d'après le nouveau système, la ville de Paris a vu agrandir au quadruple le cercle des éligibles, par la conversion des impôts directs en impôts indirects. Je demande donc que la constitution reste telle qu'elle est. (Les applaudissemens recommencent.)

Les membres de l'extrémité de la partie gauche demandent à plusieurs reprises à aller aux voix.

M. Baumetz. Les efforts qu'on fait pour empêcher que la discussion soit continuée, et que les erreurs qui viennent d'être débitées soient rectifiées, ne seraient pas si violens, si on n'était pas persuadé que le résultat des débats fera jaillir la lumière. M. Rœderer a parlé du nouveau système de la contribution; je lui réponds que ces changemens s'appliquent également à la contribution des électeurs, et je demande si c'est avec bonne foi qu'on peut faire usage de cette différence. On nous a cité l'exemple des anciennes constitutions. Est-ce celle d'Athènes, où la simple qualité d'homme conférait tous les droits? Est-ce celle de Lacédémone, où l'on a commencé par mettre tous les contrats de propriétés au milieu de la place publique pour les incendier? Je demande à M. Robespierre laquelle il voudrait choisir de ces deux constitutions? Il convient cependant qu'il faut des garanties : ainsi, en pressant ses principes, il n'est pas d'accord avec

lui-même; car pourquoi s'arrêter plutôt à trois journées de travail, à dix, qu'à quarante? Il est donc évident que le principe
sur lequel a tourné tout son raisonnement, c'est que la société
ne peut imposer aucune condition à l'éligibilité, pas même celle
de citoyen actif.

M. Robespierre. Vous calomniez, monsieur.

M. Baumetz. Sans m'apercevoir que quelqu'un m'ait interrompu, je reprends mon opinion, et je viens maintenant à
prouver que la condition exigée maintenant pour être électeur,
est insuffisante, et qu'il faut la porter à quarante journées. (On
murmure dans la partie gauche.) En effet, quelles sont les objections? On dit que l'incorruptibilité réside dans la médiocrité,
et qu'il ne faut pas aller chercher la probité au milieu des séductions d'une fortune opulente : j'en conviens; mais pour payer
une contribution de 30 liv., ce qui suppose un revenu de 180 liv.,
doit-on s'attendre à être accusé d'être infecté de tous les vices
du luxe? Mais, dit-on, vous allez priver les citoyens d'un droit
dont ils sont jaloux. J'aime à le croire; cependant, faut-il
le dire, n'avez-vous pas vu que beaucoup d'électeurs, loin de
regarder leur fonction comme une distinction honorable, l'ont
regardée comme onéreuse, et ont sollicité un traitement. (On
applaudit.) C'est d'après ces considérations, et non d'après le
scrupule qui vous porterait à sanctionner jusqu'à vos fautes et
jusqu'à vos méprises bien connues, que je conclus pour l'avis
des comités. (On applaudit dans la majorité de la partie gauche.)

M. Buzot paraît à la tribune.

On demande à aller aux voix.

M. Buzot. Je crois qu'il est nécessaire de ramener la discussion
au véritable état de la question, et c'est précisément à la motion
faite par un des préopinans que je reviens en ce moment. Nous
demandons que la constitution reste telle qu'elle est; car nous
avons prêté serment de la maintenir. Si on vous fait changer un
article que vous avez décrété après la discussion la plus solennelle, rien n'empêche que vous ne changiez aussi les décrets sur
la non-rééligibilité, que vous n'attaquiez la loi, qui dit que les

membres de l'assemblée nationale ne pourront parvenir au ministère. (On applaudit dans l'extrémité gauche de la partie gauche. — On murmure dans les autres parties de la salle.) Si vous remettez en discussion tous les articles de votre constitution, cette discussion pourra bien vous mener encore deux à trois mois.

M. Barnave paraît à la tribune.

On demande dans diverses parties de la salle, et notamment dans l'extrémité de la partie gauche, que la discussion soit fermée.

M. Barnave. Je vais dire.....

Les cris redoublent : Aux voix ! aux voix !

M. Barnave. Je vais développer.....

Les mêmes membres : La discussion est fermée; aux voix ! aux voix !

M. le président. M. Rœderer a fait une motion d'ordre; plusieurs personnes se sont fait inscrire pour parler sur cette motion d'ordre. La parole est à M. Barnave : on demande qu'il ne soit pas entendu.....

Plusieurs membres : Non ! non ! On demande que la discussion soit fermée.

M. Rœderer. Ma motion d'ordre est que, conformément à l'usage de l'assemblée, la discussion soit interdite contre la constitution. On se rappelle que, dans une des dernières séances, M. Malouet a été interrompu pour cette raison. Je demande donc que la discussion ne continue pas plus long-temps sur une disposition qui tend à exiger quarante journées de travail pour une fonction où il n'en fallait que dix, et que le décret du marc d'argent, omis dans la constitution, y soit rétabli.

M. le président consulte l'assemblée pour savoir si la discussion est fermée sur cette motion d'ordre.

L'assemblée décide que la discussion n'est pas fermée.

M. Barnave. Je soutiens que la proposition de M. Rœderer n'est point une motion d'ordre, mais bien un moyen par lequel il entend combattre l'avis du comité. Le seul moyen de soutenir la constitution, c'est d'en établir les bases d'une manière stable et solide ; et il ne suffit pas de vouloir être libre, il faut encore savoir être libre. (On murmure; on applaudit.) Je parlerai fort brièvement sur cette question; car après le succès de la délibé ration, que j'attends sans inquiétude du bon esprit de l'assemblée, tout ce que je désire, c'est d'avoir énoncé mon opinion sur une question dont le rejet entraînerait tôt ou tard la perte de notre liberté. (Nouveaux murmures.) Cette question ne laisse pas le moindre doute dans l'esprit de tous ceux qui ont réfléchi sur les gouvernemens, et qui sont guidés par un sens impartial. Tous ceux qui ont combattu le comité se sont rencontrés dans une erreur fondamentale : ils ont confondu le gouvernement démocratique avec le gouvernement représentatif; ils ont confondu les droits du peuple avec la qualité d'électeur, que la société dispense pour son intérêt bien entendu. Là où le gouvernement est représentatif, là où il existe un degré intermédiaire d'électeurs, comme c'est pour la société qu'on élit, elle a essentiellement le droit de déterminer les conditions d'éligibilité.

Il existe bien un droit individuel dans votre constitution, c'est celui de citoyen actif ; mais la fonction d'électeur n'est pas un droit; je le répète, elle existe pour la société qui a le droit d'en déterminer les conditions. Ceux qui, méconnaissant la nature, comme les avantages du gouvernement représentatif, viennent nous rappeler les gouvernemens d'Athènes et de Sparte, indépendamment des différences qui les séparent de la France, soit par l'étendue du territoire, soit par sa population, ont-ils oublié qu'on y avait interdit le gouvernement représentatif? ont-ils oublié que les Lacédémoniens n'avaient un droit de voter dans les assemblées que parce qu'ils avaient des ilotes, et que ce n'est qu'en sacrifiant les droits individuels que les Lacédémoniens, les Athéniens, les Romains, ont possédé le gouvernement démocratique? Je demande à ceux qui nous les rappellent si c'est à ces gouvernemens qu'ils en veulent venir? (On applaudit à plusieurs reprises dans la majorité de la partie gauche.) Je demande à ceux qui professent ici des idées métaphysiques, parce qu'ils

n'ont point d'idées réelles; à ceux qui nous enveloppent des
nuages de la théorie, parce qu'ils ignorent profondément les
connaissances fondamentales des gouvernemens positifs; je leur
demande, dis-je, s'ils ont oublié que la démocratie d'une partie
du peuple ne saurait exister que par l'esclavage entier et absolu
de l'autre partie du peuple? Le gouvernement représentatif n'a
qu'un seul piége à redouter, c'est celui de la corruption; pour
qu'il soit essentiellement bon, il faut lui garantir la pureté et
l'incorruptibilité des corps électoraux; ces corps doivent réunir
trois garanties éminentes : la première, les lumières, et l'on ne
peut nier qu'une certaine fortune ne soit le gage le plus certain
d'une éducation un peu mieux soignée et de lumières plus étendues; la seconde garantie est dans l'intérêt à la chose, et il est
évident qu'il sera plus grand de la part de celui qui aura un intérêt particulier plus considérable à défendre; enfin, la troisième
garantie est dans l'indépendance de fortune, qui mettra l'électeur
au-dessus de toute attaque de corruption.

Ces avantages, je ne les cherche point dans la classe supérieure des riches; car il y a là sans doute trop d'intérêt particulier, qui sépare de l'intérêt général. Mais s'il est vrai que je ne
doive pas chercher les qualités, que je viens d'énoncer, dans la
classe éminemment riche, je ne les chercherai point non plus
parmi ceux que la nullité de leur fortune empêche d'acquérir des
lumières parmi ceux qui, sans cesse aux prises avec le besoin,
offriraient à la corruption un moyen trop facile. C'est donc dans
la classe mitoyenne des fortunes, que nous trouverons les avantages que j'ai annoncés, et je demande si c'est la contribution de
5 liv. jusqu'à 10, qui peut faire soupçonner que l'on mettra les
élections entre les mains des riches. Vous avez établi en usage
que les électeurs ne seraient pas payés; et s'il en était autrement,
le grand nombre rendrait ces assemblées très-coûteuses. Du moment où l'électeur n'aura pas une propriété assez considérable
pour se passer de travail pendant quelque temps, il arrivera de
ces trois choses l'une : ou que l'électeur s'abstiendra des élections, ou qu'il sera payé par l'État, ou bien enfin, qu'il le sera

par celui qui voudra acquérir son suffrage. Il n'en sera point de
même lorsqu'un peu d'aisance sera nécessaire pour constituer
un électeur. En effet, parmi les électeurs élus sans payer 50 ou
40 journées de travail, ce n'est pas l'artisan, l'homme sans crédit, le laboureur honnête, qui réunit les suffrages : ce sont quelques hommes animés par l'intrigue, qui vont colportant dans les
assemblées primaires, les principes de turbulence dont ils sont
possédés, qui ne s'occupent qu'à chercher à créer un nouvel ordre de choses, qui mettent sans cesse l'intrigue à la place de la
probité, un peu d'esprit à la place du bon sens, et de la turbulence d'idées à la place de l'intérêt général de la société.
Si je voulais des exemples, je n'irais pas loin les chercher,
ce serait près de nous, et très-près de nous que je voudrais les
prendre; et je le demande aux membres de cette assemblée qui
soutiennent une opinion contraire à la mienne, mais qui savent
bien comment sont composés les corps électoraux les plus voisins de nous. Sont-ce des artistes qu'on y a vus? non. Sont-ce
des agriculteurs? non. Sont-ce des artisans? non. Sont-ce des
libellistes, des journalistes? oui. (La grande majorité de la partie gauche applaudit.)

Dès que le gouvernement est établi, que la constitution est
garantie, il n'y a plus qu'un même intérêt pour ceux qui vivent
de leur propriété et d'un travail honnête. C'est alors que l'on
distingue ceux qui veulent un gouvernement stable, d'avec ceux
qui ne veulent que révolution et changement, parce qu'ils gran-
dissent dans le trouble, comme les insectes dans la corruption.
(Les applaudissemens recommencent.) S'il est vrai que dans une
constitution établie, tous ceux qui veulent le bien ont le même
intérêt, il faut placer ses choix dans ceux qui ont des lumières
et un intérêt, tel, qu'on ne puisse pas leur présenter un intérêt
plus grand que celui qui les attache à la chose commune. Quand
vous vous éloignerez de ces principes, vous tomberez dans l'abus
du gouvernement représentatif. L'extrême pauvreté sera dans
le corps électoral, et elle placera l'opulence dans le corps-législatif. Vous verriez bientôt arriver en France ce qui arrive en An-

gleterre, où les électeurs s'achètent dans les bourgs, non pas
avec de l'argent, mais avec des pots de bierre ; c'est ainsi que se
font les élections d'un très-grand nombre de membres du parlement. Il ne faut donc pas chercher la bonne représentation
dans les deux extrêmes, mais dans la classe moyenne. Voyons
si c'est là que le comité l'a placée. Il faudra, pour être électeur,
payer une contribution de 40 journées de travail, c'est-à-dire,
qu'en réunissant toutes les qualités nécessaires, il faudra avoir
depuis 120 liv. jusqu'à 240 liv., soit en propriétés, soit en industrie. Je ne pense pas qu'on puisse dire sérieusement que cette
fixation est trop haute, à moins de vouloir introduire dans les
assemblées électorales des hommes qui n'auront que l'alternative
de mendier ou de chercher un secours malhonnête, là où le gouvernement ne leur offrira pas un secours légitime. Si vous voulez que la liberté subsiste, ne vous laissez point arrêter par les
considérations spécieuses que nous présentent ceux qui, lorsqu'ils auront réfléchi, reconnaîtront la pureté de nos intentions
et l'avantage de notre résultat. J'ajoute ce qui a déjà été dit, que
le nouveau système de contribution diminue de beaucoup les inconvéniens, et que la loi qu'on propose n'aura son effet que dans
deux ans. On nous a dit que nous allions enlever aux citoyens
un droit qui les honorait, par la seule possibilité qu'ils avaient
de l'acquérir. Je réponds que s'il s'agit de possibilité, que s'il
s'agit d'honneur, la carrière que vous leur ouvrez leur imprime
un plus grand caractère, et plus conforme aux principes de l'é-
galité. On n'a pas manqué non plus de nous retracer les inconvéniens qu'il y avait à changer la constitution, et moi aussi je
désire qu'elle ne change pas : c'est pour cela qu'il ne faut pas y
introduire de disposition imprudente qui ferait sentir la nécessité d'une convention nationale. En un mot, l'avis des comités
est la seule garantie de la prospérité et de l'état paisible de l'empire. (On applaudit.)

On demande que la discussion soit fermée sur la motion d'ordre faite par M. Rœderer.

La discussion est fermée.

La proposition de M. Rœderer est rejetée.

M. Thouret présente cette rédaction de l'article VII. « Nul ne pourra être nommé électeur, s'il ne réunit aux conditions nécessaire pour être citoyen actif, celle de payer une imposition directe de 40 journées de travail. Le marc d'argent exigé pour pouvoir être admis au corps-législatif est supprimé. »

Salles propose la réduction à vingt journées de travail. Pison ajoute au projet la condition d'avoir une propriété. Montpassant et Dauchy observent qu'il ne se trouvera pas d'électeurs dans les campagnes. Gombert vote pour trente journées de travail. Laville-aux-Bois soutient que l'article rendra les fonctions d'électeurs héréditaires dans presque tous les cantons. (Longs murmures.) Goupilleau dit qu'il est malheureux qu'on n'ait pas mis des habitans des campagnes dans les comités. Gérard et Lavie votent pour le projet, à moins qu'on ne revienne au marc d'argent. Anson réfute les observations de Dauchy. On demande la clôture de la discussion. (Agitation dans l'assemblée et nombreuses réclamations.) Fréteau déclare que le projet porte atteinte au droit de représentation, et qu'il jettera le mécontentement dans les campagnes. Chabroud fait décréter l'ajournement.

SÉANCE DU 12 AOUT.

M. Thouret. Il me semble nécessaire de se rappeler quel était hier l'état de la délibération quand la séance a été levée. On avait proposé contre l'article du comité la question préalable en soutenant que cet article ne devait pas même être mis à la délibération, comme étant contraire aux dispositions constitutionnelles déjà décrétées. La question préalable a été mise en délibération et rejetée par un décret, c'est-à-dire que l'assemblée a admis le projet de décret du comité à la délibération, et qu'elle a rejeté l'objection qui consistait à dire que l'assemblée ne peut changer un seul article du détail de sa constitution. Vous avez voulu que tous les citoyens payassent deux journées de travail pour être électeur, à condition qu'ils ne pourraient élire que parmi les citoyens ayant une propriété, et payant la valeur d'un marc d'argent. La constitution est définitivement terminée ; les législatures ne doivent pas avoir, j'en conviens, le pouvoir de l'altérer en rien, d'en changer la moindre disposition de détail ; mais ici c'est le corps constituant qui, ayant fait la constitution par partie, s'occupe d'en rédiger l'ensemble. Qui est-ce qui l'empêche de changer un article de détail seulement ? (On murmure.) Aussi les adversaires de la proposition du comité ont moins placé la force de leurs objections dans la considération que ce que le comité vous propose est un changement à la constitution, que dans la crainte qu'ils ont manifestée que le changement actuel n'entraînât d'autres changemens dangereux. Ici je remarquerai sans amertume que le fondement de cette objection renferme un germe de méfiance et même de discorde (on murmure) ; tandis qu'au contraire tous les esprits tendent ou devraient tendre à se rapprocher. Mais si cette objection a été faite sérieusement, elle doit s'anéantir par la seule inspection du travail du comité. Il vous a présenté ce travail avec toute la franchise qui le caractérise. (Il s'élève des rumeurs dans l'extrémité gauche.)

M. *le président*. On ne peut interrompre le rapporteur.

M. *Thouret*. Il n'a été dénoncé qu'un seul inconvénient réel, et j'avoue qu'il m'a frappé : je veux parler de l'éveil donné par M. Dauchi. Certainement jamais le comité n'a voulu exclure une classe très-pure, très-saine, très-utile en morale, celle des cultivateurs ; mais il ne pouvait pas soupçonner qu'un fermier qui fait une exploitation de 4 ou 5,000 liv. avec un capital de 30,000 liv. ne payât pas à la chose publique la contribution modique que nous exigeons pour être électeur ; nous n'avions pas prévu que tel dût être le résultat du nouveau système de contribution : nous avons donc été obligés, dans notre séance d'hier, de reprendre en considération le résultat annoncé. Effectivement, il se trouve des fermiers très-riches qui ne paieront pas 20 liv. (Il s'élève des rumeurs et des altercations particulières dans toutes les parties de la salle.) Nous avons pensé qu'il fallait appliquer aux fermiers, non pas la base de la contribution, mais la base de leur

revenu évalué d'après le prix de leur exploitation. Nous proposons que dans les villes au-dessus de 6,000 âmes, la contribution
exigée soit de 40 journées de travail, et dans les villes au-dessous de 6,000 âmes, ainsi que dans les campagnes, de 30 journées de travail. Quant aux fermiers, comme cette cotisation ne
les atteindrait pas, nous pensons qu'ils doivent avoir une exploitation de 400 liv. de revenu, évalué en setiers de blé dans les
pays de petite culture. Peu de cultivateurs ont, à la vérité, des
propriétés aussi considérables; mais beaucoup de fermiers ont
en outre des petites propriétés à eux appartenant; ce qui les
rend contribuables pour la somme que nous exigeons. Il y a
d'ailleurs un intérêt à ce que ces petits fermiers ne puissent pas
être électeurs; car un propriétaire de revenu foncier de 20,000 l.
peut avoir cinquante à soixante fermiers dans sa dépendance, et
la société ne peut pas permettre que dans les élections qui se
font pour elle et en son nom, il s'introduise des groupes de
trente ou quarante hommes à la dépendance d'un seul.

M. Thouret lit un projet de décret contenant la rédaction des
nouvelles dispositions qu'il vient de présenter.

Une partie de l'assemblée demande la question préalable.

M. Grégoire, évêque de Blois. J'aurai, je crois, rempli mon
but, si je parviens à établir que l'assemblée ne doit pas transiger avec les décrets qu'elle a rendus, et qu'elle ne doit se permettre d'en réformer aucun. (Il s'élève des murmures et des
applaudissemens.) Certainement c'est celui du marc d'argent
que j'ai été le premier à combattre avant qu'il fût rendu; mais
rappelez-vous vos principes constans, les principes invoqués
sans cesse dans nos discussions: c'est que vos décrets ne peuvent être réformés par vous-mêmes, et toutes les fois qu'un opinant s'est permis de dire la moindre chose contre un décret
rendu, on n'a pas manqué de le rappeler à l'ordre. Je prie l'assemblée de réfléchir sur l'étonnante contradiction où elle se
trouve avec la conduite qu'elle a tenue à l'égard de M. Malouet.
M. Malouet voulait parler sur le fond de la constitution, M. Chapelier s'empressa de lui dire qu'il ne s'agissait pas de faire de

nouveaux décrets, mais de classer les décrets rendus, et vous
applaudîtes à cette observation. (On murmure dans le milieu de
la salle.—Les membres de l'extrémité gauche se lèvent en criant
simultanément au silence.)

M. le président. Lorsque M. Thouret était à la tribune, une
partie de la salle murmurait ; actuellement c'est l'autre partie
qui murmure. Je demande à tous les membres de l'assemblée le
plus profond silence, et l'impartialité qui convient dans une discussion de cette importance.

M. Grégoire. Si vous revenez contre un décret, il en résulte
que vous avez fait jusqu'ici, non pas des décrets, mais des projets de décrets ; il en résulte que vous pouvez revenir, non-seulement contre les décrets que vous n'avez pas encore révisés,
mais contre ceux que vous avez déjà classés dans l'acte constitutionnel, parce que personne ne s'était permis de proposer jusqu'ici des changemens, dans la persuasion qu'il ne pouvait pas
en être proposé. (On applaudit.) Mais qui peut prévoir le terme
où s'arrêteraient ces vacillations? Achevons la constitution, ou
faisons-en une nouvelle. Ne supposons pas qu'il se trouve ici
des gens qui, au lieu de faire une constitution pour la nation,
ne voudraient en faire une que pour eux-mêmes. Toutes les réflexions que pourrait faire M. Thouret s'appliquent à tous les
systèmes ; et j'observe qu'il n'a pas parlé des pays de vignobles:
même dans les nouvelles propositions du comité, il y aura dans
ces pays un grand nombre de cantons où on ne pourra trouver
d'électeur. Qu'arrivera-t-il? La plupart des citoyens n'iront plus
dans les assemblées primaires ; ils ne se soucieront pas d'aller
assister à des assemblées où ils ne pourront pas être nommés
électeurs : car ils n'iraient que pour s'y donner des maîtres. (Il
s'élève des murmures.) Des dispositions de cette nature ne sont
propres qu'à étouffer le caractère national, la vertu et la moralité. Les nominations ne seront l'ouvrage que d'une petite partie
de citoyens ; les électeurs seront héréditaires, et ces inconvéniens se feront sentir à mesure que le remboursement de la
dette nationale fera diminuer les impositions : et on nous parle

d'aristocratie! n'est-ce pas là la véritable aristocratie? (On applaudit.) Et qu'on ne dise pas que les citoyens peu fortunés seront dédommagés par l'éligibilité à la législature. Les électeurs riches descendront-ils pour faire leur choix parmi les humbles habitans des campagnes? Alors vous verrez une nouvelle noblesse naître : vous aurez des patriciens, et 20 millions de plébéiens sous leur dépendance.

On dit que la condition qu'on propose est le seul moyen d'avoir un bon corps-législatif; mais les communes de France n'ont-elles donc pas montré un courage inébranlable? n'ont-elles pas elles seules assuré notre liberté? Et par qui avez-vous été envoyés ici? par ces hommes qui ne payaient pas 40 journées de travail, qui ne s'attendaient pas que vous immoleriez leurs droits. D'ailleurs, puisqu'on n'applique pas ce décret aux élections à la prochaine législature, législature qui doit consolider vos travaux, vous avez donc beaucoup à craindre, et sans doute la chose publique est perdue. Je conclus à la question préalable. (On applaudit.)

M. Chapelier. Ce n'est pas le pouvoir du comité, ce sont vos propres pouvoirs que l'on conteste ici; et permettez-moi de remarquer qu'il est trop étrange que ceux qui ont constamment élevé la voix pour la réformation du décret sur le marc d'argent soient les mêmes que ceux qui en réclament avec tant d'ardeur la conservation. (Plusieurs voix de l'extrémité gauche : *Oui, parce que ce que vous nous proposez est plus mauvais.*)

Si vous aviez admis le système immédiat de représentation, vous auriez nécessairement exigé, pour tous les membres du corps social, la condition que nous proposons de restreindre à ceux qui sont chargés d'élire; car nous vous proposons, pour la qualité d'électeur, une contribution beaucoup moindre que celle que les Anglais et les Américains exigent pour la qualité de citoyen actif. Tous ceux qui ont voulu raisonner principe ont donc échoué dans cette discussion.

Maintenant examinons le principe dans son application: il n'y aura pas le plus léger inconvénient pour les fermiers; dans le système contraire, il y aurait l'inconvénient très-grave d'avoir dans les assemblées électorales des hommes qui, n'ayant pas assez de propriétés ou de richesses · industrielles pour rester plusieurs jours sans travailler, demanderaient à être payés ou le seraient par le plus offrant. C'est ainsi que vous avez vu à Paris l'assemblée électorale réduite à deux cents membres ; c'est ainsi que dans le département de la Seine-Inférieure, le plus riche du royaume, 160 électeurs sur 700 ont procédé aux élections, et que les élections ayant duré trois jours, il ne s'est trouvé, le troisième jour, que 60 électeurs. Voyez si vos élections ne sont pas, en ce moment, livrées à un petit nombre d'intrigans. Pourquoi ne veut-on pas accueillir le système d'é-lection que-nous vous proposons? c'est parce que l'on craint que cette constitution, si excellente dans ses bases, étant per-fectionnée par vous-mêmes dans ses détails, on n'ait pas besoin d'appeler bientôt une nouvelle convention nationale, objet des désirs des intrigans, qui voudraient renverser le gouvernement. (Quelques membres applaudissent.)

Le comité veut évidemment faire le bien de la majorité de la nation, puisque nous ouvrons tous les postes publics à 4 mil-lions de citoyens actifs, tandis que l'avis contraire ne tend qu'à conserver la qualité d'électeurs à soixante ou quatre-vingt mille citoyens.

On demande que la discussion soit fermée. Vernier fait ajour-ner l'article.

M. Thouret fait lecture du premier article de la troisième sec-tion, relative à la nomination des représentans. Goupilleau de-mande qu'ils soient choisis parmi les éligibles de chaque départe-ment. Rœderer, Salles, Garat aîné, Malès et Barrère, appuient cette proposition, qui est adoptée malgré les réclamations de Thouret.

Les tribunes applaudissent à plusieurs reprises.

M. Thouret. Il est question maintenant des deux premiers articles de la section troisième. Ces deux articles sont décrétés.

SÉANCE DU 13 AOUT.

[*M. Thouret, rapporteur.* Les fatigues des deux séances précédentes, à la suite d'un travail très-long et très-pénible, ne me permettent guère de finir la carrière du jour. Je supplie l'assemblée de permettre que lorsque mon impuissance sera constatée, je me fasse remplacer par un de mes collègues.

D'après l'ajournement décrété hier, nous ne pouvons rien statuer sur l'article III ainsi conçu :

Art. III. « Tous les citoyens actifs, quel que soit leur état, profession ou contribution, pourront être choisis pour représentans de la nation. »]

—Les articles IV, V, VI et VII sont lus et adoptés. On passe à l'article VIII par lequel l'époque de la réélection est fixée à deux années écoulées depuis le dernier mandat. Saint-Martin demande qu'il y soit ajouté le décret qui exclut du ministère et de toute place à la nomination du pouvoir exécutif, les membres des législatures et du tribunal de cassation, pendant les quatre années qui suivront leur sortie de fonctions. Prieur, Lanjuinais, Guillaume et Rœderer appuient cette proposition. Elle est combattue par Thouret, Tracy et Duport. Goupil demande, par amendement, que les membres du corps-législatif ne puissent accepter du gouvernement, pendant la durée de la législature, aucun don, place ou emploi, même en donnant leur démission. Custine et Chabroud votent pour l'exclusion des seuls membres du corps constituant, et présentent des modifications pour les législatures. Sur la proposition de Buzot, décret portant que les membres de l'assemblée actuelle, et ceux des prochaines législatures, ne pourront être élus à aucune des places données par le pouvoir exécutif que deux ans après la fin de leur session.

[*M. Guillaume.* L'agitation qui a régné dans cette assemblée depuis que la discussion est ouverte sur l'acte constitutionnel, vient de plusieurs omissions graves que les *vrais* amis de la liberté ont cru apercevoir.... (On applaudit dans l'extrémité gauche de la partie gauche, et dans quelques parties des tribunes.)

Une très-vive agitation se manifeste dans tout le côté gauche.

MM. Barnave et Thouret paraissent à la tribune et sollicitent la parole.

M. Beaumetz, placé dans l'extrémité de la partie gauche, la sollicite aussi. — MM. Anthoine, Montpassan, le curé Dillon, et quelques autres membres étouffent sa voix par leurs cris et leurs applaudissemens.

M. Alexandre Lameth, en montrant M. Guillaume. Je demande qu'il soit rappelé à l'ordre.

MM. Duport et Charles Lameth appuient du geste cette proposition.

La partie droite, calme, observe en silence la partie gauche.

M. Guillaume monte à la tribune placée dans l'extrémité de la partie gauche.

M. Barnave. Je demande la parole pour une motion d'ordre....

M. Guillaume. La liberté de la nation dépend de la liberté des opinions....

M. le président. Sur un mot échappé à M. Guillaume, tendant à inculper un grand nombre.... (*Plusieurs voix de l'extrémité gauche de la partie gauche* : Non, non.)

M. Guillaume. Je ne désire pas que mon opinion passe par votre organe, parce qu'elle se corrompt..... (Deux membres voisins de M. Guillaume applaudissent.)

L'agitation redouble. — *Plusieurs voix s'élèvent* : A l'Abbaye ! à l'Abbaye ! — M. Barnave insiste pour obtenir la parole.

M. Guillaume veut continuer à parler.

M. Desmeuniers. Vous n'avez pas la parole, Monsieur.

M. le président. M. Barnave a demandé la parole pour une motion d'ordre. Je vais consulter l'assemblée pour savoir si elle veut la lui accorder.

L'assemblée est consultée. — Les cris de l'extrémité gauche de la partie gauche empêchent M. le président de prononcer le résultat de la délibération.

M. Rœderer. M. Guillaume n'a sans doute pas eu l'intention d'offenser personne; ainsi il faut lui laisser expliquer sa pensée.

M. le président. Je n'ai pas de volonté. Avant d'accorder la parole, je dois consulter l'assemblée....

Une voix de l'extrémité gauche de la partie gauche. M. Guillaume l'a de droit.

M. Barnave. Je cède la parole à M. Guillaume, pourvu qu'on me l'accorde après lui.

Vingt minutes se passent dans la plus vive agitation.

M. Guillaume. Je ne puis assez m'étonner du trouble qu'a occasionné dans cette assemblée une phrase que l'on ne m'a pas permis d'achever: c'est lorsque j'ai dit que les *bons* amis de la constitution..... (*Plusieurs voix* : vous avez dit les *vrais*, Monsieur); lorsque j'ai dit que les vrais amis de la constitution avaient remarqué dans l'acte constitutionnel des omissions importantes, je ne m'attendais pas qu'on en conclurait que ceux qui avaient commis ces omissions, n'étaient pas aussi les vrais amis de la constitution. (Les murmures sont universels.) Je n'ai jamais entendu prononcer sur les intentions de personne ; mais j'ai dû relever avec le courage, avec la fermeté d'un représentant de la nation, des omissions que je crois importantes. L'agitation qui a eu lieu dans les dernières séances avait pour cause principale ces omissions : sans doute elle va cesser, puisqu'elles sont presque toutes réparées. Vous avez décrété que les députés à la législature ne pourraient être choisis que dans leurs départemens respectifs ; vous avez également adopté comme constitutionnel le décret qui porte qu'un membre qui aura été élu à deux législatures de suite, ne pourra être réélu qu'après un intervalle de deux années. Vous venez de rétablir aussi le décret qui exclut vous et vos successeurs des places du ministère. Je voulais vous dire qu'il ne restait plus maintenant qu'à rappeler le décret constitutionnel, qui porte que le corps-législatif pourra dire au roi que ses ministres ont perdu la confiance de la nation. (On entend des applaudissemens.)

M. Barnave. Je n'aurais pas insisté sur la parole, si je n'avais
eu en vue que de demander que le préopinant fût rappelé à
l'ordre; car la phrase a si peu de convenance, que je ne doutais
pas que de le demander fût assez pour l'obtenir. J'avais demandé
la parole pour appuyer cette proposition, sur des réflexions très-
courtes, relatives à ce qui s'est passé ces derniers jours, et aux
sentimens qu'ont éprouvés les comités à cet égard. Hier, comme
aujourd'hui, il nous a été adressé une phrase dont nous aurions
eu peut-être le droit de demander justice à l'assemblée. Un
membre a dit, en s'adressant à une partie de l'assemblée, qui
alors interrompait un opinant : *Je vous demande silence. Nous
avons conquis notre liberté; nous saurons la conquérir encore en
faisant rétablir nos décrets.* (On applaudit dans l'extrémité gauche
de la partie gauche.) Nous aurions pu demander alors que l'opinant fût rappelé à l'ordre. Nous ne l'avons pas fait, parce qu'un
premier fait de cette nature ne nous a pas paru le nécessiter impérieusement. La répétition du même fait m'a engagé à demander
la permission de faire une motion d'ordre, et à mettre brièvé-
ment sous les yeux de l'assemblée, les sentimens dont déjà hier ses
comités étaient pénétrés, à raison de ce qui s'était passé. Je dois
vous le dire; dans notre séance d'hier au soir, la seule idée qui
nous a occupés était de savoir si les dispositions où nous avions
vu hier une partie de l'assemblée, et si surtout les décrets qui
venaient d'être rendus, et qui paraissaient prêts à l'être, ne
devaient pas nous déterminer à nous démettre. (M. Anthoine
applaudit.)

*M. Barnave, les yeux fixés sur l'extrémité gauche de la partie
gauche.* Il n'y a qu'un moyen de s'entendre: c'est de s'expliquer.
Comme j'aime à croire que tout le monde ici est de bonne
foi...... (Une voix de l'extrémité gauche : *Parlez à l'assemblée.*)
L'assemblée nationale nous avait chargés de faire le rassemblement et la classification de ses décrets constitutionnels. Dans
cet important ouvrage, nous n'avons eu que deux vues : c'est,
1° qu'en maintenant la constitution établie par vous, il en ré-
sultât qu'avec toutes vos bases conservées, le gouvernement eût

assez d'assiette, de stabilité, de vigueur pour pouvoir prendre son mouvement, pour avoir un résultat effectif et durable, et par conséquent, pour que la liberté s'établit. Car nous avons cru que, si au moment où définitivement nous allons établir la constitution, il se trouvait de tels vices dans cet ouvrage, que le mouvement du gouvernement ne pût pas avoir lieu, que la machine n'eût pas en elle le principe de son action, alors, après deux ans de travaux, de dangers, de courage, nous ne donnerions à la France qu'une succession de troubles, et nous ne recueillerions pour nous que la honte qui en serait le juste prix. Tel a dû être notre sentiment dominant, et non pas celui de renfermer dans cet acte qui devait vous être présenté, quelques décrets qui, pour avoir porté le nom de constitutionnels, ne nous en paraissaient pas moins, dans l'intimité de notre conscience, contraires au véritable, au permanent, au prospère établissement de la constitution. Notre second point de vue, en la simplifiant, a été celui-ci : nous avons cru qu'il fallait qu'elle fût durable, que pour la paix nationale, il convenait qu'on n'eût pas besoin souvent de rassembler des corps constituans ; et je crois n'avoir pas besoin de justifier dans cette assemblée l'importance de cette considération.

Nous avons donc pensé qu'en conservant toutes les bases, et pour empêcher qu'elles ne pussent pas être changées, nous ne devions pas introduire dans la constitution différens détails qui, n'étant pas assez éprouvés par l'expérience, ne sont pas assez évidemment bons pour que nous puissions assurer que dans deux ou quatre ans, plus ou moins, l'expérience ne les démontrera pas vicieux, et qu'alors l'opinion publique se trouvant contraire à ces mêmes décrets, on appellera une convention nationale, ou on autorisera, par un silence d'approbation, la législature à faire des changemens. Or, s'il arrivait que la législature fît des changemens, quelque bons, quelque utiles qu'ils pussent être, il en résulterait toujours qu'elle aurait brisé son frein, qu'elle aurait passé la barrière constitutionnelle que vous lui auriez fixée, et dès-lors il n'y a pas une raison d'espérer qu'elle s'arrêterait à ces premiers pas ; puis après avoir changé quelques détails, les législatures suivantes pourraient changer jusqu'aux premiers principes de notre gouvernement.

Nous avons donc cru que, pour conserver au gouvernement sa stabilité, il importait d'en maintenir ce qui le constitue essentiellement ; mais que, quant aux détails qui même par leur nature approchaient des décrets constitutionnels, toutes les fois que les modifications amenées par l'expérience, effectuées par des législatures qui seront, comme nous, des représentans du peuple, n'altèrent pas l'essence de la constitution, il était bon de ranger ces décrets parmi les décrets purement législatifs, pour laisser à l'expérience de nos successeurs la faculté de perfectionner, et surtout pour assurer la durée de la constitution en la simplifiant, et en n'y mettant pas des choses qui, comme j'ai eu l'honneur de vous le dire, étant successivement et nécessairement modifiées par la législature, avec l'approbation de l'opinion publique, détruiraient la solidité que vous voulez donner à votre ouvrage.

Tel a été le principe de notre conduite, quand nous avons réduit les décrets constitutionnels ; et je remarquerai qu'il a été inséré dans l'acte constitutionnel 200 articles ; et qu'avant qu'il eût paru, avant qu'il fût publié, la plupart des membres de cette assemblée croyaient que les articles constitutionnels ne seraient pas au-delà du nombre de 150 ou de 160 ; que, tandis que c'était là l'opinion de beaucoup de personnes, ceux qui connaissent les constitutions déjà établies, ceux qui ont lu la constitution américaine, où cependant le peuple aussi a été jaloux de sa liberté, les articles constitutionnels sont infiniment moins nombreux que ceux que nous avons recueillis dans notre acte. Les bases y sont beaucoup plus à nu ; les moyens d'exécution, les accessoires y sont presque entièrement oubliés, tandis que nous avons cru que ceux qui étaient intimement liés à la forme du gouvernement, devaient être conservés dans votre acte constitutionnel.

Qu'est-il arrivé, lorsque ce travail a paru dans le public et dans cette assemblée ? Je crois qu'il a obtenu dans cette assemblée quelques marques d'approbation : quant au public, elles ont été

à peu près universelles. Il n'a existé, à l'inspection de votre travail, que deux sources d'opposition : ceux qui jusqu'à présent se
sont constamment montrés les ennemis de la révolution, ont dé-
clamé fortement contre ce travail, parce que, d'une part, ils y
voyaient tous les principes de l'égalité immuablement et constitutionnellement consacrés, et que d'autre part, voyant que la
machine du gouvernement avait une forme stable, un sort durable,
ils ont reconnu par ce travail que la constitution s'établirait,
qu'elle aurait un résultat solide et permanent, et qu'ainsi elle
maintiendrait à jamais tous les principes contraires à leurs intérêts.

Tel a été dans le public le sentiment des ennemis de la révolution ; une autre classe à la vérité s'est montrée opposée à
notre travail ; mais quelle était cette classe? Je la divise en deux
espèces très-distinctes : l'une est celle des hommes qui, dans
l'opinion intime de leur conscience, donnent la préférence à un
autre gouvernement, qu'ils déguisent plus ou moins dans leurs
opinions, et cherchent à enlever à notre constitution monarchique tout ce qui pourrait éloigner des résultats qu'ils désirent.
Je déclare que, quant à ceux-là, je ne les attaque point; quiconque a une opinion politique pure, comme je les en crois capables, a le droit de l'énoncer : chacun a sa façon de voir; c'est
l'opinion de la majorité qui fait la loi. Mais il s'est élevé une
autre classe de personnes contre notre travail; et celle-là, ce
n'est pas à raison de ses opinions politiques qu'elle s'est montrée
opposante, ce n'est pas parce qu'elle s'est montrée opposante,
ce n'est pas parce qu'elle aime mieux la république que la monarchie, la démocratie que l'aristocratie : c'est parce qu'elle
n'aime aucune espèce de gouvernement ; c'est parce que tout ce
qui fixe la machine politique, tout ce qui est l'ordre public,
tout ce qui rend chacun à ce qui lui appartient, tout ce qui met
à sa place l'homme probe et l'homme honnête, l'homme improbe
et le vil calomniateur, lui est odieux et contraire. (On applaudit
à plusieurs reprises dans la très-grande majorité de la partie
gauche.)

Voilà, Messieurs, quels sont ceux qui ont combattu le plus activement notre travail, ils ont cherché de nouvelles ressources de révolution, parce que hors de là toute autre ressource était perdue pour eux : ce sont des hommes qui, en changeant de nom, en mettant des sentímens en apparence patriotiques à la place des sentimens de l'honneur, de la probité, de la pureté, en s'asseyant même aux places les plus augustes, avec le nouveau masque de nom et de vertu, ont cru qu'ils en imposeraient à l'opinion publique, se sont coalisés avec quelques écrivains.... (Les applaudissemens recommencent.)

Notre but ici est toujours le même, il doit être celui de tous les amis de la liberté; il nous doit réunir avec la presque unanimité de l'assemblée, avec ceux, au moins, qui n'ont cessé de montrer une volonté permanente et pure pour l'établissement de la révolution. Si vous voulez que votre constitution ne soit pas changée; si vous voulez qu'elle s'exécute véritablement et solidement; si vous voulez que la nation, après vous avoir dû l'espérance de la liberté, car ce n'est encore que de l'espérance (quelques murmures), vous en doive la réalité, vous doive la prospérité, la paix et le bonheur, attachons-nous à simplifier notre constitution, autant que la conservation de son essence et de son caractère vous le fera paraître possible; en donnant au gouvernement, je veux dire à tous les pouvoirs établis par cette constitution, le degré de force, d'action, d'ensemble, qui est nécessaire pour mouvoir la machine sociale, et pour conserver à la nation l'inappréciable bienfait de la liberté que vous lui avez donnée.

Vous avez déjà retranché de notre travail des modifications que nous avions jugées indispensables au succès effectif de la constitution; si le salut de la patrie vous est cher, prenez garde à ce que vous ferez encore, et par-dessus tout, bannissons d'entre nous d'injustes méfiances qui ne peuvent être utiles qu'à nos ennemis, qui ne peuvent porter au-dedans l'obéissance aux lois; quand on croira que la seule force motrice est divisée ou énervée; au-dehors, que d'espérance dans le sein de nos ennemis, quand ils auront le plaisir de croire que ce bel ensemble dans la

conduite de l'assemblée nationale, que cette constante majorité,
que cette marche, à la fois sage et hardie, qui leur en a tant imposé depuis le départ du roi, est prête à s'évanouir devant des
divisions artistement fomentées par des soupçons perfides! (On
applaudit.) N'en doutez pas, vous verriez renaître à l'intérieur
les désordres dont vous vous êtes lassés, et dont le terme de la
révolution doit être aussi le terme; vous verriez renaître à l'extérieur des espérances, des projets, des tentatives que nous bra-
vons hautement parce que nous connaissons nos forces, quand
nous sommes unis; parce que nous savons que tant que nous serons unis on ne les entreprendra pas, et que si l'extravagance
osait les tenter, ce serait toujours à sa honte; mais, des tentatives qui s'effectueraient, et sur le succès desquelles on pourrait
compter avec quelque vraisemblance, une fois que, divisés entre
nous, ne sachant à qui nous devons croire, nous nous supposons
des projets divers, quand nous n'avons que les mêmes projets;
des sentimens contraires, quand chacun de nous a dans son
cœur le témoignage de la pureté de son voisin; quand deux ans
de travaux entrepris ensemble, quand des preuves consécutives
de courage, quand des sacrifices que rien ne peut payer, si ce
n'est la satisfaction de soi-même.... (Les applaudissemens redoublent.) D'après cela, M. le président, croyant que le comité
n'a en aucune manière besoin que l'assemblée nationale manifeste d'une manière quelconque les sentimens dont j'espère que
l'assemblée nationale ne s'éloignera jamais, je demande simplement que l'on passe à l'ordre du jour sur la motion qu'avait faite
M. Guillaume.]

M. Barnave descend de la tribune au milieu des applaudissemens de la très-grande majorité de la partie gauche et des tribunes. — L'assemblée passe à l'ordre du jour. — Le dernier article de la troisième section est lu et adopté. M. Thouret soumet
immédiatement à la discussion les sections IV et V; elles sont
décrétées par assis et levé. Il passe au chapitre II traitant de la
royauté, de la régence et des ministres. La première section est
adoptée; seulement on renvoie à l'examen des comités une pro-

position d'Aiguillon relative à l'article VI. Elle avait pour but
d'établir que ni le roi ni l'héritier présomptif ne puissent commander les armées.

SÉANCE DU 14 AOUT.

[*M. Thouret.* Je demande la permission à l'assemblée de lui
faire une observation qui n'interrompra pas la suite du travail
que je vais reprendre immédiatement après. L'assemblée veut
certainement, tant pour son honneur que pour le salut de la
France, établir par la constitution un gouvernement stable. Ce
gouvernement doit être tel qu'il donne au pouvoir exécutif tous
les moyens d'assurer la liberté sans opprimer, et l'énergie nécessaire pour maintenir l'ordre public. C'est cette entreprise difficile qui sans cesse a obtenu votre attention, et qui a fait, j'ose
le dire, votre tourment. Nous avons pris toutes les précautions
possibles contre le danger des prérogatives trop grandes qui auraient pu être accordées au pouvoir exécutif. Nous avons calculé
scrupuleusement tout ce qui pouvait être retranché de ses pouvoir, sans ôter la force nécessaire au gouvernement, et nous
n'avons laissé subsister que ce qui, dans notre opinion, était
absolument nécessaire. Tout, dans notre plan, était nécessaire,
cohérent et parfaitement correspondant. Tout changement a dû
l'altérer. C'était en remplaçant les anciens moyens de puissance
du pouvoir exécutif par la facilité et la latitude données à la
confiance du roi dans le choix de ses agens, que nous avions
pensé qu'avec un roi attaché à la constitution, nous pourrions
avoir un bon gouvernement.

Vos comités ont donc pris en considération les résultats des
changemens opérés depuis hier dans notre plan par les délibérations de l'assemblée, et nous avons reconnu unanimement que
les entraves mises aux élections, avec l'interdiction donnée au
roi, de prendre dans les législatures finissantes les agens qui lui
seront nécessaires, détruisait tous les moyens de force et d'énergie
du pouvoir exécutif. Notre unanimité sur une matière aussi délicate nous a fait penser que nous devions donner une dernière
déclaration sur l'opinion toujours constante des comités, non que

nous voulions faire des propositions formelles à ce sujet, mais parce qu'au moment où nous touchons à une responsabilité commune, mais qui s'appliquera spécialement aux comités qui ont préparé les travaux de l'assemblée, nous avons pensé qu'il était important que chacun des membres de l'assemblée méditât encore ces questions avant que l'acte constitutionnel soit consommé. (Il s'élève de violens murmures dans l'extrémité gauche.) Maintenant je passe à l'ordre du jour.]

M. Thouret fait lecture de la section deuxième du titre II. Tous les articles de cette section sont successivement adoptés.

On passe à la troisième section : *De la famille du roi.*

Chabroud fait rejeter une motion de Murinais pour conserver au fils aîné du roi le titre de dauphin. Goupil demande qu'on donne le titre de princes français aux membres de la famille régnante. D'Orléans, Prieur, Rewbell, Réveillère-Lépeaux et Alexandre Lameth invoquent la question préalable. Ferrault et Dandré appuient la motion de Goupil. Beaumetz, Duport et Charles Lameth disent que la véritable question à examiner est de savoir si les membres de la dynastie peuvent exercer sans danger les fonctions de citoyens; ils rappellent l'opinion de Mirabeau pour la négative. L'examen de cette question est renvoyé au comité. La motion de Goupil est rejetée.

La section IV, *des ministres*, est lue et adoptée.

M. Thouret présente ensuite le chap. III : ᴅᴇ ʟ'ᴇxᴇʀᴄɪᴄᴇ ᴅᴜ ᴘᴏᴜᴠᴏɪʀ ʟᴇɢɪsʟᴀᴛɪғ. La section Iᵉ, *pouvoirs et fonctions de l'assemblée nationale législative*, et la section II, *tenue des séances et forme de délibérer*, sont décrétées sans discussion.

SÉANCE DU 15 AOUT.

La section IIIᵉ du chapitre 2, *de la sanction royale*, donne lieu à une légère discussion. La section IVᵉ est adoptée à la simple lecture jusqu'à l'article X, ainsi conçu:

« Les ministres du roi auront entrée dans l'assemblée nationale législative; ils y auront une place marquée; ils seront entendus sur tous les objets sur lesquels ils demanderont à l'être,

et toutes les fois qu'ils seront requis de donner des éclaircissemens. »

[*M. Robespierre.* Je regarde cette disposition comme dénatu-
rant le principal article de votre constitution. Dans les principes
de la constitution est la séparation des pouvoirs ; or, l'article qui
vous est proposé tend à les confondre en quelque manière ; il
donne aux ministres, non-seulement le droit d'assister aux délibérations du corps-législatif, mais le droit de parler sur tous les
objets soumis à la discussion. (Plusieurs voix : *Ce n'est pas cela.*)

Il y est dit qu'ils seront entendus sur tous les objets sur lesquels ils demanderont à l'être ; donc ils peuvent opiner : la seule
différence qu'il y aura entre les membres de l'assemblée nationale, c'est que chaque membre aura droit de faire compter sa
voix, au lieu que les ministres auront droit seulement de donner
leur avis et de discuter. Or, quel est l'intérêt des ministres ? il
n'est pas que leurs voix soient comptées, car une ou deux voix
de plus n'ont pas beaucoup d'effet ; mais ils ont intérêt à influencer les délibérations, et c'est sous ce point de vue que je dis que
l'article est contraire à l'esprit de la constitution. Ce n'est pas
une petite chose que d'introduire dans le corps-législatif un
homme qui, à l'influence de ses moyens et de son éloquence,
ajouterait celle du grand caractère dont il serait revêtu. Lorsque
les ministres pourront diriger les délibérations, craignez qu'on
ne les voie sans cesse, non-seulement altérer la pureté du corps-
législatif, mais venir consommer dans l'assemblée le succès
des mesures qu'ils auront prises au-dehors. L'article tend évidemment à confondre le pouvoir exécutif, non pas avec le pouvoir législatif, en ce qu'il donne le droit de pouvoir faire compter sa voix, mais avec le pouvoir législatif, en ce qu'il confère
aux membres qui en sont revêtus le droit de diriger les délibérations, et d'exercer une influence directe sur la formation de la
loi. Je demande la question préalable.

M. Barrère. Je m'élève aussi contre la trop grande latitude, le
trop grand pouvoir donné aux ministres par ces expressions :
« Seront entendus sur tous les objets sur lesquels ils demande-

ront à l'être. » C'est leur donner une voix consultative entière, c'est les associer à la discussion. Sans doute il est sage d'admettre les ministres à avoir une place dans l'assemblée, qu'ils soient autorisés à donner, quand ils en seront requis, des éclaircissemens; sans doute il est utile que quand des conférences avec les ministres seront nécessaires, elles se fassent en pleine assemblée, et non pas dans le secret des comités.

Sans doute il faut qu'ils puissent venir dénoncer au corps-législatif les obstacles qu'ils éprouvent dans l'exécution des lois ; mais ce sont toujours là des objets ministériels appartenant purement à l'administration. Mais leur donner le droit de participer à la discussion, ce serait leur donner un pouvoir que l'élection du peuple pourrait seul leur conférer ; ce serait leur donner l'initiative que la constitution a refusée au roi lui-même. Le véritable mode d'influencer les délibérations, c'est celui des mouvemens oratoires : vous donneriez donc aux ministres l'influence la plus grande, puisque à l'influence de leur caractère ils pourraient ajouter le talent de la parole. Rappelez-vous une discussion qui a eu lieu, lorsqu'il s'agissait de décider la grande question de savoir si les membres de la dynastie régnante pouvaient être citoyens actifs. M. Duport a combattu cette opinion, par la raison que les membres de la dynastie étaient *trop voisins du pouvoir exécutif*. Or, je demande aujourd'hui à ce même M. Duport et à tous les autres membres du comité, si les ministres ne sont pas voisins du pouvoir exécutif, et si le danger de laisser quelques membres de la dynastie exercer les droits politiques de simple citoyen est comparable aux dangers de l'extrême influence qu'on propose d'accorder aux ministres dans la formation même de la loi. D'après ces observations, je demande que l'article soit rédigé en ces termes: « Les ministres auront une place marquée dans l'assemblée nationale législative ; ils y seront entendus toutes les fois qu'ils seront requis de donner des éclaircissemens, et ils pourront être entendus sur des objets relatifs à l'exercice de leurs fonctions.

M. Chapelier. L'article de M. Barrère me paraît le même que celui des comités. (On murmure.) S'il y a quelque différence, elle est à l'avantage du comité ; car il est impossible qu'il existe une seule loi dont l'exécution soit étrangère au pouvoir exécutif, et il serait absurde de penser que le pouvoir exécutif n'a pas le droit de présenter ses observations sur les moyens de rendre une loi quelconque exécutable.

M. *Lanjuinais.* Il est étonnant que les hommes qui vous proposent l'article dont il s'agit, soient les mêmes que ceux qui le combattaient, lorsqu'il fût présenté par M. Mirabeau. Je demande qu'après ces mots : « Seront entendus sur tous les objets sur lesquels ils demanderont à l'être, » il soit dit : « Lorsque le corps-législatif jugera à propos de leur accorder la parole. »

M. *le Camus.* Voici quelles sont mes idées : les ministres doivent avoir entrée au corps-législatif. Lorsqu'on leur demandera quelques éclaircissemens, ils seront tenus de les donner ; lorsqu'ils auront besoin de quelques avis, de quelques interprétations, ils pourront aussi les demander ; mais je ne pense pas qu'ils doivent interrompre la discussion, en demandant à être entendus sur telle ou telle question. Je demande que les comités soient chargés de rédiger un article dans le sens de ces idées.

M. *Beaumetz.* Cela tend toujours à leur refuser la parole. Le mot question est vague : quand on agite une question dans l'assemblée, c'est toujours pour savoir si l'on fera une loi, et c'est comme si M. Camus nous proposait de déclarer que les ministres ne parleront que quand ils en seront requis.

M. *Rewbel.* Parlez français ; dites que vous voulez qu'ils aient l'initiative.

M. *Beaumetz.* Je suppose que le corps-législatif ait composé une loi très-bonne, mais qu'elle renferme un article de détail impossible dans son exécution : si vous refusez la parole aux ministres qui vous auraient fait apercevoir le défaut, qu'arrivera-t-il? Le veto sera appliqué à notre loi. (On murmure dans l'extrémité de la partie gauche.) Quel est donc ce droit si précieux de refuser la parole à celui qui est tellement lié à l'exécution de la loi, qu'il est de la dernière importance de l'entendre? Il est nécessaire que le pouvoir exécutif fasse peu d'usage du veto, que le dissentiment des deux pouvoirs soit le plus rare possible. Qu'on ne dise pas qu'il en résultera une dangereuse initiative. Pensez-vous qu'un ministre ne trouvera pas toujours le moyen de faire énoncer son opinion à l'assemblée nationale, s'il ne peut l'énoncer lui-même?

Lorsque M. Mirabeau fit à l'assemblée la proposition de donner aux ministres voix délibérative dans l'assemblée, et que même il voulait peut-être que les membres de l'assemblée pussent être ministres, on se concertait dans le cabinet de M. l'archevêque de Bordeaux pour faire proposer à l'assemblée qu'aucun de ses membres ne pût être ministre que quatre ans après la fin de la session; et un membre de l'assemblée se chargea de faire la motion.

M. Lanjuinais. Cela est faux. Il n'y a que les personnes qui sont toujours avec les ministres qui puissent faire de pareilles accusations. (On applaudit dans l'extrémité de la partie gauche.)

M. Rœderer. Rappelez-vous que la semaine dernière c'est encore M. Beaumetz qui a jeté dans l'assemblée les premières semences de la discorde. (Les applaudissemens recommencent.)

M. Beaumetz. Je n'ai point prétendu par-là citer un exemple de connivence coupable avec les ministres, mais simplement prouver qu'il valait mieux leur permettre d'énoncer leur opinion dans l'assemblée, que de les réduire à ces moyens d'intrigue. Je demande la question préalable sur la proposition de M. le Camus.

M. Pétion. Qu'importe, vous a-t-on dit, que vous entendiez les ministres dans cette assemblée, puisque, retirés dans le conseil, ils pourront apposer le veto sur vos décrets? On aurait dû dire qu'il vaudrait mieux leur abandonner la confection de la loi tout entière. Remarquez, je vous prie, quelle prodigieuse influence aurait dans le corps-législatif un ministre qui, si l'on n'adoptait pas son opinion, pourrait apposer le veto sur une opinion contraire.

Il faut appeler les ministres toutes les fois qu'on le jugera à propos; il faut les avoir là pour les forcer à s'expliquer: encore sait-on que cette disposition est quelquefois illusoire; car un ministre vous répondra, comme en Angleterre : Le secret de l'État m'empêche de vous donner une explication. Soyez certains que, lorsqu'il sera nécessaire que les ministres paraissent à l'assemblée, les législatures ne seront pas assez insouciantes pour ne pas les y mander. En dernière analyse, leur présence n'est bonne que pour la corruption. Je demande qu'ils soient entendus toutes les fois que le corps-législatif les appellera. (On applaudit dans l'extrémité de la partie gauche.)

M. *Barnave*. La question qui vous est soumise est d'une telle évidence, qu'elle n'a besoin que d'être présentée sous son véritable point de vue, pour qu'il n'y ait pas un véritable ami de la liberté qui ne l'adopte. (On murmure.) Voici, selon moi, l'état de la question : Donnera-t-on de l'influence pour la confection de la loi, ou à l'opinion publique, ou à la corruption, ou au jugement de tous, ou à l'intrigue? Quelques membres ont demandé que les ministres ne pussent être admis que quand ils seront appelés. Il est indispensable qu'ils soient habituellement dans l'assemblée, soit pour répondre aux diverses interpellations, soit pour y faire part de leurs lumières. C'est par l'absence des ministres que les dénonciations vagues ont pris de la consistance dans l'opinion, et c'est par-là aussi qu'un ministre de mauvaise foi peut éluder une accusation fondée. Il faut les prendre sur le temps, leur dire : Pourquoi avez-vous fait cela? pourquoi n'avez-vous pas fait cela?

Un homme de bonne foi veut être interpellé devant tout le monde, dans toutes les circonstances indistinctement; un homme de mauvaise foi, au contraire, a besoin de concerter ses réponses dans son cabinet. Il n'est pas moins nécessaire qu'un ministre puisse énoncer son opinion sur les inconvéniens que peuvent offrir les détails d'une loi; sans cela, comme on vous a dit, vous vous exposez au veto; vous mettez en rivalité perpétuelle le corps-législatif et le roi, et l'un de ces deux pouvoirs finira par anéantir l'autre. Si un ministre ne peut s'expliquer au grand jour, il ne peut opposer que l'intrigue et la corruption a toutes les menées que l'on emploiera pour le chasser de sa place. On a dit que la présence des ministres avait introduit la corruption dans le parlement d'Angleterre; on ignore profondément ce qui se passe en Angleterre : la majorité du parlement y entre toute corrompue. Il a même existé des questions méditées et concertées d'avance, où le ministre opinait d'une façon, tandis que son parti opinait de l'autre. Je demande qu'on aille aux voix sur l'avis des comités.

M. Charles Lameth. D'après ce qui a été dit par les divers opinans, voici, je pense, une rédaction qui satisfera toute l'assemblée : « Les ministres du roi auront entrée à l'assemblée législative; ils auront une place marquée; ils seront entendus toutes les fois qu'ils le demanderont sur les objets relatifs à leur administration, ou lorsqu'ils seront requis de donner des éclaircissemens. Ils seront également entendus sur les objets étrangers à leur administration, toutes les fois que le corps-législatif leur accordera la parole. »

M. Camus. J'adopte cette rédaction.

La priorité est accordée à la motion de M. Charles Lameth.

L'extrémité de la partie gauche demande la question préalable, tant sur cette rédaction que sur celle des comités.

La question préalable est rejetée.

L'article proposé par M. Charles Lameth est décrété.]

SÉANCE DU 22 AOUT.

Le 16, ce qui restait du projet des comités fut lu par Desmeuniers, et adopté sans discussion; le 22, Thouret apporta les articles ajournés.

[*M. Thouret.* Vous avez ajourné plusieurs articles constitutionnels; vous avez aussi décrété plusieurs modifications moins importantes, que nous avons insérées dans la rédaction même des articles auxquels elles appartenaient, et qui vous seront rapportées lors de la relue totale des articles. Les sept premiers articles

que nous vous présentons sont relatifs à la garantie des droits
individuels des citoyens contre les entreprises des législatures.
Dans le premier', nous avons distingué trois cas: la saisie en
flagrant délit, la mise en état d'arrestation, et la détention. On
se saisit d'un prévenu, soit parce qu'il est trouvé en flagrant délit, soit sur la clameur publique, soit enfin lorsqu'il est muni de
traces matérielles du crime. C'est en établissant que nul citoyen
ne pourra être arrêté par l'officier de police pour plus de trois
jours, que la constitution garantira le droit individuel des citoyens.]

(Ici Thouret lut les articles concernant la liberté individuelle : ils furent décrétés sans discussion.)

[*M. Thouret*. Vous avez assuré la liberté à tout homme de parler, d'écrire et d'imprimer ses pensées ; mais, avez-vous décrété,
comme la liberté ne consiste qu'à pouvoir faire tout ce qui ne
nuit ni aux droits ni à la sûreté publics, la loi peut établir des
peines contre les actes qui, attaquant, ou la sûreté publique,
ou les droits d'autrui, seraient nuisibles à la société? C'est là que
se plaçait l'observation tendante à restreindre la latitude que
pourrait donner aux législatures une énonciation aussi vague.
Vous avez donc chargé vos comités de constitution et de révision
de marquer les limites où elles seraient tenues de se'renfermer.
Voici les deux articles que je suis chargé de vous présenter.
J'observe que jamais les délits résultant des abus de la presse ne
pourront être constatés que par des jurés.

Répression des délits commis par la voie de la presse.

Art. Ier. Nul homme ne peut être recherché ni poursuivi pour
raison des écrits qu'il aura fait imprimer ou publier, si ce n'est
qu'il ait provoqué à dessein la désobéissance à la loi, l'avilissement
des pouvoirs constitués, et la résistance à leurs actes, ou quelqu'une des actions, crimes ou délits prévus par la loi. Les calomnies
volontaires contre la probité des fonctionnaires publics, et contre
la droiture de leurs intentions dans l'exercice de leurs fonctions,
pourront être dénoncées ou poursuivies par ceux qui en sont

l'objet. Les calomnies ou injures contre quelques personnes que ce soit, relatives aux actions de leur vie privée, seront punies sur leur poursuite.

II. Nul ne peut être jugé, soit par la voie civile, soit par la voie criminelle, pour fait d'écrits imprimés ou publiés, sans qu'il ait été reconnu et déclaré par un juré, 1° s'il y a délit dans l'écrit dénoncé; 2° si la personne poursuivie en est coupable. Il appartient à la police correctionnelle de réprimer la publication et la distribution des écrits et des images obscènes.

M. Robespierre. Le plus sûr moyen de développer les vices des articles dont il vient de vous être donné lecture, c'est de présenter quelques idées générales sur la liberté de la presse. Le moment d'une révolution ne présente pas de grands avantages pour cette discussion, à cause des abus qui sont résultés de la presse. Voici quelle était la loi constitutionnelle des États-Unis : « La liberté de publier ses pensées étant le boulevard de la liberté, elle ne peut être gênée en aucune manière, si ce n'est dans les États despotiques. » Les entraves peuvent exister ailleurs que dans la censure : il ne faut pas abandonner le jugement des opinions aux intérêts des partis. La loi qu'on nous propose, sous prétexte de réprimer les abus, anéantit la liberté. Les opinions sont bonnes ou mauvaises, suivant les circonstances. Quels étaient, il y a trois ans, les écrits, objets de la sévérité du gouvernement ? C'étaient ceux qui font aujourd'hui notre admiration. A cette époque, le *Contrat social* était un écrit incendiaire, et Jean-Jacques Rousseau un novateur dangereux. Vous avez fait contre les abus de la presse tout ce qu'il fallait faire, en décrétant qu'il sera prononcé des peines contre ceux qui provoqueront formellement la désobéissance à la loi : vous ne pouvez aller plus loin.

Si vous ne donnez point une certaine facilité pour surveiller les fonctionnaires publics, pour réprimer leurs desseins lorsqu'ils pourraient en avoir de coupables, vous n'avez point renversé le despotisme. Qui osera dénoncer un fonctionnaire public, s'il est obligé de soutenir une lutte contre lui? Qui ne voit pas dans ce cas l'avantage de l'homme armé d'un grand pouvoir? N'allons point opposer l'intérêt des fonctionnaires à celui de la patrie. Aristide condamné n'accusait pas la loi qui donnait aux citoyens le droit de dénonciation. Caton, cité soixante fois en justice, ne fit jamais entendre la moindre plainte; mais les décemvirs firent des lois contre les libelles, parce qu'ils craignaient qu'on ne dévoilât leurs complots. (On applaudit.) Je proposerais de décréter, 1° que, sauf l'exception portée contre ceux qui provoqueraient formellement la désobéissance à la loi, tout citoyen a le droit de publier ses opinions sans être exposé à aucune poursuite; 2° que le droit d'intenter l'action de calomnie n'est accordé qu'aux personnes privées (on murmure dans diverses parties de la salle).; 3° qu'à l'exemple de l'Amérique, dont la constitution n'a pas été huée, les fonctionnaires publics ne pourront poursuivre les personnes qui les calomnieront. (Les murmures recommencent.)

M. Fermont. Je demande que chaque paragraphe des articles soit discuté séparément.

L'assemblée adopte cette proposition.

Plusieurs membres demandent que le mot *à dessein*, qui se trouve dans le premier paragraphe, soit remplacé par le mot *formellement*, consacré dans les décrets déjà rendus.

M. Martineau. Je demande, au contraire, que le mot *à dessein* soit conservé. On croit toujours être dans l'ancien régime. On oublie que les délits ne pourront être constatés que par des jurés; et si vous mettiez le mot *formellement*, jamais ils ne pourraient prononcer. J'ai lu un écrit incendiaire qui renfermait les provocations les plus manifestes contre les magistrats, et cependant il finissait par réclamer l'obéissance provisoire à la loi. Les auteurs d'un pareil écrit n'auraient donc point été dans le cas d'être poursuivis.

M. Dumetz. Le mot *à dessein* présente le plus grand arbitraire dans une matière où la loi ne peut être bonne, si elle n'est pas tellement précise qu'elle ne soit susceptible d'aucune interprétation. Je demande donc qu'on y substitue le mot *formellement*, et qu'au lieu de ces mots : *l'avilissement des pouvoirs constitués*, on mette : *la résistance aux actes légitimes des pouvoirs constitués.*

M. Pétion appuie la proposition de M. Dumetz.

M. Barnave. Ce qui me paraît réfuter tout ce qui a été dit pour et contre dans cette question, c'est qu'il est difficile de déterminer précisément la responsabilité résultante de l'usage de la presse. La difficulté est que les articles qui vous sont soumis ne me paraissent point devoir être constitutionnels; car les points constitutionnels en cette matière se réduisent à deux : 1° la liberté d'imprimer et de publier ses pensées ne peut être gênée; 2° les actions auxquelles l'abus de la presse pourra donner lieu, ne pourront être portées que devant des jurés. Cette dernière proposition répond aux objections tirées de l'Angleterre, où la seule gêne qui soit apportée à la presse, résulte de ce que les délits en ce genre ne sont pas jugés par des jurés, mais par des juges nommés par le roi. Je pense donc que nous pouvons nous contenter d'assurer la liberté de la presse par ces principes constitutionnels, et nous en rapporter d'ailleurs aux lois déjà décrétées.

M. Rœderer. En laissant substituer dans l'article qui nous est soumis ces mots : *l'avilissement des pouvoirs constitués,* M. Thouret même pourrait être l'objet d'une accusation ou jugement; car la feuille qu'il vient de faire imprimer tend à décréditer, non pas seulement les pouvoirs constitués, mais le pouvoir constituant. Vous voyez donc que, d'après l'article, on pourrait faire le procès pour des choses très-licites. Je demande que l'on dise que les écrits ne pourront être assujétis à aucune censure avant leur publication, et que nul ne pourra être poursuivi pour raison des écrits qu'il aura fait imprimer, s'il n'a formellement provoqué la résistance aux actes légitimes des pouvoirs constitués.

M. Chapelier. Je pense, contre l'opinion de M. Barnave, que ce qu'il y a de plus constitutionnel dans ce qui regarde la presse, c'est la détermination des délits, et l'interdiction des lois extensives. Quant au mot *à dessein,* il doit être conservé. Si vous y substituiez le mot *formellement* ou *directement,* on pourrait en induire que l'on peut provoquer indirectement la désohé:ssance. J'opine aussi pour la conservation des mots *avilissement des pouvoirs constitués,* qu'il faut prendre dans leur véritable sens ; autre chose est censurer, autre chose est avilir : celui qui ne fait qu'examiner une loi pour en démontrer les inconvéniens ne l'avilit pas.

M. Goupil. Je suis d'accord avec le préopinant. Il est facile de distinguer l'avilissement de la censure, et les jurés ne s'y tromperont pas. Je demande qu'on ajoute après ces mots : *des autorités constituées,* ceux-ci : *et l'avilissement de la dignité royale dans la personne du roi.* (Quelques murmures, quelques applaudissemens.)

M. Thouret fait lecture d'une rédaction du premier paragraphe, et y joint la proposition de M. Goupil. (On murmure dans la majorité de l'assemblée.)

La discussion est fermée.

On demande la question préalable sur la proposition de substituer le mot *formellement* à celui-ci, *à dessein.*

Après quelques débats, l'assemblée décide qu'il n'y a pas lieu à délibérer sur cet amendement.

Plusieurs membres réclament la priorité pour la proposition de M. Barnave.

M. Dandré. Je demande la parole. (De longues exclamations se font entendre dans l'extrémité de la partie gauche.)

M. Dandré. Je dois me féliciter sincèrement de l'hommage que ces Messieurs viennent de me rendre. (Les applaudissemens sont étouffés par les murmures.) Après avoir proposé divers amendemens qui ont été écartés, il est extraordinaire qu'on vienne demander la priorité pour une rédaction qui les fait revivre. C'est là ce qu'on appelle une savante manœuvre. La délibération est entamée, et on ne doit point chercher, pour nous faire perdre notre temps, à reproduire des argumens déjà réfutés. Le comité de constitution, si injustement inculpé.....(Quelques murmures, quelques applaudissemens.)

M. Charles Lameth. Ce n'est pas par des huées qu'il faut répondre.

M. Dandré. Vous n'aviez rendu qu'un décret simple qui établissait la liberté de la presse. Plusieurs membres ont senti qu'il ne fallait point la laisser dans le vague, et abandonner aux législatures le pouvoir de la limiter. Les observations de ces personnes ont été renvoyées au comité, et il vous en apporte aujourd'hui le résultat. Comment se peut-il faire que ces mêmes personnes soutiennent aujourd'hui une opinion tout-à-fait contraire à celle qu'elles soutenaient alors? Comment les rôles ont-ils pu changer si vite? Si vous aviez adopté le mot *formellement*, tout l'article était bon; et parce que vous l'avez rejeté, il ne vaut plus rien. La même majorité va encore écarter une priorité qui ne vaut pas mieux.

M. Pétion. On vous a dit qu'il ne pouvait y avoir lieu à demander la priorité, parce que la délibération avait été commencée, et que déjà les amendemens avaient été mis aux voix. Je pense cependant qu'on peut encore demander la question préalable sur tout l'article, ou la priorité pour une rédaction nouvelle.

M. Dandré trouve qu'il y a dans cette marche une tactique très-fine: comme il s'y connaît, je veux bien le croire.... (L'extrémité de la partie gauche et plusieurs personnes des tribunes applaudissent à trois diverses reprises des mains et des pieds.— *M. Dandré* se lève et applaudit.) Quant à moi, je déclare franchement et loyalement, que d'après la marche de la délibération, il me paraît qu'on va faire une loi qui opprime la liberté, et j'aimerais beaucoup mieux en laisser le soin à nos successeurs.

La majorité de l'assemblée insiste pour que la priorité soit accordée à l'avis du comité.

M. le président. Je mets l'avis du comité aux voix.

Quelques voix s'élèvent. Attendez au moins qu'on en ait fait lecture.

M. Thouret fait une seconde lecture du premier paragraphe, et propose d'y ajouter l'amendement de M. Goupil, qui consiste en ces mots: l'avilissement de la dignité royale dans la personne du roi. (De violens murmures recommencent.)

M. Thouret fait une troisième lecture, sans joindre au paragraphe l'amendement de M. Goupil.

M. Larochefoucault. Je demande que le mot *outrage* soit substitué à celui *avilissement.*

Suivent quelques débats.

L'assemblée adopte un amendement de M. Rœderer, qui consiste à ajouter après ces mots : *Qu'il aura fait imprimer ou publier,* ceux-ci : *Sur quelque matière que ce soit,* toute la partie droite prenant part à la délibération.

La proposition de M. Barnave et les divers autres amendemens sont rejetés par la question préalable.

Le premier paragraphe de l'article I⁰ʳ est décrété en ces termes :

Art. I⁰ʳ. Nul homme ne peut être recherché ni poursuivi pour raison des écrits qu'il aura fait imprimer ou publier sur quelque matière que ce soit, si ce n'est qu'il ait provoqué à dessein la désobéissance à la loi, l'avilissement des pouvoirs constitués, et la résistance à leurs actes, ou quelqu'une des actions déclarées crimes ou délits par la loi.

SÉANCE DU 23.

M. Thouret. Nous en sommes restés au paragraphe second du titre relatif à la liberté de la presse. Ce paragraphe est ainsi conçu :

« Les calomnies volontaires contre la probité des fonctionnaires publics et contre la droiture de leurs intentions dans l'exercice de leurs fonctions, peuvent être dénoncées ou poursuivies par ceux qui en sont l'objet. »

Deux propositions nous avaient été présentées, qui nous ont paru tenir à des excès également nuisibles : l'une nous jetterait dans un océan sans bornes de calomnies, qui exciteraient sans cesse des orages politiques; l'autre renfermerait la presse dans un espace si étroit, que sa liberté serait une chimère. Nous avons pensé qu'il fallait laisser toute liberté de parler et d'écrire sur les actes de l'administration publique, mais que la loi doit être la sauve-garde du magistrat contre toutes les calomnies qui tendraient à inculper sa bonne foi et la droiture de ses intentions. On peut dire sans délit qu'un magistrat s'est trompé, que tel acte administratif n'est pas dans les bornes prescrites par la loi; mais on ne peut pas débiter, sans en avoir la preuve bien acquise par un jugement, que ce magistrat est un malfaiteur, un concussionnaire. Autoriser les calomnies contre les personnes mêmes et contre les intentions, ce serait protéger un vice dangereux à l'ordre social, dont l'impunité tendrait à troubler fréquemment la tranquillité, et qui rendrait en outre les fonctions publiques dégoûtantes par l'obligation où l'on serait de se défendre perpétuellement par des écrits répulsifs de ces calomnies.

M. Pétion. Comme dans les comités j'ai été d'un avis opposé à celui qu'ils vous proposent, je vais vous exposer mes motifs. Un des plus grands bienfaits de la liberté de la presse est d'inviter les citoyens à surveiller sans cesse les hommes en place, à éclairer leur conduite, à démasquer leurs intrigues, à avertir la société des dangers qu'elle court. La liberté de la presse crée des sentinelles vigilantes; elle donne quelquefois de fausses alarmes, mais quelquefois elle en donne d'utiles; et il vaut mieux être sur sa défensive lorsqu'on n'est pas attaqué, que d'être pris au dépourvu. Il viendra même un temps où les bienfaits de la loi et son influence ne se feront sentir qu'autant que ceux à qui la garde en est confiée seront intègres et vertueux. La censure publique aura alors plus besoin de s'exercer sur les hommes que sur les choses; car, lorsque la loi sera ancienne, on n'aura plus l'espérance de la faire réformer facilement. Poursuivre les écrivains courageux qui oseront alors éclairer la conduite des magistrats publics, ce sera donc détruire cette censure et cette surveillance? Quelle est en effet la personne qui voudra attaquer un ministre? On sera intimement convaincu qu'un fonctionnaire public est coupable, qu'il trahit la confiance du peuple; on aura reçu une confidence d'un inférieur qui ne voudra pas être nommé; enfin, une foule d'indices obligeront la conscience d'un homme vertueux de se déclarer; il aura sauvé la patrie, et en vertu de la loi qu'on vous propose, il sera traduit en justice, et déclaré calomniateur! (On murmure.) Si vous ne voulez pas qu'on puisse dénoncer à l'opinion les hommes publics, voyez avec quel succès des fonctionnaires prévaricateurs pourront exécuter leurs complots. Il est si aisé aux hommes puissans de cacher les traces de leur conduite, d'échapper à la justice, que vous avez vu des dilapidateurs des deniers publics, des hommes diffamés dans l'opinion, ne laisser après leur chute qu'une mémoire flétrie, et cependant se soustraire à toutes les poursuites juridiques. Quoi! j'attendrai que l'ennemi soit entré en France pour dire que la France est menacée! j'attendrai qu'un complot ait éclaté pour le dénoncer!

L'homme qui monte à un poste élevé doit savoir à quelles tempêtes il s'expose; il doit se soumettre à la censure publique; c'est à lui à savoir s'il a un caractère assez fort pour résister aux injures, aux injustices, aux calomnies. L'homme vertueux qui a la passion du bien et l'amour de ses devoirs, doit se sacrifier à la patrie, ou, pour mieux dire, il n'a pas de sacrifice à faire; il n'a rien à redouter de l'opinion publique; elle peut s'égarer un moment; mais tôt ou tard elle viendra l'entourer de ses faveurs. Que peut une calomnie passagère contre une longue suite de vertus? Il n'y aura donc d'exclus des emplois publics que les intrigans qui, convaincus de leur nullité, craindront les regards pénétrans des écrivains courageux; ou bien l'homme pusillanime qui aime la gloire sans savoir la défendre, qui la croit flétrie lorsqu'elle n'est que touchée. Mais n'y a-t-il pas le plus grand intérêt à éloigner ces hommes-là? Parcourez l'histoire, et vous verrez que la mémoire des despotes est exécrée, mais qu'elle a vengé les hommes vertueux; que la postérité a versé des larmes sur leurs cendres, et qu'elle a su recueillir religieusement leurs travaux.

Vous redoutez la censure publique; mais ne savez-vous pas qu'on peut en suspendre, mais non en arrêter le cours? Hommes publics, consentez donc à être jugés plutôt aujourd'hui que demain. Laissez écrire contre vous tout ce qu'on voudra, si vous êtes innocens, votre triomphe sur la calomnie éclatera tôt ou tard. L'homme qui remplit des fonctions importantes doit être assez éclairé pour ne pas se croire atteint par tous les traits qui lui sont lancés; assez ami de ses semblables pour être indulgent, il doit se dire : Celui qui m'attaque ne me connaît pas; je vais redoubler de zèle, et mes services me feront connaître. La liberté de la presse, sous le rapport des personnes, est donc favorable aux gens de bien, et dangereuse seulement pour les méchans. Les despotes l'ont toujours eue en horreur; les bons princes ne l'ont jamais redoutée. Théodore calomnié disait : Si c'est légèreté, méprisons; si c'est folie, ayons-en pitié; si c'est dessein de nuire, pardonnons.

Mais voici la grande objection des partisans du projet des comités : Vous ôtez, disent-ils, aux fonctionnaires publics la considération qu'il est important de leur conserver; ils ne jouiront plus de ce respect qui produit la soumission aux lois. C'est en effet avec ces préjugés qu'on gouverne un peuple esclave; un peuple libre doit être gouverné par la confiance. Mais pour que les fonctionnaires publics soient toujours entourés de la confiance, il faut que toutes leurs actions soient en évidence.

Cette confiance, qui naît d'une surveillance toujours active, est le seul ressort d'un bon gouvernement, et cette censure publique existe dans la nature même des choses. En effet, dans l'ancien régime, où les hommes publics étaient des idoles, où le respect et la servitude étaient synonymes, ne trouvait-on pas les moyens de lever le voile, et ne faisait-on pas confidence au public des débordemens de la cour? Le danger ne vient donc pas de la liberté de censurer les hommes publics. Dans tous les systèmes, la censure de l'opinion est inévitablement attachée à tout poste élevé. La liberté de la presse ne produirait donc pas un plus grand danger, que la gêne de la presse n'offre une garantie. Rien n'est plus propre à écarter des places les hommes corrompus, que de les forcer de se montrer au grand jour; "

n'y aura sur les rangs que les hommes qui, fiers de leur vertu, auront intérêt à chercher le grand jour et à s'entourer de l'opinion publique.

Examinons maintenant comment l'article des comités est conçu. Il y est dit que « toutes les calomnies contre la probité des fonctionnaires publics et contre la droiture de leurs intentions dans l'exercice de leurs fonctions, pourront être poursuivies par ceux qui en sont l'objet. » C'est-à-dire que j'aperçois qu'un ministre de la guerre néglige les mesures qu'il doit prendre pour la défense de l'État, eh bien ! je ne pourrai rien dire sur les négligences de ce ministre, sans qu'à l'instant on me dise : Voilà un fait calomnieux! Il y aura mille circonstances où il y aurait des indices de ses malversations, et où cependant je n'aurai pas de preuves juridiques; j'aurai beau me restreindre à censurer ses actes, on me dira toujours que j'inculpe la probité et la droiture de ses intentions. Je conclus à la question préalable sur l'avis du comité.

M. Larochefoucault. Je pense, avec le préopinant, que la plus grande publicité est nécessaire et salutaire, et qu'elle est de droit pour tout ce qui regarde l'exercice des fonctions publiques. Je pense que tout citoyen a le droit et le devoir d'être à cet égard la sentinelle du peuple; mais, de même que vous ne donnez pas à une sentinelle, dans un poste militaire, le droit de blesser à son gré les personnes de la part desquelles elle s'imaginerait qu'il y aurait quelque chose à redouter; de même je ne peux pas croire que la sentinelle du peuple, dans son poste d'écrivain, ait le droit de blesser à son gré, par la calomnie, les hommes chargés de fonctions publiques.

Sans doute il serait très-curieux de voir un État dans lequel tout le monde aurait le droit de faire des lois, et dans lequel personne ne les ferait exécuter, j'avoue que ce problème sera long à résoudre, et je ne sais pas si l'opinant, qui a parlé avant moi, peut en donner la solution, je ne l'espère pas.

Si donc il est nécessaire qu'il y ait des hommes chargés de l'exécution des lois, il ne faut pas vouer d'avance ces hommes à l'ignominie et à la crainte auxquelles tâcheraient de les vouer les ennemis de la chose publique. Je crois donc qu'il y a une distinction à faire dans ce qui regarde les fonctionnaires publics à l'égard des choses qui ont rapport à leurs fonctions publiques; je crois qu'il faut laisser à la censure la plus grande latitude à l'égard des choses relatives à l'exercice des fonctions, mais qu'à l'égard des actions de leur vie privée, les fonctionnaires publics sont dans la classe des autres citoyens. M. Pétion vous a cité Théodore; j'observe que ce trait de générosité est peut-être plus facile à un souverain despotique qu'il ne l'est à un fonctionnaire public ordinaire. A l'égard des consolations que M. Pétion accorde aux hommes calomniés, je conviens avec lui, que tôt ou tard la vérité se fait jour à travers les calomnies, et qu'elle finit par régner; mais ce n'est pas au moment même que la calomnie a été débitée qu'elle parvient à se faire jour; et si la postérité a vengé la mémoire de Phocion et de Socrate, cela n'a pas empêché que leurs compatriotes ne leur aient fait boire de la ciguë.

Il est sans doute de ces êtres privilégiés par la nature qui savent se mettre au-dessus de tout, qui boiraient de la ciguë, s'il le fallait; mais je ne crois pas que l'on puisse, ni que l'on doive attendre cette grandeur d'âme de tous les fonctionnaires publics; je ne crois pas surtout que l'on doive la leur prescrire par une loi. Cette loi tendrait évidemment à écarter de toutes les fonctions publiques tous les hommes qui ne joindraient pas à l'honnêteté de l'âme cette force peu commune. Alors la carrière s'ouvrirait à des intrigans qui ne craindraient pas la calomnie parce qu'ils sauraient se liguer avec les calomniateurs. J'avoue cependant que je n'adopte pas la rédaction du comité, parce qu'elle est vague, et qu'en fait de loi, tout ce qui est vague est mauvais. J'ai tâché de distinguer dans une rédaction que je vais vous soumettre, le fonctionnaire public de l'homme privé, et d'abord j'ai cru qu'il était nécessaire d'établir le droit que doit avoir tout citoyen d'exprimer librement son opinion sur les actes de l'autorité publique. Voici cette rédaction :

« Tout homme a le droit d'imprimer et de publier son opinion sur tous les actes des pouvoirs publics, et sur tous les actes des fonctionnaires publics, relatifs à leurs fonctions; mais la calomnie contre quelque personne que ce soit, sur les actions de sa vie privée, pourra être jugée sur sa poursuite. (Il s'élève des murmures, et quelques instans après des applaudissemens.)

M. Pétion. Je suis d'accord avec le préopinant, mais je demande à observer.... (Des rumeurs étouffent la voix de M. Pétion.)

Les membres de l'extrémité gauche demandent que la discussion soit fermée.

M. Mougins. La calomnie a long-temps été regardée comme un très-grand délit; et les Romains mêmes, Messieurs..... (Il s'élève des éclats de rire.) Les tribunaux ont toujours puni la calomnie très-sévèrement; l'honneur est une propriété sacrée, une propriété nationale.

Nous vivons pour l'honneur, Messieurs. (La partie droite murmure.) Que deviendront vos juges si vous les exposez à des dénonciations atroces et cruelles? On confond ici la censure avec la calomnie. La première est nécessaire; la seconde est un véritable délit public. Les législateurs doivent avoir principalement pour objet, les mœurs publiques; et soyez sûrs qu'il n'y a pas un honnête homme qui n'accorde son assentiment au projet du comité.

M. Thouret. Je demande à faire une simple observation. (Les membres de l'extrémité gauche demandent avec chaleur que la discussion soit fermée.) Je demande, monsieur le président, à dire deux mots, non sur le fond de la discussion, mais pour une observation nécessaire, pour que la discussion continue sur le véritable point de la question; car il est près de nous échapper, et cela d'après le résultat de la rédaction de M. Larochefoucault, prise comparativement d'après les principes de la discussion. M. Larochefoucault est parfaitement d'accord avec le principe du comité, que la censure la plus libre doit être permise sur tous les faits administratifs; il est pareillement d'accord avec nous sur ce qu'on peut même imprimer des faits qui déposeraient contre l'honneur des administrateurs, lorsque ces faits sont vrais; mais ce qu'il faut remarquer, il est d'accord avec nous aussi sur ce point, savoir : que si on peut attaquer l'honneur des administrateurs par l'énonciation d'un fait vrai, on n'a pas le droit d'attaquer leur honneur par une calomnie, et il doit conclure avec nous que si cette loi ne fait pas partie de votre code constitutionnel, il est impossible d'avoir de bons administrateurs. Cependant M. Larochefoucault nous présente une rédaction qui permet la calomnie contre l'honneur et la droiture des intentions des fonctionnaires publics sur tous les objets qui sont relatifs à leurs fonctions.

Vous voyez que d'accord avec nous sur les principes, il ne l'est pas sur les résultats. Nous voulons que la censure soit libre sur les actes de l'administration. Mais nous renfermons dans le cas de la répression les calomnies volontaires contre les intentions. Le mot *volontaire* empêche qu'on ne regarde comme calomnie contre les intentions la simple énonciation d'un fait d'administration. M. Larochefoucault, au contraire par sa rédaction, admet sans réserve le droit de calomnier volontairement les intentions des administrateurs, pourvu que ce soit sur des objets relatifs à leurs fonctions : ainsi l'opinion de l'assemblée me paraissant faite sur ce point, je crois qu'elle n'hésitera pas entre les deux propositions.

M. Rœderer demande à répondre. — De violens murmures lui coupent la parole.

M. *Goupil.* Je demande la question préalable contre ce prétendu droit de calomnier qu'on voudrait introduire dans la constitution.

M. *Rœderer.* C'est ici le dernier coup porté à la liberté : on réserve aux ministres nouveaux le droit d'opprimer le reste de liberté que nous avons. (On murmure.) Quand Voltaire écrivit contre les abus des parlemens, s'il avait été jugé d'après la loi qu'on vous propose, il aurait été puni comme calomniateur..... C'est ici une coalition ministérielle que nous avons à déjouer.

Plusieurs membres demandent la parole.

M. Chabroud. Je demande à proposer un amendement à l'article du comité.

M. Alexandre Lameth. Allons, monsieur le président, en voilà assez.

M. Dandré. Monsieur le président, j'ai deux réflexions à présenter à l'assemblée. La question qui se présente est toute facile à poser, et je la pose ainsi : Tout individu aura-t-il le droit indéfini de calomnier les fonctionnaires publics?

Plusieurs voix de l'extrémité gauche. Ce n'est pas la question, monsieur.

M. Dandré. Monsieur le président, on prétend que ce n'est pas la question. Je ne vous propose pas, en effet, de poser la question sur le point de savoir s'il est permis de calomnier; mais je dis que dans ma façon de voir, les objections des adversaires du comité se réduisent là : ils ne présentent pas littéralement la question dans les mêmes termes, parce qu'elle serait odieuse et improposable; mais ils la posent ainsi : Sera-t-il permis de dire tout ce qu'on voudra sur les fonctionnaires publics? On nous parle sans cesse sur la liberté, sur la nécessité de porter le flambeau sur l'administration, tout cela est très-beau; mais il en résulte qu'il doit être permis de calomnier.

M. Rœderer, à plusieurs reprises et au milieu des interruptions. On a intérêt d'éloigner du ministère les réclamations quand on veut l'occuper.... Ils demandent le ministère inviolable, parce qu'ils veulent y être.... La liberté est tuée.... On conjure pour obtenir l'inviolabilité du ministère.

Plusieurs membres des comités interrompent avec chaleur.

M. Salles. Mais vous-même vous calomniez sans cesse.

M. Dandré. Je dis donc, monsieur le président, qu'en analysant l'objection des adversaires du comité, il résulte qu'ils veulent mettre en principe que l'on peut débiter contre les fonctionnaires publics toutes les calomnies qu'on voudra sur des objets relatifs à leurs fonctions; or, je suppose qu'un imprimé revêtu d'une signature quelconque ou même non signé, car cela est plus com-

mode, dénonce les administrateurs d'un département comme
ayant reçu 100,000 liv. pour faire hausser le prix du pain : il me
semble que ce sont là des objets relatifs à l'exercice de leurs
fonctions, et par conséquent le calomniateur ne sera pas dans le
cas d'être puni. Si, au contraire, on dit que l'administrateur a
volé 100,000 liv., il est clair que c'est là un délit privé ; un administrateur peut être voleur comme un autre. Dans ce second cas
le calomniateur sera puni. Or dites-moi quelle différence il existe
entre ces deux calomnies? Pourquoi l'une serait-elle punie, et
l'autre récompensée de l'impunité? Je puis maintenant supposer
qu'au moyen de cette impunité un administrateur sera fréquemment accusé d'avoir reçu de l'argent pour modérer l'imposition
d'un contribuable; un accusateur public d'avoir reçu de l'argent
pour ne pas poursuivre un coupable; je pourrais ainsi continuer
mes hypothèses à l'infini : or, je vous le demande, si vous exposez ainsi les officiers publics à être à tout moment calomniés,
n'est-il pas évident que vous n'aurez pour officiers municipaux,
pour administrateurs et pour juges que les hommes qui n'auraient
plus à rougir de rien. (Il s'élève des applaudissemens.)

Croyez-vous trouver des hommes assez courageux et assez élevés au-dessus de la calomnie par une réputation acquise : si vous
en trouvez quelques uns, croyez-vous qu'il n'y en aura pas une
foule d'autres qui chérissant, comme on doit le faire, une réputation acquise par des services publics, ne voudront pas s'exposer à
la perdre? Tous les Français ne sont pas encore des héros (on applaudit); tous ne sont pas au-dessus de la calomnie, il en est beaucoup qui craignent la calomnie, surtout dans un moment où
l'ordre public n'est pas encore bien établi! car, si une calomnie
suffit pour faire perdre la vie, pour immoler une famille, je défie
qu'il y ait un homme qui veuille s'exposer à toutes les calomnies
des folliculaires.

M. Rœderer. Du *Chant du Coq.*

M. Dandré. Je suis bien aise d'avoir été interrompu par le
préopinant, qui semble parler d'un placard intitulé *le Chant du
Coq* qu'on se plaît à m'attribuer. Je déclare, moi, que je voudrais

bien le faire (on applaudit à plusieurs reprises); j'ajouterai seulement que si toutes les calomnies contre les fonctionnaires publics pouvaient être détruites aussi facilement que celle du préopinant, il n'y aurait pas d'inconvénient; mais je reviens à l'ordre du jour.

Je continue à dire qu'il est évident, par les exemples que j'ai donnés, que vous ne trouverez jamais dans le royaume 80,000 fonctionnaires publics qui aient le courage de courir tous les dangers qu'entraîne la calomnie, lorsqu'elle ne pourra pas être réprimée.

A cela, on a dit; mais je ne pourrai donc pas dénoncer une prévarication, à moins que je n'aie précisément des preuves juridiques? Je réponds que vous aurez toujours le droit de dénoncer les négligences, les infractions aux lois. Cette censure contre les fonctionnaires publics est nécessaire; mais portez vos dénonciations, non pas à des folliculaires, mais à l'accusateur public. (On applaudit.)

N.... Cela ne vaut rien.

M. *Dandré.* C'est pourtant là la véritable marche dans un État libre; car je ne puis concevoir, je ne puis mettre dans ma tête qu'on puisse accuser les fonctionnaires publics sans aucune espèce de preuve du fait, et sans aucune réserve.

Si un fonctionnaire public était rencontré par un homme qui lui dit : Vous avez volé dans la caisse de votre district 10,000 fr., prétendez-vous qu'il n'aura pas le droit de poursuivre cet homme? En ce cas, je prétends qu'il aura le droit de le tuer; si les lois ne le vengent pas, il a le droit de se venger lui-même.....

Personne ne répond : or si vous êtes obligé de convenir que ce fonctionnaire public aura le droit de tirer vengeance de son calomniateur, à plus forte raison devez-vous convenir qu'il a le droit d'obtenir la vengeance des lois; et s'il peut tirer vengeance de celui qui l'aura calomnié en présence de dix personnes, à plus forte raison aussi pourrait-il exiger réparation de celui qui l'aura diffamé à la face de tout l'empire.

Ainsi, en simplifiant les principes sur le projet de décret du comité, il est certain que les actes d'administration doivent être soumis à la censure publique; mais la liberté de calomnier la probité des personnes et la droiture de leurs intentions ne doit pas être permise. Voilà, je crois, où nous sommes d'accord.

M. Rœderer. Je demande à expliquer l'opinion qui fait l'objet de la controverse; alors seulement nous pourrons être d'accord.

M. Dandré. Puisque je viens de citer en toutes lettres l'article du comité, et que l'assemblée me paraît d'accord, je demande qu'on aille aux voix.

M. Robespierre. M. Dandré et les autres partisans du comité semblent quelquefois se rapprocher des principes pour s'en éloigner sur-le-champ. M. Dandré paraît dans la dernière partie de son opinion déterminé à nous accorder..... (Il s'élève des murmures.)

M. Regnault de Saint-Jean-d'Angely. Je demande que le préopinant veuille bien indiquer la corporation dont il est le chef.

M. Robespierre. Je m'en vais satisfaire à l'interpellation du préopinant. Quand j'ai dit *nous*, je parlais de ceux que la question intéresse, c'est-à-dire de la généralité des citoyens : ce sont les droits de la nation que je réclame contre un article qui me paraît les attaquer. Je dis donc que M. Dandré paraissait accorder le droit d'une censure salutaire et libre sur les actes d'administration; si l'article remplissait cet objet, alors on pourrait dire que nous sommes d'accord; mais il ne le remplit pas.

Qu'est-ce que la liberté d'exercer la censure? (On murmure.) La puissance des comités s'étend-elle jusqu'à parler aussi longtemps qu'ils veulent et à ne laisser parler personne? Je dis que cette censure sur les actes d'administration ne pourra pas s'exercer sans que, en vertu de l'article qui vous est proposé, on puisse poursuivre le censeur comme calomniateur. Par exemple, un ministre parlant toujours de patriotisme et d'ordre public, peut mettre une négligence coupable dans l'exécution des lois relatives à la défense du royaume, entretenir des intelligences secrètes avec les ennemis du dehors. Je demande si le droit du citoyen se réduira à dire très-modestement, très-respectueusement;

M. le ministre a négligé de porter tel corps de troupes sur les
frontières; ou n'aura-t-il pas le droit de dire s'il en a le courage :
j'aperçois dans sa conduite un plan de conspiration contre le salut public ; j'invite mes concitoyens à le surveiller. (On. murmure. — Les tribunes applaudissent.)

Voici un autre exemple. Un général préposé à la défense de
nos frontières a exécuté un plan dont le résultat devait être de
livrer la nation à tous les fléaux de la guerre domestique et extérieure. Je suppose que j'aie eu des indices certains de ce crime,
comme tout homme de bonne foi et clairvoyant a pu en avoir; je
ne pourrai donc pas provoquer la surveillance publique sur un
tel homme sans être puni comme calomniateur? Je dis que par la
nature des choses l'intention de faire le mal touche de si près à
l'action même, qu'il y a une connexité si évidente entre le
crime consommé et l'intention du crime, qu'on ne pourra dénoncer un délit d'administration, sans risquer d'être poursuivi
comme calomniateur des intentions.

A quoi sert cette distinction qu'il est si facile d'éluder dans
son usage entre un délit commis et l'intention, si ce n'est à gêner
la censure sur tous les points?

Consultons l'expérience : sur cent accusations intentées par l'assemblée nationale elle-même contre des citoyens, 99 sont
restées sans preuves. Si M. Bouillé eût été dénoncé comme un
homme méditant des projets contre la patrie, le citoyen clairvoyant et zélé, qui en eût découvert les indices sans en découvrir
encore les preuves juridiques, n'eût-il pas passé pour calomniateur? (Les tribunes applaudissent.) Pour appuyer la vérité de
cette observation, je rappellerai l'engouement général excité en
faveur du patriotisme et du zèle de cet officier, les éloges qui lui
ont été prodigués par l'intrigue et les remercîmens même surpris à la sagesse de l'assemblée nationale. (On applaudit.) Lorsque les chances de l'équité sont tellement incertaines en faveur
de l'un et de l'autre système, je demande s'il faut priver la société de l'avantage suprême d'une censure illimitée sur les fonc-

tionnaires publics. Je demande que la rédaction plus précise de M. Larochefoucault soit préférée à celle du comité.

M. Duport. Il n'est pas douteux que dans un pays où l'on veut des mœurs, la calomnie doit être poursuivie. Le comité a cependant fait une distinction entre les fonctionnaires publics et les simples citoyens. Si l'on calomnie un homme privé, aucun intérêt public n'a pu être le but du calomniateur, et il doit être puni sévèrement. Mais la nécessité de surveiller les fonctionnaires exige qu'il n'y ait pas trop de danger à les attaquer. C'est pour cela qu'en soumettant leurs actes à la censure, il n'y a que la droiture de leurs intentions qu'on ne puisse pas volontairement calomnier. Dans un pays où la calomnie serait ouvertement permise, il n'y aurait point d'opinion publique, on rendrait indifférens tous les motifs qui peuvent la faire redouter, et bientôt les accusations de tout genre seraient si nombreuses et par-là même on y aurait si peu de foi, qne si le fonctionnaire n'était pas guidé par sa probité, il ne pourrait pas être réprimé par l'opinion. La distinction de la censure et de la calomnie n'a échappé à personne. Vous avez dit dans le premier article, que je crois inutile de rapporter.... (On demande à aller aux voix.) Voici le véritable sens du comité : 1° tout ce qui est censure est permis ; 2° toute opinion hasardée, quoique reconnue fausse, ne peut être punie ; 3° la calomnie volontaire doit être punie.

. La discussion est fermée.

M. Thouret fait lecture du paragraphe.

M. Prieur. Je demande qu'on y joigne l'amendement de M. Larochefoucault, qui consiste à dire que le droit de s'expliquer sur tous les actes émanés des pouvoirs publics appartient à tous les citoyens.

M. Thouret. Vous avez assuré cette liberté dans le premier titre de votre acte constitutionnel. Hier encore, vous avez dit que nul homme ne pouvait être recherché pour raison des écrits qu'il aurait fait imprimer sur quelque matière que ce soit. Il est question ici d'exprimer les seules restrictions qui peuvent réprimer les abus. Nous les avons limitées aux calomnies volontaires, et tout ce qui n'est pas cela, est dans la liberté générale déjà exprimée.

M. Sillery. On sait qu'ordinairement les ministres ont une grande opinion d'eux-mêmes; il est possible que le public pense différemment. Je demande si c'est calomnier un ministre, que de dire qu'il est un sot.

M. Salles. Je propose par amendement, de faire commencer le paragraphe par ces mots : la censure la plus illimitée est permise à tout homme ; mais les calomnies volontaires, etc.

M. Thouret. Si l'assemblée n'est pas blessée de l'imperfection réelle de cette rédaction, elle peut l'admettre, car, au fond, c'est l'avis du comité.

L'assemblée adopte l'amendement de M. Salles.

Le deuxième paragraphe de l'article premier est décrété en ces termes :

La censure sur tous les actes des pouvoirs constitués est permise ; mais les calomnies volontaires contre la probité des fonctionnaires publics et contre la droiture de leurs intentions, dans l'exercice de leurs fonctions, pourront être poursuivies par ceux qui en sont l'objet.]

Le troisième paragraphe de l'article Iᵉʳ, et, immédiatement après l'article II sont décrétés sans discussion.

La séance fut terminée par la discussion de l'article relatif aux cas où le roi serait censé avoir abdiqué. Prieur, Guillaume, Larochefoucault et Regnauld-d'Angely veulent qu'on fixe un délai dans lequel le roi, sorti du royaume, serait tenu d'y rentrer. Rœderer demande que le pouvoir du roi soit suspendu pendant son absence. L'article fut adopté avec cet amendement et avec celui de Prieur, qui laissait à la législature la détermination du délai.

SÉANCES DES 24 ET 25 AOUT.

La séance du 24 commença par la mise en discussion de l'article ayant pour objet la garde du roi. Vadier fit là-dessus un discours de longue haleine. C'est bien la plus détestable bouffis-

sure qui ait jamais été prononcée à la tribune de la constituante.
En voici quelques passages :

Vadier examine s'il est à propos de mettre un corps spécial
à la disposition du roi. « Ce corps hétérogène, qui n'appartiendrait ni à la hiérarchie civile, ni à la hiérarchie militaire, serait
une excroissance dangereuse, une difformité bizarre qu'on ne
saurait admettre dans l'acte constitutionnel. Cette institution vicieuse et chevaleresque serait l'école du spadassinage, le dépôt
éternel de toutes les illusions nobiliaires; la cocarde blanche serait bientôt le talisman de cette corporation fantastique.... (On
rit.) Et peut-on répondre que le scandale des orgies et les évolutions des poignards ne se renouvelleraient pas sous nos yeux!...
(Murmures mêlés d'applaudissemens.) »

Vadier rappelle ici le serment du jeu de paume, et il ajoute :
« Quel est donc le respect humain qui nous forçerait à dégénérer? quel est le prestige enchanteur qui pourrait ternir nos
lauriers ou enivrer notre courage? Non. Messieurs, il n'est point
de puissance humaine qui puisse opérer ce miracle..... (On rit
au centre.) Je vois déjà vos âmes s'électriser.... (Une voix à
droite : Non, non, ce n'est pas vrai! — L'orateur se retournant
vers le côté droit : Ce n'est pas de vous que je parle.... — Applaudissemens à gauche.) Pour la troisième fois je vais répéter...
(On rit à droite.) Je vois déjà vos âmes s'électriser à ce récit, et
se retremper de la plus inflexible vertu! »

Plusieurs autres discours peu importans suivirent celui de
Vadier. L'assemblée décréta que le roi aurait, indépendamment
d'une garde d'honneur fournie par les gardes nationales, une
garde soldée sur les fonds de la liste civile, qui serait prise dans
l'armée de ligne.

Vint ensuite l'article portant que les membres de la famille
royale ne pourraient exercer aucun des droits de citoyen actif.

[*M. d'Orléans.* Je n'ai qu'un mot à dire sur la seconde partie
de l'article qui vous est proposé : c'est que vous l'avez rejeté directement il y a peu de jours.

Quant à la qualité de citoyen actif, je demande si c'est ou non pour l'avantage des parens du roi qu'on vous propose de les en priver. Si c'est pour leur avantage, un article de votre constitution s'y oppose formellement, et cet article, le voici : *Il n'y a plus pour aucune partie de la nation, ni pour aucun individu, aucun privilége ni exception au droit commun de tous les Français.* Si ce n'est pas pour l'avantage des parens du roi qu'on vous proposé de les rayer de la liste des citoyens actifs, je soutiens que vous n'avez pas le droit de prononcer cette radiation. Vous avez déclaré citoyens français ceux qui sont nés en France d'un père Français : or, c'est en France et c'est de pères Français que sont nés les individus dont il s'agit dans le projet de vos comités.

Vous avez voulu qu'au moyen de conditions faciles à remplir, tout homme dans le monde pût devenir citoyen français : or, je demande si les parens du roi sont des hommes.

Vous avez dit que la qualité de citoyen français ne pouvait se perdre que par une renonciation volontaire, ou par des condamnations qui supposent un crime : si donc ce n'est pas un crime pour moi d'être né parent du monarque, je ne peux perdre la qualité de citoyen français que par un acte libre de ma volonté.

Et qu'on ne me dise pas que je serai citoyen français, mais que je ne pourrai être citoyen actif ; car, avant d'employer ce misérable subterfuge, il faudrait expliquer comment celui-'à peut être citoyen, qui, dans aucun cas ni à aucune condition, ne peut en exercer les droits.

Il faudrait expliquer aussi par quelle bizarrerie le suppléant le plus éloigné du monarque ne pourrait pas être membre du corps-législatif, tandis que le suppléant le plus immédiat d'un membre du corps-législatif peut, sous le titre de ministre, exercer toute l'autorité du monarque.

Au surplus, je ne crois pas que vos comités entendent priver aucun parent du roi de la faculté d'opter entre la qualité de citoyen français et l'expectative soit prochaine, soit éloignée du trône.

Je conclus donc à ce que vous rejetiez purement et simplement l'article de vos comités ; mais dans le cas où vous l'adopteriez, je déclare que je déposerai sur le bureau ma renonciation formelle aux droits de membre de la dynastie régnante, pour m'en tenir à ceux de citoyen français.

M. d'Orléans descend de la tribune au milieu des applaudissemens réitérés de la grande majorité de l'assemblée et des tribunes.

Une grande agitation règne dans toutes les parties de la salle. — Quelques minutes se passent. — Les applaudissemens recommencent.

M. Dupont. L'assemblée a décidé qu'elle ne préjugeait rien sur l'effet des renonciations dans la race actuellement régnante. Ainsi l'acte de patriotisme de M. d'Orléans ne doit point influer sur la délibération actuelle.

M. d'Orléans. Une renonciation personnelle est toujours bonne.

M. Bonneville. La renonciation de M. d'Orléans est l'effet d'un patriotisme pur; c'est un acte de civisme dont l'histoire fournit peu d'exemples; mais avant de me livrer à son apologie, qu'il me soit permis de l'examiner dans son principe et dans ses conséquences. (On demande l'ordre du jour.)

M. Dandré. La marche que semble prendre la discussion me fait lever pour appuyer la proposition de M. Dupont. M. d'Orléans n'a pas le droit de renoncer au trône, ni pour lui, ni pour ses enfans, ni pour ses créanciers.... (On applaudit et on rit dans la partie droite. — On murmure dans la majorité de la partie gauche.)

M. Rewbell. Lorsque l'assemblée a décrété qu'il ne serait rien préjugé sur l'effet des renonciations, il ne s'agissait que de la branche d'Espagne.

L'assemblée passe à l'ordre du jour.

M. Sillery. Je viens combattre le projet de décret qui vous est présenté par votre comité de révision. Qu'il me soit permis, avant d'entrer en matière, de gémir sur l'étonnant abus que quelques orateurs ont fait de leurs talens dans l'importante discussion qui nous occupe depuis plusieurs jours.

Quel étrange langage a-t-on tenu dans cette tribune, lorsque l'on a cherché à vous faire entendre que ceux qui demandaient l'exécution littérale de vos décrets étaient des ennemis de l'ordre, des factieux qui voulaient perpétuer l'anarchie, comme si l'ordre ne pouvait exister qu'en satisfaisant l'ambition de quelques individus, et que l'anarchie pût jamais être le résultat de l'exécution de vos décrets. Ce que j'ai à vous dire n'est pas l'opinion d'une coalition factieuse; c'est la mienne que j'ai le droit d'énoncer, et, j'ose le dire, elle est celle d'un citoyen dévoué au bonheur public. — On vous propose d'accorder à tous les individus de la famille royale le titre de prince, et de les priver en même temps des droits de citoyen actif. J'avoue que je ne me serais point attendu que ce serait votre comité de constitution, qui nous a répété tant de fois que le titre de citoyen français était le plus honorable que l'on pût obtenir, qui viendrait proposer pour la famille royale l'étrange marche de troquer ce titre contre celui de prince, que vous avez déjà proscrit par un de vos décrets. (On applaudit dans une grande partie de la salle et dans les tribunes.) Comment n'a-t-il pas senti les conséquences funestes qui pourraient en résulter, en formant une caste particulière d'hommes ennemis nés de la nation, puisqu'ils ne jouiraient d'aucun des avantages de la constitution, et que se trouvant isolés au milieu d'une nation libre, seuls dans la dépendance du roi, ils ne jouiraient ni de la liberté, ni de l'égalité, base fondamentale de votre constitution.

Rappelez-vous tout ce qui vous a été dit dans cette tribune par les mêmes orateurs qui soutiennent l'opinion que je combats, lorsqu'il a été question d'abolir la noblesse. On vous a démontré l'impossibilité d'admettre des distinctions de naissance dans un État constitué comme le nôtre; et en abolissant les privilèges, en confiant au peuple la nomination de tous les fonctionnaires publics, n'avez-vous pas reconnu ce principe éternel d'égalité dont il ne vous est plus permis de vous écarter? Dans une question de cette importance, il faut tout examiner, et avoir le courage de tout dire. Je vais tâcher de vous démontrer que le projet que votre comité vous propose est injuste et impolitique : la loi ne peut dépouiller qui que ce soit d'un droit accordé à tous les autres citoyens, sans démontrer rigoureusement que cette spoliation est fondée sur la raison et sur la justice, et que par conséquent elle a un grand but d'utilité publique. Les parens du roi qui sont présentement en France ont constamment montré le patriotisme le plus pur; ils ont rendu de grands services à la cause publique par leurs exemples et les sacrifices qu'ils ont faits : d'après les décrets de l'assemblée nationale, ils ont abjuré leurs titres et renoncé à leurs prérogatives; pénétrés de l'esprit qui a dicté ces décrets, ils ont regardé comme les plus beaux de tous les titres ceux de patriotes et de citoyens; ils ont joui de tous les droits de citoyen actif, et l'on propose aujourd'hui de les en dépouiller! L'assemblée nationale a dit à tous les parens du roi : *Vous n'êtes plus princes; vous êtes les égaux de tous les autres citoyens.*

A cette déclaration qu'est-il arrivé? Les princes fugitifs ont fait une ligue contre la patrie; les autres se sont rangés avec joie dans la classe des simples citoyens. Si l'on rétablit aujourd'hui le titre de prince, on accorde aux ennemis de la liberté tout ce qu'ils ambitionnent; on prive de bons patriotes de tout ce qu'ils estiment. (La salle retentit d'applaudissemens.) Je vois le triomphe et la récompense du côté des réfractaires; je vois la punition et tous les sacrifices du côté des patriotes. Quelles raisons peuvent motiver cet étrange renversement de toute justice? Est-ce pour donner plus de dignité au trône que l'on veut rendre ces titres aux parens du roi? Mais en détruisant tous les préjugés, vous avez anéanti le prix imaginaire de ces vaines distinctions; elles avaient de l'éclat quand vous les avez abolies; et après en avoir fait connaître toute l'absurdité, vous voudriez les rétablir! Serait-ce rendre ce que vous aviez été? Non, sans doute, puisque l'opinion n'est plus la même. Ces titres brillans et pompeux, quand on vous les a sacrifiés, ne sont plus aujourd'hui que des chimères ridicules; ainsi vous ne ferez point une restitution, vous ne rendrez rien, et vous dépouillerez du bien que vous aviez donné en échange. (Les applaudissemens recom-

mencent.) Si vous ôtez aux parens du roi les droits de citoyen
actif, que dis-je, non-seulement vous ne leur accordez rien,
non-seulement vous les dépouillez, mais avez-vous réfléchi à la
classe où vous allez les assimiler? Relisez ce code criminel que
vous avez décrété; voyez les malfaiteurs, les banqueroutiers,
les faussaires, les déprédateurs, les calomniateurs, vous les punissez par la dégradation civique; et voilà la classe où vous
voulez ranger ceux que vous prétendez honorer! (Nouveaux applaudissemens.)

Songez combien vous allez être en contradiction avec les principaux décrets que vous avez prononcés. Les droits de l'homme,
évangile immortel de la raison, sont tous violés. N'avez-vous pas
dit que les hommes étaient tous nés égaux en droits? n'avez-vous
pas déclaré que tous les citoyens étaient sujets aux mêmes peines
pour les mêmes délits? Imaginez donc un nouveau code criminel pour cette caste proscrite; car s'ils se rendent coupables
d'un crime qui mérite la privation du droit de citoyen, vous ne
pouvez trouver le moyen de les punir par vos lois, puisque déjà
leur naissance a prononcé l'anathème sur eux. (Nouveaux applaudissemens.)

On prétend qu'il serait dangereux d'admettre dans le corps-
législatif des membres de la famille royale : ils seraient, dit-on,
ou pour ou contre la cour. Dans le premier cas, ils chercheraient
à augmenter le pouvoir du roi; dans le second, ils seraient des
factieux qui pourraient tout bouleverser. Mais comment auraient-ils donc cette puissante influence qu'on leur suppose? Par
leur naissance? Cet avantage n'est imposant que dans les temps
de préjugés; et vous l'avez rendu nul. Par leurs talens? Les députés de toutes les classes peuvent en avoir comme eux. Par
leurs richesses? Les sacrifices qu'ils ont faits à la cause commune ne leur laissent pas de grands moyens d'exercer ce vil
genre de corruption; et si ce dernier mal était à craindre, il
faudrait donc encore exclure du corps-législatif tous les gens
possesseurs d'une grande fortune, tous les riches négocians,
tous les banquiers; car je n'avance rien d'extraordinaire en di-

sent qu'il existe maintenant plusieurs citoyens plus riches qu'eux.

Mais dans cette hypothèse on établit qu'à l'avenir tous les individus de la famille royale seront à perpétuité ou des factieux ou des courtisans vendus. Cependant n'est-il pas possible aussi de supposer qu'il s'en trouve de patriotes; et ceux-là mérite-ront-ils d'être flétris de cette tache originelle qu'on veut imprimer sur toute la race? Quelle loi que celle qui suppose toujours le vice ou le crime, et qui n'admet pas l'existence de la vertu! tandis qu'au contraire la loi doit avoir mille fois plus de vigilance et d'activité pour découvrir et récompenser la vertu, que pour réprimer le vice. En matière grave il lui faut toutes les lumières de l'évidence la plus frappante pour condamner, au lieu que pour absoudre elle saisit avidement un simple doute; et quoi de plus grave, quoi de plus important que la question dont il s'agit? question qui n'en sera pas une si l'on respecte vos décrets constitutionnels, ou si l'on n'enfreint pas tous les principes de l'équité. Enfin, j'ose avancer que l'infail-lible moyen de rendre la famille royale une caste véritablement dangereuse, c'est d'adopter le décret que l'on vous propose. En effet, en la privant du noble droit de servir son pays, en écar-tant d'elle toute idée de gloire et de bien public, vous la dévouez à tous les vices produits par l'intrigue et l'oisiveté. Ceux qui parmi eux n'auront aucune énergie, ramperont servilement au pied du trône, et obtiendront pour eux et pour leurs amis les grâces dues au seul mérite; ils cabaleront, ils intrigueront dans l'assemblée nationale avec moins de prudence que s'ils y étaient eux-mêmes, et qu'ils fussent par conséquent obligés d'y mani-fester personnellement leurs opinions. Ceux, au contraire, qui seront nés avec du courage et des talens, chercheront à se faire un parti, et n'ayant rien à attendre de la patrie qui les a rejetés de son sein, s'ils parviennent à acquérir du crédit, ils ne l'em-ploieront qu'à satisfaire une ambition qui, dans leur position, ne pourra jamais être noble et pure, et tous seront animés d'un sentiment commun : la haine de la constitution qui les exclut de tout, et le désir de la renverser.

Voyez au contraire ce qu'il est possible d'en attendre, si l'a-

mour de la patrie les enflamme; jetez vos regards sur un des
rejetons de cette race que l'on vous propose d'avilir. A peine
sorti de l'enfance, il a déjà eu le bonheur de sauver la vie à trois
citoyens au péril de la sienne; la ville de Vendôme lui a décerné
une couronne civique (1). Malheureux enfant! sera-ce la première et la dernière que ta race obtiendra de la nation? (On applaudit.) Non, Messieurs, vous sentirez les conséquences du
décret que l'on vous propose; la justice et la saine politique le
réprouvent également. Vous avez sagement fait d'accorder à
l'héritier présomptif des prérogatives particulières ; mais les
autres membres de la famille royale, jusqu'à l'époque où, par
leur naissance, ils peuvent monter sur le trône, ne doivent être
que de simples citoyens. Ah! combien il serait heureux pour
celui qui serait appelé à ce poste redoutable, d'avoir connu et
rempli les devoirs de citoyen et d'avoir eu l'honneur de défendre
ses compatriotes contre les usurpations du pouvoir qu'il est à
l'instant d'exercer! tandis qu'au contraire, si ce décret passait,
la nation ne pourrait attendre pour l'avenir de cette famille dégradée et proscrite civilement, que des régens ambitieux, des
rois imbécilles et des tyrans. (Nouveaux applaudissemens.)

Je conclus à la question préalable sur le nouveau projet présenté par le comité de révision, et au maintien du décret constitutionnel que vous avez déjà solennellement décrété. (Les applaudissemens recommencent.)

L'assemblée ordonne l'impression de ce discours.]

A la séance du 25, les débats continuèrent sur les droits politiques des membres de la famille royale. Desmeuniers exposa
l'avis du comité pour leur suspension. La plupart des députés
qui succédèrent à Desmeuniers traitèrent la question du point
de vue des circonstances présentes, et se déterminèrent par des
considérations de l'ordre purement personnel. Robespierre revint
aux principes.

[M. Robespierre. Je remarque que l'on s'occupe trop des inté-

(1) Ces faits seront racontés par nous dans l'histoire extra-parlementaire
d'août et de septembre.

rêts particuliers, et non pas assez de l'intérêt national : je crois
que pour donner une base certaine à cette délibération il faut
bien saisir l'esprit de la loi qui vous est proposée. Il n'est pas
vrai qu'on veuille dégrader les parens du roi ; mais l'effet de la
loi par rapport aux parens du roi doit être nécessairement différent suivant leurs principes et leur manière de voir : il est évident
que ceux qui estiment exclusivement les titres dont l'orgueil des
grands se nourrissait jusqu'ici, ne peuvent voir une dégradation
dans une loi qui les dispense de se ranger dans la classe commune
des citoyens, qui les élève au-dessus de la qualité de citoyen ; la
privation de la qualité de citoyen ne peut être considérée comme
une peine que par celui qui sait en sentir la dignité et en apprécier les droits. Je ne crois pas non plus, Messieurs, que l'intention de l'article soit d'écarter l'influence dangereuse des parens
du roi : la preuve en est que l'article est évidemment fait tout entier pour eux : la preuve en est qu'on n'appuie point les motifs pour
lesquels on les prive du droit de citoyen actif sur les dangers dont
ils pourraient menacer la chose publique, mais sur la distance
honorifique qui sépare la famille du roi de toutes les autres familles ; la preuve en est qu'on veut pour les parens du roi un titre
extraordinairement distingué, qui les sépare de tous les citoyens.
L'article ainsi conçu, il est question de le rapprocher de l'intérêt public et de la constitution.

Messieurs, dans tout État il n'y a qu'un seul prince ; c'est le
chef du gouverment : en France il n'y a qu'un prince, roi. »

Une voix : Et le prince royal ?

M. Rewbell. Il est son suppléant.

M. Robespierre. Je dis que le mot prince dans ce sens n'a qu'une
signification raisonnable et analogue avec le principe général,
très compatible par conséquent avec les principes de la liberté et
de l'égalité : au contraire : si vous l'appliquez dans un autre sens
ce n'est plus l'expression d'une fonction publique ; ce n'est plus
un titre national ; c'est un titre de distinction particulière ; et
parmi vous ce titre rappellerait l'esprit féodal, puisque jusqu'ici
parmi nous le titre de prince et autres appartenant aux ci-devant

nobles avaient la même origine et étaient fondés sur le même préjugé.

Pour moi, Messieurs, je ne puis m'étonner assez de l'embarras que trouvent les comités à nommer les parens du roi ; je ne
puis concevoir qu'ils attachent assez d'importance à cet objet
pour vous engager à révoquer vous-mêmes un décret que vous
avez rendu à une grande majorité ; pour moi il me semble qu'il
n'y a rien de si aisé, et que les parens du roi sont tout simplement les *parens du roi*. (On rit.) Je ne conçois pas non plus comment les comités dans leurs principes ont pu croire qu'il existât un
nom au-dessus de celui-là, car d'après les hautes idées qu'ils ont pu
se former de tout ce qui touche à la royauté et au roi il est évident
qu'ils ne peuvent reconnaître de titre plus éminent que celui de
parent du roi. Je crois donc que l'assemblée peut se dispenser de
délibérer long-temps sur cet objet ; je crois même que l'Europe
sera étonnée d'apprendre que dans cette époque de sa carrière,
l'une des délibérations de l'assemblée à laquelle on ait attaché le
plus d'importance a eu pour objet de donner aux parens du roi
le titre de *prince*.

Les comités vous proposent d'élever les parens du roi au-dessus des autres citoyens en leur ôtant l'exercice des droits de citoyens.... Messieurs, dès qu'un homme est retranché de la classe
des citoyens actifs précisément parce qu'il fait partie d'une caste
distinguée, alors il y a dans l'État des hommes au-dessus des
citoyens, alors le titre de citoyen est avili, et il n'est plus vrai
pour un tel peuple que la plus précieuse de toutes les qualités
soit celle de citoyen; alors tout principe d'énergie, tout principe
de respect pour les droits de l'homme et du citoyen est anéanti
chez un pareil peuple, et les idées dominantes sont celles de supériorité, de distinction, de vanité et d'orgueil. Ainsi sous ce rapport la proposition des comités avilit la nation; et il n'est pas vrai
qu'elle honore le trône ; il ne peut pas avoir une gloire, un éclat
fondé sur les préjugés, mais sur la nature même des choses ; l'é-
clat du trône c'est la puissance légale et constitutionnelle dont il
est investi ; c'est le devoir imposé au monarque de faire respecter

les lois; c'est ensuite et secondairement les vertus et les talens du monarque : toute autre illustration est fondée sur les préjugés ; elle est indigne d'occuper l'assemblée nationale, ou plutôt elle ne peut s'en occuper que pour la proscrire avec dédain. (Applaudissemens à l'extrémité gauche.)

Si j'examine la base sur laquelle les comités appuient cette distinction à la fois immorale et impolitique, il n'est pas difficile d'apercevoir qu'elle ne porte absolument sur rien. Les comités vous ont dit : les parens du roi ont des droits qui n'appartiennent à aucune autre famille; donc il faut déclarer que la famille du roi forme une classe distincte de citoyens; donc il faut l'élever au-dessus des autres citoyens par un titre particulier qui exprime leur distinction et leur grandeur. Je dis, Messieurs, que le motif de la loi ne peut entraîner de pareilles conséquences.

La famille du roi est distinguée des autres, mais sous le seul rapport de l'intérêt général, qui vous a paru exiger que la loi désignât une seule famille dont les membres succéderaient à leur tour au trône pour prévenir le danger des élections. Voilà où se trouve la distinction de la famille royale; elle n'est pas dans une loi particulière, qui n'est point un privilége pour elle, mais dans une loi établie pour l'intérêt général ; et c'est violer à la fois et l'objet et l'esprit de la loi que de vouloir fonder sur cette distinction particulière une distinction générale qui ferait considérer la famille royale comme une caste distinguée sous tous les rapports de toutes les autres familles : les principes de l'égalité et de la constitution exigent au contraire que cette distinction soit renfermée très-strictement dans les termes précis de la loi.

D'ailleurs, Messieurs, il est une observation importante qui tient au premier principe de cette question ; c'est qu'il n'est pas possible de regarder les membres de la famille du roi qui n'exercent point actuellement les fonctions auxquels ils sont appelés éventuellement par la constitution comme des fonctionnaires publics déjà revêtus d'une autorité spéciale ; ce droit est incertain, il est éventuel, il n'existe point pour eux; il n'existe point jusqu'à ce que le moment fixé par la loi soit arrivé : jusque-là ils sont des citoyens qui peuvent être un jour appelés à la royauté ; mais jusqu'à ce que ce jour soit arrivé ils ne sont point des fonctionnaires publics, ils ne sont point des magistrats suprêmes ; ils ne sont que de simples citoyens. Or comment voudriez-vous, sur cette distinction éventuelle, qui est aux yeux des lois et des principes comme si elle n'existait pas tant qu'elle n'est pas réalisée par l'événement ; comment, dis-je, sur cette faculté future et incertaine voudriez-vous établir une exclusion actuelle et permanente à l'exercice des droits de citoyen ! J'ai déjà dit qu'une pareille distinction avilissait en général la nation.

Il est facile d'apprécier cette réflexion par une considération particulière. Quoi qu'on en ait dit, il est certain qu'on ne peut pas impunément déclarer qu'il existe en France une famille quelconque élevée au-dessus des autres ; vous ne pouvez pas le faire sans réchauffer pour ainsi dire le germe de la noblesse, détruit par vos décrets, mais qui n'est point encore détruit dans les esprits, et que beaucoup de personnes, comme vous ne pouvez l'ignorer, désireraient voir revivre : il me paraît évident que lorsque nous serons accoutumés à voir l'égalité des familles et des citoyens violée en un point, nous serons beaucoup moins révoltés de la voir violée dans un autre point ; il me semble que lorsque nous serons familiarisés avec l'idée que la famille qui occupait le premier rang dans l'ordre de la noblesse conserve une distinction si extraordinaire, nous serons moins choqués de voir des familles distinguées par leur naissance et leur grandeur prétendre aussi à être distinguées ; nous serons moins étonnés de les voir reprendre hautement les titres honorifiques proscrits par la constitution.

Ainsi nous verrons cette famille unique rester au milieu de nous comme la racine indestructible de la noblesse, s'attacher aux hommes, s'allier avec eux, caresser leur orgueil, au point que bientôt il se formera entre toutes les familles qui regrettent leurs anciennes prérogatives une ligue formidable contre l'égalité et contre les vrais principes de la constitution dont l'altération augmentant graduellement en proportion de la diminution de l'influence

de l'opinion publique, et à mesure qu'on verra augmenter l'influence
du gouvernement et de ceux qui tenaient jadis le premier rang
dans l'État, ramènera bientôt la noblesse et les autres distinctions
au milieu de nous, presque sans que nous nous en fussions aper-
çus, mais d'une manière si formidable qu'il serait impossible
d'arrêter les progrès de ces dépravations des principes de notre
constitution.

Il est si vrai, Messieurs, que le maintien de l'égalité politique
et civile exige qu'il n'existe point dans l'État de familles distinguées, que chez les peuples modernes même où il y a eu quelque idée d'égalité, on s'est appliqué constamment à empêcher une
pareille institution : je vous citerai l'Angleterre. En Angleterre
les membres de la famille du roi forment-ils, comme on veut
vous le faire décréter, une famille distinguée des autres citoyens?
(Murmures.) Je ne parle point du titre de prince, car c'est là
une de ces mauvaises institutions que je combats; je parle d'une
loi plus importante, qui existe en Angleterre; je dis que les
membres de la famille du roi sont, comme les autres nobles,
membres de la chambre des pairs.... (Murmures.)

Une voix. Ils sont donc nobles, puisqu'ils sont de la chambre
des pairs ?

M. Desmeuniers. Je demande à répondre. (*Non, non.*)

M. Robespierre. Je citerai un exemple plus frappant. Dans les
pays où la noblesse, jouissant exclusivement du droit politique,
forme à elle seule la nation, elle n'a pas voulu de distinction de
familles; je citerai la Bohême et la Hongrie, parce qu'elles ont
senti que si une famille était distinguée des autres, l'égalité des
membres du souverain était violée, et qu'elle serait le germe
d'une aristocratie nouvelle au sein de l'aristocratie même......
(Murmures.) Ceci s'applique évidemment à la France. Les comités, s'ils avaient conçu cette crainte, auraient cherché à en tarir
la source ; ils ne peuvent ignorer que le moyen de donner lieu à
toutes les influences dangereuses, c'est d'attaquer les principes de
l'égalité, c'est de porter un coup funeste à la constitution ; ils devaient par conséquent s'abstenir de proposer à l'assemblée

une loi qui distingue une famille de toutes les autres. (Nombreux murmures.)

Je renonce donc au projet de développer mon opinion. (Violens murmures.) Je suis fâché de voir que je n'ai pas eu la liberté de l'énoncer... (Bruit.)

Une voix. Il y a une heure que vous parlez ; concluez.

M. Robespierre. Je suis fâché aussi de l'avoir développée d'une manière qui a pu offenser quelques personnes ; mais je prie l'assemblée de considérer avec quel désavantage ceux qui soutiennent les principes que j'ai défendus émettent leurs opinions dans cette tribune. Je crois que l'amour de la paix, motif dont on s'est servi pour l'émouvoir, doit engager à désirer du moins que ceux qui ont adopté des opinions contraires à la mienne et à celle d'une partie des membres de cette assemblée, veuillent bien se dispenser de présenter toujours nos opinions comme tendantes à avilir la royauté, comme étrangères au bien public, comme si dans le moment actuel il ne nous était pas permis, sans être mal-intentionnés, de professer encore les opinions que nos adversaires eux-mêmes ont soutenues dans cette assemblée ! (L'extrémité gauche applaudit.)

Après des débats vifs et tumultueux, l'assemblée décréta que les membres de la famille royale pourraient exercer les droits de citoyens.

On procéda à l'appel nominal sur la seconde question : il s'agissait de savoir si les membres de la famille royale seraient ou non éligibles aux places à la nomination du peuple. 267 votèrent pour la négative ; 180 pour l'affirmative.

SÉANCES DES 26 ET 27 AOUT.

Séance du 26.—Les questions qui restaient à décider relativement aux membres de la famille royale étaient les suivantes : Pourront-ils exercer des places à la nomination du pouvoir exécutif ? Auront-ils une dénomination particulière, et quelle sera cette dénomination ?

Sur la première question, il fut décrété qu'à l'exception des ministres, les membres de la famille royale seraient éligibles

aux places et aux emplois à la nomination du roi ; qu'ils ne pourraient néanmoins commander les armées, ni être chargés d'ambassade, qu'avec l'agrément du corps-législatif.

Sur la seconde question, quelques légers débats précédèrent le
décret de l'assemblée. Robespierre s'éleva contre la proposition,
faite par le comité, de conserver le titre de prince. Le curé Monero, Salles, Camus, Dandré, Goupil, Lanjuinais, présentèrent divers amendemens d'où résulta cette décision :

« Les membres de la famille du roi appelés à la succession
éventuelle au trône porteront le nom qui leur aura été donné
dans l'acte de leur naissance, suivi de la dénomination de *prince
français*. Les actes par lesquels seront légalement constatés leur
naissance, mariage et décès, seront présentés au corps-législatif, qui en ordonnera le dépôt dans ses archives. »

Desmeuniers proposa ensuite la révision de l'article portant
que les décrets en matière d'impôt n'avaient pas besoin de sanction. On commençait à peine à discuter que la séance fut levée.
Duport occupait la tribune. L'extrême gauche se levait et demandait à aller aux voix sur l'article. Le président apostropha
ainsi les interrupteurs : « Vous avez déjà voulu me faire la loi,
vous ne me la ferez pas cette fois-ci. » La gauche lui répondit de
consulter l'assemblée. Sillery s'écria qu'il fallait rappeler le président à l'ordre. Regnaud de Saint-Jean-d'Angely prit sa défense,
et l'assemblée décida que Duport serait entendu. Ce dernier
ajouta encore quelques phrases, et la séance fut fermée.

Séance du 27. — La veille, Beaumetz avait exposé qu'il fallait
corriger la force absolue de l'article touchant les décrets sur les
contributions, en accordant aux ministres l'initiative des lois fiscales. Il reprit ainsi sa proposition.

[*M. Beaumetz.* Vos comités de constitution et de révision, de
concert avec celui des contributions publiques, ont reconnu
qu'il ne pouvait y avoir de difficultés à l'égard des décrets en matière de contributions publiques, que dans la manière de s'exprimer. Ils sont presque unanimement convenus de laisser l'article tel qu'il vous a été proposé hier, d'en ajouter deux autres,

et de faire, à l'article V de la section IV du chapitre II, un amendement qui consisterait à charger les ministres de donner leur opinion sur les moyens de faire annuellement les fonds nécessaires pour pourvoir aux dépenses de l'État. Cet amendement peut être le premier objet de votre délibération.

M. Monero, curé. Cette disposition est inutile, puisque les ministres seront admis dans l'assemblée et pourront être entendus sur les choses relatives à leurs fonctions.

M. Barrère. Je demande si l'intention de l'assemblée est de laisser établir une discussion sur une proposition aussi dangereuse. (Plusieurs voix : *Oui, oui.*) En ce cas, je demande que l'addition proposée à l'article V de la section IV du chapitre II ne soit point adoptée ; car demander l'opinion des ministres sur les contributions à établir, c'est donner aux ministres la véritable initiative des lois fiscales.

M. Beaumetz. Sans doute, et nous ne nous en défendons pas ; c'est une chose convenue.

M. Barrère. Si je voulais rendre les ministres bien puissans, si je voulais dégrader ou annuler le corps-législatif, si je voulais réunir bientôt tous les pouvoirs dans les mains du pouvoir exécutif, si j'avais le dessein de transformer l'assemblée nationale en un ci-devant parlement de France, je viendrais appuyer l'opinion de MM. Beaumetz et Duport, tendante à donner au roi, c'est-à-dire aux ministres, l'initiative de la proposition des contributions publiques.

L'ancien régime respectait mieux les droits que les orateurs que je combats ; l'ancien régime vit des parlemens refuser l'impôt, en disant qu'il n'appartenait qu'à la nation assemblée de s'imposer. Et voilà le germe de la révolution actuelle. Comment peut-on l'oublier en un instant ?

L'ancien régime vit le roi et les ministres reconnaître le grand principe qu'à la nation seule appartient le droit inaliénable de consentir les contributions publiques ; et cette maxime, déjà consacrée par les parlemens, les ennemis naturels des droits nationaux, fut solennellement consacrée dans les lettres-patentes de la convocation de ce qu'on appelait les États-généraux. Comment a-t-on pu espérer de vous faire oublier cette maxime attestée par des siècles, et déposée même dans le berceau de l'assemblée nationale?

Quels sont donc les motifs qui ont pu faire proposer de donner au roi l'initiative sur les contributions publiques? Serait-ce parce que le roi a la sanction sur la législation? Mais les lois sur l'impôt ne sont pas, à proprement parler, la législation; c'est une véritable administration paternelle, c'est une grande disposition d'économie politique, c'est une contribution divisée entre les membres d'une grande famille par la famille elle-même. Le roi n'est, quant à l'impôt surtout, qu'un fonctionnaire public, qu'un commis pour faire percevoir ce que la famille a imposé sur ses membres.

Vous avez vous-mêmes reconnu le principe, le 17 juin, lorsque vous paralysâtes ainsi les bras du despotisme ; lorsque par cette maxime sacrée vous desséchâtes dans ses mains les sources du trésor public ; lorsque vous dites que le premier usage que l'assemblée nationale devait faire du pouvoir que la nation recouvrait, était d'assurer la force de l'administration publique, en légitimant elle seule la perception des impôts alors existans. Vous avez vous-mêmes exécuté ce principe déjà authentiquement reconnu par le roi, et solennellement proclamé par toutes les assemblées de la nation, principe qui interdit toute levée de contributions dans le royaume, si elles n'ont été nommément, *formellement* et *librement* accordées par l'assemblée de la nation.

Librement accordées, c'est-à-dire spontanément, sans aucun mélange de volonté étrangère. S'imposer seule est un droit national; s'imposer à son gré dans la forme qui lui plaît, pour la somme qui lui paraît convenable à ses besoins, voilà le véritable exercice de la souveraineté nationale. Or, comment la nation ou ses représentans seraient-ils libres, si la volonté du roi, si les vues, les projets, les systèmes de ses ministres précédaient, entravaient ou influençaient la volonté nationale? (On applaudit.)

L'initiative des lois est refusée au roi par la constitution, quoique la constitution lui accorde le *veto* sur les lois. Comment donc lui accorderiez-vous l'initiative sur l'impôt, qui n'est jamais présenté qu'à son acceptation? Il y a deux années que vous avez vous-mêmes donné l'exécution à ce principe; il y a deux ans que vous avez établi l'indépendance des représentans de la nation sur cet objet, et aujourd'hui l'on vous propose de les asservir, et cela pour agrandir le domaine ministériel, pour augmenter l'influence royale! N'est-ce donc pas assez de lui avoir donné la proposition des objets que l'assemblée doit prendre en considération, l'initiative sur la paix et la guerre, la nomination des officiers de la trésorerie nationale, la proposition sur les commandemens à donner aux membres de sa famille? faut-il encore remplir à son gré, ou dessécher, d'après son *veto*, le trésor public? (On applaudit.) Mais à quoi servira-t-il donc d'avoir introduit les ministres du roi dans l'assemblée, d'en avoir fait une espèce de représentans et d'orateurs perpétuels sur tous les objets? Si une disposition sur les contributions publiques est mauvaise, impolitique, insuffisante, inexécutable, les ministres ne prendront-ils pas la parole? Si les sommes que l'assemblée décrétera pour être imposées ne suffisent pas, le ministre des contributions ou tout autre ne fera-t-il pas voir l'erreur? et ce concours de lumières et d'efforts ne rend-il pas inutile toute initiative, qui d'ailleurs est inconstitutionnelle, même en matière de lois, à plus forte raison en matière d'impôts? (On applaudit.)

Les orateurs qui ont demandé cette initiative semblent convenir du danger radical d'assujétir à la sanction les décrets sur les contributions publiques. J'aurai donc facilement détruit l'opinion de l'initiative, lorsque j'aurai prouvé le danger plus grand encore de cette prérogative ministérielle.

En effet, M. Beaumetz reconnaît que la sanction de ce genre de décrets est dangereuse en ce sens, qu'en suspendant l'impôt, l'action du gouvernement serait arrêtée. Et moi j'y trouve de bien plus grands maux. Un impôt pèse-t-il sur le peuple, le corps-législatif veut l'abolir: le *veto* est apposé sur ce décret populaire, et l'impôt pèse encore six ans sur nos têtes. Un impôt nouveau est créé ; il peut remplir plus facilement le trésor public : c'est encore le *veto* qui arrête ce bienfait. C'est ainsi que la nécessité de la sanction sur les décrets d'impôt serait le plus terrible fléau de la nation. Ce n'est pas pour cela qu'on fait un roi et des ministres ; autrement il est bien inutile d'assembler les représentans du peuple.

Aussi on s'est retranché sur l'initiative, qui, sous quelques aspects, semble présenter plus de ressources au système et à l'innovation. Mais je soutiens que si l'assemblée accepte l'initiative ministériélle, le roi peut arrêter l'action du gouvernement, non pas par un *veto* suspensif, mais par un véritable *veto* absolu, par un *veto* qui ne s'appliquerait point à une détermination prise par le corps-législatif, mais qui, plus dangereux encore, empêcherait, par une force d'inertie, le renouvellement des impôts existans, et l'existence des impôts à créer. Pour cela, le ministre auquel on donne le droit de proposer n'aurait qu'à se taire. (Il s'élève des murmures.)

Ainsi donc, M. Beaumetz va directement contre son but, s'il veut réellement empêcher que l'action du gouvernement ne soit jamais suspendue par la suspension et l'interruption des impôts. La nation est seule véritablement intéressée à ne pas laisser arrêter l'action du gouvernement, qu'elle a créé pour ses besoins. Les ministres peuvent avoir d'autres intérêts, d'autres desseins, d'autres vues que celles de la conservation de la liberté de la nation. Le second objet que se propose M. Beaumetz est de procurer à la nation les lois fiscales les meilleures possibles, par le concours des deux pouvoirs entre les mains desquels reposent la prospérité et la liberté publique : il ne me paraît pas plus heureux dans ses moyens. Quoi ! vous ne pourrez avoir de bonnes lois fiscales que quand elles vous seront présentées par des ministres !

Quoi ! pour accroître l'apanage ministériel, vous ôterez à la nation la partie la plus précieuse, la plus inaliénable de la souveraineté ! Quoi ! pour doter plus avantageusement les ministres, et rendre plus précieuses leurs dépouilles et leurs places, vous limiterez le droit que la nation doit et veut avoir en son entier, de déterminer et de disposer à son gré de la fortune privée de tous les citoyens! Vous avez toujours senti, et jusqu'à ce moment l'opinion générale de l'assemblée n'avait pas plus varié à cet égard que l'opinion publique, vous avez toujours senti, dis-je, qu'en matière d'impôt le peuple seul avait le droit de vouloir, et qu'aucune volonté ne pouvait toucher, soit pour la suspendre, soit pour la modifier, à la volonté générale, exprimée par les représentans du peuple. Eh bien! donner l'initiative aux ministres, c'est leur donner tout à la fois le droit de vouloir avant le peuple, et le moyen le plus sûr d'empêcher que la volonté générale, solennellement exprimée par le corps-législatif, soit mise à exécution.

Ne peut-il pas arriver que le ministre propose une loi contraire à la liberté individuelle, parce qu'elle nécessite à des visites domiciliaires ou à la propriété publique, parce que les formes de perception seront telles que les frais en deviendront immenses? Le corps-législatif rejettera cette loi, et en décrétera une autre; le roi sanctionnera celle-ci, mais les ministres n'exécuteront pas, mais les percepteurs ne percevront pas, et l'on viendra vous dire : Votre loi ne vaut rien ; vous le voyez, la nôtre était bonne, et si vous ne l'aviez pas rejetée, le trésor national serait rempli. Il serait rempli, je le crois, mais la liberté publique serait dégradée. (On applaudit.) Elle le serait encore, mais d'une manière plus redoutable, par une autre cause de l'inexécution de la loi. Voici de nouveaux dangers :

Un ministre qui voudrait se populariser ou populariser le pouvoir exécutif, et dépopulariser le corps-législatif, en aurait un moyen bien assuré. Il présenterait une loi fiscale, insuffisante et très-légère à supporter ; le corps-législatif en décréterait une suffisante et plus considérable; alors le contribuable qui, pendant trop long-temps encore, aura trop peu de lumières pour découvrir toujours son véritable intérêt, ne verra plus qu'un bienfaiteur dans le ministre, et dans le corps-législatif, des représentans oppresseurs odieux ou coupables. Vous ne doutez point qu'alors il résistera à la loi ; vous ne doutez point que le ministre pourrait favoriser par mille moyens indirects sa résistance, et que sa popularité s'établissant sur l'inexécution même de la loi et sur la détresse du trésor public, ne parvînt peut-être à opprimer tout à la fois, car ils sont inséparables, et les représentans et la liberté du peuple. (On applaudit.)

Telles sont les conséquences presque inévitables de l'initiative ministérielle ; car ce n'est point à vous qu'il faut le dissimuler, le pouvoir exécutif sera toujours l'ennemi du pouvoir législatif, et lui fera tout le mal qu'il pourra lui faire. C'est un combat établi dans les élémens politiques.

Or, d'après cette lutte inévitable et dans le système même de M. Beaumetz, l'action du gouvernement sera interrompue non-seulement par la suspension de l'impôt, mais encore par sa nullité ; non-seulement le concours des deux pouvoirs ne produira pas des lois meilleures, car l'usage souvent perfide de l'initiative ne sera rien pour la bonté de la loi, si la perfidie est reconnue, et corrompra la loi, si la perfidie triomphe. Mais encore ce concours, si bizarrement imaginé, sera dans la main des ministres l'arme la plus dangereuse, et n'entraînera avec lui que l'inexécution des lois fiscales, l'avilissement des représentans de la nation, et l'agrandissement incalculable de la puissance ministérielle ou de la prérogative royale. (On applaudit.)

On vous a dit hier que cette question est neuve. Eh ! vraiment on n'avait jamais douté en France du principe, même sous les parlemens et les intendans. Aujourd'hui tout a des faces nouvelles : le progrès des lumières nous permet de faire voir que les objets les plus simples ont plusieurs faces, et l'esprit est parvenu à obscurcir les principes les plus clairs.

On vous dit que cette question est encore neuve ; elle ne l'était déjà plus le 17 juin 1789, quand vous avez recréé par une fiction sublime, par un acte énergique de la puissance dont vous veniez de vous investir en vous constituant assemblée nationale, quand vous avez recréé, dis-je, tous ces impôts, dans l'organisation desquels le despotisme avait accumulé toutes les vexations et toutes les injustices. Crûtes-vous alors avoir besoin de la sanction du roi? Le roi crut-il pouvoir ajouter quelque chose à la volonté nationale que vous veniez d'exprimer? Non. Cette idée, que l'impôt doit être le résultat de la volonté du peuple, et du peuple seul, était tellement élémentaire, tellement évidente, qu'elle parut incontestable au peuple comme au roi. C'est sur cette vérité que votre décret fut alors établi. Vous aviez respecté et consacré la volonté du peuple, et votre décret fut respecté comme elle. C'est de cette vérité seule que je réclame aujourd'hui l'application; et si l'assemblée nationale, après des travaux si glorieux et de si grands triomphes, se croit encore la puissance de conserver les principes qu'elle avait le 17 juin 1789, l'adoption de l'article proposé par les comités n'est pas douteuse. (On applaudit.) J'invoque, en finissant, la raison et les principes de ces braves députés des ci-devant communes, qui n'ont jamais dérivé du chemin de la justice et de la liberté; j'invoque leur réunion contre un système perfide, qui tend à mettre tout le pouvoir et la force de la nation dans les mains du roi et des ministres, qui leur permet de dessécher à leur gré le trésor public, d'altérer par des lois fiscales la liberté civile, et de défavoriser les représentans du peuple, qu'on voudrait, je crois, transformer en assemblée des notables. Je conclus à ce que l'assemblée rejette l'addition proposée à l'article V de la section IV du chapitre II. (On applaudit à plusieurs reprises. — On demande à aller aux voix.)

M. Lavie. Je demande que la discussion soit fermée. Nous n'avons fait la révolution que pour être maîtres de l'impôt, et j'invite les membres des ci-devant communes à s'en ressouvenir.

Les membres de l'extrémité gauche demandent avec chaleur à aller aux voix, et interpellent le président de mettre aux voix la proposition de fermer la discussion.

M. Lavie. On veut nous arracher partiellement notre liberté.

M. le président. On a fait la motion de fermer la discussion; M. Beaumetz avait la parole.

M. Beaumetz. Je demande la parole sur cette motion de fermer la discussion.

M. le président. Je mets aux voix si M. Beaumetz sera entendu.

M. Gourdan. L'assemblée ne doit jamais délibérer sur des questions qui outragent aussi violemment les décrets, les principes et la liberté. Je demande qu'on mette aux voix la question de savoir si la discussion sera fermée.

L'assemblée consultée ferme la discussion.

M. Desmeuniers demande la parole.

L'assemblée décrète la proposition de M. Barrère.

M. Beaumetz. Avant de soumettre à l'assemblée les articles dont ses comités m'ont particulièrement confié le rapport, je demande, puisqu'on ne m'a pas permis de réfuter M. Barrère, que son discours soit imprimé.

L'assemblée ordonne l'impression du discours de M. Barrère.

On demande auprès de la tribune que M. Barrère dépose son discours sur le bureau.

M. Barrère. Je crois que les membres des comités se rendent assez de justice pour croire qu'ils n'ont pas plus le droit de faire suspecter ici ma probité que mon civisme; cependant je consens à déposer mon discours sur le bureau : le voilà.

M. Biauzat. M. Barrère doit reprendre son discours; nous ne pouvons souffrir la proposition injurieuse qui a été faite. Les orateurs dont l'assemblée a fait imprimer les discours ont toujours eu le droit d'en suivre eux-mêmes l'impression. Je demande qu'afin que M. Barrère ne fasse aucune difficulté de reprendre son discours, l'assemblée témoigne le mécontentement qu'elle éprouve, en passant à l'ordre du jour sur une indécente proposition. (On applaudit.)]

L'assemblée passe à l'ordre du jour. — Elle adopte ensuite, presque sans discussion, cinq articles, dont voici les titres : *Décrets en matière de contribution; Sur les corps administratifs; Sur le pouvoir judiciaire; Sur la force publique; Sur l'état des citoyens.* Charrier de Laroche combattit le projet d'ôter à l'Église la constatation des naissances, des mariages et des décès. L'as-

semblée se rangea de l'avis des comités ; elle décréta que cette
fonction appartiendrait désormais à des officiers civils. La séance
se termina par l'adoption d'un nouveau travail du comité, concernant les électeurs et les éligibles, et des articles revisés sur la
régence élective. (*Voir plus bas la constitution.*)

SÉANCE DU 29 AOUT.

*Sur l'exercice du droit appartenant au peuple de réformer ou de
changer la constitution; sur les assemblées dites* Conventions
nationales, Constituantes *et de révision.*

M. *Chapelier,* rapporteur. Messieurs, les comités de constitution
et de révision vous apportent aujourd'hui le complément de vos
travaux. C'est moins le fruit de leurs réflexions que le résultat
des opinions qu'ils ont recueillies; toutes les idées sont faites,
pour ainsi dire, sur cette matière; quelques écrits sensés ont
paru pour l'éclaircir. En méditant sur cet objet, on aperçoit et
plusieurs principes dont on ne peut pas s'écarter, et plusieurs
dangers qu'il faut éviter. Le premier principe est que la nation
a le droit de revoir, de perfectionner sa constitution; le second
est que toute constitution sage doit contenir en elle le vœu et le
moyen d'arriver à la plus grande perfection; mais ce moyen
doit, dans son principe et dans sa conséquence, être employé
avec circonspection; car, sous le prétexte de perfectionner une
constitution, on pourrait tellement en déranger les bases, que
perpétuellement une révolution succéderait à une révolution; et
c'est un grand péril que présentent plusieurs des systèmes qui
ont été proposés. A chacun d'eux s'attachent des inconvéniens
plus ou moins grands; il faut, pour être sage, combiner les
principes avec les circonstances dans lesquelles nous nous trouvons, et avec les événemens futurs que de loin nous pouvons
calculer.

On peut établir de ces cinq choses l'une :

Ou une convention générale à une époque déterminée, convention qui examinera, qui revisera la constitution, qui s'en
emparera, qui aura le pouvoir de la changer en entier, qui sera

enfin investie de toute la puissance que nous avons eue et que nous avons exercée;

Ou des conventions périodiques, ce qui est à peu près la même chose, avec une absurdité de plus;

On peut prescrire des formes pour provoquer et exiger la convocation d'une assemblée constituante;

On peut indiquer une assemblée de révision; mais cette assemblée ne peut qu'examiner si la constitution a été sévèrement gardée par les pouvoirs constitués, et régler les points dont la réforme aura été demandée;   •

On peut enfin, en proscrivant cette assemblée de révision à une époque fixe, ou en prescrivant les formes par lesquelles on pourrait la demander et l'exiger, accorder le droit de la demander aux citoyens, ou uniquement aux pouvoirs constitués, c'est-à-dire au corps-législatif ou au roi, ou faire concourir ensemble les pétitions des citoyens, les demandes du corps-législatif et du roi.

Il faut examiner chacun de ces divers partis pour voir celui que nous devons préférer, et apprécier les motifs qui ont déterminé les comités.

Quant au premier parti d'appeler à une époque fixe une assemblée générale constituante qui s'emparera de toute la constitution, et qui, en l'examinant, pourra la réformer en entier et nous donner une nouvelle forme de gouvernement, il nous semble que des inconvéniens si considérables sont attachés à cette détermination que vous devez l'éloigner de nous; car, à l'annonce d'une assemblée constituante qui pourrait changer en entier la constitution, le crédit public serait anéanti, le commerce s'arrêterait dans toutes ses opérations, le numéraire se resserrerait: cela n'entraînerait peut-être pas une révolution; mais la crainte même que cela pût en entraîner une, ferait fuir les grands propriétaires dès l'année qui précéderait la réunion du corps constituant; toutes les alarmes qui se répandent à la veille d'une révolution viendraient fatiguer les citoyens; ces qualifications de bons et de mauvais citoyens viendraient encore semer les haines et les diversions dans la nation. C'est donc un malheur que nous devons éviter. D'ailleurs à quelle époque mettriez-vous cette assemblée générale constituante? Éloignez-vous l'époque, alors cela ne satisfait personne, cela ne donne lieu à aucune espérance, et les mêmes factions que vous voulez éteindre se perpétuent; en voyant à une époque trop éloignée l'espoir de faire changer quelque partie de la constitution, elles cherchent les moyens de la renverser plus tôt : cette époque est-elle très-rapprochée, alors vous tenez les partis en présence; les factions se conservent telles qu'elles sont; elles ne s'anéantissent pas par l'expérience, par le délai trop court qui doit s'écouler entre les législatures et le moment où la convention arrive, et le désordre se perpétue encore.

Voilà les raisons qui nous ont fait éloigner l'idée d'une assemblée constituante générale, ayant et exerçant le même pouvoir que nous avons eu et que nous avons exercé.

Préfère-t-on des conventions à époques fixes? C'est un système pris en Amérique, et qui ne peut appartenir ni à la forme de notre gouvernement, ni à l'étendue de notre territoire. En Amérique, le gouvernement est composé de petites républiques et d'une association générale, d'un pacte fédératif entre toutes ces petites républiques; une assemblée constituante qui examine dans le pays la constitution, trouve d'abord un territoire très-étendu, peu d'habitans, des mœurs sages et paisibles; là l'examen de la constitution ne fait pas une révolution; elle empêche une révolution : ici, au contraire, où tous les hommes sont en quelque sorte pressés les uns les autres, où la population est énorme, où tous les changemens sont désirés avec une sorte d'avidité, où les passions sont vives et les caractères pétulans, où l'esprit de la nation se porte souvent bien plus loin qu'il ne devrait aller, ici une assemblée constituante périodique serait toujours l'époque d'une révolution.

Une autre combinaison est de prescrire des formes pour provoquer et exiger la convocation d'une assemblée constituante.... Alors, Messieurs, les partis qui existent maintenant seraient en-

core perpétués, et vous verriez que, cherchant à acquérir la ma_
jorité pour provoquer une assemblée constituaute, on s'agiterait
prodigieusement, on troublerait encore la tranquillité publi_
que, et l'on parviendrait peut-être à obtenir, sous très-peu de
temps, une majorité factice qui appellerait une assemblée de
révision pour examiner la constitution, lorsque l'expérience n'au_
rait nullement éclairé sur les avantages ou sur les défauts de quel_
ques-unes de ses parties. Ainsi un autre mode doit être suivi.

J'arrive à celui que vous proposent vos comités, c'est-à-dire à
une assemblée de révision qui ne pourra jamais s'emparer de
toute la constitution, mais bien examiner si les pouvoirs consti_
tués sont restés dans les bornes prescrites, et si les points sur les_
quels les citoyens, le corps-législatif et le roi se seront expliqués
devront être réformés. C'est là le système où nous nous sommes
arrêtés ; ce concours nous a paru le meilleur possible : les grands
agens du gouvernement sont ceux qui doivent le mieux connaître
quels sont les ressorts qui empêchent le jeu général de la machine. Ne voulant donner que l'aperçu des raisons des comités,
et me réservant de faire les observations que la discussion rendra nécessaires, je vais vous donner lecture du projet de décret des comités :

« L'assemblée nationale, après avoir rempli la mission qui lui
avait été donnée par le peuple français, après avoir établi une
constitution fondée sur les droits imprescriptibles de l'homme et
du citoyen, et sur les principes de la raison et de la morale ;

» Considérant, d'une part, que si les maximes qu'elle a prises
pour bases de son ouvrage portent le caractère de l'évidence, et si
un assentiment général, l'adhésion la plus solennelle de toutes les
parties de l'empire, l'exécution rapide et scrupuleuse des lois
nouvelles, n'ont laissé aucun doute sur la volonté de la nation de
consacrer et de suivre les décrets constitutionnels faits par ses
représentans, et sur l'opinion générale que ces lois atteignent le
but d'une grande et heureuse régénération ;

» Considérant que si cette réunion de sentimens, ce mouvement spontané vers la liberté qui a porté tous les habitans de

l'empire à se presser, pour ainsi dire, les uns sur les autres pour confondre leurs droits et leurs intérêts, se rallier aux mêmes principes et se soumettre aux mêmes obligations, donne à l'assemblée nationale le droit et lui impose le devoir d'imprimer à son ouvrage le caractère inviolable de la volonté générale, et de disposer de toute la puissance publique pour l'affermir et le maintenir ; cependant, ayant eu à lutter contre toutes les passions et tous les préjugés ; ayant été obligée de substituer rapidement un corps d'institutions nouvelles à un amas monstrueux d'abus décriés ; ayant enfin donné au milieu des chocs de toute espèce, des dangers de tout genre, des 'désordres trop exagérés, mais pourtant réels et malheureusement inséparables d'une révolution; ayant donné une nouvelle forme à un grand empire, on peut craindre que dans ces institutions il ne se soit glissé quelques imperfections que l'expérience seule peut découvrir ;

» Considérant d'autre part que la nation a le droit inaliénable de revoir, de réformer, de changer et le système de ses lois constitutionnelles et l'acte même de son association;

» Qu'il est donc nécessaire qu'en même temps que, pour l'utilité de tous, les représentans de la nation exigent en son nom l'obéissance aux lois qu'ils ont décrétées et qu'elle a approuvées, ils indiquent un moyen sûr et prompt de les réformer, et de profiter à cet effet de tous les secours que la nation puisera dans les vertus, les lumières et l'expérience dont ces lois mêmes vont devenir pour elles et la source et l'objet;

» Qu'il faut seulement que les formes par lesquelles elle fera connaître son opinion soient fixées de manière à ne pas entraîner des erreurs et à ne pas donner à des mouvemens tumultueux ou à des délibérations irréfléchies le caractère imposant de la volonté nationale, et fixer un délai auquel cette volonté sera examinée : délai qui ne doit être ni assez éloigné pour que la nation souffre de quelques parties vicieuses de son organisation sociale, ni assez rapproché pour que l'expérience n'ait pas eu le temps de donner ses salutaires leçons, ou que l'esprit de parti, le souvenir des anciens préjugés, prennent la place de la raison et de la justice, par lesquelles tous les citoyens doivent désormais être guidés ;

» Considérant enfin que la fixation de ce délai et la détermination de formes rassurantes pour la volonté nationale doivent, en portant toutes les idées vers l'utilité commune et le perfectionnement de l'organisation sociale, avoir l'heureux effet de calmer les agitations de l'époque présente et de ramener insensiblement les esprits à la recherche paisible du bien public, a décrété et décrète, etc.......»

—Voici le sommaire de ce projet en 26 articles. Il fut assez généralement improuvé par toutes les opinions de l'assemblée.

La première assemblée de révision devait être convoquée en 1800 ; elle devait réunir deux cent quarante-neuf élus dans chaque département, à l'exclusion des membres du corps législatif ; les fonctions de cette assemblée étaient d'examiner si les pouvoirs constitués étaient restés dans leurs limites, de les y replacer s'ils s'en étaient écartés, et de prononcer sur les demandes de réformes constitutionnelles qui auraient pu être faites par les pétitions des citoyens, lorsque ces demandes auraient été approuvées par le corps législatif et sanctionnées par le roi : mais si, dans le cas de non approbation du corps législatif et de refus de sanction du roi, et après un délai de dix-huit mois depuis que le corps législatif et le roi auraient fait connaître leurs motifs, les trois quarts des départemens eussent représenté les mêmes vœux, le concours du corps législatif et du roi n'était plus nécessaire ; les réformes demandées étaient soumises de droit à l'*Assemblée de révision*.

M. Malouet. Messieurs, on vous propose de déterminer l'époque et les conditions de l'exercice d'un nouveau pouvoir constituant. Il me semble que M. le rapporteur vient de vous indiquer par ses observations quelques-uns des inconvéniens de son projet de décret : il a insisté avec raison sur le danger d'une grande fermentation des esprits, lorsqu'on annonce pour une époque précise des changemens dans la constitution ; et cependant tel est en substance le plan qu'il vous propose ! Celui que je vais vous soumettre en diffère essentiellement, en ce que je pense que la constitution que vous venez d'arrêter ne peut être que provisoire

jusqu'à ce qu'elle ait été soumise à un examen réfléchi, à une
acceptation libre, tant de la part du roi que de la part de la nation :
ce sont donc les motifs et les conditions de cet examen définitif
que je viens vous proposer. Je ne prétends pas renouveler ici la
tentative que j'ai déjà faite inutilement de m'expliquer devant
vous sur les points principaux de la constitution... (Murmures.)
La dernière tâche qui me reste à remplir est de vous parler librement des moyens de la réformer ; qu'il me soit enfin permis de
vous dire tout ce que je crois utile et vrai. Vous voulez sans doute
que cette constitution soit exécutée, qu'il en résulte le rétablissement de l'ordre, que nous jouissions de la liberté, de la paix intérieure... Tel est aussi l'objet de mes vœux ; cherchons-en donc
les moyens.

Fixer une époque éloignée pour la réforme d'une constitution,
c'est supposer que pendant l'intervalle de temps qui s'écoulera
jusqu'à cette époque, il ne s'y développera aucun vice essentiel
qui en altérera la solidité.

« Si, à cette supposition, on substituait celle des grands inconvéniens constatés, des vices essentiels reconnus, il serait absurde
de dire qu'il faut attendre vingt-cinq ans de désordre et d'anarchie pour y remédier.

Des conventions périodiques ne sont donc admissibles que dans
le cas où l'on ne prévoit pas la nécessité d'un changement assez
important pour en accélérer l'époque ; cette hypothèse ne convient qu'à une constitution éprouvée par le temps et formée successivement par le résultat des mœurs, des usages, des habitudes d'un peuple : car, il faut le dire en passant, il n'exista
jamais de constitution absolument neuve, qui eût quelque succès,
que celle de Lycurgue, et elle était fondée sur les mœurs : tous
les autres gouvernemens dont nous avons eu connaissance se sont
formés par des actes successifs dont l'amélioration et le complément à une certaine époque est devenu une constitution ; ainsi
les capitulaires sous Charlemagne, la grande charte en Angleterre, la bulle d'or dans l'empire germanique, ont été la constitution de ces états, en fixant des droits et des usages antérieurs

garantis par l'expérience et par le consentement ou les réclamations des peuples.

La constitution même des Etats-Unis, fondée sur des usages, des mœurs, des établissemens antérieurs à la déclaration de leur indépendance ; cette constitution, qui n'a effacé que le nom du prince pour y substituer celui du peuple ; qui n'a rien détruit, mais tout amélioré ; qui a tenu compte de tous les intérêts, de toutes les prétentions ; qui a réuni tous les vœux en appelant toutes les réclamations ; cette constitution se prête sans doute à l'examen successif des conventions nationales.

« Pour abroger ou changer de telles lois il est sage d'attendre qu'une longue expérience en montre l'insuffisance : mais lorsqu'une constitution, au lieu d'être la réunion des anciens statuts, la fixation légale et solennelle des anciens usages, en établit complétement la proscription, il faut deux choses pour donner à cette loi nouvelle un caractère permanent : il faut que l'expérience en justifie le succès, et que le consentement universel ait pu se manifester librement.

Aucune de ces deux conditions ne se trouve encore dans votre nouvelle loi : on peut bien en attendre la liberté, la prospérité publique ; mais il est permis de craindre qu'elle n'en offre pas une garantie suffisante ; et lorsque l'on considèere combien d'anxiétés, de troubles et d'entraves environnent cette loi nouvelle, il me semble qu'il serait imprudent de se priver long-temps des moyens d'en seconder l'intention.

Remarquez, je vous prie, dans quelle circonstance on vous propose d'imposer silence aux vœux et aux réclamations de la nation sur les nouvelles lois. C'est lorsque vous ne connaissez encore que l'opinion de ceux qui trouvent qu'elles favorisent leurs intérêts et leurs passions ; lorsque toutes les opinions contraires sont subjuguées par la terreur ou par la force ; lorsque la France ne s'est encore expliquée que par l'organe de ses clubs ; car tout ce qui existe aujourd'hui de fonctionnaires publics est sorti de ces sociétés ou leur est asservi.... (Murmures.) Et qu'on ne dise pas que la constitution, fondée sur les principes immuables de la liberté, de la justice, doit avoir l'assentiment de tous les bons citoyens ; qu'importe la pureté de votre théorie, si les modes de gouvernement auxquels elle est unie perpétuent parmi nous les désordres sous lesquels nous gémissons !

Avez-vous donc pris quelques mesures pour que cette multitude de sociétés tyranniques qui corrompent et subjuguent l'opinion publique (1), qui influent sur toutes les élections, qui dominent toutes les autorités, nous restituent la liberté et la paix qu'elles nous ont ravies ?

Avez-vous pris quelques mesures pour que cette multitude d'hommes armés dont la France est couverte soit invinciblement contenue dans les limites que la loi lui prescrit ? (*Ah ! ah ! ah !*)

Si donc la constitution ne tend pas à réprimer l'abus des moyens extraordinaires dont on s'est servi pour l'établir, comment peut-on nous proposer un long espace de temps à parcourir avant qu'il soit permis de la réformer !

Il me serait facile, en parcourant toutes vos institutions, de vous montrer comment elles vont s'altérer et se corrompre, si, au lieu de les confier *aux épouses et aux mères*, vous ne vous lassez de les soustraire à ce fanatisme bruyant qui les célèbre, pour les livrer à une raison sévère qui les corrige, qui seule peut résister au temps, et commander aux événemens.

Vous voulez des conventions nationales, c'est-à-dire des révolutions périodiques, des commotions éternelles ; car dans l'intervalle de ces conventions que ferons-nous des vices et des désordres naissans d'une mauvaise loi constitutive? Est-ce la patience ou l'insurrection qu'on nous conseille, après nous avoir commandé tour-à-tour l'obéissance passive et la résistance à l'oppression ?

Cependant quel autre juge que moi-même avez-vous établi de cette oppression, à laquelle il m'est permis de résister? Quels

---

(1) La tyrannie et l'insolence de certains clubs, les prétentions de tous suffisent, si elles ne sont pas réprimées, pour produire la guerre civile.

(Note de l'orateur.)

antres juges que vous-mêmes avez-vous établis de cette obéissance passive que vous exigez ?

Ainsi, pressés dans toutes les circonstances de notre vie politique entre deux principes, entre deux impulsions opposées,
nous serions sans consolations dans notre obéissance, sans modérateur et sans frein dans notre résistance.

Croyez-vous qu'il puisse exister une constitution, un ordre
social, conciliable avec de tels incidens, si vous en séparez pendant un espace de temps déterminé le pouvoir réformateur ?

Mais ce n'est pas dans cette hypothèse seulement, celle des
vices de la constitution, que les conventions périodiques sont
d'un grand danger ; elles ne sont pas moins redoutables en supposant que ce que vous avez fait est bon, et que le bonheur du
peuple y est attaché.

L'inconvénient inévitable de tout gouvernement populaire est
de mettre dans un mouvement continuel les affections, les
inimitiés, et toutes les passions de la masse des citoyens qui y
participent médiatement par les élections, ou immédiatement par
leurs emplois.

Je veux que la combinaison de ce gouvernement soit la plus
parfaite possible, qu'elle soit assez habilement calculée (1) pour
que toutes les forces motrices se balancent et se contiennent sans
s'opprimer, de manière qu'il résulte de cet équilibre constant le
meilleur ordre public : au moins est-il évident que les élémens
de cet ordre peuvent devenir en un instant ceux du désordre et
des factions, et cet instant arrivera lorsque les novateurs et les
factieux auront la perspective d'une convention dans laquelle ils
pourront faire prévaloir leurs intérêts et leurs systèmes; c'est
alors au plus fort, au plus adroit, que sera dévolu le pouvoir de
détruire pour recréer : il se trouvera toujours à leurs ordres des
troupes de prosélytes et de zélateurs qui démontreront au
peuple que son intérêt et son bonheur consistent dans de nouveaux changemens. Ainsi, dans une constitution telle que la

(1) *Habilement calculée....* On se souviendra long-temps de l'habileté de nos
calculs.   (*Note de l'orateur.*)

vôtre, qui met tout à neuf et ne laisse rien subsister de ce qui
était ancien, les conventions périodiques sont des ajournemens
de révolution, et l'intervalle de ces conventions pourrait être une
anarchie continue.

Voulez-vous, devez-vous laisser courir de tels risques à la nation? Mais je dis plus, quand ce serait votre volonté, croyez-
vous qu'elle fût exécutée? Examinez froidement comment vous
êtes arrivés vous-mêmes au dernier terme du pouvoir que vous
exercez maintenant. Les circonstances et les événemens vous ont
conduits de la convocation en *états-généraux* à la constitution en
assemblée nationale; un de vos orateurs vous a ensuite déclarés
corps constituant, et cette dénomination, qui n'a jamais été
proclamée par un décret, est le seul titre qui ait opéré au milieu
de vous la réunion de tous les pouvoirs. Cependant vous étiez
soumis, en devenant les mandataires du peuple, à l'observation
de vos mandats : vous avez cru devoir les abroger.

Or, pensez-vous que vos successeurs ne sauront pas aussi
s'aider des circonstances et des événemens, et qu'il leur sera
difficile de s'affranchir de tous les liens qu'ils ne se seront point
imposés?

Lorsqu'il a été question de suspendre l'exercice de l'autorité
royale, on vous a dit, dans cette tribune: *Nous aurions dû commencer par là; mais nous ne connaissions pas notre force...* Ainsi,
il ne s'agit pour vos successeurs que de mesurer leurs forces
pour essayer de nouvelles entreprises; et certes, ce danger
m'effraie bien autant que celui des conventions nationales: car
dans la fermentation où sont encore tous les esprits, d'après le
caractère de ceux qui se montrent, et le grand nombre de ceux
qui se réduisent au silence, je crains autant les essais de la nouvelle législature qu'une convention nationale.

Tel est, Messieurs, il ne faut pas vous le dissimuler, le danger
de faire marcher de front une révolution violente et une constitution libre : l'une ne s'opère que dans le tumulte des passions
ou des armes, l'autre ne peut s'établir que par des transactions (1)

(1) *Transactions....* On a ri et murmuré ; on n'en veut point. Mais, Mes-

amiables entre les intérêts anciens et les intérêts nouveaux......
(On rit, on murmure. Une voix : *Nous y voilà !*)

On ne compte point les voix, on ne discute pas les opinions pour faire une révolution, soit que ce soit le peuple ou le prince qui change et détruise tout ce qui existait auparavant. Une révolution est une tempête durant laquelle il faut serrer ses voiles ou être submergé ; mais après la tempête, ceux qui en ont été battus, comme ceux qui n'en ont pas souffert, jouissent en commun de la sérénité du ciel et de l'état brillant du soleil : tout est pur et paisible sous l'horizon. Ainsi, après une révolution, il faut que la constitution, si elle est bonne, rallie tous les citoyens ; et il faut que tous les citoyens, dans la plus parfaite sécurité, puissent la trouver bonne ou mauvaise, car il n'est pas d'autre manière d'établir une constitution raisonnable, et d'échapper au despotisme ou à l'anarchie.

Je suppose donc que tous les changemens que vous avez faits dans toutes les parties de l'organisation politique conviennent à la majorité de la nation, et qu'elle soit entièrement convaincue que son bonheur et sa liberté en dépendent. La constitution, par ce seul fait, triomphe de toutes les difficultés ; sa stabilité n'est plus équivoque, et les moyens d'amélioration sont faciles sans recourir aux conventions ; mais pour que ce fait soit constaté, il ne faut pas qu'il y ait un seul homme dans le royaume (on rit) qui puisse courir le risque de sa vie, de sa liberté, en s'expliquant franchement sur la constitution : sans cette entière sécurité, il n'y a point de vœu certain, universel ; il n'y a qu'un pouvoir prédominant, prêt à changer à chaque instant de caractère, de direction et de moyens, propre à favoriser la tyrannie comme la liberté ; et inutilement vous assignez des règles, des formes et des époques à l'exercice de ce pouvoir ; ni l'expédient d'une convention ni aucun autre n'en sera le régulateur, jusqu'à ce que vous ayez séparé la constitution et tout ce qui lui appartient des mouvemens de la révolution.

sieurs, Gengis-Kan, maître de l'Asie, transigea avec les vaincus ; il leur laissa leurs mœurs, leur religion, leurs propriétés.   (*Note de l'orateur.*)

Mais si malheureusement on vous persuade le contraire, si tout concourt à imprimer à la constitution le caractère de la révolution, ou vous avez à craindre long-temps encore la violence de ses mouvemens, ou la constitution périra dans l'affaissement qui succède à de longues agitations, bien avant que vous soyez parvenus à l'époque qu'on vous propose de fixer pour une réformation.

Ainsi, Messieurs, soit que vous considériez la constitution comme excellente ou comme imparfaite, il suffit qu'elle présente un système absolument neuf de législation et de gouvernement pour que vous soyez obligés de la soumettre à une autre épreuve que celle des conventions nationales. Je vous ai démontré que dans les deux hypothèses cet expédient était dangereux ou impraticable. Lorsqu'au lieu de recueillir, de fixer, d'épurer les anciennes institutions, on a tout changé, tout détruit, appeler à certaines époques des hommes autorisés à changer encore, c'est préparer de nouveaux troubles, c'est fonder une génération éternelle de systèmes et de destructions. Passant ensuite aux circonstances qui nous environnent et qui laissent encore sur la même ligne et sous les mêmes couleurs la révolution et la constitution, je vous ai fait voir que la stabilité de l'une était incompatible avec l'impétuosité de l'autre, et qu'alors la perspective d'une convention prolongerait les désordres. Cette considération est trop importante pour ne pas la développer, d'autant qu'elle nous conduit aux seules voies raisonnables qui puissent ramener la paix et le règne des lois dans cet empire.

Tant que les erreurs et les vérités qui régissent les hommes conservent une grande autorité sur les esprits, l'ordre ancien se maintient, et le gouvernement conserve son énergie; lorsque ses appuis s'ébranlent dans l'opinion publique, il se prépare une révolution. Il n'appartient qu'aux hommes sages et d'un grand caractère de la prévenir ou de la diriger, mais surtout de se séparer des hommes corrompus, des méchans et des fous, qui se hâtent d'y prendre part. Tant que cette ligne de démarcation n'est pas tracée, la révolution n'est pas consommée; l'État est toujours en péril; les flots de la licence se roulent, comme ceux de l'Océan, sur une vaste étendue, et la constitution qui s'élève sur cette mer orageuse, y flotte comme un esquif sans boussole et sans voiles. (Applaudissemens.)

Telle est, Messieurs, notre position. Quelque triste que soit cette vérité, elle vous presse de son évidence. Voyez tous les principes de morale et de liberté que vous avez posés, accueillis avec des cris de joie et des sermens redoublés, mais violés avec une audace et des fureurs inouïes!

C'est au moment où, pour me servir des expressions usitées, *la plus sainte*, la *plus libre* des constitutions se proclame, que les attentats les plus horribles contre la liberté, la propriété, que dis-je! contre l'humanité et la conscience, se multiplient et se prolongent.

Comment ce contraste ne vous effraie-t-il pas! Je vais vous le dire.

Trompés vous-mêmes sur le mécanisme d'une société politique, vous en avez cherché la régénération sans égard à sa dissolution, et, prenant alors les effets pour les causes, vous avez considéré comme obstacle le mécontentement des uns, et comme moyen l'exaltation des autres; en ne croyant donc vous roidir que contre les obstacles, et favoriser les moyens, vous renversez journellement vos principes, et vous apprenez au peuple à les braver; vous détruisez constamment d'une main ce que vous édifiez de l'autre. C'est ainsi que, prêts à vous séparer, vous laissez votre constitution sans appui entre ces obstacles et ces moyens, qui ne sont autres que les mouvemens convulsifs de la révolution; et, pour augmenter aujourd'hui l'activité de ce tourbillon, on vous propose de placer dans sa sphère un nouveau pouvoir constituant! C'est élever un édifice en en sapant les fondemens.

Je le répète donc avec assurance, et je ne crains pas qu'il y ait en Europe un bon esprit qui me démente, il n'y a de constitution libre et durable, il n'y en a de possible, hors celle du despotisme, que celle qui termine paisiblement une révolution,

et qu'on propose, qu'on accepte, qu'on exécute par des formes
pures, calmes et totalement dissemblables de celles de la révolution. Tout ce que l'on fait, tout ce que l'on veut avec passion,
avant d'être arrivé à ce point de repos, soit qu'on commande au
peuple ou qu'on lui obéisse, soit qu'on veuille le tromper ou le
servir, c'est l'œuvre du délire.

Messieurs, le temps nous presse; je resserre mes idées, je
m'interdis tous les développemens : je vous ai montré le mal;
je vais en indiquer le remède. (Murmures.) Et si je suis interrompu par des murmures, si vous rejetez mes conseils, je crains
bien qu'ils ne soient justifiés par les événemens. (*Ah, ah, ah!*)

J'ai dit que je n'entendais point vous faire réformer dans ce
moment-ci votre constitution. (Murmures.)

C'est de l'état actuel des choses, de la nécessité des circonstances et de vos propres principes que je vais faire sortir mes
propositions; et pour les rendre plus sensibles, je les résume
d'abord en une seule, savoir : que la constitution ne peut avoir
aucun succès permanent, si elle n'est librement et paisiblement
acceptée par une grande majorité de la nation et par le roi;
qu'elle ne peut être utilement et paisiblement réformée qu'après
un examen libre et réfléchi, et une nouvelle émission du vœu
national.

Cette proposition ne pourrait m'être contestée qu'autant qu'on
soutiendrait, contre toute évidence, que ce que je demande est
déjà fait; et je ne produis cette objection que parce que je sais
bien qu'on appelle vœu national tout ce que nous connaissons
d'adresses, d'adhésions, de sermens, de menaces, d'agitations
et de violences. (Longs murmures.)

Mais toutes mes observations tendent à vous prouver qu'il n'y
a point de vœu national certain, éclairé, universel, pendant le
cours d'une révolution, parce qu'il n'y a de liberté et de sûreté
que pour ceux qui en sont les agens ou qui s'en montrent les
zélateurs. Or, il est dans la nature qu'une grande portion de la
société craigne les révolutions, et s'abstienne d'y prendre une
part ostensible; tandis qu'il n'y a point de citoyen éclairé qui ne

soit très-intéressé à examiner et à juger librement la constitution de son pays.

Ma proposition reste donc inattaquable ; d'où il suit :

Qu'en présentant votre constitution au roi et à la nation, vous devez mettre le roi et tous les Français en état de la juger sans inquiétude et sans danger....

Il faut donc terminer la révolution, c'est-à-dire commencer par anéantir toutes les dispositions, tous les actes contradictoires aux principes de votre constitution ; car il n'est aucun homme. raisonnable qui prenne confiance en ce qu'elle nous promet de sûreté et de liberté individuelle, de liberté de conscience, de respect pour les propriétés, tant qu'il en verra la violation...... (Murmures, interruption.) Ainsi, Messieurs, vos comités des recherches, les lois sur les émigrans, les sermens multipliés et les violences qui les suivent, la persécution des prêtres, les emprisonnemens arbitraires, les procédures criminelles contre des accusés sans preuves, le fanatisme et la domination des clubs, tout cela doit disparaître à la présentation de la constitution, si vous voulez qu'on l'accepte librement, et qu'on l'exécute..... (Applaudissemens à droite. — *Une voix à gauche :* Ne faudrait-il pas aussi licencier la garde nationale ?)

Mais ce n'est pas encore assez pour la tranquillité publique ; la licence a fait tant de ravages, la lie de la nation (1) bouillonne si violemment.... (Violens murmures.) Je recommence : la lie de la nation.... (Nouveaux murmures. A l'ordre !) Je n'entends blesser personne ; nous serions la première nation du monde qui prétendrait n'avoir point de lie....

Une voix à gauche : Ce sont les prêtres et les nobles. (Applaudissemens des tribunes.)

M. Malouet. L'insubordination effrayante des troupes, les troubles religieux, le mécontentement des colonies, qui retentit

_____

(1) *La lie de la nation. ...* **M.** le président m'a dit que j'offensais les principes de l'assemblée par cette expression ; on m'a crié qu'*il n'y avait point de lie dans la nation* ; que tout était égal... J'ose espérer que ces messieurs se trompent.   (*Note de l'orateur.*)

déjà lugubrement dans les ports, l'inquiétude sur l'état des finances (murmures), qui s'accroît par toutes ces causes, tels
sont les motifs qui doivent décider à adopter, dès ce moment-ci,
des dispositions générales qui rendent le gouvernement aussi
imposant, aussi réprimant qu'il l'est peu. Si l'ordre ne se rétablit tout à la fois dans l'armée et dans les ports, dans l'Église et
dans l'État, dans les colonies comme dans l'intérieur du royaume,
l'État ébranlé s'agitera encore long-temps dans les convulsions
de l'anarchie.

Ces dispositions, pour être efficaces, doivent être obliga-
toires pour vos successeurs; et si vous considérez qu'en réunissant aujourd'hui tous les pouvoirs, en dirigeant l'administration
comme la législation, vous n'êtes cependant entourés que de désordre, vous n'êtes encore assis que sur des débris, quelle sera
la position de vos successeurs? Si vous ne les contenez par des
dispositions plus fortes que leur volonté, si vous ne leur remettez un gouvernement actif et vigoureux, *une assemblée qui
ne peut être dissoute,* dépassera toutes les limites de ses pouvoirs
et aura pour excuse l'embarras des circonstances..... Que deviendra alors votre constitution? Souvenez-vous, Messieurs, de
l'histoire des Grecs, et combien une première révolution non
terminée en produisit d'autres dans l'espace de cinquante ans!

Enfin, Messieurs, les puissances étrangères doivent exciter
sinon l'effroi, au moins votre attention. Si la paix se rétablit
dans le royaume, si les Français sont libres et leur gouvernement
respecté, nous n'avons rien à craindre de nos ennemis, et nous
ne pouvons plus avoir au moins pour ennemis des Français; si,
au contraire, l'anarchie continue, l'Europe tout entière est intéressée, ne vous le dissimulez pas, à la faire cesser, quoiqu'une
détestable politique pût tenter de l'accroître.

Ce sont toutes ces considérations réunies, le danger des conventions nationales, celui des circonstances actuelles, la situation
du roi, la nécessité d'un vœu libre et paisible, tant de sa part
que de la part de la nation, sur la constitution, sur les moyens

de la réformer, qui m'ont dicté le projet de décret que je vais vous soumettre.

« L'assemblée nationale, voulant assurer au roi et à la nation les moyens d'un consentement libre et d'un examen réfléchi de la constitution qu'elle a arrêtée et des conditions auxquelles elle peut être réformée, considérant que, s'il ne peut y avoir de variations sur la liberté individuelle et les droits essentiels des peuples, la forme sur laquelle l'exercice de ces droits et les modes du gouvernement sont institués ne peut être définitivement consacrée que par l'expérience et le vœu éclairé de la majorité des citoyens; considérant que le parfait établissement de l'ordre et de la paix publique est le préalable nécessaire de la stabilité de la constitution et de la manifestation libre du vœu national : décrète ce qui suit :

Art. 1er. A compter du jour de la publication du présent décret, la révolution, qui a rendu au peuple l'exercice de ses droits, est consommée, et nul ne peut, sous aucun prétexte de bien public et de patriotisme, troubler l'ordre et la paix intérieure, ni s'immiscer dans les fonctions et autorités qui ne lui sont pas spécialement attribuées, à peine d'être poursuivi et puni suivant la rigueur des lois, comme perturbateur du repos public.

II. Tous les citoyens actifs, quels que soient leurs opinions, état et profession, sont appelés et invités à examiner leurs droits dans les assemblées primaires, la liberté de leur suffrage devant être efficacement protégée par tous les officiers constitués en autorité, lesquels demeureront responsables, sur la réquisition qui leur en sera faite, de l'impunité des violences commises.

III. L'entrée et la sortie du royaume sont et demeureront libres à tous les Français et étrangers qui ne feront point partie d'une troupe armée; l'assemblée nationale révoquant, à cet effet, les décrets rendus contre les émigrans.

IV. Tous accusés détenus pour faits résultant de la révolution et contre lesquels il n'y a point de preuves acquises, de complots contre l'État ou violences commises à main armée, seront élargis, et les procédures commencées annulées.

V. Les comités des recherches et des rapports sont et demeureront supprimés.

VI. Il est défendu aux sociétés connues sous le nom de clubs, et à toute autre, de prendre et publier aucun arrêté sur les affaires publiques, de se permettre aucune réquisition aux magistrats et aucune censure collective ; en cas de contravention, lesdites assemblées seront dissoutes et les membres signataires des délibérations poursuivis comme perturbateurs du repos public.

VII. Sur la requête de toute partie plaignante adressée aux directoires de district ou de département, il sera dressé procès-verbal par les municipalités de tous dommages, incendies ou pillages commis sur les propriétés dans le cours de la révolution, et les propriétaires seront indemnisés moitié aux dépens du trésor public; l'autre moitié sera répartie sur les communautés qui n'ont point empêché les dommages.

VIII. Les municipalités ne pourront envoyer hors de leur enceinte aucun détachement de gardes nationales, sans l'autorisation du directoire du district ou du département.

IX. Tout autre serment que celui d'être soumis à la constitution, fidèle à la nation et au roi, est aboli.

X. Tous les catholiques du royaume ont la liberté de reconnaître l'autorité spirituelle de leurs anciens et de leurs nouveaux pasteurs.

XI. Les conseils de guerre sont établis dans l'armée de terre et de mer jusqu'à ce que la discipline soit en vigueur, et d'ici au 1er janvier prochain, les délits militaires seront jugés et punis d'après les dispositions des anciennes ordonnances.

XII. Tous les emplois militaires auxquels il n'a pas été pourvu seront restitués aux officiers qui, ayant donné leur démission il y a deux mois, se présenteront pour les reprendre.

XIII. La constitution et la législation des colonies dépendront uniquement de la sanction du roi et leur administration sera sous son autorité, l'assemblée nationale ne se réservant de décréter que les lois relatives à leur commerce avec la métropole.

XIV. Le roi sera invité par une députation de 60 membres de

l'assemblée à reprendre les rênes du gouvernement, à choisir sa garde et le lieu de sa résidence.

XV. La constitution sera présentée au roi et à la nation, pour être exécutée provisoirement sans qu'il puisse y être fait de changement qu'aux conditions et en observant les formes qui seront ci-après exprimées.

XVI. Le roi sera invité à déclarer, dans le délai qui lui conviendra, les modifications qu'il juge nécessaires à l'acte constitutionnel; la déclaration de sa majesté sera adressée à tous les départemens.

XVII. Tous les citoyens ont le droit d'expliquer verbalement ou par écrit et de publier par la voie de l'impression ce qu'ils approuvent et ce qu'ils rejettent de l'acte constitutionnel, en y obéissant provisoirement; il est défendu, sous peine d'infamie, d'inculper de telles opinions verbalement ou par écrit, et de désigner aucun citoyen sous le titre d'ennemi du peuple et de la liberté, à raison des censures qu'il se sera permises contre les dispositions de l'acte constitutionnel. Tout acte de violence exercé contre un particulier ou contre sa propriété sous le même prétexte, sera puni par un an de prison, indépendamment des dommages et intérêts.

XVIII. Le 1er juin 1793, les assemblées primaires seront spécialement convoquées à l'effet de délibérer sur la déclaration du roi et sur l'acte constitutionnel. Le mode de délibération sera : *J'approuve ou je rejette.... les modifications proposées à l'acte constitutionnel.*

XIX. Si les modifications sont rejetées dans une assemblée primaire, on procédera immédiatement au choix des électeurs sans autre délibération.

XX. Si les modifications sont admises, l'assemblée électorale sera chargée de rédiger un cahier de redressement.

XXI. Le résultat des cahiers de la majorité des corps électoraux sera pris en considération par le corps-législatif, qui fera dans la constitution les changemens indiqués par le vœu national.

Le roi aura le droit de refuser sa sanction à tout ce qui serait décrété contradictoirement à ce vœu.

XXII. Si la majorité des assemblées primaires a rejeté les modifications proposées par le roi, la constitution sera reconnue comme définitivement acceptée par la nation, et il ne pourra y être fait postérieurement d'autres changemens que sur une majorité de pétitions constatée comme il suit.

XXIII. Les citoyens de chaque département adresseront leurs pétitions de redressement d'articles constitutionnels au directoire de leur département.

XXIV. Lorsque les directoires auront réuni un nombre de pétitions formant la majorité des citoyens de leur département, ils en constateront le vœu commun et l'adresseront au corps-législatif.

XXV. Lorsque le corps-législatif aura reçu des départemens un nombre de pétitions qui constatera un vœu commun de la majorité des départemens, il sera tenu d'en délibérer, et le roi pourra refuser sa sanction à ce qu'il jugerait contraire ou différent du vœu commun des citoyens.

XXVI. Si le corps-législatif, sans suivre les formes et les conditions ci-dessus prescrites, se déclarait pouvoir constituant, le roi est autorisé à convoquer sans délai les corps électoraux, pour nommer une autre législature.

XXVII. Le roi sera prié de faire connaître aux puissances étrangères les dispositions constantes de l'assemblée nationale pour maintenir la paix et les traités, comme aussi à inviter les princes français et tous les émigrans à rentrer dans le royaume, où la réunion des citoyens et le rétablissement de l'ordre garantiront les droits de tous.

—Pétion prononça dans cette même séance un long discours en faveur des conventions nationales; il en demandait le retour après chaque période de vingt ans. Ce discours n'offrant rien de nouveau pour nos lecteurs, nous avons dû en mentionner seulement les conclusions.

SÉANCES DES 30 ET 31 AOUT.

A la séance du 30, Camus vota pour qu'on se bornât, à l'égard des conventions nationales, à décréter leur existence, leurs époques, le nombre de leurs députés ; il voulait qu'on se pressât d'achever la constitution. Dandré parla contre le système des conventions, et l'assemblée décida qu'il n'y en aurait point de périodiques. Alors Malouet reproduisit son projet de la veille. Chapelier le combattit comme étant une mesure de contre-révolution. Dandré proposa de fixer à trente ans l'époque où il pourrait se tenir une première convention. Divers amendemens furent émis pour réduire ce délai à vingt, quinze ou dix ans. Desmeuniers, auteur de ce dernier amendement, pensait qu'il n'y aurait jamais que des révisions de détail. « Je suppose, dit-il, que la majorité de la nation veuille une république, on ne serait pas même obligé, dans cette hypothèse, à changer la constitution. » Dandré insista sur sa motion. Rœderer demanda la priorité pour l'avis du comité. Regnaud de Saint-Jean-d'Angely invoqua la question préalable sur toutes les propositions, comme attentatoires à la souveraineté nationale. Plusieurs autres opinions furent ouvertes par Chabroud, Merlin, etc., lorsque la Fayette obtint la parole et s'exprima ainsi :

M. la Fayette. « J'ai demandé la question préalable sur la motion de M. Dandré, et voici mes motifs. Je pense que la même assemblée qui a reconnu la souveraineté du peuple français, qui a reconnu le droit qu'il avait de se donner un gouvernement, ne peut méconnaître le droit qu'il a de le modifier ; je pense que toute bonne constitution, comme j'ai eu l'honneur de vous le dire le 11 juillet 1789 dans un projet de déclaration des droits, doit, dis-je, offrir des moyens constitutionnels et paisibles de revoir et modifier la forme du gouvernement ; je pense qu'il serait attentatoire à ce droit souverain du peuple français d'adopter une proposition qui l'en prive absolument pendant trente ans, c'est-à-dire pendant une génération tout entière. »

Merlin et Muguet défendirent le projet de Dandré. Tronchet craignit qu'en décrétant le terme de trente ans, au lieu d'assurer la tranquillité publique, on ne donnât une arme de plus pour l'attaquer. En conséquence, il proposa de reconnaître le droit imprescriptible du peuple à la révision de sa constitution, et de lui déclarer, au nom de l'assemblée nationale, que son intérêt l'invitait à suspendre ce droit pendant trente ans. Cette rédaction fut adoptée à l'unanimité.

Le 31, on traita la question en elle-même. Il s'agissait de déterminer la manière de connaître le vœu national dans la demande d'une convention, et le mode de convocation de ces assemblées. Parmi les plans développés à ce sujet, celui de Frochot fit une sensation profonde : l'assemblée en vota l'impression.

[*M. Frochot.* Garantir au peuple sa constitution contre lui même, je veux dire contre ce penchant irrésistible de la nature humaine, qui la porte sans cesse à changer de position pour atteindre un mieux chimérique ; garantir au peuple sa constitution contre l'attaque des factieux, contre les entreprises de ses délégués ou de ses représentans ; enfin, donner à ce peuple souverain le moyen légal de réformer dans ses parties, et même changer en totalité, la constitution qu'il a jurée, tel est, ce me semble, le véritable objet qui nous occupe.

Il existe dans l'acte même, et dans les effets de la réformation partielle ou du changement total de la constitution, une différence sensible qui ne peut échapper à l'œil du législateur. La réformation partielle est d'abord un besoin présumable dans toute constitution, mais plus prochainement encore pour une constitution nouvelle. Le changement total est un besoin plus difficile à prévoir : disons mieux, il est au-dessus de toute prévoyance. L'acte de réformer partiellement la constitution ne suppose pas nécessaire l'emploi de toute la souveraineté nationale: l'acte de changer entièrement la constitution exige, au contraire, la plénitude de cette souveraineté. L'évidence d'un tel contraste suggère naturellement cette première question : Le pouvoir de changer la constitution est-il absolument inséparable du pouvoir de réformer la constitution ? c'est-à-dire, lorsqu'une réforme partielle de la constitution est désirée par le peuple, faut-il nécessairement qu'avec le pouvoir de réformer il confie à ses délégués le terrible pouvoir de détruire à leur gré?

Je cherche en vain dans les principes la cause essentielle de cette indivisibilité. Les principes ne la démontrent pas, et je ne vois nulle part que l'opinion contraire soit une hérésie politique. Le peuple, de qui tout pouvoir émane, distribue, quand il veut et comme il lui plaît, l'exercice de la souveraineté. Il en délègue telle partie, et s'en réserve telle autre. En effet, de même qu'il remet au corps-législatif la souveraineté purement législative, de même il peut donner à d'autres représentans la souveraineté réformatrice de la constitution, sans leur départir de plein droit la souveraineté constituante. La délégation distincte de ces deux parties de la souveraineté nationale ne répugne donc pas aux principes, ou plutôt on aime à retrouver entre le corps réformateur et le corps annihilateur la différence qu'on aperçoit entre l'acte de réformer et l'acte de détruire. Mais non-seulement une telle distinction est possible, elle est pressante, elle est indispensable. Si en effet le pouvoir de changer la constitution est nécessairement uni au pouvoir de la réformer, n'est-il pas évident qu'à chaque besoin d'une réforme partielle, la totalité de la constitution est en péril? En séparant, au contraire, le pouvoir de réformer d'avec le pouvoir de détruire, il n'est plus permis de craindre pour la constitution : la patrie n'est menacée d'aucun trouble par la présence du corps réformateur.

La véritable prudence en cette matière n'est pas de vouloir pour l'avenir, mais bien de laisser à la volonté nationale future la plus grande latitude. Je ne demande donc pas que vous interprétiez cette volonté, mais que vous lui donniez le moyen de se déclarer elle-même, de s'étendre ou de se restreindre ; en un mot, je ne prétends pas enlever à la génération présente ni aux générations futures le droit de changer la constitution tout entière ; je cherche à leur assurer ce droit, ou plutôt le moyen légal d'en user ; mais je demande que le droit de changer la constitution tout entière ne soit pas essentiellement inhérent au droit de la réformer en partie ; je demande que le peuple ne soit pas

forcé de donner à ses représentans le droit de détruire, lorsqu'il
ne veut leur départir, lorsqu'il convient à son intérêt de ne leur
départir d'autre droit que celui de réformer ; je demande enfin
que le peuple sache ce qu'il donne, qu'il mesure sa délégation
selon sa volonté et ses besoins ; de telle sorte, en un mot, que
ses représentans ne puissent en abuser.

Ce n'est pas tout encore : le changement total ou les réformes
partielles de la constitution dépendant uniquement de la volonté
du peuple, il faut, non-seulement qu'il sache lequel de ces deux
pouvoirs il délègue à ses représentans ; mais de plus il doit connaître pourquoi il le leur donne, et dans le cas de la réformation
partielle, c'est à lui à indiquer l'objet à réformer. La bonne solution du problème se trouvera donc dans le projet qui remplira
les conditions suivantes : 1° un moyen de réformer partiellement
la constitution sans mettre nécessairement la totalité de la constitution en péril ; 2° un moyen de connaître la volonté du peuple
pour cette réforme ; 3° un moyen légal de changer entièrement
la constitution ; 4° un moyen de connaître le vœu du peuple
pour cette réforme. Si tel doit être le véritable sens de la loi
que nous cherchons, il en résulte qu'aucune espèce de périodi-
cité ne pourrait être admise, qu'aucune époque certaine ne
pourrait être déterminée. La raison vaut mieux que les chances
de la prévision ou du hasard ; elle ne dit pas de faire telle chose
en tel temps, si elle est inutile alors ; mais elle dit de la faire
quand il en est besoin ; elle dit surtout de coordonner les lois à
un même système, et de chercher dans les lois déjà faites, dans
les principes des lois déjà adoptées, la base de celles qui sont à
faire ; de sorte que tout, dans la machine politique, s'enlace, se
tienne et se corresponde parfaitement : c'est pour le peuple qu'il
convient de réformer la constitution ou de la changer, et c'est à
lui qu'il appartient de décider s'il faut la réformer ou la changer,
et quand il faut le faire. Si donc il existe un moyen de connaître
le vœu du peuple à cet égard, ce moyen doit être adopté préfé-
rablement à tout autre système. Je rappelle d'abord ici la dis-

tinction que je vous ai proposée entre le corps réformateur et le corps, pour ainsi dire, destructeur de la constitution.

Je désigne le premier sous le nom de *convention nationale*; le second sous le nom de *corps constituant*, et je les définis ainsi :

La *convention nationale* est l'assemblée des représentans ayant le droit de revoir et le pouvoir de réformer par des changemens, suppressions ou additions, une ou plusieurs parties déterminées de la constitution.

Le *corps constituant* est l'assemblée des représentans ayant le droit de revoir la constitution dans son ensemble, de changer la distribution des pouvoirs politiques, et de créer une constitution nouvelle. Cette définition admise, voyons comment le peuple obtiendra le rassemblement de l'un ou l'autre de ces corps, selon sa volonté actuelle et bien déterminée. C'est dans les principes fondamentaux de notre gouvernement que je dois chercher à résoudre la question. La France est un gouvernement représentatif. On n'y connaît qu'un seul corps essentiellement délibérant, et des pétitionnaires individuels. Le corps-législatif délibère; les citoyens adressent des pétitions; le corps-législatif exprime la volonté générale; les citoyens n'expriment que des volontés particulières. L'acte de rassembler la convention nationale ou le corps constituant est un acte essentiel de la volonté générale. Or, il n'existe véritablement d'acte de la volonté générale, que là où il y a eu délibération de toutes les parties, et il ne peut y avoir de délibération que là où la réunion est effective. Ainsi, à moins de détruire tous les principes du gouvernement représentatif, il est évident qu'aucun corps administratif, aucune collection de citoyens épars, ne peuvent, pas plus dans le cas particulier que dans tout autre, exprimer cette volonté. Cette série de raisonnemens puisés dans votre constitution elle-même, conduit à cette dernière conséquence. La volonté générale sur le fait du rassemblement d'une convention nationale ou du corps constituant ne peut être exprimée que par les représentans du peuple. J'adopte cette conséquence, et elle devient la base du plan que je vous proposerai. Cependant le corps-législatif n'exprime pas tellement la volonté générale qu'il soit toujours présumé l'avoir exactement prononcée : aussi dans les actes de législation est-il arrêté par le *veto* du roi.

La déclaration du corps-législatif par laquelle je demandais une convention nationale ou la présence du corps constituant, ne serait donc pas suffisante pour donner lieu à leur rassemblement ; il faut que cette déclaration, émise au nom de la volonté générale, reçoive en effet la sanction de cette volonté ; il faut que le vœu prononcé par les représentans puisse être annulé ou confirmé. Par qui le sera-t-il ? ce ne peut pas être par le roi ; car ceci est l'initiative d'un acte de souveraineté nationale qui doit retourner à sa source : il faut donc recourir au peuple, et ce recours est facile en restant toujours dans les principes. Le peuple s'exprimera de la seule manière dont il puisse s'exprimer par de nouveaux représentans, c'est-à-dire par la seconde législature. Enfin par une troisième, et lorsque ces trois législatures consécutives ont émis le même vœu, n'existant plus alors aucun doute que la volonté générale ne désire la présence d'une convention nationale ou celle du corps constituant, ils doivent être rassemblés. Je ne connais, ou du moins je ne prévois que deux objections contre ce système ; car n'ayant encore été soutenu par personne, il n'a pas été combattu. On dira que le corps-législatif, malgré le vœu individuel du plus grand nombre des citoyens de l'empire, peut ne demander jamais la convention nationale ni le corps constituant.

A ce premier argument, je pourrais opposer les principes théoriques du gouvernement représentatif, qui ne permettent pas cette supposition. Mais j'aime mieux répondre par des vérités pratiques, que par des abstractions. Veut-on dire que le corps-législatif n'ayant aucun égard à des réclamations vagues, partielles ou locales, s'abstiendra de demander la convention nationale ou la présence du corps constituant ; je le crois de même, et ce serait une grande faute de prendre de telles clameurs pour les indices de l'opinion publique. Ne perdons jamais de vue que le caprice, l'engouement où l'enthousiasme d'un jour, ne doivent avoir aucune part aux réformes ou aux changemens de la constitution : il faut des motifs réels, un vœu prononcé, une opinion publique formée. Le corps-législatif résistera donc et devra résister à un vœu légèrement articulé par quelques signataires répandus çà et là sur la surface de l'empire ; mais à un vœu réellement prononcé, à un vœu tel qu'il le faut pour déterminer une mesure si importante ; en un mot, à une véritable opinion publique, je soutiens qu'il n'y résistera jamais. Je n'en donnerai qu'une seule raison : si je croyais qu'il pût en exister une meilleure, je la chercherais. Ma raison unique est qu'il ne peut y résister ; et prenez garde que si l'on nie cette assertion, le procès est fait par-là même au gouvernement représentatif. Quoi ! vous admettez que le corps-législatif prononce conformément à la volonté générale dans la confection des lois, car enfin tout votre système de gouvernement est fondé sur ce fait ; quoi ! vous proscrirez l'usage des cahiers et des mandats, parce que vous admettez dans les représentans le don efficace de la volonté générale, qui ne peut être enchaînée par des volontés particulières, et cependant voilà que vous supposez à ces représentans une autre volonté que la volonté générale, c'est-à-dire une résistance formelle à cette volonté ! Si votre supposition est fondée, quel système avez-vous donc adopté, et sur quelles bases reposera désormais la stabilité de votre gouvernement ?

Le corps-législatif, dit-on, sera corrompu par l'agence exécutive, pour empêcher la réformation d'un article nuisible à l'intérêt du peuple, mais fécond en abus dans la main du ministre. Vous parlez toujours de corruption. Et moi aussi je la redoute ; car la constitution a bien érigé en maxime l'inviolabilité des représentans, mais elle n'en a pas fait une de leur incorruptibilité : cependant tout cela n'est pas la question. Le peuple désirera-t-il, oui ou non, la réforme ? Tout est là ; et je soutiens que s'il la désire, il n'y a pas de système corrupteur qui puisse empêcher le corps-législatif de la demander, à moins que vous ne lui supposiez à lui-même un moyen de corrompre à son tour la totalité des citoyens de l'empire. L'objection me prouve donc tout au plus que le corps-législatif pourrait être corrompu par le ministère, pour ne pas demander la réformation d'un article dont lui seul aurait aperçu les inconvéniens, c'est-à-dire qu'il ne se donnerait pas, en quelque sorte l'initiative envers le peuple, et qu'il n'appellerait pas son attention sur un objet échappé jusqu'alors à ses regards. Eh bien! cela même est heureux pour le principe. Le corps-législatif ne doit pas avoir l'initiative envers le peuple; il doit n'exprimer jamais que la volonté du peuple, et je répète que cette volonté une fois manifestée, le corps-législatif s'exprimera nécessairement.... Cependant admettons que le corps-législatif puisse résister à ce vœu: qu'en résultera-t-il de fâcheux? un simple retard de deux années; car le peuple nommant bientôt de nouveaux représentans, les choisit tels qu'ils puissent exprimer sa volonté précise sur ce fait. Que si au contraire les représentans, par un nouvel effet de la corruption dont nous les supposions toujours investis, demandaient, sans avoir le vœu du peuple, une convention nationale ou la présence du corps constituant, eh bien encore! qu'en peut-il résulter de fâcheux? La convention nationale ou le corps constituant vont-ils être en effet rassemblés sur cette demande, et ne faut-il pas attendre que ces deux législatures successives aient prononcé définitivement sur le vœu de la première?

Vous voyez, comme en suivant cette chaîne nous arrivons toujours à faire triompher le vœu du peuple sans insurrection dans aucun cas. La seconde objection à laquelle je m'attends est que la forme proposée entraîne un trop grand intervalle entre l'émission du vœu et sa réalisation. Mais d'abord il faut savoir quel serait, d'après mon projet, ce véritable intervalle. Le plus long serait, par exemple, du mois de mai 1793 au mois de juillet 1797, c'est-à-dire de quatre ans et deux mois; le plus court serait du mois d'avril 1795 au mois de juillet 1797, c'est-à-dire de deux ans et deux mois. (On voit que la différence résulte de l'époque à laquelle la première des trois législatures émet son vœu.) Passant maintenant à l'objection, j'observe en premier lieu que quand même elle serait d'un grand poids, il n'en résul-

terait pas que le moyen ne valût rien en lui-même, mais seulement que la forme d'exécution devrait être changée. Cependant
je suis loin de croire que ce délai puisse entraîner après lui de
funestes conséquences. Je ne connais pas de motifs pour l'abréger, et peut-être ne serais-je pas fort embarrassé d'en trouver de
plausibles, pour l'étendre davantage encore; mais sans vous
faire observer combien serait fatal à la chose publique un moyen
trop facile d'obtenir des conventions nationales ou la présence du
corps constituant, je me bornerai à cette réponse : ou le besoin
de rassembler ces corps sera un besoin réel, ou il ne le sera pas ;
s'il est réel, le vœu se soutiendra pendant cet intervalle, et même
beaucoup encore par-delà; s'il ne l'est pas, le vœu se détruira
par lui-même, et chacun s'applaudira de n'avoir pas été surpris
par le temps. Cet intervalle dont on se plaint est donc un moyen
sûr de devoir tout à la réflexion, rien à la légèreté ; et croyez
qu'il est plus expédient au salut de l'état de différer des réformes
utiles, que de donner le pouvoir d'en faire à chaque instant d'inutiles et de fâcheuses.

Pour démontrer le danger de ce retard, il faudrait supposer
qu'il existe dans la constitution un article quelconque dont la réformation, différée pendant ce court intervalle, pût arrêter le jeu
de la machine politique et briser tous les ressorts du gouvernement. Or, jusqu'à ce que la vérité de ce fait m'ait été démontrée,
je suis fondé à soutenir le fait contraire; si pourtant cet article
existe, qu'on se hâte de le dénoncer ; et, tandis qu'il en est temps
encore, l'assemblée nationale constituante l'effacera du code
constitutionnel créé pour le bonheur de la génération présente,
et pour donner la paix aux générations futures. En opposition à
ces argumens, d'ailleurs suffisamment réfutés, parcourons les
principaux avantages du plan que je vous propose.

1° En distinguant le pouvoir de réformer d'avec le pouvoir de
détruire, en adoptant un moyen de déléguer le premier sans départir l'autre nécessairement, vous empêchez que la constitution
ne soit en péril à chaque besoin de réforme. Vous donnez la possibilité de réformer; vous assurez aussi le moyen de détruire;

cependant vous ne forcez pas le peuple à cumuler toujours ces deux pouvoirs , mais seulement quand il lui plaît. Remarquez surtout dans ces·heureux effets l'utilité de cette distinction. Voyez comme avec le temps votre constitution s'améliore sans aucun danger pour elle-même, sans aucun trouble pour la chose publique. Vous n'appelez pas, pour la perfectionner, la majesté imposante, mais terrible du pouvoir constituant; de simples conventions nationales sont chargées de ce soin ; le calme de la raison préside à·leurs utiles travaux·; les passions vives s'en éloignent; on peut du moins concevoir cette espérance, car il n'est pas ici question de se partager le pouvoir souverain. Dès long-temps les lois ont été faites; les factieux n'ont plus rien à prétendre.

2° En remettant au corps législatif le devoir de déclarer la volonté du peuple, vous conservez la pureté des principes du gouvernement représentatif ; vous faites parler le peuple de la seule manière dont il puisse s'exprimer.

·3° En obligeant le corps législatif à déterminer l'objet de la réforme, vous obtenez deux avantages également précieux. D'abord vous faites que l'opinion publique se crée en connaissance de cause, et qu'une fois manifestée pour la convention, la volonté générale n'est pas équivoque. En second lieu, vous.bornez les devoirs de la convention , elle ne peut les dépasser. Le cahier national est écrit long-temps avant que la convention soit rassemblée ; l'acte de la première législature devient en effet le cahier de la nation entière, il supplée à l'impossibilité de faire des cahiers particuliers. Or, je soutiens qu'aucun autre mode ne procurera cet avantage remarquable. Le trouverez-vous, par·exemple, dans une combinaison périodique, ou dans les chances du hasard ?

4° En soumettant le vœu de la première législature au *veto* des deux législatures suivantes , vous donnez le temps à l'opinion publique de se bien entendre, de se rectifier; vous l'empêchez d'obéir à ces mouvemens inconsidérés, que l'on prendrait d'abord pour une inspiration subite de la raison, et qui ne sont en effet que le produit d'un délire éphémère. Vous appelez le peuple à une mûre réflexion ; enfin, vous ne l'exposez pas à perdre tout en un jour. Trouverez-vous ces avantages dans des retours périodiques, certains ou incertains.

5° En donnant au corps législatif le droit de provoquer l'existence de la convention nationale, ou la présence du corps constituant, vous l'empêchez à jamais de devenir l'un et l'autre de ces pouvoirs.

Si ensuite, aux dispositions principales de ce projet, d'autres conditions accessoires sont encore ajoutées ; si vous déclarez inéligibles à la législature suivante les membres de celles qui auront demandé la convention nationale ou le corps constituant ; si enfin, pour l'une et pour l'autre de ces deux assemblées, vous créez un mode particulier de représentation nationale, vous écartez également du vœu définitif de la troisième législature et les suggestions de l'intrigue et l'obstination de l'amour-propre ; vous faites surtout qu'aucune législature, dans telle circonstance que ce soit, ne peut tenter l'usurpation du pouvoir constituant.

Si jamais la France pouvait devenir la proie du despotisme, si jamais une seconde séance royale était osée, croyez que le 14 juillet ne serait pas choisi pour exécuter ces détestables complots. Eh bien ! rassemblez vos représentans le 14 juillet ; leur première pensée est un grand souvenir ; leur première parole un serment à la liberté.

Voici mon projet de décret ; il est rédigé de manière à être placé à la suite de l'acte constitutionnel que vous avez décrété.

TITRE VII.

De la souveraineté nationale, dont l'exercice n'est pas constamment délégué.

CHAPITRE UNIQUE.

De la réformation partielle et du changement de la constitution.

SECTION PREMIÈRE.

Du pouvoir de la nation à cet égard, et de sa délégation.

La nation, en qui toute souveraineté réside, a le pouvoir de réformer la constitution dans ses parties, et celui de la changer dans son ensemble.

Lorsqu'il lui plaît d'exercer l'un ou l'autre de ces pouvoirs, elle le délègue :

Le premier, à une convention nationale ;

Le second, à un corps constituant.

SECTION II.

De la Convention nationale.

La Convention nationale est l'assemblée des représentans ayant le droit de revoir et le pouvoir de réformer par des changemens, suppressions ou additions, une ou plusieurs parties déterminées de la constitution.

5. Elle ne peut être appelée pour toucher aux bases fondamentales de la constitution, ni pour changer la distribution des pouvoirs publics.

Elle se compose de la représentation au corps-législatif alors en exercice, et du doublement de la représentation territoriale.

En sorte qu'elle est portée en totalité à neuf cent quatre-vingt-dix membres.

SECTION III.

Du corps constituant.

Le corps constituant est l'assemblée des représentans, ayant le droit de revoir la constitution dans son ensemble, de changer la distribution des pouvoirs publics, et de créer une constitution nouvelle.

Il est composé de la représentation au corps-législatif alors en exercice, et du doublement de la représentation attachée à la population et à la contribution directe.

En sorte qu'il est porté en totalité à quatorze cent quatre-vingt-dix membres.

SECTION IV.

De la demande de la convention nationale ou du corps constituant, et de la nomination des représentans additionnels.

Les citoyens peuvent adresser en leurs noms, au corps-législatif, des pétitions individuelles, pour demander le rassemblement de la convention nationale ou du corps constituant.

Mais le corps-législatif peut seul déclarer, au nom de la nation, qu'il pense que ce rassemblement est nécessaire.

Il fait cette déclaration par un acte public, qui n'est pas soumis à la sanction du roi.

Lorsqu'il s'agit d'une convention nationale, cet acte doit contenir l'énonciation précise des articles de la constitution que le corps-législatif pense devoir être examinés, ou l'objet de l'addition qu'il juge nécessaire.

Lorsqu'il s'agit du corps constituant, cet acte doit énoncer uniquement le vœu formé pour le rassemblement de ce corps.

Le corps-législatif ne peut, dans aucun cas, ajouter à cette exposition le détail de ses motifs, ni indiquer le sens de la réforme ou du changement.

Les membres de la législature qui a proclamé cet acte ne peuvent être élus membres de la législature suivante.

La législature suivante mettra cet acte en délibération dans le mois de l'ouverture de la seconde session.

Si elle rejette la proposition, elle le décrétera en ces termes :

« L'assemblée nationale législative décrète qu'il n'y a pas lieu de former une convention nationale, ou qu'il n'y a pas lieu de rassembler le corps constituant. »

Alors la proposition sera regardée comme si elle n'avait pas été faite.

Si la législature admet la proposition, elle le déclarera en ces termes :

« L'assemblée nationale législative pense qu'il y a lieu de former une convention nationale, ou qu'il y a lieu de rassembler le corps constituant. »

Dans ce cas, les membres de cette seconde législature ne peuvent être élus membres de la législature suivante.

La législature qui succédera immédiatement, sera tenue de délibérer dans le mois de l'ouverture de sa première session, et avant de passer à d'autres actes sur la même proposition.

Si elle la rejette, elle le décrétera en ces termes :

« L'assemblée nationale législative décrète qu'il n'y a pas lieu de former une convention nationale, ou qu'il n'y a pas lieu de rassembler le corps constituant. »

Alors la proposition sera regardée comme si elle n'avait pas été faite.

.Si la législature approuve la proposition, elle le décrétera en ces termes :

« L'assemblée nationale législative décrète que la convention nationale sera formée, ou que le corps constituant sera rassemblé, sans délai, pour prendre en considération les objets indiqués dans l'acte de (*tel jour*), proclamé par l'assemblée nationale législative de (*telle année.*) »

En vertu de ce décret, les électeurs seront convoqués dans chaque département, au commencement du mois de juin, d'après les formes prescrites par la constitution.

Ils se rassembleront dans le lieu ordinaire de leurs élections, le 19 du même mois.

S'il s'agit de former une convention nationale, ils nommeront dans chaque département le nombre de représentans attribués à son territoire.

S'il s'agit de former le corps constituant, ils nommeront le même nombre de représentans qui aura été envoyé par le département à la dernière législature, en raison de la population et de la contribution directe du département.

SECTION V.

De la réunion des représentans en convention nationale.

Les nouveaux représentans, nommés dans chaque département pour former la convention, se réuniront au corps-législatif dans le lieu de ses séances, le 8 du mois de juillet.

Le président du corps-législatif quittera le fauteuil, et tous les représentans réunis se formeront provisoirement sous la présidence du doyen d'âge, pour vérifier seulement les pouvoirs des représentans additionnels.

Au 14 juillet, quel que soit le nombre des membres présens, constitueront en *Convention nationale.*

Les représentans prononceront tous ensemble, au nom du peuple français, le serment de *vivre libres ou mourir.*

Ils prêteront ensuite individuellement le serment *de maintenir de tout leur pouvoir les bases fondamentales de la constitution du royaume, décrétée par l'assemblée constituante, aux années 1789, 1790 et 1791 ; de ne porter aucune atteinte à la distribution des pouvoirs publics, et de se borner à statuer sur les objets énoncés dans l'acte proclamé par l'assemblée législative de* (telle année.)

La Convention nationale entrera dès-lors en pleine activité.

Elle ne sera réputée Convention que dans les actes relatifs à l'objet de son rassemblement.

Ils seront acceptés par le roi purement et simplement.

Mais tous les actes de pure législation qu'elle pourrait faire pendant la durée de son exercice, sont soumis à la sanction.

La Convention nationale ne peut se prolonger au-delà du terme désigné pour le retour de la législature.

Mais elle peut se dissoudre avant cette époque, aussitôt qu'elle a rempli l'objet de sa mission.

Dans ce cas, les représentans additionnels se retirent, et le corps-législatif se remet au même état qu'il était le jour de la réunion.

SECTION VI° ET DERNIÈRE.

De la réunion des représentans en corps constituant.

Les nouveaux représentans, nommés dans chaque département pour former le corps constituant, se réuniront au corps-législatif dans le lieu de ses séances, le 6 du mois de juillet.

La vérification des pouvoirs des représentans additionnels sera faite de la manière indiquée dans la section précédente.

Au 14 juillet, quel que soit le nombre des membres présens, ils se déclareront assemblée nationale constituante.

L'assemblée nationale constituante aux années 1789, 1790 et 1791, déclare qu'ici est le terme de la prévoyance et la fin de ses pouvoirs ; le corps constituant ne peut recevoir de règle que de lui-même ; elle n'a rien à lui prescrire ; il trouvera tout dans cette devise qu'elle lui transmet : *Égalité; vivre libre ou mourir.*

M. Lavie. Ce discours est digne de l'ami de Mirabeau; j'en demande l'impression.

L'assemblée ordonne l'impression du discours de M. Frochot.]

Tous ces débats sur les conventions nationales n'eurent aucun résultat. Le mot de Convention n'est même pas prononcé dans l'acte de constitution. Les séances du 31 août au 3 septembre furent consacrées, en tout ou en partie, à formuler le titre VII de l'acte constitutionnel, intitulé : *De la révision des décrets.* Le grand nombre des députés qui participèrent à cette rédaction par quelques mots, par un membre de phrase, par des retranchemens ou par des additions, la multitude des amendemens et des sous-amendemens, seront ici notre seule remarque. Le drame de ces arrangemens n'offre aucun détail qu'il soit utile de relever.

SÉANCE DU 1er SEPTEMBRE.

Projet pour la présentation de l'acte constitutionnel à Louis XVI.

M. Beaumetz. Votre serment est accompli, vos travaux sont achevés; ces travaux, poursuivis pendant vingt-huit mois avec une ardeur dont il n'y a jamais eu d'exemple, ont terminé la constitution.

La France et l'Europe voient en vous ces mêmes hommes qui dissipèrent avec une indignation généreuse un camp de soldats rassemblés près du lieu où ils délibéraient sur la liberté publique. Aucun danger, sans doute, n'eût fait pénétrer le découragement dans vos âmes, et, libres au milieu du péril, vous ne trembliez pas pour vous-mêmes, mais vous redoutiez, pour l'honheur de la constitution, la proximité d'une armée. « Le danger, disiez-vous alors, menaçait les travaux qui étaient votre premier devoir; ces travaux ne pouvaient avoir un plein succès, une véritable permanence, qu'autant que les peuples les regarderaient comme entièrement libres. »

Toujours fidèles aux mêmes principes, vous en attendrez encore aujourd'hui les mêmes succès; ce que vous réclamiez alors, vous l'ordonnerez aujourd'hui : vous écarterez des délibérations du trône tous les sujets de mefiance que vous avez justement rejetés loin de vous. Ainsi le veut l'intérêt de la constitution , ainsi le voudront avec vous tous ceux qui désirent véritablement la durée de vos décrets et la gloire du peuple, auxquels ils sont consacrés. Si les ennemis de vos travaux pouvaient espérer de placer dans le sein de la constitution quelque germe de destruction et de mort qui perpétuât leurs espérances, ce serait en cherchant à répandre des nuages sur la liberté dont la délibération du roi et son acceptation seront accompagnées. Les précautions aussi respectueuses qu'indispensables offertes au monarque pour la dignité et la conservation de sa personne, ils s'efforceront de les présenter comme des attentats contre son indépendance; mais le patriotisme éclairé des bons citoyens ne laissera pas le plus léger prétexte à ces insinuations perfides.

Prêts à mourir pour la loi qu'ils se sont donnée, ils en assureront la stabilité par la liberté de son acceptation. L'armée, les gardes nationales, tous les habitans de l'empire animés du même esprit, sentiront que si la personne du monarque est dans tous les temps inviolable et sacrée, son indépendance est en ce moment plus que jamais le plus grand et le plus pressant intérêt de la nation. Il importe avant tout que le roi soit assuré de cette indépendance; il importe qu'elle soit évidente aux yeux de l'univers, et vous regarderez sans doute comme les mesures les plus sages celles qui, rendant le roi lui-même arbitre des précautions qu'exige sa dignité, lui paraîtront les plus propres à rendre sa liberté manifeste et indubitable; et s'il restait encore quelques inquiétudes à ceux qui aiment à s'alarmer par une excessive prévoyance, nous leur dirions qu'il est des événemens qu'aucunes précautions ne peuvent éviter; mais qu'il est aussi des précautions plus dangereuses que ces événemens; que rien ne peut assurer à la nation que son repos ne sera jamais troublé, mais que tout assure à un grand peuple, une fois devenu libre, qu'aucune force ne peut plus lui donner des fers. La nation que vous représentez connaît et chérit ses droits. Vous avez en son nom banni tous les préjugés, proclamé toutes les vérités, mis en action tous les principes. Une telle nation est assez préparée pour les circonstances les plus difficiles; quoi qu'il puisse arriver, elle aura toujours la raison pour guide et le courage pour appui. Ce n'est pas l'instant de retracer ici l'étendue de votre puissance; vos ouvrages et l'obéissance d'un grand peuple en sont d'assez glorieux témoins; et ceux-là paraîtraient en douter, ou chercheraient à la compromettre, qui vous conseilleraient d'en développer ici un usage rigoureux ou un appareil inutile. Non, Messieurs, on ne refuse point un trône offert par la nation française, quand on sait quel prix inestimable cette nation aimante et généreuse réserve au monarque qui respectera lui-même, et qui fera respecter les lois. Nous vous proposons le décret suivant. (La salle retentit d'applaudissemens.)

Art. I⁰ʳ. Il sera nommé une députation pour présenter l'acte constitutionnel à l'acceptation du roi.

II. Le roi sera prié de donner tous les ordres qu'il jugera convenable pour sa garde et pour la dignité de sa personne.

III. Si le roi se rend au vœu des Français en adoptant l'acte constitutionnel, il sera prié d'indiquer le jour, et de régler les formes dans lesquelles il prononcera formellement, en présence de l'assemblée nationale, l'acceptation de la royauté constitutionnelle, et l'engagement d'en remplir les fonctions.

L'assemblée ordonne l'impression du rapport de M. Beaumetz.

M. Fréteau. Je désirerais beaucoup que si le décret présenté à l'assemblée doit être adopté par elle, et je désire qu'il le soit, il le fût de la manière grande, noble et généreuse....

M. Lanjuinais. Comme la liste civile.

M. Fréteau. Je voudrais éviter toute discussion sur un point dont peut-être dépend, je ne dis pas la paix de la France, mais celle de l'Europe. Je demande que l'on aille aux voix sur la proposition du comité, sans entendre aucune discussion. (Les murmures étouffent les applaudissemens.)

M. Lanjuinais. Délibérons froidement. (On applaudit.) L'assemblée m'entend.... Je demande que celui qui a la parole la prenne.

M. Robespierre. Nous sommes donc enfin arrivés à la fin de notre longue et pénible carrière. Il ne nous reste plus qu'un devoir à remplir envers notre pays : c'est de lui garantir la stabilité de la constitution que nous lui présentons. Pour qu'elle existe, il ne faut qu'une seule condition, c'est que la nation le veuille. Nul homme n'a le droit ni d'arrêter le cours de ses destinées, ni de contredire la volonté suprême. Le sort de la constitution est donc indépendant de la volonté de Louis XVI : ce principe a déjà été reconnu hautement dans cette assemblée. Ce n'est point assez; il faut encore y croire sincèrement, et l'observer avec fidélité. Je ne doute pas que Louis XVI ne l'accepte avec transport. Le pouvoir exécutif tout entier, assuré comme un patrimoine à lui et à sa race; le droit d'arrêter les opérations de plusieurs assemblées nationales consécutives; la faculté de les diriger par la proposition des lois, qu'il peut rejeter lorsqu'elles sont faites par l'influence de ses ministres, admis au sein du corps-législatif; un empire absolu sur tous les corps administratifs devenus ses agens; le pouvoir de régler les intérêts et les rapports de la nation avec les nations étrangères; des armées innombrables dont il dispose; le trésor public, grossi de tous les domaines nationaux, remis en ses mains. (Il s'élève de violens murmures.) Ce ne sont pas là des calomnies, c'est la constitution : quarante millions destinés à son entretien et à ses plaisirs personnels, tout m'annonce qu'il n'existe point dans l'État de pouvoir qui ne s'éclipse devant le sien; tout me prouve que nous n'avons rien négligé pour rendre la constitution agréable à ses yeux. Cependant, comme il est quelquefois dans le caractère des monarques d'être moins sensibles aux avantages qu'ils ont acquis qu'à ceux qu'ils croient avoir perdus, comme le passé peut nous inspirer quelque défiance pour l'avenir, ce n'est peut-être pas sans raison que nous nous occupons de la manière de lui présenter la constitution. C'est là sans doute le motif qui a déterminé le comité à nous présenter comme le sujet d'un problème une chose si simple au premier coup d'œil. Pour moi, je le résous facilement par les premières notions de la prudence et du bon sens. Tout défini dans ce genre ne serait bon qu'à prolonger de funestes agitations, à nourrir de coupables espérances, et à seconder de sinistres projets. Je crois donc que c'est à Paris qu'il faut présenter la constitution à Louis XVI, et qu'il doit s'expliquer sur cet objet dans le plus court espace de temps possible; je ne vois aucune raison, même spécieuse, qui puisse justifier la proposition de le faire partir pour la lui présenter ailleurs; je ne comprends pas même le mot *liberté* ou de *contrainte* appliqué à cette circonstance; je ne conçois pas comment l'acceptation de Louis XVI pourrait être supposée avoir été forcée; car la présentation de la constitution pourrait être traduite en ces mots : La nation vous offre le trône le plus puissant de l'univers; voici le titre qui vous y appelle, voulez-vous l'accepter? Et la réponse ne peut être que celle-ci : Je le veux, ou je ne le veux pas.

Or, qui pourrait imaginer que Louis XVI ne serait pas libre de dire : Je ne veux pas être roi des Français. Quelle raison de supposer que le peuple ferait violence à un homme pour le forcer à être roi, ou pour le punir de ne vouloir plus l'être. Eh! dans quel lieu de l'empire peut-il être plus en sûreté qu'au milieu de la garde nombreuse et fidèle des citoyens qui l'environnent? Le serait-il plus dans une autre partie de la France, sur nos frontières ou dans un royaume étranger? Ou plutôt si ailleurs il se trouvait entouré d'hommes ennemis de la révolution, n'est-ce pas alors que l'on pourrait feindre avec plus de vraisemblance que sa résolution n'aurait pas été libre? Mais que signifient ces bizarres scrupules sur la liberté de l'acceptation d'une couronne? C'est le salut, c'est la sûreté de la nation qui doit être seule consultée. Or, vous permet-elle de désirer que Louis XVI s'éloigne dans ce moment? Avez-vous des garans plus certains de ses dispositions personnelles, de celles des hommes qui l'entourent, qu'avant le 21 juin dernier? Ces rassemblemens suspects dont vous êtes les témoins, ce plan de laisser vos frontières dégarnies, de désarmer les citoyens, de semer partout le trouble et la division, les menaces de vos ennemis extérieurs, les manœuvres de vos ennemis intérieurs, leur coalition avec les faux amis de la constitution, qui lèvent ouvertement le masque, tout cela vous invite-t-il à rester dans la profonde sécurité où vous avez paru plongés jusqu'à ce moment? Voulez-vous vous exposer au reproche d'avoir été les auteurs de la ruine de votre pays? Le danger fût-il moins réel qu'il ne le paraît, au moins la nation le craint; les avis, les adresses, qui vous sont envoyés de toutes les parties de l'État, vous le prouvent. Or, n'est-ce point assez de ne pas compromettre évidemment le salut de la nation? Il faut respecter jusqu'à ses alarmes; il faut nous rassurer nous-mêmes contre un autre danger qui n'est point douteux; il faut nous prémunir contre tous les piéges qui peuvent nous être tendus, contre toutes les intrigues qui peuvent nous obséder dans ce moment critique de la révolution; il faut les déconcerter toutes, en élevant dès ce moment entre elles et nous une barrière insurmontable, en ôtant aux ennemis de la liberté toute espérance d'entamer encore une fois notre constitution. On doit être content, sans doute, de tous les changemens essentiels que l'on a obtenus de nous; que l'on nous assure du moins la possession des débris qui nous restent de nos premiers décrets. Si on peut attaquer encore notre constitution, après qu'elle a été arrêtée deux fois, que nous reste-il à faire? Reprendre ou nos fers ou nos armes. (On applaudit dans l'extrémité de la partie gauche. — Le reste de la salle murmure.) Je vous prie, M. le président, d'ordonner à M. Duport de ne pas m'insulter, s'il veut rester auprès de moi. (L'extrémité de la partie gauche et des tribunes applaudissent.)

M. Lavie. Je jure que M. Duport n'a pas dit un seul mot à M. Robespierre.

Plusieurs membres placés auprès de M. Duport assurent qu'ils n'ont rien entendu.

M. Robespierre. Je ne présume pas qu'il existe dans cette assemblée un homme assez lâche pour transiger avec la cour sur aucun article de notre code constitutionnel, assez perfide pour faire proposer par elle des changemens nouveaux que la pudeur ne lui permettrait pas de proposer lui-même, assez ennemi de

la patrie pour chercher à décréditer la constitution, parce
qu'elle mettrait quelque borne à son ambition ou à sa cupidité,
assez impudent pour avouer aux yeux de la nation qu'il n'a
cherché dans la révolution qu'un moyen de s'agrandir et de s'é-
lever; car je ne veux regarder certain écrit et certain discours
qui pourrait présenter ce sens, que comme l'explosion passagère
du dépit déjà expié par le repentir; mais nous, du moins, nous
ne serons ni assez stupides, ni assez indifférens à la chose publique pour consentir à être les jouets éternels de l'intrigue,
pour renverser successivement les différentes parties de notre
ouvrage au gré de quelques ambitieux, jusqu'à ce qu'ils nous
aient dit : Le voilà tel qu'il nous convient. Nous avons été envoyés pour défendre les droits de la nation, non pour élever la
fortune de quelques individus, pour renverser la dernière digue
qui reste encore à la corruption, pour favoriser la coalition des
intrigans avec la cœur, et leur assurer nous-mêmes le prix de
leur complaisance et de leur trahison. Je demande que chacun
de nous jure qu'il ne consentira jamais à composer avec le pouvoir exécutif sur aucun article de la constitution, et que quiconque osera faire une semblable proposition soit déclaré traître
à la patrie. (On applaudit à plusieurs reprises dans diverses
parties de la salle.)

Les articles proposés par M. Beaumetz furent successivement
mis aux voix et adoptés. Avant qu'on les décrétât, Montlausier
s'écria : « Dans une délibération qui porte atteinte à la majesté
royale, nous demandons acte de notre silence. » Sur la proposition de Camus, l'assemblée décida que l'acte constitutionnel ne
serait présenté au roi qu'après avoir été relu.

SÉANCES DES 2, 3 ET 4 SEPTEMBRE.

Le 2, au moment où Thouret se disposait à relire l'acte constitutionnel, Malouet parut à côté de lui à la tribune.

M. Malouet. Avant que M. le rapporteur commence la lecture, je demande la parole pour une motion d'ordre. (*Plusieurs
voix* : Pour une motion de désordre.) J'ai l'honneur de vous re-

présenter que dans la grande circonstance qui s'apprête, l'assemblée doit éviter de tomber en contradiction avec elle-même. Je n'ai pas voulu faire hier l'observation que je vais vous présenter, n'étant pas sûr alors de sa justesse; mais je l'ai vérifiée depuis dans nos procès-verbaux, et j'ai à la main l'adresse que vous avez présentée au roi le 9 juillet.

Vous vous rappelez que vous disiez alors au roi : « Vous nous appelez pour travailler de concert avec votre majesté à la constitution et à la régénération du royaume; l'assemblée nationale vous promet que ses vœux seront remplis. » C'est le 9 juillet 1789 que vous parliez ainsi au roi. (*Une voix de la gauche* : Oui, avant le déluge.) Cette déclaration de vos principes a eu assez de solennité pour qu'il ne vous soit plus permis de vous rétracter. Or, je demande si, en soumettant aujourd'hui le roi à l'alternative de l'acceptation ou du refus, vous pouvez dire que vous faites la constitution de concert avec lui..... Je demande que..... (Les murmures redoublent et coupent la conclusion de l'opinant.)

L'assemblée décide de passer à l'ordre du jour.

M. Malouet réclame contre les applaudissemens auxquels se livrent les tribunes. — L'assemblée et les tribunes applaudissent de plus fort, et à plusieurs reprises.

Après cet incident, la constitution fut lue. Thouret y fit ajouter deux articles établissant des fêtes nationales en l'honneur de la révolution, et portant qu'il y aurait un Code civil commun à tous les départemens.

Le 3, tout fut terminé sur le titre VII, *de la Révision*. Il y eut encore une motion de Saint-Martin, tendante à placer au rang des décrets constitutionnels celui qui supprimait le droit de faire grâce. Robespierre et Lanjuinais la soutinrent; Tronchet s'y opposa; Duport fit passer à l'ordre du jour. Salles proposa pour dernier article de décider que les décrets de l'assemblée auraient force de loi sans avoir besoin de sanction. Après cette addition, l'assemblée déclara que la constitution était close, et qu'il n'y serait rien changé. Prieur en fit ordonner l'impression immédiate, et l'envoi aux départemens. Enfin, il fut nommé par le président une députation de soixante membres chargée d'offrir, le soir même, la constitution au roi. A la suite d'observations de Montpassant et de Dandré, l'assemblée avait décrété qu'il ne serait pas fait de discours à Louis XVI. Voici la liste des membres de la députation :

MM.Thouret, Duport, Desmeuniers,Chapelier, Syeyès, Pétion, Gobet (évêque constitutionnel de Paris), Lamétherie, Crillon jeune, Merlin, Babey, Treilhard, Arnoult, La Rochefoucault, Schwendt, Blancard, Dandré, Pougeard-Limbert, Châteaurenaud, Couppé, Broglie, Lesterpt, Barrère, Gérard, Garat jeune, Lavie, Malouet, Camus, Lapoule, Tronchet, Beaumetz, Alexandre Lameth, Rabaud-Saint-Etienne, Talleyrand, Target, Buzot, Barnave, Kervélégan, Monneron l'aîné, Mathieu-Rondeville, Brillat-Savarin, Christin, Boissonnot, Mollier, Chabroud, Liancourt, Long, Chaillon, Darche, Aubry, Mougins-Roquefort, Guillaume, Dumetz, Gossin, Marchais, Regnault (de St.-Jean-d'Angely), Gourdan, Prevost, Prieur (de la Marne), Arnaudat.

Le 4, Thouret rendit compte en ces termes du résultat de la présentation :

[*M. Thouret*. La députation que vous avez honorée hier de la mission de présenter au roi l'acte constitutionnel, est partie de cette salle hier à neuf heures du soir; elle se rendit au château avec une escorte d'honneur, composée d'un nombreux détachement de la garde nationale parisienne, de la gendarmerie nationale; elle marcha toujours au bruit des applaudissemens du peuple. Elle fut reçue dans la salle du conseil où le roi s'était rendu, accompagné de ses ministres et d'un assez grand nombre d'autres personnes. En présentant au roi la constitution, je lui ai dit :

« Sire, les représentans de la nation viennent présenter à votre majesté l'acte constitutionnel qui consacre les droits imprescriptibles du peuple français, qui rend au trône sa vraie dignité, et qui régénère le gouvernement de l'empire. »

Le roi reçut l'acte constitutionnel, et fit à la députation la réponse suivante, qu'il m'a remise écrite de sa main :

« Je reçois la constitution que me présente l'assemblée nationale. Je lui ferai part de ma résolution dans le plus court délai qu'exige l'examen d'un objet si important. JE ME SUIS DÉCIDÉ A RESTER A PARIS. Je donnerai mes ordres au commandant général de la garde nationale parisienne pour le service de ma garde. »

Le roi montra toujours un air satisfait. Nous revînmes à la salle de vos séances, dans le même ordre dans lequel nous étions partis; comme plusieurs de nos collègues s'y trouvaient, ainsi qu'un grand nombre de citoyens, je me suis fait un devoir de les instruire de ces faits, afin de leur donner la plus prompte publicité. Par ce que nous avons vu et entendu, tout nous pronostique que l'achèvement de la constitution sera aussi le terme de la révolution. (L'assemblée et les tribunes applaudissent à plusieurs reprises.) Je vais remettre sur le bureau la réponse signée de la main du roi.]

SÉANCE DU 13 SEPTEMBRE.

Message du roi.

[*M. le président.* Voici la teneur du message que vient de me remettre le ministre de la justice :

« Messieurs, j'ai examiné attentivement l'acte constitutionnel que vous avez présenté à mon acceptation. Je l'accepte, et je le ferai exécuter. Cette déclaration eût pu suffire dans un autre temps; aujourd'hui je dois aux intérêts de la nation, je me dois à moi-même de faire connaître mes motifs. Dès le commencement de mon règne, j'ai désiré la réforme des abus, et dans tous les actes du gouvernement, j'ai aimé à prendre pour règle l'opinion publique. Diverses causes, au nombre desquelles on doit placer la situation des finances à mon avènement au trône, et les frais immenses d'une guerre honorable, soutenue long-temps sans accroissement d'impôts, avaient établi une disproportion considérable entre les revenus et les dépenses de l'Etat. Frappé de la grandeur du mal, je n'ai pas seulement cherché les moyens d'y porter remède; j'ai senti la nécessité d'en prévenir le retour; j'ai conçu le projet d'assurer le bonheur du peuple sur des bases constantes, et d'assujétir à des règles invariables l'autorité même dont j'étais dépositaire. J'ai appelé autour de moi la nation pour l'exécuter. Dans le cours des événemens de la révolution, mes intentions n'ont jamais varié. Lorsqu'après avoir réformé les anciennes institutions, vous avez commencé à mettre à leur place les premiers essais de votre ouvrage, je n'ai point attendu, pour y donner mon assentiment, que la constitution entière me fût connue. J'ai favorisé l'établissement de ses parties avant même d'avoir pu en juger l'ensemble; et si les désordres qui ont accompagné presque toutes les époques de la révolution venaient trop souvent affliger mon cœur, j'espérais que la loi reprendrait de la force entre les mains des nouvelles autorités, et qu'en approchant du terme de vos travaux, chaque jour lui rendrait ce respect sans lequel le peuple ne peut avoir ni liberté, ni bonheur.

» J'ai persisté long-temps dans cette espérance, et ma résolution n'a changé qu'au moment où elle m'a abandonné. Que chacun se rappelle le moment où je me suis éloigné de Paris; la constitution était prête à s'achever, et cependant l'autorité des lois semblait s'affaiblir chaque jour. L'opinion, loin de se fixer, se subdivisait en une multitude de partis. Les avis les plus exagérés semblaient seuls obtenir de la faveur; la licence des écrits était au comble; aucun pouvoir n'était respecté. Je ne pouvais plus reconnaître le caractère de la volonté générale dans des lois que je voyais partout sans force et sans exécution. Alors, je dois le dire, si vous m'eussiez présenté la constitution, je n'aurais pas cru que l'intérêt du peuple (règle constante et unique de ma conduite) me permît de l'accepter. Je n'avais qu'un sentiment, je ne formai qu'un seul projet: je voulus m'isoler de tous les partis, et savoir quel était véritablement le vœu de la nation.

« Les motifs qui me dirigeaient ne subsistent plus aujourd'hui; depuis lors les inconvéniens et les maux dont je me plaignais vous ont frappés comme moi; vous avez manifesté la volonté de rétablir l'ordre; vous avez porté vos regards sur l'indiscipline de l'armée ; vous avez connu la nécessité de réprimer les abus de la presse. La révision de votre travail a mis au nombre des lois réglementaires plusieurs articles qui m'avaient été présentés comme constitutionnels. Vous avez établi des formes légales pour la révision de ceux que vous avez placés dans la constitution. Enfin, le vœu du peuple n'est plus douteux pour moi ; je l'ai vu se manifester à la fois, et par son adhésion à votre courage, et par son attachement au maintien du gouvernement monarchique.

» J'accepte donc la constitution. Je prends l'engagement de la maintenir au-dedans, de la défendre contre les attaques du dehors, et de la faire exécuter par tous les moyens qu'elle met en mon pouvoir. Je déclare qu'instruit de l'adhésion que la grande majorité du peuple donne à la constitution, je renonce au concours que j'avais réclamé dans ce travail, et que n'étant responsable qu'à la nation, nul autre, lorsque j'y renonce, n'aurait le droit de s'en plaindre. (La partie gauche et toutes les tribunes retentissent d'applaudissemens.) Je manquerais cependant à la vérité si je disais que j'ai aperçu dans les moyens d'exécution et d'administration toute l'énergie qui serait nécessaire pour imprimer le mouvement et pour conserver l'unité dans toutes les parties d'un si vaste empire : mais puisque les opinions sont aujourd'hui divisées sur ces objets, je consens que l'expérience seule en demeure juge. Lorsque j'aurai fait agir avec loyauté tous les moyens qui m'ont été remis, aucun reproche ne pourra m'être adressé, et la nation, dont l'intérêt seul doit servir de règle, s'expliquera par les moyens que la constitution lui a réservés. (Nouveaux applaudissemens.)

» Mais, Messieurs, pour l'affermissement de la liberté, pour la stabilité de la constitution, pour le bonheur individuel de tous les Français, il est des intérêts sur lesquels un devoir impérieux nous prescrit de réunir tous nos efforts. Ces intérêts sont le respect des lois, le rétablissement de l'ordre, et la réunion de tous les citoyens. Aujourd'hui que la constitution est définitivement arrêtée, des Français vivant sous les mêmes lois, ne doivent connaître d'ennemis que ceux qui les enfreignent ; la discorde et

l'anarchie, voilà nos ennemis communs. Je les combattrai de
tout mon pouvoir : il importe que vous et vos successeurs me secondiez avec énergie; que, sans vouloir dominer la pensée, la loi
protège également tous ceux qui lui soumettent leurs actions.
Que ceux que la crainte des persécutions et des troubles auraient
éloignés de leur patrie, soient certains de trouver, en y rentrant,
la sûreté et la tranquillité. Et pour éteindre les haines, pour
adoucir les maux qu'une grande révolution entraîne toujours à
sa suite, pour que la loi puisse d'aujourd'hui commencer à recevoir une pleine exécution, consentons à l'oubli du passé. (La
partie gauche et les tribunes retentissent d'applaudissemens.)
Que les accusations et les poursuites qui n'ont pour principes que
les événemens de la révolution, soient éteintes dans une récon-
ciliation générale.

» Je ne parle pas de ceux qui n'ont été déterminés que par
leur attachement pour moi : pourriez-vous y voir des coupables?
Quant à ceux qui, par des excès où je pourrais apercevoir des
injures personnelles, ont attiré sur eux la poursuite des lois,
j'éprouve à leur égard que je suis le roi de tous les Français.

« *Signé* Louis. »

13 septembre 1791.

(Les applaudissemens recommencent.)

P. S. J'ai pensé, Messieurs, que c'était dans le lieu même où
la constitution a été formée, que je devais en prononcer l'acceptation solennelle. Je me rendrai en conséquence demain , à midi,
à l'assemblée nationale. »

M. La Fayette. Je croirais, Messieurs, faire tort aux sentimens
qui viennent d'associer l'assemblée au vœu que le roi nous a témoigné, si je ne me bornais, pour la régularité de la délibération,
à proposer le décret suivant :

« L'assemblée nationale, après avoir entendu la lecture du message du roi, qui accepte l'acte constitutionnel, s'associant aux sentimens que le roi a témoignés sur la cessation de toutes poursuites
relatives aux événemens de la révolution, décrète ce qui suit :

1° Toutes personnes constituées en état d'arrestation ou d'accusation, relativement au départ du roi, seront sur-le-champ remises en liberté, et toute poursuite cessera à leur égard.

2° Les comités de constitution et de jurisprudence criminelle présenteront demain, à l'ouverture de la séance, un projet de décret qui abolisse immédiatement toute procédure relative aux événemens de la révolution.

3° Il sera également présenté demain un projet de décret qui abolisse l'usage des passeports, et anéantisse les gênes momentanées apportées à la liberté que la constitution assure à tous les citoyens français d'aller et de venir, tant au dedans qu'au dehors du royaume. »

Toute la partie gauche, une partie du côté droit et les tribunes retentissent d'applaudissemens.

L'assemblée adopte par acclamation le projet de décret présenté par M. La Fayette.

M. Goupil. Je demande qu'une députation de soixante membres se rende sur-le-champ chez le roi pour lui présenter le décret qui vient d'être rendu (*Quelques voix s'élèvent dans la partie gauche :* L'assemblée en corps.)

L'assemblée adopte la proposition de M. Goupil.

SÉANCE ROYALE DU MERCREDI 14 SEPTEMBRE.

M. Dandré. Je rappelle à l'assemblée que, lorsque le roi est présent, il ne doit être pris aucune délibération, et je demande que le président soit investi de toute l'autorité nécessaire pour empêcher aucun membre de prendre la parole, le roi présent.

L'assemblée décide qu'aucune motion ne sera faite en présence du roi.

M. le Chapelier. Je prie l'assemblée de m'accorder un moment d'attention pour que je lui rende compte de la députation envoyée hier chez le roi. Nous avons rempli auprès du roi la mission que vous nous aviez donnée, de remettre à sa majesté le décret que vous veniez de rendre. En lui remettant ce décret, nous avons exprimé au roi la sensation qu'avait excitée dans l'assemblée son message, nous lui avons dit :

« Sire, l'assemblée nationale, en entendant la lecture du message de votre majesté, a souvent interrompu cette lecture par des applaudissemens, qui expriment l'affection des Français pour leur roi; elle a éprouvé le plus doux des sentimens en voyant votre majesté exprimer son vœu pour une amnistie générale qui puisse terminer toutes les discordes et les dissensions: elle s'est empressée de rendre un décret qui fixe le terme de la révolution. »

Le roi, parlant d'un ton satisfait, nous a répondu en ces termes:

« Je me ferai toujours un plaisir et un devoir de suivre la volonté de la nation quand elle sera connue. Je vois avec reconnaissance que l'assemblée nationale ait accédé à mon vœu. Je souhaite que le décret que vous me présentez mette fin aux discordes, qu'il réunisse tout le monde, et que nous ne soyons qu'un. »

Le roi a ajouté:

« Je suis instruit que l'assemblée nationale a rendu ce matin un décret relatif au cordon bleu: je me suis déterminé à quitter cette décoration, et je vous prie de faire part de ma résolution à l'assemblée. »

La reine et les enfans du roi se trouvaient à l'entrée de la chambre du conseil, où la députation a été reçue. Le roi nous a dit:

« Voilà ma femme et mes enfans qui partagent mes sentimens. »

La reine s'est avancée, et a dit:

« Nous accourons tous, mes enfans et moi, et nous partageons tous les sentimens du roi. (On applaudit.)

M. Beaumetz lit les projets de décrets que les comités de constitution et de révision ont hier été chargés de présenter. Ils sont adoptés sans discussion et unanimement en ces termes:

« L'assemblée nationale, considérant que l'objet de la révolution française a été de donner une constitution à l'empire, et qu'ainsi la révolution doit prendre fin au moment où la constitution est achevée et acceptée par le roi ;

» Considérant qu'autant il serait désormais coupable de résister aux autorités constituées et aux lois, autant il est digne de la nation française d'oublier les marques d'opposition dirigées contre la volonté nationale, laquelle n'était pas encore généralement reconnue, ni solennellement proclamée ; qu'enfin le temps est venu d'éteindre les dissentions dans un sentiment commun de patriotisme, de fraternité et d'affection pour le monarque qui a donné l'exemple de cet oubli généreux, décrète :

» Art. Ier. Toutes procédures instruites sur des faits relatifs à la révolution, quel qu'en puisse être l'objet, et tous jugemens intervenus sur semblables procédures, sont irrévocablement abolis.

» II. Il est défendu à tous officiers de police ou juges de commencer aucune procédure pour les faits mentionnés en l'article précédent, ni donner continuation à celles qui seraient commencées.

» III. Le roi sera prié de donner des ordres au ministre de la justice de faire dresser, par les juges de chaque tribunal, l'état visé, par le commissaire du roi, des procédures et jugemens compris dans la présente abolition : le ministre certifiera le corps-législatif de la remise desdits états.

» IV. L'assemblée nationale décrète une amnistie générale en faveur de tout homme de guerre, prévenu, accusé ou convaincu de délits militaires, à compter du 1er juin 1789. En conséquence, toutes plaintes portées, poursuites exercées, ou jugemens rendus à l'occasion de semblables délits, sont regardés comme non-avenus, et les personnes qui en étaient l'objet seront mises immédiatement en liberté si elles sont détenues, sans néanmoins qu'on puisse induire du présent article que ces personnes conservent aucun droit sur les places qu'elles avaient abandonnées.

» V. L'assemblée nationale décrète qu'il ne sera plus exigé aucune des permissions ou passeports dont l'usage avait été momentanément établi ; le décret relatif aux émigrans est révoqué; et, conformément à la constitution, il ne sera plus apporté aucun obstacle au droit de tout citoyen français de voyager librement dans le royaume, et d'en sortir à volonté. »

M. le président. Le roi est en marche pour se rendre à l'assemblée. Je n'ai pas besoin de rappeler le décret qui interdit à tous membres le droit de prendre la parole tant qu'il sera dans cette enceinte. Dans le moment où le roi prêtera son serment, l'assemblée doit être assise.

M. Malouet. Il n'y a pas un seul cas où la nation assemblée ne reconnaisse le roi pour son chef : je demande que pour le respect dû à son caractère, l'assemblée reste debout tant qu'il sera présent.

M. Dandré. Voici ce que l'on a observé à l'ouverture des états-généraux, et ce qui doit s'observer encore. Le roi est entré dans la salle, on s'est levé; le roi a parlé, les députés se sont assis et couverts.

Un huissier. Voilà le roi.

Le roi entre dans la salle accompagné de tous ses ministres, n'ayant d'autre décoration que la croix de Saint-Louis. — L'assemblée se lève. — Le roi va se placer à côté de M. le président.

Le roi. Messieurs, je viens consacrer ici solennellement l'acceptation que j'ai donnée à l'acte constitutionnel.

En conséquence, je jure.... (l'assemblée s'assied) d'être fidèle à la nation et à la loi, d'employer tout le pouvoir qui m'est délégué à maintenir la constitution décrétée par l'assemblée nationale constituante, et à faire exécuter les lois. (Le roi s'assied.— La salle retentit d'applaudissemens.) Puisse cette grande et mémorable époque être celle du rétablissement de la paix, de l'union, et devenir le gage du bonheur du peuple et de la prospérité de l'empire.

La salle retentit pendant plusieurs minutes d'applaudissemens et des cris de *vive le roi!*

M. le président, debout. De longs abus qui avaient long-temps triomphé des bonnes intentions des meilleurs rois, et qui avaient sans cesse bravé l'autorité du trône opprimaient la France. (Le roi reste assis.—M. le président s'assied.)

Dépositaire du vœu, des droits et de la puissance du peuple, l'assemblée nationale a rétabli, par la destruction de tous les abus, les bases solides de la prospérité publique. Sire, ce que cette assemblée a décrété, l'adhésion nationale le ratifie. L'exécution la plus complète dans toutes les parties de l'empire atteste l'assentiment général; il déconcerte les projets impuissans de ceux que le mécontentement aveugla trop long-temps sur leurs propres intérêts. Il promet à votre majesté qu'elle ne voudra plus en vain le bonheur des Français.

L'assemblée nationale n'a plus rien à désirer en ce jour à jamais mémorable, où vous consommez dans son sein, par le plus solennel engagement, l'acceptation de la royauté constitutionnelle. C'est l'attachement des Français; c'est leur confiance qui vous défèrent ce titre respectable et par à la plus belle couronne de l'univers; et ce qui vous le garantit, Sire, c'est l'impérissable autorité d'une constitution librement décrétée; c'est la force invincible d'un peuple qui s'est senti digne de la liberté; c'est le besoin qu'une aussi grande nation aura toujours de la monarchie héréditaire.

Quand votre majesté, attendant de l'expérience, les lumières qu'elle va répandre sur les résultats pratiques de la constitution, promet *de la maintenir au-dedans, et de la défendre contre les attaques du dehors,* la nation se reposant, et sur la justice de ses droits, et sur le sentiment de sa force et de son courage, et sur la loyauté de votre coopération, ne peut connaître au-dehors aucun sujet d'alarmes, et va concourir, par sa tranquille confiance, au prompt succès de son gouvernement intérieur.

Qu'elle doit être grande à nos yeux, Sire, chère à nos cœurs, et qu'elle sera sublime dans notre histoire l'époque de cette régénération, qui donne à la France des citoyens, aux Français une patrie; à vous, comme roi, un nouveau titre de grandeur et

de gloire; à vous encore, comme homme, une nouvelle source
de jouissances et de nouvelles sensations de bonheur.

On applaudit à plusieurs reprises.

Le roi sort de l'assemblée au milieu des cris de *vive le roi !*

L'assemblée en corps accompagne le roi jusqu'au château des
Tuileries, au milieu des cris d'allégresse du peuple, d'une musique militaire, et de plusieurs salves d'artillerie.

Il est une heure.]

CONSTITUTION FRANÇAISE

Décrétée par l'assemblée nationale constituante *aux années* 1789,
·1790 et 1791.

DÉCLARATION DES DROITS DE L'HOMME ET DU CITOYEN.

Les représentans du peuple français, constitués en assemblée
nationale, considérant que l'ignorance, l'oubli ou le mépris des
droits de l'homme sont les seules causes des malheurs publics et
de la corruption des gouvernemens, ont résolu d'exposer dans
une déclaration solennelle les droits naturels, inaliénables et sacrés de l'homme, afin que cette déclaration, constamment présente à tous les membres du corps social, leur rappelle sans cesse
leurs droits et leurs devoirs; afin que les actes du pouvoir législatif et ceux du pouvoir exécutif, pouvant être à chaque instant
comparés avec le but de toute institution politique, en soient plus
respectés; afin que les réclamations des citoyens, fondées désormais sur des principes simples et incontestables, tournent toujours au maintien de la constitution et au bonheur de tous.

En conséquence, l'assemblée nationale reconnaît et déclare, en
présence et sous les auspices de l'Être-Suprême, les droits suivans de l'homme et du du citoyen :

Art. Ier. Les hommes naissent et demeurent libres et égaux en
droits. Les distinctions sociales ne peuvent être fondées que sur
l'utilité commune.

II. Le but de toute association politique est la conservation des
droits naturels et imprescriptibles de l'homme. Ces droits sont

la liberté, la propriété, la sûreté, et la résistance à l'oppression.

III. Le principe de toute souveraineté réside essentiellement dans la nation. Nul corps, nul individu ne peut exercer d'autorité qui n'en émane expressément.

IV. La liberté consiste à pouvoir faire tout ce qui ne nuit pas à autrui. Ainsi l'exercice des droits naturels de chaque homme n'a de bornes que celles qui assurent aux autres membres de la société la jouissance de ces mêmes droits. Ces bornes ne peuvent être déterminées que par la loi.

V. La loi n'a le droit de défendre que les actions nuisibles à la société. Tout ce qui n'est pas défendu par la loi ne peut être empêché, et nul ne peut être contraint à faire ce qu'elle n'ordonne pas.

VI. La loi est l'expression de la volonté générale. Tous les citoyens ont droit de concourir personnellement ou par leurs représentans à sa formation. Elle doit être la même pour tous, soit qu'elle protège, soit qu'elle punisse. Tous les citoyens, étant égaux à ses yeux, sont également admissibles à toutes dignités, places et emplois publics, selon leur capacité, et sans autre distinction que celle de leurs vertus et de leurs talens.

VII. Nul homme ne peut être accusé, arrêté, ni détenu que dans les cas déterminés par la loi, et selon les formes qu'elle a prescrites. Ceux qui sollicitent, expédient, exécutent ou font exécuter des ordres arbitraires doivent être punis; mais tout citoyen appelé ou saisi en vertu de la loi doit obéir à l'instant; il se rend coupable par la résistance.

VIII. La loi ne doit établir que des peines strictement et évidemment nécessaires, et nul ne peut être puni qu'en vertu d'une loi établie et promulguée antérieurement au délit, et légalement appliquée.

IX. Tout homme étant présumé innocent jusqu'à ce qu'il ait été déclaré coupable, s'il est jugé indispensable de l'arrêter, toute rigueur qui ne serait pas nécessaire pour s'assurer de sa personne doit être sévèrement réprimée par la loi.

X. Nul ne doit être inquiété pour ses opinions, même religieuses, pourvu que leur manifestation ne trouble pas l'ordre public établi par la loi.

XI. La libre communication des pensées et des opinions est un des droits les plus précieux de l'homme : tout citoyen peut donc parler, écrire, imprimer librement, sauf à répondre de l'abus de cette liberté dans les cas déterminés par la loi.

XII. La garantie des droits de l'homme et du citoyen nécessite une force publique : cette force est donc instituée pour l'avantage de tous, et non pour l'utilité particulière de ceux auxquels elle est confiée.

XIII. Pour l'entretien de la force publique et pour les dépenses d'administration, une contribution commune est indispensable ; elle doit être également répartie entre tous les citoyens, en raison de leurs facultés.

XIV. Tous les citoyens ont le droit de constater par eux-mêmes ou par leurs représentans la nécessité de la contribution publique, de la consentir librement, d'en suivre l'emploi, et d'en déterminer la quotité, l'assiette, le recouvrement et la durée.

XV. La société a le droit de demander compte à tout agent public de son administration.

XVI. Toute société dans laquelle la garantie des droits n'est pas assurée, ni la séparation des pouvoirs déterminée, n'a point de constitution.

XVII. La propriété étant un droit inviolable et sacré, nul ne peut en être privé, si ce n'est lorsque la nécessité publique, légalement constatée, l'exige évidemment, et sous la condition d'une juste et préalable indemnité.

———

L'assemblée nationale, voulant établir la constitution française sur les principes qu'elle vient de reconnaître et de déclarer, abolit irrévocablement les institutions qui blessaient la liberté et l'égalité des droits.

Il n'y a plus ni noblesse, ni pairie, ni distinctions héréditaires, ni distinctions d'ordre, ni régime féodal, ni justices patrimoniales, ni aucun des titres, dénominations et prérogatives qui en dérivaient, ni aucun ordre de chevalerie, ni aucune des corporations ou décorations pour lesquelles on exigeait des preuves de noblesse, ou qui supposaient des distinctions de naissance, ni aucune autre supériorité que celle des fonctionnaires publics dans l'exercice de leurs fonctions.

Il n'y a plus ni vénalité ni hérédité d'aucun office public.

Il n'y a plus pour aucune partie de la nation ni pour aucun individu, aucun privilége ni exception au droit commun de tous les Français.

Il n'y a plus ni jurandes, ni corporations de professions, arts et métiers.

La loi ne reconnaît plus ni vœux religieux ni aucun autre engagement qui serait contraire aux droits naturels ou à la constitution.

TITRE PREMIER.

Dispositions fondamentales garanties par la constitution.

La constitution garantit comme droits naturels et civils :

1° Que tous les citoyens sont admissibles aux places et emplois, sans autre distinction que celle des vertus et des talens ;

2° Que toutes les contributions seront réparties entre tous les citoyens également, en proportion de leurs facultés ;

3° Que les mêmes délits seront punis des mêmes peines, sans aucune distinction des personnes.

La constitution garantit pareillement comme droits naturels et civils :

La liberté à tout homme d'aller, de rester, de partir, sans pouvoir être arrêté ni détenu que selon les formes déterminées par la constitution ;

La liberté à tout homme de parler, d'écrire, d'imprimer et publier ses pensées, sans que les écrits puissent être soumis à aucune censure ni inspection avant leur publication, et d'exercer le culte religieux auquel il est attaché ;

La liberté aux citoyens de s'assembler paisiblement et sans armes, en satisfaisant aux lois de police ;

La liberté d'adresser aux autorités constituées des pétitions signées individuellement.

Le pouvoir législatif ne pourra faire aucunes lois qui portent atteinte et mettent obstacle à l'exercice des droits naturels et civils consignés dans le présent titre et garantis par la constitution; mais comme la liberté ne consiste qu'à pouvoir faire tout ce qui ne nuit ni aux droits d'autrui ni à la sûreté publique, la loi peut établir des peines contre les actes qui, attaquant ou la sûreté publique ou les droits d'autrui, seraient nuisibles à la société.

La constitution garantit l'inviolabilité des propriétés, ou la juste et préalable indemnité de celles dont la nécessité publique, légalement constatée, exigerait le sacrifice.

Les biens destinés aux dépenses du culte et à tous services d'utilité publiques appartiennent à la nation, et sont dans tous les temps à sa disposition.

La constitution garantit les aliénations qui ont été ou qui seront faites suivant les formes établies par la loi.

Les citoyens ont le droit d'élire ou choisir les ministres de leurs cultes.

Il sera créé et organisé un établissement général de *secours publics* pour élever les enfans abandonnés, soulager les pauvres infirmes, et fournir du travail aux pauvres valides qui n'auraient pas pu s'en procurer.

Il sera créé et organisé une *Instruction publique* commune à tous les citoyens, gratuite à l'égard des parties d'enseignement indispensables pour tous les hommes, et dont les établissemens seront distribués graduellement dans un rapport combiné avec la division du royaume.

Il sera établi des fêtes nationales pour conserver le souvenir de la révolution française, entretenir la fraternité entre les citoyens, et les attacher à la constitution, à la patrie et aux lois.

Il sera fait un code de lois civiles communes à tout le royaume.

TITRE II.

De la division du royaume et de l'état des citoyens.

Art. Ier. Le royaume est un et indivisible; son territoire est distribué en quatre-vingt-trois départemens, chaque département en districts, chaque district en cantons.

II. Sont citoyens français :

Ceux qui sont nés en France d'un père français ;

Ceux qui, nés en France d'un père étranger, ont fixé leur résidence dans le royaume ;

Ceux qui, nés en pays étranger d'un père français, sont revenus s'établir en France et ont prêté le serment civique ;

Enfin ceux qui, nés en pays étranger, et descendant à quelque degré que ce soit d'un Français ou d'une Française expatriés pour cause de religion, viennent demeurer en France et prêtent le serment civique.

III. Ceux qui, nés hors du royaume de parens étrangers, résident en France, deviennent citoyens français après cinq ans de domicile continu dans le royaume s'ils y ont en outre acquis des immeubles, ou épousé une Française, ou formé un établissement d'agriculture ou de commerce, et s'ils ont prêté le serment civique.

IV. Le pouvoir législatif pourra, pour des considérations importantes, donner à un étranger un acte de naturalisation sans autres conditions que de fixer son domicile en France et d'y prêter le serment civique.

V. Le serment civique est : *Je jure d'être fidèle à la nation, à la loi et au roi, et de maintenir de tout mon pouvoir la constitution du royaume décrétée par l'assemblée nationale constituante aux années 1789, 1790 et 1791.*

VI. La qualité de citoyen français se perd :

1° Par la naturalisation en pays étranger ;

2° Par la condamnation aux peines qui emportent la dégradation civique, tant que le condamné n'est pas réhabilité ;

3° Par un jugement de contumace, tant que le jugement n'est pas anéanti ;

4° Par l'affiliation à tout ordre de chevalerie étranger ou à toute corporation étrangère qui supposerait soit des preuves de noblesse, soit des distinctions de naissance, ou qui exigerait des vœux religieux.

VII. La loi ne considère le mariage que comme contrat civil.

Le pouvoir législatif établira pour tous les habitans sans distinction le mode par lequel les naissances, mariages et décès seront constatés, et il désignera les officiers publics qui en recevront et conserveront les actes.

VIII. Les citoyens français, considérés sous le rapport des relations locales qui naissent de leur réunion dans les villes et dans de certains arrondissemens du territoire des campagnes, forment les *communes.*

Le pouvoir législatif pourra fixer l'étendue de l'arrondissement de chaque commune.

IX. Les citoyens qui composent chaque commune ont le droit d'élire à temps, suivant les formes déterminées par la loi, ceux d'entre eux qui, sous le titre d'officiers municipaux, sont chargés de gérer les affaires particulières de la commune.

Il pourra être délégué aux officiers municipaux quelques fonctions relatives à l'intérêt général de l'État.

X. Les règles que les officiers municipaux seront tenus de suivre dans l'exercice tant des fonctions municipales que de celles qui leur auront été déléguées pour l'intérêt général, seront fixées par les lois.

TITRE III.

Des pouvoirs publics.

Art. Ier. La souveraineté est une, indivisible, inaliénable et imprescriptible ; elle appartient à la nation ; aucune section du peuple ni aucun individu ne peut s'en attribuer l'exercice.

II. La nation de qui seule émanent tous les pouvoirs, ne peut les exercer que par délégation.

La constitution française est représentative : les représentans sont le corps-législatif et le roi.

III. Le pouvoir législatif est délégué à une assemblée nationale composée de représentans temporaires, librement élus par le peuple, pour être exercé par elle avec la sanction du roi, de la manière qui sera déterminée ci-après.

V. Le pouvoir judiciaire est délégué à des juges élus à temps par le peuple.

CHAPITRE PREMIER.

De l'assemblée nationale législative.

Art. Ier. L'assemblée nationale, formant le corps-législatif, est permanente, et n'est composée que d'une chambre.

II. Elle sera formée tous les deux ans par de nouvelles élections.

Chaque période de deux années formera une législature.

III. Les dispositions de l'article précédent n'auront pas lieu à l'égard du prochain corps-législatif, dont les pouvoirs cesseront le dernier jour d'avril 1793.

IV. Le renouvellement du corps-législatif se fera de plein droit.

V. Le corps-législatif ne pourra être dissous par le roi.

SECTION PREMIÈRE.

Nombre des représentans. Bases de la représentation.

Art. Ier. Le nombre des représentans au corps-législatif est de sept cent quarante-cinq, à raison des quatre-vingt-trois départemens dont le royaume est composé, et indépendamment de ceux qui pourraient être accordés aux colonies.

II. Les représentans seront distribués entre les quatre-vingt-trois départemens selon les trois proportions du territoire, de la population et de la contribution directe.

III. Des sept cent quarante-cinq représentans, deux cent quarante-sept sont attachés au territoire.

Chaque département en nommera trois, à l'exception du département de Paris, qui n'en nommera qu'un.

IV. Deux cent quarante-neuf représentans sont attribués à la population.

La masse totale de la population active du royaume est divisée en deux cent quarante-neuf parts, et chaque département nomme autant de députés qu'il a de parts de population.

V. Deux cent quarante-neuf représentans sont attachés à la con‑tribution directe.

La somme totale de la contribution directe du royaume est de même divisée en deux cent quarante-neuf parts, et chaque dé‑partement nomme autant de députés qu'il paie de parts de con‑tribution.

SECTION II.

Assemblées primaires. Nomination des électeurs.

Art. I⁰ʳ. Pour former l'assemblée nationale législative, les ci‑toyens actifs se réuniront tous les deux ans en assemblées pri‑maires dans les villes et dans les cantons.

Les assemblées primaires se formeront de plein droit le second dimanche de mars, si elles n'ont pas été convoquées plus tôt par les fonctionnaires publics déterminés par la loi.

II. Pour être citoyen actif il faut :

Être né ou devenu Français ;

Être âgé de vingt-cinq ans accomplis ;

Être domicilié dans la ville ou dans le canton depuis le temps déterminé par la loi ;

Payer dans un lieu quelconque du royaume une contribution directe au moins égale à la valeur de trois journées de travail, et en présenter la quittance ;

N'être pas dans un état de domesticité, c'est-à-dire de servi‑teur à gages ;

Être inscrit dans la municipalité de son domicile au rôle des gardes nationales ;

Avoir prêté le serment civique.

III. Tous les six ans, le corps-législatif fixera le *minimum* et le *maximum* de la valeur de la journée de travail, et les adminis‑

trateurs des départemens en feront la détermination locale pour chaque district.

IV. Nul ne pourra exercer les droits de citoyen actif dans plus d'un endroit ni se faire représenter par un autre.

V. Sont exclus des droits de citoyen actif :

Ceux qui sont en état d'accusation ;

Ceux qui, après avoir été constitués en état de faillite ou d'insolvabilité, prouvé par pièces authentiques, ne rapportent pas un acquit général de leurs créanciers.

VI. Les assemblées primaires nommeront des électeurs en proportion du nombre des citoyens actifs domiciliés dans la ville ou le canton.

Il sera nommé un électeur à raison de cent citoyens actifs présens ou non à l'assemblée.

Il en sera nommé deux depuis cent cinquante-un jusqu'à deux cent cinquante, et ainsi de suite.

VII. Nul ne pourra être nommé électeur s'il ne réunit aux conditions nécessaires pour être citoyen actif, savoir : dans les villes au-dessus de six mille ames, celle d'être propriétaire ou usufruitier d'un bien évalué sur les rôles de contribution à un revenu égal à la valeur locale de deux cents journées de travail, ou d'être locataire d'une habitation évaluée sur les mêmes rôles à un revenu égal à la valeur de cent cinquante journées de travail ;

Dans les villes au-dessous de six mille ames, celle d'être propriétaire ou usufruitier d'un bien évalué sur les rôles de contribution à un revenu égal à la valeur locale de cent cinquante journées de travail, ou d'être locataire d'une habitation évaluée sur les mêmes rôles à un revenu égal à la valeur de cent journées de travail ;

Et dans les campagnes celle d'être propriétaire ou usufruitier d'un bien évalué sur les rôles de contribution à un revenu égal à la valeur locale de cent cinquante journées de travail, ou d'être fermier ou métayer de biens évalués sur les mêmes rôles à la valeur de quatre cents journées de travail.

A l'égard de ceux qui seront en même temps propriétaires ou

usufruitiers d'une part, et locataires, fermiers ou métayers de l'autre, leurs facultés à ces divers titres seront accumulées jusqu'au taux nécessaire pour établir leur éligibilité.

SECTION III.

Assemblées électorales. Nomination des représentans.

Art. Ier. Les électeurs nommés en chaque département se réuniront pour élire le nombre des représentans dont la nomination sera attribuée à leur département, et un nombre de suppléans égal au tiers de celui des représentans.

Les assemblées électorales se formeront de plein droit le dernier dimanche de mars, si elles n'ont pas été convoquées plus tôt par les fonctionnaires publics déterminés par la loi.

II. Les représentans et les suppléans seront élus à la pluralité absolue des suffrages, et ne pourront être choisis que parmi les citoyens actifs du département.

III. Tous les citoyens actifs, quel que soit leur état, profession ou contribution, pourront être élus représentans de la nation.

IV. Seront néanmoins obligés d'opter les ministres et les autres agens du pouvoir exécutif révocables à volonté, les commissaires de la trésorerie nationale, les percepteurs et receveurs des contributions directes, les préposés à la perception et aux régies des contributions indirectes et des domaines nationaux, et ceux qui, sous quelque dénomination que ce soit, sont attachés à des emplois de la maison militaire et civile du roi.

Seront également tenus d'opter les administrateurs, sous-administrateurs, officiers-municipaux et commandans de gardes nationales.

V. L'exercice des fonctions judiciaires sera incompatible avec celles de représentant de la nation pendant toute la durée de la législature.

Les juges seront remplacés par leurs suppléans, et le roi pourvoira par des brevets de commission au remplacement de ses commissaires auprès des tribunaux.

VI. Les membres du corps-législatif pourront être réélus à la législature suivante, et ne pourront l'être ensuite qu'après l'intervalle d'une législature.

VII. Les représentans nommés dans les départemens ne seront pas représentans d'un département particulier, mais de la nation entière, et il ne pourra leur être donné aucun mandat.

SECTION IV.

Tenue et régime des assemblées primaires et électorales.

Art. Ier. Les fonctions des assemblées primaires et électorales se bornent à élire ; elles se sépareront aussitôt après les élections faites, et ne pourront se former de nouveau que lorsqu'elles seront convoquées, si ce n'est au cas de l'article premier de la section II et de l'article premier de la section III ci-dessus.

II. Nul citoyen actif ne peut entrer ni donner son suffrage dans une assemblée s'il est armé.

III. La force armée ne pourra être introduite dans l'intérieur sans le vœu exprès de l'assemblée , si ce n'est qu'on y commît des violences, auquel cas l'ordre du président suffira pour appeler la force publique.

IV. Tous les deux ans il sera dressé dans chaque district des listes par canton des citoyens actifs, et la liste de chaque canton y sera publiée et affichée deux mois avant l'époque de l'assemblée primaire.

Les réclamations qui pourront avoir lieu, soit pour contester la qualité des citoyens employés sur la liste, soit de la part de ceux qui se prétendront omis injustement, seront portées aux tribunaux pour y être jugées sommairement.

La liste servira de règle pour l'admission des citoyens dans la prochaine assemblée primaire, en tout ce qui n'aura pas été rectifié par des jugemens rendus avant la tenue de l'assemblée.

V. Les assemblées électorales ont le droit de vérifier la qualité et les pouvoirs de ceux qui s'y présenteront , et leurs décisions seront exécutées provisoirement, sauf le jugement du corps-législatif, lors de la vérification des pouvoirs des députés.

VI. Dans aucun cas et sous aucun prétexte, le roi ni aucun des agens nommés par lui ne pourront prendre connaissance des questions relatives à la régularité des convocations, à la tenue des assemblées, à la forme des élections, ni aux droits politiques des citoyens; sans préjudice des fonctions des commissaires du roi, dans les cas déterminés par la loi, où les questions relatives aux droits politiques des citoyens doivent être portées dans les tribunaux.

SECTION V.

Réunion des représentans en assemblée nationale législative.

Art. I⁰⁰. Les représentans se réuniront le premier lundi du mois de mai, au lieu des séances de la dernière législature.

II. Ils se formeront provisoirement en assemblée sous la présidence du doyen d'âge, pour vérifier les pouvoirs des représentans présens.

III. Dès qu'ils seront au nombre de trois cent soixante-treize membres vérifiés, ils se constitueront sous le titre d'*assemblée nationale législative*; elle nommera un président, un vice-président et des secrétaires, et commencera l'exercice de ses fonctions.

IV. Pendant tout le cours du mois de mai, si le nombre des représentans présens est au-dessous de trois cent soixante-treize, l'assemblée ne pourra faire aucun acte législatif.

- Elle pourra prendre un arrêté pour enjoindre aux membres absens de se rendre à leurs fonctions dans le délai de quinzaine au plus tard, à peine de 3,000 livres d'amende, s'ils ne proposent pas une excuse qui soit jugée légitime par l'assemblée.

V. Au dernier jour de mai, quel que soit le nombre des membres présens, ils se constitueront en assemblée nationale législative.

. VI. Les représentans prononceront tous ensemble, au nom du peuple français, le serment de *vivre libres ou mourir.*

Ils prêteront ensuite individuellement le serment *de maintenir de tout leur pouvoir la constitution du royaume décrétée par l'assemblée nationale constituante aux années 1789, 1790 et 1791; de ne rien proposer ni consentir, dans le cours de la législature, qui puisse y porter atteinte, et d'être en tout fidèles à la nation, à la loi et au roi.*

VII. Les représentans de la nation sont inviolables ; ils ne pourront être recherchés, accusés ni jugés en aucun temps pour ce qu'ils auront dit, écrit ou fait dans l'exercice de leurs fonctions de représentans.

VIII. Ils pourront, pour fait criminel, être saisis en flagrant délit ou en vertu d'un mandat d'arrêt ; mais il en sera donné avis sans délai au corps-législatif, et la poursuite ne pourra être continuée qu'après que le corps-législatif aura décidé qu'il y a lieu à accusation.

CHAPITRE II.

De la royauté, de la régence et des ministres.

SECTION Iʳᵉ.

De la royauté et du roi.

Art. 1ᵉʳ. La royauté est indivisible, et déléguée héréditairement à la race régnante, de mâle en mâle, par ordre de primogéniture, à l'exclusion perpétuelle des femmes et de leur descendance.

(Rien n'est préjugé sur l'effet des renonciations dans la race actuellement régnante.)

II. La personne du roi est inviolable et sacrée ; son seul titre est *roi des Français*.

III. Il n'y a point en France d'autorité supérieure à celle de la loi. Le roi ne règne que par elle, et ce n'est qu'au nom de la loi qu'il peut exiger l'obéissance.

IV. Le roi, à son avènement au trône, ou dès qu'il aura atteint sa majorité, prêtera à la nation, en présence du corps-législatif, le serment *d'être fidèle à la nation et à la loi, d'employer tout le pouvoir qui lui est délégué à maintenir la constitution décrétée par l'assemblée nationale constituante aux années 1789, 1790 et 1791, et à faire exécuter les lois.*

Si le corps-législatif n'est pas assemblé, le roi fera publier une proclamation, dans laquelle seront exprimés ce serment et la promesse de le réitérer aussitôt que le corps-législatif sera réuni.

V. Si un mois après l'invitation du corps-législatif, le roi n'a pas prêté ce serment, ou si, après l'avoir prêté, il le rétracte, il sera censé avoir abdiqué la royauté.

VI. Si le roi se met à la tête d'une armée et en dirige les forces contre la nation, ou s'il ne s'oppose pas par un acte formel à une telle entreprise qui s'exécuterait en son nom, il sera censé avoir abdiqué la royauté.

VII. Si le roi, étant sorti du royaume, n'y rentrait pas après l'invitation qui lui en serait faite par le corps-législatif et dans le délai qui sera fixé par la proclamation, lequel ne pourra être moindre de deux mois, il serait censé avoir abdiqué la royauté.

Le délai commencera à courir du jour où la proclamation du corps-législatif aura été publiée dans le lieu de ses séances; et les ministres seront tenus, sous leur responsabilité, de faire tous les actes du pouvoir exécutif dont l'exercice sera suspendu dans la main du roi absent.

VIII. Après l'abdication expresse ou légale, le roi sera dans la classe des citoyens, et pourra être accusé et jugé comme eux pour les actes postérieurs à son abdication.

IX. Les biens particuliers que le roi possède à son avènement au trône sont réunis irrévocablement au domaine de la nation; il a la disposition de ceux qu'il acquiert à titre singulier : s'il n'en a pas disposé, ils sont pareillement réunis à la fin du règne.

X. La nation pourvoit à la splendeur du trône par une liste civile, dont le corps-législatif déterminera la somme à chaque changement de règne pour toute la durée du règne.

XI. Le roi nommera un administrateur de la liste civile, qui exercera les actions judiciaires du roi, et contre lequel toutes les actions à la charge du roi seront dirigées et les jugemens prononcés : les condamnations obtenues par les créanciers de la liste civile seront exécutoires contre l'administrateur personnellement et sur ses propres biens.

XII. Le roi aura, indépendamment de la garde d'honneur qui lui sera fournie par les citoyens gardes nationales du lieu de sa résidence, une garde payée sur les fonds de la liste civile. Elle ne pourra excéder le nombre de douze cents hommes à pied, et de six cents hommes à cheval.

Les grades et les règles d'avancement y seront les mêmes que dans les troupes de ligne; mais ceux qui composeront la garde du roi rouleront pour tous les grades exclusivement sur eux-mêmes, et ne pourront en obtenir aucun dans l'armée de ligne.

Le roi ne pourra choisir les hommes de sa garde que parmi ceux qui sont actuellement en activité de service dans les troupes de ligne, ou parmi les citoyens qui ont fait depuis un an le service des gardes nationales, pourvu qu'ils soient résidens dans le royaume, et qu'ils aient précédemment prêté le serment civique.

La garde du roi ne pourra être commandée ni requise pour aucun autre service public.

SECTION II.

De la régence.

Art. Ier. Le roi est mineur jusqu'à l'âge de dix-huit ans accomplis, et pendant sa minorité il y a un régent du royaume.

II. La régence appartient au parent du roi le plus proche en degré suivant l'ordre de l'hérédité au trône, et âgé de vingt-cinq ans accomplis, pourvu qu'il soit Français et régnicole, qu'il ne soit pas héritier présomptif d'une autre couronne, et qu'il ait précédemment prêté le serment civique.

Les femmes sont exclues de la régence.

III. Si un roi mineur n'avait aucun parent réunissant les qualités ci-dessus exprimées, le régent du royaume sera élu ainsi qu'il va être dit aux articles suivans.

IV. Le corps-législatif ne pourra élire le régent:

V. Les électeurs de chaque district se réuniront au chef-lieu du district d'après une proclamation qui sera faite dans la première semaine du nouveau règne par le corps-législatif, s'il est réuni, et s'il était **séparé**, le ministre de la justice sera tenu de faire cette proclamation dans la même semaine.

VI. Les électeurs nommeront en chaque district, au scrutin individuel et à la pluralité absolue des suffrages, un citoyen éligible et domicilié dans le district, auquel ils donneront, par le procès-verbal de l'élection, un mandat spécial borné à la seule fonction d'**élire le** citoyen qu'il jugera en son âme et conscience le plus **digne d'être** régent du royaume.

VII. Les citoyens mandataires nommés dans les districts seront tenus de se rassembler dans la ville où le corps-législatif tiendra sa séance, le quarantième jour au plus tard, à partir de celui de l'avénement du roi mineur au trône, et ils y formeront l'assemblée électorale qui procédera à la nomination du régent.

VIII. L'élection du régent sera faite au scrutin individuel et à la pluralité absolue des suffrages.

IX. L'assemblée électorale ne pourra s'occuper que de l'élection, et se séparera sitôt que l'élection sera terminée; tout autre acte qu'elle entreprendrait de faire est déclaré inconstitutionnel et de nul effet.

X. L'assemblée électorale fera présenter par son président le procès-verbal de l'élection au corps-législatif, qui, après avoir vérifié la régularité de l'élection, la fera publier dans tout le royaume par une proclamation.

XI. Le régent exerce jusqu'à la majorité du roi toutes les fonctions de la royauté, et n'est pas personnellement responsable des actes de son administration.

XII. Le régent ne peut commencer l'exercice de ses fonctions qu'après avoir prêté à la nation, en présence du corps-législatif, le serment d'être fidèle à la nation, à la loi et au roi, *d'employer tout le pouvoir délégué au roi, et dont l'exercice lui est confié pendant la minorité du roi, à maintenir la constitution décrétée par l'assemblée nationale constituante aux années 1789, 1790 et 1791, et à faire exécuter les lois.*

Si le corps-législatif n'est pas assemblé, le régent fera publier une proclamation dans laquelle seront exprimés ce serment et la promesse de le réitérer aussitôt que le corps-législatif sera réuni.

XIII. Tant que le régent n'est pas entré en exercice de ses fonctions la sanction des lois demeure suspendue ; les ministres continuent de faire, sous leur responsabilité, tous les actes du pouvoir exécutif.

XIV. Aussitôt que le régent aura prêté le serment, le corps-législatif déterminera son traitement, lequel ne pourra être changé pendant la durée de la régence.

XV. Si, à raison de la minorité d'âge du parent appelé à la régence, elle a été dévolue à un parent plus éloigné ou déférée par élection, le régent qui sera entré en exercice continuera ses fonctions jusqu'à la majorité du roi.

XVI. La régence du royaume ne confère aucun droit sur la personne du roi mineur.

XVII. La garde du roi mineur sera confiée à sa mère, et s'il n'a pas de mère, ou si elle est remariée au temps de l'avènement de son fils au trône, ou si elle se remarie pendant la minorité, la garde sera déférée par le corps-législatif.

Ne peuvent être élus pour la garde du roi mineur ni le régent et ses descendans, ni les femmes.

XVIII. En cas de démence du roi notoirement reconnue, légalement constatée et déclarée par le corps-législatif après trois délibérations successivement prises de mois en mois, il y a lieu à la régence tant que la démence dure.

De la famille du roi.

Art. Ier. L'héritier présomptif portera le nom de *prince royal*.

Il ne peut sortir du royaume sans un décret du corps-législatif et le consentement du roi.

S'il en est sorti, et si, étant parvenu à l'âge de dix-huit ans, il ne rentre pas en France après avoir été requis par une proclamation du corps-législatif, il est censé avoir abdiqué le droit de succession au trône.

II. Si l'héritier présomptif est mineur, le parent majeur premier appelé à la régence est tenu de résider dans le royaume.

Dans le cas où il en serait sorti, et n'y rentrerait pas sur la réquisition du corps-législatif, il sera censé avoir abdiqué son droit à la régence.

III. La mère du roi mineur ayant sa garde ou le gardien élu, s'ils sortent du royaume, sont déchus de la garde.

Si la mère de l'héritier présomptif mineur sortait du royaume elle ne pourrait, même après son retour, avoir la garde de son fils mineur devenu roi que par un décret du corps-législatif.

IV. Il sera fait une loi pour régler l'éducation du roi mineur et celle de l'héritier présomptif mineur.

V. Les membres de la famille du roi, appelés à la succession éventuelle au trône, jouissent des droits de citoyen actif, mais ne sont éligibles à aucune des places, emplois ou fonctions qui sont à la nomination du peuple.

A l'exception des départemens du ministère, ils sont susceptibles des places et emplois à la nomination du roi; néanmoins ils ne pourront commander en chef aucune armée de terre ou de mer, ni remplir les fonctions d'ambassadeurs qu'avec le consentement du corps-législatif, accordé sur la proposition du roi.

VI. Les membres de la famille du roi appelés à la succession éventuelle au trône ajouteront la dénomination de *prince français* au nom qui leur aura été donné dans l'acte civil constatant leur naissance, et ce nom ne pourra être ni patronimique ni formé d'aucune des qualifications abolies par la présente constitution.

La dénomination de *prince* ne pourra être donnée à aucun autre individu, et n'emportera aucun privilège ni aucune exception au droit commun de tous les Français.

VII. Les actes par lesquels seront légalement constatés les naissances, mariages et décès des princes français, seront présentés au corps-législatif, qui en ordonnera le dépôt dans ses archives.

VIII. Il ne sera accordé aux membres de la famille du roi aucun apanage réel.

Les fils puînés du roi recevront à l'âge de vingt-cinq ans accomplis ou lors de leur mariage une rente apanagère, laquelle sera fixée par le corps-législatif, et finira à l'extinction de leur postérité masculine.

SECTION IV.

Des ministres.

Art. I⁰ʳ. Au roi seul appartiennent le choix et la révocation des ministres.

II. Les membres de l'assemblée nationale actuelle et des législatures suivantes, les membres du tribunal de cassation et ceux qui serviront dans le haut-jury, ne pourront être promus au ministère, ni recevoir aucunes places, dons, pensions, traitemens ou commissions du pouvoir exécutif, ou de ses agens, pendant la durée de leurs fonctions, ni pendant deux ans après en avoir cessé l'exercice.

Il en sera de même de ceux qui seront seulement inscrits sur la liste du haut jury, pendant tout le temps que durera leur inscription.

III. Nul ne peut entrer en exercice d'aucun emploi, soit dans les bureaux du ministère, soit dans ceux des régies ou administrations des revenus publics, ni en général d'aucun emploi à la nomination du pouvoir exécutif, sans prêter le serment civique, ou sans justifier qu'il l'a prêté.

IV. Aucun ordre du roi ne peut être exécuté s'il n'est signé par lui et contresigné par le ministre ou l'ordonnateur du département.

V. Les ministres sont responsables de tous les délits par eux commis contre la sûreté nationale et la constitution ;

De tout attentat à la propriété et à la liberté individuelle ;

De toute dissipation des deniers destinés aux dépenses de leur département.

VI. En aucun cas, l'ordre du roi, verbal ou par écrit, ne peut soustraire un ministre à la responsabilité.

VII. Les ministres sont tenus de présenter chaque année au corps-législatif, à l'ouverture de la session, l'aperçu des dépenses à faire dans leur département, de rendre compte de l'emploi des sommes qui y étaient destinées, et d'indiquer les abus qui auraient pu s'introduire dans les différentes parties du gouvernement.

VIII. Aucun ministre en place ou hors de place ne peut être poursuivi en matière criminelle, pour fait de son administration, sans un décret du corps-législatif.

CHAPITRE III.

De l'exercice du pouvoir législatif.

SECTION PREMIÈRE.

Pouvoirs et fonctions de l'assemblée nationale législative.

Art. Ier. La constitution délègue exclusivement au corps-législatif les pouvoirs et fonctions ci-après :

1° De proposer et décréter les lois : le roi peut seulement inviter le corps-législatif à prendre un objet en considération ;

2° De fixer les dépenses publiques ;

3° D'établir les contributions publiques, d'en déterminer la nature, la quotité, la durée et le mode de perception ;

4° De faire la répartition de la contribution directe entre les départemens du royaume, de surveiller l'emploi de tous les revenus publics, et de s'en faire rendre compte ;

5° De décréter la création ou la suppression des offices publics ;

6° De déterminer le titre, le poids, l'empreinte et la dénomination des monnaies ;

7° De permettre ou de défendre l'introduction des troupes étrangères sur le territoire français, et des forces navales étrangères dans les ports du royaume.

8° De statuer annuellement, après la proposition du roi, sur le nombre d'hommes et de vaisseaux dont les armées de terre et de mer seront composées ; sur la solde et le nombre d'individus de chaque grade ; sur les règles d'admission et d'avancement, les formes de l'enrôlement et du dégagement, la formation des équipages de mer ; sur l'admission des troupes ou des forces navales étrangères au service de France, et sur le traitement des troupes en cas de licenciement ;

9° De statuer sur l'administration, et d'ordonner l'aliénation des domaines nationaux ;

10° De poursuivre, devant la haute-cour nationale, la responsabilité des ministres et des agens principaux du pouvoir exécutif;

D'accuser et de poursuivre, devant la même cour, ceux qui seront prévenus d'attentat et de complot contre la sûreté générale de l'État, ou contre la constitution ;

11° D'établir les lois d'après lesquelles les marques d'honneur ou décorations purement personnelles seront accordées à ceux qui ont rendu des services à l'État;

12° Le corps-législatif a seul le droit de décerner les honneurs publics à la mémoire des grands hommes.

II. La guerre ne peut être décidée que par un décret du corps-législatif, rendu sur la proposition formelle et nécessaire du roi, et sanctionné par lui.

Dans le cas d'hostilités imminentes ou commencées, d'un allié à soutenir, ou d'un droit à conserver par la force des armes, le roi en donnera sans aucun délai la notification au corps-législatif, et en fera connaître les motifs.

Si le corps-législatif est en vacances, le roi le convoquera aussitôt.

Si le corps-législatif décide que la guerre ne doive pas être faite, le roi prendra sur-le-champ des mesures pour faire cesser ou prévenir toutes hostilités, les ministres demeurant responsables des délais.

Si le corps-législatif trouve que les hostilités commencées soient une agression coupable de la part des ministres ou de quelque autre agent du pouvoir exécutif, l'auteur de l'agression sera poursuivi criminellement.

Pendant tout le cours de la guerre, le corps-législatif peut requérir le roi de négocier la paix, et le roi est tenu de déférer à cette réquisition.

A l'instant où la guerre cessera, le corps-législatif fixera le délai dans lequel les troupes élevées au-dessus du pied de paix seront congédiées, et l'armée réduite à son état ordinaire.

III. Il appartient au corps-législatif de ratifier les traités de paix, d'alliance et de commerce, et aucun traité n'aura d'effet que par cette rectification.

Le corps-législatif a le droit de déterminer le lieu de ses séances, de les continuer autant qu'il le jugera nécessaire, et de s'ajourner : au commencement de chaque règne, s'il n'est pas réuni, il sera tenu de se rassembler sans delai.

Il a le droit de police dans le lieu de ses séances, et dans l'enceinte extérieure qu'il aura déterminée.

Il a le droit de discipline sur ses membres; mais il ne peut prononcer de punition plus forte que la censure, les arrêts pour huit jours, ou la prison pour trois jours.

Il a le droit de disposer, pour sa sûreté et pour le maintien du respect qui lui est dû, des forces qui, de son consentement, seront établies dans la ville où il tiendra ses séances.

V. Le pouvoir exécutif ne peut faire passer ou séjourner aucun corps de troupes de ligne dans la distance de trente mille toises du corps-législatif, si ce n'est sur sa réquisition ou avec son autorisation.

SECTION II.

Tenue des séances et forme de délibérer.

Art. Ier. Les délibérations du corps - législatif seront publiques, et les procès-verbaux de ses séances seront imprimés.

II. Le corps-législatif pourra cependant en toute occasion se former en *comité général.*

Cinquante membres auront le droit de l'exiger.

Pendant la durée du comité général, les assistans se retireront; le fauteuil du président sera vacant; l'ordre sera maintenu par le vice-président.

III. Aucun acte législatif ne pourra être délibéré et décrété que dans la forme suivante :

IV. Il sera fait trois lectures du projet de décret à trois intervalles, dont chacun ne pourra être moindre de huit jours.

V. La discussion sera ouverte après chaque lecture, et néanmoins, après la première ou seconde lecture, le corps-législatif pourra déclarer qu'il y a lieu à l'ajournement, ou qu'il n'y a pas lieu à délibérer : dans ce dernier cas, le projet de décret pourra être représenté dans la même session.

Tout projet de décret sera imprimé et distribué avant que la seconde lecture puisse en être faite.

VI. Après la troisième lecture, le président sera tenu de mettre en délibération, et le corps-législatif décidera, s'il se trouve en état de rendre un décret définitif, ou s'il veut renvoyer la décision à un autre temps pour recueillir de plus amples éclaircissemens.

VII. Le corps-législatif ne peut délibérer si la séance n'est composée de deux cents membres au moins, et aucun décret ne sera formé que par la pluralité absolue des suffrages.

VIII. Tout projet de loi qui, soumis à la discussion, aura été rejeté après la troisième lecture, ne pourra être représenté dans la même session.

IX. Le préambule de tout décret définitif énoncera, 1° les dates des séances auxquelles les trois lectures du projet auront été faites ; 2° le décret par lequel il aura été arrêté après la troisième lecture de décider définitivement.

X. Le roi refusera sa sanction aux décrets dont le préambule n'attestera pas l'observation des formes ci-dessus : si quelqu'un de ces décrets était sanctionné, les ministres ne pourront le sceller ni le promulguer, et leur responsabilité à cet égard durera six années.

XI. Sont exceptés des dispositions ci-dessus, les décrets reconnus et déclarés urgens par une délibération préalable du corps-législatif ; mais ils peuvent être modifiés ou révoqués dans le cours de la même session.

Le décret par lequel la matière aura été déclarée urgente en énoncera les motifs, et il sera fait mention de ce décret préalable dans le préambule du décret définitif.

SECTION III.

De la sanction royale.

Art. Ier. Les décrets du corps-législatif sont présentés au roi, qui peut leur refuser son consentement.

II. Dans le cas où le roi refuse son consentement, ce refus n'est que suspensif.

Lorsque les deux législatures qui suivront celle qui aura présenté le décret auront successivement représenté le même décret dans les mêmes termes, le roi sera censé avoir donné la sanction.

III. Le consentement du roi est exprimé sur chaque décret par cette formule signée de sa main : *Le roi consent et fera exécuter.*

Le refus suspensif est exprimé par celle-ci : *Le roi examinera.*

IV. Le roi est tenu d'examiner son consentement ou son refus sur chaque décret dans les deux mois de la présentation.

V. Tout décret auquel le roi a refusé son consentement ne peut lui être représenté par la même législature.

VI. Les décrets sanctionnés par le roi, et ceux qui lui auront été présentés par trois législatures consécutives, ont force de loi, et portent le nom et l'intitulé de *loi*.

VII. Seront néanmoins exécutés comme loi, sans être sujets à la sanction, les actes du corps-législatif concernant sa constitution en assemblée délibérante :

Sa police intérieure et celle qu'il pourra exercer dans l'enceinte extérieure qu'il aura déterminée ;

La vérification des pouvoirs de ses membres présens ;

Les injonctions aux membres absens ;

La convocation des assemblées primaires en retard ;

L'exercice de la police constitutionnelle sur les administrateurs et sur les officiers municipaux ;

Les questions, soit d'éligibilité, soit de validité, des élections.

Ne sont pareillement sujets à la sanction les actes relatifs à la responsabilité des ministres, ni les décrets portant qu'il y a lieu à accusation.

VIII. Les décrets du corps-législatif concernant l'établissement, la prorogation et la perception des contributions publiques, porteront le nom et l'intitulé de *loi*; ils seront promulgués et exécutés sans être sujets à la sanction, si ce n'est pour les dispositions qui établiraient des peines autres que des amendes et contraintes pécuniaires.

Ces décrets ne pourront être rendus qu'après l'observation des formalités prescrites par les articles IV, V, VI, VII, VIII et IX de la section II du présent chapitre, et le corps-législatif ne pourra y insérer aucunes dispositions étrangères à leur objet.

SECTION IV.

Relations du corps-législatif avec le roi.

Art. 1er. Lorsque le corps-législatif est définitivement constitué, il envoie au roi une députation pour l'en instruire. Le roi peut chaque année faire l'ouverture de la session, et proposer les objets qu'il croit devoir être pris en considération pendant le cours de cette session, sans néanmoins que cette formalité puisse être considérée comme nécessaire à l'activité du corps-législatif.

II. Lorsque le corps-législatif veut s'ajourner au-delà de quinze jours, il est tenu d'en prévenir le roi par une députation au moins huit jours d'avance.

III. Huitaine au moins avant la fin de chaque session, le corps-législatif envoie au roi une députation pour lui annoncer le jour où il se propose de terminer ses séances : le roi peut venir faire la clôture de la session.

IV. Si le roi trouve important au bien de l'État que la session soit continuée, ou que l'ajournement n'ait pas lieu, ou qu'il n'ait lieu que pour un temps moins long, il peut à cet effet envoyer un message, sur lequel le corps-législatif est tenu de délibérer.

V. Le roi convoquera le corps-législatif dans l'intervalle de ses sessions toutes les fois que l'intérêt de l'Etat lui paraîtra l'exiger, ainsi que dans les cas qui auront été prévus et déterminés par le corps-législatif avant de s'ajourner.

VI. Toutes les fois que le roi se rendra au lieu des séances du corps-législatif, il sera reçu et reconduit par une députation ; il ne pourra être accompagné dans l'intérieur de la salle que par le prince royal et par les ministres.

VII. Dans aucun cas le président ne pourra faire partie d'une députation.

VIII. Le corps-législatif cessera d'être corps délibérant tant que le roi sera présent.

IX. Les actes de la correspondance du roi avec le corps-législatif seront toujours contresignés par un ministre.

X. Les ministres du roi auront entrée dans l'assemblée nationale législative ; ils y auront une place marquée ; ils seront entendus toutes les fois qu'ils le demanderont, sur les objets relatifs à leur administration, ou lorsqu'ils seront requis de donner des éclaircissemens. Ils seront également entendus sur les objets étrangers à leur administration quand l'assemblée nationale leur accordera la parole.

CHAPITRE IV.

De l'exercice du pouvoir exécutif.

Art. Ier. Le pouvoir exécutif suprême réside exclusivement dans la main du roi.

Le roi est le chef suprême de l'administration générale du royaume : le soin de veiller au maintien de l'ordre et de la tranquillité publique lui est confié.

Le roi est le chef suprême de l'armée de terre et de l'armée navale.

Au roi est délégué le soin de veiller à la sûreté extérieure du royaume, d'en maintenir les droits et les possessions.

II. Le roi nomme les ambassadeurs et les autres agens des négociations politiques.

Il confère le commandement des armées et des flottes, et les grades de maréchal de France et d'amiral.

Il nomme les deux tiers des contre-amiraux, la moitié des lieutenans-généraux, maréchaux-de-camp, capitaines de vaisseau et colonels de la gendarmerie nationale.

Il nomme le tiers des colonels et des lieutenans-colonels, et le sixième des lieutenans de vaisseau ; le tout en se conformant aux lois sur l'avancement.

Il nomme, dans l'administration civile de la marine, les ordonnateurs, les contrôleurs, les trésoriers des arsenaux, les chefs des travaux, sous-chefs des bâtimens civils ; la moitié des chefs d'administration et des sous-chefs de construction.

Il nomme les commissaires auprès des tribunaux.

Il nomme les préposés en chef aux régies des contributions indirectes, et l'administration des domaines nationaux.

Il surveille la fabrication des monnaies, et nomme les officiers chargés d'exercer cette surveillance dans la commission générale et dans les hôtels des monnaies.

L'effigie du roi est empreinte sur toutes les monnaies du royaume.

III. Le roi fait délivrer des lettres-patentes, brevets et commissions aux fonctionnaires publics ou autres qui doivent en recevoir.

IV. Le roi fait dresser la liste des pensions et gratifications pour être présentée au corps-législatif à chacune de ses sessions, et décrétée s'il y a lieu.

SECTION Ire.

De la promulgation des lois.

Art. Ier. Le pouvoir exécutif est chargé de faire sceller les lois du sceau de l'État, et de les faire promulguer.

Il est chargé également de faire promulguer et exécuter les actes du corps-législatif qui n'ont pas besoin de la sanction du roi.

II. Il sera fait deux expéditions originales de chaque loi, toutes deux signées du roi, contresignées par le ministre de la justice, et scellées du sceau de l'État.

L'une sautera déposée aux archives du sceau, et l'autre sera remise aux archives du corps-législatif.

III. La promulgation des lois sera ainsi conçue :

« N. (*le nom du roi*), par la grâce de Dieu et par la loi constitutionnelle de l'État, roi des Français, à tous présens et à venir, salut. L'assemblée nationale a décrété et nous voulons et ordonnons ce qui suit :

(*La copie littérale du décret sera insérée sans aucun changement.*)

» Mandons et ordonnons à tous les corps administratifs et tribunaux que les présentes ils fassent consigner dans leurs registres, lire, publier et afficher dans leurs départemens et ressorts respectifs, et exécuter comme loi du royaume; en foi de quoi nous avons signé ces présentes, auxquelles nous avons fait apposer le sceau de l'État. »

IV. Si le roi est mineur, les lois, proclamations, et autres actes émanés de l'autorité royale pendant la régence, seront conçus ainsi qu'il suit :

« N. (*le nom du régent*), régent du royaume, au nom de N. (*le nom du roi*), par la grâce de Dieu et par la loi constitutionnelle de l'État, roi des Français, etc., etc., etc. »

V. Le pouvoir exécutif est tenu d'envoyer les lois aux corps administratifs et aux tribunaux, de se faire certifier cet envoi et d'en justifier au corps-législatif.

VI. Le pouvoir exécutif ne peut faire aucune loi, même provisoire, mais seulement des proclamations conformes aux lois pour en ordonner ou en rappeler l'exécution.

SECTION II.
De l'administration intérieure.

Art. Ier. Il y a dans chaque département une administration supérieure, et dans chaque district une administration subordonnée.

II. Les administrateurs n'ont aucun caractère de représentation.

Ils sont des agens élus à temps par le peuple pour exercer,

sous la surveillance et l'autorité du roi, les fonctions administratives.

III. Ils ne peuvent ni s'immiscer dans l'exercice du pouvoir
législatif ou suspendre l'exécution des lois, ni rien entreprendre
sur l'ordre judiciaire ni sur les dispositions ou opérations militaires.

IV. Les administrateurs sont essentiellement chargés de répartir les contributions directes et de surveiller les deniers provenant de toutes les contributions et revenus publics dans leur
territoire. Il appartient au pouvoir législatif de déterminer les
règles et le mode de leurs fonctions, tant sur les objets ci-dessus
exprimés que sur toutes les autres parties de l'administration
intérieure.

V. Le roi a le droit d'annuler les actes des administrateurs
de département contraires aux lois ou aux ordres qu'il leur aura
adressés.

Il peut, dans le cas d'une désobéissance persévérante, ou s'ils
compromettent par leurs actes la sûreté ou la tranquillité publique, les suspendre de leurs fonctions.

VI. Les administrateurs de département ont de même le droit
d'annuler les actes des sous-administrateurs de district contraires
aux lois ou aux arrêtés des administrateurs de département, ou
aux ordres que ces derniers leur auront donnés ou transmis.

Ils peuvent également, dans le cas d'une désobéissance persévérante des sous-administrateurs, ou si ces derniers compromettent par leurs actes la sûreté ou la tranquillité publique, les
suspendre de leurs fonctions, à la charge d'en instruire le roi,
qui pourra lever ou confirmer la suspension.

VII. Le roi peut, lorsque les administrateurs de département
n'auront pas usé du pouvoir qui leur est délégué dans l'article ci-
dessus, annuler directement les actes des sous-administrateurs,
et les suspendre dans les mêmes cas.

VIII. Toutes les fois que le roi aura prononcé ou confirmé la
suspension des administrateurs ou sous-administrateurs, il en
instruira le corps-législatif.

Celui-ci pourra ou lever la suspension, ou la confirmer, ou
même dissoudre l'administration coupable, et, s'il y a lieu, renvoyer tous les administrateurs ou quelques-uns d'eux aux tribunaux criminels, ou porter contre eux le décret d'accusation.

SECTION III.
Des relations extérieures.

Art. Ier. Le roi seul peut entretenir des relations politiques
au dehors, conduire les négociations, faire des préparatifs de
guerre proportionnés à ceux des États voisins, distribuer les
forces de terre et de mer ainsi qu'il le jugera convenable, et en
régler la direction en cas de guerre.

II. Toute déclaration de guerre sera faite en ces termes : *De la
part du roi des Français, au nom de la nation.*

III. Il appartient au roi d'arrêter et de signer avec toutes les
puissances étrangères tous les traités de paix, d'alliance et de
commerce, et autres conventions qu'il jugera nécessaires au bien
de l'État, sauf la ratification du corps-législatif.

CHAPITRE V.
Du pouvoir judiciaire.

Art. Ier. Le pouvoir judiciaire ne peut en aucun cas être
exercé par le corps-législatif ni par le roi.

II. La justice sera rendue gratuitement par des juges élus à
temps par le peuple et institués par lettres-patentes du roi, qui
ne pourra les refuser.

Ils ne pourront être ni destitués que pour forfaiture dûment
jugée, ni suspendus que par une accusation admise.

L'accusateur public sera nommé par le peuple.

III. Les tribunaux ne peuvent ni s'immiscer dans l'exercice du
pouvoir législatif, ou suspendre l'exécution des lois, ni entreprendre sur les fonctions administratives, ou citer devant eux
les administrateurs pour raison de leurs fonctions.

IV. Les citoyens ne peuvent être distraits des juges que la loi
leur assigne, par aucune commission, ni par d'autres attributions
et évocations que celles qui sont déterminées par les lois.

V. Le droit des citoyens de terminer définitivement leurs contestations par la voie de l'arbitrage, ne peut recevoir aucune atteinte par les actes du pouvoir législatif.

VI. Les tribunaux ordinaires ne peuvent recevoir aucune action au civil, sans qu'il leur soit justifié que les parties ont comparu, ou que le demandeur a cité sa partie adverse devant des médiateurs, pour parvenir à une conciliation.

VII. Il y aura un ou plusieurs juges de paix dans les cantons et dans les villes; le nombre en sera déterminé par le pouvoir législatif.

VIII. Il appartient au pouvoir législatif de régler le nombre et les arrondissemens des tribunaux, et le nombre des juges dont chaque tribunal sera composé.

IX. En matière criminelle, nul citoyen ne peut être jugé que sur une accusation reçue par des jurés, ou décrétée par le corps-législatif dans les cas où il lui appartient de poursuivre l'accusation.

Après l'accusation admise, le fait sera reconnu et déclaré par des jurés.

L'accusé aura la faculté d'en récuser jusqu'à vingt sans donner des motifs.

Les jurés qui déclareront le fait ne pourront être au-dessous du nombre de douze.

L'application de la loi sera faite par des juges.

L'instruction sera publique, et l'on ne pourra refuser aux accusés le secours d'un conseil.

Tout homme acquitté par un jury légal ne peut plus être repris ni accusé à raison du même fait.

X. Nul homme ne peut être saisi que pour être conduit devant l'officier de police, et nul ne peut être mis en arrestation ou détenu qu'en vertu d'un mandat des officiers de police, d'une ordonnance de prise de corps d'un tribunal, d'un décret d'accusation du corps-législatif, dans le cas où il lui appartient de le prononcer, ou d'un jugement de condamnation à prison ou détention correctionnelle.

XI. Tout homme saisi et conduit devant l'officier de police, sera examiné sur-le-champ, ou au plus tard dans les vingt-quatre heures.

S'il résulte de l'examen qu'il n'y ait aucun sujet d'inculpation contre lui, il sera remis aussitôt en liberté, ou s'il y a lieu de l'envoyer à la maison d'arrêt, il y sera conduit dans le plus bref délai, qui, en aucun cas, ne pourra excéder trois jours.

XII. Nul homme arrêté ne peut être retenu, s'il donne caution suffisante dans tous les cas où la loi permet de rester libre sous cautionnement.

XIII. Nul homme, dans le cas où sa détention est autorisée par la loi, ne peut être conduit et détenu que dans les lieux légalement et publiquement désignés pour servir de maison d'arrêt, de maison de justice ou de prison.

XIV. Nul gardien ou geôlier ne peut recevoir ni retenir aucun homme qu'en vertu d'un mandat, ordonnance de prise de corps, décret d'accusation ou jugement mentionné dans l'article X ci-dessus, et sans que la transcription en ait été faite sur son registre.

XV. Tout gardien ou geôlier est tenu, sans qu'aucun ordre puisse l'en dispenser, de représenter la personne du détenu à l'officier civil ayant la police de la maison de détention, toutes les fois qu'il en sera requis par la loi.

La représentation de la personne du détenu ne pourra de même être refusée à ses parens et amis porteurs de l'ordre de l'officier civil, qui sera toujours tenu de l'accorder, à moins que le gardien ou geôlier ne représente une ordonnance du juge, transcrite sur son registre, pour tenir l'arrêté au secret.

XVI. Tout homme, quelle que soit sa place ou son emploi, autre que ceux à qui la loi donne le droit d'arrestation, qui donnera, signera, exécutera ou fera exécuter l'ordre d'arrêter un citoyen; ou quiconque, même dans les cas d'arrestation autorisées par la loi, conduira, recevra ou retiendra un citoyen dans un lieu de détention non publiquement et légalement désigné; et *tout gardien ou geôlier* qui contreviendra aux dispositions des articles XIV et XV ci-dessus, seront coupables du crime de détention arbitraire.

XVII. Nul homme ne peut être recherché ni poursuivi pour raison des écrits qu'il aura fait imprimer ou publier sur quelque matière que ce soit, si ce n'est qu'il ait provoqué à dessein la désobéissance à la loi, l'avilissement des pouvoirs constitués, la résistance à leurs actes ou quelques-unes des actions déclarées crimes ou délits par la loi.

La censure sur les actes des pouvoirs constitués est permise ; mais les calomnies volontaires contre la probité des fonctionnaires publics et la droiture de leurs intentions dans l'exercice de leurs fonctions, pourront être poursuivies par ceux qui en sont l'objet.

Les calomnies et injures contre quelques personnes que ce soit, relatives aux actions de leur vie privée, seront punies sur leur poursuite.

XVIII. Nul ne peut être jugé, soit par la voie civile, soit par la voie criminelle, pour faits d'écrits imprimés ou publiés, sans qu'il ait été reconnu et déclaré par un juré : 1° s'il y a délit dans l'écrit dénoncé ; 2° si la personne poursuivie en est coupable.

XIX. Il y aura pour tout le royaume un seul tribunal de cassation, établi auprès du corps-législatif ; il aura pour fonctions de prononcer :

Sur les demandes en cassation contre les jugemens rendus en dernier ressort par les tribunaux ;

Sur les demandes en renvoi d'un tribunal à un autre pour cause de suspicion légitime ;

Sur les réglemens de juges et les prises à partie contre un tribunal entier.

XX. En matière de cassation, le tribunal de cassation ne pourra jamais connaître du fond des affaires ; mais, après avoir cassé le jugement qui aura été rendu sur une procédure dans laquelle les formes auront été violées, ou qui contiendra une contravention expresse à la loi, il renverra le fond du procès au tribunal qui doit en connaître.

XXI. Lorsqu'après deux cassations, le jugement du troisième

tribunal sera attaqué par les mêmes moyens que les deux premiers, la question ne pourra plus être agitée au tribunal de cassation sans avoir été soumise au corps-législatif, qui portera un décret déclaratoire de la loi, auquel le tribunal de cassation sera tenu de se conformer.

XXII. Chaque année le tribunal de cassation sera tenu d'envoyer à la barre du corps-législatif une députation de huit de ses membres, qui lui présenteront l'état des jugemens rendus, à côté de chacun desquels seront la notice abrégée de l'affaire, et le texte de la loi qui aura déterminé la décision.

XXIII. Une haute-cour nationale, formée des membres du tribunal de cassation et de hauts-jurés, connaîtra des délits des ministres et agens principaux du pouvoir exécutif, et des crimes qui attaqueront la sûreté générale de l'État, lorsque le corps-législatif aura rendu un décret d'accusation.

Elle ne se rassemblera que sur la proclamation du corps-législatif, et à une distance de trente mille toises au moins du lieu où la législature tiendra ses séances.

XXIV. Les expéditions exécutoires des jugemens des tribunaux seront conçues ainsi qu'il suit :

« N. (*le nom du roi*), par la grâce de Dieu et par la loi constitutionnelle de l'État, roi des Français, à tous présens et à venir, salut. Le tribunal de... a rendu le jugement suivant :

(*Ici sera copié le jugement, dans lequel il sera fait mention du nom des juges.*)

» Mandons et ordonnons à tous huissiers sur ce requis de » mettre ledit jugement à exécution ; à nos commissaires auprès » des tribunaux d'y tenir la main, et à tous commandans et » officiers de la force publique de prêter main-forte lorsqu'ils » en seront légalement requis. En foi de quoi le présent jugement a été signé par le président du tribunal et par le greffier. »

XXV. Les fonctions des commissaires du roi auprès des tribunaux seront de requérir l'observation des lois dans les jugemens à rendre, et de faire exécuter les jugemens rendus.

ils ne seront point accusateurs publics; mais ils seront entendus sur toutes les accusations, et requerront pendant le cours de
l'instruction pour la régularité des formes, et avant le jugement
pour l'application de la loi.

XXVI. Les commissaires du roi auprès des tribunaux dénonceront au directeur du jury, soit d'office, soit d'après les ordres
qui leur seront donnés par le roi :

Les attentats contre la liberté individuelle des citoyens, contre
la libre circulation des subsistances et autres objets de commerce, et contre la perception des contributions ;

Les délits par lesquels l'exécution des ordres donnés par le roi
dans l'exercice des fonctions qui lui sont déléguées, serait troublée
ou empêchée ;

Les attentats contre le droit des gens, et les rébellions à l'exécution des jugemens et de tous les actes exécutoires émanés des
pouvoirs constitués.

XXVII. Le ministre de la justice dénoncera au tribunal de cassation, par la voie du commissaire du roi, et sans préjudice du
droit des parties intéressées, les actes par lesquels les juges auraient excédé les bornes de leur pouvoir.

Le tribunal les annulera; et s'ils donnent lieu à la forfaiture,
le fait sera dénoncé au corps-législatif, qui rendra le décret d'accusation, s'il y a lieu, et renverra les prévenus devant la haute-
cour nationale.

TITRE IV.
De la force publique.

Art. Ier. La force publique est instituée pour défendre l'État
contre les ennemis du dehors, et assurer au dedans le maintien
de l'ordre et l'exécution des lois.

II. Elle est composée :

De l'armée de terre et de mer ;

De la troupe spécialement destinée au service intérieur ;

Et subsidiairement des citoyens actifs, et de leurs enfans en
état de porter les armes, inscrits sur le rôle de la garde nationale.

III. Les gardes nationales ne forment ni un corps militaire, ni une institution dans l'État; ce sont les citoyens eux-mêmes appelés au service de la force publique.

IV. Les citoyens ne pourront jamais se former ni agir comme gardes nationales qu'en vertu d'une réquisition ou d'une autorisation légale.

V. Ils sont soumis en cette qualité à une organisation déterminée par la loi.

Ils ne peuvent avoir dans tout le royaume qu'une même discipline et un même uniforme.

Les distinctions de grade et la subordination ne subsistent que relativement au service et pendant sa durée.

VI. Les officiers sont élus à temps, et ne peuvent être réélus qu'après un intervalle de service comme soldats.

Nul ne commandera la garde nationale de plus d'un district.

VII. Toutes les parties de la force publique employées pour la sûreté de l'État contre les ennemis du dehors agiront sous les ordres du roi.

VIII. Aucun corps ou détachement de troupes de ligne ne peut agir dans l'intérieur du royaume sans une réquisition légale.

IX. Aucun agent de la force publique ne peut entrer dans la maison d'un citoyen, si ce n'est pour l'exécution des mandemens de police et de justice, ou dans les cas formellement prévus par la loi.

X. La réquisition de la force publique, dans l'intérieur du royaume, appartient aux officiers civils, suivant les règles déterminées par le pouvoir législatif.

XI. Si les troubles agitent tout un département, le roi donnera, sous la responsabilité de ses ministres, les ordres nécessaires pour l'exécution des lois et le rétablissement de l'ordre, mais à la charge d'en informer le corps-législatif s'il est assemblé, et de le convoquer s'il est en vacances.

XII. La force publique est essentiellement obéissante; nul corps armé ne peut délibérer.

XIII. L'armée de terre et de mer, et la troupe destinée à la sûreté intérieure, sont soumises à des lois particulières, soit

·pour le maintien de la discipline, soit pour la forme des jugemens et la nature des peines en matière de délits militaires.

TITRE V.
Des contributions publiques.

Art. Iᵉʳ. Les contributions publiques seront délibérées et fixées chaque année par le corps-législatif, et ne pourront subsister au-delà du dernier jour de la session suivante, si elles n'ont pas été expressément renouvelées.

II. Sous aucun prétexte, les fonds nécessaires à l'acquittement de la dette nationale et au paiement de la liste civile, ne pourront être ni refusés ni suspendus.

Le traitement des ministres du culte catholique pensionnés, conservés, élus ou nommés en vertu des décrets de l'assemblée nationale constituante, fait partie de la dette nationale.

Le corps-législatif ne pourra en aucun cas charger la nation du paiement des dettes d'aucun individu.

III. Les comptes détaillés de la dépense des départemens ministériels, signés et certifiés par les ministres ou ordonnateurs généraux, seront rendus publics par la voie de l'impression au commencement des sessions de chaque législature.

Il en sera de même des états de recette des diverses contributions, et de tous les revenus publics.

Les états de ces dépenses et recettes seront distingués suivant leur nature, et exprimeront les sommes touchées et dépensées année par année dans chaque district.

Les dépenses particulières à chaque département, et relatives aux tribunaux, aux corps administratifs et autres établissemens, seront également rendues publiques.

IV. Les administrateurs de département et sous-administrateurs ne pourront ni établir aucune contribution publique, ni faire aucune répartition au-delà du temps et des sommes fixées par le corps-législatif, ni délibérer ou permettre, sans y être autorisés par lui, aucun emprunt local à la charge des citoyens du département.

V. Le pouvoir exécutif dirige et surveille la perception et le versement des contributions, et donne tous les ordres nécessaires à cet effet.

TITRE VI.

Des rapports de la nation française avec les nations étrangères.

La nation française renonce à entreprendre aucune guerre dans la vue de faire des conquêtes, et n'emploiera jamais ses forces contre la liberté d'aucun peuple.

La constitution n'admet point de droit d'aubaine.

Les étrangers établis ou non en France succèdent à leurs parens étrangers ou français.

Ils peuvent contracter, acquérir et recevoir des biens situés en France, et en disposer, de même que tout citoyen français, par tous les moyens autorisés par les lois.

Les étrangers qui se trouvent en France sont soumis aux mêmes lois criminelles et de police que les citoyens français, sauf les conventions arrêtées avec les puissances étrangères; leur personne, leurs biens, leur industrie, leur culte, sont également protégés par la loi.

TITRE VII.

De la révision des décrets constitutionnels.

Art. Ier. L'assemblée nationale constituante déclare que la nation a le droit imprescriptible de changer sa constitution ; et néanmoins, considérant qu'il est plus conforme à l'intérêt national d'user seulement par les moyens pris dans la constitution même, du droit d'en réformer les articles dont l'expérience aurait fait sentir les inconvéniens, décrète qu'il y sera procédé par une assemblée de révision, en la forme suivante :

II. Lorsque trois législatures consécutives auront émis un vœu uniforme pour le changement de quelque article constitutionnel, il y aura lieu à la révision demandée.

III. La prochaine législature et la suivante ne pourront proposer la réforme d'aucun article constitutionnel.

IV. Des trois législatures qui pourront par la suite proposer quelques changemens, les deux premières ne s'occuperont de cet objet que dans les deux derniers mois de leur dernière session, et la troisième, à la fin de sa première session annuelle ou au commencement de la seconde.

Leurs délibérations sur cette matière seront soumises aux mêmes formes que les actes législatifs; mais les décrets par lesquels elles auront émis leur vœu, ne seront pas sujets à la sanction du roi.

V. La quatrième législature, augmentée de deux cent quarante-neuf membres élus en chaque département par doublement du nombre ordinaire qu'il fournit pour sa population, formera l'assemblée de révision.

Ces deux cent quarante-neuf membres seront élus après que la nomination des représentans au corps-législatif aura été terminée, et il en sera fait un procès-verbal séparé.

L'assemblée de révision ne sera composée que d'une chambre.

VI. Les membres de la troisième législature qui aura demandé le changement, ne pourront être élus à l'assemblée de révision.

VII. Les membres de l'assemblée de révision, après avoir prononcé tous ensemble le serment *de vivre libres ou mourir*, prêteront individuellement celui *de se borner à statuer sur les objets qui leur auront été soumis par le vœu uniforme des trois législatures précédentes; de maintenir au surplus de tout leur pouvoir la constitution du royaume, décrétée par l'assemblée nationale constituante aux années 1789, 1790 et 1791, et d'être en tout fidèles à la nation, à la loi et au roi.*

VIII. L'assemblée de révision sera tenue de s'occuper ensuite, et sans délai, des objets qui auront été soumis à son examen. Aussitôt que son travail sera terminé, les deux cent quarante-neuf membres nommés en augmentation se retireront sans pouvoir prendre part en aucun cas aux actes législatifs.

—

Les colonies et possessions françaises dans l'Asie, l'Afrique et

Du 1er mai 1789 au 1er janvier 1791.

Recettes et dépenses en projet.	Recettes ordinaires	676,668,356 l.
	Recettes extraordinaires	638,176,360
		1,314,844,716
	Dépenses ordinaires	852,336,732
	Dépenses extraordinaires	425,841,064
		1,248,177,796

Recettes et dépenses effectives.	Recettes ordinaires , réduction faite de 13,104,984	663,563,372
	Recettes extraordinaires	585,015,362
		1,248,578,734
	Dépenses ordinaires , réduction faite de 13,104,984	839,231,748
	Dépenses extraordinaires	373,677,066
		1,212,908,814

Montesquiou établit ensuite les comptes entre le 1er janvier 1791 et le 1er juillet de la même année. Il dit que la totalité des assignats décrétés est de 1,800,000,000 liv.; qu'il en a été employé 1,283,273,333 liv.; que les rentrées successives opérées par la caisse de l'extraordinaire, montaient le 1er août à 221,234,831 l. dont il en avait été brûlé 515,000,000; qu'ainsi la somme des assignats en circulation est de 1,062,038,502 liv. — La dette fixée à 2,300,000,000 livres subira, ajoute Montesquiou, avant la fin de 1791, une réduction de 750,000,000 liv.; ce qui ne laissera à la charge de 1792, qu'un passif flottant de 1,550,000,000 liv.

Nous empruntons à l'*Atlas national portatif de la France*, destiné à l'instruction publique, dédié à l'assemblée nationale (1791), un document sur les contributions publiques, qui complétera notre résumé du rapport précédent.

TABLEAU résumé de la nouvelle division de la France en départemens, districts et cantons, suivant l'ordre des régions, présentant : 1° l'état de la population active et individuelle pour l'année 1791; 2° le montant de la contribution foncière et mobilière

pour la même année, la comparaison et la différence de la contri-
bution ancienne avec la nouvelle.

NOMS des secteurs.	Nombre des départemens.	Nombre des districts.	Nombre des cantons.	Étendue en lieues carrées de 25 au deg.	Population active en 1791.	Population individuelle en (1791).	Contribution foncière et mobilière pour 1791.	Contribution ancienne, et sou pour liv. compris.	Différence des anciennes contributions avec celle de 300,000,000
1. Nord.....	11	72	621	5,169	744,917	4,738,691	55,089,000	158,111,407	75,022,407
2. Nord-Est..	9	65	592	3,822	443,152	2,870,350	37,508,400	49,822,412	22,117,012
3. Est...	9	55	575	3,964	485,447	3,097,255	30,604,700	55,634,410	25,029,710
4. Sud-Est...	9	54	476	3,995	389,130	2,544,787	16,016,700	29,520,565	13,503,865
5. Sud....	9	45	411	2,815	382,153	2,400,425	25,715,200	46,535,765	20,819,565
6. Sud-Ouest..	9	58	436	3,390	479,057	2,947,306	24,976,504	45,196,354	20,220,035
7. Ouest.....	9	61	475	2,956	437,710	2,927,121	28,872,400	52,734,273	23,881,873
8. Nord-Ouest.	9	71	615	2,859	504,948	3,518,200	36,215,800	67,962,251	31,746,451
9. Centre	9	64	437	3,107	509,857	2,544,100	25,206,300	47,012,969	21,806,469
TOTAL....	85	544	4658	27,005	4,298,360	27,190,025	300,000,000	552,147,386	255,147,386

Le rapport de Montesquiou fut attaqué par les royalistes avec
une violence inouïe. La séance du 28 septembre vit se renouveler ces scènes d'altercations furieuses dont nous avons eu quelquefois à entretenir nos lecteurs. La haine, l'injure, la rage,
firent descendre ce jour-là l'assemblée nationale à un degré de
grossièreté où nous n'avons jamais trouvé aucun des clubs,
même au plus fort de leurs colères. « M. le président, s'écriait
Maury, faites taire tous ces aboyeurs-là; rappelez à l'ordre cet
ecclésiastique-là, qui a l'impudence de m'appeler un insolent. »
M. Lavie. « Nous vous recommanderons dans nos départemens. »
Plusieurs membres de la partie droite se lèvent en menaçant
M. Lavie. *M. d'Esprémenil.* « Justice de l'infâme propos tenu par
M. Lavie! » *M. Lavie.* « Il n'y a d'infâmes dans l'assemblée que
ceux qui me parlent. » *M. Guillermy.* « Qu'est-ce qu'un gueux
comme celà ? »

Le côté droit voulait des comptes; il traitait de roman le rapport de Montesquiou, et avait préparé par des brochures et des
placards l'assaut qu'il se proposait de livrer le 24 à la majorité
de la constituante. Toute la discussion se borna à distinguer
entre un compte de gestion et un compte d'opérations. Malouet
lui-même ayant reconnu que l'assemblée ne devait qu'un compte
de cette dernière espèce, le tumulte des réclamations dont Maury
avait donné le signal, alla ridiculement s'éteindre dans un ordre
du jour pur et simple.

Les objections sérieuses étaient consignées dans un factum de Bergasse, député de la sénéchaussée de Lyon. Son système critique consistait à prouver : 1° que les impositions nouvelles ne suppléaient pas aux impositions supprimées; 2° qu'elles n'avaient même rendu qu'une somme de beaucoup inférieure à celle qu'on en attendait. A l'aide de ces calculs, et en réduisant à soixante-dix millions la rente des biens ecclésiastiques, taux supposé seul admissible depuis la suppression de la dîme, Bergasse démontrait un déficit annuel de 453,719,005 liv. 13 s. 4 d.

Armée. — Le 1ᵉʳ août Biron fait décréter des fonds pour les travaux du camp de Maubeuge, et l'envoi au général Rochambeau d'un renfort de gardes nationales et de troupes à cheval. La Fayette rend compte du zèle des Parisiens pour la formation de nouveaux bataillons déjà armés et campés près Paris. Le 3, Menou, au nom du comité militaire et de constitution, présenta un projet de décret sur la garde soldée de Paris. Les dispositions principales étaient : 1° de supprimer cette garde, composée de 9,292 hommes ; 2° de composer de ses élémens conservés deux divisions de gendarmerie nationale, l'une à pied, l'autre à cheval, deux bataillons d'infanterie légère, trois régimens de troupes de ligne; 3° de conserver aux individus actuellement existans la paye qu'ils avaient eue comme gardes nationales soldées, et de donner à ceux qui les remplaceraient la paye de toutes les autres troupes de ligne. Noailles, Pétion et Rewbell demandèrent successivement l'impression et l'ajournement. L'avis du comité, défendu par MM. A. Lameth, Fréteau, Dandré, Emmery, Barnave et la Fayette fut adopté par l'assemblée. L'objection de Noailles était l'impossibilité de décréter coup sur coup, avec connaissance de cause, un si grand nombre d'articles. Celle de Pétion était la crainte de violer l'esprit de la constitution, en plaçant tout à coup près des lieux où le corps-législatif tenait ses séances neuf mille hommes de troupes de ligne. Quant à Rewbell, il disait qu'avant de transformer en troupes de ligne des gardes nationales, il fallait bien savoir à qui le commandement serait donné, et suivant quelles règles il serait exercé. Le 4, Emery fit décréter l'organisation définitive des gardes nationales qui se rendirent aux frontières. Le 14, Reynaud exposa l'insubordination du 12ᵉ régiment de cavalerie : les pièces furent envoyées au pouvoir exécutif. Le 16, A. Beauharnais fit porter de 8 à 12,000 hommes le nombre des gardes nationales destinées à couvrir la frontière de Bitche à Béfort. Le 18, le ministre de la guerre rendit compte de l'exécution des décrets pour la défense des places frontières, et pour l'envoi des troupes de ligne. Le 28, Chabroud fit un rapport sur l'insubordination de plusieurs régimens, et proposa un décret général disciplinaire, ayant pour objet d'autoriser les commandans des divisions à déployer la force armée, tant des troupes de ligne que des gardes nationales contre les régimens en révolte; d'établir la peine de mort contre les officiers et sous-officiers, et celle de vingt ans de chaîne contre les soldats qui, après une troisième proclamation, persisteraient dans la sédition; et enfin d'autoriser les cours martiales à prononcer la condamnation sur-le-champ, d'après le procès-verbal des trois officiers commis par le commandant de la division.

Pétion demande l'ajournement.

M. A. Lameth. « Je déclare que ce sont les opinions prononcées dans diverses sociétés, particulièrement dans l'assemblée nationale, par MM. Pétion et Robespierre, sur l'armée, qui lui ont fait le plus grand mal. (Il s'élève quelques applaudissemens et des murmures.) On a toujours argué de la déclaration des droits, de l'égalité des citoyens dans un ordre de choses où il est cependant si facile de voir que l'égalité ne peut exister : c'est méconnaître les droits des citoyens que de parler dans cet ordre de choses-ci d'égalité. L'armée est instituée par la nation et pour elle; tout ce qui est utile à la nation doit y être observé. Comment d'ailleurs la liberté et l'égalité sont-elles compatibles avec un engagement?

» J'ai vu applaudir un soldat disant que, sur la manière dont étaient faites les palissades à Givet, il allait dénoncer le ministre de la guerre au tribunal du sixième arrondissement de Paris. Je demande s'il peut exister de la subordination avec de pareilles

dénonciations ; c'est dans un moment où tous les bons citoyens
gémissent de l'état d'indiscipline où se trouvent plusieurs régimens ; lorsque le second bataillon de Beauce est prêt à incendier
la ville où il est en garnison ; lorsqu'on sera peut-être obligé de
faire marcher des troupes contre la garnison de Phalsbourg ;
lorsque la loi que l'on propose n'est peut-être que trop douce
pour réprimer ces excès, que M. Pétion vient prendre la défense
des soldats. Je puis assurer que la plupart des officiers ne s'en
vont que parce qu'ils ont peur d'être pendus par les soldats.
M. Rochambeau ne peut jouir de son armée, si vous ne prenez
des mesures contre trois cents brigands qui sont dans la citadelle
d'Arras. M. Lukner, tous les généraux écrivent qu'ils ne répondent plus de rien. »

Robespierre fit de longs efforts pour obtenir la parole. Il
ne put se faire entendre que lorsque la proposition de Pétion
eut été écartée.

M. Robespierre. « J'ai des observations très-simples à présenter. Je vais prouver à tout le monde que mes opinions ne tendent
pas à exciter des troubles ; car je discuterai la question d'après
les mêmes principes qui m'ont toujours dirigé, et je préfèrerai
l'arme du raisonnement à celle de la calomnie. Si le grand appareil de la force est dangereux, c'est surtout quand il est inutile.
Je pense que la question ne doit pas être jugée sur les terreurs
que quelques personnes cherchent à exciter, mais sur des faits.
Je ne sais si tous les faits qu'on vous a cités sont faux ; mais je
jure qu'il y a de l'exagération. »

N.... « Le parieriez-vous ? »

M. Roussillon. « N'est-il pas vrai que vous entretenez une correspondance avec l'armée ? »

M. Robespierre. « Je ne réponds pas à une inculpation qui n'est
qu'une assertion ridicule ou une calomnie atroce. Je dirai plutôt
qu'il est absolument faux qu'il y ait trois cents brigands dans la
citadelle d'Arras. »

M. Charles Lameth. « Il n'est pas un des officiers de la garnison d'Arras qui ne regarde les excès du bataillon de Beauce

comme propres à mettre tous les régimens en révolte, et je prie l'assemblée de ne pas croire M. Robespierre. »

M. Robespierre. « Je déclare que si les officiers d'Arras sont de l'avis de M. Lameth, tous les citoyens impartiaux sont d'un avis contraire. »

M. Estourmel. « Je demande à éclairer l'assemblée ; il est temps que les factieux ne l'égarent plus. »

M. Robespierre. « Il est possible que les trois cents soldats de Beauce, qui sont dans la citadelle d'Arras, aient manqué au respect dû à leur chef ; mais quel ordre leur donnait-on ? Celui de quitter le ruban patriotique. Les ennemis de la constitution ont aussitôt profité de ce mouvement pour faire de ces soldats les instrumens de leurs projets ; mais ils ont été dénoncés par les soldats eux-mêmes aux tribunaux, et la procédure va être envoyée à l'assemblée nationale. Je ne vois rien là-dedans qui nécessite les mesures extraordinaires qui vous ont été proposées. Maintenant je reviens à la question. Je pense que c'est un moyen d'exciter la sédition et la révolte, que d'agir comme s'il devait y avoir une sédition. Je pense qu'il est extrêmement dangereux de montrer toujours aux troupes de ligne les gardes nationales comme prêtes à marcher contre elles. J'ajoute que vos lois pénales seront toujours incomplètes, lorsque vous ne verrez que les soldats, et jamais les chefs. Je demande en conséquence la question préalable. »

Le projet de Chabroud fut décrété.

Administration. Le 17 août, Dauchy présenta le nouveau tarif des lettres, paquets et journaux. Le port des feuilles périodiques était encore taxé arbitrairement. Certains papiers privilégiés, tels que la *Gazette de France*, le *Mercure de France*, payaient seulement cinq à six deniers par feuille d'impression, tandis que les autres journaux paraissant tous les jours payaient huit deniers. La taxe proposée par le comité de contribution sur les journaux quotidiens était de huit deniers pour tout le royaume. Biauzat trouva cette taxe insuffisante pour couvrir les frais de poste. Larochefoucauld exposa qu'un surhaussement serait nuisible à l'industrie et à l'émission des productions les plus utiles; il pensa que le commerce des idées étant le plus précieux, l'assemblée devait le favoriser de toutes les manières. Le projet fut adopté. Voici le tarif des lettres simples (un quart d'once.)

« Dans l'intérieur du même département, quatre sous; hors du département, et jusqu'à 20 lieues inclusivement, cinq sous; de 20 à 30, six; de 30 à 40, sept; de 40 à 50, huit; de 50 à 60, neuf; de 60 à 80, dix; de 80 à 100, onze; de 100 à 120, douze; de 120 à 150, treize; de 150 à 180, quatorze; de 180 et au-delà, quinze sous. »

Le 5 septembre, Cochard présenta le plan d'organisation de l'ordre de comptabilité générale des finances. Le 13, sur le rapport de Laville-aux-Bois, l'assemblée porta un décret relatif à l'ouverture des travaux de la navigation intérieure. Le 15, Chapelier fit lecture d'un projet tendant à remplacer les notaires royaux par des notaires publics. Plusieurs séances successives furent employées à l'adoption des articles de ce projet. Le 26, l'administration forestière fut achevée. L'assemblée décréta la rédaction définitive du code rural, présentée par Heurtant-Lamerville.

Justice. — Les travaux judiciaires de l'assemblée pendant les deux derniers mois peuvent se distribuer en lois organiques, lois pénales, lois de police, décrets révolutionnaires, et jugemens de certaines affaires. — *Lois organiques.* Le 5 septembre, Barrère fit adopter un projet de décret, par lequel toute clause impérative ou prohibitive, insérée dans les testamens, serait regardée comme non écrite. Le 9 et le 17, on s'occupa des jurés. Le 9, Emmery et Tronchet firent décréter que les jurés pourraient bien déclarer l'accusé excusable; que néanmoins les juges ne seraient pas tenus d'absoudre, mais qu'ils seraient autorisés à atténuer la peine. Le 17, l'assemblée décida, sur la proposition de Duport, que l'institution des jurés serait établie au 1er janvier 1792. L'instruction publique fut laissée dans le *statu quo.* L'assemblée se borna à décréter l'impression du travail de Talleyrand. *Nous* aurons occasion de revenir sur ce travail, et d'en offrir l'analyse à nos lecteurs, lorsque Condorcet et Lanthenas présenteront leurs plans d'éducation à l'assemblée législative. — *Lois pénales*. Pelletier Saint-Fargeau fit adopter, sans discussion, les articles complémentaires du code pénal. Le 20 septembre, Fermont présenta un projet, au nom du comité de marine, sur les cours martiales militaires, leur compétence, leur forme de procéder, etc. : tous les articles furent successivement décrétés. —*Lois de police*. Le 21 septembre, Duport exposa les demandes réitérées du département et de la municipalité de Paris, relatives à une institution de police. Il proposa de mettre un terme à ces sollicitations par un décret sur cette matière ; son projet fut adopté : il portait création de vingt-quatre *officiers de paix*, chargés de veiller à la tranquillité publique. Leur nomination appartenait au corps municipal ; ils devaient porter pour marque distinctive un bâton blanc à la main ; leur formule d'arrestation était : « Je vous ordonne, au nom de la loi, de me suivre devant le juge-de-paix ; » leur traitement était fixé à 3,000 liv., aux frais de la commune. Le 29, Chapelier fit un rapport sur les clubs. L'esprit qui dicta cette mesure émanait des Feuillans. Le discours de Chapelier fut dirigé contre les affiliations, mot qu'il évita avec soin ; mais son projet de décret et sa paraphrase trahissent à chaque ligne le but que nous annonçons. La portée de ce but est clairement énoncée dans cette phrase du rapport : « Ils peuvent s'instruire, disserter, se communiquer leurs lumières ; mais leurs conférences, leurs actes intérieurs ne doivent jamais franchir l'enceinte de leurs assemblées : aucun caractère public, aucune démarche collective ne doivent le signaler. »

[*Décret*.— « L'assemblée nationale, considérant que nulle société, club, association de citoyens, ne peut avoir, sous aucune forme, une existence politique, ni exercer aucune influence ou inspection sur les actes des pouvoirs constitués et des autorités légales ; que sous aucun prétexte ils ne peuvent paraître sous un nom collectif pour former des pétitions ou des députations, pour assister à des cérémonies publiques, soit pour tout autre objet, décrète ce qui suit :

Art. Ier. S'il arrivait qu'une société, club ou association, se permît de demander quelques fonctionnaires publics, ou de simples citoyens, ou d'apporter obstacle à l'exécution d'un acte de quelque autorité légale, ceux qui auront présidé aux délibérations, ou fait quelque acte tendant à leur exécution, seront, sur la poursuite du procureur-général-syndic du département, condamnés par les tribunaux à être rayés pendant deux ans du tableau civique, et déclarés inhabiles à exercer pendant ce temps aucune fonction publique.

II. En cas que lesdites sociétés, clubs ou associations fassent quelque pétition en nom collectif, quelques députations au nom de la société, et généralement tous les actes où elles paraîtraient sous les formes de l'existence publique, ceux qui auront présidé aux délibérations, porté les pétitions, composé ces députations, ou pris une part active à l'exécution de ces actes, seront condamnés, par la même voie, à être rayés pendant six mois du tableau civique, et suspendus de toutes fonctions publiques, déclarés inhabiles à être élus à aucune place pendant le même temps.

III. A l'égard des membres qui, n'étant point inscrits sur le tableau des citoyens actifs, commettront les délits mentionnés aux articles précédens, ils seront condamnés par corps à une amende de 1,200 liv. s'ils sont Français, et de 3,000 liv. s'ils sont étrangers.

IV. L'assemblée nationale décrète que le rapport de son ancien comité de constitution sera imprimé et publié comme instruction avec la présente loi.]

Le décret fut adopté, sauf l'article IV. Ce retranchement est la seule concession que put obtenir le discours suivant de Robespierre.

. [*M. Robespierre.* La constitution garantit aux Français le droit de s'assembler paisiblement et sans armes; la constitution garantit aux Français la communication libre des pensées, toutes les fois qu'on ne fait point de tort à autrui. D'après ces principes,

je demande comment on ose vous dire que la correspondance
d'une réunion d'hommes paisibles et sans armes, avec d'autres
assemblées de la même nature, peut être proscrite par les principes de la constitution? Si les assemblées d'hommes sans armes
sont légitimes, si la communication des pensées est consacrée
par la constitution, comment osera-t-on me soutenir qu'il soit
défendu à ces sociétés de correspondre entre elles? N'est-il pas
évident que c'est celui qui a attaqué ces principes, qui les viole
de la manière la plus ouverte, et qu'on ne les met aujourd'hui en
avant que pour pallier ce qu'il y a d'odieux dans l'attentat qu'on
veut se permettre contre la liberté? Comment et de quel front
enverrez-vous dans les départemens une instruction par laquelle
vous prétendez persuader aux citoyens qu'il n'est pas permis aux
sociétés des amis de la constitution d'avoir des correspondances,
d'avoir des affiliations? Qu'y a-t-il donc d'inconstitutionnel dans
une affiliation? L'affiliation n'est autre chose que la relation
d'une société légitime avec une autre société légitime, par laquelle elles conviennent de correspondre entre elles sur les objets de l'intérêt public. Comment y a-t-il là quelque chose d'inconstitutionnel? ou plutôt qu'on me prouve que les principes de
la constitution, que j'ai développés, ne consacrent pas ces vérités.

On a donné de grands éloges aux sociétés amies de la constitution : c'était, à la vérité, pour acquérir le droit d'en dire beaucoup de mal, et d'alléguer, d'une manière très-vague, des faits
qui ne sont point du tout prouvés, et qui sont absolument calomnieux. Mais n'importe, on en a dit au moins le bien qu'on ne
pouvait pas méconnaître. Eh bien! il n'est autre chose que l'a-
veu des services rendus à la liberté et à la nation depuis le commencement de la révolution : il me semble que cette considération
seule aurait pu dispenser le comité de constitution de se hâter
sitôt de mettre des entraves à des sociétés qui, de son aveu, ont
été si utiles. Mais, dit-on, nous n'avons plus besoin de ces sociétés, car la révolution est finie. Il est temps de briser l'instrument qui nous a si bien servis.

Pour moi, quand je vois d'un côté que la constitution naissante a encore des ennemis intérieurs et extérieurs; quand je vois que les discours et les signes extérieurs sont changés, mais que les actions sont toujours les mêmes, et que les cœurs ne peuvent avoir été changés que par un miracle; quand je vois l'intrigue, la fausseté, donner en même temps l'alarme, semer les troubles et la discorde; lorsque je vois les chefs des factions opposées combattre moins ·pour la cause de la révolution que pour envahir le pouvoir de dominer sous le nom du monarque; lorsque d'un autre côté je vois le zèle exagéré avec lequel ils prescrivent l'obéissance aveugle, en même temps qu'ils proscrivent jusqu'au mot de liberté; que je vois les moyens extraordinaires qu'ils emploient pour tuer l'esprit public en ressuscitant les préjugés, la légèreté, l'idolâtrie, je ne crois pas que la révolution soit finie.

Je sais que pour préparer le succès des projets que l'on offre aujourd'hui à votre délibération, on a eu soin de prodiguer les critiques, les sophismes, les calomnies, et tous les petits moyens employés par de petits hommes, qui sont à la fois l'opprobre et le fléau des révolutions. Je sais qu'ils ont rallié à leurs opinions tout ce qu'il y a en France de méchans et de sots. Je sais que ces sortes de projets plaisent beaucoup à tous les hommes intéressés à prévariquer impunément; car tout homme qui peut être corrompu, craint la surveillance des citoyens instruits, comme les brigands redoutent la lumière qui éclaire leurs forfaits. Il n'y a que la vertu qui puisse découvrir cette espèce de conspiration contre les sociétés patriotiques. Détruisez-les, et vous aurez ôté à la corruption le frein le plus puissant, vous aurez renversé le dernier obstacle qui s'opposait à ses sinistres projets; car les conspirateurs, les intrigans, les ambitieux, sauront bien s'assembler, sauront bien éluder la loi qu'ils auront fait rendre; ils sauront bien se rallier sous les auspices du despotisme pour régner sous son nom, et ils seront affranchis des sociétés d'hommes libres qui se rassemblent paisiblement et publiquement sous des titres communs, parce qu'il est nécessaire d'opposer la surveillance des honnêtes gens aux forces des intrigans ambitieux et corrompus. Alors ils pourront déchirer la patrie impunément, pour élever leur ambition personnelle sur les ruines de la nation.

Messieurs, si les circonstances passées pouvaient maintenant se retracer d'une manière nette à votre esprit, vous vous souviendriez que ces sociétés étaient composées des hommes les plus recommandables par leurs talens, par leur zèle pour la liberté qu'ils ont conquise ; que dans leur sein ils se réunissaient pour se préparer d'avance à combattre dans cette assemblée même la ligue des ennemis de la révolution, pour apprendre à démêler les piéges que les intrigans n'ont cessé de nous tendre jusqu'à ce moment. Si vous vous rappeliez toutes ces circonstances, vous verriez, avec autant de surprise que de douleur, que ce décret est provoqué peut-être par l'injure personnelle qu'on a faite à certaines personnes qui avaient acquis une trop grande influence dans l'opinion publique, qui les repousse maintenant.

Est-ce donc un si grand malheur que, dans les circonstances où nous sommes, l'opinion publique, l'esprit public se développent aux dépens même de la réputation de quelques hommes qui, après avoir servi la cause de la patrie en apparence, ne l'ont trahie qu'avec plus d'audace.

Si quelques sociétés se sont écartées des règles prescrites par les lois, eh bien ! les lois sont là pour réprimer ces écarts particuliers. Mais veut-on induire de quelques faits isolés, dont on n'a point apporté la preuve, la conséquence qu'il faille détruire, paralyser, anéantir entièrement une institution utile en elle-même, nécessaire au maintien de la constitution, et qui, de l'aveu de ses ennemis mêmes, a rendu des services essentiels à la liberté ? S'il est un spectacle hideux, c'est celui où l'assemblée représentative sacrifierait aux intérêts de quelques individus dévorés de passions et ambitieux, la sûreté de la constitution.

Je me borne à demander la question préalable sur le projet du comité.]

Décrets révolutionnaires. — Parmi les décrets révolutionnaires il y en eut deux de constitutionnels; l'un, du 27 septembre, attribua aux juifs les droits de citoyens actifs; l'autre, relatif à

la liberté des nègres qui toucheraient le sol français, fut porté
sur la motion expresse de Dubois-Crancé, le lendemain 28. L'assemblée décréta que tout homme, de quelque couleur, de quelque
origine, de quelque pays qu'il fût, serait libre et jouirait des
droits de citoyen actif en France, s'il réunissait d'ailleurs les
conditions requises par la constitution. Les autres décrets révolutionnaires furent en matière pénale. Le 1er août, on décréta,
sur le rapport de Vernier, l'exécution de la loi contre les émigrés. Les pétitions nombreuses de départemens contre les prêtres
non-conformistes, contre les religieux qui voulaient persister
dans la vie commune, contre les troubles de tout genre, suite
de ces résistances à la constitution, provoquèrent un premier décret, le 5 août. Le 15 septembre, des mesures plus sévères furent
demandées par Vieillard, au nom des administrations et municipalités du département de la Manche. Là, une guerre énergique
était déclarée aux prêtres jureurs par les prêtres réfractaires, et
les populations des campages préludaient, sous l'influence de
ces derniers, aux luttes vendéennes. L'assemblée, sur l'avis de
Chapelier, s'en rapporta au code pénal. Le 20, on s'occupa des
auteurs de la protestation royaliste. Il fut décrété que tous ceux
qui l'avaient signée ne pourraient remplir aucune fonction civile
ou militaire. — Le 20 août, Vieillard fit adopter un décret,
déclarant qu'il y avait lieu à accusation contre Bonne-Savardin,
Maillebois et leurs co-accusés, prévenus de conspiration contre
l'état. Le 30, au soir, Varin conclut à l'élargissement de Thévenot et de madame Lacombe, acteurs principaux d'une conspiration organisée, disait-on, par les royalistes, parmi les ouvriers des ateliers de charité. Nous avons rapporté les circonstances importantes de cette affaire.

Colonies. — Le décret du 15 mai sur les colonies, avait soulevé des mécontentemens et des haines vigoureuses. Les colons
et tous ceux qui appuyèrent jusqu'au bout, soit à la tribune, soit
dans les journaux, l'initiative absolue des assemblées coloniales
quant au régime intérieur des colonies, ne se tinrent pas pour
battus après leur échec fameux sur la question des hommes de

couleur. Ils préparèrent aussitôt, dans les lieux directement intéressés, la défaveur qui devait se traduire en cette multitude de pétitions dont fut assaillie l'assemblée, pendant les deux derniers mois de sa session. Rouen, le Havre, Bordeaux, se signalèrent par un zèle de fédéralisme qui présageait de tristes luttes contre l'unité. Il fallait à ces villes, il fallait aux convenances commerciales de leurs riches armateurs, la révocation la plus prompte du décret. Brest se fit remarquer par un sentiment national qui lui valut de la part des Barnave et des Lameth de violentes apostrophes. Toutefois l'adresse de cette ville n'était pas la seule où le maintien de la volonté constituante fût énergiquement sollicitée. Lanjuinais se plaignit de la préférence donnée à la lecture de toutes ces lettres contre le décret, tandis qu'on mentionnait à peine celles, en très-grand nombre, écrites pour son exécution. Au reste, sans la scission qui divisa les Jacobins, jamais le comité colonial, jamais Barnave n'aurait réussi à faire revenir l'assemblée sur sa décision. Mais le feuillantisme mit à la disposition des ennemis du décret, des auxiliaires influens par qui la majorité leur fut acquise. Ces résultats étaient si bien prévus que les commissaires chargés d'apporter la loi aux colonies furent retenus sous divers prétextes, et qu'enfin, le 28 août, au moment où ils allaient s'embarquer, Bostaret fit suspendre définitivement leur départ. Nous n'entrerons pas dans le détail des querelles qui éclatèrent même au sein du comité colonial, et qui nécessitèrent l'adjonction de nouveaux membres. L'assemblée s'anima pour la première fois sur cette matière, le 5 septembre, à l'occasion de la demande faite à la barre par deux citoyens de Brest pour l'exécution du décret. Alexandre Lameth parla contre eux; il soutint que le commerce de la France dépendait d'un sérieux examen de cette question. Robespierre lui répondit. On nous saura gré de citer l'attaque véhémente qu'il dirigea contre les meneurs feuillans. Après quelques réflexions sur la circonstance d'où le débat était né, il s'écria : « Si, pour être entendu, il suffit de dire des personnalités, je vous dirai, moi, que ceux qui se sont permis de répandre des soupçons et sur le fond de l'affaire et sur la députation de Brest, je vous dirai que ces hommes-là sont ceux qui trahissent la patrie. (L'extrémité de la partie gauche et les tribunes applaudissent à plusieurs reprises.) S'il est quelques individus, s'il est quelque section de l'assemblée qui puisse imposer silence à quelques membres de l'assemblée, lorsqu'il est question des intérêts qui les touchent de près, je vous dirai, moi, que les traîtres à la patrie sont ceux qui cherchent à vous faire révoquer votre décret; et si, pour avoir le droit de se faire entendre dans cette assemblée, il faut attaquer les individus, je vous déclare, moi, que j'attaque personnellement M. Barnave et MM. Lameth...»

Le *Moniteur*, peu favorable à Robespierre, enregistre ici les longs applaudissemens des tribunes et de l'extrémité gauche. Dans les autres parties de la salle, on criait : *à l'Abbaye ! à l'Abbaye !* Les interpellations et les applaudissemens se prolongèrent pendant quelques minutes, et Robespierre, qui demandait à s'expliquer, continua ainsi :

« Je défends des citoyens patriotes, et je fais des réflexions sur quelques membres de cette assemblée qui, à mes yeux, sont coupables de n'avoir pas concouru de toutes leurs forces à l'exécution de vos décrets. » (Applaudissemens.) Le président fut obligé d'ordonner aux tribunes de se taire. Le discours de l'orateur fut terminé avec une audace de probité sociale digne de ce début. Barnave lui succéda à la tribune : il accepta le défi ; mais sa parole, froide et visiblement embarrassée, fut accueillie comme un contre-sens. Il traita de ridicule la scène qui venait de se passer ; et l'assemblée, qui s'était passionnée à l'excès, ne comprit rien à cette qualification. Il divagua ensuite sur Brissot, *auteur de tous les fâcheux événemens*; l'assemblée, remise tout-à-fait dans la routine parlementaire, commença à rire, à murmurer, à demander l'ordre du jour. Barnave, excité cependant par les interruptions, finissait en disant : « Il ne faut pas que les honnêtes gens soient dupes d'une cabale.... » — « Il ne faut pas qu'ils soient dupes des traîtres, » lui répliqua Robespierre. Et Rœderer : « M. Barnave n'a pas besoin de la tribune pour rendre à M. Bris-

sot les flagellations et les stigmates qu'il lui donne dans les journaux. » Alors Barnave rentra en discussion, mais sans trouver
aucun de ces accens qui partent d'une certitude. Il fit quelques
phrases de plus sur les perturbateurs, et là se borna sa ha-
rangue. L'assemblée passa à l'ordre du jour sur la demande des
citoyens de Brest.

Le 23, Barnave fit son rapport sur les colonies. Toute l'argumentation de cet immense discours porte sur ceci : « A Saint-
Domingue, 450,000 esclaves sont contenus par environ 50 mille
blancs. Le seul moyen de les contenir est dans l'opinion qui met
une distance infranchissable entre l'homme noir et l'homme de
couleur, entre l'homme de couleur et l'homme blanc; dans l'o-
pinion qui sépare absolument la race des ingénus des descendans
des esclaves, à quelque degré qu'ils soient.» Le projet de décret
par lequel la constituante ne s'attribuait que le régime extérieur
des colonies, laissant à l'omnipotence de leurs assemblées le régime intérieur, fut adopté le 24, à la suite d'une discussion mémorable. Robespierre fut le champion que le côté gauche opposa
à Barnave. Nous insérons son discours : c'est, sans contredit, l'un
des meilleurs qu'il ait prononcés à la constituante.

[*M. Robespierre.* Lorsqu'on se présente à votre tribunal pour
défendre celui de vos décrets qui, au jugement de la nation, a le
plus honoré cette assemblée ; pour empêcher que dans un moment, et presque sans discussion, d'après des faits recueillis par
des parties qui ne sont pas entièrement désintéressées dans cette
affaire, d'après des déclamations plusieurs fois répétées, et
toujours repoussées par vous dans cette affaire, on n'élève contre
ce système, conforme aux droits de la justice, de la raison, de
l'intérêt national, un système nouveau, fondé sur des principes
absolumens différens; alors le premier sentiment qu'on éprouve,
c'est l'étonnement de discuter devant vous une pareille question :
on est bien éloigné surtout de penser que cette question soit déjà
préjugée avant d'avoir été discutée avec la profondeur qu'elle exige.
Eh! fût-il ▮i qu'on dût faire encore des efforts impuissans
pour réclamer les droits de l'humanité, ce serait encore un de-

voir de les réclamer : c'est ce qui m'encouragera à vous parler encore, et de l'intérêt national, qui paraît si méconnu par les sentimens de ceux que je combats, et même de justice et de philosophie.

La première question que l'on doit se faire, ce me semble, dans ce moment, c'est de demander si, pour attaquer les décrets que vous avez rendus, l'on vous présente des raisons qui n'aient été ni prévues ni discutées lorsque vous les avez portés. Or, je vois ici les mêmes moyens employés : d'une part, des maux infinis qu'on vous pronostique pour vous faire peur ; de l'autre, des raisonnemens qui ne pouvaient souffrir le plus léger examen, raisonnemens démentis à la fois et par la raison et par les faits.

Je commence par examiner en très-peu de mots les raisonnemens moraux et politiques, allégués par le rapporteur du comité colonial. Il vous a exposé sa théorie sur l'unique moyen, suivant lui, de conserver la tranquillité et la subordination des esclaves dans les colonies. Or, il nous a dit que cet ordre de choses tenait essentiellement et exclusivement à l'extrême distance que ces esclaves apercevaient entre les blancs et eux ; que cette distance disparaîtrait à leurs yeux, si les hommes de couleur jouissaient des mêmes droits que les blancs.

Voilà un raisonnement qui est absolument démenti par les faits, et par les raisons d'analogie. Il ne faut pas perdre de vue qu'avant votre décret les hommes libres de couleur jouissaient des droits de citoyen, qu'ils ne jouissaient pas des droits politiques, parce qu'alors nul citoyen n'avait des droits politiques ; mais ils étaient dans la classe des blancs sous le rapport des droits civils dont les citoyens jouissaient seuls alors ; ainsi alors les esclaves voyaient des hommes de couleur à une distance infinie d'eux, et cette distance était celle de l'esclavage à la liberté, du néant à l'existence civile : or, je demande si ces nouveaux droits que vous avez accordés aux hommes libres de couleur, mettraient entre eux et les autres une distance plus grande que ne mettait entre eux et les esclaves l'acquisition de la liberté et de l'exis-

tence civile. Or, si cette distance n'a rien diminué de la subordination des esclaves, s'il est faux que ces idées parviennent jusqu'à
leur esprit, n'est-il pas évident que le raisonnement qu'on vous
fait pour égarer votre justice, est une pure illusion, et le résultat
de l'imagination des partisans du projet que je combats. On n'a
pas manqué d'appuyer ce système extravagant d'un fait très-ex-
traordinaire : on vous a dit que la déclaration des droits que
vous avez reconnus dans les hommes libres de couleur, avait excité une insurrection parmi les esclaves ; on vous a cité la Croix
des Bouquets ; j'affirme que ce fait est faux (on murmure), et
j'atteste tout homme raisonnable qui voudra réfléchir et sur les
faits et sur la nature même de la chose, que quelques lettres que
l'on peut se faire écrire, n'auront jamais autant de poids sur les
personnes raisonnables, que ce fait, connu de tout le monde,
que dans les colonies nulle lettre, depuis l'origine des contestations que la révolution a fait naître entre les blancs et les hommes libres de couleur, ne peut parvenir aux hommes de couleur
sans avoir été décachetée ; c'est un fait notoire connu de tout le
monde, et qui est beaucoup plus certain que les fables que l'on
nous débite pour appuyer le système du comité. (On applaudit
dans l'extrémité gauche.) On ne persuadera jamais à personne,
je ne dis pas seulement que les décrets de l'assemblée nationale,
mais même les relations de ces décrets avec les droits de citoyens, puissent donner des idées assez nettes à des hommes abru-
tis par l'esclavage, qui ont très-peu d'idées, ou qui n'ont que
des idées absolument étrangères à celles dont il s'agit en ce moment, pour les engager à rompre tout à la fois, et leurs anciennes
habitudes et leurs chaînes.

Les colons sont indignés, dit-on, de ce que vous avez violé la
foi que vous leur aviez donnée!... Mais quel homme de bonne foi
peut soutenir ici que, par aucun de vos décrets, vous ayez pris
avec les colons blancs l'engagement de dépouiller les hommes
libres de couleur de la qualité de citoyens actifs ; que vous ayez
promis de ne rien décréter à cet égard sans le consentement et
l'initiative des colons blancs? Qu'on me le cite ce décret : est-ce

celui du 28 mars? Eh! c'est celui que j'invoque pour réclamer la foi qui avait été donnée à tous les membres de cette assemblée.

Je rappelle à l'assemblée qu'alors en effet quelques personnes eurent des inquiétudes, non pas sur le fond de la chose, qui ne pouvait présenter aucune difficulté, mais sur les intentions de ceux qui auraient pu désirer favoriser les colons blancs aux dépens des hommes libres de couleur. Ils manifestèrent ces inquiétudes, et demandèrent que l'assemblée déclarât que ces mots ne renfermaient point les esclaves; on répondit : cela n'est point nécessaire; il est bien entendu que les hommes libres de couleur sont seuls compris : et c'est sur la foi de cette explication, qui n'était pas même nécessaire, que tous les membres acquiescèrent au décret qui vous fut présenté par le même rapporteur qui vous présente celui-ci.

M. Barnave. Ce fait est absolument faux.

M. Grégoire. Je demande la parole. Je ne conçois pas comment M. Barnave ose nier ce fait. Le 28 mars, ce fut moi qui demandai que nominativement les gens de couleur fussent dénommés dans ce décret. Il est de fait que M. Barnave me dit lui-même qu'il ne les en avait pas exclus; et il est de fait qu'au mois de mai dernier, après bien des interpellations, M. Barnave a été obligé d'en faire l'aveu lui-même.

M. Barnave. Quoique le fait dont il s'agit n'intéresse pas la délibération actuelle, attendu que c'est un fait purement particulier, et qui n'intéresse pas l'assemblée, je dois dire ce qui est véritable, et ce pour quoi j'ai interrompu l'opinant. Il est deux circonstances qu'il faut absolument distinguer. Il est vrai que sur l'interpellation de M. Grégoire, qui me demanda si l'article excluait les hommes de couleur, je lui dis en particulier, comme je le dirais encore, que l'article n'entendait établir aucune espèce de préjugé pour ou contre. En effet, nous n'avions envoyé un mode de convocation, déclaré provisoire par notre décret, que dans le cas où les assemblées coloniales actuellement existantes ne seraient pas maintenues. Par le même décret, nous avons dit que le mode de convocation, pris de celui de la Martinique, n'était que provisoire, et pour cette première fois, dans le cas où l'assemblée ne serait pas maintenue ; et que, pour le définitif et pour l'avenir, ces mêmes assemblées feraient leurs propositions sur la totalité de la constitution, et notamment sur les droits de citoyen actif et d'éligibilité.

M. Lucas. Je conclus au moins de là qu'on ne viole pas, comme on le prétend, le décret du 8 mars.

M. Robespierre. Ce qui vient d'être dit prouve la vérité de ce que j'ai avancé ; car dès qu'une fois ces mots *toute personne* ne préjugent rien contre les hommes libres de couleur, il s'ensuit que vous n'avez fait aucune promesse aux colons blancs, relativement aux gens de couleur. C'est à tort, par conséquent, qu'on vous objecte la prétendue foi donnée aux colons blancs, comme une raison de leur sacrifier les droits des hommes de couleur libres, et comme un motif qui peut les exciter à la révolte contre vos décrets ; et si j'avais besoin de restituer dans toute son intégrité le fait que j'avais posé, je vous rappellerais un autre fait certain qui vous a été rappelé par M. Tracy, savoir : qu'à l'époque de ces décrets, toutes les prétentions que les colons blancs annonçaient n'étaient que celle de garantir leurs propriétés de la crainte de voir toujours les esclaves parvenir à la liberté ; c'est que ces mots *toute personne*, c'est que les clauses qu'ils renferment ne leur furent données que pour calmer leurs inquiétudes. Elles leur furent même alors vivement disputées, parce que nous avions une extrême répugnance à consacrer formellement l'esclavage. Ces temps devaient-ils changer ?

Je passe maintenant à l'examen des faits préparés, présentés avec beaucoup de chaleur et de véhémence pour exciter dans vos âmes des alarmes capables de l'emporter sur votre justice et sur votre sagesse. Quels sont donc ces faits ? Qui oserait donc ici invoquer l'expérience ? A-t-on fait quelque tentative pour exécuter vos décrets ? A-t-on employé un seul moyen pour aplanir les difficultés qui pouvaient se rencontrer dans leur exécution ? A-t-on exigé l'obéissance comme on devait le faire ? A-t-on manifesté que l'on voulait réellement que ce décret fût exécuté ? Ce décret n'a pas même été envoyé! mais à sa place des libelles séditieux ont été envoyés, des manœuvres coupables ont été employées pour exciter la révolte. De tous les faits que l'on vous présente, ou que l'on aurait dû vous présenter, celui-là seul est vrai. Que nos adversaires démentent cet écrit incendiaire, envoyé du sein du comité colonial dans les colonies, pour empêcher l'exécution de votre décret.

Des intrigues sont-elles des raisons péremptoires contre une loi sage, et faut-il que vous vous hâtiez d'anéantir la vôtre pour conserver des intrigues? Après tout, qu'y a-t-il donc dans tous ces événemens que vous n'ayez prévu, lorsque vous rendîtes votre décret; alors aussi on voulut vous épouvanter par des menaces; alors on osa vous faire entendre qu'on provoquerait l'insurrection des blancs contre votre autorité; vous sentîtes que vous ne deviez point céder à ces lâches terreurs, vous eûtes la sagesse de ne point encourager l'audace, et de dédaigner les piéges de l'intrigue; vous ne pensiez pas que la volonté et les passions d'une classe quelconque osassent lutter sérieusement contre la fermeté de l'assemblée nationale, armée de la justice, et contre la puissance de la nation française. Abjurerez-vous aujourd'hui ces grands principes, pour ne montrer que faiblesse, légèreté, inconséquence? Oublierez-vous que c'est la faiblesse et la lâcheté qui perdent les États et les gouvernemens, et que c'est le courage et la constance qui les conservent? Mais d'abord jusqu'à quel point faut-il y croire? n'est-ce pas une chose étonnante que lorsqu'on délibère sur un objet aussi important, aussi intimement lié et à la propriété nationale, et à la gloire des représentans de la nation, on ne se donne pas seulement la peine d'examiner les faits dont on parle si souvent sans en prouver aucun, et dont personne ne s'est donné la peine d'apprécier, ni la nature, ni les circonstances, ni les auteurs? Qui sont ceux qui les ont produits? qui sont ceux qui les attestent? Ne sont-ce pas les parties intéressées? ne sont-ce pas ceux qui, après avoir extraordinairement redouté le décret avant qu'il fût porté, n'ont cessé depuis de le calomnier et de l'enfreindre? ne sont-ce pas ceux qui, après avoir prédit de sinistres événemens, se seraient appliqués à les faire naître, et qui voudraient ensuite les supposer ou les exagérer. (Une partie de l'assemblée et les tribunes applaudissent.)

Ah! donnez-nous au moins le temps d'examiner : on a bien pris le temps nécessaire pour préparer, pour recueillir ces adresses présentées dans le moment qui a paru le plus convenable. Qu'il nous soit au moins permis aussi de recueillir tous les faits qui les démentent', et de nous munir de toutes les preuves que le hasard et l'amour de l'humanité peuvent avoir jetées au milieu de nous. Défions-nous au moins du tumulte et des cabales qui ont trop souvent présidé à nos délibérations sur cet important objet. Opposez aux adresses de plusieurs chambres de commerce les pétitions des citoyens moins intéressés des mêmes villes, qui en prouvent toute l'exagération et même quelque chose de plus, telles que celles des citoyens de Rennes, de Brest, de Bordeaux. L'arrêté du département de cette dernière ville, vous instruit de ce que l'intrigue peut faire pour opprimer la liberté et la justice. Faites-vous représenter toutes ces lettres qui prouvent que la situation des colonies ne présente rien qui puisse faire craindre une résistance décidée à l'exécution du décret, quand l'autorité de la nation a parlé ; ou plutôt réduisez à leur juste valeur les faits même que nos adversaires nous attestent. Alors, loin d'être effrayés, vous verrez que tout se réduit à des signes de mécontentement plus ou moins prononcés par une partie des citoyens de quelques parties de nos colonies.

Certes, il n'était pas difficile de prévoir qu'une loi qui blessait l'égoïsme d'une classe de colons, occasionnerait des mécontentemens ; et vous l'aviez prévu au mois de mai dernier. Il n'est pas plus difficile de concevoir que les chefs d'une insurrection apparente aient tenu des propos insensés et séditieux, qu'ils aient affecté même de les tenir, pour fournir aux chefs de leur faction en Europe un prétexte de faire craindre la chimérique scission des colonies ; mais, en vérité, aux yeux des hommes raisonnables, n'y a-t-il pas une distance infinie entre le mécontentement, entre les menaces de quelques malintentionnés, et le dessein formé de lever l'étendard de la révolte contre la nation, de briser violemment les liens de l'habitude, de l'honneur, du devoir, et surtout de l'intérêt, seul lien durable qui les attache à nous. Aussi, fixez votre attention sur toutes les pièces relatives aux colonies, qui ne paraissent point avoir été fabriquées par l'esprit de parti; vous y verrez qu'au milieu de quelques insurrections partielles, la disposition générale des esprits est d'obéir à la loi, si la soumission est exigée avec fermeté; vous y verrez que les colons blancs eux-mêmes vous avertissent des piéges que l'on vous tend en Europe, et qu'ils vous conjurent de déployer la fermeté qui vous convient, en vous donnant la garantie que la résistance de l'orgueil, de l'intérêt particulier céderont à l'intérêt général et à la justice.

Qu'il me soit permis de vous le dire, quelque haine qui puisse exister contre moi, le courage gratuit que j'ai montré à défendre la justice, l'humanité et les intérêts sacrés d'une partie des citoyens que nous devons protéger en Amérique, puisque nous nous occupons de leur sort, ne m'abandonnera pas; qu'il me soit permis de remettre sous vos yeux quel spectacle nous a présenté l'affaire des colonies depuis qu'il en a été question parmi nous. Rappelez-vous les dispositions particulières toujours présentées à l'improviste. Jamais aucun plan général qui vous permît d'embrasser d'un coup d'œil et le but où l'on voulait vous conduire, et les chemins par lesquels on voulait vous faire parvenir. Rappelez-vous toutes ces délibérations, où après avoir remporté l'avantage auquel on semblait d'abord borner tous ses vœux, on s'en faisait un titre pour en obtenir de nouveaux; où en vous conduisant toujours de récits en récits, d'épisodes en épisodes, de terreurs en terreurs, on gagnait toujours quelque chose sur vos principes et sur l'intérêt national, jusqu'à ce qu'enfin, échouant contre un écueil, on s'est bien promis de réparer son naufrage.

Mais, je ne puis me dispenser de répondre à une certaine observation que l'on vous a présentée, pour affaiblir l'intérêt des hommes libres de couleur. Remarquez qu'il n'est pas question de leur accorder leurs droits, remarquez qu'il n'est pas question de les leur reconnaître, remarquez qu'il est question de les leur arracher, après que vous les leur avez reconnus. Et quel est l'homme qui, avec quelque sentiment de justice, puisse se porter légèrement à dire à plusieurs milliers d'hommes : nous avions reconnu que vous aviez des droits, nous vous avons regardés comme citoyens actifs; mais nous allons vous replonger dans la misère et dans l'avilissement; nous allons vous remettre aux pieds de ces maîtres impérieux dont nous vous avions aidés à secouer le joug? (On applaudit dans l'extrémité gauche.)

Qu'est-ce donc, surtout dans les colonies, que les droits civils qu'on leur laisse, sans les droits politiques? Qu'est-ce qu'un homme privé des droits de citoyen actif dans les colonies, sous la domination des blancs? C'est un homme qui ne peut influer ni directement, ni indirectement sur les intérêts les plus touchans, les plus sacrés de la société, dont il fait partie; c'est un homme qui est gouverné par des magistrats au choix desquels il ne peut concourir en aucune manière, par des lois, par des règlemens, par des actes d'administration pesant sans cesse sur lui, sans avoir usé du droit qui appartient à tout citoyen d'influer pour sa part dans les conventions sociales, en ce qui concerne son intérêt particulier. C'est un homme avili, dont la destinée est abandonnée aux caprices, aux passions, aux intérêts d'une caste supérieure. Voilà les biens auxquels on attache une médiocre importance! Que l'on pense ainsi, lorsqu'on regarde la liberté comme le superflu dont le peuple français peut se passer, pourvu qu'on lui laisse la tranquillité et du pain; que l'on raisonne ainsi avec de tels principes, je ne m'en étonne pas. Mais moi, dont la liberté sera l'idole, moi, qui ne connais ni bonheur, ni prospérité, ni moralité pour les hommes, ni pour les nations, sans liberté, je déclare que j'abhorre de pareils systèmes, et que je réclame votre justice, l'humanité, la justice et l'intérêt national en faveur des hommes libres de couleur. (Une partie de l'assemblée applaudit.)]

Provinces. — Le 4 août, Merlin tranquillisa l'assemblée sur les troubles et les prétendus assassinats arrivés à Douay, contre les soldats de Penthièvre et ceux de Royal-Comtois. A cette même séance, Muguet fit un rapport sur les troubles arrivés à Brie-Comte-Robert ; il proposa d'approuver la conduite de l'administration du département de Seine-et-Marne et celle des chasseurs de Hainault. Nous avons informé nos lecteurs de l'origine de ces querelles. Une compagnie dite du *Bon Dieu*, parce qu'elle était destinée à accompagner les processions, voulut, comme toutes les autres, suspendre son drapeau dans l'église. A la suite des premières contestations, les hommes de cette compagnie furent obligés de se sauver à Melun. Plusieurs émeutes consécutives dirigées contre eux nécessitèrent des décrets d'ajournement personnel envers sept à huit des principaux agitateurs. Robespierre, accusé de les avoir défendus, fit cette courte apologie :

M. Robespierre. « Un grand nombre de citoyens de Brie, ayant un officier municipal et le procureur de la commune à leur tête, m'avaient présenté un mémoire contenant une dénonciation faite pour exciter, si elle était vraie, l'indignation de toute ame honnête. Lorsque j'ai présenté de leur part cette dénonciation à l'assemblée, je me suis borné à en demander le renvoi au comité des rapports. Là a fini ma mission, et j'ose attester la bonne foi de tous ceux qui m'entendent ; je n'ai fait que ce qui convenait au devoir d'un représentant de la nation. Je ne répondrai pas aux inculpations qu'on a faites à cette occasion contre mon caractère et mes principes. J'attends ma justification du temps et de la probité de l'assemblée nationale. »

Le 13 août, Biauzat et Goupillon sollicitèrent des mesures contre les prêtres réfractaires et malveillans. Ce dernier annonça que la guerre civile était allumée dans le département de la Loire-Inférieure, parce que les lois n'étaient pas assez sévères pour les réprimer. Le 18, les administrateurs des Basses-Pyrénées témoignèrent des inquiétudes sur les mouvemens des troupes espagnoles. Le 21, Vieillard présenta une pétition de la municipalité de Bayeux contre Fauchet et son vicaire Etampes. L'un et l'autre étaient accusés dans cet écrit de prêcher l'anarchie et l'insurrection, d'avoir mis la province en feu. Les pétitionnaires annonçaient que les tribunaux procédaient à une enquête sur les délits de ces prédicateurs. Joubert, évêque de la Charente-Inférieure, demanda que Fauchet et son vicaire fussent mis promptement en état d'arrestation. Pétion s'éleva avec force contre une telle démarche, et l'assemblée se contenta d'ordonner que le ministre de la justice rendrait compte de la procédure qui s'instruisait. Le 50, la municipalité de Bayeux, mieux informée, demanda la suspension de ce décret. L'assemblée passa à l'ordre du jour. Le 17 septembre, on lut une lettre du département des Bouches-du-Rhône annonçant des troubles qui agitaient la ville d'Arles, et un arrêté par lequel il avait fait déposer les armes des citoyens à la maison commune. Les séances des 10, 11, 12, 13 et 14 septembre furent en partie consacrées à l'affaire d'Avignon. Verninac-Saint-Maur et la Scène-des-Maisons, commissaires médiateurs, rendirent compte de leur mission; l'abbé Maury les attaqua avec fureur. Ce fut là l'une des dernières victoires du géant royaliste. La Scène-des-Maisons lui répondit avec beaucoup de mesure et surtout avec une évidence de raison qui ne laissa aucun prétexte à des inculpations ultérieures. Ces pièces n'ajoutant rien de nouveau à ce que notre histoire renferme déjà pour et contre la réunion du Comtat, nous n'y puiserons aucun extrait. Le 14, l'assemblée prononça, au milieu des applaudissemens, l'incorporation d'Avignon au territoire de l'empire.

Élections. — Nous avons prévenu nos lecteurs que nous réservions pour préambule à l'assemblée législative l'historique des élections. Ici nous relèverons seulement quelques actes parlementaires qui s'y rapportent. Le 5 août, Dandré fit adopter un décret qui levait la suspension des assemblées électorales et en fixait la convocation du 25 août au 5 septembre. Le 30 août, on lut une pétition demandant qu'une indemnité fût attribuée aux électeurs. Nous avons déjà vu cette question agitée par les Jacobins, et Robespierre exprimant dans une de ses adresses le vœu que cette justice fût faite. Le 9 septembre, sur la proposition de Chapelier, l'assemblée décréta que les électeurs ne seraient point indemnisés. Le 5 au soir, Santerre, admis à la barre, consulta l'assemblée pour savoir si les membres du corps électoral qui étaient en état d'ajournement, pouvaient assister à ses délibérations. Pétion demanda à l'assemblée de prononcer qu'un décret d'ajournement personnel ne privait pas un citoyen des droits politiques. Dandré soutint le contraire, et sur son avis, l'assemblée passa à l'ordre du jour. Le 14, les électeurs de Paris réclamèrent contre les tentatives faites par l'huissier Damien, pour arrêter Danton, l'un d'eux, au milieu de l'assemblée. Cette plainte fut renvoyée au comité de constitution. L'huissier Damien avait été arrêté lui-même par ordre de Pastoret, président des électeurs. Le 17, l'assemblée nationale revint sur cette affaire; Dandré fit improuver la conduite du corps électoral et autoriser l'huissier Damien à se pourvoir devant les juges compétens pour la détention illégale qu'il avait subie.

Affaires particulières. — Le 27 août, des citoyens et des gens de lettres demandèrent pour J.-J. Rousseau les honneurs dus aux grands hommes. La ville et le canton de Montmorency exprimèrent le vœu de conserver ses restes, et présentèrent à l'assemblée les deux vieillards, Bazile et Gustin, qui avaient longtemps vécu avec lui. Eymar fit la motion de décerner à Rousseau les honneurs du Panthéon. Bouche, Charles Lameth et Beaumetz pensèrent qu'on ne pouvait priver Girardin de la dépouille de son ami. La proposition de Eymar fut adoptée, et le 21 septembre, l'assemblée envoya au pouvoir exécutif les décrets qui ordonnaient l'élévation d'une statue et les honneurs publics à J.-J. Rousseau.

Le 21 septembre, Souton, directeur de la Monnaie de Pau, porta une grave dénonciation contre le comité monétaire, la commission des monnaies et le ministère des contributions publiques. Il résulte des faits, que la plupart des hôtels des monnaies ne fabriquaient point de pièces de cuivre, contrairement à ce que le ministre avait annoncé; que bien loin de soumissionner la fabrication et de la confier à des adjudicataires, on l'avait livrée à un certain M. Auguste, graveur du roi, et aux intéressés de la manufacture de Romilly. Souton accusait de plus le comité monétaire d'avoir fait preuve en toute rencontre d'une ignorance achevée ; et de n'avoir présenté sur l'objet confié à ses soins qu'un assemblage d'irréflexion, d'absurdités et d'injustices. — Charles Lameth fit passer à l'ordre du jour, sur le motif que de pareils scandales étaient concertés pour jeter le trouble dans l'état.

Tels sont les travaux de l'assemblée constituante pendant les mois d'août et de septembre. Nous avons rapporté avec toute l'étendue nécessaire ceux qu'elle consacra à l'acte constitutionnel. Dans cette dernière analyse, nous n'avons rien omis d'essentiel. Il nous reste à dire quelques mots de la séance de clôture (30 septembre). A l'ouverture de cette séance, Bouche fit décréter une gratification de 150 liv. à chacun des gendarmes qui avaient fait le service auprès de l'assemblée pendant son séjour à Paris. Regnaud obtint, pour le propriétaire du Jeu de Paume, Lataille, un témoignage de reconnaissance et une indemnité de 6,000 liv. Le corps municipal et le département vinrent ensuite complimenter l'assemblée. La séance se termina par le discours de Louis XVI et la réponse du président Thouret. Immédiatement après, ce dernier déclara que l'assemblée nationale constituante avait rempli sa mission et qu'elle cessait d'exister.

———

Club des Jacobins en août et en septembre. — Pétion préside la société du 5 au 29 août inclusivement. Dans cette dernière séance, il annonce que le résultat du scrutin lui donne pour successeur Rœderer. Les nouveaux secrétaires, sont : MM d'Orléans, Lanthenas, Collot-d'Herbois. Brissot remplace Rœderer le 3 octobre.

Notre troisième chapitre de l'histoire des mois d'août et de septembre, témoignera, ainsi que nous l'avons annoncé, de l'esprit manifesté par les clubs à l'égard des dernières opérations de l'assemblée nationale. Ce fut sur la lutte des Jacobins et des Feuillans que se réglèrent les sociétés populaires de la capitale et celles de la France. Nous aurons entièrement satisfait à la netteté indispensable pour l'intelligence de ces combats, si nous établissons, 1° la suite des discussions entre les deux clubs ; les tentatives de réunion ; 3° le nombre des sociétés qui se rangèrent sous l'une et sous l'autre bannière.

Suite des discussions. Cinquante-six députés signataires de la protestation contre les Jacobins, furent les seuls qui persévérèrent dans le feuillantisme. Ce qui prouve, au reste, selon l'opinion que n'avaient cessé d'exprimer Pétion et Robespierre, combien la plupart des députés scissionnaires entraient peu dans les vues de la coterie qui les avait entrainés, fut le succès de la proposition de suspendre l'envoi des députés commissaires dans les départemens au moment de la révision. Les chefs Feuillans voulurent la combattre, mais la majorité les repoussa. Les questions sur lesquelles la division fut éclatante, ne sont que la moindre partie des débats en expectative et en projet. Les séances des Jacobins nous feront connaître les craintes, les soupçons, les menaces, le drame, en un mot, préparé pour la constituante, et dont quelques scènes détachées y furent hasardées.

Pendant les premiers jours qui précédèrent la révision, les Jacobins émirent plusieurs fois une opinion que les pièces ont confirmée. Il était certain pour eux que Barnave, les Lameth, Duport, la Fayette, Chapelier, Desmeuniers, etc., ne comptaient que sur un petit nombre des députés de la gauche pour l'adoption des remaniemens qu'ils se disposaient à faire subir à la constitution. On les accusait d'avoir négocié une alliance avec le côté droit, dont Marat était le diplomate en chef. Les preuves de cette intrigue sont dans une lettre de Gouvernet à Bouillé, insérée dans les Mémoires de ce dernier, p. 282. Il résulte de cette lettre, que des conférences entamées par Barnave, et dont Lameth et Duport avaient seuls le secret (rendre au roi son autorité), aboutirent aux conventions suivantes : Malouet devait attaquer la constitution tout entière, et insister sur les articles destructifs du pouvoir monarchique ; alors ses complices du côté gauche répondraient avec fracas à ses exagérations royalistes, et vengeraient les comités de ses imputations, en déclarant que leur avis était de fortifier, par tous les moyens constitutionnels, la royauté représentative. Malouet ne put ramener à lui que trente-cinq à quarante membres du côté droit : les autres s'opiniâtrèrent à ne plus voter. Cette certitude une fois bien acquise aux constitutionnels, les fit renoncer à leur plan, Malouet, qui n'avait pas avec eux des entrevues régulières, ignorait leur décision ultérieure lorsqu'il parut à la tribune, le 8 août, pour s'y acquitter du rôle convenu ; Chapelier, le dernier de ceux avec qui Malouet avait pris langue, l'interrompit aussitôt en criant à la contre-révolution. Nos lecteurs connaissent cette séance. Le lendemain Chapelier disait à Malouet : « Nous avons eu tort ; mais nous avons perdu toute espérance du moment où il n'y a eu aucun secours à attendre du côté droit. » Telle est, en substance, la lettre de Gouvernet à Bouillé.

Les soupçons des Jacobins ainsi justifiés, nous allons exposer, dans leur ordre chronologique, les vœux qu'ils exprimèrent sur l'acte constitutionnel. Le premier thème à l'ordre du jour fut la théorie des conventions nationales. Bourdon-Lacrosière, Brissot, Condorcet, et beaucoup d'autres, firent des discours : tous s'accordaient sur le système des conventions périodiques. Il n'y avait de différence entre les opinans, qu'à l'égard de la durée des périodes. Notre histoire est assez riche en dissertations de ce genre, pour que nous soyons dispensés de rien emprunter à celle-là. Une seule phrase de Condorcet (séance du 7 août) mérite d'être relevée, à titre de renseignement fédéraliste. « Ce moyen, inconnu des peuples anciens (les conventions), et dont l'ignorance a précipité la ruine de leur liberté, a été enfin trouvé de nos jours dans le Nouveau-Monde. » Voilà, bien explicitement, de la politique américaine.

L'admission des ministres au sein de l'assemblée nationale fut décidée négativement par les Jacobins. Le titre de prince royal, substitué à celui de Dauphin, n'y occasionna qu'une ridicule motion de la part d'un inconnu. On discuta longuement les articles sur la liberté de la presse. A la séance du 22 août, Rœderer exposa qu'il s'était vainement efforcé de faire remplacer, dans le projet des comités, le mot *avilissement*, dont le vague prêtait à toutes les interprétations, par celui d'*outrage*. Il s'agissait de l'article qui posait à la liberté d'écrire les restrictions suivantes: Ne pas provoquer la désobéissance aux lois, ou l'avilissement des pouvoirs constitutionnels. Anthoine fit connaître *la nouvelle tactique* employée par les Feuillans pour emporter cet article. « Le président Vernier étant un peu sourd, nos adversaires se sont établis dans un des bas côtés de la salle, 'et de là ces Messieurs lui dictent leurs volontés. Hier, ils ont fait signe à la partie droite de se lever; et celle-ci, qui ne votait pas depuis un mois, s'est levée tout entière : sans la droite, nos votes triomphaient. » Robespierre déclara qu'il attachait peu d'importance aux mots *outrage* ou *avilissement*. Il dit qu'il était plus intéressant d'examiner l'article qui concernait les calomnies contre les fonctionnaires publics. Il termina son discours par ces paroles : «Les blessures de la calomnie ne sont dangereuses que sous le despotisme : l'homme vertueux qui s'est dévoué pour la patrie, est calomnié; mais aussi la liberté de la presse reste entière, et sans elle point de liberté. » Royer, évêque de l'Ain, appuya les réflexions de Robespierre : il cita les Apôtres et saint François de Sales. « Les premiers, dit-il, auxquels l'*Homme-Dieu* déclara qu'ils seraient en butte à toutes les calomnies; et l'autre, qui fut calomnié sa vie durant, malgré sa conduite irréprochable. » — A la suite de la séance du 24 août, le journal des débats des Jacobins, d'où nous tirons les matériaux de notre analyse, insère un écrit de Rœderer sur la rééligibilité. Il en avait fait lecture à la séance du 19 août. C'était une réponse à une déclaration unanime des comités, qualifiant de subversifs les deux décrets, dont l'un interdisait la rééligibilité indéfinie, et dont l'autre excluait les députés des places ministérielles pendant les deux années qui suivraient l'expiration de leur mandat. Nos lecteurs ont vu l'opinion des comités se produire moins audacieusement à la constituante, et y être repoussée. Le 4 septembre, les Jacobins examinèrent la position légale des électeurs décrétés d'ajournement *personnel; on fit lecture* de la pétition de C. Desmoulins à l'as-

semblée nationale ; Boutidoux dit que MM. Chapelier et Lanjuinais
étaient décrétés d'ajournement personnel lors de leur élection aux
états-généraux ; un autre membre cita Mirabeau et Bergasse qui
se trouvaient dans le même état : Biauzat, Antoine, Sergent et
Rœderer, parlèrent sur cette question. Ils furent d'avis que l'a-
journement personnel constituait le citoyen en état de prévention
seulement ; qu'ainsi, la loi portant que tout individu en état d'accusation serait privé des droits de citoyen actif n'était pas applicable à l'espèce. Le 7, quelques jours avant que Talleyrand lût
son plan d'éducation à la constituante, les Jacobins traitèrent
cette matière. Collot-d'Herbois fit un rapport sur un projet d'é-
ducation nationale de Bourdon-la-Crosnière. Immédiatement
après, Simonne communiqua ses vues personnelles à l'égard du
même objet. Voici ses formules :

« L'éducation de l'homme en société doit embrasser, 1° la
formation de son physique ; 2° les lois de la nature et les connaissances préliminaires qui conduisent aux arts ; 3° la morale, qui
n'est que la théorie des mœurs ; 4° les mœurs qui sont les principes de la morale mis en pratique ; 5° les lois fondamentales des
sociétés en général, et particulièrement l'étude des lois de son
pays. Il dit que le bonheur était le but des hommes, et il le définit ainsi : Une bonne santé et la paix de sa conscience. — Royer,
évêque de l'Ain, s'opposa à l'impression de ce discours, parce
qu'il tendait à avilir les ministres du culte et prêchait l'*athéisme*.
Il est bien remarquable que cette dernière accusation suffit pour
déterminer les Jacobins. Ils refusèrent l'impression. Billaud-Varennes, à quelques séances de là, développa aussi un système d'éducation. La partie critique est faite en homme du métier, qui savait
l'intérieur des collèges de cette époque ; quant à la partie institu-
tionnelle, elle ne diffère pas des projets lus avant le sien. Tous
ces essais sont calqués sur l'*Émile* de Rousseau : ils le délaient en
commentaires, ou le résument en articles de lois.

Le 11, Rœderer dit que les comités allaient demander de ces
trois choses l'une, ou les trois s'ils pouvaient les obtenir :
1° que l'assemblée nationale prorogeât sa session ; 2° que

quelques membres de la législation pussent être ministres ; 3° qu'il se formât une espèce de comité pour inspecter le ministère et instruire la nouvelle législature. Rœderer montra les dangers de ces prétentions et conclut à ce que les députés actuels fussent dispersés dans leurs départemens respectifs.

Le 16, Grégoire traita des colonies. Il commença ainsi : Je viens, messieurs, défendre vos principes, vos décrets, votre honneur, la justice et le véritable intérêt de la patrie. » Son discours continua sur ce ton. Celui de Robespierre à la constituante étant le manifeste complet des Jacobins, nous tomberions dans des redites si nous empruntions de plus longues citations à Grégoire. A cette même séance, Brissot, qui venait d'être élu député par les électeurs de Paris, fut couvert d'applaudissemens. Il monta à la tribune et dit : « La couronne civique que je reçois aujourd'hui, c'est la liberté, c'est le peuple, qui me la donnent. C'est donc dans le temple de la liberté que je dois la déposer. La persécution ministérielle m'a fait élever, je pense que je l'ai bien méritée, cette persécution, par mon patriotisme. (Applaudissemens.) Je jure qu'au bout de ma carrière je la mériterai mieux encore. (Applaudissemens.) A des Jacobins il faut des faits et non des mots. Vous me verrez toujours à la tribune de l'assemblée nationale sous les drapeaux de la liberté. » (Applaudissemens universels.) La dernière question commune aux Feuillans et aux Jacobins fut celle des clubs. Nous avons donné le discours de Robespierre en réponse à Chapelier. Au sein de la société ce fut Brissot qui parla. Il développa les trois principes suivans : Les sociétés doivent : — Discuter les lois à faire ; — s'éclairer sur les lois faites ; — Surveiller les fonctionnaires publics.

Tentatives de réunion. — Les Jacobins, invités par les sociétés affiliées à ne rien négliger pour faire cesser le schisme, mirent en quelque sorte leur dignité personnelle en oubli, afin de réaliser ces vœux universels de concorde et de fraternité. Leur patience et leur bonté seraient incompréhensibles à côté de la morgue des Feuillans, si elles n'étaient expliquées par le zèle national dont ce club était animé. On sait les démarches antérieures et le dédaigneux accueil que les envoyés eurent à subir de la part des scissionnaires. Il ne se rebuta pas. A la séance du 14 août, Daudibert-Caille proposa de conjurer individuellement par une lettre, les députés feuillans, de se réunir à la société mère. Anthoine lut un projet conçu dans cet esprit, Rœderer l'appuya, et le club décida que l'adresse serait rédigée en forme d'arrêté, et envoyée aux députés à l'assemblée nationale, ci-devant jacobine. Le 21, Sillery fit la motion d'écrire aux Feuil-lans la lettre suivante :

« Frères et amis, les amis de la constitution séant aux Jaco-bins, sont assemblés : ils préviennent leurs frères que la patrie est en danger ; que la concorde et la paix sont les seuls moyens de s'opposer à leurs ennemis : ils vous conjurent de vous réunir.» Cette motion fut fort applaudie. Boutidoux demanda que pour avoir le droit de parler contre, il fallût être appuyé par quarante membres.

Robespierre se leva et dit : « Je sais bien ce qu'il y a de délicat dans une pareille délibération : je sais bien quels sont les avan-tages des ennemis'les plus déclarés de la constitution sur ses amis : je ne suis point effrayé de ces avantages, et plus je vois leur triomphe certain, plus une fière indifférence m'élève au-dessus d'eux. Messieurs, vous ignorez peut-être que demain est à l'ordre du jour un projet du comité de constitution, qui contient une constitution nouvelle qui remet les Français sous le joug du des-potisme. Oui, Français, vous ignorez qu'il n'y a pas un seul de vos articles qui ne suffise pour détruire la liberté. Nous n'avons que quelques heures, et vous allez les consommer à délibérer sur une proposition déjà deux fois acceptée par vous. Eh bien! né-gligez les grands-intérêts publics, pendant cette séance, et de-main soyons abandonnés à ceux qui veulent anéantir la liberté de la presse. Ils n'ont pas même admis l'amendement de M. Pétion! Ce sont toutes les démarches qu'on a faites qui ont retardé la réunion. Les députés patriotes, les seuls dont il faille attendre le retour, se seraient déjà réunis, si des formes n'eussent été em-

ployées. La raison triomphant, le bien public aurait triomphé.
Je conclus à ce que la société persiste dans son dernier arrêté et
passe à l'ordre du jour. — Moreton parla dans le sens de Robespierre. Vadier, devenu depuis quelque temps l'un des habitués
de la tribune des Jacobins, prêta à Sillery l'appui d'une éloquence
devenue proverbiale parmi les mauvais plaisans de l'époque. Il
céda la parole à un de ses compatriotes, membre d'une société
du département de l'Arriège, qui prononça un discours écrit.
Cette pièce occupe cinq colonnes du Journal des Débats. L'orateur
épuisa tous les lieux-communs et toutes les banalités qu'on peut ·
débiter sur l'*union fraternelle* : il se hérissa de tant d'exclamations et de tant d'interrogations, que le simple point se trouve à
peu près au bout de cette seule phrase. « J'habite un pays éloigné, simple, champêtre, mais plein de franchise et d'énergie. »   ·
Robespierre demanda de nouveau l'ordre du jour. St.-Martin et
Dubois-Crancé se prononcèrent en faveur de la proposition de Sillery, et elle fut adoptée. Le 22, on nomma
des commissaires pour porter la lettre aux Feuillans. La réponse
de ceux-ci, envoyée séance tenante, fut qu'ils ajournaient leur
décision. Leur décision arriva, le 12 septembre, au moment où
l'on délibérait sur la réception qu'on devait leur faire ; tant on
comptait sur l'effet de la lettre. L'arrêté des Feuillans portait
qu'il n'y avait pas lieu à délibérer. Il était signé par 56 députés.
Là, se terminèrent les tentatives de réunion.

Partage des sociétés affiliées entre les deux clubs. Le journal
des débats nous apprend (n° XLIII) que sur quatre cents sociétés
affiliées, cent s'étaient réunies aux Jacobins purement et simplement et que les trois cents autres continuaient à correspondre,
demandant la réunion. Quatre sociétés seulement s'étaient ralliées
aux Feuillans. Elles furent nommées par ordre du club dans sa
séance du 8 août. Elles appartenaient aux villes de Rouen, de
Commercy, de Cambray ; la troisième ville n'est indiquée que
par ces mots : *proche-Cambray.* Au reste, bientôt toutes les sociétés nouvelles firent avec les Jacobins une alliance exclusive,

et plus de six cents sociétés nouvelles lui demandèrent l'affiliation pendant les deux mois dont nous écrivons l'histoire.

Les autres détails que nous offrent les séances des Jacobins
sont purement incidentels. Le 10 août, Dufourny donna de longues explications sur un complot préparé pour un second enlèvement du roi. Il raconta ses propres démarches pour en informer le comité des recherches. Les journaux du temps sont pleins
de semblables dénonciations. Le 17, M. de Chartres (Louis-Phi-
lippe), arrivant de son régiment, demanda la permission d'entrer
dans la salle. Un membre fit observer que M. de Chartres devait
passer au scrutin comme les autres. Le mandat du comité épuratoire étant expiré depuis le 15, la réclamation devenait inutile.
M. de Chartres fut admis à signer sur les registres de la société.
Il arrivait à Paris précédé du bruit de deux actions récentes dont les
feuilles publiques retentissaient. Il avait sauvé un prêtre dans
une émeute de province, et, à Vendôme, un homme qui se noyait.
Voici une lettre que nous empruntons au *Moniteur* sur ce dernier fait. Elle renferme de plus un discours de M. de Chartres au
club de Vendôme.

Vendôme, le 8 août.

« Trop long-temps on a prodigué des louanges à des hommes
dont la grandeur imaginaire faisait tout le mérite. Nous vous
prions, monsieur, de seconder nos vues en célébrant des vertus
civiles et morales, en louant des amis de la constitution et de
l'humanité.

» Un membre de notre société a prononcé dans une de nos séances, le discours suivant ;

» Messieurs, vous avez connaissance du décret qui supprime
tout ordre, tout signe extérieur qui suppose des distinctions de
naissance, et j'espère que vous m'avez rendu la justice de croire
que je suis trop ami de l'égalité pour n'y avoir pas applaudi avec
transport. J'ai donc quitté dès le premier instant, et avec le plus
grand plaisir, ces marques frivoles de distinction auxquelles on a si
long-temps attaché une considération qui n'était due qu'au mérite, et que lui seul obtiendra désormais. Ce dernier décret, dans

le moment où se prépare la révision des travaux de l'assemblée, doit nous faire espérer qu'elle maintiendra comme constitutionnel tout ce qu'elle a déjà décrété au sujet des titres et de la noblesse, et que les Français, libres et égaux, ne seront plus distingués que par les services qu'ils auront rendus à la patrie. C'est à eux que seront réservées les marques vraiment honorables, les signes auxquels on pourra reconnaître d'abord ceux qui ont des droits à l'estime publique. Autant je dédaignais ceux que je ne devais qu'au hasard de ma naissance, autant je me glorifierai un jour des autres, si je suis assez heureux pour avoir des occasions de les mériter ; elles seules peuvent manquer à mon zèle pour la chose publique, car si à défaut d'actions assez éclatantes pour attirer sur moi les regards de mes concitoyens, et les récompenses de ma patrie, des sentimens bien connus et une vie entière uniquement dirigée vers son service, suffisent pour obtenir ces marques d'honneur, j'ai la pleine confiance de m'en rendre digne. »

» Tel est le discours qu'a prononcé M. de Chartres, colonel du 14ᵉ régiment de dragons.

» Mais le jour même où un décret de l'assemblée nationale le dépouillait de *ces signes extérieurs, marques frivoles de distinction, qu'il ne devait qu'au hasard de sa naissance,* M. de Chartres s'est acquis des droits immortels à la reconnaissance des Vendômois, à l'estime de tous les hommes.

» Un de nos concitoyens, fatigué du bain, voulait prendre pied sur un rocher dans la rivière, près d'un gouffre qui lui était inconnu, mais fameux par la mort de quelques personnes. Le tournant l'entraîne ; il appelle au secours, il va périr. M. de Chartres, à cent pas du lieu, entend ses cris. Il vole : « Courage, mon ami, s'écrie-t-il, je suis à vous. » Il s'élance, et ne voyant plus que l'extrémité de la main du malheureux, il la saisit. M. Siret (c'est le nom de notre concitoyen) presse avec force le bras de son libérateur, et gêne ainsi ses mouvemens. Le tournant les engloutissait tous les deux. Edouard, nègre de M. de Chartres, bien digne de la liberté française, s'était jeté à la nage après *son maître,* que par hasard il accompagnait ce jour-là. Saisissant à son tour notre concitoyen, il le sauve, et en même temps il délivre son maître. Tous trois viennent à bord, tous trois nous sont rendus.

»Refusera-t-il son sang à la patrie, celui qui a si généreusement exposé sa vie pour un simple citoyen, et qui, le 24 juin dernier, avait contribué au salut de deux malheureux? »

Le 19 septembre, les Jacobins proposèrent un prix de 600 livres pour le meilleur almanach dans lequel on adresserait au peuple une instruction conforme au nouvel état social. Le terme fixé au concours, était le 15 octobre. Ce fut *l'Almanach du père Gérard*, composé par Collot-d'Herbois, que le club adopta. Nous analyserons cet ouvrage. Les Jacobins favorisèrent aussi par une souscription très-productive un journal entrepris par Tallien, et intitulé *L'Ami des citoyens*. Il était principalement destiné à combattre *le Chant du coq*.

L'affaire du 17 juillet porté au tribunal du sixième arrondissement apparaît aussi quelquefois dans les séances des Jacobins. Les commissaires chargés de suivre la procédure, se plaignirent amèrement de ce qu'on en voulait surtout aux signataires de la pétition. L'accusateur Bernard fit insérer une lettre dans l'*Ami des citoyens*, par laquelle il affirmait que des témoins avaient entendu Santerre et Desmoulins dire qu'il fallait égorger la garde nationale. Ceux-ci affichèrent les dépositions imprimées de ces témoins, et il en résulta la preuve matérielle que Bernard les avait falsifiées. Il faut voir les articles que firent sur ce procès les *Révolutions de Paris*. « As-tu lu, s'écrie Prudhomme, as-tu lu, méprisable Bernard, as-tu lu la constitution? oui tu l'as lue; tu sais bien qu'elle consacre formellement le droit de pétition. » Les crimes de la fatale journée étaient particulièrement imputés à *trois quidam* (ce sont les termes de l'acte d'accusation), dont on n'a jamais eu d'autres nouvelles. Les accusés n'attendaient que le jour d'un acquittement infaillible, pour intenter à l'accusateur une action civile, lorsque l'amnistie coupa le nœud de cet imbroglio.

FRANCE.

Intérieur.—La constituante fermait ses travaux sous de tristes
auspices. A Paris, la cherté croissante du pain excitait de
sourdes rumeurs dans les classes pauvres, et déjà quelques rassemblemens avaient inspiré des craintes sérieuses. Dans les provinces, la circulation des grains était de nouveau entravée. L'exportation du numéraire rendue un moment difficile par l'inquisition des sociétés populaires, reprenait activement son cours,
depuis que ces surveillances contraires à la liberté étaient sévèrement comprimées par une administration constitutionnelle.
L'agiotage poursuivait de ses opérations multipliées toutes les
nouvelles émissions d'assignats. A ces sources, d'où tant de cala-
mités allaient sortir, il faut ajouter l'imminence d'une guerre civile, que tout semblait conspirer à rendre implacable. Les députés du côté droit, forts de la mésintelligence de leurs ennemis,
se jetaient à corps perdu dans les protestations. Ils appelaient la
lutte à main armée, parce qu'ils n'avaient devant les yeux que
leurs adversaires de l'assemblée, et il ne pouvait en être autrement. Les débats parlementaires avaient tellement décliné du
terrain de la révolution, que les constitutionnels et les royalistes
avaient dû finir par se trouver seuls à seuls, face à face, loin du
peuple et de ses passions. Le Feuillantisme était donc l'obstacle
principal pour les royalistes; tout le reste se réduisait, dans leurs
calculs, à une poignée de fous et de brigands, qu'ils mettraient
en poussière à la première levée de boucliers. Aussi s'empres-
saient-ils sur les routes qui conduisaient aux deux rendez-vous
où l'autorité légitime réunissait ses défenseurs. Les uns allaient
en Vendée, les autres, en plus grand nombre, passaient la frontière. Rien ne servit à leur donner un peu de prévoyance : ni
l'empressement avec lequel les gardes nationales se disposaient
à repousser l'invasion, ni les sacrifices sans nombre, les dons
patriotiques qu'on enregistrait chaque jour devant eux.

Les Feuillans, il faut bien le dire, n'étaient préoccupés que
d'eux-mêmes. N'est-il pas affligeant de voir ces hommes, très-
distingués pour la plupart, livrer leurs plus rudes combats de

tribune pour conserver leur position personnelle. Ils éprouvaient pour la constitution telle qu'elle était sortie de leur cerveau une sorte d'amour jaloux, qui leur faisait désirer de ne plus la quitter. On a vu leurs efforts pour emporter la rééligibilité, pour obtenir la nomination des députés constituans aux emplois ministériels; leurs intrigues pour constituer une sorte de pairie où ils pussent accomplir à perpétuité le sacerdoce constitutionnel. Ce qu'il y a de bien remarquable, c'est qu'au milieu de leurs plus chaudes harangues on ne trouve pas un mot, pas un souvenir, pas un sentiment qui parle de France et de nationalité. Au reste, cet oubli de la France leur est commun avec tous les révolutionnaires connus sous le nom de fédéralistes. Les philosophes qui décrétèrent les droits naturels, et les anarchistes qui exploitèrent cette doctrine, parlent toujours de *l'homme*, *des hommes*, jamais de la France et des Français. Dans le sens social, l'expression *homme* est aussi fausse qu'*état de nature*, *droit naturel*, *pacte primitif*. Il y a sur la terre des Français, des Anglais, des Espagnols, des Russes; quant à des hommes, sait-on bien ce que l'on veut dire par là? Les unitaires, et entre autres Robespierre et Marat tiennent un autre langage. Le dévouement aux destinées françaises, France, nation, peuple de France, tels sont les mots qui reviennent incessamment dans leur bouche et sous leur plume. Marat disait habituellement : « Je me suis fait anathême pour ce bon peuple français. »

La faute capitale de la constituante fut de traiter la révolution comme un obstacle. En cela elle ne différa pas des pouvoirs qui s'étaient succédé depuis Louis XIV; aussi, le testament de cette assemblée eut-il le même sort que celui des rois ses prédécesseurs : il fut cassé presque immédiatement par les héritiers de sa puissance. Sa seconde faute, conséquence fatale de la première, consista à négliger tous les moyens de fortifier la révolution contre ses ennemis. Elle ne supposait pas que sa constitution pût jamais être attaquée autrement que par des émeutes et des insurrections de l'intérieur; aussi l'environna-t-elle de ce côté d'une défense formidable. Nos lecteurs se rappellent la loi martiale, les

lois de sûreté publique, et leur énergique application. Plus opposée peut-être à la révolution, que les rois de l'Europe, parce
que les sacrifices que celle-ci appelait intéressaient directement
la classe dont l'assemblée nationale s'était faite protectrice, elle
jugea que sa réforme ne troublerait point la paix de l'Europe;
elle ne prévit la guerre que dans le cas, où le principe révolutionnaire pur culbuterait son éclectisme, et alors elle serait
l'alliée naturelle de toutes les coalitions de l'extérieur. Cette
nécessité de sa position est démontrée jusqu'à l'évidence par les
actes politiques des principaux auteurs du système de 1791. On
en retrouve toujours quelques-uns représentant le parti constitutionnel dans les trahisons et les capitulations dont la France
garde une si douloureuse mémoire.

Elle est démontrée surtout par l'abandon complet dans lequel
la constituante laissa périr notre armée; son obstination à conserver les officiers nobles, à frapper les soldats patriotes, à
n'intervenir que disciplinairement entre des chefs et des subordonnés pour lesquels il n'y avait plus de foi commune, ne se
comprend que du point de vue constitutionnel. Elle voulait que
la révolution fût désarmée, et certes sa volonté fut faite. Au
moment de sa clôture elle apprit la dislocation des régimens
qui composaient l'armée du nord; le manque de garnison dans
plusieurs places importantes, la pénurie des armes, la mauvaise
qualité du petit nombre de celles qu'on fabriquait (presque tous
les boulets fondus n'étaient point du calibre des canons.) Malheureusement la révolution, c'était la France. Cette négligence
criminelle la mit, en effet, si peu en état de se défendre, que
nous verrons, sous la législative, les plus ardens patriotes s'opposer à une déclaration de guerre, et appeler traîtres ceux
qui la voulaient : ce sera sur cette question qu'éclatera la rupture
entre les Girondins et les Jacobins.

Nous ne faisons ici qu'énoncer les généralités contenues dans
chaque ligne des pièces transcrites par nous. Parce que la
constituante manqua d'activité révolutionnaire ; parce que, n'annonçant ni un but, ni un avenir national quelconque, elle n'eut

qu'une prévoyance de conservation pour les intérêts présens, cette prévoyance même se consuma sans fruit en de timides temporisations. Ses longues hésitations sur les colonies, ses décrets contradictoires, ses fluctuations entre l'égoïsme des planteurs et les vœux de la France, ajournèrent tellement son entremise, qu'avant même qu'elle eût prononcé, l'insurrection suppléait au défaut d'initiative. Le 22 août, les esclaves de Saint-Domingue, conduits par Jean-François et par son lieutenant Toussaint-Louverture, incendiaient la plaine du Cap français, ruinaient et égorgeaient les blancs, auxquels l'assemblée nationale accordait, le 24 septembre, un pouvoir illimité sur les hommes libres de couleur et sur les esclaves. Pendant les vingt-huit mois de son existence, la constituante ne rendit pas moins de deux mille cinq cents décrets.

Parmi les hommes qui résistèrent parlementairement à la marche de cette assemblée, Robespierre est un de ceux qui montrèrent en toute rencontre l'antipathie fédéraliste la plus vive. Ses discours se distinguent par un sentiment unitaire, par une passion nationale, qui lui sont particuliers, et qui nous expliquent la popularité sans rivale dont nous allons le voir jouir. En 1791 Robespierre n'était pas républicain. Voici comment il s'en exprime lui-même à la séance des Jacobins du 13 juillet. «On m'a accusé d'être républicain; on m'a fait trop d'honneur, je ne le suis pas. Si on m'eût accusé d'être monarchiste on m'eût déshonoré, je ne le suis pas non plus. Pour beaucoup d'individus les mots de république et de monarchie sont vides de sens. *Le mot de république ne signifie aucune forme particulière de gouvernement; il appartient à tout gouvernement d'hommes libres qui ont une patrie.* »

Extérieur. — Le cabinet des Tuileries persista jusqu'après la fuite à Varennes dans les plans que nous avons fait connaître lors de la constitution civile du clergé, en décembre 1790. Les Feuillans participèrent à la diplomatie à partir du mois d'août 1791. Le livre où nous avons puisé nos premiers renseignemens sur la politique extérieure (*les mémoires d'un homme d'État*) va nous fournir les matériaux de notre résumé.

La lettre de Louis XVI aux rois de l'Europe (3 décembre

1790) fut diversement accueillie. Frédéric-Guillaume se hâta de
représenter à Léopold combien il était urgent pour les souverains de concerter une coalition. L'empereur, tout en adhérant
à l'opinion du roi de Prusse, jugea néanmoins qu'on ne devait
rien précipiter. La Russie et la Suède montrèrent contre la révolution le plus violent acharnement. Catherine surtout excita
Léopold et Frédéric-Guillaume à intervenir sans délai.

Le roi de Prusse attribua les lenteurs de Léopold à l'embarras
que présentait la suspension du congrès de Sistow, à la prolongation de la guerre des Russes contre les Turcs, enfin au désir
secret de préparer une coalition avec les puissances méridionales qu'il dirigerait à son gré. En conséquence, agissant en son
propre et privé nom, il fit offrir à Louis XVI, par le baron de
Goltz, le secours prompt et immédiat d'une armée de 80,000
hommes, à la seule condition de rompre avec l'Autriche et de
s'allier intimement à la Prusse. Montmorin déclina cette ouverture en disant que Louis XVI n'avait ni le pouvoir ni la volonté
d'adhérer à d'aussi dangereux expédiens.

La démarche de Frédéric était restée sans autre suite, lorsque,
au mois de mars 1791, les cabinets de Vienne et de St.-Péters-
bourg, se montrèrent résolus à mettre un terme à la guerre d'O-
rient. Ce fut à cette époque que, pour premier gage d'intervention, Léopold adressa à Louis XVI une réclamation en faveur
des princes possessionnés. Il reprit ensuite sa correspondance
directe avec Frédéric, et les deux souverains ne tardèrent pas à
s'entendre. Léopold voyageait alors en Italie. Il y reçut en même
temps le major Bischoffswerder envoyé de la Prusse, et lord Elgin
particulièrement chargé par Georges III de solliciter l'intervention. Le comte d'Artois se joignit à ces deux envoyés. C'était au
moment où la cour de France, laissée sans appui par la mort de
Mirabeau, pressait avec le plus d'ardeur la coalition. Montmorin,
agissant dans ce but, avait pris pour intermédiaire l'ambassadeur
d'Autriche, Mercy-Argenteau. Ce dernier, couvrant ses relations par des voyages à Bruxelles et à La Haye, informait le ministre de Louis XVI des progrès de la négociation.

Ces intrigues soupçonnées par les meneurs constitutionnels de l'assemblée nationale les portèrent à exiger du roi l'expédition de la circulaire du 23 avril, transcrite par nous à sa date. Mais Louis XVI démentit aussitôt par des agens secrets ses éloges pompeux de la constitution, arrachés, disait-il, à un captif. Il songea sérieusement à systématiser l'action des émigrés, et il confia une mission pour le comte d'Artois et le ministre Calonne, au comte Alphonse de Durfort. Léopold avait déjà rendu public le résultat de ses conférences avec les envoyés de Prusse et d'Angleterre. Sa déclaration, datée de Pavie le 18 mai, par laquelle il annonçait le dessein de concourir avec d'autres puissances à arrêter le mouvement français, fut le germe de la première coalition. Une entrevue, fixée au 20 mai, devait aboucher, à Mantoue, les chefs de l'émigration et le comte de Durfort avec l'empereur. Là, en effet, au jour convenu, Calonne développa un plan selon lequel 35,000 impériaux attaqueraient la Flandre; 15,000 hommes des cercles, l'Alsace; 15,000 Suisses, Lyon; autant de Sardes, Grenoble, et enfin 20,000 Espagnols, la frontière du Roussillon. L'empereur corrigea de sa main quelques parties de ce plan et décida la campagne pour le mois de juillet. Mais il était bien entendu que les hostilités seraient préalablement discutées par un congrès, circonstance que l'auteur des *mémoires d'un homme d'Etat* reproche à tous les historiens d'avoir ignorée.

Sur ces entrefaites arriva la fuite à Varennes. L'auteur que nous suivons attribue cette imprudence aux conseils du baron de Breteuil. Cet affidé en titre de Louis XVI, voyant que le comte d'Artois et Calonne diminuaient son influence, blessé de|n'avoir pas été admis aux conférences de Mantoue, brusqua le départ du roi en alléguant que tel était l'avis de Léopold. L'issue de cette tentative consterna les puissances européennes. Frédéric-Guillaume tomba pendant quelques jours dans une profonde tristesse, et Léopold écrivit de Padoue sa circulaire du 6 juillet, par laquelle il invitait les souverains à une prompte coalition.

Tels sont les actes de la politique extérieure jusqu'au 6 juillet.

Le livre que nous analysons rejette comme une fable un prétendu traité signé à Mantoue, lequel n'a jamais existé.

Après le 21 juin, toutes les cours de l'Europe signifièrent aux
ambassadeurs français l'ordre de ne plus paraître devant elles.
Le 25 juillet, le prince de Kaunitz pour l'Autriche, et le major
Bischoffswerder pour la Prusse, arrêtèrent les bases d'un
traité d'alliance. Ils posèrent, pour première condition, le rétablissement de la paix entre l'empire ottoman et la Russie. Léopold donna l'exemple à Catherine ; il pressa les conférences de
Sistow, et le 4 août la paix fut conclue entre la Porte et l'Autriche.

En signant le traité préliminaire, les négociateurs, aux termes
de leurs instructions, avaient dressé trois articles secrets relatifs
à la Pologne. Par ces articles, les deux cours reconnaissaient
éventuellement l'indépendance et la nouvelle constitution des
Polonais, et s'engageaient à employer leurs bons offices pour
amener Catherine II à cet avis. Les souverains se donnèrent
rendez-vous à Pilnitz, le 25 août, pour la ratification de ce
traité.

A cette nouvelle, les chefs du parti constitutionnel *redoublèrent
d'activité dans leurs intrigues* (1) pour tout calmer au-dedans et
au-dehors. Ils n'ignoraient pas que Léopold penchait pour le
système pacifique, et, de concert avec Montmorin, ils adressèrent
des directions confidentielles au marquis de Noailles, ambassadeur de France à la cour de Vienne. Celui-ci, très-dévoué à la
Fayette et aux Feuillans, fit remettre, dans les premiers jours
d'août, une note à l'empereur, où il exposait les triomphes obtenus par les constitutionnels dans la question de la déchéance,
et leur volonté de transiger avec Louis XVI. Il disait de plus,
au nom des hommes les plus sages de l'assemblée nationale, que
recourir à des tentives d'invasion, serait l'infaillible moyen d'ai-

---

(1) Ce sont les expressions des mémoires d'un homme d'État (prince Har-
denberg). Il cite Barnave, Dupont, Beauharnais, la Fayette, les Lameth,
Talleyrand, Beaumetz, Chapelier, Thouret, Desmeuniers, Dandré. Il les appelle *royalistes mitigés et partisans des deux chambres.*

(*Note des auteurs.*)

grir le peuple, et de mettre la France sous le joug de la faction Jacobine. Les désirs de Louis XVI et de la reine étant conformes à cette ouverture des Feuillans, Léopold y obtempéra.

MONSIEUR, soit à cause des lenteurs précédentes de Léopold, soit qu'il soupçonnât la diplomatie des Feuillans, tourna ses espérances du côté de la Prusse; il envoya le baron de Roll à Frédéric, qui témoigna le plus vif empressement et fit prévenir aussitôt Bouillé de se rendre à Pilnitz, le 26 août, avec un plan d'invasion qu'il l'invitait à tracer lui-même.

Au jour et au lieu indiqué un premier entretien secret apprit à Frédéric-Guillaume les vues pacifiques de l'empereur à l'égard de la France. Ce dernier fit l'aveu qu'il travaillait à tout concilier. Le roi de Prusse parla du plan de Bouillé et de l'opportunité imminente de tenter un coup de main sur des frontières à peine garnies de troupes indisciplinées. L'empereur répondit en s'appuyant du témoignage du maréchal de Lascy, quant à la difficulté de l'invasion, et sur les ouvertures du marquis de Noailles, quant aux inévitables périls qui frapperaient brusquement Louis XVI, si la guerre était déclarée. Frédéric céda à ces raisons, et il fut convenu qu'on n'emploierait que des moyens conciliatoires. — Le comte d'Artois, accompagné de Calonne, de Bouillé et de Polignac, sollicita vainement une coalition immédiate. Le jeu diplomatique dura autant que les convenances l'exigeaient, après quoi fut signé, le 27 août, le fameux manifeste de Pilnitz dont les émigrés furent seuls dupes en Europe; personne, excepté eux, ne se méprit sur l'esprit dilatoire de cette déclaration. — Nous quittons ici le fil des relations extérieures pour le reprendre plus tard selon les occasions que l'assemblée législative nous en fournira,

FIN DE LA CONSTITUANTE ET DU ONZIÈME VOLUME.

TABLE DES MATIÈRES

FIN DE LA TABLE DES MATIÈRES.

Préface. **Page xiv, ligne 32, au lieu de :** *elle affirme,* **lisez :** *nons affir-mons.*

Page 75, dernière ligne, au lieu de *séance,* **lisez :** *France.*

Note de la page 153, ligne 3, au lieu de : *le numéro XXXV. du,* **lisez :** *le numéro XXXV est du.*

HISTOIRE PARLEMENTAIRE

DE LA

RÉVOLUTION FRANÇAISE,

OU

JOURNAL DES ASSEMBLÉES NATIONALES,

DEPUIS 1789 JUSQU'EN 1815.

PARIS. — IMPRIMERIE DE FÉLIX LOCQUIN,
rue Notre-Dame-des-Victoires, 16.

HISTOIRE PARLEMENTAIRE

DE LA

RÉVOLUTION.

FRANÇAISE,

OU

JOURNAL DES ASSEMBLÉES NATIONALES,

DEPUIS 1789 JUSQU'EN 1815,

CONTENANT

La Narration des événemens ; les Débats des Assemblées ; les Discussions des principales Sociétés populaires, et particulièrement de la Société des Jacobins ; les procès-verbaux de la commune de Paris ; les Séances du Tribunal révolutionnaire ; le Compte-rendu des principaux procès politiques ; le Détail des budgets annuels ; le Tableau du mouvement moral extrait des journaux de chaque époque, etc. ; précédée d'une Introduction sur l'histoire de France jusqu'à la convocation des États-généraux,

PAR P.-J.-B. BUCHEZ ET P.-C. ROUX.

TOME DOUZIÈME.

PARIS.

PAULIN, LIBRAIRE,

RUE DE SEINE, N° 6, HÔTEL MIRABEAU.

—

M DCCC XXXIV.

PRÉFACE.

La Constituante vient de finir, et la Législative ouvre ses séances : c'est le moment de jeter un coup d'œil sur les travaux de l'une et l'autre assemblée. Nous interromprons dans un moment la série d'études que nous poursuivions dans nos préfaces précédentes, et dont nous nous proposons de continuer dans celle-ci, afin de nous livrer à cet examen.

Dans la plupart des histoires antérieures à la nôtre, tout en déplorant que tant de douleurs aient suivi les nobles et généreux efforts de la révolution, on prodigue l'éloge à la Constituante, et on jette le blâme sur la Législative. On admire la première, et l'on attribue à la seconde les tristes nécessités où la France fut réduite. Suivant nous, c'est accuser la victime des fautes du coupable. La Constituante était libre de ses actes, maîtresse souveraine de ses volontés et de la France. La Législative, au contraire, entrait dans le mouvement politique sous la domination d'un parti qui n'avait d'autre issue que la terreur conventionnelle, ou la perte de la nationalité française. La première de nos assemblées nationales avait créé des circonstances dont nulle force humaine ne pouvait changer la fatalité, et dont la Législative fut le produit et l'agent.

Nous l'avons déjà dit, et notre histoire en a été une démonstration inces-

PRÉFACE.

LA Constituante vient de finir, et la Législative ouvre ses séances : c'est le moment de jeter un coup d'œil sur les travaux de l'une et l'autre assemblée. Nous interrompons donc un moment la série d'études que nous poursuivions dans nos précédens portefeuilles, et que nous nous proposions de continuer dans celui-ci, afin de nous livrer à cet examen.

Dans la plupart des histoires antérieures à la nôtre, tout en déplorant que tant de deuils aient suivi les nobles et généreux efforts de la révolution, on prodigue l'éloge à la Constituante, et on jette le blâme sur la Législative. On admire la première, et l'on attribue à la seconde les tristes nécessités où la France fut réduite. Suivant nous, c'est accuser la victime des fautes du coupable. La Constituante était libre de ses actes, maîtresse souveraine de ses volontés et de la France. La Législative, au contraire, entraît dans le mouvement politique sous la domination d'un passé qui n'avait d'autre issue que la terreur conventionnelle, ou la perte de la nationalité française. La première de nos assemblées nationales avait créé des circonstances dont nulle prévoyance ne pouvait changer la fatalité, et dont la Législature fut le produit et l'agent.

Nous l'avons déjà dit, et notre histoire en a été une démonstration inces-

sante, l'initiative manqua à la Constituante. Elle ne sut pas s'en emparer, et, à cause de cela même sans doute, elle ne sut pas reconnaître
que l'initiative était le mode essentiel du pouvoir et du gouvernement. Elle fut en effet toujours à la remorque des événemens,
inspirée tantôt par l'intelligence d'un individu, tantôt par une insurrection, en un mot, par un accident. Cependant elle voulut rendre cet état
perpétuel, et l'établir à toujours comme régime gouvernemental. Elle
partagea en conséquence le pouvoir entre un monarque et une assemblée, donnant à chacun une part telle, et fondant entr'eux de telles relations, que ni l'un ni l'autre n'avaient puissance d'agir, et devaient
attendre nécessairement que le mouvement leur vînt du dehors. Il
semble que notre première assemblée nationale ait jugé que le rôle du
pouvoir etait l'immobilité ; et, en effet, elle ignorait que la condition
première qui donne existence et durée à un peuple, c'est son but d'activité commune.

Il n'est pas, dans les temps modernes, de position politique plus importante à étudier et plus féconde en leçons, que celle des premiers temps
de notre révolution. Bien des peuples doivent sans doute, un jour
ou un autre, traverser des circonstances pareilles à celles que la France
a subies ; peut-être nous-mêmes devons-nous rencontrer encore des
dangers semblables. La plus grande utilité d'un travail tel que celui-
ci, consiste donc à trouver dans les expériences faites par nos
ancêtres, l'enseignement qui leur eût sauvé tant et de si cruelles
erreurs, et qui pourra préserver l'avenir de la répétition des mêmes
fautes.

Lorsque les Constituans se furent décidés à changer la face du droit
français, en posant comme principe social celui de la souveraineté du
peuple, ils devaient ne pas oublier qu'ils rompaient avec l'Europe tout
entière, et qu'ils apportaient un principe de droit des gens non seulement opposé, mais hostile à celui de toutes les nations voisines. Ils
devaient penser que tôt ou tard il faudrait que la France entrât en
guerre avec elles.

En effet, les nations ne peuvent contracter entre elles, signer des traités, qu'en partant de la donnée d'un principe, d'une croyance qui leur donne une certitude aussi complète que possible de la solidité des engagemens réciproques qui forment la teneur du contrat. Ainsi, aujourd'hui la confiance réciproque est fondée sur l'intérêt connu des parties, et sur la connaissance de tous les raisonnemens que cet intérêt peut engendrer. Dans d'autres temps, elle était établie sur l'identité de croyance et de foi appelée en garantie des engagemens. Il est, au reste, historiquement prouvé que jamais il n'y a eu paix qu'entre les peuples qui vivaient sous le même principe général de civilisation. Ainsi, en Europe, avant que le Christianisme eût fait de toutes les nations qui en couvrent le sol, un seul peuple en quelque sorte réglé par les mêmes lois morales et les mêmes intérêts; tant qu'il y eut plusieurs peuples différant de religion et de mœurs, la guerre fut permanente. Quelques trèves passagères suspendaient les hostilités; jamais il n'y eut de paix réelle. La France, à moitié envahie par les Sarrasins, ne fit pas la paix; elle ne put que combattre; et lorsque, plus tard, épuisée d'hommes et de soldats, rompue, brisée par la guerre civile, elle était parcourue par les Normands, elle ne sut traiter avec eux que lorsqu'ils consentirent à accepter sa croyance. Les exemples démonstratifs de la nécessité d'un principe commun pour rendre le contrat possible, sont innombrables. Aussi cette vérité est restée incontestable, et elle n'a été oubliée que par les étroits doctrinaires de la philosophie de la nature.

Puisqu'il en est ainsi, tous les hommes forts de l'assemblée nationale eussent dû faire entrer la guerre en ligne de compte dans leurs calculs sur l'avenir qu'ils préparaient à leur pays. Pourquoi ne le firent-ils pas? La raison de cette faute fut la même qui domina toutes celles que nous devons relever dans sa conduite. Les hommes de la Constituante oublièrent le passé comme l'avenir; ils ne virent que le présent, et le considérèrent comme éternel. Ils oublièrent qu'une nationalité existait, dont ils étaient les représentans momentanés; que cette nationalité avait un passé qui lui était commun avec toute l'Europe; un avenir qu'elle devait aussi lui faire partager. Ils oublièrent que le sentiment révolutionnaire même qui animait la population, et leur donnait pour appui le bras du peuple, ils oublièrent que ce sentiment avait une ori-

gine et une tradition. Et lorsque , pour se dispenser de toute reconn-
naissance envers Louis XVI, pour s'encourager à attaquer son droit
royal , ils se disaient que la convocation des états-généraux avait été une
mesure commandée par une nécessité qui grandissait et devenait de jour
en jour plus pressante depuis le règne de Louis XIV, alors ils ne pensèrent
pas à se demander d'où venait que la nécessité dont ils arguaient s'était
à ce point accrue ; quelles circonstances avaient changé dans le pouvoir
et dans le peuple , et d'où venait qu'elles avaient changé ; enfin , d'où
était sorti ce besoin d'innovation qui les animait eux-mêmes , et cette
volonté de réorganisation qu'ils percevaient de toutes parts.

Parce que les hommes de la Constituante négligèrent ces questions,
ils durent agir sans connaissance de l'avenir, c'est-à-dire sans prévoyance. Ils formulèrent une constitution sans portée au-delà du présent , purement négative de ce que l'on venait immédiatement de renverser , n'affirmant rien quant au futur, incapable, par suite, de rien
produire au-delà de la première négation. Nous l'avons vu , elle fut faite
par fragmens , et chaque fragment porte l'empreinte de l'occasion
qui lui donna naissance. Nous pouvons affirmer, d'après l'observation
que nous avons faite , et tout le monde, nous le croyons, l'affirmera avec
nous, que si les circonstances extérieures se fussent autrement présentées , la constitution, bien que produite par les mêmes hommes , dans le
même siècle, sous l'influence de la même éducation, eût suivi cette différence. En effet, les parties les plus importantes sont , ainsi qu'on le dit
en langage philosophique, conçues *à posteriori;* nulle part on ne trouve
le signe d'un *à priori.* Ainsi, pour n'en citer qu'un exemple, la manière
dont elle comprit le rôle de la représentation nationale, lui vint entièrement de la nécessité du temps; elle se prononça pour une assemblée
unique et permanente, seulement parce qu'elle-même ne pouvait se
scinder, ni cesser d'être permanente; elle investit l'assemblée de toutes
les espèces de pouvoir, parce qu'elle-même les possédait tous. Nous
insistons beaucoup, trop peut être, sur ces considérations; mais, c'est
parce que nous voyons tous les jours citer la conduite de la Constituante à
titre d'autorité, tandis que l'on ne devrait la citer qu'à titre de renseigne-

ment , et comme preuve des inconvéniens du procédé à posteriori dans les choses de souveraineté et de gouvernement.

Si l'assemblée dont il s'agit se fût sérieusement demandé compte de la nationalité française, et eût étudié notre histoire autrement que dans un but de polémique, il est probable qu'elle eût été nationale, autrement que par son titre ; elle ne se fût pas seulement enquis, lorsqu'il s'agissait d'institutions et de rapports sociaux, des relations négatives qui existent entre les individus , en un mot, des droits de l'homme ; elle eût aperçu qu'une nation est une existence bien autrement positive que celle d'un homme, et que , bien loin que la nation dépende des individus, ce sont les individus qui dépendent de la nation.

Il lui suffisait de remonter seulement quelques siècles du cours de la civilisation moderne, pour voir la raison et l'origine des tendances politiques de 1789, et pour connaître leur portée. Elle eût aperçu que le droit des gens en Europe , comme le droit civil, était fondé , avant la réforme , sur le droit divin interprété par l'Église ; de telle sorte qu'un pouvoir n'était reconnu qu'à la condition de confesser la foi et la morale commune. Elle eût aperçu que lorsque les guerres de la réforme eurent rompu, pour une partie de l'Europe, la communauté, quant au mode d'interprétation de la foi et du devoir, en niant l'infaillibilité de l'Église qui en était chargée, la paix n'aurait pu s'établir et se conserver entre les peuples, que par des conventions qui instituaient le principe d'un nouveau droit public, celui de la possession des peuples par les rois, et de la légitimité de certaines races royales. Alors il fût devenu évident pour elle qu'en proclamant la souveraineté du peuple, c'est-à-dire la possession de la nation par elle-même, elle abrogeait la loi des gens établie depuis près de deux siècles. Alors elle ne se fût pas trompée sur l'imminence de la guerre, et si elle n'eût pas aussi prévu tous les détails de notre longue lutte révolutionnaire contre les souverains étrangers, elle en eût prévu la généralité ; elle eût senti que la révolution devait changer la face du monde ou périr.

Cette pensée seule eût suffi pour lui inspirer un système constitutionnel différent de celui qu'elle laissa à la Législative, et pour imprimer à sa conduite administrative une marche tout opposée.

Cette position étant donnée, et, suivant nous, il a fallu un aveuglement inconcevable, ou de singulières et bien étroites préoccupations personnelles pour qu'elle ne fût pas visible jusqu'à la dernière évidence, il
faut rechercher quel point de départ la Constituante eût été probablement
conduite à adopter pour principe constitutionnel. Ce n'est point ici un
problème difficile à résoudre; car la logique humaine est la même dans
tous les temps; les principes seuls diffèrent, et la base du raisonnement
étant connue, il est aisé de calculer le résultat.

Toutes les fois qu'il s'agit pour les autres ou pour soi-même d'accomplir un grand sacrifice, il faut recourir à la doctrine du devoir : elle seule
donne la force de le demander, et de l'imposer à soi-même et aux autres.
L'assemblée constituante eût donc été de prime-abord amenée, par la
seule pensée d'une guerre inévitable, à poser en principe les conséquences
sociales de la doctrine du devoir. En effet, est-il de plus grand sacrifice à exiger d'une génération, que celui de se dévouer tout entière,
ainsi que la France l'a fait pendant vingt-cinq ans, pour fonder le bien-
être des races futures et des peuples mêmes qu'elle avait à combattre.
Le système de l'individualisme, celui qui établit que le but de la société
est le bonheur de chacun, et qui fut adopté par la Constituante, ce
système n'offre aucun moyen de prouver à qui que ce soit que son intérêt
soit jamais de souffrir comme soldat le froid, la faim, la maladie, et
enfin de se faire mutiler et tuer : quelque argutie que vous employiez, vous
ne convaincrez personne que souffrir et mourir soit un état bien désirable. Un égoïste, et dans le système du droit l'égoïsme est érigé en principe social, ne croira pas que périr obscurément dans une tranchée ou
dans un hôpital soit le terme le plus élevé du bien-être social. La doctrine
du devoir appelle cela de son véritable nom; elle l'appelle un mal, un
sacrifice; elle seule aussi le justifie et le récompense.

Nous ne doutons donc pas que la prévoyance de la guerre n'ait conduit notre première assemblée à commenter la pensée du devoir. Il est,
au reste, très-remarquable que toutes les fois qu'une nationalité a été
fondée, ou une organisation nationale puissante instituée, ce fût en présence d'une grande lutte à soutenir, et dans la prévoyance de grands
travaux à subir. Les hommes qui prirent part à ces fondations furent

cependant moins souvent encore inspirées par l'exigence des temps, que par les lumières de leur propre croyance. Aussi peut-on dire que le grand vice politique des hommes de 89 fut leur fatale et égoïste incrédulité. Quoi qu'il en soit, l'histoire fait foi que les deux plus grandes nations occidentales dont elle nous raconte les travaux, Rome et la France, naquirent par et pour la guerre, sous l'influence d'un sentiment de dévouement. La durée de l'une et de l'autre fut vivace et longue, parce que la doctrine du devoir, qui avait présidé à leur naissance, n'était pas seulement vraie vis-à-vis des circonstances où elles prirent origine, mais vraie absolument et applicable à tous les détails de la vie même la plus pacifique. Ainsi, en commentant le principe dont il s'agit, l'assemblée nationale eût trouvé le meilleur système de conservation sociale, le plus propre à résister aux attaques de l'étranger, et le plus capable de maintenir la paix et d'accroître le bien-être au dedans.

Le devoir étant posé comme principe constitutionnel générateur, la première conséquence qui devait logiquement en sortir, c'était que le droit émanait du devoir, et, par suite, que là où il n'y avait pas de devoir, il n'y avait pas droit. Nous avons déjà indiqué dans une de nos préfaces précédentes la fécondité morale d'une pareille formule : nous ne voulons pas nous répéter; mais il ne sera pas inutile d'insister encore, dans cette critique de la Constituante, sur les difficultés qu'elle eût aplanies.

Cette formule n'eût épargné aucun des priviléges que le sentiment de l'époque renversa. Elle n'eût pas été moins rigoureuse à leur égard que la doctrine des droits de l'homme; mais elle eût eu sur celle-ci l'avantage d'édifier en détruisant. Elle eût renversé tout ce qui fut renversé, et plus encore peut-être; mais elle eût en même temps indiqué comment on devait procéder au remplacement. Une multitude d'embarras eussent été évités ou certainement amoindris. Ainsi, il est positif que la très-grande majorité du clergé était favorable à la révolution, et que cette majorité ne devint opposante que par obéissance à la bulle du pape. Or, il est possible que ce pontife n'eût pas osé se faire le défenseur de l'ancien régime, d'un régime tout flétri d'égoïsme, en face d'une ferme déclaration du devoir social. Si, sous l'inspiration des cours étrangères, il eût néanmoins lancé l'anathème, cet acte, aux yeux de tous, eût été frappé de nullité. Supposons cependant encore que l'opposition se fût élevée, tout aussi puissante qu'elle le fut ; il est certain que des hommes imbus du sentiment du devoir, fermement assurés qu'ils n'agissaient point pour eux, mais dans l'intérêt des autres, il est certain que ces hommes n'eussent point hésité à prendre une mesure énergique et finale. En un mot, ou l'opposition fût restée silencieuse, accablée par la conscience de son méchant vouloir, et par celle du droit national ; ou, si elle s'était montrée, elle eût été subalternisée de suite, en vertu de cette formule qui affirme que celui qui n'accomplit pas de devoirs n'a pas de droit. Elle n'eût eu ni le temps de grossir ni le temps d'agir. Cette terreur qui l'annula en 1793, l'eût annulée dès le premier jour, et sans que l'on fût obligé de recourir à des mesures sanglantes.

Ajoutons que la pensée d'une guerre inévitable étant toujours présente, on eût travaillé autant dans le but de s'y préparer que dans celui de réorganiser l'administration intérieure du pays. Alors, lorsqu'elle fût venue, on ne se serait pas trouvé, ainsi que nous le verrons par la suite, sans armes et sans soldats, et obligé, pour le salut public, de recourir aux moyens les plus violens et les plus ruineux.

Nous serions trop longs, et il nous faudrait prendre page à page presque tout ce que nous avons narré, si nous voulions inscrire chaque fait révolutionnaire sous le caractère nouveau que lui eût imprimé notre hypothèse. Nous en citerons cependant un encore : c'est celui de la presse.

Proclamer la liberté de la presse comme un droit individuel, et non comme un droit qui a pour but l'accomplissement d'un devoir, c'est se mettre dans l'impossibilité d'empêcher le mal sans nuire au bien, en d'encourager les bons sans donner aussi carrière aux méchans ; et c'est ce qui eut lieu. La licence fut sans limites ; les partis les plus purs se virent entachés par l'accession des plus sales adhérens. Il n'est pas d'idée noble et généreuse, pas de mot dans la langue sacrée du dévouement, qui ne fussent souillés par le contact de mots ramassés dans la boue des rues et des halles. Il n'y avait pas dans la déclaration des principes de signe pour distinguer le bien du mal ; et aussi toute distinction sembla effacée entre le bien et le mal. Ce fut avec le langage de la dépravation que l'on prêcha l'amour de la patrie et des grandes choses. Sans doute, les royalistes donnèrent l'exemple ; mais il y eut des hommes qui se hâtèrent d'exploiter dans le même style les sentimens patriotiques. Quel enseignement recueillit le public dans ces brochures, et particulièrement dans le journal d'Hébert? Il désapprit à distinguer l'honnête du déshonnête. La confusion qu'il voyait dans le langage, il la porta dans la pratique ; et de là cette fierté de mauvaises mœurs, cette vanité de débauche qui fut le caractère d'une certaine époque de la révolution, et dont il existe encore, de notre temps, quelques représentans honteux. Heureusement cet abus de la parole, ce dévergondage de la presse eut peu de durée. Mais supposez qu'il lui eût été donné d'enseigner toute une génération ; supposez que la sévérité du comité de salut public ne lui eût pas imposé une fin, n'est-il pas juste de croire que la France eût tout entière peut-être été conquise par cet infâme exemple, et eût fini par reproduire dans ses mœurs la langue qu'on lui apprenait à parler.

Ce ne fut pas encore là tout le mal d'une déclaration de principes sans unité, d'une constitution où nulle part on n'avait articulé ni le but social, ni le mot de la nationalité, où l'on ne parlait que de l'individu, et où tout, par suite, était abandonné à l'arbitraire des volontés individuelles.

Il y avait, il devait y avoir deux partis : celui du monarque, et celui du peuple, appuyés, le premier, sur l'espérance de reconstituer une nouvelle cour ; le second, sur le sentiment des masses, qui, une fois mises en mouvement, ne s'arrêtent jamais que lorsqu'elles ont épuisé leur but. Cette opposition n'était pas seulement une nécessité du temps ; c'est en quelque sorte une condition inhérente à la vie sociale, et qui représente la lutte incessante qui existe toujours entre les tendances progressives et les volontés conservatrices. Mais, par le fait de la Constituante, il arriva que cette opposition n'était pas le résultat de la présence simultanée de deux élémens contradictoires, mais simples comme le bien et le mal, comme le progrès et l'immobilité. Sous chacun d'eux, sous ces deux drapeaux qui les distinguaient, il y avait une multitude de différences ; si bien que l'une des oppositions étant vaincue, la lutte devait recommencer entre les fractions du parti vainqueur. Ainsi, parmi les partisans de la monarchie, il y avait des nuances innombrables, et toutes cependant capitales, propres à fournir les élémens d'une hostilité impi-

toyable ; et, parmi les ennemis de cette monarchie, les dissentimens n'é-
taient pas moindres. Il y avait les unitaires et les fédéralistes, et sous chacune de ces appellations étaient encore comprises des dissemblances qui
étaient séparées de toute la distance qui est entre la religion et l'irreli-
gion, entre la vertu et l'improbité. Qu'arriva-t-il de là ? c'est que, d'a-
bord, dans le parti qui fut vaincu, parmi les monarchistes on confondit
dans le même anathème les constitutionnels par conviction, les royalistes purs, et quelques intrigans ambitieux ; et cette confusion fit traiter
avec la même sévérité les hommes vraiment coupables et ceux qui s'é-
taient trompés, les traîtres et les faibles. C'est, ensuite que ; lorsque le
parti triomphant manifesta les profonds dissentimens qui le divisaient,
le peuple ne comprit plus la discussion ; il vit, dans ce qui était une
hostilité de principes et de doctrine, une dispute de personnalités ; et
le peuple, en se retirant du débat, laissa la place libre au savoir-faire et
à l'intrigue. La Gironde et la Montagne périrent, et dès ce moment
l'activité révolutionnaire s'arrêta ; l'œuvre resta inachevée.

Si la Constituante eût proclamé la doctrine du devoir, il n'y eût eu
que deux partis possibles : celui des bons, et celui des méchans. Hébert
et ses pareils n'eussent jamais pris la parole. La Gironde n'eût pas même
trouvé l'occasion d'émettre ses doctrines ; car là où est le devoir, là est
l'unité. La révolution n'eût pas été si fatalement obligée à être sévère et
cruelle ; il lui eût été permis d'être indulgente pour les faibles. Une
seule bataille eût suffi pour assurer son succès ; un seul acte eût écarté
tous ses ennemis. Nous n'hésitons donc pas à affirmer que l'erreur de
la Constituante fut l'origine de toutes les douleurs et de toutes les lenteurs de notre révolution..

Tant il est vrai que le bien et le mal sont choses absolues, entre lesquelles il n'y a point d'intermédiaire ni d'alliance possibles! Tant il est
vrai que le pire des partis est celui qui tente une conciliation entre les
conséquences de principes qui se repoussent. En politique, il faut choisir ou la doctrine du devoir ou celle du droit ; en morale, il faut choisir
ou le dévoûment ou l'égoïsme ; et, selon que l'on a adopté l'un ou l'autre
de ces principes, il faut suivre rigoureusement la ligne des conséquences
rationnelles et pratiques que chacun d'eux nous indique, sans tenter de

les mêler les unes aux autres. Les partis doivent être absolus, inflexibles jusque dans les derniers détails. Cet homme vous dit qu'il est avec vous, et en effet, il semble en plusieurs circonstances agir comme vous eussiez fait vous-même. Mais il faut plus : sa conduite est-elle invariable dans la même route? Ne pouvez-vous citer ni actes de sa vie privée, ni écrits, ni complaisances d'imagination qui soient contraires au principe général qu'il avoue? S'il en est ainsi, dites qu'il est des vôtres. Mais s'il en est autrement, il faut le craindre plus même que vos ennemis; car cet homme souillera votre parti et l'empêchera de parvenir à ses fins.

Les partis sont de tout temps encombrés d'hommes qui n'y tiennent que par un mot, et ce sont toujours ces hommes qui les salissent ou qui les perdent. Ne craignons donc pas d'être peu nombreux, mais craignons les faux frères. Il y aurait aujourd'hui une bien utile association à fonder; puissent quelques hommes d'art, de science et de talent s'unir dans une noble ligue contre le mal, sous quelque nom et sous quelque forme qu'il se présente. Qu'ils n'admettent à cette nouvelle croisade que des soldats dont la vie soit exempte de faiblesse comme la leur, et qu'unis ainsi ils commencent l'œuvre de la séparation des bons et des méchans; qu'ils soient sans pitié comme sans complaisance, et bientôt tous ceux qui tirent gloire, vanité et richesse du mal qu'ils font, tous ceux qui le pensent sans oser l'avouer, se trouveront forcés de s'associer pour se défendre; la littérature sera bientôt épurée, et le parti de l'avenir sera enfin visible tel qu'il est, libre de cet entourage menteur qui le souille, le cache et l'exploite. Il est temps de chasser de parmi nous tous ceux qui ne vivent pas de notre foi; car il n'y a de communauté possible entre les hommes que sur le terrain de la même morale, de fraternité que vis-à-vis des mêmes croyances. Or, il y a aujourd'hui en France les mêmes mélanges contradictoires que nous avons vus en 1792; et il y a lieu aux mêmes déceptions et aux mêmes erreurs.

FIN DE LA PRÉFACE.

HISTOIRE PARLEMENTAIRE

DE LA

RÉVOLUTION

FRANÇAISE.

—

ASSEMBLÉE NATIONALE LÉGISLATIVE.

———◆———

L'HISTOIRE de l'assemblée législative est celle d'une transition entre la constituante et la convention. Pendant sa durée, l'insuffisance de la constitution fut démontrée. Les membres de l'assemblée nationale, en se séparant, croyaient avoir terminé la révolution ; une partie du public espérait, comme eux, jouir enfin, en paix, de la position que les trois dernières années leur avaient acquise. Cette espérance fut perdue sous la législative ; mais ce ne fut ni sans regrets ni sans résistance. Nous verrons les constitutionnels passionnés remplacer les royalistes dans le rôle de conspirateurs. La guerre étrangère, que la constituante n'avait pas

voulu prévoir, et que la législative pressa imprudemment, vint
précipiter les événemens. Alors, la légalité devint impuissante;
et l'assemblée dont nous allons raconter les travaux, ne put
elle-même se défendre d'agir révolutionnairement.

La première période révolutionnaire dans laquelle entra l'assemblée législative, ne fut terminée que le 20 avril 1792, le jour
de la déclaration de guerre au roi de Bohême et de Hongrie.
Pendant cet intervalle, la guerre est la grande question discutée
sous toutes les formes par les journaux, par les clubs, par l'assemblée, par le ministère. La feuille d'Hébert se prononça avant
toutes les autres. Dans sa cent soixante-quatrième lettre *b*........
patriotique, le *Père Duchêne* disait à l'assemblée constituante :
« La fermeté vous avaient dicté des lois, la justice et la
raison les avaient sollicitées; la fermeté les eût fait respecter, et,
f........! vous eussiez fait cesser toutes ces affligeantes et dangereuses convulsions, plus destructives que les coups que vous
eussiez portés. Pourquoi la *lanterne* a-t-elle travaillé? c'est parce
que la *guillotine* s'est reposée. Eh bien! double million d'éclairs!
f........! puisque vous n'avez pas su dans le temps ramener ceux
que vous avez négligé de ~~combattre~~ à mort, prenez donc enfin
une résolution grande, terrible, imposante; armez, s'il le faut,
la moitié des Français! S'ils périssent, *f........!* l'autre les
vengera. Oui, triple million de sacs à mitraille! tombons sur le
casaquin de nos ennemis comme cent milliards de tonnerres
lancés par la colère des cieux! que la foudre en éclats les exter-
mine, etc., etc. » Hébert parlait ainsi en août 1791. Nous aurons à rechercher pourquoi les esprits se divisèrent si profondément et si opiniâtrément là-dessus; pourquoi des haines, chaque
jour plus implacables, naquirent de ces débats, et restèrent flagrantes jusqu'après le 9 thermidor. Le fait général que nous
avons dit s'être accompli par la déclaration de guerre, comprend
tous les actes, soit parlementaires, soit extra-parlementaires
opérés durant les sept premiers mois de la session. Nous dres-

serons plus bas le sommaire des questions impliquées dans
cette continuité. Ce plan, imposé à notre travail, sera précédé
de l'histoire des élections.

ÉLECTIONS.

Afin que nos lecteurs puissent se faire une idée juste des
scènes biographiques que nous allons placer sous leurs yeux,
afin surtout qu'ils connaissent bien exactement la valeur des
pamphlets que nous aurons à analyser, quelques réflexions
sont indispensables.

Les six dernières années antérieures à la révolution sont particulièrement honteuses pour les gens de lettres. Il est difficile
de comprendre à quel degré d'infamie descendirent les hommes
qui faisaient alors métier d'écrire, si l'on ne parcourt les productions sorties de leur plume. Le défaut absolu de toute conviction honnête entraîna sur la même pente et fit aboutir au
même confluent toutes les sources de la littérature ; il n'y eut
de différence entre ceux par qui l'immoralité débordait sur
la France, que celle de leurs positions respectives.

La coterie fondée par Voltaire exploitait en souveraine l'industrie littéraire ; il fallait appartenir de près ou de loin à cette
coterie pour que le trafic des mots fût d'un rapport assuré. La
philosophie, les mathématiques, les drames, les romans, les
journaux, toutes les branches de l'esprit humain étaient acca-
parées par les monopoleurs encyclopédistes. Ceux qui connaissent les produits sortis de cet atelier ne nous démentiront pas
lorsque nous affirmerons qu'ils furent entrepris uniquement en
vue du renom comme moyen, et du lucre comme but. Aussi,
dans l'ordre philosophique, ces écrivains ne furent rigoureux
que lorsqu'ils traitèrent des sciences exactes : leur géométrie est
la seule certitude qu'ils aient proposée, et l'on remarquera que
les vérités de ce genre ne comportent pas de sanction. Quant à
la morale qu'ils ont prêchée, si elle n'est pas la négation positive du bien et du mal, elle est au moins un scepticisme devant
lequel personne n'est obligé à rien.

Toutes les fois que ces traitans littéraires furent attaqués dans leurs œuvres, ils défendirent avec fureur, non pas leur système, mais leur habileté personnelle, mais ce qu'il y avait de plus sûr pour eux au fond de leurs idées : la vanité et l'argent. Quiconque leur fit de la concurrence et s'éleva contre eux du point de vue moral, fut lacéré par cette meute, dépecé, traîné dans la boue, réduit à mourir fou ou à mourir de misère. Voltaire avait donné l'exemple de cette atroce personnalité : père de l'école du pamphlet, il composa de sang-froid le patron absolu du genre, cet insigne poème de la *Pucelle*, pour lequel nous ne doutons pas que la France ne maudisse un jour sa mémoire. Dans les luttes nombreuses où son amour-propre l'engagea, il se porta à des excès d'une telle grossièreté, que le style du *Père Duchêne* est moins ordurier et moins vil que le sien. Que n'a-t-il pas dit de Rousseau, de Fréron, de Desfontaines, de ses antagonistes les premiers venus ?

Voltaire assista de son vivant aux résultats dont il était en grande partie l'origine ; il vit son école augmenter dans des proportions qui ne permirent plus d'accéder aux nombreuses sollicitations de patronage, et de part aux bénéfices. En dehors du monopole s'amassa une foule de jeunes gens, d'élèves sans asile et sans pain, qui tirèrent des leçons du maître le parti le plus avantageux que sut y découvrir leur industrie. Les uns travaillèrent pour satisfaire les infâmes besoins nés de la corruption des mœurs : ils se firent entrepreneurs de livres obscènes ; les autres se mirent au service de toutes les haines et de toutes les vengeances individuelles : ils rédigèrent les satires, les mémoires, les factums que se renvoyaient sur leurs vices, sur leurs crimes, sur les scandales de leur vie privée, les personnages puissans par leur fortune ou par leurs titres, entre lesquels il y avait inimitié et discorde. Il est avéré que Beaumarchais eut des relations intimes avec les pamphlétaires de profession ; il fut l'ami de Morande et de plusieurs autres libellistes connus. Les mémoires de Beaumarchais, qu'ils soient son ouvrage ou qu'ils appartiennent à quelque metteur en œuvre du genre de ceux dont nous parlons, offrent ceci de remarquable : ils ont une parfaite analogie de style avec les écrits de la même espèce composés à cette époque. C'est la même verve, les mêmes sarcasmes, la même logique prétentieuse qui veut prouver jusqu'à l'évidence la scélératesse, la sottise, le ridicule d'un adversaire ; la même entente des ressorts dramatiques, remuant les passions du lecteur pour des querelles privées.

Ces hommes firent l'histoire secrète de la cour de Louis XV, et plus tard celle de la cour de Louis XVI. Ils trouvèrent là une mine féconde de thèmes lucratifs, de compositions, qu'il serait facile de calculer pour un grand débit, parce qu'elles étaient susceptibles de l'obscénité recherchée par les uns, des diffamations recherchées par les autres ; enfin parce qu'elles s'adressaient à tous les ressentimens populaires, depuis long-temps excités par les mœurs du pouvoir.

Une autre de leurs ressources consistait à espionner les riches et les puissans, à surprendre quelque infâme secret, et à les menacer d'un libelle s'ils ne payaient une rançon. De là leur vint le nom de *sommateurs*. Une bande de ces sommateurs, parmi lesquels figurent Morande et le marquis de Pelleport, alla s'établir à Londres, vivant des contributions que leur envoyaient du continent ceux qu'ils effrayaient de quelque divulgation importante. Le ministre Vergennes mit plus d'une fois leur silence à prix. L'espion Receveur fut envoyé en Angleterre pour acheter du marquis de Pelleport une vie de Marie-Antoinette, et pour gagner Morande à la police française par des offres considérables. Il ne réussit que dans cette dernière négociation. Pelleport lança bientôt après la brochure fameuse : *Le diable dans un bénitier*. Nous empruntons ces détails aux mémoires de Brissot, et c'est principalement pour expliquer les combats livrés à ce dernier, lors de sa candidature à la législative, que nous faisons cette introduction.

Brissot rencontra dans sa carrière d'homme de lettres, la société des pamphlétaires. Il avait frappé à la porte des encyclopédistes, et il n'avait pas été admis. Obligé de vivre de sa

|dume, il fut attiré en Angleterre pour une entreprise de journal, et là il vécut dans l'intimité des sommateurs, abhorrant, dit-il, la noirceur des uns, déplorant la faiblesse et la facilité des autres. Il se lia avec Pelleport, et lui rendit même des services. Avant d'exposer les suites que ces contacts eurent pour Brissot, nous dirons quelle opinion on est autorisé à se former de son caractère d'après ses écrits; nous donnerons en second lieu les pièces de quelques-uns de ses actes.

On voit Brissot débuter dans les lettres par un opuscule intitulé : *Rome démasquée*. C'était s'enrôler sous la bannière de celui qui avait dit : Écrasons l'infâme! Pyrrhonien sur tout, excepté sur la révélation, à laquelle il ne croyait pas, il voulut se faire bénédictin pour satisfaire à sa vocation scientifique : dom Mulet le dégoûta du cloître. Sa seconde publication fut une traduction libre d'un ouvrage anglais, qu'il édita sous le titre de : *Lettres philosophiques sur la vie et les écrits de saint Paul.* Virchaux, libraire à Hambourg, le même qui joue un rôle dans notre précédent volume pendant le mois de juillet, imprima ces lettres en 1782. Brissot dit que c'est le seul ouvrage contre la religion sorti de son portefeuille. Il ajoute que son portefeuille contenait beaucoup de plaisanteries irréligieuses, qu'il s'applaudit d'avoir détruites, entre autres, « une parodie du *Stabat*, dont l'obscénité était piquante. » Il fait l'aveu que ce caractère d'obscénité lui était étranger, et qu'il le prenait pour plaire à la société *de ses esprits forts.* Ses deux ouvrages suivans furent une *Théorie des lois criminelles*, et le plan d'un travail philosophique, intitulé : *Le Pyrrhonisme universel.* Il songea à faire valoir ces deux titres auprès des encyclopédistes en chef. Il adressa son *Essai de métaphysique* à d'Alembert, qui lui répondit par des complimens, et il porta lui-même son *Essai de législation* à Voltaire. Il y mit tant de façons qu'il ne put arriver au patriarche, lequel cependant venait de recevoir la Dubarry au moment où Brissot se présenta. Il obtint néanmoins de Voltaire une lettre flatteuse.

A l'occasion de la guerre déclarée par la France à l'Angleterre *pour soutenir* l'indépendance des États-Unis, Brissot fit le *Testa-*

ment *politique de l'Angleterre,* brochure qui le mit en rapport avec Swinton, propriétaire du *Courrier de l'Europe.* «Las de vivre dans le bourbier où ses connaissances l'avaient plongé,» Brissot accepta avec joie une place inférieure dans ce journal, et partit pour Boulogne. Il se trouva que ses nouveaux amis étaient des modèles de dépravation. Ils le tourmentaient de conseils odieux ; ils le poussaient par l'appât d'une fortune rapide dans la voie du libellisme. Il vécut une année au milieu de ces tentations. Plus tard, il passa en Angleterre et se lia avec le marquis de Pelleport. En 1786, il y publia en deux volumes des *Lettres philosophiques sur l'histoire de l'Angleterre.* C'est une apologie continuelle de l'aristocratie et une satire du peuple, ouvrage avoué par Brissot dans sa réplique à Morande, mais sur lequel il a toujours évité de s'expliquer : il n'en est pas question dans ses mémoires.

Nous ne pousserons pas plus loin notre notice sur les ouvrages de Brissot. L'auteur n'avait point de principes arrêtés; il flottait sans doctrine aucune, dans un milieu où sa probité ne pouvait se préserver des souillures que par une lutte de chaque instant. Le seul dogme qu'il ait professé, spéculativement d'ailleurs, est celui de l'immortalité de l'âme. Il y a de lui dans la *Chronique du mois* (juillet 1792) un article contre le système d'Helvétius où il attaque le matérialisme. Mais le spiritualisme de Brissot était individuel comme ses autres pensées. Il affectait une grande prédilection pour la morale des philosophes *cyniques*, pour ces intrépides stoïciens qui disaient : Le vrai sage est Dieu. Malheureusement ces intrépides stoïciens furent tous, plus ou moins, des hommes sans mœurs; tous, y compris Sénèque, laissèrent de tristes exemples de cette fausse et orgueilleuse sagesse par laquelle ils avaient prétention de ne s'appuyer que sur eux-mêmes. Quiconque ne s'appuie pas sur la société, quiconque ne déduit pas sa règle de conduite d'une morale sociale, nettement formulée, manque à la fois de moyen et de but. N'ouvrir qu'en soi-même la source des obligations et des devoirs, c'est n'avoir avec ses semblables ni croyance commune, ni dépendance commune, ni devoir commun : c'est couper le nœud social par un sophisme, sauf à le rattacher ensuite par les conséquences pratiques de ce même sophisme. Or, ce qui sépare en théorie, sépare nécessairement dans la pratique ; l'égoïsme matériel, le mal, le crime, selon les degrés auxquels le fédéraliste est poussé par les circonstances ou par sa volonté, est la seule manifestation possible de l'égoïsme spirituel dont il a fait son principe. L'histoire nous prouve que rien ne fut plein de misères et plein de vices comme ces sages superbes qui s'adorèrent eux-mêmes, méprisant ce qu'il y avait d'humain en eux, et méprisant au même titre ce qu'il y avait de réellement humain chez les autres. Nous allons voir quels actes précédaient et garantissaient la vie politique du stoïcien Brissot ; nous verrons plus tard quels furent ses amis, quels furent les Girondins, et ce qu'il faut penser de cette secte révolutionnaire, l'analogue rigoureux de la secte cynique ou stoïcienne.

Lorsque Brissot se mit sur les rangs pour l'assemblée législative, ses amis et lui n'inspiraient aucune confiance aux vrais patriotes. Quelques mois après leur élection, Robespierre s'exprimait ainsi sur Condorcet et sur Brissot : « N'est-ce pas dans le moment où l'autorité royale était suspendue, et le roi confié à la garde de la Fayette, que la coalition dont ce dernier était le chef rendit au monarque une autorité immense, transigea avec lui aux dépens de la nation, en faveur des ambitieux qui avaient ourdi cette trame, et appesantit, en son nom, un joug de fer sur tous les patriotes de l'empire ? Que faisiez-vous durant ce temps-là, vous Brissot, vous Condorcet ? car c'est vous et vos amis que j'ai ici en vue ? Tandis que nous discutions à l'assemblée constituante, la grande question, si Louis XVI était au-dessus des lois, tandis que, renfermé dans ces limites, je me contentais de défendre les principes de la liberté, sans entamer aucune autre question étrangère et dangereuse ; et que je n'échappais pas pour cela aux calomnies de la faction dont j'ai parlé ; soit imprudence, soit toute autre cause, vous secondiez de toutes vos forces ses sinistres projets. Connus jusque-là par vos relations avec la Fayette, et par votre grande *modération*; long-temps sectateurs assidus d'un club demi-aristocratique (le club de 1789), vous fîtes tout à coup retentir le mot république. Condorcet publie un traité sur la *république*, dont les principes, il est vrai, étaient moins populaires que ceux de notre constitution actuelle ; Brissot répand un journal intitulé *le Républicain*, et qui n'avait de populaire que le titre : une affiche dictée par le même esprit, rédigée par le même parti, sous le nom du marquis Duchâtelet, parent de la Fayette, ami de Brissot et de Condorcet, avait paru en même temps sur tous les murs de la capitale. Alors tous les esprits fermentèrent ; le seul mot de *républiqne* jeta la division parmi les patriotes, donna aux ennemis de la liberté le prétexte qu'ils cherchaient, de publier qu'il existait en France un parti qui conspirait contre la monarchie et la constitution : ils se hâtèrent d'imputer à ce parti qui conspirait contre la monarchie et contre la constitution; ils se hâtèrent d'imputer à ce motif la fermeté avec laquelle nous défendions à l'assemblée constituante, les droits de la souveraineté nationale contre le monstre de l'inviolabilité. C'est par ce mot qu'ils égarèrent la majorité de l'assemblée constituante ; c'est ce mot qui fut le signal du carnage des citoyens paisibles, égorgés sur l'autel de la patrie, dont tout le crime était d'exercer légalement les droits de pétition, consacré par les lois constitutionnelles. A ce nom, les vrais amis de la liberté furent travestis en factieux par les citoyens pervers ou ignorans ; et la révolution recula peut-être d'un demi-siècle. Il faut tout dire, ce fut encore dans ces temps critiques que Brissot vint à la société des Amis de la constitution, où il n'avait presque jamais paru, proposer dans la forme du gouvernement, des changemens dont les règles les plus simples de la prudence nous avaient défendu de présenter l'idée à l'assemblée constituante. Par quelle fatalité Brissot se trouva-t-il là ? Je ne prétendrai pas cependant que les intentions de Brissot et de Condorcet furent aussi coupables que ces événemens désastreux ; je veux bien ne point adopter les reproches que leur ont fait beaucoup de patriotes de n'avoir feint alors de se séparer de la Fayette dont ils avaient été les panégyristes, que

pour mieux servir son parti, et se frayer une route à la Législature à travers des obstacles simulés pour exciter, en leur faveur, la confiance et le zèle des amis de la liberté. Je ne veux voir
dans leur conduite passée qu'une souveraine impolitique et une
profonde ineptie. Mais aujourd'hui que leurs liaisons avec la
Fayette et Narbonne ne sont plus un mystère, aujourd'hui que
l'expérience du passé peut répandre une nouvelle lumière sur les
événemens actuels; aujourd'hui qu'ils ne dissimulent plus des
projets d'innovations dangereuses, qu'ils réunissent tous leurs
efforts pour diffamer ceux qui se déclarent les defenseurs de la
constitution actuelle; qu'ils sachent que la nation romprait en un
moment toutes les trames ourdies pendant plusieurs années par
de petits intrigans.» (*Défenseur de la constitution*, n° I, p. 9, et
suivantes.)

Si Brissot inspirait des défiances aux patriotes, il en inspirait
de plus graves encore aux royalistes-constitutionnels. De ce côté,
il fut attaqué à outrance, principalement dans son honneur et
dans sa probité. Morande donna le signal. Cet homme, tour à
tour libelliste et espion, profondément corrompu dans sa jeu-
nesse, ami et correspondant de Beaumarchais, *sommateur* en
Angleterre où il avait connu Brissot, rédigeait, en 1791, *l'Argus
patriote*, journal ministériel. Nous avons insisté sur la moralité de
l'ennemi de Brissot pour bien établir, aux yeux de nos lecteurs,
la préoccupation qui ne nous a pas un instant abandonnés en
examinant le dossier que Morande publia. Notre impartialité a été
telle : nous avons rejeté de part et d'autre les injures et les accusations dépourvues de fondement authentique; nous avons
ainsi abandonné les factums et les répliques, tout ce qui fut con-
troversé, tout ce qui nous a paru controversable, pour ne prendre dans ce scandale que les pièces sur lesquelles Brissot garda un
silence complet, et celles dont il reconnut explicitement la vérité.

Morande, après un long exorde à la manière de Beaumarchais, accuse Brissot d'avoir proposé à Swinton, le même qui
l'avait conduit à Boulogne pour des travaux dans le *Courrier de
l'Europe*, d'entreprendre un nouveau journal de littérature an-

glaise pour la France, et d'avoir à ce sujet écrit et signé de sa main, au bas de son prospectus, la notice suivante sur lui et sa famille :

« Je suis fils d'un bon bourgeois de Chartres, possesseur d'une fortune de deux cent mille livres en biens-fonds. Il a sept enfans, dont deux prêtres et quatre filles vouées au célibat; je suis le plus jeune. Si je ne suis pas à présent dans le sein de ma famille, c'est que je me suis toujours refusé à un établissement dans le barreau, qu'elle me proposait, et que mon goût pour la littérature m'a entraîné ici; ce qui l'a refroidie pour moi. Mais je suis sûr à la mort de mon père (et il est vieux et infirme) d'avoir trente mille livres; et à la mort de mes frères et sœurs, bien plus vieux que moi, une somme plus considérable; ce qui est un assez bon fondement aux avances à faire par M....

» Quand il désirera avoir des éclaircissemens sur ce sujet, je lui en fournirai les moyens; il verra que je n'enfle pas.

» *Signé*, BRISSOT DE WARVILLE. » (*Argus patriote*, n° XV, page 389.)

Morande l'accuse d'avoir menti en cela sur l'état de son père, *pâtissier-traiteur à Chartres*, sur l'état de sa fortune (Brissot lui-même convient de sa pauvreté patrimoniale), sur celui de ses frères, dont il y en avait au moins un plus jeune que lui. Swinton en querelle d'argent avec Brissot, avait remis cette pièce à Morande.

Le grief, auprès duquel ces moyens d'entrer en affaire sont parfaitement innocens, est l'accusation d'avoir soustrait à Des-forges d'Hurecourt la somme de 13,535 liv. Voici à quelle occasion. Brissot voulait fonder à Londres un lycée, institution analogue à celle des lycées et des musées existant en France, mais avec plus d'extension. Son lycée devait consister en trois parties: une assemblée des savans de toutes les nations; une correspondance entretenue avec tous, et dont Brissot serait le centre; un tableau périodique des sciences et des arts en Angleterre. « Je voulais, en un mot, dit Brissot dans ses *mémoires*, t. 2, p. 219, créer *cette confédération universelle des amis de la vérité et de la liberté*, que des philosophes plus heureux que moi ont réalisée à Paris depuis la révolution. » (*Le Cercle social.*)

Morande dit que ce projet était un piège tendu par Brissot pour saisir un bailleur de fonds; qu'il lui fallait absolument une dupe au moment où toute autre ressource lui faisait faute, et que Desforges, séduit par son prospectus, y donna corps et biens. Il démontre la friponnerie (nous choisissons la moins dure de ses expressions) en prouvant que l'argent donné par Desforges pour les premiers frais d'établissement du lycée, loyer d'un local, bureaux, administration, etc., avait été absorbé par le ménage de Brissot. La victime s'adressa à M. d'Aspremont pour se faire rendre justice; il y eut entre ce dernier et Brissot, alors de retour à Paris, une correspondance dont Morande produisit la lettre suivante :

Lettre de M. d'Aspremont à M. de Warville.

« Je ne répondrai, Monsieur, que deux mots à votre lettre. Vous m'avez dégagé vous-même de ma parole, en me trompant indignement; vous faites porter toutes les dépenses et frais que vous avez fait payer à M. Desforges sur une seule chose qui n'a jamais existé, et j'ai des preuves en main que vous n'avez jamais établi de lycée à Londres. M. Desforges m'a remis une enquête qu'il a fait faire par un notaire, et signée de vingt personnes de considération; laquelle enquête prouve *qu'il n'y a jamais eu de lycée au nom de M. Brissot de Warville, et que la maison qu'il avait louée dans Newman-Street ne pouvait jamais avoir été destinée à un semblable établissement, étant beaucoup trop petite. Ainsi, le loyer de cette maison et son ameublement ne peuvent point regarder M. Desforges, puisque cette maison n'a jamais été destinée qu'à vous loger avec votre famille.*

» Les frais de bouche, de commis, d'honoraires, et l'énorme dépense en papier, encre et plumes, faite pour le lycée de Londres, tombent d'eux-mêmes, puisque le lycée n'a jamais existé.

» Je ne transigerai avec vous qu'aux conditions que vous me

remettrez les 13,335 liv. que M. Desforges vous a données. Je veux mille écus comptant, et le reste payable en trois époques, en trois mois. J'exige de vous des lettres de change sur des banquiers de Paris. Je vous donne vingt-quatre heures pour vous décider.

« Si vous balancez seulement à accepter ma proposition, je vous dénonce comme le propagateur de l'infâme libelle du *Diable dans un bénitier*, et je prouverai que vous êtes mille fois plus coupable que M. de Pelleport. J'ai les preuves en main de votre complicité, et je les porterai moi-même à M. de Vergennes, si vous m'y forcez. J'ai à venger la bonne foi d'un ami indignement trompé, et dont vous avez abusé.   D'ASPREMONT. »

Quelques jours après avoir reçu cette lettre, Brissot fut mis à la Bastille. Des dénonciations moins sûres, moins positives que celle dont il était menacé par d'Aspremont, lui valurent cette captivité. Elle fut de courte durée, parce qu'il était étranger à la fabrication des libelles dont il était soupçonné. A sa sortie de prison, il voulut savoir au juste la part que d'Aspremont avait eue à son arrestation. En conséquence, il lui annonça un esclandre sur *les menaces* et sur *les imputations* qui venaient d'être jugées calomnieuses par sa mise en liberté.

Or, les preuves que son adversaire possédait, et dont à coup sûr il n'avait jamais fait aucun usage, étaient de nature à effrayer Brissot. Avant son départ de Londres pour Paris, il avait commis l'imprudence de déposer quatre-vingts lettres entre les mains de Desforges. Lorsque celui-ci vit son associé perdu de dettes, exproprié par ses créanciers anglais, et décidé à le dépouiller de ses 13,335 liv., il se fit une arme du dépôt dont il s'agit : les quatre-vingts lettres furent remises à d'Aspremont. C'était cette correspondance qui établissait matériellement la participation de Brissot au commerce des libelles. Aussi la crainte qu'il voulait inspirer à son adversaire lui fut-elle renvoyée en ces termes :

A M. Brissot de Warville, Paris, le 21 mai 1785.

« Vous êtes fort le maître, Monsieur, de mettre tout ce qu'il vous plaira dans votre mémoire ; et puisque vous voulez y insérer mes lettres, ajoutez-y encore celle-ci, je vous prie ; ce sera vous joindre à moi pour faire connaître au public le commerce que vous faisiez avec le sieur Vingtain de l'infâme libelle du *Diable dans un bénitier.* J'ai entre les mains toutes les lettres que cet homme vous a écrites, et ces lettres sont cotées de votre main. Je vais vous remettre sous les yeux la première qui s'est offerte à ma vue ; et je crois vous rendre un grand service, parce qu'elle prouve merveilleusement votre innocence, et que le public la verra, puisque ma correspondance avec vous paraîtra dans vos mémoires. *Signé*, D'ASPREMONT. »

. *Lettre écrite par M. Vingtain à M. Brissot de Warville, d'Ostende, le 3 avril 1784.*

« Conformément à l'honneur de votre lettre du 30 passé, j'ai donné cours à celle pour M. Mitra que j'ai cachetée et affranchie. M. de Pelleport m'a écrit et marqué m'avoir donné crédit des... 17,....6. Suivant le compte que je vous ai envoyé, il compte que j'ai envoyé à Lacroix, libraire à Bourges, six *Diables*, dont il voudrait que je reçusse dudit sieur, la somme de 36 liv. tournois pour leur montant. Vous savez que tous ceux que vous m'avez expédiés, je les ai envoyés suivant vos lettres à M. de Villebon, à Bruxelles, en deux paquets, le premier au nombre de 67, et le second de 58, comme vous me l'ordonnez par votre lettre du 10 février dernier. Ainsi il ne m'en est pas resté. Ci-joint une lettre pour lui ; je pense qu'il sera exact à me payer mes déboursés pour le port et affranchissement de ses lettres. Je suivrai vos ordres pour le ballot que vous m'annoncez. *Signé*, VINGTAIN. »

Les lettres qu'on vient de lire sont imprimées parmi les pièces justificatives du supplément au numéro XXI de *l'Argus patriote,* brochure de cent neuf pages. Par ses répliques à Morande, Brissot prouve très-bien que cet homme était un vil personnage ; il se défend avec beaucoup d'esprit de la plupart des innombrables diffamations du rédacteur de *l'Argus;* mais à l'égard des pièces que nous avons transcrites, il se contente de se plaindre d'une violation de dépôt, sans les réfuter autrement. Il raconte dans ses Mémoires sa détention à la Bastille; il y parle des libelles, mais il n'y nomme même pas d'Aspremont et Vingtain; quant à Desforges, il noie ses relations avec cet homme en des récriminations qui ne concluent à rien. L'affaire des 13,333 liv. et le commerce des libelles restent donc incontestés.

Parmi les journaux qui s'emparèrent des pamphlets de Morande, les uns, comme l'*Ami des patriotes*, se contentèrent d'y renvoyer leurs lecteurs; les autres, comme la *Gazette universelle* de Cerisier, le *Babillard*, et le *Chant du coq* (1), les exploitèrent largement.

Brissot cita les rédacteurs du *Babillard* devant le tribunal de paix séant aux Petits-Pères. Ceux-ci présentèrent pour leur défense les numéros de l'*Argus*, journal avoué par son auteur et par son imprimeur, et dont ils n'avaient fait qu'emprunter certains passages. Brissot déclara ne vouloir pas répondre à Morande, sous prétexte que son journal n'était pas connu. « Nous croyons donc nécessaire, ajoute le *Babillard* en rendant compte de ce procès, de propager autant qu'il est en nous les accusations que celui-ci garantit, et dont il offre les preuves, afin de forcer l'imperturbable Brissot à descendre dans l'arène où l'on ne cesse de l'appeler. » (*Babillard* du 14 août.)

(1) Ce journal-affiche, qui parut après la journée du 17 juillet, était rédigé par les auteurs du *Babillard*, dans un sens royaliste-constitutionnel. La garde nationale du temps avait adopté cette feuille, et veillait à ce qu'elle ne fût pas déchirée. Elle portait pour épigraphe : *Gallus cantat, gallus cantabit*. A cette époque, les murs de Paris étaient tapissés de placards de toute espèce, ce qui donnait souvent lieu à une guerre entre les *colleurs* dont voici un exemple. Gauthier (*Journal de la cour et de la ville*) raconte *de visu* qu'à l'un des angles des rues Saint-Lazare et du Mont-Blanc, le colleur de la lettre de Pétion à ses commettans, guettait le colleur du *Chant du coq*, et attendait qu'il fût parti pour le couvrir immédiatement. Ce dernier avait remarqué son antagoniste; en conséquence, il colla son journal et fit semblant de s'en aller. Mais il revint sur ses pas, et trouvant sur son *Coq* la lettre de Pétion, il la couvrit à son tour; ce qui fait faire à Gauthier force plaisanteries sur ce pauvre Pétion collé entre deux coqs. -- Il n'existe qu'une seule collection des journaux-affiches faite dans le temps par Dufourny, Jacobin dont il a été plusieurs fois question dans notre histoire. Il se levait la nuit pour les décoller. Cette collection fut d'abord vendue à Portier de l'Oise; elle est aujourd'hui en Angleterre; nous tenons ces détails d'un contemporain bien informé. Le *Chant du coq* étant imprimé à la suite du *Babillard*, à compter du onzième numéro; nous ne sommes privés que des dix premiers. *(Note des auteurs.)*

Ce procès n'eut pas de suite. Le *Babillard* ne cessa cependant de harceler Brissot : il l'accusa en son propre nom d'avoir oublié dans sa bourse, pendant plus de six mois, une somme de 580 l. qu'il avait puisée dans la caisse du district des Filles-St-Thomas, dont il était président. Le *Babillard* affirma posséder là-dessus des preuves authentiques.

Ce fut alors que le club de la rue de la Michodière, principal soutien de Brissot, décida qu'une justification devenait indispensable. Ce club, composé des membres les plus influens de la section de la Bibliothèque, tels que Clavière, Condorcet, Kersaint, Calvet, Carra, les maîtres perruquiers Thomet et Gallois, etc., avait balloté MM. Lecomte d'Estaing et Brissot. Celui-ci fut préféré. Dans sa séance du 17 août, la société délibéra sur le parti que son candidat devait prendre à l'égard des libelles. Il fut convenu qu'il répondrait au *Babillard* par la voie de l'affiche.

L'affiche de Brissot parut le 25 août. Elle renfermait deux certificats, l'un de Pascal Lepage, attestant que, successeur de Brissot à la présidence du district des Filles-Saint-Thomas, il en avait reçu une solde de 580 liv., et que lui-même P. Lepage avait remis cette somme à M. Picard, marchand épicier, rue de Richelieu, aussitôt qu'il avait eu connaissance de la nomination des commissaires chargés de liquider les comptes du district. Dans le second certificat, Picard déclarait que, le 20 ou 22 janvier 1790, ayant averti Brissot de payer au district une dette de 580 liv., il lui avait été répondu de s'adresser à Lepage, et que ce dernier lui avait en effet remis ce que Brissot redevait à la caisse. Ces deux certificats sont datés du 20 août 1791.

Le *Babillard*, directement renseigné par Duclos Dufresnoy, trésorier du district des Filles-Saint-Thomas, rendit à Brissot affiche pour affiche. Il commença par lui faire observer que lorsque l'on rendait ses comptes, c'était entre les mains du trésorier et non pas entre celles d'un président, officier étranger à la comptabilité. Ensuite, il établit, par un extrait du chapitre des dépenses expédié par Dufresnoy, que Brissot avait pris la somme en deux fois, le 22 juillet et le 10 août 1789. Puis, expliquant la

manière dont Brissot avait obtenu ses certificats , il disait que
Me Lepage, honnête homme, connu pour sa malheureuse facilité,
était en outre l'imprimeur et le fermier du *Patriote Français*;
que M. Picard, sollicité à plusieurs reprises de sauver l'honneur
de Brissot, avait consenti à signer le plus insignifiant et le moins
inexact des trois certificats que Lepage lui présentait ; qu'au reste,
il avait eu soin d'en garder l'original écrit de la main de Lepage.
—Ce qui d'ailleurs mettait à néant toutes ces subtilités, tous ces
replâtrages tardifs, c'était le compte de recouvrement, portant,
à la date du 25 janvier 1790, qu'une somme de 580 livres *avait
été remise par M. Brissot de Warville*. Après cette exhibition de
preuves officielles, le *Babillard* s'écrie :

« Les fidèles du club de la rue de la Michodière peuvent prendre des délibérations fulminantes contre les auteurs du *Babillard*.
Le sieur *Joigny-Gorjus*, en bonnet de coton et en tablier de cui-
sine, peut faire la motion de nous empaler, en attendant que son
frère, le commissaire de police, ait acquis les pièces nécessaires
pour nous faire pendre. MM. *Thomet* et *Gallois* peuvent diriger
contre nous toutes les ressources de leur science *moderne*. Nous
attendons en paix les suites de cette conspiration contre de coupables écrivains qui ne rougissent pas de dire la vérité. Nous
prions aussi les amis ardens de l'*irréprochable* Brissot de ne pas
se compromettre par de petits *oublis*, dans le genre de ceux que
nous avons rapportés, parce que plus leur mémoire s'affai-
blira, plus la langue indiscrète du *Babillard* s'efforcera de la réveiller. (Le *Babillard* du 28 août.)

Nous terminerons ici l'historique des attaques portées à Brissot.
L'activité des brigues électorales, les passions en sens contraire
qui agitaient les partis , empêchèrent alors que ce procès fût
examiné froidement. Le côté politique de la vie de Brissot attira
exclusivement l'attention des électeurs. La *Chronique de Paris*,
les *Annales patriotiques* et le *Père Duchesne* furent les seuls
journaux qui prirent vaguement sa défense; ils n'entrèrent dans
aucun détail. Son ami Manuel lui écrivit une lettre de condo-
léance. Voici un échantillon des apologies du *Père Duchesne*.

« On a beau dire, on méprise la calomnie et les libelles : je vois cependant avec douleur que les calomniateurs multiplient bougrement leurs venimeux pamphlets, qui devraient servir à torcher tous les culs électoraux, plutôt qu'à troubler, un tantinet, les cervelles toutes disposées à recevoir le poison de la haine et de la vengeance. Ces ordures répandues avec profusion au moment même du scrutin, finissent toujours par laisser dans les esprits une teinte sale contre celui sur qui on les fout à pleines mains, et tout le savon de la raison ne suffirait foutre pas pour enlever la tache. » Ici, le *Père Duchesne*, après avoir dit que Brissot n'avait jamais varié, fait aux électeurs ce dilemme : « Si nous avons la paix, croyez-vous l'homme que vous rejetez comme un *factieux*, assez sot, assez déraisonnable pour la troubler ? Si vous avez du boucan, n'aurez-vous pas besoin qu'il se montre ?

« Oui, foutre, c'est faire triompher les ennemis du peuple que de rejeter celui qui les combattit sans crainte. Pourquoi, par exemple, le pauvre *Duchesne* a-t-il eu une ou deux voix ? Si mon zèle m'a mérité cet honneur, si mon amour ardent de la patrie m'a mis en scène, moi, triste bougre et chétif ouvrier, mon radotage burlesque et mon âge, joint à mon goût dominant pour la bouteille, ne sont foutre pas des titres. Laissez, laissez *Duchesne*, et nommez *Brissot*. Je ne suis qu'un pauvre diable, et celui-là vaudra dix fois mon chétif individu.

« Mais, mon camarade, si tu succombes sous les coups d'ongles et de becs de tous les jean-foutres de coqs, ne seras-tu pas sur tes pieds ? N'auras-tu pas toujours de la bonne encre et l'estime de tes amis ? » (168e *Lettre bougr. patriotique*.)

Ces scandales mirent à la mode, dans les feuilles royalistes-constitutionnelles, le mot *brissoter*, dont elles se servirent longtemps à la place d'*escroquer*. Lorsque Brissot fut nommé député, elles dirent que l'élection avait été *brissotée*.

Marat fut le seul démocrate qui exprima des doutes politiques sur Brissot. Il lui adressa dans son *Ami du peuple* du 11 septembre de sévères conseils.

« Brissot, dit Marat, n'a jamais été à mes yeux un patriote bien franc.

» Je ne lui pardonne pas d'avoir été si long-temps l'apologiste des infidèles administrateurs municipaux et du traître Mottié : moins encore d'avoir été le premier auteur du plan inique d'administration municipale. Soit bassesse, soit ambition, il a trahi jusque-là les devoirs d'un bon citoyen; vrai défenseur de la liberté, pourquoi faut-il qu'il ne soit revenu à la patrie que lorsqu'il s'est aperçu qu'il était la dupe du général tartufe, lequel pour cacher sa trahison, s'étant fait prôner par ses créatures comme un républicain décidé, n'a rien eu de plus pressé que de les laisser dans le lacs, dès l'instant où l'on a vu le succès de son imposture ? Pauvre Brissot, te voilà victime de la perfidie d'un valet de la cour, d'un lâche hypocrite: souviens-toi de la fable du singe et du chat. Si tu avais connu les hommes, si tu avais su les juger à leur conduite, à leurs grimaces, à leurs réticences, tu te serais bien gardé de prêter ta patte au commandant parisien, et, comme l'Ami du peuple, tu l'aurais démasqué sans ménagement. Que veux-tu ! tu éprouves le sort de tous les hommes à caractère indécis. En voulant concilier des intérêts incompatibles, tu as déplu aux deux partis; les patriotes clairvoyans n'ont point de confiance en toi, et les ennemis de la patrie te détestent; ils te repousseront avec dédain de tous les emplois, et tu ne perceras jamais ni dans le sénat ni dans les corps administratifs. S'il te reste quelque sentiment de dignité, hâte-toi d'effacer ton nom de la liste des candidats à la prochaine législature ; ne l'expose pas plus long-temps aux dédains injurieux des ennemis de la liberté, et borne tes vœux à l'honneur de servir de la plume la patrie. Si tu aimes la gloire, mets sous tes pieds toute considération d'intérêt personnel ; n'écoute que l'austère vérité, et, sans blesser la sagesse, immole sans pitié, sous les traits de la censure, les nombreux essaims des ennemis du bien public. »

Dans ce même numéro, Marat critique ainsi les élections:

« Les élections vont leur train, et le choix des électeurs, dans tout le royaume, ne justifie que trop l'augure que nous avons tiré sur la prochaine législature. Partout on ne voit nommés pour députés que des procureurs-généraux et des administrateurs de districts; des maréchaux-de-camp, des commandans de gardes nationaux et des colonels de régimens; des membres de directoires, des maires, des juges de tribunaux, des commissaires des guerres, etc., c'est-à-dire des suppôts de l'ancien régime et des créatures de la cour, que les intrigues des agens ministériels avaient portés aux places du nouveau régime, pour arrêter le triomphe de la liberté et favoriser la contre-révolution.

» La plupart des départemens ont même choisi pour leurs délégués des ennemis connus de la patrie. Tel est celui du Nord, qui a élu le frère de cet infâme Emmery qui, le premier, apostasia en s'enrôlant dans le club de 1789; de cet infâme qui fut le principal instigateur du décret atroce contre la garnison de Nancy; de cet infâme qui, depuis deux ans, n'a pas laissé échapper une seule occasion de vendre au monarque les droits du peuple, et de machiner contre la liberté. Tel est celui du Jura, qui a élu Théodore Lameth, président du département, et frère de ces insignes tartufes, qui affichèrent long-temps un faux civisme pour capter les suffrages du peuple, et qui s'empressèrent de reprendre leurs rôles de bas valets de la cour, dès qu'ils eurent le moment favorable pour saper ouvertement l'édifice de la liberté naissante, qu'ils n'avaient jamais cessé de miner sourdement.

» Mais ce sont surtout les électeurs du département de Paris qui se distinguent par le choix le plus honteux. Aux deux piètres députés qui, les premiers, réunirent leurs suffrages, ils ont donné pour collègues les sieurs Pastoret, Cerutti, Bigault, Broussonet, Gouvion, etc.

» Qui ne connaît le doucereux Pastoret, à regard faux et à poil roux; ce roi des intrigans qui s'éleva par degrés de la fange à l'une des premières places du nouveau régime. En 1782, on le vit laisser ses sabots à la porte du musée de la rue Dauphine,

pour y jouer le rôle d'apprenti poète et de garçon bel-esprit.
Parmi les douairières, auxquelles il fit les yeux doux, il en
trouva une qui lui valut la charge de conseiller de la Cour des ai-
des. Le voilà magistrat; mais il en méconnut toujours les fonctions, et toujours il en négligea les devoirs, pour courir après un
fauteuil de l'académie des Belles-Lettres, que lui procurèrent
mille bassesses prodiguées aux initiés. Bientôt il se mit à soupirer
après la fortune. Un de ses parens, laquais de Champion, l'in-
troduisit auprès de son maître, qui en fit peu après son blanchis-
seur : tantôt il lui faisait un mandement; tantôt il lui rédigeait
un rapport au conseil; il lui fabriqua même des édits royaux.
Mais son coup de maître fut de publier de honteux mémoires sur
l'excès des impôts pour consoler tout doucement les Français du
malheur d'être écrasés par les maltôtiers, en songeant que leurs
aïeux n'avaient jamais été mieux traités. Pour prix de sa prostitution au chef de la justice, le voilà devenu gratuitement maître
des requêtes. Bientôt, pour prix de sa prostitution aux valets de
la cour, il devint le mari d'une riche héritière. Les ministres
avaient besoin dans la municipalité d'un mouchard adroit et liant
qui s'insinuât partout, et qui tînt note de tous les projets des
patriotes : ils en firent un municipal. Il leur fallait dans le département une âme damnée qui protégeât les ennemis de la révolution, et qui écrasât les amis de la liberté : ils en firent le procureur-général-syndic. Il leur fallait dans la nouvelle législature un
meneur habile dans l'art d'en imposer et de barrer tous les projets qui y seraient portés : ils en ont fait un père-conscrit contre-
révolutionnaire.

›Je ne dis rien de Broussonet : c'est un mauvais singe de Pastoret : mais il serait son maître, si son esprit allait de pair avec
son cœur.

» Je ne dis rien non plus de Bigault, de cet Esculape qui,
faute de patiens, se fit secrétaire de district, qu'un vain babil fit
juge de paix, que l'intrigue vient de faire père-conscrit; à coup
sûr, c'est un membre de la confrérie antinationale, autrement la
clique électorale l'eût rejeté bien loin.

»Vous connaissez Cérutti, ce disciple achevé de Loyola, ce caméléon subtil, auquel le ciel, avare de ses dons, donna un caquet fleuri, un esprit léger, auquel il refusa toujours une âme élevée et un cœur droit. Bas valet-né des grands, vil esclave des favoris de la cour; tout ce qu'il a d'astuce fut consacré à leur plaire. Vous l'avez vu parasite rampant à la table des Noailles, et déhonté flagorneur de Necker, l'accapareur adoré. Tremblant que la patrie ne triomphât, on le vit un moment jouer le patriote. Ravi que le despotisme reprît le dessus, on le vit peu après recaresser la cour. Dans ses homélies villageoises, vous le voyez s'arranger de manière à être toujours en mesure, quelque parti que l'aveugle destin vienne à couronner. Jamais le sentiment ne poussa ses lèvres; et si quelquefois il prêche aux rustres l'amour de la liberté, c'est toujours de manière à conserver au despote le cœur de ses sujets. Le voilà père-conscrit : quelque peu prononcé que soit son caractère, il n'en est pas moins dangereux ; et parmi ses collègues, la fleur des tartufes de la capitale, je n'en connais aucun plus propre à fonder un nouveau club jacobite, et à renouveler le rôle des Barnave, des Menou et des Lameth.

»Que vous dirai-je de Gouvion? c'est l'âme damnée de Mottié, le chef des ennemis de la patrie, la cheville ouvrière des traîtres et des conspirateurs contre-révolutionnaires.

»Le choix du corps électoral parisien est indigne, honteux, alarmant; mais ce corps est si indignement composé lui-même, que ce serait folie que d'entreprendre de le rappeler à ses devoirs : son parti est pris, il ne nommera à la prochaine législature que des ennemis de la révolution.

» Pour peu que l'on ait de tact, on peut même s'assurer, que ce corps pourri ne nommera que des ennemis de la révolution, d'une tournure d'esprit jésuitique; de ces tartufes qui savent manier la lime sourde de la politique, perdre la patrie sans frapper de grands coups, et (comme on dit) plumer la poule sans la faire crier : seuls suppôts du despotisme, qui puissent aujourd'hui conduire à un plein succès les projets sinistres de la cour, et empêcher de se perdre lui-même le despote impatient de faire sentir son joug, avant d'avoir cimenté son empire, avant que les folliculaires à gages aient réconcilié la nation avec ses nouvelles chaînes, avant qu'ils aient remis à la mode l'esprit de servitude.

»On verra donc nos électeurs vendus à la cour, continuer à faire entrer dans le sénat de la nation tous' les hommes à deux faces, qui ont de l'adresse et des poumons; tels qu'un Champfort, vil flagorneur de Condé, qu'il a généreusement abandonné au moment où il l'a vu délaissé de la fortune; un Condorcet (1), tartufe consommé sous le masque de la franchise, adroit intrigant, qui a le talent de prendre des deux mains, et fourbe sans pudeur, qui veut allier les contraires, et qui, sans rougir, eut le front de débiter au Cirque son discours républicanique, après avoir rédigé si long-temps le journal du club ministériel.

»Puisque je suis sur ce chapitre, il faut que j'achève de dévoiler le plan actuel du cabinet des Tuileries. Pour consolider la constitution, s'assurer du corps-législatif, des corps administratifs et judiciaires, et de la force publique, il paraît arrêté que l'on tirera des tribunaux, des directoires de districts et de départemens, des troupes de ligne, les sujets les plus disposés à se prostituer aux volontés des ministres, et que l'on remplacera ces infâmes sujets par des membres de l'assemblée constituante, qui se sont le plus prostitués aux ordres de la cour. Ainsi, Dandré prendra la place de Pastoret; Desmeuniers, celle de Broussonet; Dupert, celle de Lacépède; Emmery, celle de Lamourette, président du département des Ardennes; Nérac, celle de Barenne, procureur-général-syndic du département de la Gironde; Barnave, celle de président du département de Seine-et-Oise, etc., etc.

» Avec un pareil système, le plus profond que l'enfer pouvait enfanter, il est impossible qu'il survienne jamais aucun mouve-

---

(1) C'est une observation d'histoire naturelle bien piquante, que les plus adroits fripons, les fourbes les plus consommés, les hommes à deux faces qui ont joué le grand rôle dans l'assemblée nationale, et qui le joueront à la prochaine législature, sont tous de la lisière du Dauphiné et de la Provence: témoin Mounier, Riquetti, Dandré, Barnave, Rabaud, Malouet, Condorcet, Pastoret, etc. (*Note de Marat.*)

ment populaire, aucune insurrection, sans qu'ils soient à l'instant étouffés, quelque violente que soit l'indignation publique.

» Ainsi, avec un nombre déterminé de fripons dévoués à la cour, destinés à remplir toutes les fonctions importantes de l'État, et tournant successivement sur eux-mêmes, pour leur remplacement, nos fers seront rivés pour l'éternité.

» Le peuple est mort depuis le massacre du Champ-de-Mars. Vainement m'efforcerai-je de le réveiller; aussi y ai-je renoncé, et probablement pour toujours : mais je puis encore m'amuser à faire le prophète.»

Les *Révolutions de Paris* repoussent la candidature de Lacépède, parce que c'est un ci-devant comte, et que des nobles sont toujours suspects. Il en est de même du *marquis de Condorcet,* « lequel n'a déjà que trop justifié nos craintes. Nous n'avons pas encore pu oublier qu'il fut le rédacteur du journal du *Club de* 1789. Il est vrai qu'il a expié cette faute par son discours républicain, prononcé au Cirque; mais peut-être ne devons-nous ce retour qu'à la proximité des élections et à l'espoir de rentrer en grâce dans l'opinion publique. »

Le journaliste ne veut pas plus des prêtres que des nobles; il dit qu'il faut laisser à leurs ouailles Lamourette et Fauchet. Il s'exprime comme Marat sur le compte de Cérutti, sur Chamfort, et il dit d'Emmanuel Clavière qu'il a trop travaillé avec Mirabeau pour inspirer de la confiance; il répète sur Garan de Coulon un mot alors populaire : *Ennuyeux comme la vérité, simple comme la vertu.* Il trouve équivoque le patriotisme de Kersaint, et demande qu'on donne à P. Manuel et à quelques autres patriotes le temps de mûrir leurs idées. Son opinion sur Broussonet et Pastoret est la même que celle de *l'Ami du peuple.* (*Révolutions de Paris,* numéro CXII.)

Le même journal, numéro CXVI, renferme sur la candidature du libraire Panckoucke un article que nous allons transcrire.

Trait de folie remarquable.

« Il vient de passer par la tête du libraire Panckoucke un trait de folie trop singulier pour n'en pas dire un mot. Cet accès, qui lui prit le 9 septembre, est consigné dans une lettre à messieurs les électeurs, écrite d'un bout à l'autre par lui-même ; *car personne ne m'aide*, dit-il naïvement, page 21, *comme l'a imprimé un* GREDIN LITTÉRAIRE : *mes ouvrages sont à moi, et à moi seul.* La seule expression *gredin littéraire*, qui ne pouvait tomber que de la plume du libraire Panckoucke, suffit en effet pour prouver qu'il n'a point de faiseur, et qu'il se peint ordinairement dans ce qu'il écrit.

» Mais revenons au trait de folie dont vient d'être atteint le cerveau du bibliopole de la rue des Poitevins. A l'exemple de l'Angleterre, où il a été prendre la justification de son *Moniteur,* à l'exemple encore de M. Lacretelle, ledit sieur se propose tout uniment pour député à l'assemblée nationale. Il ne se dissimule pas qu'il faut des *titres* aux suffrages des électeurs : il en produit de deux sortes, de négatifs et de positifs.

» *Titres négatifs du libraire Panckoucke.* — D'abord il n'a eu garde de *mettre le pied dans la société des Amis de la constitution, ni même dans sa section, qui est celle des Cordeliers.* Les électeurs auraient dû sans doute en faire un mérite au libraire qui tenait et tient encore Mallet du Pan à ses gages.

» Ensuite *il n'a cessé de pleurer sur les malheurs du roi et sur les crimes du 6 octobre, et même du 18 avril. Si ce sont ses titres d'exclusion*, il s'en avoue coupable et consent à ne pas être député. *Je ne suis point votre fait,* répète-t-il avec candeur à chaque alinéa, et ce refrain a produit son effet. Panckoucke ne siégera pas cette fois parmi nos législateurs.

» Notre homme poursuit sa pointe, et ajoute avec un cynisme rare : *J'ai écrit, imprimé que la liberté de la presse est le scandale de l'Europe et la terreur des honnêtes gens; s'il faut penser autrement, je ne suis point votre fait.*

» Les brigands consommés assassinent l'homme qu'ils ont dépouillé sur la route ; mais ils ne s'en vantent pas. Panckoucke s'est soutenu pendant la révolution à l'aide de la liberté de la presse, dont il a profité jusqu'à l'abus, et le bélître calomnie impudemment sa bienfaitrice!

» *Serait-ce un titre d'exclusion d'être chargé de journaux aristocratiques et démocratiques?* Mais, ajoute-t-il dans une note, *plus de cent familles eussent été livrées au désespoir, si je n'eusse imprimé rue des Poitevins ce qui l'eût été rue Saint-Jacques.* Le saint homme! L'un de ces jours, dans une foule, un *gredin* fut surpris la main dans la poche de son voisin : « Quand vous me ferez pendre, dit-il sans se déconcerter, en serez-vous plus avancé? Je vous prenais votre tabatière d'or, il est vrai; mais à deux pas plus loin, elle vous eût été prise par un autre coquin comme moi. »

« Passons aux titres positifs du sieur Panckoucke. *Ce n'est pas le moment d'être modeste*, observe-t-il d'abord page 17. *M. son père est mort janséniste; mais de son vivant, c'était un véritable épicurien, qui a fait vingt volumes, et qui a inoculé le goût et la passion pour l'étude à toute sa famille. Donc le Panckoucke de la rue des Poitevins est le fait des électeurs.* Page 27 : *Madame sa mère était une des plus belles femmes de son temps;* donc M. son fils doit être nommé député. *Il a une sœur (madame Suard) pleine de goût et d'esprit;* donc le frère a des principes et de l'éloquence.

» *Il a été l'ami de cœur de Rousseau, de Voltaire, de Buffon,* page 9, *et il a donné à M. Beaumarchais un dîner qui lui coûta* 28,000 *l.* C'est-à-dire il a bien voulu se contenter de 172 mille l. pour prix des manuscrits de Voltaire, que ce grand homme lui légua à sa mort, et qu'il avait vendus cent mille écus à Beaumarchais. — *Il a écrit un mémoire sur le cerveau.* Le sien fournirait matière à une dissertation curieuse. »

L'Ami du roi ne contient sur les élections qu'un article *Nouvelles*, dont la seule phrase significative est celle-ci : « Les Jacobins l'ont emporté dans les élections, parce que les électeurs ont été nommés par les clubs. » Toute la partie de ce journal qui n'est pas consacrée à l'assemblée nationale est garnie de protestations royalistes contre l'acte constitutionnel, de rétractations nombreuses des prêtres assermentés, et de pétitions par lesquelles le côté droit faisait demander ses comptes à la constituante, *au nom du peuple souverain.* Il y est aussi question des fameux placards que Durosoy affichait sur cette matière, et qui achevèrent de signaler cet écrivain comme le plus ardent zélateur de la contre-révolution. Royou s'applique également à démontrer les progrès de la réaction aristocratique et ses prochaines victoires. Il donne le chiffre des défections journalières; il cite des traités entre les souverains; il fait voir la révolution chaque jour à la veille de périr dans le défilé que ferment incessamment les approches de la guerre civile et de la guerre étrangère. Sans doute ces bravades n'étaient que des illusions ou des mensonges, comme on peut s'en convaincre en les rapprochant de l'état de situation que nous avons emprunté aux Mémoires du prince de Hardemberg; mais le peuple y croyait, et cette persuasion d'une ligue formidable, qu'on prit tant de soin à lui faire naître, nous expliquera dans la suite de grandes catastrophes. Comment d'ailleurs ne pas ajouter foi à des faits présentés d'une manière si positive? Tantôt c'était « un bataillon du régiment du Poitou qui, en sortant de Nantes, avait crié : *Vive le roi! vive la reine! vivent les aristocrates! ça ira, ça ira! Notre ventre est à la nation et notre cœur est au roi.* » (*L'Ami du roi* du 20 septembre.) Tantôt « le régiment de Vexin venait de passer le Var et de se rendre à Nice avec armes, bagages, drapeaux et caisse. Il avait été reçu en triomphe; tous les habitans s'étaient empressés de le loger, régaler, et de lui témoigner la plus vive satisfaction. » Dans ce même article, Royou affirme que la coalition est jurée, le traité signé, et que le contingent des puissances pour la grande armée d'invasion est ainsi arrêté : L'empereur, 80,000 hommes; la Prusse, 80,000; l'empire, 120,000; la Russie, 25,000; la Suède, 6,000; plus à sa solde, 16,000 Hessois; la Suisse, 12,000; la Sardaigne, 20,000; l'Espagne, 30,000; le Portugal, 30,000. Total, 419,000 hommes. L'armée des princes sans compter qu'elle grossit chaque jour, ajoute le correspondant de Royou, monte déja à 15,000 gentilshommes. » (*L'Ami du roi* du 7 septembre.)

Hébert s'occupa beaucoup des élections. Quoique son journal
soit du commencement de 1791, nous ayons jusqu'à cette heure
évité d'en parler, parce que nous voulions attendre que la notoriété lui fût acquise. Ses lettres sont d'abord adressées à l'armée. La dix-septième fait la motion expresse que tous les Français indistinctement se tutoient. On voit qu'il était en progrès sur
les clubs de Loches et de Lyon, lesquels demandaient seulement,
à peu près à la même époque, l'abrogation du protocole. La vingt-
septième prend pour épigraphe : *Castigat bibendo mores.* Hébert
est un enfant perdu de l'école fondée par les romans philosophiques de Voltaire. Son genre est une exagération du *Compère Mathieu*, comme ce livre en était une de *Candide.* A part le cynisme
des jurons, son originalité à lui, le *Père Duchêne* a écrit des
pages qui ne le cèdent en esprit et en gaîté à aucune de celles que
les matérialistes admirent le plus dans le patron des incrédules.
Le diable, l'inquisition, les prêtres, sont le texte habituel de ses
plaisanteries. En politique, malgré le fracas de ses mots contre
les aristocrates, on le voit suivre avec beaucoup de souplesse le
parti dominant. Ainsi, il est partisan de la Fayette et de la garde
nationale : il fait des tirades pour Louis XVI et pour son ministre
Duportail. Après la fuite à Varennes, il crie beaucoup contre
Cochon Durosoy, Mallet du Pan, Royou, etc. ; mais il penche
visiblement pour les Feuillans. Ce qui va donner à nos lecteurs
une idée de cet homme, c'est sa conduite au 17 juillet. Il signa
la pétition du Champ-de-Mars, puisque son nom s'y trouve en
toutes lettres (HÉBERT, *écrivain, rue de Mirabeau*) ; il fut même
arrêté à cette occasion, mais relâché presque immédiatement.
Eh bien! quelques jours après, dans ses lettres CXVIII et CXIX,
il chante les louanges de la Fayette, de la garde nationale, et
pousse son impudente palinodie jusqu'à parler de Dieu, lui qui
la veille prêchait ouvertement l'athéisme. « Tremblez, dit-il à
ceux qui ont tué l'invalide et le perruquier, et qui ont lancé des
pierres à la garde nationale, tremblez, infâmes! si vous échappez
aux bourreaux armés par les lois pour frapper les coupables, un
Dieu vengeur, un Dieu vous attend! Mais y croyez-vous, tigres
enragés, plus carnassiers que ceux des bois? » Ailleurs il s'écrie :

« J'entends encore des enragés dire du général qu'on a manqué d'un coup de fusil et qui s'expose à tout : Mais qu'allait-il faire là ? Eh ! b.... d'imbécile, qu'y allais-tu faire toi-même ? On serait un dieu, qu'on entendrait encore autour de soi ce cri infernal : *A la lanterne !* Eh bien ! démons, vivez donc sans frein, sans loi, comme les Sauvages, et mangez-vous comme eux. » Hébert déclame contre Marat. Les journaux dont il transcrit volontiers des extraits sont : la *Chronique de Paris*, le *Patriote français*, les *Annales patriotiques*, et même la *Gazette universelle* de Cerisier, feuillant très-prononcé. A l'apparition du *Chant du coq*, Hébert, encore sous le coup de sa terreur du drapeau rouge, fit l'éloge de ce placard. Le *Coq* fut long-temps pour lui *un bel oiseau, un joli oiseau*, ayant *bon bec, bons et solides ergots, haute et claire voix* ; il ne lui fit une demi-opposition qu'au sujet de Brissot. Il adressa un grand nombre d'articles aux électeurs. Ses candidats étaient Manuel, Condorcet, Mercier, Charles Villette, « cet ami de Voltaire, qui nous l'a ramené ; de Voltaire qui, le formant à son école, en fit un homme éclairé et sensible. » Hébert était ami de Tallien ; il lui donna souvent ce titre, notamment dans sa cent quarante-et-unième lettre, où il annonce le nouveau journal de *son ami Tallien* (*l'Ami des citoyens*). Le *Père Duchêne* parle encore fort peu des Cordeliers et des Jacobins ; il n'en est pas de même des sociétés fraternelles : Hébert nous apprend que les aristocrates désignaient par le mot *sans-culottes* les membres de ces sociétés, ce qui établit l'origine et l'usage d'une expression plus tard si fameuse, et déja usitée en 1791.

Nous nous sommes un peu arrêtés sur ce révolutionnaire afin de montrer à nos lecteurs ses principes, ses accointances, les débuts enfin du rôle que nous lui verrons accomplir. Quant à son journal, nous pouvons à peine y puiser une citation honnête : les extraits précédens sont une montre qu'il fallait bien donner une fois. Nous n'en ferons de nouveaux que dans les cas de nécessité historique.

Le *Journal de Paris* publie chaque jour, aussi exactement que le *Moniteur*, le bulletin électoral ; mais il ne se permet aucune réflexion. Fréron, qui était électeur, nous peint ainsi l'assemblée électorale : « Qu'elle va être bien composée cette seconde législature ! Il faut voir comme les intrigans se remuent, s'agitent et se contorsionnent à l'assemblée électorale ! L'honnête homme n'y peut pas ouvrir la bouche; c'est la cabale la plus infernale que j'aie jamais vue de ma vie. Tu me nommeras, je te nommerai, se disent-ils l'un à l'autre; et les coquins les plus connus pour l'être sont déjà sûrs d'écarter nos plus zélés défenseurs. Il faudrait un Danton pour démasquer et faire trembler les traîtres. » Suit un pompeux éloge de Danton. Fréron réfute ce qu'on reprochait de vive voix et dans les groupes à son héros ; car la presse du temps ne renferme aucun des griefs semblables à ceux que nous trouvons ainsi discutés par l'*Orateur du peuple* : « Une modeste aisance est ordinairement le scandale des sots. L'acquisition de quelques biens nationaux et autres, montant à la somme de 70 à 80 mille liv., faite avec le secours de M. Charpentier, son beau-père, et payée par moitié entre eux, donne occasion à une fourmilière de propos auxquels les circonstances ont donné des ailes. A entendre les frondeurs, les routes de la fortune étaient aplanies sous ses pas; c'était soi-disant un homme soudoyé par un parti, un fabricateur de faux assignats, etc., etc., etc. Que n'ont-ils pas inventé ! » (L'*Orateur du peuple*, t. 7, n° XLIV.)

Le *Babillard* du 5 octobre annonce « que M. Danton, indigné contre les electeurs de Paris, est parti pour Arcis-sur-Aube. Avant de quitter la capitale, il a dû pousser un cri de douleur sur son ingratitude, et déplorer, en grand homme outragé, l'injustice aveugle de ses concitoyens. » Le même journal nous donne sur les divisions et les luttes électorales, que le *Père Duchêne* a prises pour texte de trois ou quatre sermons, les renseignemens suivans : « On sait que les électeurs forment deux clubs, dont l'un tient ses séances à la Sainte-Chapelle, et l'autre à l'archevêché. Dans le premier, on porte à la législature des négocians, des artistes, des gens de lettres, des hommes de loi; dans le second, on propose des intrigans, des agioteurs, des hommes éhontés, bas flatteurs du despotisme sous l'ancien régime, déma-

gogues absurdes sous le nouveau. Les électeurs de l'archevêché
appellent leurs confrères, des ministériels, des monarchistes, des
aristocrates, des impartiaux ; ceux de la Sainte-Chapelle sortent
des bornes de la modération : ils appellent leurs adversaires des
BRISSOTS. » (*Babillard* du 26 septembre.)

Nous ne quitterons pas ce journal sans mentionner les nombreuses sorties qu'il faisait contre Robespierre. Comme il renferme ce qui a été dit de plus grave jusqu'à ce moment contre ce
député, nous allons produire ces accusations.

Le 15 juillet, au plus fort des agitations qui précédèrent la pétition du Champ-de-Mars, au moment où le mot *étranger* faisait
tant de bruit dans la bouche des Feuillans et dans les arrêtés du
corps municipal, Robespierre, Pétion, Buzot, Antoine et Brissot
furent désignés par le *Babillard* comme membres de la faction
étrangère. Nos lecteurs n'ont pas oublié le personnel de cette
faction, à savoir : le juif Ephraïm, Œta Palm de Hollande, Rotondo l'italien, et Vinchaux, le libraire de Hambourg. D'après le
Babillard, les chefs invisibles de la faction étrangère étaient deux
personnages anglais, dont l'un prenait le nom de milord d'Arck,
l'autre, celui de chevalier d'Arck. Ils logeaient à l'hôtel Vauban,
rue de Richelieu, où ils donnaient aux députés que nous nom-
mons plus haut des *dîners mystérieux*. Dans son numéro du
19 juillet, le *Babillard* revient ainsi sur la faction étrangère :
« *On dit* qu'il existe à Paris des agens du ministère anglais, qui,
jaloux des avantages que la France doit retirer de sa nouvelle
constitution, n'épargnent rien pour la renverser. — *On dit* que
MM. Robespierre, Pétion, Buzot, Prieur, Antoine et Rewbell
sont vendus à cette cabale secrète, et dînent souvent avec des
Anglais. — *On dit* que M. Brissot de Warville, qui veut détruire
des soupçons malheureusement trop fondés, est un vil factieux,
dont le camarade intime, l'ancien compagnon d'infamie, est secrétaire d'un M. Pitt (Clarkson, cité par Morande, supplément
au numéro XXIV de l'*Argus*. Brissot dit dans sa réplique que le
moment n'est pas venu pour lui de s'expliquer sur cet *ami de
cœur*. Ses Mémoires n'en font aucune mention.) — *On dit* que les

membres de cette odieuse cabale se sont emparés des sociétés fraternelles, où des orateurs soudoyés excitent à la révolte un peuple ardent et facile. — *On dit* que des journalistes effrénés et M. Carra, vendent leur plume à cette faction détestée, et prêchent la république avec autant d'impudence que d'absurdité. — *On dit....* Eh! que ne dit-on pas encore! *Mais nous ne recueillons ici que ce que l'on dit dans les groupes, dans les cafés, dans les maisons particulières, à la tribune même de l'assemblée nationale*, et nous ne le publions qu'afin qu'on puisse le vérifier ou le démentir. »

Voilà ce qu'il y a de mieux prouvé sur la prétendue faction étrangère en général, et sur la complicité de Robespierre en particulier. Des systèmes explicatifs de la révolution française ayant été bâtis sur cette fable (celui de M. Dulaure, par exemple), nous ne négligerons aucun des détails qui ont pu autoriser une semblable opinion. Le grand crime de Robespierre aux yeux du *Babillard*, numéro du 26 juillet, c'était d'avoir été demandé « pour roi par la nation souveraine, assemblée au Champ-de-Mars le 17 juillet. » Ce même journal, qui se bornait à l'égard de Robespierre à de vagues inculpations politiques, attaque avec plus de précision certains autres révolutionnaires. Nous avons vu ce qu'il disait de Brissot : à ses diatribes contre Condorcet, il mêle toujours quelques détails positifs. Ainsi, dans son numéro du 15 juillet, il s'étonne que *le républicain* Condorcet ait consenti à recevoir du roi une place de vingt mille livres de rente, celle de commissaire à la trésorerie, au moment même où il enseigne qu'il ne faut plus de rois. Dans son numéro du 28, il cite un portrait nouveau de ce philosophe, au bas duquel on lisait :

> Jadis mathématicien,
> Marquis, académicien;
> Sous d'Alembert panégyriste,
> · Sous Panckoucke encyclopédiste,
> Puis, sous Turgot économiste,
> Puis, sous Brienne royaliste,
> Puis, sous Brissot républiciste,
> Puis, du trésor public gardien,
> Puis, citoyen-soldat, — puis rien.

La presse négligea presque entièrement les élections de province. Les correspondances des sociétés et des clubs pourraient nous fournir des détails curieux ; mais ces pièces ont péri pour la plupart, sinon tout entières. L'*Orateur du peuple* nous a conservé la nouvelle suivante, encore la publiait-il parce que le personnage dont il s'agit venait d'être dénoncé à l'assemblée nationale. « Un trait qui honore le corps électoral de Caen, c'est qu'au moment où l'assemblée ouvrit sa première séance, M. le curé de Sommervieu proposa de ne point commencer les opérations que M. Fauchet ne se fût rendu à son poste d'électeur. Cette motion, vivement applaudie, ne trouva pas un seul opposant ; un mouvement d'enthousiasme s'empara de l'assemblée : tous les membres se rendirent en corps à l'évêché, et le respectable prélat fut conduit en triomphe à la salle du corps électoral. Le cortége était précédé des tambours et de la musique de la garde nationàle. » (L'*Orateur du peuple*, t. 7, n° XLVI.)

Nous avons un moyen sûr de suppléer à ce défaut de pièces, relativement aux opérations électorales des provinces. Le chiffre exact des nouveaux députés qui se firent recevoir aux Jacobins, et la proportion selon laquelle y concourent les départemens, va nous servir à connaître comment l'esprit révolutionnaire était réparti en France, chez les citoyens actifs. Il ne faut pas oublier que les députés dont nous allons transcrire les noms, et qui, au début de la législative, composaient l'extrémité gauche, ne tardèrent pas à se diviser en montagnards et en girondins.

Le 9 octobre, les dernières réceptions données par le journal des débats de la société des Jacobins, élèvent à cent trente-six le nombre des nouveaux députés admis par le club. Les feuilles suivantes, pendant tout le trimestre, ne mentionnent aucune réception nouvelle. Voici les noms des députés et celui des départemens qui les avaient élus.

Paris. Broussonnet ; Brissot ; Monneron ; Filassier ; Condorcet. — Les autres députés, non Jacobins, étaient : Garan de Coulon ; Lacépède ; Pastoret ; Beauvais de Préau ; Bigot de Préameneu ; Gouvion ; Cretté de Palluel ; Gorguereau ; Thorillon ; Hérault de Séchelles ; l'abbé Mulot ; Godard ; Quatremère de Quincy ; Boscary; Ramond; Robin; Debry; Teilh-Pardaillan. Les huit suppléans furent : MM. Lafayelle; Alleaume; Clavières; Kersaint; de Moy, curé; Dussaulx; Billecoq; Colard, curé.

Ain. Deydier.

Allier. Boisrot.

Arriége. Calvet.

Aveyron. Bourzès.

Bouches-du-Rhône. Granet; Archier; Gasparin; Antonelle; Pellicot.

Calvados. Fauchet; Dubois; Lomont; Castel; Bonnet-de-Meautry.

Cantal. Teillard; Guittard.

Charente. Lafaye-des-Rabiers; Bellegarde.

Charente-Inférieure. Niou.

Corrèze. Brival.

Côte-d'Or. Bazire; Oudot; Lambert.

Côtes-du-Nord. Rivaollan; Morand; Massey.

Creuse. Huguet (évêque); Voysin; Cornudet; Ballet; Laumond.

Dordogne. Taillefer.

Doubs. Verneret.

Eure. Lebrun.

Gard. Giraudy.

Gironde. Vergniaud; Guadet; Sers; Grangeneuve; Gensonné; Jay.

Hérault. Cambon; Brun; Reboul.

Ille-et-Vilaine. Sebire.

Indre-et-Loir. Cartier.

Landes. Méricamp; Lucas; Baffoigne; Lonné; Dyzez.

Loir-et-Cher. Brisson; Chabot; Lemaître; Frécine.

Loire-Inférieure. Coustard.

Loiret. Lejeune.

Lot. Ramel.

Maine-et-Loire. Delaunay; Dehoulières; Merlet; Choudieu; Menuau.

Marne. Thuriot; Gobillard.

Haute-Marne. Dévaraignes ; Becquey ; Valdruche.

Meurthe. Foissey ; Carez ; Levasseur.

Meuse. Jean-Moreau ; Manehand ; Lolivier ; Tocquot.

Morbihan. Andrein ; Lequinio.

Nord. Lejosne ; Duhem ; Lefebvre.

Oise. Coupé (prêtre) ; Tronchon ; Goujon ; Calon ; Gérardin ; Lucy.

Pas-de-Calais. Carnot (aîné) ; Carnot (jeune) ; Haudouart.

Puy-de-Dôme. Couthon ; Romme ; Maignet (prêtre) ; Soubrany.

Basses-Pyrénées. Lostalot.

Bas-Rhin. Massenet.

Haut-Rhin. Delaporte ; Ritter ; Rudler.

Rhône-et-Loire. Blanchon ; Thévenet.

Saône-et-Loire. Journet ; Gelin.

Seine-et-Oise. Bassal (prêtre) ; Haussemann ; Lecointre ; Courtin.

Seine-Inférieure. Lucas ; Albitte l'aîné.

Somme. Goubet ; Saladin ; Rivery.

Tarn. Lasource ; Esperon.

Var. Isnard ; Granet.

Vendée. Goupilleau ; Morisson ; Thierriot ; Gaudin (prêtre) ; Gaudin, négociant ; Musset (curé).

Vienne. Ingrand.

Vosges. André ; Vosgien ; Dieudonné.

Yonne. Moreau ; Rougier de la Bergerie ; Gréau.

La liste sur laquelle nous avons composé la nôtre, se trouve dans les nᵒˢ LXXI, LXXII et LXXIV du journal des Jacobins, elle ne mentionne pas les départemens auxquels appartenaient les députés. Elle est d'ailleurs faite sans aucun soin, pleine de fautes d'orthographe, répétant plusieurs fois les mêmes noms : nous l'avons rectifiée. Le nombre des députés jacobins s'accrut à peine, durant le premier trimestre de la Législative. Le journal du club ne permet pas le doute à cet égard. Au début de la séance du 19 décembre, la motion d'une liste générale fut faite, et plusieurs demandèrent qu'on ajoutât aux noms des membres leurs qualifications, principalement celle de député. « Il faut, disaient-ils, montrer à la France quels sont ceux des représentans de la nation qui, attachés réellement aux droits du peuple, au maintien de la constitution, se sont inscrits dans la société; et quels sont ceux qui, s'étant étayés du crédit des sociétés affiliées pour se faire nommer députés, n'osent pas, par des considérations timides, s'y faire présenter, ou bien après s'y être fait inscrire s'en sont éloignés.» On remarque, dit le rédacteur, que le nombre de ceux-ci est infiniment peu considérable. Après de longs débats, la question fut ajournée. (*Journal des débats du club*, n° CXIV.)

ASSEMBLÉE LÉGISLATIVE.

DU 1ᵉʳ OCTOBRE 1791 AU 1ᵉʳ MAI 1792.

Présidens de l'assemblée. — Du 1ᵉʳ au 3 octobre 1791, M. Batauld, président d'âge; du 3 au 17, M. Pastoret; du 17 au 30, M. Ducastel; du 30 octobre au 15 novembre, M. Vergniaud; du 15 au 28, M. Viénot-Vaublanc; du 28 novembre au 10 décembre, M. Lacépède; du 10 au 26, M. Lémontey; du 26 décembre au 8 janvier 1792, M. François de Neufchâteau; du 8 au 22, M. Daverhoult; du 22 janvier au 5 février, M. Guadet; du 19 février au 4 mars, M. Dumas; du 4 au 18, M. Guyton-Morveau; du 18 mars au 2 avril, M. Gensonné; du 2 au 15, M. Dorizy; du 15 au 29, M. Bigot de Préameneu.

Nous avons dit, en commençant l'histoire de l'assemblée législative, que, pendant les sept premiers mois de sa durée, une seule question exerça sans intermittence l'activité parlementaire. A l'intérieur, à l'extérieur, partout la contre-révolution est à la guerre, et nous allons voir chacun de ses contacts avec la révolution être un défi ou une hostilité directe, une suite d'escarmouches précédant la bataille rangée.

Nous ne saurions trop le répéter : parce que la constituante n'eut ni le sentiment ni la science du principe révolutionnaire, parce que ce principe ne fut pas son acte de foi, il en résulta qu'elle ne découvrit ni le centre de l'ancien régime, ni le centre du nouveau ; il en résulta qu'elle ne sut jamais où frapper pour détruire, où fonder pour bâtir.

La constituante avait tenté de mettre l'Europe dans une fausse position. En France, au lieu de regarder la révolution comme un devoir de notre nationalité, et d'en ouvrir, d'en ordonner même l'accomplissement à toutes les classes de la société, elle jugea que la révolution était un droit, et elle en prit possession au nom de la classe bourgeoise. Elle divisa donc la nation, plus qu'elle n'était divisée par les douanes de province à province, par la diversité des coutumes, par toutes les séparations matérielles qu'elle trouva à son avènement ; car l'unité royale coordonnait au moins cette variété en un système un.

La division opérée par la constituante fut une véritable désorganisation. Elle ne modifia pas tant le pouvoir d'un seul, et les priviléges des hautes classes, qu'elle ne rompit l'identité nationale elle-même, le fonds commun sans lequel il n'y avait plus de France. Si la révolution eût été à ses yeux ce qu'elle était réellement, un grand devoir auquel manquaient, depuis près de quatre siècles, l'Église catholique, et depuis Richelieu, les chefs français, elle eût montré à chacune des classes qu'elle était appelée à transformer, les immenses sacrifices auxquels elles devaient concourir, et chacune eût été en demeure d'y choisir une part. Alors les élémens sociaux eussent été dans leur vraie position, se touchant par le même devoir, unis dans la même obligation morale.

Loin de là, la constituante voulut unir par le droit, c'est-à-dire par ce qui individualise et sépare. Il s'ensuivit que les aristocrates, les Actifs et les Passifs, furent dans une fausse position les uns à l'égard des autres, et tous à l'égard de la révolution. Parlant pour les Actifs, la constituante dit aux aristocrates : Vous pouvez être citoyens actifs aujourd'hui, si vous voulez ; donc vous devez être avec nous. Aux Passifs, elle dit : Vous pouvez devenir un jour citoyens actifs, donc vous devez être avec nous. Les Aristocrates lui répondirent : Nous avons et nous voulons conserver le privilége de l'activité. Les Passifs lui répondirent : Nous voulons être Actifs sans plus attendre. Les uns et les autres : Nous ne sommes pas avec vous. Contre-révolution, immobilisation, insurrection, tels furent les rôles fatalement distribués par les législateurs constituans aux catégories sociales que le passé leur avait remises.

De ce que tout était faussement posé à l'intérieur, il arriva que tout le fut aussi à l'extérieur. La révolution, nettement manifestée par la France, devenait à l'instant une question européenne. Elle avait un domicile préparé chez toutes les nations nées du christianisme, et il lui suffisait d'accuser son origine, et de poser sa morale, pour que les souverains étrangers fussent obligés, aux yeux de leurs peuples, non-seulement à la respecter, mais encore à en recevoir l'impulsion. Résister à un devoir authentiquement proclamé comme le seul lien moral des peuples d'Europe, était impossible aux royautés du continent. Alors, en effet, le pouvoir révolutionnaire ayant seul une sanction, n'avait rien à redouter d'un pouvoir ennemi ; car il ne restait à un tel pouvoir d'autre motif à invoquer que la force brutale.

Ainsi, l'entrée en révolution de l'assemblée nationale constituante devait être signalée par la déclaration de la morale européenne. A ce prix, ses actes de destruction eussent frappé juste; à ce prix, elle eût créé une organisation que nul homme de bonne foi n'eût critiquée ; à ce prix, elle dictait aux rois de l'Europe un droit des gens nouveau qui les eût brisés sans retour, s'ils n'y eussent volontairement et pleinement obéi.

Nous avons exposé comment elle faussa les rapports intérieurs. Elle gouverna les relations extérieures dans le même esprit. D'abord elle se conduisit comme si la nation française était complétement isolée, complétement indépendante du milieu européen. Elle ne vit pas que la question de l'unité était partout la grande question. Le clergé gallican avait un centre par lequel il fallait commencer la réforme : la constituante agit sur le détail. Elle laissa au chef du corps clérical la puissance de l'unité, le caractère de la souveraineté qui oblige ; en un mot, un instru-

ment d'obéissance devant lequel le sien était nul. Elle ne vit pas
que la royauté était un système qui avait aussi son centre et son
unité, et que cette unité servait de base au fameux traité de
Westphalie. La réforme du pouvoir royal devait donc procéder
d'une solution unitaire ; elle devait attaquer le mal à sa source,
et substituer à la doctrine du droit, d'où émanait la royauté monarchique, le principe du devoir par lequel désormais tous
les pouvoirs légitimes seraient membres de la nouvelle unité.

A cette condition, les souverains eussent été placés dans la
vraie relation que jetait entre eux le dogme révolutionnaire, et
dans le rapport commun à tous dont il était lui-même le sommet.

Ici la constituante entreprit encore de modifier le détail sans
s'occuper de l'unité qui lui donnait seule de la valeur ; elle agit
sur un roi au lieu d'agir sur le système royal. A cause de cela , dé-
pourvue de tout moyen de prévoir les conséquences que ses
actes entraîneraient, elle décida qu'ils n'en auraient probablement aucune , et se mit à les attendre comme des cas fortuits
qui échappaient à la prudence humaine.

A mesure que les élémens de contre-révolution qu'elle semait
à pleines mains, manifestèrent leur tendance, la constituante ne
put leur résister en principe que par sa doctrine propre, la tolérance universelle, et en pratique, qu'en leur proposant le compromis, le contrat qu'elle offrait au nom des intérêts bourgeois
à tous les intérêts antipathiques. Contre de si faibles adversaires,
contre les misères du fédéralisme, les élémens de contre-révolution avaient deux abris assurés, deux centres de réaction, autour
desquels ils se groupèrent en effet : l'unité papale et l'unité royale.

Lorsque ces résultats eurent grandi de manière à nécessiter de
la diplomatie sérieuse, les représentans de la classe bourgeoise
ne doutèrent pas que leur constitution ne fût admise sur le terrain du traité de Westphalie comme l'équivalent rigoureux du
monarque français. Aussi, de ce point de vue, les négociations
dont nous avons parlé à la fin du précédent volume, lui parurent-
elles l'infaillible remède à ces symptômes de coalition qui mena-
çaient nos frontières. Les législateurs constituans ne réfléchirent

pas que le pacte d'union entre les rois était un contrat entre propriétaires, se garantissant mutuellement la propriété héréditaire d'un royaume, de ses habitans et de son étendue territoriale. Or, que pouvait garantir aux rois de l'Europe une constitution qui, bien loin d'offrir le caractère immuable et indépendant d'un possesseur, était sujette à toutes les vicissitudes d'une chose possédée? Que pouvaient-ils lui garantir à elle-même? Ce fut cependant sur des calculs de cette nature, tranchons le mot, sur un sophisme aussi grossier, que la constituante eut prétention d'asseoir l'Europe.

Au moment où elle quitta le pouvoir, le défaut d'initiative que nous lui avons tant de fois reproché, défaut qui généralise au reste très-exactement ce qu'on vient de lire, avait engendré pour ses successeurs des fatalités redoutables. Au sortir de ses mains la France constitutionnelle était passive à l'égard de tous ses ennemis intérieurs et extérieurs; tolérante envers les prêtres non-assermentés, tolérante envers les émigrés; elle n'était protégée contre les agressions contre-révolutionnaires que par le système répressif d'une vaine légalité. La Vendée prenait les armes, et on lui opposait la loi; les prêtres prêchaient la guerre, et on leur opposait la loi; les émigrés préparaient des coalitions, et on leur opposait la constitution. Le manque d'activité initiatrice de la part des chefs de la bourgeoisie, les ayant détournés sans cesse de l'attaque, les avait détournés aussi de la défense; car la force, le pouvoir de la sécurité, comprend indispensablement l'attaque et la défense; car l'attaque et la défense sont les deux aspects du même moyen. Ainsi les hommes de loi, les avocats célèbres, ex-parlementaires pour la plupart, qui gouvernèrent la France du mois de mai 1789 au mois d'octobre 1791, la dotèrent d'une constitution que ne sanctionnait aucun principe moral, et ne songèrent nullement à lui tenir prête la sanction qui convient seule à ces sortes de législations, une force brutale invincible.

Ouverte à l'invasion, sillonnée en tous sens par des émigrans, des conspirateurs et des traîtres, atteinte sur un point de la guerre civile, et menacée sur tous de la guerre étrangère, telle était la France lorsqu'elle fut remise à l'assemblée législative.

Nous allons voir celle-ci, pour première démarche, s'inféoder solennellement à la constitution. Obéissante jusqu'à l'enthousiasme au codicile des testateurs, elle va prendre possession d'une base immobile, du terrain sacré de l'inactivité, avec des démonstrations qui lui seront plus tard ainsi rappelées : « Ce code fut apporté en triomphe par des vieillards, comme un livre saint ; plusieurs le baignèrent de leurs larmes et le couvrirent de baisers. L'acte constitutionnel fut reçu avec moins de gravité et de respect, que de superstition et d'idolâtrie, et l'assemblée législative parut se tenir dans une humble contenance devant l'ombre même de l'assemblée constituante. » (*Le Défenseur de la constitution*, n° I, p. 3.) Aujourd'hui cependant, il faudra agir pour vivre ; aujourd'hui chaque acte sera réellement un acte de salut. Privée, par la position fatale qu'elle a volontairement subie, de la capacité et de la verve initiatrice, la législative ne nous présentera dans ses paroles et dans ses œuvres que des mouvemens *à posteriori*. Attaquée au vif, elle réagira ; ses colères révolutionnaires les plus exaltées ne seront que de pures réactions ; à des insultes elle répondra par des insultes ; à des conspirations flagrantes, par des dénonciations qui se traîneront, sans aboutissement, dans les embarras des formes judiciaires, après s'être traînées dans ceux des formes parlementaires ; à des fauteurs de guerre civile, par des décrets qui les priveront de leur pension ; enfin, à des armées prêtes à faire feu, par une déclaration de guerre.

La séance du serment étant une des pièces de notre introduction, nous la plaçons sous les yeux de nos lecteurs.

SÉANCE DU 4 OCTOBRE.

[*M. le président*. L'ordre du jour est la prestation du serment individuel prescrit par la constitution. La loi du 17 juin porte que le président en prononcera la formule, et que tous les membres monteront successivement à la tribune, et diront : *Je le jure*.

N.... Ne serait-il pas convenable de donner à cette cérémonie tout l'appareil et toute la solennité propres à caractériser son

importance? Je demande que la constitution soit apportée par
l'archiviste, et que ce soit en tenant la main posée sur ce livre
sacré , que chacun prête le serment. (On applaudit.)

M. *Girardin.* J'appuie la motion du préopinant ; mais j'y joins
un amendement ; c'est de nommer une députation pour aller
chercher aux archives l'acte constitutionnel. (Il s'élève des rumeurs.)

N.... La loi du 17 juin 1791 porte que : chaque membre montera à la tribune, et dira : *Je le jure*; mais la constitution n'en
parle point; puisque nous avons déjà dérogé hier à cette loi, je
demande qu'afin qu'il n'y ait point de restriction mentale , il soit
décrété que chaque membre prononcera la formule du serment
dans toute son intégrité.

N.... J'appuie la proposition de l'anté-préopinant, et je demande qu'il soit décrété que l'acte constitutionnel sera apporté à
la tribune.

Cette proposition est adoptée.

M. *Lacroix.* Je demande l'ordre du jour sur la proposition
qui a été faite d'envoyer une députation aux archives.

N.... Le préopinant paraît ne pas avoir compris l'esprit de la
proposition. Ce n'est pas à l'archiviste qu'on envoie une députation, c'est au dépôt sacré qui ne peut être déplacé sans être sous
la garde d'une commission de l'assemblée.

N.... Il n'est point question d'une députation ; je demande
qu'il soit décidé simplement que l'assemblée nommera des commissaires.

N.... Pour terminer tous ces inutiles débats, je pense que
comme l'acte constitutionnel ne peut arriver ici tout seul, il est
tout naturel de l'envoyer chercher.

M. Lacroix demande la parole contre cette proposition, et fait
de longs efforts pour l'obtenir.

L'assemblée ferme la discussion , et décrète que le président
nommera parmi les plus anciens d'âge , douze commissaires chargés d'apporter l'acte constitutionnel.

M. *Moulin.* Je pense qu'avant de nous occuper de rien de ce

qui concerne le serment individuel de maintenir la constitution,
nous devons renouveler au nom du peuple français, que nous représentons, le serment de vivre libres ou mourir. (On applaudit.)

A l'instant même tous les membres se lèvent, par un mouvement spontané, et prêtent, par une acclamation unanime, le serment de *vivre libres ou mourir*.

Les applaudissemens des tribunes se prolongent pendant plusieurs minutes.

MM. les commissaires, ayant le vice-président à leur tête, se
retirent pour aller chercher l'acte constitutionnel.

N.... Je demande que toute l'assemblée reste debout jusqu'à ce
que l'acte constitutionnel soit déposé sur le bureau.

N.... L'acte constitutionnel est l'étendard sous lequel nous devons marcher; le serment que nous allons prêter, sera le garant
de la fidélité avec laquelle nous devons maintenir la constitution.
Je demande que le serment que nous allons prêter; soit imprimé
en gros caractères, et placé au-dessus du bureau du président,
afin que chaque membre qui demandera désormais la parole;
ait sous les yeux ce serment qui lui représente constamment ses
devoirs.

N.... Il n'y a personne qui puisse l'oublier.

M. l'évêque du département de.... Pour ajouter à la solennité de
ce serment, je demande qu'il soit annoncé dans toute la ville,
d'une manière quelconque, au bruit du canon, par exemple; cela
cela ne sera peut-être pas de trop. (Il s'élève beaucoup de murmures.)

N.... Je rappelle à l'assemblée un trait de l'histoire des Athéniens. Tout le monde le connaît sans doute : après une défaite,
ils firent prêter à leurs soldats le serment de mourir ou de vaincre. Ces soldats furent fidèles à ce serment; on l'écrivit ensuite
sur les drapeaux, il y eut beaucoup de transfuges. Je demande
qu'on passe à l'ordre du jour.

M. Ducos. Plus la prestation du serment sera simple, plus cette
cérémonie sera sublime. Je demande la question préalable sur
toutes les motions nouvelles.

N.... L'assemblée a décidé que les vieillards qui sont dans son sein, iraient chercher l'acte constitutionnel; je demande que les plus jeunes aillent le recevoir. (On murmure.)

L'assemblée ferme la discussion, et passe à l'ordre du jour sur toutes les motions proposées.

M. le président. La loi du 17 juin porte que chaque membre montera à la tribune, et dira : *Je le jure.* On a proposé que la formule du serment fût prononcée en entier. Je vais mettre cette proposition aux voix.

N..... Avant que l'assemblée soit consultée, je me permettrai une observation déterminante : c'est qu'il y aurait entre le président et le membre qui dirait *je le jure*, un concours dans la prestation du serment; en sorte que ce serment ne serait plus individuel.

M. le président consulte l'assemblée, et prononce « que l'assemblée nationale déclare que, conformément à l'acte constitutionnel, le serment sera prêté individuellement et dans toute son étendue.

Plusieurs minutes se passent dans l'inaction.

Un huissier. Messieurs, j'annonce à l'assemblée nationale l'acte constitutionnel.

Les douze commissaires, escortés par les huissiers et par un détachement des gardes nationales et de la gendarmerie, entrent dans la salle au milieu des applaudissemens de l'assemblée et du public.

M. Camus, archiviste, porte l'acte constitutionnel.

Tous les membres restent levés et découverts.

N.... s'adressant aux spectateurs. Peuple français, citoyens de Paris, Français généreux, et vous, citoyennes vertueuses et savantes, qui apportez dans le sanctuaire des lois la plus douce influence, voici le gage de la paix que la législature vous prépare. Nous allons jurer sur ce dépôt de la volonté du peuple, de mourir libres et de défendre la constitution.... (Il s'élève des rumeurs qui étouffent la voix de l'orateur.)

M. Camus porte à la tribune l'acte constitutionnel.

M. Lacroix demande la parole et réitère sa demande au milieu de longs murmures.

N.... Lorsque le roi paraît dans le sein de l'assemblée, il est d'usage qu'on ne prenne aucune délibération. Je demande que tant que l'acte constitutionnel sera ici, on ne prenne aucune délibération. (On applaudit.)

M. le président. Nous allons passer à la prestation du serment. Je prie M. le vice-président de me remplacer un moment; je vais monter à la tribune pour prêter le serment.

La garde armée se retire.

M. Camus reste à la tribune, gardien de l'acte constitutionnel.

Tous les membres sont assis et découverts.

M. le président prête le serment, et successivement, tous les membres, appelés par l'ordre alphabétique des départemens, prononcent sur le livre constitutionnel la formule prescrite par la constitution.

L'appel est terminé.

M. Camus, archiviste, descend de la tribune, portant l'acte constitutionnel.

La même députation qui l'était allé chercher, l'entoure.

Toute l'assemblée se lève, et la députation sort au milieu des plus vifs applaudissemens.

M. le président. Il résulte de l'appel que 492 députés ont prêté serment. (On applaudit.) L'art. Ier de la sect. IV du chap. III de l'acte constitutionnel, nous indique maintenant ce que nous avons à faire. Le voici :

«Lorsque le corps-législatif est définitivement constitué, il envoie au roi une députation pour l'en instruire. Le roi peut chaque année faire l'ouverture de la session, et proposer les objets qu'il croit devoir être pris en considération pendant le cours de cette session, sans néanmoins que cette formalité puisse être considérée comme nécessaire à l'activité du corps-législatif.» C'est à l'assemblée à déterminer de combien de membres doit être composée la députation.

On enteud successivement dans diverses parties de la salle ces mots : 24, 12, 60 membres.

M. le président. On fait diverses propositions : la plus générale me paraît être celle qui tend à former la députation de 60 membres. (*Quelques voix s'élèvent* : Non, non.)

On demande que la priorité soit accordée à la proposition de 24 membres.

M. le président met aux voix la priorité. La première épreuve paraît douteuse. •

Après une seconde épreuve, l'assemblée décide que la priorité est accordée à la proposition de composer la députation de 60 membres. — Elle est mise aux voix et décrétée.

N.... Je demande que l'on décide maintenant de quelle manière la députation doit être formée.

M. le président. L'assemblée constituante était dans l'usage de faire nommer les députations par le président et les secrétaires.

N.... Il y a une loi qui porte que les députations seront formées de députés pris à tour de rôle dans les départemens, et suivant l'ordre alphabétique.

L'assemblée décide que suivant l'usage adopté par le corps constituant les députations seront nommées par le président et les secrétaires.

M. le président. Tandis que je vais m'occuper avec les secrétaires de composer la liste de la députation, M. Cérutti a la parole.

M. Cérutti. Quatre cent quatre-vingt-douze députés, la main appuyée sur l'évangile de la constitution, viennent de lui rendre l'hommage solennel de leur fidélité, maintenant il me paraît convenable d'offrir un juste sentiment de reconnaissance au corps constituant de qui nous tenons cet immortel ouvrage. (Toute l'assemblée et les tribunes applaudissent à plusieurs reprises.) Rien n'est plus commun que de jouir avec une ingratitude superbe du fruit des services rendus à l'État par quelques citoyens. On craint de paraître idolâtre des hommes revêtus de pouvoir ; mais lorsqu'ils n'en ont plus, il est beau d'honorer l'usage vertueux d'une puissance expirée. Lorsque pour la première fois nous sommes entrés dans cette enceinte, j'ai vu que le peuple portait des regards de vénération sur nos prédécesseurs dispersés dans les tribunes, et des regards d'espérance sur les législateurs nouveaux. Nous partageons le vœu général, et nous l'émettrons d'une manière précise en votant des remercimens à l'assemblée qui a représenté, sauvé et régénéré l'empire français. (L'assemblée et les tribunes applaudissent à plusieurs reprises.)

Plus il y avait de troubles et de factions, plus nous avons de grâces à rendre à l'élite qui les a si glorieusement combattus. Assiégée dans son enceinte, elle disperse l'armée qui l'entoure, plongée dans l'obscurité, elle en fait jaillir la lumière ; environnée de ruines, elle élève ce superbe édifice confié à nos soins. Quel sénat de Rome, quel parlement britannique, quel congrès américain a fait de si grandes choses en si peu de temps et avec si peu de forces? Trois années ont détruit quatorze siècles d'esclavage, et préparé des siècles de bonheur. Combien va s'agrandir le nom de ceux qui ont mis la main à ce superbe édifice! Prévenons, Messieurs, la justice des temps, et adoptons le décret dont je vais vous donner lecture.

« L'assemblée nationale législative, succédant à l'assemblée nationale constituante, et considérant que le plus grand bienfait possible était une constitution telle que la nôtre, a décrété des remercimens à tous les bons citoyens qui ont concouru et contribué dans l'assemblée nationale à la confection et à l'achèvement de la constitution française.

» L'assemblée nationale législative s'empresse dans le même temps de rendre un solennel hommage aux grands exemples de magnanimité qui ont éclaté dans le cours de l'assemblée nationale constituante, et qui resteront imprimés éternellement dans la mémoire du peuple français.»

L'assemblée et les tribunes recommencent leurs applaudissemens.

On demande à aller aux voix.

M. Chabot. Je demande la parole pour un amendement. Sans doute, nous devons de la reconnaissance au corps constituant ; mais peut-être n'est-il pas bien digne de dire que la constitution est la plus parfaite possible.....

sermens, après la funeste expérience qu'ils en ont faite? à qui pensent-ils en imposer encore par ce vain appareil et par ces inutiles formules plus souvent employées pour faire triompher l'imposture que pour consacrer la vérité? C'est dans les conspirations contre l'autorité légitime et contre la tranquillité publique, que les scélérats ont coutume de se lier par d'horribles juremens ; mais des législateurs assemblés pour rétablir l'ordre et l'union dans le royaume, n'ont pas besoin d'épouvanter les airs par leurs sermens; ils ne doivent pas se présenter à la nation sous l'aspect d'une troupe de conjurés. Toute la pompe, tout le spectacle dont il leur a plu d'accompagner cette frivole cérémonie, ne sert qu'à travestir le sanctuaire des lois en théâtre, et les députés en histrions. Un des plus superstitieux adorateurs de cette grande absurdité, qu'on appelle la constitution, a demandé que ce saint évangile fût tiré respectueusement des archives, apporté dévotement dans l'assemblée, et que chaque député, en prêtant son serment, eût la main étendue sur ce livre sacré...

» Les douze vieillards de l'Apocalypse sont partis pour leur sainte expédition, et ils n'ont pas tardé à revenir. Dès que l'huissier a annoncé l'arrivée de l'acte constitutionnel, tous les députés se sont levés en sursaut et d'un commun élan. Les vieillards sont entrés escortés d'une nombreuse troupe de gardes nationales et de gendarmes nationaux; au milieu paraissait le vénérable Camus, tenant en main l'acte constitutionnel : quelques dévots ont trouvé mauvais que cette arche de la nouvelle alliance fût entre les mains profanes de l'archiviste, et non pas dans celles des vieillards. En approchant de la tribune, l'un de ces vieux lévites s'est écrié : « Français ! citoyens ! voici l'acte constitutionnel que nous vous apportons ; voici le gage de la paix! Nous allons jurer de *mourir* libres (*dites donc de vivre*). Oui , de vivre libres ou de mourir, et de défendre la constitution au prix de...» Les applaudissemens ont étouffé la voix cassée de cet antique orateur. M. Camus a paru à la tribune, et on a crié à *l'ordre, M. l'archiviste.* Une voix a demandé que tous les hommes armés eussent à se retirer : que l'acte constitutionnel au sein de l'assemblée ne courait aucun risque, et n'avait pas besoin de défenseurs. Les hommes armés se sont retirés, mais l'intrépide Camus n'a point désemparé ; et, toujours ferme à la tribune, il n'a point abandonné le livre de la loi. Alors a commencé la cérémonie du serment. M. le président a monté le premier à la tribune, et là, étendant la main sur le nouvel évangile, toujours gardé par M. Camus, il a prononcé la formule. Ensuite un secrétaire a fait l'appel de tous les membres, qui, à mesure qu'on les nommait, montaient successivement à la tribune, et ne disaient pas simplement et en abrégé : *je le jure* ; mais, pour plus grande sûreté et pour éviter la perfidie des restrictions mentales, récitaient tout au long la formule avec la même pantomime et le même jeu de théâtre dont M. le président leur avait donné l'exemple. Malgré le recueillement et la dévotion des spectateurs, le costume étrange de deux députés bretons leur a causé quelques distractions, ainsi qu'un vaste cordon rouge dont un des jureurs a paru affublé. Mais parmi les orateurs de ce pieux opéra, celui qui a fait le plus de sensation est le sieur Brissot, lequel a été régalé d'applaudissemens outrés, et même ironiques : on supposait qu'il devait en coûter beaucoup à ce fameux républicain, de jurer fidélité au roi ; cependant il faut convenir que le sieur Brissot s'en est tiré d'assez bonne grâce : le plaisir de se voir, en dépit de l'envie, assis sur un des trônes nationaux, lui a fait avaler, sans grimace, la pillule du serment. »

Les journaux patriotes ou gardèrent le silence, ou s'exprimèrent avec aussi peu de ménagemens que Royou. Le peuple de Paris accueillit de la même manière cet hommage rendu à des législateurs dont il ne parlait plus qu'avec un sentiment de lassitude. Que pouvait signifier en effet une telle idolâtrie envers les constituans, aux yeux de ceux qui, la veille, les traitaient ainsi que Toulongeon le rapporte, t. 1. p. 211 : « Les choses étaient au point que les libelles les plus injurieux s'imprimaient et se débitaient publiquement à la porte même du lieu de nos séances. On mettait entre les mains des députés qui allaient prendre leur

place , un livret intitulé : *Rendez-nous nos dix-huit francs, et allez
vous faire f...* »

A la séance du serment, en succéda une si brusquement contradictoire , si révolutionnaire dans la forme , qu'il en résulta plutôt un étonnement général que de l'espérance pour les patriotes ,
et de la crainte pour les royalistes-constitutionnels. La question
sur laquelle l'assemblée porta un décret de premier mouvement,
n'était à l'ordre du jour ni dans les journaux , ni dans les sociétés
populaires ; personne n'y songeait. Cet acte imprévu répondait
à une provocation imprévue elle-même.

La députation chargée de prévenir Louis XVI que l'assemblée
était constituée, se présenta le 4 , à six heures du soir , au château des Tuileries. Le roi lui fit dire par le ministre de la justice qu'il la recevrait le lendemain à une heure. La députation
insista , et la réception ne fut retardée que de trois heures. La
forme selon laquelle l'audience avait été négociée , et la manière
dont elle se passa , donnèrent lieu aux déterminations suivantes :

SÉANCE DU 5 OCTOBRE.

M. le président. M. Ducastel va rendre compte à l'assemblée
de la députation qui s'est rendue hier chez le roi.

M. Ducastel. La députation que vous avez chargée d'aller chez
le roi , s'est rendue hier à six heures dans cette salle , et m'a
déféré l'honneur de la présider. Nous nous sommes occupés de
déterminer dans quels termes je parlerais au roi ; alors j'ai proposé de remplir purement et simplement l'objet de notre mission , et de lui adresser les paroles suivantes : « Sire , l'assemblée nationale législative est définitivement constituée : elle nous
a députés pour en instruire votre majesté. » Quelques membres
ont prétendu qu'il y avait dans ce peu de paroles trop de séche-
resse et pas assez de dignité ; d'autres ont dit qu'en ajoutant autre
chose, il serait possible de blesser , soit la dignité nationale, soit
la dignité royale : en conséquence, les termes que je viens de
vous rapporter ont été adoptés. M. le ministre de la justice est
venu nous annoncer que le roi ne pourrait nous recevoir qu'au-

jourd'hui à une heure. Nous avons pensé que le salut de la chose publique exigeait que nous fussions admis sur-le-champ, et nous avons insisté. M. le ministre de la justice est retourné par-devers le roi, et est revenu nous dire que nous serions reçus à neuf heures. Nous y sommes allés. Environ à quatre pas du roi, je l'ai salué, et j'ai prononcé le peu de mots que je viens de vous rapporter. Le roi m'a demandé le nom de mes collègues, je lui ai répondu que je ne les connaissais pas. Nous allions sortir, lorsqu'il nous a arrêtés, en nous disant cordialement : « Je ne pourrai vous voir que vendredi. » Je n'ai pas cru devoir répondre au roi; nous l'avons salué de nouveau, et, revenus ici, nous nous sommes séparés fraternellement. (On applaudit.)

N...... Le corps constituant a décrété que l'assemblée nationale communiquerait directement avec le roi; cependant vous avez entendu, par le récit que vient de faire M. Ducastel, que c'était par le ministre de la justice que le roi avait été prévenu de votre députation. Je demande que la loi soit exécutée à la lettre.

N...... Et moi je demande que l'assemblée décrète qu'on ne se servira plus, dans le sein du corps-législatif, de ce titre *votre majesté* (cinq à six membres applaudissent) : le seul titre de Louis XVI est *roi des Français.*

N...... Je propose d'entendre la lecture d'un projet de décret:

« L'assemblée nationale, considérant que le code de l'étiquette ne peut convenir à un peuple libre, décrète que le corps-législatif, malgré l'évidence de la prééminence de ses droits, traitera d'égal à égal avec le pouvoir exécutif: il pourra y envoyer à toute heure des députations, et que le roi pourra se rendre à l'assemblée nationale toutes les fois qu'il le jugera convenable. »

On demande à discuter d'abord la première proposition.

N...... Puisque la loi est rendue, elle est comprise dans le serment que nous avons prêté de faire exécuter la constitution. Ainsi, je demande la question préalable sur la proposition qui

vient d'être faite, avec la mention au procès-verbal des motifs
qui auront fait adopter cette question préalable.

` N...... Il est impossible d'adopter la question préalable sur
la proposition de faire exécuter une loi rendue.

Plusieurs membres demandent l'ordre du jour, avec la mention au procès-verbal des réclamations faites pour l'exécution de
la loi.

Cette dernière proposition est adoptée.

M. Becquet. Le roi doit se rendre à l'assemblée vendredi : je
demande que la délibération s'établisse sur la manière dont il
sera reçu. (On murmure.) Cet objet est plus essentiel qu'on ne
pense. La délibération que je propose est un objet de régime intérieur que la constitution vous donne le droit d'établir. Je demande que vous ne soyez pas debout et assis, quand il plaira au
roi de se tenir debout et assis. (On applaudit.)

M. Couthon. L'assemblée qui nous a précédés, a décidé que,
quant à l'étiquette, la conduite du roi lui servirait de règle,
comme si, en présence du premier fonctionnaire du peuple, les
représentans de ce peuple se transformaient tout à coup en automates qui ne peuvent se mouvoir que par sa volonté. (On applaudit.) Elle a décidé qu'il lui serait apporté un beau fauteuil
d'or, comme si celui du président était indigne de lui. La dernière fois qu'il s'est rendu ici, n'a-t-on pas entendu M. le président se servir, en lui parlant, de mots proscrits; l'appeler *votre
majesté*, comme s'il y en avait une autre que celle de la loi et du
peuple ; l'appeler *sire*, ce qui, dans le vieux style, signifie *mon-
seigneur*. Je demande que le cérémonial soit réglé dans cette
séance, et je propose de décréter que, lorsque le roi entrera
dans la salle, les membres de cette assemblée seront debout et
découverts; qu'au moment où il arrivera au bureau, ils aient,
comme lui, la faculté de s'asseoir et de se couvrir. Nous devons
éviter aussi le spectacle d'un fauteuil scandaleux, et espérer que
le roi s'honorera de s'asseoir sur le fauteuil du président des représentans d'un grand peuple, et qu'enfin il ne puisse prendre
d'autre titre que celui de roi des Français. Si ma proposition est

appuyée, je prie M. le président de la mettre aux voix. (On entend dans toutes les parties de la salle ces mots : *Oui, oui, elle est appuyée.*)

Quelques membres demandent la question préalable.

N...... Je demande que les deux fauteuils soient placés sur la même ligne vis-à-vis le bureau.

M. Goupilleau, député par le département de la Vendée. J'avoue qu'à la dernière séance du corps constituant, j'ai été révolté de voir le président se fatiguer par une inclination profonde devant le roi.

M. Chabot. Le peuple qui vous a envoyés, ne vous a pas chargés de porter plus loin la révolution ; mais il espère que vous ne rétrograderez pas ; il espère que, représentans de sa dignité, vous la ferez respecter ; que vous ne souffrirez pas, par exemple, que le roi vous dise : « Je viendrai à trois heures. » Comme si vous ne pouviez pas lever la séance sans l'attendre.

N.... Il n'y a rien de si désirable pour tous les bons citoyens, que l'harmonie entre les deux pouvoirs. (On applaudit dans toutes les parties de la salle.) Il ne faut pas souffrir que l'un domine sur l'autre. Le roi, en s'accoutumant à régler les mouvemens de vos corps, pourrait bientôt espérer de régler les mouvemens de vos ames. Il faut donc déterminer les formes invariables d'après lesquelles vous communiquerez avec lui. Tout ce que la dignité du corps-législatif peut accorder s'arrête là où commencent les marques d'esclavage. J'adopte donc la plupart des propositions qui viennent d'être faites par l'un des préopinans. Quant à la distinction des fauteuils, j'aime à croire que le peuple sentira que le simple fauteuil du président mérite autant de vénération que le fauteuil d'or. (On applaudit.)

On demande que ces propositions soient solennellement discutées à huit jours d'intervalle, suivant les formes prescrites par la constitution.

La discussion est fermée.

On demande à aller aux voix sur chacune des propositions séparément.

M. Souton récapitule les diverses propositions, et en fait autant d'articles séparés; il propose d'aller aux voix sur l'article suivant :

« Au moment où le roi entrera dans l'assemblée, tous les membres se tiendront debout et découverts. »

Cet article est adopté.

M. Souton lit l'article II.

« Le roi arrivé au bureau, chacun des membres pourra s'asseoir et se couvrir. »

M. Garran-Coulon. Cet article tendrait à établir une sorte de confusion dans l'assemblée, et cette aisance donnerait occasion aux uns de montrer de l'idolâtrie, et aux autres de la fierté. (Une voix s'élève : *Tant mieux; s'il y a des flatteurs, il faut les connaître.*) Je demande qu'on décide précisément que, lorsque le roi sera au bureau, tous les membres seront assis, et qu'il sera libre à chacun de se couvrir.

M. le président met aux voix l'article II.

L'épreuve paraît douteuse à quelques membres.

D'une part, on demande qu'il soit fait une seconde épreuve; de l'autre, que l'assemblée soit seulement consultée pour savoir s'il y a du doute. — Les débats sur ces deux propositions sont assez longs. — M. le président veut faire une seconde épreuve.

M. Lacroix. Il n'y a pas de doute; mais comme quelques membres du côté droit réclament....

Tous les députés placés à la droite du président, et beaucoup d'autres placés dans diverses parties de la salle, se lèvent en demandant à grands cris que M. Lacroix soit rappelé à l'ordre.

M. Lacroix va se placer au milieu de la partie droite de la salle, et sollicite la parole. — Les cris redoublent : *A l'ordre ! à l'ordre !*

M. le président se couvre.

On fait silence.

M. le président. M. Lacroix, au nom de l'assemblée, je vous rappelle à l'ordre pour avoir oublié les égards que vous devez à une partie de ses membres. (On applaudit.)

M. le président se découvre.

M. Lacroix. Maintenant que j'ai subi la peine, l'assemblée me permettra-t-elle de me justifier?

L'assemblée décide que M. Lacroix sera entendu.

M. Lacroix. En parlant du côté droit, je n'ai pas entendu comparer les membres qui y sont aujourd'hui à ceux qui y siégeaient dans le corps constituant. La preuve, c'est que je ne connais dans cette partie de la salle que six de mes collègues, les meilleurs citoyens du département.

L'assemblée décide qu'il ne sera pas fait mention au procès-verbal que M. Lacroix ait été rappelé à l'ordre.

M. le président consulte l'assemblée pour savoir s'il y a eu du doute sur la première épreuve.

L'assemblée décide qu'il n'y avait pas de doute, et que l'article II est adopté.

Les articles suivans sont successivement lus et décrétés.

III. Il y aura au bureau et sur la même ligne deux fauteuils semblables; celui placé à la gauche du président sera destiné pour le roi.

IV. Dans le cas où le président ou tout autre membre de l'assemblée aurait été chargé préalablement par l'assemblée d'adresser la parole au roi, il ne lui donnera, conformément à la constitution, d'autre titre que celui de roi des Français, et il en sera de même dans les députations qui pourront être envoyées au roi.

V. Lorsque le roi se retirera de l'assemblée, les membres seront, comme à son arrivée, debout et découverts.

VI. Enfin, la députation qui recevra et qui reconduira le roi, sera composée de douze membres.]

L'assemblée avait adopté à une grande majorité ce moyen de rendre à Louis XVI impolitesse pour impolitesse; mais l'éclat et la promptitude qu'elle mit à se venger ne profitèrent qu'à la popularité naissante de Couthon. Le lendemain, l'assemblée revint sur sa décision de la veille, à la suite d'intrigues que nous exposerons après avoir transcrit la séance elle-même où fut annulé le décret du 5.

SÉANCE DU 6 OCTOBRE.

Un de MM. les secrétaires fait lecture du procès-verbal de la séance de la veille.

M. Vosgien. Ce n'est point contre le décret rendu hier à l'occasion du cérémonial qui doit être observé, lorsque le roi paraîtra dans l'assemblée, que je demande la parole, c'est pour relever l'erreur qui l'a fait regarder comme un acte de police intérieure.

Le roi des Français devait venir demain proposer des objets d'utilité générale à l'attention de l'assemblée; c'était en même temps un acte de zèle et un nouvel acquiescement à la constitution, et par conséquent cela était utile à recueillir. Le fanatisme de la liberté devient une dégradation du caractère de représentant de la nation.

On s'est trompé lorsqu'on a considéré le décret rendu hier comme un acte de police. La police de l'assemblée ne se rapporte qu'au service mécanique; mais les relations entre le corps-législatif et le roi tiennent à des actes législatifs qui doivent être soumis à la sanction du roi, et cela est si vrai, que la constitution a fait de cet article un chapitre particulier.

Qu'est-il résulté du décret d'hier? une perte considérable dans les actions, une nouvelle espérance des ennemis du bien public. Qui doute que l'adhésion du roi ne soit un des plus fermes appuis de la constitution, ou du moins, qu'elle n'épargne de grands maux? et croyez-vous que les malveillans ne lui représentent pas avec adresse qu'il se verra sans cesse ballotté par les opinions divergentes de chaque législature, et que cela ne relâche les liens qui attachent le roi à la constitution? Il est temps de jeter l'ancre; offrons dans les traits de notre enfance les signes heureux de la prospérité publique.

Le décret n'est point urgent, vous ne l'avez pas déclaré tel; ainsi, il n'y a nul inconvénient à conserver le cérémonial de l'assemblée nationale constituante, et c'est à quoi je conclus.

M. Bazire. Je demande qu'on n'accorde la parole que sur la rédaction dn procès-verbal, et qu'on s'oppose à toute discussion qui tendrait à la réformation du décret rendu hier.

N..... Le membre qui a demandé la parole sur la rédaction du procès-verbal a fait entendre que notre décret d'hier pouvait jeter de la défaveur sur la majesté du trône ; je pense, au contraire, qu'il ajoute à sa dignité, puisqu'il efface les dernières traces d'un régime despotique, et donne au roi le nom qui lui est solennellement déféré dans l'acte constitutionnel, chef-d'œuvre auquel il a eu le bonheur de contribuer. Je demande la question préalable sur toutes les propositions qui tendraient à réformer un décret rendu à la presque unanimité.

M. Robecourt. La première chose qui se présente à ma pensée, c'est que c'est ici que j'ai juré de ne pas souffrir qu'il soit porté atteinte à la constitution, et je crois que le décret rendu hier en est une violation. Il est impossible de le ranger dans la classe des dispositions de régime intérieur, puisqu'il détermine les relations du corps-législatif avec le roi, déjà réglées par l'acte constitutionnel. Je soutiens qu'en principe vous ne pouvez pas faire de loi obligatoire pour le roi sans sa participation. Comme vous, il est représentant du peuple, et quand il vient ici, c'est toujours revêtu de ce caractère auguste. Je demande, en me résumant, que le décret rendu hier soit regardé comme simple projet ; que, suivant la constitution, il en soit fait lecture aux époques légales, et que le cérémonial déterminé par l'assemblée constituante soit provisoirement conservé.

M. Vergniaud. On paraît d'accord que si le décret est de police intérieure, il est exécutable sur-le-champ : or, il est évident pour moi que le décret est de police intérieure ; car il n'y a pas de relation d'autorité du corps-législatif avec le roi, mais de simples égards qu'on réclame en faveur de la dignité royale. Si ce décret pouvait être regardé comme législatif, et par la même soumis à la sanction, il faudrait en conclure que lorsqu'il s'agit d'envoyer au roi une députation, par exemple, il faudrait porter à la sanction du roi la disposition relative au nombre des membres dont elle devrait être composée. Je ne sais pourquoi on paraît désirer

le rétablissement de ces mots : *Votre majesté*, *sire*, qui nous rappellent la féodalité. (Quelques membres de l'assemblée et les tribunes applaudissent. — *Une voix s'élève* : Silence aux tribunes!)
Il doit s'honorer du titre de roi des Français. (Les tribunes recommencent leurs applaudissemens.)

La même voix. Je vous prie, M. le président, d'imposer silence aux tribunes.

M. Garan-Coulon. Vous n'en avez pas le droit, M. le président.

M. Vergniaud. Je demande si le roi vous a demandé un
décret pour régler le cérémonial de sa maison, lorsqu'il reçoit
vos députations? Cependant, pour dire franchement mon avis, je
pense que si le roi, par égard pour l'assemblée, se tient debout
et découvert, l'assemblée, par égard pour le roi, doit se tenir
debout e t découverte.

Plusieurs membres se lèvent et demandent qu'on passe à l'ordre
du jour.

Les cris de l'ordre du jour se prolongent pendant quelques
minutes.

M. le président. On demande à passer à l'ordre du jour. Je vais
consulter l'assemblée.

Quelques voix. Oui, oui, consultez l'assemblée.

M. Bazire. Il ne faut pas perdre notre temps à défaire le lendemain ce que nous avons fait la veille.

Les mêmes voix. Consultez l'assemblée, M. le président.

N..... Je demande la parole sur la motion de l'ordre du jour.

On demande que la discussion soit fermée sur cette motion.

Les mêmes voix. A l'ordre du jour!

N.... M. l'abbé Fauchet, que je vois siégeant au milieu de
nous, n'a pas prêté son serment.

M. Fauchet, évêque du département du Calvados, s'approche
de la tribune.

N..... Nous sommes ici envoyés pour faire des lois, mais il
faut les bien faire..... (*Les mêmes voix* : L'ordre du jour!) Le dé-

cret que nous avons rendu avait besoin d'un peu plus de méditation..... (*Les mêmes voix* : L'ordre du jour !)

M. Gorguereau. Il faut que l'assemblée sache bien ce qu'on entend par l'ordre du jour, et que l'on opine en connaissance de
cause. On a demandé que le décret rendu fût rangé dans la classe
des décrets législatifs ; si c'est sur cette proposition qu'on demande l'ordre du jour, il faut le déterminer précisément.

M. l'évêque du département de..... J'ai fait serment de ne rien
consentir de contraire à la constitution. (*Les mêmes voix* : A
l'ordre du jour.)

La délibération est troublée pendant plusieurs minutes par ces
cris : *A l'ordre du jour !* — Un grand nombre de membres parlent à la fois.

M. Hérault-Sechelles, député de Paris. Il était de règle dans le
corps constituant que l'on n'était pas lié par un décret rendu
la veille, quand le procès-verbal n'était pas clos. J'en pourrais
citer mille exemples. Je n'agiterai point la question de savoir si le
décret que nous avons rendu est de police intérieure, ou s'il
est législatif ; je proposerai une motion nouvelle...

M. Chabot. L'ordre du jour !

M. Hérault-Sechelles. Je demande que le décret rendu soit retiré dès à présent. (*Nouveaux cris* : L'ordre du jour !) Il est contradictoire à une loi antérieure. (*Quelques voix* : Vous n'avez pas
la parole ; vous parlez sur le fond.) Hier, l'assemblée n'a pas
fait.....

M. Chabot. L'ordre du jour !

Les murmures et les cris empêchent M. Hérault-Sechelles de
continuer son opinion.

N.... M. le président, une partie de l'assemblée demande
qu'on passe à l'ordre du jour ; mettez cette proposition aux
voix.

Une voix s'élève. Il y a une demi-heure que nous crions.

M. le président. Une partie de l'assemblée désire que la discussion soit continuée ; l'autre, qu'elle soit fermée : je vais consulter
l'assemblée.

62 ASSEMBLÉE LÉGISLATIVE.

L'assemblée décide à une grande majorité que la discussion sera continuée.

M. Champion, député du Jura. Les événemens heureux de notre constitution ont répandu l'allégresse sur toute la surface de l'Empire. C'est à nous qu'il est réservé de cimenter l'heureuse alliance du corps législatif et du roi, commencée par nos prédécesseurs avec tant de succès. Le décret que nous avons rendu hier, peut avoir des effets contraires, extrêmement dangereux pour la sûreté publique, la confiance et la prospérité du commerce. Je suis moins alarmé sur le décret en lui-même, qui n'a rapport qu'à des objets puérils, que sur cette vivacité effrayante avec laquelle il a été rendu. Je ne partage point les sollicitudes de ceux qui craignent l'idolâtrie du peuple pour un fauteuil d'or ; mais ce que je crains pour notre situation politique, c'est qu'on ne nous suppose l'intention d'établir une lutte avec le pouvoir exécutif, lutte infiniment dangereuse, et qui tournerait toujours au détriment de la constitution, de quelque côté que fût la victoire. Au milieu du délabrement de nos finances, pouvons-nous employer nos premières séances à de si puérils débats, surtout lorsqu'il n'y a pas dix jours que le corps constituant a statué sur les objets soumis à notre discussion? Avez-vous remarqué quelle contradiction il y a entre les remercîmens que nous lui avons votés, et l'empressement que nous mettons à réformer son ouvrage?

On ne veut pas des mots de *sire*, de *majesté*; on ne veut pas même qu'il soit donné au roi des applaudissemens, comme s'il était possible d'interdire au peuple les marques de sa reconnaissance, lorsque le roi l'aura méritée. Il n'y avait, nous a-t-on dit, que flagornerie dans les discours des présidens du corps constituant. Ne nous déshonorons pas, Messieurs, par une ingratitude coupable. Les fondateurs de la liberté n'ont pas été des esclaves; avant de fixer les prérogatives du trône ils ont établi les droits du peuple. C'est la nation qui est honorée dans la personne de son représentant héréditaire. (On murmure. — M. Chabot demande l'ordre du jour.) C'est elle qui, après avoir créé la royauté l'a revêtue d'un éclat qui remonte à sa source et rejaillit sur elle. Est-ce lorsque les émigrations se multiplient qu'il faut s'occuper de la forme d'un fauteuil? Le but de nos opérations doit être le bonheur de nos concitoyens; le décret que nous avons rendu peut y porter atteinte : je demande donc qu'il soit rapporté, que le cérémonial décrété par le corps constituant, soit provisoirement observé, et que la discussion sur cet objet soit ajournée à deux mois.

M. Chabot. Je demande l'ordre du jour.

M. Lequinio, député du Morbihan. Il est absurde que le représentant du souverain se serve de ces mots : *Votre majesté*, en parlant au premier fonctionnaire public; je me borne donc à demander qu'en supprimant ce titre, nous nous conformions d'ailleurs au décret rendu par nos prédécesseurs.

M. Reboul. La constitution porte que le corps législatif aura le droit de police dans ses lieux de séances. C'est conformément à cette loi, que les décrets rendus pour le cérémonial, par l'assemblée à laquelle nous succédons, dans un moment où elle n'avait plus le pouvoir constituant, ont été exécutés sans avoir besoin de sanction. Or, le décret que nous avons rendu ne concerne rien qui n'ait rapport au régime intérieur de notre assemblée; donc il est légal, donc il n'est point soumis à la sanction, donc il est exécutable sur le champ. On nous a dit qu'il pouvait avoir des effets funestes, et que déjà les actions avaient baissé. Nous sommes dans une ville où toutes les intrigues nous attaqueront; nous en sommes prévenus d'avance. Le décret du corps constituant sur le cérémonial, avait été principalement influencé par la crainte où l'on était, que le roi ne fût insulté par les ennemis reconnus de la constitution. Quant à nous, qui sommes tous dirigés par des vues de bien public, nous nous prêterons aux circonstances, et si le roi se tient debout, nous nous y tiendrons aussi. Quant au titre qui doit lui être donné, la constitution ne lui en avait affecté aucun, et celui que nous lui avons déféré est le plus honorable. La chose publique nous appelle à l'ordre des finances, passons-y; mais ne révoquons pas un décret rendu

la veille, si nous ne voulons pas nous exposer à discuter tous les
jours la même chose.

N. Evêque... Je dois dire que le décret rendu hier était
attendu avec impatience par les ennemis de la constitution, et
qu'il a fait toute leur joie.

N.... On a eu raison d'observer que lorsque l'assemblée constituante a eu rendu son décret sur le cérémonial ; ses pouvoirs
n'étaient pas alors plus étendus que les nôtres. Je demande donc
qu'on passe à des objets plus importans, que nous examinions
dans quel état nous prenons le royaume, pour que l'on sache
dans quel état nous le rendons.

M. Ducastel, député par le département de la Seine-Inférieure.
Je prie l'assemblée de m'écouter, sinon avec indulgence
du moins avec impartialité. Il y a trois points à examiner dans
le décret rendu hier : de quelle manière le roi sera admis dans
l'assemblée, comment vous lui ferez des députations, comment
vous le qualifierez ; ou ce décret est législatif, ou il est de police
intérieure. S'il est législatif, ou il est urgent, ou il n'est pas
urgent. S'il est urgent, il est irrévocable, parce qu'il n'a pu être
provoqué que par les circonstances ; s'il n'est pas urgent, il n'a
pas été rendu selon les·formes constitutionnelles. Si le décret
est de police intérieure, comme vous avez été libres de le faire,
vous êtes libre de le rapporter suivant que les circonstances sont
plus ou moins convenables. Je reprends ma division ; le décret
est-il législatif? Oui ; je m'explique, je sais que l'assemblée a le
droit de sa police intérieure, qu'elle ne sort pas de ses limites
en décrétant que le *souverain* sera reçu de la manière....

Un grand nombre de députés se lèvent et demandent à grands
cris que M. Ducastel soit rappelé à l'ordre. — L'agitation est
très-vive. — M. Ducastel veut parler. — *Les cris recommencent
avec plus de violence :* A l'ordre ! à l'ordre !

M. Lacroix. M. Ducastel a manqué à la constitution en prononçant un mot réprouvé par elle ; je demande cependant qu'il soit
entendu, et qu'ensuite l'assemblée soit consultée pour savoir s'il
sera appelé à l'ordre, parce que M. le président a lui-même

manqué à l'ordre en m'y rappelant sans avoir pris le vœu de l'assemblée.

M. Ducastel. L'axiome de l'ancien régime m'a égaré ; je me suis servi d'une expression inconstitutionnelle ; je la révoque ; je me mets moi-même à l'ordre, et je demande à mes collègues l'indulgence que nous nous devons réciproquement. Je déclare que dans toute cette discussion, je ne suis que l'impulsion de ma conscience, et que s'il y a des partis, j'y suis étranger. Je reprends la discussion. — Ou le décret est législatif, ou il est du régime intérieur ; sous un point de vue, il peut paraître législatif, puisqu'il règle le rapport entre les deux pouvoirs.

Mais quand le décret serait juste, il est impolitique, car il tend à faire croire qu'il n'y a point d'union entre les deux pouvoirs. Vous avez bien le droit de faire votre police intérieure ; mais le *souverain*, le roi, veux-je dire, peut bien de son côté, ne pas l'admettre ; qu'en résultera-t-il ? Que vous l'écarterez de cette assemblée en prescrivant des formes qui ne lui plairont pas. Il peut croire sa dignité blessée, et il faut qu'il donne son adhésion aux rapports établis entre le corps législatif et lui. (On murmure.) Puisque le pouvoir législatif réside dans le corps législatif et le roi... (On demande de nouveau que M. Ducastel soit rappelé à l'ordre).

M. le président. Je vous rappelle aux principes de la constitution, et je vous observe que vous appliquez au roi des choses qui n'appartiennent qu'au peuple. (*Une voix s'élève :* Vous avez tort, monsieur le président.) Je n'ai point mis M. Ducastel à l'ordre, mais je l'ai rappelé aux principes de la constitution, dont nous sommes les dépositaires et les organes.

M. Brûche. C'est faute de faire attention à la différence qu'il y a entre le corps législatif et le pouvoir exécutif, que M. le président a rappelé M. Ducastel à l'ordre. (Plusieurs anciens membres de l'assemblée nationale constituante, placés à la partie gauche de la salle, applaudissent.) Le pouvoir législatif est composé du corps législatif et du roi.

On demande que la discussion soit continuée.

L'assemblée décide que la discussion sera continuée, et qu'il n'y a pas lieu à délibérer sur l'incident.

M. Ducastel. Ce décret blesse toutes les convenances et peut faire perdre à la nation son crédit. Je ne dis pas cependant que vous n'êtes pas dans la constitution, je pense au contraire que vous ne vous en écartez point ; mais il n'est point vrai que l'on ne pourra pas vous soupçonner des dispositions mauvaises contre la personne du roi. (*On murmure.*) Vous ne pouvez pas empêcher la prévention publique. Il n'y aura jamais d'ordre, tant qu'on pensera qu'il n'y a point d'intelligence entre le corps-législatif et le roi. Ceux qui ont proposé le décret n'en ont point senti l'inconséquence. Je demande donc comme plusieurs des préopinans que le décret rendu par l'assemblée constituante soit provisoirement exécuté, et que celui rendu soit ajourné comme important.

On demande que la discussion soit fermée.

M. le président met cette proposition aux voix.

L'assemblée décide que la discussion est fermée.

Plusieurs membres demandent qu'on aille aux voix sur la proposition de rapporter le décret rendu hier.

M. le président. Je mets aux voix la proposition faite de rapporter le décret.

M. Girardin. Je demande la question préalable sur cette proposition.

Plusieurs membres insistent sur la question préalable.

M. Dubaillet, placé dans la partie gauche de la salle. Vous ne regardez jamais par ici, monsieur le président. Je demande que la première question qui sera mise aux voix soit celle de savoir si le décret rendu hier est de police intérieure ou s'il n'en est pas.

M. le président. Le décret rendu hier sera-t-il maintenu ou bien sera-t-il rapporté?.... (*Plusieurs voix :* Ce n'est pas cela, monsieur le président, la question préalable.) Je mets aux voix...

Les cris prolongés de *la question préalable* empêchent de commencer la delibération.

M. Ducos, député de la Gironde. Il est bon que vous sachiez, monsieur le président, que depuis une demi-heure on demande la question préalable.

M. le président. Que ceux qui veulent que le décret rendu hier.....

Les cris redoublent : *la question préalable.*

M. le président. Je vais consulter l'assemblée pour savoir si je pose bien la question.

N.... Je rappelle à l'assemblée la dignité dont elle ne doit jamais s'écarter ; vous voulez prendre une attitude imposante avec le roi, et vous ne savez pas être calmes dans votre enceinte.

M. le président. Je mets aux voix le maintien ou la révocation du décret.

Le tumulte recommence. — La salle retentit pendant plusieurs minutes de ces mots : *La question préalable, l'ordre du jour.*

M. le président. J'ai posé la question de la manière qui m'a paru la plus juste. Si l'assemblée veut aller aux voix sur une autre question, je vais la consulter.

N.... Êtes-vous sourd, monsieur le président ? La question préalable.

M. le président. La manière dont j'avais posé la question était celle-ci.... (Les cris de la question préalable recommencent.) On a fait la motion de rapporter le décret rendu hier. Sur cette motion la question préalable a été demandée, je la mets aux voix.

L'assemblée décide à une très-grande majorité qu'il y a lieu à délibérer sur la motion de rapporter le décret rendu dans la séance d'hier.

M. Bazire. Attendu qu'il y a une foule d'étrangers dans la salle, je demande l'appel nominal.

M. le président. Je mets maintenant aux voix la question principale.

M. Chabot. L'appel nominal, il y a des étrangers.

N.... Où sont-ils ? indiquez-les.

M. le président. Que ceux qui sont d'avis que le décret rendu hier soit *rapporté, se lèvent.*

L'assemblée décide à une très-grande majorité que le décret sera rapporté.

Les anciens membres de l'assemblée nationale constituante applaudissent.

M. Bazire. Je demande maintenant qu'on ajourne à huitaine la discussion sur le décret.

L'assemblée décide qu'il n'y a pas lieu à délibérer sur l'ajournement à huitaine.

M. Bazire. En ce cas, je demande l'ajournement pur et simple.

L'ajournement pur et simple est mis aux voix et décrété.]

Dans l'intervalle des deux séances, les constituans mirent en œuvre toute la tactique parlementaire pour obtenir que l'assemblée rapportât le décret sur le cérémonial. Le discours suivant, prononcé le 7 octobre au club des Jacobins, donne là-dessus des renseignemens positifs.

M. Ballet. Ce qui s'est passé hier dans le sein de l'assemblée nationale, Messieurs, ce qui s'y est passé aujourd'hui, doit fixer l'attention des bons citoyens, soit par rapport aux causes qui ont produit ces événemens, soit par rapport aux conséquences qu'ils peuvent avoir.

Je ne vous parlerai pas des divers décrets qui ont été rendus ; qu'ils soient plus ou moins conformes à la sagesse, ils n'en méritent pas moins notre respect. La seule chose à observer à leur égard, c'est qu'il s'est fait, pendant la nuit, un travail considérable pour obtenir la révocation du premier. Nous avons vu des membres de l'ancienne législature mêlés parmi nous, au moyen de la disposition de la salle, intriguer auprès d'un grand nombre d'entre nous ; plusieurs, aussitôt après la rédaction du décret, se sont répandus dans les groupes du Palais-Royal, où ils semaient les alarmes les plus vives sur les suites funestes que ce décret devait avoir. Le mécontentement du roi pouvait le déterminer à s'éloigner ; les craintes de mésintelligence entre les pouvoirs législatif et exécutif devaient semer des alarmes, diminuer la confiance, faire hausser le prix de l'argent, et baisser les fonds *publics.* Tels étaient les discours avec lesquels on échauffait les groupes, telles furent les insinuations qu'on tâcha de faire pénétrer plus adroitement parmi ceux de nous que l'on croyait bon de gagner.

Une preuve que ce travail avait eu lieu, c'est que tous les députés qui ont parlé contre les décrets, avaient des discours écrits.

A mon arrivée dans la salle, je me plaçai par hasard parmi des députés qui s'entretenaient des moyens d'obtenir la révocation. Je leur dis que le décret ayant été rendu à la presque unanimité, il paraissait impossible d'y compter. Nous sommes sûrs de la majorité, répondirent-ils. Alors je quittai la place, et allai en prendre une autre, où la même aventure m'arriva. Je me réfugiai dans cette partie de la salle qui fut si long-temps le sanctuaire du patriotisme; mais, ne sachant plus à qui me confier, je n'ouvris pas la bouche.

Il est bon que vous sachiez, Messieurs, que ces mêmes membres qui ont sollicité et arraché la révocation du décret, sont aujourd'hui les premiers à se moquer de cette versatilité. Ils arguent de ce premier acte de faiblesse, qu'il est clair que l'assemblée nationale ne sera capable de rien; ils veulent tâcher, en jetant du ridicule sur la législature, de conserver et d'attirer sur eux le reste de considération que leur avaient fait justement perdre leurs dernières transactions.

D'où cela est-il venu, Messieurs? C'est qu'aucun des membres patriotes de la législature ne se connaissent. Vous leur avez, il est vrai, proposé de se réunir dans votre salle; mais cela ne suffit pas : il serait bon que la liste en fût imprimée avec leur demeure, et le nom de leur département, afin que dans un moment de crise, et où il serait nécessaire de nous voir, de nous rallier, nous en eussions au moins la possibilité.

Vous avez même dans votre sein des ennemis : plusieurs membres des sociétés vos affiliées se sont présentés ici avec leur diplôme d'affiliation ; mais ils ne se sont pas fait recevoir. Ils sont entrés ici pour examiner votre contenance, sonder votre influence, afin d'être à même ensuite de se décider pour le parti qui paraîtra devoir être le plus puissant. (*Journal du Club*, n° LXXIII.)

On voit que les ex-constituans, n'ayant pu établir en droit le système des deux chambres, avaient trouvé le moyen de le réaliser en fait. Ils s'étaient préparé, dans le lieu des séances de la nouvelle assemblée, des tribunes qui leur étaient exclusivement réservées, et d'où ils pouvaient communiquer avec leurs successeurs pour éclairer, guider ou gouverner leur inexpérience. Ces tribunes privilégiées furent l'objet d'attaques très vives de la part des journaux et des clubs. Le *Moniteur* lui-même renferme à ce sujet des réflexions d'une sévérité peu ordinaire à la gazette officielle. En voici quelques extraits :

[Deux tribunes particulières ont été préparées dans le sein de l'assemblée législative pour les membres de l'assemblée constituante. Il s'élève à ce sujet plusieurs questions que nous mettons à l'ordre du jour, faute de mieux.

La première est celle-ci : Qui a donné cet ordre? Est-ce la nouvelle assemblée? où est le décret? Est-ce l'ancienne? où est le droit? Est-ce une des vingt mille et tant de décisions secrètes du comité de constitution? qui l'a signée?

Cette nouveauté est-elle de l'ordonnance de M. Guillotin? Le comité de salubrité prétend qu'elle n'est nullement propre à purifier l'atmosphère.

Qui donc a donné cet ordre? Ce n'est pas le pouvoir législatif, encore moins le pouvoir exécutif. Ne serait-ce pas le pouvoir intrigant?

On a tant de peine à se résigner au néant! Ces décrets sont si sauvages! De grands et de petits personnages ne peuvent plus êtres ni ministres ni représentans en titre. Eh bien! il faut redevenir l'un et l'autre *incognito*. On s'arrange pour avoir un tabouret dans le conseil intime, et une banquette dans le corps-législatif; on garde la voix consultative *in utroque*; on se flatte ainsi de gouverner l'un et de dominer l'autre. Du haut de la nouvelle tribune, comme d'un observatoire, on donnera les signaux au parti qu'on aura déjà su se faire dans l'assemblée, c'est-à-dire au parti ministériel ; on commandera les manœuvres savantes de la tactique délibérative ; on soufflera à celui-ci un amendement, à celui-là un sophisme ; à l'un la question préalable, à l'autre, quelques *adverbes endécasyllabiques*. Là on tentera les forts, ici on séduira les simples ; plus loin on effraiera les faibles. Insensiblement on se formera une influence mitoyenne qui peut, avec le temps, devenir d'un très-bon produit.

Et d'ailleurs, n'est-il pas telle circonstance où un corps de membres de l'ancienne assemblée pourrait reprendre une consistance assez brillante ? Supposez la législature en démêlé avec le roi sur le sens d'un article constitutionnel, par exemple, eh bien ! les fondateurs de la constitution sont là. Qui mieux que ces messieurs peut éclaircir la difficulté ? Ce rendez-vous, où ils se retrouvent tous les jours, forme une espèce de comité permanent. Ils se concertent, ils se coalisent, ils sont toujours en vue ; ils ont choyé la popularité ; ils se font de temps en temps prôner dans quelques feuilles. Qu'arrive-t-il ? Les voilà qui viennent tout à coup au secours du *veto* royal par quelque belle déclaration interprétative. Que sait-on ? ils pourraient protester au besoin ; le roi agirait. Et voilà ce qu'on appelle un contrepoids politique, une puissance intermédiaire, un équilibre censorial très-ingénieusement préparé ; le tout pour le maintien de *l'ordre* et le rétablissement de *la paix*.] (*Moniteur* du 7 octobre.)

A la séance du 9 octobre, ces tribunes furent supprimées par un décret de l'assemblée, à la suite d'une adresse qu'appuya Couthon.

Le peuple de Paris fit peu d'attention aux deux séances précédentes. Les principaux objets discutés dans les groupes, selon les feuilles qui recueillaient spécialement ces sortes de bruits, étaient la cherté de l'argent, la mauvaise qualité du pain, et les approches d'un hiver rigoureux. Il paraît, en outre, que non-seulement le peuple se détourna faiblement vers le bruit parlementaire du 5 octobre, mais encore que s'il le remarqua un instant ce fut pour l'improuver. Les *Révolutions de Paris*, n° 117, s'en expriment ainsi : « Les déserteurs des Jacobins se sont ren-

semblés sur la terrasse des Feuillans ; ils ont crié au peuple
que le décret du 5 tendait à violer la constitution et à troubler
la France. Le pauvre peuple ne s'est pas aperçu qu'on lui dres-
sait un piége , et il a dit, avec ses faux amis, que le décret n'était
pas bon dans les circonstances. »

Le même journal se livre ensuite à des récriminations contre
le président Pastoret. Nos lecteurs ont vu que sa manière de diriger la discussion, dans la séance du 6 , lui valut de nombreuses
et très-vives apostrophes. Voici les réflexions de Prudhomme :
« On connaît l'aimable facilité de M. Pastoret ; on se rappelle les
efforts qu'il avait faits, en sa qualité de président, pour éluder le
décret : on sait que M. Pastoret, qui se mariait à une femme
riche au moment de la prise de la Bastille , disait le lendemain
que tout homme fait sa fortune quand il veut la faire; or, ce
n'est pas d'aujourd'hui qu'un tel homme est l'homme de la cour.
Il a commencé par être le valet des commis , il est devenu celui
des ministres , on s'attend à le voir bientôt celui du roi : il est
digne d'être ministre lui-même. Cependant c'est ce même homme
que l'assemblée nationale a élevé au fauteuil ; c'est lui qu'elle a
préféré à M. Garan de Coulon. Hélas ! nous avions tort de supposer tant d'énergie dans une assemblée qui venait de choisir un
courtisan pour son chef. La nomination de M. Pastoret nous disait assez que l'attente de la nation était encore trompée. Que
l'on nous pardonne cette erreur : il nous avait paru si doux de
louer ! Dès la soirée du 5 , M. Pastoret cabala ouvertement pour
faire demander et obtenir le rapport du décret.

Royou couvrit de sarcasmes la susceptibilité outrecuidante d'où
procédait la première démarche , et de mépris la légèreté de la
seconde. « Toute autorité qui mollit, s'écrie Royou (n° du 9 octobre), est perdue , à moins qu'elle n'ait l'art de reculer d'une
manière lente , insensible ; de plutôt paraître céder à la raison
qu'à la nécessité de masquer son erreur ou sa faiblesse ; de laisser oublier ses lois plutôt que de les rétracter. L'obéissance n'a
que deux ressorts , le respect et la crainte ; tous deux sont faus-
sés à la fois par une rétrogradation brusque et violente ; car on

ne peut respecter ni craindre un pouvoir qui plie, qui retire aujourd'hui une loi qu'il fit hier. »

Les royalistes-constitutionnels, revenus de la stupeur momentanée où les avait jetés l'audace du motionnaire Couthon, se montrèrent très-fiers de leur victoire, et se portèrent même à des outrages envers certains députés qui avaient chaudement plaidé pour le maintien du décret. Dans la matinée du 7 octobre, un peu avant la séance royale, se passa le fait ainsi raconté le soir aux Jacobins par Goupilleau.

« J'étais entré dans la salle quelques momens avant l'ouverture de la séance ; j'étais auprès du poêle avec quelques-uns de mes collègues à discuter paisiblement sur le décret d'hier. Alors un officier de la garde nationale s'est avancé vers moi avec des gestes menaçans et m'a dit : Nous vous connaissons bien ; nous savons comme vous vous êtes exprimé sur le compte du roi ; nous savons que vous avez blâmé la conduite respectueuse de M. Thouret à son égard. Si vous n'y prenez garde, et si vous continuez dans de tels sentimens, je vous ferai hacher avec mes baïonnettes.

« C'est donc au sein de l'assemblée nationale, au milieu de ce sanctuaire, où les opinions doivent avoir la plus grande liberté, que je me vois menacé par un homme revêtu d'un habit respectable. Cette réflexion me fit frémir : plusieurs de mes collègues s'en aperçurent ; des huissiers même, indignés, vinrent me dire : il faut dénoncer cet homme ; c'est M. Dermigni. Dans la séance, plusieurs de mes collègues ont demandé la parole pour parler à ce sujet. L'un d'eux s'est servi d'une expression impropre (il avait appelé *satellite* le garde national provocateur); on a passé à l'ordre du jour. J'ai demandé moi-même la parole pour un fait particulier ; M. le président m'a répondu qu'un fait particulier n'était pas à l'ordre du jour. »

Après Goupilleau, Couthon et Barrère se succédèrent à la tribune ; ils ajoutèrent de nouveaux détails. Le club ferma la discussion, et les députés présens furent engagés à se réunir le lendemain après la lecture du procès-verbal, pour obtenir la réparation due à Goupilleau. (*Journal des Débats des Jacobins*,

n°. 73.) Le 18, en effet, dès l'ouverture de la séance, l'attention
de l'assemblée fut long-temps retenue sur cette affaire. Dermigni, cité à la barre, y fit un discours dont une phrase excita les
plus vifs applaudissemens. « Si je croyais, s'écria-t-il, que la
constitution ne dût pas tenir, j'irais m'enterrer tout à l'heure
sous une pierre. » Goupilleau lui-même déclara les explications
de Dermigni suffisantes, et l'assemblée passa à l'ordre du jour.

La séance royale fut un vrai triomphe pour la cour. Les tribunes applaudirent non-seulement le roi, mais aussi ce fauteuil
doré, dont la présence accusait l'assemblée de contradiction et
de faiblesse. Le discours de Louis XVI porta en très-grande partie sur les finances, l'armée et les relations extérieures. Les dernières phrases effleurèrent ainsi les deux questions capitales :
l'émigration et la dissidence religieuse.

« Messieurs, pour que vos importans travaux, pour que
votre zèle, produisent tout le bien qu'on doit en attendre, il faut
qu'entre le corps législatif et le roi, il règne une constante harmonie et une confiance inaltérable. (La salle et les tribunes retentissent des cris de *vive le roi*.) Les ennemis de notre repos ne
chercheront que trop à nous désunir ; mais que l'amour de la patrie nous rallie, et que l'intérêt public nous rende inséparables. Ainsi la puissance publique se déploiera sans obstacle ; l'administration ne sera pas tourmentée par de vaines terreurs, les
propriétés et la croyance de chacun seront également protégées,
et il ne restera plus à personne de prétexte pour vivre éloigné
d'un pays où les lois seront en vigueur et où tous les droits seront respectés. C'est à ce grand intérêt de l'ordre que tient la
stabilité de la constitution, le succès de vos travaux, la sûreté
de l'empire, le retour de tous les genres de prospérité.

» C'est à ce but, messieurs, que doivent en ce moment se
rapporter toutes nos pensées ; c'est l'objet que je recommande le
plus fortement à votre zèle et à votre amour pour la patrie. »

La réponse du président Pastoret se borna à quelques lieux
communs sans signification et sans caractère politique.

Le soir, la cour recueillit au spectacle de nouvelles et bruyantes

démonstrations de la part des royalistes-constitutionnels ; mais ,
laissons parler le *Babillard* : « La famille royale a été reçue au
théâtre italien avec cette ivresse touchante, ces mouvemens im-
pétueux que sa présence inspire partout. Le roi a conservé pendant le spectacle un air d'attendrissement et de plaisir ; le jeune
prince royal a paru s'amuser beaucoup pendant la représentation
des *Chasseurs et la Laitière*, et l'on a remarqué dans un passage
de la pièce, qu'il singeait le jeu de l'acteur avec la gaîté naïve de
son âge. La salle a retenti d'applaudissemens et de cris répétés :
vive le roi ! vive le prince royal ! Le peuple, dans ses acclamations,
a souvent nommé la reine, madame royale, madame Élisabeth ;
et le décret de l'assemblée nationale, du 5 de ce mois, n'a pas
empéché de crier a plusieurs reprises , *vivent leurs majestés !* »
(*Journal cité N. du 10 octobre.*)

————

Nous entrerons maintenant dans l'histoire des actes parlementaires. Nous avons prévenu nos lecteurs de la continuité qui les
domine, et nous avons fixé au 20 avril 1792 l'aboutissement de
cette continuité.

Les deux premiers actes que nous rencontrons sur cette ligne
sont : le décret contre les prêtres non-assermentés, et le décret
contre les émigrés. Le premier de ces décrets, rendu le 29 novembre, et porté le même jour à la sanction, fut frappé du *veto*
royal après trois semaines d'examen. Le second, rendu le 9 novembre, fut également frappé du *veto* le 12 du même mois.

Les débats qui précédèrent ces deux actes, et les débats qui
les suivirent, comprennent le premier trimestre de la session.
Ils marchèrent à peu près de front ; mais celui relatif aux troubles excités, sous prétexte de religion, commença le 9 octobre,
et l'autre n'apparaît que le 20. Nous les exposerons séparément,
et selon l'ordre même de leurs débats. En parlant du refus de
sanction, nous ferons connaître la part que les sociétés populaires prirent à ces décrets , et l'accueil qu'elles firent au *veto*.

Nous présenterons ensuite le tableau du mouvement révolutionnaire au sein de l'assemblée : il se composera en grande par-

tie de dénonciations, d'attaques fréquentes contre les ministres, de motions provoquées par les chocs extérieurs.

Enfin nous compléterons l'histoire du trimestre par celle de la presse, des clubs, de Paris et des provinces.

Les ministres étaient : *Justice*, M. Duport-Dutertre ;—*affaires étrangères*, M. Montmorin ; — *intérieur*, M. Delessart ; — *guerre*, M. Duportail ; — *marine*, M. Bertrand-Molleville, dont la nomination, en remplacement de M. Thévenard, démissionnaire, fut notifiée officiellement le 9 octobre ; — *contributions*, M. Tarbé.

Question des prêtres non-assermentés.

A la séance du 7 octobre, un peu avant que le roi ne parût, le débat sur les prêtres commença ainsi :

[*M. Couthon.* Nous sommes envoyés ici pour amener le calme, et nous ne pourrons jamais y parvenir si nous ne prenons des mesures vigoureuses contre les prêtres réfractaires. (On entend quelques applaudissemens.) Il y a dans la campagne des curés qui restent dans leurs paroisses quoiqu'ils soient remplacés, et ils font du mal par leur seule présence. (On murmure.) Cela est très-sérieux ; il y a des endroits où les prêtres constitutionnels ont été poursuivis à coups de bâton pendant le jour, et à coups de fusil pendant la nuit. Les prêtres réfractaires continuent leurs fonctions. Ils disent la messe, confessent, font l'eau bénite dans leurs maisons. (On rit.) Il est impossible d'acquérir des preuves contre eux : ils n'ont pour témoins que leurs partisans. Je vais vous citer un fait dont je suis certain. Un prêtre constitutionnel est curé dans l'endroit où un prêtre réfractaire disait la messe. Le réfractaire s'est déshabillé au milieu de la messe, et s'est enfui en criant: « Cette église est polluée. » J'insiste pour que nous méditions sérieusement sur les mesures qu'exigent les circonstances.

M. Journet. Le tableau que vient de faire le préopinant est exagéré. (On murmure.) Je ne suis point partisan des prêtres dissidens ; mais je maintiens la liberté des opinions. (On applaudit.)

M. Ramond, député du département de Paris. Et moi aussi, je propose des mesures sévères dont on s'est avisé trop tard, quand il a été question de querelles religieuses : je veux parler du plus profond mépris. (Une voix s'élève : *Ils y sont insensibles.*) Lorsque le corps constituant a retenti pendant long-temps de ces querelles, il serait beau de commencer vos opérations par consacrer la question préalable sur le mot *prêtre*. (On applaudit, on murmure.)

M. Lequinio. Nous apportons ici l'opinion de nos départemens, qui sont à deux mille lieues de Paris. (On rit.) L'influence des querelles religieuses y est très-dangereuse dans mon district; il n'y a encore qu'un curé de remplacé : dans une paroisse où l'on baptisait par semaine vingt enfans, on n'en baptise plus trois.

L'assemblée décide qu'elle s'occupera dans huit jours des mesures à prendre contre les prêtres réfractaires.]

A la séance du 9, Gallois et Gensonné, commissaires civils envoyés par la constituante dans les départemens de la Vendée et des Deux-Sèyres, firent, à la barre de l'assemblée législative, le rapport suivant :

RAPPORT *de* MM. Gallois et Gensonné, *commissaires civils envoyés dans les départemens de la Vendée et des Deux-Sèvres, en vertu des décrets de l'assemblée constituante, fait à l'assemblée législative le 9 octobre 1791.*

Messieurs, l'assemblée nationale a décrété le 16 juillet dernier, sur le rapport de son comité des recherches, que des commissaires civils seraient envoyés dans le département de la Vendée pour y prendre tous les éclaircissemens qu'ils pourraient se procurer sur les causes des derniers troubles de ce pays, et concourir avec les corps administratifs au rétablissement de la tranquillité publique.

Le 25 juillet nous avons été chargés de cette mission, et nous sommes partis deux jours après pour nous rendre à Fontenai-le-Comte, chef-lieu de ce département.

Après avoir conféré pendant quelques jours avec les administratrateurs du directoire sur la situation des choses et la disposition des esprits ; après avoir arrêté avec les trois corps administratifs quelques mesures préliminaires pour le maintien de l'ordre public, nous nous sommes déterminés à nous transporter dans les différens districts qui composent ce département, afin d'examiner ce qu'il y avait de vrai ou de faux, de réel ou d'exagéré dans les plaintes qui nous étaient déjà parvenues, afin de constater en un mot avec le plus d'exactitude possible la situation de ce département.

Nous l'avons parcouru presque dans toute son étendue, tantôt pour y prendre des renseignemens qui nous étaient nécessaires, tantôt pour y maintenir la paix, prévenir les troubles publics, ou pour empêcher les violences dont quelques citoyens se croyaient menacés.

Nous avons entendu dans plusieurs directoires de districts toutes les municipalités dont chacun d'eux est composé ; nous avons écouté avec la plus grande attention tous les citoyens qui avaient soit des faits à nous communiquer, soit des vues à nous proposer ; nous avons recueilli avec soin, en les comparant, tous les détails qui sont parvenus à notre connaissance ; mais comme nos informations ont été plus nombreuses que variées, comme partout les faits, les plaintes, les observations ont été semblables, nous allons vous présenter sous un point de vue général et d'une manière abrégée, mais exacte, le résultat de cette foule de faits particuliers.

Nous croyons inutile de mettre sous vos yeux les détails que nous nous étions procurés concernant des troubles antérieurs ; ils ne nous ont pas paru avoir une influence bien directe sur la situation actuelle de ce département ; d'ailleurs la loi de l'amnistie ayant arrêté les progrès de différentes procédures auxquelles ces troubles avaient donné lieu, nous ne pourrions vous présenter sur ces objets que des conjectures vagues et des résultats incertains.

L'époque de la prestation du serment ecclésiastique a été pour *le département* de la Vendée la première époque de ses troubles ;

jusqu'alors le peuple y avait joui de la plus grande tranquillité. Éloigné du centre commun de toutes les actions et de toutes les résistances, disposé par son caractère naturel à l'amour de la paix, au sentiment de l'ordre, au respect de la loi, il recueillait les bienfaits de la révolution sans en éprouver les orages.

Dans les campagnes, la difficulté des communications, la simplicité d'une vie purement agricole, les leçons de l'enfance et des emblèmes religieux destinés à fixer sans cesse nos regards, ont ouvert son âme à une foule d'impressions superstitieuses que dans l'état actuel des choses nulle espèce de lumière ne peut ni détruire ni modérer.

Sa religion, c'est-à dire la religion telle qu'il la conçoit, est devenue pour lui la plus forte et pour ainsi dire l'unique habitude morale de sa vie; l'objet le plus essentiel qu'elle lui présente est le culte des images, et le ministre de ce culte, celui que les habitans des campagnes regardent comme le dispensateur des grâces célestes, qui peut, par la ferveur de ses prières, adoucir l'intempérie des saisons, et qui dispose du bonheur d'une vie future, a bientôt réuni en sa faveur les plus douces comme les plus vives affections de leurs ames.

La constance du peuple de ce département dans l'espèce de ses actions religieuses, et la confiance illimitée dont y jouissent les prêtres auxquels il est habitué, sont un des principaux élémens des troubles qui l'ont agité, et qui peuvent l'agiter encore.

Il est aisé de concevoir avec quelle activité des prêtres ou égarés ou factieux ont pu mettre à profit ces dispositions du peuple à leur égard : on n'a rien négligé pour échauffer le zèle, alarmer les consciences, fortifier les caractères faibles, soutenir les caractères décidés ; on a donné aux uns des inquiétudes et des remords; on a donné aux autres des espérances de bonheur et de salut; on a essayé sur presque tous, avec succès, l'influence de la séduction et de la crainte.

Plusieurs d'entre ces ecclésiastiques sont de bonne foi ; ils paraissent fortement pénétrés et des idées qu'ils répandent et des sentimens qu'ils inspirent : d'autres sont accusés de couvrir du zèle de la religion des intérêts plus chers à leurs cœurs ; ceux-ci ont une activité politique qui s'accroît ou se modère selon les circonstances.

Une coalition puissante s'est formée entre l'ancien évêque de Luçon et une partie de l'ancien clergé de son diocèse ; on a arrêté un plan d'opposition à l'exécution des décrets qui devaient se réaliser dans toutes les paroisses ; des mandemens, des écrits incendiaires envoyés de Paris ont été adressés à tous les curés pour les fortifier dans leur résolution, ou les engager dans une confédération qu'on supposait génerale : une lettre circulaire de M. Beaurégard, grand-vicaire de M. de Merci, ci-devant évêque de Luçon, déposée au greffe du tribunal de Fontenay, et que cet ecclésiastique a reconnue lors de son interrogatoire, fixera votre opinion, messieurs, d'une manière exacte, et sur le secret de cette coalition, et sur la marche très-habilement combinée de ceux qui l'ont formée. La voici :

Lettre datée de Luçon, du 31 mai 1791, sous enveloppe, à l'adresse du curé de la Réorthe.

» Un décret de l'assemblée nationale, Monsieur, en date du 7 mai, accorde aux ecclésiastiques qu'elle a prétendu destituer pour refus du serment, l'usage des églises paroissiales pour y dire la messe seulement ; le même décret autorise les catholiques romains, ainsi que tous les non-conformistes, à s'assembler, pour l'exercice de leur culte religieux, dans le lieu qu'ils auront choisi à cet effet, à la charge que dans les instructions publiques il ne sera rien dit contre la constitution civile du clergé.

» La liberté accordée aux pasteurs légitimes par le premier article de ce décret doit être regardée comme un piége d'autant plus dangereux que les fidèles ne trouveraient dans les églises dont les intrus se sont emparés, d'autres instructions que celles de leurs faux pasteurs ; qu'ils ne pourraient y recevoir des sacremens que de leurs mains, et qu'ainsi ils auraient avec ces pasteurs schismatiques une communication que les lois de l'Église interdisent. Pour éviter un aussi grand mal, messieurs les curés sentiront la nécessité de s'assurer au plus tôt d'un lieu où ils puissent, en vertu du second article de ce décret, exercer leurs fonctions, et réunir leurs fidèles paroissiens, dès que leur prétendu successeur se sera emparé de leur église; sans cette précaution, les catholiques, dans la crainte d'être privés de la messe et des offices divins, appelés par la voix des faux pasteurs, seraient bientôt engagés à communiquer avec eux, et exposés aux risques d'une séduction presque inévitable.

» Dans les paroisses où il y a peu de propriétaires aisés, il sera sans doute difficile de trouver un local convenable, de se procurer des vases sacrés et des ornemens : alors une simple grange, un autel portatif, une chasuble d'indienne ou de quelque autre étoffe commune, des vases d'étain, suffiront, dans ce cas de nécessité, pour célébrer les saints mystères et l'office divin.

» Cette simplicité, cette pauvreté, en nous rappelant les premiers siècles de l'Église et le berceau de notre sainte religion, peut être un puissant moyen pour exciter le zèle des ministres et la ferveur des fidèles : les premiers chrétiens n'avaient d'autres temples que leurs maisons; c'est là que se réunissaient les pasteurs et le troupeau pour y célébrer les saints mystères, entendre la parole de Dieu et chanter les louanges du Seigneur. Dans les persécutions dont l'Église fut affligée, forcés d'abandonner leurs basiliques, on en vit se retirer dans les cavernes et jusque dans les tombeaux; et ces temps d'épreuves furent pour les vrais fidèles l'époque de la plus grande ferveur. Il est bien peu de paroisses où messieurs les curés ne puissent se procurer un local et des ornemens tels que je viens de les dépeindre, et, en attendant qu'ils se soient pourvus des choses nécessaires, ceux de leurs voisins qui ne seront pas déplacés pourront les aider de ce qui sera, dans leur église, à leur disposition. Nous pourrons incessamment fournir des pierres sacrées à ceux qui en auront besoin, et dès à présent, nous pouvons faire consacrer les calices ou les vases qui en tiendront lieu.

» M. l'évêque de Luçon, dans des avis particuliers qu'il nous a transmis pour servir de supplément à l'instruction de M. l'évêque de Langres, et qui seront également communiqués dans les différens diocèses, propose à messieurs les curés :

1° De tenir un double registre où seront inscrits les actes de baptême, mariage et sépulture des catholiques de la paroisse: un de ces registres restera entre leurs mains; l'autre sera par eux déposé tous les ans entre les mains d'une personne de confiance.

2° Indépendamment de ce registre, messieurs les curés en tiendront un autre aussi double, où seront inscrits les actes des dispenses concernant les mariages, qu'ils auront accordées en vertu des pouvoirs qui leur seront donnés par l'article 18 de l'instruction; ces actes seront signés de deux témoins sûrs et fidèles, et, pour leur donner plus d'authenticité, les registres destinés à les inscrire seront approuvés, cotés et paraphés par M. l'évêque, ou, en son absence, par un de ses vicaires-généraux; un double de ce registre sera remis, comme il est dit ci-dessus, à une personne de confiance.

3° Messieurs les curés attendront, s'il est possible, pour se retirer de leur église et de leur presbytère, que leur prétendu successeur leur ait notifié l'acte de sa nomination et institution, et qu'ils protestent contre tout ce qui serait fait en conséquence.

4° Ils dresseront en secret un procès-verbal de l'installation du prétendu curé, et de l'invasion par lui faite de l'église paroissiale et du presbytère; dans ce procès-verbal, dont je joins ici le modèle, ils protesteront formellement contre tous les actes de la juridiction qu'il voudrait exercer comme curé de la paroisse; et, pour donner à cet acte toute l'authenticité possible, il sera signé par le curé, son vicaire, s'il y en a un, et un prêtre voisin, et même par deux ou trois laïcs pieux et discrets, en prenant néanmoins toutes les précautions pour ne pas compromettre le secret.

5° Ceux de messieurs les curés dont les paroisses seraient déclarées supprimées sans l'intervention de l'évêque légitime, useront des mêmes moyens; ils se regarderont toujours comme seuls légitimes pasteurs de leurs paroisses, et s'il leur était absolument impossible d'y demeurer, ils tâcheront de se procurer un logement dans le voisinage et à la portée de pourvoir aux besoins spirituels de leurs paroissiens, et ils auront grand soin de les prévenir et de les instruire de leurs devoirs à cet égard.

6° Si la puissance civile s'oppose à ce que les fidèles catholiques aient un cimetière commun, ou si les parens des défunts montrent une trop grande répugnance à ce qu'ils soient enterrés dans un lieu particulier, quoique béni spécialement, comme il est dit article 19 de l'instruction, après que le pasteur légitime ou l'un de ses représentans aura fait à la maison les prières prescrites par le rituel, et aura dressé l'acte mortuaire, qui sera signé par les parens, on pourra porter le corps du défunt à la porte de l'église, et les parens pourront l'accompagner ; mais ils seront avertis de se retirer au moment où le curé et les vicaires intrus viendraient faire la levée du corps, pour ne pas participer aux cérémonies et prières de ces prêtres schismatiques.

7° Dans les actes, lorsque l'on contestera aux curés remplacés leur titre de curé, ils signeront ces actes de leur nom de baptême et de famille, sans rendre aucune qualité.

» Je vous prie, Monsieur, et ceux de messieurs vos confrères à qui vous croirez devoir communiquer ma lettre, de vouloir bien nous informer du moment de votre remplacement, s'il y a lieu, de l'installation de votre prétendu successeur, et de ses circonstances les plus remarquables, des dispositions de vos paroissiens à cet égard, des moyens que vous croirez devoir prendre pour le service de votre paroisse et de votre demeure, si vous êtes absolument forcé d'en sortir. Vous ne doutez sûrement pas que tous ces détails ne nous intéressent bien vivement; vos peines sont les nôtres, et notre vœu le plus ardent serait de pouvoir, en les partageant, en adoucir l'amertume.

» J'ai l'honneur d'être, avec un respectueux et inviolable attachement, votre très-humble et très-obéissant serviteur. »

Ces manœuvres ont été puissamment secondées par des missionnaires établis dans le bourg de Saint-Laurent, district de Montaigu; c'est même à l'activité de leur zèle, à leurs sourdes menées, à leurs infatigables et secrètes prédications, que nous croyons devoir principalement attribuer la disposition d'une très-grande partie du peuple dans la presque totalité du département de la Vendée et dans le district de Châtillon, département des Deux-Sèvres. Il importe essentiellement de fixer l'attention de l'assemblée nationale sur la conduite de ces missionnaires et l'esprit de leur institution.

Cet établissement fut fondé il y a environ soixante ans par une société de prêtres séculiers vivant d'aumônes, et destinés, en qualité de missionnaires, à la prédication. Ces missionnaires, qui ont acquis la confiance du peuple en distribuant avec art des chapelets, des médailles et des indulgences, et en plaçant sur les chemins de toute cette partie de la France des calvaires de toutes les formes, ces missionnaires sont devenus, depuis, assez nombreux pour former de nouveaux établissemens dans d'autres parties du royaume. On les trouve dans les ci-devant provinces de Poitou, d'Anjou, de Bretagne et d'Aunis, voués avec la même activité au succès, et en quelque sorte à l'éternelle durée de cette espèce de pratiques religieuses, devenue, par leurs soins assidus, l'unique religion du peuple. Le bourg de Saint-Laurent est leur chef-lieu; ils y ont bâti récemment une vaste et belle maison conventuelle, et y ont acquis, dit-on, d'autres propriétés territoriales.

Cette congrégation est liée, par la nature et l'esprit de son institution, à un établissement de sœurs-grises, fondé dans le même lieu, et connu sous le nom de *Filles de la sagesse*. Consacrées dans ce département et dans plusieurs autres au service des pauvres, et particulièrement des hôpitaux, elles sont pour ces missionnaires un moyen très-actif de correspondance générale dans le royaume; la maison de Saint-Laurent est devenue le lieu de leur retraite, lorsque la ferveur intolérante de leur zèle ou d'autres circonstances ont forcé les administrateurs des hôpitaux qu'elles desservaient à se passer de leurs secours.

Pour déterminer votre opinion sur la conduite de ces ardens *missionnaires* et sur la morale religieuse qu'ils professent, il suf-.

fira, Messieurs, de vous présenter un abrégé sommaire des maximes contenues dans différens manuscrits saisis chez eux par les gardes nationales d'Angers et de Cholet.

Ces manuscrits, rédigés en forme d'instruction pour le peuple des campagnes, établissent en thèse qu'on ne peut s'adresser aux prêtres constitutionnels, qualifiés d'intrus, pour l'administration des sacremens; que tous ceux qui y participent, même par leur seule présence, sont coupables de péché mortel, et qu'il n'y a que l'ignorance ou le défaut d'esprit qui puissent les excuser; que ceux qui auront l'audace de se faire marier par les intrus ne seront pas mariés, et qu'ils attireront la malédiction divine sur eux et sur leurs enfans; que les choses s'arrangeront de manière que la validité des mariages faits par les anciens curés ne sera pas contestée; mais qu'en attendant il faut se résoudre à tout; que si les enfans ne passent point pour légitimes, ils le seront néanmoins; qu'au contraire les enfans de ceux qui auront été mariés devant les intrus, seront vraiment *bâtards*, parce que Dieu n'aura point ratifié leur union, et qu'il vaut mieux qu'un mariage soit nul devant les hommes que s'il l'était devant Dieu; qu'il ne faut point s'adresser aux nouveaux curés pour les enter-remens, et que si l'ancien curé ne peut pas les faire sans exposer sa vie et sa liberté, il faut que les parens ou amis du défunt les fassent eux-mêmes secrètement.

On y observe que l'ancien curé aura soin de tenir un registre exact pour y enregistrer ces différens actes; qu'à la vérité il est impossible que les tribunaux civils n'y aient aucun égard, mais que c'est un malheur auquel il faut se résoudre; que l'enregistrement civil est un avantage précieux dont il faudra cependant se passer, parce qu'il vaut mieux en être privé que d'apostasier en s'adressant à un intrus.

Enfin on y exhorte tous les fidèles à n'avoir aucune communication avec l'intrus, aucune part à son intrusion; on y déclare que les officiers municipaux qui l'installeront seront apostats comme lui, et qu'à l'instant même les sacristains, chantres et sonneurs de cloches doivent abdiquer leurs emplois.

Telle est, Messieurs, la doctrine absurde et séditieuse que renferment ces manuscrits, et dont la voix publique accuse les missionnaires de Saint-Laurent de s'être rendus les plus ardens propagateurs.

Ils furent dénoncés dans le temps au comité des recherches de l'assemblée nationale, et le silence qu'on a gardé à leur égard n'a fait qu'ajouter à l'activité de leurs efforts et augmenter leur funeste influence.

Nous avons cru indispensable de mettre sous vos yeux l'analyse abrégée des principes contenus dans ces écrits, telle qu'elle est exposée dans un arrêté du département de Maine-et-Loire, du 5 juin 1791, parce qu'il suffit de les comparer avec la lettre-circulaire du grand-vicaire du ci-devant évêque de Luçon, pour se convaincre qu'ils tiennent à un système d'opposition générale contre les décrets sur l'organisation civile du clergé; et l'état actuel de la majorité des paroisses de ce département ne présente que le développement de ce système, et les principes de cette doctrine mis presque partout en action.

Le remplacement trop tardif des curés a beaucoup contribué au succès de cette coalition. Ce retard a été nécessité d'abord par le refus de M. Servant, qui, après avoir été nommé à l'évêché du département, et avoir accepté cette place, a déclaré, le 10 avril, qu'il retirait son acceptation. M. Rodrigue, évêque actuel du département, que sa modération et sa fermeté soutiennent presque seules sur un siége environné d'orages et d'inquiétudes, M. Rodrigue n'a pu être nommé que dans les premiers jours du mois de mai. A cette époque, les actes de résistance avaient été calculés et déterminés sur un plan uniforme; l'opposition était ouverte et en pleine activité; les grands-vicaires et les curés s'étaient rapprochés et se tenaient fortement unis par le même lien; les jalousies, les rivalités, les querelles de l'ancienne hiérarchie ecclésiastique avaient eu le temps de disparaître, et tous les intérêts étaient venus se réunir dans un intérêt commun.

Le remplacement n'a pu s'effectuer qu'en partie; la très-grande majorité des anciens fonctionnaires publics ecclésiastiques existe encore dans les paroisses, revêtue de ses anciennes fonctions; les dernières nominations n'ont eu presque aucun succès, et les sujets nouvellement élus, effrayés par la perspective des contradictions et des désagrémens sans nombre que leur nomination leur prépare, n'y répondent que par des refus.

Cette division des prêtres assermentés et non-assermentés a établi une véritable scission dans le peuple de leurs paroisses ; les familles y sont divisées; on a vu, et l'on voit chaque jour, des femmes se séparer de leurs maris, des enfans abandonner leurs pères : l'état des citoyens n'est le plus souvent constaté que sur des feuilles volantes, et le particulier qui les reçoit, n'étant revêtu d'aucun caractère public, ne peut donner à ce genre de preuves une authenticité légale.

Les municipalités se sont désorganisées, et le plus grand nombre d'entre elles pour ne pas concourir au déplacement des curés non-assermentés.

Une grande partie des citoyens a renoncé au service de la garde nationale, et celle qui reste ne pourrait être employée sans dangers dans tous les mouvemens qui auraient pour principe ou pour objet des actes concernant la religion, parce que le peuple verrait alors dans les gardes nationales, non les instrumens impassibles de la loi, mais les agens d'un parti contraire au sien.

Dans plusieurs parties du département, un administrateur, un juge, un membre du corps électoral, sont vus avec aversion par le peuple, parce qu'ils concourent à l'exécution de la loi relative aux fonctionnaires ecclésiastiques.

Cette disposition des esprits est d'autant plus déplorable, que les moyens d'instruction deviennent chaque jour plus difficiles. Le peuple, qui confond les lois générales de l'État et les réglemens particuliers pour l'organisation civile du clergé, en fait la lecture et en rend la publication inutile.

Les mécontens, les hommes qui n'aiment pas le nouveau régime, et ceux qui, dans le nouveau régime, n'aiment pas les lois relatives au clergé, entretiennent avec soin cette aversion du peuple, fortifient par tous les moyens qui sont en leur pouvoir le crédit des prêtres non-assermentés, et affaiblissent le crédit des autres; l'indigent n'obtient de secours, l'artisan ne peut espérer l'emploi de ses talens et de son industrie, qu'autant qu'il s'engage à ne pas aller à la messe du prêtre assermenté ; et c'est par ce concours de confiance dans les anciens prêtres d'une part, et de menaces et de séductions de l'autre, qu'en ce moment les églises desservies par les prêtres assermentés sont désertes, et que l'on court en foule dans celles où, par défaut de sujets, les remplacemens n'ont pu s'effectuer encore.

Rien n'est plus commun que de voir, dans les paroisses de cinq à six cents personnes, dix ou douze seulement aller à la messe du prêtre assermenté ; la proportion est la même dans tous les lieux du département : les jours de dimanche et de fête, on voit des villages et des bourgs entiers dont les habitans désertent leurs foyers, pour aller à une et quelquefois deux lieues entendre la messe d'un prêtre non-assermenté. Ces déplacemens habituels nous ont paru la cause la plus puissante de la fermentation, tantôt sourde, tantôt ouverte, qui existe dans la presque totalité des paroisses desservies par les prêtres assermentés. On conçoit aisément qu'une multitude d'individus qui se croient obligés par leur conscience d'aller au loin chercher les secours spirituels qui leur conviennent, doivent voir avec aversion, lorsqu'ils rentrent chez eux excédés de fatigues, les cinq ou six personnes qui trouvent à leur portée le prêtre de leur choix ; ils considèrent avec envie et traitent avec dureté, souvent même avec violence, des hommes qui leur paraissent avoir un privilége exclusif en matière de religion. La comparaison qu'ils font entre la facilité qu'ils avaient autrefois de trouver à côté d'eux des prêtres qui avaient leur confiance, et l'embarras, la fatigue et la perte du temps qu'occasionnent ces courses répétées, diminuent beaucoup leur attachement pour la constitution, à qui ils attribuent tous ces désagrémens de leur situation nouvelle.

C'est à cette cause générale, plus active peut-être en ce moment que la provocation secrète des prêtres non-assermentés,

que nous croyons devoir attribuer surtout l'état de discorde intérieure où nous avons trouvé la plus grande partie des paroisses
de département desservies par les prêtres assermentés.

Plusieurs d'entre elles nous ont présenté, ainsi qu'aux corps
administratifs, des pétitions tendantes à être autorisées à louer
des édifices particuliers pour l'usage de leur culte religieux ;
mais comme ces pétitions, que nous savions être provoquées
avec le plus d'activité par des personnes qui ne les signaient
pas, nous paraissaient tenir à un système plus général et plus
secret, nous n'avons pas cru devoir statuer sur une séparation religieuse, que nous croyions à cette époque, et vu la situation de ce département, renfermer tous les caractères d'une
scission civile entre les citoyens. Nous avons pensé et dit publiquement que c'était à vous, Messieurs, à déterminer, d'une
manière précise, comment et par quel concours d'influences
morales, de lois et de moyens d'exécution, l'exercice de la
liberté d'opinions religieuses doit, sur cet objet, dans les circonstances actuelles, s'allier au maintien de la tranquillité publique.

On sera surpris sans doute que les prêtres non-assermentés
qui demeurent dans leurs anciennes paroisses ne profitent pas
de la liberté que leur donne la loi d'aller dire la messe dans l'é-
glise desservie par le nouveau curé, et ne s'empressent pas, en
usant de cette faculté, d'épargner à leurs anciens paroissiens,
à des hommes qui leur sont restés attachés, la perte de temps
et les embarras de ces courses nombreuses et forcées. Pour expliquer cette conduite, en apparence si extraordinaire, il importe de se rappeler qu'une des choses qui ont été le plus fortement recommandées aux prêtres non-assermentés par les hommes
habiles qui ont dirigé cette grande entreprise de religion, est de
s'abstenir de toute communication avec les prêtres qu'ils appellent intrus et usurpateurs, de peur que le peuple, qui n'est
frappé que des signes sensibles, ne s'habituât enfin à ne voir
aucune différence entre des prêtres qui feraient dans la même
église l'exercice du même culte.

Malheureusement cette division religieuse a produit une sépa-

ration politique entre les citoyens , et cette séparation se fortifie
encore par la dénomination attribuée à chacun des deux partis :
le très-petit nombre de personnes qui vont dans l'église des
prêtres assermentés , s'appellent et sont appelés *patriotes* ; ceux
qui vont dans l'église des prêtres non-assermentés , sont appelés
et s'appellent *aristocrates*. Ainsi , pour ces pauvres habitans des
campagnes , l'amour ou la haine de leur patrie consiste aujour-
d'hui , non point à obéir aux lois, à respecter les autorités légitimes, mais à aller ou ne pas aller à la messe du prêtre assermenté ; la séduction, l'ignorance et le préjugé ont jeté à cet
égard de si profondes racines, que nous avons eu beaucoup de
peine à leur faire entendre que la constitution politique de l'É-
tat n'était point la constitution civile du clergé ; que la loi ne ty-
rannisait point les consciences ; que chacun était le maître d'aller
à la messe qui lui convenait davantage , et vers le prêtre qui
avait le plus sa confiance ; qu'ils étaient tous égaux aux yeux de
la loi, et qu'elle ne leur imposait à cet égard d'autre obligation
que de vivre en paix , et de supporter mutuellement la différence
de leurs opinions religieuses. Nous n'avons rien négligé pour
effacer de l'esprit et faire disparaître des discours du peuple des
campagnes cette absurde dénomination , et nous nous en sommes
occupés avec d'autant plus d'activité , qu'il nous était aisé de calculer à cette époque toutes les conséquences d'une telle démarcation , dans un département où ces prétendus *aristocrates*
forment plus des deux tiers de la population.

Tel est, Messieurs, le résultat des faits qui sont parvenus à
notre connaissance dans le département de la Vendée, et des réflexions auxquelles ces faits ont donné lieu.

Nous avons pris sur cet objet toutes les mesures qui étaient en
notre pouvoir, soit pour maintenir la tranquillité générale, soit
pour prévenir ou pour réprimer les attentats contre l'ordre public : organes de la loi, nous avons fait partout entendre son
langage. En même temps que nous établissions des moyens d'ordre et de sûreté, nous nous occupions à expliquer ou éclaircir
devant les corps administratifs, les tribunaux ou les particuliers,

les difficultés qui naissent, soit dans l'intelligence des décrets, soit dans leur mode d'exécution ; nous avons invité les corps administratifs et les tribunaux à redoubler de vigilance et de zèle dans l'exécution des lois qui protègent la sûreté des personnes et la propriété des biens, à user, en un mot, avec la fermeté, qui est un de leurs premiers devoirs, de l'autorité que la loi leur a conférée ; nous avons distribué une partie de la force publique qui était à notre réquisition dans les lieux où l'on nous annonçait des périls plus graves ou plus éminens ; nous nous sommes transportés dans tous les lieux aux premières annonces de trouble ; nous avons constaté l'état des choses avec plus de calme et de réflexion, et après avoir, soit par des paroles de paix et de consolation, soit par la ferme et juste expression de la loi, calmé ce désordre momentané des volontés particulières, nous avons cru que la seule présence de la force publique suffirait. C'est à vous, Messieurs, et à vous seulement, qu'il appartient de prendre des mesures véritablement efficaces sur un objet qui, par les rapports où on l'a mis avec la constitution de l'État, exerce en ce moment sur cette constitution une influence beaucoup plus grande que ne pourraient le faire croire les premières et plus simples notions de la raison, séparée de l'expérience des faits.

Dans toutes nos opérations relatives à la distribution de la force publique, nous avons été secondés de la manière la plus active par un officier-général bien connu par son patriotisme et ses lumières. A peine instruit de notre arrivée dans le département, M. Dumouriez est venu s'associer à nos travaux, et concourir avec nous au maintien de la paix publique : nous allions être totalement dépourvus de troupes de ligne dans un moment où nous avions lieu de croire qu'elles nous étaient plus que jamais nécessaires : c'est au zèle, c'est à l'activité de M. Dumouriez que nous avons dû sur-le-champ un secours qui, vu le retard d'organisation de la gendarmerie nationale, était en quelque sorte l'unique garant de la tranquillité du pays.

Nous venions, Messieurs, de terminer notre mission dans ce

département de la Vendée, lorsque le décret de l'assemblée nationale du 8 août, qui, sur la demande des administrateurs du
département des Deux-Sèvres, nous autorisait à nous transporter
dans le district de Châtillon, nous est parvenu, ainsi qu'au directoire de ce département.

On nous avait annoncé, à notre arrivée à Fontenay-le-Comte,
que ce district était dans le même état de trouble religieux que
le département de la Vendée. Quelques jours avant la réception
de notre décret de commission, plusieurs citoyens, électeurs et
fonctionnaires publics de ce district, vinrent faire au directoire
du département des Deux-Sèvres une dénonciation par écrit sur
les troubles qu'ils disaient exister en différentes paroisses; ils
annoncèrent qu'une insurrection était près d'éclater : le moyen
qui leur paraissait le plus sûr et le plus prompt, et qu'ils proposèrent avec beaucoup de force, était de faire sortir du district,
dans trois jours, tous les curés non-assermentés et remplacés, et
tous les vicaires non-assermentés. Le directoire, après avoir
long-temps répugné à adopter une mesure qui lui paraissait contraire aux principes de l'exacte justice, crut enfin que le caractère public des dénonciateurs suffisait pour constater et la réalité
du mal et la pressante nécessité du remède. Un arrêté fut pris
en conséquence le 5 septembre, et le directoire, en ordonnant à
tous les ecclésiastiques de sortir du district dans trois jours, les
invita à se rendre dans le même délai à Niort, chef-lieu du département, leur *assurant qu'ils y trouveraient toute protection et
sûreté pour leurs personnes.*

L'arrêté était déjà imprimé et allait être mis à exécution, lorsque le directoire reçut une expédition du décret de commission
qu'il avait sollicité. A l'instant il prit un nouvel arrêté par lequel
il suspendait l'exécution du premier, et abandonnait à notre
prudence le soin de le confirmer, modifier ou supprimer.

Deux administrateurs du directoire furent, par le même arrêté, nommés commissaires pour nous faire part de tout ce qui
s'était passé, se transporter à Châtillon, et y prendre, de con-

cert avec nous, toutes les mesures que nous croirions nécessaires.

Arrivés à Châtillon, nous fîmes rassembler les cinquante-six
municipalités dont ce district est composé ; elles furent successivement appelées dans la salle du directoire. Nous consultâmes
chacune d'elles sur l'état de sa paroisse : toutes les municipalités
énonçaient le même vœu ; celles dont les curés avaient été remplacés nous demandaient le retour de ses prêtres ; celles dont les
curés non-assermentés étaient encore en fonctions, nous demandaient de les conserver. Il est encore un autre point sur lequel
tous les habitans des campagnes se réunissaient : c'est la liberté
des opinions religieuses, qu'on leur avait, disaient-ils, accordée,
et dont ils désiraient jouir. Le même jour et le jour suivant, les
campagnes voisines nous envoyèrent de nombreuses députations
de leurs habitans pour nous réitérer la même prière. « Nous ne
sollicitons d'autre grâce, nous disaient-ils unanimement, que d'a-
voir des prêtres en qui nous ayons confiance. » Plusieurs d'entre
eux attachaient même un si grand prix à cette faveur, qu'ils nous
assuraient qu'ils paieraient volontiers, pour l'obtenir, le double
de leur imposition.

La très-grande majorité des fonctionnaires publics ecclésiastiques de ce district n'a pas prêté serment ; et tandis que leurs
églises suffisent à peine à l'affluence des citoyens, les églises des
prêtres assermentés sont presque désertes. A cet égard, l'état de
ce district nous a paru le même que celui du département de la
Vendée : là, comme ailleurs, nous avons trouvé la dénomination
de *patriote* et d'*aristocrate* complétement établie parmi le peuple,
dans le même sens, et peut-être d'une manière plus générale. La
disposition des esprits en faveur des prêtres non-assermentés nous a
paru encore plus prononcée que dans le département de la Vendée :
l'attachement qu'on a pour eux, la confiance qu'on leur a vouée,
ont tous les caractères du sentiment le plus vif et le plus profond ;
dans quelques-unes de ces paroisses, des prêtres assermentés ou
des citoyens attachés à ces prêtres avaient été exposés à des menaces et à des insultes, et quoiqu'là, comme ailleurs, ces violences

nous aient paru quelquefois exagérées, nous nous sommes assurés (et le simple exposé de la disposition des esprits suffit pour en convaincre) que la plupart des plaintes étaient fondées sur des droits bien constans.

En même temps que nous recommandions aux juges et aux administrateurs la plus grande vigilance sur cet objet, nous ne négligions rien de ce qui pouvait inspirer au peuple des idées et des sentimes plus conformes au respect de la loi et au droit de la liberté individuelle.

Nous devons vous dire, Messieurs, que ces mêmes hommes, qu'on nous avait peints comme des furieux, sourds à toute espèce de raison, nous ont quitté l'âme remplie de paix et de bonheur; lorsque nous leur avons fait entendre qu'il était dans les principes de la constitution nouvelle de respecter la liberté des consciences, ils étaient pénétrés de repentir et d'affliction pour les fautes que quelques-uns d'entre eux avaient pu commettre; ils nous ont promis avec attendrissement de suivre les conseils que nous leur donnions, de vivre en paix, malgré la différence de leurs opinions religieuses, et de respecter le fonctionnaire public établi par la loi. On les entendait, en s'en allant, se féliciter de nous avoir vus, se répéter les uns aux autres tout ce que nous leurs avions dit, et se fortifier mutuellement dans leurs résolutions de paix et de bonne intelligence.

Le même jour, on vint nous annoncer que plusieurs de ces habitans de campagne, de retour chez eux, avaient affiché des placards, par lesquels ils déclaraient que chacun d'eux s'engageait à dénoncer et à faire arrêter la première personne qui nuirait à une autre, et surtout aux prêtres assermentés.

Nous devons vous faire remarquer que dans ce même district, troublé depuis long-temps par la différence des opinions religieuses, les impositions arriérées de 1789 et de 1790, montant à 700,000 liv., ont été presque entièrement payées : nous en avons acquis la preuve au directoire du district.

Après avoir observé avec soin l'état des esprits et la situation des choses, nous pensâmes que l'arrêté du directoire ne devait pas être mis à exécution, et les commissaires du département, ainsi que les administrateurs du directoire de Châtillon, furent du même avis.

Mettant à l'écart tous les motifs de détermination que nous pouvions tirer et des choses et des personnes, nous avions examiné si la mesure adoptée par le directoire était d'abord juste dans sa nature, ensuite si elle serait efficace dans l'exécution.

Nous crûmes que des prêtres qui ont été remplacés ne peuvent pas être considérés comme en état de révolte contre la loi, parce qu'ils continuent à demeurer dans le lieu de leurs anciennes fonctions, surtout lorsque parmi ces prêtres il en est qui, de notoriété publique, se bornent à vivre en hommes charitables et paisibles, loin de toute discussion publique et privée ; nous crûmes qu'aux yeux de la loi on ne peut être en état de révolte qu'en s'y mettant soi-même par des faits précis, certains et constatés ; nous crûmes enfin que les actes de provocation contre les lois relatives au clergé et contre toutes les lois du royaume, doivent, ainsi que tous les autres délits, être punis par les formes légales.

Examinant ensuite l'efficacité de cette mesure, nous vîmes que si les fidèles n'ont pas de confiance dans les prêtres assermentés, ce n'est pas un moyen de leur en inspirer davantage que d'éloigner de cette manière les prêtres de leur choix ; nous vîmes que dans les districts où la très-grande majorité des prêtres non assermentés continuent l'exercice de leurs fonctions, d'après la permission de la loi, jusqu'à l'époque du remplacement, ce ne serait pas certainement, dans un tel système de répression, diminuer le mal, que d'éloigner un si petit nombre d'individus, lorsqu'on est obligé d'en laisser dans les mêmes lieux un très-grand nombre dont les opinions sont les mêmes.

Voilà, Messieurs, quelques-unes des idées qui ont dirigé notre conduite dans cette circonstance, indépendamment de toutes les raisons de localité qui seules auraient pu nous obliger à suivre cette marche : telle était en effet la disposition des esprits, que l'exécution de cet arrêté fût infailliblement devenue dans ces lieux le signal d'une guerre civile.

Le directoire du département des Deux-Sèvres, instruit d'abord par ses commissaires, ensuite par nous, de tout ce que nous avions fait à cet égard, a bien voulu nous offrir l'expression de sa reconnaissance, par un arrêté du 19 du mois dernier.

Nous ajouterons, quant à cette mesure d'éloignement des prêtres assermentés qui ont été remplacés, qu'elle nous a été constamment proposée par la presque unanimité des citoyens du département de la Vendée, qui sont attachés aux prêtres assermentés; citoyens qui forment eux-mêmes, comme vous l'avez déjà vu, la plus petite portion des habitans. En vous transmettant ce vœu, nous ne faisons que nous acquitter d'un dépôt qui nous a été confié.

Nous ne vous laisserons pas ignorer non plus que quelques-uns des prêtres assermentés que nous avons vus, ont été d'un avis contraire; l'un d'eux, dans une lettre qu'il nous a adressée le 12 septembre, en nous indiquant les mêmes causes des troubles, en nous parlant des désagrémens auxquels il est chaque jour exposé, nous fait observer que le seul moyen de remédier à tous ces maux est (ce sont ses expressions) « de ménager l'opinion du peuple, dont il faut guérir les préjugés avec le remède de la lenteur et de la prudence; car, ajoute-t-il, il faut prévenir toute guerre à l'occasion de la religion, dont les plaies saignent encore..... Il est à craindre que les mesures rigoureuses, nécessaires dans les circonstances contre les perturbateurs du repos public, ne paraissent plutôt une persécution qu'un châtiment infligé par la loi.... Quelle prudence ne faut-il pas employer! La douceur, l'instruction, sont les armes de la vérité! »

Tel est, Messieurs, le résultat général des détails que nous avons recueillis et des observations que nous avons faites dans le cours de la mission qui nous a été confiée. La plus douce récompense de nos travaux serait de vous avoir facilité les moyens d'établir sur des bases solides la tranquillité de ces départemens, et d'avoir répondu par l'activité de notre zèle à la confiance dont nous avons été honorés.

SÉANCE DU 26 OCTOBRE.

M. Fauchet. Messieurs, une loi définitive qui réprime efficacement la révolte des prêtres réfractaires contre la constitution, et qui fasse cesser les troubles qu'ils excitent dans toutes les parties de l'empire, est urgente ; mais il faut combiner cette loi avec les droits de l'homme et du citoyen, avec la liberté des opinions, avec la liberté de la presse, avec la liberté des cultes, avec toutes les libertés : il faut donc ici une grande mesure de tolérance, de justice, de sagesse et de force. Point de persécution, Messieurs ; le fanatisme en est avide, la philosophie l'abhorre, la vraie religion la réprouve, et ce n'est pas dans l'assemblée nationale de France qu'on l'érigera en loi. Gardons-nous d'emprisonner les réfractaires, de les exiler, même de les déplacer ; qu'ils pensent, disent, écrivent tout ce qu'ils voudront : nous opposerons nos pensées à leurs pensées, nos vérités à leurs erreurs, nos vertus à leurs calomnies, notre charité à leur haine. (Applaudissemens.) Ainsi, et seulement ainsi, nous assurerons dans l'esprit public notre triomphe et leur défaite. En attendant cet infaillible succès, qui ne peut être que l'ouvrage du temps et l'effet de la progression des lumières, il faudrait trouver un moyen efficace et prompt pour les empêcher de soulever les faibles esprits contre les lois, de souffler la guerre civile, d'entretenir le désir et l'espoir d'une contre-révolution : ce n'est pas là une religion, Messieurs, c'est la plus grande des impiétés ; elle est intolérable, puisqu'elle tend à la dissolution de l'ordre social, et qu'elle ferait du genre humain un troupeau de bêtes féroces. Le fanatisme est le plus grand fléau de l'univers ; il faut l'anéantir : la liberté n'est pas compatible avec cet asservissement brutal qui sanctifie la haine et déifie les tyrans. Voyez à quelles horreurs se portent au nom de Dieu ces détestables arbitres des consciences abusées, et comme ils réussissent à leur inoculer la rage contre leurs frères comme la plus sainte des vertus! Ils voudraient nager dans le sang des patriotes : c'est leur douce et familière expression. (Applaudissemens.) En comparaison de ces prêtres les athées sont des anges. (Bravo!) Cependant, Messieurs, je le répète, tolérons-les; mais du moins ne les payons pas pour déchirer la patrie : c'est à cette unique mesure que je réduis la loi réprimante que nous devons porter contre eux. Je soutiens que la suppression de toute pension sur le trésor national pour les prêtres non-assermentés est juste, convenable et suffisante; je mets la justice avant les convenances et les avantages; car une loi qui serait opportune et utile, si elle n'était juste, devrait être réprouvée. Nous n'irions pas brûler la flotte des alliés sur l'avis de Thémistocle; nous nous rangerions à l'opinion d'Aristide : prouvons donc d'abord l'équité de cette loi.

Il n'est rien dû par l'État aux prêtres non-assermentés. A quel titre possédaient-ils des revenus de bénéfices? A titre d'office; c'est leur propre loi canonique, et cela est incontestable en principe : qui ne fait rien dans l'Église n'a droit à rien dans l'Église; qui ne sert pas la nation ne doit pas être payé par la nation. (*C'est juste!* — Applaudissemens.) Comment se pourrait-il donc que celui qui invoque la destruction des lois et prépare la ruine de la patrie eût des titres à ses largesses? Ils avaient des offices qu'on leur a ôtés.... Faux; ce sont eux qui les ont quittés librement par haine des lois. Ils ont suivi leur conscience.... Leur conscience, qui les pousse aux dernières mesures du crime contre la liberté publique! Faut-il une solde pour une pareille conscience? (Applaudissemens.) Cette conscience infernale, la patrie la supporte; c'est le dernier excès de la tolérance : la payer encore, c'est une inique absurdité. La loi constitutionnelle met au rang des dettes de la nation leur traitement convenu.... Si cela était, Messieurs, il ne serait pas possible de le supprimer, si ce n'est pour chacun des coupables en particulier, et par voie de confiscation prononcée dans les tribunaux selon les formes judiciaires établies : heureusement cela n'est point, il n'est pas question d'eux dans l'article constitutionnel qu'on invoque en leur faveur ; le voici cet article :

« Le traitement des ministres du culte catholique pensionnés, conservés, élus ou nommés en vertu des décrets de l'assemblée nationale constituante, fait partie de la dette nationale. »

Or, il est manifeste que la loi ne peut pas les considérer comme ministres du culte catholique, dont elle a mis les salaires au nombre des premières dettes de la nation ; elle ne reconnaît pas deux cultes catholiques ; cela est même contradictoire dans les termes ; le culte dont elle reconnaît et salarie les ministres est celui qui est exercé par les fonctionnaires publics avoués et constitués par elle : les prêtres réfractaires ne sont donc pas considérés par la loi comme ministres du culte catholique qu'elle veut et doit payer. Si ces ennemis de la constitution civile du clergé veulent exercer un culte opposé à celui des prêtres constitutionnels, c'est leur affaire personnelle et celle des disciples abusés qu'ils pourront séduire ; la loi ne s'en mêle pas, si ce n'est pour en protéger la liberté, et mettre ceux qui auront la fantaisie de le suivre à l'abri de toute insulte. La nation permet tous les cultes ; mais elle n'en paie qu'un : celui-là seul dont elle avoue et constitue les ministres comme des fonctionnaires, est à sa solde ; elle ne reconnaît donc pas dans sa constitution d'autres ministres du culte catholique à sa charge : il n'est point de sophisme qui puisse obscurcir cette évidence.

On objectera cependant encore que si leur traitement n'est pas assuré par l'acte constitutionnel, il l'est du moins par les lois réglementaires, qui leur ont alloué des pensions, et qui n'ont pas exigé la prestation du serment pour qu'elles leur soient payées.... Mais vous savez, Messieurs, que l'assemblée constituante elle-même a élevé plusieurs fois la question de revenir sur ces lois réglementaires, et d'abolir une charge publique qui pèse sur la nation sans profit pour elle, sans droit de justice pour ceux qui en jouissent, et contre toute convenance à l'égard de ceux qui en abusent ; elle a eu un soin très-attentif de ne rien mettre dans l'acte constitutionnel qui pût lier les législateurs

prêts à lui succéder, et par cette attention remarquable elle leur
a indiqué une suppression que les circonstances pouvaient
rendre bientôt nécessaire et urgente.

Les momens sont arrivés, et, après avoir démontré la justice
de cette mesure, je vais en développer maintenant les convenances.

Il convient beaucoup à la nation de se délivrer d'une sur-
charge de trente millions de rente qu'elle paie déraisonnable-
ment à ses plus implacables ennemis (applaudissemens) ; il est
même impossible d'imaginer une convenance plus sensible :
pourquoi des phalanges d'anciens fonctionnaires qui ont abjuré
la patrie, des légions de moines et de chanoines qui n'ont jamais
rien fait d'utile au monde, et qui travaillent aujourd'hui dans
les ténèbres à renverser l'édifice des lois ; des cohortes d'abbés,
prieurs et bénéficiers de toute espèce, qui n'étaient auparavant
remarquables que par leur afféterie, leur inutilité, leur intrigue,
leur licence, et qui le sont maintenant par un fanatisme affecté,
par une fureur active, par des complots affreux, par une haine
implacable contre la liberté d'autrui ; pourquoi toute cette armée
d'adversaires furibonds du bien public et de contempteurs insolens de la majesté nationale serait-elle stipendiée sur les fonds
nationaux ? Il y aurait plus que de l'inconvenance : ce serait de la
déraison. Ajoutez à cette considération celle des conjonctures
cruelles où, par l'effet de leurs suggestions perfides, se trouve
placée la patrie ! Ils ont encouragé les émigrations, le transport
du numéraire, et tous les projets hostiles conçus ou préparés
contre elle. — Allez, ont-ils dit aux ci-devant nobles, allez,
épuisez l'or et l'argent de la France ; combinez au dehors les attaques, pendant qu'au dedans nous vous disposerons d'innombrables complices : le royaume sera dévasté, tout nagera dans
le sang ; mais nous recouvrerons nos priviléges!

« Abîmons tout plutôt ! c'est l'esprit de l'Église. —

Dieu bon, quelle Église! Ce n'est pas la vôtre ; et si l'enfer
peut en avoir une parmi les hommes, c'est de cet esprit qu'elle
doit être animée ; et ils osent parler de l'Évangile, de ce code

divin des droits de l'homme qui ne prêche que l'égalité, la fraternité, qui dit : « Tout ce qui n'est pas contre nous est avec
» nous; annonçons la nouvelle de la délivrance à toutes les nations -
» de la terre : malheur aux riches et aux oppresseurs! N'invoquons point les fléaux contre les cités qui nous dédaignent ;
» appelons-les au bonheur de la liberté par le doux éclat de la
» lumière.» (Applaudissemens.)

Les prêtres ennemis des lois ont tenu un langage opposé, et
ce qu'ils ont dit d'horrible contre leurs concitoyens, ils l'ont
fait; ils appellent tous les malheurs contre la France; ils l'investissent de malédictions; ils lui suscitent des ennemis jusqu'aux extrémités de l'Europe; ils fondent son numéraire au feu
du fanatisme, et le font couler jusqu'à épuisement hors de son
enceinte. Qui donc osera dire qu'il faut encore les soudoyer, et
qu'il ne convient pas à la patrie de se soulager de tant de millions pris dans son trésor, et prodigués à ces ingrats? On parle
de la générosité de la nation française ; mais ce n'est point de la
générosité, c'est de la stupidité. Il vaut mieux sans doute enrichir nos caisses pour salarier nos nombreux indigens, que de
nous réduire à la détresse pour continuer des dons insensés aux
plus furieux ennemis de la liberté de la France et de la libération
du genre humain. (Applaudissemens.)

Ils ne sont pas animés tous d'une fureur égale, il est vrai ;
mais tous abhorrent nos lois, et voudraient les avoir renversées,
et tous enfin sont au moins inutiles à la patrie. Or, nous avons
assez de serviteurs utiles que nous ne pouvons pas payer aux
termes mêmes de la justice et de l'humanité, pour que ce soit
non-seulement une inconvenance, mais une immoralité, mais
un crime national d'amoindrir nos ressources pour les prostituer
à de pareils hommes : payons le travail, et non pas l'inutilité,
et encore moins la perfidie. On s'écriera que nous allons réduire
des infirmes, des vieillards à l'indigence, en supprimant le traitement de tous les prêtres oisifs et réfractaires... Non, Messieurs,
non, ce n'est pas nous qui serons des inhumains : l'infirmité, la
vieillesse, lors même qu'elles maudissent la patrie, recueilleront

ses bienfaits ; les municipalités , les administrations de district et de département enverront les listes de ces réfractaires infirmes ou vieux ; le comité des secours présentera les projets d'une sainte allégeance à leur égard , et l'assemblée nationale décrétera la mesure convenable de la bénéficence publique envers ces faibles ennemis, qui balbutieront, s'ils le veulent encore, des imprécations contre les lois qui les protégeront avec soin et les nourriront avec amour. (Applaudissemens.)

Il me reste à prouver , Messieurs', que la loi qui supprimera le traitement de tous les prêtres valides, et qui ne voudront servir la patrie dans aucune des fonctions qu'elle salarie avec les fonds publics , est suffisante : sa justice et sa convenance sont assez démontrées ; son efficacité seule pour contenir les réfractaires, et faire cesser les troubles qu'ils excitent , permet des doutes. Essayons de vous convaincre de la suffisance de cette loi.

D'abord, par l'effet de ce décret, la moitié au moins de l'armée du fanatisme va disparaître : les chanoines, les moines, les bénéficiers simples , qui , considérés à juste titre comme des ecclésiastiques sans fonctions , n'avaient pas été obligés à prêter le serment , et avaient cependant conservé des traitemens fort bons, penseront à deux fois au sort qui les attend , s'ils se constituent définitivement et légalement réfractaires; vous en verrez les trois quarts revenir de bonne grâce à la patrie , jurer à haute voix de lui être fidèles, demander des fonctions constitutionnelles aux départemens et aux évêques , et bien satisfaits de conserver le tiers de leur traitement avec le salaire de leur place de curé ou de vicaire. De là double avantage : deux tiers de traitemens gagnés pour le trésor public , et des fonctionnaires, que la nécessité autant que le devoir rendront très-attentifs à conserver leurs places, trouvés enfin pour une immense quantité de paroisses qui restent au dépourvu, ou que les réfractaires encore en exercice soulèvent à plaisir contre les lois.

Il faut en convenir, la plupart des ci-devant fonctionnaires révoltés contre la constitution, et un quart peut-être des anciens oisifs du clergé, brûlés d'un fanatisme ardent, resteront cuiras-

sés dans leur prétendue conscience et obstinés dans leur fureur ;
mais la faim chassera bientôt ces loups dévorans d'une bergerie
où ils ne trouveront plus de pâture ; les fidèles, désabusés par
deux grands moyens de lumière, le bon sens et l'intérêt (on rit),
ne voudront pas long-temps payer un culte qu'ils peuvent avoir
plus commodément, plus majestueusement et pour rien dans les
mêmes temples où ils l'ont toujours exercé ; ils reviendront sur
les tombeaux de leurs pères, dans leurs églises natives, et aux
rits solennels qui firent leur édification dès l'enfance ; les habitans sensés des campagnes ne voudront plus entendre des prêtres toujours écumant de rage, ni boursiller continuellement pour
payer un culte sans pompe et des prédications sans charité : l'é-
vangile de la concorde générale, l'évangile des saintes lois sera
annoncé pas les ministres constitutionnels, et toutes les âmes
sincères en recueilleront avidement la doctrine. Ainsi la sanction
du ciel sera donnée aux fraternelles institutions de la liberté ; on
goûtera la simplicité des mœurs, l'unité des principes, le charme
de l'union et le bonheur de la paix. Dans les premiers momens,
je l'avoue, ces restes de prêtres effrénés et affamés, ennemis de
la révolution, redoubleront leurs cris, et trouveront quelques
dupes qui soudoieront leur religion de haine, et seconderont leur
fanatisme implacable ; mais quelques grands exemples de justice
légale contre les instigateurs des troubles frapperont leurs disciples imbécilles d'une utile terreur ; ils sentiront soudain qu'il
vaut mieux garder leur argent, et respecter l'ordre public, que
s'appauvrir pour des brouillons, et s'exposer, en partageant leurs
crimes, à la vengeance des lois. Ceux de ces prêtres moins coupables, qui se trouveront alors dénués, mais valides, seront réduits
à embrasser une utile profession pour vivre : ils deviendront des
commerçans ou des agriculteurs, et seront doucement surpris
de se trouver ensuite eux-mêmes des citoyens.

Ne craignons point que la liste civile vienne à leur secours : on
en a besoin pour d'autres usages ; elle ne suffirait pas pour soudoyer dans les diverses contrées de l'empire les prédicateurs de
la contre-révolution, qui ne savent garder aucune mesure. D'ail-

leurs, soyons assurés, Messieurs, que le roi, la reine, et ce qu'il
y a d'hommes éclairés dans le conseil, ne veulent pas plus que
nous une contre-révolution, dans laquelle ils n'auraient rien à
gagner, et courraient risque de tout perdre...(Applaudissemens.)
La constitution élève le trône assez haut; les méchans et les
conspirateurs parlent du roi des Français avec assez d'insolence,
pour qu'il lie d'une manière intime ses intérêts avec ceux de la
constitution, et sa sécurité avec celle de la patrie; il se dégoû-
tera bientôt des prêtres fanatiques qui torturent sa conscience,
des vils courtisans qui mettent leur noblesse à ramper devant lui,
des bas valets qui l'outragent, en le traitant toujours comme un
despote; il se débarrassera de toute cette vermine de la couronne (ah, ah, ah!), et mettra sa pure, son immortelle gloire
à se montrer le digne chef de la plus grande, de la plus libre des
nations. Le fanatisme ne sera donc plus soutenu par l'erreur de
la cour, ni par l'imbécillité populaire : nous l'aurons mis à nu;
ses convulsions hideuses le rendront un objet d'horreur à tout le
monde; il s'anéantira dans son impuissance..... (Applaudissemens.)

Voici donc, Messieurs, le projet de décret que je vous présente.

— Le projet de décret de l'orateur se bornait aux deux propositions suivantes : refuser tout traitement et pension aux prêtres non-assermentés; condamner à cinq ans de gêne ceux convaincus de tentatives de troubles.

SÉANCE DU 27 OCTOBRE.

M. Torné, *évêque de Bourges.* Messieurs, on vous dénonce
avec le plus grand éclat des désordres publics et menaçans pour
le repos de l'empire; on vous a dit que ces désordres sont causés
par les ecclésiastiques du royaume non-sermentés, qui sè-
ment de toutes parts des germes de discorde et de guerre intestine; on vous a peint cette plaie comme profonde, et pouvant,
si on la néglige, devenir incurable. Les descriptions du mal ont
été vives, même véhémentes; vous avez entendu des déclama-

tions qui ne vous ont pas éclairés ; des diatribes contre les prêtres, plus propres à aigrir leur âme qu'à les corriger ; on vous a
proposé ou des remèdes violens capables de cela seul, de faire
empirer les maux de l'État, qu'il faut guérir, ou des vues générales de douceur et de tolérance avec des moyens insuffisans ;
certains, en commençant par déclamer contre la persécution,
ont fini par proposer avec une éloquence cruelle un projet de
décret hérissé d'intolérance et de sévérité, qui condamnait les
non-sermentés aux horreurs de la misère et de la faim. Je tâche-
rai, Messieurs, d'être plus conséquent ; tolérant dans mon
préambule, je le serai plus encore dans la suite de mon discours
et dans mon projet de décret. (Applaudissemens.)   .

Pour guérir un État comme pour guérir un individu, trois
choses sont nécessaires : rechercher profondément les causes du
mal, en discerner exactement la nature, et en choisir sagement
les remèdes, telle sera, Messieurs, la marche de mon opinion.

PREMIÈRE QUESTION. *Quelles sont les causes du mal.* — Les ma-
ladies du corps politique, comme celles des individus, ont des
causes éloignées ou des causes prochaines. Le grand art est d'attaquer les premières ; c'est extirper jusqu'à la racine du mal.

La cause éloignée des convulsions politiques qui ébranlent aujourd'hui l'empire, n'en doutons pas, Messieurs, remonte à un
certain luxe de serment, à certaines autres lois dont la révision
est ajournée à la sixième législature, moins par l'impérieuse autorité du dernier titre de la constitution, que par sa grande sagesse. Soyons fidèles à notre serment, et ne nous occupons que
des causes prochaines qui nous agitent.

Il n'est pas difficile d'apercevoir les principales : ce sont le
sommeil affecté du pouvoir exécutif, et, ce qui en est une suite
nécessaire, la lâche inaction des accusateurs publics, la marche
indolente des tribunaux, l'apathie, en certains départemens, des
corps administratifs ; en d'autres, peut-être des lenteurs qui
semblent attendre des événemens, le relâchement, en un mot,
de tous les ressorts du gouvernement intérieur. (Applaudissemens.)

Mais pourquoi chercher tant de coupables où dans le fond il n'y a qu'un coupable principal? Déjà vous voyez, Messieurs, que je veux parler du pouvoir exécutif. C'est la manie de ce pouvoir, quand il est circonscrit par une sage constitution, de se plaindre qu'il en est entravé; c'est sa manie de ralentir tous ses mouvemens et d'affaiblir ses ressorts, pour faire croire que c'est le nouveau régime qui l'a paralysé; c'est sa manie enfin d'user peu de l'autorité royale pour la faire juger insuffisante, et de n'affecter de l'impuissance que pour mendier des forces nouvelles. (Vifs applaudissemens.)

Le remède à cela est plus facile à imaginer qu'il n'est facile de le rendre efficace. Les ministres, grâce à leur illusoire responsabilité, sauront toujours couvrir leur inaction du voile de l'insubordination des pouvoirs, rejeter sur des sous-ordres les torts du gouvernement, et frayer un retour au despotisme en favorisant sous main l'anarchie. Mais enfin l'artifice a ses bornes, et le corps législatif ses moyens de le dévoiler. Il faut donc, par le projet de décret à intervenir, réveiller le pouvoir exécutif et le retirer de sa léthargie, afin qu'à son tour il en tire tous les pouvoirs. Affermissons ainsi un ordre public qui puisse également assurer à ceux des non-sermentés qui sont paisibles une grande latitude de liberté sous la protection de la loi, et aux incendiaires un châtiment légal de leurs séditieuses manœuvres.

Ce réveil des pouvoirs sommeillans est la seule mesure qui reste à prendre. Elles sont faites par la dernière assemblée les lois vengeresses des désordres dont on se plaint.

Un de ses décrets veut impérieusement que des accusateurs publics, à peine d'être déchus de leurs fonctions, poursuivent les non-sermentés qui auraient causé des troubles: c'est là, Messieurs, tout ce que pouvait faire la prudence humaine; et quand vous aurez puissamment excité le pouvoir exécutif, je ne vois pas ce que vous pourriez ajouter à cette mesure.

Gardons-nous surtout de confirmer des lois, de les renouveler, ou même d'en ordonner l'exécution; ce serait en supposer l'instabilité ou la faiblesse. Un despote confirme les lois de son prédécesseur; il renouvelle souvent l'ordre d'exécuter les siennes propres; cela doit être : la loi des despotes n'est jamais que la loi du moment; aussi est-elle d'autant plus versatile, que le despote est plus absolu. Mais une nation libre et puissante fait des lois stables comme elle, et ne croit pas devoir à vingt fois les tirer du néant où elles n'ont pu tomber. (Applaudissemens.)

DEUXIÈME QUESTION. *Quelle est la nature du mal politique dont on se plaint.* — N'équivoquons pas, Messieurs, sur la nature du mal qu'il nous faut guérir; rien n'égare comme les erreurs dans le choix des remèdes.

Ne pensez pas que la doctrine des non-sermentés soit ici une de ces misérables guerres de controverse entre sectaires, qu'il faille dédaigner, comme n'étant qu'un ridicule ergotisme de l'école.

Je sais que la doctrine des non-sermentés, si elle ne roulait que sur des querelles purement théologiques, ne serait pour l'État d'aucune importance; le sage législateur devrait en détourner ses regards, et les éteindrait mieux par ses mépris qu'il ne les étouf- ferait par tout le poids de la force publique.

Mais les erreurs des non-sermentés ont cela de propre et de funeste au repos de l'État, qu'elles tendent à décrier la constitu- tion civile du clergé, comme contraire aux lois divines et cano- niques. Ce ne sont pas ici deux docteurs aux prises sur des dog- mes indifférens aux législateurs; c'est une partie notable du clergé de France, qui, soutenue de tous les ennemis de la révolution, est aux prises avec les corps-législatifs; c'est un combat corps à corps d'une grande section nationale contre le souverain. Cette grande querelle est digne sans doute, Messieurs, de toute votre attention, et les troubles qu'elle a causés demandent une loi ma- jeure, ou bien jamais loi ne fut nécessaire.

Recherchons donc profondément la nature du mal; une erreur capitale serait de le voir où il n'est pas. Pour ne pas nous y trom- per, commençons par écarter tout ce qui pourrait en avoir la fausse apparence, et ne nous laissons pas induire à punir des dé- lits chimériques.

Gardons-nous par exemple de regarder les opiniâtres erreurs des non-sermentés comme un vice politique auquel nous soyons tenus de remédier par nos décrets ; de simples erreurs religieuses sont étrangères au législateur, et ne doivent pas trouver place dans le code pénal. C'est aujourd'hui une vérité politique usée, c'est dans cette tribune une espèce de lieu-commun qu'en aucun genre erreur n'est crime. Les murs de cet auguste sanctuaire savent aujourd'hui qu'en fait d'opinions religieuses, toute sévérité du souverain tourne le dos à son but ; que l'intolérance alimente le fanatisme, et l'irrite au lieu de l'amortir ; que les sectes se propagent par la persécution ; que l'œil du souverain ou du gouvernement fixé sur la controverse, l'enflamme davantage ; que le sang des sectaires en répand des germes innombrables ; que l'explosion religieuse est comme celle de la poudre, en raison des obstacles qui lui sont opposés, et que la seule manière dont une nation sage doive accueillir les querelles des prêtres, est d'en détourner avec mépris son attention et ses regards. (Applaudissemens.)

Et certes, ceux des non-sermentés qui n'ont que de paisibles erreurs, de quoi pourraient-ils être coupables aux yeux de la loi ?

Serait-ce de s'être refusés au serment ? Mais la loi le propose simplement, et ne l'ordonne pas ; en quittant ou en refusant des fonctions publiques plutôt que de prêter le serment, le prêtre ne fait qu'accepter une alternative proposée par la loi, et user d'un droit d'option qu'elle lui a déféré.

Ici je crois entendre cent voix s'écrier : La loi l'a puni en réduisant son traitement, et la loi ne punit pas l'innocent..... Erreur, Messieurs, erreur ! ce n'est pas à titre de peine que la loi a réduit à 500 livres le traitement des non-sermentés ; cette réduction ne suppose donc pas que se refuser au serment soit un délit politique.

Un moment d'attention, et vous ne douterez plus, Messieurs, que ce traitement, même réduit, ne soit une faveur de l'État au lieu d'un châtiment.

En toute rigueur, l'État ne doit plus aucun traitement aux fonctionnaires publics dont l'exercice est expiré.

A plus forte raison l'État ne doit aucun traitement aux citoyens qui ont volontairement abdiqué leurs fonctions quand l'Etat les invitait à les continuer.

Considéré sous ce point de vue, le traitement fait aux non-sermentés, bien loin d'être un châtiment de la loi par sa modicité, en est un bienfait par sa nature, quelque faible qu'il puisse être par sa quotité.

Sur ce fondement on a osé, Messieurs, proposer aux représentans d'une nation grande et généreuse de révoquer ce bienfait! Encore si l'on ne vous eût proposé ce honteux dépouillement que contre ceux qui seraient convaincus de trouble porté à l'ordre public, ce n'eût été qu'une barbarie dans le code pénal; mais étendre cette féroce mesure sur une multitude de citoyens, même sur ceux qui n'auraient que de douces et paisibles erreurs, ce serait un opprobre en législation, ce serait en morale une horreur! (Applaudissemens.) Retirer un bienfait sans autre cause que l'avarice, finir par condamner à la faim des hommes ci-devant fortunés qu'on venait de condamner à l'indigence, serait une basse et cruelle parcimonie. En rigueur, elle n'aurait que la dureté du corsaire, sans avoir l'iniquité du vol; mais en serait-elle moins pour cette législature une tache éternelle? Tout ce qui n'est pas inique en rigueur est-il pour cela honnête et décent? Ce n'est là une question ni pour l'homme de loi ni pour l'honnête homme. Quelle vertu, bon Dieu, que celle qui aimerait à s'approcher du vice de très-près, et à se tenir sur ses bords! Serait-ce, je vous le demande, être un homme d'honneur que de se permettre en sentimens et en procédés tout ce qui, en rigueur, ne serait pas de l'infamie?

On me dira peut-être que si le non-sermenté n'est coupable ni par l'erreur, ni par le refus du serment qui en est la suite il l'est du moins par le trouble que sa doctrine porte nécessairement à l'ordre public....

Mais c'est une erreur de penser qu'une simple doctrine, parce

qu'un trouble public en a été la suite, soit en elle-même un trouble public ; à quoi se réduirait en ce cas la liberté des opinions,
même religieuses ? Ne les manifestez pas en factieux ; n'ajoutez
pas la sédition à l'erreur, la violence aux écarts, et vous n'excé-
derez pas les droits de l'homme.

Mais la scission scandaleuse des non-sermentés avec le clergé
constitutionnel n'est-elle pas un délit politique, et le schisme
peut-il être aussi innocent que l'erreur ?...

Tout de même ; car il est évident que le schisme est la suite nécessaire de l'erreur, et la cause devant être impunie, qui croirait
pouvoir en punir l'effet nécessaire ?

Disons-le, une fois pour toutes, rien de ce qui concerne les
opinions religieuses, les différences de culte et les querelles des
sectaires n'est du ressort de la loi pénale.

Faudra-t-il encore leur pardonner la ténébreuse administration
des sacremens qu'ils se permettent dans le secret des familles en
rabaissant le dieu des chrétiens au niveau de ces dieux domestiques que les païens révéraient au coin de leurs foyers ?....

Vaine déclamation ! le législateur laisse à Dieu le soin de venger
sa gloire s'il la croit outragée par un culte indécent. Que vous importe et qu'importe au public qu'il se fasse ou qu'il ne se fasse
pas dans une maison particulière des cérémonies religieuses,
pourvu qu'elles ne donnent pas lieu à des attroupemens suspects et dangereux par leur grande masse ? Ne serait-ce pas là
une inquisition domestique comparable à celle qui ne souffrirait
pas dans la maison d'un citoyen des festins, des concerts, des
spectacles, des jeux permis ou des évocations magiques ? Pourquoi un culte domestique serait-il prohibé quand la loi n'a pas
encore pourvu à la liberté de tout culte, ou quand le peuple s'y
oppose par un zèle faussement religieux, ou quand le clergé constitutionnel fomente par ses alarmes l'aversion du peuple pour la
rivalité des autels ? Voilà, voilà les vrais coupables du culte
clandestin, si ce culte est un crime ; les menaces populaires for-
cent toujours les sectes à couvrir leurs pratiques religieuses du

voile du mystère , et la clandestinité d'un culte est toujours l'o-
dieux effet de la persécution.

Si l'on peut établir une sorte de culte domestique sans encourir l'animadversion de la loi , peut-on du moins impunément
porter le trouble et la division dans le sein des familles , en divisant d'opinion le père et les enfans , l'époux et l'épouse , les
frères entre eux ?...

Répondez-moi , argumentateur infatigable : ces divisions et
ces troubles ne sont-ils que l'effet des opinions contraires , et ces
opinions contraires ne sont-elles que l'effet de l'enseignement
religieux, sans mélange de conseils violens ou de suggestions incendiaires? Eh bien, dans ce cas-là, le prêtre non-sermenté, qui
a la rage de propager sa doctrine , use des droits de l'homme
(murmures) ; celui de la famille qui l'adopte use de la libre faculté de son jugement ; et je ne vois ici de coupable que le parent ou l'époux intolérant qui , pour une différence d'opinions ,
hait le parent ou l'épouse qu'il aimait.

Mais patience ; les sentimens de la nature , étouffés pour un
moment , ou égarés par l'esprit de parti , reprendront bientôt
leur empire ; oui , bientôt la paix renaîtra dans les familles de la
lassitude même des disputes religieuses, du goût du repos , du
besoin d'aimer , de l'habitude de vivre ensemble : alors, la nature reprenant ses droits, la différence des opinions religieuses
ne sera plus dans les familles un sujet de divorce ou de haine ;
et du sein de ces divisions intestines, on verra sortir enfin une
habitude de tolérance entre parens, qui commencera par assurer
la paix domestique , et qui finira par assurer invariablement la
paix intérieure de tout l'empire.

On me dira peut-être : quelle sera donc l'espèce de trouble
public qui pourra donner lieu contre les non-sermentés à des
procédures et à des condamnations?...

La réponse est bien simple : tous les actes de désobéissance à
la loi, et d'attentats contre l'autorité, tous propos , suggestions ,
instigations ou voies de fait tendant directement à troubler la
tranquillité publique. Quelqu'un des non-assermentés se rendra-

t-il coupable de quelqu'un de ces troubles portés à l'ordre public, je le livre à toutes les rigueurs de la loi : qu'on le punisse encore si son aversion pour les sermentés lui en fait outrager le culte ou les personnes ; qu'on le châtie avec sévérité, si, peu content d'attirer à lui et à ses cérémonies autant de peuple qu'il lui est possible, il l'ameute ensuite et le soulève contre la loi de l'État !

Qu'il persiste tant qu'il voudra dans son horreur pour les mystères célébrés dans nos églises ; qu'il les fuie, pour n'être pas complice de la chimérique profanation ; qu'il déteste toute communication religieuse, même sociale, avec les sermentés, et que pour fuir un schisme imaginaire, il tombe lui-même dans un schisme réel, à la bonne heure; il a toute liberté d'être absurde dans sa croyance, d'être implacable dans sa haine, d'être insociable avec ses rivaux de doctrine : mais qu'il s'interdise toute agression hostile, tout complot factieux, toute entreprise séditieuse, toute part aux insurrections populaires, et que, devenu libre d'exercer son culte, il apprenne les égards qu'il doit à tous les autres, même à celui qui lui répugne le plus; qu'il apprenne à respecter pour les autres les principes de paix, de douceur et de tolérance, qu'il avait invoqués pour lui-même dans des temps de détresse, d'alarme et de persécution, ou bien j'appellerai, le premier sur sa tête les vengeances de la loi ! (Applaudissemens.)

Eh bien, me dit-on, vous venez vous-même de prononcer la condamnation de la secte non-sermentée, de cette secte essentiellement effrénée dans ses procédés, séditieuse, insurgente, implacable ennemie du culte salarié par l'État : qu'on bannisse donc ces pestes publiques de leurs anciennes paroisses; qu'on les entasse bon gré mal gré dans le chef-lieu de chaque département, et qu'on les prive même du modique reste de leur ancien traitement...

Je vous remercie, Messieurs, pour mon compte, de ce que vous voulez bien renforcer ainsi dans le siége de ma métropole le foyer d'aristocratie, de calomnie et de mendicité (applaudissemens) ; je ne me plaignais pas de son insuffisance.

Je ne sais si je m'aveugle ici dans ma cause ; mais s'il fallait

arbitrairement violer les droits de l'homme, c'était ce me semble
l'inverse de cette persécution qu'il fallait proposer ; c'était la
multitude coalisée des non sermentés de la ville qu'il fallait demander à disperser dans les campagnes, et si clair qu'on le
pourrait, au lieu d'en faire dans le royaume quatre-vingt-deux
foyers de guerre civile, en réunissant ceux de chaque département dans son chef-lieu : l'étrange méthode que celle de réunir
les forces que l'on craint au lieu de les diviser ! Que ces messieurs,
qui osent ainsi rallier sous les drapeaux de la ville ces ennemis
de l'État dispersés dans les campagnes, veuillent bien consulter
un despote, il leur dira : je dépeuple mon empire pour le mieux
gouverner ; plus les hommes sont prêts les uns des autres, plus
ils sont à craindre...

Laissons, messieurs, laissons ces citoyens choisir le lieu de
leur domicile, et surtout gardons-nous d'ajouter en eux les fureurs de la faim à celles du fanatisme.

Mais ce qui m'étonne le plus, j'aurais pu dire ce qui me révolte le plus dans ce projet de loi pénale, c'est qu'il embrasse
dans sa colère toute la secte, et qu'il frappe du même coup
tous les individus sans miséricorde, sans discernement et sans
formalités : ils subiront donc le même châtiment le factieux et
l'apathique, le brûlot et le bonhomme, le chef de bande et le
traîneur, le frénétique et le pusillanime, le bouillant jeune
homme et le paisible vieillard, celui dont le refus de prêter le
serment tient à de grands vices, et celui dont le refus tient à de
grandes vertus !

On distinguera, dites-vous, ceux qui seront favorablement
notés par les municipalités... Bon, voilà l'inquisition municipale
pour nous consoler d'une loi pénale arbitraire. (Applaudissemens.)

De grâce, messieurs, sous le règne de la liberté point de punition sans jugement, et point de jugement sans procédure.

Des procédures, dit-on, il n'en faut pas ; de quoi serviraient-
elles ? Ces suborneurs ferment la bouche à leurs adhérens par

l'intérêt du parti, à ceux du parti contraire par la crainte; des témoins, chose impossible...

Dieu soit loué! le mal n'est donc pas aussi grand qu'on le dit (on rit), un trouble public que ne dépose personne, n'est pas un trouble bien alarmant!

Quoi, messieurs, des législateurs, se transformant en officiers de justice, et d'une justice bottée, dédaigneraient et les témoins qu'exige le droit naturel et les procédures sagement prescrites par la loi criminelle? Quoi, pour le plaisir d'abréger les cérémonies, ils condamneraient, deplein vol, aux ennuis de l'exil et aux horreurs de l'indigence, une multitude d'hommes répandus dans l'empire, les uns paisibles, honnêtes, irréprochables, autant que les autres sont séditieux, incendiaires et turbulens? Quoi! des législateurs oseraient confondre dans la même proscription des hommes dignes d'une destinée si différente, et, dédaignant de discerner les nuances diverses du crime, ils oseraient mettre de niveau tous les coupables, et ne rougiraient pas de les soumettre tous également à une peine uniforme!

Ah! messieurs, rendriez-vous contre eux un jugement plus commun, les condamneriez-vous à un châtiment plus égal quand tous ces hommes, au lieu d'être épars comme ils le sont dans leurs campagnes, auraient été saisis étant rassemblés sous les drapeaux de la contre-révolution, et tournant leurs armes contre la patrie? Quand tel serait, messieurs, leur crime commun, auriez-vous la cruauté de frapper tout à la fois cette multitude de têtes; vous, clémens législateurs, quand les despotes, les cruels despotes ne feraient que les décimer? Et pourriez-vous ensuite soutenir les regards de l'opinion publique?

Que reste-t-il donc à faire au législateur contre les non-sermentés? Rien en lois rigoureuses; elles sont faites contre ceux d'entre eux qui se rendraient perturbateurs du repos public; elles sont faites contre ceux qui troubleraient l'exercice d'un culte quelconque : c'est maintenant au pouvoir judiciaire à les appliquer séparément à chaque accusé, et à graduer la peine sur la grandeur du délit; la tâche du pouvoir exécutif est de surveiller, de provoquer le judiciaire ; la nôtre, messieurs, est consommée en fait de rigueur.

Aussi je déclare ici d'avance que j'invoquerai la question préalable sur tout projet de loi sur les non-sermentés qui renfermerait quelque sévérité.

Il n'en est pas de même des projets de loi qui tendraient à leur accorder une plus grande latitude de protection et de liberté; j'y applaudis à l'avance. (Applaudissemens.)

TROISIÈME QUESTION. *Quels sont les remèdes du mal dont on se plaint?* — En deux mots, messieurs, cherchons le remède dans les contraires du mal qu'il faut guérir.

Les désordres publics qu'on vous a dénoncés, viennent en partie de l'aigreur des esprits : imaginons donc des lois capables de les adoucir.

Ces désordres viennent de la contrainte où sont restés les non-sermentés à l'égard de leur culte : imaginons donc des lois qui leur donnent à cet égard la latitude de liberté que la Constitution accorde à tous les cultes.

Ces désordres viennent de l'inaction des pouvoirs constitués, inaction que favorise le gouvernement par sa feinte nullité : il faut donc tout réveiller, tout exciter, tout ranimer, les pouvoirs constitués par le pouvoir exécutif, et l'exécutif par nous-mêmes.

Ces désordres viennent encore de l'intolérance du peuple, attaché fortement à son culte ; et cette intolérance est le déplorable effet du peu de lumières politiques qui ont encore percé dans nos campagnes : tâchons donc d'accélérer dans le peuple le progrès des lumières ; affermissons-le dans les maximes de tolérance, surtout religieuse, et donnons ainsi une base solide à la sûreté des non-sermentés et à la liberté de tous les cultes.

Or, c'est là, Messieurs, le but du projet que je veux soumettre à votre sagesse.

Quoi ! me dira-t-on, deux cultes séparés pour la même religion ; quoi ! les mêmes sacremens s'administreront dans deux espèces de temple, et par deux classes de prêtres ; pourquoi ce double emploi en cérémonies religieuses ?.... Pourquoi, Messieurs ?

Parce que ces deux classes de croyans, avec les mêmes pratiques
religieuses et les mêmes formes de prières, ont, en matière
grave, et pour de grands intérêts, des opinions toutes contraires;
parce que la classe des non-sermentés a pour l'autre une grande
aversion, qui, si elle se tempère un jour, ne peut céder qu'à la
longueur des temps, à la tolérance des hommes, et à la douceur
de la loi ; parce que la même classe, imbue de l'erreur que
l'autre classe est tombée dans le schisme, et craignant de s'en
rendre complice, se fait une loi rigoureuse d'éviter toute communication avec des schismatiques, de se mêler à ce qu'ils appellent
des intrus, de fuir même leurs églises ; et sans doute c'est avec
scrupule qu'ils vivent dans la même atmosphère, et qu'ils res-
pirent le même élément : avec d'aussi étranges disparités,
comment espérer de ces hommes exaltés des rapprochemens
prochains ?

Cependant, par des égaremens de cette espèce, ils n'ont pu
perdre ni le droit d'être libres ni celui de fuir des monstres ima-
ginaires; pourquoi donc ne jouiraient-ils pas de la faculté d'adorer
à côté de nous le même Dieu que nous, pendant qu'au même lieu
où on leur refuserait la célébration de nos saints mystères, on
permettrait à des païens les mystères d'Isis et d'Osiris, au ma-
hométan d'invoquer son prophète, au rabin d'offrir ses holo-
caustes ?

Cette liberté de culte ne fût-elle pas un des droits sacrés du
citoyen, nous devrions, Messieurs, l'accorder aux non-sermentés,
dans l'espoir qu'un divorce consenti avec douleur, supporté avec
modération, amènerait plus tôt la réunion des deux partis, maintenant incompatibles.

Jusqu'où enfin, me direz-vous, ira cette étrange tolérance?
Ce ne sera pas sans doute jusqu'à permettre aux non-sermentés
l'administration des sacremens?.... Jusqu'où enfin, vous dirai-je
à mon tour, porterez-vous la manie de mutiler la tolérance et
d'enrayer la liberté? (Applaudissemens.) Ce n'est pas sans doute
le moment de donner aux temples des non-sermentés des fonds
baptismaux, d'y opérer l'union conjugale, d'y placer des confes-

sionaux ; il faut que la loi civile ait auparavant déterminé le mode de constater les naissances des enfans qu'on y baptisera, les mariages qu'on y célébrera, les décès et les inhumations des morts qu'on y aura présentés. Quand la loi aura rempli ce préliminaire urgent, quelle raison pourrait empêcher que ces temples nouveaux ne jouissent de la plénitude des droits attachés à nos temples? Quand la loi permettra sur les deux autels le même sacrifice, par quelle inconséquence n'y laisserait-elle pas couler aussi la vertu des mêmes sacremens?

Prenez-y bien garde, Messieurs, ce ne serait pas seulement restreindre dans les prêtres non-sermentés les droits du sacerdoce, ce serait encore attenter à la liberté du peuple dans le choix de son culte. Par quel paradoxe la loi empêcherait-elle un père sectateur des non-sermentés de leur donner son enfant à baptiser, pendant qu'elle permettrait à ce même père de le faire circoncire par un rabin? Pourquoi la loi repousserait-elle un mariage célébré dans un temple quelconque, pourvu qu'il portât le caractère d'un contrat civil régulièrement fait?

On m'opposera pour dernière ressource les alarmes du peuple sur les abus que fera de ces églises particulières l'esprit de parti. Là, dit-on, se réuniront nécessairement et se coaliseront les ennemis de la révolution, et dans ces foyers d'aristocratie se prépareront des explosions violentes contre la constitution et la liberté....

Terreurs puériles; la sombre défiance voit tout en noir, et, comme l'œil timide de celui qui voyage dans les ténèbres de la nuit, les objets les plus indifférens paraissent à l'homme ombrageux des monstres qui le glacent d'effroi.

Je veux au contraire, par vingt traits serrés, démontrer et qu'il n'y rien à craindre et qu'il y a tout à espérer du culte séparé des non-sermentés.

Ces temples seront ouverts; des provocations au peuple de s'armer contre la constitution ou de résister à la loi ne pourraient s'y faire dans les ombres du mystère; l'accusateur public aurait les yeux toujours ouverts sur les discours tendant à la sédition

ou à la révolte; les séditieux seraient punis sans avoir la gloire
d'être persécutés pour cause de religion; il n'y aurait alors à espérer pour ces séditieux ni palme du martyre, ni ce culte que
toute classe de croyants rend aux confesseurs de sa foi; ce ne serait que le châtiment d'un malfaiteur à subir, et de l'opprobre à
dévorer. Ainsi contenus par la police, qui ferait toute grâce aux
opinions, aucune aux attentats, les consciences seraient libres,
et l'État serait tranquille.

Qui ne voit d'ailleurs que la liberté d'un tel culte doit énerver
insensiblement l'esprit d'insurrection, tempérer l'effervescence
religieuse, et éteindre graduellement la secte? Ne craignez pas
du moins qu'elle acquière jamais de la prépondérance : le culte
salarié par l'État a sur tous les autres un ascendant qui le rend
de plus en plus dominant. Probablement cette classe des non-
sermentés s'éteindra avec les prêtres qui l'ont formée; si la secte
peut avoir une succession clandestine de ministres de son culte,
combien le lien qui les unirait aux races futures serait plus faible
que celui qui unit aujourd'hui les prêtres déchus de leurs cures
avec leurs anciens paroissiens! Un culte salarié par des individus
s'affaiblit constamment; on se familiarise par l'habitude avec
l'obéissance à la loi qu'on improuvait le plus dans son principe.
La constitution française est de nature à multiplier sans cesse le
nombre de ses partisans et de ses amis; les plaies qu'elle a faites
étant une fois cicatrisées, il n'y aura plus qu'une voix dans le
royaume pour la maintenir et l'améliorer. Eh! qui ne voit que
la scission des non-sermentés doit décliner en raison des progrès
que fera la constitution dans l'opinion publique et dans le cœur
des Français. (Applaudissemens.)

Que vos décrets sur la liberté des cultes soient donc purgés de
toute entrave qui ne sera pas impérieusement commandée par
de graves considérations d'ordre public; un reste d'habitude de
l'ancien régime nous laisse malheureusement comme malgré nous
je ne sais quelle pente pour les lois probibitives, très-indécente
dans une assemblée de restaurateurs de la liberté : ainsi conser-

vent encore une certaine gêne dans les mouvemens ceux qui ont
long-temps gémi dans les fers.

Le célèbre arrêté pris le 11 avril par le département de Paris
n'est pas entièrement exempt de cette rouille prohibitive, quoique
des génies créateurs de la constitution y aient eu la plus grande
part. Pourquoi fermer au public des églises non nationales,
mais nécessaires encore à quelques restes de corporations ?
Pourquoi condamner ainsi les non-sermentés à un culte clandestin, même dans des lieux auparavant publics ? Pourquoi ce
silence de l'arrêté sur la libre administration des sacremens par
des hommes qui en étaient naguère les administrateurs à quelques
pas de là, dans d'autres églises de la même ville ? Pourquoi gêner
la confiance du peuple, quand elle se partage entre différens
ministres du même culte, ou entre les ministres des différens
cultes ? Pourquoi forcer, principalement dans les campagnes,
les non-sermentés et leurs pauvres sectateurs à acquérir des églises
à grands frais, plutôt que de leur offrir en frères d'alterner avec
nous dans nos églises ? Combien d'exemples n'en offrent pas les
églises d'Allemagne ! Voyez en Virginie plusieurs classes de
croyans se succéder dans les mêmes temples, comme nous nous
succédons les uns aux autres pour assister à des messes successivement célébrées. Quel a été l'effet de ces sages alternats ? Les
différentes sectes, déjà rapprochées par cette communauté de
local, après avoir ainsi fait fraterniser leur culte, ont fini par
fraterniser entre elles hors du sanctuaire qui leur était commun.

Cependant, Messieurs, n'allez pas croire que mon vœu soit
qu'on donne tête baissée dans l'exécution prompte de ces nouvelles mesures ; elles sont si étranges pour un peuple nourri jusqu'à ce moment dans les maximes perverses et dans la cruelle
habitude de l'intolérance, qu'il faut lui présenter une à une ces
sages nouveautés, et l'y accoutumer lentement, comme on ac-
coutume lentement au grand jour des yeux long-temps malades,
et aux alimens un convalescent qui revient des portes de la mort.
Il faut surtout éclairer le peuple avec patience, et lui faire goûter
la loi avant de l'y soumettre, quand elle heurte étrangement ses

préjugés. On ne met pas brusquement un frein au cheval in-
dompté. Le retour à la liberté dans tous les genres a ses grada-
tions nécessaires, comme l'a eu l'établissement de la servitude;
malheur à la loi qui violente la soumission avant d'avoir obtenu
les suffrages du peuple! La lumière doit être le grand précurseur
de la loi, quand c'est le souverain qui la fait; laissons au despote
l'odieuse politique de préparer par l'ignorance ses esclaves à ses
commandemens. (Applaudissemens.)

Il faut surtout que, par l'instruction émanée du législateur, le
peuple soit préparé à la hardiesse de la loi et amené lentement
à sa paisible exécution, quand, au lieu de ne régler que ses intérêts temporels ou ses actions civiles, elle doit parler à sa conscience, et changer ses habitudes religieuses. C'est alors surtout
qu'il faut l'éclairer avant de mettre sa docilité à de trop fortes
épreuves. Au lieu de lui fournir brusquement un sujet d'émeute
et d'insurrection, épargnons-lui des fautes par de sages lenteurs
dans l'exécution des lois qui l'étonnent.

Dans les circonstances présentes, il est de l'intérêt même des
non-sermentés de ne point précipiter la jouissance d'une liberté
de culte encore mal assurée; il est de l'intérêt de tous de n'exposer
ni le peuple au crime de l'émeute, ni les sectateurs d'un culte
protégé par la loi, aux dangers d'un attentat populaire. La municipalité de Paris, par sa modération en de telles conjonctures,
doit servir de modèle au reste du royaume, et a les plus grands
droits aux hommages publics.

Dans toute la suite de ce discours, je ne vous ai rien dit, Messieurs, qui ne vous soit familier; mais j'ai du moins prouvé ce
qu'on ne croit peut-être pas assez : c'est qu'en matière de tolérance religieuse, la doctrine d'un évêque pénétré du véritable
esprit de la religion, ne s'éloigne pas de la doctrine du philosophe,
et que le zèle pastoral se trouve ici parfaitement d'accord avec la
modération du législateur.

M. Ducos. Le discours qui vient d'être prononcé contient de
grands principes de tolérance et de liberté; il est de notre devoir
d'en faire jouir nos concitoyens. Je demande l'impression de ce

discours, en expiation du discours intolérant dont l'impression a été décrétée hier.... (Quelques applaudissemens. --Nombreux murmures. — *A l'ordre! à l'ordre!*)

M. Ramond. Si vous rappelez M. Ducos à l'ordre, vous y rappellerez les deux tiers de l'assemblée. (Bruit. — *A l'ordre! à l'ordre!*)

M. Lacroix. Je crois que l'assemblée ne doit expier que sa trop grande facilité à se laisser injurier par ses membres. Lorsque l'assemblée ordonne l'impression d'une opinion, elle n'en adopte pas les principes; mais elle reconnaît que cette opinion contient des vues nouvelles qui méritent la méditation de ses membres. D'après cela, l'assemblée n'a rien à expier, et je demande que M. Ducos soit rappelé à l'ordre. (Bruit.)

M. Fauchet. (Applaudissemens des tribunes.) Très-convaincu que M. Ducos n'a pas eu l'intention de manquer à l'assemblée, et que c'est par un excès de tolérance qu'il a été intolérant envers moi, je crois que l'assemblée ne doit point le rappeler à l'ordre; mais je demande qu'il me soit permis de répondre à M. l'évêque de Bourges, qui m'a attaqué avec beaucoup d'éloquence et d'énergie.... (Murmures.) Je vous prouverai que je n'ai proposé en aucune manière des mesures d'intolérance.... (Murmures.) Je n'ai condamné personne à mourir de faim.... (Bruit. — *L'ordre du jour!*) Puisque l'assemblée n'est pas disposée à m'entendre, je conclus simplement à ce que M. Ducos ne soit pas rappelé à l'ordre. (Appuyé.)

L'assemblée décrète l'impression du discours de M. Torné, et passe à l'ordre du jour.

SÉANCE DU 3 NOVEMBRE.

M. Fauchet. La tolérance des poisons de la société est la plus grande intolérance contre la société; mais accuser d'intolérance celui qui ne veut pas qu'on paye les empoisonneurs, c'est le comble du ridicule. On m'accuse d'avoir déployé une éloquence cruelle, quand je n'ai été ni cruel ni éloquent, mais seulement

juste et sensé. (Plusieurs voix : *Au fait.*) Il s'agit de défendre
mon opinion contre ceux qui l'ont attaquée.

On trouve que c'est contraindre des hommes à mourir de
faim que de les obliger à vivre de leur propriété ou de leur travail ; on me trouve cruel quand je sollicite, pour les pauvres qui
vous demandent du travail, des sommes immenses prodiguées
à des hommes oisifs, inutiles et dangereux. Mon éloquence est
cruelle contre les réfractaires : celle de mes adversaires est
cruelle contre la partie la plus intéressante de la nation. On
veut vous déshonorer par des mesures honteuses ; on veut donner le change à l'opinion publique : mais il est encore des
hommes qui sauront prémunir l'assemblée contre les projets de
ces endormeurs. En vain voudrait-on vivre fraternellement avec
ces prêtres qui secouent les torches du fanatisme ; ils ne veulent
pas vivre en amis, ni même vivre en ennemis paisibles : ils ont
la haine dans le cœur, et le flambeau de la discorde à la main.
Qui peut calculer l'effet de cette scission survenue dans un même
culte, entre les ministres et leurs disciples, dont les uns ont continuellement les imprécations à la bouche et le fiel dans l'ame, et
dont les autres ne cherchent que l'union, l'égalité et la paix.
Renfermez-les dans les mêmes temples, et bientôt les loups dévoreront les agneaux paisibles, à moins que le lion de la garde
nationale ne veille sans cesse sur eux.

M. l'évêque du département du Cher doit savoir, comme
toute la France, que ce sont les prêtres assermentés qui ont été
lapidés, égorgés, et que les prêtres assermentés ne se sont jamais vengés que par des plaintes, qui même n'ont donné lieu
qu'à des commencemens de procédures. Voulez-vous savoir à
quels excès furieux se portent les non-conformistes dans les départemens. Deux ou trois cents femmes d'une paroisse de Caen
ont poursuivi le curé constitutionnel, l'homme le plus paisible,
l'ont lapidé, l'ont chassé jusque dans son église, où elles ont
descendu le réverbère du chœur pour le pendre devant l'autel.
(Plusieurs voix : *Eh bien ! Messieurs les endormeurs !*) Ce qui a eu
lieu dans le sein d'une grande ville où veillent douze mille ames

de gardes nationales, ne peut-il pas se répéter dans les campagnes? Mais, dit-on encore, en affectant une sensibilité à contre-sens, une grande et généreuse nation, après avoir accordé une pension à des bénéficiers sans exiger d'eux ni travail ni serment, peut-elle rétracter ses engagemens et les réduire à mourir de faim ? Les biens du clergé étaient destinés à trois usages : au soulagement des pauvres, aux frais du culte, au traitement des ministres. La nation s'est chargée de remplir les deux premières obligations : la troisième se réduit à donner aux prêtres qui font un service le salaire strictement nécessaire. Le prêtre doit vivre de l'autel comme le fonctionnaire de la société du produit de ses fonctions.

On ne paie pas ceux qui ne font rien ; on a paru larmoyer sur le sort de ces prêtres qui veulent gagner de l'argent en restant oisifs, tandis qu'une foule de pauvres ne vous demandent que du travail. Mais, a-t-on dit, il ne faut pas que d'anciens fonctionnaires ecclésiastiques, dépouillés de leurs biens, soient réduits à mourir de faim ou à trahir leur conscience. Mais puisqu'ils veulent élever autel contre autel, et que la loi le leur permet, qu'ils vivent de l'autel ; et quand les citoyens seront lassés de payer un culte qu'ils pourraient avoir pour rien, ils trouveront à exercer leur industrie, soit dans le commerce, soit dans l'agriculture. Je conclus qu'il ne faut payer que ceux des ecclésiastiques valides qui se présenteront pour recevoir de l'emploi.

M. Gensonnet. En fixant votre attention sur les troubles religieux qui agitent une partie de l'empire, j'examinerai les causes qui les ont produits, et je vous proposerai des moyens propres à en arrêter les progrès. C'est de la décision que vous allez prendre que dépendent la tranquillité intérieure, et peut-être la sûreté extérieure. Si les mesures que vous prenez sont insuffisantes, ou même si elles aggravent la cause du mal, il est impossible de prévoir jusqu'où les malheurs pourront se porter.

L'assemblée nationale constituante, en posant les bases de la constitution, n'a pu tout faire ; elle a laissé à ses successeurs le soin d'accomplir ce grand ouvrage par des lois réglementaires

qui en assurent l'exécution; de remplacer une partie de celles
qui sont faites, ou de leur donner plus d'ensemble. Telle est la
tâche que vous avez à remplir; mais, pour vous y livrer avec
succès, vous devez commencer par rétablir la paix intérieure.
Vos premiers regards doivent donc se porter sur la situation
des départemens. Si la tâche de vos prédécesseurs était celle du
génie et du courage, la vôtre doit être celle de la prudence et
de la raison.

Les troubles intérieurs tiennent uniquement à l'existence des
querelles religieuses. Examinons nos moyens et nos forces;
écartons surtout de nos délibérations ces mouvemens tumultueux et précipités qui en accuseraient hautement la sagesse. Je
vais prouver que tous les moyens qui ont été proposés jusqu'ici
sont insuffisans ou absurdes, tyranniques et illusoires. Je vous
proposerai des mesures pour faire cesser ces querelles religieuses, et les précautions que la prudence peut suggérer contre
les perturbateurs du repos public quels qu'ils soient. Il semble-
rait au premier coup-d'œil que l'ordre public ne devrait pas être
troublé par la diversité des opinions. On conçoit, en effet, comment en France toutes les variétés des cultes pourraient s'établir sans que la tranquillité publique en reçût le moindre échec;
cependant les différentes opinions qui se sont élevées sur l'exercice d'un même culte ont déjà produit une scission funeste entre
les citoyens de l'empire. Cette situation des choses doit donc
être attribuée à une autre cause qu'à la différence des opinions,
elle doit être attribuée à l'intimité des rapports qui lient un
culte exclusif à l'ordre social et aux différentes institutions publiques, à la ténébreuse malveillance des ennemis de la constitution.

1°. On a laissé subsister trop long-temps entre les mains des
prêtres des fonctions qui tiennent à l'ordre civil, il en est résulté que les personnes qui sont restées attachées aux anciens
fonctionnaires ecclésiastiques, n'ont su à qui s'adresser pour leurs
baptêmes, leurs mariages, etc. Ainsi, lorsque les lois semblaient
assurer la liberté des cultes, les fonctions civiles attachées ex-

clusivement à l'un d'eux, semblaient lier l'existence des citoyens
à l'admission d'un culte religieux. De l'autre côté, il n'est pas
douteux qu'une partie de l'ancien clergé, irritée de la suppression des abus, de la perte de ses dîmes et de l'influence positive
qu'elle avait sur le gouvernement, a formé un système d'opposition contre les lois, et continue d'exciter le peuple contre la
constitution qui doit faire son bonheur. Ils se flattent de recouvrer leurs priviléges, en livrant la France aux convulsions du
fanatisme, et aux horreurs d'une guerre de religion.

Il n'est pas douteux encore que dans plusieurs parties du
royaume les guerres religieuses proviennent de ce qu'on a persuadé au peuple que la constitution commandait le sacrifice de
leurs opinions religieuses. Les hommes mêmes attachés à la révolution, ont beaucoup contribué à établir ce préjugé, en regardant comme ennemis publics tous ceux qui, par faiblesse ou
par erreur, ou par l'effet d'une conscience timorée, sont restés
attachés à leurs anciens pasteurs. C'est ainsi que dans la plupart
des départemens on a persécuté et tourmenté les peuples des
campagnes ; c'est ainsi qu'on les a induits en erreur, en mettant
en opposition leur amour pour la patrie, avec leur amour pour
les anciens dépositaires de leur confiance ; c'est ainsi que l'on a
désigné comme aristocrate le simple et crédule cultivateur, qui
était seulement trompé dans son opinion religieuse ; c'est ainsi
qu'on leur a persuadé et qu'ils se sont persuadé à eux-mêmes,
qu'ils devaient haïr la constitution, parce qu'ils ne voulaient pas
suivre le culte que la nation salarie, et qu'il fallait regarder,
comme une atteinte à la constitution, les lois mêmes qui assuraient la liberté plus indéfinie des cultes ; c'est ainsi, enfin, que
par une singulière méprise on a identifié l'amour de la constitution avec l'adoption de tel ou tel système religieux. Ce qu'il importe de ne pas perdre de vue, ce sont les effets qui résultent de
ces erreurs. D'abord les déplacemens, les fatigues, la perte du
temps, le sentiment profond de l'injustice dont une partie du
peuple est victime, les rivalités, les jalousies qui naissent du
contraste entre le bonheur, et la commodité des uns et les désa-

grémens qu'éprouvent les autres. Il en résulte que le peuple à chaque instant est tenté de se porter, et se porte souvent aux excès les plus graves, soit contre les prêtres conformistes, soit contre ceux qui leur sont attachés.

La majorité du peuple accuse les lois de ses malheurs. Dans un grand nombre de paroisses, les municipalités sont désorganisées, la force publique est dispersée dans les lieux où la majorité adopte le culte salarié ; la minorité non-seulement ne jouit pas de la liberté de son culte, mais elle est persécutée. Le peuple, témoin des désordres excités par les ordres des chefs des non-conformistes, confond dans son indignation l'innocent et le coupable. Là, il confond le patriotisme avec les opinions, et pour maintenir la liberté publique, il viole la liberté des consciences, et l'on ne peut concevoir les malheurs qui résulteront de cette situation des choses, si vous aggravez le mal par des mesures fausses ou insuffisantes. C'est parce qu'on a ignoré ces faits, parce que les préventions ont donné une fausse direction à l'opinion publique, qu'on vous a proposé des mesures qui tendent à favoriser et à propager encore les causes du mal. C'est parce qu'on ignore que la constitution et la déclaration des droits ont été violées par des lois réglementaires, que l'on vous a demandé la question préalable sur toute cette discussion. Je dois vous le dire, la question préalable donnerait à ce préjugé, qu'il faut détruire, les conséquences les plus effrayantes ; elle deviendrait le signal de l'intolérance, elle augmenterait l'aigreur des esprits dans la proportion la plus alarmante.

M. Fauchet vous a parlé d'une mesure qui ferait infiniment plus de mal, qui attaquerait bien plus directement la liberté religieuse, que ne l'a fait le serment particulier qu'il vous propose de supprimer. M. Ramond vous a proposé une mesure bien plus inconséquente encore ; il demande que la nation salarie tous les cultes sans priviléges et sans exception. Il n'a pas fait attention que ce n'est pas par une exception, ni par un privilége quelconque, que la nation paie le culte catholique. En s'emparant des *biens qui lui* étaient affectés, elle a dû naturellement se charger d'en payer les frais. A la vérité, ceux qui volontairement se détachent de ce culte, n'ont plus de droit à ce salaire. J'ai entendu des hommes, dont j'honore le patriotisme, vous proposer l'enlèvement de tous les prêtres non conformistes. Je conçois comment les violences, l'emploi arbitraire de la force, sont les premiers moyens qui se présentent à l'esprit d'un despote qui ne calcule aucune résistance, et qui croit que tout est soumis au seul empire de sa volonté. Mais ce que je ne conçois pas, c'est comment, sous le règne d'une constitution dont les bases sont la liberté et l'égalité, les représentans de la nation peuvent se familiariser avec des mesures aussi arbitraires et aussi despotiques. Non, vous ne le pouvez pas.

Soit par rapport aux prêtres non-conformistes, soit par rapport au peuple qui suit leurs principes, cette loi est également absurde, dangereuse et inconstitutionnelle. D'abord elle a le terrible inconvénient de frapper l'innocent comme le coupable, de confondre toutes les nuances des délits, d'ôter toute possibilité de justification, d'écarter toute procédure; elle punit des hommes qui ne sont pas accusés, ou au moins que des preuves légales n'ont pas convaincus; elle a un effet rétroactif, et s'étendrait à des faits antérieurs à sa promulgation. Remarquez que l'appliquant à tous les non-conformistes sans aucune distinction, vous ajoutez par-là même une nouvelle peine à une peine déjà prononcée et subie; et comme les prêtres qui n'ont pu être remplacés ne seraient pas compris dans cette loi, il en résulterait une inégalité de peines qui tendrait à encourager ces derniers. Et à l'égard des infortunés habitans des campagnes, de ces hommes que l'on ne peut soupçonner d'être, en connaissance de cause, les instrumens de leurs oppresseurs, songez que s'il est possible de faire souffrir un peuple pendant quelque temps, il ne le sera pas d'étouffer les préjugés; au contraire, n'est-il pas naturel de penser que cette mesure violente en approfondira les racines, qu'elle augmentera l'aversion qu'il leur est impossible de ne pas avoir contre des lois qu'ils accusent de leur malheur? qu'enfin elle servira les projets des ennemis de la constitution.

Cette mesure non-seulement est injuste et tyrannique, mais elle serait encore la plus grande atteinte à la constitution. Vous le savez, la constitution garantit la liberté des cultes; elle veut que les citoyens aient le droit de choisir leurs ministres; et cependant ce qu'on vous propose, sous prétexte de priver les prêtres séditieux de la liberté dont ils abusent, tend à violenter la liberté des consciences, en empêchant les citoyens de s'adresser à ceux auxquels ils sont attachés. Dira-t-on qu'il ne faut pas deux églises pour le même culte? Vous ne devez pas être les juges de cette différence, quelqu'absurde qu'elle soit. Le citoyen cesserait d'être libre du moment où son culte serait réglé sur l'opinion des autres, et par une volonté qui ne serait pas la sienne. La déclaration des droits porte que nul ne sera arrêté ni détenu que dans les formes prescrites par la constitution; que nul ne peut être puni qu'en vertu de lois antérieurement proclamées et légalement appliquées. Et cependant on vous propose une loi de proscription générale contre des citoyens qui ne sont pas tous également coupables. Enfin, la base de la constitution est la séparation des pouvoirs, et dans aucun cas le corps-législatif ne doit exercer le pouvoir judiciaire; il doit fixer les peines, mais jamais les appliquer à tels cas particulier ou à tel individu.

Quelle serait donc l'utilité de cette mesure, et par quel moyen pourrait-on en assurer le succès? Quand on aura enlevé tous les prêtres non-conformistes, croit-on que le peuple des campagnes sera moins attaché à ses opinions qu'il ne l'était auparavant, et que gagne-t-on en laissant dans les lieux voisins, ceux que leur défaut de remplacement force à y rester? Ne sait-on pas que la persécution encourage au martyre, que l'enlèvement d'un seul prêtre fera venir à sa place vingt millionnaires? Comment prévenir l'insurrection là où la force publique et les autorités constituées sont désorganisées; l'insuffisance de ces premières mesures en appellera bientôt de plus sévères; est-il possible de prévoir là où il faudra s'arrêter? Sans doute on vous dira qu'à de grands maux il faut de grands remèdes, que le salut *du peuple* est la suprême loi; vains sophismes auxquels le des-

potisme vous avait accoutumés. N'était-ce pas aussi sur la nécessité des circonstances et sur le salut du peuple, que des hommes
sanguinaires conseillèrent à Charles IX le massacre de la Saint-
Barthélemy, et que le crédule tyran, par intérêt pour une partie
de son peuple, en fit égorger l'autre moitié.

A Dieu ne plaise que je vous conseille de porter sur ces troubles une coupable indifférence. Sans doute il faut des mesures
répressives; mais il faut des mesures telles que la constitution
les permet, et seulement prendre des précautions contre les
perturbateurs du repos public. Ne confondez pas par des mesures générales, le prêtre séditieux avec le prêtre ignorant; et
ne forcez pas le peuple à des mouvemens dangereux. Pour défendre la constitution avec tout ce qu'elle a de force et de
moyens, il ne vous demande que d'en étendre sur lui les bienfaits.

Nous avons cherché le remède dans la cause du mal; il tient
à deux causes toujours actives. D'un côté, l'inexécution de la
loi sur la liberté des opinions religieuses, de l'autre, les menées de quelques prêtres turbulens et séditieux. Attaquons-les
de front toutes les deux; effaçons jusqu'aux moindres traces de
persécution, et le fanatisme s'éteindra de lui-même. Détachons
de tout culte religieux, tout ce qui peut tenir à l'ordre civil et
politique. Déterminons, par des dispositions précises, les caractères qui peuvent faire connaître les délits contre l'ordre public,
et appliquons avec sévérité la loi contre tout individu, sans
distinction, qui s'en sera rendu coupable. Ce n'est pas un système nouveau que je vous présente, ce sont des lois réglementaires pour l'exécution de la constitution : c'est la constitution
elle-même que je vous propose. L'ancien comité de constitution
avait préparé un travail sur la manière de constater civilement
les naissances, décès et mariages. Ce travail peut être renvoyé
au comité de législation; la liberté religieuse a été établie par la
constitution : il est inutile de rendre un nouveau décret : mais
si la liberté des cultes a été proclamée par la constitution, il n'en
est pas moins vrai que, dans les onze douzièmes des départemens, elle est journellement violée, parce que les lois du corps

constituânt présentent à cet égard les contradictions les plus frappantes. Après avoir consacré par des dispositions pleines de philosophie et d'humanité la liberté religieuse, on n'a pris aucune des précautions nécessaires pour empêcher les abus qui pourraient troubler la tranquillité publique. Le Code pénal contient à cet égard deux dispositions immorales et illusoires : la première condamne les ecclésiastiques qui troubleraient l'ordre public, à être privés de leur traitement; l'autre les condamne à la dégradation civique. Vous ne ferez par-là que les jeter dans un sentier plus vicieux encore ; car la dégradation civique est-elle une peine pour l'homme qui a commencé par renoncer à tous les droits de citoyen?

Il faut des lois efficaces pour réprimer les factieux que vous voulez punir. Il me paraît essentiel d'ajouter à la loi des dispositions plus précises, et de déterminer son application à d'autres cas qui n'ont pas été prévus ; il faut encore que la proclamation de la loi emporte avec elle la certitude que les délits qu'elle poursuit ne resteront pas impunis; vous devez donc ordonner au ministre de la guerre de distribuer dans l'intérieur du royaume les troupes de ligne qui ne sont pas absolument nécessaires pour la défense des frontières, d'accélérer l'organisation de la gendarmerie nationale, et d'augmenter le nombre des brigades là où l'agitation des esprits et le défaut de communication les rendent plus nécessaires.

L'assemblée nationale constituante a reconnu qu'on lui avait fait donner beaucoup trop d'importance à ces dissensions religieuses ; profitons de ses erreurs et des leçons de l'expérience ; séparons de la religion tout ce qui tient à l'ordre civil, et lorsque les ministres du culte, que la nation salarie, seront réduits à des fonctions purement religieuses ; lorsqu'ils ne seront plus chargés des registres publics, de l'enseignement et des hôpitaux, lorsqu'ils ne seront plus dépositaires des secours que la nation destine à l'humanité souffrante ; lorsque vous aurez détruit ces corporations religieuses de prêtres séculiers, absolument inutiles, et cette nuée de sœurs grises, qui s'occupent moins de soulager les malades que de répandre le poison du fanatisme, alors les prêtres n'étant plus fonctionnaires publics, vous pourrez adoucir la rigueur des lois relatives au serment ecclésiastique, vous ne gênerez plus la liberté des opinions, vous ne tourmenterez plus les consciences, vous n'inviterez plus, par l'intérêt, les hommes au parjure; peut-être vous déterminerez-vous à quelques chan-gemens salutaires qu'il conviendrait de faire, relativement au mode d'élection des fonctionnaires publics, et particulièrement à l'élection des curés. Je voudrais que l'on rendît aux habitans des paroisses le droit de concourir immédiatement à la nomina-tion de leurs pasteurs, alors ces choix seraient le résultat de la confiance individuelle, et soyez sûrs que jamais on n'aurait vu les paroisses s'élever contre les prêtres assermentés qu'elles au-raient été obligées de choisir. C'est à ces objets que je réduis les mesures que je vous propose de prendre. Rappelez-vous que le respect pour la liberté individuelle est le plus sûr garant de la liberté publique, et qu'on ne doit jamais cesser d'être juste, même envers ses ennemis. (On applaudit.)

L'assemblée ordonne l'impression du projet de décret de M. Gensonnet, et décide que le comité de législation lui fera dans huitaine le rapport des différens projets de décret présen-tés dans le cours de cette discussion.

SÉANCE DU 6 NOVEMBRE.

[N..... Le directoire du département de Mayenne-et-Loire a envoyé à la députation de ce département un courrier extraordi-naire, pour lui faire connaître la situation déplorable où il se trouve. Voici cette adresse :

« Les administrateurs du département vous envoient un courrier extraordinaire pour vous faire part des troubles qui l'agitent ; ils sont tels, que si l'assemblée nationale ne prend pas des mesures promptes et sévères, il en résultera des malheurs qui sont incal-culables. Des rassemblemens de 3 à 4,000 hommes armés se sont formés dans plusieurs parties de notre département, et se livre-ront à tous les excès que produit le délire de la superstition et du fanatisme. Des pélerinages, des processions nocturnes conduites par des prêtres séditieux, ont été le prétexte de ces attroûpemens : il était facile de les dissiper tant que les pélerins n'avaient que le chapelet à la main; mais aujourd'hui que les prêtres les ont remplis de leurs fureurs sacrées, qu'ils sont parvenus à leur persuader que les administrateurs sont les ennemis de la religion; aujourd'hui qu'ils sont armés de fusils, de faulx et de piques; qu'ils ont soutenu plusieurs actions contre les gardes nationales, il n'est plus temps de dire : Ce sont des querelles de religion; il faut les mépriser. Partout les prêtres constitutionnels sont maltraités, assassinés jusqu'aux pieds des autels. Les églises des campagnes, fermées en vertu des décrets de l'assemblée nationale constituante, sont ouvertes à coups de haches, et les prêtres non assermentés y reprennent leurs fonctions. Les rôles des contributions ne se font pas, parce que les municipalités sont désorganisées. Trois villes, chefs-lieux de district, sont pour ainsi dire assiégées et près d'être surprises et incendiées; et les prêtres qui dirigent tous ces crimes pourront bien finir par nous mener à une contre-révolution par une guerre civile.

» Voilà le tableau simple des désastres qui affligent le département de Mayenne-et-Loire : nous nous en rapportons à vos lumières et à votre sagesse sur les mesures à prendre. Quelque danger terrible qui nous menace, nous vous jurons d'exécuter la loi, de rester fidèles à notre poste, et de mourir plutôt que de l'abandonner. »

N..... Il me semble que l'adresse qui vient de vous être lue peut être considérée sous deux rapports : 1° sous un rapport général, 2° sous le rapport particulier de la situation du département de Mayenne-et-Loire. Sous le premier, je demande le renvoi au comité de législation, et, sous le second, au pouvoir exécutif, qui doit employer tous les moyens que la constitution lui donne pour maintenir la tranquillité publique. J'observe que je suis porteur d'un grand nombre de procès-verbaux qui contiennent des faits très-graves à l'appui de l'adresse du directoire: je les remettrai au comité de législation, avec un mémoire très-étendu sur le même objet. Un membre de ma députation m'apprend à l'instant qu'un curé, à sept lieues d'Angers, vient d'être lâchement assassiné.

M. Goupilleau. Le département de la Vendée, voisin de celui de Mayenne-et-Loire, est peut-être dans une situation plus effrayante encore. Il y a les mêmes troubles, les mêmes attroupemens, et je pourrais citer à l'assemblée des faits qui prouvent que les prêtres sont venus à bout de persuader aux crédules habitans des campagnes qu'ils seraient invulnérables tant qu'ils combattraient pour la religion.

M. Isnard. Voilà où vous conduit l'impunité : elle est toujours la source des plus grands crimes, et, aujourd'hui, c'est la seule cause de la désorganisation sociale dans laquelle nous sommes plongés. Les systèmes de tolérance qu'on vous a proposés seraient bons pour des temps de calme; mais doit-on avoir de la tolérance pour ceux qui ne veulent tolérer ni la constitution, ni les lois? Est-il permis d'avoir de l'indulgence pour ceux qui, avec les torches du fanatisme, incendient tout le royaume? Sera-ce quand le sang français aura teint les flots de la mer que vous sentirez enfin les dangers de l'indulgence? Il est temps que tout soit soumis à la volonté de la nation ; que thiares, diadèmes, encensoirs, cèdent enfin au sceptre des lois.

N...., Les faits qui viennent de vous être exposés ne sont que le prélude de ce qui va se passer dans le reste du royaume. Veuillez bien considérer les circonstances de ces troubles, et vous verrez qu'ils sont l'effet d'un système désordonnateur contemporain de la constitution. (*L'orateur se tourne du côté droit.*) Ce système est né là; il est sanctionné à la cour de Rome. Ce n'est pas un véritable fanatisme que nous avons à démasquer, ce n'est que l'hypocrisie. Ainsi, je demande que le comité de législation soit tenu de présenter incessamment des mesures vigoureuses et fermes, et que provisoirement le pouvoir exécutif soit chargé de prendre des moyens pour rétablir l'ordre dans le département de Mayenne-et-Loire.

L'assemblée ferme la discussion, et, sur la proposition de M. Lacroix, elle rend le décret suivant :

« L'assemblée nationale décrète que son comité de législation fera, mardi prochain, son rapport sur les mesures à prendre contre les prêtres non assermentés perturbateurs du repos public ; et que, toute autre affaire cessante, l'assemblée s'occupera de cet objet jusqu'au décret définitif.]

SÉANCE DU 14 NOVEMBRE.

Le comité de législation présente à cette séance le projet de décret dont l'assemblée l'avait chargée le 6 novembre. Il fut rejeté par la question préalable, et Isnard prit immédiatement la parole sur le fond.

[*M. Isnard.* Puisque cette matière est encore nouvelle après quinze jours de discussion, je demande à proposer des mesures nouvelles. (Il s'élève quelques murmures. — Plusieurs membres demandent le renvoi immédiat de la question au comité de législation.)

Après quelques débats, l'assemblée décide que M. Isnard sera entendu.

M. Isnard. Les ministres du culte troublent la tranquillité publique : pouvons-nous, devons-nous faire une loi pour réprimer ces délits ? Quelle sera cette loi ? voilà, je crois, le vrai point de la question. Beaucoup de bons esprits ont affirmé que nous ne pouvions pas faire de loi directement contre les prêtres perturbateurs, et voilà leur argument présenté dans toute sa force : de deux choses l'une, disent-ils : ou le prêtre n'est que fanatique, ou il est perturbateur ; s'il n'est que fanatique, la loi ne doit pas l'atteindre, parce que la liberté des cultes est permise ; s'il est perturbateur, il existe contre lui des lois communes à tous les citoyens : vous n'avez seulement qu'à les faire exécuter. Ce dilemme, je l'avoue, est très-pressant, et c'est parce qu'on n'y a pas répondu que je vais tâcher de le combattre. Je soutiens, en deux mots, que les prêtres perturbateurs, ceux qui excitent des séditions *sous* prétexte de religion, doivent être punis de peines plus sévères que de simples particuliers, et que la loi doit les réprimer avec d'autant plus de force, que leur ministère sacré leur donne de plus puissans moyens.

La religion doit être regardée comme un instrument avec lequel on peut faire beaucoup plus de mal qu'avec tout autre, et c'est pour cela qu'il faut réprimer plus sévèrement ceux qui s'en servent : de même que l'on punit plus sévèrement l'incendiaire que le voleur. Le prêtre, dit Montesquieu, prend l'homme au berceau, et l'accompagne jusqu'au tombeau, d'où il n'est pas surprenant qu'il ait de si grands moyens de puissance. D'après ce principe, devons-nous faire une loi contre les prêtres qui, sous le prétexte de la religion, troublent l'ordre public. Je crois vous avoir prouvé que l'affirmative est fondée en justice.

Voyons quelle doit être cette loi. Je soutiens qu'il n'existe qu'un parti sûr : c'est l'exil hors du royaume. (Une partie de l'assemblée et des tribunes applaudissent.) Ne voyez-vous pas que c'est le seul moyen de faire cesser l'influence de ces prêtres factieux ? Ne voyez-vous pas qu'il faut séparer le prêtre du peuple qu'il égare ? Et s'il m'est permis de me servir d'une expression triviale, je dirai qu'il faut renvoyer ces pestiférés dans les Lazarets de Rome et de l'Italie. (On applaudit.) Ne voyez-vous pas que si vous punissez le ministre de Dieu de toute autre manière, et que si, en le punissant, vous le laissez prêcher, messer, confesser ; si vous le laissez, dis-je, dans le royaume, il fera plus de mal étant puni qu'absous. Cette mesure, me dira-t-on, est trop sévère. Quoi ! vous avez donc oublié que de toutes parts la tranquillité publique est troublée par l'influence des prêtres ? Vous êtes donc sourds aux cris douloureux de la patrie ? Vous devez punir les prêtres perturbateurs, puisqu'il s'élève de toutes parts des plaintes contre eux. Ignorez-vous qu'un prêtre seul peut vous faire plus de mal que tous vos ennemis ? Et cela doit être ainsi, parce que le prêtre n'est pas pervers à demi : lorsqu'il cesse d'être vertueux, il devient le plus criminel des hommes. (On applaudit à plusieurs reprises.)

Mais, me dira-t-on, il ne faut pas persécuter les prêtres. Je

réponds que punir n'est pas persécuter; je réponds encore à
ceux qui répètent ce que j'ai entendu dire ici à l'abbé Maury,
que rien n'est plus dangereux que de faire des martyrs : ce danger n'existe que lorsque vous n'avez à frapper que des hommes
vraiment saints ou des fanatiques de bonne foi, qui pensent que
l'échafaud leur ouvrira la porte du paradis. Ici la circonstance
est différente; car s'il existe des prêtres qui de bonne foi im-
prouvent la constitution, ceux-là ne troublent pas l'ordre public.
Ceux qui le troublent sont des hommes qui ne pleurent sur le
sort de la religion que pour recouvrer leurs priviléges, et ce
sont ceux-là qu'il faut punir sans pitié; et certes, ne craignez
pas d'augmenter la force de l'armée des émigrans, car chacun
sait qu'en général le prêtre est aussi lâche qu'il est vindicatif (on
applaudit); qu'il ne connaît d'autre arme que celle de la superstition, et, qu'accoutumé à combattre dans l'arène mystérieuse
des confessions, il est nul dans le champ de bataille. Les foudres
de Rome s'éteindront sous le bouclier de la liberté.... Mais passons là-dessus. (On applaudit.) Une grande révolution s'est opérée en France; elle n'est pas terminée : l'horizon politique est
trop nébuleux pour qu'il s'éclaircisse sans de nouveaux orages.
Il faudrait bien peu connaître le cœur de l'homme, pour croire
que les ennemis de cette révolution oublient ainsi ce qu'ils appellent des outrages, et qu'ils sacrifient ainsi leurs plus chères
idoles, l'intérêt et l'orgueil, et n'espérez pas qu'ils renoncent à
leurs projets. Non, ils ne se lasseront point de crimes, ils ne
cesseront de vous nuire que lorsqu'ils cesseront d'en avoir les
moyens. Il faut que vous les vainquiez ou que vous soyez vaincus, et tout homme qui ne voit pas cette grande vérité est, à
mon avis, un aveugle en politique.

Ouvrez l'histoire : vous verrez les Anglais soutenir pendant
cinquante ans une guerre désastreuse pour défendre leur liberté;
vous verrez en Hollande des flots de sang couler dans la guerre
contre Philippe. Quand de nos jours le Philadelphien a voulu devenir libre, n'avez-vous pas vu aussitôt la guerre dans les deux
mondes? Vous avez été témoins des malheurs récens du Brabant,

et vous croyez qu'une révolution, qui a ôté au despotisme son
sceptre, à l'aristocratie sa verge, à la noblesse son piédestal, au
fanatisme son talisman ; qu'une révolution, qui a enlevé au clergé ses mines d'or, qui a déchiré tant de frocs, abattu tant de
tiares, tant de diadèmes ; qu'une telle révolution, dis-je, n'excite
contre elle aucun ennemi ! Ne croyez pas qu'une pareille révolution se termine sans qu'on fasse de nouveau efforts pour la renverser. Non, il faut un dénoûment à la révolution française ; je
dis que, sans le provoquer, il faut marcher vers lui avec courage : plus vous tarderez, plus votre triomphe sera pénible et
arrosé de sang. (Il s'élève des murmures dans une partie de l'assemblée.) Mais ne voyez-vous pas que tous les contre-révolutionnaires du dedans et du dehors ont le même but ; qu'ils veulent
vous forcer à les vaincre ? Il vaut mieux avoir à les combattre
dans le moment où les citoyens sont encore en haleine, où ils se
souviennent des dangers qu'ils ont courus, que de laisser le patriotisme se refroidir, les liens civiques se relâcher, et les ennemis prendre l'occasion de répandre de nouvelles discordes :
l'expérience l'a prouvé. N'est-il pas vrai que nous ne sommes
plus ce que nous étions dans la première année de la liberté ?
(Une partie de l'assemblée applaudit, l'autre murmure.)

S'il est dans cette assemblée des personnes que l'austérité et
la vérité de mes opinions importunent, qu'elles sachent que ce
n'est pas avec le bruit qu'on m'en impose, et que plus elles en
feront, plus je ferai retentir à leurs oreilles la voie de la liberté
dans toute sa force. (Il s'élève de nombreux applaudissemens,
qui se prolongent pendant plusieurs minutes.) A cette époque,
si le fanatisme avait osé lever sa tête impie, la loi l'aurait aussitôt immolé ; je dis qu'à présent le fanatisme a pris une singulière
force, et qu'il gagne toujours du terrain, parce que l'aristocratie veille sans cesse, que le patriotisme se repose sur sa bonne
cause (on applaudit), et que le citoyen patriote se refroidit ;
parce que ses affaires particulières le détachent du soin des affaires publiques. Le moyen que je propose est dicté par la politique : votre politique doit tendre à forcer la victoire à se déci-

der, et vous ne pourrez y parvenir qu'en provoquant contre tous les coupables la rigueur de la loi. Vous les ramènerez par la crainte ou vous les soumettrez par le glaive; ou, s'ils étaient assez forts pour tenter une bataille, vous les écraserez par la victoire, et c'est alors que la confiance du peuple renaîtra, et que le patriotisme, qui n'est que refroidi, se ranimera par votre courage; et c'est de ce courage que tout dépend.

Dans les grandes circonstances, lorsqu'il y a un grand parti à prendre, toute circonspection est une faiblesse. Les têtes qui ont le plus de courage sont les meilleures, et l'excès de la fermeté est le garant du succès. C'est surtout à l'occasion des révoltés qu'il faut être tranchant : il faut les écraser au moment qu'ils paraissent. Si on les laisse se rassembler et se faire des partisans, alors ils se répandent dans l'empire comme un torrent que rien ne peut arrêter. Le despotisme use toujours de ces moyens; et c'est ainsi qu'un seul individu retient une nation entière dans les fers. Si Louis XVI eût employé ces grands moyens lorsque la révolution n'était encore que dans la pensée, nous ne serions pas ici, et la nation serait en faillite et sous le joug. L'usage de cette rigueur est un grand forfait, lorsqu'un despote veut perpétuer la tyrannie; mais lorsque ces moyens sont employés par le corps entier de la nation, ils ne sont pas coupables; ils sont un grand acte de justice, et les législateurs qui ne les emploient pas, sont eux-mêmes coupables; car, en fait de liberté politique, pardonner le crime, c'est presque le partager. (On applaudit.) Une pareille rigueur fera peut-être couler le sang, je le sais; mais, si vous ne la déployez pas, n'en coûtera-t-il pas plus encore? La guerre civile ne sera-t-elle pas un plus grand désastre? Il faut couper la partie gangrénée pour sauver le reste du corps. Lorsqu'on veut vous conduire à l'indulgence, on vous tend un grand piége; car vous vous trouverez tout à coup abandonnés de toute la nation.

Le parti des prêtres non-assermentés, qui ne fait qu'un avec celui de l'aristocratie, ne vous hait pas moins, quelque chose que vous fassiez pour lui, et le parti des prêtres assermentés, qui comprend celui de tous les patriotes, c'est-à-dire des cinq sixièmes de la nation, sera indigné de se voir abandonné. Lassés de combattre vos ennemis, ils deviendront peut-être les vôtres. Alors la confiance publique sera détruite; il n'y aura plus de rapport entre la tête et les bras du corps politique; ceux-ci agiront peut-être sans que celle-là commande, et alors commencerait une anarchie dont on ne peut calculer les suites, un despotisme dont vous serez les premières victimes. Il faut que le corps-législatif soit étayé du reste de la nation, si vous voulez résister aux attaques qui peut-être se préparent, et vous ne pouvez vous attacher la confiance, qu'en châtiant avec sévérité les perturbateurs du repos public et tous les factieux. Je dis tous les factieux, parce que je suis déterminé à les combattre tous, parce que je ne suis d'aucun parti. Mon Dieu, c'est la loi : je n'en ai pas d'autre. Le bien public, voilà ce qui m'embrase. Vous avez déjà fait pour les émigrans ce que vous deviez faire : encore un décret rigoureux contre les prêtres perturbateurs, et vous aurez conquis la confiance publique. Une fois la confiance établie, vous avez à votre disposition dix millions de bras. Vous aurez acquis cette force et cette puissance irrésistibles avec lesquelles vos prédécesseurs ont su tout détruire et tout recréer, avec lesquelles vous pouvez tout, et sans lesquelles vous ne pouvez rien.

Je n'ai point de projet de décret, parce que je croyais que je discuterais le projet du comité, que je ne pouvais deviner être aussi nul et aussi insignifiant. Voici mes moyens ; c'est d'assujétir tout Français, je ne parle point des prêtres seulement, au serment civique, et de décider que tout homme qui ne voudra pas le signer, sera privé de toute pension et de tout traitement. En saine politique et en justice exacte, vous pouvez ordonner de sortir du royaume à celui qui ne signe pas le contrat social. (On applaudit.) Si le prêtre qui n'a pas prêté le serment reste sans qu'il soit porté de plainte contre lui, il jouira de la protection de la loi. S'il existe des plaintes, dès lors il doit être forcé de sortir du royaume. Il ne faut pas de preuves; car vous ne les souffrez là que par un excès d'indulgence. S'il y a des plaintes contre lui de la part des citoyens avec lesquels il demeure, il faut qu'il soit à l'instant chassé. Quant à ceux qui, ayant prêté le serment, troubleraient cependant le moins du monde la tranquillité publique, il faut qu'ils soient à l'instant exclus. Enfin, ceux qui se trouveraient dans les cas prévus par le code pénal, ou contre lesquels le code pénal prononcerait des peines plus sévères que l'exil, doivent perdre la vie.

Un grand nombre de membres demandent l'impression de ce discours; d'autres la question préalable sur l'impression.

L'assemblée décide qu'il y a lieu à délibérer.

M. Lecoz, évêque du département de l'Ille-et-Vilaine. Je demande la parole comme citoyen et comme prêtre. (Il s'élève de grands murmures.)

Plusieurs voix : Point de prêtres.

M. Lecoz. Je dis que demander l'impression du discours de M. Isnard, c'est demander l'impression d'un code de l'athéisme. (Les murmures redoublent.)

M. le président. J'ai donné la parole à Monsieur, et je la lui maintiendrai.

M. Garan-Coulon. Je demande que vous ne la lui mainteniez pas; Monsieur a demandé la parole comme prêtre, et il ne doit pas être entendu en cette qualité.

Plusieurs minutes se passent dans une grande agitation.

M. Lecoz. Je ne crois pas que l'assemblée qui représente tous les citoyens et tous les fidèles de l'empire, doive décréter quelque chose qui tende à bouleverser de plus en plus la tranquillité publique. Nous fondons nos espérances dans cette régénération du peuple français sur la pureté de sa morale. Or, je soutiens et je prouverai que le discours de M. Isnard tend à détruire toute morale religieuse et sociale. (On murmure; on demande que l'opinant soit rappelé à l'ordre.) Il est impossible qu'une société existe, si elle n'a pas une morale immuable et éternelle. (Les ris et les clameurs redoublent. — M. Lecoz quitte la tribune) (1).

___

(1) Cette accusation d'athéisme portée contre Isnard, eut assez de gravité

M. le président consulte l'assemblée sur la demande de l'impression.

Après deux délibérations douteuses, M. le président prononce que la proposition est rejetée.

Plusieurs membres demandent à proposer de nouveaux projets de décret.

L'assemblée décide que le comité de législation se divisera en quatre sections, pour rédiger en projet de décret les differentes opinions qui partagent la discussion.]

SÉANCE DU 11 NOVEMBRE.

Troubles occasionnés dans le Calvados par les prêtres non asser-
mentés.

[Un de messieurs les secrétaires fait lecture d'une lettre de la municipalité de Caen, ainsi conçue :

« Nous avons déjà prévenu M. Verduit, député de cette ville, de l'insurrection qui a eu lieu dans nos murs samedi dernier. Il a pu vous en rendre compte; mais nous ne lui avons pas donné tous les détails qui sont contenus dans le procès-verbal que nous vous transmettons. Vous verrez à quels dangers nous avons été exposés. Nous ne devons notre salut qu'au courage et à la prudence de la garde nationale ; nous sommes occupés maintenant à prendre les déclarations des personnes arrêtées, et à recevoir les rapports qui nous sont faits. Nous nous proposons de rédiger un procès-verbal par suite, et de vous l'envoyer. »

Suit le procès-verbal de la municipalité.

5 *Novembre* 1791. — A deux heures de relevée, le conseil-général de la commune étant assemblé dans le lieu ordinaire de ses séances pour dresser le procès-verbal des faits relatifs à l'insurrection qui a eu lieu ce matin, a recueilli ce qui suit :

« Depuis quelque temps, une foule d'émigrans et de ci-devant

---

pour que celui-ci jugeât nécessaire de s'en disculper par la voie de la presse Il adressa aux journaux une lettre qui se termine ainsi : « J'ai contemplé la nature, je ne suis point un insensé, je dois donc croire à Dieu.»

(Note des auteurs.)

nobles, tant de Caen que des environs, se réunissaient dans les lieux et les places publiques, faisaient des cavalcades, et semblaient par leur arrogance, leurs propos et leurs menaces, annoncer des projets hostiles. Ils sondaient les esprits, et croyaient qu'ils rallieraient facilement à leur parti ceux qu'ils désignent sous le nom d'honnêtes citoyens, de mécontens. Mais il leur fallait un prétexte, et la cause des prêtres non-assermentés leur en donnait un. Ces circonstances avaient déterminé les administrateurs du département à prendre un arrêté qui prescrivait aux prêtres ci-devant fonctionnaires publics, de quitter leurs paroisses, en exceptant toutefois ceux dont les municipalités auraient donné bon témoignage. Mais la lettre du ministre de l'intérieur, en les rétablissant dans les droits qui leur avaient été précédemment accordés, a occasionné une fermentation que le ministre était sans doute loin de prévoir. On a vu des prêtres se présenter dans les paroisses desservies par des prêtres constitutionnels, ayant à leur tête des huissiers et des recors. Fidèles à la loi, les prêtres constitutionnels leur ont ouvert leurs églises et leur ont fourni tous les ornemens nécessaires au culte divin; ils n'en ont pas moins été mortifiés, injuriés, menacés par les gens qui accompagnaient les prêtres non-sermentés. On a remarqué que plusieurs de ces gens malintentionnés avaient des pistolets et plusieurs autres armes. Ces rassemblemens commencèrent à donner de l'inquiétude aux citoyens, et particulièrement au corps municipal.

» Le vendredi 4 de ce mois M. Bunel, ci-devant curé de la paroisse de Saint-Jean, se présenta pour y dire la messe, environ à huit heures du matin. Nous avons su qu'il avait averti le curé constitutionnel de ses intentions, et que la majeure partie des habitans de cette paroisse, composée de ci-devant privilégiés, avait été également prévenue : aussi à l'heure marquée, l'église était pleine; et ce qui a paru étonnant, ce fut de voir le sanctuaire et le chœur remplis de ci-devant nobles et domestiques, qu'on soupçonnait être armés de pistolets et qu'on supposait être apostés pour exciter du trouble. Leur ton aigrit les pa-

triotes; mais par prudence ils évitèrent toute espèce de rixe.
M. Bunel annonça qu'il se rendrait demain à l'église à la même
heure. On l'entendit dire à ceux qui l'environnaient : *Patience,
soyons prudens ; le ciel nous aidera, et tout ira bien.* Une autre
voix demande un *Te Deum* en action de grâces.

Le conseil-général de la commune, instruit de ce rassemblement,
engagea M. Bunel à ne pas dire la messe le lendemain. La lettre ne
put lui être remise qu'à huit heures du soir, et il répondit le lendemain matin qu'il se soumettait à la réquisition de la municipalité.
Mais les personnes prévenues la veille, ignorant la détermination
ultérieurement prise par M. Bunel, se sont rendues à l'église dès
huit heures du matin. L'annonce de la veille avait malheureusement circulé dans la ville, et une affluence considérable de monde
se rendit à la paroisse. Quelques patriotes inquiets sur un rassemblement aussi subit, entrèrent dans l'église ; on fut instruit
des causes de ce rassemblement, et ceux qui étaient attachés à
leur ancien curé, disaient hautement qu'ils l'attendaient pour
dire la messe et pour chanter un *Te Deum.* Un officier de la garde
nationale, qui venait d'entendre que sept à huit domestiques
avaient provoqué un grenadier, leur demanda quels étaient leurs
motifs. Leur réponse, accompagnée d'un ton menaçant, a été :
« Vous venez chercher probablement ce que vous trouverez ;
nous avons plus de force que vous, et nous vous chasserons de
l'église. » A ces domestiques s'étaient réunis plusieurs jeunes
gens depuis long-temps suspects par leur conduite. L'un d'eux a
voulu désarmer un homme de la garde nationale, venu pour rétablir l'ordre : il fit plusieurs tentatives ; il fut repoussé, et reçut
plusieurs coups de baïonnettes qui le renversèrent. Plusieurs
personnes avaient des pistolets dans leurs poches, et en tirèrent
plusieurs coups.

» Le tambour-major de la garde nationale ayant vu tirer une
amorce sur lui, a tiré son sabre et a chargé ceux qui avaient
provoqué cette attaque.

» Le corps municipal avait chargé deux commissaires d'aller
sur les lieux. A leur retour, deux officiers municipaux et le sub-

stitut du procureur de la commune s'y sont rendus avec deux compagnies de grenadiers et de chasseurs, et tous les citoyens de la garde nationale qui ont pu être rassemblés. Ils ont dissipé le premier attroupement. Quelques coups de fusil et de pistolet ayant été tirés dans la rue de Cuibert, les commissaires s'y rendirent avec leur détachement et avec le drapeau rouge non déployé; ils empêchèrent qu'on n'enfonçât la porte de la maison de M. Durossel, d'où l'on avait vu partir plusieurs coups de fusil. Quatre gendarmes nationaux déclarèrent avoir été mis en joue par des gens apostés dans la même maison.

» Après avoir assuré, par ces dispositions, la tranquillité publique, le corps municipal a fait ordonner aux compagnies de ne pas tirer sans ordre des chefs, et il eut la satisfaction de voir la tranquillité rétablie. Quatre personnes ont été blessées dans le premier moment de l'insurrection; deux l'ont été très-grièvement. Le calme paraissait renaître dans la ville; mais le nombre de mécontens s'augmentait, et il était important, sinon de tarir la source des troubles, au moins d'assurer la tranquillité publique par les moyens que la prudence pouvait suggérer. La municipalité, ou plutôt le conseil-général de la commune, jugea convenable d'envoyer deux officiers municipaux et le procureur de la commune, pour inviter les corps administratifs à se rendre à la maison commune; ils se sont transportés au département, accompagnés par un détachement de garde nationale.

» Le procureur-général-syndic était absent, et, pour donner au département le temps de prendre une résolution, les commissaires se rendirent au directoire de district. Les administrateurs s'empressèrent d'accéder à la demande du conseil-général de la commune; le directoire du département répondit qu'il enverrait deux députés à la maison commune. Le substitut du procureur de la commune observa que le corps municipal avait besoin des lumières du conseil entier. Cette observation a été sentie des administrateurs, qui se sont déterminés à quitter leurs fonctions pour se rendre au vœu du conseil-général de la commune. Tous les corps administratifs étant réunis ensemble,

furent informés qu'une troupe de gens armés, composée de ci-
devant nobles et domestiques, était apostée sur la place Saint-
Sauveur, et qu'elle n'était commandée par aucun chef de la
garde nationale. On chargea l'officier-major d'aller reconnaître cette troupe. Cet officier parvint à l'amener jusqu'à la place
Saint-Pierre. On a représenté à ceux qui la composaient qu'ils
auraient dû aller chez leur capitaine ; mais comme on avait des
soupçons sur les dispositions de ces particuliers, on les a fait
entrer dans la cour de la maison commune ; ils ont été amenés
et entendus séparément, soit par des officiers municipaux, soit
par des commissaires nommés à cet effet ; ils ont été tous dé-
sarmés. Il avait d'abord été décidé qu'ils seraient élargis ; mais
une lettre anonyme qui annonçait une coalition, et qui avait été
trouvée sur l'un de ces particuliers lorsqu'il s'efforçait de la
mettre en pièces, a déterminé le conseil de les mettre en état
d'arrestation, et de les faire conduire au château, tant pour la
sûreté de ces particuliers, que pour mettre le conseil en état de
prendre des renseignemens. Au même moment M. Durosel fut
arrêté sortant de la ville avec ses domestiques. Un particulier qui
avait insulté, dans la rue Saint-Gilles, la garde nationale, fut
aussi arrêté et conduit au château.

On a trouvé dans ses poches un plan de contre-révolution
conforme à celui qui nous avait été annoncé par la lettre anonyme. Ce plan, distribué article par article, contenait la formation de comités qui devaient remplacer les autorités légitimes
et constitutionnelles. Il présentait aussi le projet d'une force active, choisie parmi les citoyens dits honnêtes, et les mécontens ;
les chefs de la conspiration y étaient désignés ; on y parlait de
membres des corps judiciaires et des corps administratifs sur
lesquels on paraît compter ; et ce projet devait avoir son exécution lundi prochain. Ce même plan indiquait un rassemblement
qui devait se faire sous les ordres de MM. Durosel et d'Héricy.
Enfin, une autre lettre nous a appris qu'il devait y avoir des
troubles le lundi suivant, et que les mécontens de Bayeux, avec

lesquels sans doute ce projet avait été concerté, se rendraient dans la ville de Caen, et se réuniraient aux premiers. Nous avons entendu plusieurs autres rapports qui indiquaient ce projet de conspiration. Les particuliers qui ont été arrêtés sont au nombre de 82. Il faut absoudre ceux qui sont innocens, et punir ceux qui sont coupables.

Ces premières opérations faites, les corps administratifs se sont occupés d'un projet d'arrêté. D'un côté, ils avaient de l'inquiétude sur le nombre d'étrangers suspects qui se trouvaient dans la ville ; de l'autre, il était nécessaire d'ôter aux prêtres non-conformistes tout prétexte de troubles. Il a été arrêté, 1° que tous les étrangers se trouvant, soit dans les auberges, soit dans les hôtels garnis, soit dans des maisons particulières, seraient tenus de se rendre en personne à la maison commune, dans les vingt-quatre heures, pour y déclarer le nombre des personnes composant leur maison, et pour y déposer leurs armes.

2° Que tous les prêtres non-assermentés seraient tenus de se dispenser provisoirement de célébrer la messe dans aucune des églises de Caen, jusqu'à ce qu'il eût été déféré à l'assemblée nationale des motifs impérieux qui ont dicté cet arrêté, et qu'elle eût pris les mesures les plus convenables dans les circonstances. Cet arrêté, les administrateurs du département ont refusé de le signer, à l'exception de M. Richier, et ils ont quitté la séance. Les administrateurs du directoire du district ont signé avec les membres du conseil-général de la commune, et nous ont éclairés de leurs lumières jusqu'à une heure du matin, sur les incidens qui survenaient à chaque instant. Nous nous sommes occupés ensuite du soin de faire visiter les personnes mises en état d'arrestation, et de leur procurer les choses de nécessité. Des commissaires ont été nommés pour les interroger séparément. Les municipalités de Lisieux et de Bayeux nous ont envoyé des députés pour nous offrir du secours. Nous avons formé un comité de surveillance. Fait et arrêté cejourd'hui, etc.

M. Cambon. Il est temps enfin que les administrateurs soient *rappelés* à leur devoir, et les mécontens à l'obéissance qu'ils doivent à la loi. C'est la constitution à la main que je viens vous faire une proposition qui me paraît devoir réunir tous vos suffrages. Le corps-législatif est tenu d'accuser ceux qui conspirent contre la sûreté de l'État. Or, nous avons maintenant la certitude qu'il existe les plus cruelles machinations dans tout le royaume. Le seul parti qui nous reste à prendre, c'est de convoquer tout de suite la haute-cour nationale. (On applaudit.) Il faut absoudre ceux qui sont innocens , et punir ceux qui sont coupables.

L'assemblée est dans une très-grande agitation.

M. le Président. La matière est grave ; il faut que l'assemblée se tienne tranquille.

M. Ducastel. Je propose qu'avant de rendre le décret d'accusation, et de convoquer la haute-cour nationale, l'assemblée se fasse envoyer une copie des procès-verbaux de la municipalité de Caen, et que cependant les personnes détenues continuont d'être en état d'arrestation. Cette proposition est convertie en décret.]

SÉANCE DU 21 NOVEMBRE.

M. le président annonce que M. Gensonné demande la parole pour dénoncer de nouveaux troubles élevés dans le département de la Vendée.

L'assemblée décide que M. Gensonné sera entendu.

M. Gensonné. Ce serait bien vainement que vous prendriez des mesures de répression contre les prêtres perturbateurs, si les agens des administrations ont la bassesse d'être de connivence avec eux. Des avis sûrs m'ont annoncé que les troubles qui ont infesté le département de la Vendée étaient prêts de recommencer avec une nouvelle énergie. Déjà dans plusieurs paroisses les paysans ont désarmé la garde nationale et attaqué les prêtres constitutionnels. Dans celle de Montaigu , la municipalité entière a donné sa démission la veille du jour où le curé constitutionnel devait être installé ; et lorsqu'après cette installation, les assemblées des citoyens actifs se sont formées pour la réélection des officiers municipaux, on a renommé ceux qui avaient

donné leur démission ; et, le croiriez-vous, ils ont accepté. Je
demande que, si l'assemblée ne les mande pas sur-le-champ à la
barre, elle décrète au moins que le district où ressortit cette
municipalité soit tenu de lui envoyer le procès-verbal de la nomination des officiers municipaux. (On applaudit).

M. Goupilleau. Je suis de Montaigu, et je puis vous assurer
que les détails que vous a donnés M. Gensonné sont de la plus
exacte vérité.

Je puis vous assurer que des quarante-huit municipalités qui
composent le district, celle de Montaigu, pendant quinze mois
que j'ai été procureur-syndic du district, m'a donné le plus de
peine; que c'est elle qui m'a le plus contrarié dans l'exécution
des lois, et qui a manifesté le plus d'opposition aux principes de
la constitution.

Le maire de Montaigu à cette qualité réunit celle de principal du collège : il était tenu au serment prescrit par la loi du
27 novembre 1790 ; il ne m'a pas été possible de l'y contraindre.

Le procureur de la commune réunissait à cette qualité celle de
secrétaire du district, et jamais homme plus inconstitutionnel ne
pouvait remplir une place constitutionnelle : aussi vient-on de
lui ôter cette place, qu'il était indigne de remplir.

C'est ce maire, c'est ce procureur de la commune, qui devaient donner l'exemple de la soumission à la loi, et qui, la veille
de l'installation du curé, donnent leur démission, pour se dispenser de faire un acte de civisme..... Ce sont eux qui se font
réélire après, qui font élire avec eux un régisseur, un homme
à gages, un autre jeune homme, qui n'ont pas un pouce de terrain et qui ne sont pas citoyens actifs, parce qu'ils sont sûrs de
les trouver d'accord avec leurs principes.

Croirez-vous, Messieurs, que des officiers municipaux qui
donnent ainsi au peuple un exemple aussi scandaleux, soient
amis de notre constitution? croirez-vous que s'ils restent dans
leurs places, c'est pour prêcher l'obéissance aux lois, pour
protéger le curé constitutionnel, dont l'installation les a fait dé-

mettre, pour le garantir des insultes journalières qu'on lui fait ?

. Non, Messieurs, c'est pour prêcher la révolte aux lois, c'est pour outrager ce vertueux curé, c'est pour le harceler, pour le forcer de céder sa place au curé inconstitutionnel, qu'ils protègent au mépris de la loi.

Certainement ils sont indignes de la confiance publique ; ils l'ont usurpée, à l'aide de leurs factions ; ils doivent en être destitués. Mais avant tout, il est de la justice de les entendre, de leur faire rendre compte de leur conduite ; et je fais la motion qu'ils soient mandés à la barre.

Rien, Messieurs, ne peut suspendre votre décision ; il faut qu'elle soit aussi prompte que sévère : je crains qu'elle soit trop tardive.

Nous apprenons qu'à l'occasion d'un renouvellement de municipalité, les prêtres réfractaires ont soulevé les habitans de la campagne du bois de Gené ; que les gardes nationales et les troupes de ligne ont été désarmées par eux ; et il est à craindre que dans ce moment le sang ne coule à grands flots.

D'un autre côté, M. Dumourier, que nous avons le bonheur d'avoir pour général dans le département de la Vendée, dont rien ne surpasse le zèle, l'activité et le patriotisme, marque que sa patience est à bout, qu'il n'a plus d'espérance de maintenir la paix, et qu'il est à la veille de faire le coup de fusil.

Il est donc pressant de prendre un parti sévère, ou c'en est fait de la constitution et de la liberté dans le département de la Vendée. (On applaudit.)

N....... Les faits qui viennent d'être présentés doivent déterminer le corps-législatif à un acte de sévérité nécessaire ; mais il ne doit le porter que lorsqu'il sera parfaitement instruit. (On murmure.) C'est peut-être parce que je ne propose pas de suite un moyen violent, qu'on se permet de m'interrompre. (Les murmures redoublent, et couvrent la voix de l'orateur.)

M. l'abbé..... lit une lettre du procureur-syndic du district de Châlons, qui annonce les mêmes malheurs excités pour les mêmes

causes, le renouvellement des officiers municipaux, le désarme-
ment des troupes de ligne, l'escalade des murs du presbytère
pour assassiner le curé, dont l'absence a prévenu ce crime.....—
Il en conclut qu'il est instant de prendre un parti vigoureux contre les prêtres réfractaires.

L'assemblée ferme la discussion, et décrète la motion de
M. Gensonné, en ces termes :

« L'assemblée nationale décrète que le district de Montaigu en-
verra dans le plus bref délai :   ♦

» 1° Le procès-verbal de la démission des officiers municipaux ;

» 2° Le procès-verbal de l'installation du curé constitutionnel
de la ville de Montaigu ;

» 3° Le procès-verbal de la nomination des nouveaux officiers
municipaux. »

M. Merlin. Aux voix la motion de M. Goupilleau.

M. Girardin. Je demande la question préalable sur la motion
inconstitutionnelle de M. Goupilleau. (*Plusieurs voix :* la discussion est fermée.) Je remarque qu'il est extraordinaire que les
agens du pouvoir exécutif ne rendent jamais compte des troubles
excités par les prêtres. Je propose que le ministre de l'intérieur
soit tenu de vous donner des renseignemens.

M. le président. Je vais mettre aux voix la question préalable
sur la motion de M. Goupilleau.

N.... J'en demande l'ajournement jusqu'à ce qu'il vous soit fait
un rapport sur ce sujet.]

L'ajournement est adopté.

En conséquence de la décision prise le 14, quatre projets de décrets furent présentés le 16. Celui de François de Neufchâteau
obtint la priorité. La discussion s'ouvrit immédiatement article
par article, et se prolongea jusqu'au 29. Alors le projet fut relu
et définitivement adopté en ces termes :

DÉCRET *relatif aux troubles excités sous prétexte de religion.*

(*Du 29 novembre 1791.*)

» L'assemblée nationale, après avoir entendu le rapport des

commissaires civils envoyés dans le département de la Vendée, les pétitions d'un grand nombre de citoyens, et le rapport du comité de législation civile et criminelle, sur les troubles excités dans plusieurs départemens du royaume par les ennemis du bien public, sous prétexte de religion ;

» Considérant que le contrat social doit lier comme il doit également protéger tous les membres de l'État ;

» Qu'il importe de définir sans équivoque les termes de cet engagement, afin qu'une confusion dans les mots n'en puisse opérer une dans les idées ; que le serment purement civique est la caution que tout citoyen doit donner de sa fidélité à la loi et de son attachement à la société, et que la différence des opinions religieuses ne peut être un empêchement de prêter ce serment, puisque la constitution assure à tout citoyen la liberté entière de ses opinions en matière de religion, pourvu *que leur manifestation ne trouble pas l'ordre ou ne porte pas à des actes nuisibles à la sûreté publique* ;

» Que le ministre d'un culte, en refusant de reconnaître l'acte constitutionnel qui l'autorise à professer ses opinions religieuses sans lui imposer d'autre obligation que le respect pour *l'ordre établi par la loi* et pour *la sûreté publique*, annoncerait par ce refus-là même que son intention n'est pas de les respecter ;

» Qu'en ne voulant pas reconnaître la loi, il abdiquera volontairement les avantages que cette loi seule peut lui garantir ;

» Que l'assemblée nationale, pressée de se livrer aux grands objets qui appellent son attention pour l'affermissement du crédit et le système des finances, s'est vue avec regret obligée de tourner ses premiers regards sur des désordres qui tendent à compromettre toutes les parties du service public, en empêchant l'assiette prompte et le recouvrement paisible des contributions ;

» Qu'en remontant à la source de ces désordres, elle a entendu la voix de tous les citoyens éclairés proclamer dans l'empire cette grande vérité, que la religion n'est pour les ennemis de la constitution qu'un prétexte dont ils abusent, et un instrument dont ils osent se servir pour troubler la terre au nom du ciel ;

» Que leurs délits mystérieux échappent aisément aux mesures ordinaires, qui n'ont point de prise sur leurs cérémonies clandestines, dans lesquelles leurs trames sont enveloppées, et par lesquelles ils exercent sur les consciences un empire invisible;

» Qu'il est temps enfin de percer ces ténèbres, afin qu'on puisse discerner le citoyen paisible et de bonne foi du prêtre turbulent et machinateur, qui regrette les anciens abus, et ne peut pardonner à la révolution de les avoir détruits;

» Que ces motifs exigent impérieusement que le corps-législatif prenne de grandes mesures politiques pour réprimer les factieux, qui couvrent leurs complots d'un voile sacré?

» Que l'efficacité de ces nouvelles mesures dépend en grande partie du patriotisme, de la prudence et de la fermeté des corps municipaux et administratifs, et de l'énergie que leur impulsion peut communiquer à toutes les autres autorités constituées;

Que les administrations de département surtout peuvent, dans ces circonstances, rendre le plus grand service à la nation, et se couvrir de gloire en s'empressant de répondre à la confiance de l'assemblée nationale, qui se plaira toujours à distinguer leur zèle, mais qui en même temps réprimera sévèrement les fonctionnaires publics dont la tiédeur dans l'exécution de la loi ressemblerait à une connivence tacite avec les ennemis de la constitution;

Qu'enfin c'est surtout aux progrès de la saine raison et à l'opinion publique bien dirigée qu'il est réservé d'achever le triomphe de la loi, d'ouvrir les yeux des habitans des campagnes sur la perfidie intéressée de ceux qui veulent leur faire croire que les législateurs constituans ont touché à la religion de leurs pères, et de prévenir, pour l'honneur des Français dans ce siècle de lumières, le renouvellement des scènes horribles dont la superstition n'a malheureusement que trop souillé leur histoire dans les siècles où l'ignorance des peuples était un des ressorts du gouvernement;

» L'assemblée nationale ayant décrété préalablement l'urgence, décrète définitivement ce qui suit:

» Art. Ier. Dans la huitaine à compter de la publication du présent décret, tous les ecclésiastiques autres que ceux qui se sont conformés au décret du 27 novembre dernier, seront tenus de se présenter par-devant la municipalité du lieu de leur domicile, d'y prêter le serment civique dans les termes de l'article V du titre II de la constitution, et de signer le procès-verbal qui en sera dressé sans frais.

» II. A l'expiration du délai ci-dessus, chaque municipalité fera parvenir au directoire du département, par la voie du district, un tableau des ecclésiastiques domiciliés dans son territoire, en distinguant ceux qui auront prêté le serment civique et ceux qui l'auront refusé : ces tableaux serviront à former les listes dont il sera parlé ci-après.

» III. Ceux des ministres du culte catholique qui ont donné l'exemple de la soumission aux lois et de l'attachement à leur patrie, en prêtant le serment civique suivant la formule prescrite par le décret du 27 novembre 1790, et qui ne l'ont pas rétracté, sont dispensés de toute formalité nouvelle; ils sont invariablement maintenus dans tous les droits qui leur ont été attribués par les décrets précédens.

» IV. Quant aux autres ecclésiastiques, aucun d'eux ne pourra désormais toucher, réclamer ni obtenir de pension ou de traitement sur le trésor public, qu'en représentant la preuve de la prestation du serment civique, conformément à l'article Ier ci-dessus. Les trésoriers, receveurs ou payeurs qui auront fait des paiemens contre la teneur du présent décret, seront condamnés à en restituer le montant, et privés de leur état.

» V. Il sera composé tous les ans une masse des pensions dont les ecclésiastiques auront été privés par leur refus ou leur rétractation du serment. Cette masse sera répartie entre les quatre-vingt-trois départemens pour être employée par les conseils-généraux des communes, soit en travaux de charité pour les indigens valides, soit en secours pour les indigens invalides.

» VI. Outre la déchéance de tous traitemens et pensions, les ecclésiastiques qui auront refusé de prêter le serment civique, ou qui le rétracteront après l'avoir prêté, seront, par ce refus ou par cette rétractation même, réputés suspects de révolte contre la loi et de mauvaises intentions contre la patrie, et comme tels plus particulièrement soumis et recommandés à la surveillance de toutes les autorités constituées.

» VII. En conséquence, tout ecclésiastique ayant refusé de prêter le serment civique, ou qui le rétractera après l'avoir prêté, qui se trouvera dans une commune où il surviendra des troubles dont les opinions religieuses seront la cause ou le prétexte, pourra, en vertu d'un arrêté du directoire du département, sur l'avis de celui du district, être éloigné provisoirement du lieu de son domicile ordinaire, sans préjudice de la dénonciation aux tribunaux, suivant la gravité des circonstances.

» VIII. En cas de désobéissance à l'arrêté du directoire du département, les contrevenans seront poursuivis dans les tribunaux et punis de l'emprisonnement dans le chef-lieu du département. Le terme de cet emprisonnement ne pourra excéder une année.

» IX. Tout ecclésiastique qui sera convaincu d'avoir provoqué la désobéissance à la loi et aux autorités constituées, sera puni de deux années de détention.

» X. Si, à l'occasion des troubles religieux, il s'élève dans une commune des séditions qui nécessitent le déplacement de la force armée, les frais avancés par le trésor public pour cet objet seront supportés par les citoyens domiciliés dans la commune, sauf leur recours contre les chefs instigateurs et complices des émeutes.

» XI. Si des corps ou des individus chargés de fonctions publiques négligent ou refusent d'employer les moyens que la loi leur confie pour prévenir ou pour réprimer une émeute, ils en seront personnellement responsables; ils seront poursuivis, jugés et punis conformément à la loi du 5 août 1791.

» XII. Les églises et édifices employés au culte dont les frais sont payés par l'État, ne pourront servir à aucun autre culte.

» Les églises et oratoires nationaux que les corps administratifs auront déclaré n'être pas nécessaires pour l'exercice du culte dont les frais sont payés par la nation, pourront être achetés ou affermés par les citoyens attachés à un autre culte quelconque pour y exercer publiquement ce culte, sous la surveillance de la police et de l'administration. Mais cette faculté ne pourra s'étendre aux ecclésiastiques qui se sont refusés au serment civique exigé par l'article Ier du présent décret, ou qui l'auront rétracté, et qui, par ce refus ou cette rétractation, sont déclarés, suivant l'article VI, suspects de révolte contre la loi et de mauvaises intentions contre la patrie.

» XIII. La vente ou la location des églises ou oratoires dont il est parlé dans l'article précédent, ne peuvent s'appliquer aux églises dont sont en possession, soit privée, soit simultanée avec les catholiques, les citoyens qui suivent les confessions d'Augsbourg et helvétique, lesquels sont conservés en leurs droits respectifs dans les départemens du Haut et du Bas-Rhin, du Doubs et de la Haute-Saône, conformément aux décrets des 17 août, 9 septembre et 1er décembre 1790.

» XIV. Le directoire de chaque département fera dresser deux listes : la première comprenant les noms et demeures des ecclésiastiques sermentés, avec la note de ceux qui seront sans emploi et qui voudront se rendre utiles; la seconde, comprenant les noms et demeures de ceux qui auront refusé de prêter le serment civique, avec les plaintes et les procès-verbaux qui auront été dressés contre eux. Ces deux listes seront arrêtées incessamment, de manière à être présentées, s'il est possible, aux conseils-généraux de département avant la fin de leur session actuelle.

» XV. A la suite de ces listes, les procureurs-généraux-syndics rendront compte aux conseils de département (ou aux directoires, si les conseils sont séparés) des diligences qui ont été faites dans leur ressort pour l'exécution des décrets de l'assemblée nationale constituante, des 12, 24 juillet, et 27 nov. 1790, concernant l'exercice du culte catholique salarié par la nation. Ce compte-rendu présentera le détail des obstacles qu'a pu éprouver l'exécution de ces lois, et la dénonciation de ceux qui, depuis l'amnistie, ont fait naître de nouveaux obstacles, ou les ont favorisés par prévarication ou par négligence.

» XVI. Le conseil-général de chaque département (ou le directoire, si le conseil est séparé) prendra sur ce sujet un arrêté motivé, qui sera adressé sur-le-champ à l'assemblée nationale, avec les listes des ecclésiastiques sermentés et non-sermentés (ou qui se seront rétractés), et les observations du département sur la conduite individuelle de ces derniers, ou sur leur coalition séditieuse, soit entre eux, soit avec les Français transfuges et déserteurs.

» XVII. A mesure que ces procès-verbaux, listes et arrêtés seront adressés à l'assemblée nationale, ils seront remis au comité de législation pour en faire un rapport général, et mettre le corps-législatif à portée de prendre un dernier parti afin d'extirper la rébellion, qui se déguise sous le prétexte d'une prétendue dissidence dans l'exercice du culte catholique. Dans un mois le comité présentera l'état des administrations qui auront satisfait aux articles précédens, et proposera les mesures à prendre contre celles qui seront en retard de s'y conformer.

» XVIII. Comme il importe surtout d'éclairer le peuple sur les piéges qu'on ne cesse de lui tendre au sujet des opinions prétendues religieuses, l'assemblée nationale exhorte tous les bons esprits à renouveler leurs efforts et multiplier leurs instructions contre le fanatisme; elle déclare qu'elle regardera comme un bienfait public les bons ouvrages à la portée des citoyens des campagnes qui lui seront adressés sur cette matière importante, et d'après le rapport qui lui en sera fait, elle fera imprimer et distribuer ces ouvrages aux frais de l'État, et récompensera leurs auteurs. »

QUESTION DES ÉMIGRÉS.

La cour sentait que l'émigration allait provoquer des mesures énergiques de la part de l'assemblée législative. Il devenait imminent d'arrêter la désorganisation de l'armée, de pourvoir au remplacement des officiers, et d'opposer une digue quelconque à cette défection de chaque jour, dont s'accroissait, au-delà des frontières, le parti de la contre-révolution.

Louis XVI calculait alors son salut (*Mémoires de Bertrand de Molleville*, t. VI, p. 22) sur une fidélité complète à son acceptation de l'acte constitutionnel; il espérait que l'application entière de cet acte ne tarderait pas à en faire sentir les inconvéniens, et que la nation en demanderait elle-même la réforme. La reine était entrée dans ce plan, le seul qui permît d'attendre sans péril des jours meilleurs, et elle avait dit au ministre dont nous parlions tout à l'heure : « Allons, M. Bertrand, du courage; j'espère qu'avec de la patience, de la fermeté et de la suite, tout n'est pas encore perdu. »

Au lieu d'entrer dans ces vues, les royalistes du dedans, et surtout ceux du dehors, continuèrent à soutenir que Louis XVI n'était pas libre, et qu'ils ne croyaient pas à la sincérité de son serment. Le roi multiplia les assurances de sa bonne foi en proportion des doutes émis par les émigrés. De plus, résolu de ne pas sanctionner contre eux des décrets trop sévères, il gagna l'assemblée de vitesse, pensant que celui qui parlerait le premier aurait droit de conclure.

Nous allons transcrire les actes émanés du cabinet des Tuileries, et puis, sans autre préambule, nous exposerons les débats de l'assemblée et les décrets qui intervinrent.

Lettre du roi aux commandans des ports.

Paris, le 13 octobre 1791.

Je suis informé, Monsieur, que les émigrations se multiplient tous les jours dans le corps de la marine, et je ne puis différer plus long-temps de vous faire connaître combien j'en suis vivement affecté.

Comment se peut-il que des officiers d'un corps dont la gloire m'a toujours été si chère, et qui m'ont donné dans tous les temps les preuves les plus signalées de leur attachement et de leur zèle pour le service de l'État se soient laissé égarer au point de perdre de vue ce qu'ils doivent à la patrie, ce qu'ils doivent à mon affection, ce qu'ils doivent à eux-mêmes?

Ce parti extrême eût paru moins étonnant il y a quelques mois, quand l'anarchie semblait être à son comble, et qu'on n'en apercevait pas le terme; mais aujourd'hui, que la majeure et la plus saine partie de la nation veut le retour de l'ordre et de la soumission aux lois, serait-il possible que de généreux et fidèles marins songeassent à se séparer de leur roi?

Dites bien à ces braves officiers, que j'estime, que j'aime, et qui l'ont si bien mérité, que l'honneur et la patrie les appellent; assurez-les que leur retour, que je désire par-dessus tout, et auquel je reconnaîtrai tous les bons Français, tous mes vrais amis, leur rendra pour jamais toute ma bienveillance.

On ne peut plus se dissimuler que l'exécution exacte et paisible de la constitution est aujourd'hui le moyen le plus sûr d'apprécier ses avantages, et de connaître ce qui peut manquer à sa perfection.

Quel est donc votre devoir à tous? de rester fidèlement à votre poste, de coopérer avec moi, avec franchise et loyauté, à assurer l'exécution des lois que la nation pense devoir faire son bonheur; de donner sans cesse de nouvelles preuves de votre amour pour la patrie et de votre dévoûment à son service.

C'est ainsi que se sont illustrés vos pères, et que vous vous êtes distingués vous-mêmes. Voilà les exemples que vous devez laisser à vos enfans, et les souvenirs ineffaçables qui constitueront votre véritable gloire.

C'est votre roi qui vous demande de rester inviolablement attachés à des devoirs que vous avez toujours si bien remplis. Vous auriez regardé comme un crime de résister à ses ordres, vous ne vous refuserez pas à ses instances.

Je ne vous parlerai pas des dangers, des suites fâcheuses qu'une autre conduite pourrait avoir; je ne croirai jamais qu'aucun de vous puisse oublier qu'il est Français.

Je vous charge, Monsieur, d'adresser de ma part un exem-

plaire de cette lettre à tous les officiers attachés à votre département, et particulièrement à ceux qui sont en congé.

Signé, LOUIS.

Et plus bas, DE BERTRAND.

*Lettre du roi aux officiers généraux et commandans des troupes de
terre.*

De Paris, *le 14 octobre.*

En acceptant, Monsieur, la constitution, j'ai promis de la
maintenir au dedans et de la défendre contre les ennemis du dehors. Cet acte solennel de ma part doit bannir des esprits toute
incertitude ; il détermine en même temps de la manière la plus
précise et la plus claire la règle de vos devoirs et les motifs de
votre fidélité. Mon intention est que vous annonciez aux troupes
qui sont sous vos ordres que ma détermination, que je crois essentielle au bonheur des Français, est invariable comme mon
amour pour eux.

La loi et le roi désormais confondus, l'ennemi de la loi devient
celui du roi. De quelque prétexte maintenant dont on veuille
colorer la désobéissance et l'indiscipline, j'annonce que je regarderai comme un délit contre la nation et contre moi tout attentat,
toute infraction à la loi.

Il a pu être un temps où les officiers, par attachement à ma
personne, et dans le doute de mes véritables sentimens, ont cru
devoir hésiter sur des obligations qui leur semblaient en opposition avec leurs premiers engagemens ; mais, après tout ce que
j'ai fait, cette erreur ne doit plus subsister.

Je ne puis regarder comme m'étant sincèrement dévoués ceux
qui abandonnent leur patrie au moment où elle réclame fortement leurs services. Ceux-là seuls me sont sincèrement attachés,
qui suivent les mêmes voies que moi, qui restent fermes à leur
poste, qui, loin de désespérer du salut public, se confédèrent
avec moi pour l'opérer, et sont résolus de s'attacher inséparablement à la destinée de l'empire.

quelque prix à les lui épargner : ils seraient, pour lui, les plus pénibles de tous.

Fait à Paris, au Conseil-d'Etat, le 14 octobre 1791.

Signé LOUIS.

Et plus bas, par le roi, DELESSART.

Pour copie conforme à l'original, écrit de la main du roi.

Signé DELESSART.

SÉANCE DU 20 OCTOBRE.

La question de l'émigration, abordée le 16, fut mise à l'ordre du 20.

Lequinio, et Lemontey après lui, parlèrent sur l'impossibilité, le danger même d'arrêter l'émigration des personnes. Crestin fit observer que cette maladie politique avait redoublé depuis l'acceptation de la constitution ; il demanda le renouvellement de la loi du 1er août, et la prohibition de la sortie des armes et des munitions. Après eux Brissot monta à la tribune, au milieu des applaudissemens de l'assemblée.

[*M. Brissot.* En examinant les lois différentes rendues contre l'émigration, en considérant les difficultés qu'elles ont éprouvées dans leur exécution, j'en ai cherché la cause, et je me suis convaincu qu'elle était dans le principe même de ces lois, dans la partialité de leur application, dans le défaut de grandes mesures. La marche que l'on a suivie jusqu'ici, a été l'inverse de celle que l'on devait suivre. Au lieu de s'attacher aux branches, on devait attaquer le tronc. On s'est acharné contre des hommes qui ont porté leurs vieux parchemins dans des pays où ils les croient encore en valeur, et, par une faiblesse impardonnable, on a paru respecter les chefs qui commandaient ces émigrations. Si l'on veut sincèrement parvenir à arrêter l'émigration et l'esprit de rébellion, il faut punir les fonctionnaires publics qui ont abandonné leurs postes ; mais il faut surtout punir les grands coupables qui ont établi, dans les pays étrangers, un foyer de contre-révolution.

Il faut distinguer trois classes d'émigrans : la première, celle des deux frères du roi, indignes de lui appartenir, puisqu'il a accepté la constitution ; la seconde, celle des fonctionnaires publics qui ont déserté leurs postes, et qui s'occupent à débaucher les citoyens ; enfin, les simples citoyens, qui, soit par haine pour la révolution, soit par crainte, ont la faiblesse de se laisser entraîner par leur séduction. Vous devez haine et punition aux deux premières classes, pitié et indulgence à la troisième. Si vous voulèz arrêter les émigrations, ce n'est pas sur la troisième classe que doivent tomber vos coups, ce n'est pas même sur la seconde que doivent tomber les plus violens ; si l'on use de complaisance et de palliatifs, on croira que vous redoutez léur coalition, et les mécontens, nourrissant des espérances que votre faiblesse aura produites, iront se ranger sous leurs drapeaux. Et pourquoi craindraient-ils ? L'impunité de leurs chefs leur assurera là leur. De quel droit, vous diront-ils, nous punissez-vous ? Avez-vous deux poids et deux mesures ? Vous nous punissez, et vous épargnez nos chefs : il y a double délit, injustice et lâcheté. (On applaudit.)

Tel a été le raisonnement d'instinct qu'a produit la faiblesse de l'assemblée nationale, dans l'esprit de tous les émigrés. Comment pouvaient-ils croire à des lois sur les émigrations, lorsque vous sembliez respecter les traîtres qui les provoquaient ; lorsqu'ils voyaient un prince, après avoir prodigué quarante millions en dix ans, recevoir encore de l'assemblée nationale des millions pour payer son faste et ses dettes ? Il faut poursuivre les grands coupables, ou renoncer à toutes lois contre les émigrations. Vous ne pouvez punir les citoyens qui n'agissent que par instigation, lorsque vous laissez impunis leurs instigateurs. Les tyrans punissaient toujours les chefs, et pardonnaient à la multitude : c'est ce que nous avons vu en Hollande ; c'est l'exemple que nous a donné Joseph II, quand il mit à prix la tête d'Horiah. Contenez, punissez les chefs, et la révolte s'éteint. Je ne dis pas à un peuple libre de suivre en entier cette maxime sanguinaire ; mais je lui conseille de séparer les chefs de leur moute armée : divisez les intérêts des révoltés, en effrayant les grands coupables. On a jusqu'ici suivi le contre-pied, et on est étonné de ce que la loi n'a pas été respectée par les émigrans! Elle ne l'a pas été, parce que les chefs y étaient ménagés, parce qu'un instinct de justice disait aux autres : pourquoi craindrions-nous, puisque nos chefs sont respectés?

On a sans cesse amusé les patriotes par des lois sur l'émigration, qui n'étaient que de vains palliatifs ; voilà pourquoi vous avez vu les partisans de la cour les solliciter eux-mêmes, pour se jouer de la crédulité du peuple; voilà pourquoi vous avez vu un orateur célèbre, dans le temps où on le comptait encore au nombre des patriotes, parler contre cette loi, et, dans un mouvement de franchise, vous dire que la loi ne serait jamais exécutée, parce qu'on ne poursuivait pas, soi-même, sa famille ; et, en effet, nous devons croire que s'il eût existé alors une assemblée toute plébéienne, les rassemblemens de Coblentz n'existeraient plus.

Trois années d'insuccès, une vie malheureuse et errante, leurs conspirations avortées, leurs intrigues déjouées, toutes ces défaites ne les ont pas corrigés. Ils ont le cœur corrompu de naissance; ils se croient les souverains nés du peuple, et ils cherchent à le remettre sous le joug. N'ont-ils pas assez manifesté leurs intentions, par les protestations qu'ils ont publiées? La dernière de ces protestations, qui est dirigée contre l'acceptation même de la constitution, ne dépose-t-elle pas de leurs desseins hostiles? Exigerez-vous des preuves judiciaires de ces faits, pour punir les grands coupables? Il faudrait donc, pour l'amour de ces formes judiciaires, attendre que vos plus belles provinces fussent réduites en cendres! Qui ignore qu'un noble ne peut plus rester en France sans être déshonoré au-delà du Rhin. Voulez-vous arrêter cette révolte? ce n'est pas en faisant des lois trop minutieuses contre les émigrans que vous y parviendrez, mais c'est en sévissant contre les chefs, c'est au-delà du Rhin qu'il faut frapper, non pas en France. Si vous avez le courage de déclarer crime contre la nation tout paiement qui leur serait fait de leurs ap-

pointemens , de confisquer leurs biens , bientôt ils seront abandonnés de leurs courtisans.

C'est par des mesures aussi rigoureuses que les Anglais empêchèrent Jacques II de traverser l'établissement de leur liberté :
ils ne s'amusèrent pas à faire de petites lois contre les émigrations , mais ils ordonnèrent aux princes-étrangers, de chasser les
princes anglais de leurs États (on applaudit) ; et le fier Louis XIV
fut forcé d'expulser lui-même son proche parent ; et Jacques II,
vivant des modiques et secrètes aumônes de la France, fut dans
l'impuissance de se faire un parti.

On avait senti dans la précédente assemblée la nécessité de cette
mesure ; mais d'abord on ne l'avait appliquée qu'à M. Condé.
Première faute. Ensuite on apporta des retards à l'exécution de
la loi. Seconde faute. Car la liberté ne se perd que par cette conduite mystérieuse qui décèle la faiblesse ou la complicité. Le
comité diplomatique retarda l'exécution de la loi par un silence
mystérieux ; les ministres parlèrent de considérations d'état. Si ces
considérations ont occasionné le retard, c'est un crime contre la
liberté ; car le roi d'un peuple libre n'a point de famille, ou plutôt
sa première famille , c'est le peuple qui lui a confié ses intérêts.

Dans un siècle de révolution, lorsque la France était divisée
en plusieurs partis , lorsque le prince Condé jouissait d'un pouvoir immense, lorsqu'il avait de nombreux partisans, Mazarin
eut le courage de le faire emprisonner, et ce qu'un prêtre faible
qui avait contre lui la nation entière, qui n'avait pour appui
qu'une femme ambitieuse put faire, la France, qui réunit à une
force immense un concert étonnant de volontés, redouterait de
l'entreprendre contre un prince qui est dans un dénuement absolu, qui n'a de force que dans une honteuse troupe de courtisans et dans des hauteurs ridicules ! Vous devez faire respecter
la constitution , le néant est là ; choisissez entre la constitution
ou le rétablissement de la noblesse. La constitution est finie, les
chefs des rebelles doivent s'agenouiller devant elle ou être proscrits à jamais. La disparition du numéraire, l'émigration , tout
parle du foyer de contre-révolution établi dans les Pays-Bas par

les ci-devant princes du sang. Voulez-vous dissiper ce foyer ?
c'est en s'attachant à eux , à eux seuls, que vous y parviendrez.
Voulez-vous que le numéraire se montre enfin , que la confiance
reparaisse ? tenez une conduite ferme et vigoureuse. Qu'on ne
dise plus : Ces mécontens sont bien forts; ces 25 millions
d'hommes sont bien faibles , puisqu'ils les craignent ou les mé-
nagent.

Enfin , une loi contre les chefs est possible, tandis que l'autre
entraîne une foule d'inconvéniens qui rendent son exécution
impraticable.

C'est par l'exécution de cette loi que vous éprouverez le patriotisme du ministre. On lui demandait la liste des officiers
émigrés, l'état des pensions : il sut toujours se rejeter sur l'impossibilité de faire ces listes. Ici il n'y aura plus de semblables
prétextes.

Mais faites précéder vos mesures de rigueur d'un dernier avertissement. (On applaudit.) Cet avertissement doit s'adresser
également aux fonctionnaires publics qui ont déserté leur poste ;
qu'ils rentrent dans le royaume, et l'amnistie lavera tout; mais
s'ils persistent, alors qu'ils soient poursuivis selon toute la
rigueur des lois.

Quant aux simples citoyens que des motifs particuliers ont
fait émigrer, il est nécessaire de faire quelques observations.
Un malentendu a divisé les patriotes. On a confondu les lois
contre la révolte, avec les lois contre l'émigration. La déclaration des droits porte, que tout homme est libre d'aller où bon lui
semble. Il en résulte que la liberté d'émigrer doit être entière
pour les citoyens. Quel éloge c'est faire de la liberté que de montrer aux puissances étrangères que son égide couvre ses ennemis
mêmes !

On peut, dit-on , retenir ces citoyens pour faire leur propre
bonheur : sophisme adroit, mais facile à réfuter. Chaque homme
est le maître de se faire du bonheur l'idée qui lui plaît. Si je renonce à la protection de votre loi, son empire finit pour moi.
L'homme tient de la nature le droit de porter partout ses pas,

de porter partout son industrie et ses richesses. Sans doute il en doit une portion à la société pour le prix de la protection qu'elle lui accorde ; mais, quand il n'a plus besoin de cette protection, alors aussi la société cesse d'avoir aucun droit sur sa fortune.

L'ancien comité de constitution avait senti combien une pareille loi serait injuste, combien les confiscations, les régies qu'elles nécessitent, ont d'inconvéniens. L'assemblée nationale avait préféré une triple imposition établie sur les propriétés que les émigrés laisseraient en France; je demande que cette loi soit remise en vigueur. Mais surtout j'insiste pour qu'on ne parle ni de lois prohibitives absolues, ni de confiscations. Quand, dans des siècles de barbarie et d'ignorance on fit contre les juifs des lois prohibitives, l'industrie trompa les regards de la tyrannie par le secret des lettres de change. Louis XIV défendit l'émigration aux protestans. Or, si ce grand prince, avec ses cent mille commis, avec ses trois cent mille soldats, avec ses prêtres, avec ses fanatiques, qui étaient autant de délateurs et de bourreaux, n'a pas pu parvenir à l'arrêter, et s'il a inutilement souillé son règne, que sera-ce lorsqu'il n'y a plus de commis, lorsque les soldats, brûlant de combattre ouvertement les ennemis de la patrie, se refusent au rôle de délateurs, lorsque l'avide cupidité ouvre publiquement des bureaux d'assurance pour le transport de toutes les espèces de propriétés? La prospérité et la tranquillité publiques, voilà les meilleures lois contre les émigrations.

Attachons-nous donc à consolider notre révolution, à faire aimer la constitution, et nous verrons revenir en foule nos émigrans: leur goût, leurs habitudes, cet amour de la patrie qui poursuit les émigrans dans les pays même les plus heureux, les rameneront bientôt vers vous; ils les rameneront surtout, si, déployant la plus grande sévérité contre les chefs des révoltés, contre les fonctionnaires publics qui ont ajouté des crimes à leur désertion, qui ont l'impudence de parler encore d'honneur, lorsque, plus vils que les *Cartouche*, ils enlèvent les caisses qui leur sont confiées ; si , dis je, sévères à l'égard de ces brigands, nous traitons avec indulgence cette classe d'émigrans qu'un préjugé futile, mais excusable, qu'un fol espoir ou que la crainte ont entraînés loin de nous. Les peuples libres sont essentiellement bons; ils finissent toujours par faire grâce à leurs plus cruels ennemis, quand le danger est passé. N'avez-vous pas vu les royalistes d'Amérique, qui avaient porté le fer et la flamme dans leur propre pays, ne les avez-vous pas vus rappelés par les patriotes, même les plus énergiques ?

Pour résumer mes idées sur cet article, je voudrais donc qu'on fixât un délai dans lequel les ci-devant princes, leurs adhérens, tous les fonctionnaires publics et autres particuliers seraient tenus de rentrer dans le royaume et de se soumettre à la constitution. Je voudrais que, le délai passé, les chefs de la révolte et les fonctionnaires publics fussent poursuivis criminellement, comme ennemis de la patrie, que leurs biens et revenus fussent confisqués.

Je voudrais que, pour rendre plus difficiles les circulations, la sortie des fonctionnaires publics émigrans, on renouvelât le régime des passeports, en laissant cependant sortir tous ceux qui ne le seraient pas.

Je voudrais encore faire revivre la loi qui défend l'exportation des munitions de guerre et du numéraire.

Quant aux simples citoyens émigrans, qui ne prendraient pas part à la révolte, je voudrais qu'on se bornât à remettre en vigueur la loi qui assujétît leurs biens à une plus forte taxe. Cette taxe est de toute justice, car leur demeure, en nous causant des inquiétudes, nous entraîne à des précautions dispendieuses : et qui doit en supporter le poids plus considérable, sinon les auteurs de nos maux ? De cette manière, vous concilierez la justice, les droits de l'homme et des citoyens, la dignité de la nation française et le maintien de la révolution.

Je vous l'ai déjà fait pressentir, toutes vos lois, et contre les émigrans, et contre les rebelles, et contre leurs chefs, seront inutiles, si vous n'y joignez pas une mesure essentielle, seule propre à en assurer le succès; et cette mesure concerne la conduite que vous avez à tenir à l'égard des puissances étrangères qui soutiennent et encouragent ces émigrations et cette révolte.

Je vous ai démontré que cette émigration prodigieuse n'avait lieu que parce que, jusqu'à présent, vous aviez épargné les chefs de la rébellion, que parce que vous aviez toléré le foyer de la contre-révolution, qu'ils ont établi dans les pays étrangers ; et ce foyer n'existe que parce qu'on a négligé, qu'on a craint, jusqu'à ce jour, de prendre des mesures convenables et dignes de la nation française, pour forcer les puissances étrangères d'abandonner les rebelles.

Tout présente ici un enchaînement de fraude et de séduction. Les puissances étrangères trompent les princes, ceux-ci trompent les rebelles, et les rebelles trompent les émigrans. Parlez enfin le langage d'hommes libres aux puissances étrangères, et ce système de révolte qui tient à un anneau factice s'écroulera bien vite, et non-seulement les émigrations cesseront, mais elles reflueront vers la France ; car les malheureux, que l'on enlève ainsi à leur patrie, désertent dans la ferme persuasion que des armées innombrables d'étrangers vont fondre sur la France pour y rétablir la noblesse. Il est temps enfin de faire cesser les espérances chimériques qui égarent des fanatiques ou des ignorans; il est temps de vous montrer à l'univers ce que vous êtes, hommes libres et Français. (On applaudit.) Vous devez donc à la sûreté autant qu'à la gloire de la nation d'examiner les outrages que vous avez reçus des dispositions des puissances étrangères. Vous devez, en un mot, faire votre bilan de situation vis-à-vis des puissances étrangères. De là dépend le succès de toutes vos lois sur les émigrations et l'extirpation totale de l'esprit de révolte.

Vous me permettrez donc de jeter un coup d'œil rapide sur notre situation politique, dont la connaissance seule peut diriger vos lois sur l'émigration. Vous rappellerai-je tous les outrages faits aux Français, l'arrestation d'un de vos envoyés, la saisie de la lettre du roi à l'ambassadeur de Vienne ? Vous rappellerai-je la persécution et la ruine d'un manufacturier français, l'aversion manifestée en tant d'occasions par la cour d'Espagne contre la révolution ; et cette lettre où on insultait la nation française, en appelant le roi, son souverain, et en la menaçant de la punir de son enthousiasme pour la liberté ? Vous rappellerai-je et cette inquisition exercée contre les voyageurs français, et ces expéditions, ces rassemblemens de troupes du côté des Pyrénées, ordonnés sous de ridicules prétextes, et dont la coïncidence avec la fuite du roi montre assez les véritables motifs ? Vous rappellerai-je les outrages faits au seul de nos ambassadeurs qui ait montré une conduite patriote et digne du représentant d'une nation libre ? N'avez-vous pas vu les magistrats de l'État de Berne verser le sang français, poursuivre comme un crime la célébration de l'anniversaire de notre révolution, punir une ville pour avoir chanté cet air qui déjà a frappé les oreilles de plusieurs peuples ? et jusqu'à ce gouvernement de Venise, qui n'est qu'une comédie, n'a-t-il pas expulsé un négociant français pour son patriotisme, et l'amiral vénitien n'a-t-il pas outragé le pavillon français ? Jusqu'à ces petits princes d'Allemagne, dont l'insolence, dans le siècle dernier, fut foudroyée par le despotisme, n'ont-ils pas prêté une hospitalité coupable à des rebelles, tandis qu'ils persécutaient les patriotes ? Jusqu'à Genève, cet atome de république (on applaudit), que tout aurait dû porter à adorer et à suivre la révolution française ; l'aristocratie de cette république n'a-t-elle pas fait les efforts les plus coupables pour protéger nos contre-révolutionnaires ? N'a-t-on pas vu les magistrats border de canons les murs de Genève, sous le prétexte de se défendre contre l'armée imaginaire de la propagande, mais bien plutôt pour en défendre l'entrée aux patriotes ? Enfin, jusqu'à cet évêque de Liége, qui appesantit son joug sur un peuple qui devrait être libre, sans l'indifférence d'une nation puissante qui aurait pu le secourir, n'a-t-il pas refusé de recevoir notre ambassadeur, sous le prétexte qu'il appartenait à une société célèbre dans les fastes de notre révolution.

On insultait ici les Anglais qui admiraient notre constitution, tandis que l'Angleterre était occupée à calmer les esprits dans le congrès de Ratisbonne.

Que doit-on penser des ordres donnés pour le rassemblement des troupes sardes et espagnoles? Pourquoi la paix du Nord a-t-elle été conclue dans le moment où la Russie allait recueillir les fruits de la guerre? Pourquoi cet enthousiasme unique, ce rapprochement entre l'empereur et le roi de Prusse? Pourquoi cette liaison inouïe et monstrueuse? Est-il vrai que dans cette fameuse entrevue de Pilnitz les plénipotentiaires aient juré la ruine de la constitution française; que le roi de Prusse, comme électeur de Brandebourg, ait fait la même déclaration à la diète de Ratisbonne? Pourquoi la Russie a-t-elle publié qu'elle regardait comme sa propre cause, la cause des fugitifs français? Est-il vrai qu'elle leur ait fourni ostensiblement des secours; qu'elle ait envoyé aux rebelles un député extraordinaire? Pourquoi a-t-elle défendu à l'ambassadeur français de sortir publiquement? Pourquoi l'entrée de la cour lui a-t-elle été fermée. Que signifie ce congrès d'Aix-la-Chapelle, qui se propose de réformer, à son gré, notre constitution, et qui se forme malgré la déclaration du roi? Pourquoi l'empereur, qui a donné des ordres pour qu'on respecte le pavillon français, protége-t-il le rassemblement des révoltés? Pourquoi le roi de Prusse-a-t-il ordonné l'inspection de ses troupes et ne les réduit-il pas? Pourquoi le cordon des troupes sardes et espagnoles croît-il tous les jours?

Il importe que nous soyons promptement instruits des motifs de ces rassemblemens, afin que nous prenions des mesures grandes, généreuses et dignes de la nation que nous représentons.

Je ne me permettrai pas d'anticiper sur les réponses qui vous seront faites, mais je dis que, jusqu'à ce jour, les Français n'ont pas cessé d'être insultés; que jusqu'à ce jour les princes étrangers n'ont pas cessé de fournir des secours aux rebelles; je dis que vous devez forcer les puissances étrangères à chasser les Français rebelles de leurs États, ou à leur donner une protection ouverte. En effet, deux partis se présentent; ou elles rendront hommage à votre nouvelle constitution, ou elles se déclareront contre elle.

Dans le premier cas, celles qui favorisent actuellement les émigrans seront forcées de les expulser ; dans le second cas, il se présente encore une alternative : ou elles prendront le parti d'attaquer la constitution à force ouverte , ou elles adopteront le parti d'une médiation à main armée. Dans toutes les hypothèses vous devez vous préparer à déployer toutes vos forces. Dans le cas de refus ou de médiation armée, vous n'avez pas à balancer , il faudra attaquer vous-même les puissances qui oseront vous menacer. (Une partie de l'assemblée et les tribunes applaudissent.) Dans le dernier siècle, lorsque le Portugal et l'Espagne offrirent un asile à Jacques II , l'Angleterre attaqua l'un et l'autre. L'image de la liberté, comme la tête de Méduse , effraiera les armées de nos ennemis : ils craignent surtout d'être abandonnés de leurs soldats , voilà pourquoi la médiation armée 'sera probablement le parti qu'ils prendront ; et la résurrection de la noblesse, et ces erreurs de la constitution anglaise, et le rétablissement de tous les anciens priviléges seront les bases des réformes qu'ils vous proposeront. Mais vous seriez indignes de la liberté si vous faiblissiez par la crainte des menaces ; mais vous anéantiriez la constitution dans son principe le plus sacré, puisque toute modification serait le produit de la force, et non de la volonté générale ; et si vous consentez à une première modification , qui répondra que vous ne vous croirez pas obligés d'en accorder une seconde? Quelle stabilité que celle d'une constitution qui reposerait sur la foi de garans étrangers !

Le peuple anglais aime votre révolution ; le gouvernement la hait ; mais à Dieu ne plaise que je veuille vous environner de terreurs..... Je dois vous rassurer sur la conduite de la cour autrichienne , son chef aime la paix, a besoin de la paix ; l'épuisement produit par la dernière guerre , la médiocrité de ses revenus, le caractère remuant de ses sujets, les dispositions des troupes qui ont déjà pressenti la liberté , et qui se sont livrées à des insurrections, la crainte de leur donner un exemple funeste', tout fait à Léopold la loi de ne point déployer la force des armes. Quant à cette princesse, dont l'aversion contre la constitution française est connue, qui ressemble par quelque beauté à Élisabeth, elle ne doit pas attendre plus de succès qu'Élisabeth n'en a eu dans la révolution de Hollande. A peine subjugue-t-on les esclaves à quinze cents lieues, on ne soumet pas les hommes libres à cette distance. (On applaudit.) Je dédaigne de parler des autres princes; je ne compterai pas sur la liste de nos ennemis ce roi (le roi de Suède) qui n'a que 25 millions de revenu, et qui en dépense les deux tiers pour payer mal une armée nombreuse d'officiers généraux et un petit nombre de soldats mécontens. (On applaudit.) Je crois donc que la France, soit qu'elle porte les yeux au-dehors, soit qu'elle considère sa situation intérieure, doit concevoir des espérances, et qu'il est temps d'effacer l'avilissement dans lequel l'insouciance ou la pusillanimité l'ont plongée; il est temps de lui donner une attitude imposante, de faire respecter les personnes et les propriétés. Sans doute vous avez déclaré aux puissances étrangères que vous n'entreprendriez plus de conquêtes; mais vous avez le droit de leur dire : nous respectons votre constitution, respectez la nôtre : si vous préférez à l'amitié d'une grande nation vos relations avec quelques rebelles, attendez-vous à des vengeances. La vengeance d'un peuple libre est lente, mais elle frappe sûrement. (On applaudit à plusieurs reprises.)

Mais avant de faire cette déclaration, il vous faut des faits certains; il faut donc ordonner au ministre des affaires étrangères de mettre sous les yeux du comité diplomatique les renseignemens qui lui sont parvenus, de faire connaître la manière dont a été faite la notification aux puissances étrangères de l'acceptation du roi. Alors vous distinguerez les agens du pouvoir exécutif qui ont rempli leur mission, et ceux qui l'ont trahie. Les mystères de notre équivoque diplomatie seront peut-être dévoilés, et vous y découvrirez la source de ces menaces, de cette terreur dont on nous a environnés. Peut-être les rassemblemens de Coblentz n'existeraient-ils plus si le ministre avait envoyé aux puissances étrangères des hommes profondément révolutionnaires, de ces hommes qui, le pistolet sur le sein, se tiennent devant les tyrans dans l'attitude de la liberté. (On applaudit.) La diplomatie se

purifiera comme toutes les autres parties du gouvernement;
mais, en attendant, le salut public vous ordonne de prendre
toutes les mesures qui intéressent la sûreté de l'État et la dignité
de la nation française, car qui ne se fait pas respecter, cesse
bientôt d'être libre.

— Ce discours excita de vifs applaudissemens. Un membre
s'opposait à l'impression, parce que Brissot, en parlant des frères
de Louis XVI, avait dit : les *ci-devant princes françois*. « Le mot
ci-devant sera supprimé, répondit Brissot ; je l'ai prononcé par
mégarde. » L'impression fut décrétée à l'unanimité.

Couthon prit ensuite la parole : il demanda que Monsieur fût
déchu de ses droits à la régence. Mathieu Dumas ferma la séance
par un long discours, dans lequel il rappela l'opinion de Mirabeau sur les émigrations ; il s'éleva contre les flatteurs du peuple,
et déclara que l'assemblée devait se borner à rendre une loi pour
punir la désertion des officiers et des fonctionnaires publics.

SÉANCES DES 22 ET 25 OCTOBRE.

Le 22, Kock chercha à prouver qu'on n'avait rien à craindre,
ni des émigrés, ni des puissances. Un député du Haut-Rhin présenta la même opinion. Rougier la Bergerie proposa de déclarer
la déchéance des droits politiques de tous les émigrés non rentrés dans l'espace de trois mois. Dubois-Dubay demanda la
question préalable contre toutes les lois sur l'émigration. Voisard
pensa qu'il fallait lancer contre les princes un acte d'accusation,
et traduire, devant les cours martiales, les officiers déserteurs.
Thorillon conseilla un nouveau délai pour la rentrée des émigrés.
Pyro réclama l'assujétissement de leurs propriétés à une triple
imposition. Aubert Dubayet examina l'état des divers cabinets
de l'Europe, et proposa d'inviter le roi à agir auprès des puissances étrangères pour dissoudre les rassemblemens d'émigrés,
les enrôlemens et les préparatifs hostiles. Jaucourt combattit
quelques idées de Brissot, et tous projets de loi contre l'émigra-
tion ; il proposa d'ajourner la discussion à un mois, disant que

Louis XVI aurait ainsi le temps d'épuiser les moyens de conciliation pour faire rentrer les princes et les émigrés.

Le 25, la discussion fut reprise. Un député du Jura certifia la
tranquillité de l'État de Berne, et vanta la conduite amicale de
la république de Genève. Fauchet allégua contre ces assertions
les persécutions suscitées par les États de Berne à des officiers
qui avaient célébré l'anniversaire de la révolution française.
Roujoux ne craignait rien de l'orgueil impuissant des émigrés; il
ne pensait pas qu'ils conspirassent contre une patrie où ils
avaient laissé leurs familles et leurs propriétés pour ôtages; il
demanda qu'on séquestrât seulement les biens des fonctionnaires
publics qui ne seraient pas rentrés dans un mois. Après lui,
Condorcet monta à la tribune.

[*M. Condorcet.* C'est une grande erreur que de croire que l'intérêt commun ne soit pas d'accord avec l'exercice des droits des
individus, que le salut public puisse commander une injustice.
Cette maxime a toujours été le prétexte de toutes les tyrannies.
Nous avons juré de maintenir la constitution : ce serment comprend la déclaration des droits, et les conséquences générales
des principes qu'elle renferme. Ainsi, nous devons avoir sans
cesse sous les yeux ces principes sacrés, reconnus par la loi
française, et défendus, contre les sophismes qui voudraient les
éluder par toute l'autorité de la volonté générale.

Ainsi, avant de chercher ce qu'il peut être à propos de faire,
je chercherai ce que vous pouvez faire.

La nature accorde à tout homme le droit de quitter son pays;
la constitution le garantit à tout Français, et vous ne pouvez y
porter atteinte. L'homme doit pouvoir user de cette liberté, sans
que son absence le prive de ses droits.

Tout homme a le droit de changer de patrie. Dès ce moment,
devenu citoyen d'une nouvelle patrie, il ne l'est plus de la première; mais il est une première question à examiner. Ce citoyen
se trouve-t-il, par sa seule renonciation, privé de toute obligation; je ne parle pas de ces obligations morales auxquelles on est
tenu, même envers une patrie injuste; mais je parle des obliga-

tions sociales, et je dis qu'on ne peut, quoique devenu citoyen d'une nouvelle patrie, prendre les armes contre son pays. J'ajoute que chaque nation a le droit de déterminer le délai après lequel toutes ces obligations cessent. Nier ce principe, ce serait briser tous ses liens sociaux.

Dans l'ordre ordinaire et commun, tout citoyen émigrant ne doit pas être censé quitter son pays. On doit attendre qu'il en ait montré la volonté formelle, et l'on ne doit le regarder comme ennemi que lorsqu'il a pris les armes contre son pays. Mais quand l'émigration est telle, qu'elle se fait simultanément, de la part d'un grand nombre d'individus qui quittent leur pays pour aller dans des contrées étrangères y former comme une nouvelle nation sans territoire, alors la société a le droit de rechercher les causes de cette émigration. Les uns quittent par terreur, les autres par vanité: citoyens plus malheureux que coupables, car si c'est un malheur que d'avoir placé sa jouissance dans de vains préjugés que la raison a dissipés, ils n'en doivent pas moins conserver le droit de changer de patrie. La troisième classe des émigrans est celle de ceux qui ont manifesté des desseins hostiles : plusieurs même sont déjà coupables. Je demande pourquoi la nation ne pourrait pas prendre des mesures pour connaître ses ennemis, si elle n'a pas le droit de prendre des précautions pour sa sûreté, lorsque ce droit est celui de tout individu; mais, confondre les rebelles avec tous les émigrés, ce serait violer la liberté de beaucoup d'entre eux; car, comment un homme est-il libre, lorsque, sortant pour son commerce, il est puni de son activité, en se trouvant confondu avec de vils transfuges ?

Enfin, quand une nation a le droit de faire des préparatifs contre une autre, comment n'aurait-elle pas celui de faire des préparatifs contre une nouvelle espèce de nation qui prendrait les armes contre elle? Le droit est le même, mais les moyens sont différens. On agit à force ouverte contre une nation constituée, mais contre une nation qui n'est pas formée, contre une ligue volontaire de rebelles, on doit agir comme on agirait contre des *individus.* Il faut connaître quelles sont les intentions de chacun d'eux ; il faut que chacun des Français émigrés puisse prêter le serment civique tel qu'il est inséré dans l'acte constitutionnel, entre les mains du consul ou de l'envoyé de la nation ; il faut qu'ils déclarent reconnaître la constitution, se soumettre à l'exécuter, et la regarder comme émanée d'une autorité légitime, et comme exécutoire pour tous les citoyens. Celui qui ne voudra pas prêter le serment civique doit déclarer que, pendant deux ans, il n'entrera au service d'aucune puissance étrangère, qu'il ne prendra pas les armes contre sa patrie, et qu'il ne sollicitera des secours auprès d'aucune puissance étrangère contre la France ; celui, dis-je, qui ne fera pas cette déclaration, doit être regardé comme ennemi de la patrie. Ceux au contraire qui auraient fait cette déclaration, conserveraient tous leurs droits à leurs pensions ; car la renonciation à sa patrie n'est pas un délit : ils jouiraient pour leurs biens de toute la protection qu'on accorde aux propriétés des étrangers ; mais ils perdraient tous droits aux grades et à l'avancement militaires ; car ils ne doivent pas jouir d'une patrie qu'ils ont refusé de servir.

Je viens de demander que ceux qui refuseraient de faire les déclarations demandées, soient regardés comme ayant émigré avec des intentions coupables ; mais on ne peut les punir jusqu'à ce qu'il existe contre eux des preuves judiciaires ? Pour désarmer les ennemis, faut-il attendre qu'ils vous aient assassinés. Parce que le crime des émigrés n'est pas consommé, faut-il leur laisser les moyens de nous faire la guerre, de nous susciter des ennemis, de soulever notre armée en soudoyant des hypocrites, en faisant entrer dans vos régimens de ces hommes qui ne redoutent aucune bassesse, pourvu qu'ils puissent servir la cause de l'orgueil et du fanatisme ? De quel droit, par pitié pour ces hommes méprisables, sacrifierions-nous la sûreté de nos commettans ?

Telles sont les mesures de rigueur que vous avez le droit de prendre ; mais elles doivent encore être justifiées par leur utilité.

Sans doute elles ne seraient pas nécessaires, si, au commencement de la révolution, les ministres avaient maintenu auprès des puissances étrangères la dignité de la nation, s'ils n'eussent pas souffert que les puissances étrangères renvoyassent tous nos ambassadeurs, excepté celui dont une juste défiance avait provoqué la destitution; s'ils ne se fussent pas rendus complices du fanatisme, en laissant à Rome un cardinal pour soutenir la cause de la religion; si, par les remplacemens, on n'avait pas mis à la tête de l'armée des hommes qu'il était impossible de ne pas soupçonner d'incivisme.

Mais aujourd'hui que le temps a justifié tous les soupçons que l'on avait alors contre le ministre, il faut que le nom français soit enfin respecté, il faut que nous fassions rendre justice au peuple, et c'est alors seulement que, sans le trahir, il nous sera permis de pardonner en son nom. C'est de votre conduite envers cette lie de la nation, qui ose encore s'en dire l'élite, que dépendent les dispositions des puissances étrangères à votre égard; et c'est de cette confiance aussi que dépend la confiance publique dont vous voulez vous environner. Si vous montrez de l'indulgence et de la faiblesse lorsqu'il ne faut montrer qu'une sévère justice; si vous accordez un pardon qu'on ne vous demande point, alors vous ferez croire que vous êtes plus occupés des intérêts de quelques familles que du salut du peuple. (On applaudit.) Un grand nombre d'émigrés n'ont pour la constitution française qu'une aversion fondée sur des préjugés qui seront sans doute bientôt détruits : presque tous sont disposés à sentir les avantages de la constitution française, lorsque vous leur aurez laissé la liberté de choisir le moment de leur retour : beaucoup d'entre eux jouiront de cet avantage, et ne sacrifieront pas un bonheur réel au plaisir de conserver leur humeur quelques mois de plus. Ainsi nous verrons le nombre de nos ennemis diminuer en même temps que nous apprendrons à les connaître.

Une amnistie accordée sans les précautions qui doivent accompagner ces lois de clémence, a confondu l'innocent avec le coupable. Par la mesure que je vous propose, on connaîtra les intentions de chacun. Ce n'est pas que je veuille mettre entre eux aucune distinction : que les émigrans qui ont abandonné leur patrie, qu'ils soient suppléans du trône ou simples fonctionnaires publics, soient tous égaux devant la loi : ils doivent tous perdre leurs droits, et être privés de leurs revenus. Mais on demandera ce que deviendront les familles de ceux dont on séquestrera les biens ? ce que deviennent les familles de ceux qu'un autre genre de démence force de priver de l'administration de leurs biens. •

Occupons-nous de rendre à la nation sa dignité auprès des puissances étrangères; que des ambassadeurs choisis parmi ceux qui se sont célébrés dans les fastes de la liberté, fassent connaître aux puissances étrangères qu'il n'existe plus qu'une volonté, celle du peuple français. (On applaudit.)

L'assemblée ordonne l'impression du discours de M. Condorcet.

M. Vergniaud. Est-il des circonstances dans lesquelles les droits naturels de l'homme puissent permettre à une nation de prendre une mesure quelconque relative aux émigrations? La nation française se trouve-t-elle dans ces circonstances? Si elle s'y trouve, quelles mesures lui convient-il de prendre ?

Telles sont les questions dont je pense que l'examen doit nous conduire à la solution du grand problème qui vous occupe; et j'avoue que mon esprit et mon cœur sont d'accord pour me fournir les réponses que je vais hasarder de vous présenter.

Première question. Est-il des circonstances dans lesquelles les droits naturels de l'homme puissent permettre à une nation de prendre une mesure quelconque relative aux émigrations? L'homme, tel qu'il sort des mains de la nature, reçoit avec la vie une liberté pleine, entière, sans aucune restriction, sans aucune borne. Il a droit de faire tout ce qu'il peut; sa volonté seule et sa conservation sont sa suprême loi. Dans l'état social, au contraire, l'homme contracte des rapports avec les autres hommes, et ces rapports deviennent autant des modifications à son état naturel. L'exercice en sens contraire d'une indépendance absolue, aurait bientôt dispersé ou même détruit des hommes qui tenteraient de le conserver dans le sein d'une association politique : de là la liberté civile qui est la faculté de faire ce qu'on veut, pourvu qu'on ne nuise pas à autrui, et la liberté politique qui doit être aussi la faculté de faire ce qu'on veut, pourvu qu'on ne nuise pas à la patrie...

C'est donc une vérité non moins respectable que les droits de l'homme, et qu'on ne saurait obscurcir par aucun sophisme ; que lorsque la patrie juge nécessaire à sa tranquillité de réclamer les secours de tous ses membres, c'est un devoir sacré pour ceux-ci de lui payer le tribut de fortune ou de sang qu'elle demande. D'où je conclus naturellement que les droits de l'homme, tels du moins qu'il peut en jouir dans l'ordre social, ne renferment pas celui de répondre à cet appel de la patrie par une émigration qui serait la plus lâche désertion. J'explique cette conséquence pour qu'on ne puisse pas la combattre. Je ne veux pas dire que l'homme qui a germé sous le despotisme affreux de l'inquisition espagnole, ne puisse bien aller, sous un climat plus heureux, chercher l'air de la liberté ; que l'homme à qui les lois d'une association politique déplaisent, ne puisse bien aller s'incorporer dans une autre association où il se flattera de mieux remplir les vœux de son cœur. Je laisse de pareilles maximes aux amis de la tyrannie. Je n'entends pas même que l'homme qui a vécu dans une société où il a constamment reçu protection et assistance, ne conserve aussi la faculté physique de l'abandonner, au moment où elle croit avoir besoin de lui, et qu'elle puisse employer la force pour le retenir. Mais j'entends que la faculté physique qu'il exerçait alors est précisément la même que celle dont jouit l'impie qui se déshonore par un parjure, et le débiteur ingrat qui s'acquitte envers ses créanciers par une fuite banqueroutière. J'entends que, par sa trahison, il a rompu le pacte social ; que la société, à laquelle il est infidèle, ne doit plus aucune protection, ni à lui, ni à sa propriété.

On a distingué dans cette tribune les émigrans simples citoyens, les émigrans fonctionnaires publics, et les émigrans

qui , après être sortis de leur patrie, tourneraient leurs armes
contre elle. Cette distinction, qui varie et aggrave les caractères
d'une désertion criminelle, est fondée sur la justice ; mais il est
évident qu'elle est une chimère pour ceux qui ne croient pas à la
possibilité d'une loi juste sur les émigrations, et qu'en la proposant eux-mêmes, ils ont rendu hommage à mes principes. En
effet, ils ne pensent pas qu'on puisse adopter aucune mesure de
justice relative aux émigrations, parce que , disent-ils, c'est un
droit naturel et imprescriptible de l'homme, de quitter une
patrie où il se déplaît, pour en adopter une autre. Mais si c'est là
un droit naturel insusceptible d'aucune modification dans
l'ordre social; si je puis à mon gré, et dans toutes les circonstances,
abdiquer le titre de Français pour prendre celui d'Allemand ou
d'Espagnol, pourquoi prétendez-vous que je sois gêné dans l'exercice de mon droit par l'acceptation des fonctions publiques que
vous m'aurez confiées?

Vous répondez que c'est à cause de l'engagement particulier
qui résulte de mon acceptation ; mais quand j'ai accepté, c'est
qu'il me plaisait d'user du droit naturel que j'ai de rester chez
vous si bon me semble. Mon acceptation doit s'évanouir dès que
je veux user du droit de me transporter ailleurs. L'imprescripti-
bilité de ce droit naturel anéantit tout engagement qui lui serait
contraire ; lorsque j'aurai brisé les liens qui m'unissaient à vous,
lorsque je vous serai devenu étranger, pourquoi, si je porte, pour
ma nouvelle patrie, les armes contre vous, pourquoi me traite-
rez-vous en rebelle ou en déserteur? Pourquoi condamner les
autres membres de la société à laquelle je me suis donné? Votre
code pénal et votre distinction prouvent, ou que vous ne croyez
pas à la réalité de mon droit imprescriptible de changer de patrie
à ma volonté, ou que vous le violez avec scandale. Il n'y a
qu'une seule réponse à cette objection, et elle se trouve dans les
principes desquels j'ai conclu que tout citoyen doit, à sa première demande, voler au secours de la patrie : c'est que la liberté absolue n'appartient qu'à l'homme sauvage ; c'est que si
l'individu aspire au privilége d'être protégé par la société , il faut

qu'il renonce à cette portion de sa liberté, dont l'exercice pourrait devenir funeste à ceux qui le protégeraient; c'est qu'enfin les obligations de services, de soins, de travaux, de dangers et même d'affection, sont réciproques entre la patrie et le citoyen.

Attaquez cette vérité fondamentale, ou plutôt ce sentiment d'obligations mutuelles, sur lequel repose l'harmonie sociale, vous lâchez le frein à toutes les passions particulières; vous faites disparaître les rapports de l'individu à la société, et de la société à l'individu; vous rendez l'homme plus libre, mais vous l'autorisez à la trahison, à la perfidie, à l'ingratitude; vous éteignez en lui les sentimens moraux qui lui font si souvent trouver au fond de sa conscience le bonheur qu'il cherche en vain dans les objets qui l'environnent. Vous lui donnez, il est vrai, l'univers pour patrie, mais vous lui ôtez celle qui l'avait vu naître; vous lui donnez tous les hommes pour concitoyens, mais vous l'instruisez à leur manquer de foi.... Il est prouvé qu'une association politique touche au terme de sa durée, si on lui ôte le droit de réclamer, dans ses besoins, le secours des membres qui la composent; il est prouvé que les membres qui, au lieu d'accorder les secours réclamés, prennent lâchement la fuite, violent la plus sacrée des obligations; il est prouvé que, vouloir justifier cette coupable défection par l'allégation des droits de l'homme, de celui surtout de se fixer sous l'empire du gouvernement qui lui plaît le plus, c'est étouffer tous les sentimens qui font les délices et l'honneur de notre existence; c'est demander hautement la dissolution du corps social. Il est donc prouvé qu'il est des circonstances où une nation peut, sans blesser la justice, chercher les moyens de réprimer les émigrations qui compromettent sa tranquillité.

Jusqu'à présent j'ai raisonné dans la supposition qu'il ne s'agissait que d'émigrations proprement dites, ou, si l'on veut, d'une simple fuite. J'ai combattu les adversaires d'une loi sur les émigrans dans le champ clos où ils ont eu soin de se placer pour se ménager les avantages du terrain; je les appelle à mon tour dans une autre arène, et je les prie de me répondre. Supposons que les émigrans ne quittent pas seulement leur patrie parce que son gouvernement ne les rend pas heureux, ou parce qu'ils ne veulent supporter pour elle aucune fatigue ni courir aucuns hasards; supposons que la haine et la fureur les bannissent de son sein, qu'ils forment autour d'elle une ceinture de conspirateurs, qu'ils s'agitent et se tourmentent pour lui susciter des ennemis, qu'ils excitent ses soldats à la désertion, qu'ils soufflent parmi ses enfans le feu de la discorde, qu'ils y répandent par leurs manœuvres l'esprit de vertige et de faction, et qu'enfin, le fer et la torche à la main, ils élèvent au ciel indigné des vœux criminels pour hâter le jour où ils pourront s'enivrer de son sang et la couvrir de cendres et de ruines; je le demande aux ardens défenseurs des droits de l'homme et de la liberté indéfinie des émigrations, croient-ils qu'il soit de la justice que la patrie attende dans un calme funeste les coups qu'on lui prépare? Croient-ils qu'elle blessera les droits de l'homme en prenant les précautions qui pourront faire avorter les complots formés contre elle? Pensent-ils qu'elle ne puisse pas traiter en ennemis ceux qui conjurent sa ruine, en rebelles les enfans ingrats qui aiguisent des poignards pour la déchirer? L'exercice des droits de l'homme ne serait-il permis qu'aux émigrans ou aux assassins? serait-il interdit aux citoyens vertueux restés fidèles à leur pays? L'attaque serait-elle licite aux premiers, et les autres doivent-ils attendre qu'on les égorge pour se mettre en état de défense? Oh! mais, dit-on, vous sortez de la question; vous parlez de rébellion, et il s'agit d'émigrations. Soit; je vous passe tous les termes qui vous plairont; mais que le crime, quelque nom qu'on lui donne, reçoive enfin le juste salaire qui l'attend. (On applaudit.)

Seconde question. La France se trouve-t-elle dans les circonstances dont je viens de parler? Certes, je n'ai point l'intention d'exciter ici de vaines terreurs, dont je suis bien éloigné d'être frappé moi-même. Non, ils ne sont point redoutables, ces factieux aussi ridicules qu'insolens, qui décorent leur rassemblement convulsif du nom bizarre de *France extérieure*; chaque jour leurs ressources s'épuisent. L'augmentation de leur nombre ne fait que les pousser plus rapidement vers la pénurie la plus absolue de tous moyens d'existence. Les roubles de la fière Catherine et les millions de la Hollande se consument en voyages, en négociations, en préparatifs désordonnés, et ne suffisent pas d'ailleurs au faste des chefs de la rébellion. Bientôt on verra ces superbes mendians, qui n'ont pu s'acclimater à la terre de l'égalité, expier dans la honte et la misère les crimes de leur orgueil, et tourner des yeux trempés de larmes vers la patrie qu'ils ont abandonnée; et quand leur rage, plus forte que leur repentir, les précipiterait les armes à la main sur son territoire, s'ils n'ont pas de soutien chez les puissances étrangères, s'ils sont livrés à leurs propres forces, que seraient-ils, si ce n'est de misérables pygmées qui, dans un accès de délire, se hasarderaient à parodier l'entreprise des Titans contre le Ciel? (On applaudit.) Quant aux empires dont ils implorent les secours, ils sont ou trop éloignés, ou trop fatigués par la guerre du Nord pour que nous ayons de grandes craintes à concevoir de leurs projets.

D'ailleurs, l'acceptation de l'acte constitutionnel par le roi paraît avoir dérangé toutes les combinaisons hostiles. Les dernières nouvelles annoncent que la Russie et la Suède désarment; que, dans les Pays-Bas, les émigrés ne reçoivent d'autres secours que ceux de l'hospitalité. Croyez surtout que les rois ne sont pas tranquilles; ils savent qu'il n'y a pas de Pyrénées pour l'esprit philosophique qui vous a rendu la liberté : ils frémiraient d'envoyer leurs soldats sur une terre encore brûlante de ce feu sacré; ils trembleraient qu'un jour de bataille ne fît de deux armées ennemies un peuple de frères. (On applaudit.) Mais si enfin il fallait mesurer ses forces et son courage, nous nous souviendrions que quelques milliers de Grecs, combattant pour la liberté, triomphèrent d'un million de Perses; et, combattant pour la même cause, nous aurions l'espérance d'obtenir le même triomphe. Mais quelque rassuré que je sois sur les événemens que nous cache l'avenir, je n'en sens pas moins la nécessité de nous faire un rempart de toutes les précautions qu'indique la prudence.

Le ciel est encore assez orageux pour qu'il n'y ait pas une grande légèreté à se croire entièrement à l'abri de la tempête ; aucun voile ne nous cache la malveillance des puissances étrangères ; elle est bien authentiquement prouvée par la chaîne des faits que M. Brissot a si énergiquement développés dans son discours. Les outrages faits aux couleurs nationales et l'entrevue de Pilnitz sont un avertissement que leur haine nous a donné, et dont la sagesse nous fait un devoir de profiter. Leur inaction actuelle cache peut-être une dissimulation profonde. On a tâché de nous diviser ; qui sait si l'on ne veut pas nous inspirer une dangereuse sécurité ? Je ne crains rien, mais j'aime à me précautionner contre ceux qui n'ont renoncé à me nuire que parce qu'ils ont perdu l'espoir de réussir dans leurs projets. Quant aux émigrés, feindrait-on d'ignorer qu'ils calomnient tous les jours Louis XVI, et que dans toutes les cours d'Allemagne où ils promènent leur haine et leur bassesse, ils accusent la franchise de son acceptation ? Feindra-t-on d'ignorer que c'est par ces propos perfides qu'ils entretiennent les puissances étrangères dans des dispositions si équivoques à notre égard ?

Dira-t-on que leur émigration du royaume n'est qu'un simple voyage, et que leur rassemblement dans les Pays-Bas n'est que l'effet d'un hasard innocent ? Mais serait-ce aussi par un cas fortuit que tous les ci-devant gardes-du-corps et tous les officiers déserteurs de leur poste se rendent sous les drapeaux des princes français fugitifs, et qu'au lieu d'en être reçus avec l'indignation qu'on doit à des traîtres, ils en ont été accueillis comme des amis fidèles ? Serait-ce sans une combinaison réfléchie et sans un concours de mesures bien préparées, qu'une foule d'hommes également tourmentés, et par l'imbécille fatuité de leur noblesse, et par une misère qui ne leur laissait pas assurément les moyens d'entreprendre un grand voyage, ont voulu cependant aller aussi figurer dans les cours séditieuses de Worms et de Coblentz ? Est-ce par excès de bienveillance qu'on tâche de désorganiser notre armée, qu'on provoque à la désertion et les officiers et des soldats, qu'on les excite à voler les caisses et les drapeaux de

leurs régimens, et qu'à leur arrivée on leur tend les bras comme
aux plus loyaux défenseurs de l'honneur et de la noblesse? Aura-
t-on l'impudeur de vouloir nous persuader que la présence des
Bourbons à Pilnitz est un témoignage de leur dévoûment à la
France? Non, non; il n'est plus le temps où une clémence magnanime pouvait engager à dissimuler les crimes de nos ennemis.
Ils ont refusé le pardon qu'on leur offrait: eh bien! livrons-les
aux peines qu'ils ont trop méritées; rendons-leur enfin haine
pour haine. Voyez-les s'agiter en tous sens sur vos frontières, attirer à eux des munitions de guerre, recruter dans votre sein des
hommes, des chevaux, pomper, ou du moins faire enfouir votre
numéraire par les terreurs qu'ils répandent; voyez-les correspondre dans l'intérieur du royaume avec des prêtres turbulens
et avides qui partagent leur haine, et brûlent comme eux du désir de la vengeance. C'est du sein de cette coalition fatale que sortent et se répandent dans les campagnes les haines, les divisions,
les insurrections et les massacres. Habiles à propager leurs criminelles espérances, ils encouragent les séditieux qui ont épousé
leurs querelles, rallient par crainte à leur parti les hommes sans
caractère, qui voient toujours la justice du côté de la force, plon-
gent les bons citoyens dans une incertitude qui les fatigue, et en-
travent le crédit public par le mouvement de fluctuation qu'ils
impriment à l'empire.

Ici, j'entends une voix qui s'écrie : Où est la preuve légale des
faits que vous avancez? Quand vous la produirez, il sera temps
de punir les coupables. O vous qui tenez ce langage, que n'étiez-
vous dans le sénat de Rome, lorsque Cicéron dénonça la conjuration de Catilina! vous lui auriez demandé aussi la preuve légale!
J'imagine qu'il eût été confondu : Rome aurait été pillée, et vous
et Catilina auriez régné sur ses ruines. Des preuves légales!
Vous ignorez donc que telle est la démence de ces nouveaux conjurés, qu'ils tirent même vanité de leurs complots? Lisez cette
protestation contre l'acceptation du roi, où l'on insulte la nation
avec tant d'indécence, ou plutôt démentez l'Europe entière. Attendez une invasion, que votre courage repoussera sans doute ,

mais qui livrera au pillage et à la mort vos départemens frontières et leurs infortunés habitans. Des preuves légales ! Vous
comptez donc pour rien le sang qu'elles vous coûteront ? Des
preuves légales ! ah ! prévenons plutôt les désastres qui pourraient vous les procurer. Prenons enfin des mesures rigoureuses;
ne souffrons plus que des perfides qualifient notre générosité de
faiblesse ; imposons-en à l'Europe par la fierté de notre contenance ; dissipons ce fantôme de contre-révolution autour duquel
vont se rallier les insensés qui la désirent ; débarrassons la nation
de ce bourdonnement continuel d'insectes avides de son sang, qui
l'inquiètent et la fatiguent, et rendons le calme au peuple. On
s'est permis de dire ici que c'étaient les flatteurs du peuple qui
proposaient des mesures de rigueur contre les émigrans, et
l'on a eu soin d'ajouter que cette espèce de flatteurs était la pire
de toutes. Je déclare formellement que je n'accuse les intentions
de personne ; mais je dis à mon tour que cette dernière réflexion
ne prouverait rien sur la question des émigrans, si ce n'est une
préférence marquée pour la flatterie envers les rois. (On applaudit.) Je dis en second lieu : Malheur sans doute à ceux qui
flattent le peuple pour l'égarer, comme à ceux qui l'ont méprisé
pour usurper le droit de l'opprimer ! mais malheur aussi à qui
saisirait avec adresse le prétexte de censurer ses flatteurs pour
décourager ses vrais amis, et pour épancher indirectement une
haine cachée contre lui ! Malheur à ceux qui l'excitent aux séditions ! mais malheur aussi à ceux qui, lorsqu'il est près du pré-
cipice, cherchent à lui cacher le danger, et qui, au lieu d'échauffer son courage, l'endorment dans une fausse sécurité ! On ne
cesse depuis quelque temps de crier que la révolution est faite ;
mais on n'ajoute pas que des hommes travaillent sourdement à
la contre-révolution. Il semble qu'on n'ait d'autre but que d'é-
teindre l'esprit public, lorsque jamais il ne fut plus nécessaire de
l'entretenir dans toute sa force. Il semble qu'en recommandant
l'amour pour les lois on redoute de parler de l'amour pour la liberté. S'il n'existe plus aucune espèce de danger, d'où viennent ces
troubles intérieurs qui déchirent les départemens, cet embarras

dans les affaires publiques? Pourquoi ce cordon d'émigrans qui cerne une partie de nos frontières? Que signifie cette puissante armée de ligne répandue dans les départemens du Nord, et ces nombreux bataillons de gardes nationales par lesquels vous la renforcez? Si vous ne jugez pas inutiles ces précautions dispendieuses pour la nation, pourquoi vous récriez-vous avec tant de force, lorsqu'on propose de prendre une mesure secondaire qui pourra produire de grands effets et sera lucrative au trésor public?

Troisième question. Quelles sont donc les mesures que la nation doit prendre?

Ici je distingue avec M. Brissot, parmi les émigrans, les princes français, les officiers déserteurs et les simples citoyens. On a paru douter qu'il fût juste d'assujétir la propriété de ces derniers à une contribution plus forte que celle des autres citoyens. S'ils paient, a-t-on dit, leur part de la contribution commune, ils ont droit à la protection dont cette contribution est le prix : il faut les considérer comme des étrangers qui auraient des propriétés dans le royaume. On se trompe: il faut les regarder comme des traîtres qui, ayant violé leurs obligations envers la patrie, l'ont affranchie de celles qu'elle avait contractées envers eux. Il faut les considérer comme des ennemis auxquels elle doit indignation et non assistance. Que si malgré leur perfidie elle veille encore sur leurs propriétés, elle peut déterminer à son gré le prix de cette surveillance volontaire; que si, pour déjouer leurs complots et assurer sa tranquillité, elle est induite à des dépenses extraordinaires, la justice lui désigne leurs propriétés comme le dédommagement naturel de ses frais. On observe que cette mesure est petite, et peu digne de l'assemblée nationale. Et qu'importe de sa grandeur ou de sa petitesse ! c'est de sa justice qu'il s'agit. (On applaudit.)

Je n'ai rien à dire sur les officiers déserteurs : leur sort est déjà réglé par le code pénal. Quant aux princes français, il y a dans la constitution une disposition qui concerne particulièrement Louis-Stanislas-Xavier, ci-devant *Monsieur.* L'ordre de sa naissance l'appellerait à la régence, si le roi venait à mourir, et que le prince-royal fût encore mineur; or, voici, relativement au régent, les dispositions de la loi constitutionnelle : on les trouve au chapitre II, section III, article second. Il est dit :

« Si l'héritier présomptif est mineur, le parent majeur, premier appelé à la régence, est tenu de résider dans le royaume. Dans le cas où il en serait sorti, et n'y rentrerait pas sur la réquisition du corps-législatif, il sera censé avoir abdiqué son droit à la régence. »

La loi est claire : vous avez juré de la maintenir, ce serait vous outrager que de vous observer que votre négligence même serait un parjure. (On applaudit.)

Mais la réquisition que vous allez faire ne vous suffit pas; vous devez un mémorable exemple à l'Europe : elle sait que tous les princes fugitifs se sont hautement déclarés les chefs de la horde nobiliaire qui conjure contre vous. Elle a retenti de leurs plaintes incendiaires, de leurs déclamations calomnieuses contre la nation; elle a été un instant agitée par les efforts qu'ils ont faits pour l'associer à leurs complots. Ces préliminaires d'une ligue des despotes contre les peuples, la fameuse déclaration de Pilnitz, sont les fruits de leurs intrigues. Leurs attentats sont connus : il faut que vous fassiez connaître aussi votre justice; il faut, ou que, par des ménagemens inciviques, vous avilissiez la nation, et la montriez tremblante devant eux, ou que, par une attitude ferme, vous les fassiez trembler devant elle. D'un côté, ce sont les intérêts de quelques rebelles qui regorgent de bienfaits et d'ingratitude; de l'autre, ceux du peuple : il faut opter. D'un côté est la gloire de signaler votre amour pour la patrie par un acte sévère, mais équitable, mais nécessaire; de l'autre, la bonté de signaler votre insouciance pour elle par une faiblesse coupable encore aux yeux de la justice : il faut opter.

On parle de la douleur profonde dont sera pénétré le roi. Brutus immola des enfans criminels à sa patrie. Le cœur de Louis XVI ne sera pas mis à une si rude épreuve; mais il est digne du roi d'un peuple libre de se montrer assez grand pour acquérir la gloire de Brutus. Quel succès d'ailleurs ne peut-il pas se flatter d'obtenir auprès des princes fugitifs par ses sollicitations fraternelles et par ses ordres, pendant le délai que vous leur accorderez pour rentrer dans le royaume ! Au reste, s'il arrivait qu'il échouât dans ses efforts, qu'ils fussent insensibles aux accens de la tendresse, en même temps qu'ils résisteraient à ses ordres, ne serait-ce pas une preuve aux yeux de la France et de l'Europe, que, mauvais frères et mauvais citoyens, ils sont aussi jaloux d'usurper par une contre-révolution l'autorité dont la constitution investit le roi, que de renverser la constitution elle-même. (On applaudit à plusieurs reprises.) Dans cette grande occasion, leur conduite lui dévoilera le fond de leur cœur; et s'il a le chagrin de n'y pas trouver les sentimens d'amour et d'obéissance qu'ils lui doivent, qu'ardent défenseur de la constitution et de la liberté, il s'adresse au cœur des Français : il y trouvera de quoi se dédommager de ses pertes. (Les applaudissemens recommencent.)

Encore deux mots, et je termine cette longue discussion. On a dit et répété avec beaucoup d'affectation qu'une loi sur les émigrations serait impolitique en ce qu'elle exciterait des alarmes dans le royaume. Je réponds qu'une loi sur les émigrations n'apprendra rien aux Français que ce qu'ils savent tous : qu'il s'est formé à Worms et à Coblentz une conspiration contre leur liberté. La loi ne les effraiera point ; au contraire elle comblera leurs vœux : il y a long-temps qu'ils la désirent. On a dit encore qu'elle serait inutile et sans effet. Pourrais-je demander aux auteurs de cette objection quelle divinité les a doués du merveilleux don de prophétie? (On applaudit.) Voyez, s'écrient-ils, les protestans sous Louis XIV, plus on aggrava les peines contre les émigrans, plus les émigrations se multiplièrent. C'est avec bien de l'irréflexion qu'on a cité un pareil exemple : ce ne fut pas à cause des peines prononcées contre les émigrans que les protestans sortirent alors du royaume, mais à cause des persécutions inouïes dont ils étaient les victimes dans le royaume; ce fut la violence qu'on ne cessait de faire à leur conscience qui les obligea

à chercher une autre patrie. Or, au lieu de menacer de violence
les Français aujourd'hui émigrés, la patrie leur tend les bras
avec bonté, et les recevra comme des enfans chéris dont elle a
déjà oublié les égaremens. Enfin, dans tous les événemens le
succès est l'affaire du destin, et vous ne sauriez en être responsables ; mais les précautions pour le préparer sont de votre ressort, et dès-lors un devoir impérieux vous commande de les
prendre.

L'assemblée décrète l'impression du discours de M. Vergniaud.

M. Pastoret. Plusieurs opinions ont été proposées : les uns regardent une loi sur les émigrans comme inconciliable avec les
principes de la constitution et de la déclaration des droits de
l'homme ; les autres croient trouver les principes qui l'autorisent
dans la constitution même, et dans l'évangile politique dont elle
est le développement. Les uns affirment que les circonstances
dans lesquelles nous nous trouvons exigent impérieusement une
pareille loi ; les autres se plaignent de ce qu'on veut courber la
loi devant les circonstances ; les uns invoquent le salut du peuple ;
les autres leur répondent que le salut du peuple est d'être juste.
Parmi ceux-mêmes qui désirent une loi, les uns la veulent indulgente, les autres la veulent sévère : les uns la font porter sur
tous les émigrans ; les autres s'arrêtent à leurs chefs.

Au milieu de tant d'opinions, quelle est donc celle qu'il faut
adopter ? Je vais essayer de le découvrir. Je suivrai la division
qui a été proposée par le plus grand nombre des orateurs. Une
loi sur les émigrans est-elle ou non contraire aux principes de la
constitution ? Les circonstances dans lesquelles nous nous trouvons exigent-elles qu'on prenne des mesures contre eux ? S'il
faut en prendre, quelles seront-elles ?

D'abord, je ne puis vous dissimuler ma surprise de voir qu'on
ait pu élever des doutes sur la première question. La déclaration
des droits de l'homme, la constitution, plus précise encore, proscrivent évidemment une pareille loi. Examinons la conduite de
nos prédécesseurs. Une loi est demandée sur la résidence de la

famille royale: bientôt on l'étend à tous les fonctionnaires publics. Le comité de constitution vient proposer une loi : elle est repoussée ; elle était digne de l'être ; mais au même instant on charge les comités d'en proposer une nouvelle : les comités la proposent. Je ne prétends point approuver ni improuver ces mesures ; mais enfin l'assemblée nationale constituante pensa elle-même que ces mesures devaient être adoptées ; et elle l'a fait ; et à son opinion particulière paraît se joindre encore l'opinion des hommes qui ont été tous nos maîtres et nos modèles, des plus grands philosophes que la France ait produits. Je vous rappellerai le mot de Montesquieu : *Il est des cas où il faut jeter un voile sur la liberté, comme on cache les statues des dieux* ; et le mot plus profond encore et plus précis de Jean-Jacques : *Quoique la liberté d'aller et de venir ne puisse être contestée à tous les citoyens, cependant quand il y a des alarmes dans la patrie, quand il est nécessaire de la défendre, de la garantir des invasions ennemies, alors s'éloigner d'elle ne peut plus être considéré comme une retraite ; mais c'est une véritable désertion.*

A présent j'entre dans la discussion de la seconde partie de la question ; et d'abord j'établis que les émigrations sont permises dans les temps ordinaires. La maxime est si évidente, que ce n'est pas la peine de perdre un temps précieux pour l'établir. Mais est-ce bien sérieusement qu'on veut confondre les émigrés avec le voyageur paisible qui va contempler en Italie les prodiges des arts, ou juger en Angleterre les effets heureux de la liberté ? Est-ce bien sérieusement que l'on veut confondre les hommes qui vont dans une ville obscure de l'Allemagne allier leurs haines, et méditer ce qu'ils appellent leurs vengeances, avec ce négociant laborieux, qui va, par ses relations et son industrie, acquérir des richesses qu'il nous apportera ensuite comme un tribut ?

Si la maxime générale sur les émigrations est certaine, il n'est pas moins certain que les remèdes extrêmes sont permis quand les maux sont extrêmes. A Rome, on créait quelquefois un dictateur ; en Angleterre, il est des momens où l'on suspend la loi connue sous le nom de *habeas corpus*. En France même on a créé la loi martiale. Voyons donc si nous sommes dans une situation politique qui permette et qui ordonne une exception à la faculté libre de sortir de l'empire. Je me demande quel est le nombre des émigrans, quels sont leurs motifs, quelle est l'époque de leur émigration, quel en est l'objet, quels en seront les effets. Quel est le nombre des émigrans ? Ce nombre est considérable; il s'accroît tous les jours davantage, et doit fixer l'attention des législateurs de la France ; car enfin ils ne peuvent être indifférens sur les motifs de la désertion de leur patrie.

Les motifs de l'émigration sont différens ; tous les orateurs sont d'accord sur ce point : ils ne doivent pas, par conséquent, être confondus. Les uns sont des hommes faibles, qui ne fuient que parce qu'ils sont effrayés; les autres, des hommes mécontens, qui regrettent les avantages de l'ancien régime, et qui ne peuvent encore s'acclimater à une constitution qui a eu la perfidie d'exclure du premier rang l'intrigue et l'opulence, pour y placer deux divinités long-temps obscures, le talent et la vertu. (On applaudit.) Les autres sont des hommes tourmentés par la rage, agités de desseins pervers, prêts à se sacrifier à leur vengeance, si la vengeance pouvait exister pour eux. Ceux-là sont véritablement coupables. Les deux premières classes méritent votre pitié ; elles doivent se reprocher cependant d'être devenues en quelque sorte leurs complices et leurs appuis.

Quelles ont été les époques principales des émigrations ? Une loi venait d'ordonner à tous les citoyens de prendre les armes pour la défense de la patrie : plusieurs ont choisi ce moment pour l'abandonner. Ceux qui n'ont pas rougi d'une pareille conduite, sont des lâches, s'ils ne sont pas des traîtres. L'émigration s'est ensuite renouvelée au moment où la constitution venait d'être terminée ; et ici observez l'illusion de nos prédécesseurs. On disait sans cesse dans l'assemblée constituante, quand elle discutait la loi sur les émigrans : il faut que des troubles nécessaires accompagnent la révolution ; mais quand elle sera finie, quand la constitution acceptée assurera aux Français un bonheur pai-

sible et durable, ils reviendront tous dans leurs foyers. Eh bien !
loin d'y revenir, ils ont paru s'en éloigner avec plus d'ardeur.
Quel a donc été l'objet de cette émigration ? Devons-nous nous le
dissimuler ? Leurs efforts sont-ils inconnus ? Je le sais, leurs efforts seront impuissans. On n'osera pas nous combattre, ou on l'o-
sera en vain. Le glaive des amis du despotisme s'est toujours
émoussé contre le bouclier des amis de la liberté. Nous avons
pour modèles les Grecs et les Romains dans l'antiquité ; et, chez
les modernes, les Anglais, les Hollandais, les Suisses et les
Américains. Des ennemis comme les nôtres n'obtiendraient point
la victoire contre nous, quand même ils seraient en force.

Je me demande enfin quels sont les effets de l'émigration. Comme
ils ont déjà été développés, je ne m'arrêterai point à en retracer
le tableau. Mais, dit-on, le contrat social est rempli par le citoyen quand il paie les charges de la société : les émigrans paient
les charges, nous n'avons pas le droit d'en exiger davantage. On
a présenté ce raisonnement : quant à moi, j'en nie toutes les
propositions ; je nie que le paiement de l'impôt suffise : il suffit
pour être sujet d'un despote ; mais le citoyen libre doit encore à
sa patrie ses lumières, son travail, son industrie ; je dirai même,
jusqu'à un certain point, sa consommation habituelle. J'ajoute
que l'impôt n'est pas seulement assis sur les terres ; il y a un service personnel qui n'est pas un droit moins sacré. On n'a pas le
droit de dire : j'accepte votre protection pour mes biens, mais
je soustrais ma personne. Quand le calme sera rétabli, je jouirai
du prix de vos bienfaits : aujourd'hui je ne veux partager ni vos
fatigues ni vos travaux.

Sous quelque point de vue que l'on considère les émigrans, il
est donc impossible de les défendre. Par quel sentiment serai-je
donc entraîné à ne vous proposer, au lieu de mesures de rigueur,
qu'une mesure de tolérance ? C'est que je regarde l'indulgence
comme le devoir de la force ; c'est qu'il est digne de vous de respecter encore la liberté individuelle, envers ceux qui osent menacer la liberté publique ; c'est que dans les principes de justice rigoureuse, il ne faut pas punir ceux qui n'ont pas encore

consommé le crime ; c'est que, malgré tous leurs efforts, aucun
danger ne nous environne. La Suède désarmée, l'intérêt de la
Prusse lui défend de nous combattre ; l'Angleterre, qui eut
souvent tant de peine à nous pardonner notre gloire, nous pardonne et aime notre liberté ; Léopold songera que son devoir l'attend, et qu'il a devant lui l'Europe et la postérité. Et quand même
des troupes mercenaires seraient armées pour nous combattre,
que peuvent-elles contre trois millions de citoyens qui défendent
leurs propriétés, leurs familles, leurs amis, leur roi, et qui ont
juré de vivre libres ou de mourir ? Ah ! plutôt croyez que le moment approche où ce serment auguste sera répété dans l'Europe
entière. L'impulsion de la liberté est donnée, elle ne se ralentira
pas ; la guerre lui donnerait plus de ressort en voulant la com-
primer. Quant aux émigrans abandonnés à eux-mêmes, si le ridicule se mêle à la pitié, lorsqu'on les entend appeler coupable
de rébellion une nation fière, la pitié redouble lorsqu'on les voit
opposer à un grand peuple fort de son courage, de sa justice,
de son inébranlable fermeté, des chefs sans argent, des combattans sans armes, des officiers sans soldats. Au reste, permettez-
moi de vous représenter une vérité qui, selon moi, répond à
beaucoup d'objections, et qui ne me parait pas avoir été aperçue
par les différens orateurs. Ce n'est point parce que les émigrans
sont dangereux, c'est parce que les émigrations sont nuisibles,
qu'il faut dans ce moment prendre des mesures contre elles.
Par-là nous avons le double avantage de ne pas nous livrer à un
mouvement de colère, et de rentrer dans les termes précis de la
constitution, qui soumet à de justes peines les actes nuisibles à
la société. Je sais que l'on a prétendu que l'émigration est un acte
négatif ; mais il est facile de prouver qu'emporter le numéraire,
et avec lui le moyen d'ébranler la chose publique, en se ralliant
à des hommes connus pour être les ennemis de la constitution,
ne sont pas seulement des actions négatives. Ne croyez pas cependant qu'en écartant l'idee du danger je veuille vous conduire
à un engourdissement funeste. Veiller toujours et ne craindre
jamais, doit être la devise d'un peuple libre. Parmi ses nombreux

avantages, la vigilance a encore celui de dispenser de la crainte : l'indolence vient quelquefois de l'orgueil, et d'un résultat plus ordinaire, celui de la servitude. En un mot, soyons prêts à combattre, mais soyons aussi prêts à pardonner.

Il est des hommes que ce pardon ne doit pas atteindre ; votre clémence envers eux serait coupable. Chargés de vous défendre contre les invasions ennemies, l'ayant promis de nouveau par un serment solennel, ils ont abandonné leurs drapeaux : ils sont indignes d'être comptés au nombre des Français. Quant aux princes, leur devoir est tracé par la constitution. Ils doivent être sommés de rentrer en France dans un délai très-court ; et s'ils n'obéissent pas à cette sommation, l'assemblée nationale déterminera les mesures convenables à la dignité du peuple qu'elle représente. Vis-à-vis de tous les autres émigrés, vous devez vous borner aussi à les requérir de rentrer dans un court délai, ou à faire passer au greffe de leur municipalité le serment prescrit d'être fidèles à la constitution et de la maintenir de tout leur pouvoir. Lorsque votre voix paternelle les aura rappelés, libres de la fausse honte qui les retient, la plupart d'entre eux viendront jouir avec nous de cette liberté qui a tant de charmes. Leur orgueil aurait résisté à une loi sévère ; leur intérêt, un motif plus noble peut-être, les ramènera, et peut-être encore lorsqu'ils auront posé leurs pieds sur la terre qui les a vus naître, ils s'y sentiront soulagés, comme les Grecs, poursuivis par les remords, se sentaient plus tranquilles au moment où ils embrassaient l'autel des dieux.

Telles sont les mesures que je compte vous proposer ; elles auront l'avantage de vous faire distinguer ceux qui, égarés un moment, sont prêts à abjurer leurs erreurs, d'avec ceux qui pourraient méditer encore de criminels projets. Vos lois alors indiqueront plus distinctement la faiblesse, la douleur et le crime ; nous aurons de véritables rebelles à la constitution : nous les connaîtrons, et nous pourrons les punir. D'ici à l'expiration du délai, je ne vous proposerai aucune loi prohibitive, si ce n'est *pour les* armes et les munitions de guerre. L'orateur qui nous a proposé d'exiger des passeports a fini lui-même par y renoncer, et j'adopte sa dernière opinion. Le même orateur vous a dit, et j'aime à répéter cette grande vérité : la prospérité, la tranquillité de l'État, sont la meilleure loi contre les émigrans. Il est temps en effet que la loi reprenne toute sa vigueur et toute son autorité ; il est temps que le peuple jouisse paisiblement du bonheur que la constitution lui assure.

M. Pastoret lit un projet de décret dont l'assemblée ordonne l'impression, ainsi que celle du discours.

L'assemblée consultée ferme la discussion, et ajourne à vendredi 28 la lecture de tous les projets de décrets.]

SÉANCE DU 28 OCTOBRE.

[*M. Brissot.* L'ordre du jour est d'entendre la lecture de tous les projets de décret. Vous désirez tous porter dans cette délibération toute la gravité, tout le calme qui convient à une assemblée législative, et éviter le tumulte, si facile quand une foule de projets de décret viennent vous disputer votre choix. Or, il est manifeste que tous les projets qui ont été présentés se réduisent à ces trois points principaux : Faut-il une loi contre les princes français émigrés? Faut-il une loi contre les fonctionnaires publics déserteurs? Faut-il une loi contre les simples citoyens émigrés? Je demande qu'on aille successivement aux voix sur ces trois questions. La première est la plus importante : il faut frapper sur les princes; c'est frapper sur le cœur de la rébellion. S'occuper sans cela des autres émigrés, c'est s'amuser à guérir un cors au pied quand la tête est attaquée. (On applaudit et on demande à aller aux voix.)

M. Briche. L'assemblée a décrété qu'on lui ferait la lecture de tous les projets de décret. Je demande que, sans s'arrêter aux différentes propositions qui sont faites, on passe à l'ordre du jour.

L'assemblée passe à l'ordre du jour.

Plusieurs membres font successivement la lecture de [leur

projet de décret ; plusieurs présentent des préambules très-étendus.

L'assemblée décide que les opinans s'abstiendront de rouvrir la discussion par la voie des préambules.

Un de messieurs les secrétaires continue la lecture.

N..... Mais, monsieur le président, la discussion est à l'agonie. On va, à force de projets de décret, faire émigrer le corps-législatif lui-même.

M. Merlin. Je demande qu'arrêtant ici la lecture des projets de décret, on en adopte enfin un comme base de délibération.

Après quelques débats, la proposition de M. Merlin est adoptée.

On demande la priorité aux différens projets de décret.

L'assemblée ordonne la lecture des projets de MM. Brissot, Couthon, Vergniaud et Condorcet.

L'assemblée refuse successivement la priorité aux trois premiers projets, et l'accorde à celui de M. Condorcet.

L'assemblée ordonne la réimpression de ce projet, avec les modifications qui y ont été faites.

On demande l'ajournement à huitaine.

M. Girardin. Je demande à parler contre l'ajournement. Le projet de M. Condorcet contient deux propositions distinctes et séparées : la première, relative au premier prince français. Je demande l'exécution de la loi constitutionnelle, qui porte qu'il sera tenu de résider dans le royaume, sous peine d'être déchu de ses droits à la régence : c'est un devoir que l'assemblée doit remplir à l'instant même. Je demande que, dans trois jours, elle fasse une proclamation dans le lieu de ses séances, pour requérir Louis-Joseph-Xavier, premier prince français, de rentrer dans le royaume dans le délai d'un mois, sous peine d'être déchu de ses droits à la régence.

M. Ramond. Dans une matière aussi importante, je crois que l'assemblée ne peut se dispenser d'ordonner l'ajournement.

M. Girardin. Vous n'avez déjà que trop tardé de vous acquitter de votre devoir et de vos sermens. (On applaudit.)

M. Goujon et plusieurs autres membres demandent la parole, et insistent avec chaleur pour l'ajournement.

L'assemblée décide qu'ils ne seront pas entendus, et adopte, sauf rédaction, la proposition de M. Girardin.]

SÉANCE DU 31 OCTOBRE.

[M. le président annonce que la discussion doit s'ouvrir sur la seconde partie du décret présenté par M. Condorcet.

M. Isnard. Messieurs, le projet de décret de M. Condorcet peut satisfaire à ce que nous devons à la prudence; mais il ne satisfait point à ce que demande la justice, à ce que réclament tous les Français.

Il est souverainement juste de ne plus envoyer l'or de la nation à ceux qui conspirent contre elle, et d'appeler au plus tôt sur ces têtes coupables le glaive des lois. Pour prouver invinciblement la justice de deux mesures que je vais proposer, je me permettrai de faire deux questions importantes, auxquelles je désirerais que quelqu'un voulût bien répondre.

Je demande à cette assemblée, à la France entière.....

M. Léopold. Ne demandez qu'à la moitié; car ce n'est qu'à elle que vous parlez. (L'orateur était tourné vers la gauche.)

M. Isnard. Je demande à l'assemblée, à la France entière, (en désignant M. Léopold) à vous, Monsieur (on rit et on applaudit), s'il est quelqu'un qui, de bonne foi et dans l'aveu secret de sa conscience, veuille soutenir que les princes émigrés ne conspirent pas contre la patrie? Je demande, en second lieu, s'il est quelqu'un dans cette assemblée qui ose soutenir que tout homme qui conspire ne doive pas être au plus tôt accusé, poursuivi et puni?... S'il en est quelqu'un, qu'il se lève et réponde..... (Applaudissemens et murmures.) Puisque chacun se tait, il est donc vrai, il est donc convenu..... (*Bah!*)

M. le président. Je vous ferai observer, M. l'opinant, que la discussion ne peut pas se faire par interrogations et par réponses. Continuez votre opinion.

M. Isnard. Je vous demande pardon, M. le président; c'est une figure.

Une voix. Je demande que l'orateur prouve la première proposition.

M. Isnard. M. le président, je vous prie de rappeler à l'ordre monsieur, qui parle ici de charlatanisme.... (Éclats de rire.)

M. le président. Je conjure, au nom de la patrie, tous ceux qui l'aiment sincèrement et qui sont jaloux de la gloire de l'assemblée nationale, de se tenir dans les bornes de la décence. (Applaudissemens.)

M. Isnard. Tant qu'on n'aura pas répondu, je dirai que nous voilà placés entre le devoir et la trahison, entre le courage, et la lâcheté, entre l'estime publique et le mépris : c'est à nous de choisir.

Et si vous me permettiez de dire tout ce que je sens, je dirais que si nous ne punissons pas tous les chefs des rebelles, ce n'est pas que chacun ne reconnaisse dans le fond de son cœur qu'ils sont coupables; mais c'est parce qu'ils sont princes, et que, quoique nous ayons détruit la noblesse et les dignités, ces vains fantômes épouvantent encore les âmes pusillanimes. (Applaudissemens.) Je vous dirais qu'il est temps que ce grand niveau de l'égalité, qu'on a placé sur la France libre, prenne enfin son aplomb. Je vous demanderais si, en élevant les princes au-dessus des lois, vous persuaderez aux citoyens que vous les avez rendus égaux ; si c'est en pardonnant à tous ceux qui conspirent contre la liberté que vous prétendez vivre libres. Je vous dirais, à vous, législateurs, que la foule des citoyens français qui se voient chaque jour punis pour avoir commis les moindres fautes demandent enfin à voir expier les grands crimes ; que ce n'est qu'alors qu'on croira à l'égalité et que l'anarchie disparaîtra ; car, ne vous y trompez pas, c'est la longue impunité des grands criminels qui a pu rendre le peuple bourreau. (Applaudissemens.) Oui, la colère du peuple, comme celle de Dieu, n'est trop souvent que le supplément terrible du silence des lois. (Applaudissemens réitérés.) Je vous dirais : Si nous voulons vivre libres, il faut que la

loi, la loi seule nous gouverne; que sa voix foudroyante reten-
tisse dans le palais du grand comme dans la chaumière du pauvre, et qu'aussi inexorable que la mort lorsqu'elle tombe sur sa
proie, elle ne distingue ni les rangs ni les titres. (Applaudissemens.)

On vous a dit que l'indulgence est le devoir de la force, que la
Suède et la Russie désarment, que la Prusse n'a pas intérêt de
nous attaquer, que l'Angleterre pardonne à notre gloire, que
Léopold attend la postérité; et moi je crains, Messieurs, je crains
qu'un volcan de conjurations ne soit près d'éclater, et qu'on ne
cherche à nous endormir dans une sécurité perfide.

Et moi, je dis que la nation doit veiller sans cesse, parce que
le despotisme et l'aristocratie n'ont ni mort ni sommeil, et que si
les nations s'endorment un seul instant, elles se réveillent en-
chaînées. (Applaudissemens.) Et moi, je soutiens que le moins
pardonnable des crimes est celui qui a pour but de ramener
l'homme à l'esclavage, et que si le feu du ciel était au pouvoir
des hommes, il faudrait en frapper ceux qui attentent à la liberté
des peuples. (Applaudissemens.)

Les assassins, les incendiaires ne nuisent qu'à quelques individus; les conspirateurs contre la liberté nuisent à des millions de
citoyens; que dis-je! à des milliards, puisqu'ils influent sur le
malheur des générations futures. Aussi, Messieurs, jamais les
peuples vraiment libres ne pardonnent aux conspirateurs contre
la liberté publique. A tous les exemples anciens et modernes
qu'on vous a cités, permettez-moi d'en ajouter un seul. Lorsque
les Gaulois escaladèrent une nuit les rochers du Capitole, Manlius, qui s'éveille aux cris des oies sacrées, vole aux ennemis, les
combat, les précipite, et la république est sauvée! Le même
Manlius est accusé dans la suite de conspirer contre la liberté publique : il comparaît devant les tribuns du peuple; il présente des
bracelets, des javelots, douze couronnes civiques, deux couronnes d'or, trente dépouilles d'ennemis vaincus en combats sin-
guliers, et sa poitrine criblée de blessures; il rappelle qu'il a
sauvé Rome : n'importe, on le condamne; il est précipité du haut

du même rocher dont il avait culbuté les Gaulois. (Applaudissemens réitérés.)

Voilà, Messieurs, un peuple libre! Mais le sommes-nous, nous qui, le premier jour de la conquête de notre liberté, pardonnons à nos patriciens conspirateurs leurs vils complots? Que dis-je, leur pardonner! nous qui, depuis trois années, récompensons leurs forfaits avec des chariots d'or! N'est-il pas honteux, Messieurs, de faire ainsi payer au peuple l'épée qui peut-être doit l'assassiner?

Quant à moi, si je votais de pareils dons, j'en mourrais de remords. (Applaudissemens.)

Enfin, Messieurs, je vous dirai que le peuple que nous représentons nous voit et va nous juger; que de ce premier décret dépend le sort de tous nos travaux; que si nous montrons de la lâcheté, nos ennemis se réveillent, et nous perdons la confiance publique: nous tombons dès-lors dans le mépris; nous sommes perdus, et peut-être la France avec nous. Mais si nous montrons de la fermeté, aussitôt la confiance renaît, nos ennemis se déconcertent. De deux choses l'une, ou ils réclameront de la nation un pardon généreux, ou bien, dans leur folle rage, ils tenteront une attaque désespérée, et aussitôt le peuple les écrasera, parce que le peuple combattra toujours avec courage quand vous saurez agir avec énergie. (Applaudissemens.)

Tandis, Messieurs, que si ce peuple se persuade une fois que ses représentans n'ont pas le courage nécessaire, alors, abattu, découragé, indigné, lassé de courir sans cesse, au péril de sa fortune et de sa vie, après une liberté, une égalité qu'il ne croira que chimériques, il se rendormira dans les bras du despotisme, et ce sera sur nous, qui aurons contribué à ce malheur, sur nous que retomberont l'indignation et l'anathème des générations présentes et futures. (Applaudissemens.)

Je conclus à demander la question préalable sur les articles du projet de M. Condorcet, parce que je pense que le serment est une mesure illusoire et vaine pour les gens à qui vous voulez le faire prêter; que c'est souiller la sainteté du serment que de le

placer dans des bouches affamées de notre sang ; que nos ennemis promettront tout et ne tiendront rien ; qu'ils ne reconnaissent
d'autres divinités que l'intérêt et l'orgueil ; qu'ils jureront d'une
main et aiguiseront leurs épées de l'autre.

Ainsi, Messieurs, je conclus à cette question préalable, et je
demande l'adoption des articles du projet de décret de M. Vergniaud, et en outre, Messieurs, qu'il soit dit dès aujourd'hui que
nous n'enverrons plus l'or de la nation aux fonctionnaires publics
qui ont quitté leurs postes, non plus qu'aux princes français ; et
si vous ne vous croyez pas assez instruits des faits qui se passent
au dehors pour prononcer dès à présent qu'il y a lieu à accusation contre eux, je demande au moins que vous renvoyiez à
quelque comité, afin de recueillir toutes les pièces et renseignemens qui peuvent mettre l'assemblée nationale à même de porter
cette accusation. Voilà ce que la France demande de nous. (Applaudissemens prolongés.)

M. Girardin. Il est résulté de la discussion sur les émigrans de
grandes et salutaires vérités : tous les orateurs ont rendu hommage au droit imprescriptible que tout homme tient de la nature,
d'aller où bon lui semble, d'aller chercher le bonheur partout où
il espère le rencontrer ; tous sont convenus qu'une loi contre les
émigrations serait souverainement injuste, et tous ont cherché de
concert à préserver le corps social des coups qui sont dirigés
contre lui. C'est sans doute avoir reconnu que ces précautions
existent dans le projet de M. Condorcet, que de lui avoir accordé
la priorité. Je me propose cependant de prouver que les mesures
qu'il contient sont d'une exécution lente et difficile, qu'elles sont
inutiles sous plusieurs rapports, et dangereuses sous beaucoup
d'autres.

Par quel moyen peut-on contraindre des Français résidant en
pays étranger à la prestation d'un serment quelconque ? La puissance nationale a-t-elle d'autres limites que celles de l'empire
français ? Un citoyen peut-il être soumis à une loi dont il n'a pas
connaissance ? Comment pouvez-vous la lui faire notifier ? Avez-
vous des ministres, des consuls, des envoyés partout où il y a .

des Français émigrés? Tous ceux qui, n'ayant pas de propriétés en France, refuseront de prendre l'engagement demandé, ou ceux qui le violeront, n'échapperont-ils pas à votre loi? Quel sera le délai fixé pour chaque distance? Voyez combien de difficultés et d'obstacles, quelle lenteur énorme dans l'exécution de votre loi!

Lors même que M. Condorcet aurait répondu à toutes ces questions, il n'aurait pas pour cela démontré que ses mesures ne sont pas inutiles. En effet, les Français absens du royaume se divisent en deux classes : les uns voyagent pour leur plaisir ou pour leurs affaires; il en est d'autres aussi qui ont quitté leur patrie à l'époque des troubles, qui, loin des convulsions d'un grand peuple dirigé vers la liberté, ont cru devoir attendre que ces convulsions fussent passées et que la liberté fût établie : ces Français n'attendent que le signal de la tranquillité publique; ils n'attendent que le moment où le despotisme de la loi aura fait disparaître l'anarchie pour rentrer dans leur patrie : ces Français se soumettront sans doute à l'engagement que M. Condorcet propose; mais les Français émigrés qui conspirent contre leur patrie ne se soumettront-ils pas eux-mêmes à cet engagement? Ainsi, vous n'aurez pas un ami de plus et pas un ennemi de moins.

L'expérience vient à l'appui de cette observation. Tous les Français émigrés s'étaient liés à la constitution par le serment civique; à l'époque même du 13 juin, lorsque l'assemblée constituante décréta un serment militaire, vous avez vu les chefs du parti aristocratique répandre des écrits, inonder les corps de leurs lettres, et conseiller aux officiers le parjure comme un moyen d'assurer le succès d'une contre-révolution. A une époque bien plus fameuse encore, celle du 21 juin, époque qu'il me suffit de citer pour réfuter M. Condorcet, et pour prouver que tout serment, que tout engagement est un moyen illusoire, vous avez vu des députés à l'assemblée nationale se précipiter à la tribune pour prêter le serment de ne porter les armes que pour leur patrie, et ces mêmes députés trahir peu de temps après la nation, et n'attendre que la suppression de la loi des passeports pour se réunir aux rebelles.

Laissez donc les sermens aux charlatans, aux sectaires, aux faux prophètes, et que la tranquillité nationale ne repose jamais sur une pareille garantie ! Le serment est inutile pour l'honnête homme, et il ne lie pas les scélérats. (Applaudissemens.) Sous ce rapport, l'engagement proposé serait donc inutile : je vais démontrer qu'il serait dangereux.

Ce serment ou cette déclaration exigée de chaque Français émigré serait une véritable patente de conspirateur; les émigrans pourraient librement, en pays étranger, conspirer contre la patrie. L'assemblée nationale a certainement le droit de rappeler les fonctionnaires publics hors du royaume : cependant, en exigeant d'eux un pareil engagement, ils pourraient rester dans les pays étrangers. L'assemblée nationale a non seulement le droit, mais c'est un devoir pour elle que d'attaquer les chefs des rebelles; et cependant les chefs mêmes des rebelles, en souscrivant cet engagement, seraient parfaitement tranquilles.

Le décret proposé par M. Condorcet est donc d'une exécution lente et difficile ; il est complétement inutile; enfin il est dangereux, puisqu'il ne vous permet plus de distinguer vos amis de ceux qui veulent trahir la patrie. Je demande en conséquence la question préalable sur ce projet, et, si elle est admise, je demande que la discussion s'ouvre sur celui de M. Vergniaud.

M. Condorcet. — Je vais essayer de répondre successivement aux différentes objections qui m'ont été faites.

La première est celle de l'inutilité du serment, ou plutôt de la déclaration que j'ai proposée. Je sais que les honnêtes gens n'ont pas besoin de sermens; je sais que les scélérats les méprisent; mais je sais aussi qu'entre les honnêtes gens vraiment fermes dans leurs engagemens, et les scélérats, il y a un nombre infini d'hommes qui manqueraient à leur devoir, et qui ne manqueraient pas à l'engagement qu'ils viennent de prendre. (Murmures.) Ce n'est pas seulement par une espèce de demi-conscience que l'on respecte un engagement d'honneur ; c'est par intérêt, parce qu'en manquant à un engagement on perd toute confiance, et qu'il n'est pas possible de se trouver dans une circonstance où l'on n'ait pas besoin de la confiance d'autrui. La mesure que je propose n'est donc pas inutile.

On a parlé des difficultés que pouvait renfermer l'exécution de la loi que je propose : c'est précisément parce que j'ai cru qu'il fallait commencer par s'assurer invariablement des dispositions des Français émigrés , que j'ai proposé des mesures qui paraissent un peu lentes. (Murmures.)

On m'a parlé des fonctionnaires publics. Il y a très-peu de fonctionnaires publics qu'on puisse regarder comme tels parmi les émigrans. D'abord, les officiers qui ont quitté leurs régimens sans avoir donné leur démission , ne sont plus regardés comme des fonctionnaires publics ; on doit pourvoir à leur remplacement : ces mêmes officiers sont l'objet d'un article particulier. Il reste les personnes qui, sans être fonctionnaires publics, sans être placées dans le militaire d'une manière active, ont cependant, d'après les lois militaires, conservé des droits à un remplacement, à une promotion dans différens grades. Ceux-là, Messieurs, sont aussi l'objet particulier d'un de mes articles : le ministre de la guerre, d'après cet article, est chargé de n'admettre dans les remplacemens que ceux qui auraient souscrit l'engagement de reconnaître la constitution, de lui être soumis, et de vouloir rester citoyens français.

On a dit que ma loi n'atteignait pas les chefs, puisqu'ils en seraient quittes pour violer leur engagement. Je réponds que les chefs , s'ils persistent dans leurs projets, ne prendront pas un pareil engagement, parce qu'ils ne pourraient plus, après l'avoir pris, solliciter aucun secours étranger ; parce que jamais les chefs d'un parti ne peuvent prendre un engagement au moment où ils veulent le violer, car par cet engagement ils cesseraient d'être chefs : ce qu'un individu peut faire, un chef, qui doit à son parti l'exemple du plus grand zèle, ne le peut pas.

Je n'ai pas voulu désigner nominativement les princes dans la loi générale, parce qu'il ne faut pas faire soupçonner qu'ils puissent, comme princes, en être exceptés.

On dit que ces mêmes hommes auxquels on demande une déclaration, car c'est une déclaration que j'ai proposée, et non un serment; que ces mêmes hommes ont déjà prêté des sermens, et qu'ils y ont déjà manqué... Messieurs, lorsqu'on a prêté le serment civique au 4 février 1790, beaucoup de gens qui l'ont prêté n'y ont manqué que parce qu'ils avaient prêté le serment à une constitution qui n'était pas encore faite... (Murmures.) Messieurs, c'en est fait; personne ne convient d'avoir fait un faux serment: ils ont dit qu'ils avaient prêté leur serment de bonne foi, mais qu'on avait ajouté à la constitution ; ils ont invoqué contre leur serment une exception que je crois très-mauvaise ; mais cette exception ne peut avoir lieu actuellement ; et s'il est vrai qu'on ait pu mettre une différence entre les sermens, le premier serment ne pouvait pas comprendre des articles qui n'existaient pas encore d'une manière positive et précise; c'était un engagement de patriotisme différent d'un serment positif sur un article existant: il ne faut donc pas confondre le serment du 4 février avec le serment solennel et positif qu'on a juré depuis que la constitution est finie : le serment de la maintenir ne donne lieu à aucune exception, à aucun prétexte de le violer.

On demande à aller aux voix.

L'assemblée consultée décide à une très-grande majorité qu'il n'y a pas lieu à délibérer sur le projet de décret de M. Condorcet, et charge son comité de législation de lui en présenter, sous trois jours, un nouveau.]

La rédaction définitive du décret relatif au premier prince français, fut adoptée en ces termes :

Premier décret. — « L'assemblée nationale, considérant que l'héritier présomptif de la couronne est mineur, et que Louis-Stanislas-Xavier, prince français, parent majeur, premier appelé à la régence, est absent du royaume, en exécution de l'article II de la section III de la constitution française, décrète que Louis-Stanislas-Xavier, prince français, est requis de ren-

trer dans le royaume sous le délai de deux mois, à compter du
jour où la proclamation du corps-législatif aura été publiée dans
la ville de Paris, lieu actuel de ses séances.

» Dans le cas où Louis-Stanislas-Xavier, prince français, ne
serait pas rentré dans le royaume à l'expiration du délai ci-dessus fixé, il sera censé avoir abdiqué son droit à la régence, conformément à l'article 2 de l'acte constitutionnel. »

Second décret. — « L'assemblée nationale décrète qu'en exécution du décret du 28 de ce mois, la proclamation, dont suit la
teneur, sera imprimée, affichée et publiée sous trois jours
dans la ville de Paris, et que le pouvoir exécutif fera rendre
compte à l'assemblée nationale, dans les trois jours suivans, des
mesures qu'il aura prises pour l'exécution du présent décret. »

Proclamation. — « Louis-Stanislas-Xavier, prince français, l'assemblée nationale vous requiert, en vertu de la constitution française, titre 3, chapitre 2, section 3, nombre 2, de rentrer dans
le royaume dans le délai de deux mois, à compter de ce jour ;
faute de quoi, et après l'expiration dudit délai, vous serez censé
avoir abdiqué votre droit éventuel à la couronne. »

SÉANCE DU 2 NOVEMBRE.

[Un de MM. les secrétaires fait lecture d'un mémoire adressé
à l'assemblée nationale, par M. Belleredon, citoyen français ; il
est ainsi conçu :

« J'ai pensé qu'il était de mon devoir de communiquer à l'assemblée nationale, non pas les craintes que l'on pourrait concevoir sur les dispositions des émigrans, mais les faits dont j'ai pris
note dans un voyage que je viens de faire.

» J'arrive à Varennes, ville que l'arrestation du roi rendra
célèbre dans l'histoire. Cette ville est entièrement dévouée à l'a-
ristocratie, par différens manifestes, que M. Berfontaine,
ancien intendant de M. Condé, a répandus. Il est préposé de la
part des émigrans, et a fait nommer une municipalité à sa fantaisie. Le procureur de la commune partage ses sentimens :
il a remplacé le courageux citoyen Sausse, qui a arrêté le roi.

, M. Berfontaine, auquel j'avais été adressé, me donnait des renseignemens sur la conduite que je devais tenir pour passer chez l'empereur. Il m'adressa à M. Henriquet, ingénieur des ponts et chaussées, pour qu'il me conduisît dans la forêt voisine de Dhums, lieu de sa résidence. Il me fit conduire par le nommé Gentil, maréchal-ferrant dudit lieu, qui me dit en avoir passé plus de trois cents. La municipalité de cette ville et la garde nationale sont étroitement liées par l'aristocratie, et m'ont même offert un passeport, ainsi qu'à trois gardes-du-corps qui ont passé avec moi. Ils avaient des ordres conçus en ces termes : *Monsieur et cher camarade, je suis chargé, par ordre supérieur, de vous inviter à rejoindre vos drapeaux à Coblentz, ainsi que beaucoup de nos camarades qui y sont,* etc. Signé, le duc DE GUICHE.

» Arrivé aux différens villages qui avoisinent Luxembourg, les paysans éprouvaient une joie surprenante, et semblaient désirer ardemment la réussite des projets des princes. Ils nous donnèrent un passeport pour Luxembourg, que nous fûmes faire viser chez M. Désanteux, major-général de l'armée, qui est préposé, ainsi que le baron de Pouilly, pour viser les passeports, ainsi que pour prendre des renseignemens sur ce qu'on y va faire, et, d'après ces renseignemens, ils vous indiquent l'endroit où vous devez aller, et vous fournissent de l'argent quand vous en manquez.

» Il faut être porteur d'un brevet, et avoir quatre répondans *gentilshommes*, pour pouvoir aller se faire inscrire sur la liste des émigrans qui veulent prendre les armes. S'ils éprouvent des refus, ils n'y répondent que par des traitemens aussi barbares que leurs projets.

» Les louanges feintes que je donnais à ces projets leur firent penser que je pourrais être habile à remplir une place dans une des *compagnies rouges* à Coblentz....

» J'arrive à Coblentz, où j'ai vu tous les princes se livrer frénétiquement aux projets les plus étonnans. Toute cette ville est électrisée d'aristocratie. Il leur échappe souvent, dans les accès de fureur, de dire: *J'ai fait de mon roi mon ame ; et comme un corps sans ame ne saurait vivre, je perdrai plutôt la vie que de voir ainsi déshonorer mon pays.* Vrai langage d'enfans prodigues qui détournent les yeux pour ne pas voir une mère-patrie qui leur tend les bras.... Il y a dans cette ville quatre escadrons de gardes-du-corps en activité, et c'est là que la cavalerie doit toute se rendre, ainsi que les différentes maisons des princes. J'obtins très-facilement un congé pour en sortir.

» Je fus à Trèves, où je vis tous nos prêtres émigrés... Plusieurs d'entre eux jettent le froc aux orties, prennent l'uniforme, et, d'abbés qu'ils étaient, deviennent soldats du pape.

» De là je fus à Grévet-Maker, où il y avait environ huit cents hommes qui auraient pu prendre les armes s'ils en avaient eu. Leur uniforme est : habit bleu, gilet rouge et culotte de nankin. Ils ont par mois trente-six livres à prendre sur leurs appointe-mens qui courent dans les différens régimens qu'ils ont aban-donnés.

» Je fus choisi secrétaire du sieur Désauteux ; il m'emmena à Luxembourg, où je recueillis les notes que voici :

» Leur plan d'attaque est par la *chaussée des Romains*, qui est derrière l'abbaye d'Orval, où ils doivent se porter *incognito*, si les princes étrangers ne leur fournissent pas des secours, ou du moins s'ils ne peuvent eux-mêmes remplir la condition se-crète, qui est que le roi lui-même se mette à la tête des troupes : s'il ne le fait pas, il court lui-même des risques.

» La chaussée dont il est ici question, conduit droit à Dhuns, où ils doivent entrer. Ils comptent sur Metz, et disent qu'on leur ouvrira les portes à leur arrivée.

» M. Désauteux est en correspondance avec le commandant de Longwi, qui est lieutenant-colonel des hussards qui y sont en garnison ; et même M. Désauteux assistait à des sociétés aristo-cratiques qui se tiennent, à Longwi, chez M. Créci, major de la porte de Bourgogne. Ils ont arrêté de substituer de mauvaises cartouches aux cartouches de munition qu'on donne aux soldats. C'est le sixième régiment d'infanterie qui y est en garnison. Ils ont beaucoup de sous-officiers dans leurs intérêts. On assure que les balles de non-calibre viennent d'Arbes, par une voiture de maître qui va tous les jours chez M. Créci.

» La plus grande partie des officiers des régimens qui bordent nos frontières, ont été se faire inscrire sur la liste des émigrans. J'en ai reconnu entre autres plusieurs à Metz, dont j'ai donné les noms au général. Le régiment suisse qui est à Sarrelouis a écrit une lettre aux princes. *Je l'ai vue :* ils y disent qu'ils leur tendent les bras, et qu'ils seront toujours fidèles au roi.

» Les officiers émigrés qui ne sont pas remplacés viennent chercher leurs appointemens : ils ont dans leurs intérêts la plus grande partie des commissaires des guerres, et notamment le commissaire-ordonnateur de Metz.

» Le commandant de la garde volontaire soldée de Longwi se nomme M. Delaunay, parent du gouverneur de la Bastille, et aussi traître que lui.

» Ils ont conçu un projet, en cas que les autres ne puissent réussir : c'est d'empoisonner toutes les sources ; mais ils ne pourront empoisonner ni tarir la véritable source de la liberté. (On applaudit.)

» Voici la copie de la lettre de M. d'Artois à M. Désauteux : elle est datée de Coblentz.

» J'ai vu avec étonnement le projet d'entrée que vous me pré-
» sentez : le chemin est-il praticable ? êtes-vous sûr de l'homme
» dont vous me parlez, ainsi que de ses affidés ? Nommez des
» commissaires pour vérifier les lieux, et envoyez-moi au plutôt
» leur rapport. On parle beaucoup d'un cantonnement qui doit
» se faire entre Montmédi et Longwi ; mais je compte sur le
» fidèle Duportail, et j'ai trop de confiance sur sa probité.....»

» Je n'ai pas pu en copier davantage : j'ai été surpris, et je n'ai eu que le temps de me sauver.

» Le nombre des émigrés qui se préparent à prendre les armes est de treize mille.

» Ils doivent envoyer en France des émissaires chargés de distribuer de faux assignats. Voici le signalement de l'un de ces agens : Le nommé Lebrun, se disant négociant à Lyon, âgé d'environ trente ans, taille de cinq pieds deux pouces, cheveux blonds et en quantité, l'œil droit poché : il est dans un wiski tiré par un cheval noir.

» Le régiment de Póitou, qui est actuellement en garnison à Verdun, a des disputes journalières avec les volontaires.

« Je ne vous dissimulerai pas que j'ai risqué de perdre la vie à Luxembourg, et dans plusieurs autres endroits : mes intentions ayant été découvertes, j'ai été obligé pour fuir, de faire à pied douze lieues en six heures ; mais il est aisé d'oublier toutes les peines qu'on a éprouvées quand on peut être utile à sa patrie. »

M. le président adresse la parole à l'auteur du mémoire, présent à la barre, et l'admet à la séance.]

SÉANCE DU 8 NOVEMBRE.

Rapport fait au nom du comité de législation par M. Ducastel.

[Messieurs, depuis les premiers momens de la révolution des Français, faibles ou coupables, factieux ou séduits, ont successivement abandonné le royaume.

Les uns, rassemblés vers nos frontières, ont des chefs, osent menacer notre constitution, cherchent ou préparent ridiculement les moyens d'asservir une grande nation qui veut être libre.

D'autres annoncent des préventions fâcheuses, des désirs blâmables, des espérances criminelles.

Tous inquiètent, épuisent et affligent leur patrie, qui les rappelle vainement.

Quelles mesures l'assemblée nationale doit-elle prendre dans cette position ?

Divers orateurs vous en ont proposé, et ils ont indiqué leurs motifs. Vous avez particulièrement fixé votre attention sur quatre projets de décret. On a réclamé la priorité pour l'un d'eux ; vous l'avez décrétée. En conséquence une nouvelle discussion a été ouverte sur ce projet : elle n'a pu vous satisfaire ; mais vous avez renvoyé à votre comité de législation tous les projets et discours,

Votre comité de législation civile et criminelle s'est empressé

de répondre à vos vœus ; il a médité profondément tous les projets de décret : aucun ne lui a paru suffisant ou convenable. Il
croit donc devoir vous en présenter un nouveau.

Les Français fugitifs forment deux classes principales : dans
la première sont ceux qui composent les rassemblemens ; dans la
seconde sont tous les autres.

Dans la première on distingue des princes français ; dans la
première et dans la seconde on trouve des fonctionnaires publics.

Ces fonctionnaires doivent être vus sous un double aspect : les
uns ont lâchement abandonné leurs postes avant l'amnistie, les
autres les ont encore plus lâchement abandonnés depuis.

Votre comité croit que l'on doit mettre une différence entre
les Français rassemblés sous des chefs et ceux qui ne le sont pas ;
qu'il faut prendre à l'égard des princes français absens des mesures spéciales et provisoires, et que tous les fonctionnaires publics fugitifs ne sont point également coupables. Je vais vous exposer les motifs de votre comité.

L'émigration n'est point l'absence ou la fuite.

L'émigration véritable a lieu lorsqu'un citoyen abandonne réellement sa patrie et en adopte effectivement une autre, alors il
n'est plus membre du premier état, et il devient membre du second : c'est pourquoi l'acte constitutionnel porte que *la qualité
de citoyen français se perd par la naturalisation en pays étranger.*

L'homme peut à son gré changer de patrie : sous ce rapport
l'émigration, dans les circonstances ordinaires, n'est pas un
crime ; elle est même, dans la position où nous sommes, un malheur, et non un délit.

Mais les Français qui sortent du royaume en y conservant
leur domicile, en ne renonçant pas à leur qualité de citoyen,
soit par une déclaration expresse, soit par la naturalisation effective, sont des Français absens ou fugitifs, et non des émigrés ;
ne cessant point d'être Français, ils ne peuvent cesser d'être
soumis aux lois de la France.

Telle est la position de tous les Français qu'on nomme mal
à-propos *émigrans* : ce sont de simples absens ou fugitifs ; la pa-

trie peut les rappeler, et quand ils ne reviennent pas, elle doit les regretter, et non les punir. (Les tribunes publiques murmurent.)

Mais si ces citoyens se rassemblent vers nos frontières sous les chefs ennemis de la révolution; s'ils manifestent des desseins hostiles, mendient l'appui des puissances étrangères, répandent l'alarme dans le royaume, y entretiennent des dissensions, obligent la nation de mettre en mouvement la force publique, occasionnent des dépenses, altèrent le crédit et retardent les effets de la plus sage administration; ces individus ne sont alors que des citoyens rebelles en état de conjuration contre leur patrie. (Applaudissemens de l'assemblée et des tribunes.)

Ils la fuient parce qu'ils n'y dominent plus; ils se rassemblent pour nous asservir : nous ne devons notre liberté qu'à leur impuissance; ils nous perdraient s'ils pouvaient nous vaincre; ils sont nos ennemis, et ils veulent redevenir nos tyrans! (Applaudissemens réitérés.) Voilà le motif de leur réunion.

Quand ils ne seraient pas des conjurés ils seraient au moins très-soupçonnés de l'être. La nature ne peut tolérer cette incertitude : vous avez le droit de prescrire un terme à leur rassemblement. S'ils se divisent, s'ils reconnaissent encore l'empire des lois, ils effaceront leur crime par leur obéissance : s'ils ne se divisent point, s'ils dédaignent votre pouvoir, plus de doute en ce cas; il sera évident qu'ils se révoltent, qu'ils demeurent réunis pour réaliser d'odieux projets, qu'ils sont conjurés contre la patrie, et qu'ils sont sujets à la peine de ce crime : cette peine est la mort. (Applaudissemens.)

Votre comité vous propose de les déclarer seulement suspects de conjuration; de leur accorder un délai jusqu'au 1er janvier 1792, et de les avertir qu'à cette époque ceux qui se trouveront rassemblés seront poursuivis comme conjurés, et punis de mort : cette loi serait à la fois juste et politique.

En effet, si les Français et leurs chefs ainsi réunis vers les frontières sont seulement d'abord déclarés suspects de conjuration, c'est par grâce; et ils ne peuvent se plaindre. Qu'exigez-vous d'eux ensuite ? Est-ce leur retour en France ? Non ; s'ils y reviennent, leurs personnes seront sous la protection des lois comme leurs biens y sont maintenant ; mais vous ne les contraignez pas d'y rentrer ; vous voulez seulement qu'ils ne soient plus rassemblés. En leur commandant au nom de la patrie et pour la tranquillité générale, une démarche aussi facile, vous ne blessez ni les droits de l'homme ni ceux du citoyen ; vous ordonnez un léger sacrifice à ceux que vous pourriez traiter plus rigoureusement. S'ils n'obéissent pas dans le délai prescrit ils se dévoilent tout-à-fait ; ils sont des conspirateurs ; ils veulent demeurer unis pour effectuer leurs complots. Sous cet aspect les ménagemens seraient une faiblesse : le crime est constant ; on doit le punir.

La loi que votre comité propose est donc juste.

Il n'en existe point contre des rassemblemens de cette espèce ; une loi nouvelle ne peut donc avoir d'effet rétroactif : aussi ce n'est pas sur les rassemblemens actuels que cette loi posera ; mais elle en défendra seulement la continuité, et pour l'avenir elle les déclarera criminels à une époque déterminée. Le délai qu'elle désigne est suffisant.

Les effets politiques de cette loi sont sensibles. Ou les Français qu'elle concerne obéiront ou ils n'obéiront pas : s'ils obéissent nous parviendrons au but désiré ; tant qu'ils ne seront point rassemblés ils ne seront jamais à craindre : s'ils n'obéissent pas, ils sont, dès l'expiration du délai, déclarés coupables ; le rassemblement est alors un crime suivant la loi ; quiconque fera partie du rassemblement sera coupable par cela seul ; il ne s'agira plus que de constater le fait.

Vous connaîtrez bientôt les chefs, les principaux moteurs, les complices de la conjuration ; vous saurez quels conspirateurs on doit punir, quels ennemis on doit combattre.

Parmi vos orateurs plusieurs ont cru que la loi devait frapper uniquement les chefs des rebelles : cette distinction ne serait pas constitutionnelle, et elle s'écarterait du Code pénal ; mais la mesure que le comité propose remplit toutes les vues ; en atteignant les conspirateurs quelconques elle ne permet à aucun d'échapper ;

les chefs et leurs premiers agens seront sous le glaive judiciaire; trop connus pour qu'on s'y méprenne, trop convaincus du crime pour s'en justifier, ils seront les premiers poursuivis et condamnés. Ils ne se le dissimuleront pas lorsqu'ils connaîtront votre loi, et il se peut que, jetant un regard effrayé sur l'avenir, ils voient leur tort et donnent l'exemple de l'obéissance : fasse le ciel que nous ne soyons jamais obligés de punir! Mais enfin la loi proposée est un mode efficace sous tous les rapports; elle est juste dans son principe et dans ses effets; elle n'excepte nul conspirateur; elle imprime à chaque coupable la même crainte; elle annonce également le pardon ou la mort.

En vain l'on dirait que les rebelles éluderont facilement la loi, qu'ils feindront de se diviser, et qu'ils se réuniront ensuite selon les circonstances.... L'objection n'aurait nulle force : votre loi prohibe les rassemblemens postérieurs au mois de décembre prochain; elle a pour objet les rassemblemens continués ou nouveaux; elle déjoue ainsi toutes les intentions perverses, tous les criminels complots; nul ne peut la trouver injuste ou rigoureuse, puisque chaque individu est libre de s'éloigner des conspirateurs ou de ne pas s'y réunir.

C'est avec douleur, Messieurs, que votre comité pose le cas où les Français maintenant rassemblés au-delà des frontières ne cesseraient pas de l'être au premier janvier 1792; mais il doit prévoir une résistance possible, quoiqu'elle soit invraisemblable; il pense donc que dans les quinze premiers jours du même mois la haute-cour nationale doit être convoquée : il est utile de le décréter à présent, et il sera doux de ne pas avoir besoin de ce décret.

D'après cette marche, votre comité vous présente d'ailleurs quelques articles secondaires qui sont les conséquences de ce qui précède.

Les condamnés par contumace braveraient la loi en ne rentrant pas dans le royaume, s'ils jouissaient de leurs revenus : une saine politique exige que ces coupables pendant leur vie soient privés de leurs biens. Cette mesure ne doit pas nuire à leurs femmes,

leurs enfans ou leurs créanciers (applaudissemens) : le projet de
votre comité renferme une disposition prudente et juste à cet
égard.

Les chefs des rassemblemens sont les princes français absens
du royaume ; les revenus de ces princes alimentent la conjuration : depuis long-temps la nation désire que les biens de ces
princes soient séquestrés. (Applaudissemens.) L'assemblée nationale constituante avait ordonné le séquestre des biens du
prince ci-devant Condé ; de vains prétextes ont suspendu l'exécution de ce décret : il faut enfin cesser de fournir des ressources à nos ennemis ; votre comité vous propose donc encore de
décréter que dès à présent les revenus des princes fugitifs seront
séquestrés.

Quant aux fonctionnaires publics absens du royaume avant et
depuis l'amnistie, voici le plan de votre comité.

Ceux qui ont abandonné leurs postes avant la loi de l'amnistie
ont commis un crime ; mais elle l'efface. Si cette loi ne leur conserve point le droit de réclamer leurs places, elle ne le détruit
pas d'une manière expresse (murmures) ; elle semble le faire dépendre de la conduite que tiendront ces fonctionnaires, de leur
empressement à revenir dans le royaume : sous ce rapport votre
comité estime que ceux qui y sont rentrés dans le cours du mois
précédent doivent jouir de leurs places et traitemens. (Murmures.)

Mais les fonctionnaires publics sortis du royaume sans cause
légitime depuis leur serment, l'amnistie et l'acceptation du roi,
ne méritent nulle indulgence ; ils doivent dans tous les cas être
privés de leurs places et traitemens, et même de la qualité de citoyen actif.

C'est ce que votre comité vous propose aussi d'admettre. Il y
joint un article qui assimile pour l'avenir l'officier qui déserte au
soldat déserteur. (Applaudissemens.) Il pense que l'on doit former des cours martiales pour juger les délits militaires commis
depuis l'amnistie, et que les accusateurs publics doivent pour-

suivre les personnes qui ont enlevé les effets ou les deniers appartenant aux régimens français.

De toutes parts on débauche, on enrôle des Français et des étrangers pour les réunir aux rassemblemens des rebelles : ce crime, que le Code pénal n'a point prévu, est infiniment dangereux ; votre comité pense qu'il doit être puni de mort.

Il estime aussi que l'assemblée nationale doit provisoirement suspendre la libre sortie hors du royaume des munitions de guerre ; apprécier d'après l'expérience cette précaution politique, et l'écarter ou la maintenir selon les convenances.

Enfin votre comité est dans la persuasion que les puissances étrangères limitrophes qui favorisent ou au moins permettent sur leur territoire les rassemblemens qui nous inquiètent et nous offensent, oublient les rapports existant entre elles et la nation française ; il croit que des mesures fermes et sages sont nécessaires à cet égard ; que votre comité diplomatique doit les indiquer, et qu'il faut prier le roi de les prendre. (Applaudissemens réitérés.)

L'assemblée décrète que le projet du comité sera immédiatement mis aux voix, et que la discussion aura lieu sans désemparer.] — Le décret, amendé dans plusieurs dispositions, fut en effet rendu le même jour, relu le lendemain, et définitivement adopté en ces termes :

DÉCRET *concernant les émigrans* (*Du 9 novembre* 1791).

« L'assemblée nationale, considérant que la tranquillité et la sûreté du royaume lui commandent de prendre des mesures promptes et efficaces contre les Français qui malgré l'amnistie cessent de tramer au dehors contre la constitution française, et qu'il est temps enfin de réprimer sévèrement ceux que l'indulgence n'a pu ramener aux devoirs et aux sentimens de citoyens libres, a déclaré qu'il y a urgence pour le décret suivant, et, le décret d'urgence préalablement rendu, a décrété ce qui suit :

Art. 1ᵉʳ. Les Français rassemblés au-delà des frontières du

royaume sont dès ce moment déclarés suspects de conjuration contre la patrie.

II. Si au premier janvier prochain ils sont encore en état de rassemblement, ils seront déclarés coupables de conjuration ; ils seront poursuivis comme tels, et punis de mort.

III. Quant aux princes français et aux fonctionnaires publics civils et militaires qui l'étaient à l'époque de leur sortie du royaume, leur absence à l'époque ci-dessus citée du premier janvier 1792 les constituera coupables du même crime de conjuration contre la patrie, et ils seront punis de la peine portée dans le précédent article.

IV. Dans les quinze premiers jours du même mois la haute-cour nationale sera convoquée s'il y a lieu.

V. Les revenus des conjurés condamnés par contumace seront pendant leur vie perçus au profit de la nation, sans préjudice des droits des femmes, enfans et créanciers légitimes.

VI. Dès à présent tous les revenus des princes français absens du royaume seront séquestrés ; nul paiement de traitement, pension ou revenu quelconque ne pourra être fait directement ni indirectement auxdits princes, leurs mandataires ou délégués, jusqu'à ce qu'il en ait été autrement décrété par l'assemblée nationale, sous peine de responsabilité et de deux années de gêne contre les ordonnateurs et payeurs.

Aucun paiement de leurs traitemens et pensions ne pourra pareillement, et sous les peines ci-dessus portées, être fait aux fonctionnaires publics civils et militaires, et pensionnaires de l'État émigrés, sans préjudice de l'exécution du décret du 4 janvier 1790.

VII. Toutes les diligences nécessaires pour la perception et le séquestre décrétés par les deux articles précédens seront faites à la requête des procureurs-généraux-syndics de département, sur la poursuite des procureurs-syndics de district où seront lesdits revenus ; et les deniers, en provenant, seront versés dans les caisses des receveurs de district, qui en demeureront comptables.

Les procureurs-généraux et syndics feront parvenir tous les mois au ministre de l'intérieur, qui en rendra compte chaque mois à l'assemblée nationale, l'état des diligences qui auront été faites pour l'exécution de l'article ci-dessus.

VIII. Tous fonctionnaires publics absens du royaume sans cause légitime avant l'amnistie prononcée par la loi du 15 septembre 1791 seront déchus pour toujours de leur place et de tout traitement, sans déroger au décret du 18 décembre 1790.

IX. Tous fonctionnaires publics absens du royaume sans cause légitime depuis l'amnistie sont aussi déchus de leurs places et traitemens, et en outre du titre de citoyen actif.

X. Aucun fonctionnaire public ne pourra sortir du royaume sans un congé du ministre dans le département duquel il sera, sous les peines portées dans l'article ci-dessus. Les ministres seront tenus de donner tous les mois à l'assemblée nationale la liste des congés qu'ils auront délivrés.

Et quant aux officiers-généraux, officiers, sous-officiers et soldats, soit de ligne, soit de garde nationale en garnison sur les frontières, ils ne pourront les dépasser même momentanément, sous quelque prétexte que ce puisse être, sans encourir la peine portée par le précédent article.

XI. Tout officier militaire, de quelque grade qu'il soit, qui abandonnera ses fonctions sans congé ou démission acceptée, sera réputé coupable de désertion, et puni comme le soldat déserteur.

XII. Conformément à la loi du 29 octobre 1790, il sera formé une cour martiale dans chaque division militaire pour juger les délits militaires commis depuis l'amnistie ; les accusateurs publics poursuivront comme coupables de vol les personnes qui ont enlevé des effets ou des deniers appartenant aux régimens français. Le ministre sera tenu d'envoyer aux cours martiales la liste des officiers qui, depuis l'amnistie, ont quitté leurs drapeaux sans avoir obtenu une permission ou congé préalable.

XIII. Tout Français qui, hors du royaume, embauchera et enrôlera des individus pour qu'ils se rendent aux rassemblemens énoncés dans les art. Ier et II du présent décret, sera puni de mort, conformément à la loi du 6 octobre 1790. La même peine aura lieu contre toute personne qui commettra le même crime en France.

XIV. L'assemblée nationale charge son comité diplomatique de lui proposer les mesures que le roi sera prié de prendre au nom de la nation à l'égard des puissances étrangères limitrophes qui souffrent sur leur territoire des rassemblemens de Français fugitifs.

XV. L'assemblée nationale déroge expressément aux lois contraires au présent décret.

XVI. Le présent décret sera porté dans le jour à la sanction du roi.»

LES DEUX VETO.

Nous placerons d'abord sous les yeux de nos lecteurs les pièces parlementaires et les pièces officielles relatives au double refus de sanction, dont l'un frappa le décret contre les émigrés, et l'autre, celui contre les prêtres non-assermentés.

SÉANCE DU 12 NOVEMBRE.

M. le ministre de la justice. Le roi m'a chargé de vous présenter la note de la sanction des différens décrets de l'assemblée nationale. (M. le ministre de la justice lit la note de plusieurs décrets sanctionnés, parmi lesquels se trouvait celui du 31 octobre contre Monsieur.) Quant au décret du 9 novembre sur les émigrans, sa majesté examinera.

Quelques instans se passent dans un grand silence.

M. le ministre de la justice se dispose à lire un mémoire qu'il annonce comme un message du roi. — On demande l'ordre du jour. — M. le président donne la parole au ministre.

M. le ministre de la justice. Sa majesté m'a expressément chargé de déclarer que si la sanction était divisible, elle eût volontiers adopté quelques dispositions de la loi. (Il s'élève de grands murmures.) — Plusieurs membres font entendre à la fois plusieurs motions d'ordre.

M. le président. Une motion a été faite, qui est appuyée ; je vais la mettre sous les yeux de l'assemblée. M. Lacroix a demandé que l'assemblée acquît la certitude que le message du roi, annoncé par le ministre de la justice, est signé et contresigné par le roi....

M. Lacroix. Je demande que, si le message annoncé est dans les formes légales, le ministre soit entendu sans être interrompu. (On applaudit.)

M. le président. Je crois devoir maintenir la parole à M. le ministre de la justice.

M. le ministre de la justice. Sa majesté m'a expressément chargé..... (Il s'élève des murmures. — Plusieurs membres interrompent pour demander l'ordre du jour ; d'autres demandent que M. le président rappelle à l'ordre les premiers qui interrompront.)

M. le président. Je déclare, en ma qualité de président, que je sais ce qui est dû à l'assemblée nationale et ce qui est dû au pouvoir exécutif, et je me soumets d'avance aux peines qui seront prononcées contre moi, si je manque à mon devoir. (On applaudit.)

M. le ministre de la justice veut continuer. Il est encore interrompu.

M. le président. Je vous prie d'avoir un peu de confiance en votre président.

M. le ministre de la justice. Sa majesté m'a expressément chargé de déclarer que si sa sanction était divisible....

M. le président. M. le ministre, permettez que je vous interpelle. Il me paraît que vous vous annoncez comme parlant au nom du roi : si c'est au nom du roi que vous lisez un message non signé de lui, il peut se présenter quelques difficultés.... (Il s'élève quelques applaudissemens.)

M. Reboul. Je crois que les explications qu'annonce M. le ministre de la justice ne doivent pas être lues. Sans doute le roi a le droit de refuser sa sanction à vos décrets, et vous devez respecter sa décision à cet égard. Mais ce serait attaquer la consti.

tution que de lui permettre d'expliquer ses motifs. La constitution est claire à cet égard : elle porte que le roi apposera sur les
décrets qui lui seront présentés la formule suivante, signée par
lui : *Le roi consent* ; ou bien, s'il refuse : *Le roi examinera*. Je
dis que si le ministre veut expliquer en son propre et privé nom
les motifs du roi, ce n'est pas un objet qui concerne son administration, et qu'en conséquence il ne doit pas être entendu ;
j'ajoute que s'il parle au nom du roi, il fait ce qu'il n'a pas le
droit de faire ; car les messages du roi doivent être signés par le
roi lui-même. Il est donc impossible que l'assemblée se détermine
à entendre le ministre. (On entend quelques murmures dans une
partie de l'assemblée.) C'est avec bonne foi que je présente mes
doutes, ma certitude même à cet égard. Je dis qu'il est important
que les motifs du refus du roi ne soient pas donnés à l'assemblée, d'abord parce qu'un article formel de la constitution s'y
oppose, et que si cet article pouvait faire ici l'objet d'une discussion, je vous rappellerais quel est le résultat d'une délibération
extrêmement sage et nécessaire pour maintenir la confiance publique, dont les représentans de la nation doivent être environnés.
L'article IV du titre relatif à la sanction des lois porte : « Le roi
est tenu d'exprimer son consentement ou son refus sur chaque
décret dans les deux mois de sa présentation. »

Cet article annonce la nécessité où est le roi d'exprimer son
consentement ou son refus dans les termes prescrits par l'article
précédent, et l'article précédent porte que le refus du roi sera
exprimé par la simple formule : *Le roi examinera*. Je demande
donc que le ministre de la justice ne soit pas entendu.

M. Girardin. Le ministre n'a le droit de vous annoncer comme
message du roi qu'un message signé par le roi et contresigné
par le ministre. La loi ne connaît point d'intermédiaire entre le
corps-législatif et le roi. Si le message est signé par le roi, le
président doit le lire ; s'il n'est pas signé, le ministre n'a pas le
droit d'être entendu.

M. Cambon. En appuyant la motion du préopinant, je crois
qu'il est nécessaire que le roi fasse connaître son refus de sanc-

tion par la formule pure et simple qui est prescrite par la constitution. Le roi n'a pas l'initiative sur les lois ; les représentans
seuls peuvent la décréter ; elle devient loi par la sanction du roi.
Nous venons de prouver que le roi est libre au milieu de ses
peuples, même de résister au vœu général. (On applaudit.)
C'est comme représentant de la nation qu'il refuse sa sanction à
votre loi ; c'est sans doute une preuve d'attachement qu'il donne
à la constitution. Il faut croire que la loi que nous avons portée
a besoin de révision ; mais il ne faut pas que les motifs du roi
influent sur la décision de la législature prochaine. Ce n'est pas
à vous seulement que ces motifs sont portés ; ils seraient une
initiative sur la décision de nos successeurs. Les motifs de ce
refus doivent donc rester inconnus ; il les a puisés dans notre
constitution, je n'en doute pas ; nous n'avons pas motivé notre
loi, il ne faut pas qu'il motive son refus ; car alors nous ne nous
serions pas entendus.

M. le président. M. le ministre de la justice demande à faire une
observation ; mais j'ai l'honneur de lui faire remarquer qu'il ne
peut pas faire une observation sur la question même qui se
discute en ce moment, et qu'il ne peut parler que sur un point
de fait, ou pour donner des renseignemens.

M. le ministre de la justice. Je n'entrerai pas dans la discussion ;
je n'ai pas l'honneur d'être membre de l'assemblée. Sa majesté,
en refusant sa sanction à la loi sur les émigrans, a cru devoir
me charger d'instruire l'assemblée des mesures qu'elle a prises
et qui peuvent avoir le même effet que cette loi, sans avoir une
exécution aussi rigoureuse. En déterminant la formule de la
sanction, la constitution n'a pas empêché les actes de correspondance du roi.

M. le président. Monsieur, le peu de mots que vous venez de
dire rentrent dans la discussion. Je vais donner la parole à celui
des membres qui l'avait demandée.

L'assemblée ferme la discussion, et décide de passer à l'ordre
du jour.]

Les mesures prises par le roi contre les émigrés, et dont le ministre de la justice voulait donner communication, sont renfermés dans les pièces suivantes.

PROCLAMATION DU ROI.

« Le roi n'a point attendu jusqu'à ce jour pour manifester son improbation sur le mouvement qui entraîne et qui retient hors du royaume un grand nombre de citoyens français.

» Mais après avoir pris les mesures convenables pour maintenir la France dans un état de paix et de bienveillance réciproque avec les puissances étrangères, et pour mettre les frontières du royaume à l'abri de toute invasion, Sa Majesté avait cru que les moyens de la persuasion et de la douceur seraient les plus propres à ramener dans leur patrie des hommes que les divisions politiques et les querelles d'opinion en ont principalement écartés.

» Quoique le plus grand nombre des Français émigrés n'eût point paru changer de résolution depuis les proclamations et les démarches du roi, elles n'avaient cependant pas été entièrement sans effet ; non-seulement l'émigration s'était ralentie, mais déjà quelques-uns des Français expatriés étaient rentrés dans le royaume, et le roi se flattait de les voir chaque jour revenir en plus grand nombre.

» Le roi, plaçant encore son espérance dans les mêmes mesures, vient de refuser sa sanction à un décret de l'assemblée nationale dont plusieurs articles rigoureux lui ont paru contrarier le but que la loi devait se proposer, et que réclamait l'intérêt du peuple, et ne pouvoir pas compatir avec les mœurs de la nation et les principes d'une constitution libre.

» Mais Sa Majesté se doit à elle-même, et à ceux que cet acte de la prérogative royale pourrait tromper sur ses intentions, d'en renouveler l'expression positive, et de remplir autant qu'il est en elle l'objet important de la loi dont elle n'a pas cru devoir adopter les moyens?

» Le roi déclare donc à tous ceux qu'un esprit d'opposition

pourrait entraîner, rassembler ou retenir hors des limites du
royaume, qu'il voit non-seulement avec douleur, mais avec un
profond mécontentement, une conduite qui trouble la tranquillité publique, objet constant de ses efforts, et qui paraît avoir
pour but d'attaquer les lois qu'il a consacrées par son acceptation
solennelle.

» Ceux-là seraient étrangement trompés qui supposeraient
au roi une autre volonté que celle qu'il a publiquement manifestée, et qui feraient d'une telle erreur le principe de leur conduite et la base de leur espoir. De quelques motifs qu'ils aient
pu la couvrir à leurs propres yeux, il n'en existe plus aujourd-
d'hui : le roi leur donne, en exerçant sa prérogative sur des mesures de rigueur dirigées contre eux, une preuve de sa liberté,
qu'il ne leur est permis ni de méconnaître ni de contredire ; et douter de la sincérité de ses résolutions lorsqu'ils sont convaincus de
sa liberté, ce serait lui faire injure.

» Le roi n'a point dissimulé la douleur que lui ont fait éprouver les désordres qui ont eu lieu dans le royaume, et il a long-
temps cherché à croire que l'effroi qu'ils inspiraient pouvait seul
retenir hors de leurs foyers un si grand nombre de citoyens ;
mais on n'a plus le droit d'accuser les troubles de sa patrie lorsque par une absence concertée et des rassemblemens suspects,
on travaille à entretenir dans son sein l'inquiétude et l'agitation ;
il n'est plus permis de gémir sur l'inexécution des lois et sur la
faiblesse du gouvernement lorsqu'on donne soi-même l'exemple
de la désobéissance, et qu'on ne veut pas reconnaître pour obli-
gatoires les volontés réunies de la nation et de son roi.

» Aucun gouvernement ne peut exister si chacun ne reconnaît
l'obligation de soumettre sa volonté particulière à la volonté publique : cette condition est la base de tout ordre social et la garantie de tous les droits ; et soit qu'on veuille consulter ses devoirs ou ses intérêts, peut-il en exister de plus réels pour des
hommes qui ont une patrie, et qui laissent dans son sein leurs
familles et leurs propriétés, que celui d'en respecter la paix,

·d'en partager les destinées, et de prêter son secours aux lois qui
veillent à sa sûreté.

» La constitution, qui a supprimé les distinctions et les titres,
n'a point exclu ceux qui les possédaient des nouveaux moyens
d'influence et des nouveaux honneurs qu'elle a créés, et si, loin
d'inquiéter le peuple par leur absence et par leurs démarches, ils
s'empressaient de concourir au bonheur commun, soit par la consommation de leurs revenus au sein de la patrie qui les produit,
soit en consacrant à l'étude des intérêts publics l'heureuse indépendance des besoins que leur assure leur fortune, ne seraient-
ils pas appelés à tous les avantages que peuvent départir l'estime
publique et la confiance de leurs concitoyens?

» Qu'ils abandonnent donc des projets que réprouvent la raison, le devoir, le bien général, et leur avantage personnel!
Français qui n'avez cessé de publier votre attachement pour votre
roi, c'est lui qui vous rappelle dans votre patrie; il vous promet
la tranquillité et la sûreté au nom de la loi, dont l'exécution suprême lui appartient; il vous les garantit au nom de la nation,
avec laquelle il est inséparablement uni, et dont il a reçu des
preuves touchantes de confiance et d'amour. Revenez; c'est le
vœu de chacun de vos concitoyens; c'est la volonté de votre roi. Mais
ce roi, qui vous parle en père, et qui regardera votre retour
comme une preuve d'attachement et de fidélité, vous déclare
qu'il est résolu de défendre par tous les moyens que les circonstances pourraient exiger, et la sûreté de l'empire qui lui est confiée, et les lois, au maintien desquelles il s'est attaché sans retour.

» Il a notifié ses intentions aux princes ses frères; il en a
donné connaissance aux puissances sur le territoire desquelles se
sont formés des rassemblemens de Français émigrés: il espère
que ses instances auront auprès de vous le succès qu'il a droit
d'en attendre. Mais, s'il était possible qu'elles fussent vaines,
sachez qu'il n'est aucune réquisition qu'il n'adresse aux puissances étrangères, qu'il n'est aucune loi juste, mais vigoureuse,
qu'il ne soit résolu d'adopter plutôt que de vous voir sacrifier

plus long-temps à une coupable obstination le bonheur de vos concitoyens, le vôtre, et la tranquillité de votre pays!

» Fait à Paris, le 12 novembre 1791.

> » *Signé* Louis.   *Et plus bas,* Delessart.»

> *Lettre du roi aux princes français, ses frères.*

> Paris, le 16 octobre 1791.

« J'aurais cru que mes démarches auprès de vous, et l'acceptation que j'ai donnée à la constitution, suffisaient, sans un acte ultérieur de ma part, pour vous déterminer à rentrer dans le royaume, ou du moins à abandonner les projets dont vous paraissez être occupés. Votre conduite, depuis ce temps, devant me faire croire que mes intentions réelles ne vous sont pas bien connues, j'ai cru devoir à vous et à moi de vous en donner l'assurance de ma propre main.

» Lorsque j'ai accepté, sans aucune modification, la nouvelle constitution du royaume, le vœu du peuple et le désir de la paix m'ont principalement déterminé; j'ai cru qu'il était temps que les troubles de la France eussent un terme; et voyant qu'il était en mon pouvoir d'y concourir par mon acceptation, je n'ai pas balancé à la donner librement et volontairement : ma résolution est invariable. Si les nouvelles lois exigent des changemens, j'attendrai que le temps et la réflexion les sollicitent : je suis déterminé à n'en provoquer et à n'en souffrir aucun par des moyens contraires à la tranquillité publique et à la loi que j'ai acceptée.

» Je crois que les motifs qui m'ont déterminé doivent avoir le même empire sur vous. Je vous invite donc à suivre mon exemple. Si, comme je n'en doute pas, le bonheur et la tranquillité de la France vous sont chers, vous n'hésiterez pas à concourir par votre conduite à les faire renaître : en faisant cesser les inquiétudes qui agitent les esprits, vous contribuerez au rétablissement de l'ordre, vous assurerez l'avantage aux opinions sages et modérées, et vous servirez efficacement le bien, que votre éloignement et les projets qu'on vous suppose ne peuvent que contrarier.

« Je donnerai mes soins à ce que tous les Français qui pourront
rentrer dans le royaume y jouissent paisiblement des droits que
la loi leur reconnaît et leur assure. Ceux qui voudront me prouver leur attachement ne balanceront pas. Je regarderai l'attention sérieuse que vous donnerez à ce que je vous marque comme
une grande preuve d'attachement envers votre frère et de fidélité
envers votre roi, et je vous saurai gré toute ma vie de m'avoir
épargné la nécessité d'agir en opposition avec vous, par la résolution invariable où je suis de maintenir ce que j'ai annoncé. »

Signé, Louis.

*Lettre du roi à Louis-Stanislas-Xavier, prince français, frère du
roi.*

Paris, le 11 novembre 1791.

« Je vous ai écrit, mon frère, le 16 octobre dernier, et vous
avez dû ne pas douter de mes véritables sentimens. Je suis étonné
que ma lettre n'ait pas produit l'effet que je devais en attendre.
Pour vous rappeler à vos devoirs, j'ai employé tous les motifs
qui devaient le plus vous toucher. Votre absence est un pretexte
pour tous les malveillans, une sorte d'excuse pour tous les Français trompés, qui croient me servir en tenant la France entière
dans une inquiétude et une agitation qui font le tourment de ma
vie. La révolution est finie, la constitution est achevée, la France
la veut, je la maintiendrai ; c'est de son affermissement que dépend aujourd'hui le salut de la monarchie. La constitution vous
a donné des droits ; elle y a mis une condition que vous devez
vous hâter de remplir. Croyez-moi, mon frère, repoussez les
doutes qu'on voudrait vous donner sur ma liberté. Je vais prouver par un acte bien solennel, et dans une circonstance qui vous
intéresse, que je puis agir librement. Prouvez-moi que vous êtes
mon frère et Français, en cédant à mes instances. Votre véritable
place est auprès de moi ; votre intérêt, vos sentimens vous con-
seillent également de venir la reprendre ; je vous y invite, et,
s'il le faut, je vous l'ordonne. »

Signé, Louis.

Lettre du roi à Charles-Philippe, prince français, frère du roi.

Paris, 11 novembre 1791.

« Vous avez sûrement connaissance du décret que l'assemblée nationale a rendu relativement aux Français éloignés de leur patrie ; je ne crois pas devoir y donner mon consentement, aimant à me persuader que les moyens de douceur rempliront plus efficacement le but qu'on se propose, et que réclame l'intérêt de l'État. Les diverses démarches que j'ai faites auprès de vous ne peuvent vous laisser aucun doute sur mes intentions ni sur mes vœux. La tranquillité publique et mon repos personnel sont intéressés à votre retour. Vous ne pourriez prolonger une conduite qui inquiète la France et qui m'afflige, sans manquer à vos devoirs les plus essentiels. Épargnez-moi le regret de concourir à des mesures sévères contre vous ; consultez votre véritable intérêt ; laissez-vous guider par l'attachement que vous devez à votre pays, et cédez enfin au vœu des Français et à celui de votre roi. Cette démarche de votre part sera une preuve de vos sentimens pour moi, et vous assurera la continuation de ceux que j'ai toujours eus pour vous. »

Signé, Louis.

Réponse de Monsieur au roi.

Coblentz, le 3 décembre 1791.

« SIRE, mon frère et seigneur,

» Le comte de Vergennes m'a remis, de la part de votre majesté, une lettre dont l'adresse, malgré mes noms de baptême qui s'y trouvent, est si peu la mienne, que j'ai pensé la lui rendre sans l'ouvrir. Cependant, sur son assertion positive qu'elle était pour moi, je l'ai ouverte, et le nom de frère que j'y ai trouvé ne m'ayant plus laissé de doute, je l'ai lue avec le respect que je dois à l'écriture et au seing de votre majesté. L'ordre qu'elle contient de me rendre auprès de la personne de votre majesté, n'est pas l'expression libre de sa volonté, et mon honneur, mon devoir, ma tendresse même, me défendent également d'obéir. Si votre majesté veut connaître tous ces motifs plus en détail, je la supplie de se rappeler ma lettre du 10 septembre dernier. Je la supplie aussi de recevoir avec bonté l'hommage des sentimens aussi tendres que respectueux avec lesquels je suis, sire, etc., etc. »

Réponse de M. le comte d'Artois au roi.

Coblentz, le 3 décembre 1791.

« SIRE, mon frère et seigneur,

» Le comte de Vergennes m'a remis hier une lettre qu'il m'a assuré m'avoir été adressée par votre majesté. La suscription, qui me donne un titre que je ne puis admettre, m'a fait croire que cette lettre ne m'était pas destinée : cependant, ayant reconnu le cachet de votre majesté, je l'ai ouverte ; j'ai respecté l'écriture et la signature de mon roi ; mais l'omission totale de mon frère, et, plus que tout, les décisions rappelées dans cette lettre, m'ont donné une nouvelle preuve de la captivité morale et physique où nos ennemis osent retenir votre majesté. D'après cet exposé, votre majesté trouvera simple que, fidèle à mon devoir et aux lois de l'honneur, je n'obéisse pas à des ordres évidemment arrachés par la violence.

» Au surplus, la lettre que j'ai eu l'honneur d'adresser à votre majesté, conjointement avec Monsieur, le 10 septembre dernier, contient les sentimens, les principes et les résolutions dont je ne m'écarterai jamais ; je m'y réfère donc absolument ; elle sera la base de ma conduite, et j'en renouvelle ici le serment. Je supplie votre majesté de recevoir l'hommage des sentimens aussi tendres que respectueux, avec lesquels je suis, sire, etc., etc. »

Monsieur avait répondu à l'assemblée législative par une proclamation imprimée à côté de la notification qui lui avait été signifiée. Nous empruntons cette pièce au *Moniteur* du 13 décembre.

De Coblentz, le 6 décembre.

DEUX PROCLAMATIONS.

Louis-Joseph-Stanislas-Xavier, prince français ;	Gens de l'assemblée française se disant nationale,
L'assemblée nationale vous requiert, en vertu de la constitution française, titre III, cha-	La saine raison vous requiert, en vertu du titre Iᵉʳ, chapitre Iᵉʳ, section Iʳᵉ, article Iᵉʳ des lois

pitre II, section III, article II, de rentrer dans le royaume dans le délai de deux mois, à compter de ce jour; faute de quoi, et après l'expiration dudit délai, vous perdrez votre droit éventuel à la régence.

imprescriptibles du sens commun, de rentrer en vous-mêmes, dans le délai de deux mois, à compter de ce jour ; faute de quoi, et après l'expiration dudit délai, vous serez censés avoir abdiqué votre droit à la qualité d'êtres raisonnables, et ne serez plus considérés que comme des fous enragés dignes des Petites-Maisons.

Refus de sanction au décret contre les prêtres. — Le directoire du département de Paris se signala en cette occasion par une démarche du genre de celles que nous lui avons déjà vu faire sous la constituante, au sujet de la liberté religieuse. Voici la pétition qu'il adressa à Louis XVI :

Pétition présentée au roi par le directoire du département.

SIRE ,

Nous avons vu les administrateurs du département de Paris venir vous demander, il y a huit mois, d'éloigner les perfides conseils qui cherchaient à détourner de vous l'amour du peuple français. Ils bravèrent, pour vous faire entendre la vérité, jusqu'aux tourmens de votre cœur ; c'était le seul effort qui pût coûter à des Français devenus libres.

Nous, citoyens pétitionnaires, venons aujourd'hui, non pas avec la puissance d'opinion qui appartient à un corps imposant, mais forts de notre conviction individuelle, vous adresser un langage parfaitement semblable dans son principe, quoique différent sous plusieurs rapports ; nous venons vous dire que les dispositions des esprits dans la capitale sont aussi bonnes, aussi rassurantes que votre majesté peut le désirer ; que le peuple y veut avec ardeur la constitution, la paix, le retour de l'ordre, et le bonheur du roi ; qu'il manifeste ce dernier sentiment avec la plus touchante sensibilité au milieu même de ses propres peines.

Mais nous vous dirons en même temps, sire, que ceux-là vous tromperaient bien cruellement, qui oseraient tenter de vous persuader que son amour pour la révolution s'est affaibli ; qu'il verrait en ce moment avec indifférence, ils disent peut-être avec joie, le succès de nos implacables ennemis, et que sa confiance dans ses représentans n'est plus la même.

Défiez-vous, sire, de ceux qui vous tiennent cet odieux langage ; il est faux, il est perfide dans tous ses points.

Le peuple est calme, parce qu'il se fie à votre probité, à la religion de votre serment, parce que le besoin du travail ramène toujours les hommes vers la paix ; mais croyez, et croyez bien qu'au moindre signal du danger pour la constitution, il se souleverait tout entier avec une force incalculable. Croyez aussi que même un grand nombre de ceux qui se sont montrés moins attachés à la révolution, sentiraient tout à coup l'indispensable nécessité de la défendre contre des ennemis qui, sans pouvoir guérir leurs maux actuels, les précipiteraient dans les plus horribles malheurs, et que, par conséquent, il existera toujours pour le maintien du nouvel ordre de choses la majorité la plus imposante et la plus formidable.

Croyez que, quelle que puisse être l'opinion publique sur tel ou tel décret du corps-legislatif qui aura été surpris à son zèle, c'est toujours près des representans du peuple, elus par lui, que retournera, que reposera nécessairement sa confiance.

Vous avez attaché, sire, votre bonheur à la constitution ; nous ajoutons qu'il est là tout entier, et qu'il ne peut plus être désormais que là ; que cela est incontestable dans toutes les suppositions possibles ; que vos ennemis, vos seuls ennemis sont ceux qui méditent le renversement de l'ordre actuel, en vous livrant à tous les périls ; que leurs démonstrations de dévoûment pour votre personne sont fausses, leurs applaudissemens hypocrites ; qu'ils ne vous pardonneront jamais, non jamais, ce que vous avez fait en faveur de la révolution, et particulièrement cet acte courageux de liberté par lequel, usant du pouvoir qui vous est délégué, vous avez cru nécessaire, pour détruire plus sûrement leurs espérances, de les sauver eux-mêmes de la rigueur du décret dont ils étaient menacés.

Nous en concluons, sire, que tout moyen de conciliation doit vous paraître maintenant impraticable; que trop long-temps ils ont insulté à votre bonté, à votre patience; qu'il est urgent, infiniment urgent que, par une conduite ferme et vigoureuse, vous mettiez à l'abri de tout danger la chose publique et vous, qui en êtes devenu inséparable; que vous vous montriez enfin tel que votre devoir et votre intérêt vous obligent d'être, l'ami imperturbable de la liberté, le défenseur de la constitution, et le vengeur du peuple français que l'on outrage.

Nous avons senti le besoin, sire, de vous faire entendre ces vérités; elles n'ont rien qui ne soit d'accord avec les sentiments que vous avez manifestés.

Un autre motif nous conduit aussi auprès de vous : la constitution vous a remis un immense pouvoir quand elle vous a délégué le droit de suspendre les décrets du corps-législatif. Il eût été désirable, sans doute, qu'une telle puissance reposât long-temps sans qu'on fût obligé d'y recourir, et protégeât la liberté par sa seule existence, sans étonner l'empire par son action réitérée. Mais quand le salut public le commande, cette arme redoutable ne peut demeurer oisive dans vos mains : la constitution vous ordonne de la déployer; et cette même constitution appelle tous les citoyens à éclairer votre religion sur ce que la patrie attend de vous dans des circonstances difficiles.

Nous venons donc, avec un sentiment pénible il est vrai, et pourtant avec une forte confiance, vous dire que le dernier décret sur les troubles religieux nous a paru provoquer impérieusement l'exercice du *veto*.

Nous ne craignons pas que la malveillance ose se servir de notre franchise pour accuser nos intentions. On persuaderait difficilement que des hommes qui, par la persévérance de leurs principes pendant le cours de la révolution, ont mérité des haines dont ils s'honorent, qui les méritent chaque jour, d'autant plus qu'ils se montrent les amis infatigables de l'ordre, et combat-

tent sans relâche tous les genres d'excès dont se nourrit avec
complaisance l'espoir des contre-révolutionnaires; que des hommes qui savent que plusieurs d'entre eux sont à la tête des listes
de proscription, tracées par la fureur de nos ennemis, veuillent
servir leurs criminels desseins.

Nous abhorrons le fanatisme, l'hypocrisie, les discordes civiles excitées au nom du ciel; nous sommes dévoués à jamais par
nos affections les plus intimes, plus encore, s'il est possible, que
par nos sermens, à la cause de la liberté, de l'égalité, à la défense de la constitution; et c'est dans ces sentimens mêmes que
nous trouvons tout le courage nécessaire pour vous demander ce
grand acte de raison et de justice.

Sire, l'assemblée nationale a certainement voulu le bien, et ne
cesse de le vouloir : nous aimons à lui rendre cet hommage, et à
la venger ici de ses coupables détracteurs; elle a voulu extirper
les maux innombrables dont en ce moment surtout les querelles
religieuses sont la cause ou le prétexte. Mais nous croyons qu'un
aussi louable dessein l'a poussée vers des mesures que la constitution, que la justice, que la prudence ne sauraient admettre.

Elle fait dépendre, pour tous les ecclésiastiques non fonctionnaires, le paiement de leurs pensions de la prestation du serment
civique, tandis que la constitution a mis expressément et littéralement ces pensions au rang des *dettes nationales*. Or, le refus de
prêter un serment quelconque, de prêter le serment même le
plus légitime, peut-il détruire le titre d'une créance qu'on a reconnue? et peut-il suffire, dans aucun cas, à un débiteur d'imposer une condition pour se soustraire à l'obligation de payer
une dette antérieure?

L'assemblée nationale constituante a fait, au sujet des prêtres
non-assermentés, ce qu'elle pouvait faire : ils ont refusé le serment prescrit, elle les a privés de leurs fonctions, et, en les dé-
possédant, elle les a réduits à une pension. Voilà la peine, voilà
le jugement. Or, peut-on prononcer une nouvelle peine sur un
point déjà jugé, toutes les fois qu'aucun délit individuel ne
change pas l'état de la question?

L'assemblée nationale, après que les prêtres non-assermentés
auront été dépouillés, veut encore qu'on les déclare suspects de
révolte contre la loi, s'ils ne prêtent pas un serment qu'on n'exige
d'aucun autre citoyen non fonctionnaire. Or, comment une loi
peut-elle déclarer des hommes suspects de révolte contre la loi ?
A-t-on le droit de présumer ainsi le crime ?

Le décret de l'assemblée nationale veut que les ecclésiastiques
qui n'ont point prêté le serment, ou qui l'ont rétracté, puissent,
dans tous les troubles religieux, être éloignés provisoirement,
et emprisonnés s'ils n'obéissent à l'ordre qui leur sera intimé.
Or, n'est-ce pas renouveler le système des ordres arbitraires,
puisqu'il serait permis de punir de l'exil, et bientôt après de la
prison, celui qui ne serait pas encore convaincu d'être refrac-
taire à aucune loi ?

Le décret ordonne que les directoires de département dressent
des listes des prêtres non-assermentés, et qu'ils les fassent parvenir au corps-législatif, avec des observations sur la conduite
individuelle de chacun d'eux, comme s'il était au pouvoir des directoires de classer des hommes qui, n'étant plus fonctionnaires
publics, sont confondus dans la classe générale des citoyens ;
comme si des administrateurs pouvaient se résoudre à former et
à publier des listes qui, dans des jours d'effervescence, pourraient devenir des listes sanglantes de proscription ; comme, enfin, s'ils étaient capables de remplir un ministère inquisitorial
que nécessiterait l'exécution littérale de ce décret.

Sire, à la lecture de ces dispositions, tous les individus qui
vous présentent cette pétition se sont demandés s'ils se sentiraient ce genre de dévoûment : tous ont gardé le plus profond
silence.

Eh quoi ! il faudrait donc qu'ils tinssent ce langage à chacun
de leurs concitoyens : Dites quel est votre culte ; rendez compte
de vos opinions religieuses ; apprenez-nous quelle profession
vous avez exercée, et nous verrons alors si vous avez droit à la
protection de la loi : nous saurons s'il nous est permis de vous
donner la paix. Si vous avez été ecclésiastique, tremblez ; nous

nous attacherons à vos pas ; nous épierons toutes vos actions
privées ; nous rechercherons vos relations les plus intimes :
quelque régulière que puisse être votre conduite, à la première
émeute qui surviendra dans cette ville immense, et où le mot de
religion aura été prononcé, nous viendrons vous arracher à
votre retraite, et, malgré votre innocence, nous pourrons impunément vous bannir des foyers que vous vous êtes choisis.

Si la France, sire, si la France libre était réduite à entendre
ce langage, où est l'homme qui pourrait se résoudre à en être
l'organe ?

L'assemblée nationale refuse à tous ceux qui ne prêteraient
pas le serment civique la libre profession de leur culte. Or,
cette liberté ne peut être ravie à personne ; aucune puissance
n'a pu la donner, aucune puissance ne peut la retirer : c'est la
première, c'est la plus inviolable de toutes les propriétés. Elle
est consacrée à jamais dans la déclaration des droits, dans les
articles fondamentaux de la constitution : elle est donc hors de
toutes les atteintes.

L'assemblée nationale constituante ne s'est jamais montrée
plus grande, plus imposante peut-être aux yeux de la nation,
que lorsque, au milieu des orages même du fanatisme, elle a
rendu un hommage éclatant à ce principe. Il était perdu dans les
siècles d'ignorance et de superstition, il devait se retrouver aux
premiers jours de la liberté ; mais il ne faut pas qu'il puisse se
reperdre ; il ne faut pas que, sur ce point comme sur tout autre,
la liberté puisse rétrograder.

Vainement on dira que le prêtre non-assermenté est suspect ;
et sous le règne de Louis XIV, les protestans n'étaient-ils pas
suspects aux yeux du gouvernement, lorsqu'ils ne voulaient pas
se soumettre à la religion dominante ? Et les premiers chrétiens
n'étaient-ils pas aussi suspects aux empereurs romains ? et les catholiques n'ont-ils pas été long-temps suspects en Angleterre, etc.?
Sur un tel prétexte, il n'est aucune persécution religieuse qu'on
ne puisse justifier. Un siècle entier de philosophie n'aurait-il
donc servi qu'à nous ramener à l'intolérance du seizième siècle

par les routes mêmes de la liberté? Que l'on surveille les prêtres
non-assermentés; qu'on les frappe sans pitié au nom de la loi,
s'ils l'enfreignent, s'ils osent surtout exciter le peuple à lui désobéir, rien de plus juste, rien de plus nécessaire; mais que jusqu'à ce moment on respecte leur culte comme tout autre culte, et
qu'on ne les tourmente point dans leurs opinions. Puisqu'aucune
religion n'est une loi, qu'aucune religion ne soit donc un crime.

Sire, nous avons vu le département de Paris s'honorer d'avoir
professé constamment ces principes; nous sommes convaincus
qu'il leur doit en partie la tranquillité religieuse dont il jouit en
ce moment. Ce n'est pas que nous ignorions qu'il est des hommes
turbulens par système, qui s'agiteront long-temps encore, et
qu'on espérerait vainement de ramener à des sentimens patriotiques; mais il nous est prouvé par la raison et par l'expérience
de tous les siècles, que le vrai moyen de les réprimer est de se
montrer parfaitement juste envers eux, et que l'intolérance et la
persécution, loin d'étouffer le fanatisme, ne feront qu'accroître
ses fureurs.

Par tous ces motifs, et au nom sacré de la liberté, de la constitution et du bien public, nous vous prions, sire, de refuser
votre sanction au décret des 29 novembre et jours précédens sur
les troubles religieux; mais en même temps nous vous conjurons
de seconder de tout votre pouvoir le vœu que l'assemblée nationale vient de vous exprimer avec tant de force et de raison
contre les rebelles qui conspirent sur les frontières du royaume.
Nous vous conjurons de prendre, sans perdre un seul instant,
des mesures fermes, énergiques et entièrement décisives contre
ces insensés qui osent menacer le peuple français avec tant
d'audace. C'est alors, mais alors seulement que, confondant les
malveillans et rassurant à la fois les bons citoyens, vous pourrez
faire sans obstacle tout le bien qui est dans votre cœur, tout
celui que la France attend de vous. Nous vous supplions donc,
sire, d'acquiescer à cette double demande, et de ne pas les séparer l'une de l'autre.

A Paris, ce 5 décembre 1791.

Signés, GERMAIN GARNIER, membre du directoire du département de Paris; J.-B. Brousse, membre, etc.; Talleyrand-Périgord, membre, etc.; Beaumetz, membre; etc.; Larochefoucauld, président du département de Paris; Desmeuniers, membre; etc.; Blondel, secrétaire-général du département de Paris; Thion Delachaume, membre, etc.; Anson, membre, etc.; Davoust, membre, etc. (1).

Ce fut le 19 décembre que le garde-des-sceaux adressa à l'assemblée la note de non-sanction relative au décret concernant les prêtres; le roi, y disait-il, se réservait d'examiner. La séance n'en fut nullement troublée. A celle du 20, il y eut une motion que nous transcrivons.

[*M. Delcher, du département de la Haute-Loire*. Vous êtes les représentans du peuple français; c'est à vous qu'il a confié l'exercice de sa souveraineté. Vous devez donc remplir la tâche importante dont il vous a honorés. Il s'agit de savoir quels sont les actes qui ont besoin de sanction, et si le roi peut refuser de sanctionner les décrets provoqués par des dangers imminens. D'après la constitution, le roi a le droit de suspendre les actes du corps-législatif; mais les décrets urgens, les décrets de circonstance, tels que ceux que vous avez rendus contre les rebelles émigrés et contre les prêtres factieux, n'ont pas besoin de sa sanction. Qu'il la refuse aux lois contraires à l'intérêt général, à la bonne heure; dans ce cas le roi est le surveillant du corps-législatif, comme le corps-législatif est le surveillant du pouvoir exécutif. En vain m'objectera-t-on que cette distinction n'existe pas dans la constitution; en vain m'opposera-t-on que l'assemblée législative ne peut être juge dans les cas où la loi permet le *veto* d'une manière

---

(1) Le 9 décembre, les membres du directoire, signataires de la pétition, adressèrent la lettre suivante au *Moniteur* : «Nous avons vu, Monsieur, dans le *Journal de Paris*, et dans plusieurs autres journaux, un faux intitulé qu'il est de notre devoir de vous engager à rectifier. Il y est dit : *Pétition du directoire du département de Paris*. Il n'y a point de pétition du directoire; il n'y a point là d'acte du directoire; il n'y a point d'acte du département. La pétition est individuelle; elle est seulement l'expression de l'opinion des personnes qui l'ont signée. Nous vous prions d'insérer la présente déclaration dans votre prochain numéro. (*Note des auteurs.*)

indéterminée ; je dis qu'alors il faut consulter la nation entière,
et je conclus à ce qu'il soit fait une adresse au peuple français,
expositive de ce qu'a fait l'assemblée nationale pour réprimer
les rebelles émigrés et les prêtres factieux, et de ce qu'a fait le
pouvoir exécutif pour arrêter l'effet de cette loi....

Plusieurs voix : Monsieur le président, rappelez l'opinant à
l'ordre ; il s'écarte de la constitution.

D'autres : Qu'il soit entendu jusqu'à la fin.

M. le président. Je vais consulter l'assemblée. (*Plusieurs membres* : Non, non.)

M. Delcher. Je conclus donc à ce qu'il soit fait une adresse au
peuple français qui décidera en souverain, et alors l'assemblée
nationale prononcera ultérieurement ce qu'il appartiendra. (Les
tribunes applaudissent.)

N.... C'est prêcher l'insurrection.

Un grand nombre de membres. L'ordre du jour.

N.... Je demande qu'on accorde la parole aux défenseurs de
la constitution.

Plusieurs voix réclament, au milieu de l'agitation , l'ordre du
jour. L'assemblée passe à l'ordre du jour. (On applaudit.)

M. le président. On a fait la proposition que N.... fût rappelé
à l'ordre. (Non, non.)

L'assemblée passe de nouveau à l'ordre du jour.]

Les deux *veto* consécutifs n'excitèrent ni attroupemens, ni
émeutes, ni discussions animées dans l'enceinte des clubs. La
polémique des journaux en fut à peine un instant remuée. Il
était évident que la verve révolutionnaire avait perdu de son
énergie. Depuis que les hommes les plus ardens de l'opposition
étaient devenus législateurs à leur tour, le drame s'agitait maintenant dans le cercle parlementaire. Les scènes orageuses, les
débats violens, s'étaient déplacés comme les acteurs. Aussi, nulle
part on ne rencontrait autant de passion, autant de luttes, autant de vivacité politique, que dans l'assemblée législative.

Les clubs en général, et la société des Jacobins en particulier, se présentent maintenant, sinon avec le caractère de l'indifférence, du moins avec celui du calme et de la régularité. On y expose plutôt qu'on n'y discute ; on suit les travaux législatifs, mais on se borne à émettre des opinions et des projets, que la contradiction ne fait plus se produire sous les formes si nettes et si dramatiques de l'attaque et de la défense. L'obstacle né de la révolution elle-même, le parti des Feuillans, contre lequel ont été livrés les derniers combats est toujours le principal ennemi. Mais cet ennemi n'est plus ni dans la tribune nationale, ni dans un club, ni sur la place publique : on le saisit à peine dans quelque article de journal. Fort de la constitution qu'il a faite, le parti feuillant borne aujourd'hui son entremise à d'obscures intrigues ministérielles, à une diplomatie secrète avec la cour, actes conduits avec assez d'art pour ne donner prise qu'à des soupçons vagues, qu'à des inculpations sans fondement. Lorsqu'il essayera de rouvrir son club, nous verrons se renouveler des querelles analogues à celles qu'occasionna le club monarchique. Pendant le trimestre actuel, les seules manifestations ont été quelques articles sur la liberté religieuse, publiés dans le *Moniteur*, et la pétition du directoire du département, citée plus haut.

Ce n'est donc pas sur la ligne révolutionnaire proprement dite, que les Feuillans et les Jacobins se heurtent maintenant. Leur champ de bataille est circonscrit au terrain des élections municipales.

Quant aux Jacobins eux-mêmes, leurs séances ne reprendront vie et mouvement qu'avec la question de la guerre, alors que deux partis naîtront au sein de ce club, et se diviseront de plus en plus jusqu'au 31 mai 1793.

Il nous est donc impossible de recueillir, sur les refus de sanction, une opinion autre que celle de la presse. Voici les extraits qui nous ont paru les plus propres à la faire connaître :

Du lundi 14 novembre. — « Enfin la cour vient de lever le masque, en opposant le *veto du pouvoir exécutif* à la loi contre les émigrés conspirateurs et leurs coupables chefs. L'assemblée nationale, fidèle à ses devoirs et à la constitution, qui lui ordonnent de veiller au salut du peuple et à la sûreté de l'empire, convaincue, par les preuves les plus positives, que les frères et les cousins du roi sont sur nos frontières à la tête d'une horde nombreuse armée contre la patrie, a cru qu'il était temps enfin de faire parler la loi, c'est-à-dire la volonté générale contre les conspirateurs.

» *Les conspirateurs de la cour* ont senti que le décret contre les émigrans plaçait le pouvoir exécutif dans une position difficile, en le forçant de rompre cet étrange silence et cette neutralité perfide, qu'il garde depuis si long-temps sur les manœuvres et les complots des ennemis de la constitution. Ils ont dit : « Si le roi sanctionne le décret contre les émigrans, ils se disperseront. Les princes et les chefs de la conspiration, qui disent à nos adhérens et à la foule obscure de nos complices que le roi est d'intelligence avec eux, et qu'il n'attend que le moment de se déclarer ouvertement, recevront un démenti formel. Les prêtres non-assermentés qui dans tout l'empire prêchent pour nous la contre-révolution au nom de Dieu et du roi, seront déconcertés, et déserteront nos drapeaux. Le peuple ne voudra plus les écouter ; le découragement gagnera tous nos partisans, qui verront dans cette sanction une preuve de la sincérité du roi dans son acceptation de l'acte constitutionnel. Il faut donc empêcher cette sanction. » Tel est le langage des conspirateurs de la cour.

» Il y a tout lieu de croire, et la sûreté publique l'exige, que l'assemblée nationale va porter incessamment un décret d'accusation contre les princes français et leurs complices, rassemblés à Worms et à Coblentz. Ce décret n'a pas besoin de sanction ; et la haute-cour nationale, qui ne peut tarder à être rassemblée, jugera ensuite si les conspirateurs d'outre-Rhin, et ceux de l'intérieur, doivent rester impunis, et si les séditieux et les contre-révolutionnaires peuvent agir audacieusement et sans frein à l'ombre du *veto* royal. » (*Annales patriotiques*, n° DCCLXXIII.)

— « Toutes les rues de Paris sont tapissées d'une proclama-

tion du roi, dans laquelle ce prince explique les motifs du *veto*
dont il a frappé le décret contre les émigrans. Il y est continuellement en contradiction avec lui-même, puisqu'après avoir avoué
l'inutilité *des voies de douceur* qu'il a employées jusqu'ici, il s'oppose à des mesures de rigueur que l'opiniâtreté des émigrés
justifie. Au reste, il dit que le décret qu'il refuse de sanctionner
renferme plusieurs articles rigoureux qui lui ont paru contrarier
le but que la loi devait se proposer, et que réclamait l'intérêt du
peuple, et ne pouvoir pas compâtir avec les *mœurs* de la nation
et les principes d'une constitution libre. Ce langage ne nous
étonne pas dans la bouche du roi : il ne nous a pas étonné dans
les feuilles ministérielles et aristocratiques qui ont voulu préparer les esprits au *veto*. Mais nous sommes surpris de le retrouver
dans la *Chronique* ; nous sommes surpris d'entendre les auteurs
de cette feuille, jusqu'ici patriote, traiter d'*injuste* et de *barbare* le décret contre les émigrés. « Quelle justice, s'écrient-ils,
de punir de mort ceux qui ne seront pas rentrés dans deux mois ;
ceux que la peur, l'habitude et le goût de la tranquillité ont
portés à fuir, ou que la maladie retient, et qui n'ont point trem-
pé dans les complots contre nous ! » — Cette réflexion est une
calomnie contre l'assemblée nationale, et ferait croire qu'elle a
prononcé la peine de mort contre tous les émigrés, *sans distinction*, qui ne seraient pas rentrés dans deux mois. Or, rien n'est
plus faux ; cette peine n'est prononcée que contre les princes
français et les autres fonctionnaires publics, et il n'est ni *injuste,*
ni *barbare* de punir ainsi les traîtres et les déserteurs.

» Le roi a fait aussi publier la lettre qu'il a écrite à ses frères,
le 16 octobre, et à laquelle ils n'ont pas eu égard, et deux autres
lettres, datées du 11 novembre, auxquelles il sait bien qu'ils
n'en auront pas davantage, d'autant plus que son *veto* les enhardit par l'espoir de l'impunité. Il faut le dire : en refusant de
sanctionner le décret contre les émigrans, le roi sanctionne leurs
criminels projets. » (Le *Patriote français* du 15 novembre.)

— « Déjà la tranquillité publique renaissait, déjà la confiance
remplaçait l'inquiétude, le commerce se ranimait, la circulation

devenait plus facile, l'espoir rentrait dans tous les cœurs, on applaudissait de tous les points de l'empire au décret de l'assemblée nationale sur les émigrés, et voilà que, par son refus de sanction, Louis XVI nous replonge dans notre premier état.

» Oui, les maux de la France étaient près de leur terme, si une main perfide n'eût empêché l'effet politiquement nécessaire du décret de l'assemblée nationale sur les émigrés; car, de deux choses l'une : ou ils seraient rentrés en conséquence du décret, ou non. S'ils étaient rentrés, notre proposition est évidemment vraie; le peuple, bon et facile, était disposé à les recevoir à bras ouverts; cet acte de repentir lui eût fait oublier leur égarement : de là l'union générale, la confiance, la circulation, la vie rendue aux arts, au commerce et à l'agriculture.

» Que si les émigrés n'étaient pas rentrés pour la fin de décembre, au moins nous les connaissions à fond; nous n'avions plus à les ménager; c'était, pour la France, des enfans dénaturés que la mère commune n'avait pu ramener à son giron; la patrie les maudissait, elle leur retirait les biens qu'elle leur a donnés, tous leurs revenus étaient mis en séquestre, nous cessions de leur fournir des armes pour nous combattre, ils se trouvaient abandonnés à eux-mêmes. Tout ce qu'ils eussent pu faire, c'eût été de décider les tyrans étrangers à venir à leur secours, de former enfin cette ligue *formidable* dont on entend parler depuis si long-temps, d'attaquer la France d'une manière combinée, de tenter simultanément leur invasion, et de nous livrer combat... Mais c'est là que nous les attendons!

» Voilà donc l'alternative que nous présentait le décret de l'assemblée nationale! S'il eût été exécuté, les citoyens devenaient frères, ou les ennemis des fugitifs. Frères, ils eussent partagé la félicité commune; ennemis, nous les exterminions. Mais Louis XVI ne veut pas l'union des citoyens : il faut qu'il divise pour régner. Non-seulement il voit avec une joie intérieure des brigands armés aux portes de la France, et qui menacent d'y entrer la flamme à la main; mais il veut encore que le trésor salarie ces mêmes brigands; il veut qu'ils arrachent à la patrie le peu d'or qui lui reste.

» Voilà les émigrés libres et maîtres de rentrer ou de ne pas rentrer! Que feront-ils? S'ils ne rentrent pas, s'ils se tiennent rassemblés, la nation entière est encore livrée aux inquiétudes et à la détresse; les ordonnateurs et payeurs du trésor public font encore passer des millions outre-Rhin; les chefs de cette armée, tous riches propriétaires, soutirent encore des millions à la France; et la liste civile qui viendra encore à leur secours!

» Que s'ils rentrent après l'apparition du *veto*, nous n'en serons ni plus heureux, ni plus tranquilles. Ce ne seront pas des frères repentans qui se seront soumis à la loi; ce seront des ennemis hautains qui viendront insulter à la nation. Un fugitif, rentré d'après l'invitation du roi, dira hautement qu'il ne se serait pas mis en peine des décrets d'une assemblée qu'il ne reconnaît pas; qu'il n'est revenu qu'à la prière de son *souverain*, de son *maître*; et de là une lutte perpétuelle entre les sujets de l'État et les fidèles *sujets* du roi. On voit donc que Louis XVI, en apposant son *veto* sur le décret des émigrans, a nécessairement tari la source des biens qu'il pouvait produire; car, encore bien qu'ils rentrassent après cet acte de la prérogative royale, leur rentrée même ne pourra plus être envisagée que comme une infraction à la volonté nationale et une insulte à la nation.

» Mais, dit-on, le roi en apposant son *veto*, a fait un acte de liberté; il a fermé la bouche, il a ôté tout prétexte aux puissances étrangères, et la France ne peut que s'en applaudir. Vils esclaves! un homme qui, passant à côté de moi dans la rue, me tire un coup de pistolet, prouve aussi qu'il est libre. Dois-je aimer cette liberté? ne vaudrait-il pas mieux pour moi qu'il eût eu les bras liés? Appelle-t-on liberté la faculté de nuire? S'il en est ainsi, que fait à une nation la liberté de son roi? Les rois sont-ils institués pour eux? et les nations qui les souffrent, ne les souffrent-elles pas pour elles, et parce qu'on leur a dit qu'elles y trouveraient un avantage? Le *veto* ne laisse plus de prétexte aux puissances étrangères.... Montmorin en disait autant à l'assemblée nationale. Le peuple aurait-il pris les erremens de cet ex-ministre? Laissons aux puissances étrangères penser ce qu'elles voudront et de Louis XVI et de nous; que nous importent leurs opinions? Tant que nous réglerons nos destinées sur le thermomètre des cours, nous ne serons jamais que des esclaves.

» Le roi n'a eu, n'a pu avoir que des intentions perfides en refusant sa sanction. Depuis long-temps il épie le moment d'user de ce droit fatal. La proclamation contre l'aîné de ses frères lui offrait un prétexte heureux; il allait y apposer son *veto*, quand l'assemblée nationale rendit le décret contre les émigrans. Cette nouvelle marche a fait changer de batteries : on a sanctionné la proclamation pour n'avoir pas l'air obstiné. Cette proclamation n'est rien au fond; c'est le décret qui est tout, et c'est pour le décret que l'on a réservé toute la force du *veto*. Remarquez l'adresse de la cour : c'est à l'instant même qu'elle a annoncé la sanction de la proclamation, que le roi a écrit qu'il examinerait la loi sur les émigrans. On a voulu donner cette sanction illusoire comme un correctif au *veto*, afin de ne pas trop indisposer l'opinion publique.

» Outre le but évident du refus de sanction, qui est ou d'empêcher la rentrée des émigrés, ou, s'ils rentrent, de les dispenser de la soumission aux décrets de l'assemblée nationale, la cour avait encore un but caché : celui de tâter le peuple, afin de voir comment il prendrait cet acte d'autorité absolue, et le préparer à de plus grands coups. Elle se croit aujourd'hui sûre de son fait, et l'on verra que dorénavant elle ne sera pas modeste dans sa marche. Si les émigrés ne rentrent pas, ils feront une attaque; s'ils font une attaque, l'assemblée nationale sera obligée de décréter que deux ou trois cent mille gardes nationales de plus se porteront aux frontières; et si l'assemblée nationale rend ce décret, le roi y apposera encore son *veto*. Nous apercevons distinctement qu'avant peu de mois la nation française se trouvera nécessairement placée entre la nécessité de se laisser égorger, d'une part, et celle de désobéir, de l'autre; c'est-à-dire entre la servitude et l'insurrection. Voilà les avantages du *veto*, et de ce qu'on nomme monarchie tempérée.

» Notre intention n'a jamais été d'inspirer du découragement ; nous sommes si convaincus qu'une grande nation ne peut manquer de ressources dans l'occurence la plus difficile, que toutes les menaces et les manœuvres réunies des despotes ne nous ébranleront pas, tant que nous apercevrons du caractère et de l'énergie dans les citoyens ; mais ce caractère et cette énergie même ont besoin d'être guidés. Pour réussir, il ne suffit pas d'être prêt à tout faire, il faut savoir ce qui est à faire ; et pour savoir ce qui est à faire, il faut bien connaître son monde, et surtout l'ennemi que l'on a à combattre. Celui que généralement on regarde comme le plus dangereux dans ce moment-ci, c'est le roi : cependant, comme nos ennemis cherchent encore à le rendre intéressant, il est essentiel de le montrer tel qu'il est, et de le faire juger d'après sa propre conduite.

» Il est vrai que, *constitutionnellement* parlant, le roi des Français a le droit de *veto* sur toutes les opérations du corps-législatif ; mais de ce qu'il a le droit de *veto*, s'ensuit-il qu'il a bien fait d'apposer son *veto* sur un décret commandé par les circonstances, provoqué par l'opinion publique, et nécessaire au rétablissement de la tranquillité générale ? Non. Si le roi avait eu les sentimens qu'on a eu la stupidité de lui supposer, il lui eût suffi que la voix du peuple eût prononcé, pour rejeter avec indignation toute idée du *veto*. Les législateurs qui ont accordé au roi cette prérogative funeste, ne l'ont eux-mêmes envisagée que comme un appel fait au peuple, et il n'y avait pas lieu d'appeller au peuple, quand la voix du peuple avait précédé le décret.

» Nous allons juger les intentions de Louis XVI dans sa proclamation relative au *veto* ; mais avant tout, sachons s'il avait le droit de la faire.

» La loi de l'assemblée nationale constituante qui permet au roi de faire des proclamations, porte expressément que ces proclamations seront conformes aux lois, et pour faire exécuter les lois. Or, la proclamation sur le *veto* a les deux caractères opposés : elle est conforme à un *veto*, qui n'est pas une loi; elle n'est pas pour faire exécuter une loi, puisqu'elle est pour en empêcher l'exécution. Conséquemment la proclamation est un délit, et le ministre qui l'a signée est responsable.

» *Le roi n'a point attendu jusqu'à ce jour pour manifester son improbation, etc....* » — Ce combat de popularité entre l'assemblée nationale et le pouvoir exécutif est plus dangereux qu'on ne pense. Nous sommes perdus, si le roi parvient à persuader au peuple qu'il est plus propre et plus disposé à faire le bien de la patrie que l'assemblée nationale; mais il n'y parviendra pas. Il ne suffit pas qu'il dise avoir manifesté son improbation; nous lui demanderons la preuve de ce qu'il avance : et quelle preuve donnera-t-il? Écoutons-le parler. « Après avoir pris les mesures convenables pour maintenir la France dans un état de paix et de bienveillance réciproque avec les puissances étrangères. » — Et quelles sont ces mesures? Qu'il les publie donc! La lettre par laquelle il annonce son acceptation? mais cette lettre n'est rien moins qu'une mesure pour la France; elle ne regarde que *lui*; ces puissances n'ont répondu qu'à *lui* et pour *lui*; Louis XVI n'a jamais vu que *lui*; toute la diplomatie de l'Europe ne voit que *lui*; et s'il était vrai qu'il eût pris des mesures pour la nation, on ne verrait pas toujours ces mêmes puissances insulter aux patriotes français que des affaires obligent à se transporter dans leurs États. Mais les prétendues mesures de Louis XVI ne se bornent pas à maintenir la France dans un état de paix avec les puissances étrangères, il a, dit-il, pris des mesures, «pour mettre les frontières du royaume à l'abri de toute invasion. » A-t-on jamais menti avec plus d'effronterie? Il a fallu vingt décrets, cent dénonciations; il a fallu envoyer des commissaires de l'assemblée; il a fallu sans cesse éperonner les ministres, pour faire exécuter les réparations les plus urgentes, pour porter aux frontières nos phalanges citoyennes ; toutes les opérations des patriotes ont été croisées par ces traîtres, et voilà qu'aujourd'hui l'on se fait un mérite d'avoir mis les frontières à l'abri de toute invasion! Qu'on dise plutôt que l'on a fait tous les efforts imagi-

nables pour l'empêcher, et l'on nous aura dit vrai ; mais alléguer
la bonne volonté de la cour à garnir la frontière, c'est combattre
la notoriété publique. « Sa Majesté avait cru que les moyens de
la persuasion et de la douceur seraient les plus propres à ramener dans leur patrie des hommes que les divisions politiques et
les querelles d'opinions en ont principalement écartés. » —
Louis XVI sait donc ce qui a écarté les fugitifs? Il est donc du
secret de la fuite? Il est donc en correspondance avec les émigrés? Oui. Louis XVI connaît la cause des émigrations ; mais il
ne la dit point ici ; sa proclamation en impose : leurs véritables
causes, c'est l'incivisme, c'est l'aristocratie, c'est l'esprit de rébellion, c'est le désir de renverser la constitution, c'est l'espoir
de rétablir l'ancien régime, c'est la plus criminelle de toutes les
entreprises ; et Louis XVI les disculpe! ils ne sont point coupables à ses yeux! tout leur crime est une querelle d'opinions ! Se
peut-il que l'homme, qu'on a osé appeler le *restaurateur de la
liberté*, favorise aussi évidemment les ennemis de la liberté ?
Mais ce qui frappe le plus dans cette phrase insidieuse, c'est l'é-
loge perfide qu'on y fait des voies de la douceur, et qu'on a la
malignité d'opposer aux voies de rigueur employées par l'assemblée nationale. C'est comme si le roi disait aux émigrés : *Mes
bons amis et fidèles sujets, l'assemblée dite nationale a ordonné la
peine de mort en cas que vous ne rentriez pas avant le premier janvier ; mon unique désir est de vous voir heureux auprès de ma personne : venez, accourez dans les bras de votre prince ; il saura vous
mettre à l'abri des décrets de cette assemblée ; n'obéissez pas à elle,
mais obéissez à moi ; exécutez toujours mes ordres, n'exécutez que
mes ordres, et soyez sûrs de ma protection.* Voilà le véritable sens
de la proclamation du 12 novembre, qui est un acte de rébellion,
un attentat à la loi.

» Les démarches du roi *n'avaient pas été entièrement sans effet ;
non-seulement l'émigration s'était ralentie, mais,* etc. — C'est une
imposture ; elles n'ont jamais été aussi fréquentes que dans les
derniers jours qui ont précédé le décret. « Déjà quelques-uns des
Français expatriés étaient rentrés dans le royaume. » Oui, pour

y venir vendre leurs biens, pour venir débaucher les soldats, exciter les prêtres fanatiques, ranimer l'aristocratie intérieure, assurer le fil de la correspondance, communiquer avec le cabinet des Tuileries, et composer la troupe des janissaires chargés d'escorter le départ de Louis XVI et de sa digne épouse.

» A entendre Louis XVI, son *veto* était réclamé par *l'intérêt du peuple*. Toujours ce mot à la bouche ! c'est au nom de l'intérêt du peuple que les tyrans adroits asservissent le peuple. Le décret sur les émigrans « ne pouvait pas compâtir avec les mœurs de la nation, et les principes d'une constitution libre. » Louis XVI ! c'en est trop ! il ne t'appartient pas de censurer aussi amèrement la conduite des représentans de ton *souverain*; et s'il est ici quelque chose qui ne puisse pas *compâtir avec les principes d'une constitution libre*, c'est l'audace d'un délégué à gages, qui sort sans cesse des bornes du respect qu'il doit aux représentans de la nation. Les principes d'une constitution libre sont de sacrifier toutes les considérations à la liberté, de punir tous les attentats contre la patrie et l'assemblée nationale, qui pouvait, qui devait peut-être sévir *hic et nunc* contre les conspirateurs. L'assemblée nationale avait été clémente, en leur donnant jusqu'au premier janvier pour éviter la peine que déjà ils devraient avoir encourue.

« *Sa Majesté* se doit à elle-même.... de remplir, autant qu'il est en elle, l'objet important de la loi dont elle n'a pas cru devoir adopter les moyens. » — Ici le crime est caractérisé ; il y a plus, il est avoué. L'assemblée nationale avait fait une loi, le pouvoir exécutif y a apposé son *veto*, soit ; mais que doit-il résulter de l'apposition du *veto* ? rien. La loi sur laquelle il tombe est censée non-rendue ; c'est comme si rien n'eût été décrété à cet égard, et les fonctions du roi ont cessé dès qu'il a prononcé la formule *j'examinerai*. Or, au cas présent, le roi agit, et déclare qu'il agira en conséquence de son *veto*. Il n'adopte pas, dit-il, les moyens de la loi, mais il en remplira l'objet important, c'est-à-dire que, malgré la distinction des pouvoirs, malgré le décret qui déclare que le roi ne peut faire de proclamations que conformes aux lois, Louis XVI en fait pour annoncer au peuple qu'il met sa volonté à la place de la loi, en substituant son caprice à la volonté constante du législateur.

« *Ceux-là seraient étrangement trompés, qui supposeraient au roi une volonté autre que celle qu'il a publiquement manifestée.* » — Il n'en disait pas moins avant le départ de Montmédi.

« *Le roi leur donne (aux émigrés), en exerçant sa prérogative sur des mesures de rigueur exercées contre eux, une preuve de sa liberté, qu'il ne leur est permis ni de méconnaître, ni de contredire.* » Et en partant pour Montmédi, le roi avait aussi donné une preuve de liberté. A laquelle de ces deux preuves contradictoires faut-il que les émigrés ajoutent foi ? » — L'auteur de l'article analyse ainsi mot à mot la proclamation. Il examine ensuite les lettres aux princes. Il commente de la sorte le mot suivant, renfermé dans la lettre collective du 16 octobre : *Vous assurerez l'avantage aux opinions modérées.* « Qu'entend-on par les opinions modérées ? On entend les opinions de ceux qui croient que l'assemblée nationale constituante a été trop loin ; qu'il fallait bien réformer certains abus, mais qu'il ne fallait entièrement supprimer, ni les parlemens, ni le clergé, ni la noblesse ; ôter aux nobles leurs priviléges pécuniaires, était tout ce qu'il fallait faire. Mais les modérés croient qu'il fallait leur laisser leurs priviléges de naissance : ces modérés veulent deux chambres , etc., etc. Et voilà l'opinion que Louis XVI veut que ses frères assurent. Votre éloignement, dit-il, et les projets qu'on vous suppose, peuvent la contrarier. Pourquoi ? Parce que ces projets tiennent les patriotes en haleine, qu'ils sont éveillés par la nécessité ; tandis que si l'or coulait en abondance, si l'on pouvait attacher chaque individu à sa chose particulière, il ne serait pas difficile d'obtenir de la majorité telles conditions que l'on voudrait, pourvu qu'on lui laissât gagner de l'argent tout à l'aise : et l'on a l'impudence de nous dire que ce sont-là des preuves de patriotisme ! »

L'auteur termine ainsi son article : « On voit que la prétendue sincérité du roi, n'est qu'une dérision. Mais si nous sommes attaqués, mettons-nous peu en peine de Louis XVI et de son *veto*;

défendons-nous avec le courage des peuples qui ont le bonheur
de n'avoir point de roi.» (*Révol. de Paris, n° CXXIII.*)

Le décret sur les troubles religieux fut appuyé par la presse
d'une manière plus énergique. Les ressentimens du *veto* royal
s'exhalèrent dans les feuilles patriotes en récriminations amères
et en sinistres conjectures. On releva, avec indignation certains
articles de tolérance publiés par *le Moniteur*. Le numéro du 22
octobre renferme une longue lettre d'André Chénier sur les *dissensions des prêtres*. Cet écrivain que nous avons déjà trouvé
rédigeant le *Journal du club de* 1789, se montre toujours fidèle
aux mêmes doctrines. Le morceau dont nous parlons, est encore
plus empreint de feuillantisme, que la pétition au roi, par le directoire de Paris.

Cette pétition fut rudement commentée par la presse révolutionnaire, et, de plus, dénoncée à la barre de l'assemblée par
un grand nombre de sections. Dans la séance du 11 décembre,
on entendit tour à tour celles du Théâtre-Français, de Maucon-
seil, des Quinze-Vingts, de la Halle, de l'Arsenal, des Enfans-
Rouges, de l'Observatoire, du Luxembourg, de la Croix-Rouge,
du faubourg Saint-Antoine. Nous transcrirons les deux adresses
de la section du Théâtre-Français. Legendre prit le premier la
parole.

SÉANCE DU 11 DÉCEMBRE.

[*M. Legendre.* «Tous les citoyens veulent entourer le sénat français de leur estime; il sera un jour le conseil de l'univers. Nous
venons y adorer l'auguste liberté. Suivez les élans de sa superbe
audace : souveraine de vingt-quatre millions d'hommes, la liberté
doit rouler les tyrans dans la poussière, et fouler les trônes qui
ont écrasé le monde. Le salut public nous commande de vous dire,
que l'heure approche de le défendre; mais les Français n'ont
que leur courage : intrépides comme des Romains, faites forger
des millions de piques semblables à celles de ces héros, et armez-
en tous les bras; annoncez aux départemens ce décret vraiment
martial. Que le cultivateur et le journalier, l'artisan et le pauvre

puissent défendre les foyers de la patrie; ils sont, nous sommes tous ses enfans. Il ne faut pas 40,000,000 pour sauver la France, et elle les donne tous les ans pour précipiter sa ruine. Représentans du peuple, ordonnez : l'aigle de la victoire et la renommée des siècles planent sur vos têtes et sur les nôtres. Si le canon des ennemis se fait entendre, le foudre de la liberté ébranlera la terre, éclairera l'univers, frappera les tyrans. Ne laissons pas à la postérité la gloire de les anéantir. Le délire leur tiendrait lieu de courage, si nous restions plus long-temps dans une coupable sécurité. Soyons armés, et nous atteindrons ces fuyards, les mêmes que nous défîmes en 89, au seul bruit de nos armes et de nos cris. (On applaudit.)

S'il devient inutile de dénoncer les forfaits des ministres, qui se montrent si ouvertement leurs complices, dites-leur : Nous armons le peuple, nous l'armons pour la liberté; s'il faut que nous périssions avec lui, ce sera pour elle. Que votre supplice commence, les tyrans vont mourir ! »

M. le président à la députation. Le peuple respecte les lois; il est déjà armé contre l'anarchie, il mérite encore de l'être pour la liberté.

M. Camille Desmoulins. Je suis chargé, au nom des mêmes citoyens, c'est-à-dire, au nom de trois cents signataires, de présenter à l'assemblée une autre adresse qui est relative à la pétition faite au roi par le directoire du département de Paris ; mais, comme je me défie de ma voix, je prie M. Fauchet de la lire :

M. Fauchet, secrétaire, fait lecture de cette adresse, elle est ainsi conçue :

« Dignes représentans, les applaudissemens sont la liste civile du peuple; ne repoussez donc point la juste récompense qui vous est décernée par le peuple. Entendez des louanges courtes, comme vous avez entendu plus d'une fois une longue satire. Recueillir les éloges des bons citoyens, et les injures des mauvais, pour une assemblée nationale, c'est avoir réuni tous les suffrages. (On applaudit.)

» Le roi a mis son *veto* à votre décret comminatoire contre les rassemblemens d'outre-Rhin, à ce décret digne à la fois de la majesté du peuple romain et de la clémence du peuple français. Beaucoup ont pensé que la constitution ayant refusé au roi le *veto* absolu, ce décret sur les émigrés était nul et devait être regardé comme non-avenu, puisque ce serait un *veto* absolu, définitif, et qui ne pourrait être levé par la troisième législature; ce qui est contre l'esprit de la constitution; néanmoins nous ne sommes pas venus nous en plaindre, parce que nous nous sommes dit : ou l'assemblée nationale regardera ce *veto* comme inconstitutionnel et non avenu, et le premier janvier elle passera outre purement et simplement (on applaudit); ou elle le regardera comme constitutionnel, et alors nous ne devons nous plaindre, ni de la constitution qui a accordé le *veto*, parce que nous serons toujours respectueusement soumis à la constitution, ni du roi qui en use, parce que nous nous souvenons de la maxime d'un grand politique, excellent juge en cette matière, de Machiavel, qui dit ces mots bien remarquables, et que l'assemblée constituante aurait dû méditer profondément.

» Si, pour rendre un peuple libre, il fallait renoncer à la souveraineté, celui qui en aurait été revêtu mériterait quelque excuse, et la nation serait trop injuste, trop cruelle, de trouver mauvais qu'il s'opposât constamment à la volonté générale, parce qu'il est difficile et contre nature de tomber volontairement de si haut.»

» Dans ce sens, l'inviolabilité du roi est infiniment juste. Et pénétrés de cette vérité, prenant exemple de Dieu même, *dont les commandemens ne sont point impassibles,* nous n'exigerons jamais du ci-devant souverain, un amour impossible de la souveraineté nationale, et nous ne trouvons point mauvais qu'il appose son *veto*, précisément aux meilleurs décrets.

» Mais que des fonctionnaires publics, chargés spécialement de faire exécuter la loi, provoquent l'opposition du prince à ce qu'elle ne s'exécute pas, que bien plus ils se permettent de mettre en question, si, supposé que le roi ne mit pas son *veto*, eux feraient exécuter la loi; que non-seulement, ils doutent s'ils tien-

draient la main à l'exécution ; mais qu'ils déclarent leur rébellion, et publient une protestation anticipée ; que ceux qui avilis-
sent ainsi le premier des pouvoirs constitués, qui soulèvent contre
l'assemblée nationale l'opinion publique, en déclarant que son
décret est tellement inique, qu'il est impossible à la probité et à
la raison de s'y prêter, soient précisément les auteurs et les plus
ardens défenseurs de l'art. XVII, chapitre V de la constitution,
qui sévit contre *tout écrit provoquant l'avilissement des pouvoirs
constitués et la résistance à leurs actes*; que ceux qui signent cette
pétition individuelle contre un décret qui, rendu après six semaines de discussion, a excité des applaudissemens universels
soient précisément les mêmes hommes, qui, il y a quatre mois,
ont fait fusiller au Champ-de-Mars, les citoyens signataires d'une
pétition individuelle, contre un décret qui n'était pas rendu, et
contre lequel s'élevaient des murmures universels ; que les magistrats du peuple tournent contre le peuple ses propres bienfaits,
et l'autorité qu'il leur a confiée ; qu'ils inondent l'empire d'une
pétition, qui n'est évidemment autre chose, que le premier
feuillet d'un grand registre de contre-révolution, et une souscription de guerre civile, envoyée à la signature de tous les
fanatiques, de tous les idiots, de tous les esclaves permanens,
de tous les ci-devant voleurs des 83 départemens, en tête de laquelle sont les noms exemplaires des membres du directoire du
département de Paris. Pères de la patrie, il y a ici une telle
complication d'ingratitude et d'abus de confiance, de contradictions et de fourberies, de prévarication et de perversité, et de
haute-trahison, que, profondément indignés de tant de scélératesse sous le manteau de la philosophie et sous le masque de la
douceur, de la modération et d'un civisme hypocrite, nous nous
empressons de nous rallier autour de vous, non-seulement pour
adhérer à votre décret, pour déclarer unanimement que ce décret a sauvé la patrie, pour vous dire : continuez, fidèles mandataires ; et si l'on s'obstine à ne pas vous permettre de sauver la nation ; eh bien ! la nation se sauvera elle-même, car enfin la puissance
du *veto* royal a un terme, et on n'empêche point avec un *veto*

la prise de la Bastille. Non-seulement voilà ce que nous venons
vous dire au nom de vingt millions d'hommes; mais nous venons
vous demander un grand exemple, et que le directoire soit mis
en état d'accusation. (Les applaudissemens de l'extrémité gauche
recommencent.)

» Il est facile d'établir en deux mots qu'il y a lieu à accusation;
et cette discussion laconique n'est pas pour ceux qui jugent les
intentions. A juger comme hommes, il y a long-temps que nous
avons eu la mesure du civisme de notre directoire, quand nous
l'avons vu par une proclamation incendiaire, non pas rouvrir les
chaires évangéliques à des prêtres, mais des tribunes séditieuses
aux conjurés en soutane. C'est comme juges, c'est avec les ba-
lances de la justice et les décrets à la main, que nous disons qu'il
y a lieu à accusation. Il y a lieu à accusation: 1° l'article XVII du
chapitre V de l'acte constitutionnel,¹ porte : *Pourront être poursuivis les auteurs de tout écrit; provoquant à dessein l'avilissement
des pouvoirs constitués, et la résistance à leurs actes.* Nous invoquons avec quelque honte un pareil décret, et il est singulier de
voir les Desmeuniers et les Beaumetz pris les premiers à leur
propre piége. (On applaudit.) Mais nous demandons s'il est possible de concevoir un écrit qui provoque plus la résistance à la
loi, que celui où les fonctionnaires publics chargés de la faire
exécuter, déclarent qu'ils ne le feront pas. Ces fonctionnaires
publics, qui se parent d'un si grand zèle pour la constitution,
doivent donc être poursuivis comme coupables de forfaiture,
aux termes de la constitution.

» 2° Parce que le décret des pétitions défend les pétitions collectives; et la pétition du directoire de Paris est une pétition
collective. Il ne sert de rien que les signataires l'aient qualifiée
de pétition individuelle. Ce n'est point, disent les lois, le nom
que le notaire donne à l'acte, qui en fait la nature; c'est la nature même de l'acte. C'est ainsi qu'il n'a servi de rien d'appeler
constitutionnel le décret du 24 septembre sur les colonies ; parce
qu'il était rendu quinze jours après la clôture de l'acte constitutionnel, auquel l'assemblée constituante avait déclaré elle-même

ne pouvoir rien ajouter. De même cette pétition qualifiée *individuelle* n'en est pas moins une pétition collective des membres du directoire, puisque les membres seuls ont signé, qu'ils ont signé tous, jusqu'au secrétaire, et qu'ils ont pris dans leur signature la qualité de membre du directoire. Ils ont tellement agi en cette qualité, qu'après s'être annoncés comme simples pétitionnaires, ils ont soin aussitôt de rappeler leur qualité d'administrateurs; ils parlent de la puissance de l'opinion attachée à un corps imposant; enfin ils vont jusqu'à se souvenir que c'est à eux qu'appartiendrait l'exécution du décret, et ils ne craignent pas de déclarer qu'aucun d'eux ne se sentirait ce genre de dévoûment, de prêter la main à une pareille loi. Les membres du directoire sont donc coupables d'avoir violé la loi des pétitions, et cette violation de la loi, répréhensible dans un citoyen, dans les circonstances et dans la personne des fonctionnaires publics, chargés de la faire exécuter, acquiert un degré de gravité qui met les coupables dans le cas d'être poursuivis.

»3° Enfin, il y a lieu à accusation, parce que demander le *veto*, fût-ce même par une pétition individuelle, c'est demander, ou bien la guerre civile, ou bien le renversement de la constitution, qui est un gouvernement représentatif. Qui ne voit que l'effet nécessaire d'une pétition individuelle, pour demander le *veto*, c'est que les uns s'inscriront pour, et les autres contre. Alors, ou le roi accédera au vœu de la minorité, et voilà la guerre civile et l'insurrection : car la majorité dira que *la loi doit être l'expression de la volonté générale*; ou bien le roi accédera au vœu de la majorité; et voilà le renversement du gouvernement représentatif, puisque ce sera la majorité de la nation elle-même qui fera la loi, et non plus ses représentans. Certes, nous ne sommes pas les admirateurs du gouvernement purement représentatif, sur lequel nous pensons comme J.-J. Rousseau, qui en a fait un tableau si vrai dans *le Contrat social*; mais les bons citoyens ont juré de maintenir la constitution, et ceux même d'entre eux qui l'aiment le moins, se feront toujours un devoir, du moins jusqu'à la prochaine convention, de la maintenir telle qu'elle est; parce

que, s'ils en aiment peu certains articles, ils aiment encore moins
les horreurs d'une guerre civile. Au lieu que voyez avec quelle
impudeur des membres du comité de constitution, et ceux-là
qui ont établi le gouvernement purement représentatif, ceux-là
qui ont sans cesse à la bouche le mot sacré de constitution, proposent tout à coup le renversement du gouvernement, depuis
que la nation a des représentans qui ne conspirent plus contre
elle. Et ils ne proposent de consulter le vœu de la nation, que
parce que la nation a des représentans qui la consultent. Le ministre de l'intérieur n'a pu les consulter comme directoires, la
loi des pétitions s'y opposait ; il n'a pu consulter que les individus ; s'il a consulté les individus, tous les autres individus ont été
également consultés ; la nation entière a été appelée à la consul-
tation aussi bien qu'eux.

» C'était donc compter les voix ; c'était ramener le système proscrit des mandats impératifs ; c'était renverser le gouvernement
représentatif, à moins qu'on ne dise que le ministre et le directoire ne cherchaient qu'à s'assurer d'une minorité, et voulaient
seulement ouvrir une souscription de guerre civile.

» Mais on vous dit que la pension des prêtres était *une dette nationale* ; comme si, lorsque vous demandez seulement aux prêtres de déclarer qu'ils ne seront pas séditieux, ceux qui refusent
un pareil serment n'étaient pas déjà des séditieux ; comme si c'é-
tait un crime de punir la sédition par une amende ; comme si
des prêtres factieux qui n'ont rien prêté à l'État, créanciers de
l'État, non à titre onéreux, mais à titre de bienfaisance, n'é-
taient pas déchus de la donation pour cause d'ingratitude. (On rit.)

» Dédaignez donc ces misérables sophismes, pères de la patrie!
La forfaiture des membres du directoire est établie ; connaissez-
vous vous-mêmes, et ne doutez plus de la toute-puissance d'un
peuple libre. Mais si la tête sommeille, comment le bras agira-t-
il ? Ne levez plus ce bras, ne levez plus la massue nationale pour
écraser des insectes, un Varnier, un Delâtre. Caton et Cicéron
faisaient-ils le procès de Cétegus et de Catilina ? Ce sont les chefs
qu'il faut poursuivre. Frappez à la tête ; servez-vous de la foudre

contre les princes conspirateurs, de la verge contre un directoire insolent, et exorcisez le démon du fanatisme par le jeûne.» (On applaudit à plusieurs reprises.)]

L'assemblée décréta que le procès-verbal de cette séance serait envoyé aux quatre-vingt-trois départemens. Le lendemain, les Feuillans firent, à l'égard de ce décret, ce qu'ils avaient fait à l'égard de celui du 5 octobre, relatif au cérémonial. Voici comment Brissot rend compte de cette affaire : « Faut-il donc que le patriotisme et la bonne foi soient toujours dupes ou victimes de la même tactique et des mêmes manœuvres? Faut-il que toujours la minorité, qui veille pour l'intrigue, profite du sommeil ou de la négligence de la majorité, qui s'endort sur la foi de ses succès, pour renverser, par de misérables subtilités et par une indigne surprise, le résultat d'une discussion franche et loyale?

»De toutes les ruses de guerre des intrigans de l'ancienne assemblée, celle qui leur a le mieux et le plus souvent réussi, c'est de se trouver en force à la lecture du procès-verbal, pour faire rapporter ou modifier les décrets auxquels ils s'étaient opposés en vain pendant la discussion. Héritiers des stratagèmes de ces savans tacticiens, et dirigés par leurs leçons dans des conciliabules bien connus, les ministériels de l'assemblée législative ont aussi adopté cette marche, et elle leur a valu un honteux succès dès leurs premiers pas dans la carrière.

» Ils l'ont encore employée aujourd'hui, désespérés des triomphes éclatans remportés par le patriotisme dans les deux dernières séances; jaloux des félicitations et des éloges qu'obtenaient les deux décrets auxquels ils n'avaient opposé que de stériles efforts; convaincus que le reste de la France s'empresserait de dénoncer, à l'exemple des citoyens de Paris, l'incivique pétition du directoire, si on laissait subsister les témoignages de l'accueil favorable qu'avaient reçu les adresses des sections; ils ont résolu de faire rayer des procès-verbaux toutes les mentions honorables décrétées hier et avant-hier, et de faire rapporter le décret qui ordonnait l'envoi au département du procès-verbal de la séance d'hier, et ils ont réussi.

» M. Faucher a lu le procès-verbal de la séance d'avant-hier soir; il a rendu compte d'une adresse où il était dit que le *veto* lancé contre un décret du moment était absolu, et par conséquent inconstitutionnel.

» Ces mots ont été le signal de l'insurrection du parti ministériel. On s'est écrié qu'on *avilissait* le pouvoir exécutif; comme si c'était avilir un pouvoir que de censurer un de ses actes. On s'est écrié qu'on aimerait mieux être *enseveli dans les cachots de l'Abbaye*, que de permettre que l'on attente à aucun pouvoir constitué; comme si ces exclamations n'étaient pas de véritables attentats contre la constitution, qui consacre et le droit de pétition, et le droit de censure des actes de législation et de gouvernement.

» M. Quatremère n'a gardé aucun ménagement, et, insultant à la fois, et aux pétitionnaires et à l'assemblée qui les avait applaudis, il a osé traiter leurs adresses d'adresses *mendiées*, et dictées par l'aveugle esprit de parti, et les sentimens patriotiques qu'elles renferment d'*encens et de tournures perfides*; il a demandé la radiation de toutes les mentions honorables faites hier et avant-hier.

» M. Lacroix n'a pu contenir sa juste indignation; il s'est élevé avec force contre l'audace avec laquelle on voulait renverser ce qui avait été fait par une majorité si grande, que ceux qui réclamaient la question préalable n'osèrent se lever pour l'appuyer. «Une petite coalition, s'est-il écrié, espérerait-elle avoir aujourd'hui un succès qu'elle n'a pu obtenir hier?»

« La conscience de M. Chéron, l'un des chefs de cette *petite coalition*, lui a fait sur-le-champ à lui-même l'application de ces paroles, et il a demandé, mais en vain, que M. Lacroix fût rappelé à l'ordre.

» Enfin, après de nouvelles déclamations contre les adresses et leurs auteurs, la cabale a forcé l'assemblée de décréter que le secrétaire effacerait du procès-verbal tout ce qui était relatif au *veto*.

» Mais ce succès ne remplissait pas les vues de la coalition, et elle s'en promettait un plus complet sur le procès-verbal d'hier.

» M. Grangeneuve en a fait lecture. Il était rédigé avec tant de réserve, que la chicane attentive, et la mauvaise foi déterminée à critiquer à quelque prix que ce fût, ont été obligées de se rabattre sur une observation dont nous avons même vu rougir plus d'un front ministériel. Le secrétaire disait qu'un grand nombre de citoyens des sections de Paris avaient réclamé contre la pétition du directoire. Le puriste M. Chéron a observé, avec une sagacité infinie, que l'expression n'était pas *exacte*; que le terme grand nombre était relatif; que cent personnes étaient un grand nombre dans un village, et que deux mille personnes étaient un petit nombre à Paris. Il a judicieusement demandé que le secrétaire notât le *nombre précis* des pétitionnaires.

» En applaudissant à ces importantes réflexions, M. Ramond a encore enchéri sur la proposition de son collègue, et il voulait que les noms des pétitionnaires fussent inscrits au procès-verbal.

» Ces deux motions, et surtout la dernière, ont excité un violent tumulte; on a sagement réclamé l'ordre du jour. Mais ce n'était pas là le compte des ministériels; ils ont lutté avec une telle obstination, que trois épreuves n'ont pas donné de résultat, et n'ont servi qu'à augmenter l'agitation.

» Elle était à son comble. Convaincu qu'il était impossible de discuter et de délibérer au milieu du tumulte, M. Lasource demandait qu'on ajournât la motion de M. Chéron.

» Le désordre qui régnait dans l'assemblée avait gagné les galeries. Plusieurs des spectateurs étaient indignés de voir l'assemblée livrée à la mauvaise foi, à l'astuce et aux vaines clameurs; ils en rougissaient pour elle. « Allons nous-en, s'écrièrent plusieurs d'entre eux, n'écoutons pas ces stériles débats. »

» Cependant M. Lacroix profite d'un instant de calme pour appuyer la motion de M. Lasource; il demande que le procès-

verbal soit discuté le soir. Mais ce n'était pas au procès-verbal
qu'en voulait réellement la coalition, et elle crut qu'il était temps
de lever le masque.

» Un membre avoue bonnement qu'il s'agit de révoquer les
mentions honorables accordées hier, et de rapporter le décret
qui ordonnait l'envoi du procès-verbal aux départemens. Il demande un *comité général* pour discuter la question.

» Cette proposition a indigné les patriotes qui ont senti qu'on
ne cherchait qu'un prétexte pour introduire l'usage des comités
généraux. Pour parer le coup, M. Vergniaud demandait le renvoi de la question à un comité ; mais les patriotes qui n'ont pas
assez senti son but, et qui ne voulaient pas transiger sur les
décrets d'hier, ont réclamé.

» Le tumulte a recommencé..... Enfin M. Cambon, persuadé
qu'il fallait céder quelque chose pour ne pas tout perdre, a proposé qu'on se contentât de rapporter le décret d'envoi, et que
d'ailleurs on adoptât le procès-verbal. — Cette motion concilia-
trice a été adoptée, et a terminé des débats aussi indécens qu'in-
fructueux pour la chose publique. » (*Le Patriote français* du 13
décembre.)

Parmi les nombreux articles de la presse révolutionnaire, que
suscita le refus de sanction au décret contre les prêtres, nous
choisissons celui du *journal de Prudhomme*, n° 128, p. 532.

—«Encore un *veto*. C'est le second depuis deux mois ; ce serait
probablement le troisième, si le décret contre le titre de majesté royale n'avait pas été retiré le lendemain de son adoption.

» On a été long-temps sans vouloir user de cette prérogative
empruntée d'une île voisine qui se vante d'être libre ; on avait
d'autres projets : mais à présent qu'il faut en finir, on se jette à
corps perdu dans la constitution ; on prévoit que le *veto* est un
pis-aller capable de dédommager de toutes les pertes qu'on a
faites, et il paraît que ce pis-aller servira de pierre angulaire, sur
laquelle la cour va réédifier son système de despotisme, d'autant
plus imposant, qu'il aura l'air d'être légal ; en sorte que la révolution, qui d'abord avait paru un monstre altéré du sang royal,

s'est tellement radoucie, qu'elle n'ose plus avancer d'un pas sans la permission de la cour.

» Si c'est là en effet le train des affaires publiques, et toutes les apparences nous en menacent, citoyens! avisez vous-mêmes à ce qui vous reste à faire; nous n'avons plus de conseils à vous donner. Le veto est un boulet que l'assemblée nationale s'est condamnée à traîner avec elle. Tout élan généreux lui est interdit désormais, et bientôt la lassitude lui ôtera le courage.

» Et vous, véritables représentans du peuple, législateurs patriotes, venus de tous les coins de l'empire pour mettre en commun vos lumières et vos bonnes intentions, en vain étudiez-vous les besoins de vos commettans; en vain interrogez-vous la sagesse de tous les lieux et de tous les âges, pour en appliquer les résultats à la régénération de votre pays. A quoi aboutiront vos travaux assidus et pénibles? Votre bon génie vous inspire vainement des décrets accommodés aux circonstances; à côté de vous est le génie du mal qui veille pour détruire le bien à mesure que vous l'opérez.

» Comme au château des Tuileries on doit sourire avec dédain, en jetant les yeux sur la salle du manége! Là-dedans laissons-les tout à leur aise motionner, discuter, délibérer; en dernière analyse, il n'en sera toujours que ce que je voudrai, se dit la cour. La nation veut absolument avoir une volonté à elle, et n'obéir désormais qu'aux lois qu'elle se sera faites. Nation inconséquente et frivole, il n'y a pas beaucoup de gloire à te tromper! Tu relis avec orgueil la déclaration des droits de l'homme et ta constitution; tu en multiplies les pages comme les grains de sable de la mer, afin que le reste des nations de l'Europe apprenne de toi à être libre; tu contemples avec complaisance l'ensemble de tes décrets fondamentaux, qui sont tous des chefs-d'œuvre à tes yeux! Exceptes-en un du moins, et vois comme il a été aisé de renverser l'échafaudage de ton système représentatif! Une seule loi surprise au jugement sain dont tu dis avoir fait preuve, a suffi pour infirmer toutes les autres. Il est beau de n'obéir qu'à des lois résultat du concours de toutes les volontés; mais y a-t-il de quoi te vanter de ta législation nouvelle, qui confère à un pouvoir constitué, et placé par toi hors de toi, une volonté individuelle et négative, plus forte que toutes les autres volontés positives ensemble, puisqu'elle a la faculté d'en suspendre l'exercice ! La loi permet tout ce qu'elle ne défend pas; mais le roi est plus puissant qu'elle, puisqu'il a le droit de défendre non-seulement ce qu'elle permet, mais même ce qu'elle ordonne.

» Nation imprudente, continue la cour en s'applaudissant et en insultant à nos réflexions tardives, tu as donné dans le premier piége que je t'ai tendu, et il ne m'en a fallu qu'un. Va! le seul *veto* me venge assez de tous les *dégoûts* dont tu m'abreuves depuis deux années. Ne vantes plus ton courage et tes sentimens romains, la perspicacité de ta vue et la finesse de ton tact, peuple imbécille qui n'aimes que le bruit et le mouvement; parce que tu t'agites, tu te crois libre : sois détrompé, et vois toute l'étendue de l'abîme où j'ai su t'entraîner au milieu de tes chants d'allégresse et de tes menaces. Va! saches que tu es fait pour être esclave, et que tu le seras tant que j'aurai le *veto*; et c'est la constitution que tu idolâtres qui me l'a donné. Tu m'as forcé à l'accepter ce pacte solennel; j'ai le droit à mon tour de t'obliger à en exécuter toutes les clauses. Peuple né seulement pour porter mon bagage, marche devant moi, et ne t'avises pas de regimber : la verge du *veto*, continuellement levée sur ta tête, te fera rentrer dans le devoir; obéis et sers. Dans tes loisirs, rêve à l'indépendance si cela t'amuse, j'y consens, et paie des représentans pour te faire des décrets; mais ceux-là seuls qui me plairont auront force de loi : je suis toujours ton législateur suprême comme auparavant, et je puis encore te dire : *Car tel est mon bon plaisir*; j'ordonnais *sic volo*, je défends *veto*; la chose est restée, il n'y a que le mot qui n'est plus le même. J'étais jadis *roi de France*, c'est-à-dire séigneur suzerain d'un fief de vingt-cinq mille lieues carrées, aujourd'hui je suis *roi des Français*, c'est-à-dire maître de leurs volontés. La constitution m'a fait plus grand que je n'étais. Monarques de l'Europe, hâtez-vous, imitez-moi : permettez à vos Etats de s'assembler, et n'ap-

préhendez rien. Si vous obtenez le *veto*, vous serez encore tout-
puissans.

» Si ce n'est pas là ce qu'on dit tout haut au comité des Tuileries, c'est bien là ce qu'on y pense. Mais toute médaille a son
revers, et le triomphe de la cour pourrait bien ressembler à ceux
des Romains : derrière le char triomphal, des citoyens se fe-
saient plaisir de jeter quelques feuilles d'absinthe dans la coupe
des louanges où s'enivrait le vainqueur; quelques vérités dures
s'échappaient du milieu de la foule, et perçaient jusqu'à son
oreille superbe à travers le nuage d'encens qui exaltait son
cerveau.

» Ne serait-il pas possible de rétablir cet ancien usage? ne se
trouvera-t-il pas quelque franc patriote assez courageux pour
hanter la cour, dans l'espoir de saisir la première occasion de
faire parvenir au roi lui-même quelques vérités utiles et salutaires de l'espèce de celle-ci :

» Louis! tout succède à nos vœux, et même au-delà; la révolution, qui semblait devoir saper la base d'un trône souillé par
quatorze cents ans de crimes, n'a fait que vous le rendre plus
commode et mieux assuré que jamais. Vous venez de frapper de
nullité une loi qui suspendait le glaive de la justice sur la tête
des ennemis de la patrie, seule guerre qu'il était de notre dignité de déclarer aux émigrans et à leurs alliés. Votre second
veto est encore une grâce accordée à d'autres traîtres, forts de
la faiblesse des esprits, ennemis domestiques plus dangereux
peut-être que ceux du dehors.

» Ces deux premiers essais de l'exercice du droit le plus redoutable qu'on ait imaginé de confier individuellement à un homme,
ont été trop heureux pour ne pas vous enhardir; et désormais,
sans doute, le *veto* sera comme le van du laboureur, qui retient
le bon grain, et ne laisse aller que la balle stérile. Vous manifestez clairement l'intention de ne sanctionner que les décrets
insignifians ou qui vous seront agréables, et de refuser le caractère de loi à ceux dictés par l'opinion, attendus par le peuple,
mais hors du sens de votre comité.

» Vous avez pour vous la constitution ; vous n'usez que d'un droit qu'elle vous donne : il n'y a rien à vous dire. Ce n'est pas vous qui avez sollicité la loi du *veto*, du moins vous ne l'avez pas fait officiellement; en un mot, c'est un décret constitutionnel. Malheur au mal-avisé qui se lèverait maintenant pour réclamer contre! ce serait un factieux, un mauvais citoyen. N'est-ce pas bien là ce que vous avez droit de répondre, ce que le parti qui vous représente dans l'assemblée nationale a répondu au courageux Delcher? et cette réponse ne souffre pas de réplique. Vous et les vôtres êtes parfaitement en mesure.

» Mais est-ce donc tout que d'avoir pour lui le sens littéral de la loi? et pourra-t-on impunément violer l'esprit qui l'a dictée? Suffit-il d'invoquer et de remplir les formes? Appuyé sur elles, sera-t-il permis d'insulter à la raison, de fouler aux pieds les convenances sociales, et de compromettre le repos et le bonheur de toute une nation? La constitution est chose sainte, et avec les meilleures intentions du monde, personne ne doit y toucher; mais aussi tout ce qu'elle ne défend pas est permis. Voyez l'article V de la déclaration des droits. Or, elle ne défend pas de se mettre en garde contre un prince qui ferait un indigne abus du pouvoir monstrueux que la loi lui donne.

» La loi recommande le respect envers tous les pouvoirs constitués, mais elle ne défend pas le mépris pour la personne du magistrat suprême qui avilirait, par son caractère équivoque, la majesté de la nation dont il se dit le représentant héréditaire; mais elle ne nous défend pas de manquer de confiance envers ceux de nos fonctionnaires publics qui nous deviendraient suspects par une conduite louche et perfide, parce que la confiance ne se donne pas en vertu d'un décret, fût-il émané du sein de l'aréopage.

» La constitution accorde au prince un *veto* suspensif, et ne prononce aucune peine contre les législateurs assez lâches pour le laisser dégénérer en *veto* absolu; mais elle ne parle pas du *veto* de l'opinion publique; elle ne défend donc pas, elle permet donc d'en appeler à l'opinion publique pour frapper à son tour de nullité le *veto* royal, suspensif ou absolu.

» La constitution a décrété la loi martiale, mais elle ne défend pas, donc elle permet au peuple, de se rassembler sans armes sur le passage du roi ou aux portes de son château, et de lui faire dire par un orateur député par lui :

» Sire! nous sommes ici présens sous vos fenêtres cinquante mille citoyens paisibles, pas si bien habillés que vos gardes; mais nous nous sommes dépouillés pour les vêtir. Écoutez-nous sans intermédiaire : nous venons vous parler de vos *veto*. Vous avez attendu bien tard pour en user; cependant le décret du marc d'argent vous en offrait une belle occasion. Il paraît que vous voulez réparer le temps perdu; mais nous vous le demandons sans humeur, répondez-nous de même : si vous prenez l'habitude de dire *veto* à chaque bonne loi, à chaque décret urgent, à quoi nous servira-t-il d'avoir une assemblée nationale? Ce n'était pas la peine qu'ils accourussent de si loin et qu'ils fissent tant de beaux discours pour bien arranger un décret que vous anéantissez d'un mot! Savez-vous, sire, que c'est bientôt dit, *veto*, et qu'on a été plus long-temps à combiner la loi contre les émigrans et contre les prêtres? Convenez avec nous, sire, qu'il n'est guère probable que vous possédiez à vous seul plus de lumières et de sagesse que les quatrevingt-trois départemens ensemble; convenez qu'il est étrange d'attacher la destinée d'un peuple immense à deux syllabes tombées de vos lèvres royales. Du fond de votre palais, obsédé la nuit et le jour par une épouse vindicative et une sœur bigote, entre un Barnave et un Dandré, un Malouet et un Talleyrand, comment pourriez-vous vous flatter de connaître la véritable disposition des esprits? Dites! comment s'y est-on pris pour vous persuader de mettre votre volonté particulière, ou plutôt les décisions de votre petit comité des Tuileries, à la place du vouloir général? Il faut autre chose que la cour d'un roi pour éclipser le disque éclatant de la raison universelle. Nous sommes bien fâchés que la besogne de nos représentans ne vous plaise pas toujours; mais la nation les a rassemblés pour arranger ses affaires, et non les vôtres; et puis avez-vous oublié à quelles conditions nous vous avons gardé sur le trône? C'est pour nous que nous voulons un roi : nous ne lui appartenons pas, et nous ne devons rien à la maison des Bourbons; c'est elle qui nous doit tout. Nous avons fait bien des ingrats : n'importe!

» Au reste, pour en revenir à tous les *veto*, la constitution vous les permet, nous le savons comme vous. Mais, s'il faut vous le dire, vous abusez de la permission; et si vous continuez, cela finira par devenir une véritable tyrannie de votre part. Bientôt nos députés n'auront que faire au manége. Sire, que n'y allez-vous plutôt l'un de ces matins, pour leur dire tout bonnement : Sortez d'ici, Messieurs, je viens moi-même pour en fermer les portes. Il est fort inutile que vous y restiez plus long-temps, car je suis bien résolu à dire *veto* à tout ce que vous feriez de passable. Allez en paix chacun chez vous; je me charge du reste.

» L'histoire nous assure que ce ton un peu leste réussit parfaitement à Cromwell ; mais l'assemblée nationale de France ne doit pas plus ressembler aux parlemens anglais, que nous ne ressemblons aux habitans de cette île. Sire, nous ne vous conseillons donc pas de suivre cet exemple; et, pour en finir, nous vous dirons que si la constitution est pour vous, la déclaration des droits de l'homme et du citoyen est pour nous. L'une vous donne le droit de *veto*; l'autre nous donne celui de la résistance à l'oppression, art. II. Or, encore un *veto* de l'espèce de vos deux premiers, et il y a évidemment oppression de votre part; vous appelez sur nous la guerre civile et religieuse; donc vous nous placez dans le cas de l'art. II de la déclaration acceptée par vous. Prenez-y garde; nous vous laissons y penser : *examinez*. Nous vous ajouterons seulement que nos frères des quatrevingt-trois autres départemens pensent absolument comme nous et agiront de même, *quand votre majesté aura examiné*. »

MOTIONS ET DÉNONCIATIONS.

Nous entrons dans le troisième chapitre que nous avons in-

diqué dans notre classement des faits accomplis pendant le dernier trimestre de 1791. Ici, comme l'annonce notre titre lui-
même, devraient se trouver les actes spontanés, les mouvemens
d'initiative, si quelque chose de semblable s'était manifesté au
sein de l'assemblée. Nos lecteurs se convaincront que les fatalités
logiques imposées par la constituante à la législative, furent aussi
rigoureuses que nous l'avons annoncé. Ils ont déjà vu à quelle
insulte royale répondait la colère démocratique du 5 octobre,
si tôt calmée d'ailleurs ; à quels délits long-temps accumulés, à
quelles provocations, chaque jour plus audacieuses, répondaient
les deux lois dont nous venons d'achever l'histoire. Ils vont
maintenant constater par les incidens révolutionnaires que tout
dans l'assemblée procède d'un choc extérieur, et que la minorité
fougueuse de l'extrême gauche ne s'abandonne, ne s'irrite, et
ne demande certaines mesures que par besoin de réagir.

La querelle de Dermigny avec Goupilleau, les tribunes réservées aux ex-constituans, et dont ils faisaient l'usage plus haut
mentionné, provoquèrent deux motions, déjà connues de nos lecteurs. Elles furent préparées aux Jacobins, avec une troisième
dont nous n'avons pas encore parlé. Brissot résume ainsi la discussion ouverte sur ces trois objets : « Demander à l'assemblée
nationale, 1⁶ qu'elle exclue de son intérieur la foule d'hommes
à épaulettes qui l'inondent ; 2° qu'elle éloigne les places privilégiées ; 3° enfin, qu'à l'avenir les actes du corps-législatif soient
datés de l'année de la liberté française. » (*Journal du club*, séance
du 5 octobre.) Ce nouveau millésime avait été adopté, pour la
première fois, par le *Moniteur*, le 14 juillet 1790. Il était devenu
populaire, comme on l'a vu par la date de la pétition du Champ-
de-Mars (*le 17 juillet de l'an III*). Le jour de la prise de la Bastille servit de point de départ jusqu'au 2 janvier 1792, où, sur la
proposition de Ramond, l'assemblée décréta que l'ère de la liberté commençait au 1ᵉʳ janvier 1789.

La question du mariage des prêtres, depuis long-temps traitée
par les journaux, résolue par des exemples particuliers, même
sous la constituante, fut posée à la tribune de l'assemblée légis-

lative, dans la séance du 19 octobre : une lettre des administrateurs du département de Maine-et-Loire y donna occasion. Il
s'agissait de savoir si un bénéficier qui n'était pas dans les
ordres et qui venait de se marier, devait conserver son traitement.

[*M. Delaunai, d'Angers.* Je suis chargé par la députation de ce
département d'appuyer la demande que forment les administrateurs et de vous proposer une mesure générale à cet égard.
L'assemblée nationale constituante avait décrété que les religieuses qui se marieraient, seraient privées de leur traitement,
mais par une loi postérieure, rendue le 10 septembre dernier,
sur la motion d'un membre du comité de constitution, il fut décrété qu'elles conserveront leur pension en entier. Je demande
que vous étendiez non pas la faveur, mais la justice de cette loi
aux ecclésiastiques qui se marient. L'intention de la nation n'est
pas de vouer au célibat une classe de citoyens, c'est-à-dire, de
la condamner à un état que la nature réprouve et auquel elle
n'est assujétie par aucune loi. Cependant plusieurs pensionnaires ecclésiastiques n'osent remplir le vœu de la nature et de
l'humanité par la crainte d'être privés de leurs pensions, et les
administrateurs eux-mêmes sont incertains sur le parti qu'ils
doivent prendre. Je demande que l'assemblée prenne une mesure
générale qui dissipe les craintes des uns, lève les incertitudes
des autres; je demande qu'elle décrète que les prêtres pensionnés
jouiront de leur pension, quel que soit l'état civil qu'ils embrassent. (On applaudit.)

M. Quemay. Au moyen que la loi a déclaré qu'elle ne connaissait plus de vœux contraires à la nature, la question est décidée, et je demande qu'on passe à l'ordre du jour.

M. Lequinio. C'est précisément par les paroles même de l'opinant que je combats son opinion. S'il est une matière importante, c'est celle qui se présente à votre décision ; il faut enfin
ramener les choses à l'état de nature et de raison, et c'est
précisément parce qu'il n'existe qu'une loi vague et obscure, et
qu'elle ne nous empêche pas de suivre les abus anciens, qu'il

faut en faire une plus précise. Je demande le renvoi au comité de législation.

M. Girardin. J'appuie la proposition du renvoi au comité, mais j'y propose un amendement infiniment pressant ; il consiste à ce que les traitemens des ecclésiastiques qui se marieront, leur soient provisoirement conservés.

M. Taillefer. Les raisons déduites par les préopinans sont absolument les mêmes que j'avais à présenter. Je ne crois pas que la loi doive être faite dans ce moment ; mais comme ces citoyens jouissent du bienfait de la constitution et ne contreviennent à aucune loi, il serait injuste de les priver provisoirement de leur traitement.

M. Goupilleau. Comme les administrateurs sont dans l'incertitude, il est essentiel de décréter que les ecclésiastiques qui se marieront, recevront provisoirement leur traitement.

N..... Il n'est point question de faire une loi, il est seulement question de déclarer qu'il n'y a pas de loi contraire.

M. Lecoz, évêque du département de l'Ille-et-Vilaine. Ceux qui ont dit que le célibat était contraire à la nature, ont avancé une grande erreur. (On murmure.) D'ailleurs vous vous occupez en ce moment d'éteindre ce feu qui consume l'empire, et par l'impolitique motion qui a été faite, vous l'alimenteriez de plus fort. (Quelques membres applaudissent.)

N..... Il n'existe point de loi qui empêche les ecclésiastiques pensionnaires qui se marieront, de toucher leurs pensions, donc les administrateurs n'auront pas le droit de les en priver, donc il est inutile que l'assemblée nationale s'occupe par provision de cet objet. Je demande en conséquence que l'assemblée passe à l'ordre du jour sur l'amendement de M. Girardin.

N..... Ceux qui insistent pour que la question soit ou décidée à l'instant ou préjugée, ne sentent pas la différence énorme qu'il y a entre un principe et son application. Je demande qu'attendu qu'il n'existe point de loi contraire à la pétition qui a été faite, il soit passé à l'ordre du jour.

L'assemblée passe à l'ordre du jour.]

Le 1er novembre, Goupilleau fit une motion en faveur de quarante-et-un soldats de Château-Vieux, condamnés aux galères.
Cette démarche avait été précédée d'une séance aux Jacobins :
nous allons la transcrire.

CLUB DES JACOBINS (31 OCTOBRE).

M. Collot-d'Herbois. « J'ai annoncé, Messieurs, que je vous
rendrais compte de l'état où se trouve l'affaire des soldats de
Château-Vieux. Je suis resté pendant quelque temps en suspens,
parce que M. de Montmorin me paraissant bien disposé, j'ai cru ne
devoir pas risquer de changer ses bonnes dispositions ; parce
que, pendant un autre instant, j'ai craint d'exposer au ressentiment de ce ministre les malheureux soldats de Château-Vieux,
en dévoilant les intrigues et la conduite fausse de M. de Montmorin à l'égard de ces infortunés.

» Les soldats du régiment de Château-Vieux, après avoir
passé au conseil de guerre après l'affaire de Nanci, ont vu pendre vingt-sept de leurs camarades ; quarante-et-un ont été envoyés aux galères, où ils sont encore. Je ne vous retracerai pas
leurs maux. Vous savez que toujours M. de Bouillé a été leur
persécuteur, et néanmoins M. de Bouillé a été déclaré innocent
et pourrait rentrer en France sans danger, tandis que les soldats de Château-Vieux sont aux galères.

» M. l'abbé d'Expilly avait épousé, dans l'assemblée constituante, la cause de ces infortunés, et vous allez juger, par le trait
suivant, de l'hypocrisie et de la fausseté du ministre Montmorin.
M. d'Expilly se rend plusieurs fois chez lui, et en est amusé
comme il amusait tout le monde. Cependant, pour avoir un air
de franchise, il lui dit qu'il croyait la circonstance favorable
pour arranger cette affaire, vu que la diète des Suisses, du jugement de laquelle elle dépendait, était pour lors assemblée. Il
lui offrit de négocier à cet effet, et d'écrire au ministre de
France, près la diète. Craignant la lenteur du ministre,
M. d'Expilly offrit d'envoyer sur-le-champ un courrier à ses
frais, porter les dépêches ministérielles. Un citoyen de Brest,

membre de la députation de cette ville, que vous avez souvent vu assister à vos séances, M. Rabit enfin, était présent à cette conversation. Il offre aussitôt de servir de courrier, et de porter lui-même les dépêches.

» Le croiriez-vous, Messieurs, le ministre ne pouvant plus reculer, confie le paquet à M. Rabit, qui part dans la pleine assurance qu'il est sous la sauvegarde de la loi en portant ces dépêches adressées à M. Baker. Eh bien ! ce paquet était un passeport pour aller se faire pendre. Ce M. Baker n'était pas ministre de France, il n'avait pas de lettre de créance, et fut aussi étonné qu'effrayé de recevoir de M. de Montmorin un paquet qui l'exposait, ainsi que le porteur, à être pendu, dans un pays où le patriotisme français n'est rien moins que bien accueilli. Il est donc important que M. Montmorin, quittant le ministère (1), soit responsable de la conduite qu'il a tenue envers M. Rabit, et que MM. les députés à l'assemblée nationale.....

M. Bécourt. « Il n'y en a pas ici. »

« *Plusieurs voix.* Pardonnez-moi, Monsieur, en voilà de tous côtés. »

N.... « Je demande que M. Bécourt soit rappelé à l'ordre pour avoir interrompu l'orateur. »

Un député. « M. Bécourt ne doit pas être rappelé à l'ordre; car si nous pouvons compter ici quelques-uns de nos membres, ils sont en petit nombre, et nous devrions y être tous. » (On applaudit.)

M. Collot-d'Herbois. « Votre étonnement augmentera encore, Messieurs, lorsque vous apprendrez qu'à cette époque la diète des Suisses n'était plus rassemblée. Je supplie donc les membres de l'assemblée nationale qui m'entendent, de mettre à cette affaire tout le zèle qu'elle mérite, et de ne pas perdre de vue les vives réclamations faites par le département du Finistère. Le successeur de M. Montmorin croira sans doute avoir des choses

_____

(1) Depuis la clôture de la Constituante, le bruit de la démission prochaine de Montmorin s'était répandu. Le 21 novembre, Delessart le remplaça par *interim.*   (Note des auteurs.)

bien plus importantes à faire que de délivrer de leurs fers qua-
rante-deux misérables soldats; car il est impossible de se figurer
l'insouciance des ministres sur les supplices et les tourmens des
citoyens. Je demande donc en grâce à messieurs les députés de
l'assemblée nationale qu'ils veuillent bien ne pas laisser aller
M. Montmorin sans le faire expliquer d'une manière bien expresse. »

Ce discours fut suivi de la lecture d'une lettre par laquelle la
société de Brest annonçait une souscription ouverte par elle en
faveur des victimes de Bouillé, et sollicitait d'y concourir la société mère. Cette invitation fut acceptée sur-le-champ; Collot-
d'Herbois souscrivit le premier pour une somme de 300 livres,
moitié du prix qui avait été décerné à son *Almanach du père
Gérard*; d'autres en grand nombre imitèrent son exemple.

MOTION DE GOUPILLEAU (*Séance du 1er novembre.*)

[*M. Goupilleau.* Je viens réclamer votre humanité et votre
justice en faveur de plusieurs infortunés. Quarante-un Suisses
soldats au régiment de Château-Vieux sont maintenant aux galères. Aux termes des traités, les Suisses ont toujours conservé
la police sur leurs corps militaires au service de France; aussi
l'assemblée nationale constituante n'a-t-elle pas compris positivement les Suisses de Château-Vieux dans l'amnistie; mais elle
a rendu, le 15 septembre 1791, un décret conçu en ces termes:

« L'assemblée nationale décrète que le roi sera prié d'inter-
poser ses bons offices, afin que ceux qui ont été condamnés pour
des faits relatifs à la révolution française par les lois suisses,
participent au bienfait de l'amnistie accordée à tous les citoyens
français. »

Cette loi est demeurée sans exécution, et M. de Montmorin
en est seul la cause. J'ai entre les mains plusieurs pièces qui
m'ont été remises par les députés de la municipalité de Brest : je
les déposerai sur le bureau, et j'en demanderai le renvoi au comité diplomatique. Il est prouvé par ces pièces que M. Montmorin a leurré l'espoir de ces malheureux; que, sous prétexte

de condescendre à la volonté des citoyens de Brest, qui ont offert d'aller volontairement faire le voyage de Soleure, il les a exposés à périr, ou du moins à perdre leur liberté. Les cantons helvétiques n'ont dans ce moment aucun représentant de la nation française. Il est prouvé par ces pièces que M. de Vérac, ci-devant ambassadeur dans ces cantons, a envoyé depuis plus de quatre mois sa démission en France, et que cette démission n'a pas été notifiée aux cantons helvétiques; il est prouvé encore que M. Blache, qui, sur la démission de M. de Vérac, devait être chargé des affaires de France, n'a point eu de caractère pour se présenter : de façon que non-seulement nos affaires périclitent dans ce pays-là, mais que les Suisses du régiment de Château-Vieux n'ont pu trouver de protection pour faire écouter leur demande. Je demande donc que le comité diplomatique, dans le plus bref délai possible, nous fasse un rapport qui fixe l'état de ces malheureux, dont le patriotisme est le seul crime.

L'assemblée ordonne le renvoi au comité diplomatique.]

Le 5 novembre, Montmorin se justifia par une lettre écrite au président de l'assemblée législative. Voici cette lettre :

[« M. le président, le 1er de ce mois une dénonciation a été faite contre moi, relative à l'inexécution du décret de l'assemblée précédente, par lequel le roi était prié de négocier avec les cantons helvétiques pour que les soldats suisses détenus en conséquence des faits relatifs à la révolution profitassent de l'amnistie. Je vous prie de mettre cette lettre sous les yeux de l'assemblée; elle contient les différentes lettres écrites dans cette négociation. M. de Vérac, envoyé de France, me répondit, le 21 juin, en ces termes :

« L'instant ne m'ayant pas paru favorable pour entamer l'affaire du régiment de Château-Vieux, je me suis borné à sonder les dispositions du directoire. Ce n'est pas au moment où les cantons sont occupés à rétablir la subordination, que l'on peut croire qu'ils voudront laisser impunis des crimes qui n'ont pu être réprimés qu'au prix du sang de plusieurs officiers qu'ils regrettent encore. Je me suis aperçu que toute démarche non-seulement serait infructueuse, mais qu'elle aurait même un succès contraire à son but, etc.

» Depuis, M. de Vérac ayant donné sa démission, je ne pus le remplacer par un envoyé qui n'aurait pas eu de caractère sans une lettre de créance revêtue de la signature du roi. J'accréditai en conséquence M. Baker, que je chargeai de négocier l'exécution de la seconde amnistie. Le 21 octobre, étant en pleines fonctions, il me répondit qu'il n'avait pu entamer cette affaire auprès du district de Zurich, parce qu'on était alors occupé à la réponse à faire à la notification du roi, relativement à la nouvelle constitution. Je joins ici la copie des différentes lettres. »

L'assemblée renvoie la lettre du ministre, avec les pièces annexées, au comité diplomatique.]

Le 31 décembre, l'assemblée discuta l'affaire des soldats de Château-Vieux. Garran-Coulon établit, par d'anciens exemples, que les lois d'amnistie étaient applicables aux Suisses, et demanda que ceux détenus dans les galères de Brest fussent rendus à la liberté. Lémontey soutint les droits des cantons suisses sur leurs régimens; il voulait que l'amnistie fût l'effet de négociations. Guadet insista sur l'injustice de la condamnation des soldats, et démontra que ni les capitulations, ni la politique ne s'opposaient à ce qu'ils fussent amnistiés. L'assemblée, sur la proposition de Pastoret, décréta que les quarante-un soldats de Château-Vieux étaient compris dans l'amnistie, et qu'elle leur serait immédiatement appliquée.

— La motion de Cambon à l'occasion des troubles de Caen séance du 11 novembre), et relative à la prompte convocation de la haute-cour nationale, fut reprise le 19 par Lacroix. Le 22, en présence des commissaires du roi, eut lieu le scrutin pour la nomination des quatre grands juges, qui furent : MM. Creuzé de Latouche, Marquis, Albaret et Calmer. Le 23, Garran-Coulon et Pellicot furent nommés procurateurs.

Le 5 décembre, l'abbé Mulot fit une motion contre les maisons de jeu. Il s'exprima ainsi :

[M. Mulot. Il est impossible que l'assemblée laisse subsister plus long-temps des repaires de brigands, où les anti-révolution-naires s'engraissent. C'est au nom des mœurs que je demande la destruction des deux ou trois mille maisons de jeu qui infec-tent la capitale, et que je prie l'assemblée d'ajourner à jour fixe le rapport du comité de législation sur cet objet.]

L'assemblée ajourna cette délibération au 15 décembre; mais elle fut complétement omise jusqu'au 19 février 1792, jour où l'officier municipal Charon vint solliciter une loi de répression contre les jeux. Il cita l'exemple d'un domestique qui venait de tuer son maître, après avoir perdu au jeu un remboursement qu'il avait touché.

—Nous terminerons notre analyse des motions par celles que les pétitions suscitèrent. La doctrine déposée par la constituante dans le décret qui précéda les massacres du Champ-de-Mars; et par lequel le droit de pétition était strictement borné aux indi-vidus, trouva de chauds partisans dans le côté droit de la légis-lative.

Pas une des pétitions adressées à l'assemblée dans un but plus ou moins révolutionnaire, et présentée collectivement, ne passa sans être attaquée par les Feuillans. Nous allons brièvement ex-poser ces débats et leurs conséquences.

Le 22 octobre, la société fraternelle des Halles envoya une députation à la barre de l'assemblée, pour y présenter un projet de loi contre les émigrés. Ce projet déclarait que la patrie était en péril. Un membre s'opposa à ce que lecture en fût faite; mais le président Ducastel ayant répondu que le droit de pétition était sacré, et qu'il fallait entendre la société des Halles, l'orateur poursuivit au milieu des applaudissemens d'une partie de l'as-semblée et des tribunes.

Le lendemain eut lieu la motion suivante :

[N.... Je demande la permission de faire une motion d'ordre. Le droit de pétition est un droit sacré; mais il doit être distingué du droit d'initiative sur vos discussions, qui a été exercé hier par une société fraternelle. Je demande que l'on ne reçoive que les pétitionnaires qui auront à réclamer contre la lésion de leurs intérêts particuliers. (On murmure.)

M. Merlin. Empêcher les citoyens de dénoncer à l'assemblée les faits dont ils sont les témoins, et de proposer les remèdes aux maux dont ils voient la source, ce serait la plus criante injustice.

N.... Il me semble que des pétitionnaires devraient se borner à énoncer les faits, mais qu'ils ne doivent jamais proposer de projets de décret. Aux seuls membres de l'assemblée nationale est délégué le droit d'avoir l'initiative sur la formation des lois.

N.... C'est attaquer la liberté de l'assemblée nationale que de vouloir que, par une loi générale, elle décide de n'admettre que tels et tels pétitionnaires. Elle doit, lorsque des pétitionnaires demandent à l'entretenir, prononcer leur admission, et suivant les circonstances, entendre ou renvoyer à un comité les conclusions qu'ils ont à présenter.

L'assemblée passe à l'ordre du jour.]

La séance du 25 octobre fut troublée par un incident du même genre. Plusieurs citoyens demandaient à être admis à la barre. Un membre proposa de fixer à douze le nombre de ceux qui pourraient désormais l'obtenir. Taillefer, Merlin et quelques autres réclamèrent avec chaleur la question préalable; néanmoins le président mit aux voix la question principale. Il s'ensuivit un tumulte impossible à décrire.

Couthon s'écria que le président avait violé la loi. Que le président soit cassé, dit un autre député. Alors il s'éleva de violentes rumeurs, et plusieurs membres proposèrent de se former en comité général. En ce moment, Couthon arrivait à la tribune.

[*M. Couthon.* Lorsque j'ai demandé la parole contre le président, j'ai cru y être autorisé par le réglement, et je ne me serais jamais attendu que l'usage du réglement m'eût attiré une telle indisposition de la part d'un grand nombre de membres, qu'on m'ait obligé de monter à la tribune, quoique l'assemblée ait plusieurs fois eu égard à mon infirmité.]

Cependant le désordre allait croissant. Le président se couvrit ; les huissiers se répandirent dans la salle pour rétablir le calme, et enfin les députés s'asseyant et se découvrant, quelques minutes se passèrent dans un profond silence.

[*M. le président.* Il ne peut y avoir entre M. Couthon et moi qu'une difficulté bien facile à lever : nous pouvons remettre la question à un autre instant. Dans ce moment, un grand nombre de membres demandent que l'assemblée se forme en comité général : cinquante membres peuvent, aux termes de la loi, exiger cette formation en comité général ; or, plus de cinquante membres se sont fait inscrire. Je vais consulter l'assemblée pour savoir si elle veut se former en comité général. (On murmure.)

M. Lacroix. Cinquante membres ont le droit d'exiger que l'assemblée se forme en comité général, mais cette demande doit avoir un motif ; or, je demande s'il existe des motifs pour que nous nous réunissions en ce moment en comité général. J'observe à l'assemblée, qu'en comité général elle ne peut rien décréter ; par conséquent, elle ne pourrait rien faire pour le bien public.

M. Fauchet. Il faut que l'opinant, qui demande à parler contre le président, soit entendu, à quelque prix que ce soit.

M. Couthon. Je dis que si j'avais pu penser qu'en demandant la parole contre le président, conformément au réglement, j'eusse occasionné le moindre trouble dans l'assemblée, que j'eusse en aucune manière altéré la paix, la tranquillité et la dignité qui doivent y régner, je n'aurais pas demandé la parole ; mais voilà ce que j'ai voulu : il a été fait une motion, que j'approuve, et qui consiste à restreindre le nombre des députés qui pourront être admis à la barre. Mais contre cette motion on a demandé la question préalable, qui a été appuyée par un très-grand nombre de membres. Cependant, quoique le réglement oblige M. le président à mettre aux voix la question préalable avant la question principale, M. le président a mis aux voix cette dernière, malgré les réclamations d'une partie de l'assemblée. Voilà pourquoi j'ai demandé la parole contre le président, pour l'honneur de la règle et de l'assemblée.

M. le président. Je rends justice au sentiment d'honnêteté de

M. Couthon; mais une simple observation va écarter l'inculpation qu'il m'a faite.

Il est vrai que la motion principale a été mise aux voix; mais la première épreuve était déjà faite, lorsque j'ai entendu demander la question préalable. J'ai proposé à l'assemblée de renouveler l'épreuve. L'assemblée ne l'a point voulu. (On applaudit.)

M. le président. Je rappelle aux tribunes qu'elles doivent assister aux délibérations, qu'elles ne peuvent ni applaudir ni improuver; sans quoi j'exécuterai contre elles la loi.

L'assemblée décide de passer à l'ordre du jour.]

Le 5 décembre, à la séance du soir, une adresse de la société des Amis de la constitution, séante à Auch, excita de nouveaux débats. La société félicitait l'assemblée de son décret sur les émigrés. Laureau demanda qu'on prohibât ces sortes d'adresses, qui étaient au-delà de la loi, contre la loi, et qui tendaient à donner l'expression d'un petit nombre d'individus pour celle de la totalité. Thuriot et Lacroix parlèrent en faveur des sociétés, et l'assemblée décréta la mention honorable de l'adresse. A la séance du 13, une pétition, qui dénonçait celle du directoire de Paris comme attentatoire à la souveraineté nationale, donna lieu encore à des réclamations. « Il est temps enfin, s'écria Girardin, de se pénétrer de cette grande vérité, que le salut de l'empire est dans la constitution, que le salut des patriotes est dans la constitution, que le salut du peuple est dans la constitution; ceux-là sont ses plus grands ennemis qui osent invoquer une autre loi : la loi suprême est dans l'obéissance à la constitution, elle est là tout entière. »

Bazire et Grangeneuve défendirent le *droit sacré de pétition*, et l'assemblée passa à l'ordre du jour. — Il ne nous manque, pour ne rien omettre d'essentiel en cette matière, que de citer l'arrêté pris le 4 novembre sur la proposition de Quatremère, et par lequel le dimanche fut exclusivement consacré à la lecture des pétitions. Nous avons maintenant à faire connaître les dénonciations.

Dénonciations. Les ministres furent harcelés de soupçons continuels, d'ordres de comparaître à la barre de l'assemblée, d'interpellations plus ou moins pressantes, plus ou moins fondées. Duportail et Delessart surtout, devinrent l'objet d'attaques et de dénonciations se succédant avec une rapidité et une violence qui ne tardèrent pas à amener la retraite de l'un, et la mise en accusation de l'autre. Duportail se démit le 2 décembre, et Delessart fut traduit devant la haute-cour nationale le 10 mars 1792.

Le premier grief contre Duportail fut sa négligence à faire jouir du bénéfice de l'amnistie plusieurs soldats détenus dans les prisons par suite de leurs querelles avec les états-majors. A la séance du 19 octobre, Chabot fit lecture d'un mémoire, en date du 29 septembre, signé par quarante-sept citoyens de Blois, qui réclamaient contre la détention de quatre soldats détenus à Blois, prolongée malgré la publication de la loi de l'amnistie, et qui se plaignaient du contraste qu'ils avaient remarqué entre la promptitude de l'envoi des décrets de sévérité, et la lenteur des ordres qui devaient procurer l'exécution des décrets favorables aux soldats.

· « Je conclus, dit Chabot, en terminant, à ce qu'enfin l'assemblée nationale ouvre les yeux sur l'armée de ligne que des scélérats ont commandée jusqu'ici. (Les tribunes applaudissent. — Il s'élève beaucoup de murmures dans l'assemblée.) Je conclus à. ce que l'assemblée nationale se constitue vengeresse de toutes ces iniquités, et à ce qu'elle oblige le ministre de la guerre de rendre compte des motifs de l'inexécution de la loi. »

On demanda l'ordre du jour sur cette dénonciation. Ducos déclara que cette décision déshonorerait l'assemblée. Taillefer fit décréter le renvoi des pièces au comité militaire.

· A la séance du 28 , Brissot communiqua un extrait des délibérations du district de Château-Thierry, inculpant le ministre de la guerre d'un séjour extraordinaire que ce district avait été obligé d'accorder au second bataillon des volontaires de Seine-et-Marne. Un membre annonça que les volontaires ne trouvaient point les armes promises par le ministre au lieu de rassemblement. Lecointre articula contre Duportail différens griefs. Au-

drein et Lacroix demandèrent l'examen le plus sérieux de sa
conduite. Plusieurs membres dénoncèrent le mauvais état du
peu de fusils qui avaient été livrés, et l'aristocratie des commis
des bureaux de la guerre. On proposa de déclarer que Duportail avait perdu la confiance de la nation. Bertrand et Ducos
voulaient qu'on fît examiner par le comité militaire les différentes
accusations intentées contre le ministre, et qu'on lui portât un
coup décisif après en avoir reconnu l'authenticité. Robbecourt
proposa de faire rédiger par le comité militaire une série de
questions auxquelles le ministre serait tenu de répondre catégoriquement; Vergniaud, de faire examiner par le comité militaire les faits allégués, et de demander en même temps au ministre son rapport sur l'armement des gardes nationales, pour
confronter ensuite ces deux travaux. Lacroix insista pour que
le ministre fût sur-le-champ mandé à la barre. Après différentes
propositions, celle de Vergniaud fut arrêtée.

A la séance du 29, Choudieu présenta, au nom des comités
militaires, les chefs d'accusation contre Duportail. « Les questions étaient au nombre de huit, et en général assez mal posées,
dit Brissot dans sa feuille du 30 octobre. Comme elles rentraient
les unes dans les autres, on eût dit qu'elles n'avaient été ainsi divisées que pour ménager au ministre des triomphes plus nombreux. On pouvait les réduire à ces trois points : Comment les
bataillons des volontaires nationaux ont-ils été armés ? comment
ont-ils été équipés ? comment ont-ils été dirigés dans leur marche?
Il a été décidé que le président lirait les interpellations au ministre, une à une, et que les secrétaires écriraient ses réponses.
Quelques membres ont demandé que les huit questions fussent
communiquées au ministre avant qu'il se rendît à l'assemblée.
Cette demande fut combattue par M. Lacroix, et rejetée par
l'assemblée. *En effet, c'était une précaution inutile.*

» Nous n'entrerons pas dans le détail de l'interrogatoire subi
par le ministre. En général, ses réponses portaient sur un faux
principe. Il a semblé croire qu'il était déchargé de toute responsabilité dès qu'il avait donné des ordres ; mais cela ne suffit pas,

il faut encore qu'il veille à leur exécution. Il a voulu faire croire qu'il répondait sans préparation ; mais il s'est trahi lui-même, car, en répondant à une question, il a dit que sa réponse satisferait aussi à la question qu'on allait sans doute lui faire ensuite. Nous avions donc raison de dire que la communication *officielle* demandée pour lui par quelques membres était une précaution inutile. Il a fini avec un ton d'humeur, qu'il a sans doute pris pour une noble fierté ; il a, pour ainsi dire, jeté le gant aux membres de l'assemblée, en les sommant de lui faire sur-le-champ les interpellations qu'ils auraient à lui faire, et il a taxé de malveillance ceux qui l'inculperaient en son absence.

» Ce ton cavalier a déplu à une partie de l'assemblée ; on a même accusé le ministre d'irrévérence pour le corps-législatif ; mais sur ces plaintes, on a passé à l'ordre du jour.»

A la séance du 2 novembre, un député dénonça encore Duportail, et s'éleva particulièrement contre son insouciance. *Le Patriote français*, du 5 novembre, renferme là-dessus les réflexions suivantes : « Nous avons remarqué que le ministre de la guerre avait répondu bien faiblement aux diverses interpellations qu'on lui avait faites au nom de l'assemblée ; nous avons dit qu'il avait semblé croire qu'il lui suffisait, pour être irréprochable, d'avoir donné des ordres, comme s'il n'était pas responsable de leur exécution. M. Ducos a présenté, sur ce point, des réflexions très-solides, et il a demandé que l'assemblée déclarât qu'elle ne regardait pas comme satisfaisantes les réponses du ministre, et qu'elle le chargeât de faire tous les huit jours le rapport de son travail. Cette proposition a été adoptée.»

A la séance du 10, Audrein dénonça Duportail, au sujet du défaut d'armes. Lecoz parla vivement contre ceux qui croyaient donner des preuves de civisme en *aboyant* contre un ministre. Cette expression le fit rappeler à l'ordre. Vaublanc et Lacroix développèrent des moyens de surveillance à l'égard des agens du pouvoir exécutif ; ils firent arrêter que le comité de législation présenterait un projet sur les mesures propres à assurer la responsabilité des ministres. Par suite de cette proposition, Hérault de Séchelles, rapporteur du comité de législation, lut sur la responsabilité un travail que l'assemblée renvoya au comité. Ce travail commençait par cette parabole : « Un peuple indien avait élevé une statue, dans les mains de laquelle il avait placé le livre de la loi : chaque jour les chefs venaient fléchir le genou devant la statue. » — « L'orateur, dit le *Patriote français* du 3 décembre, a vu dans cette statue le pouvoir exécutif ; est-ce parce que *nos chefs* fléchissent le genou devant lui ? est-ce parce qu'il a fait souvent la statue ou le mort, comme un ci-devant patriote ? C'est ce que M. Hérault n'a pas jugé à propos d'expliquer. Nous imiterons sa discrétion. » La discussion sur la responsabilité ne fut reprise que le 22 février 1792.

A la séance du 17, l'assemblée renvoya au comité militaire deux lettres lues par Regnaud-Beaucarron, et dans lesquelles on accusait Duportail de laisser sans armes les volontaires qui étaient aux frontières.

A la séance du 19, Rougier fit décréter que Duportail produirait la dernière quittance du lieutenant-colonel Lamotte, mort depuis plus de trente ans, et porté encore sur la liste des pensions pour une solde de 1,500 liv. (1).

Le 22 au soir, Carnot jeune fit un rapport sur l'inexécution par le ministre de la loi d'amnistie à l'égard des quatre soldats détenus à Blois. La discussion fut ajournée.

Le 2 décembre, Duportail annonça sa démission, ce qui n'empêcha pas qu'il ne fût encore dénoncé le 5 du même mois. Un membre demanda qu'il vînt à la barre rendre compte de sa conduite. Le 7, il fut remplacé par Narbonne, le même dont le *Moniteur* du 16 mai 1790 rapporte un discours à la garde nationale de Besançon, qu'il commandait alors, et qui plus tard prit sa

---

(1) Le discours de Rougier (député de la Haute-Loire) renferme deux fois le mot *dénonce*, au lieu de ma *dénonciation*. Cette expression tout-à-fait patoise est la seule de ce genre que nous ayons encore trouvée dans le *Moniteur*. Les députés des provinces méridionales à la Constituante usèrent souvent de la syntaxe patoise, sans cependant se servir de mots patois. Ainsi, par exemple, ils employèrent constamment et finirent par faire adopter aux députés du Nord cette locution : *J'observe* au lieu de *je fais observer*.

(Note des auteurs.)

défense contre une attaque de Mercier dans les *Annales patriotiques*. (*Moniteur* du 30 juin 1790.)

Le ministre de l'intérieur Delessart fut mandé pour la première fois à la barre le 17 octobre. Il devait s'expliquer sur le
retard de l'envoi des fonds affectés aux dépenses publiques, retard dont se plaignaient les administrateurs de Loir-et-Cher. Il
comparut le 18, et rendit compte des sommes qu'il avait ordonné
de faire passer au département dont il s'agit, pour le paiement des
ecclésiastiques fonctionnaires publics; il se renferma dans le même
système que nous avons vu plus haut invoqué par Duportail,
disant qu'il fallait distinguer le soin d'ordonner les paiemens de
celui de les effectuer, chose tout-à-fait à la charge des commissaires de la trésorerie.

Sommé, le 11 novembre, de communiquer sa correspondance
avec le directoire du Calvados, à l'occasion des troubles de Caen,
le lendemain il rendit compte des événemens, et donna des
éclaircissemens sur les inculpations articulées par Fauchet contre
la majorité des directeurs. Delessart n'avait pas été étranger à la
démarche qu'avait faite contre Fauchet la municipalité de Bayeux:
il avait encouragé l'opposition manifestée par les administrateurs
du Calvados à l'égard de ce prélat, soit dans le mode qu'il avait
adopté pour ses visites pastorales, pleines de prédications révolutionnaires, soit dans sa candidature à la législative. Aussi Fauchet le poursuit-il maintenant avec une haine toute personnelle.
Ainsi, quoique Delessart ait été définitivement promu au ministère des affaires étrangères, le 29 novembre, et remplacé à
l'intérieur par Cahier de Gerville, le 3 décembre, il est de nouveau attaqué à outrance sur sa gestion passée. Comme Fauchet
se fera plus tard un titre de cette dénonciation, lorsqu'on l'accusera lui-même d'être le partisan de Narbonne, nous allons en
reproduire la partie essentielle.

[*M. Fauchet.* Il est temps de faire un grand exemple : j'accuse
M. Delessart de deux crimes de haute trahison. Il a trahi son
ministère en n'envoyant que le 25 novembre au département du
Calvados la loi du 27 septembre sur le répartiment des contribu-

tions publiques; il a trahi la nation en diffamant auprès d'elle la
première des autorités constituées. La preuve complète de ce second délit est dans toutes les places publiques; elle est dans la
proclamation que M. Delessart a signée, et dans laquelle il accuse les représentans de la nation d'ignorer les principes de la
constitution. Ces deux crimes attentent à la sûreté de l'État; ils
appellent sur la tête de celui qui s'en est rendu coupable une
grande responsabilité. L'assiette de la contribution publique est
encore à faire dans un des plus riches départemens de la France,
et c'est par la faute du ministre de l'intérieur. Observez quel est
l'homme dont il s'agit : c'est un homme qui avait pris l'esprit
d'agiotage avec M. Necker; c'est l'homme qui conçut, dans le
commencement de la révolution, le projet d'affamer Paris; c'est
l'homme enfin qui dernièrement a tout calculé pour réduire la
France à la disette. Il est convenu ici qu'il avait écrit aux départemens pour la répartition des contributions, et que la plupart
d'entre eux ne lui avaient pas seulement répondu, et il est resté
tranquille; et nous aussi, nous sommes restés tranquilles! Un
seul objet attire sa sollicitude, c'est le traitement des prêtres réfractaires; mais les curés constitutionnels sont obligés de quitter
leurs cures de peur d'y mourir de faim. Les ennemis de la chose
publique sont les premiers des hommes pour M. Delessart, et les
amis de la constitution sont à ses yeux des factieux et des perturbateurs. (Applaudissemens.)

Je demande que M. Delessart soit à l'instant mandé à la barre,
et que M. le président lui fasse ces deux questions : 1° Est-il vrai
que vous n'avez envoyé au département du Calvados que le 25
novembre la loi du 27 septembre sur les contributions publiques?
2° Est-il vrai que vous avez dit dans une proclamation ces mots :
*Le roi vient de refuser sa sanction à un décret qui ne pouvait pas
compatir avec les mœurs françaises et les principes d'une constitution libre.* Comme ces deux délits ne pourront être niés, je demande qu'il soit alors rendu contre lui le décret d'accusation.
(Les applaudissemens des tribunes recommencent avec de nouveaux transports.)]

Delessart, alors malade, vint se justifier à la séance du 22 décembre. Il renversa, d'une manière satisfaisante pour l'assemblée, les griefs qui lui étaient imputés. Nous verrons ce ministre aboutir, d'accusations en accusations, à la haute-cour nationale, ainsi que nous l'avons annoncé, et finir par être massacré à Versailles, le 9 septembre 1792, avec les prisonniers qu'on y transférait d'Orléans.

Le ministre de la justice, Duport-Dutertre, ne fut dénoncé qu'une fois pendant le trimestre qui nous occupe. Le 9 décembre un député se plaignit qu'il n'avait pas fait exécuter la loi de l'amnistie envers soixante-un laboureurs détenus dans les prisons de Périgueux. L'assemblée ordonna le renvoi de cette plainte au pouvoir exécutif.

Le ministre de la marine, Bertrand de Molleville, accusé une première fois d'avoir annoncé qu'aucun officier de la marine n'avait quitté son poste, prononça un discours justificatif à la barre de l'assemblée, dans la séance du 5 décembre. Il excita de violens murmures, parce qu'en parlant des officiers il lui arriva d'en désigner un par la qualification de *chevalier de la Bentizane.* « J'ai voulu dire, reprit-il, M. de la Bentizane. » L'assemblée ordonna l'impression de son mémoire.

A la séance du 7, on lut la lettre suivante, adressée par le conseil-général du département du Finistère.

« Nous dénonçons le ministre de la marine pour avoir trompé votre religion, en assurant que les officiers de son département étaient à leurs postes. Cent quatre sont absens par congé, deux cent soixante-onze sans congé ; vingt-huit demandent leur retraite. Nous dénonçons le ministre pour avoir confié à des hommes tarés dans l'opinion publique les secours destinés aux colonies. Les citoyens de Brest y ont vu arriver avec horreur M. Lajaille. Peut-on sans scélératesse remettre à des mains criminelles le salut de l'empire ? Les troubles ont été apaisés par les soins de M. Labourdonnais. Nous vous le jurons, jamais, non jamais nous ne serons tranquilles si vous vous reposez sur les agens du pouvoir exécutif; ils vous ont trompés, ils trompent encore la France entière. »

L'assemblée renvoya cette lettre aux comités de surveillance et de marine.

Le 18, le ministre présenta un second mémoire justificatif, dont l'impression fut également ordonnée. Le rapport du comité de marine sur les diverses dénonciations dont Bertrand de Molleville avait été l'objet, n'eut lieu que le 13 janvier 1792.

Il nous reste à mentionner quelques autres dénonciations, dont une seule frappa un agent du pouvoir exécutif; les autres tombèrent sur de simples particuliers. Les députés qui s'étaient fait remarquer par leur zèle en ces matières, déterminèrent bientôt l'assemblée à nommer un comité de surveillance; il fut décrété le 25 novembre, sur la proposition de Bazire. Nous trouvons là-dessus dans le *Patriote français* du 26, une apologie que nous plaçons sous les yeux de nos lecteurs.

« La vaste trame dont le but est de relever le trône du despotisme sur les ruines de la France, et dont tous les jours on découvre quelques fils, exige une vigilance toujours active, et un point auquel puissent se réunir toutes les dénonciations, tous les renseignemens sur les complots et les moyens de les déjouer. C'était un établissement nécessaire que le comité des recherches de l'assemblée constituante; et s'il a été sur la fin dangereux pour la liberté, parce que des intrigans y dominaient, parce qu'il était sorti des limites de son institution, parce qu'il avait usurpé le pouvoir terrible de lancer des lettres de cachet, parce que de comité il était devenu tribunal, et tribunal secret, on n'en doit pas moins convenir qu'il a rendu de grands services à la révolution.

» Purgé des abus qui l'ont infecté dans un temps où l'assemblée nationale tombée en enfance, était le jouet des intrigans et des ministériels; ramené à son objet naturel, qui ne peut être que de rassembler les lumières, que de recueillir des preuves, que de préparer des mesures contre les criminels qu'il aurait découverts ; ce criminel peut seul effrayer les ennemis de l'État, et rendre leurs complots inutiles.

» Aussi le patriote Bazire en a-t-il demandé le rétablissement sous le titre de *Comité de surveillance*. Une institution de ce genre ne peut plaire à tout le monde ; il est tout simple que les voleurs crient contre les réverbères. Les amis de la cour ont fait une grande insurrection contre la proposition de M. Bazire, et au défaut de raisons, ils ont eu recours aux murmures, aux cris et au tumulte. Mais les patriotes Chabot, Audrein et Guadet ont répondu par des raisons qui ont triomphé. L'assemblée a décrété qu'il y aurait un comité de surveillance, composé de douze membres, renouvelés par moitié tous les trois mois. Elle lui a renvoyé tout ce qui est relatif aux émigrans. »

Le comité de surveillance se composa d'abord de MM. Grangeneuve, Isnard, Merlin, Bazire, Fauchet, Goupilleau, Chabot, Lecointre, Quinette, Jagot, Montaut, Antonelle. — *Suppléans:* MM. Bruat, Rülh, Ritter, Thuriot.

Affaire Varnier. — Avant que le comité fût établi, eut lieu la première des dénonciations dont nous allons nous occuper. A la séance du 12 novembre, Bazire demanda la parole et dit :

[*M. Bazire.* Je viens vous dénoncer un fait très-important : c'est une lettre adressée par M. Varnier, receveur-général des finances à un receveur particulier de mon département ; la date en est encore toute fraîche, elle est du 30 octobre dernier, elle est ainsi conçue :

« Continuez, Monsieur et cher ami, à mettre la même adresse pour le passage de nos employés chez les émigrans ; n'en faites point partir de mariés, de peur qu'ils n'éventent la mèche. Ils ne manqueraient pas d'écrire à leurs femmes, qui bientôt découvriraient le complot. Les soixante-trois que vous avez envoyés sont arrivés à Coblentz ; on en est fort content, ce sont des hommes vigoureux, et faits à la fatigue. Ils ont promis de ne point écrire en France. Ne négligez rien pour faire passer ceux de Dijon et des directions voisines. Faites-leur croire que vous les envoyez aux frontières pour la contrebande, et comme il faut à ces gens-

là un appât, dites-leur qu'on fait là-bas de très-bonnes prises ,
et que les fermiers-généraux n'en retiennent plus rien. La rigueur
de la saison et la misère les décideront à passer dans l'armée des
princes. On est fort content de M. Tardy ; il les fait passer avec
beaucoup d'art et sans argent. A ce que vous me mandez, il paraît que nous aurons beaucoup de ces anciens employés. Si vous
avez de beaux hommes, et qu'ils manquent d'argent, faites-leur
quelques avances, que vous porterez sur leur commission. Je
viens de recevoir 500 liv. que je vous envoie ; accusez-m'en la
réception, pour que je puisse en justifier l'emploi ; n'en donnez
pas surtout sans le mettre sur les commissions. Si nous parvenons
à réunir vingt-cinq mille hommes, les connaisseurs assurent que
l'armée des gardes nationales sera bientôt chassée jusqu'à Paris,
où les mécontens, qui y sont en grand nombre, l'étrilleront ; et
que les provinces ne tarderont pas à rentrer sous la protection
du roi. L'assemblée est dans le plus grand discrédit, et n'atten-
dra pas que nous la chassions pour se diviser. Continuez, mon
ami, je suis, etc.   VARNIER. »

J'aurais pu, avec une pareille lettre, faire poursuivre par l'accusateur public ; mais l'instruction aurait été lente ; j'ai mieux
aimé donner à un coupable le moyen d'échapper au châtiment,
que d'exposer une foule d'individus à être victimes de sa perfidie. On cherche à faire partir les employés en leur faisant accroire qu'ils marchent à la défense des frontières. Je dépose la
lettre sur le bureau. Je demande que l'assemblée établisse un comité de surveillance pour arriver à la connaissance des faits indiqués par cette lettre, et moi je prends l'engagement de dire, lorsqu'il en sera besoin, comment et par qui elle m'est parvenue.
(On applaudit.)

N.... Je demande que M. Bazire veuille bien nous le déclarer
sur-le-champ.

M. Bazire. Je n'ai pas besoin de dire en ce moment à l'assemblée comment cette lettre m'est parvenue. La justice a des
moyens assurés pour obtenir la vérification que je demande. Il
suffit actuellement que je dépose la lettre sur le bureau. Ceux

qui doutent de son authenticité sont les maîtres de faire les démarches nécessaires pour s'en convaincre. Il y a des experts
pour cette partie; qu'ils examinent si la signature qui est au bas
de cette lettre n'est pas celle de M. Varnier. (On applaudit.)]

Le correspondant de Bazire était un maître serrurier
d'Auxonne, nommé Volon. Voici sa lettre d'envoi telle que Bazire la lut à la séance du 23 novembre.

« Mon compagnon courtise la fille de M.... aubergiste à
Auxonne. Il a été la voir hier; et en faisant le lit de M. Noirot, il
a vu sur une table une lettre. S'apercevant qu'elle était pour la
contre-révolution, il l'a mise dans sa poche sans rien dire. Cette
lettre est écrite par M. Varnier, receveur de notre grand bureau,
qui loge à Paris, à l'hôtel du Grand-Louis. Je n'en ai pas parlé à
nos officiers municipaux, dans la crainte qu'ils n'en avertissent
M. Noirot, qui est receveur de notre district. J'affranchis la
lettre, afin qu'elle vous parvienne plus sûrement, etc. »

L'assemblée décréta successivement la comparution à la barre
et la mise en accusation de Varnier. Celui-ci fut amené, séance
tenante; il subit un long interrogatoire de la part du président
Vergniaud, et fut ensuite transféré à l'Abbaye. Le 19 novembre,
il écrivit à l'assemblée pour réclamer contre le secret auquel il
était encore soumis. Sa lettre n'eut d'autre résultat que de précipiter la formation de la haute-cour nationale. Le 23, Poupard-
Beaubourg, ex-administrateur et inspecteur-général du doublage
de la marine, récemment impliqué dans une affaire de falsifica-
tion d'assignats, adressa à l'assemblée le message suivant :

Lettre de la dernière importance, affaire Varnier. « Monsieur le
président, je vous déclare, du fond du sépulcre constitutionnel
où je suis plongé, que c'est moi qui suis le coupable dans l'affaire du sieur Varnier; je me suis servi de son nom. J'ai fait
écrire mes lettres par un jeune homme dont j'ai guidé la main.

» Je vous tairai son nom. Déclarer son nom, ce serait une lâcheté; et un homme de mon caractère, qui a attaqué la constitution, est incapable d'une lâcheté. Cessez donc de balancer le
fer de la justice et de la vengeance sur des têtes innocentes; je
suis le seul coupable.

» Que l'on me frappe; bien des personnes apprendront de moi comment on doit mourir.

» *A Paris, le 23 novembre.* *Signé,* POUPARD-BEAUBOURG »

» détenu aux prisons de l'Abbaye-St-Germain. »

Guadet proposa de déposer cette pièce aux archives, pour qu'elle fût remise avec toutes les autres au greffe de la haute-cour nationale. L'assemblée décréta cette mesure ; elle entendit ensuite la lecture d'un projet d'acte d'accusation contre Varnier et ses complices Tardy et Noirot.

Affaire Delastre. A la séance du 24, Merlin demanda la parole pour une dénonciation.

[*M. Merlin.* Je viens vous proposer de renvoyer à la haute-cour nationale la lettre dont je vais vous faire lecture. Elle a été trouvée dans un bateau qui allait à Trèves. Elle est datée de Paris, le 22 octobre, et adressée à M. de Calonne, conseiller-d'état à Coblentz.

« Monsieur, oserais-je me flatter que, malgré l'importance des affaires qui vous occupent, vous voudrez bien vous souvenir d'un professeur en droit, qui, lié à Paris par son état, encore subsistant, quoique ruiné, et qui ne pouvant, à cause de son âge, aller servir la cause de son roi, vous envoie son fils unique, jeune homme de vingt-cinq ans, plein de zèle et d'ardeur, et pour lequel je sollicite votre protection. Ce fils était contrôleur des fermes ; il a servi sous M. de Neuilly, fermier-général, qui vous en rendra bon témoignage. Il a de plus l'honneur d'être connu de M. Gilbert de Voisins, auquel il vous serait plus facile encore de demander des renseignemens sur son compte. Puissent les projets que vous avez conçus s'effectuer bientôt pour la délivrance de notre auguste monarque, et le rétablissement de l'ordre et de la tranquillité dans le royaume.

«*Signé,* DELASTRE, *professeur en droit.*»

Traduit à la barre immédiatement, Delastre avoua tout, reconnut sa lettre, et fut, par les ordres de l'assemblée, incarcéré à l'Abbaye pour de là être envoyé par-devant la haute-cour nationale.

Lettre brûlée. A la séance du 10 décembre, un secrétaire donna lecture de la lettre suivante d'un citoyen de Paris.

[J'ai été hier à l'Abbaye, une voix plaintive s'est fait entendre; un prisonnier m'a chargé de mettre une lettre à la poste, en me disant qu'elle était adressée à son frère, pour lui demander des secours. Il a exigé que je fisse serment de m'acquitter avec fidélité de sa commission : je me rendis à ses prières, et lui promis de remettre la lettre à la poste. Mais le patriotisme dans un citoyen veille toujours. J'allais à la poste, un repentir m'arrêta ; une force invincible me détermina à décacheter ladite lettre.....
(Il s'élève un mouvement d'indignation.—On demande de toutes parts l'ordre du jour.)

M. Vergniaud. L'assemblée ne peut délibérer sur le délit dont le particulier qui vous envoie la lettre s'est rendu coupable. Je demande qu'elle décrète sur-le-champ la suppression et le brûlement de la lettre.

M. Bazire. Le particulier peut être coupable : il est un seul cas où il trouverait son crime lavé : c'est celui où il aurait sauvé sa patrie. Il faut examiner les faits que la lettre contient : j'en demande le renvoi au comité de surveillance.

M. Cambon. La lettre du prisonnier est sa propriété ; elle doit lui être renvoyée.

M. Garran. L'assemblée ne doit point laisser passer cette affaire sans témoigner sa souveraine indignation contre cette violation de tout ce qu'il y a de plus sacré. On a dit qu'il pouvait être question du salut de la patrie. La patrie ne peut être sauvée que par la justice et la loyauté. Je demande le brûlement de la lettre. (On applaudit.)

M. Bazire. On confond toujours la morale des particuliers avec la morale publique. (On murmure.)

L'assemblée ferme la discussion, et décrète que son procès-verbal énoncera que l'assemblée nationale, indignée, a passé à l'ordre du jour, après avoir ordonné la suppression et le brûlement de la lettre.]

—Le comité de surveillance débuta, le 13 décembre, par un rap-

port présenté par Fauchet sur les enrôlemens qui se faisaient à
Paris pour Worms et pour Coblentz. Ce rapport inculpait un
certain Rauch, tambour-major du bataillon de l'Oratoire. Le
prévenu, son dénonciateur Lucot et un grand nombre de témoins
furent entendus par l'assemblée. L'instruction dura pendant près
de trois séances, et aboutit à la mise en liberté de tout le monde.
La légèreté avec laquelle le comité de surveillance avait entraîné
l'assemblée dans une démarche inutile, fut vivement critiquée.
Les apologies de ses partisans se bornèrent à cette excuse : Il en
est à son coup d'essai; l'on ne doit pas s'étonner qu'il ait été in-
duit en erreur. « Il est temps, s'écria Lacroix, que l'assemblée
se fatigue de la position où elle s'est mise depuis trois jours. Le
délit n'est pas prouvé; l'innocence n'est pas évidente. On pourrait même demander si le délit existe. Ne perdons plus de temps
à le chercher, et, instruits par le passé, évitons de tomber à l'a-
venir dans de semblables inconvéniens. Décrétons que le comité
de surveillance ne fera jamais de dénonciations qu'après que les
preuves de l'accusation auront été acquises juridiquement et renvoyées à l'assemblée. (On applaudit.) Ne vous y trompez pas, le
temps que vous avez perdu est du temps gagné pour les ennemis
de la chose publique. Ils sauront vous susciter de semblables affaires pour vous faire perdre trois jours par semaine. »

—Nous venons d'exposer les principaux actes parlementaires du
premier trimestre de la législative. Au décret contre les prêtres,
à celui contre les émigrés, aux motions et aux dénonciations que
l'on vient de lire, nous devons seulement ajouter un décret sur le
remplacement des officiers, et les mesures prises à l'égard des
colonies : nous réserverons tout ce qui concerne la guerre pour
en faire un seul et même chapitre avec l'analyse des séances des
Jacobins, comprise plus bas dans notre coup d'œil sur Paris.

La question du remplacement des officiers, soumise à la délibération dès le 16 octobre, fut décidée le 29 novembre. Le roi
sanctionna le décret le 11 novembre. La discussion y relative
n'offre aucun discours remarquable : nous nous bornerons en
conséquence à reproduire les dispositions importantes du décret.

« L'assemblée nationale, considérant qu'il est impossible de procéder aux nominations et remplacemens dans l'armée par la voie de l'examen ; considérant que la discipline et la force de l'armée exigent que les emplois vacans par la défection d'un grand nombre d'officiers soient promptement remplis, décrète, etc. : — La moitié des sous-lieutenances actuellement vacantes, ou qui viendront à vaquer dans chaque régiment de toute arme jusqu'au 1er février prochain, sera donnée aux nationaux du royaume. — Tout citoyen ou fils de citoyen âgé de dix-huit ans et au-dessus sera admissible aux emplois réservés aux gardes nationaux par l'article précédent, s'il a fait un service personnel et continu dans la garde nationale depuis le 1er janvier jusqu'à ce jour. — Sont également admissibles auxdits emplois tous les anciens sous-officiers et soldats qui, à l'époque du 1er janvier 1790, étaient dans les troupes de ligne, et qui depuis, dans le délai de deux mois à compter du jour de la date de leur congé absolu, sont entrés dans la garde nationale, et y ont fait un service personnel et continu jusqu'à ce jour. »

Colonies. La première nouvelle de l'insurrection des nègres vint par le navire le Triton, parti de Léogane du 29 au 30 août. Une lettre du Havre, datée du 17 octobre, transmit à Paris les détails que ce navire apportait.

La municipalité du Havre expédia à l'assemblée législative un message qu'elle reçut le 29 octobre : il fut lu par Brissot à la séance de ce jour. C'était un extrait de deux lettres, l'une écrite du Cap-Français, en date du 25 septembre ; l'autre, par William Collow, de Londres, à MM. Collot frères et compagnie, du Havre. En voici la substance :

« Les nègres des environs du Cap-Français sont rassemblés au nombre de 40 ou 50 mille ; ils sont armés de 5,000 fusils, et ils ont en outre beaucoup d'instrumens d'agriculture qu'ils ont convertis en armes.

» Le commodore Afleck, en station à la Jamaïque, s'est rendu au Cap pour offrir à M. Blanchelande des secours que le général français n'a pas cru devoir accepter, et il a fait passer ces dé-

tails par la frégate la *Daphné*, qui a touché au Cap, d'où elle a
mis à la voile le 25 septembre. »

Le 30 octobre, Bertrand de Molleville écrivit à l'assemblée
pour l'informer du départ prochain pour Saint-Domingue d'une
expédition de 3,200 hommes. Le 8 novembre, il communiqua
la lettre suivante, qu'il recevait de Blanchelande, gouverneur de
la colonie.

« Je vous dois compte de l'état affreux où nous nous trouvons.
Le 22 août, l'assemblée coloniale m'avait invité à être présent
aux déclarations de plusieurs personnes, blanches ou noires, arrêtées par des patrouilles. Je fus, par ces dépositions, convaincu
qu'une conspiration était formée contre la colonie, et particulièrement contre le Cap. J'appris que la nuit du même jour on
devait incendier plusieurs habitations près du Cap, et égorger
tous les blancs. Le 23 au matin, plusieurs habitans de la campagne se réfugièrent dans la ville ; ils rapportèrent que plusieurs
ateliers étaient en insurrection, et que plusieurs personnes blanches avaient été massacrées. J'ordonnai à la compagnie de grenadiers et aux chasseurs volontaires du Cap de se porter au fort.
L'assemblée coloniale, de son côté, envoya des volontaires à la
hauteur du Cap, port distant d'une lieue. Ces mesures remirent
un peu la tranquillité dans la ville ; mais bientôt l'alarme y fut
répandue par la nouvelle que les Nègres s'étaient emparés des
cases à Bagasle. On apprit qu'un rassemblement de mille nègres
était formé et grossissait toujours.

» Je fis renforcer mes détachemens ; mais les nouvelles ultérieures m'annonçant la révolte de plusieurs autres ateliers, et
l'assemblée me témoignant ses alarmes sur la tranquillité de la
ville, qui contenait huit mille nègres mâles, je fus obligé de retirer les détachemens pour couvrir la ville. L'assemblée coloniale
sentant que la province du Nord était en danger, et que l'inertie
dans laquelle elle se trouvait empêchait la réunion des troupes
patriotiques aux troupes de ligne, je réunis ces troupes, et j'é-
tablis un poste de cent cinquante hommes d'infanterie et de cavalerie à une lieue du Cap. Sur le déclin du jour, il y eut quel-

ques fusillades, où cinquante nègres furent tués; je mis un poste de deux cents hommes à la Petite-Anse; j'en établis d'autres aux entrées de la ville et sur les routes qui y aboutissent; je pris même d'autres précautions : j'envoyai deux frégates pour battre sur le chemin de la Petite-Anse; je m'assurai ainsi qu'il n'y avait rien à craindre pour la ville. Sur la demande de l'assemblée générale, je mis un embargo sur les vaisseaux de long cours, afin d'avoir une ressource pour embarquer les femmes et les enfans, en cas d'événemens plus fâcheux.

» Si mes moyens me l'eussent permis, je ne me serais pas réduit à des mesures défensives, j'aurais attaqué les rebelles; mais la ville contenant des rassemblemens d'hommes dangereux et un complot étant évidemment concerté entre les nègres de la ville et ceux de la plaine, je fus obligé de laisser les troupes dans la ville. J'écrivis à tous les commandans espagnols pour leur demander des secours, et pour les prier d'ordonner à leurs troupes de se réunir aux troupes françaises quand elles en seraient requises; j'envoyai une dépêche au commandant-général de *Santo-Domingo*, pour le prier d'autoriser l'envoi de ces secours, conformément à l'article IX du traité de police entre les cours de France et d'Espagne. J'écrivis aussi au gouverneur de la Jamaïque et au président des États-Unis pour leur demander des secours en hommes; j'y fus invité par l'assemblée générale, qui, de son côté, a envoyé des commissaires pour faire les mêmes demandes. Les réponses ne sont pas encore parvenues. Cependant Don..... m'a accusé la réception de ma lettre, et m'a mandé qu'il allait rassembler des troupes sur la frontière de la partie espagnole de l'île, et qu'aux ordres du général il les ferait entrer dans la partie française. Déjà il est arrivé en rade cent cinquante Américains qui se sont offerts généreusement, et dont j'ai accepté les services; ils se conduisent parfaitement bien.

» L'assemblée générale, sur l'offre que lui ont faite les gens de couleur de partager les peines et les fatigues des troupes patriotiques et de ligne, a accepté leur secours; ils ont laissé pour garantie de leur fidélité leurs femmes, leurs enfans et leurs propriétés. Ces dispositions sages nous donnent l'espoir de réduire plus tôt les nègres en marchant contre eux. En effet, les gens de couleur sont craints des nègres; ils connaissent toutes leurs allures et leurs projets; ils seront d'un grand soulagement pour les troupes de ligne et patriotiques. J'en ai répandu un grand nombre dans différens postes; mais j'en conserve encore la plus grande partie dans la ville, pour nous secourir au besoin. La marine royale m'a demandé à occuper un poste à Mornicheld, où elle fait le service avec le plus grand zèle. Quoique le Cap soit l'objet de mes plus vives sollicitudes, j'ai aussi de grandes inquiétudes sur le sort des autres provinces; je leur ai envoyé des secours, plus en munitions qu'en hommes, car les moyens me manquent. Sur la demande des assemblées provinciales, j'ai envoyé des commandans pour se mettre à la tête des troupes patriotiques, et en former des corps capables de repousser toute attaque. La Tortue pourrait devenir un point de retraite; j'y ai donc envoyé des canons et des munitions de toute espèce. La révolte sera donc arrêtée par-là, et ne se communiquera pas aux provinces du nord et du sud, à moins qu'elle n'y soit excitée par des blancs philantropes, qu'on soupçonne beaucoup avoir été envoyés de France pour faire cette étonnante révolution. En ce cas, les colonies seraient perdues sans ressource. L'assemblée générale s'occupant de tout ce qui pouvait tendre au salut des colonies, et considérant que trois régimens coloniaux étaient nécessaires, non-seulement pour sa sûreté, mais pour entretenir les individus que les circonstances ont privés de toutes ressources et de tous moyens de subsistance, j'ai approuvé son arrêté, dont je vous envoie un exemplaire.

» M'étant aperçu que les troupes patriotiques n'étaient pas bien persuadées que la discipline était le seul moyen de sauver la colonie, j'ai fait un réglement dont l'assemblée générale a approuvé toutes les dispositions; j'ai rédigé aussi un projet de proclamation que j'ai présenté à l'assemblée générale: elle l'a trouvé impolitique; il n'a pas eu de suite. Je crois cependant qu'il eût été d'un heureux effet: je l'avais écrit dans un style à la portée des nègres. J'ai proposé à l'assemblée générale de me mettre en plaine avec le régiment du Cap, dont il me reste cinq cents hommes, avec quatre cents hommes de couleur et tous les volontaires que j'aurais pu rassembler: mais la crainte que l'on a ici des nègres renfermés dans la ville même, a mis obstacle à ce projet, quoique je persiste à croire que ce serait le seul moyen de réduire les séditieux. Mon projet a été unanimement rejeté, et l'on m'a donné de si bonnes raisons, que je n'ai pu y résister. J'ai autant de caractère qu'un autre; mais j'ai de la prudence, et étant placé si près des représentans de la colonie, j'ai cru devoir leur communiquer mes projets, afin de couvrir ma responsabilité. J'ai demandé au gouvernement espagnol six mille fusils, mille pistolets et mille selles. Notre arsenal est vide dans toute l'étendue du terme, à l'exception d'une petite quantité de poudre et de balles qui s'y trouvent. Je vous prie donc de m'envoyer des secours; je ne puis pas encore faire positivement l'état de mes besoins; mais ils sont immenses en tout genre. Je vous prie de m'envoyer quinze mille fusils munis de baïonnettes pour armer les troupes patriotiques, six mille pistolets, six mille sabres, six mille hommes de troupes de ligne, deux vaisseaux de ligne, deux frégates, et un nombre proportionné de corvettes, et en même temps six mille selles pour la cavalerie volontaire.

» Je vous fais passer ma dépêche par le gouverneur de la Jamaïque : le style en est détestable; mais les distractions continuelles que j'éprouve par les courses que j'ai à faire, et par le nombre des personnes qui viennent à chaque instant s'adresser à moi, ne me permettent pas d'employer le temps nécessaire pour écrire avec éloquence. »

Les troubles de Saint-Domingue furent attribués, par les planteurs, au décret du 15 mai 1791, à l'influence de la société des Amis des noirs, et à de prétendus émissaires de cette société. Une grande quantité de brochures, d'articles de journaux, de discours dans les clubs et à l'assemblée législative, furent publiés pour ou contre cette opinion. Nous n'avons rien à extraire de cette polémique. Le fait historique, dégagé de tout ce dont l'égoïsme des uns et l'aveugle irritation des autres le surchargea à cette époque, doit s'apprécier par les données suivantes :

Les mauvais traitemens des colons envers leurs esclaves nègres avaient engendré un marronage déjà redoutable dès 1703. On vit, en effet, cette année-là, le nègre Polydor organiser une forte bande d'esclaves marrons, avec lesquels il attaquait et massacrait impunément les blancs jusque dans leurs maisons. Trois ans après, il eut pour successeur le nègre *Chocolat*, qui se noya en traversant une rivière, et fut remplacé par *François Maucandal*. Ce dernier, regardé par les esclaves comme un envoyé de Dieu, prépara une conspiration dans laquelle tous les blancs devaient être empoisonnés. Il fut trahi par une négresse créole, et brûlé vif : des milliers de ses complices périrent dans les cachots et sur les bûchers. Le marronage continua toujours. En 1789, la bande la plus considérable se forma sous la direction de Jean-François, nègre très-intelligent, et capable également par son courage des plus grandes entreprises. Il prit pour lieutenant Toussaint-Louverture.

Ce n'était qu'à l'aide de compagnies de mulâtres que les colons avaient pu combattre les nègres marrons. Cette guerre nécessitait des courses dans les montagnes auxquelles les blancs étaient incapables de résister. Le mépris des colons pour les hommes de couleur empêcha que jamais ceux-ci déployassent dans ces luttes l'ardeur et la persévérance qui pouvaient y mettre un terme. Lorsqu'en 1789, la révolution française apporta à Saint-Domingue des paroles d'émancipation et d'égalité, les colons ne diminuèrent rien de leur mépris pour les mulâtres, et ils y ajoutèrent le sentiment d'une profonde méfiance. Alors commença entre les hommes libres de couleur et les blancs, une querelle politique dont nos volumes précédens ont fait connaître les principaux résultats. Il arriva de là que les nègres marrons et leurs chefs purent fomenter sans obstacle l'insurrection des ateliers, et profiter à jeu sûr de la division de leurs maîtres, convaincus que les mulâtres se décideraient en leur faveur aussitôt qu'un triomphe décisif aurait été obtenu. Telle est la marche d'un événement que les passions contemporaines dénaturèrent par une foule de récriminations sur lesquelles nous ne devons pas autrement insister.

A la première rumeur de ces désastres, les villes maritimes

de France se signalèrent par des offres d'armes, d'hommes et de vaisseaux avec un empressement qu'elles n'avaient jamais manifesté à l'égard de la patrie. On vit alors des armateurs, des négocians, de riches planteurs, dont on chercherait vainement les noms sur la liste des dons patriotiques, proposer spontané-ment des sacrifices immenses. Ce zèle, si évidemment intéressé, fut méprisé par les patriotes. Au reste, les hommes politiques, ceux que Marat appela plus tard les hommes d'état, attachèrent seuls une grande importance à la question des colonies. Le sen-timent révolutionnaire, manifesté par le peuple et par les me-neurs Jacobins, était français d'abord, et puis continental.

A la suite de la discussion ouverte par la législative sur la po-sition de Saint-Domingue, à la fin de 1791, fut porté un décret pour régler et définir l'action de la force armée (3,500 hommes) que le pouvoir exécutif allait y envoyer. Ce décret prit pour base le concordat suivant, qui prouve que les colons avaient com-pris, en face du danger, la nécessité de s'unir aux hommes de couleur.

Concordat entre les citoyens blancs et les citoyens de couleur du Port-au-Prince.

« L'an 1791, le 11 septembre, les commissaires de la garde nationale des citoyens blancs du Port-au-Prince d'une part, et les commissaires des citoyens de couleur d'autre part, assem-blés à l'effet de délibérer sur les moyens d'opérer la réunion des citoyens blancs avec les citoyens de couleur, et d'arrêter les suites de l'insurrection; il a été dit, de la part des citoyens de couleur, que, par les suites d'un préjugé ridicule, ils n'ont ja-mais joui qu'imparfaitement du bénéfice de la loi que l'ancien régime avait portée en leur faveur; qu'ils ont vu avec douleur que les citoyens blancs les sacrifiaient à leur injustice; que, ne pouvant plus supporter leur malheureuse existence, ils se sont réunis sur les montagnes, où ils ont pris les armes pour se pré-parer à une juste défense; qu'ils voient avec satisfaction le retour des citoyens blancs aux vrais principes de la justice et de l'égalité, et que le moyen de ne plus rompre l'alliance qu'ils se jurent, c'est de n'établir entre eux d'autre différence que celle du mérite. En conséquence, ils proposent les articles suivans aux citoyens blancs :

» Les citoyens blancs feront cause commune avec les citoyens de couleur, ils observeront sans restriction les lois rendues par l'assemblée nationale. *Accepté.*

» 2° Ils demandent la convocation des assemblées aux termes des décrets, et qu'il soit nommé parmi eux des députés qui auront voix délibérative et consultative. *Accepté.*

» 3° Que leur réunion et organisation présentes n'ayant eu pour objet que leur sûreté, ils demandent qu'on ne puisse accuser en aucun cas pour raison de cette réunion et organisation aucun des citoyens de couleur, et que les prisonniers, s'il y en a, soient mis en liberté. *Accepté.*

» 4° Que toute proscription cesse, que tout proscrit soit rappelé, qu'il soit pourvu à la réparation des dommages qu'ils ont pu éprouver; se réservant, les citoyens de couleur, de faire toute protestation contre les jugemens prononcés par le conseil supérieur du Cap. *Accepté.*

» 5° La liberté de la presse sous la responsabilité établie par les décrets de l'assemblée nationale. *Accepté.* — Après quoi l'assemblée a accordé aux femmes des citoyens de couleur les mêmes droits qu'aux femmes des citoyens blancs, et a arrêté que copies de ce concordat seront envoyées à l'assemblée nationale, au roi et aux quatre-vingt-trois départemens ; qu'en mémoire de cette heureuse réunion il sera chanté un *Te Deum* où les habitans de la paroisse de la Croix-des-Bouquets seront invités. Fait entre nous de bonne foi, les jour et an que dessus. »

Voici maintenant le décret proposé par Brissot et amendé par Gensonné :

« L'assemblée nationale considérant que l'union entre les blancs et les hommes de couleur libres a contribué principalement à arrêter la révolte des nègres à Saint-Domingue ;

» Que cette union a donné lieu à divers accords entre les blancs

et les hommes de couleur , et à divers arrêtés pris à l'égard des
hommes de couleur , les 20 et 25 septembre dernier , par l'assemblée coloniale séante au Cap,

» Décrète que le roi sera invité à donner des ordres , afin que
les forces nationales destinées pour Saint-Domingue, ne puissent
être employées que pour réprimer la révolte des noirs , sans
qu'elles puissent agir directement ni indirectement pour protéger ou favoriser les atteintes qui pourraient être portées à l'état
des hommes de couleur libres, tel qu'il a été fixé à Saint-Domingue, à l'époque du mois de septembre dernier. » ´

HISTOIRE DE PARIS PENDANT LES MOIS D'OCTOBRE, NOVEMBRE ET DÉCEMBRE 1791.

Nous ferons précéder l'exposé des faits de la classification selon
laquelle ils se présentent, et que nous prenons pour plan. Elle
consiste :

1° Dans la sortie de fonctions du général la Fayette, et dans
la fin de l'administration de Bailly ; celle-ci fut signalée par de
vives querelles sur les subsistances ; celle-là par des démonstrations enthousiastes, à côté desquelles nous placerons les correctifs
de la presse ;

2° Dans les élections de la municipalité nouvelle ;

3° Dans la réouverture du club des Feuillans ;

4° Dans l'analyse des séances du club des Amis de la constitution, dont le principal ordre du jour sera la guerre. Les Girondins la demanderont et la soutiendront, parce qu'ils n'envisage-
ront la question que du point de vue des relations extérieures.
Les Jacobins, préoccupés avant tout des obstacles et des ennemis
de l'intérieur, la repousseront parce qu'elle est proposée par la
cour et confiée à la Fayette.

Sortie de fonctions du général la Fayette. — Le samedi 8 octobre, le conseil-général de la commune étant assemblé, vers les
neuf heures du soir, la Fayette vint lui annoncer la cessation absolue de ses fonctions de commandant-général de l'armée parisienne, conformément à l'art. X du décret porté le 12 septembre
1791. Après son discours et la réponse du maire, « la salle, dit
le *Moniteur*, a retenti d'applaudissemens, à travers lesquels quelques membres de la municipalité et les citoyens présens à la
séance, faisaient entendre les expressions de leurs regrets. M. de
la Fayette étant sorti de la salle, il a été arrêté à l'unanimité que
le conseil-général serait convoqué pour jeudi prochain, à l'effet
d'aviser de quelle manière digne de ce citoyen respectable on
pourrait reconnaître les importans services qu'il a rendus à la
capitale et à la France entière. »

L'arrêté suivant fut pris immédiatement.

« Le conseil-général, délibérant sur la déclaration faite par
M. la Fayette, qu'il dépose aujourd'hui le commandement de la
garde nationale parisienne;

» Le premier substitut-adjoint du procureur de la commune
entendu,

» Arrête qu'en exécution de l'art. X de la loi du 23 septembre
dernier (1), chacun des six chefs de division exercera provisoi-

(1) Cette date est fausse. Elle a été répétée par Prudhomme, n° CXVIII,
et même par le *Moniteur* du 12 octobre. Le décret dont il s'agit fut voté sans
discussion dans la séance du 12 septembre, comme l'atteste le *Moniteur* du
13 du même mois. Il est littéralement imprimé dans le *Moniteur* du 15 septembre. Nous le donnons ici en entier.

Art. I⁰. La garde nationale de Paris sera composée, comme elle l'est aujourd'hui, de soixante bataillons, formant six divisions de dix bataillons chacune; chaque division portera désormais le nom de légion.

II. Les quartiers affectés jusqu'ici à chaque bataillon continueront de l'être
au même bataillon: tous conserveront leurs drapeaux, en y ajoutant ces
mots : *le peuple français*, et ces autres mots : *la liberté ou la mort.*

III. Il y aura quatre compagnies par bataillon, non compris celle des grenadiers, qui sera tirée des quatre autres.

IV. Tous les citoyens actifs et fils de citoyens actifs qui doivent être inscrits pour le service de la garde nationale, et qui demeurent dans les quartiers affectés au même bataillon, seront répartis dans les quatre compagnies,
de manière à les rendre à peu près d'égale force.

V. Chaque compagnie sera composée d'un capitaine, un lieutenant, deux

rement, et jusqu'à ce que la garde nationale soit définitivement
organisée, les fonctions de commandant-général pendant un
mois, à tour de rôle ; en conséquence, qu'à compter de demain,
9 du présent mois, M. Charton, chef de la première division,
prendra le commandement de la garde nationale parisienne ;

» Le conseil-général ordonne que le présent arrêté sera notifié
à l'instant à M. Charton, imprimé, affiché, mis à l'ordre, envoyé
aux comités des quarante-huit sections, aux soixante bataillons ,
et au commandant de la cavalerie.

» *Signés*, BAILLY, maire ; ROYER, secrétaire-greffier-adjoint. »

Le même jour, la Fayette adressa la lettre suivante à la garde
nationale parisienne.

« Messieurs, au moment où l'assemblée nationale constituante
vient de déposer ses pouvoirs, où les fonctions de ses membres
ont cessé, j'atteins également le terme des engagemens que je con-

sous-lieutenans, quatre sergens, huit caporaux, et d'un nombre déterminé
de gardes nationales, qui pourront y être attachées en raison de la plus ou
moins grande population.

VI. Chaque compagnie formera deux divisions commandées, l'une par le
capitaine et le second sous-lieutenant, et l'autre par le lieutenant et le premier sous-lieutenant. La division sera partagée en deux pelotons, commandés chacun par un sergent ; le peloton sera formé de deux escouades
commandées chacune par un caporal ; les gardes nationales attachées à la
compagnie seront également réparties dans chaque escouade.

VII. La compagnie de grenadiers de chaque bataillon sera composée d'un
capitaine, un lieutenant, deux sous-lieutenans, quatre sergens, huit caporaux
et de quatre-vingts grenadiers ; le tout formant deux divisions, quatre pelotons et huit escouades de dix grenadiers chacune, sans compter le caporal.

VIII. L'état-major de chaque bataillon sera composé d'un commandant en
chef, d'un commandant en second, d'un adjudant, d'un porte-drapeau et
d'un maître armurier.

IX. L'état-major de chaque légion sera composé d'un chef de légion, d'un
adjudant-général et d'un sous-adjudant-général.

X. Il n'y aura pas de commandant-général de la garde nationale parisienne ; chaque chef de légion en fera les fonctions, et exercera le commandement pendant un mois à tour de rôle.

XI. Le commandant et les capitaines actuels de chaque bataillon se réuniront immédiatement au lieu qui leur sera indiqué par la municipalité, avec
un commissaire nommé par elle, pour constater, d'après les registres d'inscription et les autres renseignemens qu'ils pourront se procurer sur la population de leurs quartiers, le nombre des citoyens actifs et fils de citoyens
actifs qui appartiennent à leur bataillon ; ils les distribueront en quatre compagnies de force à peu près égale, en observant de réunir dans la même com-

tractai lorsque, placé par le vœu du peuple à la tête des citoyens qui les premiers se dévouèrent à la conquête et au maintien de la liberté, je promis à la capitale, qui eu donnait l'heureux signal, d'y tenir élevé l'étendard sacré de la révolution, que la confiance publique m'avait remis.

» Aujourd'hui, Messieurs, la constitution a été terminée par ceux qui avaient droit de la faire; et après avoir été jurée par tous les citoyens, par toutes les sections de l'empire, elle vient d'être légalement adoptée par le peuple tout entier, et solennellement reconnue par la première assemblée législative de ses représentans, comme elle l'avait été, avec autant de réflexion que de loyauté, par le représentant héréditaire qu'elle a chargé de l'exécution des lois. Ainsi les jours de la révolution font place à ceux d'une organisation régulière, à ceux de la liberté, de la

pagnie les citoyens qui demeurent dans la même rue ou dans les rues les plus voisines; ils dresseront ensuite le contrôle exact de chaque compagnie.

XII. Cela fait, la compagnie de grenadiers de chaque bataillon appellera sur les quatre compagnies les hommes de bonne volonté dont elle aura besoin pour se compléter, et il sera fait mention sur le contrôle de chacune des quatre compagnies, des hommes qu'elle aura fournis aux grenadiers.

XIII. Les citoyens destinés à former chacune des cinq compagnies dont le bataillon sera composé alors, en y comprenant celle des grenadiers, s'assembleront en particulier, sans uniforme et sans armes, sous la présidence d'un commissaire de la municipalité, et nommeront d'abord les officiers de la compagnie, au scrutin individuel et à la pluralité absolue des suffrages; ils nommeront ensuite leurs sous-officiers au scrutin individuel, à la simple pluralité relative des suffrages.

XIV. Les officiers et les sergens des cinq compagnies se réuniront, sous la présidence du plus âgé des capitaines, et nommeront les officiers de l'état-major du bataillon, au scrutin individuel et à la pluralité absolue des suffrages.

XV. Les commandans en chef et en second, les adjudans, les capitaines et les lieutenans des dix bataillons formant chaque légion, se réuniront, sous la présidence d'un commissaire du département, et nommeront les officiers de l'état-major de la légion, au scrutin individuel et à la pluralité absolue des suffrages.

XVI. La ville de Paris pourvoiera à l'entretien d'un tambour par compagnie.

XVII. Les dispositions du décret des 27 et 28 juillet 1791, qui ne sont point contraires à celles du présent décret, seront exécutées à Paris comme dans les autres villes et lieux du royaume, sauf ce qui sera réglé sur la manière dont se fera, dans la capitale, le service de la force armée, d'après le rapport qui doit être fait sur cet objet par les comités militaires et de constitution, chargés de ce travail par l'article IX du titre VI du décret des 3, 4 et 5 août dernier.

prospérité qu'elle garantit ; ainsi, lorsque tout concourt à la pacification des troubles intérieurs, les menaces des ennemis de la patrie devront, à la vue du bonheur public, leur paraître à eux-mêmes d'autant plus insensées, que, quelque combinaison qu'on parvînt jamais à former contre les droits du peuple, il n'est aucune ame libre qui pût concevoir la lâche pensée de transiger sur aucun de ces droits, et que la liberté et l'égalité une fois établies dans les deux hémisphères, ne rétrograderont pas.

» Vous servir jusqu'à ce jour, Messieurs, fut le devoir que m'imposèrent et les sentimens qui ont animé ma vie entière, et le juste retour de dévoûment qu'exigeait votre confiance. Remettre actuellement sans réserve à ma patrie tout ce qu'elle m'avait donné de force et d'influence pour la défendre pendant les convulsions qui l'ont agitée, voilà ce que je dois à mes résolutions connues, et ce qui satisfait au seul genre d'ambition dont je sois possédé.

» Après cette exposition de ma conduite et de mes motifs, je ferai, Messieurs, quelques réflexions sur la situation nouvelle où nous place l'ordre constitutionnel qui va commencer. La liberté naissait entourée de signes de paix, lorsque ses ennemis, provoquant les défenseurs du peuple, nécessitèrent la naissance inattendue des gardes nationales, leur organisation spontanée, leur alliance universelle, enfin ce développement de forces civiques qui rappelait l'usage des armes à sa véritable destination, et justifiait cette vérité qu'il m'est doux de répéter aujourd'hui : *Que pour qu'une nation soit libre, il suffit qu'elle le veuille.* Mais il est temps de donner d'autres exemples, et ceux-là seront encore plus imposans : ce sont ceux d'une force irrésistible, qui ne s'exerce que pour le maintien des lois.

» J'aime à rappeler ici, Messieurs, comment, au milieu de tant de complots hostiles, d'intrigues ambitieuses, d'égaremens licencieux, vous avez opposé à toutes les combinaisons perverses une infatigable fermeté, aux fureurs des partis, aux séductions de tous genres, le pur amour de la patrie ; comment enfin, au milieu des orages de vingt-sept mois de révolution, vous n'avez

calculé les dangers que pour multiplier votre vigilance et leur importance qu'autant qu'ils pouvaient compromettre ou servir la
liberté. Sans doute nous avons eu trop de désordres à déplorer,
et vous savez quelle impression douloureuse et profonde ils ont
toujours faite sur moi; sans doute nous-même avons eu des erreurs à réparer; mais quel est celui qui, en se rappelant non-
seulement les grandes époques de la révolution, où la chose publique vous doit tant, mais encôre ce dévoûment de tous les instans, ces sacrifices sans bornes d'une portion de citoyens pour
la liberté, le salut, la propriété et le repos de tous, en réfléchis-
sant surtout à cet état provisoire qui ne fait que cesser pour vous,
et où la confiance devait sans cesse suppléer à la loi; quel est,
dis-je, parmi ceux même qui vous provoquaient et que vous pro-
tégiez, celui qui oserait blâmer les hommages que vous doit aujourd'hui un ami sincère, un général juste et reconnaissant.

» Gardez-vous cependant de croire, Messieurs, que tous les
genres de despotisme soient détruits, et que la liberté, parce
qu'elle est constituée et chérie parmi nous, y soit déjà suffisamment établie; elle ne le serait point, si d'un bout de l'empire à
l'autre tout ce que la loi ne défend pas n'était pas permis, si la
circulation des personnes, des subsistances, du numéraire, éprouvaient quelque résistance; si ceux qui sont appelés en jugement
pouvaient être protégés contre la loi; si le peuple, négligeant son
plus précieux devoir et sa dette la plus sacrée, n'était ni empressé
de concourir aux élections, ni exact à payer les contributions
publiques; si des oppositions arbitraires, fruits du désordre ou
de la méfiance, paralysaient l'action légale des autorités légitimes;
si des opinions politiques ou des sentimens personnels, si surtout
l'usage sacré de la liberté de la presse pouvait jamais servir de
prétexte à des violences; si l'intolérance des opinions religieuses,
se couvrant du manteau de je ne sais quel patriotisme, osait admettre l'idée d'un culte dominant ou d'un culte proscrit; si le
domicile de chaque citoyen ne devenait pas pour lui un asile plus
inviolable que la plus inexpugnable forteresse; si enfin tous les
Français ne se croyaient pas solidaires pour le maintien de leur

liberté civile comme de leur liberté politique, et pour la religieuse exécution de la loi; et s'il n'y avait pas dans la voix du magistrat qui parle en son nom une force toujours supérieure à celle des millions de bras armés pour la défendre.

» Puissent tous les caractères, tous les bienfaits de la liberté, en consolidant de plus en plus le bonheur de notre patrie, récompenser dignement le zèle de toutes les gardes nationales de l'empire, armées pour la même cause, réunies par un même sentiment, et qu'il me soit permis de leur exprimer ici une reconnaissance, un dévoûment sans bornes, comme le furent, pendant cette révolution, les témoignages de confiance et d'amitié dont elles m'ont fait jouir!

» Messieurs, en cessant de vous commander, à cet instant pénible de notre séparation, mon cœur, pénétré de la plus profonde sensibilité, reconnaît plus que jamais les immenses obligations qui l'attachent à vous. Recevez les vœux de l'ami le plus tendre pour la prospérité commune, pour le bonheur particulier de chacun de vous, et que son souvenir, souvent présent à votre pensée, se mêle surtout au serment qui nous unit tous, de *vivre libres ou de mourir.*

> » LA FAYETTE. »

Le 10, toutes les compagnies de l'armée parisienne députèrent un membre à l'Hôtel-de-Ville, pour s'y occuper des moyens de témoigner à la Fayette la reconnaissance de la garde nationale; il fut arrêté dans cette assemblée : « 1° qu'il serait fait une réponse dans laquelle l'armée témoignerait au général son affection et ses regrets; 2° qu'en reconnaissance de son bon et loyal commandement depuis la révolution, on lui ferait présent d'une épée à garde d'or, sur laquelle serait gravée cette inscription :

A LA FAYETTE,

L'ARMÉE PARISIENNE RECONNAISSANTE,

L'AN IV° DE LA LIBERTÉ;

3° qu'il serait fait une pétition à l'assemblée nationale, pour la supplier de prendre en considération, les sacrifices de tous:

genres, faits par M. la Fayette, et de lui accorder en conséquence une indemnité ; 4° il a été arrêté enfin que chaque chef de division nommerait un commissaire pour la rédaction de la réponse à faire à M. la Fayette, et de la pétition à l'assemblée nationale. »

Le 11, le renouvellement des officiers eut lieu. « Ceux qui avaient mérité l'estime de leurs concitoyens, ont presque tous été réélus. » Telle est l'opinion exprimée par les *Annales patriotiques* du 14 octobre, qui rapportent également les détails précédens sur la Fayette. On y annonce « qu'il a refusé le commandement militaire des départemens de Meurthe et de Moselle, ce qui prouve qu'il ne croit pas à la probabilité d'une attaque prochaine sur cette frontière ; qu'il se retire en Auvergne, dans sa terre, pour y vivre en simple citoyen, jusqu'à ce que les dangers de la patrie le rappellent à la tête de la garde nationale. C'est une opinion assez générale, continue le journaliste, qu'il a généreusement sacrifié une partie de sa fortune, pendant les révolutions américaines et françaises. »

La *Gazette universelle*, la *Chronique de Paris* et les autres journaux feuillans, se répandent en éloges et en regrets beaucoup plus explicites. Nous avons cru devoir citer le court passage du journal de Carra, qui n'eut pas, en cette affaire, la prudence de Brissot. Ce dernier, sans dire un mot ni pour ni contre la Fayette, assure que l'état-major est le seul auteur de l'éclat qu'on vient de faire, et que « c'est en lisant les journaux, que la garde nationale parisienne s'est instruite, *qu'elle avait arrêté*, pour ses députés, de faire une réponse à M. la Fayette, de lui offrir une épée à garde d'or, etc., etc. » (*P. F. du 27 octobre.*)

Le 12 octobre, le conseil-général de la commune arrêta « qu'il serait frappé une médaille d'or en l'honneur de M. de la Fayette, dont l'académie des inscriptions serait priée de donner les emblèmes et les inscriptions françaises ; qu'une de ces médailles serait envoyée à M. de la Fayette, au nom de la commune de Paris ; que la statue de Washington, en marbre, faite par *Houdon*, serait donnée à M. de la Fayette, pour être placée dans celui de ses domaines qu'il habite le plus, afin qu'il ait tonjours devant les yeux son ami, et celui qui lui a appris à servir si glorieusement la liberté de sa patrie; enfin que l'arrêté contenant ces dispositions, serait inscrit sur un marbre placé sous le buste de M. de la Fayette, donné il y a douze ans à la municipalité de Paris par les Etats-Unis d'Amérique. »

La Fayette quitta Paris le 9 octobre; le 16, son voyage fut marqué par la destitution du commandant de la garde nationale de Saint-Pourçain, lequel n'avait pas voulu prendre les armes pour célébrer le passage du général.

Marat qui publie encore de loin en loin son *Ami du peuple* (1), s'exprime ainsi dans son numéro du 14 octobre, sur ces divers actes :

« Les insensés (la garde nationale)! qu'ils attendent pour lui parler de reconnaissance, de le voir avec son ami Bouillé à la tête des ennemis qui combattront pour nous remettre aux fers. Le sieur Môttié, selon toutes les apparences, se mettra à la tête des gardes nationaux de la frontière d'Allemagne, pour les empêcher d'agir, pour faire passer des intelligences aux ennemis, et pour concerter avec Bouillé les opérations les plus désastreuses. Dans quelque passe qu'il se trouve, il ne peut jouer que le rôle d'un valet de la cour, d'un traître à la patrie; qu'on juge du mal que ce lâche conspirateur, né pour le malheur de la France, fera encore à la patrie, enchaînant nos défenseurs par ses artifices, et en machinant avec un Bouillé, un Maillebois, un Condé, qui connaissent parfaitement l'état de nos frontières et de nos places de guerre. Pour triompher de leurs efforts, il faudra tout l'enthousiasme de la liberté, encore la victoire coûtera-t-elle des torrens de sang. »

Les révolutions de Paris, n°ˢ 118 et 121, renferment deux articles sur la Fayette. Nous en extrairons les passages suivans : le

---

| (1) L'*Ami du Peuple* cesse de paraître le 15 décembre. Marat le reprend le 12 avril 1792, sur une invitation du club des cordeliers, avec adhésion du club électoral et des sociétés fraternelles. Il transcrit cet arrêté en tête de ses numéros, jusqu'à celui du 19 avril inclusivement.   (*Note des auteurs.*)

1er article est un commentaire de sa lettre, et de l'arrêté de la
garde nationale cité plus haut. Sur le paragraphe de ces arrêtés
qui parle d'indemniser le général, le journaliste s'écrie : « Pourquoi voter des indemnités à l'ex-général? Ingrats, vous répondra-
t-on, avez-vous oublié que M. de la Fayette a constamment refusé
le traitement qui lui était alloué par le corps de ville ? — Cette
manière d'agir du général Mottié n'est point naturelle, ni de bon
exemple : bien loin de lui en savoir gré, qu'il sache que nous n'en
sommes pas dupes. Cette grandeur d'ame, si l'on veut, est dé-
placée pour ne pas dire plus ; c'est une insulte à la nation et une
injure aux autres fonctionnaires publics. Si le marquis de la
Fayette est né plus opulent que l'avocat Duport-Dutertre et
l'académicien Bailly, tant mieux pour lui ; mais il ne devrait pas
tirer avantage de sa position, pour se permettre un procédé,
auquel ses collègues peu fortunés, ne peuvent atteindre ; il y a
peu de générosité dans ces actes de désintéressement. L'assemblée
constituante a bien senti tout le danger d'une telle conduite, en
forçant l'un de ses huissiers à recevoir ses gages, auxquels il se
refusait par patriotisme. »

· Il critique l'obstination de la Fayette, à retenir son nom de
terre proscrit par les décrets : « En supposant que le héros des
deux mondes méritât une exception en sa faveur, ce serait à
nous de la faire, et non à M. Mottié. A sa place nous goûterions
un sensible plaisir, à chaque méprise qu'occasionnerait son nom
un peu roturier, il faut en convenir; nous aimerions à entendre
dire sur notre passage: il a beau se dérober à la renommée, nous
savons bien que M. Mottié est le même que M. de la Fayette ».

Il termine son article de la sorte : « A présent que le héros des
deux mondes a fini son rôle à Paris, il serait curieux de savoir
si l'ex-général a fait plus de bien que de mal à la révolution. C'est
une grande question qui mériterait bien d'être mise au concours.
Pour la résoudre, il suffirait peut-être de parcourir la suite de
nos numéros des révolutions de Paris, et d'en extraire tout ce
qui a rapport à lui.

« On y verrait le fondateur de la liberté américaine, n'oser, en Europe, se rendre au vœu du peuple, sans l'approbation du monarque. (La Fayette demanda au roi la permission d'accepter le généralat dont le peuple l'avait revêtu.)

« On le verrait s'empresser de faire prendre l'uniforme aux parisiens, et métamorphoser les soldats de la patrie en satellites du despotisme.

« On le verrait pâlir le 5 octobre 1789, à la vue des gardes nationaux en route pour Versailles ; et voulant se ménager à la fois et la cour et la ville, dire au roi : Je ne vous amène pas l'armée parisienne, c'est elle qui m'amène à vous.

« On le verrait, par une sécurité impardonnable, livrer sa troupe au repos, au milieu de tous les dangers qui l'assiégeaient, et ne pas prévoir la scène du 8 octobre, que l'événement a justifié en dépit du général novice.

« On le verrait se concerter avec Mirabeau pour faire passer le décret de la loi martiale, et celui du droit de paix et de guerre, et aussi celui de l'initiative accordée au roi, et bien d'autres encore auxquels nous n'obéirons qu'en rougissant.

« On le verrait dans l'assemblée nationale, s'opposer de tout son pouvoir à ce qu'on lût les dépêches des Brabançons réclamant l'appui de la France devenue libre, contre Joseph II, qui rivait leurs chaînes.

« On le verrait dans la même tribune, voter des remerciemens, et s'il l'eût osé, les honneurs du triomphe pour son cousin, le massacreur de Nancy.

« On le verrait solliciter et obtenir de Bailly l'ordre de jeter dans les prisons les vingt-quatre soldats députés à Paris pour justifier leurs camarades de Nancy, calomniés par leurs officiers d'une manière atroce.

« On le verrait composer son état-major d'officiers, tous ramassés dans les îles, et se choisir pour aides-de-camp de bas flatteurs, dont il pût faire, au besoin, ses mouchards et ses recors.

« On le verrait rentrer dans Paris, traînant à sa suite, les mains liées, de braves citoyens dont tout le crime était d'avoir voulu faire du donjon de Vincennes, ce qu'on avait fait de la Bastille (28 février 1791).

« On le verrait le lendemain de la journée des poignards, toucher cordialement la main de ceux-là qu'il avait feint de dénoncer la veille à l'indignation publique.

« On le verrait allant au devant d'un décret contre la liberté de la presse, ordonner, de son autorité privée, de faire main basse sur les imprimés et les imprimeries, violer l'asile des écrivains et des typographes, imposer silence aux colporteurs et aux missionnaires, et transformant des citoyens soldats en janissaires ou en sbires, ôter au peuple tout moyen de manifester son vœu, et l'empêcher de soutenir au moins par sa présence, ses représentans patriotes, dont une infernale majorité étouffait la voix généreuse dans la salle du manège.

« On le verrait, par une négligence concertée avec l'assemblée nationale, qui avait ses vues, favoriser l'évasion instantanée du roi, après avoir tenté de la protéger à force ouverte en provoquant la loi martiale.

« On le verrait profiter de la nécessité de garder à vue Louis XVI, pour fermer les Tuileries au public, lui interdire toutes les approches de la salle du manège, afin de laisser les Barnave, les Dandré, les Chapelier, consommer tout à leur aise la dégradation de la constitution, et la réhabilitation d'un monarque qui, sans elle, ne se serait jamais rétabli dans l'esprit de la nation.

« On le verrait, depuis l'instant de son inauguration à la place de commandant général, mettre adroitement tout en œuvre, sans se compromettre, pour dénigrer, avilir, harceler, décourager les ci-devant gardes françaises, et les punir d'avoir servi la révolution. De là tous les passedroits qu'il leur fit essuyer ; le traitement infligé aux grenadiers de l'Oratoire, et enfin le décret, monument honteux de l'ingratitude la plus insigne, qui incorpore les vainqueurs de la Bastille à la queue de toutes les troupes de ligne, après en avoir tiré huit cents au sort pour remplir à Paris les nobles fonctions de la robe courte.

« Enfin, pour couronner sa vie publique par un dernier trait qui ne la démente point, on le voit, après avoir contribué à l'élévation de Duportail au ministère, se brouiller avec ce ministre, dont il n'a pu obtenir les brevets de grades supérieurs dans l'armée, en faveur de ses aides-de-camp trop connus pour ce qu'ils sont. On voit le héros parisien quitter la partie, tout de bon cette fois, en vertu d'un décret sollicité par lui sous main, et s'éclipser un moment en Auvergne, pour reparaître sur nos frontières, quand le roi ira les visiter, et nous rendre Bouillé que nous nous félicitions d'avoir perdu pour toujours.

« Voilà une partie des services que Mottié la Fayette a rendus à la révolution française. Nous déclinerons avec la même impartialité toutes nos obligations envers lui : c'est lui qui a dressé les gardes nationales parisiennes aux cérémonies religieuses et civiques; c'est lui qui les a familiarisées au bruit du canon, et aux fatigues des évolutions du matin au Champ-de-Mars, et aux Champs-Élysées; c'est lui qui a mis les sermens militaires à la mode, ainsi que les repas des bataillons, dont un seul coûta dix-mille livres à défunt Mirabeau. C'est lui....

« Mais il serait trop long d'énumérer tout ce dont nous lui sommes redevables, faisons-lui donc nos adieux, et disons-lui en toute sincérité, mais en reprenant le ton qui sied à la gravité du sujet :

« La Fayette! jamais peuple ne donna à la terre un plus grand exemple que la nation française au mois de juillet 1789. Pour consommer la plus belle révolution du globe, il nous fallait un chef dont le caractère fût au niveau de l'événement. Plusieurs voix perfides et concertées te nommèrent, et nous t'acceptâmes... Les muscles souples de ta physionomie, ton maintien maniéré, tes allures équivoques, tes discours étudiés, tes apophtegmes long-temps médités, tous ces produits de l'art, désavoués par la nature, parurent suspects aux patriotes clairvoyans, les plus courageux s'attachèrent à tes pas, et crièrent à la multitude idolâtre : Citoyens! ce héros n'est qu'un courtisan; ce législateur n'est qu'un charlatan. Vains efforts! le prestige l'emporta sur la vérité, et tu respiras sans pudeur l'encens qui n'était dû qu'à la patrie et à la liberté. Grâce à tes soins et à ceux de tes dignes collègues, la révolution ne peut plus faire de mal au despotisme, tu as limé les dents du lion ; le peuple n'est plus à craindre pour ses conducteurs ; ils ont repris la verge et l'éperon, et tu pars

« Les applaudissemens, les couronnes civiques, vont te suivre dans ta retraite.

« Et nous, dans notre solitude, nous nous féliciterons du départ de Marc Antoine : mais où trouverons-nous un Brutus? »

Le second article est un commentaire satyrique sur les inscriptions de l'épée à garde d'or, votée à la Fayette par l'*état-major* de l'armée parisienne, il finit par ces mots : « Mais c'est assez s'occuper d'une épée digne de figurer dans les aventures de don Quichotte, plutôt que dans les annales du peuple français. »

Fin de l'administration de Bailly.—Vers la fin de septembre, les sections s'occupèrent très-activement de l'affaire des subsistances. On venait de découvrir que la plupart des farines composant le magasin de la halle, étaient complétement avariées. La section des Lombards fit les premières démarches. Elle envisagea principalement la question du point de vue de la responsabilité de Bailly, et dirigea son enquête de manière à ce que le comité des subsistances de la ville et le maire fussent reconnus et saisis en flagrante prévarication. L'*Orateur du peuple* a enregistré l'accusation à mesure qu'elle se produisait. Il nous apprend que les autres sections entrèrent sur-le-champ en correspondance avec celle des Lombards, et suivirent ses opérations avec un grand empressement. Les seules conclusions qui soient prouvées dans ces procès-verbaux, que Fréron amplifie de diatribes étourdissantes sur *Coco* Bailly, etc., etc., c'est la négligence des officiers municipaux, et l'avarie des farines. Le 9 septembre, les commissaires surveillans de la section des Lombards « se sont portés à la municipalité, où ils ont attendu trois heures. Enfin le maire et le corps municipal ont paru. Nos commissaires ont adressé la parole au sieur Huchon, boulanger ; ils l'ont prié de vouloir bien dire la vérité sur son ame et conscience, et le sieur Huchon a démontré que toutes ces farines n'avaient jamais été bises, et que, conséquemment, elles n'avaient pu être destinées à faire du pain bis, comme l'avait supposé la municipalité, mais que par leur vieillesse, et faute de soin, elles s'étaient pestiférées. Après avoir essayé les quatre sortes de farines soumises à notre examen, le sieur Huchon a dit que celle de 26 et 28 livres ne valait absolument rien, et qu'il se garderait bien d'en donner à son chien, vu qu'il était certain qu'il creverait au même instant; quant à celle de 38 et de 43 livres, qu'il était persuadé que son chien n'en mourrait pas, mais qu'il aurait de cruelles coliques. On a fait du pain de chacune de ces farines séparément : le pain et le four empoisonnaient. Déposé en preuve sur le bureau, ce pain empoisonneur a forcé le maire et la municipalité à convenir, devant nos commissaires, qu'il fallait renfermer les farines qui avaient servi à le fabriquer, pour qu'il n'en soit plus vendu aux boulangers. » (*Rapport de la section des Lombards*; l'*Orateur du peuple*, t. 8, n° CXI.) Plus bas, Fréron ajoute que les commissaires des Lombards ont été, le lendemain samedi, dans toutes les sections. « On les a reçus, dit-il, de la manière la plus flatteuse, et parfaitement au club des Jacobins.» (Il n'y eut de séance aux Jacobins, ni le 9, ni le 10 de septembre; il y a plus, aucun des samedis de ce mois ne fut jour de séance : on peut donc regarder cette circonstance comme inventée par Fréron.) Le même poursuit en disant que les commissaires chargés d'une mission pour l'assemblée électorale, arrivèrent au moment du scrutin, et que Pastoret les pria d'entrer dans une pièce voisine, en attendant que le scrutin fût dépouillé, ce qui ne serait pas long. Pastoret les y laissa. « Les commissaires, voyant que chacun s'en allait, sont entrés pour faire part de leur mission. M. le président de l'assemblée électorale leur a répondu tout net que la séance était levée. Quelques électeurs ont demandé à M. Pastoret pourquoi il n'avait point annoncé cette députation. M. Pastoret, se tenant les côtes à force de rire, a répondu qu'il l'avait totalement oublié. Et plusieurs de ces Messieurs ont imité M. Pastoret. — Je suis bien fâché de vous

dire que vous êtes un polisson , M. Pastoret ; c'est l'*Orateur* qui
vous parle, et qui vous défie de lui prouver le contraire. La cabale vous a nommé député ; mais, en vérité, la conduite que
vous tenez devant des hommes respectables n'annonce rien de
bon pour l'avenir. Au surplus, je ne suis point surpris de votre
procédé ; on sait que vous êtes le factotum du maire , et vous
m'étonneriez bien si vous n'étiez pas un fripon initié dans le
mystère des farines. » (L'*Orateur du peuple*, loc. cit.)

Fréron avance sans preuves que la municipalité mêlait les farines avariées à d'autres, et qu'elle les vendait ainsi aux boulangers. Son numéro XI du tome 8 renferme des détails que
nous recueillons, parce qu'ils viennent de la section des Lombards. Le membre correspondant de Fréron s'exprime ainsi :
« Un bon citoyen, dont j'ai oublié le nom, nous a fait part , dans
la dernière séance, qu'il se tenait toutes les nuits, place Vendôme, à l'hôtel de l'Intendance, des assemblées secrètes, composées de plusieurs grands personnages dont voici les noms :
MM. Bailly, Fieule (Filleul), administrateur au comité des subsistances pour les grains et farines; Leguiliers, administrateur
au même comité pour les viandes ; De Joly, secrétaire-greffier
de la municipalité, et autres. Plusieurs commissaires se sont
chargés d'épier ce conciliabule ; ils nous ont rapporté que,
toutes les nuits, ces Messieurs, depuis dix heures du soir jusqu'à quatre heures du matin, se concertaient ensemble pour affamer les habitans de la capitale. La section des Lombards a
arrêté que le rapport en serait fait au département et à l'assemblée nationale. — Je joins ici, M. l'*orateur*, la liste des endroits
où la municipalité cache une grande partie de ses larcins. *Magasins à blé*. Hôtel de Soubise; à la Place-aux-Veaux ; rue de
Seine-Saint-Victor ; à Saint-Victor ; à la Salpêtrière ; à la caserne
de l'Oursine; aux Chartreux ; à Sainte-Geneviève; à Popincourt ;
à Trenette ; à la caserne de la Pépinière ; à celles de la rue Verte
et de Babylone ; à la Halle au vin et sur le quai de la Tournelle.
— *Magasins à farines*. A l'École-Militaire ; à Saint-Martin ; à l'arsenal ; à la caserne de Popincourt ; rue du Pont-aux-Biches ; à

l'abbaye des Bénédictins ; à la caserne de Saint-Denis ; au Port-la-Briche ; à Saint-Denis.

» J'observe ici, M. l'*orateur*, que tous ces magasins se vident avec une rapidité incroyable. On les charge sur des voitures qui vont les unes à Rouen, pour être embarquées dans des vaisseaux, et les autres à Orléans, de là à Nantes et de Nantes à Jersey et Guernesey. J'ai vu cette manœuvre de mes propres yeux, et personne ne m'ôtera de la tête que les projets de la cour et de ses perfides agens, ne soient d'affamer Paris au moment où ils l'incendieront. »

L'article suivant des *Révolutions de Paris* nous montre la partie grave et vraiment sociale de la question qui s'agitait. « La rareté du numéraire, la défiance des agriculteurs, un monopole scandaleux, une mauvaise administrations : voilà les causes de l'embarras de la ville de Paris, sur l'objet des subsistances. Les sections se sont assemblées pour discuter sur les moyens de parer à ces inconvéniens ; mais si elles veulent obtenir un heureux résultat, elles doivent attaquer les causes du mal sans s'arrêter aux accessoires. Rappelez la confiance, faites reparaître le numéraire, opposez-vous au monopole, soumettez les approvisionnemens à une administration sage, éclairée, dont les opérations se fassent au grand jour, et vous profiterez de tous les avantages de l'abondance.

» De toutes les causes qui s'opposent à nos approvisionnemens, la défiance est celle qu'il est le plus difficile de combattre. Les précautions que l'on prend pour la faire cesser, la crainte que l'on témoigne sur le déficit des magasins, sont de sûrs moyens pour rendre les agriculteurs défians, et donner l'éveil à la cupidité. La peur, une fois manifestée, se propage de proche en proche, et gagne insensiblement tous les cœurs ; chacun craint pour soi ; les départemens ferment leurs greniers. Vous avez crié famine ; l'accapareur profite de cette terreur panique, il double ses magasins ; et ne les ouvre qu'au moment où la disette est à son comble. En vain fera-t-on des recherches, ira-t-on à la découverte, ces démarches ne servent qu'à augmenter l'épou-

vante ; les précautions bruyantes sont dangereuses , puisqu'en
avertissant du danger elles produisent un effet contraire à celui
qu'on en attend ; cependant il en faut prendre, il faut s'approvisionner : par qui et comment se fera cet approvisionnement ?

» Jusqu'ici le gouvernement , les compagnies , les corps administratifs , ont été chargés d'approvisionner Paris. Seront-ce
les mêmes agens à qui on confiera ce soin? Sera-ce le gouvernement? Maître du peu de numéraire qui nous reste , il le serait
bientôt de nos subsistances. On n'a pas encore oublié la longue
série des années de famine produite par les complots du ministère, sous Louis XV et Louis XVI. Seront-ce des compagnies ?
Elles ne peuvent être que des corps d'accapareurs , qui ne spé-
culent jamais que sur la misère du peuple. Une conduite modérée
dans leurs premières opérations leur gagne insensiblement une
confiance dont ils ne tardent pas à abuser. On les a vus enlever
tous les blés des campagnes , les faire voyager sur les côtes de
l'Océan , affamer par ce moyen la capitale, ne les faire rentrer
qu'au moment où la disette était à son comble , profiter de ces
instans de crise, pour les vendre à très-haut prix , et se faire
encore un mérite de leurs manœuvres criminelles.

» Seront-ce les corps administratifs, la municipalité ? En général , l'intervention des corps dans les approvisionnemens des
subsistances est dangereuse; ils ne peuvent tout au plus que les
surveiller , venir au secours des approvisionnemens, et jamais
s'intéresser dans les actions. C'est à l'administration municipale
des blés et farines que nous devons aujourd'hui l'embarras où
nous sommes : nos marchés déserts, l'état pitoyable de nos magasins qui ne récèlent plus que des farines avariées , tout nous
atteste l'impéritie ou la mauvaise foi de ceux qui se sont arrogé
le droit d'administrer cette partie.

« Qui pourra donc se charger des approvisionnemens ? Qui?
Ceux que leur état y appelle naturellement : les agriculteurs et
les boulangers. Qu'aux boulangers seuls il soit permis d'avoir
des magasins ; que les magasins soient limités et surveillés , de
peur que les approvisionnemens ne dégénèrent en accaparemens,

et qu'on exerce à leur égard une police sévère et éclairée. Les boulangers sont très-nombreux à Paris ; il est donc moralement impossible qu'ils s'entendent pour opérer le mal. La manipulation des farines ainsi divisée en rend l'accaparement presque impossible et la circulation plus aisée. Si, dans le nombre, il se trouve des malveillans, ils seront dénoncés par leurs confrères, ne fùt-ce que par ceux qui ont intérêt de se ménager la confiance du public : leur rivalité nous préservera du monopole, et, pour cette fois, nous aurons fait servir les passions des hommes à leur intérêt commun. Mais, dira-t-on, la plupart des boulangers ne possèdent ni numéraire, ni petit papier, et, supposé que l'approvisionnement leur fût confié, ils ne pourraient pas y travailler ; ceux qui possèdent les premières ressources achèteront toujours des blés, ils voudront faire valoir leur capital, et nous serons toujours en proie aux deux fléaux du peuple : le monopole et l'accaparement. On peut encore remédier à cet inconvénient : que les fonds destinés par les corps administratifs pour les approvisionnemens soient prêtés à ceux des boulangers qui manquent de crédit et d'argent : par exemple, qu'il soit confié à chacun d'eux mille livres ; qu'ils soient tenus à en rendre la moitié tous les huit jours : cette somme rentrant à des époques fixes, pourra servir à aider d'autres boulangers. Munis de ces secours, ils iront acheter des blés de meilleure qualité ; soumettez vos débiteurs à une comptabilité rigoureuse, et que, dans ce cas seulement, le prix de leur pain soit fixé de manière à ce qu'ils puissent y gagner, sans qu'il leur soit possible de faire tourner ce bienfait au détriment du peuple : alors nous jouirons du bénéfice de l'administration papale sur les grains. C'est avec ce moyen que les préfets de Rouen sont venus à bout de s'opposer à la progression du prix du pain. Le peuple s'en épouvante, la terreur double les fantômes ; de là des troubles, des séditions, qui arrêtent toute communication ; alors il faut avoir recours aux moyens extrêmes ; il faut faire des incursions, et rappelons-nous que ces démarches, coûteuses en elles-mêmes, ont contribué

beaucoup, en 1789, à nous faire payer le blé une fois au double
de sa valeur. » (*Révolutions de Paris*, n 116.)

L'*Orateur du Peuple* consacre la majeure partie de ses numéros
de septembre, d'octobre et de novembre à exciter les sections,
et à harceler Bailly. Il le peint au désespoir, réduit à se pendre
avec son écharpe, afin d'éviter une reddition de compte dont il
sera sommé chaque jour plus catégoriquement jusqu'à ce qu'il y
ait fait droit, ou jusqu'à ce qu'il se soit pendu. Dans le n° XXI de
son huitième volume, il prétend que « effrayée des suites funestes des délibérations des sections, la municipalité se prépare à
rassembler dans une chambre de la ville, tous les papiers relatifs à la comptabilité; et, au moyen d'une insurrection, qui aura
lieu à point nommé, elle se propose, aidée de cinq à six cents
mouchards qui prendront les devans du peuple, et qui grimpe-
ront à la maison commune, de brûler tous nos papiers, après
avoir repoussé ces mouchards qui auront l'air de fuir et d'effrayer le peuple. Ensuite, la réserve donnera et achèvera de le
disperser. — Voilà les comptes rendus et toutes les sections de la
capitale jouées. Alors Bailly dira : *Comment voulez-vous que nous
rendions nos comptes? le peuple, injustement irrité, a brûlé tous
nos papiers.* »

Au moment où Bailly donna sa démission, il fut nommé par
les électeurs, membre du directoire du département. Fréron
n'avait pas prévu ce moyen d'échapper à une reddition de
comptes, car c'était au département à vérifier et à épurer les
comptes de la municipalité. Aussi il se déchaîna alors avec une
véritable colère contre *Sylvain Bailly, maire,* qui rendra ses
comptes à *Sylvain Bailly, membre du directoire.* Prudhomme
lui-même, dans le n° 122 des *Révolutions de Paris,* commente
ce texte, et y trouve une cause de nullité décisive pour l'élection
de Bailly. On verra à quoi s'en tenir à l'égard de ces querelles,
par un article de Peuchet que nous allons transcrire.

Cet article est une analyse du discours que Bailly prononça devant le corps municipal, en donnant sa démission. L'apologie

qu'il y fit de l'*espionnage* donna lieu dans ce temps à des réflexions pleines d'amertume, et à des soupçons sur les sommes
considérables qu'avaient dù absorber les dépenses secrètes, soupçons que de tels aveux semblaient justifier. « Aller à la recherche
de tous les vols qu'ils ont commis! s'écrie Fréron, t. 8, n° 37, il
faudrait savoir apprécier ce que peuvent coûter des hommes qui
se vendent au gouvernement; il faudrait savoir ce que peuvent
coûter les trames odieuses de la Chapelle, de Vincennes, du
Champ-de-Mars; l'article des libelles qu'ils ont fait faire contre
les plus zélés patriotes de la capitale. — On m'a assuré que pour
éloigner le brave et vigoureux Danton du sénat, il en a coûté à
la nation trois cent mille livres. Les autres bons citoyens ont été
éconduits à proportion de leur mérite personnel. »

Article de Peuchet. (*Moniteur du 23 novembre.*)

« Une santé délicate, que de grands travaux littéraires et l'a-
gitation des affaires publiques ont encore affaiblie, avait déterminé M. le maire à présenter sa démission au conseil de la commune dans le cours du mois de septembre dernier; des considérations que le bien public et l'état des conjonctures faisaient naître
ont pu seules le déterminer à continuer les fonctions de sa place
jusqu'à ces derniers jours, que M. Pétion lui a succédé par les
suffrages de six mille six cents citoyens, sur dix mille trois cents
qui se sont présentés pour voter.

» Par ce remplacement, M. Bailly n'est point entièrement
soustrait aux soins de la chose publique : membre du conseil-
général du département de Paris, il pourra l'éclairer de ses lumières, le fortifier de son expérience, et y entretenir cet esprit
de douceur et de modération qui, dans les temps difficiles, est
souvent préférable à tout autre moyen.

» Mais avant de quitter l'administration de Paris, M. Bailly a
voulu laisser à ses concitoyens un compte de sa conduite, et le
résultat des connaissances politiques que sa place l'a mis à portée
d'acquérir pendant les momens les plus orageux de la révolution.

» Le 12 de ce mois, le conseil-général de la commune étant
assemblé, il a pris la parole et a lu un excellent discours, dont

l'impression a été ordonnée, ainsi que l'envoi aux sections de la
capitale et aux personnes chargées de quelques fonctions dans le
gouvernement de la police. C'est une véritable instruction sommaire sur les ressources actuelles de Paris, et les défauts de son
administration municipale, que l'on pourrait facilement corriger
sans altérer, ou plutôt en perfectionnant la représentation populaire qui en fait la base.

  » D'abord M. le maire observe que le compte qu'il a à rendre
n'est qu'un *compte de conduite personnelle*; qu'il n'en a point à
rendre *en finance*, puisqu'il n'a rien touché, rien ordonné, et
que quant au *compte de gestion*, sa responsabilité se confond,
aux termes de la loi, avec celle du corps municipal, sans l'attache duquel il n'a jamais rien fait, et qui doit lui-même présenter incessamment l'état de sa gestion au public.

  » Après quoi il présente ainsi la situation actuelle de l'état
d'approvisionnement de Paris : « Il résulte des états qui ont été
fournis à cet égard, qu'il y avait au mois d'août dernier dans les
chantiers, les ports et en rivière, pour le service de la ville de
Paris, six cent cinquante mille voies de bois, ce qui excède de
cinquante mille et plus la consommation commune d'une année.
Nous avons dans ce moment l'assurance à peu près de la moitié
de l'approvisionnement de 1792; il n'y a pas de doute que les
coupes qui seront bientôt en adjudication ne fournissent le reste :
de sorte qu'on peut dès à présent regarder la provision de 1792
à 1793 comme complète. Nous avions également à la même
époque, à Paris et en rivière, un million de voies de charbon,
qui, à raison de la consommation, font un approvisionnement de
dix-huit à vingt mois. Quant aux blés et farines, le corps municipal a fait imprimer l'état sommaire qui lui a été présenté par
les administrateurs des subsistances. Il offre une masse de cin-
quante-quatre mille sacs de farine, qui nous conduiront au commencement du printemps, où pourront arriver quarante mille
autres sacs commandés en Amérique, pour atteindre la récolte
nouvelle, si la dernière a peine à suffire. »

  » Après ces détails tranquillisans sur l'état de l'approvision-

nement de Paris, M. Bailly passe aux observations qu'il croit
devoir soumettre à l'assemblée sur les vices de l'organisation municipale actuelle; il les trouve dans le nombre des administrateurs,
le défaut de concentration dans l'exercice des pouvoirs, et l'en-
chevêtrement des fonctions municipales.

« La loi a besoin d'être rectifiée, dit-il, parce qu'elle nous a
donné une municipalité trop nombreuse. C'est le choix et non le
nombre des hommes qui fait la sagesse des mesures; en multi-
pliant les membres d'une assemblée, il y a plus de confusion et
plus de facilité pour cet enthousiasme rapide qui fait prendre des
résolutions précipitées. Les pouvoirs sont mal définis; car les
fonctions du maire et du procureur de la commune ne sont pas
encore bien connues.

» M. Bailly proposerait en conséquence de réduire à quatre le
nombre des départemens de la municipalité, et à huit celui des
administrateurs, qui, avec le maire, composeraient le bureau;
le corps municipal serait, dans ce cas, de vingt-quatre membres,
et le conseil de la commune de soixante-douze notables. Ce
nombre, ajoute-t-il, serait suffisant, si d'un côté on avait soin
d'élire des citoyens qui eussent la possibilité de donner une
grande partie de leur temps à la chose publique, et que de l'autre
on ne leur enlevât pas tous leurs momens par de trop fréquentes
assemblées.

» Mais le vice capital de la municipalité, continue M. Bailly,
c'est le défaut d'unité. Il y a à la maison commune autant de municipalités qu'il y a de départemens, et même de sous-divisions
de département; il en résulte un esprit différent, et quelquefois
une opposition de conduite qui énerve tous les ressorts de l'administration.

» L'autorité illimitée des *sections*, leur intervention dans l'administration, leurs nombreuses convocations, l'esprit de fermentation qu'elles entretiennent, ne sont point oubliées dans les
observations présentées au conseil de la commune. L'expérience
a appris à M. Bailly, comme à tous ceux qui ont été dans l'administration, que cette turbulence populaire est inutile et dange-

reuse, quand le peuple a pour administrateurs des hommes librement élus par lui.

, Mais si nous regardons comme des vérités pratiques les réflexions du maire de Paris sur l'organisation publique, nous ne pensons pas comme lui sur ce qu'il dit de *l'espionnage individuel.* Ce qu'on objecte contre cette institution de ténèbres est parfaitement juste. Si le magistrat politique a qualité pour se faire rendre compte de ce qui se passe dans un *lieu public* contre le respect des lois et des personnes, il n'a point droit de surveiller la conduite privée ou domestique des individus. Une dénonciation secrète contre moi n'est point une raison de me faire espionner, puisque l'espionnage suppose le soupçon ; et le soupçon de la part de la puissance publique ou de celui qui la représente, est une peine que l'on ne peut infliger à personne sur une simple allégation particulière. De quelque manière que l'espionnage individuel soit envisagé, il présente également le mépris des lois et de la liberté des personnes, sans laquelle la liberté politique n'est qu'une chimère ou une dérision.

» Ce discours au reste est simple, bien écrit ; on y reconnaît le philosophe, et l'on s'étonne qu'au milieu des orages où s'est trouvé M. Bailly, il ait pu conserver ce caractère mesuré, cette propriété d'expressions, que l'exagération de principes a fait disparaître de presque tous les écrits d'aujourd'hui. »

———

Elections départementales et municipales. Le journal de Brissot est celui qui contient le plus de renseignemens sur les élections : nous allons en extraire, sans nous interrompre, tout ce qu'ils offrent d'intéressant.

Avant tout, nous placerons sous les yeux de nos lecteurs une pièce qui montre l'importance que Brissot avait acquise, ou du moins qu'il affectait de se donner, depuis sa nomination à la législature. Il inséra l'avis suivant dans le *P. F.* du 2 novembre. — « *Avis aux patriotes.* Je suis accablé de lettres de personnes qui me demandent soit des places, soit des recommandations, soit des consultations. Je me crois obligé de leur faire réponse à toutes à la fois. Les places sont à la disposition du pouvoir exécutif ou de ses agens, et ma résolution inébranlable de conserver l'indépendance de mes opinions, m'ôte toute communication avec eux ; ma recommandation souvent nuirait plus qu'elle ne servirait. Enfin, tout mon temps est aux affaires publiques, c'est-à-dire à l'examen des questions générales et à la surveillance du ministère et de ses opérations, et je ne puis en distraire un seul moment pour des affaires particulières. Je lis avec la plus grande attention les lettres qui ont trait aux affaires publiques, j'en profite, et c'est la meilleure réponse que je puisse y faire. »

Signé BRISSOT , député.

Nous citerons un seul article sur les élections au département. Elles venaient remplacer les membres qui avaient été appelés à la législature. — « M. Gobet, évêque métropolitain, a été nommé administrateur du département. Ce choix a lieu d'étonner après celui des Mounier, des Beaumetz, etc. ; on a nommé aussi M. Gerdret (officier de la garde nationale dont il a été déjà question dans l'*Histoire parlementaire*). C'est aujourd'hui qu'en élit le procureur-général syndic. Les ministériels de la Sainte-Chapelle porteront M. Dandré ; les patriotes de l'évêché sont pour M. Rœderer. On assure qu'un grand nombre de membres de la Sainte-Chapelle, indignés du choix scandaleux de leurs confrères, et des moyens plus scandaleux encore qu'on emploie pour réussir, voteront pour M. Rœderer. — Nous apprenons qu'ils l'ont emporté, que M. Rœderer a été nommé au *premier tour de scrutin*, et que la cabale Dandré s'est retirée couverte de confusion. » (*P. F. du* 11 *novembre.*)

 Elections municipales. « On assure qu'une grande et très-grande dame porte à la mairie de Paris M. Desmeuniers. Il est à espérer que le peuple, qu'il a dépouillé de tant de droits, ne l'y portera pas. » (*P. F. du* 8 *novembre.*)

Dans sa feuille du 14 novembre, Brissot cite un article de l'*Ami des citoyens* (journal de Tallien), sur les divers candidats. L'élection avait commencé le 13. — Il fait précéder cette citation

d'une nouvelle relative à Pétion. — « M. Pétion a reçu à Londres
l'accueil le plus favorable de tous les patriotes anglais. Il a assisté
à une fête civique que la société de la révolution célébrait pour
l'anniversaire de la révolution anglaise. Celle de France n'y fut
pas oubliée. On a couronné le repas par un très-grand nombre
de *toasts* dont voici les principaux : *Les droits de l'homme*; *la révolution de 1688* ; *la révolution de France* ; *puissent les révolutions
n'avoir de terme que celui de la tyrannie* ; *puisse Edmond Burke
continuer long-temps de servir la cause de la liberté... en écrivant
contre elle.* On a accueilli avec transport un *toast* porté par M. Pétion : c'est *l'éternelle union du peuple anglais et du peuple français
fondée sur les principes inaltérables de la justice et de la liberté...*
La fête a été terminée par l'air célèbre *Ça ira* ; cet air qui fait
pâlir les tyrans, et qui donne au monde le signal de la liberté. »

Brissot transcrit en suite de l'article de Tallien :

« *M. la Fayette.* Un parti nombreux réunira, dit-on, ses suffrages sur le ci-devant général. S'il suffisait pour être maire de
Paris d'avoir de l'aménité, de savoir parler au peuple, et le flatter au besoin, nous croyons que M. la Fayette remplirait bien
cette place ; mais il faut un homme versé dans l'administration,
un homme habitué au travail, et nous croyons que M. la Fayette
est loin d'avoir ces qualités. Il a contre lui d'être né noble, et
d'être allié à la maison de Noailles, qui, comme l'on sait, jouit
d'un grand nombre des bienfaits de la cour. Examinons d'ailleurs la conduite de M. la Fayette depuis l'époque de la révolution. Nommé le 15 juillet 1789, commandant de la garde nationale par une acclamation populaire, il n'accepta qu'après
s'être assuré de l'assentiment du roi. Les principes que l'on
croyait que M. la Fayette avait puisés à l'école de Washington,
faisaient espérer aux amis de l'égalité qu'il en serait un des plus
ardens défenseurs ; ils espéraient enfin qu'il se servirait de l'influence que lui donnait sa place, pour hâter le succès de la révolution. Mais ils furent trompés dans leur attente ; on le vit toujours flottant entre tous les partis ; voulant les ménager tous, il

n'en servit aucun ; aussi n'eût-il qu'un moment de triomphe,
qu'il dut encore au caractère léger et inconstant du Français.
M. la Fayette étant très-peu susceptible de se livrer à un travail assidu, est obligé d'employer beaucoup de subalternes, par
lesquels il est mené. C'est à cette confiance aveugle et mal entendue que sont dues en partie les fautes qu'il a commises pendant
le temps de sa *dictature*. Nous sommes loin de croire que M. la
Fayette ait les talens nécessaires pour être maire de Paris. Nous
croyons même qu'il serait dangereux de le nommer : ses liaisons
avec l'infâme coalition qui nous a fait tant de mal dans ces derniers temps, sa conduite ambiguë à l'assemblée nationale, et son
expédition du Champ-de-Mars, doivent le rendre suspect aux
amis de la liberté. »

M. Dandré. « Il devrait suffire de prononcer ce nom pour le
faire rejeter. On dit cependant qu'il a beaucoup de partisans, de
l'esprit, un jugement quelquefois sain ; une grande facilité pour
saisir, embrouiller et dénaturer une question ; beaucoup d'a-
dresse, une grande ambition, un sincère attachement pour la
liste civile, un dévoûment sans bornes aux volontés du pouvoir
exécutif et de ses agens : telles sont les bonnes qualités du sieur
Dandré. »

M. Fréteau. « Y eût-il à Paris cent maires semblables, nous
pouvons garantir qu'ils ne suffiraient pas encore pour expédier
les affaires. Nous rendons d'ailleurs justice aux vertus publiques
et privées de M. Fréteau, mais il est impossible d'être plus lent
et moins expéditif. »

M. Desmeuniers. « Beaucoup parler de sa vertu et de son patriotisme, n'est pas une chose que Desmeuniers ait oubliée : personne cependant ne peut y croire. On se rappelle les atteintes
qu'il a portées à la liberté, comme membre du comité de constitution ; il pourrait peut-être encore lui en porter davantage
étant maire : c'est bien assez qu'il soit membre du département. »

M. Camus. « Pourquoi, lorsqu'un homme est à sa place, ne
pas l'y laisser ? La place d'archiviste exige beaucoup de soin ;

M. Camus s'y livre tout entier avec le plus grand zèle : ne le déplaçons pas. *Tel brille au second rang, qui s'éclipse au premier.* »

M. *Pétion.* « S'il n'y avait dans les sections, ni aristocrates, ni ministériels, ni amis de la liste civile, ni endormeurs, M. Pétion serait, à coup sûr, nommé ; mais il a contre lui de s'être constamment montré patriote, zélé défenseur des droits du peuple, de n'avoir jamais intrigué, ni cabalé ; il a d'ailleurs de la probité, des mœurs pures ; il est bon fils, bon époux, bon père, bon ami et bon citoyen. Avec tout cela, on doit être rejeté..... Mais n'importe, je lui donne ma voix. »

« *Du mardi 15 novembre.* — La majorité paraît être, jusqu'à présent, en faveur de M. Pétion. Il n'est point, en conséquence, de calomnies que n'inventent les hommes corrompus qui veulent l'en écarter. Ils répètent, et font répéter par les journalistes qu'ils payent, que ce sont ceux qui veulent le républicanisme qui portent M. Pétion. Il faut croire, dans ce cas, que la majorité des sections veut ce républicanisme, qu'ils ne croyaient soutenu que par trois ou quatre individus. Mais en couvrant de tout le mépris ce rabâchage des intrigans, nous leur dirons que la ville de Paris récompense dans M. Pétion le patriotisme et l'intégrité incorruptibles ; et cette victoire de la vertu sur l'intrigue et sur la corruption ministérielle doit honorer les Parisiens, et prouver qu'ils n'ont pas dégénéré de leur amour pour la liberté. — On désigne M. Alquier, excellent patriote, pour la place de procureur de la commune. » (*Patriote français* du 16 novembre.)

Mercredi 16. — Honneur aux citoyens patriotes de Paris ! M. Pétion est maire : il a eu plus de six mille voix. M. la Fayette, qui en a eu le plus après lui, n'en a eu que trois mille. Voilà encore les calculs de M. Dandré dérangés. Le pauvre homme ! » (*Patriote français* du 17 novembre.)

Jeudi 17. — « Il y a eu 10,632 votans pour la nomination du maire. M. Pétion a réuni 6,708 voix ; M. la Fayette en a eu 3,123, et M. Dandré 77. Le reste a été partagé entre MM. Robespierre, Fréteau, Camus, Tronchet, et plusieurs autres.

M. la Fayette avait quitté son humble retraite d'Auvergne; il était à Paris : il s'en ira comme il était venu.

» Aujourd'hui on a commencé le scrutin pour l'élection du procureur de la commune. Il paraît que les patriotes se réunissent en faveur de M. Manuel : de la probité, des talens, des lumières, beaucoup de philosophie, voilà les titres de M. Manuel. » (*Patriote français* du 18 novembre.)

Dimanche 23. — « M. Cahier (de Gerville), qui devait être ballotté avec M. Manuel pour la place de procureur de la commune, est nommé ministre de l'intérieur. C'est tant pis et tant mieux. » (*Patriote français* du 27 novembre.)

Vendredi 2 décembre. — « Sur 5,311 votans pour l'élection du procureur de la commune, M. Pierre Manuel a obtenu 3,770 suffrages, et M. Cahier de Gerville 1,341. » (*Patriote français* du 1er décembre.)

Jeudi 8 décembre. — « M. Danton est nommé substitut-adjoint du procureur de la commune. Ce choix fait le plus grand honneur au bon esprit des citoyens de Paris : il prouve qu'ils ne se laissent pas égarer par les calomnies, quelque soutenues qu'elles soient. Il prouvera au parti ministériel que, s'il est possible de corrompre ou de tromper la majorité d'une assemblée électorale, il est impossible de corrompre les assemblées primaires, ou de les tromper long-temps. — Voici le résultat du scrutin : M. Danton, 1,162; M. Collot-d'Herbois, 654; M. Gérard de Bazy, 599; M. Hardy, 279; M. Thouret et plusieurs autres citoyens ont eu cent voix et au-dessous.

» M. Bosquillon, l'un des coryphées du club aristocratique ministériel des électeurs de la Sainte-Chapelle, vient de faire assigner Pierre Manuel, nouveau procureur de la commune, pour prouver tous ses titres, de domicile, de garde national et de contribution. Pierre Manuel a répondu avec la dignité d'un homme libre, à cette démarche dictée par la plus basse jalousie: « Si c'est par respect pour la constitution, a-t-il dit à l'huissier, que M. Bosquillon m'assigne, je souhaite qu'il ait ma place pour récompense; si c'est par intrigue, je souhaite qu'il l'ait en-

core pour punition : je répondrai à la loi. » (*Patriote français
du 9 décembre.*)—Dans sa feuille du 31 décembre, Brissot nous
apprend que « *Veto*-Bosquillon a perdu l'inconcevable procès
qu'il avait intenté au patriote Manuel sur son éligibilité. Il a de
plus été condamné à 50 livres d'amende au profit des pauvres. »
La cause fut plaidée devant le sixième arrondissement.

L'installation de Pétion eut lieu le 18 novembre. Nous la trouvons ainsi racontée dans le journal des *Débats des Jacobins*, n° 96 :
« *N...* Messieurs, je viens d'assister à l'installation de M. Pétion.
Le peuple l'a reçu avec les plus vifs applaudissemens. Le conseil-
général de la commune l'a reçu avec une indifférence extrême.
(On applaudit.) Avant qu'on l'installât, un membre du conseil-
général a demandé la parole et a interpellé M. Pétion de déclarer comment il avait acquis le droit de citoyen actif depuis un an.
M. Bailly a répondu que puisque les sections avaient jugé M. Pétion digne d'être maire de Paris , sans doute elles savaient bien
ce qu'elles faisaient, et reconnaissaient qu'il avait les qualités requises. (Les tribunes applaudissent.) M. Bailly a prononcé un
très-petit discours auquel M. Pétion a répondu avec cette fermeté
et ce ton mâle que vous lui connaissez tous. M. Bailly est ensuite
sorti et on ne lui a pas prodigué les applaudissemens. M. le curé
de Chaillot a demandé que l'on fît hommage à M. Bailly de la
constitution bien ornée ; un autre a crié aux voix sur la motion,
et M. le maire actuel a dit qu'il pouvait émettre son vœu individuellement , mais non pas forcer le vœu général ; qu'en outre il
avait un second tort, celui d'avoir parlé sans avoir la parole. »

Nous donnerons maintenant le discours de Bailly et le rapport de Pétion.

*Discours prononcé par M. Bailly , en présentant M. Pétion , son
successeur , au conseil-général de la commune , le 18 novembre 1791.*

« Messieurs , voici mon successeur. Je présente au conseil-général M. Pétion, qui a réuni la grande pluralité des suffrages des
citoyens assemblés dans les sections, et qu'ils ont élu maire de
Paris. Ils l'ont pris dans une source illustre ; ils l'ont choisi

parmi les premiers représentans de la nation ; M. Pétion est un
de ceux que l'opinion publique y a distingués. Ce n'est point à
moi à le faire connaître aux citoyens qui ont voulu le récompenser, qui l'ont jugé digne que l'on payât ses services, en lui imposant de nouveaux devoirs et en exigeant de nouveaux services.
Il est loué d'avance par leur suffrage ; il le sera par le bien
qu'il va faire. Ce que nous désirons tous, ce que dans les circonstances présentes nous avons besoin d'espérer de la sagesse
de son administration, c'est qu'il fasse respecter et exécuter la
loi, qu'il maintienne la paix, et qu'il opère enfin le rétablissement de l'ordre, auquel nous avons constamment travaillé.
Voilà ce qui lui promet les bénédictions publiques, et ce qui sera
en même temps sa récompense. M. Pétion, Messieurs, va prêter
son serment devant vous. En lui transmettant l'honneur de vous
présider, je vais déposer entre ses mains les fonctions importantes qui m'avaient été confiées ; et dans le moment où il me
remplace, je forme un vœu sincère, c'est qu'il fasse mieux que
moi, et que par lui ma patrie soit heureuse. »

Réponse de M. Pétion.

« Messieurs, honoré du suffrage des citoyens de Paris, je viens
avec les sentimens d'une douce et fraternelle confiance prendre
séance au milieu de vous. Ma reconnaissance est sans bornes, et
les termes me manquent pour l'exprimer : je vous l'avouerai
néanmoins avec franchise, si j'eusse écouté des considérations
particulières, si j'eusse suivi mes goûts personnels, je me serais
éloigné de la place à laquelle je me trouve élevé. J'ai surtout eu à
combattre pour me détacher des fonctions importantes qui m'appelaient au soutien et au développement de cette belle institution
qui ne soumet le citoyen qu'au jugement de ses pairs, et qui est
le plus sûr rempart de la liberté individuelle. Je me suis demandé
quel était le poste où je pouvais le plus utilement servir la chose
publique; j'ai vu que les circonstances présentes étaient difficiles, que les orages n'étaient pas encore dissipés, que le calme
n'était pas rétabli; que cette ville, le berceau et le centre de la
révolution, pouvait imprimer au reste de l'empire des mouve-

mens heureux ou funestes : alors tous mes doutes ont disparu, et il ne m'est resté d'autre désir que celui de me sacrifier tout entier pour répondre à la confiance d'une grande cité. Je ne me dissimule pas que la tâche que j'ai à remplir est immense, et je sens combien il serait nécessaire que mes forces égalassent mon zèle ; mais je trouverai dans mes collègues de fermes appuis, de dignes collaborateurs. Animés tous du même esprit, nous concourrons au même but..... le bonheur commun. Nous ne perdrons jamais de vue que nous sommes les magistrats du peuple, que nous devons défendre ses intérêts et conserver ses droits; que nous devons faire régner l'ordre et la tranquillité, faire chérir la constitution, et déconcerter les projets de ses ennemis. Le vrai patriotisme est inséparable du respect pour la loi, et sans ce respect il n'est point de liberté.

» Je ne blesserai pas la modestie de mon prédécesseur par des éloges dont il n'a pas besoin; je ne parlerai pas des services qu'il a rendus, et des regrets que sa retraite occasionne : c'est à l'opinion, ce juge suprême, à fixer la place qui appartient aux hommes publics, et à distribuer le blâme ou l'estime. »

— La nomination de Pétion fut un triomphe célébré par toutes les feuilles démocratiques. Sa visite aux Jacobins à la fin de la séance du 18 novembre, donna lieu à une véritable ovation. Le vieux Dussault monta à la tribune, et prononça quelques mots entrecoupés qu'il termina en disant : « Je regarde M. Pétion comme mon fils! c'est bien hardi sans doute.» — «Il descend de la tribune, ajoute le journaliste, et M. Pétion s'élance dans ses bras. Ce triomple du sentiment a fait éprouver la plus douce sensation à tous les cœurs.»

Cependant Pétion ne tarda pas à essuyer une assez étrange accusation. «On a répandu avec affectation (c'est Brissot qui parle, *P. F. du 7 décembre*) que M. le maire avait des conférences secrètes avec le château des Tuileries. Certes, il a d'autres occupations que celles de courtisan! Les faiseurs de nouvelles, quel que soit leur dessein, feront bien de les imaginer plus vraisemblables, et de les faire circuler avec moins d'affectation, s'ils veulent qu'on y croie. »

C'est par une proclamation contre les tripots que le nouveau maire de Paris commença sa magistrature. Il les poursuivit avec beaucoup d'activité. « On a encore porté la hache dans l'antre de Radziwill. L'expédition a été fort bien conduite ; elle a duré presque toute la nuit, et plusieurs de ces infâmes repaires ont été saisis à la fois. Les souteneurs ont voulu faire quelque résistance ; mais la fermeté du commissaire de police, et la contenance de la garde nationale, en ont imposé à ces brigands : vingt-deux ont été arrêtés ; les banques et tous les ustensiles des tripots ont été saisis. » (*P. F. du* 19 *décembre.*)

Le 9 décembre, Pétion publia la brochure suivante par laquelle nous fermerons le sujet qui nous occupe : nous passerons ensuite au club des Feuillans.

Coup-d'œil rapide sur l'état dans lequel je trouve la place de maire
de Paris.

« J'entre en fonctions, et j'entrevois à peine les objets qui m'environnent ; mon premier aperçu je le dois au public, je le lui présente :

» Le maire, pour être aidé dans les fonctions importantes et nombreuses de sa place, est environné de trois bureaux particuliers : 1° Bureau de correspondance ; 2° Bureau des renvois ; 3° Bureau de comptabilité.

» J'ai trouvé le plus grand ordre dans le bureau de correspondance ; aucune affaire n'était en arrière.

» Il n'en était pas de même du bureau des renvois ; un grand nombre de pièces étaient restées sans enregistrement, et beaucoup d'autres étaient amoncelées, pêle-mêle, sans être enliassées et serrées dans les cartons.

» Ces petites négligences se réparent de jour en jour, et le moment arrive où tout va être au courant.

» Le bureau de comptabilité est chargé d'un léger travail ; je l'ai réuni au bureau des renvois. J'évite un sous-chef, ce qui donne une économie de 2,400 liv.; j'ai aussi supprimé un des deux chefs... Les appointemens étaient pour chacun de 4,800 liv.

» Les travaux de la municipalité sont divisés en cinq départemens : 1° subsistances ; 2° police ; 3° domaine et finances : 4° établissemens publics ; 5° travaux publics.

» Il existe en outre plusieurs commissions : pour les impositions ; pour les biens nationaux ; pour la garde nationale ; pour
les actes de bienfaisance, etc.

» Ces établissemens sont disséminés dans Paris, ce qui est
très-incommode pour les citoyens. Qu'un particulier se trompe
sur le bureau où il doit s'adresser (ce qui n'est pas rare, les
compétences n'étant pas encore clairement déterminées), il est
obligé de faire une lieue pour se rendre au bureau qui est saisi de
son affaire.

» Un autre inconvénient, non moins grave, c'est que ces dis-
tances rompent l'unité de l'administration, qu'elles occasionnent
des lenteurs très-préjudiciables pour le service. Le maire, qui
devrait être au centre de tous les travaux, pour tout voir, tout
surveiller, ne peut pas remplir ses devoirs avec exactitude,
quels que soient son zèle et son activité. S'il est nécessaire, s'il
est pressant qu'il confère avec un administrateur, vingt-quatre
heures s'écoulent sans qu'il puisse lui parler.

» Mon premier désir en entrant en place, était que les comptes
fussent rendus ; je n'ai cessé de le manifester, et mes collègues,
je dois le dire, m'ont témoigné le même empressement.

» Dans les comptes à rendre, on doit distinguer ceux de l'administration provisoire de ceux de l'administration définitive.

Comptes de l'administration provisoire.

» 1° Celui de la garde nationale est définitivement arrêté par
le corps municipal et le conseil général.

» 2° Celui des subsistances a paru étranger à la municipalité,
et il a été soumis à l'inspection du département.

» 3° Celui des travaux publics est entre les mains des commissaires.

» 4° Celui du domaine, *idem.*

» 5° Celui des hôpitaux ; *idem.*

» 6° Celui des établissemens publics n'est pas rendu en totalité ; il reste la partie de l'Opéra.

» 7ᵉ Celui de la police reste à rendre.

» Il reste aussi entré les mains de MM. les commissaires du corps municipal, un compte d'un administrateur provisoire des biens nationaux.

Comptes de l'administration définitive.

» Tous les départemens ont remis leurs comptes à MM. les commissaires.

» Deux comptes sont en retard :

» 1° Celui de la garde nationale;

» 2° Celui de l'administration des grains, farines, riz, qui exige des détails immenses.

» On promet de rendre ces comptes incessamment. Malgré tout le zèle des rendans compte, malgré mes instances que je ne cesserai de réitérer, je crains bien que l'apurement de ces comptes ne soit pas encore.prochain, et que l'examen et les débats ne soient trop longs.

» Les subsistances et la police sont les deux objets qui occupent et qui inquiètent le plus le public : ils intéressent son existence, sa tranquillité et son bonheur.

» Les subsistances sont dans un état qui ne doit laisser aucune alarme : les farines en magasin, celles que l'on attend d'Irlande, les blés distribués dans différens moulins, et ceux qui arrivent d'Amsterdam, forment un bon approvisionnement.

» D'après le relevé que j'ai fait des états qui m'ont été remis, il en résulte que, dans l'hypothèse où la ville rendrait, sur le carreau de la halle, trois cents sacs de farine par jour, elle pourrait continuer cette vente pendant quatre mois.

» Elle vend tantôt plus, tantôt moins : cela dépend des ventes que fait le commerce libre.

» On attend en outre d'Amérique en mars et en avril, et peut-être plus tôt, quarante mille sacs de farine.

» J'ai cru apercevoir que l'opinion la plus générale des membres qui composent la municipalité était d'abandonner désormais

le commerce à lui-même, ou du moins de ne pas s'en mêler.
Quant à moi, j'avoue que je crois que la liberté vaut mieux que
tous les réglemens, et que Paris sera plus abondamment appro-
visionné avec ce régime qu'avec tout autre. Le passage de ce
nouvel ordre à l'ancien n'est peut-être pas sans difficultés; mais
si on peut le rendre praticable et facile, on ne verra plus ces
troubles, ces émeutes que la crainte de manquer de pain fait renaître sans cesse.

» La municipalité a, dans ses magasins de l'École-Militaire,
une assez grande quantité de riz.

» La provision de bois et de charbon est suffisante; mais elle
pourra devenir très-difficile à faire par la suite, la ville n'ayant
plus la police sur les rivières qui conduisent les combustibles à
Paris.

» La police ne se présente pas sous un aspect aussi favorable;
toutes les parties qui la composent, sont dans un état de relâchement absolu.

» 1° Les rues sont sales et pleines de décombres.

» 2° Les vols et les délits de toute espèce se multiplient d'une
manière effrayante.

» *Propreté.* J'ai recherché avec empressement et avec soin les
causes de ces désordres, et j'ai vu que les anciens réglemens de
police n'étaient pas exécutés; que chaque citoyen se plaignait
de son voisin, en éludant lui-même la loi; que plusieurs commissaires de police usaient d'une indulgence répréhensible; que
nommés à temps, ils craignaient d'inquiéter ceux dont ils recher-
chaient les suffrages; qu'il serait préférable de confier à chaque
commissaire la surveillance d'une section qui ne serait pas la
sienne; que les entrepreneurs des boues n'avaient pas un nombre
suffisant de tombereaux pour les enlever; que, depuis leur traité
fait, Paris s'était considérablement accru; qu'ils se plaignaient
de ce que leurs bénéfices n'avaient pas suivi la même progression, et qu'il fallait un nouvel engagement.

» Un travail vient d'être préparé pour faire revivre et mettre en vigueur les lois relatives à la propreté des rues. Ce travail a été approuvé par le corps municipal.

» Il existe aussi un rapport sur les moyens les plus sûrs et les plus économiques pour relever promptement et avec exactitude toutes les boues et immondices qui obstruent les rues, incommodent les gens de pied, et infectent les citoyens.

» *Sûreté.* La plupart des fiacres sont aujourd'hui sans numéro, sans place fixe. Un particulier oublie un effet dans ces voitures, il ne sait à qui s'adresser pour se le faire rendre. Plusieurs faits récens attestent même que des cochers de fiacre se sont rendus, les uns coupables, les autres complices de délits graves.

» On est sur le point d'établir une meilleure police pour les fiacres ; le rapport est prêt.

» L'illumination est plus calculée d'après un système d'économie, que d'après des principes de sûreté. Le public est tenté d'imputer comme défaut de surveillance, ce qui ne dépend pas du magistrat. Il existe un bail par lequel l'entrepreneur n'est tenu, les jours d'illumination entière, que d'éclairer depuis la chute du jour *jusqu'à trois heures du matin*, et les jours de cessation, de n'allumer que de deux réverbères un ; encore, ces jours-là, les réverbères des quais et des places publiques ne sont pas allumés.

» Par un arrêté du 31 octobre dernier, le bureau municipal a décidé que les rues de Paris, jusqu'au 1er mars prochain, seraient éclairées par une demi-illumination, depuis les trois heures du matin *jusqu'au jour*. Cette dépense extraordinaire monte à 20,000 liv.

» La municipalité se propose de procéder à une adjudication nouvelle, et il faut espérer qu'on ne mettra pas un esprit de mesquinerie dans une dépense publique aussi utile, aussi indispensable.

» Les patrouilles sont rares, peu nombreuses ; le service de la garde citoyenne se fait avec tiédeur, et ce grand moyen de surveillance s'est considérablement affaibli. Le public s'en plaint :

les citoyens-soldats dont l'ardeur ne s'est pas ralentie, s'en plaignent eux-mêmes, et je reçois des réclamations sans nombre.

» Ce refroidissement n'est que momentané, il tient à une cause fort simple : les officiers qui doivent composer la nouvelle garde nationale sont nommés, et cependant ils ne sont pas en activité, et cependant l'organisation n'est pas encore faite : ce sont les anciens officiers qui continuent à commander. Ceux d'entre eux qui ne sont pas réélus dans la nouvelle organisation, et dont les fonctions vont expirer, plusieurs, du moins, ne remplissent plus leur devoir avec le même zèle.

» Ajoutez à cela toutes les intrigues dont on n'a cessé, dont on ne cesse de faire usage pour dissoudre et anéantir la garde nationale.

» On va incessamment établir les rapports qui doivent exister entre les gardes nationales et les régimens de ligne qu'on a placés dans Paris. Je crains bien qu'on ait à se repentir d'avoir arraché du sein des gardes nationales, pour composer ces régimens, ces citoyens soldés qui en étaient l'âme et la force, sans cependant pouvoir devenir nuisibles, ni alarmer la liberté.

» Faire que ces deux corps, aujourd'hui très-distincts, se meuvent sur le même point sans se choquer, qu'ils ne rivalisent que pour le bien du service, qu'ils concourent au même but ; le maintien de l'ordre et de la tranquillité ; qu'ils agissent avec unité dans l'exercice habituel et journalier de leurs devoirs, est un problème difficile à résoudre. Puisse-t-il l'être avantageusement ! Puisse ce nouvel ordre de choses ne pas troubler le repos du magistrat, ne pas lui causer des embarras !

» Il n'existe plus de feuilles qui indiquent, dans chaque poste, le nombre des patrouilles, l'heure à laquelle elles sortent, l'heure à laquelle elles rentrent, ce qu'elles ont vu, ce qu'elles ont fait dans leurs rondes.

» Autrefois ces feuilles se tenaient avec exactitude : chaque jour on en faisait le relevé, et chaque jour le résultat était mis sous les yeux du maire et du commandant-général de la garde nationale ; de sorte que le magistrat civil savait, tous les matins, ce qui s'était passé dans Paris, et il pouvait concerter avec le commandant-général, les mesures de prudence ou de précaution à prendre pour maintenir l'ordre et la tranquillité.

Dans ces derniers temps, cet ordre de choses, si utile, je dirai même si indispensable, a été tellement négligé, que le maire de Paris ne connaît les événemens que long-temps après qu'ils sont arrivés, qu'il ne les connaît que d'une manière partielle, que l'officier militaire ne lui fait plus de rapport, qu'il ne lui donne plus aucune communication des dispositions qu'il fait.

» Dans les beaux jours de la liberté naissante, M. la Fayette se rendait, lui-même, tous les jours, chez M. Bailly ; ensuite il y envoyait un aide-de-camp; puis ces démarches sont devenues plus rares; et enfin on s'est abstenu de les faire.

» Je me suis vu forcé d'écrire et de me plaindre de ce manque de service, de cette indépendance dans laquelle la force armée se mettait insensiblement de l'autorité civile. J'ai demandé qu'on rétablît l'usage et la règle des feuilles dans chaque poste : j'ai reçu de M. Charton une réponse satisfaisante; mais je pense que, jusqu'à ce que l'organisation de la garde nationale ait un mouvement régulier, j'obtiendrai difficilement ce que je désire, et ce qui est d'une utilité si grande, d'une nécessité si absolue.

» Je ne parle pas des autres départemens, qui n'ont pas fixé autant ma première attention, et sur lesquels le temps ne m'a pas encore permis de prendre des renseignemens assez certains. Je ne pourrais pas donner l'état de leurs travaux. Tout ce que je sais, c'est que des circonstances impérieuses ont tellement embarrassé et ralenti la marche des affaires ordinaires, qu'elles se sont accumulées; qu'on ne peut pas suffire à leur expédition; que, malgré trois assemblées de bureau par semaine, et trois assemblées du corps municipal, on ne sera, de quelque temps, au courant.

»La position actuelle de la municipalité, sous le rapport de ses finances, lui donne des embarras de toute espèce, et la met dans la dure nécessité de ne pas pouvoir faire tout le bien qu'elle voudrait opérer.

» L'anéantissement de tous ses revenus, et la nouvelle manière de pourvoir à ses dépenses, va devenir une source d'inquiétudes, de tourmens et de dégoûts.

» Un article très-important et qui exigera des soins, des peines et du travail, est celui de la compétence à régler entre le département et la municipalité : il faut bien prendre garde que ces deux corps, qui se touchent, ne se heurtent et ne s'embarrassent dans leur marche. Le département de Paris ne ressemble pas aux autres départemens du royaume; il est le seul où il n'existe point de district. Il faut bien cependant que les fonctions de ces administrations intermédiaires soient remplies. Des entreprises ont pu se commettre; des confusions ont pu s'opérer, faute de s'entendre, et parce que la ligne de démarcation entre ces deux corps n'est pas assez clairement tracée.

» Mais la municipalité et le département, également animés des vues du bien public, pénétrés de la nécessité de vivre dans la meilleure intelligence, d'éviter toute espèce de rivalité, parviendront, j'espère, à s'entendre, et à convenir d'un réglement sage, qui établira entre eux une paix solide et durable.

» C'est dans cette position, et au milieu d'agitations de plus d'un genre, que j'entre dans la place à laquelle les citoyens de Paris m'ont élevé.

» Cet exposé, quelque incomplet qu'il soit, suffit pour donner une idée de ce que j'ai à faire, de la tâche immense que j'ai à remplir.

» Si l'on joint à cela une correspondance considérable , des signatures sans fin, des mémoires, des projets nombreux à examiner, des conférences particulières, des visites perpétuelles, on sentira qu'un maire de Paris n'a pas un moment à lui pour penser, et qu'il est indispensable qu'il ordonne bien ses heures de travail, à peine de ne pas pouvoir remplir sa place. Voici le plan que je me suis fait relativement aux lettres, rendez-vous et audiences.

» Aucune lettre signée ne restera sans réponse, si l'adresse de celui qui l'a écrite y est jointe.

» Celles qui porteront sur la première enveloppe : *A M. le maire, seul*, ne passeront point par l'intermédiaire des bureaux.

» Je ne refuserai jamais de rendez-vous; mais j'en déterminerai l'heure.

» Je donnerai des audiences publiques, toutes les fois qu'elles seront nécessaires.

» Après avoir satisfait à ces devoirs, j'espère que mes concitoyens trouveront bon que je consacre le surplus de mon temps à mes nombreuses occupations, sans être interrompu.

» Je trace cette esquisse tellement à la hâte, que je n'ai le temps, ni de la revoir, ni de la retoucher. Il y a sans doute des lacunes, des omissions : dans un autre moment je les remplirai, je les réparerai. J'espère que le public voudra bien avoir de l'indulgence, en faveur de l'intention.   *Signé* PÉTION.»

Club des Feuillans. — Ce fut vers la fin de décembre seulement que cette société rendit ses séances publiques. Les bruits qui commençaient à s'accréditer sur les doctrines professées dans ce club, sur les discussions secrètes où l'on s'occupait, disait-on, des moyens de réaliser les plans de Mounier, et les autres vues inconstitutionnelles tant de fois manifestées par la coterie Barnave, Lameth, Duport, etc., mirent les Feuillans dans la nécessité d'ouvrir leur salle au contrôle municipal et public; la loi d'ailleurs les y obligeait. Tout le temps qu'ils se réunirent sans admettre d'étrangers, la presse se contenta de témoigner des suspicions et d'attribuer au feuillantisme ce qui se faisait de contraire aux intérêts de la révolution. La pétition du directoire et les *veto* furent imputés à cette source; la promotion de Narbonne, d'abord aux fonctions de maréchal-de-camp employé dans la division de Paris, ensuite au ministère de la guerre, fut généralement regardée comme le résultat d'un concert entre la cour et les hommes que nous venons de nommer. La *Gazette universelle*, le *Journal de Paris*, et même la *Chronique* étaient ostensiblement les feuilles de ce système. « Le patriotisme, le zèle et le talent qu'il a montrés (Narbonne) dans le commandement des gardes nationales de Besancon, doivent faire approuver ce choix à tous les bons citoyens. » (*Journal de Paris*, 10 octobre.)

Brissot s'exprime bien différemment à l'égard de Narbonne. « M. Duportail a donné sa démission de ministre de la guerre; c'est, dit-on, M. Louis Narbonne qui va le remplacer. On sait ce que la chronique scandaleuse a débité sur lui; on sait qu'il passe pour fils de son grand-père, et pour frère de sa mère, c'est-à-dire pour fils de Louis XV et de madame Adélaïde, de laquelle il était en même temps chevalier d'honneur. Au reste, cela ne l'empêcherait pas d'être bon ministre, s'il avait du patriotisme et des talens; mais..... » (*Patriote français* du 3 décembre.)

Brissot passe de temps en temps en revue les meneurs Feuillans, et donne des anecdotes sur leur compte. « Plusieurs journaux ont dénoncé que M. Dandré venait d'accaparer cent cinquante millions pesant de sucre, d'eaux-de-vie et d'huile; qu'il était de compte à demi avec les rois de la quatrième race, et leur fidèle ami et caution Laborde. Ils ont enfin dénoncé une caisse patriotique qui accapare les sucres, les cafés et les cotons de nos principaux ports.—M. Édouard ne serait-il pas leur correspondant? » (*Patriote français* du 4 novembre.)

« On assure que M. Barnave est à Paris, et qu'il assiste tous les soirs au coucher du roi. —Il se forme des clubs monarchiques dans plusieurs quartiers. Celui des Feuillans vient de ressusciter.» (*Patriote français* du 30 novembre.)

Les *Annales patriotiques* du 15 décembre expliquent ainsi cette résurrection. « Les Feuillans ont été enfin forcés de se soumettre au vœu du peuple : leurs séances seront publiques et leurs intentions seront connues; ils ont inspiré de la méfiance, parce qu'on les croit beaucoup plus amis de la cour et des ci-devant grands, que de la déclaration des droits et de l'égalité, bases de la constitution. Si leurs opinions et leur conduite surtout viennent à démentir ces justes soupçons, tant mieux; les patriotes se réjouiront d'avoir trouvé des frères là où ils craignaient de trouver l'intrigue et les chefs d'une faction accusée de vouloir ressusciter la noblesse, et de profiter de la guerre pour établir *par une médiation armée* une seconde chambre législative, une chambre de nobles, un sénat *à la Mounier.* »

Le *Patriote français* du même jour renferme l'article suivant : *Sur la tactique des Feuillans.* « Les ennemis de la liberté sont parvenus à ressusciter la société des Feuillans, et à y attirer un grand nombre de membres de l'assemblée nationale. Cette société n'a pour objet que d'assurer au château des Tuileries un corps d'armée aux ordres des comités corrompus qui les dirigent. Quelques intrigans bien connus sont à la tête de ces Feuillans ; ils trompent les pauvres d'esprit qu'ils y rassemblent, en leur faisant entendre que les Jacobins veulent renverser la constitution, qu'ils veulent brûler tout, détruire tout. Le but de ces honnêtes gens est d'avoir l'air de commander un parti, pour se vendre plus sûrement au ministère, et en obtenir argent ou places. Ils disposent des élections aux assemblées nationales ; ils donnent le mot du guet, et voilà pourquoi on a vu et on verra tant de Feuillans présidens ou vice-présidens. Parmi eux il n'y a pas un homme de génie ni même de talent : c'est que le génie et le talent n'habitent point avec l'intrigue. Il faut blâmer le zèle maladroit de quelques Jacobins ; mais il faut exécrer la perversité des intrigans feuillantins. »

Les séances des Feuillans ne tardèrent pas à être troublées au dehors par de bruyans attroupemens, et au dedans par les tribunes où le public était reçu. Il en résulta des scènes dont nous emprunterons l'exposé et les motifs aux différens journaux.

L'*Ami du roi* du 29 décembre.—« La meute des Jacobins semble avoir quitté la piste des aristocrates pour se jeter à la poursuite d'un autre gibier : elle donne maintenant la chasse aux *Feuillans.* On a remarqué que la haine des sectes rivales s'augmente en raison de l'efficacité et de la liaison qui devrait les réunir. Les partisans d'*Abubeker* et les sectateurs d'*Ali,* quoique tous musulmans et adorateurs de Mahomet, se détestent cependant beaucoup plus entre eux qu'ils ne haissent les chrétiens. Les Jacobins et les

Feuillans militent sous les mêmes étendards de la liberté; ils se
disent tous également amis de la constitution; ils ont tous à peu
près la même dévotion pour le grand Mirabeau, qui est le Mahomet de ce nouvel Alcoran politique ; ils affichent la même haine
contre la noblesse et le clergé, la même horreur du despotisme ;
et cependant ils sont encore plus acharnés les uns contre les autres que Brissot contre les blancs et Fauchet contre les ministres.
Les Jacobins ne veulent pas même le nom et l'ombre d'un roi ;
les Feuillans voudraient au moins conserver un fantôme de royauté,
pour être peloté par les orateurs démagogues, et servir de plas-
tron à l'assemblée nationale. Quoique les désordres qui affligent
le royaume naissent évidemment d'un vice radical dans la constitution ; quoique l'expérience démontre chaque jour combien cette
forme de gouvernement est absurde, impraticable, contraire à
l'esprit et au caractère de tous les hommes, et surtout des Français ; ils demandent l'observation stricte et rigoureuse de cette
extravagante politique ; ils veulent réaliser une chimère; ce sont
les puritains de la constitution, n'en déplaise aux grands hommes,
aux ex-rois, aux héros de la révolution qui composent le nouveau club des Feuillans : ils me paraissent moins raisonnables,
moins conséquens que les Jacobins, en faveur desquels on ne
m'accusera pas d'être trop prévenu. C'est du moins ouvertement
et franchement que les Jacobins veulent abolir la royauté et détruire la monarchie. En affectant d'en respecter les titres, les
Feuillans en dégradent en effet et en anéantissent la nature; ils
gardent un roi pour s'en moquer: il vaut mieux n'en point avoir. Du
reste, les principes des deux clubs tendent également à la licence
et à l'anarchie; ils sont également destructifs de toute saine politique, de tout bon gouvernement; ils sont également ennemis de
la société et de l'humanité ; et les Feuillans ne se distinguent de
leurs adversaires que par les contradictions grossières de leur
système. Les Jacobins, dont l'établissement a déjà une antiquité
de trois ans, les Jacobins qui, depuis le commencement de la révolution, ont joui du privilége exclusif des insurrections, des pillages, des massacres et des incendies, qui sont en possession de

vexer, de tyranniser, d'opprimer les honnêtes gens dans toute l'étendue du royaume, enorgueillis d'ailleurs par des intelligences qu'ils entretiennent dans le sein de l'assemblée et par l'influence qu'ils ont sur les décrets, n'ont pu voir sans indignation se former dans le voisinage un nouvel ordre de patriotes, qui n'ont ni le même nom, ni la même règle, ni la même observance; ils ont pressenti les suites funestes que pourrait avoir pour leur crédit et pour leur autorité cette communauté naissante, qui menaçait de renverser toutes les jacobinières du royaume. De même que Rome, dès les premiers momens de sa fondation, parut annoncer la reine de toutes les républiques de l'Italie, le dessein a été pris dans le club dominateur d'étouffer dès le berceau cette puissance ennemie. Ils se souvenaient avec quelle facilité ils avaient expulsé de son asile et entièrement exterminé la malheureuse société *des Amis de la constitution monarchique*, et persuadés que le même bonheur couronnerait leur expédition contre les Feuillans, ils sont venus fondre sur ces rebelles, qui, étourdis de ce choc imprévu, se sont dispersés, abandonnant aux Jacobins le champ de bataille. Mais revenus d'une alarme si chaude, les vaincus se sont ralliés, ils ont repris courage, et implorant contre leurs ennemis la protection de la loi, ils ont placé à l'entrée de leur salle une garde capable de faire fuir tous les Jacobins du royaume, lesquels ne sont pas à beaucoup près aussi braves que séditieux, et n'attaquent jamais que ceux qui ne se défendent pas. Le maire de Paris s'est fait beaucoup d'honneur en cette occasion. Nouveau Brutus, il a fait taire ses entrailles paternelles qui lui parlaient en faveur des Jacobins, ses enfans, pour n'écouter que la justice et la loi; quant à la garde nationale, elle n'a eu aucune violence à se faire pour réprimer l'audace des Jacobins, qui sont sérieusement brouillés avec elle depuis la fameuse journée du Champ-de-Mars.»

A la suite des premiers tumultes, le député Chéron, président des Feuillans, écrivit en effet au maire, pour lui demander l'autorisation de requérir un commissaire civil d'assister aux séances de la société. Cette lettre, datée du 21 décembre, porte que quelques

brouillons *payés très-vraisemblablement*, viennent les troubler.
« Deux cent soixante-quatre députés, continue Chéron, et environ huit cent quatre-vingts autres citoyens qui ont prêté le serment civique, et payé leurs impositions, composent, pour le présent, cette société dont tous les membres sont prêts à mourir pour la constitution. »

Pétion lui répondit le même jour ; il espérait que les troubles ne se renouvelleraient pas, si tous les membres des Feuillans étaient amis de la constitution, en prêchaient les maximes et en propageaient les principes. Il disait qu'il était impossible d'obliger un commissaire à assister aux séances de la société ; qu'il y en avait à peine un assez grand nombre pour le service des spectacles ; que s'il y avait du tumulte, la garde et le commissaire de la section s'empresseraient d'aller rétablir l'ordre. Telle est la substance de sa lettre.

Le 22, le commandant-général de la garde parisienne, De Belair, prévint le maire qu'il y avait eu la veille, du tumulte chez les Feuillans, et lui demanda des ordres en cas qu'il se renouvelât.

Le 23 au matin, Pétion répondit à De Belair qu'il valait mieux prévenir que réprimer. En conséquence, il l'autorisait à tenir à proximité des forces nécessaires. En outre, Pétion écrivit au commissaire de la section qu'il serait prudent que le soir il assistât à la séance des Feuillans.

Le lendemain 24, le commissaire de police envoya au maire le procès-verbal de ce qui s'était passé le 23 aux Feuillans. Il résulte de cette pièce que les citoyens des tribunes s'étaient plaints d'avoir été provoqués par un membre de la société, et de ce que plusieurs membres étaient armés, et affectaient de provoquer en duel ; qu'ils ont accusé les sociétaires de professer des principes anti-constitutionnels.

Le 25, le commissaire écrivit à Pétion pour relever une circonstance qu'il avait oubliée dans le procès-verbal. « M'étant annoncé au nom de la loi, tous les citoyens rassemblés, soit dans les tribunes, soit dans l'intérieur de la salle, où ils s'étaient in-

troduits, quoique non sociétaires, ont manifesté leur respect pour la loi, en disant presque d'une voix unanime : *Messieurs, chapeau bas.*
                                                    Signé, PRESTAT. »

Pétion écrivit le 24 au commandant-général et au commissaire de police pour inviter l'un à prendre des mesures de prudence, afin d'éviter de nouveaux désordres, et l'autre à assister encore à la séance des Feuillans.—Il n'y en eut cependant ni le 24, ni le 25.

Le 26, Chéron informa le maire que rien ne pourrait lasser le patriotisme et le courage de ses co-sociétaires; qu'ils se rassembleraient le soir à 6 heures et que les séances continueraient d'être publiques tant que leur publicité serait jugée utile.

Réponse de Pétion (le 26, 9 heures du matin). « Monsieur, aussitôt la réception de votre lettre, j'ai donné des ordres pour prévenir les troubles que vous craignez. J'ai appris hier que beaucoup de membres de la société que vous présidez, doivent se rendre *armés* au lieu des séances; que le public, instruit de ces dispositions, devait également se rendre en armes tant dans les tribunes qu'à l'extérieur de la salle. Je crois l'un et l'autre bruit également faux; mais s'ils étaient vrais, voyez combien cette position serait cruelle! je frémis d'y penser. Il paraît qu'à la dernière séance le tumulte a recommencé par la provocation d'un lieutenant des canonniers, qui, de l'intérieur de la salle, a nargué le public. Il paraît que plusieurs sociétaires étaient armés, et que cela a beaucoup déplu; je vois bien qu'ensuite les spectateurs se sont portés *à des excès répréhensibles.* En grâce! qu'on évite jusqu'au moindre prétexte d'agitation, et je ne négligerai rien pour vous procurer paix et tranquillité. Secondez mes efforts. Je vais vous parler avec toute franchise : il est parmi vous un grand nombre d'amis de l'ordre et de la constitution; il en est aussi, je puis me tromper, mais je le pense, qui sont ennemis de cette constitution, qui ne veulent que du bruit, pour avoir occasion de se plaindre, qui ne désirent que du scandale, de l'éclat, pour paraître persécutés. »

Chéron lui répondit aussitôt : « Monsieur, j'ai frémi, en lisant votre réponse, du danger auquel des citoyens seraient exposés, si l'on ajoute foi aux bruits qui vous sont parvenus. Je puis répôndre du patriotisme de mes collègues ; je répondrais de tous, si l'expérience n'apprenait trop malheureusement qu'il est des parjures, comme il est des parricides, et qu'il se glisse des faux frères dans les sociétés tant soit peu nombreuses, quelles que soient d'ailleurs leur intimité et la pureté de leurs intentions. Mais, monsieur, je ne répondrais pas que, si la loi se montrait encore une fois insuffisante à protéger notre liberté constitutionnelle, il n'arrivât quelque malheur. Ma conscience est pure, mes vues droites, mon patriotisme ardent, mon courage inaltérable. S'il ne s'agissait que de moî, je m'immolerais à la constitution. *Oportet unum mori pro populo*, serait ma dernière devise ; mais, ici j'exposerais mes collègues, que je ne puis prévenir assez à temps, quoique rien ne me donne le droit de mettre leur prudence en doute ; j'exposerais mes concitoyens et j'en frémis. Je prends donc sur moi, d'après l'avis de quelques-uns de mes collègues qui m'entourent en ce moment, de vous prier de vouloir bien donner des ordres pour que personne ne soit admis ce soir à notre société, qu'en justifiant de sa carte de député ou de celle d'affilié : il suffirait que vous nous permissiez de faire placer une sentinelle à la porte du couloir qui conduit à notre salle, et de lui en faire donner la consigne la plus expresse. Je vous prie aussi de faire donner des ordres pour qu'aucun attroupement ne puisse obstruer l'entrée de la salle.

» Il est à désirer que vos ordres soient donnés avant quatre heures.

» C'est sous la protection de la loi que je remets, monsieur, la liberté de mes collègues et la mienne.

» Comme nous ne voulons pas échapper a la publicité, toutes personnes adressées par vous, monsieur, seront admises. »

Il reçut de Pétion le billet suivant :

« A l'instant M. le commandant de la garde nationale se rend chez vous ; il va conférer sur les mesures prises pour prévenir toute espèce de trouble et de désordre.»

Ces pièces sont extraites par nous de la *mairie* de Pétion, p. 31—44.

La séance de l'assemblée nationale, du lundi soir 26 décembre, va maintenant nous apprendre ce qui se passa aux Feuillans.

ASSEMBLÉE NATIONALE. — *Séance du 26 au soir.*

N... J'annonce à l'assemblée qu'il y a du trouble aux Feuillans. Je demande qu'on y envoie des commissaires de la salle pour savoir ce qui s'y passe. (On murmure.)

M. Chéron. Je demande , moi, qu'on passe à l'ordre du jour.

M. Monteau. Je prends la parole pour dénoncer un fait qui vient de m'arriver. En passant près des Feuillans, la sentinelle m'a demandé ma carte. J'ai montré celle de député. La sentinelle m'a dit que sa consigne ne lui permettait pas de laisser entrer avec cette carte , et qu'il fallait avoir celle de la société des Feuillans. (On murmure.) Je demande si nous avons la police de notre enceinte ou si nous ne l'avons pas. Si nous l'avons, il est bien extraordinaire qu'on donne de telles consignes aux sentinelles.

N... Il me semble que le membre qui a été arrêté aurait dû se faire conduire par la sentinelle à l'officier qui a donné cette consigne. (On murmure.)

On demande qu'il soit passé à l'ordre du jour.

N... Je fais la motion que le commandant du poste soit à l'instant appelé à la barre , pour déclarer les raisons qui l'ont engagé à donner cette consigne.

Il s'élève des débats tumultueux, au milieu desquels on entend plusieurs voix réclamer l'ordre du jour.

M. Ducos. Il est indécent de faire perdre dans une pareille scène une séance destinée à des objets très-importans.

M. Cambon. Je réclame l'ordre du jour.

M. Maillot. Je demande que l'assemblée interdise à tous ses membres la faculté de s'assembler dans aucune société particulière. (On murmure.)

M. Daverhoult. Je suis étonné qu'on fasse une motion qui ne peut en aucune manière regarder l'assemblée, car l'assemblée n'a rien à connaître dans la vie privée de chacun de ses membres.

M. Lacroix. Je m'étonne avec le préopinant qu'un membre ait pu proposer à l'assemblée de prononcer sur ce qui se passe hors de son sein. Je demande non-seulement que sur cette motion on passe à l'ordre du jour, mais que celui qui l'a faite soit rappelé à l'ordre. Cette proposition a été faite pour donner le change sur un délit commis par un membre de cette assemblée, président de la société des Feuillans (les tribunes applaudissent avec transport) : c'est lui qui a donné cette consigne. Je demande que l'officier de garde soit mandé à la barre pour nous en rendre raison. (Les applaudissemens des tribunes recommencent.)

N.... Je demande que M. Lacroix soit rappelé à l'ordre. (On murmure.)

M. Chéron. Pour répondre à M. Lacroix, j'insiste sur la proposition de faire venir l'officier de garde à la barre. Quant aux injures de M. Lacroix, je me réserve d'y répondre. (On murmure.)

M. Cambón. Allons donc, l'ordre du jour.

M. Robécourt. La consigne regarde les commissaires-inspecteurs de la salle, et je vous proteste qu'ils n'ont point donné la consigne dont un membre s'est plaint.

M. Roulhiés. L'assemblée s'occupe depuis trop long-temps d'un fait qui écarte l'objet de la délibération. Je demande que l'on passe tout de suite à l'ordre du jour. (On murmure.)

— Après une assez longue agitation, l'assemblée décrète que l'officier de garde sera mandé pour savoir qui lui a donné la consigne.

On introduit successivement deux officiers de la garde nationale, qui déclarent que le poste où était la sentinelle dont on dénonce la consigne ne les regardait pas.

On en amène un troisième.

M. le président lui demande s'il est vrai qu'il ait donné la consigne dont on se plaint.

L'officier. Il est vrai qu'à l'entrée des Feuillans, j'ai donné la consigne de ne laisser entrer qu'avec des cartes rondes et triangulaires ; parce que je connais l'une pour être la carte de député, et l'autre celle de la société des Feuillans. Si j'ai donné cet ordre, c'était pour interdire l'entrée aux malveillans, (On murmure.) mais je n'ai pas donné d'ordre qui regardât l'assemblée en aucune manière.

M. Merlin. Je demande la parole pour une motion d'ordre. (On réclame l'ordre du jour.) Personne n'a le droit de m'empêcher de parler, quand je veux faire une motion d'ordre. (On murmure.) Je demande qu'il soit décrété qu'aucune force publique n'approchera de l'assemblée et des établissemens qui la concernent, qu'à une distance d'au moins cinquante toises. (On murmure.)

M. Bazire. M. Merlin a la parole, je demande qu'elle lui soit continuée.

M. Merlin. Je sortais avec M. Grangeneuve pour me rendre au comité de surveillance, lorsqu'au passage qu'on appelle le chœur des Feuillans, j'ai trouvé, je ne sais si ce sont des sbires ou des janissaires.... (On murmure. — Plusieurs voix : *Au fait ! au fait !*) J'y suis. Si vous ne voulez pas m'entendre à la tribune, je descends à la barre. (On murmure.)

Il s'élève une longue et violente agitation.

M. Merlin. Je dis donc qu'en allant au comité de surveillance, j'ai été arrêté par des sbires qui m'ont déchiré mon habit. (On murmure.) C'est la garde nationale qui m'a sauvé des mauvais traitemens dont j'aurais été peut-être la victime. (On murmure.)

M. Lacroix. Je demande que ce délit soit dénoncé. (Les tribunes applaudissent.)

L'agitation redouble.

M. Merlin. J'ai demandé si j'étais dans le sanctuaire des droits de l'homme et du citoyen, et, tandis qu'on m'assurait que oui, une multitude effrénée tombait sur moi, et m'arrachait du chœur des Feuillans.

Quelques voix. Il faut prouver tout ce que vous dites.

On demande, d'un côté, que M. Grangeneuve soit entendu ; d'un autre, que l'affaire soit renvoyée aux commissaires de la salle pour en présenter le rapport.

M. Girardin. Je demande que MM. les commissaires de la salle se retirent à l'instant pour s'assurer des faits. M. le président, la constitution vous charge de la police intérieure et extérieure de la salle, vous devez donner des ordres pour qu'aucune force publique ne s'approche de cette enceinte sans votre aveu. Il est temps de terminer des scènes qui déshonorent l'assemblée ; il est temps de prendre des précautions pour qu'elles ne soient plus reproduites.

M. Lacroix. Je vais plus loin que M. Girardin. Je reconnais comme lui que la police de la salle et de ce qui l'environne n'appartient qu'au corps-législatif ; mais je demande en outre que l'assemblée décrète qu'aucun club, aucune société particulière ne pourra se réunir dans cette enceinte. (On applaudit.)

M. Jaucourt. Je demande que les commissaires de la salle prennent connaissance des faits. Le public a été témoin de ces détails, j'ose dire indignes de l'assemblée nationale ; il doit aussi connaître les mesures que vous prendrez pour faire cesser ce scandale. Je dis que le club des Feuillans a sans doute la prétention d'être dévoué à la constitution. (On murmure.) Mais enfin il s'élève dans Paris une rivalité dangereuse de patriotisme, qui ne peut être qu'un ferment de discorde et de trouble pour tout le royaume. Tant que les députés se pareront d'autres couleurs que des couleurs nationales, tant qu'ils se livreront au dehors à l'esprit de parti, jamais il n'y aura de tranquillité dans l'assemblée. Je demande donc, non pas comme décret, non pas comme réglement, mais comme un gage de la fraternité qui doit nous unir, comme un témoignage de la confiance qui doit nous animer ; je demande, au nom de la paix, au nom de la patrie, que tous les députés se soumettent à ne jamais paraître dans aucune société particulière. (L'assemblée et les tribunes applaudissent.)

M. Grangeneuve. Un député à l'assemblée nationale se rendait à son comité, il a été arrêté par des hommes armés...

N.... Je demande la permission d'interrompre ici l'opinant, parce que cela est faux. (On murmure.)

L'agitation recommence et devient tumultueuse.

M. le président. Je prie l'assemblée de garder le silence, sans quoi je ne pourrai pas continuer de présider.

M. Girardin. Je demande qu'on lève la séance, et qu'il n'y en ait plus le soir.

M. Grangeneuve. Un député, allant à son comité, a été arrêté par des hommes armés. Un membre m'a dit que cela était faux : je demande qu'il soit rappelé à l'ordre. (On murmure.) Est-il possible, est-il tolérable que, dans l'enceinte où sont placés les bureaux de l'assemblée, un membre ne soit pas en sûreté? Est-il tolérable que ce membre soit conduit devant une société?

Une voix : Cela n'est pas vrai : il a demandé à y entrer. (On murmure.)

M. Grangeneuve. Est-il possible qu'un représentant de la nation.... (on murmure) qu'un représentant de la nation.... (on murmure.)—L'orateur, se tournant à la droite du président : Si vous ne me laissez pas achever, je vous dénoncerai tous; oui, vous tous. (Les tribunes applaudissent à plusieurs reprises.) Les véritables bornes de l'assemblée sont celles de l'empire français. Je demande la vengeance d'un outrage fait à un membre qui se rendait à son devoir, dans l'enceinte de l'assemblée. Il s'agit de savoir si l'assemblée aura moins d'égards pour les députés que pour le club des Feuillans. (Les applaudissemens des tribunes recommencent.) L'officier de garde extérieure a présenté la baïonnette sur la poitrine d'un député : je demande qu'il soit à l'instant amené à la barre. (Les applaudissemens des tribunes redoublent.)

Le tumulte recommence.

M. Lacretelle. Je viens d'apprendre qu'un commissaire de police, qui assistait à la séance des Feuillans, a dressé un procès-verbal. Je demande que ce commissaire soit mandé pour nous en donner connaissance. (On murmure.)

L'assemblée décrète que l'officier de garde sera amené à la barre. (Ou applaudit.)

M. le président. On m'annonce que la garde était uniquement commandée pour les Feuillans, et qu'il n'y a plus à la société ni membres, ni gardes.

On demande le renvoi de l'affaire aux commissaires de la salle. Ce renvoi est décrété.

Séance du 27. — Un de messieurs les secrétaires fait lecture d'une lettre de M. Pétion ; elle est ainsi conçue :

Paris, 27 décembre.

« M. le président, il m'était difficile de prévoir que des mesures sollicitées avec instance par des membres de l'assemblée nationale, exigées pour le maintien de l'ordre, deviendraient un sujet de plainte. Depuis plusieurs jours, placé entre le peuple et les Feuillans, entre la loi et l'opinion (1), je remplis un devoir bien pénible. Le décret sur la police municipale porte que ceux qui voudront former des sociétés, seront tenus, sous peine d'une amende de 200 liv., de déclarer à la municipalité le lieu et les jours de leurs séances. Il résulte que les sociétés sont sous la surveillance du corps municipal. Est-il de la convenance, est-il de la dignité des représentans du peuple, d'exercer la police ailleurs que dans le sein de l'assemblée? Mais si la société des Feuillans se trouve réunie dans l'enceinte de l'assemblée nationale, c'est à elle à exercer cette police. Je vous prie, M. le président, d'engager l'assemblée à décider promptement si elle regarde le lieu où se réunit la société des Feuillans comme renfermé dans son enceinte. »

N.... Je répète aujourd'hui la motion que j'ai faite hier soir,

_____

(1) La lettre de Pétion, telle qu'elle est imprimée dans *sa mairie* porte à la place de cette phrase : *Placé entre le peuple et la société des feuillans, opposant sans cesse la loi à l'opinion.* Les journaux royalistes et les feuillans usèrent de la même version que le *Moniteur,* et firent là-dessus des réflexions plus ou moins sévères. On en verra un exemple dans un article du *Journal de Paris* cité plus bas par nous.   (*Note des auteurs.*)

qu'aucun club, aucune société ne pourra se réunir dans l'enceinte de l'assemblée nationale. (On applaudit.)

M. Goupilleau. J'appuie avec d'autant plus de raison, que la porte du club des Feuillans est contiguë à celle du comité de surveillance. Hier la porte du comité était obstruée par une foule de gens armés. De deux choses l'une : ou il faut chasser le club des Feuillans, ou il faut chasser le comité de surveillance.

M. Lacroix. Je propose de décréter qu'aucune société ne pourra désormais se former ni se réunir dans les bâtimens dépendans des maisons des ci-devant Feuillans et Capucins. (On applaudit.)

N.... Et des ci-devant Jacobins.... (On murmure.)

M. Léopold. Je demande qu'on ajourne au moins jusqu'après le rapport des commissaires de la salle. (On murmure.)

M. Haussi-Robécourt fait, au nom du comité des inspecteurs de la salle, un rapport dans lequel il notifie les ordres du maire et du général, d'après lesquels des gardes ont été placés dans le local des Feuillans ; il ajoute que la partie de ce local qui ne sert pas au comité de l'assemblée nationale, a été remise par les commissaires inspecteurs aux administrateurs des domaines nationaux. Il propose un projet de décret qui est adopté en ces termes :

« L'assemblée nationale, après avoir entendu le rapport de ses commissaires-inspecteurs, les charge de prendre les mesures convenables pour que dans l'enceinte des bâtimens des ci-devant Feuillans et Capucins il ne soit établi aucune société particulière, et que les parties laissées à la disposition des administrateurs des domaines nationaux, ne soient louées qu'à des citoyens dont le genre de commerce ou le métier ne puisse incommoder l'assemblée ni les travaux des comités. »]

Le *Journal de Paris* du 28 décembre raconte ainsi la séance des Feuillans. « La société des Amis de la constitution, séante aux Feuillans, composée de beaucoup de membres de l'assemblée législative, de presque tous ceux de la majorité de l'assemblée constituante, qui sont à Paris, et d'un grand nombre de

citoyens, a été troublée plus d'une fois dans ses séances publiques par un tumulte qui semblait l'effet de quelque cause extraordinaire. La garde nationale, infatigable, et dont le zèle
semble se ranimer en chaque circonstance qui menace la tranquillité publique, a concouru au rétablissement du calme. Lundi
soir, 26 décembre, l'agitation est devenue plus vive par un événement particulier. M. Merlin, membre de l'assemblée nationale a voulu passer par l'issue qui conduisait à la société des
Feuillans; la nécessité de prévenir le désordre avait fait donner
à une garde, envoyée par le maire et commandée par un commissaire de police, la consigne de ne laisser entrer que les personnes munies de *cartes de membres de la société, ou de l'assemblée nationale.* M. Merlin n'a voulu en montrer aucune : la sentinelle lui a refusé le passage ; il a insisté avec violence, et, suivant
la déclaration du caporal, reçue par le commissaire de police, il
a forcé la consigne et pénétré malgré l'homme de la loi. Arrêté
par la garde, il a été conduit devant l'officier public, qui l'a relâché et laissé aller à ses fonctions. » —Royou (29 décembre)
dit que les procès-verbaux relatifs à l'aventure de *l'inquisiteur*
Merlin, lus à la séance du 27, constataient que l'honorable
membre était fort échauffé de *son dîner de la Râpée.*

Le *Journal de Paris* du 31 décembre commente ainsi la lettre
de Pétion à l'assemblée nationale. (Voir la note de la page 356.)
« M. le maire de Paris, dans sa lettre sur le tumulte des Feuillans, dit que sa position le plaçait entre l'opinion du peuple et la
loi. Est-il possible que M. Pétion, qui doit connaître et estimer
le peuple de Paris, le reconnaisse dans une vingtaine d'hommes
grossiers et de jeunes écervelés, évidemment ameutés pour venir
troubler et insulter une société qui déplaît à une autre? Et si
M. Pétion se trouvait jamais placé entre le peuple et la loi, ba-
lancerait-il un moment à se ranger du côté de la loi?

» L'auteur d'une feuille où l'on trouve souvent beaucoup de
traits ingénieux et piquans, s'élève contre la partialité que montre
par cette phrase *un magistrat dont le premier caractère doit être
l'impartialité la plus sévère.* « Les Cordeliers importunaient sou-

vent Sixte-Quint par des sollicitations intéressées ; il leur répondit un jour : *Mes pères, que vos demandes soient justes, et je me souviendrai que j'ai été Cordelier.* » — De grâce, M. le maire, traitez les Jacobins comme Sixte-Quint traitait les Cordeliers, et tout ira bien. »

Club des Jacobins. — La société fut successivement présidée en octobre, novembre et décembre, par MM. Brissot, Fauchet, Condorcet, Couthon, Isbard, Grangeneuve.

Nous dirons un mot sur ces hommes :

Brissot était devenu une puissance. Nos lecteurs se rappellent la lettre qu'il adressa à la foule de ceux qui le sollicitaient, et que nous avons citée plus haut. A l'assemblée nationale, il conduisait le parti d'où était venue la proposition d'instituer un comité de surveillance : aussi consacre-t-il plusieurs articles de son journal à l'apologie de cette mesure. Tous les membres de ce comité partageaient ses vues politiques; la plupart étaient dévoués à sa personne. L'éloge de ceux-ci revient à chaque instant sous la plume de Brissot. Fauchet est particulièrement gratifié par le *Patriote français* de génie, de talent et de vertu. Après lui, Condorcet est le patriote par excellence, le publiciste consommé dont Brissot s'occupe le plus. — Aux Jacobins, ses partisans sont encore plus chauds et plus nombreux. Lanthenas, Bois-Guyon, Girey-Dupré, Louvet et beaucoup d'autres opinent avec lui. Lorsque la question de la guerre est posée dans le cub, il s'y fait une séparation dans laquelle Brissot apparait alors bien évidemment, comme l'un des principaux chefs : autour de lui se rangent à divers degrés d'influence les autres meneurs girondins.

Fauchet distribue son zèle avec une profusion bruyante. Il étend sa sollicitude à un nombre d'objets entièrement disproportionné aux forces d'un seul homme; on le trouve le même jour, au comité de surveillance, à la tribune de l'assemblée, à celle des Jacobins et enfin dans la chaire de l'Église Notre-Dame, prêchant l'avent. Les journaux qui lui reprochent, les uns de se laisser dériver avec une inconcevable facilité à toutes les occasions de parler, les autres d'être dominé par l'envie de paraître, quelques-uns comme *les Révolutions de Paris*, ces deux choses à la fois, remarquent que Fauchet *prend, sur l'affiche, le titre de prédicateur du Roi.* Ce prêtre philosophe dont nous avons déjà exposé le système, ne touche jamais le christianisme sans le défigurer. Dans son discours sur la question des prêtres non-assermentés, il donne pour une maxime évangélique cette apophtegme des panthéistes: « qui n'est pas contre moi est avec moi. » L'évangile dit justement le contraire : qui ne connaît cette proposition fameuse : *qui non pro me est, contrà me est.*

Condorcet est un savant dont les actes ne paraissent pas offrir l'ombre d'une conviction assurée, ni dans l'ordre moral, ni dans l'ordre de la chair et des sympathies. Il croit à la révolution comme à un problème de géométrie que la formule du droit naturel est appelée à résoudre. Du reste, ses propres solutions n'influent pas plus sur sa conduite personnelle, qu'une mathématique morte qu'on n'est obligé de sanctionner par des sacrifices d'aucun genre. Ami des Feuillans et de Brissot, il est de la société de 1789, et il arbore ouvertement le républicanisme. Au commencement de la Législative, il se fait recevoir Jacobin, et il prend la rédaction des séances de l'assemblée nationale dans le *Journal de Paris.* Il en demeura chargé, du 22 octobre au 10 novembre, époque où il fut remplacé par Regnault-de-Saint-Jean-d'Angély. Les propriétaires de ce journal avaient été choqués, nous apprend Brissot dans sa feuille du 14 novembre, « de la sévérité que M. Condorcet avait mise dans une réflexion sur le pouvoir exécutif. » Cette réflexion ouvre le compte rendu de la séance du 4 novembre. La voici : « On a entendu diverses observations du ministre de la guerre relative aux gardes nationales. *L'organisation de ces troupes, demeurée imparfaite a dû nécessairement laisser beaucoup de détails à l'arbitraire du pouvoir exécutif.* » Cette singulière sévérité qui fit congédier Condorcet du journal de Paris, et qui lui fit interdire la porte de madame Danville, n'empêcha pas les rédacteurs de la *Chronique de Paris,* tout aussi Feuillans que les précédens, de lui offrir une collobaration aussitôt acceptée. Lorsque la *Chronique* approuva le *veto* lancé sur la loi contre les émigrés, et fit l'éloge de la pétition du directoire, au lieu de blâmer Condorcet de rester parmi ces gens-là, Brissot trouva moyen de le louer. « Il ne reste plus., s'écria-t-il, qu'une surprise, c'est que les réflexions du philosophe patriote Condorcet ornent les premières pages d'une feuille dont la fin est empoisonnée par le modérantisme. Mais quoi ! Les palais qui présentent le frontiscipe le plus noble et le plus hardi, n'ont-ils pas aussi des latrines ? » (P. F. du 10 décembre.) Nous livrons ces faits au jugement de nos lecteurs; un trait seul y manque : c'est de voir Condorcet fraternisant aux Jacobins avec Danton, et à la *Chronique de Paris* avec Noël et Millin qui traitaient d'anarchiste et de factieux le nouveau substitut-adjoint du procureur de la commune.

Brissot, Condorcet et avec eux Mercier, Athanase Auger, N. Bonneville, John Oswald, Makintosh, Payne, Williams et Horne Tooke, J. Bidermann, A. Broussonnet, A. Guy-Kersaint, J.-Ph. Garran de Coulon, Clavières, Lanthenas, Dussaulx et Collot d'Herbois, venaient de fonder un recueil périodique intitulé *La Chronique du mois ou les cahiers patriotiques*. Ce journal imité des revues anglaises, fut imprimé avec un luxe typographique inusité dans ces temps, où presque toutes les feuilles publiques étaient tirées sur du papier inférieur à celui dont on se sert aujourd'hui pour les épreuves. De plus, chaque numéro était orné du portrait de l'un des rédacteurs : Condorcet, dessiné par J.-B. Lemort, et gravé par Auguste de Saint-Aubin, ouvre la série. Le portrait de Fauchet entra dans cette collection. Nous le trouvons ainsi annoncé dans le *Patriote Français* du 28 novembre : « *Portrait de Claude Fauchet, né à Dorn, département de la Nièvre, le 22 décembre 1744, évêque du département du Calvados, et député à l'assemblée nationale en 1791, l'an troisième de la liberté*; peint par F. Bonneville, et gravé par Girardet.— 11 pouces de hauteur sur 7, superbe papier colombier. — Prix : 5 livres, à Paris, au bureau du Cercle-Social, rue du Théâtre Français, n° 4.

« Ce portrait, sur tous ceux qui ont paru jusqu'à ce jour, a, non-seulement le mérite de la ressemblance la plus frappante, mais aussi celui d'être exécuté dans la dernière perfection. Il est orné des attributs qui conviennent au caractère de cet homme célèbre » — Cette manie du portrait qui se témoignait chez les célébrités nouvelles, ne fut pas encouragée par les Jacobins, si nous devons en juger par l'extrait suivant du journal de leurs séances (22 novembre). » Un membre du comité de correspondance fait hommage à la société du portrait de M. Fauchet, peint par M. Bonneville, parent d'un membre de la société; il demande l'insertion de cette offre au procès-verbal, et que le portrait soit suspendu dans la salle de la société. Cette seconde partie de sa motion excite les plus grands murmures, et elle allait être rejettée, lorsque le motionnaire l'a retirée : il a été couvert d'applaudissemens. »

Couthon s'était fait connaître dès le commencement de la révolution par quelques écrits pleins de sentiment et de convictions patriotiques : ils sont adressés aux habitans de la campagne, au sujet des prêtres séditieux. Envoyé à la législative par les Jacobins du Puy-de-Dôme, ses premiers actes furent ceux d'un homme droit. Les journaux révolutionnaires louaient sa fermeté, et les journaux feuillans sa bonne foi.

Isnard (Maximilien) débuta dans la renommée à titre d'orateur. Ses deux discours, l'un contre les émigrés, l'autre contre les prêtres, décidèrent sa fortune parlementaire. Il y déploya la fougue désordonnée qui distingue les colères méridionales; la verve qui procède du sentiment moral était étrangère à ces exagérations. La rhétorique y entra pour beaucoup. Lorsqu'à la séance du 31 octobre, il s'écria, en parlant des émigrés : *S'il est quelqu'un qui ose penser autrement, qu'il se lève;* le président Vergniaud ayant blâmé cette apostrophe, Isnard lui répondit que c'était *une figure.* Royou (n° du 2 novembre) donne des variantes sur le mot, *qu'il se lève!* « On lit dans un journal du soir, de C.-F. Beaulieu, Urbain Domergue et autres gens de lettres : *Qu'il se dresse!* On a été si ef.

frayé, ajoute Royou, de cette tournure oratoire et de l'air martial de ce législateur, que personne ne s'est levé. Un membre
a seulement pris la licence de traiter l'orateur de charl.... et
celui-ci a mérité de son mieux la qualification. » Nous e.... tn-
tons au journal des *Débats des Jacobins* du 18 décembre, un autre
exemple des mouvemens oratoires d'Isnard ; il eut lieu pendant
sa présidence. — M. le secrétaire fait lecture d'une lettre écrite
à la société par M. Virchaux, en lui adressant une lame d'épée
de Damas qu'il le prie de destiner au premier général français
qui terrassera un ennemi de la révolution.

« M. *Isnard, brandissant cette épée.* La voilà, messieurs, cette
épée : elle sera toujours victorieuse. Le peuple français poussera
un grand cri, et tous les autres peuples répondront à sa voix ; la
terre se couvrira de combattans, et tous les ennemis de la liberté
seront effacés de la liste des hommes. »

« M. Robespierre supplie l'assemblée de supprimer tous les
mouvemens d'éloquence matérielle qui peuvent entraîner l'opinion dans un moment où elle doit être dirigée par la discussion
la plus tranquille. Sur la motion de M. Couthon, on a passé
à l'ordre du jour. »

M. *Grangeneuve* avait appuyé dans l'assemblée législative les
mesures énergiques, pris parti dans quelques dénonciations, et
il y avait mérité d'être nommé membre du comité de surveillance.

— Ici nous aborderons l'analyse des séances de la société des
Jacobins, d'octobre en décembre inclusivement. Nous avons déjà
dit qu'elle suivait régulièrement l'ordre du jour de l'assemblée
législative, jetant quelquefois dans celle-ci des motions inci-
dentes plus révolutionnaires dans la forme que dans le fond.
Elle débattit long-temps la question de savoir si la seconde législature serait divisée en comités comme la première. Les opinions
pour et contre ne nous fourniraient que des dissertations oiseuses,
nous devons entièrement les omettre. Il en sera de même pour
tout ce qui fut dit sur les prêtres et sur les émigrés ; à cet égard

la tribune de la législative laissa bien loin derrière elle la tribune des Jacobins.

Il nous faut aller jusqu'à la séance du 21 octobre, pour trouver la matière d'un premier extrait. Desmoulins y prononça un discours qui fit alors beaucoup de bruit. Il ne le destinait pas à l'impression ; mais les attaques que lui en attira la simple lecture, le détermina à le publier ; en cela, il envoyait à ses adversaires le double défi, et de justifier leurs inculpations et de lui répondre. Le *Journal des Débats* des amis de la constitution dit que le discours de C. Desmoulins fut interrompu par les applaudissemens réitérés des tribunes, d'une partie de l'assemblée, et par les signes les moins équivoques de désapprobation d'une autre portion de la société. Nous donnons la citation textuelle qu'en fait ce même journal, n° 81.

M. Desmoulins. « En même temps que comme citoyen j'adhère à cette constitution, comme citoyen libre de manifester mon opinion et qui n'ai point renoncé à l'usage du sens commun, à la faculté de comparer les objets, je dis que cette constitution est inconstitutionnelle, et je me moque du secrétaire Cerutti, ce législateur *Pangloss*, qui propose gravement de la déclarer par arrêt ou par un décret *la meilleure constitution possible* ; enfin comme politique, je ne crains point d'en assigner le terme prochain. Je pense qu'elle est composée d'élémens si destructeurs l'un de l'autre, qu'on peut la comparer à une montagne de glace qui serait assise sur le cratère d'un volcan. C'est une nécessité que le brasier fasse fondre et se dissiper en fumée les glaces, ou que les glaces éteignent le brasier. Ce n'est point là protester contre la constitution, je me soumets à m'embarquer sur le fameux vaisseau construit par les Chapelier, Dandré et compagnie ; mais quelle liberté reste-t-il aux passagers s'ils ne peuvent vous faire remarquer à vous, messieurs, qui en êtes aujourd'hui les pilotes, qu'il fait eau de toutes parts, afin que s'il vous est défendu de le calfeutrer, vous puissiez du moins tenir prête la chaloupe pour le moment du naufrage. »

Le journal que nous transcrivons annonce deux morceaux détachés de ce discours; il passe brusquement et sans explication de celui que l'on vient de lire, au subséquent, lequel ne s'y rapporte en rien. — Desmoulins se suppose conspirateur, et il dit :

« Jusques-là, nous n'avons encore que la minorité; mais voyez ici, je ne dis pas la profondeur de mon génie qui invente, mais la stupidité de cette nation qui me laisse faire. Les nobles ont encore tous les commandemens, toutes les grandes places, et je n'élève que d'autres nobles à celles qui ont été abandonnées. Au lieu de mettre la royauté en séquestre, jusqu'à l'achèvement de la constitution, je laisse le roi disposer encore du trésor ; j'accorde au ministre tous les mois 20 et 30 millions, et je décrète une contribution patriotique qui s'élève à des sommes immenses. Le pouvoir exécutif ne perd point de temps, car avec son or il corrompra, et avec la corruption il aura de l'or; il sème de tous les côtés l'argent, surtout les promesses. Bientôt pour le mettre en état de tenir ses promesses infinies, c'est une émulation dans le corps législatif à qui fera du roi la source de toutes les grâces. Bientôt je proclame Louis XVI le pouvoir exécutif suprême le législateur suprême, qui a le *veto*; le juge suprême au nom de qui se rendront tous les jugemens ; le chef suprême de l'armée et des gardes nationales, et jusqu'à l'archiviste suprême; et pour soutenir le rang de toutes ces suprématies je lui donne 30 à 40 millions de revenus, tandis que l'entretien du corps législatif tout entier ne va pas à sept millions. Par cette seule mesure j'efface le corps législatif devant le pouvoir exécutif, car aux yeux du vulgaire celui-là vaut un million à qui on donne un million. Puisqu'on donne au roi huit fois plus de revenus qu'à l'assemblée nationale entière, il pèse donc, lui seul, dans la balance politique huit fois plus que la nation et ses représentans. La femme du roi avec ses quatre millions de douaire; les deux frères du roi avec leurs quatre millions, ces trois individus, entretenus plus richement que le pouvoir législatif tout entier, ne peuvent que le regarder en pitié; et le ministre des affaires étrangères, par exemple, avec ses cinquante mille écus de rente, lorsque l'argent est le représentatif de toutes les valeurs, doit s'estimer vingt-cinq fois

que vous allez bientôt couronner, il en est un qui a frappé le but avec plus de précision que tous les autres, et qui nous a ravis par un morceau vraiment dramatique. Ce bon, digne et ingénieux citoyen, vous l'aimez tous, vous chérissez son zèle, ses talens et son éloquence, son éloquence mâle, libre et toujours prête à défendre le droit de ses semblables. Sa présence dans cette séance solennelle, et sa modestie, me défendent d'en dire davantage. Pardon, Messieurs, pardon si je diffère de le nommer; vous voudriez l'entendre sur-le-champ, et j'ai besoin, pendant quelques minutes encore, de votre indulgence et de votre attention pour payer du moins un tribut d'éloges à ses dignes concurrens, qui, si nous avions assez de couronnes, en recevraient chacun une. .

» Le premier accessit a pour devise :

Les hommes sont égaux : ce n'est point la naissance,
C'est la seule vertu qui fait leur différence.

                                              VOLT.

» Le second accessit a été donné au mémoire, portant pour devise :

Que le bonheur de tous soit la suprême loi!

» Indépendamment de ces deux accessits, six autres ouvrages ont paru mériter des éloges et une mention particulière. — La devise du premier est : *Non surrexit major.* — Celle du second: *Pour aimer il faut connaître.* — La troisième : *Le texte de la loi doit suffire: elle est imparfaite si elle a besoin de commentaire.* — La quatrième: *Vivre libre ou mourir.* — La cinquième : *Nous ne saurions trop méditer et chérir la liberté.* — La sixième : *La nation, la loi et le roi.* »

Après des remarques sur beaucoup de ces ouvrages, M. Dussaulx a annoncé que le prix de l'almanach pour l'an troisième de la liberté française a été adjugé, par les commissaires, à M. Collot-d'Herbois.

Toute la salle retentit des plus vifs applaudissemens.

M. le président, en prononçant le jugement de MM. les commissaires, ratifié par l'assemblée, embrasse M. Collot-d'Herbois, qui monte à la tribune.

M. Collot-d'Herbois. « Messieurs, je n'affecterai point une modestie qui serait en moi aussi fausse qu'elle serait humiliante pour mes concurrens, puisque les juges du concours ont décidé que j'étais arrivé plus près du but que les autres, il faut que mon ouvrage ne soit pas sans mérite. Il en a un sans doute, c'est d'avoir choisi, pour parler aux gens de la campagne, un organe qui doit avoir sur eux beaucoup d'autorité, celui d'un homme vertueux qui a siégé parmi nous, et dont l'absence excite nos regrets : celui du père Gérard. Mon almanach est intitulé : *l'Almanach du père Gérard.* C'est sans doute cette sorte de prestige qui m'a procuré la faveur et le titre glorieux, qui m'est si cher que je n'en obtiendrai jamais de plus doux à mon cœur. »

» M. Collot-d'Herbois annonce que son intention est d'appliquer cent livres sur la valeur du prix à la fondation d'une caisse de bienfaisance pour la société, deux cents livres aux malheureux soldats de Château-Vieux détenus sur les galères de Brest, et de consacrer les trois autres cents livres à une édition soignée de cet ouvrage, qui sera vendue au profit de ces mêmes victimes de l'oppression ministérielle.

» Ces dispositions généreuses, où la sensibilité et le patriotisme de l'auteur se disputent le mérite de les lui avoir inspirées, sont couvertes d'applaudissemens de toutes les parties de la salle. » (*Journal des débats des Jacobins*, n° LXXXII.)

Nous allons placer ici l'analyse, que nous nous étions proposé de faire, de l'almanach du père Gérard. Cet ouvrage est divisé en douze entretiens, qui ont pour titre :

De la constitution.—De la nation.—De la loi.—Du roi.—De la propriété.— De la religion.—Des contributions publiques. — Des tribunaux. — De la force armée. — Des droits de chaque citoyen et de ses devoirs. — De la prospérité publique. —Du bonheur domestique.

Le livre de Collot-d'Herbois est tout-à-fait de circonstance ; il est purement constitutionnel. On y trouve, élémentairement for-

mulée, la science sociale des droits naturels, science dont nous avons
bien des fois exposé et discuté les vices. Seulement il y règne,
d'un bout à l'autre, un ton de probité et de morale, très-hono-
rable assurément pour l'auteur. Cette qualité, à laquelle toutes
les feuilles du temps rendirent une égale justice, et la forme
dramatique sous laquelle l'enseignement était présenté, atti-
rèrent, à l'*Almanach du père Gérard*, un succès de vogue. Les
Révolutions de Paris lui reprochèrent de traiter la question du
marc d'argent avec trop de timidité.

Voici la donnée dramatique choisie par Collot-d'Herbois :
Introduction. « Vous connaissez tous le père Gérard, ce vieillard
vénérable, ce paysan bas-breton, député à l'assemblée nationale
en 1789. C'est un homme d'un bon sens exquis : il a la droiture
de cœur des anciens patriarches. A la fin de la session, il est retourné dans ses foyers, au milieu de sa famille, dans un village
du *département d'Ille-et-Vilaine*. Vous pensez bien qu'il y fut accueilli avec joie ; chacun le bénissait : car on bénit toujours ceux
qui ont rempli loyalement les fonctions qui leur ont été confiées
par le peuple. Figurez-vous donc le voir entouré de ses frères,
de ses amis, pressé, caressé, et surtout bien questionné, bien
interrogé. Je vous dirai ce qu'il a pu leur répondre. Peut-être ne
trouverai-je pas toujours ses naïves expressions ; mais à coup sûr
vous reconnaîtrez continuellement les intentions, l'esprit et les
principes de ce bon vieillard. »

Nous parcourrons successivement les douze entretiens.

De la constitution. — L'auteur définit ce mot physiologique-
ment. Le pouvoir législatif est comme la tête dans le corps humain ; le pouvoir exécutif est comme les bras ; et le peuple français, circulant partout, est comme le sang qui porte dans toutes
les veines de l'État la chaleur qui anime et fait vivre la constitution.

— Il est digne de remarque, combien naturellement l'organisation de l'homme s'offre comme modèle aux yeux de ceux
qui parlent d'organisation sociale. Il est vrai que la physiologie
que fait ici Collot d'Herbois est une abstraction incomplète qui

ne convient d'abord nullement à la constitution fédéraliste qu'il cherche à faire comprendre, et qui, en outre, ne servirait pas à expliquer la structure animale la plus grossière. Car, il y a autre chose qu'un mécanisme, même chez les animaux; il y a des forces instinctives qui le meuvent, et des buts spéciaux vers lesquels chacune de ces forces le dirigent. En sorte que la conception physiologique de l'ordre purement animal place l'appareil entre un principe et une fin, et généralise ces trois élémens constitutifs de la moindre créature de Dieu sous le nom de fonction.

Lorsque l'on veut faire de ce point de vue la théorie de l'homme, la théorie d'une nation, la théorie de l'humanité, il faut bien faire attention qu'émettre simplement une abstraction mécanique, c'est ne rien dire du tout. La plupart des écrivains de nos jours qui ont touché, sans y voir, la question sociale, sont tous tombés dans ce défaut. Combien d'éclectiques injuriant d'autres éclectiques, prennent partout les mots, laissent les choses, et ne conservent soigneusement d'autre réalité que celle de leur moi! Vous entendez autour de vous une clameur générale de progrès social, de but social, de principe social, même de physiologie sociale, poussée par des gens qui n'ont compris et ne comprendront jamais que Condillac, l'élève de Locke, l'élève inférieur de Descartes, vérifiant sur l'homme l'hypothèse mécanique, sans l'intelligence du principe qui l'avait créé, c'est-à-dire, Dieu et l'ame immortelle posés par l'inventeur comme dogmes absolus. A cause de cela les mots dont se sert leur postérité, et en particulier le mot *société* ne renferment aucun sens. La société a un but, répètent-ils après vous; mais quelle société, et quel but? Ces expressions abstraites n'ont de valeur que par définition et absolument prises, elles sont aussi vides et aussi vaines que l'éléphant abstrait des réalistes, que les formules de Condorcet sur les progrès de l'*esprit humain*; car l'esprit humain n'est, en ce sens, un être réel, pas plus que la fable qu'il a écrite sous ce titre, n'est une histoire. La philosophie dogmatique, contrairement à celle du libre examen, place toujours la définition avant l'abstraction.

Par exemple elle dit : le mariage est la *société* de l'homme et de la femme, ayant pour principe un devoir fondé sur l'instinct de la reproduction, et pour but la création, la conservation et l'éducation des enfans. Le progrès dans une telle société consiste en ce que le principe qui n'est d'abord un devoir que pour l'homme, et un instinct pour la femme, devienne un devoir pour tous les deux, et en ce que l'éducation des enfans qui est le devoir du but, prédomine incessamment. — Elle dit : la chrétienté est la *société* des fidèles qui admettent dogmatiquement la loi de Jésus-Christ, la fraternité des hommes comme principe, le dévouement comme moyen, sa réalisation comme but. — Elle dit : la nation française est une *société* chrétienne. Voilà des fonctions et par conséquent de vrais thèmes physiologiques. Prenez maintenant les droits naturels des hommes comme principes, la société comme moyen, et les satisfactions de ces droits comme buts, et voyez s'il est possible de construire un appareil organique là où, si évidemment, il n'y a ni unité de principe ni unité de but. — Telle est cependant la doctrine que les continuateurs de Locke, de Condillac, de Condorcet, professent encore parmi nous, l'augmentant de tout l'éclectisme que leur permettent de faire les travaux modernes de toute espèce, y compris ceux des doctrinaires eux-mêmes. Comment la France pourrait-elle confier ses destinées à des hommes qui renient et blasphèment son passé, et dont les théories sociales sont incapables de produire une seule conséquence soit européenne, soit française. — Nous avons fait ces réflexions au sujet de la physiologie émise par Collot-d'Herbois, parce que nous regardons comme une obligation, toutes les fois que l'occasion le permet, de signaler à nos lecteurs la nullité et les misères de l'enseignement que distribuent aujourd'hui les matérialistes, de quelque nom qu'ils s'appellent.

De la nation. — « La nation, dit le père Gérard, est la totalité des citoyens ; c'est dans cette totalité que réside le pouvoir souverain. » Telle est à cette heure, et telle doit être la définition des matérialistes. Nous ne connaissons au monde de totalité de ce genre que les États-Unis d'Amérique. Mais qui s'est jamais avisé de donner le nom de nation à ce fédéralisme totalitaire ? une somme d'individus et une unité nationale sont deux choses contradictoires.

De la loi. — Le père Gérard ne définit pas la loi ; il se contente de dire : « Les meilleures (lois) sont les plus conformes à la déclaration des droits de l'homme ; c'est le principe sacré de toutes les lois. » Voyez par quel vice de logique Collot-d'Herbois, partant des droits, a l'air d'aboutir à l'unité de principe. C'est tout simplement parce qu'il donne ce nom à la déclaration, comme si une déclaration était un principe. Il aurait donc dû dire : *les principes* ; et alors le plus ignorant de ses interlocuteurs, sachant le petit Catéchisme, lui aurait fait à coup sûr ces demandes : « Les lois ont donc plusieurs principes? Y a-t-il plusieurs lois? »

Du roi. — Tout ce chapitre a pour but de justifier l'expression *roi des Français*. L'auteur applaudit au sentiment fédéraliste qui a fait ici rejeter le mot France, parce que ce mot « semblait dire que toute la France était la propriété du roi. » Renoncer à l'unité pour échapper à l'usurpation, c'est vaincre le mal par le suicide. La France est la fille aînée de la parole de Jésus-Christ, voilà sa raison d'être, sa souveraineté, sa nationalité ; qu'importent des pouvoirs prévaricateurs? ils passent, et la France reste.

De la propriété. — Dans cet entretien, qui roule sur le respect des propriétés, Collot-d'Herbois sort du terrain de la constitution par cette réflexion, très-avancée pour l'époque : « Eh! qui sont ceux qui violent les propriétés? Ce sont ceux qui n'en ont aucune, qui dédaignent celle du travail ; ce sont les oisifs dont il faut se défier, et sur lesquels il faut avoir les yeux. L'oisiveté conduit le riche à tous les vices, et le pauvre à tous les crimes. »

De la religion. — En supposant, ce qui est permis, que Collot-d'Herbois ait traité cette matière du point de vue purement politique, il y a ceci de positif : c'est qu'il a accepté la définition théologique ; car il a dit : « La vraie religion, celle que Dieu nous a révélée, et qui nous enseigne de quelle manière il veut être honoré, a la Foi pour principe, et la Charité pour fondement. » De plus, il enseigne que la religion catholique est la seule nationale, et il ne prêche l'union avec les protestans qu'afin de les ramener par la Charité. En supposant qu'il ait placé sa propre opinion dans la bouche du ministre protestant, il le fait parler de manière à donner toute prise à l'orthodoxie : « Dieu et la conscience, mon frère, et voilà tout. Celui qui n'est pas de bonne foi, quelque soit son culte, n'est jamais qu'un hypocrite; la fraternité, l'amour de la patrie, voilà les premiers liens de toutes les religions. » Affirmer pour l'homme, Dieu, la conscience, c'est-à-dire la connaissance de sa loi, laquelle a pour formule morale la fraternité et l'amour de la patrie, c'est poser et déterminer la certitude d'où procède logiquement tout ce qui est vrai aujourd'hui sur terre.

Des contributions publiques. — Cet entretien démontre seulement que les contributions actuelles sont moins lourdes que les impôts d'autrefois. Il distingue entre ces deux mots, dont l'un (contribution) indique un acte volontaire, et dont l'autre (impôt) marque l'esclavage et la passivité.

Des tribunaux. — Le père Gérard oppose ici les formes de l'ancienne justice avec la procédure par jurés; il ajoute à cette comparaison un enseignement moral qu'il termine ainsi : « Rappelez-vous ce qui s'est passé le 14 juillet 1789, cette joie inconnue jusqu'alors qui nous a transportés quand nous avons secoué, brisé nos fers, quand nous nous sommes tous redressés, après avoir été courbés si long-temps; chacun de vous s'embrassait, serrait la main de son plus proche. On se rappellerait cela.... on en ferait la fête.... et l'on plaiderait le lendemain l'un contre l'autre. Cela ne se peut pas... non.... le 14 juillet chaque année, tous les procès doivent finir; les procédures doivent être finies de bon accord devant le bonnet de la liberté, et tout bon citoyen ne doit plus voir autour de lui que des frères et des amis. »

De la force armée. — Il n'y a dans tout ce chapitre, entièrement de circonstance, qu'une seule phrase à extraire sur l'obéissance.

Marat, qui s'était trouvé, une fois, seul à défendre la thèse de *l'obéissance active* contre celle de *l'obéissance passive*, disait plus tard, à mesure des accessions : « Prudhomme, Audoin et autres acceptent enfin ma doctrine. » Collot-d'Herbois s'y rangeait aussi. « L'obéissance du soldat, dit le père Gérard, autrefois machinale, est aujourd'hui le fruit de son attachement à ses devoirs et à sa patrie. »

Des droits de chaque citoyen, et de ses devoirs. — Les droits énumérés par Collot-d'Herbois sont ceux de la déclaration ; quant aux devoirs, nous les transcrivons sans commentaire. « Le devoir des bons citoyens est de veiller sur toutes les atteintes que l'on pourrait porter à la constitution ; car c'est chaque fois qu'on y porte atteinte qu'il y a du désordre. Leur devoir est de dire la vérité, de la dire avec courage, de la dire sans animosité, et pour le bien public, lorsqu'on découvre quelque chose qui peut lui être nuisible ; leur devoir est d'entretenir l'union et l'harmonie, d'accélérer et de faciliter le paiement des contributions ; leur devoir est de rejeter loin d'eux toute affection contraire à l'amour de la patrie, à cet amour sacré, universel qui anime tout, qui rallie tout, qui fortifie tout ; c'est lui qui a tracé sur nos drapeaux cette devise sacrée, qu'il faut prononcer avec force toutes les fois que la constitution sera attaquée : *Vivre libres ou mourir.* »

De la prospérité publique. — La prospérité publique, selon le père Gérard, a pour source la confiance générale, et pour signe la bonne conservation et l'accroissement de la population.

Du bonheur domestique. — Tout ce chapitre se résume dans ces axiomes : « Une bonne action fait la joie du cœur, et la joie du cœur fait le bonheur. — Sans les mœurs, point de vertu, point de probité ; sans probité, point de patriotisme. »

— Avant d'entamer la question de la guerre, nous avons à extraire du *Journal des débats des Jacobins* deux faits intéressans.

Le premier est renfermé dans le N. B. du numéro CIII. — « M. Machenaud a fait lecture à la société de la liste des membres qui entreprennent la noble fonction d'instruire les enfans, et de leur faire le catéchisme de la constitution. Ce sont MM. Pétion,

Robespierre, Lanthenas, Rœderer, Collot-d'Herbois et Bourdon.»

Le second, relatif à l'inauguration des drapeaux des États-Unis, d'Angleterre et de France dans la salle des Jacobins, se trouve dans la séance suivante, que nous transcrivons tout entière.

Séance des Jacobins du 18 *décembre.* — « Après la lecture du procès-verbal de la dernière séance, M. de la Source, faisant les fonctions de président en l'absence de M. Isnard, propose à la société les demandes de différentes personnes qui sollicitent l'entrée de la séance.

» L'affluence du public était si grande, qu'outre une des nouvelles tribunes qui était remplie, la portion de la salle qu'on lui avait destinée, l'était encore, ainsi que le partie opposée; et néanmoins une multitude de citoyens n'a pu parvenir à se placer dans la salle.

»La lecture des annonces et l'extrait de la correspondance était à peine commencée, que la salle retentit d'applaudissemens à l'entrée des drapeaux des nations anglaise, américaine et française, qui devaient être placés dans la salle, à l'imitation de la société des amis de la révolution de Londres.

» Les cris de *vive la liberté, vive la nation, vivent les trois peuples libres de l'univers*, répétés avec enthousiasme par les tribunes et tous les assistans, sont l'expression aussi vive que vraie de l'ardeur, de l'amour pour l'égalité et la fraternité, que la nature a gravé dans les cœurs de tous les hommes, et que les efforts seuls des despotes de toutes les classes sont parvenus à effacer plus ou moins.

» On introduit une députation des dames habituées aux tribunes qui avaient demandé à présenter un gage de leur enthousiasme pour la liberté, au Whig constitutionnel qui avait apporté à l'assemblée nationale l'expression des sentimens de cette classe d'Anglais libres.

» La députation entre, au milieu des applaudissemens de l'assemblée; une jeune citoyenne porte sur le bureau le présent de ees dames, tandis que les députées montent à la tribune pour y prononcer le discours suivant :

» *L'orateur.* Nous ne sommes point des dames romaines ; nous n'apportons pas des bijoux, mais un tribut de reconnaissance, pour les sentimens que vous nous avez inspirés.

» Un Whigh constitutionnel, un frère, un Anglais a fait, il y a peu de jours, l'objet d'une de vos plus douces étreintes. Que ce tableau avait de charmes ! Les ames sensibles en ont été frappées, nos cœurs en sont encore émus. (On applaudit.)

» Aujourd'hui, vous donnez à ce frère (à vous-mêmes) une nouvelle jouissance ; vous suspendez à la voûte du temple trois drapeaux, *Américain, Anglais, Français.*

De toutes parts. (Vivent les trois nations ! vive la liberté !)

» L'union des trois peuples libres va être cimentée ; qu'il nous soit permis, messieurs, d'y contribuer par quelque chose. Vos sentimens purs nous en font un devoir.

» Agréez une couronne.

» Vous, frère anglais, acceptez-en une autre des mains de l'innocence ; c'est l'ouvrage de la fraternité ; l'amitié vous la donne.

» Recevez, bon patriote, au nom des citoyennes françaises qui sont ici, l'arche d'alliance que nous apportons pour nos frères Wighs constitutionnels ; là sont enfermés la carte de France, divisée en quatre-vingt-trois départemens, le bonnet de la liberté, (applaudissemens) l'acte constitutionnel des Français, une couronne civique, des épis de blé, (applaudi) trois drapeaux, une cocarde nationale, et ces mots dans deux langues, *vivre libre ou mourir.*

(Toute la salle. *Vivre libre ou mourir !*)

» Que cet immortel hommage fait à la liberté soit pour les Anglais et les Français le gage sacré de leur union. N'oubliez pas de dire à nos frères comment vous l'avez reçu. Qu'il soit déposé au milieu de la cérémonie la plus fraternelle. Invitez tous les Anglais à participer à cet acte de famille. Qu'il leur soit précieux comme la nature.

» Dites à vos femmes, répétez à vos enfans, que des filles sages, des épouses fideles, des mères tendres, après avoir rempli leurs devoirs domestiques , après avoir contribué au bonheur de leurs familles et de leùrs époux, sont venues faire cette offrande à la patrie.

» Qu'un cri d'allégresse se répande sur l'Europe, et vole en Amérique. — Écoutons. Au milieu de tous les échos, Philadelphie et ses contrées répètent comme nous, *vive la liberté.*

(*Toute la salle.* Vive la liberté !)

» Tyrans ! vos ennemis sont connus ; les peuples ne se feront plus la guerre ; intimement unis , ils posséderont toutes les langues ; elles n'en feront plus qu'une ; et , forts de leur liberté , ils seront à jamais inséparables.»

» Applaudissemens universels ; la salle retentit long-temps des cris, répétés par les tribunes et la société, de vive la nation , vive la liberté , vivent les trois nations, vivent les femmes patriotes.

M. de la Source faisant les fonctions de président. «Puisque la nature a voulu que la société vous dût le plus beau de ses instans , il ne sera point perdu dans les siècles, cet enthousiasme dont vous remplissez tous les cœurs ; il y est gravé en caractères indélébiles.» Puis se tournant vers les députés des Wighs : « Pour vous, frères, dites à vos compatriotes ce que nous sommes, dites-leur que dans l'empire français , les femmes savent aussi aimer la patrie et se montrer dignes de la liberté ; dites que l'union dont vous voyez les emblêmes sera aussi impérissable que les peuples libres ; dites-leur que nous n'avons qu'un genre de fers : ceux qui nous unissent aux peuples libres, et ceux-là seront éternels comme la vertu.»

M. le député Wigh. « Mesdames et M. le président, je ne suis pas réellement préparé à faire une oration, car réellement je ne m'attendais pas à une pareille réception, mais j'espère que vous m'excuserez. J'ai écrit en Angleterre, j'ai déjà fait le détail de l'accueil que j'ai reçu ici ; j'ai eu des réponses, mais non de la société auquel j'appartiens, parce qu'il faut du temps pour qu'elle se réunisse et qu'elle réponde. Je voudrais qu'il fût dans mon pouvoir de m'exprimer comme mon cœur sent. Ce sentimen, pour vous n'est pas l'ouvrage d'un jour, mais bien celui d'une année, puisque dès le mois d'août ma société avait écrit à M. Pétion, votre président, mais qui m'a assuré ne l'avoir pas reçu ; c'est ce qui a engagé la société à me charger moi-même de sa commission, je lui rendrai compte de votre bonne réception, et je me charge de vous exprimer ses sentimens. »

M. Bourdon. « Citoyens français, amis de la constitution, vous recueillez aujourd'hui le fruit de vos peines et de vos travaux. C'est par l'invariabilité de vos principes, c'est par la sagesse et la maturité de vos discussions, c'est par l'amour pur et désintéressé que vous avez juré à la liberté, par ce mur d'airain que vous avez toujours mis entre la corruption et vous, c'est enfin par votre philantropie, qui embrasse tout le genre humain, que vous avez acquis une affiliée au-delà des mers, que vous avez créé les circonstances qui ont donné lieu à la cérémonie qui nous rassemble aujourd'hui.

» Pétion, que la France entière a surnommé l'incorruptible ; Pétion, le digne élève de la société, conduit chez un peuple qui a déjà les anciennes habitudes de la liberté, par le désir d'y faire commerce de lumières, et d'y puiser de nouveaux moyens de prospérité publique pour la France, y a conclu le traité solennel d'alliance qui doit unir et confondre à jamais les intérêts de tous les enfans de la liberté ; c'est ce traité que nous ratifions aujourd'hui.

» Peuples de la terre, contemplez ces étendards, jadis les signaux du meurtre et du carnage, aujourd'hui les emblèmes de l'amitié et de la paix.

» Ils précédaient autrefois ces armées innombrables d'esclaves, de vils automates, qui allaient se massacrer de sang froid à la voix et pour la vanité des despotes ; placés aujourd'hui dans le sanctuaire de la liberté et de l'égalité, ils n'en seront déplacés que pour guider le fer des hommes libres dans le cœur des tyrans.

» Le bandeau qui couvrait les yeux des nations est prêt à tomber. L'Angleterre, l'Amérique et la France ont oublié leurs querelles antiques. Ces trois sœurs, divisées par les ennemis communs de l'humanité, réunies aujourd'hui par leurs intérêts de famille, se reconnaissent, s'embrassent et se jurent une amitié sincère. Les nœuds qu'elles forment aujourd'hui, ni la faulx du temps, ni les poignards des tyrans, ne les trancheront jamais.

» Priot, Franklin, Mirabeau, ô vous évangélistes de la paix, apôtres de la liberté, pourquoi n'êtes-vous plus parmi nous? Pourquoi vos yeux, fermés à la lumière, ne peuvent-ils jouir du spectacle imposant et délicieux que ce grand jour nous présente, vous cherchiez à accélérer par vos vœux ardens, par vos généreux efforts, par vos sublimes veilles. Si le ciel, ô génies bienfaisans, vous a ravis prématurément à la terre; si vous avez vu votre dernière heure avant que la liberté française, complément de la liberté anglaise et américaine, fût assise sur des bases solides; aujourd'hui que l'Angleterre, l'Amérique et la France réunies présentent le gage de la paix universelle; aujourd'hui que ces trois peuples libres, faits pour décider entr'eux de la destinée de l'univers, ont juré ensemble le serment redoutable aux tyrans, de vivre libres ou de mourir; que vos mânes sacrées partagent le bonheur que cette union présage, qu'elles viennent habiter ensemble parmi nous, qu'elles nous échauffent sans cesse du feu sacré qui brûlait dans vos cœurs, et que les amis de l'humanité réunis reçoivent, de la gratitude des hommes libres, ces hommages, que de vils esclaves ont si souvent prostitués à des tyrans.

» Je fais la motion, messieurs, que les bustes du docteur Price et du docteur Franklin soient placés auprès de celui de Mirabeau, et qu'il soit ouvert à cet effet une souscription volontaire. »

N..... » Je crois que M. le préopinant a oublié de demander place pour le buste du père de la liberté, de l'écrivain philosophe qui, le premier, a écrit pour faire connaître aux peuples les droits imprescriptibles qu'ils ont à la souveraineté, à la liberté : Jean-Jacques Rousseau. »

N... » Si cette séance est consacrée à rendre hommage aux fondateurs de la liberté, je demande que cet honneur soit accordé à celui qui le premier a fait trembler les tyrans, et qui, après avoir consacré ses travaux à la défense de la liberté, y a encore sacrifié sa vie sur un échafaud : Algermond Sydney. Je demande qu'on fasse venir son buste d'Angleterre pour le placer avec les trois autres. »

M. Dufourny. « Par vénération pour la mémoire du docteur Francklin, je demande à la société la permission de lui offrir un buste de ce grand homme que j'ai fait d'après lui, ce sera pour moi une occasion de lui rendre hommage pour l'amitié dont il a bien voulu m'honorer pendant sa vie. »

Cette proposition a été agréée avec applaudissemens, et on arrête qu'il en sera fait mention honorable au procès-verbal. M. le président veut à cette occasion faire une réponse à M. Dufourny, dans laquelle il le loue de ce qu'il a fait pour la révolution.

M. Dufourny rejette ces louanges en disant qu'il n'a fait que ce que tout bon citoyen eût fait à sa place.

Les différentes motions sur les bustes, mises aux voix, on arrête que ceux de Jean-Jacques, de l'abbé de Mably et de Sydney seront joints à ceux de Price, de Francklin et de Mirabeau. (*Journ. des Jac.* n° 113.)

QUESTION DE LA GUERRE.

Nous commencerons par transcrire les actes parlementaires relatifs à cette question : nous passerons ensuite aux débats du club des Jacobins à l'occasion de ces actes.

SÉANCE DU 22 NOVEMBRE.

[*M. Koch.* Vous avez chargé votre comité diplomatique, par l'article XIV de votre décret sur les émigrés, de vous proposer, sous trois jours, les mesures à prendre vis-à-vis des puissances étrangères qui souffrent sur leur territoire des rassemblemens suspects. Votre comité a répondu avec zèle aux ordres que vous lui avez donnés. C'est à sa réquisition que vous avez fixé définitivement au 17 de ce mois le rapport qu'il doit vous faire. Il n'est pas nécessaire de vous dire que la sûreté des frontières et le salut de l'empire dépendent de la justesse et de la célérité des mesures que vous prendrez à cet égard. Depuis huit jours, je fais de vains efforts pour obtenir la parole. Je prie l'assemblée de décider quand elle voudra m'entendre.

« L'assemblée décide que M. Koch sera à l'instant entendu.

M. Koch. Le comité diplomatique a cru devoir remplir vos intentions en vous rendant compte, par le même rapport, des renvois qui lui ont été faits, par des décrets antérieurs, de l'adresse de la municipalité de Strasbourg, de celles de plusieurs citoyens, membres de la société des Amis de la constitution, de celle du directoire du département du Haut-Rhin, toutes relatives aux rassemblemens faits au-delà du Rhin, et aux violences exercées contre des citoyens français. Il résulte de ces adresses, ainsi que des procès-verbaux et pièces justificatives sur lesquelles elles sont appuyées, qu'il existe toujours un foyer de contre-révolution soutenu par quelques princes étrangers, et par les contre-révolutionnaires du dedans; il en résulte que, sur les terres de l'évêché de Strasbourg, situées au-delà du Rhin, il existe un petit corps de troupes de 500 hommes, commandés par Mirabeau; qu'à Worms, et sur les terres de l'électeur de Mayence, il existe un corps considérable de transfuges, sous les ordres immédiats de Louis-Philippe-Joseph Condé; que les mêmes rassemblemens armés sont formés à Coblentz et dans l'électorat de Trèves, où les princes français ont fixé leur siége; que la rage de ces ennemis les porte à toutes sortes de vexations contre les citoyens français; que c'est principalement sur les terres de l'évêché de Strasbourg, et contre des citoyens de cette ville, que s'exerce leur courroux avec le plus de scandale et d'audace; que, dès le mois de mai dernier, des plaintes ont été portées, par le directoire du Haut-Rhin, à M. Montmorin, qui n'a répondu qu'en termes vagues, et que les citoyens de Strasbourg n'ont jamais pu obtenir aucune réparation des injures qu'ils ont reçues, et des vexations qu'ils ont éprouvées. Il est digne de la nation française de déployer un grand caractère pour faire cesser ces outrages. Le comité diplomatique, en délibérant sur ces objets, s'est proposé les questions suivantes :

1° Les attroupemens, les enrôlemens et les violences qui se

commettent sur le territoire de l'empire ne doivent-ils pas être regardés comme une violation manifeste du droit des gens et de l'empire germanique?

2° Quels moyens convient-il d'employer pour faire cesser ces enrôlemens, pour réprimer ces violences?

Je dois vous avertir que votre comité se bornera à vous présenter des mesures contre les puissances germaniques. Il se propose de vous faire un rapport particulier à l'égard des autres. C'est en vain que l'on chercherait à concilier avec le droit des gens les enrôlemens et les violences que tolèrent ces petits princes. En effet, les Français transfuges n'affichent-ils pas, du fond de leur retraite, et à la face de l'Europe, la haine la plus implacable contre vous? Est-ce à leur modération ou à leur impuissance que l'on doit attribuer leur inaction? Ne vous ont-ils pas mis dans la nécessité de faire de grands et de puissans efforts pour mettre vos frontières en état de défense? Mais quelles sont donc les puissances dont la protection nous fait craindre des invasions prochaines? Sont-ce des princes, dépositaires d'un pouvoir indépendant, qui ne connaissent d'autre raison d'État que celle de la force, et d'autre intérêt que celui des conquêtes? Ce sont trois petits princes du corps germanique : les archevêques de Mayence et de Trèves, et le ci-devant évêque de Strasbourg, tous trois connus par leur aversion pour la constitution française, et n'ayant d'autre prétexte pour colorer leurs tentatives hostiles que la perte de quelques droits hiérarchiques et féodaux. Mais peuvent-ils permettre ces attroupemens et ces enrôlemens? Non, la constitution de l'empire leur refuse cette triste prérogative : elle a fixé d'une manière positive le droit de guerre et de paix dont jouissent les membres de l'association germanique. Tout traité, toute alliance, qui pourraient entraîner l'empire dans une guerre étrangère, leur sont absolument interdits, et ce n'est qu'à des princes souverains qu'ils peuvent permettre de faire des enrôlemens sur leur territoire. Il y a plus, par la capitulation de l'empereur actuel, et par les capitulations précédentes, ils ne peuvent permettre les enrôlemens qu'à des puissances qui possèdent immédiatement dans l'empire.

Voici l'article de la capitulation :

« Vous ne permettrez nullement aux puissances qui n'ont pas elles-mêmes de grandes possessions dans l'empire, de faire des levées de troupes sans notre concession, et sans le consentement des électeurs et des autres princes de la confédération germanique. »

Au mépris de ces lois, des princes de l'empire souffrent que des Français transfuges recrutent sur leur territoire avec une audace inouïe dans les villes impériales d'Offenbourg et d'Etteinheim, de Spire, de Worms et de Coblentz; et, chose inconcevable, ils obtiennent pour ces enrôlemens des facilités que la France elle-même n'oserait pas prétendre. Quant aux violences que plusieurs de ces princes tolèrent sur leur territoire contre les citoyens français patriotes, il n'est pas nécessaire de prouver que leur conduite à cet égard est diamétralement opposée aux lois de paix publique, qui font la base principale de l'association germanique. Les lois de l'empire se réunissent aux lois éternelles du droit des gens pour condamner ces violences. Quels sont donc les moyens qu'il convient d'employer ? Ne serait-il pas de la dignité de la France de faire faire, par le ministre des affaires étrangères, des réquisitions vigoureuses à ces princes, à l'effet de faire cesser ces rassemblemens et ces enrôlemens scandaleux, et d'obtenir une réparation convenable des violences exercées contre nos concitoyens ? Faut-il donc désespérer de leur faire comprendre qu'il est de leur intérêt et de leur gloire de ne pas préférer leurs liaisons avec quelques fugitifs, aux justes égards dus à une grande nation, et au devoir que leur imposent les lois de l'empire dont ils sont membres? Ne pourrait-on pas soutenir les réclamations par une réquisition officielle auprès des princes qui composent les cercles du [Haut et Bas-Rhin et de Souabe, par les ministres qui y sont accrédités, afin d'obtenir, par l'autorité des cercles de l'empire, ce que ne pourrait obtenir la justice des premières réclamations, et de prévenir ainsi toute violation du territoire de l'empire.

Les princes de l'empire ne sont-ils pas sujets à la police générale des cercles? Et le plus grand nombre des cercles de l'empire n'est-il pas intéressé à maintenir la paix? Enfin, ne pour-rait-on pas faire une déclaration à l'empereur et à la diète de Ratisbonne, par laquelle on les assurerait du désir qu'a la nation française d'entretenir la paix, et de voir cesser des hostilités qui pourraient compromettre même la tranquillité de l'empire? et, pourrait-on douter de la sincérité de vos promesses, lorsque la constitution elle-même vous impose l'obligation de n'entreprendre aucune guerre dans la vue de conquêtes.

On nous objectera une infraction au traité, faite à l'égard des princes qui, par une suite indispensable de la révolution, se trouvent, ou plutôt se croient lésés dans leurs droits. Mais la na-tion française, en faisant valoir les droits imprescriptibles de sa souveraineté, n'a-t-elle pas manifesté un respect profond pour les droits des étrangers en leur offrant des indemnités? Sont-ils autori-sés à susciter une guerre contre tous les principes de l'empire, et qui même ne pourrait que tourner à leur préjudice? La déclaration que nous avons faite de ne plus entreprendre de conquêtes, ne leur serait-elle pas une compensation plus que suffisante de la perte de quelques droits féodaux? et les princes eux-mêmes, éclairés sur leurs vrais intérêts, ne verront-ils pas avec plaisir une constitution qui ne peut que cimenter l'union entre les deux nations, en leur assurant la paix et les avantages réciproques du commerce et de la bonne intelligence.

Déjà les principales puissances rejettent loin d'elles ces projets insensés de contre-révolution, et préfèrent, à la liaison de quel-ques révoltés, l'amitié d'une puissance qui a toujours été le sou-tien de leur liberté, et le garant de leur honneur. Votre comité diplomatique vous propose le projet de décret suivant :

« L'assemblée nationale, après avoir entendu le rapport de son comité diplomatique, considérant que les rassemblemens, les attroupemens, les enrôlemens des fugitifs français que favo-risent les princes de l'empire dans les cercles du Haut et Bas-Rhin, de même que les violences exercées en différens temps contre des citoyens français, sont un attentat au droit des gens, et une contravention manifeste aux lois de l'empire qui ne saurait se concilier avec l'amitié et le bon voisinage que la nation française désirerait entretenir avec les puissances germaniques, décrète que le pouvoir exécutif sera chargé de prendre les mesures les plus efficaces et les plus promptes pour forcer les princes de l'empire à dissoudre les rassemblemens suspects formés sur leur territoire, et à défendre les enrôlemens qui s'y font.»

(Impression et ajournement.)] (1)

(1) Dans la même séance, M. Bruat communiqua à l'assemblée une lettre des administrateurs du département du Haut-Rhin, dans laquelle, entre autres circonstances relatives à la situation des frontières, on lisait le passage suivant :

« Pour surcroît d'inquiétude, M. Wimpfen, général, nous a dit hier en
» plein directoire qu'on lui avait fait de la part des princes français émi-
» grés la proposition de livrer New-Brisack par trahison, et qu'il avait fait
» part de cette proposition et de sa réponse à M. le général Luckner. »

Après une explosion bien naturelle des sentimens que devait faire naître une telle révélation, l'assemblée décida que le ministre de la guerre serait invité à donner des renseignemens sur cette affaire. Le 25, M. Duportail fit remettre à l'assemblée la lettre que le général Wimpfen avait écrite au général Luckner, et que ce dernier lui avait envoyée. Voici le passage de cette lettre qui justifie l'assertion des administrateurs du Haut-Rhin :

Colmar, ce 13 novembre 1791.

«.... La lettre de l'émigrant porte sur mon premier serment d'être fidèle au roi; et, croyant sans doute ou se plaisant à supposer que sa majesté n'a pas accepté de bonne foi la constitution, il essaie de me disposer à livrer dans l'occasion New-Brisack aux princes, au nom desquels il me parle; et pour me déterminer à cette horrible trahison, il me dit qu'en suivant la route de l'honneur par ma fidélité à mon premier serment, je travaillerai efficacement au bien-être de ma famille.

» Cet homme sait que j'ai douze enfans, et nulle autre fortune que les bienfaits de la nation; mais il ignore qu'ayant inspiré mes sentimens à mes enfans, ils aimeraient mieux se voir dans l'abandon et dans le malheur que de devoir leur bien-être à l'infamie de leur père. J'ai répondu avec franchise que je tenais à mon serment plus qu'à la vie, et que je suis prêt à mourir à chaque instant pour la patrie; que les princes, au nom desquels il m'écrit, auraient abandonné il y a long-temps leurs espérances si tous ceux dont le devoir est de combattre pour le maintien d'une constitution que le roi vient d'accepter étaient pénétrés des mêmes principes que moi, principes d'honneur et de fidélité qui, ne m'ayant jamais abandonné dans le cours de la carrière la plus traversée par des vicissitudes sans nombre, m'animeront jusqu'à mon dernier soupir; et, afin d'ôter à cet aventurier tout espoir que l'invasion dont il semble me menacer puisse jamais s'effectuer impunément, et lui montrer que son projet est un projet purement romanesque, je lui fais entendre qu'il y a prêts à marcher et à agir en masse, partout où les circonstances l'exigeraient, plus de dix mille hommes à qui j'ai inspiré les mêmes sentimens que je manifeste, et que je consens qu'il fasse connaître aux princes, s'il est vrai, comme il l'avance, qu'il me parle en leur nom. »

L'assemblée applaudit à l'exemple de fidélité donnée par le général François Wimpfen, et décréta qu'il en serait fait mention honorable au procès-verbal. La lettre fut renvoyée au comité de surveillance.

(Note des auteurs.)

SÉANCE DU 29 NOVEMBRE.

[*M. Isnard.* Je ne viens pas vous apporter un discours digne du grand objet qui vous occupe. (Quelques personnes applaudissent. — On entend plusieurs voix : *Au fait ! au fait.*) L'intérêt et la dignité de la nation, voilà le fait, exigent qu'on adopte les mesures proposées par les préopinans. Il faut faire cesser l'état d'indécision où nous sommes, les dépenses énormes qui nous écrasent, le discrédit qui mine la France, et tout ce qui afflige les citoyens ; il faut ramener la tranquillité publique, non cette tranquillité qui, dans le drame de notre révolution, ressemblerait au repos de l'entr'acte, mais celle qui commence là où finissent les événemens. Quand même les émigrés ne songeraient pas à attaquer, il importerait au salut du peuple de les dissiper par les armes, et d'en venir à un dénouement. Le projet de décret conduit à ce dénouement ; il est donc utile, il est donc réclamé par l'intérêt du peuple.

Or, tout cela ne peut s'obtenir qu'en combattant au plus tôt les ennemis qui nous tourmentent. Quand même les émigrés ne songeraient pas à nous attaquer, il suffit qu'ils soient rassemblés d'une manière hostile, et que ce rassemblement nous constitue dans des dépenses énormes, et nous retienne dans l'état que j'ai dépeint, pour qu'il nous importe de les dissiper par les armes et d'en venir, comme je l'ai déjà dit, à un dénouement. Le projet de décret qui vous est proposé tend à hâter ce dénouement ; il est donc utile sous ce rapport.

Ce n'est pas assez que d'en venir aux prises avec l'ennemi, il faut que toutes nos démarches tendent à assurer nos succès, et le projet de décret se rapporte encore à ce but.

En effet, puisqu'il est démontré qu'il nous faut combattre, n'est-il pas de notre intérêt, quels que soient nos ennemis, quelles que soient leurs alliances secrètes, d'entrer dans la lice avec une fierté courageuse ? Tout combattant qui montre de la crainte rehausse le courage de son adversaire et s'avoue presque vaincu ; mais celui qui le provoque avec fermeté, impose à l'ennemi, et la victoire, compagne du courage, se plaît à le favoriser.

Il s'agit dans ce projet de décret de demander au roi de parler d'une manière impérieuse à ces petits princes d'outre-Rhin, qui ont la hardiesse téméraire de favoriser des rebelles. Ou les émigrés ne sont soutenus que par les petits princes, ou ils le sont par d'autres puissances. Dans le premier cas, ils sont si faibles, qu'il faut faire cesser bien vite des préparatifs dispendieux ; dans le second, notre fermeté obligera enfin nos ennemis à paraître. Il sera plus avantageux de les forcer à se déclarer, que de les laisser paisiblement exécuter le plan qu'ils méditent, et faire jouer leur mine dans le moment fatal marqué par leur politique. Et qu'on ne me dise pas qu'en réclamant avec fermeté des princes étrangers ce qu'exige le droit des gens, nous pouvons, par cette conduite, indisposer tout le corps germanique, et provoquer l'agression des puissances redoutables. Non, ce que nous demandons étant juste, ne changera rien aux résolutions des autres gouvernemens : les résolutions sont indépendantes du décret que vous allez porter ; c'est l'intérêt et la politique qui les a inspirés, parce que ce sont eux qui règlent tout dans les cours.

C'est ainsi que, sous tous les rapports, les mesures proposées me paraissent utiles ; mais si elles sont approuvées par l'intérêt public, elles sont commandées par la majesté nationale. Le Français va devenir le peuple le plus marquant de l'univers : esclave, il fut intrépide et fier ; libre, serait-il timide et faible ? Traiter tous les peuples en frères, ne faire aucune insulte, mais n'en souffrir aucune ; ne tirer le glaive que pour la justice, ne le remettre dans le fourreau qu'après la victoire ; enfin, toujours prêts à combattre pour la liberté, toujours prêts à mourir pour elle, et à disparaître tout entier de dessus le globe plutôt que de se laisser réenchaîner, voilà le caractère du peuple français. (On applaudit à plusieurs reprises.)

Ne croyez pas que notre position du moment s'oppose à ce qu'on frappe de ces grands coups ; un peuple en état de révolution est invincible ; l'étendard de la liberté est celui de la victoire ; le moment où le peuple s'enflamme pour elle est celui des sacrifices de toutes les espèces, de l'abandon de tous les intérêts, et de l'explosion redoutable de l'enthousiasme guerrier. Ne craignez donc rien, sinon que le peuple se plaigne que vos décrets ne correspondent pas à tout son courage.

La voie des armes est la seule qui vous reste contre des rebelles qui ne veulent pas rentrer dans le devoir. En effet, toute idée de capitulation serait un crime de lèse-patrie. Eh! quelle infâme capitulation! Nos adversaires sont les ennemis de la constitution; ils veulent, par le fer et la famine, ramener les parlemens et la noblesse, et augmenter les prérogatives du roi, d'un homme dont la volonté peut paralyser la volonté de toute une nation, d'un homme qui dévore 50 millions, quand des millions de citoyens sont dans la détresse. (Les tribunes applaudissent. — Il s'élève des murmures dans l'assemblée.) Ils veulent ramener les parlemens, qui vendaient la justice; ils veulent ramener la noblesse, qui, dans son orgueil, insolente et barbare, croit que des citoyens ne sont pas des hommes. Ils veulent ramener la noblesse! Ah! du haut de cette tribune, nous électriserions tous les Français; tous, versant d'une main leur or et tenant le fer de l'autre, combattraient cette race orgueilleuse, et la forceraient d'endurer le supplice de l'égalité. (On applaudit.)

Élevons-nous dans cette circonstance à toute la hauteur de notre mission; parlons aux ministres, au roi, à l'Europe, avec la fermeté qui nous convient. Disons à nos ministres que jusqu'ici la nation n'est pas très-satisfaite de la conduite de chacun d'eux. (On applaudit à plusieurs reprises.) Que désormais ils n'ont à choisir qu'entre la reconnaissance publique et la vengeance des lois, et que par le mot *responsabilité* nous entendons *la mort*. (Les applaudissemens recommencent.) Disons au roi que son intérêt est de défendre la constitution; que sa couronne tient à ce palladium sacré; qu'il ne règne que par le peuple et pour le peuple; que la nation est son souverain, et qu'il est sujet de la loi. Disons à l'Europe que le peuple français, s'il tire l'épée, en jettera le fourreau; qu'il n'ira le chercher que couronné des lauriers de la victoire; et que si, malgré sa puissance et son courage, il succombait en défendant la liberté, ses ennemis ne régneraient que sur des cadavres. (On applaudit.) Disons à l'Europe que si les cabinets engagent les rois dans une guerre contre les peuples, nous engagerons les peuples dans une guerre contre les rois. (On applaudit.) Disons-lui que tous les combats que se livreront les peuples par ordre des despotes.... (Les applaudissemens continuent.) N'applaudissez pas, n'applaudissez pas; respectez mon enthousiasme, c'est celui de la liberté.

Disons-lui que tous les combats que se livrent les peuples par ordre des despotes, ressemblent aux coups que deux amis, excités par un instigateur perfide, se portent dans l'obscurité; si la clarté du jour vient à paraître, ils jettent leurs armes, s'embrassent et châtient celui qui les trompait. De même, si au moment que les armées ennemies lutteront avec les nôtres, le jour de la philosophie frappe leurs yeux, les peuples s'embrasseront à la face des tyrans détrônés, de la terre consolée et du ciel satisfait.

Disons-lui enfin que dix millions de Français, embrasés du feu de la liberté, armés du glaive, de la plume, de la raison, de l'éloquence, pourraient seuls, si on les irrite, changer la face du monde et faire trembler tous les tyrans sur leurs trônes d'argile.

Je demande que le décret proposé soit adopté à l'unanimité, pour montrer que cette auguste enceinte ne renferme que de bons Français, amis de la liberté et ennemis des despotes. (Les applaudissemens des tribunes et de l'assemblée recommencent, et se prolongent pendant quelques minutes.)

L'assemblée ordonne l'impression de ce discours, et l'envoi aux départemens.]

A la séance du 27, Duverault avait proposé un projet de décret qui fut de nouveau présenté par Koock après le discours qu'on vient de lire. Le comité diplomatique y avait fait quelques amendemens; il fut adopté dans les termes suivans:

« L'assemblée nationale, ayant entendu le rapport de son comité diplomatique, décrète qu'une députation de vingt-quatre de ses membres se rendra près du roi pour lui communiquer, au nom de l'assemblée, sa sollicitude sur les dangers dont menacent la patrie les combinaisons perfides des Français armés et attroupés au-dehors du royaume, et de ceux qui trament des complots au dedans, ou excitent les citoyens à la révolte contre la loi; et pour déclarer au roi que l'assemblée nationale regarde comme essentiellement convenable aux intérêts et à la dignité de la nation toutes les mesures que le roi pourra prendre afin de requérir les électeurs de Trèves, Mayence et autres princes de l'empire qui accueillent des Français fugitifs, de mettre fin aux attroupemens et aux enrôlemens qu'ils tolèrent sur la frontière; et d'accorder réparation à tous les citoyens français, et notamment à ceux de Strasbourg, des outrages qui leur ont été faits dans leurs territoires respectifs; que ce sera avec la même confiance dans la sagesse de ces mesures que les représentans de la nation verront rassembler les forces nécessaires pour contraindre, par la voie des armes, ces princes à respecter le droit des gens, au cas qu'ils persistent à protéger ces attroupemens, et à assurer la justice qu'on réclame.

» Et enfin que l'assemblée nationale a cru devoir faire cette déclaration solennelle pour que le roi fût à même de prouver, tant à la cour impériale qu'a la diète de Ratisbonne, et à toutes les cours de l'Europe, que ses intentions et celles de la nation française ne font qu'une.

» Décrète en outre que la même députation exprimera au roi que l'assemblée nationale regarde comme une des mesures les plus propres à concilier ce qu'exige la dignité de la nation et ce que commande sa justice, la prompte terminaison des négociations d'indemnités entamées avec les princes allemands possessionnés en France, en vertu des décrets de l'assemblée nationale constituante; et que les représentans de la nation, convaincus que les retards apportés aux négociations qui doivent assurer le repos de l'empire, pouvaient être attribués en grande partie aux intentions douteuses d'agens peu disposés à seconder les intentions loyales du roi, lui dénoncent le besoin urgent de faire dans

le corps diplomatique les changemens propres à assurer l'exécution fidèle et prompte de ses ordres.

[*Séance du 29 au soir.*—*M. Vaublanc.* Messieurs , je me suis
rendu chez le roi à la tête de la députation que vous m'avez déféré
l'honneur de présider. Introduit sur-le-champ chez le roi, je lui
ai lu le discours que vous avez approuvé ce matin, tel que le voici :

« SIRE ,

» A peine l'assemblée nationale a-t-elle porté ses regards sur
la situation du royaume , qu'elle s'est aperçue que les troubles
qui l'agitent encore, ont leur source dans les préparatifs criminels des français émigrés.

» Leur audace est soutenue par des princes allemands qui méconnaissent les traités signés entre eux et la France , et qui affectent d'oublier qu'ils doivent à cet empire le traité de Westphalie
qui garantit leurs droits et leur sûreté.

» Ces préparatifs hostiles, ces menaces d'invasion commandent
des armemens qui absorbent des sommes immenses que la nation
aurait versées avec joie dans les mains de ses créanciers.

» C'est à vous, sire, de les faire cesser ; c'est à vous de tenir
aux puissances étrangères le langage qui convient au roi des
Français. Dites-leur que partout où l'on souffre des préparatifs
contre la France , la France ne peut voir que des ennemis ; que
nous garderons religieusement le serment de ne faire aucune
conquête; que nous leur offrons le bon voisinage, l'amitié inviolable d'un peuple libre et puissant ; que nous respecterons leurs
lois, leurs usages, leurs constitutions; mais que nous voulons
que la nôtre soit respectée. Dites-leur enfin que si des princes
d'Allemagne continuent de favoriser des préparatifs dirigés contre
les Français , nous porterons chez eux, non pas le fer et la
flamme, mais la liberté. C'est à eux à calculer quelles peuvent
être les suites du réveil des nations.

» Depuis deux ans que les Français patriotes sont persécutés
près des frontières, et que les rebelles y trouvent des secours ,
quel ambassadeur a parlé, comme il le devait, en votre nom ?...
aucun.

» Si les Français, chassés de leur patrie par la révocation de l'édit de Nantes, s'étaient rassemblés en armes sur les frontières, s'ils avaient été protégés par des princes d'Allemagne : Sire, nous vous le demandons, quelle eût été la conduite de Louis XIV? Eût-il souffert ces rassemblemens? eût-il souffert les secours donnés par des princes qui, sous le nom d'alliés, se conduisent en ennemis? Ce qu'il eût fait pour son autorité, que votre majesté le fasse pour le salut de l'empire, pour le maintien de la constitution.

» Sire, votre intérêt, votre dignité, la grandeur de la nation outragée, tout vous prescrit un langage différent de celui de la diplomatie. La nation attend de vous des déclarations énergiques auprès des cercles du Haut et du Bas-Rhin, des électeurs de Trèves, Mayence et de l'évêque de Spire.

» Qu'elles soient telles que les hordes des émigrés soient à l'instant dissipées. Prescrivez un terme prochain, au delà duquel nulle réponse dilatoire ne sera reçue; que votre déclaration soit appuyée par les mouvemens des forces qui vous sont confiées; et que la nation sache quels sont ses amis et ses ennemis. Nous reconnaîtrons à cette éclatante démarche le défenseur de la constitution.

» Vous assurerez ainsi la tranquillité de l'empire, inséparable de la vôtre; et vous hâterez ces jours de la prospérité nationale, où la paix fera renaître l'ordre et le règne des lois, où votre bonheur se confondra dans celui de tous les Français. »

Le roi nous a répondu :

» Je prendrai en très-grande considération le message de l'assemblée nationale. Vous savez que je n'ai rien négligé pour assurer la tranquillité publique au-dedans, pour maintenir la constitution, et pour la faire respecter au-dehors. »

J'observerai, a ajouté M. Vaublanc, qu'il m'a paru, quand nous sommes entrés, que le roi s'est incliné le premier; je me suis incliné ensuite vers lui : le reste s'est passé ainsi qu'il est d'usage. (On a vivement applaudi.) |

SÉANCE DU 14 DÉCEMBRE, 5 HEURES DU SOIR.

[On annonce l'arrivée du roi.

Un grand silence règne dans la salle. — Tous les membres se lèvent et restent découverts.

Le roi entre accompagné de ses ministres. — Il se place à la gauche du président, et prononce le discours suivant :

« Messieurs, j'ai pris en grande considération votre message du 29 du mois dernier. Dans cette circonstance où il s'agit de l'honneur du peuple français et de la sûreté de l'empire, j'ai cru devoir vous porter moi-même ma réponse ; la nation ne peut qu'applaudir à ces communications entre ses représentans élus et son représentant héréditaire.

» Vous m'avez invité à prendre des mesures décisives pour faire cesser enfin ces rassemblemens extérieurs qui entretiennent au sein de la France une inquiétude, une fermentation funestes, nécessitent une augmentation de dépenses qui nous épuise, et compromettent plus dangereusement la liberté qu'une guerre ouverte et déclarée.

» Vous désirez que je fasse connaître aux princes voisins qui protégent ces rassemblemens contraires aux règles du bon voisinage et aux principes du droit des gens, que la nation française ne peut tolérer plus long-temps ce manque d'égards et ces sourdes hostilités.

» Enfin, vous m'avez fait entendre qu'un mouvement général entraînait la nation, et que le cri de tous les Français était : Plutôt la guerre qu'une patience ruineuse et avilissante.

» Messieurs, j'ai pensé long-temps que les circonstances exigeaient une grande circonspection dans les mesures ; qu'à peine sortis des agitations et des orages d'une révolution, et au milieu des premiers essais d'une constitution naissante, il ne fallait négliger aucuns des moyens qui pouvaient préserver la France des maux incalculables de la guerre. Ces moyens, je les ai tous employés. D'un côté, j'ai tout fait pour rappeler les Français émigrans dans le sein de leur patrie, et les porter à se soumettre aux nouvelles lois que la grande majorité de la nation avait adoptées :

de l'autre, j'ai employé les insinuations amicales, j'ai fait faire des réquisitions formelles et précises pour détourner les princes voisins de leur prêter un appui propre à flatter leurs espérances, et à les enhardir dans leurs téméraires projets.

» L'empereur a rempli ce qu'on devait attendre d'un allié fidèle, en défendant et dispersant tout rassemblement dans ses états. Mes démarches n'ont pas eu le même succès auprès de quelques autres princes : des réponses peu mesurées ont été faites à mes réquisitions. Ces injustes refus provoquent des déterminations d'un autre genre. La nation a manifesté son vœu ; vous l'avez recueilli ; vous en avez pesé les conséquences ; vous me l'avez exprimé par votre message : Messieurs, vous ne m'avez pas prévenu : représentant du peuple, j'ai senti son injure, et je vais vous faire connaître la résolution que j'ai prise pour en poursuivre la réparation.

» Je fais déclarer à l'électeur de Trèves, que si avant le 15 de janvier, il ne fait pas cesser dans ses États tout attroupement et toutes dispositions hostiles de la part des Français qui s'y sont réfugiés, je ne verrai plus en lui qu'un ennemi de la France. (Il s'élève des applaudissemens réitérés, accompagnés des cris de *Vive le roi.*) Je ferai faire une semblable déclaration à tous ceux qui favoriseraient de même des rassemblemens contraires à la tranquillité du royaume ; et en garantissant aux étrangers toute la protection qu'ils doivent attendre de nos lois, j'aurai bien le droit de demander que les outrages que des Français peuvent avoir reçus, soient promptement et complétement réparés. (On applaudit.)

» J'écris à l'empereur pour l'engager à continuer ses bons offices, et, s'il le faut, à déployer son autorité, comme chef de l'empire, pour éloigner les malheurs que ne manquerait pas d'entraîner une plus longue obstination de quelques membres du corps germanique. Sans doute, on peut beaucoup attendre de son intervention, appuyée du poids imposant de son exemple ; mais je prends en même temps les mesures militaires les plus propres à faire respecter ces déclarations. (On applaudit.)

» Et si elles ne sont point écoutées, alors, Messieurs, il ne me

restera plus qu'à proposer la guerre ; la guerre, qu'un peuple
qui a solennellement renoncé aux conquêtes, ne fait jamais sans
nécessité ; mais qu'une nation généreuse et libre sait entreprendre, lorsque sa propre sûreté, lorsque l'honneur, le commandent.
(Nouveaux applaudissemens.)

» Mais en nous abandonnant courageusement à cette résolution, hâtons-nous d'employer les moyens qui seuls peuvent en
assurer le succès. Portez votre attention, Messieurs, sur l'état des
finances ; affermissez le crédit national ; veillez sur la fortune publique ; que vos délibérations, toujours soumises aux principes
constitutionnels, prennent une marche grave, fière, imposante,
la seule qui convienne aux législateurs d'un grand empire (une
partie de l'assemblée et les tribunes applaudissent) : que les pouvoirs constitués se respectent pour se rendre respectables ; qu'ils
se prêtent un secours mutuel, au lieu de se donner des entraves,
et qu'enfin on reconnaisse qu'ils sont distincts et non ennemis. Il
est temps de montrer aux nations étrangères que le peuple français, ses représentans et son roi, ne font qu'un. (Applaudissemens unanimes.) C'est à cette union, c'est encore, ne l'oublions
jamais, au respect que nous porterons aux gouvernemens des
autres États, que sont attachées la sûreté, la considération et la
gloire de l'empire.

» Pour moi, Messieurs, c'est vainement qu'on chercherait à
environner de dégoûts l'exercice de l'autorité qui m'est confiée.
Je le déclare devant la France entière, rien ne pourra lasser ma
persévérance, ni ralentir mes efforts. Il ne tiendra pas à moi que
la loi ne devienne l'appui des citoyens et l'effroi des perturbateurs. (Vives acclamations.) Je conserverai fidèlement le dépôt
de la constitution, et aucune considération ne pourra me déterminer à souffrir qu'il y soit porté atteinte ; et si des hommes qui
ne veulent que le désordre et le trouble, prennent occasion de
cette fermeté pour calomnier mes intentions, je ne m'abaisserai
pas à repousser par des paroles les injurieuses défiances qu'ils
se plairaient à répandre. Ceux qui observent la marche du gouvernement avec un œil attentif, mais sans malveillance, doivent re-

connaître que jamais je ne m'écarte de la ligne constitutionnelle, et que je sens profondément qu'il est beau d'être roi d'un peuple libre.» (Les applaudissemens se prolongent pendant plusieurs minutes. — Plusieurs voix font entendre dans l'assemblée et dans les tribunes le cri de : *Vive le roi des Français!*)

M. le président au roi. Sire, l'assemblée nationale délibérera sur les propositions que vous venez de lui faire ; elle vous instruira par un message de ses résolutions.

Le roi se retire au milieu des applaudissemens de l'assemblée.

N.... Je demande l'impression du discours du roi, et l'envoi aux 83 départemens.

Cette proposition est adoptée à l'unanimité.

N.... Je demande qu'on n'ajoute pas au discours du roi la réponse du président, elle déshonorerait l'assemblée.

M. Bazire. Je demande que la réponse du président soit imprimée, pour apprendre à la France que dans une circonstance la plus propre à exciter son enthousiasme, l'assemblée nationale a su s'en défendre.

L'assemblée passe à l'ordre du jour.

M. le ministre de la guerre. Le roi veut la paix ; tel a été le but de ses négociations, il ne négligera aucun moyen de la donner au royaume. Le roi a juré de maintenir la constitution, et il ne peut refuser aucun moyen de la maintenir. Sa majesté m'a chargé de donner les ordres nécessaires pour que cent cinquante mille hommes soient réunis aux frontières dans un mois. Je me suis assuré qu'une réunion de forces aussi imposante n'est pas impossible pour cette époque; je crois donc qu'il m'est permis d'avoir une confiance bien fondée dans l'issue de cette entreprise. Il faut donc détruire cet esprit de découragement qui voudrait regarder la France comme abattue, lorsqu'elle a à défendre sa liberté contre la coalition de quelques despotes; tandis qu'elle a été victorieuse, lorsqu'elle combattait pour un seul homme contre une coalition bien plus redoutable.

Je sais qu'on voudra encore exciter des méfiances, que parmi les hommes qui ont proposé les mesures que le roi vient de prendre, il en est qui se disposent à les combattre; mais vous résisterez à ce système dangereux, et la liberté ne sera pas un vain mot chez une nation courageuse qui doit la défendre. Je partirai dans peu de jours, d'après les ordres du roi, pour vérifier l'état de l'armée, et visiter les frontières, non que je croie à toutes les défiances du soldat contre les officiers; mais j'espère les dissiper, en parlant aux uns et aux autres au nom de la patrie et du roi. Je dirai aux officiers que d'anciens préjugés, qu'un amour trop peu raisonné de leur roi a pu quelque temps excuser leur conduite, mais que le mot trahison n'est d'aucune langue. Je dirai aux soldats : les officiers qui restent à la tête de l'armée sont liés à la révolution et par leur serment et par l'honneur; le salut de l'État va dépendre de la discipline de son armée; enfin, les gardes nationales, à qui la France doit sa liberté, sauront sans doute la défendre, et l'on n'aura à leur apprendre que ce que l'expérience peut ajouter au courage. Je remettrai mon portefeuille au ministre des affaires étrangères, et telle est ma confiance, telle doit être celle de la nation dans son patriotisme, que je me rends responsable de tous les ordres qu'il donnera dans mon département.

Trois armées ont paru nécessaires, et MM. Rochambeau, Luckner et la Fayette sont désignés par la patrie pour les commander, et le roi et la patrie ne font plus qu'un. (On applaudit.) Le roi leur en a déféré le commandement. Sa majesté eût désiré que l'organisation militaire lui eût permis de donner le grade de maréchal de France à MM. Rochambeau et Luckner. L'assemblée croira sans doute qu'aujourd'hui le salut de la patrie est la loi suprême, et peut-être se déterminera-t-elle à déclarer au roi qu'elle le verra avec plaisir déférer ce grade à ces généraux (1).

Une augmentation de dépenses sera indispensable; la France ne marchandera pas pour sa liberté. D'ailleurs cette augmenta-

(1) Sur un rapport du comité militaire, et par un décret des 27 et 28 décembre, l'assemblée autorisa la nomination de ces deux officiers au grade de maréchal : elle dérogeait pour cette fois seulement (vu l'urgence) au décret du 4 mars 1791, qui fixa à six le nombre des maréchaux.

                                        (Note des auteurs.)

tion de dépenses doit moins effrayer les créanciers que les longs malheurs d'une continuation d'inquiétudes qui perpétueraient l'anarchie; cette crainte doit disparaître par la certitude que le cri de la guerre, s'il se fait entendre, sera le signal de l'ordre (1).

Dans l'entreprise immense, et peut-être hardie, dont j'ose me charger, s'il m'échappait quelques détails, j'espère au moins qu'on ne pourra me reprocher d'avoir négligé aucunes grandes mesures, et le roi, par le sacrifice qu'il vient de faire de ses affections personnelles, va sans doute redoubler envers sa personne l'attachement de tous ceux qui, comme moi, ont uni indissolublement leurs destinées à la liberté de la France. (On applaudit.)

M. Brissot. Je suis loin de m'opposer à l'impression du compte que vient de rendre le ministre de la guerre ; mais j'observe que parmi les nombreuses vérités qu'il contient, on y a joint d'injustes préventions. (Il s'élève des murmures.) Je demande que la discussion soit ajournée à samedi prochain, et l'on verra si les patriotes méritent les reproches qu'on leur fait.

L'assemblée ordonne l'impression et l'insertion au procès-verbal du discours du ministre.]

SÉANCE DU 15 DÉCEMBRE

Le lendemain M. Lémontey, cédant le fauteuil à M. Ducastel, donna lecture à l'assemblée d'un projet de réponse au roi qui provoqua une discussion dont nous conserverons les principaux traits.

[*M. Lémontey.* Voici le projet de réponse au roi que l'assemblée m'a chargé de rédiger :

« Sire, l'assemblée nationale vient se soulager du silence auquel l'avait condamnée le désir de rendre l'expression de ses sentimens plus imposante et plus profonde. Au langage, etc. »

M. Couthon. Vient se soulager !... Ah ! ah, ah !

---

(1) Le supplément dont parle ici le ministre, fut porté par lui à vingt millions, à la séance du 18 ; le 20, l'assemblée vota ces fonds extraordinaires.   (*Note des auteurs.*)

M. Lémontey. J'ai employé le mot *soulager* parce qu'hier le silence m'avait paru pénible.

M. Grangeneuve. C'est faux.

Plusieurs voix. Il faut supprimer cette phrase. (*Oui, oui,* — *Non, non.*)

M. Couthon. Le discours de M. Lémontey est très-éloquent ; mais cette éloquence est une éloquence de mots, et non pas l'éloquence de la dignité nationale. Dans la première phrase M. Lémontey, président de l'assemblée nationale, semble exprimer au roi sa douleur de l'avoir reçu hier avec dignité et avec majesté ! (*Murmures.*) M. Lémontey s'est conduit hier comme un président pénétré de la grandeur de ses fonctions et de la dignité du peuple dont il était l'organe ; aujourd'hui vous allez en quelque sorte vous repentir humblement d'avoir manifesté cette grandeur et cette dignité. (*Applaudissemens et murmures.*) Je demande que cette première phrase, qui n'est qu'une flagornerie indigne de l'assemblée, soit effacée. (*Appuyé.*)

M. Lémontey. On paraît désirer la suppression de la première phrase... (*Oui, oui.* — *Non, non.*) Elle n'est point nécessaire à l'adresse ; elle exprime le sentiment que j'ai éprouvé, et non celui de l'assemblée.

M. Lacroix. Cette réponse n'est pas faite au nom de M. Lémontey : elle est faite au nom de l'assemblée. Le roi des Français est l'ennemi du despotisme ; il doit être l'ami des vérités et l'ennemi des flagorneries. Il ne faut pas faire une réponse au roi pour lui dire des choses obligeantes seulement ; il faut encore lui dire de grandes vérités, qu'il est nécessaire qu'il apprenne. (*La suppression de la phrase est adoptée.*)

M. Couthon. M. Lémontey dans son discours promet au roi, au nom de l'assemblée nationale *plus de gloire qu'aucun de ses aïeux n'en a obtenu.* Nous n'avons rien à promettre ; le roi doit tout acquérir par sa conduite. Sans doute il le fera, puisqu'il l'a promis, puisqu'il a juré de maintenir la constitution, puisqu'il a juré de la faire respecter au dehors comme au dedans. Ainsi je demande que cette seconde phrase soit également effacée. (Murmures et applaudissemens.) En un mot, comme ces changemens peuvent déranger l'ordre des idées de M. Lémontey, je demande le renvoi.....

Plusieurs voix : A M. Couthon! — Aux Jacobins! — Non, aux Feuillans!

M. Couthon. Je la ferais peut-être moins bien, mais avec plus de dignité.

M. Grangeneuve. J'ai remarqué que M. Lémontey fait dire au peuple français qu'il combattra *ses ennemis et ceux du roi....* Il n'est pas possible que le peuple français s'arme pour combattre les ennemis particuliers du roi.... (Murmures.)

M. Lémontey. J'adopte l'opinion de M. Grangeneuve, qu'un excès de scrupule porte à trouver ici une équivoque; elle sera levée en mettant : *Ses ennemis qui sont aussi les vôtres.* (Adopté.)

M. Grangeneuve. Je relève encore cette expression : *Sire, voilà votre famille....* Il est très-dangereux de rappeler les anciennes idées qui faisaient considérer les peuples comme la famille des rois, et les rois comme les pères des peuples.... (Murmures.) Le roi est un représentant de la nation française; il est contradictoire de dire que la nation française est sa famille. Il appartient à la nation, et la nation ne lui appartient pas. (Applaudissemens.)

M. Lémontey. On mettra : *La famille à laquelle vous êtes attaché.* (Adopté.)

Le projet de message de M. Lémontey, ainsi réduit et modifié, fut adopté et remis le lendemain au roi par une députation. Voici ce message :

« Sire, au langage que votre majesté lui a fait entendre, l'assemblée nationale a reconnu avec transport le roi des Français, elle a senti plus que jamais le prix de l'harmonie des pouvoirs, de ces communications franches et mutuelles qui sont le vœu, qui feront le salut de l'empire.

» L'assemblée nationale attachera toutes les forces de son attention sur les mesures décisives que vous lui avez annoncées; et si tel est l'ordre des événemens qu'elles doivent enfin s'effectuer, l'assemblée nationale, sire, promet à votre majesté plus de gloire qu'aucun de ses aïeux n'en a obtenu; elle promet à l'Europe étonnée le spectacle nouveau de ce que peut un grand peuple outragé, dont tous les bras seront mus par tous les cœurs, et qui, voulant fortement la justice et la paix, combattra pour lui-même ses ennemis, qui sont aussi les vôtres.

» De puissans intérêts, de douces jouissances, vous sont pré-parés; du Rhin aux Pyrénées, des Alpes à l'Océan, tout sera couvert des regards d'un bon roi, et protégé par un rempart d'hommes libres et fidèles. Voilà, sire, la famille à laquelle vous êtes attaché; voilà vos amis! Ceux-là ne vous ont pas aban-donné!....

» Tous les représentans du peuple, tous les vrais Français ont dévoué leur tête pour soutenir la dignité nationale, pour dé-fendre la constitution jurée, et le roi chéri dont elle a affermi le trône. »

Réponse du roi.

« Messieurs, je connais le langage et le cœur des Français dans les remerciemens que vous m'adressez. Oui, messieurs, ils sont ma famille, et elle se réunira, j'espère, tout entière sous la protection et l'empire des lois. »]

La discussion sur la guerre ne divisa pas brusquement les Ja-cobins. Le 28 novembre, le jour même où Robespierre, de retour d'Arras, paraissait pour la première fois au club depuis la clô-ture de la constituante, on s'occupa du décret par lequel il con-venait à l'assemblée de terminer ses délibérations diplomatiques. Robespierre repoussa toute idée de message au roi, toute dépu-tation au pouvoir exécutif. Il fallait, selon lui, que l'assemblée nationale agît directement, et sommât Léopold de disperser les émigrés dans un délai fixé par elle, sans quoi « nous vous dé-clarons la guerre au nom de la nation française, et au nom de toutes les nations ennemies des tyrans. Ou mieux, il faut imiter ce Romain qui, chargé au nom du sénat de demander la déci-sion d'un ennemi de la république, ne lui laissa aucun délai. Il faut tracer autour de Léopold le cercle que Popilius traça autour de Mithridate ; voilà le décret qui convient à la nation française et à ses représentans. »

La conduite de l'assemblée, qui, par son message du 29 novembre, laissait au roi l'initiative de la guerre, sema les premières défiances. Bientôt une lettre de Léopold à Louis XVI, datée de Vienne, le 3 décembre, et communiquée officiellement par Delessart, le 24 seulement, donna à la division un caractère plus grave. On connaissait cette lettre à Paris avant la réponse du roi au message du 29 ; car, à la séance des Jacobins du 11 décembre, Carra et Réal s'en autorisèrent pour faire la première proposition de la guerre d'attaque. L'un et l'autre pensaient que le plus sûr moyen de résister aux efforts des ennemis, était d'aller les attaquer dans leurs propres foyers. Robespierre s'éleva avec force contre cette opinion. Nous trouverons ailleurs ses argumens.

Mais les motifs qui décidèrent Robespierre et plusieurs autres Jacobins, tels que Billaud-Varennes, Collot-d'Herbois, Couthon, Doppet, Desmoulins, Danton et beaucoup d'autres, à se méfier des partisans de la guerre d'attaque, étaient des soupçons que nous verrons s'éclaircir et se justifier de plus en plus en 1792, et dont nous pouvons donner dès aujourd'hui une preuve irrécusable. Nous la puisons dans les Mémoires du prince Hardemberg. Il résulte du passage que nous allons transcrire, 1° que l'office de l'empereur fut annoncé aux ministériels avant d'être expédié ; 2° que les propositions et les projets de guerre partirent des salons de l'ambassade de Suède ; 3° que Louis de Narbonne, le nouveau ministre, avait été nommé à l'instigation de cette coterie, dirigée par madame de Staël, l'ambassadrice de Gustave III. Voici ce passage.

L'auteur commence par analyser l'office de l'empereur, daté de Vienne, le 3 décembre. Nous nous contenterons nous-mêmes de l'extrait qu'il en donne, parce qu'il renferme la partie essentielle des pièces.

Il cite cette phrase de la lettre où Léopold annonçait « la résolution formelle de porter aux princes possessionnés en Alsace et en Lorraine, tous les secours qu'exigeaient la dignité de la couronne impériale et le maintien des constitutions publiques de l'empire, s'ils n'obtenaient pas réintégration plénière et conforme aux dispositions des traités. »

Il cite des décrets de commission et de ratification du dernier *conclusum* de la diète sur cet objet, les clauses suivantes :

1° Que l'empereur et l'empire n'auront aucun égard aux soumissions qu'auraient pu faire quelques États aux indemnités proposées par la France, attendu que l'exécution illimitée des décrets de l'assemblée nationale, rendus depuis le 4 août 1789, est une usurpation arbitraire, une infraction, une violation de la souveraineté territoriale de l'empire et de l'empereur ; 2° que sa majesté impériale a vu avec peine que la lettre du roi très-chrétien n'avait, ni quant à la forme, ni quant à son contenu, répondu à l'attente générale sur son caractère reconnu de justice et de loyauté, et qu'y ayant remarqué la prétention erronée de croire les terres des princes lésés tellement soumises à la souveraineté du roi, que sauf une indemnité il puisse en disposer librement ; sa majesté impériale proteste solennellement en son nom et au nom de l'empire contre toutes mesures prises depuis le mois d'août 1789, qui seraient contraires aux traités ; qu'elle se serait déjà empressée de donner aux princes lésés tous les secours qui dépendent d'elle, conformément à la dignité impériale et aux lois de l'empire, si elle n'avait pas espéré terminer amiablement cette affaire. À cette pièce est encore joint un monitoire adressé au directoire des cercles, pour les inviter à empêcher la circulation des écrits séditieux, à prévenir toute perturbation de l'ordre public, en forçant chacun de se soumettre à l'autorité des magistrats, et même de se prêter de mutuels secours en cas d'émeute, le tout conformément aux ordonnances de police de l'empire, et aux recès de Spire et d'Augsbourg. »

L'auteur poursuit ainsi : «Cet office, si important avant même d'être expédié pour sa destination, fut signalé et annoncé par l'ambassadeur de France, soit au ministre des affaires étrangères, soit à ses correspondans intimes de Paris, où il donna lieu, par la connaissance anticipée de son contenu, à des comités particuliers. Les informations secrètes du temps ne seront pas ici démenties par l'histoire. Dans ces comités préparatoires figuraient, d'une part, le ministre des affaires étrangères, et le nouveau ministre de la guerre Narbonne; et de l'autre, un certain nombre de personnages en très-haut crédit dans l'assemblée, dans les clubs, et dans les conseils privés de Louis XVI. Déjà la pensée d'en venir au terrible moyen de la guerre dominait tous les hommes avides de popularité, de pouvoir et de renommée, et déjà cette pensée avait acquis une sorte de consistance politique dans les salons d'une femme célèbre, où se réunissaient les zélateurs les plus marquans de l'indépendance nationale et de la liberté. Ici encore le voile le plus épais serait inutile : on voit qu'il s'agit de madame de Staël, ambassadrice de Suède, femme étonnante, et que l'amour de la célébrité contemporaine mêla dans presque toutes les grandes intrigues de l'époque. C'était elle qui, en dépit du roi de France, et par ses puissans manèges, venait de porter au ministère M. de Narbonne, qu'elle aimait à cause des grâces de son esprit, de son assurance, et de cet élan d'honneur militaire et de bravoure française qui l'animait. On prétendait que le mobile le plus actif de ce ministre remuant, était l'espoir de se faire une haute réputation, et de répondre à tous les sentimens exaltés d'une femme extraordinaire. S'il désirait avec ardeur d'allumer la guerre au dehors, c'était pour signaler son ministère constitutionnel. Son élocution facile lui donnant une certaine vogue dans l'assemblée, diriger la révolution ne lui paraissait pas au-dessus de ses forces, unies à celles de la femme célèbre qui le subjuguait. Ce qui d'abord exerça leurs actives combinaisons, ce fut d'entraîner le roi et son conseil dans les voies de la guerre. Non-seulement le roi en repoussait l'effrayante initiative; mais les ministres Delessart et Cahier de Gerville eux-mêmes y répugnaient : ils travaillaient plutôt à éluder les hostilités qu'à les provoquer. Mais déjà par l'impression des conciliabules provocateurs, un message venait d'être fait au roi, le 29 novembre, de la part de l'assemblée.—Ainsi, les premiers

cris de guerre véhémens contre les rois seraient partis de l'hôtel
de l'ambassadeur d'un roi qu'on savait le plus disposé à tourner
contre la révolution française toute la puissance de ses armes! »
(*Mémoires d'un homme d'État*, t. 1, p. 168-173.)

Le lecteur comprendra maintenant pourquoi les patriotes,
soupçonnant une partie de ces détails, comme la suite le démontrera, voyant d'ailleurs Louis XVI proposer la guerre, Narbonne
la préparer, la Fayette la diriger, conçurent de vives inquiétudes.

Voici les discours importans prononcés pour ou contre la guerre
d'attaque, au club des Jacobins. Nous les empruntons textuelle-
ment au journal des débats des Amis de la constitution.

Séance des Jacobins du 12 décembre. — Carra était revenu de
sa première détermination ; il monta ce jour-là à la tribune «pour
appuyer, par de nouveaux motifs, les opinions de MM. Robespierre et Dubois de Crancé, qui pensent qu'il n'y a pas *lieu* à
attaquer les émigrés. »

« *N....* soutient l'avis contraire, et propose d'investir l'assemblée législative du pouvoir dictatorial ; il s'appuie, pour prouver
la possibilité de ce changement, sur les autorités de Jean-Jacques
et de Montesquieu.

» Cet opinant, accueilli avec beaucoup de murmures et d'applaudissemens, réunit toute l'attention à l'annonce d'un projet
de décret relatif à cette mesure. Mais M. Isnard, président,
l'interrompt, en lui faisant observer que cette matière est trop
délicate pour être agitée dans le moment, et qu'on n'y doit toucher qu'avec la précaution avec laquelle on s'approche du feu. »
(On applaudit.)

M. *Robespierre.* « Il semble que ceux qui désirent de provoquer la guerre n'ont adopté cette opinion que parce qu'ils n'ont
pas fait assez d'attention sur la nature de la guerre que nous entre-
prendrions, et sur les circonstances où nous sommes. On se livre
à un mouvement d'attaquer les ennemis de la constitution, parce
qu'on croit avoir en main les moyens de diriger les forces, parce
qu'on pense que le courage de la nation sera dirigé par des mains

pures, et la force conduite d'une manière franche et loyale : si cela était ainsi, il faudrait déclarer la guerre à ceux qui voudraient soutenir nos émigrés, et leurs protecteurs n'existeraient plus. Mais attendu la difficulté de vous fier aux agens du pouvoir exécutif, il vaut mieux attendre qu'ils l'aient provoquée. Je ne me fixe point ici à la dictature; je porte seulement mon attention sur le gouvernement tel qu'il est, et je laisse aux circonstances à amener les moyens extraordinaires que le salut du peuple peut exiger. Jusque-là, je m'impose silence, et je ne préviens point les événemens. Je dis donc que pour savoir quel est le parti le plus utile, il faut examiner de quelle espèce de guerre nous pouvons être menacés : est-ce la guerre d'une nation contre d'autres nations? Est-ce la guerre d'un roi contre d'autres rois? Non, c'est la guerre de tous les ennemis de la constitution française contre la révolution française. Ces ennemis, qui sont-ils? Il y en a de deux espèces; les ennemis du dedans et les ennemis du dehors. Peut-on raisonnablement trouver au nombre des ennemis du dedans, la cour et les agens du pouvoir exécutif? Je ne puis point résoudre cette question; mais j'observerai que les ennemis du dehors, les rebelles français, et ceux qui pourraient être comptés parmi ceux qui veulent les soutenir, prétendent qu'ils ne sont les défenseurs que de la cour de France et de la noblesse française.

» Je voudrais examiner un peu ce qui s'est passé jusqu'ici, depuis le ministre qui a voulu anéantir l'assemblée nationale, jusqu'au dernier de ses successeurs. Voyez ce tissu de prévarications et de perfidie; voyez la violence, la ruse et la sédition employées tour à tour. Des actes de trahison formelle suivis de proclamations mensongères destinées à la déguiser mieux. Voyez la conduite de la cour et du ministère.... et quand bien même vous pardonneriez à ceux qui ont goûté du despotisme, de ne pouvoir s'accommoder de l'égalité, parce qu'ils se croient au-dessus de la nature humaine; quand même vous croiriez à la conversion des ministres; examinez ce qui s'est passé jusqu'ici, et décidez cette question : Peut-on craindre de trouver les ennemis du dedans contre la révolution française, et de trouver parmi ces ennemis la

cour et les agens du pouvoir exécutif? Si vous me répondez affirmativement, je vous dirai : A qui confierez-vous la conduite de
cette guerre ? aux agens du pouvoir exécutif? Vous abandonnerez
donc la sûreté de l'empire à ceux qui veulent vous perdre. De là résulte que ce que nous avons le plus à craindre, c'est la guerre. La
guerre est le plus grand fléau qui puisse menacer la liberté dans
les circonstances où nous nous trouvons. Je sais qu'il y a des
inconvéniens dans les deux systèmes, soit que nous attaquions
ou non, dans le cas où nous aurions la guerre; mais si nous considérons quels sont les véritables motifs de la guerre, si nous
nous approchons des véritables intentions de nos ennemis, nous
verrons que le seul parti à prendre est d'attendre. Dans le cas
où elle aurait lieu d'abord, je ne me persuade pas que nous puissions présumer dans aucune hypothèse que les puissances de
l'Europe s'uniront pour nous faire une guerre sanglante. Ce
n'est point une guerre allumée par l'inimitié des peuples, c'est
une guerre concertée avec les ennemis de notre révolution, et
c'est sous ce point de vue qu'il faut examiner quels sont leurs
desseins probables. Quel usage veut-on faire de ces puissances,
de ces forces étrangères dont on nous menace? On veut nous
amener à une transaction qui procure à la cour une plus grande
extension de pouvoir : on veut surtout rétablir la noblesse, et
dès qu'on aura obtenu ces points, quand ils seront arrivés à leur
but, la guerre arrivera. Pour obtenir cette capitulation, il ne
sera peut-être pas même nécessaire de faire la guerre. On croit
qu'en nous intimidant, qu'en tentant une attaque on nous décidera, et on ne déploiera de puissance réelle contre nous, qu'autant
que cela sera nécessaire pour nous amener à capituler. Rapprochez ces idées que j'ai entendu prononcer dans le cours malheureux de l'assemblée constituante, par ces coupables intrigans,
qui en ont été le fardeau ; rapprochez cette idée de la conduite
actuelle. Il y a des rebelles à punir ; les représentans de la nation les ont frappés ; le *veto* est apposé à leurs décrets : et au lieu
de la punition qu'ils ont lancée contre les rebelles, que vient-on
leur proposer? une déclaration de guerre ; au lieu d'un décret

sage, on veut engager une guerre simulée, qui puisse donner lieu à une capitulation. Si les rebelles dissipés sont anéantis dans l'oubli, tous les complots sont avortés. Mais une guerre donne lieu à des terreurs, à des dangers, à des efforts réciproques, à des trahisons, enfin à des pertes. Le peuple se lasse. Est-il nécessaire, dira-t-on alors, d'exposer les trésors publics pour de vains titres? En serons-nous plus malheureux parce qu'il y aura des comtes, des marquis, etc.? On se rapproche; on calomnie l'assemblée nationale, si elle est sévère; on lui attribue les malheurs de la guerre. On capitule enfin.

» Voilà, si je ne me trompe, les vues de l'intrigue ministérielle. Voilà le véritable nœud de cette intrigue, qui nous perdra, si nous nous environnons de ces terreurs; si nous donnons une consistance aussi funeste que ridicule à ces factieux, qui ne méritent que le mépris de la nation, et qui n'auraient pas dû fixer deux jours son attention. Je suis si convaincu par les plus simples réflexions que le bon sens suggère à ceux qui sont instruits des intrigues de la cour, que je crois être aussi sûr de ne pas me tromper que si j'étais membre du club de Richelieu, de l'hôtel Marsillac et de tous les cabinets conspirateurs. (Ici ce discours est interrompu, le journal en promet la suite, et ne la donne pas.)

Séance du 16 décembre.— M. *Brissot.* «La question soumise à l'examen est de savoir si on doit attaquer les princes allemands qui soutiennent les émigrans, ou s'il faut attendre leur invasion. Cette question ne paraissait pas devoir d'abord entraîner parmi les patriotes une diversité d'opinion, et cependant il en existe une: les esprits sont armés de préventions, de préjugés. Nous voulons arriver à la vérité; nous devons les bannir; nous devons examiner dans la cohue les opinions de l'un et de l'autre parti; nous avons à nous défendre de tout système et à ouvrir les yeux, car autrement on n'agit qu'en aveugle. Défiez-vous de la vue des hommes dont le zèle vacillant a tantôt soutenu, tantôt abandonné la cause du patriotisme. Mais gardez-vous d'inculper par des soupçons les ennemis du despotisme. J'ai reproché au ministre de la guerre d'avoir élevé d'injustes préventions contre les patriotes qui voulaient combattre la proposition de la guerre, et je viens ici dé-

fendre non toutes les propositions du ministre, je les crois trop
étendues; mais je viens défendre la proposition de la guerre
contre les petits princes allemands.

» J'ai médité depuis six mois et même depuis la révolution, le
parti que je vais soutenir. Une magie bien adroite de nos adversaires ne me la verra point abandonner. C'est par la force des
raisonnemens et des faits que je me suis persuadé qu'un peuple
qui a conquis le liberté après dix siècles d'esclavage, avait besoin
de la guerre. Il faut la guerre pour la consolider, il la faut pour
la purger des vices du despotisme, il la faut pour faire disparaître de son sein les hommes qui pourraient la corrompre. Bé-
nissez le ciel des soins qu'il en a pris, et de ce qu'il vous a donné
le temps d'asseoir votre constitution. Vous avez à châtier des rebelles, vous en avez la force ; prenez-en donc la résolution. J'aime
à rendre hommage aux intentions droites et patriotiques de ceux
qui soutiennent ici un système contraire; mais je les *conjure*
d'examiner mes argumens et de les réfuter. Si je me *suis* trompé,
je défendrai leur opinion, je la défendrai à l'assemblée nationale ;
mais s'ils se sont égarés, je prends l'engagement de détruire jusqu'à la dernière de leurs objections. Tous les députés qui sont
ici doivent avoir un même sentiment ; quel malheur si nous étions
divisés d'opinion sur cet objet qui doit décider du bonheur de la
France. Depuis deux ans, la France a épuisé tous les moyens
pacifiques pour ramener les rebelles dans son sein ; toutes les
tentatives, toutes les réquisitions ont été infructueuses ; ils persistent dans leur révolte; les princes étrangers persistent à les
soutenir ; peut-on balancer de les attaquer ? notre honneur,
notre crédit public, la nécessité de moraliser et de consolider
notre révolution, tout nous en fait la loi ; car la France ne serait-
elle pas déshonorée si, la constitution étant achevée, elle tolérait
une poignée de factieux qui insultât à ses autorités constituées ;
ne serait-elle pas déshonorée si elle souffrait des outrages qu'un
despote n'aurait pu souffrir pendant quinze jours. Un Louis XIV
déclara la guerre à l'Espagne, parce que son ambassadeur avait
été insulté par celui d'Espagne ; et nous qui sommes libres,
nous balancerions un instant !

» Que voulez-vous qu'ils en pensent ? Que nous sommes dans l'impuissance d'agir envers les puissances étrangères, ou que les rebelles nous en imposent; ce qu'ils regarderont comme le résultat de notre anarchie. Maintenant quel doit être l'effet de cette guerre : il faut nous venger ou nous résoudre à être l'opprobre de toutes les nations ; il faut nous venger en détruisant cette horde de brigands, ou consentir à voir perpétuer les factions, les conjurations, les incendies, et devenir plus audacieuse que jamais l'insolence de nos aristocrates. Ils croient à l'armée de Coblentz ; c'est de là que vient l'opiniâtreté de nos fanatiques. Voulez-vous détruire d'un seul coup l'aristocratie, les réfractaires, les mécontens : détruisez Coblentz; le chef de la nation sera forcé de régner par la constitution, de ne voir son salut que dans l'attachement à la constitution, de ne diriger sa marche que d'après elle. »

On demande l'impression du discours de M. Brissot. M. Robespierre propose l'ajournement de l'impression jusqu'à la fin de la discussion, enfin après une assez longue discussion l'impression est ordonnée.

M. Danton. « Vous avez ordonné l'impression de l'excellent discours de M. Brissot, de cet athlète vigoureux de la liberté, de cet homme de qui nous attendons de si grands services et qui ne trompera pas nos espérances. Si la question était de savoir si en définitif nous aurons la guerre, je dirais, oui les clairons de la guerre sonneront ; oui, l'ange exterminateur de la liberté fera tomber les satellites du despotisme. Ce n'est point contre l'énergie que je viens parler. Mais, Messieurs, quand devons-nous avoir la guerre ? N'est-ce pas après avoir bien jugé notre situation, après avoir tout pesé ; n'est-ce pas surtout après avoir bien scruté les intentions du pouvoir exécutif qui vient nous proposer la guerre. Mais qu'il me soit permis, avant d'entrer en discussion, de dire que je soutiendrai mes principes. Le peuple m'a nommé pour défendre la constitution, et quelles qu'aient pu être mes opinions contre ceux qui en ont empêché l'étendue, je déclare maintenant que je ne défendrai le peuple, que je ne

terrasserai ses ennemis qu'avec la massue de la raison
glaive de la loi.

»Qu'il me soit permis d'examiner la situation dans laq
trouve l'empire. M. Brissot paraît penser que toutes l
sances de l'Europe veulent se conduire d'après la comb
sage qu'il leur prête, il croit que les rois et leurs agen
vent être philosophes. Si on eût dit avant la révolution,
ministère français en allant toujours d'absurdités en abs
forcerait la liberté, vous auriez pu croire d'autres combi:
à des hommes qui paraissaient exercés dans l'art du go
ment. Par cela seul que la combinaison défend la guer
rois, leur orgueil l'ordonne. Oui, nous l'aurons cette g
mais nous avons le droit de scruter la conduite des age
seront employés. Il existe deux factions, l'une qui tient à 1
préjugés de l'ancienne barbarie, ce sont ces mêmes h
qui en voulant figurer au commencement de la révolutic
fait confédération entre les St.-Priest, les Breteuil, les
tocrates de l'Europe. Ceux-là veulent la contre-révolution
lue.

»Examinons maintenant quel est l'autre parti à redoute
faction est la plus dangereuse, c'est celle de ces homn
n'ont pas déguisé leur opinion, que j'ai accusés dans ce
semblée face à face, qui ont dit que l'on pouvait faire ré
der la révolution, que l'on pouvait reproduire un systèm
valent à celui de M. Mounier.

»Nous avons à nous prémunir contre cette faction d'h
qui veulent mettre à profit une guerre générale, qui voud
comme je l'ai déjà dit, nous donner la constitution anglais
l'espérance de nous donner bientôt le gouvernement de C
tinople. Je veux que nous ayons la guerre, elle est indi:
ble; nous devons avoir la guerre; mais il fallait avant tout
les moyens qui peuvent nous l'épargner. Comment se fait
ces mêmes ministres n'aient pas senti qu'ils sont plus qu
pects quand ils viennent nous dire que le moyen de rend
France sa prépondérance dans l'Europe, c'est une décla

de guerre. Et que pourrait dire ce pouvoir exécutif qui reproche à l'assemblée nationale de ne pas seconder ses intentions, quand il aurait dû faire lui-même disperser les forces des émigrans. Quand j'ai dit que je m'opposais à la guerre, j'ai voulu dire que l'assemblée nationale, avant de s'engager par cette démarche, doit faire connaître au roi qu'il doit déployer tout le pouvoir que la nation lui a confié, contre ces mêmes individus, dont il a disculpé les projets, et qu'il dit n'avoir été entraînés hors du royame que par les divisions d'opinion. »

Séance du 18 décembre.—Robespierre fit un nouveau discours, sur lequel nous trouvons seulement la note suivante dans le numéro CXII du journal que nous transcrivons :

« M. Robespierre a donné de nouveaux développemens aux motifs qu'il avait déjà exposés pour ne pas déclarer la guerre. Son discours, plein de cet amour de la patrie qui entraîne tous les cœurs, a été souvent interrompu par des applaudissemens universels. Lorsqu'il parlait de la défiance qu'on devait avoir du ministère, il était facile de s'apercevoir qu'il en parlait en homme pénétré de cette maxime qui se trouve dans son discours, que la défiance est au sentiment intime de la liberté ce que la jalousie est à l'amour.»

Séance du 19 décembre. — M. Billaud de Varennes. « Ce n'est pas contre la nécessité cruelle d'une guerre inévitable que je viens m'élever. Quand on s'applaudissait, en 1789, en disant que jamais une révolution n'avait coûté aussi peu de sang, j'ai toujours répondu qu'un peuple qui brisait le joug de la tyrannie, ne pouvait sceller irrévocablement sa liberté qu'en traçant l'acte qui la consacre avec la pointe des baïonnettes. Mais au moins c'est dans le sein de ses ennemis qu'il faut les plonger: c'est pour s'en débarrasser à jamais, qu'on doit se décider à les rechercher pour les combattre. C'est donc en prenant toutes les précautions propres à assurer la victoire, que l'honneur national, que la sûreté du peuple, veulent qu'on embouche la trompette martiale; car il n'est de triomphe à espérer, qu'autant que le soldat, plein de confiance, marche fièrement à l'ennemi, tandis que ce dernier,

frappé de terreur à son approche imposante, devient à moit
vaincu avant la première décharge.

» Cependant, Messieurs, il serait difficile sans doute, en po
tant un cœur embrasé du feu sacré de la liberté et de la patri
de se défendre d'un violent mouvement de suspicion, lorsqu'c
voit le pouvoir exécutif venir brusquement proposer à l'assen
blée nationale une déclaration de guerre aux princes d'All
magne pour le 15 janvier prochain, à une époque où le pays
qui en doit être le théâtre, est impraticable, et dans un temp
où notre armée est sans officiers, les régimens incomplets, le
gardes nationales sans équipement pour la plupart, nos ville
frontières sans munitions de guerre, et nos places fortes ouverte
à l'ennemi, par un défaut de garnison, ou suffisante, où sûre
A-t-on jamais plus formellement mis en évidence un plan de con
tre-révolution, dont assurément l'exécution deviendrait aussi fa
cile que le succès en serait certain?

» C'est pourtant, Messieurs, dans une position si pénible, s
inquiétante, si dangereuse, qu'il se trouve des hommes, se disant patriotes, et qui prêchent, à mon grand étonnement, une
circonspection trompeuse et apathique; des hommes qui veulen
nous inspirer une confiance sans bornes, une sécurité qui n'a
déjà que trop nui à la cause du peuple; des hommes qui pré
tendent que des vaines considérations doivent l'emporter sur la
prudence, et qui, pour nous le persuader, substituent des saillies
lies brillantes à des raisonnemens solides, et des espérances
vagues à des preuves.

» Non, Messieurs, ce n'est pas le moment de s'abaisser à de
lâches condescendances, de garder de perfides ménagemens,
quand la liberté est menacée, quand la patrie est en danger,
quand le salut de la nation, qui est la loi suprême, se trouve im-
minemment exposé; car vous y touchez à la fin, après tant d'os-
cillations et d'incertitudes, à cet instant redoutable où la détermination que l'assemblée nationale doit prendre va décider si
nous serons définitivement libres, ou s'il faut redevenir esclaves
pour toujours; si, en un mot, oubliant le serment que nous

avons fait d'employer tous les efforts moraux et physiques à la défense de notre liberté, nous n'opposerons à nos ennemis qu'une armée dénuée de tout, et commandée par des chefs non moins indignes de la confiance du soldat, que de l'estime de la nation ; qu'une armée qui, pareille à ces légions innombrables de Péruviens, ne sachant suivre aucune tactique, et n'ayant que des flèches contre la foudre de l'artillerie espagnole, a permis à une poignée d'hommes d'en égorger des millions! Je le demande, Messieurs, est-ce là le moment où l'on doit hésiter de dire la vérité quelle qu'elle soit, de mettre au grand jour les manœuvres des malveillans, de les montrer aussi fourbes, aussi odieux qu'ils peuvent l'être? Si tout le monde se tait, si le vrai patriote marchande avec le zèle, si un excès de pusillanimité peut, dans cette circonstance critique, étouffer sa conscience, qui réveillera le corps de la nation, languissamment endormi dans les bras de l'inertie quand sa tête paraît sommeiller? Que toute la France soit avertie dans un temps utile, qu'elle soit frappée de terreur, en apprenant, en constatant les dangers qui l'environnent! qu'elle recule d'effroi à l'aspect de l'abîme qu'on veut entr'ouvrir sous ses pas! qu'enfin elle reconnaisse que, pour s'y soustraire, il n'est pas un instant à perdre, et que le seul moyen d'en réchapper est de s'occuper sans délai à se mettre sur la défensive, et à se pourvoir elle-même d'armes et de munitions nécessaires, puisque depuis deux ans entiers que des ministres, notoirement ennemis de son salut, sont chargés de lui en fournir, elle est encore sans en avoir.

» Certes, Messieurs, Cicéron ne passa jamais, ni parmi ses contemporains, ni aux yeux de la postérité, pour ce que les ministériels contre-révolutionnaires et les modérés hermaphrodites appellent *une tête chaude*. On sait même que Brutus et Cassius ne lui crurent pas assez d'énergie pour l'inscrire sur la liste des vengeurs de la liberté. Cependant la mâle éloquence de ce philosophe tonna contre la conspiration encore méconnue du traître Catilina; et si le consul n'eût pas éclaté dans ce moment décisif, Rome eût été mise aux fers dix-huit ans plus tôt.

» Dès le jour même que le roi est allé à l'assemblée nationale, on s'est empressé de venir vous persuader que son discours exprimait les sentimens les plus dignes de la confiance publique. Mais depuis le commencement de la révolution, Louis XVI n'a fait en ce genre que des chefs-d'œuvre d'admiration. Rappelez vous seulement celui dont les phrases les plus saillantes furen exposées, par l'académicien Bailly, qui s'y connaît sans doute dans une belle illumination en couleur sur la façade de l'hôtel de-ville? Cependant, à peu près à la même époque, on es sayait le commencement d'une contre-révolution, sous les ordre du ministre Latour-du-Pin, en égorgeant à Nanci les meilleur patriotes, et en opposant avec tant de scélératesse les citoyen armés aux troupes de ligne. Cependant, depuis ce beau discours la loi martiale a été réclamée au nom du pouvoir exécutif, pou lui faciliter, disait-on, une promenade à Saint-Cloud ; cependan ce discours a été suivi, et de la fuite du mois de juin, et de la protestation explicative, qui fort heureusement n'a pas permi de faire prendre le change au peuple sur cet événement.

»On nous invite à la confiance pour donner, dit-on, plus d force aux moyens d'exécution. Mais que ceux qui veulent obte nir cette confiance sachent donc au moins la mériter. Le ministr de la guerre a dit à l'assemblée nationale qu'on ne défendait pa la liberté avec de simples discours. Eh! à qui doit-on s'en pren dre, si nous ne sommes pas aujourd'hui à l'abri de toute at teinte? quand ses prédécesseurs ont constamment laissé no frontières dégarnies de forces suffisantes ; quand, dans les ville les plus exposées, ils n'ont placé que des troupes étrangères, o dont le civisme était le plus suspect ; quand ils ont fait fabrique hors du royaume des fusils qui n'arrivent point, pour que, san doute, il nous soit impossible d'en trouver sous notre main dan l'occasion ; quand ils ont négligé d'armer et d'équiper un si gran nombre de gardes nationales dévouées à la défense de la libert de quel front, l'agent qui remplace de pareils traîtres, ose-t rappeler à l'assemblée nationale qu'on ne maintient pas cette l berté avec des mots? et c'est encore après des faits aussi positif après une succession de perfidies aussi évidentes, que ces gens-là se plaignent qu'on entoure toutes leurs démarches de défiances! qu'ils ont l'impudence d'élever la voix pour accuser ceux qui réclameraient contre une déclaration de guerre faite, lorsque, loin d'être en état d'attaquer, c'est tout au plus si le courage invincible qu'inspire l'amour de la liberté, nous permettrait de repousser une provocation de nos ennemis!

» Au rapport de ce ministre, cent cinquante mille hommes doivent être assemblés avant un mois sur les frontières. Il est bien temps, lorsqu'il s'est déjà écoulé près d'une année depuis que l'assemblée constituante a ordonné la formation de cette armée. Quoi qu'il en soit, que feront ces cent cinquante mille hommes, si la plupart sont sans armes, si les munitions de guerre manquent, si les canons, si les boulets qu'on aura ne sont pas de calibre? Et cependant, quand tel est l'état actuel des choses, sera-ce dans un mois, et surtout au cœur de l'hiver, où les transports deviennent plus difficiles, que le ministère pourra réparer une négligence de deux ans consécutifs?

» Le ministre de la guerre nous apprend, j'ignore, Messieurs, si c'est dans l'intention de nous mieux rassurer, qu'il part pour aller parler aux officiers et aux soldats de l'armée, et pour inspirer l'amour de la discipline aux braves gardes nationaux. Eh! si nos frères d'armes ont un tort aux yeux de ses pareils, n'est-ce pas d'avoir constamment persévéré dans leur noble résolution, en dépit des dégoûts et des fatigues dont on les a harcelés, afin de les révolter et de les faire déserter, s'il eût été possible? Et puis quel besoin des Français, qui veulent être libres, ont-ils de la présence et des discours d'un ministre pour être enflammés de la gloire, et pour savoir vaincre ou mourir? Au reste, supposerait-on même cet encouragement nécessaire, est-ce par la bouche d'un ministre, d'un de ces hommes qui, fussent-ils vertueux avant d'arriver à ce poste, paraissent pervertis huit jours après, que les peuples seront jamais instruits à repousser les efforts du despotisme, dont tout agent du pouvoir est naturellement le

Cyclope? Les tours de la Bastille seraient-elles renversées, si l'on eût attendu, pour les bombarder, les conseils Barantin, de ce teneur de lits de justice, en présence d'une assemblée nationale, ou d'un Breteuil, qui prétendait soumettre Paris en y employant pour quinze francs de corde.

» Au surplus, Messieurs, quel langage le ministre de la guerre doit-il tenir à notre armée? Il nous prévient lui-même qu'il lui dira *que le mot de trahison n'est d'aucun langage.* En ce cas, pourquoi, comment sait-il l'articuler? Mais, fût-il vrai qu'aucun idiome n'eût admis cette expression, il est certain que la conduite de ses collègues, dès le commencement de la révolution, nous eût forcés de créer ce mot, pour peindre d'un seul trait leur caractère. Au surplus, j'interpellerai ici ce ministre, pour lui demander à quel propos il ira parler de trahison à nos frères d'armes, quand surtout il prétend avoir besoin de forger cette expression exprès pour la circonstance. Est-ce avec des termes inconnus et insignifians qu'on éclaire les hommes sur leurs devoirs? Mais que dis-je! le mot est très-énergique; et si le ministre feint de ne le pas connaître, c'est vraisemblablement pour qu'il paraisse autorisé à rendre plus frappante, par un commentaire, l'idée qu'il trace à l'imagination; car je vous l'avoue, Messieurs, l'intention du ministre de la guerre me paraît parfaitement prononcée dans le passage du discours que j'analyse, et je désire que tout le monde puisse l'entendre aussi clairement que moi.

» Ce ministre nous prévient également qu'il doit parler aux officiers et aux soldats au nom de leur intérêt. Mais l'intérêt des officiers particulièrement n'est-il pas une contre-révolution complète, alors que ces ennemis, nés de l'égalité et de la liberté, sont encore, malgré leurs menaces et leurs parjures, les commandans de nos cohortes? Mais ne peut-on pas chercher à tenter le soldat par l'intérêt de quelques gratifications, ainsi que le pouvoir exécutif vient de l'essayer auprès du régiment de la Reine dragons, à qui la liste civile a fait distribuer de beaux surtouts neufs, pour engager ce corps à obéir aveuglément aux ordres de son digne colonel, M. Gouy-d'Arcy? »

Séance du 30 décembre. — « M. Brissot lit un très-long discours, et qui est fréquemment interrompu par des applaudissemens, sur la nécessité de la guerre d'attaque ; il le termine par
une exhortation aux vrais patriotes de se soumettre à la loi, et
de ne jamais se permettre d'attaquer en rien la constitution.

» Cette exhortation paraît à MM. Robespierre et Danton une
critique et une inculpation faite aux orateurs et écrivains de la
société, à cause de l'espèce d'affectation qui leur paraît y être.
Ils s'élèvent pour demander le changement de ce passage dans
l'impression que l'on arrête du discours. La plus vive chaleur se
répand dans toute la société pendant cette discussion, au milieu
de laquelle M. Brissot, rendant le plus éclatant témoignage à
l'attachement de la société et de M. Robespierre pour la constitution, il s'engage à rédiger la fin de son discours de manière à
ce qu'elle ne laisse aucun doute sur ses intentions. »

PROVINCES.

· *Avignon.* — La réunion du comtat à la France par le décret
de la constituante (septembre 1791), n'arrêta point la guerre
civile dans ce malheureux pays. Les médiateurs français, l'abbé
Mulot surtout, furent accusés d'avoir toujours toléré, souvent
provoqué et même ordonné les meurtres qui avaient été commis
à Avignon depuis leur venue. Pour connaître et exposer la vérité
dans la discussion ouverte là-dessus, il faudrait dépouiller un immense dossier, et en extraire plusieurs volumes. Les faits se
présentent ainsi : Sous la constituante, l'abbé Maury attaque
l'abbé Mulot, et les patriotes le défendent ; sous la législative,
Royou continue cette attaque, et les Jacobins la commencent.
Robespierre et l'*Ami du roi* sont du même avis sur le compte du
médiateur. Ajoutez à cette contradiction que les deux partis
avignonnais entre lesquels ont lieu tant de sanglantes représailles
se disent patriotes l'un et l'autre. Nous donnerons en son temps
(9 février 1792) le rapport fait sur les dénonciations de Rovère
contre Mulot ; et lorsque Jourdan *coupe-tête*, l'auteur des plus
effrayans massacres, sera traduit devant le tribunal révolution-

naire, nous trouverons dans la procédure l'histoire de ses crime
Aujourd'hui nous nous contenterons de transcrire le procès-verl
de la journée du 16 octobre, fameuse par la mort de l'Escuye
Cette pièce fut transmise à l'assemblée législative par Rovère
Tissot, députés d'Avignon.

Procès-verbal de la commune d'Avignon, du dimanche 16 octobr

« Des propos séditieux avaient été tenus assez publiquemet
depuis quelques jours par des personnes connues pour être d
ennemis de la constitution. Ce matin on a vu en divers endroi
des affiches dont l'objet était directement d'exciter le peuple à :
révolter contre l'administration provisoire de la commune. O
répandait dans le public que la statue de la Sainte-Vierge qi
existe dans l'église des Cordeliers, était devenue rouge depoi
quelques jours, et qu'elle avait versé des larmes. Un attroupe
ment s'est formé dans l'église des Cordeliers; une partie *des at*
troupés s'est emparée des portes de la ville, dont ils avaient sais
les clés, et a retourné les canons sur la ville, et nous avons appri
que M. Lescuyer, notaire, secrétaire-greffier de la commune e
électeur, venait d'être conduit dans l'église des Cordeliers pa
des gens armés. Une proclamation de nous signée, dont l'obje
était de rappeler les citoyens attroupés à l'observation de la loi
qui permet seulement la voie des pétitions, et d'inviter les ci
toyens attroupés, s'ils en avaient quelqu'une à nous adresser
de le faire paisiblement et sans troubler l'ordre public, n'a pa
pu être entendue au milieu de ce désordre. M. le colonel de |
garde nationale avait rassemblé sa troupe; un détachement non
breux était sorti du fort, précédé de deux pièces de canon, ave
ordre de dissiper cet attroupement et de ramener la tranquillit
dans la ville, en employant les moyens les plus doux qu'il sera
possible; de fortifier la garde des portes de la ville; de pourvoir
la sûreté des citoyens, et sauver, s'il était temps, M. Lescuyer
Des patrouilles fréquentes et nombreuses ont été répandues dan
les différens quartiers de la ville. Le détachement, à son retour
nous a rapporté que l'infortuné Lescuyer était, à l'arrivée de la

troupe dans l'église des Cordeliers, étendu par terre au bas du maître-autel; qu'il avait encore un souffle de vie; mais qu'il était couvert de blessures faites principalement à la tête par des coups de sabre; que la poitrine et le bas-ventre étaient écrasés de coups de bâton et de coups de pieds; qu'après l'avoir assassiné, on lui a volé ses boucles, sa montre et l'argent qu'il avait sur lui; que le détachement l'a lui-même transporté à l'hôpital, l'a placé dans une chambre particulière, et a fait appeler M. Paunard fils, maître en chirurgie, pour lui administrer les secours de son art.

» M. François-Marie-Camille de Rosilly, de la ville d'Auray, département du Morbihan, passant aujourd'hui en cette ville pour se rendre à Marseille, s'est trouvé par hasard auprès de l'église des Cordeliers dans le temps de ce mouvement. Se livrant aux impulsions de la loyauté et de la générosité, si naturelles aux Français, il a voulu parler le langage de la loi, et a osé élever la voix au milieu du tumulte; mais il a failli être la victime de son courage et de l'humanité qui l'inspirait. Il a été arrêté, traduit dans le chœur, gardé à vue, menacé de coups de sabre et de la lanterne; il a été couché en joue. Enfin, il a été résolu qu'il serait détenu jusqu'à ce qu'on eût pris à son égard de plus amples informations, et qu'on eût puni de mort M. Lescuyer, dont il a entendu plusieurs fois demander la tête. Ensuite on a annoncé à ce Français voyageur que le malheureux Lescuyer venait de périr, et que son tour allait venir. Enfin il a été laissé en liberté, et il est venu faire sa déposition devant le juge.

» Nous avons cru devoir instruire M. l'abbé Mulot, l'un des mé-diateurs de la France, et M. Ferrière, commandant des troupes de ligne, de ce qui venait de se passer. Nous avons écrit à l'un et à l'autre, que nous avions dissipé l'attroupement, et que nous avions fait des dispositions qui nous assurent que la tranquillité publique ne sera plus troublée, que les amis de la constitution ne seront plus assassinés; et que, dans ce moment, tout était dans l'ordre.

» M. Paunard, maître en chirurgie, nous a fait passer, sur les six heures du soir, son rapport sur l'état dangereux où se trou-

vait M. Lescuyer; et peu de temps après, sa mort nous a é
annoncée. Nous n'avons cessé, pendant toute la journée, d
veiller avec soin au maintien de la tranquillité, et nous avo
donné des ordres pour l'assurer durant la nuit, que nous no
proposons de passer dans la maison commune.

» Le 17, à trois heures du matin, nous avons été avertis q
les séditieux venaient de forcer les prisons, et en avaient f
sortir quelques prisonniers. Nous avons pris de nouvelles m
sures pour assurer la tranquillité publique et la sûreté des a
cusés. »

*N. B. Comme nous n'avons pas dû commencer le volume par
liste des députés à la constituante, nous la donnons ici avec cel
des députés à la législative.*

LISTE ALPHABÉTIQUE

DES DÉPUTÉS AUX ÉTATS-GÉNÉRAUX DE 1789,

CONVOQUÉS PAR LE ROI, LOUIS XVI.

CLERGÉ.

ALLAIN, recteur de Josselin, Évéché de St.-Malo.

ANDELAU (d'), prince-abbé de Murbach. Baill. de Colmar et Schélestat.

ANTROCHE (César d'), évêque de Condom. Sén. de Nérac.

ARGENTRÉ (Duplessis d'), évêque de Limoges, abbé de Vaux-de-Cernay, diocèse de Paris, et de Saint-Jean-d'Angély, diocèse de Saintes, premier aumônier de *Monsieur*, frère du roi, en survivance. Sén. de Limoges.

AUBERT, curé de Couvignon. Baill. de Chaumont en Bassigny.

AUBRY, curé de Véel. Baill. de Bar-le-Duc.

AURY, curé d'Hérisson. Sén. de Moulins.

AYROLES, curé de Reitevigne. Sén. du Quercy.

BALLARD, curé du Poiré. Sén. du Poitou.

BALORE (Cortois de), évêque de Nîmes. Sén. de Nîmes et Beaucaire.

BANASSAT, curé de St.-Fiel. Sén. de Guéret.

BARBOTIN, curé de Prouvy. Hainault.

BARBOU, curé d'Ile-lès-Villenoy. Baill. de Meaux.

BARGEMONT (de Villeneuve), chantre, comte, chanoine de St.-Victor-lès-Marseille. Sén. de Marseille.

BARMOND (Perrotin de), abbé, conseiller-clerc au parlement de Paris. Ville de Paris.

BASTIEN, curé de Xeuilley. Baill. de Toul.

BEAUFORT (Malateste de), curé de Montastruc. Sén. d'Agen.

BEAUPOIL DE SAINT-AULAIRE, évêque de Poitiers, abbé de Saint
Taurin, diocèse d'Evreux, et de Coulombs, diocèse de Char
tres. Sén. de Poitou.

BEAUVAIS (de), ancien évêque de Senez. Prévôté et vicomté d
Paris.

BÉCHEREL, curé de St.-Loup. Baill. de Coutances.

BÉHIN, curé d'Hersin-Coupigny. Prov. d'Artois.

BENOÎT, curé du St.-Esprit. Sén. de Nîmes et Beaucaire.

BERNIS (François-Pierre de), archevêque de Damas , coadju-
teur d'Alby. Sén. de Carcassonne.

BERTEREAU, curé de Teiller, Sén. du Maine.

BESSE, curé de St.-Aubin. Baïll. d'Avesnes.

BÉTHISY DE MÉZIÈRES, évêque d'Uzès, abbé de Barzelles, diocèse
de Bourges. Sén. de Nîmes et Beaucaire

BIGOT DE VERNIÈRE, curé de St.-Flour. Baill. de St.-Flour.

BINOT, principal du collége d'Ancénis. Sén. de Nantes et Guérande.

BLANDIN, curé de St.-Pierre-le-Puellier. Baill. d'Orléans.

BLUGET, doyen-curé des Riceys. Baill. de Bar-sur-Seine.

BODINEAU, curé de Saint-Bienheuré de Vendôme, Baill. de
Vendôme.

BOISGELIN (de), archevêque d'Aix, abbé de Chablis, diocèse de
Senlis, de St.-Gilles, diocèse de Nîmes et de St.-Maixant, diocèse de Poitiers. Sén. d'Aix.

BONNAC (Dusson de), évêque d'Agen, abbé de Theulley, diocèse
de Dijon. Sén. d'Agen.

BONNAL, évêque de Clermont, abbé de Bonport, diocèse d'Evreux.
Baill. de Clermont.

BONNEFOY, chanoine de Thiers. Sén. de Riom.

BONNET, curé de Villefort. Sén. de Nîmes et Beaucaire.

BONNEVAL, Chanoine de l'église de Paris. Ville de Paris.

BOTTEX, curé de Neuville-sur-Ains. Baill. de Bourg-en-Bresse.

BOUDART, curé de la Couture. Prov. d'Artois.

BOUILLOTTE, curé d'Arnay-le-Duc. Baill. d'Auxois.

BOURDET, curé de Bouère. Sén. du Maine.

BOYER, curé de Néchères. Sén. de Riom.

BRACQ, curé de Ribecourt. Cambresis.

BRETEUIL (le Tonnelier de), évêque de Montauban, abbé de Belleperche, diocèse de Montauban. Pays et jugerie de Rivière-Verdun.

BREUVARD, curé de Saint-Pierre de Douai, Baill. de Douai et Orchies.

BRIGNON, curé de Dore-l'Eglise. Sén. de Riom.

BROUILLET, curé d'Avise. Baill. de Vitry-le Français.

BROUSSE , curé de Volcrange. Baill. de Metz.

BRUET, curé d'Arbois. Baill. d'Aval.

BRUN , curé de St.-Chély. Sén. de Mende.

BUCAILLE , curé de Frétun. Baill. de Calais et Ardres.

BURNEQUEZ, curé de Mouthe. Baill. d'Aval.

CARTIER, curé de la Ville-aux-Dames. Baill. de Touraine.

CASTAING (Rémond du), curé de la Nux. Sén. d'Armagnac, Lectoure et Ile-Jourdain.

CASTELLAS, doyen de l'église, comte de Lyon. Sénéchaussée de Lyon.

CASTELNAU (d'Albignac de), évêque d'Angoulême. Baill. d'Angoulême.

CAUNEILLE , curé de Belvis. Sén. de Limoux.

CHABANNETTES, curé de Saint-Michel de Toulouse. Première sén. de Languedoc.

CHARAUT, curé de la Chaussée-St.-Victor. Baill. de Blois.

CHAMPEAUX, curé de Montigny. Baill. de Montfort-l'Amaury.

CHARRIER DE LA ROCHE, prévôt du chapitre d'Ainay, etc. Sén. de Lyon.

CHATIZEL, curé de Soulaine. Sén. d'Anjou.

CHEVALIER , recteur de Sainte-Lumine de Coutais. Sén. de Nantes.

CHEVREUIL, chancelier de l'église de Paris. Ville de Paris.

CHEVREUX (dom), général de la congrégation de St.-Maur. Ville de Paris.

CHOPPIER, curé de Flins. Baill. de Mantes et Meulan.

CHOUVET, curé de Chauméras. Sén. de Villeneuve-de-Berg, en Vivarais.

CICÉ (Champion de), archevêque de Bordeaux , abbé de la Grasse, diocèse de Carcassonne, et d'Ourcamp, diocèse de Noyon. Sén. de Bordeaux.

Cicé (Champion de), évêque d'Auxerre, abbé de Molesme, diocèse de Langres. Baill. d'Auxerre.

Clerget , curé d'Onans. Baill. d'Amont.

Clermont-Tonnerre (Jules de), évêque, comte de Châlons-sur-Marne, pair de France, abbé de Moustier-en-Der, diocèse de Châlons. Baill. de Châlons-sur-Marne.

Colaud de la Salcette, chanoine de Die. Dauphiné.

Colbert (Seignelay de Cast le Hill), évêque de Rhodez, abbé de Sorèze, diocèse de Lavaur. Sén. de Rhodez.

Collinet, curé de Ville-sur-Iron. Baill. de Bar-le-Duc.

Colson, curé de Nitting. Baill. de Sarguemines.

Conzié (François de), archevêque de Tours. Baill. de Touraine.

Cornus , curé de Muret. Comminges et Nébouzan.

Costel, curé de Foissy. Baill. de Sens.

Coster, chanoine, vicaire-général de Verdun. Baill. de Verdun.

Cousin, curé de Cucuron. Sén. d'Aix.

Couturier, curé de Salives. Baill. de Châtillon-sur-Seine.

David, curé de Lormaison. Baill. de Beauvais.

Davin, chanoine de St.-Martin. Sén. de Marseille.

Davoust (dom), prieur-claustral de l'abbaye de St.-Ouen de Rouen. Baill. de Rouen.

Decoulmiers, abbé régulier de Notre-Dame d'Abbecourt, ordre de Prémontré. Prévôté et vicomté de Paris.

Defaye (J.-B.-A. de Villeloutreix), évêque d'Oléron. Pays de Soules.

Degrieu , prieur-commandataire de Saint-Himer. Baill. de Rouen.

D'Héral , vicaire-général. Sén. de Bordeaux.

Delage , curé de St.-Christoly, en Blayois. Sén. de Bordeaux.

Delaplace , curé de.... Baill. de Péronne.

Delaunay, chanoine Prémontré, prieur-recteur de Plouagat-Châtelaudren. Evêché de Tréguier.

Delettre , curé de Berny-Rivierre. Baill. de Soissons.

Delfaut, archiprêtre d'Aglan. Sén. du Périgord.

Demandre, curé de St.-Pierre. Baill. de Besançon.

Depraux, grand-vicaire de Rouen. Baill. de Caux.

Desmontiers de Mérinville, évêque de Dijon. Baill. de Dijon.

DESVERNAY, curé de Villefranche. Sén. du Beaujolais.

D'EYMAR, abbé-prévôt de Neuviller, en Alsace. Baill. de Haguenau et Wissembourg.

DILLON, curé du Vieux-Pouzange. Sén. du Poitou.

DIOT, curé de Ligny-sur-Canche. Prov. d'Artois.

DODDE, curé de Saint-Péray, official et archiprêtre. Sén. d'Annonay.

DOLOMIEU, chanoine, comte du chapitre de Saint-Pierre. Dauphiné.

DUBOIS, curé de Sainte-Magdeleine de Troyes. Baill. de Troyes.

DUCRET, curé de Saint-André de Tournus. Baill. de Mâcon.

DUFRÊNE, curé de Ménil-Durand. Baill. d'Alençon.

DULAU, archevêque d'Arles, abbé d'Ivry, diocèse d'Évreux. Sén. d'Arles.

DUMOUCHEL, recteur de l'Université de Paris. Ville de Paris.

DUMONT, curé de Villers-devant-le-Thours. Baill. de Vitry-le-Français.

DUPONT, curé de Turcoing. Baill. de Lille.

DUPUIS, curé d'Ailly-le-Haut-Clocher. Sén. du Ponthieu.

DUTILLET, évêque d'Orange. Principauté d'Orange.

ESTAIRE (dom), prieur de Marmoutier. Baill. de Touraine.

EUDES, curé d'Angerville-l'Orcher. Baill. de Caux.

EXPILLY, recteur de Saint-Martin de Morlaix. Evêché de Saint-Pol-de-Léon.

FAROCHON, curé d'Ormoy. Baill. de Crépy, en Valois.

FAVRE, curé d'Hotonne. Sén. de Bugey et Valromey.

FLACHAT, curé de Notre-Dame de Saint-Chamont. Sén. de Lyon.

FLEURY, curé d'Ige, Glaire et Villette. Baill. de Sedan.

FONT, chanoine-curé de l'église collégiale de Pamiers. Sén. de Pamiers.

FONTANGES (François de), archevêque de Toulouse, abbé de Saint-Victor de Paris. 1re sén. de Languedoc.

FOREST DE MARMOUCY, curé d'Ussel. Sén. de Tulle.

FOUGÈRE, curé de Saint-Laurent de Nevers. Baill. du Nivernais.

FOURNETZ, curé de Pui-Miélan. Sén. d'Agen.

FOURNIER, curé d'Heilly. Baill. d'Amiens et Ham.

GABRIEL, recteur de Questembert. Sén. de Vannes.

GAGNIÈRES, curé de St.-Cyr-lès-Vignes. Baill. du Forez.

GALLAND, curé de Charmes. Baill. de Mirecourt.

GARDIOL, curé de Callian. Sén. de Draguignan.

GARNIER, recteur de Notre-Dame-de-Dol. Évêché de Dol.

GASSENDI, prieur-curé de Barras. Sén. de Forcalquier.

GAUSSERAND, curé de Rivière en Albigeois. 1re sén. de Languedoc.

GENNETET, curé d'Etrigny. Baill. de Châlons-sur-Saône.

GIBERT, curé de Saint-Martin-de-Noyon. Baill. de Vermandois.

GIRARD, doyen-curé de Lorris. Baill. de Montargis.

GOBEL, évêque de Lydda. Baill. de Béfort et Huningue.

GODEFROY, curé de Nonville. Baill. de Mirecourt.

GOUBERT, curé de Saint-Silvain-Bellegarde. Sén. de Guéret.

GOULLARD, curé de Roanne. Baill. du Forez.

GOUTTES, curé d'Argellier. Sén. de Béziers.

GOZE, curé de Gaas. Sén. de Dax, Saint-Séver et Bayonne.

GRANDIN, curé d'Ernée. Sén. du Maine.

GRÉGOIRE, curé d'Emberménil. Baill. de Nancy.

GROS, curé de Saint-Nicolas-du-Chardonnet. Ville de Paris.

GUÉDANT, curé de Saint-Trivier. Baill. de Bourg-en-Bresse.

GUÉGAN, recteur de Pontivy. Sén. de Vannes.

GUÉPIN, curé de Saint-Pierre-des-Corps de Tours. Baill. de Touraine.

GUILLON, recteur de Martigné-Fer-Chaud. Sén. de Rennes.

GUILLOT, curé d'Orchamps en Venne. Baill. de Dôle en Franche-Comté.

GUINGAN DE SAINT-MATHIEU, curé de Saint-Pierre. Sén. de Limoges.

GUINO, recteur d'Elliant. Sén. de Quimper et Concarneau.

GUIRAUDEZ DE SAINT-MEZARD, docteur en théologie, archiprêtre de Laverdans. Sén. d'Auch.

GUYON, curé de Bazièges. Sén. de Castelnaudary.

HINGANT, curé d'Andel. Sén. de Saint-Brieuc.

HUNAULT, recteur-doyen de Billé. Sén. de Rennes.

HURAULT, curé de Broyes. Baill. de Sezanne.

JALLET, curé de Chérigné. Sén. de Poitou.

JOUBERT, curé de Saint-Martin. Baill. d'Angoulême.

JOUFFROY DE GOUSSANS, évêque du Mans. Sén. du Maine.

JOYEUX, curé de Saint-Jean de Châtellerault. Sén. de Châtellerault.

JUIGNÉ (le Clerc de), archevêque de Paris, duc de Saint-Cloud, pair de France. Ville de Paris.

JULIEN, curé d'Arrosez. Béarn.

LA BASTIDE, curé de Paulhiaguet. Sén. de Riom.

LABOISSIÈRE, vicaire-général de Perpignan. Viguerie de Perpignan.

LABORDE, curé de Corneillan. Sén. de Condom.

LABROUSSE DE BEAUREGARD, prieur-curé de Champagnole. Sén. de Saintes.

LAFARE (de), évêque de Nancy, abbé de Moreilles, diocèse de La Rochelle. Baill. de Nancy.

LAFONT DE SAVINES, évêque de Viviers. Sén. de Villeneuve-de-Berg, en Vivarais. (S'est retiré).

LAGOILLE DE LOCHEFONTAINE, chanoine et sénéchal de l'église métropolitaine de Reims. Baill. de Reims.

LALANDE, curé d'Iliers-l'Evêque. Baill. d'Evreux.

LA LUZERNE, évêque-duc de Langres, pair de France, abbé de Bourgueil, diocèse d'Angers. Baill. de Langres.

LANDREAU, curé de Moragne. Sén. de Saint-Jean-d'Angely.

LANDRIN, curé de Garancières. Baill. de Monfort-l'Amaury.

LANUSSE, curé de Saint-Etienne, près Bayonne. Sén. de Tartas.

LAPORTE, curé de Saint-Martial d'Hautefort. Sén. du Périgord.

LAPORTERIE, curé de Linconac. Sén. de Mont-de-Marsan.

LARENNE, curé de Saint-Martin de Nevers. Baill. du Nivernais.

LAROCHEFOUCAULD, cardinal, archevêque de Rouen, commandeur des ordres du roi, abbé de Cluny, diocèse de Mâcon, et de Fécamp, diocèse de Rouen. Baill. de Rouen.

LAROCHEFOUCAULD, évêque-comte de Beauvais, pair de France. Baill. de Clermont-en-Beauvoisis.

LAROCHEFOUCAULD-BAYERS, évêque de Saintes, abbé de Vauluisant, diocèse de Sens. Sén. de Saintes.

LAROCHEFOUCAULD, abbé de Preuilly. Baill. de Provins.

LAROCHENEGLY, prieur de Saint-Honoré de Blois. Baill. de Blois.

LASMARTRES, curé de Lille-en-Dodone. Comminges et Nebouzan.

LASTIC (de), évêque de Couserans. Vicomté de Couserans.

LATYL, prêtre de l'Oratoire, supérieur du collége de Nantes
Sénéch. de Nantes et Guérande.

LAURENT, curé d'Huilaux. Sénéch. de Moulins.

LEBORLHE DE GRANDPRÉ, curé d'Oradoux-Sannois. Sénéch. de
Basse-Marche.

LEBRUN, curé de Lyons-la-Forêt. Bailliage de Rouen.

LECÈVE, curé de Sainte-Triaize. Sénéchaussée du Poitou.

LE CLERC, curé de la Cambe. Baill. d'Alençon.

LE FRANÇOIS, curé du Mage. Baill. du Perche.

LE FRANÇOIS, curé de Mutrecy. Bailliage de Caen.

LEGROS, prévôt de Saint-Louis-du-Louvre. Ville de Paris.

LEGUIN, curé d'Argenteuil. Prévôté et vicomté de Paris.

LEISSEGUES DE ROSAVEN, recteur de Plogonnec. Sénéch. de Quim
per et Concarneau.

LELUBOIS, curé de Fontenay. Baill. de Coutances.

LE PELLETIER DE FEUMUSSON, prieur-curé de Domfront. Sénéc
du Maine.

LEROUY, curé de Saint-Pol. Province d'Artois.

LEROUX-VILLOIS, curé de Carantilly. Baill. de Coutances.

LESPINASSE, prieur de Saint-Pierre-le-Moustier. Baill. de Sain
Pierre-le-Moustier.

LETELLIER, curé de Bonœil. Baill. de Caen.

LÉVÊQUE, curé de Tracy. Baill. de Caen.

LEYMARYE, curé de Saint-Privat. Sénéch. du Quercy.

LEYRIS-DESPONCHEZ, évêque de Perpignan. Viguerie de Perpigna

LINDET (Robert-Thomas), curé de Sainte-Croix de Bernay. Bai
d'Evreux.

LOAISEL, recteur de Rhédon. Sénéchaussée de Vannes.

LOEDON DE KEROMEN, recteur de Gourin. Sénéchaussée de Quim
per et Concarneau.

LOLIER, curé d'Aurillac. Baill. de Saint-Flour.

LONGPRÉ, chanoine de Champlitte. Baill. d'Amont.

LOUSMEAU-DUPONT, curé de Saint-Didier de Chalaronne. Sénéc
de Trévoux.

LUBERSAC, évêques de Chartres, abbé de la Grenetière, diocè
de Luçon, et de Noirlac, diocèse de Bourges. Baill. de Chartre

LUCAS, recteur du Minihy-Ploulan-Tréguier. Evêché de Tréguie

MACHAULT (de), évêque d'Amiens, abbé de Valloires. Baill. d'A-
miens et Ham.

MAISONNEUVE, recteur de Saint-Etienne de Montluc. Sén. de
Nantes.

MALARTIC, curé de St.-Denis-de-Pile. Sén. de Castel-Moron
d'Albret.

MALIDE (de), évêque de Montpellier, abbé de Belval, diocèse de
Reims. Sén. de Montpellier.

MALRIEU, prieur-curé de Loubens. Sén. de Villefranche de Rouergue.

MAROLLES, curé de St.-Jean de St.-Quentin. Baill. de St.-Quentin.

MASSAY, curé de Neuil-sur-Dive. Baill. de Loudun.

MARTIN, curé de Sainte-Aphrodise. Sén. de Béziers.

MARTINET, chanoine régulier, prieur-curé de Daon. Sén. d'Anjou.

MASSIEU, curé de Sergy. Baill. de Senlis.

MATHIAS, curé de l'Église-Neuve. Sén. de Riom.

MAURY, prieur de Lions, abbé de la Frénade. Baill. de Péronne.

MAYET, curé de Rochetaillée. Sén. de Lyon.

MELON DE PRADOUX, prieur-curé de St.-Germain-en-Laye. Prévoté
et vicomté de Paris.

MERCERET, curé de Fontaine-les Dijon. Baill. de Dijon.

MERCY (de), évêque de Luçon, abbé de Lieu-Dieu en Jard, diocèse de Luçon. Sén. de Poitou.

MERIC DE MONTGAZIN, vicaire-général du diocèse de Boulogne.
Sén. de Boulogne-sur-Mer.

MESNARD, prieur-curé d'Aubigné. Sén. de Saumur.

MILLET, curé de St.-Pierre de Dourdan. Baill. de Dourdan.

MONNEL, curé de Valdelancourt. Baill. de Chaumont en Bassigny.

MONTESQUIOU (l'abbé de), agent-général du clergé de France,
abbé de Beaulieu, diocèse du Mans; abbé de Beaulieu, diocèse
de Langres. Ville de Paris.

MONTJALLARD, curé de Barjols. Sén. de Toulon.

MOUGINS DE ROQUEFORT, curé de Grasse. Sén. de Draguignan.

MOUTIER, grand-chantre et chanoine d'Orléans. Baill. d'Orléans.

MOYON, recteur de St.-André-des-Eaux. Sén. de Nantes.

NICOLAÏ(Louis-Marie de), évêque de Cahors. Sén. du Quercy.

NOLF, curé de St.-Pierre de Lille. Baill. de Lille.

Océ, curé de St.-Pierremont. Baill. de Vermandois.

Oudot, curé de Savigny. Baill. de Châlons-sur-Saône.

Pampélone, archidiacre de la cathédrale de Viviers. Sén. de Villeneuve de Berg, en Vivarais.

Panat, grand-vicaire de Pontoise. Baill. de Chaumont en Vexin

Papin, prieur-curé de Marly-la-Ville. Prévoté et vicomté de Paris

Peretti della Rocca, grand-vicaire d'Aleiria. Isle de Corse.

Péarer, curé de Saint-Pierre d'Etampes, Baill. d'Etampes.

Piffon, curé de Valeyrac. Sén. de Bordeaux.

Pinelle, curé de Hilsheim. Baill. de Colmar et Schelestat.

Pinelière, curé de Saint-Martin, île de Rhé. Sén de la Rochelle.

Pocheront, curé de Champvert. Baill. de Charolles.

Pompignan (Jean-Georges-le-Franc de), archevêque de Vienne, abbé de Buzay, diocèse de Nantes, et de Sainte-Chaffre, diocèse du Puy. Dauphiné.

Poupart, curé de Sancerre. Baill. du Berry.

Pons, curé de Mazamet. Première sén. de Languedoc.

Privat, prieur-curé de Craponne. Sén. du Puy en Velay.

Puységur (Chastenay de), évêque de Bourges, abbé de Saint-Vincent, diocèse de Metz. Baill. du Berry.

Rabin, curé de Notre-Dame de Cholet. Sén. d'Anjou.

Rangeard, archiprêtre d'Angers, curé d'Andard. Sén. d'Anjou.

Rastignac (de Chapt de), abbé de Saint-Mesmin. Baill. d'Orléans.

Ratier, recteur de Bross. Evêché de Saint-Mâlo.

Renault, curé de Preux-aux-Bois. Hainault.

Richard de Lavergne, recteur de la Trinité de Clisson. Marche commune du Poitou et de Bretagne.

Rigouard, curé de Solliés-la-Fallède. Sén. de Toulon.

Rivière, curé de Vic. Sén. de Bigorre.

Robien, doyen de la cathédrale d'Auxerre. Baill. d'Auxerre.

Rohan-Guiménéz, cardinal, évêque-prince de Strasbourg; abbé de Saint-Vaast, diocèse d'Arras, et de la Chaise-Dieu, diocèse de Clermont. Baill. de Haguenau et Wissembourg.

Rollin, curé de Verton. Baill. de Montreuil-sur-Mer.

Rolland, curé du Caire. Sén. de Forcalquier.

Rosé, curé d'Obersteinbronn. Baill. de Bélort et Huningue.

Roussel, curé de Blarenghem. Baill. de Bailleul.

Rousselot, curé de Thienans. Baill. d'Amont.

Royer, conseiller-d'état, abbé de la Noe, diocèse d'Evreux. Ville d'Arles.

Royère (de), évêque de Castres. Sén. de Castres.

Rozé, curé d'Emalville. Baill. de Caux.

Rualem, abbé d'Ile-les-Villenoy, abbé de Saint-Allyre, diocèse de Clermont, et de Saint-Faron, diocèse de Meaux; chef du conseil et intendant-général des finances de mesdames Adélaïde et Victoire, conseiller de grand'chambre du parlement de Rouen. Beaill. de Maux.

Ruello, curé de Loudeac. Sén. de Saint-Brieuc.

Ruffo (Claude-Marie des comtes de Laric), évêque de Saint-Flour. Baill. de Saint-Flour.

Sabran (Louis-Hector-Honoré-Maxime de) évêque-duc de Laon, pair de France, grand aumônier de la reine, abbé de Saint-Nicolas-des-Bois, diocèse de Laon. Baill. de Vermandois.

Saint-Albin, doyen de Vienne. Dauphiné.

Saint-Esteven, curé de Ciboure. Baill. du Labour.

Saint-Sauveur (de), évêque de Bazas, abbé de l'Ile de Médoc, diocèse de Bordeaux. Sén. de Bazas.

Samary, curé de Carcassonne. Sén. de Carcassonne.

Saurine (l'abbé). Béarn.

Simon, curé de Woel. Baill. de Bar-le-Duc.

Simon, recteur de la Boussacq. évêché de Dol.

Surade (de), chanoine régulier de Sainte-Geneviève, prieur de Plaisance. Sén. de Poitou.

Talaru de Chalmazel, évêque de Coutances, abbé de Blanche-lande, diocèse de Coutances et de Montebourg, même diocèse. Baill. de Coutances.

Talleyrand-Périgord, archevêque-duc de Reims, pair de France, abbé de Saint-Quentin-en-l'Ile, diocèse de Noyon, et de Cercamp, diocese d'Amiens. Baill. de Reims.

Talleyrand-Périgord, évêque d'Autun, abbé de Celles, diocèse de Poitiers, et de Saint-Denis, diocèse de Reims. Baill. d'Autun.

TEXIER, chanoine de Chartres. Baill. de Châteauneuf-en-rais.

THIBAUT, curé de Soupes. Baill. de Nemours.

THIÉBAULT, curé de Saintes-Croix. Baill. de Metz.

THIRIAL, curé de Saint-Crépin. Baill. de Château-Thierry.

THOMAS, curé de Mormant. Baill. de Melun.

THOMAS, curé de Meymac, Sén. de Tulle.

THOURIN, curé de Vic-le-comte. Sén. de Clermont en Auv

TOUZET, curé de Sainte-Terre. Sén. de Libourne.

TRIDON, curé de Rongères. Sén. de Moulins.

VALLET, curé de Saint-Louis. Baill. de Gien.

VANEAU, recteur d'Orgères. Sén. de Rennes.

VARELLES, curé de Marolles. Baill. de Villers-Cotterets.

VARICOURT (Rouph de), official de l'évêché de Genève. Baill. Gex.

VERDET, curé de Vintrange. Baill. de Sarguemines.

VERGUET (dom), prieur de l'abbaye du Relecq. Évêché de Pol-de-Léon.

VEYTARD, curé de Saint-Gervais. Ville de Paris.

VILLARET, vicaire-général de Rhodez. Sén. de Villefranche Rouergue.

VILLEBANOIS, curé de Saint-Jean-le-Vieux. Baill. du Berry.

VILLEVIEILLE (Pavée de), évêque de Bayonne. Navarre.

VIOCHOT, curé de Maligny. Baill. de Troyes.

YVERNAULT, chanoine de Saint-Ursin de Bourges. Baill. du

NOBLESSE.

AGOULT (le comte Antoine d'). Dauphiné.

AIGALLIERS (Bruéys, baron d'). Sén. de Nîmes.

AIGUILLON (le duc d'), pair de France. Sén. d'Agen.

ALLARDE (le baron d'). Baill. de Saint-Pierre-le-Moustier.

AMBLY (le marquis d'), maréchal-de-camp. Baill. de Reims.

ANDELAU DE HOMBOURG (le baron d'), maréchal-de-camp, bailli d'épée. Baill. d'Haguenau.

ANGOSSE (le marquis d'), maréchal-de-camp, gouverneur et sénéchal d'Armagnac. Sén. d'Armagnac.

ANTRAIGUES (le comte d'). Sén. de Villeneuve de Berg.

AOUST (le marquis d'). Baill. de Douai.

APCHIER (le marquis d'). Sén. de Mende.

ARCY (le comte d'). Baill. d'Auxerre.

ARGENTEUIL (le marquis d'), maréchal-de-camp. Baill. d'Auxois.

AURILLAC (le baron d'). Baill. de Saint-Flour.

AVARAY (le marquis d'), maître de la garderobe de Monsieur, frère du roi. Bail. d'Orléans.

AVESSENS (le marquis d'). Première sén. de Languedoc.

BADENS (le marquis du Pach de). Sén. de Carcassonne.

BALLIDARD (de). Baill. de Vitry-le-Français.

BARBANÇON (le vicomte de). Baill. de Villers-Cotterets.

BARBOTAN (le comte de). Sén. de Dax, etc.

BARVILLE (de), officier aux gardes. Baill. d'Orléans.

BATZ (le baron de), grand sénéchal. Sén. de Nérac.

BEAUCHAMP (le marquis de). Sén. de Saint-Jean-d'Angely.

BEAUDRAP (de). Baill. de Coutances.

BEAUHARNOIS (le vicomte de), major en second d'infanterie. Baill. de Blois.

BELBOEUF (de), avocat général au parlement de Rouen. Baill. de Rouen.

BENGY DE PUY-VALLÉE. Baill. du Berry.

BIENCOURT (le marquis de), maréchal de camp. Sén. de Guéret.

BIRON (le duc de). Sén. de Quercy.

BLACONS (le marquis de). Dauphiné.

BOISSE (le chevalier de). Ville et sén. de Lyon.

BONNEVILLE (le comte de). Baill. d'Évreux.

BONNAY (le marquis de). Baill. de Nivernais.

BONVOULOIR (Tachard de). Baill. de Coutances.

BOUFFLERS (le chevalier de), chevalier de Malte, noble génois maréchal de camp, etc. Baill. de Nancy.

BOURNAZEL (le comte de). Sén. de Villefranche en Rouergue.

BOURRAN (le marquis de). Sén. d'Agen.

BOUSMARD, capitaine au corps royal du génie. Baill. de Bar-le-Duc.

BOUTHILIER (le marquis de). Baill. de Berry.

BOUVILLE (de). Baill. de Caux.

Brioos de Beaumetz, premier président du conseil d'Artois. Pr
vince d'Artois.

Broglie (le prince Victor de). Baill. de Colmar et Schélestat.

Broves de Rafélis (le vicomte de). Sén. de Draguignan.

Bureau de Puzy, officier du génie. Bailliage d'Amont.

Burignot de Varennes. Bailliage de Châlons-sur-Saône.

Burle (de), lieutenant-général de Sisteron. Sén. de Forcalquier.

Buttafoco (de), maréchal-de-camp. Ile de Corse.

Cairon (le marquis de). Baill. de Caux.

Castellane (le comte de). Baill. de Châteauneuf en Thimerais.

Castries (le duc de). Prévôté et vicomté de Paris.

Causans (le marquis de). Principauté d'Orange.

Caylus (le duc de), grand d'Espagne. Baill. de Saint-Flour.

Cazalès (de). Pays et jugerie de Rivière-Verdun.

Cernon (le baron de). Baill. de Châlons-sur-Marne.

Chabrol, lieutenant-criminel de la sénéchaussée d'Auvergne.

Chalon (le chevalier de). Sén. de Castel-Moron.

Chalton (le baron de). Dauphiné.

Chambray (le marquis de), maréchal-de-camp. Baill. d'Évreux.

Champagny (de Nompair de), major de vaisseau. Baill. du Forez.

Chastenay de Lanty (le comte de). Baill. de Châtillon-Sur-Seine

Chatelet (le duc du), chevalier des ordres du roi, grand d'Es
pagne, colonel des gardes françaises. Baill. de Bar-le-Duc.

Choiseul d'Aillecourt (le comte de). Baill. de Chaumont e
Bassigny.

Choiseul Praslin (le duc de), pair de France. Sén. d'Anjou.

Clapiers (de). Sén. d'Aix.

Clairmont (d'Esclaïbe, comte de). Bailliage de Chaumont en Bai
signy.

Clermont-Lodeve (Guilhelm, marquis de). Ville d'Arles.

Clermont-Mont-Saint-Jean (le marquis de). Baill. de Bugey
Val-Romey.

Clermont-Tonnerre (le comte de), pair de France. Ville (
Paris.

Coiffier (le baron de). Sén. de Moulins.

Coigny (le duc de), pair de France, chevalier des ordres du ro
lieutenant-général de ses armées, etc. Baill. de Caen.

COMASERRA (de). Province de Roussillon.

CRÉCY (le comte de). Sén. de Ponthieu.

CRILLON (comte de). Baill. de Beauvais.

CRILLON (le marquis de), maréchal-de-camp. Baill. de Troyes.

CROÏ (le duc de), chevalier des ordres du roi. Hainault.

CROIX (le comte de), major en second d'infanterie. Province d'Artois.

CRUSSOL (le baron de), grand bailly d'épée. Baill. de Bar-sur-Seine.

CRUSSOL (le bailly de), chevalier des ordres du roi, capitaine des gardes de M. le comte d'Artois. Prévôté et vicomté de Paris.

CRUSSOL D'AMBOISE (le marquis de), lieutenant-général des armées du roi. Sén. du Poitou.

CULANT (le comte de). Baill. d'Angoulême.

CUSTINE (le comte de). Baill. de Metz.

CYPIERRE (le marquis de). Sén. de Marseille.

D'AGUESSEAU DE FRESNES. Baill. de Meaux.

D'ANDRÉ, conseiller au parlement d'Aix. Sén. d'Aix.

DEPUIS, grand sénéchal. Sén. de Bazas.

DESCHAMPS. Ville et sénéchaussée de Lyon.

DIEUZIE (le comte de). Sén. d'Anjou.

DIGOINE DU PALAIS (le marquis). Baill. d'Autun.

DIONIS DUSÉJOUR, conseiller au parlement. Ville de Paris.

DORTAN (le comte de). Baill. de Dole en Franche-Comté.

DOUZON (Dubuisson comte de). Sénéch. de Moulins.

DUPORT, conseiller au parlement. Ville de Paris.

DUVAL D'ESPRÉMÉNIL, conseiller au parlement. Prévôté et vicomté de Paris.

EGMONT-PIGNATELLI (le comte d'), grand d'Espagne, chevalier de la Toison d'Or, lieutenant-général des armées du roi. Baill. de Soissons.

ESCARS (le comte François d'), gentilhomme d'honneur de M. le comte d'Artois. Sén. de Châtellerault.

ESCLANS (le chevalier d'). Baill. d'Amont.

ESCOULOUBRE (le marquis d'). Première sén. de Languedoc.

ESQUILLE (le marquis d'), président au parlement. Béarn.

ESTAGNOLLE (le comte d'). Baill. de Sedan.

ESTOURMEL (le marquis d'). Cambresis.

EYMARD (d'). Sén. de Forcalquier.

FAILLY (le comte de). Baill. de Vitry-le-Français.

FÉRIÈRES (le marquis de). Sén. de Saumur.

FLACHSLANDEN (le baron de), maréchal-de-camp. Baill. de Colmar
et Schélestat.

FONCHATEAU (Provençal, marquis de). Sén. d'Arles.

FOSSÉS (le vicomte des). Baill. de Vermandois.

FOUCAULT DE LARDIMALIE (le marquis de). Sénéch. du Périgord.

FOURNÈS (le marquis de), sénéchal. Sén. de Nîmes.

FRESNAY (Bailli, marquis de). Sén. du Maine.

FRÉTEAU DE SAINT-JUST, conseiller au parlement de Paris. Baill. de
Melun.

FROMENT (de), ancien lieutenant-colonel du régiment de Rohan.
Baill. de Langres.

FRONDEVILLE (Lambert de), président au parlement de Rouen.
. Baill. de Rouen.

FUMEL-MONSÉGUR (le marquis de), maréchal-de-camp. Sénéch.
d'Agen.

GAILLON (le marquis de). Baill. de Mantes.

GARON DE LA BÉVIÈRE, chevalier de Saint-Louis. Baill. de Bourg-
en-Bresse.

GAUVILLE (le baron de). Baill. de Dourdan.

GLEISES DE LA BLANQUE, lieutenant-général de Béziers. Sén. de
Béziers.

GOMER (le comte de), maréchal-de-camp. Baill. de Sarguemines.

GONNÈS (le baron de). Sén. de Bigorre.

GRAIMBERG DE BELLEAU, lieutenant des maréchaux de France.
Baill. de Château-Thierry.

GRAMMONT (le comte de), lieutenant-général des armées du roi.
Béarn.

GREZOLLES (le comte de). Baill. du Forez.

GROSBOIS (de). premier président du parlement de Besançon.
Baill. de Besançon.

HARAMBURE (le baron d'). Baill. de Touraine.

HARCHIES (le marquis de), cap. au régiment de Bresse. Baill. de
Bailleul.

HART (le marquis du). Pays de Soules.

HAUTOY (le vicomte du), maréchal-de-camp. Baill. de Bar-
le-Duc.

HAVRÉ et DE CROÏ (le duc d'), grand d'Espagne. Baill. d'Amiens
et Ham.

HELMSTATT (le comte d'). Baill. de Sarguemines.

HERCÉ (le chevalier de). Sén. du Maine.

HODICQ (le comte d'), maréchal-de-camp. Baill. de Montreuil-
sur-mer.

IRLAND DE BAZOGES , lieutenant du présidial de Poitiers. Sénéch.
du Poitou.

IVERSAY (Jouflard, comte d'). Sén. du Poitou.

JESSÉ (le baron de). Sén. de Béziers.

JUIGNÉ (le marquis de), lieutenant-général des armées du roi.
Marches communes de Poitou et Bretagne.

JUIGNÉ (le baron de). Baill. de Coutances.

LABLACHE (le comte de), maréchal de camp. Dauphiné.

LACHATRE (le comte de), premier gentilhomme de la chambre dé
Monsieur , frère du roi. Baill. de Berry.

LACHATRE (le vicomte de). Sén. du Poitou.

LACOSTE (le marquis de). Baill. de Charolles.

LACOUDRAYE (Deloynes, chevalier de). Sén. du Poitou.

LAFAYETTE (Mottié , marquis de), maréchal-de-camp. Sénéch. dé
Riom.

LAGALISSONNIÈRE (le comte de). Sen. d'Anjou.

LAIPAUD (le comte de) grand sénéchal d'épée. Sén. de la Basse-
Marche.

LALLY-TOLLENDAL (le comte de). Ville de Paris.

LAMARCK (le comte de). Hainault.

LAMBERTYE (le comte de). Sén. du Poitou.

LAMBERVILLE (Heurtault, vicomte de). Baill. de Berry.

LAMETH (le chevalier Alexandre de), gentilhomme d'honneur de
M. le comte d'Artois. Baill. de Péronne.

LAMETH (le comte Charles de), colonel des cuirassiers. Province
d'Artois.

LANNOY (le comte de), maréchal-de-camp. Baill. de Lille.

LANGON (le marquis de). Dauphiné.

LANDENBERG-WAGENBOURG (baron de). Baill. de Béfort.

LAQUEILLE (le marquis de). Sén. de Riom.

LAQUEILLE (le vicomte de). Sén. de Tulle.

LA ROUZIÈRE (le marquis de), maréchal-de-camp. 'Sénéch. d
Riom.

LAPOYPE-VERTRIEUX (le marquis de), chef d'escadre. Sén. de
Toulon.

LASSIGNY DE JUIGNÉ (le comte de), Sénéch. de Draguignan.

LAROCHEFOUCAULD (le duc de), pair de France. Ville de Paris.

LAROQUE DE MONS (le comte de). Sén. du Périgord.

LATOUCHE (le Vassor, comte de), capitaine des vaisseaux du roi,
inspecteur-général des canonniers auxiliaires de la marine, chancelier de M. le duc d'Orléans. Baill. de Montargis.

LATOUR-DU-PIN (le comte de). Sén. de Saintes. (Remplacé par le
comte de Bremont-d'Ars.)

LATOUR-MAUBOURG (le marquis de). Sénéch. du Puy-en-Velay.

LAVALETTE-PARIZOT (le marquis de). Sén. du Quercy.

LAVIE (le président). Sén. de Bordeaux.

LEBERTHON, premier président du Parlement de Bordeaux. Sén
de Bordeaux.

LECARPENTIER DE CHAILLOUÉ , conseiller au parlement. Baill. d'A
lençon.

LEMOYNE DE BELLEISLE. Baill. de Chaumont-en-Vexin.

LEMULIER DE BRESSAY. Baill. de Dijon.

LENCOSNE (le marquis de). Baill. de Touraine.

LESERGEAN D'ISBERGUE , lieutenant des maréchaux de France. Pro
vince d'Artois.

LÉVI (le duc de). Baill. de Senlis.

LEVIS (le comte de). Baill. de Dijon.

LEZAI DE MARNÉZIA (le marquis de), maréchal de camp. Bail
d'Aval.

L'HUILLIER-ROUVENAC (le baron de). Sén. de Limoux.

LIANCOURT (le duc de), chevalier des ordres du roi, grand- ma
tre de sa garde-robe. Baill. de Clermont en Beauvoisis.

LINIÈRE (le comte de la). Sén. de Nîmes.

Locras (le marquis de), conseiller au parlement de Navarre. Navarre.

Loras (le marquis de). Ville et sén. de Lyon.

Ludres (le comte de), maréchal de camp. Baill. de Nancy.

Lupé (le baron de). Sén. d'Auch.

Lusignan (le marquis de), Sén. de Condom.

Lusignem (le marquis de), lieutenant-général des armées du roi. Ville de Paris.

Luxembourg (Piney, duc de) , pair de France, etc. remplacé par M. Irland de Bazoges.

Luynes (le duc de), pair de France. Baill. de Touraine.

Macaye (le vicomte de). Baill. de Labour.

Maquerel de Quémy. Baill. de Vermandois.

Mailly (le duc de). Baill. de Péronne.

Malartic (le vicomte de) , lieutenant-colonel de bataillon. Sén. de la Rochelle.

Marguerites (le baron de), maire de Nîmes. Sén. de Nîmes.

Marsanne-Fontjuliane (le comte de). Dauphiné.

Mascon (le comte de). Sén. de Riom.

Maulette (le chevalier de). Baill. de Montfort-l'Amaury.

Maurens (de), président à mortier au parlement de Toulouse. Première sén. de Languedoc.

Menonville (de). Baill. de Mirecourt.

Menou (le baron de). Baill. de Touraine.

Mesgrigny (le marquis de). Baill. de Troyes.

Mirabeau (le vicomte de), colonel du régiment de Touraine. Sén. de Limoges.

Miremont (le comte de). Baill. de Vermandois.

Mirepoix (le comte de). Ville de Paris..

Moncorps Duchênoi (le comte de). Baill. d'Auxerre.

Monjoye Vaufrey (le comte de). Baill. de Béfort.

Monspey (le marquis de). Sén. du Beaujolais.

Montagut-barrau (le baron de). Comminges et Nébouzan.

Montboissier (le comte de) , chevalier des ordres du roi, lieutenant-général de ses armées. Sén. de Clermont en Auvergne.

Montboissier (le baron de). Baill. de Chartres.

MONTCALM-GOZON (le comte de), maréchal-de-camp. Sén. de Carcassonne.

MONTCALM-GOZON (le marquis de). Sén. de Villefranche en Rouergue.

MONT-D'OR (le marquis de). Ville et sén. de Lyon.

MONTESQUIOU-FEZENSAC (le marquis de), chevalier des ordres du roi, premier écuyer de *Monsieur* , etc. Ville de Paris.

MONTFERRÉ (le chevalier de). Province de Roussillon.

MONTMORENCY (le comte Mathieu de), grand bailly. Baill. de Montfort-l'Amaury.

MONTREVEL (le comte de) , maréchal de camp. Baill. de Mâcon.

MORGE (le comte de). Dauphiné.

MORTEMART (le duc de), pair de France. Baill. de Sens.

MORTEMART (le marquis de). Baill. de Rouen.

NOAILLES , prince de Poix , chevalier des ordres du roi et de la toison d'or, capitaine des gardes-du-corps, gouverneur de Versailles , etc. Baill. d'Amiens et de Ham. .

NOAILLES (le vicomte de). Baill. de Nemours.

NOYELLES (le baron de). Baill. de Lille.

ORLÉANS (Louis-Philippe-Joseph de Bourbon , duc d'). Baill. de Crépy en Valois.

ORMESSON (président d'). Prévoté et vicomté de Paris.

PANAT (le marquis de). Première sén. de Languedoc.

PANAT (le vicomte de). Sén. de Rhodez.

PANETIERS (le comte de). Vicomté de Couserans.

PANNETTE (Vincent de). Sén. de Trévoux.

PARDIEU (le comte Félix de). Baill. de Saint-Quentin.

PAROY (le marquis de), grand bailly. Baill. de Provins.

PHÉLINES (de), capitaine au corps royal du génie. Baill. de Blois.

PLAS DE TANE (le comte de). Sén. du Quercy.

PLEURE (le marquis de), grand bailly. Baill. de Sézanne.

POISSAC (le baron de), conseiller au parlement de Bordeaux. Sén. de Tulle.

POUILLY (le baron de). Baill. de Verdun.

PRASLIN (le comte de), colonel du régiment de Lorraine. Sén. du Maine.

PREZ DE CRASSIER, chevalier de St.-Louis, grand bailly d'épée.
Baill. de Gex.

PUCH DE MONTBRETON. Sén. de Libourne.

PUISAYE (le comte de). Baill. du Perche.

RANCOURT DE VILLIERS. Baill. de Gien.

RATHSAMHAUSEN (le baron de), colonel d'infanterie. Baill. d'Haguenau.

RANEL (le comte de) Baill. de Toul.

REUILLEZ (le comte de). Sén. d'Anjou.

RICHIER (de). gentilhomme de Marennes. Sén. de Saintes.

ROBECQ (le prince de), chevalier des ordres du roi, grand d'Espagne, etc. Baill. de Bailleul.

ROCHEBRUNE (le baron de). Baill. de Saint-Flour.

ROCHECROUART (le comte de), maréchal de camp. Ville de Paris.

ROQUEFORT (la Salle marquis de). Sénéch. de Mont-de-Marsan.

ROYS (le comte de), grand sénéchal de Limoges. Sén. de Limoges.

SAINTE-ALDEGONDE (le comte François de), colonel au régiment de Royal-Champagne. Baill. d'Avesnes.

SAINT-FARGEAU (le Pelletier de), président au Parlement. Ville de Paris.

SAINT-MAIXANT (le marquis de), maréchal de camp. Sén. de Guéret.

SAINT-MARC (le marquis de). Baill. d'Etampes.

SAINT-MAURICE (le marquis de). Sén. de Montpellier.

SAINT-SIMON (le marquis de), Grand d'Espagne. Baill. d'Angoulême.

SANDRANS (Cardon, baron de). Baill. de Bourg-en-Bresse.

SANDROUIN (le vicomte de), chevalier de Malte. Baill. de Calais et Ardres.

SARRAZIN (le comte de). Baill. de Vendôme.

SASSENAY (le marquis Bernard de). Baill. de Châlons-sur-Saône.

SATILIEU (le marquis de), capit. au corps royal du génie. Sén. d'Annonay.

SIOUR (le vicomte de), maréchal de camp. Sén. de Bordeaux.

SIRENT (le comte de), maréchal de champ. Baill. de Nivernais.

SEURRAT DE LA BOULAYE, conseiller au Châtelet d'Orléans. Baill. d'Orléans.

SILLERY (Brûlart de Genlis, marquis de). Baill. de Reims.

SINETI (de), chevalier de Saint-Louis. Sén. de Marseille.

TERNAY (le marquis de). Baill. de Loudun.

TESSÉ (le comte de), Grand-d'Espagne, chevalier des ordres du roi, premier écuyer de la reine, lieutenant-général des armées du roi. Sén. du Maine.

THIBOUTOT (le marquis de), maréchal de camp. Baill. de Caux.

TOULONGEON (le marquis de). Baill. d'Amont.

TOULONGEON (le vicomte de). Baill. d'Aval.

TOULOUSE-LAUTREC (le comte de), maréchal de camp. Sén. d Castres.

TOUSTAIN DE VIRAY (le comte de). Baill. de Mirecourt.

TRACY (Destutt, comte de). Sén. de Moulins.

TRIE (le comte de). Baill. de Rouen.

USSON (le marquis d'), maréchal de camp. Sén. de Pamiers.

USTOU DE SAINT-MICHEL (le vicomte d'). Comminges et Nébouzan

VASSÉ (le vidame de). Sén. du Maine.

VASSY (le comte Louis de). Baill. de Caen.

VAUDREUIL (le marquis de), lieutenant-général des armées navales Sén. de Castelnaudary.

VERTHAMONT (le chevalier de). Sén. de Bordeaux.

VIALIS (de), maréchal de camp. Sén. de Toulon.

VILLARMOIS (le comte Arthur de). Baill. de Coutances.

VILLEMORT (le comte de). Sén. du Poitou.

VILLEQUIER (le duc de), chevalier des ordres du roi, premier gentilhomme de sa chambre. Sén. de Boulogne-sur-Mer.

VIRIEU (le comte de). Dauphiné.

VOGUÉ (le comte de). Sén. de Villeneuve-de-Berg.

VRIGNY (le marquis de), grand-bailli. Baill. d'Alençon.

WIMPFEN (le baron de). Baill. de Caen.

WOLTER DE NEUBOURG. Baill. de Metz.

N. B. La noblesse de Bretagne ne s'étant pas rendue aux États-Généraux, ne se trouve point dans cette liste.

TIERS-ÉTAT.

AFFORTY, cultivateur, à Villepinte. Prévôté et vicomté de Paris

AOIER, lieutenant-général de la sénéchaussée du Poitou.

ALLARD, médecin. Sén. d'Anjou.

ALLARD-DUPLANTIER, propriétaire. Dauphiné.

ALQUIER, maire de la Rochelle. Sén. de la Rochelle.

ANDRIEU, avocat général, etc. du duché de Montpensier, maire d'Aigueperse. Sén. de Riom.

ANDURANT, avocat. Sén. de Villefranche en Rouergue.

ANGO, bailli de Saint-Sauveur le Vicomte. Baill. de Coutances.

ANSON, receveur-général des finances. Ville de Paris.

ANTHOINE, lieutenant-général du bailliage de Boulay. Baill. de Sarguemines.

ARMAND, avocat. Baill. de Saint-Flour.

ARNOULT, avocat. Baill. de Dijon.

ARIVEUR, commissaire-enquêteur en la sénéchaussée de Lyon. Sén. de Trévoux.

AUBRY-DUBOUCHET, commissaire à terrier. Baill. de Villers-Cotterets.

AUCLERC DESCOTTES, médecin. Baill. du Berry.

AUDIER-MASSILLON, lieutenant-général en la sénéchaussée. Sén. d'Aix.

AUGIER, négociant, à Cognac. Baill. d'Angoulême.

AUGIER, négociant, à Charente. Sén. de Saintes.

AUVINET, sénéchal de Montaigu. Marches communes du Poitou et de Bretagne.

AUVRY, procureur-syndic du département. Baill. de Montfort l'Amaury.

BABEY, avocat du roi, à Orgelet. Baill. d'Aval.

BACO DE LA CHAPELLE, procureur du roi, à Nantes. Sén. de Nantes.

BAILLEUL, président de l'élection du Perche. Baill. du Perche.

BAILLOT, avocat. Baill. de Troyes.

BAILLY, des académies françaises, des belles-lettres et des sciences. Ville de Paris.

BAILLY, laboureur. Baill. du Vermandois.

BANDI DELACHAUX, lieutenant de maire de Felletin. Sén. de Guéret.

BARBIER, lieutenant-général au bailliage de Vitry. Baill. de Vitry-le-Français.

BARNAVE, propriétaire. Dauphiné.

BARON, avocat. Baill. de Reims.

BARRÈRE DE VIEUZAC, avocat, conseiller en la sénéchaussée de Bigorre. Sén. de Bigorre.

BASQUIAT DE MUGRIEZ, lieutenant-général de Saint-Sever. Sén. de St.-Sever, Dax, etc.

BAUCHETON, avocat à Issoudun. Baill. du Berry.

BAZIN, avocat. Baill. de Gien.

BAZOCHE, avocat du roi à Saint-Mihiel. Baill. de Bar-le-Duc.

BEAUDOIN DE MAISONBLANCHE, avocat. Sén. de Lannion.

BEAULIEU, propriétaire. Baill. de Touraine.

BEAUPERREY, propriétaire à Gâcé. Baill. d'Évreux.

BÉGOUIN, écuyer, négociant au Hâvre. Baill. de Caux.

BELLEMAIS DE COURMESNIL, procureur du roi à Argentan. Baill. d'Alençon.

BÉNAZET, bourgeois de Saissac. Sén. de Carcassonne.

BENOIST, avocat et notaire à Frolois. Baill. de Châtillon-sur-Seine.

BÉRANGER, procureur du roi à l'élection de Valence. Dauphiné.

BERGASSE, avocat. Sén. de Lyon.

BERGASSE-LAZIROULE, ancien officier d'artillerie. Sénéch. de Pamiers.

BERNARD, syndic du chapitre de Weissembourg. Alsace.

BERNARD VALENTIN, bourgeois. Sén. de Bordeaux.

BERNIGAUD DE GRANGE, lieutenant au bailliage de Châlons-sur-Saône. Baill. de Châlons-sur-Saône.

BERTHEREAU, procureur au châtelet. Ville de Paris.

BERTHIER, bailli de Puysceaux. Baill. de Nemours.

BERTHOMIER DE LAVILLETTE, procureur du roi. Sénéch. de Moulins.

BERTRAND, avocat et procureur du roi. Baill. de St.-Flour.

BERTRAND DE MONFORT, vice-bailli, lieutenant-général des baronnies. Dauphiné.

BESNARD-DUCHÊNE, lieutenant au bailliage de Valognes. Baill. de Coutances.

Bévière, notaire. Ville de Paris.

Biaille de Germon, procureur du roi aux eaux et forêts. Sén. du Poitou.

Bidault, lieutenant-criminel au balliage de Poligny. Baill. d'Aval.

Bignan, négociant. Dauphiné.

Billette, négociant. Sén. de Quimperlay, etc.

Bion, avocat. Baill. de Loudun.

Biroteau de Burondières, avocat, près les Sables, Sénéch. du Poitou.

Bizard, ancien maire. Sén. de Saumur.

Blanc, avocat. Baill. de Besançon.

Blancard, propriétaire. Dauphiné.

Blanquard des Salines. Baill. de Calais.

Blin, médecin. Sén. de Nantes.

Boëry, président en l'élection de Châteauroux. Baill. de Berry.

Boislandry, négociant, à Versailles. Prévôté et vicomté de Paris.

Boissonnot, notaire. Sén. de Bordeaux.

Boissy-d'Anglas. Sén. d'Annonay.

Bonegen, lieutenant à la sénéchaussée de Saint-Jean d'Angély.

Bonet de Treyches, lieutenant de la sénéchaussée du Puy-en-Vélay.

Bonnet, avocat. Sén. de Limoux.

Bordeaux, procureur du roi. Baill. de Chaumont en Vexin.

Bonnier (Dutrou de), conseiller, à Montmorillon. Sénéch. du Poitou.

Bouche, avocat. Sén. d'Aix.

Bouche, avocat. Sén. de Forcalquier.

Boucher, négociant. Province d'Artois.

Bouchet, procureur du roi, à Chinon. Baill. de Touraine.

Bouchette, avocat, à Bergues. Baill. de Bailleul.

Bouchotte, procureur du roi au bailliage de Bar-sur-Seine. Baill. de Bar sur-Seine.

Boullé, avocat, à Pontivy. Sén. de Ploermel.

Boulouvard, négociant, à Arles. Ville d'Arles.

BOURDON, procureur du roi au bailliage d'Arques. Baill. de Caux.

BOURDON, curé d'Evaux. Sén. de Riom.

BOURGEOIS, laboureur. Baill. de Villers-Cotterets.

BOURON, avocat du roi, à Fontenay. Sén. du Poitou.

BOUTARIC, président de l'élection de Figeac. Sén. du Querc.

BOUVET, négociant. Baill. de Chartres.

BOUVEYRON, bourgeois. Baill. de Bourg-en-Bresse.

BOUVIER, procureur du roi. Principauté d'Orange.

BRANCHE, avocat. Sén. de Riom.

BRASSART, avocat. Province d'Artois.

BREVET DE BEAUJOUR, avocat du roi au présidial d'Angers. Sén. d'Anjou.

BRIAUT, sénéchal de la Mothe Sainte-Héraye. Sén. du Poitou.

BRILLAT-SAVARIN, avocat. Baill. de Bugey et Valromey.

BROCHETON, avocat. Baill. de Soissons.

BROSTARET, avocat à Castel-Jaloux. Sén. de Nérac.

BRUNET DE LATUQUE, juge royal de Puch de Gontaut. Sén. de Nérac.

BUFFY, notaire. Baill. de Dourdan.

BURDELOT, maire de Pontorson. Baill. de Coutances.

BUSCHEY DESNOES, conseiller au bailliage de Bernay. Baill. d'Evreux.

BUZOT, avocat, à Evreux. Baill. d'Evreux.

CAMPMAS, médecin. Première sénéchaussée de Languedoc.

CAMUS, avocat, de l'académie des inscriptions et belles-lettres. Ville de Paris.

CAMUSAT DE BELOMBRE, négociant. Baill. de Troyes.

CASTAIGNÈDE, notaire. Sén. de Tartas.

CASTELANET, notaire, admis pour remplacer M. Liquier, mort à Versailles, le 13 juin 1789. Sén. de Marseille.

CHABROUD, avocat. Dauphiné.

CHAILLON, avocat. Sén. de Nantes.

CHAMBON DE LATOUR, maire d'Uzès. Sén. de Nîmes.

CHAMBORS (le comte de). Vicomté de Couserans.

CHANTAIR, conseiller au présidial de Mirecourt. Baill. de Mirecourt.

CHAPELIER, avocat. Sén. de Rennes.

CHARIER, avocat. Sén. de Mende.

CHASSEBOEUF DE VOLNEY, propriétaire, à Angers. Sén. d'Anjou.

CHASSET, avocat. Sén. du Beaujolais.

CHAVOIX, avocat. Sén. de Limoges.

CHENET, maire de Montelimart. Dauphiné.

CHENON DE BEAUMONT, conseiller en l'élection du Mans. Sén. du Maine.

CHER FILS, procureur du roi au bailliage de Cany. Baill. de Caux.

CHERRIER, lieutenant-général de Neufchâteau. Baill. de Mirecourt.

CHESNON DE BAIGNEUX, lieutenant-criminel, à Chinon. Baill. de Touraine.

CHEVALIER, cultivateur. Prévôté et vicomté de Paris.

CHOISY, cultivateur. Baill. de Châlons-sur-Marne.

CHOMBART, propriétaire. Baill. de Lille.

CHRISTIN, avocat, à St.-Claude. Baill. d'Aval.

CIGONGNE, négociant. Sén. de Saumur.

CLAUDE, avocat, à Longwi. Baill. de Metz.

CLAYE, laboureur. Baill. de Châteauneuf-en-Thimerais.

COCHARD, avocat. Baill. d'Amont.

COCHEREL (le chevalier de). Colonie de St.-Domingue.

COCHON DE L'APPARENT, conseiller à Fontenay, suppléant admis en place de M. Thibaudeau, resté à Poitiers. Sén. du Poitou.

COLOMBEL DE BOISSAULARD, négociant. Baill. d'Alençon.

CORENTIN-LE-FLOC, laboureur à Quanquizerne. Sén. d'Hennebond.

COROLLER DUMOUSTOIR, procureur du roi, à Hennebond. Sénéch. d'Hennebond.

COTTIN, propriétaire. Sén. de Nantes.

COUDER, négociant. Ville de Lyon.

COUPARD, avocat. Sén. de Dinan.

COUPPÉ, sénéchal de Lannion. Sén. de Lannion, etc.

CRÉNIÈRE, négociant à Vendôme. Baill. de Vendôme.

CREUZÉ DE LATOUCHE, lieutenant de la sénéchaussée de Châtellerault.

CUSSY (de), directeur de la monnaie de Caen. Baill. de Caen.

DABADIE , capitaine au corps royal du génie. Les Quatre-Vallées

D'AILLY, conseiller d'Etat. Baill. de Chaumont en Vexin.

DARCHES, maître de forges, à Marienbourg. Baill. d'Avesnes.

D'ARNAUDAT, conseiller au parlement de Navarre. Béarn.

D'ARRAING, propriétaire. Pays de Soules.

DAUBERT, juge royal. Sén. d'Agen.

DAUCAY, cultivateur. Baill. de Clermont en Beauvoisis.

DAUDE, avocat du roi. Baill. de St.-Flour.

DAVOST, greffier au bailliage de Provins. Baill. de Provins.

DEBOURGE, négociant. Ville de Paris.

DECRETOT, négociant à Louviers. Baill. de Rouen.

DEFAY, propriétaire. Baill. d'Orléans.

DEFRANCES , avocat à Privas. Sén. de Villeneuve-de-Berg.

DELABAT, négociant. Sén. de Marseille.

DELACOUR, cultivateur. Baill. de Senlis.

DELACOUR-D'AMBÉSIEUX, avocat. Dauphiné.

DELAHAYE DE LAUNAY, propriétaire. Baill. d'Orléans.

DELALANDE, lieutenant de maire d'Ernée. Sén. du Maine.

DELAMBRE , cultivateur. Cambrésis.

DELANDINE , avocat, bibliothécaire de l'académie de Lyon. Baill. du Forez.

DELATTRE , négociant. Sén. du Ponthieu.

DELATTRE DE BALZAERT, maître particulier des eaux et forêts, à Merville. Baill. de Bailleul.

DELARTIGUE , lieutenant-général de la sénéchaussée de Toulouse. Première sén. de Languedoc.

DELAUNEY, avocat à Bayeux. Baill. de Caen.

DELORT DE PUYMALIE , lieutenant de la sénéchaussée d'Uzerches. Sén. de Tulle.

DELUZE-L'ETANG, notaire. Sén. de Bordeaux.

DESMAZIÈRES, conseiller au siège d'Angers. Sén. d'Anjou.

DESMEUNIERS , homme de lettres. Ville de Paris.

DENEUVILLE, sénéchal de Jugon. Sén. de St.-Brieuc.

DERAZE, lieutenant-général de Vezoul. Baill. d'Amont.

DESECOUTES, propriétaire. Baill. de Meaux.

DESÈSE , médecin. Sén. de Bordeaux.

DESPATYS DE COURTEILLES , lieutenant-général du Châtelet. Baill. de Melun.

DEVIEFVILLE-DES-ESSARTS, avocat, subdélégué de Guise. Baill. du Vermandois.

DEVILLAS, juge de Pierrefort. Baill. de S.-Flour.

DEVISME, avocat. Baill. du Vermandois.

DEVOISINS, avocat au parlement de Toulouse. Première sén. de Languedoc.

DINOCHAU, avocat, à Blois. Baill. de Blois.

DOSFAND, notaire. Ville de Paris.

DOUCHET, cultivateur. Baill. d'Amiens.

DOURTHE, procureur du roi. Baill. de Sedan.

DRUILLON, lieutenant-général au bailliage de Blois. Baill. de Blois.

DUBOIS, maire de Châtellerault. Sén. de Châtellerault.

DUBOIS DE CRANCÉ, écuyer, ancien mousquetaire. Baill. de Vitry-le-Français.

DUBOIS-MAURIN, doyen des conseillers de la sénéchaussée de Villeneuve-de-Berg.

DUBUISSON D'INCHY, agriculteur - propriétaire. Province d'Artois.

DUCELLIER, avocat. Prévôté et vicomté de Paris.

DUFRAISSE DUCHEY, lieutenant-général de la sénéchaussée d'Auvergne.

DUMAS, avocat. Principauté d'Orange.

DUMAS-GONTHIER, propriétaire. Sén. de Libourne.

DUMESNIL DES PLANQUES, maire de Carentan. Baill. de Coutances.

DUMETZ, avocat. Baill. de Péronne.

DUMOUSTIER DE LA FOND, avocat du roi. Baill. de Loudun.

DUPLAQUET, chapelain conventuel de l'ordre de Malte, censeur royal. Baill. de St.-Quentin.

DUPONT, avocat. Sén. de Bigorre.

DUPONT, conseiller d'État, chevalier de l'ordre de Vasa, propriétaire-cultivateur. Baill. de Nemours.

DUPRÉ, négociant à Carcassonne. Sén. de Carcassonne.

DUPRÉ DE BALLAY, procureur du roi au bailliage de Clermontois. Baill. de Verdun.

DUQUESNOY, avocat. Baill. de Bar-le-Duc.

DURAND, avocat. Sén. de Quercy.

DURAND, négociant. Sén. de Lyon.

DURAND DE MAILLANNE , avocat. Sén. d'Arles.

DURGET, avocat. Baill. d'Amont.

DUSERS , conseiller au présidial de Vannes. Sén. de Vannes.

DUVAL DE GRANDPRÉ , avocat. Sén. du Ponthieu.

DUVIVIER , cultivateur à Bonneuil-en-France. Prévôté et vicomt de Paris.

EMMERY, avocat. Baill. de Metz.

ENJUBAULT DE LAROCHE , juge du comté-pairie de Laval. Sén. di Maine.

ESCOURRE DE PÉLUZAT , avocat. Sén. d'Agen.

ESPIC , avocat à Aubenas. Sén. de Villeneuve-de-Berg.

FAYDEL, avocat à Cahors. Sén. du Quercy.

FÉRAUD, consul de Brignollès. Sén. de Toulon.

FERMON DESCHAPELIÈRES , commissaire des Etats de Bretagne. Sén. de Rennes.

FERTÉ, laboureur. Baill. de Soissons.

FILLEAU, conseiller en la sénéchaussée de Niort. Sén. du Poitou.

FISSON-JAUBERT, médecin. Sén. de Bordeaux.

FLACHSLANDEN (le bailli de), grand'croix de l'ordre de Malte. Bailliage d'Aguenau.

FLAUST, lieutenant-général du bailliage de Vire. Baill de Caen.

FLEURY, fermier. Province d'Artois.

FLEURYE, procureur du roi au bailliage de Monthivilliers. Baill. de Caux.

FONTENAY, négociant. Ville de Rouen.

FOS DELABORDE, maire de Gaillac. Première sénéchaussée de Languedoc.

FOUQUIER D'HEROUELLE, seigneur et cultivateur. Baill. de Saint-Quentin.

FOURNIER DE LA CHARMIE, lieutenant-général de Périgueux. Sén. du Périgord.

FOURNIER DE LA POMMERAIS, procureur du roi à Fougères. Sén. de Fougères.

FRANCHETEAU DE LA GLOSTIÈRE, avocat. Marches communes du Poitou et de Bretagne.

FRANCHISTEGUI, propriétaire. Navarre.

François, agriculteur. Sén. d'Agen.

Francoville, avocat. Baill. de Calais.

Fricaud, avocat. Baill. de Charolles.

Fricot, procureur du roi à Remiremont. Baill. de Mirecourt.

Frochot, avocat, prevôt-royal d'Aignay-le-Duc. Baill. de Châtillon-sur-Seine.

Gagon Duchenay, avocat, ancien maire de Dinan. Sén. de Dinan.

Gallot, médecin. Sén. du Poitou.

Gantheret, cultivateur. Baill. de Dijon.

Garat aîné, avocat au parlement de Bordeaux. Baîll. de Labour.

Garat jeune, hommes de lettres. Baill. de Labour.

Garesché, propriétaire. Sén. de Saintes.

Garnier, conseiller au châtelet. Ville de Paris.

Gaschet de Lille, négociant. Sén. de Bordeaux.

Gaultier, avocat du roi. Baill. de Touraine.

Gaulthier de Biauzat, avocat. Baill. de Clermont en Auvergne.

Gautier des Orcières, avocat. Baill. de Bourg-en-Bresse.

Geoffroy, avocat. Baill. de Charolles.

Gérard, laboureur. Sén. de Rennes.

Gérard, propriétaire. Colonie de Saint-Domingue.

Gérard, syndic de Vic. Baill. de Toul.

Germain, négociant. Ville de Paris.

Germiot, agriculteur. Baill. de Mantes.

Gidoin, propriétaire, Baill. d'Étampes.

Gillet de la Jacqueminière, procureur-syndic du département de Joigny. Baill. de Montargis.

Gillon, avocat. Baill. de Verdun.

Giraud Duplessix, avocat du roi à Nantes. Sén. de Nantes.

Girard, médecin à Tarare. Sén. de Lyon.

Girod de Chévry, bourgeois. Baill. de Gex.

Girod de Toiry, avocat. Baill. de Gex.

Girot-Pouzol, avocat. Sén. de Riom.

Gleizen, avocat. Sén. de Rennes.

Gontier de Biran, lieutenant-général de la sénéchaussée de Bergerac. Sén. du Périgord.

Gossin, lieutenant-général au bailliage de Bar. Baill. de Bar-le-Duc. ª

Gossuin, lieutenant-général du bailliage du Quesnoy en Hainault.

GOUDARD, négociant. Ville de Lyon.

GOUGES-CARTON, négociant à Moissac. Sén. du Quercy.

GOUNOT, avocat en parlement. Baill. de Nivernais.

GOUPIL DE PRÉFELN, ancien magistrat. Baill. d'Alençon.

GOUPILLEAU, notaire à Montaigu. Sén. du Poitou.

GOURDAN, lieutenant - criminel au bailliage de Gray. Baill. d'A
mont.

GOURNAY, avocat à Mayenne. Sén. du Maine.

GOUY-D'ARCY (le marquis de). Colonie de Saint-Domingue.

GOYARD, avocat. Sén. de Moulins.

GRAFFAN, licencié ès-droit. Province de Roussillon.

GRANGIER, avocat en parlement. Baill. du Berry.

GRELLET DE BEAUREGARD, avocat du roi au présidial de Guéret
Sén. de Guéret.

GRENIER, avocat. Sén. de Riom.

GRENOT, avocat. Baill. de Dôle en Franche-Comté.

GRIFFON DE ROMAGNÉ, lieutenant-général de la Sénéchaussée. *Sén*
de la Rochelle.

GROS, avocat. Sén. de Boulogne-sur-Mer.

GUÉRIN, maître de forges à Sougé. Sén. du Maine.

GUILHERMY, procureur du roi au présidial. Sén. de Castelnaudary

GUILLAUME, avocat au conseil. Prevoté et vicomté de Paris.

GUILLOTIN, médecin. Ville de Paris.

GUINEBAUD DE SAINT-MESME, négociant à Nantes. Sén. de Nantes

GUIOT, avocat à Arnay-le-Duc. Baill. d'Auxois.

GUIOT DE SAINT-FLORENT, avocat à Sémur. Baill. d'Auxois.

GUITTARD, chevalier de Saint-Louis. Baill. de Béfort et Huningu

HANOTEAU, fermier. Baill. de Crépy en Valois.

HARDY DE LA LARGÈRE, maire de Vitré. *Sén.* de Rennes.

HARMAND, avocat. Baill. de Château-Thierry.

HAUDUCOEUR, ancien laboureur. Baill. de Montfort-l'Amaury.

HÉBRARD, avocat. Baill. de Saint-Flour.

HELIAND. Sén. du Maine.

HELL, procureur-syndic provincial d'Alsace. Baill. d'Haguenau.

HENNET, prévôt de Maubeuge. Baill. d'Avesnes.

HENRIOT, procureur du roi. Baill. de Langres.

HENRY DE LONGUEVE, avocat du roi au châtelet d'Orléans. Baill. d'Orléans.

HERNOUX, négociant à Saint-Jean-de-Losne. Baill. de Dijon.

HERMANN, procureur-général du conseil souverain d'Alsace. Baill. deColmar et Schélestat.

HERWYN, conseiller-pensionnaire à Honschoote. Baill. de Bailleul.

HOUDET, maire de Meaux. Baill. de Meaux.

HUARD, négociant, armateur de Saint-Malo. Sén. de Rennes.

HUGUET, maire de Billom. Baill. de Clermont en Auvergne.

HUOT DE GONCOURT, avocat. Baill. de Bar-le-Duc.

HUMBLOT, négociant. Sén. du Beaujolais.

HUTTEAU, avocat. Ville de Paris.

JAC, propriétaire. Sén. de Montpellier.

JAILLANT, lieutenant-criminel du bailliage de Sens. Baill. de Sens.

JAMIER, propriétaire à Montbrison, officier du point-d'honneur. Baill. du Forez.

JANNY, avocat. Baill. de Chaumont en Bassigny.

JANSON, propriétaire. Baill. de Gien.

JARRY, cultivateur. Sén. de Nantes.

JAUME, propriétaire, à Hyères. Sén. de Toulon.

JEANNET, négociant. Baill. de Troyes.

JEANNET, procureur du roi, à Saint-Florentin. Baill. de Troyes.

JOURDAN, avocat, à Trévoux. Sén. de Trévoux.

JOLY DESROCHES, lieutenant au présidial du Mans. Sén. du Maine.

KAUFFMANN, prévôt de Matzenheim. Baill. de Colmar et Schélestat.

KISPOTTER, lieutenant criminel. Baill. de Bailleul.

LABESTE, propriétaire, à Cumières. Baill. de Reims.

LABORDE-ESCURET, notaire, à Mauléon. Pays de Soules.

LABORDE DE MEREVILLE. Baill. d'Etampes.

LABOREYS DE CHATEAU FAVIER, inspecteur des manufactures d'Aubusson. Sén. de Guéret.

LACHÈZE, lieutenant de la sénéchaussée de Martel. Sén. de Quercy.

LACLAVERIE DE LA CHAPELLE, avocat. Sén. d'Armagnac, etc.

LAFARGUE, ancien consul. Sén. de Bordeaux.

LAFORGE, conseiller au présidiail. Baill. d'Auxerre.

LAFORGE, avocat à Chateaudun. Baill. de Blois.

LAIGNIÈRE, avocat. Baill. de Montfort-l'Amaury.

LALOI, médecin. Baill. de Chaumont en Bassigny.

LAMARQUE, procureur du roi. Sén. de Saint-Séver, Dax, etc.

LAMBEL, avocat. Sén. de Villeneuve en Rouergue.

LAMETHRIE, avocat. Baill. de Mâcon.

LAMY, négociant, à Caen. Baill. de Caen.

LANGLIER, cultivateur. Baill. d'Amiens.

LANJUINAIS, avocat et professeur en droit canon. Sén. de Rennes.

LAPOULE, avocat. Baill. de Besançon.

LASALLE, lieutenant-général à Sarelouis. Baill. de Metz.

LASNIER DE VAUSSENAY, négociant, à Laval. Sén. du Maine.

LASNON, cultivateur. Baill. de Caux.

LATERRADE, juge-mage, lieutenant-général de Lectoure. Sén. d'Armagnac, etc.

LATIL, avocat, maire de Sisteron. Sén. de Forcalquier.

LATOUR, médecin et maire de la ville d'Aspect. Comminges et Nébouzan.

LATTEUX, avocat. Sén. de Boulogne-snr-Mer.

LARÉVELLIÈRE-LEPAUX, bourgeois. Sénéchaussée d'Anjou.

LARREYRE, conseiller du roi en la sénéchaussée. Sén. de Tartas.

LAURENCE, négociant, à Poitiers. Sén. du Poitou.

LAURENDEAU, avocat. Baill. d'Amiens.

LAVENUE, avocat, à Bordeaux. Sén. de Bazas.

LAVIE, cultivateur. Baill. de Béfort et Huningue.

LAVIGUERIE, juge-royal de Muret. Comminges et Nébouzan.

LAVILLE-LEROUX, négociant, à Lorient. Sén. d'Hennebond.

LAZADE, syndic du diocèse d'Aleth. Sén. de Limoux.

LEBIGOT DE BEAUREGARD, maire de Domfromt. Baill. d'Alençon.

LEBLANC, maire de Senlis. Baill. de Senlis.

LEBOIS DESGUAYS, lieutenant particulier du bailliage de Montargis Baill. de Montargis.

LEBRUN, écuyer. Baill. de Dourdan.

LEBRUN, de la Motte-Vessé et Bcliecourt. Sén. de Moulins.

LECARLIER, maire de Laon. Baill. du Vermandois.

LECLERC, libraire, ancien juge consul. Ville de Paris.

LECLERC, laboureur. Baill. de Vermandois.

LECOUTEULX DE CANTELEU, premier échevin. Ville de Rouen.

LEDÉAN, commissaire des États de Bretagne. Sén. de Quimper.

LEFEBVRE de CHAILLI, propriétaire à Gamaches. Baill. de Rouen.

LEFORT, propriétaire, à Canteleu. Baill. de Rouen.

LEFORT, négociant. Baill. d'Orléans.

LEGENDRE, avocat. Sén. de Brest.

LEGOAZRE DE KERVELEGAN, sénéchal. Sén. de Quimper.

LEGOLIAS, avocat à Chateulin. Sén. de Quimperlay, etc.

LEGRAND, avocat du roi au bailliage de Châteauroux. Baill. de Berry.

LEGUEN DE KÉRANGAL DE LANDIVISIAU, propriétaire. Sén. de Lesneven.

LEGUIOU DE KÉRINÇUFF, avocat. Sén. de Quimper.

LEJEANS, négociant. Sén. de Marseille.

LELAI DE GRANTUGEN. Sén. de Lannion.

LELEU DE LA VILLE-AUX-BOIS, subdélégué, à Laon. Baill. du Vermandois.

LEMAIGNAN, lieutenant criminel de Beaugé. Sén. d'Anjou.

LEMARÉCHAL, négociant à Rugles. Baill. d'Evreux.

LEMERCIER, lieutenant au présidial. Sén. de Saintes.

LEMOINE, orfèvre. Ville de Paris.

LEMOINE DE LA GIRAUDAIS, avocat. Sén. de Fougères.

LENOIR DE LA ROCHE, avocat. Prévôté et vicomté de Paris.

LEPOUTRE, fermier. Baill. de Lille.

LEREFAIT, propriétaire. Baill. de Rouen.

LEROUX, ancien maire de ville. Baill. d'Amiens.

LESACHER DE LA PALIÈRE, avocat. Baill. de Coutances.

L'ESCURIER, lieutenant au bailliage de Salers. Baill. de Saint-Flour.

LESTERPT, avocat, juge sénéchal du Dorat. Sén. de la Basse-Marche.

LESTERPT DE BEAUVAIS, avocat au Dorat. Sén. de la Basse-Marche.

LESURE, lieutenant-général de Sainte-Ménéhould. Baill. de Vitry-le-Français.

LILLIAS DE CROSE, avocat. Baill. de Buget et Valromey.

LIQUIER, négociant. Sén. de Marseille.

Livré, échevin de la ville du Mans. Admis pour remplacer M. Héliand, mort à Versailles le 7 mai 1789. Sén. du Maine.

Lofficial, lieutenant-général au bailliage de Vouvant. Sén. du Poitou.

Lombard de Taradeau, lieutenant-général du bailliage. Sén. de Draguignan.

Lomet, avocat. Sén. de Moulins.

Long, procureur du roi, à Beaumont-les-Lomagnes. Pays et jugerie de Rivière-Verdun.

Loslier, marchand. Baill. de Monfort l'Amaury.

Loys, avocat à Sarlat. Sén. du Périgord.

Lucas de Borgerel, avocat à Vannes. Sén. de Vannes.

Lumière, avocat, ancien lieutenant de maire de Tulle. Sén. de Tulle.

Madier de Monjau, avocat, consul et maire de Saint-Andéol. Sén. de Villeneuve-de-Berg.

Maillot, lieutenant au bailliage de Toul. Baill. de Toul.

Malès, avocat. Sén. de Tulle.

Malouet, intendant de la marine, à Toulon. Sén. de Riom.

Maranda d'Oliveau, avocat. Baill. de Nivernais.

Marchais, assesseur du duché de la Rochefoucauld. Baill. d'Angoulême.

Mareux, cultivateur. Baill. de Péronne.

Margonne, négociant. Baill. du Perche.

Marquis, avocat. Baill. de Bar-le-Duc.

Martin, avocat en parlement. Suppléant admis pour remplacer M. Blanc, mort à Versailles. Baill. de Besançon.

Martin d'Auch, licencié ès-lois. Sén. de Castelnaudary.

Martineau, avocat. Ville de Paris.

Mathieu de Rondeville, avocat. Baill. de Metz.

Mauiaval, avocat, propriétaire-cultivateur. Sén. de Villefranche en Rouergue.

Maupetit, procureur du roi, à Mayenne. Sén. du Maine.

Mauriet de Flory, avocat. Sén. de Mont-de-Marsan.

Mayer, avocat et propriétaire. Baill. de Sarguemines.

Mazurier de Penannech. Sén. de Lannion.

Melon, lieutenant de la sénéchaussée de Tulle. Sén. de Tulle.

MÉNARD DE LA CROYE, conseiller au présidial du Mans. Sén. du Maine.

MENU DE CHOMORCEAU, lieutenant au bailliage de Villeneuve-le Roi. Baill. de Sens.

MÉRIGEAUX, avocat. Sén. de Béziers.

MERLE, maire de Mâcon. Bailly. de Mâcon.

MERLIN, avocat au parlement de Flandre, et secrétaire du roi. Baill. de Douay.

MESTRE, propriétaire. Sén. de Libourne.

MEUNIER DU BREUIL, lieutenant du présidial de Mantes. Baill. de Mantes.

MEURINNE, cultivateur. Baill. de Clermont en Beauvoisis.

MÉVOLHON, avocat. Sén. de Forcalquier.

MEYER, médecin. Alsace.

MEYFREND, consul à Toulon. Sén. de Toulon.

MEYNIEL, avocat. Sén de Condom.

MEYNIER DE SALINELLES, bourgeois. Sén. de Nîmes.

MICHELON, procureur du roi à Montmarant. Sén. de Moulins.

MILLANOIS, imprimeur et libraire. Ville de Lyon.

MILLET DE BELLEISLE, avocat. Sén. d'Agen.

MILLET DE LAMAMBRE, lieutenant-général au bailliage de Mohon. Baill. de Sedan.

MILLON DE MONTHERLANT, avocat, syndic de Beauvais. Baill. de Beauvais.

MILSCENT, lieutenant au présidial d'Angers. Sén. d'Anjou.

MIRABEAU (le comte). Sén. d'Aix.

MOLLIEN, propriétaire à Ménil-sur-Blangis. Baill. de Rouen.

MONNERON l'aîné. Sén. d'Annonay.

MONSINAT, avocat au parlement de Toulouse. Première Sén. de Languedoc.

MONTAUDON, avocat. Sén. de Limoges.

MOREAU, avocat. Baill. de Touraine.

MORFL, cultivateur. Baill. de Chaumont en Bassigny.

MORIN, avocat. Sén. de Carcassonne.

MORTIER, cultivateur. Cambresis.

MOUGEOTTE DE VIGNES, procureur du roi. Baill. de Chaumont en Bassigny.

MOUGINS DE ROQUEFORT, maire et premier consul de la ville de

Grasse. Sén. de Draguignan.

Mounier, secrétaire des Etats du Dauphiné. Dauphiné.

Moutier, lieutenant au bailliage de Sezanne. Baill. de Sezanne.

Mouret, avocat. Béarn.

Moyot, négociant. Sén. de Brest.

Muguet de Nanthou, écuyer, lieutenant-général au bailliage de Gray. Baill. d'Amont.

Nairac, négociant. Sén. de Bordeaux.

. Nau de Belleisle, maire de Castelmoron. Sén. de Castelmoron.

Naurissart, directeur de la monnaie de Limoges. Sén. de Limoges.

Nicodème, ancien échevin de Valenciennes. Ville de Valenciennes.

Nioche, avocat, à Loches. Baill. de Touraine.

Noussitou, avocat, à Pau. Béarn.

Oudaille, laboureur. Baill. de Beauvais.

Paccard, avocat, à Châlons-sur-Saône. Baill. de Châlons-sur-Saône.

Pain, conseiller-assesseur au bailliage de Thorigny. Baill. de Caen.

Palasne de Champeaux, sén. de Saint-Brieuc. Sén. de Saint-Brieuc.

Parent de Chassi, avocat au conseil. Baill. de Nivernais.

Parisot, avocat, aux Riceis. Baill. de Bar-sur-Seine.

Paulhiac de la Sauvetat, avocat. Sén. du Périgord.

Paultre Desépinettes, bourgeois de Saint-Sauveur. Baill. d'Auxerre.

Payen, cultivateur. Province d'Artois.

Payen-Boisneuf, propriétaire. Baill. de Touraine.

Pécot, négociant. Comminges et Nébouzan.

Pelauque-Bébaut, procureur du roi. Sén. de Condom.

Pélerin de la Buxière, propriétaire. Baill. d'Orléans.

Pellerin, avocat. Sén. de Nantes.

Pellegrin, curé de Sommercourt. Baill. de Bar-le-Duc.

Pélissier, médecin. Sén. d'Arles.

Pémartin, avocat, à Oleron. Béarn.

Perdry, ancien échevin de Valenciennes. Ville de Valenciennes.

Pérès, avocat, à Mirande. Sén. d'Auch.

Péràs d'Artassan, conseiller au parlement de Bordeaux. Sén. du Mont-de-Marsan.

Péràs de Lacèsse, avocat. Pays et jugerie de Rivière-Verdun.

Perier, notaire. Baill. de Châteauneuf en Thimerais.

Peraisse Duluc, libraire, à Lyon.. Ville de Lyon.

Pernelle, notaire, à Lure. Baill. d'Amont.

Perre-Duhamel, négociant. Baill. de Coutances.

Perret de Trégadoret, avocat. Sén. de Ploërmel.

Perrigny (le marquis de). Colonie de St.-Domingue.

Perrin de Rozier, avocat. Sén. de Villeneuve en Rouergue.

Pervinquière, avocat, à Fontenay. Sén. du Poitou.

Pétion de Villeneuve, avocat. Baill. de Chartres.

Pétiot, procureur du roi, à Châlons-sur-Saône. Baill. de Chalons-sur-Saône.

Petit, cultivateur. Province d'Artois.

Petit-Mangin, procureur du roi à Saint-Diez. Baill. de Mirecourt.

Pezous, avocat, à Alby. Sén. de Castres.

Peyruchaud, avocat. Sén. de Castelmoron.

Pelieoer, procureur syndic d'Huningue. Baill. de Béfort et Huningue.

Picard de Laporte, lieutenant de la vénerie du roi. Baill. de St.-Pierre-le-Moustier.

Picquet, avocat du roi. Baill. de Bourg-en-Bresse.

Pincepré de Buire, propriétaire. Baill. de Péronne.

Pinterel de Louveny, lieutenant au bailliage de Château-Thierry. Baill. de Château-Thierry.

Pison du Galland, avocat. Dauphiné.

Pochet, avocat. Sén. d'Aix.

Poignot, négociant. Ville de Paris.

Poncet d'Elpech, avocat, à Montauban. Sén. du Quercy.

Poncin, avocat. Baill. du Quesnoy en Hainault.

Pons de Soulages, propriétaire. Sén. de Rhodez.

Populus, avocat. Baill. de Bourg-en-Bresse.

Pothée, échevin de Montoire. Baill. de Vendôme.

Pougeard du Limbert, avocat à Confolens. Baill. d'Angoulême.

Poulain de Beauchesne, ancien lieutenant de la grande louveterie de France. Baill. de Caen.

Poulain de Boutancourt, maître de forges. Baill. de Vitry-le-Français.

Poulain de Corbion, maire de Saint-Brieuc. Sén. de Saint-Brieuc.

Poultier, lieutenant-général du bailliage. Baill. de Montreuil-sur-mer.

Pouret-Roquerie, procureur du roi au bailliage de Perriers. Baill. de Coutances.

Poya de l'Herbay, lieutenant particulier au bailliage d'Issoudun. Baill. de Berri.

Prévôt, avocat du roi, à Roye. Baill. de Péronne.

Prieur, avocat, à Châlons. Baill. de Châlons-sur-Marne.

Prouche, maire de Dormans. Baill. de Sézanne.

Prudhomme de Kérangon, lieutenant des canonniers gardes-côtes. Sén. de Lesneven.

Pavenon, avocat. Baill. de Nancy.

Quatrefages de la Roquette, bourgeois. Sén. de Nîmes.

Rabaud de Saint-Étienne, homme de lettres. Sén. de Nîmes.

Raby de Saint-Médard, citoyen de Castel-Sarrazin. 1re sén. de Languedoc.

Ramel-Nogaret, avocat du roi à Carcassonne. Sén. de Carcassonne.

Ratier de Montguyon, propriétaire. Sén. de Saintes.

Raux, maître de forges. Baill. de Reims.

Rédon, avocat. Sén. de Riom.

Regnauld, avocat. Sén. de Saint-Jean-d'Angély.

Regnauld d'Épercy, procureur du roi à Dôle. Baill. de Dôle en Franche-Comté.

Regneault, avocat du roi à Lunéville. Baill. de Nancy.

Regnier, avocat. Baill. de Nancy.

Renaud, avocat. Sén. d'Agen.

Repoux, avocat, à Autun. Baill. d'Autun.

Reubell, bâtonnier de l'ordre des avocats du conseil souverain d'Alsace. Baill. de Colmar et Schélestat.

Révol, avocat. Dauphiné.

Rey, avocat. Sén. de Béziers.

Reynaud (le comte de), colonie de Saint-Domingue.

RIBAROLLES, négociant. Sén. de Riom.

RICARD, conseiller au sénéchal. Baill. de Castres.

RICARD, lieutenant au présidial de Nîmes. Sén. de Nîmes.

RICARD DE SÉALT, avocat. Sén. de Toulon.

RICHARD, propriétaire, à Bourg-Argental. Baill. du Forez.

RICHE, négociant, à Angers. Sén. d'Anjou.

RICHON, avocat. Sén. du Puy en Vélay.

RIQUIER, propriétaire. Baill. de Montreuil-sur-mer.

RIVIÈRE, lieutenant-général de la Sénéchaussée. Sén. de Mende.

ROBERT, avocat, à Saint-Pierre-le-Moustier. Baill. de Nivernais.

ROBESPIERRE (Maximilien), avocat, à Arras. Province d'Artois.

ROBIN DE MORLAY, négociant. Sén. de Ploermel.

ROCA, bourgeois de Prades. Province de Roussillon.

ROCCA (le comte Colonna-Cesari de), capitaine au régiment provincial de Corse. Ile de Corse.

ROCQUE DE SAINT-PONS, négociant. Sén. de Béziers.

RODAT-DOLEMPS, cultivateur. Sén. de Rodez.

ROSMI, juge royal de Simorre. Comminges et Nébouzan.

ROSTAING (le marquis de), maréchal-de-camp, chevalier de Saint-Louis et de Cincinnatus, grand-bailli du Forez. Baill. du Forez.

ROULHAC, lieutenant-général de la sénéchaussée de Limoges. Sén. de Limoges.

ROUSSILLET, avocat du roi, à Provins. Baill. de Provins.

ROUSSIER, négociant. Sén. de Marseille.

ROUSSILLON, négociant, à Toulouse. 1re sénéchaussée de Languedoc.

ROY, avocat, à Angoulême. Baill. d'Angoulême.

SAIGE, avocat. Sén. de Bazas.

SALES DE COURREILLE, avocat. Sén. de Béziers.

SALICETTI, avocat au conseil supérieur de Corse. Ile de Corse.

SALLÉ DE CROUX, avocat du roi, à Bourges. Baill. du Berry.

SALLES, médecin à Vézelise. Baill. de Nancy.

SALOMON DE LA SAUGERIE, avocat. Baill. d'Orléans.

SANCY, avocat, à Châlons-sur-Saône. Baill. de Châlons-sur-Saône.

SCHEPPERS, négociant, à Lille. Baill. de Lille.

SCHMITS, avocat, à Chateau-Salins. Baill. de Sarguemine.

Schwendt, syndic de la noblesse de la Basse-Alsace. Ville de Strasbourg.

Sentez, procureur du roi, à Auch. Sén. d'Auch.

Simon, cultivateur. Baill. de Caux.

Simon de Maibelle, docteur et professeur en droit. Baill. de Douay.

Sollier, avocat. Sén. de Forcalquier.

Soustelle, avocat. Sén. de Nîmes.

Syeyes, chanoine et grand-vicaire de Chartres. Ville de Paris.

Syeyes de la Baume, propriétaire. Sén. de Draguignan.

Taillardat, de la Maison-Neuve, procureur du roi de la sénéchaussée d'Auvergne.

Target, avocat au parlement, de l'académie française. Prévôté et vicomté de Paris.

Tellier, avocat du roi. Baill. de Melun.

Terme, cultivateur. Sén. d'Agen.

Terrast, juge de la viguerie de Roussillon. Province de Roussillon.

Thébaudière (de), ancien procureur-général, etc. Colonie de Saint-Domingue.

Thévenot de Maroise, lieutenant-général de police. Baill. de Langres.

Thibaudeau, avocat, procureur-syndic de l'administration du Poitou. Sén. du Poitou.

Thoret, médecin. Baill. du Berri.

Thouret, avocat. Ville de Rouen.

Thuault, sénéchal. Sén. de Ploermel.

Tixedor, juge de la viguerie de Conflans. Province de Roussillon.

Tournyol, ancien président de l'élection de Guéret. Sén. de Guéret.

Trébol de Clermont, sénéchal de Pontcroix. Sén. de Quimper.

Treilhard, avocat. Ville de Paris.

Tronchet, avocat. Ville de Paris.

Trouillet, négociant. Sén. de Lyon.

Turckheim, consul de Strasbourg. Ville de Strasbourg.

Turpin, lieutenant-criminel au bailliage de Blois. Baill. de Blois.

ULRY, avocat du roi au bailliage de Bar. Baill. de Bar-le-Duc.

VADIER, conseiller au présidial de Pamiers. Sén. de Pamiers.

VAILLANT, ancien garde-des-sceaux à la chancellerie du conseil d'Artois. Province d'Artois.

VALÉRIAN DUCLOS, maire du Saint-Esprit. Sén. de Nîmes.

VALLETTE, négociant, à Tours. Baill. de Touraine.

VARIN, avocat. Sén. de Rennes.

VERCHÈRE DE REFFYE, avocat. Baill. d'Autun.

VERDOLIN, avocat. Sénéchaussée de Draguignan.

VERDONNE (Adam de), lieutenant-général de Crépy. Baill. de Crépy en Valois.

VERNIER, avocat. Baill. d'Aval.

VERNIN, lieutenant-criminel au siége de Moulins. Sén. de Moulins.

VERNY, avocat. Sén. de Montpellier.

VIARD, lieutenant de police, à Pont-à-Mousson. Baill. de Bar-le-Duc.

VIEILLARD fils, avocat. Baill. de Coutances.

VIELLARD, docteur et professeur en droit. Baill. de Reims.

VIGNON, ancien consul. Ville de Paris.

VIGUIER, avocat au parlement de Toulouse. 1re sén. de Languedoc.

VIMAL-FLOUVAT, négociant. Sén. de Riom.

VIVIER, propriétaire. Navarre.

VOIDEL, avocat, à Morhanges. Baill. de Sarguemine.

VOLFIUS, avocat, à Dijon. Baill. de Dijon.

VOULLAND, avocat. Sén. de Nîmes.

VYAU DE BAUBREUILLE, lieutenant au bailliage de Saint-Pierre-le-Moustier.

WARTEL, avocat, à Lille. Baill. de Lille

Ministres du roi, à l'époque de l'ouverture des États-généraux.

M. de BARENTIN, garde des sceaux.

M. NECKER, directeur général des finances.

M. le comte de MONTMORIN, ministre des affaires étrangères.

M. le comte de BRIENNE, ministre de la guerre.

M. le comte de LA LUZERNE, ministre de la marine.

M. LAURENT DE VILLEDEUIL, ministre de Paris et de la maison du roi.

HAUTES—ALPES : 5.

MM. Amat, administrateur du département; Ferrus, maire de Briançon; Doonois, procureur-syndic du district d'Embrun; La·bastie, homme de loi; Faure, administrateur du département.

BASSES—ALPES : 6.

MM. Raffin, ancien-officier de cavalerie; Chauvet, procureur-général-syndic; Pinchinat, membre du directoire du département; Juglar, homme de loi, membre du directoire du département; Bouche, administrateur du directoire du département; d'Herbez.

ARDÈCHE : 7.

MM. Dalmas, homme de loi à Aubenas, procureur-syndic du département; Bastide, homme de loi, à Gropières, administrateur du directoire du département; Soubeiran-Saint-Prix, homme de loi, à Saint-Peray, administrateur du directoire du département; Vacher, homme de loi à Veissaux, administrateur du directoire du département; Valadier, homme de loi, à Valon; Fressenel, homme de loi, à Annonay; Derebout, homme de loi au bourg Saint-Andéol, vice-président du directoire du département.

ARDENNES : 8.

MM. Golzart, procureur · syndic du district de Grandpré; Pierrot, notaire à Auvilliers-les forges, membre du directoire du département; D'Averhoult, membre du directoire du département; Déliars, juge au tribunal du district de Sedan; Hurcaux, juge de paix du canton de Vouzières; Bournel, homme de loi, administrateur du directoire du district de Rhetel; Damourette, cultivateur à Chalerange, et président de l'administration du département; Baudin, maire de Sedan.

ARRIÉGE : 6.

MM. Font, évêque du département; Gaston, juge de paix à Foix; Ille, administrateur du département; Clauzelle, jeune, maire de Velanet. Caubère, homme de loi; Calvet.

AUBE : 9.

MM. Courtois, receveur du district, à Arcis-sur-Aube; Maizières, juge de paix du canton de Couvignon, à Proverville près Bar-sur-Aube; Chaponnet, administrateur du directoire du département; Régnault, juge au Tribunal du district, à Ervy Robin, marchand et cultivateur à Nogent-sur-Seine; Sissons juge au Tribunal du district, à Troyes; Beugnot, procureur-géné ral-syndic du département; Hugot, juge au tribunal du district à Bar-sur-Seine; Perrin, maire de Troyes.

AUDE : 8.

MM. Azéma, homme de loi, à Argilliers, administrateur du département; Fabre, président de l'administration du départe ment à Carcassonne; Destrem, négociant à Fanjaux, administra teur du département; Lasale, fabricant de draps à Chalabre; Belot-la-Digne, chevalier de Saint-Louis, ancien lieutenant-colo nel de dragons, administrateur du département à Belesta; Causse, négociant à Narbonne, administrateur du département; Ribes, homme de loi à Limoux, administrateur du département; Solo miac, homme de loi à Lagrasse, administrateur du département.

AVEYRON : 9.

MM. Constans-Saint-Estève, homme de loi à Saint-Sernin-de-Vabre, administrateur du directoire du département; Bosc, homme de loi, juge au tribunal d'Espalion; Bo, médecin à Mur-de-Barrez; Nogaret, fils, homme de loi à Saint-Laurent, membre du directoire du département; Molinier, homme de loi à la Mou line, membre du directoire du département; Lortal, homme de loi à Villefranche, procureur-général-syndic du département; Arsaud, homme de loi, maire de Rhodez; Pomiers, homme de loi à Saint-Antonin; Bourgès, chevalier de Saint-Louis, maire de Milhau.

BOUCHES-DU-RHÔNE : 10.

MM. Martin, négociant, maire de Marseille; Antonelle, maire d'Arles; Pellicot, administrateur du directoire du département; Archier (de Saint-Chamas), administrateur du directoire du dé partement; Granet, administrateur du directoire du département; Espariat, président du tribunal du district d'Aix; Mauche, juge de Tarascon; Blancgilli, administrateur du département; Lauze-de-Perret; Gasparin, capitaine au second régiment d'infanterie ci-devant Picardie.

CALVADOS : 13.

MM. Fauchet, évêque du département ; Dubois-du-Bais , administrateur du département ; Leroy (de Lisieux), homme de loi , maire de Lisieux ; Henry-Larivière, homme de loi à Falaise ; Boutry, commissaire du roi à Vire ; Lomont, administrateur du département à Caen ; Aveline , administrateur du directoire du département ; Bonnet-de-Meautry, maire de Caen ; Anseaume , administrateur du département ; Vardon , administrateur du directoire du département ; Castel, procureur-syndic du district à Vire, Brétocq, administrateur du district à Saint-Etienne-Latillaye ; Leroy (de Baieux), homme de loi.

CANTAL : 8.

MM. Vayron , prêtre , procureur-syndic du district de Saint-Flour ; Benoid , administrateur du directoire du département ; Gros , homme de loi , procureur-syndic du district de Mauriac ; Guitard , fils , président du département ; Henry , administrateur du directoire du département, et vice-procureur-général-syndic ; Teillard , vice-president du directoire du département ; Salvage , homme de loi , administrateur du district de Mauriac ; Perret, homme de loi , officier-municipal d'Aurillac.

CHARÉNTE : 9.

MM. Dubois-de-Bellegarde , chevalier de Saint-Louis , commandant de la garde nationale d'Angoulême ; Lafaye-des-Rabiers, procureur-syndic du district de Barbézieux ; L'Echelle, commissaire du roi au tribunal du district de la Rochefoucauld ; Blanchon, homme de loi , administrateur du département ; Martin , juge au tribunal du district de Cognac ; Chédaneau , administrateur de l'hôpital de Ruffec ; Dumas-Champvallier , homme de loi , juge de paix de Champagne-Mouton ; Guimberteau , juge au tribunal du district d'Angoulême ; Chazaud, administrateur du directoire du district de Confolens.

CHARENTE-INFÉRIEURE : 11.

MM. Bréard , propriétaire à Marenne et vice-président du directoire du département ; Delacosse, président du tribunal du district de la Rochelle ; Bernard , président du tribunal du district de

CÔTES-DU-NORD : 8.

MM. Delaizire, directeur des forges du Veaublanc, district de Loudéac; Urvoi, propriétaire à Dinan; Derrien, cultivateur à Trébivan, district de Rosthenen; Digaultray, homme de loi à Quint'n, et membre du directoire du district de Saint-Brieuc; Rivollan, homme de loi à Saint-Brieuc; Glais-de-Bizoin, négociant à Saint-Hélo, district de Merléac; Bagot, médecin à Saint-Brieuc; Morand, homme de loi à Lanvignec, district de Pontrieux.

CREUSE : 7.

MM. Voysin-Gartempe, procureur-syndic du district de Guéret; Delafont, membre du directoire du département; Laumond, administrateur du département; Cornudet, procureur-syndic du district de Felletin; Guyes, membre du directoire du district d'Aubusson; Ballet, juge au tribunal du district d'Evaux; Huguet, évêque du département.

DORDOGNE : 10.

MM. Pontard, évêque du département; Taillefer, médecin à Domme, administrateur du district de Sarlat; Pinet l'aîné, administrateur du district de Bergerac; Deverneilh, président du tribunal de Nontron; Roux-Fassillac, chevalier de Saint-Louis à Exideuil; Lacoste, médecin à Montignac, administrateur du département; Limousin, homme de loi à Riberac, administrateur du département; Delfau, fils, cultivateur à Grives, district de Betvez; Lamarque, juge au tribunal du district de Périgueux; Beaupuy, l'aîné, chevalier de Saint-Louis à Mussidan, administrateur du département.

DOUBS : 6.

MM. Bouvenot, homme de loi à Besançon, administrateur du directoire du département; Monnot, homme de loi à Besançon, vice-président du directoire du département; Besson, ancien notaire, administrateur du directoire du département; Michaud, homme de loi à Pontarlier, administrateur du directoire du département; Voisard, fils, administrateur du département; Vernerey, homme de loi à Baume-lès-Dames, administrateur du directoire du département.

DRÔME : 7.

MM. Fleury, homme de loi, administrateur du département, et juge du tribunal du district de Romains; Sautayra, administrateur du directoire du district de Montelimart; Ezingéard, notaire, juge de paix de Saint-Jean en Royans; Archinard, négociant, administrateur du directoire du district de Crest; Gaillard, président du tribunal du district de Valence; Lagier-la-Condamine, homme de loi, procureur-syndic du district de Die; Dochier, homme de loi à Romans, administrateur du département.

EURE : 11.

MM. Lindet, homme de loi, procureur-syndic du district de Bernay; Delivet-Saint-Mars, procureur-syndic du district d'E-vreux; Deschamps, administrateur du directoire du département; Fossard, administrateur du directoire du département; Rever, curé de Conteville, administrateur du conseil général du département; Legendre, notaire à Heuqueville, administrateur du conseil général du département; Hugau, chevalier de Saint-Louis, juge de paix du canton d'Evreux; Duval, vice-président du département; Hébert, chevalier de Saint-Louis, administrateur du département; Langlois (de Louviers), négociant à Louviers, administrateur du département; Pantin, propriétaire, cultivateur à Gaillard-Bois, district des Andelys.

EURE-ET-LOIR : 9.

MM. Bellier-du-Chesnay, ancien maire de Chartres; Claye, laboureur à Beu, district de Dreux, administrateur du département; Tillionbois-de-Valeuil, homme de loi à Brezolles, membre du conseil du département; Boucher, homme de loi à Bonneval, administrateur du directoire du département; Giroust, juge au tribunal du district de Nogent-le-Rotrou; Amy, président du tribunal du district de Janville; De la Croix, membre de la cour de cassation; Lefebvre, homme de loi, vice-procureur-général-syndic du département; Léopold, homme de loi, vice-président du directoire du département.

FINISTÈRE : 8.

MM. Bouestard, médecin à Morlaix; Inizan, cultivateur à

Sizun, expert et administrateur du district de Landerneau ; Cavellier, chef des bureaux de la marine, et procureur de la commune à Brest ; Briand, cultivateur et juge de paix à Briec, district de Quimper ; Roujoux, commissaire du roi près le tribunal du district de Landerneau ; Allain-Launaye, procureur-syndic du district de Carhaix, Bohan, juge au tribunal du district de Châteaulin ; Malassis, imprimeur et officier municipal à Brest.

GARD : 8.

MM. Delon, administrateur du district de Saint-Hippolyte ; Vincent-Plauchut, vice-président du district de Nîmes ; Menard, membre du directoire du département ; Tavernel, juge du tribunal du district de Beaucaire ; Giraudy, administrateur du département, domicilié à Roquemaure, district du Saint-Esprit ; Allut, procureur de la commune d'Uzès ; Pieyre, fils, membre du directoire du département à Nismes ; Leyris, vice-président du district d'Alais.

HAUTE-GARONNE : 12.

MM. Cailhasson, président du département ; Mailhe, homme de loi, procureur-général-syndic du département ; Dorliac, homme de loi, administrateur du directoire du département ; Rouède, homme de loi, administrateur du département, et juge de paix au tribunal du district de Saint-Gaudens ; Pérignon, juge de paix à Montech ; Gonyen, administrateur du directoire du district de Muret ; Projean, cultivateur, propriétaire, homme de loi à Carbone, district de Rieux ; Delmas, ancien officier de milice, aide-major-général de la garde nationale de Toulouse ; Cazès, homme de loi, colonel de la garde nationale de Saint-Béat ; Veirieu, homme de loi, juge du tribunal du district à Toulouse ; Theule, officier municipal de Toulouse ; Girard, ancien négociant, ancien consul à Toulouse.

GERS : 9.

MM. Decamps, procureur-syndic du district de Lectoure. Laplaigne, président du tribunal du district d'Auch ; Ichon, prêtre supérieur de l'Oratoire de Condom ; Latané, juge au tribunal de plaisance, administrateur du département ; Tartanac fils, juge au tribunal de Valence ; Barris fils, commissaire du roi au tribunal de Mirande; Montaut-Maribon, administrateur du directoire du district de Condom, lieutenant-colonel de la garde nationale; Capin, homme de loi, à Vic-Fesensac; Laguire, juge-de-paix à Manciet.

GIRONDE : 12.

MM. Barrennes, homme de loi, procureur-général-syndic du département; Ducos fils, négociant; Servière, juge au tribunal du district de Bazas; Vergniaud, administrateur du département; Laffon-Ladebat, cultivateur, administrateur du directoire du département; Guadet, homme de loi, président du tribunal criminel; Journu-Auber, négociant, et membre du district de Bordeaux; J.-P. Lacombe, doctrinaire, et curé de Saint-Paul de Bordeaux; P. Sers, négociant, officier-municipal de Bordeaux; Jay, administrateur du département; Grangeneuve, homme de loi, substitut du procureur de la commune de Bordeaux; Gensonné, membre du tribunal de cassation.

HÉRAULT : 9.

MM. Cambon, négociant, officier-municipal à Montpellier; Brun, maire de Pezenas; Rouyer, maire de Beziers; Bonniers, président du district de Montpellier; Curée, membre du directoire du département, domicilié à Saint-André, district de Lodève; Reboul, administrateur du département, domicilié à Pezenas; Seranne, négociant à Cette; Viennet, officier-municipal à Beziers; Bousquet, administrateur du département, à Agde.

ILLE-ET-VILAINE : 10.

MM. Tardiveau, homme de loi, à Rennes; Michel, cadet, homme de loi à St.-Malo; Gohier, homme de loi, à Rennes; Lebreton, procureur-syndic du district de Fougères; Croizé, juge au tribunal à Vitri; Duval (Charles), juge au tribunal de la Guerge; Sébire, cultivateur, à Carfentin, près Dol; Codet, homme de loi, à Rennes; Lecoz, évêque métropolitain du nord-ouest, à Rennes; Dupetitbois, colonel du 16e régiment de dragons, ci-devant Orléans, à Rennes.

INDRE : 6.

MM. Collet, procureur-général-syndic du département;

Mayerne, procureur-syndic du district du Blanc; Crublier-d'Ob-
terre, lieutenant-colonel au corps royal du génie, à Châteauroux;
Dupertuis, administrateur du directoire du département; Ro-
choux, administrateur du directoire du département; Vivier, administrateur du directoire du département.

INDRE-ET-LOIRE : 8.

MM. Bruley (Prudent), maire de Tours; Adam, procureur-syndic du district de Chinon; Bellé, membre du directoire du département, domicilié à Neuvy-le-Roi; Martin, membre du directoire du département, domicilié à Loches; Baignoux, membre
du directoire du district de Tours; Jaban, juge du tribunal du
district de Chinon; Cartier-Douineau, négociant, commandant
de la garde nationale à Tours; Dupont (Jacob-Louis), maire de
Pérusson.

Nota. M. Hardouin, administrateur du conseil du département,
a été élu cinquième député, et, ayant remercié, a été remplacé par
M. Dupont, maire de Perusson, premier suppléant.

ISÈRE : 9.

MM. Dubayet (Aubert), capitaine au 13ᵉ régiment d'infanterie,
ci-devant Bourbonnais; Rognat, membre du directoire du département; Sablière-Lacondamine, médecin à St.-Roman, près St.-
Marcellin; Guillioud, homme de loi, aux Albrets, et administrateur du département; Bravet, notaire, à Chaparéillan; Danthon,
cultivateur et procureur-syndic, à Vienne; Vallier fils, homme
de loi, à St.-Marcellin; Michoud, négociant, administrateur du
département; Dumolard fils, homme de loi à Grenoble.

JURA : 8.

MM. Champion, curé de Vobles, président du district d'Orgelet; Croichet, directeur des poudres et salpêtres à Poligny,
administrateur du directoire du département; Dalloz (Charles), président du tribunal du district de Saint-Claude; Morivaux, commissaire du roi près le tribunal du district de Salins; Clermont, maire
de Salins; Lameth (Théodore), colonel du septième régiment de
cavalerie, président du département; Perrin, procureur-syndic du
district de Lons-le-Saunier; Villier, président du bureau de conciliation à Dôle.

LOIRET : 9.

MM. Gastelier, médecin, maire de Montargis; Genty, procureur-syndic du district d'Orléans; Lejeune, ancien officier de l'élection de Pithiviers; Turpetin, procureur-syndic du district de Baugenci; Gentil, administrateur du directoire du département; Meunier, secrétaire général du département; Lebœuf, administrateur du directoire du département; Chauston, juge de paix à Orléans; Huet-Froberville, administrateur du département.

LOT : 10.

MM. Lassabatie, père, citoyen de Moissac, président du directoire du département; Lachièze, président du tribunal du district de Martel; Calmon, homme de loi à Carlucet, membre du directoire du département; Duphénieux, membre du directoire du département; Ramel, procureur-syndic du département; Lacoste-Monlausur, membre du directoire du département; Laboissière, juge au tribunal du district de Moissac; Dupuy-Montbrun, maréchal-de-camp, commandant-général de la garde nationale du département; Guilhou, homme de loi; Brugoux, membre du directoire du département.

LOT—ET—GARONNE : 9.

MM. Depère, vice-président du département; Lacuée, jeune, capitaine au régiment Dauphin, infanterie, procureur-général-syndic du département; Mouysset, juge au tribunal du district de Villeneuve; Lavigne, négociant à Tonneins, administrateur du directoire du département; Lafont, membre du directoire du département; Paganel, curé de Noaillac et procureur-syndic du district de Villeneuve; Maleprade, président du département; Vidalot, homme de loi, juge au tribunal du district de Valence; Pouget, procureur-syndic du district de Castel-Jaloux.

LOZÈRE : 5.

MM. Monestier, homme de loi, à Banassac; Lozerande-Fressac, administrateur du directoire du département; Chazot, homme de loi à Saint-Chély; Sevène, homme de loi à Marvejols; Domergue-de-Beauregard, chevalier de Saint-Louis, vice-président du directoire du département.

MAINE-ET-LOIRE : 11.

MM. Dehoulières , maire d'Angers ; Choudieu , accusateur pu
blic à Angers ; Merlet, procureur-syndic du district de Saumur
Ferrière, juge au tribunal près le district de Baugé, administra
teur du département; Delaunay, commissaire du roi au tribuna
d'Angers; Clémenceau, juge au tribunal du district de Saint-Florent
Goffeaux , administrateur du directoire du département ; Chou
teau , administrateur du directoire du district de Chollet ; Quesnay
juge au tribunal du district de Saumur ; Menau , juge au tribuna
du district de Vihiers ; Bonnemère , maire de Saumur.

MANCHE : 13.

MM. Duval , de Greville , proche Cherbourg , administrateur e
membre du directoire du département; Poisson, président du
tribunal de Saint-Lô, administrateur du département ; Euvremer
administrateur et membre du directoire du département ; Le-
moine-Villeneuve, juge au tribunal de Mortain ; Desprez , vice-
président du directoire du département ; Sauve, négociant, maire
de Ducé , district d'Avranches ; Tesson , membre du directoire
du département ; Letourneur, capitaine au corps du génie à Cherbourg ; Letellier, procureur-syndic du district de Saint-Lô ; Gi-
• roult, administrateur et membre du directoire du district d'Avranches; Lercbours de la Pigeonière , juge au tribunal du district de
Mortain, administrateur du département ; Lepigeon–de-Boisval ,
maire de Coutances: Questin, homme de loi à Valogne.

MARNE : 10.

MM. Debranges, membre du directoire du département; Morel,
procureur-syndic du district d'Epernay ; Gobillard , maître de
poste à la Chaussée ; Deliège, officier municipal à Sainte-Mene-
hould ; Brulley , de Sezanne , président du département ; Pierret,
ancien maire de Reims ; Charlier, homme de loi et membre du
directoire du district de Châlons ; Dorizy, procureur-syndic du
district de Vitry ; Besanson-Perrier, cultivateur à Reims ; Thuriot,
juge au tribunal du district de Sézanne et électeur de Paris
au 14 juillet 1789.

HAUTE-MARNE : 7.

MM. Becquey, procureur-général-syndic du département;
Briolat, procureur-syndic du district de Saint-Dizier; Valdruche,
administrateur du directoire du département; Landrian, président de l'assemblée du département; Laloy, administrateur du
directoire du département; Chaudron-Rousseau, procureur-
syndic du district de Bourbonne; Devaraigne, ingénieur des ponts
et chaussées à Langres.

MAYENNE : 8.

MM. Dalibourg, administrateur du directoire du département,
à Laval; Bissy le jeune, juge au tribunal de Mayenne; Paigis, médecin à Chateau-Gontier; Grosse du Rocher, administrateur du
département, à Lassay, et cultivateur; Dupont Granjardin, maire
de Mayenne; Emue de Lavallée, juge au tribunal de Craon; Chevalier Malibert, administrateur, membre du directoire du département; Richard de Villiers, administrateur, membre du conseil
du département, à Ernée.

MEURTHE : 8.

MM. Foissey, premier juge au tribunal du district, à Nancy;
Mallarmé, procureur-syndic du district, à Pont-à-Mousson; Drouin,
maire à Lunéville; Carez, imprimeur à Toul, membre de l'administration du district; Levasseur, procureur-syndic du district, à
Toul; Crousse, cultivateur à Lagarde, district de Chateau-Salins,
membre de l'administration du département; Cunin, juge au tribunal du district, à Dieuze, membre de l'administration du
département; Bonneval, cultivateur à Orgevilliers, membre de
l'administration du département.

MEUSE : 8.

MM. Moreau, procureur-syndic du département; Manéhand,
procureur-syndic du district de Clermont; Paillet, juge au tribunal
du district de Verdun; Lolivier, administrateur du directoire du
département; Tocquot, cultivateur, juge de paix du canton de Dou-
sévrin, district de Saint-Mihiel; Jodin, procureur-syndic du district
de Montmédy; Clémont, cultivateur à Billy-sous-Mangienne, dis-

trict d'Étain; Bernard, cultivateur et maire à Ugny, district de
Gondrecourt.

MORBIHAN : 8.

MM. Letutour, administrateur du directoire du département;
Lemaillaud, procureur-général-syndic du département; Fabre,
juge au tribunal de Ploermel; Élie, vice-président du directoire
du district de Josselin; Corbel, juge au tribunal de Pontivy; Lequinio, juge au tribunal de Vannes; Audrein, premier vicaire de
M. l'évêque du Morbihan; Guillois, architecte de la marine à
Lorient.

MOZELLE : 8.

MM. Couturier, juge du tribunal de Bouzonville; Merlin, homme
de loi à Thionville; Marin, juge au tribunal de Bitche; Rolland,
président du tribunal de Faulquemont; Pierron, juge au tribunal
de Briey; Adam, vice-président du directoire du district de Sarguemines, accusateur public près le tribunal; Pyrot, procureur-
syndic du district de Metz; Mangin, homme de loi à Longuion,
district de Longwy.

NIÈVRE : 7.

MM. Rameau, homme de loi à Cosne, vice-président du directoire du département; Dameron, président du tribunal du district
de la Charité; Sautereau, homme de loi à Saint-Pierre le Moutier,
procureur-général-syndic du département; Durin, juge au tribunal
du district de Décize; Mathieu, cultivateur à Anlezy, juge de paix
et administrateur du département; Dupin, homme de loi et procureur-syndic du district de Clamecy; Frasey, maître de forges à
Imphy, et administrateur du département.

NORD : 12.

MM. Emmery, négociant, colonel de la garde nationale à Dunkerque; Cochet, administrateur et membre du directoire du département, à Catillon-sur-Sambre; Gossuin, administrateur,
membre du directoire du département du Nord, à Avesne; Lemesre
administrateur du département du Nord, à Houplines; Prouveur,
juge au tribunal du district de Valenciennes; Carpentier, président
du district d'Hazebrouck; Lejosne, administrateur du directoire
du district de Douai; Lefebvre, officier municipal au Quesnoy;

Duhem, médecin et juge de paix à Lille; Vanhoenacker, négociant, maire de la ville de Lille; Coppens, président du département, à Dunkerque; Sallengros, homme de loi, officier municipal de Maubeuge.

Nota. M. Lacombe Saint-Michel, élu dans les départemens du Nord et du Tarn, ayant accepté la députation du Tarn, est remplacé dans celle du Nord par M. Sallengros, premier suppléant.

OISE : 12.

MM. Tronchon, cultivateur à Fosse-Martin, membre du conseil du département; Gérardin, président de l'administration du département; Lecaron-Mazancourt, commandant de la garde nationale de Compiègne; Lucy, membre du directoire du département; Coupé, curé de Sermaise, président du district de Noyon; Calon, officier de l'état-major de l'armée, membre du conseil du département; Thibaut, membre du directoire du département; Dubout, bourgeois à Beauvais; Hainsselin, procureur-syndic du district de Clermont; Viquesnel-Delaunay, propriétaire au Mello, vice-président du district de Senlis; Goujon, procureur-syndic du district de Beauvais; Juery, membre du directoire du département.

ORNE : 10.

MM. Barbotte, administrateur du directoire du département; Lesueur, administrateur du directoire du département; Lefessier, évêque du département; Leconte de Betz, maire d'Alençon; Paignard, négociant, administrateur du district de Bellême; Leboucher-du-Longchamp, procureur-syndic du district d'Argentan; André, administrateur du directoire du département; Térède, docteur en médecine et juge de paix de la ville de Laigle; Demées, administrateur du directoire du département; Lautour-Duchatel, second juge suppléant au tribunal du district d'Argentan.

Nota. M. Leconte, marchand de la paroisse de Authieu, district de Laigle, avait été nommé troisième député; mais il a refusé.

DÉPARTEMENT DE PARIS : 24.

MM. Garan de Coulon, président du tribunal de cassation; Lacépède, administrateur du département; Pastoret, procureur-syndic du département; Cérutti, administrateur du département;

physique; Rabusson-Lamothe, officier municipal à Clermont-Ferrand.

HAUTES-PYRÉNÉES : 6.

MM. Darneuilh, Fournier, Couget, Gertoux, Mailho, homme de loi; Dareau, juge du tribunal de Rie.

Nota. Dumeret, procureur-général-syndic du département, a été élu deuxième député, et ayant remercié, a été remplacé par M. Dareau, premier suppléant.

BASSES-PYRÉNÉES : 6.

MM. Casamajor, commissaire du roi près le tribunal du district d'Oléron; Lesembourg, membre du directoire du département; Dithurbide, vice-président du directoire du département; Bergerus, procureur-général-syndic, à Salies; Lostalot, juge au tribunal du district de Pau; Casamajor, à Sauveterre, membre du district du département.

PYRÉNÉES-ORIENTALES : 5.

MM. Lucia, procureur-général-syndic du département; Marie, administrateur du district de Prades; Escanye, homme de loi, membre du directoire du département; Siau aîné, négociant, membre du directoire du département; Ribes, homme de loi, membre du directoire du département.

HAUT-RHIN : 7.

MM. Ritter, juge du tribunal d'Altkirch; Woriterie, membre du directoire du département; Brust, administrateur du département; Rudler, membre du directoire du département; Delaporte, avoué au tribunal de Belfort; Schirmer, juge au tribunal de Colmar; Beaumlin, membre du directoire, du district de Belfort.

BAS-RHIN : 9.

MM. Mathieu, procureur-général-syndic du département; Brunck, président du directoire du département; Koch, professeur d'histoire, à Strasbourg; Vilhelm, administrateur du directoire du département; Massenet, cultivateur à Heiligenstein; Ruhl,

administrateur du directoire du département; Arbogast, professe
de mathématiques de l'artillerie, professeur de physique, et re
teur de l'université nationale, à Strasbourg; Briche, capitai
d'artillerie, à Strasbourg; Lambert, administrateur du directoi
du département.

Nota. M. Noblat, commissaire des guerres à Landau, a été él
sixième député, et ayant remercié, a été remplacé par M. Lamber
administrateur du directoire du département.

RHÔNE-ET-LOIRE : 15.

MM. Michon-Dumarais, administrateur; Lamourette, évêqu
du département; Dupuy fils, homme de loi, juge au tribunal d
district de Montbrison; Collomb-de-Gast, juge de paix à Saint
Chamond, administrateur du département; Thévenet, cultivateu
administrateur du directoire du district de la campagne de Lyon
Sanlaville, notaire à Beaujeu; Duvant, homme de loi à Néronde
administrateur du directoire du département; Blanchon, *cultiva*
teur à Chazelles; Jovin-Molle, administrateur du *département*
Sage, administrateur du département; Saulnier, propriétaire,
Lantigné; Caminet, négociant et administrateur du directoire d
district de Lyon; Chirat, procureur-général-syndic du départe
ment; Larochette, procureur-général-syndic du district de Roanne
Lemontey, homme de loi, substitut du procureur de la commun
de Lyon.

HAUTE-SAÔNE : 7:

MM. Crestin, président du tribunal du district de Gray; L'Ecu
ret, juge au tribunal du district de Champlitte; Courtot, juge a
tribunal du district de Vesoul; Siblot, docteur en médecine à Lure
Laborey, homme de loi à Ormoi, district de Jussey; Desgranges
cadet, négociant à Luxeuil; Carret, homme de loi, vice-présiden
du district de Gray.

SAÔNE-ET-LOIRE : 11.

MM. Garchery, juge de paix de Montcenis, Bijon, administrateur du district de Bourbon-Lanzy; Journet, maire de Châlons-
sur-Saône; Gélin, administrateur du district de Charolles ; Ma-
snyer, juge au tribunal du district de Louhans; Rubat *fils, juge au*

tribunal du district de Mâcon; James, juge au tribunal de Sémur; Desplaces, juge de paix du canton de Saint-Prix; Cornet jeune, maire de Chagny; Duroussin, juge au tribunal de Louhans; Reverchon, négociant à Vergisson.

SARTHE : 10.

MM. Rousseau fils, président du département, et président du tribunal du district de Château-du-Loir; Salmon, administrateur du département; Vérité fils, administrateur du district de la Ferté-Bernard; Bardou-Boisquetin, cultivateur, procureur-syndic du district de Fresnay; Guérin, maire de Mamers; Barré, administrateur du directoire du département; Richard procureur de la commune de la Flèche; François, procureur-syndic du district de Sablé; Chappe, procureur de la commune du Mans; Rojou, administrateur du directoire du département.

SEINE-ET-OISE : 14.

MM. Lecointre, administrateur du département, et commandant de la garde nationale de Versailles; Soret, procureur-syndic du directoire de Pontoise; Bassal, curé de Saint-Louis, vice-président du district de Versailles; Colas, maire d'Argenteuil. Boisseau, cultivateur à Roissy, district de Gonesse; Hua, juge au tribunal de Mantes; Pillaut, procureur-syndic du district de Dourdan; Petit, négociant, juge de paix à Chamarande, district d'Etampes; Dumas, maréchal-de-camp; Haussmann, négociant à Versailles, membre du département; Courtin aîné, négociant, membre du département; Ténon, de l'académie des sciences, du collége de chirurgie de Montpellier, de celui de Paris, professeur public, et de la société d'agriculture, propriétaire à Massy; Legras, juge au tribunal du district de Saint-Germain; Chéron, membre du directoire du département.

Nota. M. Lebreton, premier député ayant donné sa démission, a été remplacé par M. Chéron.

SEINE-INFÉRIEURE : 16.

MM. Ducastel, homme de loi, officier municipal à Rouen; Lucas, homme de loi, à Betteville, administrateur du département; Christinat, négociant, maire du Hâvre, Hochet, juge de paix, à

Manneville-és-Plains, administrateur du département; Langlois, administrateur du district de Dieppe; Vimar, homme de loi, procureur de la commune, à Rouen; Letailleur, cultivateur à Elbeuf, près Gournai; Boullenger, président du tribunal du district et administrateur du département de Rouen; Tarbé, négociant, officier municipal de Rouen; Grégoire aîné, négociant au Hâvre, admniistrateur du département; Brémontier, négociant à Rouen; Froudière, homme de loi à Rouen; Forfait, ingénieur-constructeur de la marine à Rouen; Desportes, administrateur du département à Fécamp; Albite, aîné, homme de loi et notable à Dieppe; Léon Levavasseur, capitaine d'artillerie des colonies à Rouen.

SEINE-ET-MARNE : 11.

MM. Hébert, cultivateur à Précy, membre du directoire du département; Sédillez, homme de loi, membre du directoire du district de Nemours; Dubuisson, membre du directoire du district de Provins; Quatresolx de Marolles, chevalier de Saint-Louis, à Marolles, président de l'administration du district de Rozoÿ; Jaucourt, chevalier de Saint-Louis, colonel de cavalerie, vice-président du directoire du département; Régnard-Claudin, négociant et maire de la Ferté-sous-Jouarre; Jollivet, propriétaire et cultivateur, homme de loi, et membre du directoire du département; Viénot-Vaublanc, propriétaire et cultivateur, président de l'administration du département; Naret, juge de paix de la ville de Provins; Rataud, maire de Montereau-Faut-Yonne; Bejot, cultivateur à Messi, membre du directoire du département.

DEUX-SÈVRES : 7.

MM. Jard-Panvillier, médecin à Niort, procureur-général-syndic du département; Chasteau, homme de loi à Partnai, président du département; Lecointe-Puiravaux, homme de loi, à Saint-Maixent, administrateur du département; Auguis, président du tribunal du district à Melle; Joumault, homme de loi, procureur-syndic du district à Thouars; Robouam, cultivateur à la Forêt-sur-Sèvre, président du district de Châtillon; Dubreuil-Chambardel, cultivateur à Avon, administrateur du département.

SOMME : 15.

MM. Dehaussy-Robecourt, président du tribunal du district de Péronne; Nau l'aîné, officier municipal d'Abbeville; Goubet, cultivateur à Flers; Delaunay, juge de paix du canton de Mailly; Desbois, évêque du département; Loyeux, cultivateur, maire de Cartigny; Quillet, cultivateur à Cramont, administrateur du district d'Abbeville; Saladin, juge au tribunal du district d'Amiens; Rivery, négociant et cultivateur à Saint-Valéry, administrateur du département; Louvet, juge au tribunal du district de Mont-Didier; Massy, entrepreneur et manufacturier à Amiens; Debray-Chambrot, négociant à Amiens; Bailue, notaire et juge de paix du canton à Péronne.

TARN : 9.

MM. Gausserand, juge du district d'Alby; Sancerre, commissaire du roi; Audoy, membre du directoire; Lacombe-Saint-Michel, officier d'artillerie; Goubé, homme de loi; Esperon, maire d'Alby; Leroy-de-Flagis; Lasourve; Larroque-Labecède, membre du réctoire du département.

VAR : 9.

MM. Roubaud, médecin, administrateur du district de Grasse; Muraire, président du tribunal du district de Draguignan; Isnard, négociant à Draguignan; Philibert, administrateur du département; Roubaud, médecin, à Tourvès, district de Saint-Maximin; Despinassy, capitaine d'artillerie; Granet, président du département; Poitevin, homme de loi, à Barjols.

VENDÉE : 9.

MM. Goupillau, homme de loi, procureur-syndic du district de Montaigu; Morisson, homme de loi, administrateur du directoire du département; Maignen, administrateur du directoire du district de la Chateigneraye; Musset, curé de Falleron; Gaudin, négociant, maire des Sables d'Olonne; Thierriot, homme de loi, administrateur du directoire du département; Giraud, juge au tribunal du district de Fontenay-le-Comte; Perreau, homme de loi, administrateur du département, juge de paix du canton de

Bonnerot, membre du directoire du département ; Gréau, négociant agriculteur, à Villeneuve-le-Roi ; Fayolle, administrateur du département, adjoint au directoire ; Rougier-la-Bergerie, de la société d'agriculture de Paris, président du district de Saint-Fargeau ; Bernard, membre du directoire du département ; Malus, membre du directoire du département ; Moreau cultivateur à Compigny.

FIN DU DOUZIÈME VOLUME.

TABLE DES MATIÈRES

DU DOUZIÈME VOLUME.

————

FIN DE LA TABLE DES MATIÈRES.

T. S. V. P.

ERRATUM DU ONZIÈME VOLUME.

Page 474, ligne 26, au lieu de: *dont Marat*, lisez: *dont Malouet.*